김동명학술지 편찬사업

김동명연구 학술지 논총 (제2권)

(2019년 제6집 ~ 2023년 제10집)

김동명선양사업회
Kim Dong-Myeong Enhancement Association

발·간·사

김동명선양사업회
심 은 섭 회장

    2025년을 기준으로 보면 '김동명학회'가 전국학술대회를 개최한 횟수도 12회를 넘겼다. 그동안 『김동명학술지』에 발표된 논문만 해도 약 90여 편에 달한다. 단일 대상을 연구한 논문으로는 결코 적은 양의 결과물이 아니다.

    이처럼 귀중한 연구 자료를 〈김동명선양사업회〉에서 선양사업의 일환으로 연구자들에게 연구의 편리성을 제공하고자, 2019년부터 2023년까지 5년간 『김동명학술지』에 발표된 논문을 한 권의 논총집(제2권)으로 묶게 되었다.

    사실, 김동명 시인의 문학사상과 관련된 논문을 매년 학술대회를 열어 발표하는 것만이 능사는 아니다. 매년 발간하는 『김동명학술지』에 실린 논문을 한 권의 논총집으로 엮어 전국 대학 도서관에 제공하는 보급 사업이 동시에 이루어져야 한다.

    마음 같아서는 10년 동안 모아놓은 논문을 한 권의 논총집으로 묶었으면 좋겠으나 예산 부족과 여러 가지 사정으로 5년(2014~2018) 동안 쌓은 논문을 지난해인 2024년에 1권으로 묶고, 나머지 5년(2019~2023) 치는 금년 2025년에 들어와 2권을 발간하였다.

    향후 매 5년마다 논총집을 묶어 각급 대학교 도서관에 보급하여 연구자들이 연구 자료를 쉽게 얻을 수 있게 하여, 김동명 시인의 문학사상 연구에 지대한 확산적인 지평을 열어갈 것으로 기대를 해본다.

그간 어려운 여건 속에서도 김동명 시인의 문학사상 선양사업에 논문 발제를 해주신 교수님들과 토론자로 참석해 주신 분들, 그리고 묵묵히 물심양면으로 협력을 아끼지 않으신 김동명선양사업회 부회장님과 이사님께도 심심한 감사의 마음을 전한다.

또한 김동명선양사업의 과업을 수행하는데 여러 부분의 지원을 아끼지 않으신 강릉시와 강릉의회에도 정중히 감사의 말씀을 올린다.

2025. 11.

김동명선양사업회 회장 **심 은 섭**

CONTENTS

【제6차 학술대회】

- 초허의「越南記」해제와 양상의 고찰 / 엄창섭 ················· 9
- 김동명 시에 나타난 국가재건 시기 '서울'의 표정들 / 장은영 ················· 33
- 김동명 산문의 대화체와 삽입시 서술양식 / 장정룡 ················· 61
- 초허 시의 '동일성 원리'의 양상 수용 / 심은섭 ················· 85
- 경계 너머의 지정학-김동명 시의 경우 / 남기택 ················· 117
- 김동명문학관 로컬리티 연구 / 이미림 ················· 141

【제7차 학술대회】

- 초허의 시적 특이성과 죽음의식의 연구 / 엄창섭 ················· 167
- 김동명의 전쟁 체험과 시적 발화의 두 층위 / 장은영 ················· 191
- 초허작품의 고향과 가족에 대한 정서적 표출 / 장정룡 ················· 215
- 『나의 거문고』에 나타난 김동명의 시작법 고찰 / 이형우 ················· 243
- 초허(超虛) 김동명(金東鳴, 1900~1968) 시에 수용된 고전 시가의 전통 / 이홍식 ··· 271
- 김동명 시에 나타난 식물적 상상력 연구 / 심은섭 ················· 293

【제8차 학술대회】

- 김동명(金東鳴)의 시에 투영된 고전시가의 의경(意境) / 이홍식 ················· 319
- 『나의 거문고』의 화자(話者) 유형 연구 / 이형우 ················· 343
- 김동명 시에 나타난 '서울'의 문학지리학적 연구 / 차성환 ················· 373
- 김동명의 산문에 나타난 현실 인식 / 한명섭 ················· 395
- 대화 프레이밍의 협력에 대한 연구 / 권우진 ················· 417
- 백시종 소설 연구 / 조미희 ················· 445
- 〈해변시인학교〉의 현황과 시사(詩史)적 의의 / 최서진 ················· 467

【제9차 학술대회】

- 김동명의 『나의 거문고』, 『芭蕉』, 『三八線』 시세계 연구 / 박주택 …………… 491
- 김동명 문학의 노마드적 사유와 이방인 시선 / 이미림 ………………… 519
- 김동명의 시론시와 시적 자의식 고찰 / 이형권 ……………………………… 543
- 해방기 시에 나타난 '국가'에 대한 시적 상상력 / 장은영 ……………… 569
- 안확의 민족문학사론 연구 / 전철희 ………………………………………… 599
- 박인환 『선시집』 연구에 관한 제고 / 정애진 ……………………………… 619
- 김종삼 후기시에 나타난 '죽음'과 '애도' 연구 / 정지훈 ………………… 643

【제10차 학술대회】

- 김동명 시집 『파초芭蕉』에 나타난 생태의식 연구 / 송용구 …………… 671
- 김동명 시 연구 / 유성호 ……………………………………………………… 697
- 김동명 시집 『삼팔선』과 『진주만』의 해방문단사적 의미 / 이성천 …… 719
- 김동명 문학의 모빌리티 함의 / 임정연 ……………………………………… 747
- AI를 활용한 김동명문학의 대중화 전략 / 조해진 ………………………… 771
- 간도이민문학의 형성에 대한 재고찰 / 김인경 ……………………………… 795
- 신재효 사설 속 성(性)과 질병의 콘텐츠 / 이문성 ………………………… 809
- 백석의 만주 시편과 현실 수용의 변화 양상 / 임지훈 …………………… 827

제6차 학술대회

초허의 「越南記」 해제와 양상의 고찰 / 엄창섭

김동명 시에 나타난 국가재건 시기 '서울'의 표정들 / 장은영

김동명 산문의 대화체와 삽입시 서술양식 / 장정룡

초허 시의 '동일성 원리'의 양상 수용 / 심은섭

경계 너머의 지정학-김동명시의 경우 / 남기택

김동명문학관 로컬리티 연구 / 이미림

초허의 「越南記」 해제와 양상의 고찰
-산문의 분할·통합에서의 일탈(逸脫)

엄창섭*

목 차

1. 초허 산문의 통시적 고찰
2. 「越南記」, 개아(個我)의 불안 심리와 시대 상황
3. 정치평론과 사회인식에서의 남는 문제

〈국문 초록〉

일단 "초허의 「越南記」 해제와 양상의 고찰-산문의 분할·통합에서의 일탈" 그 심층적 모색은 초허 산문의 연구차원에서 필히 검증하고 뛰어넘어야 할 키워드이다. 일반적으로 초허의 산문은 '隨筆·手記類와 政治評論'으로 구별된다. 비교적 본고에서는 수필과 수기류를 중심으로 기술하되 깊이 보다는 별견적(瞥見的)인 시각에서 언급되어질 것이나 가급적 논외 밖인 인간적인 면모와 진지한 삶의 여적(餘滴)에서 그 자신의 의중에 따라 「越南記」 장르상 소설로 분류된다.

그간에 선행연구를 통한 전체적인 맥락에서 수기로 구분된 「暗黑의 章」에서 「自由를 찾아서(越南記)」를 일인칭(一人稱) 창작소설로 단정하고 스토리의 구성과 사건, 성격 및 전개를 그 나름으로 평가한 바 있다. 초허의 「越南記」는 논픽션의 한계(限界)에 머물고 있으나, 다른

---
*김동명학회 학회장

수기와는 대조적으로 플롯(plot)과 표현기법을 달리하고 있다. 아울러 『世代의 揷畵』가 단행본으로 간행되기 3개월 전부터 『自由文學』(1959년)에 4회 분량으로 각각 편집하여 수록하였고, 목차(目次)에서 "創作小說"로 그 장르가 확정적으로 명기하고 있다.

특히 「越南記」에 관한 해제의 양상과 그 접근의 인위적인 당위성은, 근자에 다각적으로 논의되는 '한 뼘 自傳小說 쓰기'와도 무관치 아니하다. 그것은 짧은 글 속에 자기인생을 스토리텔링으로 다채롭게 펼쳐낼 수 있는 글쓰기 양식(樣式)으로, 자신의 삶에서 한순간 기억의 편린이나 일화(逸話)를 소설로 엮어내어 자신을 투시하고 성찰하는 계기로 삼는 추이(推移)에 소홀할 수 없다. 아울러 「死線을 넘어서」에서 불안감에 사로잡힌 '나와 군상(群像), 보안대원, 경비원 등'과 연계를 지어가다 마침내 극적 상황을 거쳐 도강(渡江)한다. 초허는 공포의 정황으로부터 탈출을 기도(企圖)하는 불안감을 놓치지 않고 '나는 또 엉엉 울음을 터뜨리고 말았다.'로 극적 분위기를 서술하며 카타르시스의 접점(接點)을 절정(絶頂)의 극치(極致)로 결말을 짓는다. 그의 문학관은 '죽음의 정체성'을 구도적으로 '불멸(不滅), 성취(成就), 흐름(變轉), 향수(鄕愁), 모성애'로 확증시켜주는 당위성을 지닌다.

* 핵심어 : 월남기, 일인칭 관찰자 시점, 한뼘 자전소설, 성취. 향수, 모성애.

1. 초허 산문의 통시적 고찰

그간에 "초허의「越南記」해제와 양상의 고찰-산문의 분할·통합에서의 일탈" 그 심층적 모색은 초허 산문의 연구차원에서 필히 검증하고 뛰어넘어야 할 키워드이다. 일반적으로 초허의 산문은 '隨筆·手記類와 政治評論'으로 구별된다. 일단 그의 수필·수기집인 『모래 위에 쓴 落書』(新雅社, 1965)에는 「世代의 揷畵」, 「모래 위에 쓴 落書」, 「暗黑의 章」, 「어둠의 비탈길」, 그리고 김동명 저작(著作) 연보(年譜)가 각각 수록되어 있다. 또 정치평론집인 『나는 證言한다』(新雅社, 1964)는 「敵과 同志」, 「歷史의 背後에서」, 「나는 證言한다」에서 선별된 작품들로 편집되어 있다. 비교적 본고에서는 수필과 수기류를 중심으로 기술하되 깊이 보다는 별견적(瞥見的)인 시각에서 언급되어질 것이나 가급적 논외 밖인 인간적인 면모와 진지한 삶의 여적(餘滴)에서 화자인 그 자신의 의중에 따라 장르상 소설로 분류되는 「越南記」를 중심으로 분할·통합하기로 한다. 초허가 다양한 형태의 산문을 구사(驅使)하였지만 본격적으로 수필을 쓰기 시작한 것은 조국광복 직후인 1947년, 월남이후(越南以後)라고 『世代의 揷畵』(日新社, 1959) 후기에서 술회(述懷)하고 있다.

> 내가 文學에 關與하기 시작한 것은, 一九三0年代-좀 더 엄밀하게 말한다면, 一九 三三年 무렵부터의 일이었으나, 解放 前까지만해도, 나는 詩 以外의 文章에는 통히 손을 대지 않았다. 그것은 내가 이 冊에 거두어본 隨筆 가운데서, 解放前의 것으로서는, 겨우 한 篇의 소품이 들어있는 성도의 것만으로도 알 일이다. 솔직히 말해서, 나는 오랜 동안 실로 詩 以外의 어떠한 文章에도, 내 情熱을 기울이기를 願 치 않았던 것이다.
>
> 그러기에 여기에 모아 놓은 隨筆, 혹은 雜文들은 解放以後에 쓰여 진 것들일 밖에 없는데, 그것도 解放 後 以北에 있을 때에는, 겨우 한 두 篇(「어머니」와 「掬雛 記」가 그것이다)을 「노오트」에 끄적여 보았을 뿐, 그 나머지는 모두 以南에 나와서 쓴 것들이다.[1]

이 같은 맥락에서 이성교는 선행연구인 「金東鳴硏究」에서 초허가 월남 이후에 다양한 산

---
1) 金東鳴文集刊行會, 『모래 위에 쓴 落書』(新雅社, 1965), 119쪽.

문을 쓰게 된 환경적 여건의 관계성을 그 나름으로 세 항목으로 구분지어 입증하고 있다.

> 첫째 年條 關係다.
> 東鳴이 三八線을 넘어 越南한 당시는 年齡으로 봐서는 아무 것도 아니지만 詩作 生活 20餘年으로 볼 때는 벌써 倦怠期에 들어갔을 때였다.
> 둘째 越南한 以後 메스콤에 便乘하면서 부터이다.
> 여러 新聞, 雜誌, 放送 등에 北韓 體驗記와 魔의 三八線을 넘을 때의 〈越南記〉 등을 썼다.
> 셋째 政治面에 관심을 가지면서 부터이다.
> 주로 自由黨 政權에 抗拒하는 입장에서 날카롭고 무서운 필봉을 휘두르기 始作했다. 이러한 결과로 詩대신 많은 散文을 낳게 되었다.2)

이 같은 지적과는 상이하게 초허 자신은 '散文을 말하는 경우에 詩 이외에 鄕愁를 告白하는 것은 어쩔 수 없는 일임'을 전제하였다. 앞서 전술(前述)한 바 있듯이 그 자신이 정치평론을 집필한 것도 시작(詩作)에 보다 충실하기 위한 행위였으며, 『나는 證言한다』의 간행이 곧 '겨레에게 보내는 第七詩集이라.'는 주장은 이를 뒷받침하는 그 하나 결과의 예증이다. 그 자신은 '시(詩)에 충실하는 길이라면 칼을 들고 나서겠다는 강한 의지를 피력하였으며', 1935년경부터 수편의 수필을 『朝光』지(誌)에 발표하였다. 또 초허는 일상의 순수서정시가 시의 본말(本末)이며, 정서(情緖)를 표현할 수 있는 기회로 의식한 바다.

따라서 수필문학의 일차적 특성은 '自己告白의 文學인 연유로, 글을 쓴 사람의 個性과 生活의 斷面을 파악하였기'에 인생에 관한 인식을 자유롭게 표현할 수 있는 문학의 양식임을 누구보다 비중 있게 이해하였다. 그와 같은 관점에서 그의 수필집 『世代의 揷畵』에 수록된 해방 전의 작품에 〈소는 不幸하다(1937년)〉와 해방이후 북에 체류(滯留)할 당시의 〈어머니(1946)〉를 포함하여 〈掬雛記(1946)〉, 이렇게 두 편이 수록되어 있음은 감안(勘案)할 타당성이 주어진다.

---

2) 李性敎, "金東鳴研究"(誠信女師大論文集 4·5輯, 1972), 61-62쪽.

웬일일까 나는 熱心으로 거름을 넣어주고 흙을 북돋아주고 물을 뿌려주곤 하였다. 허나 亦是거츠러지는 잎사귀에 다시 潤氣는 찾아오지 않는다.....그러면 아아 따리아는 炳드렀는가. 나는 이제 또 저의 알른 양을 바라보기 위하여 아츰마다 門을 열리라.

-〈炳든 따리아〉3)에서

위에 인용한 〈炳든 따리아〉에서 한층 더 그 자신이 사랑하고 정성껏 보살피며 꽃의 상태를 한순간도 외면하지 아니하고, 주의 깊게 응시하는 감정이 섬세한 시인의 일상의 서정성을 충직한 한 사람의 독자라면 족히 읽어낼 수 있다. 여기서 은유, 의인, 영탄법을 포함한 시적 수사(修辭) 또한 자유로이 구사(驅使)하되 즉물적 현상인 '꽃과 정원, 그리고 사람(人間)'을 사랑하는 따뜻한 감성(感性)의 인간미(人間美) 또한 짐짓 가늠될 것이기에, 자녀의 교육을 위해 그 자신이 아끼고 동경(憧憬)하는 어떤 대상도 집착(執着)이나 결코 관심사(關心事)의 예외일 수 없는 자상한 아버지로서의 지극한 심상이 제기되고 있다.

서울가 산다면
(一) 때로 北岳에 오르고, 漢水에 놀 수 있는 것,
(二) 때로 古宮을 찾고, 廢墟를 더듬을 수 있는 것,
(三) 때로 昌慶苑에 이르러 古代美術品을 바라볼 수 있는 것,
...省略...
또 所謂 子息이라고 몇 놈 생기고 보니 그것들의 敎育이 第一 걱정이란 말씀이거던요.

-〈文化施設 完備된 서울이 그립소〉4)에서

이처럼 초허 산문의 특이성은 문장의 격이 담백(淡白)하여 다소 현학적이거나 지나친 꾸밈이 없는 사실성이다. 대다수 그의 수필은 에세이(Essay)나 미셀러니(miscellany)로 이야기하듯 스토리의 전개 양상을 쉽게 풀어썼기에 독특한 품격이 절로 드러나는 경향이다. 까닭

---

3) 金東鳴, "炳든 따리아"(『朝光』 創刊號, 1935), 99쪽.
4) 金東鳴, "文化施設 完備된 서울이 그립소"(『朝光』, 1936, 2月號), 55쪽.

에 그 자신은 자녀의 교육에 관해 한층 철저하게도 깊은 애정과 관심을 지닌 존재라는 점이다. 특히 그의 시편 중 〈아가의 말〉, 〈아가의 꿈〉, 〈아가의 날〉 등은 셋째 딸 월정(月汀)이의 성장하는 형상을 세상의 모든 아버지와 같은 관점에서 지극한 심사(心事)로 세심하고 애틋하게 지켜보며 읊어낸 어디까지나 공감의 일상성(日常性)이다.

> 우리 아가는 곧잘 말과 文法을 創造한다. 나는 우리 아가를 위하여 이제 조그마한 辭書를 한 卷 엮어야 할까부다.
>
> ―〈아가의 말〉에서

> 아가는 어떤 꿈을 꿀까? 아내는 빙그레 웃고 말이 없다.
> 아가야 너는 어떤 꿈을 꾸늬? 말을 모르니 대답이 없을 밖에……
> 그러면 내가 대신 아가의 꿈을 이야기해 보리라.
>
> ―〈아가의 꿈〉에서

그렇다. 초허 자신에게 있어 외아들(獨子)인 병우(炳宇)는 '자녀의 성장에 지대한 애정과 관심을 기울인 선친(先親)에 관해 뒷날 필자에게 "부친은 자녀들에게 너그러우신 분이였으나 굳이 행동으로 나타내 보이지는 않으셨다. 나의 기억으로 두어 번 나를 안아 무릎에 앉게 하였을 뿐, 누이들은 어느 누구도 무릎에 앉히지 않으신 매사에 엄격한 분이었음"을 시사(示唆)하였다. 또 평소 취미생활을 위해서는 아끼는 책을 잡혀가며 음악회나 운동경기 관람에 참석하거나 비교적 즐기는 편이었으며 가끔 술기운에 가곡(鳳仙花·세레나데)을 즐겨 부르기도 하였다. 그 같은 맥락에서 초허는 소녀에 관해 순수한 사모(思慕)의 정(情)을 풀어내며 서술한 수필 〈봄비와 A孃과 나〉에서는 다소 내성적 성격(性格)의 남다른 일면(一面)이 확인된다.

> 아아 그 숙인 이마의 아름다움이여! 七分의 부끄러움과 三分의 웃음을 머금고 쳐다보는 그 눈! 세상의 이 같이 아름다운 눈을 또 한 番 보고 죽을 수 있다면, 나는 分明히 幸福스러운 사나히리라.[5]

---

5) 金東鳴, "봄비와 A孃과 나"(『朝光』, 1936, 4月號), 58쪽.

이처럼 39편의 수필작품이 수록된 『世代의 揷畵』 중에서 발표 연대를 1937년으로 명시하고 있는 〈소는 不幸하다〉와 동일한 시간대로 몇 편의 잡문이 있지만, 김동명의 수필(隨筆)·수기집(手記集)인 『모래 위에 쓴 落書』는 무려 479페이지의 적지 않은 분량으로 편집되어 간행되었다. 또한 김동명간행위원회에서는 편의상 이 저서를 형식적인 면에서 「世代의 揷畵」, 「모래 위에 쓴 落書」를 수필로, 「暗黑의 章」, 「어둠의 비탈길」을 각각 수기로 구분지어 발간하였음은 간과치 말아야 한다.

무엇보다도 김태준 시인의 "어릴 때는 떨어지는 감꽃을 세고/전쟁 때는 죽은 병사의 머리를 세고/지금은 엄지손가락에 침을 발라 돈을 세고/먼 훗날에는 무얼 셀까…(감꽃)"처럼 지극히 미래가 불확실한 현대산업사회에서 종교철학자인 폴 틸리히(Paul Tillich)가 종교를 '궁극적 관심에 사로잡힌 상태'라고 정의하여 주었듯이 '궁극적 관심(ultimate concern)'이란 일상적 관심이 아닌, 근원적인 관심사를 의미하는 것으로, 그 같은 정황은 단순히 물질이나 명예에 대한 관심이 아닌 그 이상의 개념으로 이른바 초월의 세계를 열어 보여주는 관심의 상태이다. 이 관심의 대상을 기독교인은 '하나님(God)'이라 일컫고 또 불교인의 경우, '涅槃 또는 깨달음(覺性)'에 그 타당성을 지닐 것이다.

그 같은 현상에 견주어 필자 나름으로 선행연구를 통하여 이의(異意)가 주어질 것을 예견(豫見)하면서도 전체적인 맥락에서, 수기로 구분된 「暗黑의 章」에서 「自由를 찾아서(越南記)」를 일인칭(一人稱) 창작소설로 단정하고 스토리의 구성과 사건, 성격 및 전개를 그 나름으로 평가한 바 있다. 기실 초허의 「越南記」는 논픽션(歷史·隨筆·傳記·紀行文을 내포한 散文文學)의 한계(限界)에 머물고 있으나, 다른 수기와는 대조적으로 플롯(plot)과 표현기법을 달리하고 있다. 아울러 『世代의 揷畵』(1959년 9월 10일)가 단행본으로 간행되기 3개월 전부터 당대의 대표 월간지 『自由文學』(1959년 6/7/10/11月號)에 4회 분량으로 각각 편집하여 수록하였고, 목차(目次)에서 "創作小說"로 그 장르가 확정적으로 명기된 점에 미루어 반론이나 이의(異意)는 결코 제기될 수 없다.

까닭에 논의의 여지가 없는 「越南記」에 견주어 김소월의 경우에 단편 「함박눈」이 없지 않으나 굳이 초허를 의도적으로 소설가로 언급하지 아니하는 연유라면, 『學之光』(1926년 27호)에 〈夜市, 午後, 저녁 때〉라는 시를 발표한 가산(可山) 이효석(李孝石), 또 동일한 잡지에 〈墓地에서, 地震〉을 발표한 이태준(李泰俊)을 시인으로 일컫지 않는 경우이다. 이처럼 다양한 양식의 산문으로 쓰여 진 글들은 그 나름으로 특이한 개성의 반영과 주제성, 유머와 위트, 풍자성, 제제의 다양성과 문체의 다채로움 등을 폭넓게 수용하고 있는 점에 입각하여, 초허 산문의 일반적 고찰을 구체적인 보기로 그 내용적 측면에서 접근한다면, 에세이적인 것(例 : 三樂論, 소매치기, 잃어진 젊음, 愛煙誌, 花壇 기타)과 미셀러니적인 것(例 : 어머니, 掬雛記, 轉換 180度, 東大門과 醉客, 高血壓 기타)으로 구분 지을 수 있다. 또 한편 일기류(日記類)인 〈우울한 이야기〉와 일기(日記), 시 해설(詩解說)을 곁들인 한국전쟁 기의 피난수기류(避難手記類)에 해당하는 〈어둠의 비탈길, 暗黑에의 序說〉로 분류한 실제이다.

그뿐 아니라 초허의 산문 중에 잡문 형태를 취한 상징적인 대화 시편으로 〈世代의 揷畵〉, 〈指導者〉 외에도 그의 시집인 『目擊者』(일명 서울風物誌, 人間社, 1957)를 편집하는 과정에서 제외한 시편을 별도로 묶은 〈落穩集〉, 시 해설을 주로 곁들인 〈「芭蕉」解題〉, 〈「술노래」解題〉, 〈菊花〉, 〈나의 愛頌詩〉 등과 시집 『하늘』(신성각, 1948), 『眞珠灣』(梨大出版部, 1954)에 수록된 몇 편의 시, 그리고 〈維石先生을 追慕한다〉와 같은 추도문(追悼文)으로 『모래 위에 쓴 落書』는 다소 산만하게 편집된 경향은 유념할 바다. 여기서 무엇보다 작품을 선별하여 짜임새 있게 그의 수필·수기를 치밀한 구성력에 의해 편집·구성했다면 간행된 수필은 예술성이나 그 가치를 보다 인정받는 계기가 되었을 것이라는 아쉬움이 남는다.

그 같은 맥락에서 그나마 놀라운 것은 인류의 정신적 스승으로 평가 받은 헤르만 헤세가 작고하기 직전까지 붓을 놓지 않고 〈부러진 나뭇가지〉라는 수채화(水彩畵)와 시편을 남겼듯이, 초허 자신도 타계하기 6일전까지 펜을 놓지 않았다는 사실이다. 그의 유고(遺稿)인 〈다람쥐〉를 대하면 존엄한 생명외경심을 깊이 인식한 끝에 보다 섬세하고 여성지향적인 내면의식이 한 폭(幅)의 정신풍경화(精神風景畵)로 이채롭게 채색되고 새삼 클로즈업되는 까닭이다.

지난밤은 좀 춥게 잤으리라 해서 오늘 밤은 좀 뜻뜻한 데를 골라서 재우리라하고
나는 路毒도 풀겸 겸사겸사해서 다람쥐의 잠자리를 보아주었다.[6]

이와 같이 그의 수필을 통하여 우리가 쉽게 확인할 수 있는 것은 비교적 품격의 담백함과 단순한 수사적 처리로 소박한 품성의 드러남은 돋보이나 지나친 기교(技巧)와 멋 부림의

---

[6] 金東鳴, "다람쥐"(『新東亞』, 1968, 3月號), 150쪽.

추이(推移)는 한층 거리가 멀다. 그러면서도 그 자신의 다양한 장르의 작품들이 우리의 가슴에 와 닿는 따뜻한 서정감과 밝음의 추구야말로 즉물적 대상이 다양하고 폭넓게 글감의 소재(素材)로 치밀하게 직조(織造)되고 끝내 문학의 효용성(效用性)을 특이하게 빚어낸 결과다.

2.「越南記」, 개아(個我)의 불안 심리와 시대상황

그간에 연구자가 전술(前述)한 바 있으나 생전에 초허 자신에 의해 소설로 확정된「越南記」는 논란의 여지(餘地)가 있을지라도, 본고(本稿)에서 수필의 장르와 별개로 검토하여 그 정체성을 자리매김한다. 우리현대문학사에서 초현실주의(超現實主義)의 시인인 이상(李箱)에게 단편소설 〈날개〉가 있다면, '호수와 芭蕉의 시인' 초허에게 주로 자기의 성장과정이나 신변에서 발생한 사건의 논리적인 패턴과 배치를 일컫는 플롯(plot)을 중심으로 체험 따위를 중심 소재로 쓴 유일한 일인칭의 자전소설(自傳小說)로「越南記」가 있음은 일단 긍정적으로 수용할 일이다.

모름지기 한 사람의 충직한 독자는 이 소설을 읽기 전에 올바른 이해를 위하여 '내 越南記를 읽어주시는 讀者에게'라는 '작가의 변(辯)'에 깊은 사유(思惟)를 지니고 응당 새로운 분별력을 지녀야 한다. 먼저 1946년 12월 하순(下旬)에 초허는 조선민주당(朝鮮民主黨)에서 탈당(脫黨)하고 4개월(四個月) 남짓 북(北)에 머물던 무렵, 비교적 시작(詩作)에 전념하면서도 그 자신은 틈틈이 남쪽으로의 탈출 기회를 엿보게 된다. 마침 그러던 차에 '三八線 突破作戰의 決行으로 成功'에 이르기까지의 체험(體驗)과 불안 심리를 그의 소설작품에서 생생한 필치로 묘사하였다. 화자인 그 자신은 이 소설의 발단(發端)에서 '一九四七年 十二月 X日이라'고 시간대를 기술하고 있으나 구체적으로 그 시기는 해방 직후인 '一九四六年'의 사건으로, 주인공인 내가 월남할 수밖에 없는 절박한 심적 상황(狀況)이 묘사되고 있다.

> 수많은 同胞들은 敵의 유린에 맡긴 채, 나 혼자 살겠다고 살짝 몸을 빼다라나는 것이 암만해도 마음에 싸지 않아 여태 미미적 거려온 것이, 내 心境의 率直한 一面[7]

---

[7] 金東鳴, "越南記〈一〉"(『自由文學』, 1959, 6), 54쪽.

이 같은 주인공의 지극히 휴머니즘적인 술회(述懷)를 통해 그 자신의 깨끗한 지극선(至極善)의 심성과 진정한 한 사람의 지성으로서의 타자(他者)에 대한 배려와 식별력의 추이를 엿볼 수 있다. '1947년 4월 13일 이른 아침, 越南을 결의한 주인공'도 그러하지만, 실제적으로 감정이 섬세한 천성적(天性的) 시인인 초허가 '혈연(血緣)은 물론이나 꽃과 나무, 그리고 庭園을 얼마나 사랑하였는가?'를 그 다음에 잇닿은 문장의 서술을 통해 보다 확증되고 있다. 무엇보다 오늘날 사회문제로 현실화된 남북 이산가족(離散家族)의 그 비통함이 시간의 경계를 뛰어넘어 와락 가슴저미며와 삶의 처연함을 새삼 절감하며 한순간 눈물짓지 않을 수 없을 것이다.

> 아직도 잠들어 있는 어린 것들의 발그스레한 뺨에 입술을 대고 떠나는 회포를 삭이려니, 마음이 몹시 설레였다. 俳優들이 그러는 것처럼 아내를 포옹하고 「키쓰」를 하려니, 눈물이 펑 쏟아졌다. 家親께는 어디 잠간 다녀온다는 거짓말로, 下直을 대신하고 뜰에 나려 서니 마침 白모란 봉오리가 흰 花葉을 비죽이 내밀어 보이고 있는 것이 눈에 띄었다……생략……내 告別이 對象이 三十里 저쪽에 남아 있는 내 家族과 親知와 뜰과 그리고 열여덟 해 동안 좋은 이웃이 되어주든 뜰 앞의 푸른 바다와 흰 갈매기와 붉은 저녁노을이었음은 물론이다.

위의 인용문을 통해 확인되어지듯 화자인 주인공인 나는 쫓기는 불안, 초조, 긴장감(緊張感) 속에서도 '한 송이의 모란과 풀, 바다, 갈매기와 저녁노을'에 이르는 자연적 대상을 지극히 사랑했기 때문에 불행한 현재성에서도 당당한 존재감을 지니고, 정신적인 궁핍(窮乏)함에서도 끝내 소외된 타자의 사랑을 통해 따뜻한 감성(感性)의 일면도 열어 보이고 있는 점에 비춰 화자인 초허가 진정 바람처럼 자유로운 맑은 영혼의 소유자임이 새삼 입증되어진다. 비로소 행복한 삶을 향유(享有)하는 비법(祕法)을 놀랍게도 터득한 것은, 그 자신의 깊은 내면 심층에 맑은 영혼을 지닌 진정한 종교인으로서 하늘의 언어인 '감사(感謝)의 신앙'을 간직한 까닭임은 배경지식(schema)으로 기억 흔적에 오래 담아두어야 할 사항임에 틀림이 없다.

또 한편 그 자신이 평생 '江陵郡守가 되라.'는 어린 날 그 모친의 유지(遺志)를 항사 가슴에 간직하고 살아왔기에, 뒷날 정객(政客)으로의 변신을 보여주기도 하였지만, 40대 중반에 창작된 「越南記」에서도 그 같은 집념은 하나의 신앙처럼 일관성을 강하게 지켜내고 있다.

나는 새삼스럽게도 세상이란 남의 불행엔 지나치게 무관심하다는 것을 느꼈다. 이러한 비참은 응당 인간 가족으로서의 공동책임 하에서 극복되어야 한다고 느꼈대서, 한갓 내 값싼 感傷癖으로만 돌릴 수 있을까? 내가 만일 江原道知事가 된다면, 나는 맨 먼저 저들로 하여금 「人間」과 「文明」에 參與할 기회를 마련하리라.[8]

이처럼 작자의 평소의 인생관이 가감 없이 그대로 투명하게 반영된 「越南記」는 1인칭 관찰자 시점(first-person-observer narration)의 소설이다. 또한 스토리의 전개에 있어 등장하는 부차적 인물로서의 '나(自我)'가 1인칭 관찰자시점에서 주제를 이끌어가는 서술하는 방식에 있어, 그 범위와 대상에 제한성이 주어지지만 주인공인 나는 우연한 행위의 목격자이고 사건의 주변적인 참가자이기에 사건의 진행은 보다 다채로운 시각에서 다루어진다. 까닭에 사전적 개념으로 1인칭 관찰자 시점은, '어디까지나 이야기에 등장하는 부차적 인물이 주인공의 이야기를 서술하는 방식이다. 우연한 관찰자이기도 하고 사건의 주변적인 목격자이기도 하다. '나'는 관찰자이며 인물의 초점은 주인공에 맞춰져 있어 비교적 '나(個我)의 눈에 비친 세계만이 대상으로 다루어지기에 그 범위와 대상이 제한되는 특이성을 지닌다. 이처럼 1인칭 시점에서 사건이나 스토리가 전개되지만 이야기의 내용은 주인공(화자)의 눈에 비쳐진 즉물적 세계이다. 여기서 1인칭 주인공 시점보다 서술 대상에 제한성이 주어지나 그 시점의 주관성과 관찰대상의 객관성을 동일시하는 종합적인 극적 효과를 유지할 수 있다.

또 하나 1인칭인 '나'는 관찰자로서 인물의 초점 또한 주인공에게 맞춰져 있어서 '나'의 눈에 비친 인식의 내면이 작품의 모티프가 되기에 한계성을 벗어날 수 없는 어려움이 주어진다. 일단 소설의 플롯은 1인칭시점에 의해 전개되지만 스토리의 내용은 '나'의 시야(視野)에 의해 서술시점의 주관성과 관찰대상의 객관성을 함께 유지하는 효과를 기대할 수 있다. 따라서 논의 중인 초허의 소설은 서술자가 삶의 체험기에 해당하는 재생(再生)·고백(告白)·변증(辨證)을 담담히 이야기하듯 풀어가는 관찰의 목격자적 기능이 문학의 양식(樣式)에 결부된 자전소설(自傳小說)이다.

특히 연구자가 그 나름의 관심을 지니고 초허의 「越南記」에 관한 해제의 양상과 그 접근의 인위적인 진정성은, 근자에 다각적으로 논의되는 '한 뼘 자전소설 쓰기의 이해와 작법,

---

8) 金東鳴, "越南記 〈二〉"(『自由文學』, 1959, 7), 153쪽.

『내 이야기 어떻게 쓸까』와도 무관치 아니하다. 바로 그것은 짧은 글 속에 자기인생을 스토리텔링으로 다채롭게 펼쳐낼 수 있는 글쓰기 양식(樣式)으로, '한뼘(짧다)과 自傳(나의 이야기), 그리고 小說(감추기 기능)'이라는 세 인자(因子)를, 특이하게 자신의 삶에서 한순간 기억의 편린이나 일화(逸話)를 소설로 엮어내어 자신을 투시하고 성찰하는 계기로 삼는 추이(推移)에 결코 무관하거나 소홀할 수 없기 때문이다.

그와 같은 통시적 시각에서 월남(越南) 당시의 그 삼엄했던 분위기를 새삼 확인할 수 있을 것이나, 사회적 현상에 처한 이 시간대는 조만식을 제외한 조선민주당 당원들은 대다수가 월남하였으며, 남한지역에서 새롭게 조선민주당을 조직하는 추세였으나 주로 이북지역에 그 조직의 기반이 있어 사실상 큰 영향력을 미치지 못한 상태였다. 그 같은 사회적 배경을 통해 1인칭 관찰자시점의 「越南記」는 초허 자신이 월남 당시, 체험한 과정에서 겪은 불안과 느낌 또 정황을 자전적 소설 형식으로 서술한 산문이다. 아래의 인용문을 통해 주인공의 초조(焦燥)한 불안심리가 사건의 전개(展開)에서 한층 더 극적으로 묘사되고 있음을 파악할 수 있다.

> 조끼 주머니 안에는 손수건과 성냥갑과 鉛筆토막과 그리고 手帖, 手帖은 본시 내 것이 아니었다. 手帖을 들고 뒤적거리는 保安隊員의 눈은 갑자기 빛나는 듯했다. 「아불사, 이런 바보가!」하고 나는 속으로 맹렬히 뉘우쳤으나 때는 이미 늦었음을 어찌하랴…(省略)…
>
> 금시 저 뒤에서「거기 섰거라.」하고 웨치는 소리가 들려 올 것만 같어서 나는 자꾸 마음이 조마조마 했다. 「이래도, 만일 안서고 그냥 건너가면, 놈들은 필시 쏘렸다.」이런 생각이 들자, 더욱 허둥지둥 물살을 헤치며 덤벙거려야 하는 판이니, 그까짓 바지가랭이 젖는 것쯤이야….
>
> —〈越南記(三)〉에서

나는 또 以北山川을 향해 돌아서며, 두 주먹을 부르쥐고 눈을 부릅떴다.
「네 이놈들아! 하늘이 두렵지 않더냐?」
하고 나는 목통이 찢어지라고 소리를 질렀다. 한 해 하고 꼭 여덟 달 동안을, 하루에도 몇 十 번씩을 잇빨로 깨물어 죽이든「소리」가 아닌가?

> 나는 자못 점잖지 못하게 이를 악물고 팔뚝질을 해가며, 고래고래 辱說을 퍼붓기
> 도 했다. 문득 「朝鮮民族」이 번개처럼 머리를 스치자, 나는 또 엉엉 울음을 터뜨리
> 고 말았다....(省略).....

각론하고 화자(話者)인 그 자신이 1인칭 관찰자시점에서 다루어진 이 자전소설은 플롯이나 원고 분량을 참조할 때 중편소설로 파악된다. 사건의 정황에 미루어 월남(越南) 당시 그 현장에 처한 주인공의 급박한 심적 상황의 극적인 단면도 그러하지만, "문득 「朝鮮民族」이 번개처럼 머리를 스치자, 나는 또 엉엉 울음을 터뜨리고 말았다."라는 문장에 이르러 통곡하는 주인공의 겨레사랑에 관한 지극한 그 믿음은 바로 '바람의 肖像과 불멸의 詩魂'9)으로 일컬어지는 초허의 경우에 「朝鮮民族」은 불변의 진리이며 하나의 종교에 해당한다.

그 뿐 아니라 별리(別離)의 애틋함과 아픔이 한층 더 사실적인 「떠나가는 사람들」에서는 차 칸 속의 등장인물을 '배경(背景)과 서정(抒情)'의 이중구조(二重構造) 기법(技法)으로 긴장감 있게 다루고 있는 정황이다. 주인공의 위치를 대상(對象)(家族, 뜰, 바다)에 관한 과거적 회상(回想)으로 처리하면서도 그 이후에 직면할 사건(事件)에 긴장감 있게 그 포커스를 맞추고 있는 점이다. 그 같은 추리(推理)는 마침내 보안대원과 '나'의 심리적 갈등을 진지한 모험을 통한 불안한 대결의식을 고조(高潮)시키며, 긴장된 국면(局面)을 점층적 기법으로 다루고 있다. 이처럼 초허의 삶에 있어 위기는 한국근현대사의 질곡만큼 매순간 지속되었기에, 「越南記」와 「어둠의 비탈길」은 삶의 여적을 통한 생생한 증언문학의 확장이다.

> 1947년 8월의 약 8일간의 기록인 〈월남기〉는 죽음을 담보로 한 탈출기로 공산당
> 에 잡히지 않기 위해 이름을 바꾸거나 피난민이 아닌 정주민인 척 위장하기도하면서
> 역전이나 검문소를 통과하는 아슬아슬한 탈주과정을 섬세하게 그리고 있다. 해방기
> 이데올로기의 첨예한 혼란과 갈등 속에서 법의 보호에서 벗어난 우리 민족들은 기회
> 주의적이고 속물적이며 비정한 모습을 드러내었다.10)

---

9) 嚴昌燮, 『문화비평서 金東鳴, 바람의 肖像과 불멸의 詩魂』(모던포엠, 2019).
10) 이미림, "김동명 텍스트의 헤테로토피아적 특성"(『김동명 문학연구』 Vol. 05, 2018), 156쪽.

아울러 「死線을 넘어서」에서는 불안의식에 사로잡힌 '나와 군상(群像), 보안대원, 경비원 등'과 연계를 지어가다 마침내 극적 상황을 거쳐 도강(渡江)은 성공적으로 또 그렇게 결론난다. 모름지기 작가는 공포의 정황으로부터 탈출을 기도(企圖)하는 불안감을 일순간 놓치지 아니하고 '나는 또 엉엉 울음을 터뜨리고 말았다.'로 극적 분위기를 서술하며 카타르시스의 접점(接點)을 절정(絶頂)의 극치(極致)로 설정하여 결말을 짓고 있다. 그 자신은 삶의 일상에서 '生日, 著作出版'과 같은 축하(祝賀) 받을 일이 있으면 철저하게 거부하면서 타인(他人) 앞에 비교적 나서기를 주저하는 편이나 대조적으로 유머나 위트는 잃지 않는 밝은 성품의 소유자였다. 이 같은 현재성에서 충직한 사유(事由)랄까? 「越南記」의 종국(終局)은 대다수 독자들의 기대와 달리 역설적이랄까? 다음과 같이 처리되고 있다.

> 이날 卽 一九四七年 四月 二十日부터 서울特別市에는 解放名物의 하나인 越南避難民이 한 사람 더 불었더란다.[11]

3. 정치평론과 사회인식에서의 남는 문제

이상과 같이 한국시문학사에 있어 한 때는 전원파 시인으로 일컬어진 초허에 관해서 구체적인 산문문학을 거론하며, 새삼 강도 높게 민족 시인으로 거론하지 않더라도, 이 땅의 어느 시인보다도 기독교의 신앙에 철저하게 의지하며 작품 활동을 다양하게 전개한 종교 시인이다. 비록 그 자신이 자유당 말기에 평생을 몸담았던 교육계를 떠나 정객으로 변신(變身)하여 새로운 면모를 보였으나, 안타깝게도 문학과 정치의 합일을 확고히 성취하는 공적을 남기지는 못하였다. 그러나 불의와 독재에 항거하는 강직한 성정(性情)의 일면은 유감없이 우리에게 행동하는 지성으로서의 삶을 통해 놀랍게도 진정성 있게 입증하여 주었다.

그 같은 맥락에서 초허는 사회의 병폐적(病弊的) 요소를 청산하려는 의중에서 고심 끝에 마침내 한국사회에 정치평론의 지평을 열어준 정치평론집 『敵과 同志』(昌平社, 1955)를 간행하였다. 이 저서의 〈序文〉에서 고재욱은 저서의 평을 '當代의 春秋의 筆法임'을 다음과 같이

---

[11] 金東鳴, "越南記 〈完〉"(『自由文學』, 1959, 11), 194쪽.

피력하고 있다.

> 좋은 것을 좋다고 主張하고 나쁜 것을 나쁘다고 主張에 權勢에 阿附치않고 名利에 眩惑되지 않고 私情에 左右되지 않는 筆法을 가리켜 우리는 이를 春秋의 筆法이라고 합니다만 金東鳴氏의 論說이야말로 當代의 春秋의 筆法이라고 評해도 좋을 것 같습니다.12)

여기서 일세를 풍미(風靡)하는 당대의 논객(論客)인 초허는 그의 평론집 간행에 앞서, 『東亞日報』의 논단을 통해서 누구도 넘볼 수 없는 정연한 논리로 '민주정치의 守護와 擁護, 그리고 鬪爭의 기록'을 서슬 푸르게 시대적 소임으로 자인(自認)하고 천명하였다. 비교적 주변의 이들에게 조용한 성격의 인물로 알려졌으나, 불의를 대하면 일체의 주저함 없이 비정할 정도로 '肉親이든 이웃이든 親友든 또 어떠한 經歷이나 地位를 가진 者던 누구임을 莫論하고 불측한 生覺을 품은 者이면 當場에 베어버리라.'고 강하게 격노(激怒)하는 강직한 성격의 소유자임을 새삼 밝혀주고 있음은 유념할 바다.

그 같은 점은 〈法의 權威를 爲하여〉를 통해 확증되어지듯이 "法을 밟고(蹂躪) 살기보다는 法을 안고 죽는 것을 名譽로 여기는 者만이 그 몸 위에 걸쳐진 法衣에서 榮光과 자랑을 찾을 수 있을 것이다."13)는 역설은 '法을 안고 죽는 것을 名譽로 여기는' 진정한 법정신을 망각한 이 시대의 치욕스러운 법조인들에게는 하나 같이 준엄한 경고로 마땅히 기억될 교시(敎示)다. 이처럼 그 자신은 영달(榮達)을 위해 어떤 대상이나 조건과도 결코 영합(迎合)하지 아니하였고, 불의와 타협을 모르는 정직한 기질의 존재였다.

특히 초허는 세권의 정치평론집을 통하여 역대 정권인 '이승만의 독재정치와 장면 정권의 무능과 부패, 그리고 박정희 군사정권에 대하여 목숨을 걸고 극렬한 비판은 물론이거니와 부당한 권력이나 무도한 횡포(橫暴)에 투쟁으로 맞섰고 불의와는 이해(利害)를 떠나 일체 타협을 거부하였다. 오로지 그의 지대한 염원은 이 땅에 정의로운 사회와 철저한 자유민주주의 정착과 구현이었음은 김윤정의 다음과 같은 이론적 바탕 위에서 한층 더 명백하게 입증

---

12) 金東鳴, 『敵과 同志』(昌平社, 1955), 6쪽.
13) 金東鳴, 위의 책, 177쪽.

될 것이다.

김동명의 정치평론은 실제로 이 땅의 진정한 민주주의의 실현에 이바지 할 것이다. 월남 지식인이었던 만큼 철저한 반공 주의자였던 김동명의 민주주의의 이념은 '종북이다. 빨갱이다'하는 왜곡 없이 이 나라에 인권과 정의를 위한 지표를 제공해 줄 수 있을 것이기 때문이다. 자유민주주의의 본질을 정확하게 이해하고 있던 김동명의 지성은 우리에게 사상의 방향을 제시하고 있거니와 그의 지성을 지표삼아 이 땅에 인권의 신장과 정치의 발전을 이룩하는 일이 우리의 과제라 할 것이다.14)

또 하나 놀랍게도 그 자신은 자연스런 화술(話術)과 해학(諧謔)으로 상대방을 설득시키는 선천적 능력의 인물이었다. 때문에 그의 정치평론과 정객으로의 행위를 중점적으로 탐색하는 과정에서, '정치에 뜻을 두게 된 동기'는 앞서 지적하였듯이 유년시절, 모친의 영향과 시대적 상황은 운명적이랄까? 불가분(不可分)의 연계성을 지닌다. 격랑의 시간대에 몸담았던 초허의 생애는 대다수의 이들이 그러했듯이, 암울한 일제강점기와 한국전쟁기, 그리고 자유당과 민주당의 부패로 점철(點綴)되는 불행한 시간대다. 그의 수필 〈어머니〉에서 술회하고 있듯이 '氣質과 文學의 싹'을 어머니인 신씨(申氏)로부터 전수(傳受)받았지만, 모친은 초허가 뒷날 '江陵郡守'로 출세하여 줄 것을 못내 기대하였다.

내 나이 어렸을 제, 우리들이 타관에 나와 단칸방 셋방살이로 돌아다니고 있을 때의 일이었다.
어떤 날 나는 어머니에게,
『어머니는 내가 이 다암에 커서 무엇이 되기를 바라나?』(나는 어렸을 때 어머니에게 반말을 썼다.)그 때나 지금이나 다소의 과대망상증을 가진 나는 자못 자신 만만하다는 듯이, 어머니의 소원을 물었다. 순간 어머니의 눈은 빛나셨다. 내 신념에 움직이신 듯―그리고 은근하신 어조로,
『강릉 군수가 되어 주렴.』

---

14) 김윤정, "김동명의 정치평론집에 나타난 '자유민주주의' 사상 고찰"(『김동명 문학연구』vol. 03, 2016), 144-145쪽.

이것은 어머니의 향수. 고향으로 돌아가시고 싶은 간절한 심정이리라. 그러나 비단옷이 아니고는 돌아가시기를 원치 않으신다는 슬픈 결심이기도 하다.

-〈어머니(二)〉에서

무엇보다 그 자신의 관리(管理)에게 있어서 가혹(苛酷)하리만치 철저하였음은 물론 '정치인에게 있어 志操란 생명처럼 소중한 것임'을 거듭 천명(闡明)하였다. 한편〈敵과 同志〉에서는 '敵을 敵인지 모르고 同志를 同志인 줄 모르는 어리석음보다 더 큰 어리석음이 없음'도 정치에 몸담은 동료들에게 거리낌 없이 질타(叱咤)하였다. 또 그는 '이 시대의 민족적(民族的) 고민(苦悶)이나 정치적인 혼란(混亂)도 따지고 보면 있어서는 안 될 우매(愚昧)함의 소치(所致)임'을 주지시키면서 진실로 민주주의를 신봉(信奉)하는 사람이라면 목을 껴안고 결사투쟁(決死鬪爭)하며 맹서(盟誓)하는 동지(同志)여야 함도 강력히 주장하였다. 이처럼 초허가 강직한 신념의 소유자였음은 그의 천성(天性)이지만, "유별나게 矜持와 自尊心이 强한 모친"15)에게서 받은 영향임에 틀림이 없다.

모름지기 초허가 정치인으로 변신하여 정치의 장(場)으로 나서기까지는 그 자신의 결의(決意)도 필요했지만, 자유당의 지나친 부패와 부정, 그리고 반독재, 반부정을 향한 국민적 궐기(蹶起)인 4·19혁명이 실질적인 정치참여의 동기를 부여(附與)했다. 이와 같이 문학과 정치의 상호연관성(相互聯關性)은 자주 논의되면서도 질적인 진전의 결과를 맺지 못하고 있다. 그것은 정치의 개념규정(槪念規定)이 지극히 막연하고 모호한 탓이다.

그 점에 미루어 정신작업의 종사자로서의 막중한 시대적 소임을 인식하고 시문학 창작으로 일관했으면, 우리의 현대문학사에서 문학성과 문인으로서의 새롭게 평가 받았을 초허가 그 삶의 성숙기에 있어 한 때나마 정치에 몸담아 다소의 오해의 여지(餘地)를 남긴 이면(裏面)에는, 그만의 '시의식(詩意識)의 심화(深化)·확대(擴大)·다양성(多樣性)의 끊임없는 가능성을 시도하려고 노력하고 고뇌한 인고(忍苦)의 아픔이 이채롭게도 그 추이가 명백하다. 마치 그것은 월프레드 오웬(Wilfred Owen)이 세계1차 대전의 참상을 직접 목격하고 시로 형상화한 다음에 인용하는 "심장아, 네 아무리 뜨겁고 크고 충만하다 해도/총알 맞아 부은 염통만 하랴./네 손이 아무리 희단들/불길과 우박 속으로 너의 십자가를 끌고 가는 손보다/더 새하

---

15) 金東鳴,『世代의 揷畵』, (日新社, 1959), 15쪽.

얄 순 없다./울어라, 울어도 좋다. 너는 그들을 만질 수 없으니(더 큰 사랑)"와 같이 그렇게 진실은 살아남고 고통을 통해 얻어지는 것은 진정성을 지닌다.

이상과 같이 "초허의 「越南記」 해제와 양상의 고찰-산문의 분할·통합에서의 일탈」을 테제로 하고 '초허 산문의 일반적 탐색과 그 양상'에 관한 논의의 작업을 수행하는 과정에서, 그 자신의 일상적 삶에서 무엇보다 자명한 하나의 실제성은 어디까지나 현실을 예리하게 비판하는 역사의식을 지닌 한 사람의 지성이며, 문사(文士)였다는 역사적 사실이다. 또한 투사적 인물로 조국광복 이후에는 공산당, 자유당, 민주당과 공화당의 부정부패에 과감하게 저항한 정객(政客)이었다. 놀랍게도 그 자신이 새 공화당의 건국이념은 참신하고 건전하여야 한다고 강력히 역설한 점은 그 의미가 실로 지대한 편이다.

까닭에 철저하고 투철한 종교인의 신앙관을 지니고 정치평론인 〈民族主義와 民主主義〉에서는 "새 부대에는 새 술을 넣어야 한다.(마 9:17)'는 성서의 가르침을 역설하였음도 그러하지만, 〈時局은 重大하다〉는 논평에서도 다급하고 위기적인 상황에서도 '하나님의 正義'를 주창하면서, '精神(靈魂)도 먹어야 살고, 精神이 살아야만 옳은 意味의 사람이 사는 것이니, 精神의 糧食은 肉身의 糧食보다도 소중한 뜻이다.'라는 일관된 입장 표명(表明)을 통하여 암울하고 혼탁한 사회적 현상에서 당당하게 존재감을 지켜내며 부당함과 불의에 맞섰다.

모름지기 천년의 문향으로 일컬어지는 하슬라(何瑟羅), 그 빛의 고을인 강릉에서 태어나 진정한 한 시대의 지조와 격조(格調)를 지닌 지성으로서 그 자신이 예순여덟의 생애를 올곧고 당당하게 자존감을 지켜낸 초허의 위대한 창조적인 영혼과 준엄한 초인적(超人的)인 삶의 족적(足跡)을 '대륙의 심장'에 각인시켜야 할 이 시대의 우리는 결코 망각(忘却)하지 말아야 한다.

특히 그 어느 때보다 현실적으로 중차대한 시간대에서 1930년대를 대표하는 진정한 민족시인을 자처하지 않았으나, 조국상실의 비통함과 격동기의 참담함, 그리고 민족적인 분노를 초 장르적인 다양한 문학양식으로 이채롭게 수용한 김동명, 오로지 그의 문학세계를 천착(穿鑿)함에 있어 만약 창작 작업에 일관성을 지니고 온전히 몰두(沒頭)했다면 한층 예술성이 뛰어나고 가치가 확장된 기대 이상의 알찬 결과물을 생산했을 것이라는 아쉬움은 지대하다. 연구자 나름으로 초허 시문학의 통합적인 고찰의 과정에서 만년(晩年)에 그 자신이 운명적으로 정객으로 변모할 수밖에 없었던 인간적 고뇌(苦惱)와 시대상황을 부득이 고려(考慮)하였음을 하나의 합리적인 해법(解法)으로 본고의 말미(末尾)에서 주요 관건임을 비장감이 묻어나지만 다시금 천명(闡明)하지 않을 수 없다.

각론하고 한국시문학사에서 한 때는 전원파 시인으로 일컬어진 초허에 관해서 구체적인 시편을 거론하며 강도 높게 민족 시인으로 논하지 않더라도, 이 땅의 어느 시인보다도 기독교의 신앙에 철저하게 의지하며 작품 활동을 다양하게 전개한 종교시인임에 틀림이 없다. 그 자신이 자유당 말기에 오랜 날 몸담았던 교육계를 떠나 정치인으로 변신(變身)하는 새로운 면모를 보였으나 안타깝게도 문학과 정치의 접목을 확고히 이루지는 못하였다. 그러나 자존감을 지닌 당당한 민족의 지성으로 불의와 독재에 항거하는 강직한 성정(性情)의 일면은 유감없이 우리에게 행동하는 지성으로의 삶을 통하여 진정성 있게 입증한 역사적 사실이다.

그 같은 맥락에서 초허는 사회의 병폐적(病弊的) 요소를 청산하려는 의중으로 고심 끝에 정치평론집 『敵과 同志』(昌平社, 1955)를 간행하였으며, 이 저서의 〈序文〉에서 고재욱은 다음과 같이 기술하고 있다.

> 좋은 것을 좋다고 主張하고 나쁜 것을 나쁘다고 主張에 權勢에 阿附치 않고 名利에 眩惑되지 않고 私情에 左右되지 않는 筆法을 가리켜 우리는 이를 春秋의 筆法이라고 합니다만 金東鳴氏의 論說이야말로 當代의 春秋의 筆法 이라고 評해도 좋을 것 같습니다.16)

여기서 일세를 풍미(風靡)하는 당대의 논객(論客)인 초허는 그의 평론집에서 누구도 넘볼 수 없는 정연한 논리를 펼쳐가며 '민주정치의 守護와 擁護, 그리고 鬪爭의 기록'을 서슬 푸르게 시대적 소임으로 자인(自認)하고 또 천명하였다. 비교적 주변의 이들에게 조용한 성격의 인물로 알려졌으나, 불의를 대하면 일체의 주저함 없이 비정할 정도로 '肉親이든 이웃이든 親友든 또 어떠한 經歷이나 地位를 가진 者던 누구임을 莫論하고 불측한 生覺을 품은 者이면 當場에 베어버리라'고 강하게 격노(激怒)하는 강직한 성격의 소유자임은 다시금 유념할 바이다.

그 같은 점은 〈法의 權威를 爲하여〉를 통해 확증되어지듯이 "法을 밟고(蹂躪) 살기보다는

---

16) 金東鳴, 『敵과 同志』(昌平社, 1955), 6쪽.

法을 안고 죽는 것을 名譽로 여기는 者만이 그 몸 위에 걸쳐진 法衣에서 榮光과 자랑을 찾을 수 있을 것이다."17)는 역설은 '法을 안고 죽는 것을 名譽로 여기는' 진정한 법정신을 망각한 이 시대의 치욕스러운 법조인들에게는 하나 같이 준엄한 경고로 마땅히 기억될 교시(敎示)다. 이처럼 그 자신은 영달(榮達)을 위해 어떤 대상이나 조건과도 결코 영합(迎合)하지 아니하였고, 불의와 타협을 모르는 정직한 기질의 존재였다.

일제강점기 궁핍한 시대의 민족 시인으로「바람의 초상, 불멸의 시혼인 초허(超虛) 김동명(金東鳴)」은 그 자신이 몸담은 와중에서 주어진 삶을 강직한 집념과 기독교신앙으로 버텨낸 역사적 실체이다. 1930년에 첫 시집『나의 거문고』간행 이후에 민족적 비애와 울분을 시적 형상화로 토로하며 분노의 나날을 보냈지만, 그는 이 땅의 어느 시인보다 암울한 시대적 상황에서도 슬기롭게 대처하였다. 오로지 그는 혁명가적인 정객(政客)으로서 지사적 면모를 입증한 당당한 존재감을 지닌 인물이다. 불행하게도 그 자신이 우리시문학사에서 인위적 구속을 거부하고 독자적 행보(行步)로 뚜렷한 공적을 남겼으나, 동시대의 문인에 견주어 평가와 연구는 지극히 미흡하다.

안타깝게도 그 어느 시간대보다 한·일간의 국제적 대립과 갈등의 양상이 극도로 암울한 현존성에 비춰 '個我와 절대자와의 합일, 그리고 죽음을 완전한 자유를 누리는 성취의 과정으로 인식하며 영원한 해방을 허락한 신의 은총'으로 수긍한 점은 지속적이고도 심층적으로 논의될 핵심과제다. 그 같은 점에서 동시대의 어느 시인보다 평생을 구원의 상징인 십자가를 축으로 운무하며 영혼의 기도와 찬가를 창조주에게 드리며 좌절감을 기독교 신앙에 의지하여 극복하고 민족과 조국을 위해 자신의 삶을 받친 철저한 종교시인임은 주지할 바다.

논고의 말미에서 연구자의 입장에서 필히 밝혀둘 사항이라면 지난『강원도민일보』(2019. 2. 12일자)의「조형물로 본 강원인물 5. 시인 김동명(강릉)」에서 "「김동명 문학연구」로 1986년 성균관대에서 박사학위를 받고, 평생 김동명 문학혼 조명과 선양에 앞장서온 엄창섭 김동명학회 회장(가톨릭관동대 명예교수)은 '김동명 시인은 나라를 뺏긴 민족의 통한을 우리말 문학과 기독교의 박애정신으로 극복한 예지적 인물이자 투사적 존재였다. 제도권의 구속을 거부한 자유로운 영혼으로 시와 소설, 수필은 물론 정치평론의 새 지평을 품격 있게 열어 보인 김동명 시인의 문학과 삶의 거적(巨跡)은 실로 위대하다.'라고 평가했다."는 최동열

---
17) 金東鳴, 위의 책, 177쪽.

기자의 기획보도는 개인적으로 연구자에게 더없이 고맙고 감사한 기사에 해당한다.

　어디까지나 우리의 기대감을 저버리지 아니하고 분별력과 높은 식견을 지닌 초허는 그 자신이 시문학의 현재성에 있어, 기독교의 사상에 일관되게 근접한 부활과 영생을 큰 틀로 확정하고 있음은 주지할 바이다. 한편 그 자신의 문학관에서 '죽음의 정체성'을 구도적(求道的)으로 '불멸(不滅), 성취(成就), 흐름(變轉), 향수(鄕愁), 모성애(母性愛)'로 확증시켜주고 있음18)은 당위성을 지닌다. 모쪼록 한일의 국제관계가 극도로 심각하고 불확실한 현재성에서 한국의 기독교문인과 신학자들에게 지금껏 소외되고 배제된 초허의 내면의식과 문학양식(樣式)도 철저한 종교성은 문화의 지역구심주의에서 다각적이고도 체계적으로 끊임없이 검증될 과제이고, 최소한 문학 작업에 종사하는 우리에게 주어진 중차대한 시대적 소임이다.

---

18) 嚴昌燮, 앞의 책, 278쪽.

[참고문헌]

金東鳴文集刊行會, 『모래 위에 쓴 落書』(新雅社, 1965), 119쪽.

金東鳴, "炳든 따리아"(『朝光』 創刊號, 1935), 99쪽.

金東鳴, "文化施設 完備된 서울이 그립소"(『朝光』, 1936, 2月號), 55쪽.

金東鳴, "다람쥐"(『新東亞』, 1968, 3月號), 150쪽.

金東鳴, "越南記〈一〉"(『自由文學』, 1959, 6), 54쪽.

金東鳴, "越南記〈二〉"(『自由文學』, 1959, 7), 153쪽.

嚴昌燮, 『문화비평서 金東鳴, 바람의 肖像과 불멸의 詩魂』(모던포엠, 2019).

金東鳴, "越南記〈完〉"(『自由文學』, 1959, 11), 194쪽.

金東鳴, 『敵과 同志』(昌平社, 1955), 6쪽.

金東鳴, 『世代의 揷畵』, (日新社, 1959), 15쪽.

김윤정, "김동명의 정치평론집에 나타난 '자유민주주의' 사상 고찰"(『김동명 문학연구』vol. 03, 2016), 144-145쪽.

이미림, "김동명 텍스트의 헤테로토피아적 특성"(『김동명 문학연구』 Vol. 05, 2018), 156쪽.

李性敎, "金東鳴硏究"(誠信女師大論文集 4·5輯, 1972), 61-62쪽.

[Abstract]

A Study on Choheo's 「Wolnamgi」 Release and Aspects Deviation from Division · Integration of Prose

Uhm Chang-seop

(An Honorary Professor at Catholic Kwandong University and Advisor at the Korea Modern Literary Review Society)

First of all, the in-depth examination of "A Study on Choheo's 「Wolnamgi」 Release and Aspects-Deviation from Division · Integration of Prose" is a keyword that must be verified and solved in terms of research on Choheo's prose. In general, Choheo's prose is divided into 'essay · autobiography and political criticism'. This study will focus on essay and autobiography from a brief view rather than an in-depth one. However, it is often classified as a novel in 「Wolnamgi」 genre according to his own intention in human terms and a record of serious life besides the subject.

In「Place of Darkness」, which is categorized as autobiography in the general context through precedent studies, 「In Search of Freedom(越南記)」was defined as the first-person creative novel, and its composition of the story, events, characteristics, and developments were evaluated. Choheo's 「Wolnamgi」 is at the limits of nonfiction, but differs in plot and expression technique in contrast to other autobiographies. In addition, it was edited and published in four volumes in 『Jayu Munhak』(1959) three months before the publication of 『Illustration of Gene rations」in book form, and the genre was clearly stated as "creative novel" in the table of contents.

In particular, the aspect of the release of 「Wolnamgi」 and the artificial justification of the approach are not related to 'handspan autobiographical novel writing', which has been recently discussed in various ways. It is a writing style that can unfold one's life through storytelling in short texts, and we cannot ignore the trend to put together a glimpse of memory or an anecdote into a novel in one's life as an opportunity to see and reflect on himself. In addition, 「Across the Death Line」 connects with anxiety-obsessed 'me and a large group of people(群像), security guards, janitors, etc.' and finally crosses a river going through a dramatic situation. Choheo did not miss the anxiety of praying for escape from the context of fear, describing the dramatic atmosphere with "I burst into tears again" and concluded by turning the contact point of catharsis into the climatic zenith. His view about literature has the appropriateness for confirming 'identity of death' compositionally as 'immortality', 'achievement', 'flow', 'nostalgia' and 'maternal love'.

* Key words: Wolnamgi, first-person observer's point of view, handspan autobiographical novel writing, achievement, nostalgia, maternal love

김동명 시에 나타난 국가재건 시기 '서울'의 표정들
-『目擊者』(1957)를 중심으로

장은영*

목 차

1. 서론
2. 국가재건과 문화인
3. '서울'에 대한 형상화의 양상
   1) 세태에 대한 우려와 비판적 시선
   2) 전통에 대한 기억과 민족공동체에 대한 상상
4. 맺음말

〈국문초록〉

　이 논의는 김동명의 여섯 번째 시집 『目擊者』를 중심으로 국가재건 시기 '서울'의 표정들을 살펴보았다. 해방 이후부터 전쟁이 끝난 후까지 긴 시기에 걸쳐 시대적 과제로 여겨진 국가재건은 당시 문화인들에게도 중요한 과제였다. 문화인들은 스스로를 문화재건의 주체로 인식하며 국가재건에 이바지하고자 했다.

　김동명의 『目擊者』에는 1947년 월남 이후부터 한국 전쟁이 끝난 직후 역사적 혼란을 맞이한 서울 곳곳의 장소를 시로 형상화한 작품들이 수록되어 있다. 문화재건의 중심지인 서

---

*조선대학교 교수

울의 장소들과 문화 유적들을 대상으로 한 작품들은 국가재건에 대한 김동명의 태도와 인식을 엿볼 수 있게 해준다. 물론 이 시집에는 역사적 시련에 처한 서울을 바라보는 자의 회환과 아쉬움, 과거의 번영에 대한 그리움 등 복잡한 심경이 나타나지만 이 논의에서 주목한 것은 그 이면에 담긴 김동명의 시선이다. 세태를 직시하며 어지러운 질서를 다시 세워 좀 더 나은 국가를 건설해야 한다는 지식인의 사명, 전통과 역사에 대한 계승을 통해 국가를 초월하는 민족공동체를 건설해야 한다는 염원 등 『目擊者』에는 국가재건 시기에 김동명이 지녔던 재건에 대한 방향성이 함축되어 있다.

핵심어: 김동명, 『目擊者』, 서울, 국가재건, 문화재건

1. 서론

　김동명은 한국전쟁 이후 시집 『眞珠湾』(1954), 『目擊者』(1957)외에도 정치평론집 『적과 동지』(1955), 『역사의 배후에서』(1958), 『나는 증언한다』(1964)를 비롯하여 수필집 『세대의 삽화』(1960), 『모래 위에 쓴 낙서』(1965)를 출간한 바 있다. 정치 평론집을 비롯한 산문 출간이 늘어난 점에서도 나타나듯이 초기에 그가 보여준 전원적 목가풍의 시세계에 비해 후기 시세계는 사회 현실과 세태에 대한 서정 및 문제의식을 담고 있다. 그는 해방 직후 새로운 나라 건설에 대한 이상을 품고 있었으며 자신의 신념에 부합하는 체제를 좇아 1947년 월남을 강행했다. 시를 비롯하여 정치 평론과 정치 활동에까지 참여한 활동 양상으로 볼 때, 월남 이후 김동명은 대한민국이 국가 체제를 정비하고 사회 규범과 윤리 등 도의적, 문화적 기틀을 마련해나가는 국가재건 한복판에서 국가재건의 한 주체로서 소명과 책임을 느끼고 있었음을 알 수 있다.

　이 논의는 해방 이후 남한 정부 수립과 한국전쟁 그리고 전쟁 이후 복구시기라 할 수 있는 국가재건기에 수행된 문화재건이라는 맥락에서 김동명의 시세계를 살펴보고자 한다. 1950년대 중후반에 출간된 작품집이나 정치평론집은 국가재건을 바라보는 김동명의 입장과 태도를 반영하고 있음에도 불구하고 이 시기 작품은 시대적 상황과 관련하여 다뤄지지 못했다. 물론 정치평론집에 대한 연구를 통해 김동명이 지닌 사회 체제에 대한 신념과 지향이 논구된 바 있으나[1] 같은 시기 시세계에 대해서는 시대적 관련성 하에서 조명되지 못한 점이 아쉽게 느껴진다. 국가재건이라는 시대적 과제를 맞이한 김동명은 정치 평론을 통해 정권에 대한 비판과 사회가 나아갈 방향을 밝히는 한편 시를 통해서 세태를 바라보는 심정을 드러내고 역사와 전통의 계승을 시로 형상화하면서 국가재건에 관한 이상을 드러냈다. 해방 이후부터 전후 시대상과 서울의 풍경을 담은 시집 『目擊者』는 말 그대로 목격자의 시선으로

---

[1] 김동명의 정치평론에 대해서 엄창섭은 김동명이 문학과 정치의식의 합일을 이루지는 못하였으나 불의에 맞서는 정직한 성품을 보여주었다고 평하며 정치평론집의 의의를 자유당에 대한 비판과 민주주의 수호, 대의를 위한 실천, 다양한 논조와 세심한 표현, 민족의 미래를 위한 지성인들의 의식 개혁 촉구, 비민주적 독재에 대한 경계심으로 정리한 바 있다.(엄창섭, 「초허 김동명 문학연구」, 성균관대학교 박사학위논문, 1986, 129면, 139-140면)
김동명의 정치평론에 대한 후속 연구로는 이미림의 「작가(시인)으로서의 삶, 지식인(정치인)으로서의 삶」(『김동명 문학연구』vol.2, 김동명학회, 2015), 김윤정의 「김동명의 정치평론집에 나타난 '자유민주주의' 사상 고찰」(『김동명 문학연구』vol.4, 김동명학회, 2017), 장정룡의 「김동명 평론의 시대성과 정치인식」(『김동명 문학연구』vol.5호, 2018) 등이 있다.

당시 사회상을 기록하고 그에 대한 소회를 담은 시집이다. '서울素描', '한가람은 흐른다', '驛馬車', '避難詩抄' 4개의 부로 나누어져있고 총 49편의 작품이 실려있는2) 이 시집은 서울의 지명과 구체적 장소를 보여주는 이름 및 특정 인물을 지칭하는 제목으로 구성되어 있다. 특히 주목할 점은 시인이 목격자의 시선으로 관찰하는 서울의 특정 지명들이 개인의 기억을 담은 장소이면서 동시에 역사와 시대를 함께 한 사람들과 공유할 수 있는 공동체적 기억의 장소라는 것이다. 따라서 『目擊者』는 당대 사회상에 대한 기록인 동시에 새로운 정치 공동체를 만들어가는 시점에서 김동명이 구성원들과 공유하고자 하는 기억이기도 하다는 점을 간과하지 않아야 한다.

지금까지의 논의에서는 『目擊者』의 시대적 배경이 국가재건기라는 점이 크게 고려되지 않았다. 하지만 김동명이 사회현실에 대한 관심을 적극적으로 표명하며 자신의 신념을 실천하고자 한 실천적 지식인이었다는 점을 고려할 때 이 시집은 문화인으로서 자각을 가지고 국가재건이라는 시대적 요청에 대한 답한 결과물이라고도 볼 수 있겠다.3) 요컨대 김동명의 여섯 번째 시집 『目擊者』는 국가재건의 연장선에서 제기된 문화재건의 주체로서 시인 김동명이 지녔던 사회 정치적 이상과 포부를 담고 있다. 독재 권력에 대한 비판적인 의식과 민주주의에 대한 열망은 4.19 혁명 이후 김동명이 1960년에 초대 참의원으로 당선되면서 본격적인 정치활동으로 이어진 바 있다. 이듬해 5.16 군사정변으로 정치가로서의 이력은 비록 1년에 그쳤지만 김동명이 보여주었던 정치의식은 지식인이자 시인인 그의 세계관과도 무관하지 않다는 것을 이 논의의 전제로 삼고자 한다.

국가재건의 연장선에서 문화인들이 제기한 문화재건이라는 당시 시대상과의 관련성 아래에서 김동명의 시를 살펴보는 작업은 대한민국의 정체성을 확립하고 대한민국이 어떤 국가인지를 탐색하는 국가재건 과정에서 김동명이 지닌 국가와 문화에 대한 입장과 관점 및 국가재건의 주체로서 지닌 자각의 일면을 살펴볼 수 있다. 이와 같은 점들을 논의하기 위해 2장에서는 문화재건의 양상 및 이에 대한 문화인들의 인식과 자각을 검토하고, 3장에서는

---

2) 『目擊者』 작품 목록은 부록 참조.
3) 1960년 참의원에 당선된 이후 신문에 실린 기사에는 그동안 무능했던 문화정책을 앞장서서 뜯어고치겠다는 김동명의 발언이 소개되기도 했다.(「참의원으로 통하는 길(2) 김동명씨 시인」, 『경향신문』, 1960. 8. 4) 이 기사를 참조하면 김동명은 문화정책의 수준이 열악하다는 점을 인정하면서 정치가 바로해야 문화예술도 뻗어나갈 수 있다고 보았다. 그는 문화인으로서 자신을 인식하면서 좀 더 적극적인 실천을 위해 정치인의 길을 모색했던 것 같다.

『目擊者』에 나타난 서울 표상과 거기에 담긴 재건의 방향을 살펴보도록 하겠다.

2. 국가재건과 문화인

　1948년 남한과 북한의 단독 정부 수립은 각 체제가 국가의 기틀을 마련하고 사회를 정비해야 하는 과제가 주어졌음을 의미했다. 정부가 수립된 이후 무엇보다 중요한 것은 38선을 기준으로 거주지가 남한과 북한에 귀속된 주민들을 '국민'으로 만드는 작업이었다.4) 38선 이남의 거주자를 제도적인 국민으로 확보하고 충성심을 가진 국민으로 만드는 일은 곧 공동체 구성원들이 모두 동의할 수 있는 국가 이념을 필요로 했고, 이에 따라 이승만 정권은 국민의 도덕적 통합의 구심으로써 민족주의를 내세웠다. 그러나 이승만 정권이 강조했던 민족주의는 이후 한국 전쟁을 계기로 반공으로 변이되었고 전쟁 이후 더욱 체계화된 반공주의가 민족주의, 자유민주주의 등과 결합되면서 국민 통합 이데올로기로 작동했다.5) 해방 이후 단독 정부 수립과 함께 수행된 국가재건은 민족주의와 반공주의를 중심으로 여기에 동의할 수 있는 구성원들을 국민으로 수렴하는 포섭과 배제의 과정, 달리 말해 북한을 배제하고 남한의 구성원으로 이루어진 국민국가를 만들기 위한 과정을 일컫는다.

　국가재건은 국토(國土), 국기(國旗), 국가(國歌), 국사(國史) 등으로 상징되는 국가의 정체성과 '민족'과 '반공' 담론이 결합하면서 재구성된 국민을 이미지로서 표상하는 방식으로 진행되었다.6) 따라서 국가재건은 대한민국을 보여주기 위한 표상을 만들고 확산할 수 있는 책이나 신문, 잡지 등의 인쇄 매체만이 아니라 영화같은 영상 매체를 동원하면서 문화를 통한 재건 작업을 필요로 했다. 근대 이후 출현한 대중매체를 기반을 한 대중문화가 국가와 국민의 정체성 형성에 큰 기여를 했다는 주지의 사실처럼7) 우리나라에서도 국가재건은 국가와 문화가 결합됨으로써 수행될 수 있었다.8)

---

4) 김영미, 「대한민국의 수립과 국민의 재구성」, 『황해문화』vol.60, 2008, 109면.
5) 강인철, 「전쟁의 기억, 기억의 전쟁」, 『창작과비평』, 2000, 여름호, 349-350면.
6) 이하나, 『국가와 영화』, 혜안, 2013, 15-16면.
7) 위의 책, 16면.
8) 근대국가 체제에서 국가와 문화의 결합은 문화국가라는 개념을 통해서도 접근할 수 있다. 문화국가라는 용어가 최초로 개념화한 것은 19세기 독일 피히테였다. 그는 이성지배의 국가단계를 문화국가라고 보고 국가의 최종 목적

우리나라의 경우는 한국전쟁을 경험하면서 문화와 국가가 동일한 운명체로서 공고히 결합되기 시작했다.9) 전쟁의 승리가 곧 국가와 문화의 승리로 간주된 전시체제에서 문화란 곧 국가의 정신이자 국가 그 자체에 다름 아니었고 문화인이라는 호명은 한국전쟁기 매체에서도 강조된 바 있지만10) 문화와 국가의 제도적 결합이 본격화된 것은 한국전쟁 이후 국가재건 시기에 와서이다. 1950년대는 국가권력을 포함한 사회문화의 제반세력이 새로운 문화건설을 표방하고 근대적 문화기획을 추진하면서 문화주체들간의 헤게모니투쟁이 전개된 시기였던 만큼11) 당시 정부는 문화정책을 통해 문화를 통제하는 한편 국가 체제를 정비해나갔고, 사회적으로는 문화정책을 둘러싼 시비가 전개되면서 문화란 무엇이고, 문화를 선도하는 문화인이란 무엇인가에 대한 논의가 나타났다. 여기서 각별한 주의를 기울여야 할 것은 '문화'의 개념이다. 근대적 체제로서 국가가 형성되면서 새로운 형태의 정치체제가 그 구성원을 국민으로 만들었듯이 문화 역시 국민국가 체제 하에 뿌리를 둔 국민통합을 위한 이데올로기의 성격을 지닌다.12)

이 자유의 지향에 있으며 이를 위해 국가는 개인의 협력을 구할 수 있다고 논했다. 문화국가를 최초로 개념화한 피히테는 세계사와 국가의 발전을 본능지배의 국가, 권위확립의 국가, 가치해소의 국가, 진리와 자유지향의 국가, 이성지배의 국가와 같이 다섯 단계로 나누고, 마지막 이성지배의 국가단계를 문화국가로 불렀다. 국가의 최종 목적은 자유를 지향하는 문화에 있으며 국가는 이 목적을 실현하는 범위 안에서 개인으로부터 협력을 요구할 권리를 갖는다. 다만, 국가는 문화를 획일화할 수 없고 개인의 힘들을 전체적으로 고양시켜나가야 한다고 주장했다.(김수갑, 『문화국가론』, 충북대학교출판부, 2012, 66면)

9) 한국 사회가 문화국가에 대한 이상과 포부를 드러낸 것은 대한민국 정부 수립 이전이다. 일각에서는 문화의 힘을 강조하며 문화실현을 새로운 국가에 대한 이상으로 설정한 백범 김구의 논의를 문화국가론의 단초로 보기도 한다. 김구는 「나의 소원」에서 윤리적인 가치실현을 위한 문화국가 건설을 주장한 바 있다. 물론 김구에 의해 제창된 바 있는 문화의 중요성은 문화가 규범인 윤리와 도덕이라는데 초점이 있지만(이용철, 「김구의 윤리적 문화국가론과 자유주의」, 『정신문화연구』제37권, 한국학중앙연구원, 2014, 292면) 한편으로는 문화의 실현이 국가라는 새로운 공동체의 기틀이 된다는 점을 역설했다는 점에서 문화와 근대 체제로서의 국가가 맺는 관계를 시사한다. 사실상 문화국가론은 인접한 일본을 비롯하여 서구 국가들에서 이미 논의되었던 근대 국가 체제의 한 특징이었다.(니시카와 나가오, 윤해동·방기헌 역, 『국민을 그만두는 방법』, 역사비평사, 2009, 73-111면 참조)

10) 전쟁기 잡지에서도 '문화인'에 관한 언급이 중요하게 나타난다. 육군종군작가단 기관지인 『전선문학』에서 문인을 포함한 예술인들은 스스로를 문화인으로 인식했고, 이헌구는 다음과 같이 문화인을 정의하기도 했다. "현대세계적 정신의 대변자인 문화인, 시대적 정신을 창조하고 수호하고 계몽하고 때에 따라 강렬히 항거할 수 있는 의무와 권리가 賦興되었을 문화인, 우리에게 주어진 한 인간으로서의 시간적 공간적 위치에서 열외없이 이에서 잡설될 수 없는 일견 혁명적이요 냉혈적인 가열한 현실을 가장 잘 파악하고 이해하고 동참하므로써 스스로 이 현실에 즉의하여 사고하고 행동하는 문화인", "시대적 정신을 대변할 선량인 문화인"(이헌구, 「文化戰線은 形成되었는가」, 『戰線文學』2호, 4-5면)

11) 이봉범, 「1950년대 신문저널리즘과 문학」, 『반교어문연구』29권, 반교어문학회, 2010, 263면.

12) 니시카와 나가오, 앞의 책, 38-47면 참조.

잡지와 신문매체에 빈번히 등장했던 '문화 건설', '문화 운동', '문화 창조' 등의 슬로건은 문화의 개념이 국가라는 심급과 공고히 매개되고 있었음을 보여준다. 문화와 국가의 연결 지점을 구체적으로 보여주는 것은 문화보호법 이후 시행된 '문화인등록령'13)에 대한 문학인들의 대응이다. 그들은 정부의 일방적인 문화정책에 비판하는 과정에서 문화인이라는 자각을 분명히 드러냈고, 문화재건에 앞장섬으로써 국가재건에 이바지해야 한다는 주체적 입장을 표명했다.

> ① 〈文化保護法〉은 檀紀四二八五年 八月七日 法律第二四八號로서 公布, 實施된 文化擁護에 關한 우리나라의 唯一한 法律이다. 이 法은 同法第一條에 明示된 바와 같이, 「學問과 藝術의 自由를 保障하고, 科學者와 藝術家의 地位를 向上시킴으로써 民族文化의 創造, 發展에 功獻함」을 그 目的으로 하고 있다. (중략) 以上이 〈文化保護法〉과 〈文化人登錄令〉에 對한 大體의 輪廓이다. 以上의 輪廓을 通해서 바라볼 때, 第一먼저 느껴지는 것이 科學者와 藝術家의 資格問題이다. 〈文化保護法〉에 明示된 條件만으로서 科學者와 藝術家의 資格을 規定하기에는 그 條文自體가 지나치게 빈곤할뿐아니라, 設使 그것이 可能한 한 箕準을 세울 수 있다 하더라도, 그것은 科學者와 藝術家에 對한 形式的인 規定일뿐이다.(…) 두 번째는 (…) 學術과 藝術 사이에 二倍의 差異를 두었다는 것은 分明히 藝術에 對한 理解의 不足을 意味하는 것이 아닐 수 없다. 셋째는 會員의 任期를 세 種類으로 나눈 것은 좋으나 그 任期의 差異를 三年, 六年, 終身으로 區別한 것은 滿足할 만한 것이 못된다. (…) 넷째는 學術院과 藝術院의 決議가 아무런 法의 效果를 가지고 있지 못한 점이다. (…) 다섯째는 文化人에 관한 保護의 법적 措置이다. (…) 오직 「大統領令이 정하는 바에 의한 手當 또는 年金을 준다는 것이 唯一無二한 文化人保護策이다. 더욱이 이것도 學術

---

13) 문화보호법은 학문과 예술의 자유를 보장하고 과학자와 예술가의 지위를 향상시킴으로써 우리 민족 문화의 창조 발전에 이바지함을 목적으로 1952년에 제정된 법률이다. 문화인등록령은 1953년 4월 14일에 대통령령으로 공포된 문화인보호법의 하나이다. 이 법안의 제1장 제1조에 따르면 문화인등록령은 문화보호법 제8조 및 제19조 제2항에 의한 문화인등록에 관한 규정이다. 여기서 문화인은 과학자와 예술인을 일컬으며 법안이 규정한 문화인임을 증명하는 서류를 문교부장관에서 제출함으로써 등록하면 문교부장관 소속하에 과학자등록자격심사위원회와 예술가등록자격심사위원회에서 이를 심사한다. 참고로 문화인등록령이 공식적으로 폐지된 것은 2019년 1월 29일이다. 실효법령 정비를 위한 252개 대통령령 폐지령에 의거하여 「문화인등록령」 폐지 시행이 공포되었다. (〈국가법령정보센터〉, http://www.law.go.kr/LSW/lsInfoP.do?lsiSeq=207459#0000)

院, 藝術院 會員에 限했을 뿐이요, 一般 科學者와 藝術家는 〈文化保護法〉으로써 保護되는 것이 아무것도 없으며 保障되는 그 무엇도 없다. 그 名目에 비해서 虛無하리만큼 無內容한 法律이다. 여섯째는 登錄에 관한 까다로운 手段과 節次다. 〈文化保護法〉에서 規定된 文化人이란 적어도 社會的으로 公認된 學者나 藝術家들이 아닐 수 없다. 이러한 사람들이 받아도 아무 소용없는 〈文化人證〉을 얻기 위해서 여러 가지 證明書類를 添附하여 「나를 審査해주시오」하고 登錄을 申請하리라고는 想像할 수 없는 일이다. 이것은 文化人의 自尊心을 損傷시키는 일이다.[14]

② 文化國家에서는 證明書가 많아야 한다. 한 장의 證明書보다 두 장의 證明書의 所有者가 社會的 地位가 높다는 것은 두말할 나위도 못 된다. 허기야 ㄹ氏도 대여섯 장의 證明書를 所持하고는 있다.
　더욱 保護하고 證明하게 될 것이다. ㄹ氏는 大學을 卒業하고 三年 以上 藝術에 從事하였기 때문에 文敎長官이 發行하는 〈文化人證〉을 所持할 資格을 **하고 있다. 이 〈文化人證〉을 소지하면 ㄹ氏는 自他가 認定하는 公明正大하고 **한 〈文化人〉이 될 수 있으리라. 文化民族의 後裔 ㄹ氏는 이로써 祖上의 意思에 따라 〈文化國家〉의 〈文化人〉이 될 수 있다.[15]

①은 조연현이 '문화보호법'의 현실적 문제점을 지적한 글이고, ②는 이봉래가 '문화보호법'이라는 제도의 허구성을 풍자적으로 제기한 글이다. 조연현은 현실적 개선안을 촉구하는 입장이라면 이봉래는 제도의 허위성을 신랄하게 폭로하고 있다. 두 인용문 모두 정부의 '문화보호법'과 관련한 일련의 제도에 대하여 비판적 입장을 제기한다. 이들의 태도에서 눈여겨보아야 할 지점은 첫째는 그들이 '문화보호법'을 비판함으로써 국가를 부정하는 것이 아니라 더 나은 국가를 열망하고 있다는 점, 둘째는 "證明書"라는 인위적 수단으로 대신할 수 없는 '문화인'의 존재를 자각하고 있다는 점이다. 그들은 '문화인'이 제도에 의해 규정되는 자가 아니라 제도 자체를 만드는데 참여하고 제도를 승인하는 국가의 주권자라는 점을 새삼 확인하고 있다. 이처럼 스스로 국가재건의 임무를 띤 '문화인'은 제도적 장치의 필요성을 주창하

---
14) 조연현, 「文化保護法 是非」, 『수도평론』, 1953. 7, 91-93면.
15) 이봉래, 「文化民族의 後裔 -文化人 ㄹ氏의 경우」, 『수도평론』, 1953.7, 80면.

면서도 그 한계를 지적하고 일방적인 제도의 정착을 비판함으로써 국가가 위정자들에 의해 전유되는 현상에 대항했다. 위정자에 대한 그들의 대항은 이념적 대립에 의한 것이 아니라 이념적 합의 안에서 이루어진 것으로써 궁극적으로 국가재건에 동참하는 방향으로 나아갔다. 여기서 '문화인'은 문화의 담지자로서 자기 정체성을 드러내는 기표일 뿐만 아니라 시대적 상황에 적극적으로 참여함으로써 자신의 주체성을 확인하고자 하는 명칭이었다. 자기 스스로를 문화인으로 호명한다는 것은 자신의 행위가 국가라는 새로운 체제에서 국민이라는 정체성을 적극적으로 드러내는 자기증명 행위에 다름 아니었다.

자신들의 목소리를 표출하는 매체를 확보할 수 있었던 '문화인'은 자신들이 생산한 활동의 산물을 문화라는 이름 하에 국가와 결합시키고자 했다. 앞장서서 국민이 되고자 했던 그들에게 국가재건은 곧 국가의 문화를 만드는 문화재건과 동의어였다. 스스로를 국가재건의 주체로 자각한 이들은 문화재건의 중요성, 시급성을 이야기하며 문화란 무엇인가를 설파하는 한편 문화재건을 위해 도덕의 회복이 필요하다고 주장했다. 이때 문화인들이 제기한 도덕은 보편적 차원의 개념이 아니라 국민이라는 특정한 구성원들이 갖추어야 하는 국민정신이자 국민으로서의 덕목이었다. 따라서 전쟁 이후 가치의 혼란 속에서 국민도의를 회복하고자 했던 사회적 목소리도 문화재건의 맥락에서 이해해 볼 수 있다.

> ③ 目前의 富貴와 榮華를 위하여 汲汲할뿐 國家와 民族의 久遠한 將來를 左右할 文化再建의 課業을 잠시인들 沒却해서야되겠습니까. (중략) 우리가 지닌바 總力量을 文化再建이라는 重大課業에 集注하지 않으면 안 된다는 所以가 또한 여기 있읍니다. (중략) 과연 獻身的으로 文化를 위하여 奉仕하고 있는가, 과연 文化人으로서 부끄럽지 않은 人格이 陶冶되어있는가, 協調의 精神, 團結의 精神이 마련되었으며 萬人이 欽仰할만한 行動을 取하고 있는가, 創造一念 忍苦의 生活에서 스스로 樂을 얻을만한가, 一時의 輕忽한 趣味나 安逸한 虛榮이나 지나친 自我陶醉가 아니라 一生을 두고 이길에만 精進할 굳은 決意가 서있는가, 그러함에는 深刻한 思索과 眞摯한 讀書와 充溢한 創意와 不絶한 活動이 賦課되고 있다는 것을 覺悟해야될것입니다.[16]

---

16) 이하윤, 「文化人의 緊急動議」, 『동아일보』, 1955. 1. 19.

③에서 당시 문총 최고위원이었던 시인 이하윤은 문화인이 맡은 문화재건이라는 과제를 명시하고 있다. 여기서 문화재건은 국가재건의 일환이며, 이 임무를 자발적으로 떠안은 문화인은 한 개인의 창조적 산물로써의 예술 활동이 아니라 국가라는 전체를 목적으로 삼은 예술 활동에 종사하는 이로서 인격의 도야나 협동 정신, 단결 정신과 같은 도덕성을 먼저 갖춘 사람이어야 한다. 국가재건에 있어 문화인의 행동과 참여를 촉구하는 이 글은 궁극적으로 문화인이 국민의 모범이자 지도자가 되어야 한다는 결론을 향하고 있다. 표면적으로는 문화인의 노력을 요청하고 있지만 새 국가의 문화가 위로부터의 견인과 통제를 통해 마련되어야 한다는 발상은 문화를 이념적 차원에서 보는 시각을 드러낸다. 아울러 이 발언이 다소 위태롭게 보이는 것은 문화인을 예술가로서의 자율성을 지닌 자가 아닌 규범과 도덕의 통제자로 간주하고 문화를 국가라는 심급의 종속물로 삼음으로써 문화를 수단화한다는 점이다.

문화인들에게는 국가와 문화에 대한 이상과 신념도 중요했지만 실질적으로 해방기 이후 혼란이 더욱 가중된 전후 사회에서 문화인들에게 더 시급한 문제는 국민들의 윤리의식을 회복하고 무질서하고 타락한 현실을 바로잡는 것이었다. 이에 따라 도의론[17]이 주창되기도 했고 문화인들은 신문 등의 매체를 통해 타락한 세태를 비판하며 국민 도의를 바로잡기 위한 방안을 모색하기도 했다.

> ④ 지금 도의수준을 어떻게 올리느냐 이 근본대책으로서는 정치를 잘 하는 도리 밖에 없다는 거예요. 왜냐하면 가령 관리가 양담배 한갑이라도 갖다줘야 증명서도장이라도 찍어주고 심지어 인감증명 하나 내는데도 다 정가가 붙어있답니다. 그렇게 관리의 생활이 극도의 타락을 하고 그렇게 관기가 문란해진 이유가 어디있느냐 할 것 같으면 지금 우리의 정치하는 사람들이 그들에게 생활을 보장 안 해 준데 있읍니다. 생활을 보장 안 해주니까 굶어서 죽을 수는 없고 부득불 협잡이라도 하고 혹은

---

[17] 해방 이후 남한 사회에서 현실 위기를 극복하기 위해 주창된 '道義'는 정부수립을 전후하여 우파 지식인들에 의해 국가적인 통합이념으로 민족정신, 국민도덕과 연결되기 시작했다. 전쟁 이후 사회에서 나타난 전통적 가치질서의 동요, 미군문화로 대표되는 외래문화의 확산과 그에 따른 폐해, 사회적 부패, 경제적 곤궁으로 인한 범죄의 증가 등 사회적 위기에 직면하여 집권층과 지식인층이 체제 안정화와 국가적 통합을 도모하기 위해 제기한 '도의'는 체제의 불안정을 심화시키는 사회현상들을 윤리의식의 확산으로 타개하고자 한 것이었다. 전쟁 발발 이후 주창된 도의는 기존의 윤리체계 혹은 생활원리는 무엇이며 향후 사회에서 통용되어야 할 윤리란 무엇인지 그리고 전후 재건에 부응하는 올바른 사회적 삶이나 이상적 인간형은 어떤 것인가라는 문제와 직결된 것이었다.(홍정완, 「전후 재건과 지식인층의 '도의' 담론」, 『역사문제연구』 제19호, 역사문제연구소, 2008, 45-59면.)

양담배라도 받아야된다, 결국 이 관기가 문란해지는 것도 정치가 그 문제를 근본적으로 해결해주지 않는 이상 관기의 문란을 숙청할 도리가 없다는 것입니다.[18]

④는 동아일보가 개최한 좌담에서 사회를 맡았던 김동명의 발언이다. 『동아일보』사 측은 "외적인 영향이 우리나라 국민도의를 땅에 떨어뜨렸는지? 내적인 정치가 잘 되지 않기 때문에 국민도의가 떨어졌는지? 또는 해방의 혼란과 육이오 동란 때문에 국민도의가 땅에 떨어졌는지"[19] 그 원인을 찾기 위해 각계 인사를 모아 좌담을 벌였는데, 이때 사회를 맡은 김동명은 도의가 타락한 예를 말하면서 관리들의 부패상을 지적했다. 김동명의 발언에서 중요한 점은 국민 도의의 타락을 한 개인의 윤리의식 문제로 간주하기보다 구조적 문제로 인식한다는 점이다. 따라서 해결 방법 또한 정치를 바로 잡는 데 있다고 주장한다. 도의가 타락한 부정적 세태를 구조적인 측면에서 바라보는 김동명의 시각은 지식인, 정치인으로서 김동명이 지닌 통찰력을 보여주는 한편 이후 김동명이 정치에 진출하는 까닭을 짐작하게 하는 대목이기도 하다.[20]

문화재건을 개인의 인격과 정신의 차원에서 주창하는 이하윤과는 달리 김동명은 구조적인 개혁이 중요하다고 보았다. 따라서 그는 정치를 통한 사회 정의의 확립과 실질적인 규범의 확립을 촉구하고 있다. 윤리 규범을 정치 체제의 문제로 보고 있다는 점에서는 당대 문화인들의 인식과 마찬가지로 국가재건과 문화재건을 동일선상에서 파악하고 있으나 이를 개인의 의식보다는 구조적인 문제로 보고 정치적 해결을 찾고자 한다는 점에서는 세태의 본질을 꿰뚫어보는 지식인의 통찰력이 드러난다.

국가재건 시기 김동명의 태도와 인식을 보다 구체적으로 살펴볼 수 있는 텍스트는 여섯 번째 시집 『目擊者』이다. 1947년 월남 이후부터 한국 전쟁이 끝난 직후의 시기를 담은 이 시집에는 역사적 혼란을 맞이한 서울 곳곳의 장소를 시로 형상화한 작품들이 수록되어 있다. 역사적 시련에 처한 서울을 바라보는 자의 회환과 아쉬움, 과거의 번영에 대한 그리움

---

18) 김동명, 「국민도의심의 환기와 진작의 방안 본사주최좌담회」, 『동아일보』, 1957. 1. 1.
19) 위의 글.
20) 엄창섭에 따르면 김동명이 정치에 뜻을 두게 된 동기에는 강릉군수로 출마하기를 바랐던 그의 어머니의 영향과 암울하고 부패한 시대상황, 특히 자유당의 부패와 4.19혁명이 연관되어 있다고 지적한 바 있다.(엄창섭, 앞의 글, 130-131면)

등 복잡한 심경이 나타나지만 그 이면에는 국가를 바로 세워야 한다는 지식인의 사명, 전통에 대한 계승과 민족문화 재건을 향한 염원 또한 함축되어 있다.

3. '서울'에 대한 형상화의 양상

1) 세태에 대한 우려와 비판적 시선

사회 현실의 변화와 정치적 문제에 대한 관심이 컸던 김동명은 『眞珠灣』에서 「새 나라의 構圖」, 「새 나라의 일꾼」, 「새 나라의 幻像」 등의 시를 통해 해방 직후의 지녔던 새 국가에 대한 이상과 기대, 설렘과 우려 등을 표명하기도 했다. "드디어 문허저 가는 「카오쓰」 속에 / 눈이 보인다/ 코가 보인다/ 둥군 이마가 보인다"(「새 나라의 幻像」)는 구절은 아직은 그 모습이 드러나지 않았지만 해방 이후 새로이 건설한 나라에 대한 기대감을 잘 표현하고 있다. 그러나 월남 이후 단독 정부가 수립된 1948년 서울을 바라보는 시인의 심경은 기대감보다는 걱정이 앞섰던 것으로 보인다. 당시 김동명이 마주한 서울은 표면적으로나 내면적으로 혼란스럽고 무질서한 도시였다. 『目擊者』에 실린 시 가운데 "解放直後 數年間의 서울 風景"이란 부제가 붙은 시 「驛馬車」에서 그려지듯이 자동차와 역마차가 뒤섞여서 달리듯 "〈코리아〉와 〈아메리카〉의/ 서글픈 同伴" 시기였다. 김동명은 단독정부를 수립한 대한민국이 미국의 원조를 받으며 체제를 지탱할 수밖에 없는 현실을 정확히 인식하고 있었고, 그러한 현실을 서글프다고 표현했다. 『目擊者』에서 다수의 시편들이 과거의 흔적이 남아있는 장소에서 지난 시대의 기억을 더듬으며 현재와 과거를 교차하는 가운데 전통과 역사를 환기하는 까닭은 단지 낭만적 소회를 드러내기 위한 것만이 아니라 과거의 번영이 깃든 이곳을 온전한 우리 것으로 만드는 국가재건이 중요하다는 것을 배면에 두고 있다. 서글픔은 그러한 복잡한 심경에서 비롯한다.

그런 점에서 김동명에게 중요했던 과제는 현실의 문제를 실질적으로 개선해나가는 것이었다. 김동명은 새 나라 건설을 시작하는 시점에서 먼저 관찰적 시점으로 자신이 몸담은 서울을 형상화했다. 그 가운데 세태의 이면을 파고드는 날카로운 시선이 잘 드러나는 것은 「서울 素描」, 「양갈보」같은 작품이다.

① 쓰레기와 市長 閣下가/ 단판 씨름 하는 거리// 歸屬財産을 파먹고/ 구데기처럼 살이 찐 謀利꾼의 거리// 어디 없이 널린 똥과 오줌과 가래침이 실은/ 貪官汚吏 못지 않게 질색인 거리// 소매치기 패도 제법/ 〈빽〉을 자랑한다는 거리// 거지도 곳잘/ 中間派 행세를 하는 거리// (중략) 일찍부터 슬픈 傳說을 지니고 있어/ 자래 배 않른 어린 아기처럼 얼굴이 노랗게 뜬 거리// 그래도 뺑 둘러 있는 遠近 山川의 이름만 거들어도/ 제법 멋들어진 古都란다   -「서울 素描」부분

② 쓰레기. 一九四八年代의 서울의 特徵을 이야기 하는데 이 보다 더 適切한 語彙는 없으리라. 쓰레기야 말로 서울의 마음이오 또 그 육체다.

K시장 退任辯에 가르되// 〈쓰레기엔 무척 혼났노라〉// Y시장 就任辭엔 가르되/ 〈쓰레기는 기어히 치우고야 말리라.〉// 쓰레기와 겨르는/ 大서울의 悲鳴이렸다// (중략) 이건 누가 치워 주려나/ 언제나 치워 주려나   -「쓰레기」부분

김동명은 쓰레기 당시의 세태를 "쓰레기"에 비유하여 비판적 목소리를 우회적으로 드러내기도 했다. 새로 취임한 서울 시장이 쓰레기 청소강행주간(1948. 12. 19- 1948. 12. 26)을 실시할 만큼 쓰레기 문제는 대한민국의 수도이자 얼굴인 서울시가 해결해야 할 주요 문제였다. "「쓰레기」 문제는 해방 삼년간의 큰 두통꺼리 였던만큼 과연 윤시장의 엄명대로 일주일 후인 이십이일경에는 청소되어 깨끗한 서울이 될 것인가는 극히 주목되고 있는 바이며 윤시장의 취임 후 처음명령인만큼 동문제는 금후 시행정운영의 척도가 될 것으로 자못 기대되는바크다."[21]는 신문 기사가 연일 쏟아지는 등 서울의 쓰레기는 큰 관심사였다.

이러한 현실적 사안을 시로 쓴 김동명은 쓰레기 더미가 가득한 서울의 풍경에 대한 문제의식을 드러내는데 그치지 않고 모리꾼, 탐관오리, 소매치기가 판치는 세태를 비판하고 있다. 「서울 素描」에서 사회 질서를 어지럽게 하고 거짓과 협잡을 일삼으며 사회 정의와 규범을 타락시키는 이들은 서울 거리를 더럽히는 쓰레기에 비유되고 있다. 쓰레기를 잘 처리하는 것도 중요하지만 정작 김동명에게 중요한 것은 혼란을 틈타 벌어지는 부정과 부패를 척

---

21) 『경향신문』, 1948. 12. 17.

결하는 일이었다. 문제는 1948년 서울의 마음과 육체가 쓰레기라는 말로 대변될 만큼 부정부패가 서울에 만연해 있었다는 점이다. 해방 직후 지녔던 이상적인 국가의 모습은 간데없고 김동명의 눈에 비친 현실은 쓰레기가 차고 넘치는 거리였던 것이다. 그러나 김동명이 그러한 현실에 절망하거나 비관적인 태도를 보이는 것은 아니다. 쓰레기가 가득한 거리가 서울의 본모습은 아니기 때문이다. 시의 마지막 부분에서 드러나듯이 김동명에게 서울의 본모습은 "뺑 둘러 있는 遠近 山川의 이름만 거들어도/ 제법 멋들어진 古都"이다. 지금 당장은 무질서하고 지저분한 거리에 불과하지만 서울은 오랜 역사와 전통을 지닌 도시로서 다시금 문화의 중심지로 거듭나리란 희망이 함축되어 있다.

당시 문화인들이 세태를 비판적으로 보고 타락한 시민들을 정상적 국민이 아닌 부류로 몰아세우며 비난하는 태도를 보인데 반해 김동명은 자기반성적 시선으로 서울의 거리와 거리에서 목격한 사람들을 관찰하면서 세태의 이면을 보고자 했다. 혼란과 가난이 깃든 거리의 풍경을 스케치하듯 관찰하면서 구조적인 문제를 그려내고자 했다.

③ 거지와 淑女가 가끔/ 숨바꼭질 하는 곳// 생선 가가 같이/ 비린 내가 풍긴다// 避難民의 長蛇陣이/ 噴水 모양 흩어저// 포도 위에/ 물방울이 차겁다
-「서울驛」전문

④-1 길 모퉁이에 버리운듯 흩어져/ 스사로 밝히우기를 기다리는 꽃이란다// 너머 輕蔑하는 눈으로 보지 마라/ 너머 苛酷한 이름으로 부르지도 마라// 歷史의 죄를 지고 가는 어린 羊떼가 아니냐/ 祖國 때문에 바쳐야 할 슬픈 犧牲이 아니냐// 누구 저들 앞에 나아가 두 무릎을 꿀 자는 없느뇨/ 일즉이 쏘-냐 앞에서 그러던 라스 꼴리코프처럼……// 처참한 人類의 姿勢 앞에/ 市民으로의 禮節을 다하지 않으려나// 淑女 諸君 그대들이 高慢한 눈초리의 生理를 위해서는/ 나는 이제 더 좋은 대상을 指示하리라// 그대들이 아무리 輕蔑한대도 춤뱉는 대로 矢德이 아닐수 있기는 다만 그대네 사랑 방에 버티고 앉은 수염 달린 양갈보란다   -김동명, 「양갈보」전문

④-2 百萬人口를 자랑한다는 우리의 首都『서울』의 어둠침침한 이 골목 저 골목에서 朱紅色연지의 야릇한 香氣와 더불어 사람의 官能을 녹이는 듯한 嬌聲이 醉客-

뿐만 아니라 멀쩡히 제 精神을 가진 친구까지-의 걸음을 멈추게할때……三十度나 傾斜한 敵産집 房 한 복판에서는 世上에서도 보기 드문 황홀하고도 얄궂은 狂態의 가지가지가 演出되고 있는 것이다. (중략) 서울의 이거리 저거리 住宅地帶에까지 염치없이 浸透하고 있는 이 私娼들, 解放後 自由와 人權尊重의 德으로 公娼의 굴레를 나옴으로써 과연 解放이 되었는가? 차라리 이 解放의 實을 거두지 못할바에야 從前같이 한 군데로 몰아 넣음이 社會風紀를 維持함에 妥當할 것이 아닌가!22)

③은 전쟁으로 졸지에 피난민이 되어 길을 떠나는 사람들로 북적이는 서울역 앞을 스케치하듯 보여주는 시이다. 짧고 간결하지만 떠나기 위해 길에서 줄을 선 사람들을 안타깝게 바라보는 심정이 잘 드러난다. 피난민을 바라보는 시선에서도 나타나듯이 김동명은 사람들을 국민이라는 대상으로 간주하기보다는 동등한 입장에서 그들이 겪는 시대적 시련을 있는 그대로 드러내고자 했다. 김동명의 관찰적 시선은 ④-1에서 보다 잘 드러난다. 화자는 매춘으로 생계를 유지하는 거리의 여인을 바라보며 "스사로 밟히우기를 기다리는 꽃", "歷史의 죄를 지고 가는 어린 羊떼", "祖國 때문에 바쳐야 할 슬픈 犧牲"이라는 표현함으로써 도리어 그녀를 향한 사회적 시선을 비판의 대상으로 삼는다. 왜냐하면 외국인을 상대로 한 매춘 여성의 증가는 전쟁이 낳은 비극적 산물이었기 때문이다. 이는 매춘 여성 중에서도 미군들을 상대하는 일명 양공주를 향한 당시의 여론과는 사뭇 다른 관점이다.

전후의 사회적 인식으로 볼 때, 매춘 여성 중에서도 특히 미군을 상대로 하는 여성은 미군에 의해 민족 전체가 성적 유린을 당하는 것처럼 민족적 순결의 훼손을 증명하는 존재였기에 타락의 증표로 간주되었다. 한국 여성이 미군의 성적 대상이라는 사실은 개인의 일이 아니라 우리 민족 전체가 미군에게 성적으로 유린되는 민족적 사건으로 인식되었기 때문이다.23) 그러나 우방인 미군을 원망하거나 기지촌을 철거하지는 못하는 처지에서 비난은 여성 개인의 도덕성에 집중되었다. 매춘 여성들은 성도덕을 교란하는 요인이자 사회를 타락시키

---

22) 木田生, 「現代 風紀分析圖」, 『文化世界』, 1954, 1, 61-69면.
23) 이러한 인식은 전시에만 나타났던 것이 아니라 최근까지도 지속된 인식이었다. 2000년 SOFA 개정운동 당시 한 시위대는 "SOFA 협정 개정하여 우리 처녀 지켜내자"라는 구호를 외쳤다. 이 구호는 기지촌 여성의 매춘을 바라보는 시선에 가부장적 사고와 순결주의가 노골적으로 섞여 있음을 보여준다.(권혁범, 『민족주의는 죄악인가』, 생각의 나무, 2009, 115면)

는 존재로 지목되었고, 사회적 가부장으로서의 남성은 전통 윤리에 기반하여 사회의 기강을 바로잡고 도덕을 세우기 위해서 그녀들을 질타하는 역할을 자처했다.24) ④-2에서 나타나는 것처럼 서울에 거주하는 매춘 여성들은 멀쩡한 사람의 정신을 흐리게 하고 사회풍속을 어지럽히는 주범으로서 사회에서 격리해야 할 대상으로 비판받기도 했다.

이에 반해 김동명은 그녀들을 『죄와 벌』에 등장 인물 쏘냐에 견주며 전쟁과 역사의 희생양으로 인식하고 정작 비판해야 할 대상은 "사랑 방에 버티고 앉은 수염 달린 양갈보"라고 명시한다. 그것은 곧 자신의 안일을 궁리할 뿐 사회 현실을 바로잡는데 나서지 않는 남성들을 겨냥한 표현이다. 좀 더 구체적으로는 미국의 힘을 빌어 자신의 정권을 유지하는 정치인들을 비판한 것으로도 해석된다.

김동명은 정치인만이 아니라 감상주의나 결벽주의에 빠진 남성 지식인을 비판하면서 그와 대조적으로 어려운 현실에서 제 역할을 다하는 여성들을 시에 등장시키기도 했다. 「C女士와 빈대떡」이란 시에서 'C女士'는 빈대떡 집 주인에 불과하지만 "C女士는 生의 前線을 單身으로 달리는/ 용감한 〈짠·따크〉"에 비유된다. 그녀는 빈대떡을 팔아 홀로 아이를 키우는 생활력 강한 어머니이기 때문이다.

이와 같은 시들이 말해주는 바는 김동명이 관념과 이상을 좇는 시인이 아니라 현실적 문제해결을 위한 실천을 중시하는 시인이었다는 점이다. 해방과 전쟁으로 혼란한 세태를 바라보면서도 그는 정작 해결해야할 현실의 문제를 구조적 차원에서 발견하고자 했고, 삶을 개척해나가는 실천을 중시했다. 물론 『目擊者』에는 서울 곳곳에서 느끼는 정취를 노래하는 낭만적 어조도 담겨 있지만 이 논의는 김동명의 시대 인식은 단지 옛 시절을 회상하거나 개인의 서정을 담는데만 그치지는 않았다는 점에 주목하고자 했다.

2) 전통에 대한 기억과 민족공동체에 대한 상상

전쟁의 참화를 피해 부산 거제리 초량으로 피난을 떠났다가 1954년 서울로 돌아온 김동명은 신촌동에 거처를 마련하고 다시 이화여대에서 교편을 잡았으며 시인으로, 정치평론가로 활동했다. 이 시기에 출간된 시집 『目擊者』에 수록된 서울의 지명을 제목으로 한 시편들

---

24) 장은영, 「전후 문학 텍스트에 나타난 젠더 이미지-『戰時韓國文學選 -詩篇』을 중심으로」, 『비평문학』 제65호, 한국비평문학회, 2017, 245-246면.

은 옛 시절의 번영과 대비되는 현재의 상황에 대한 회한도 담겨 있지만 과거와 오늘을 교차적으로 인식하게 함으로써 우리가 지닌 민족적 전통을 환기하면서 공동체의 기억을 되살리는 역할을 하고 있다.

김동명이 서울의 곳곳을 시적 대상으로 삼은 것은 월남 이후 자신이 거주했던 곳이기도 했지만 서울이 갖는 상징성도 중요한 원인이다. 서울은 새롭게 건설하는 나라의 수도로서 문화의 중심지였기에 재건이 시작되는 곳으로 간주되었다. 이와 같은 인식은 김동명에게서만 찾아볼 수 있는 특징은 아니었다. 한국전쟁이 끝나고 다시 서울로 돌아온 문화계 인사들은 서울 환도에 대한 감격과 동시에 물질적으로나 정신적으로 폐허가 된 서울을 보며 이를 다시 복구해야 하는 당면 과제를 절감하고 있었다. 서울 환도 후 출판 편집인이었던 김종완은 "文化界 乃至 文化從事人들의 서울 復歸를 卜하여 우리는 文化가 어디까지나 人間生活의 基幹的인 潤油임을 自矜하면서 文化의 全國化가 하루라도 빨리 到來키를 企圖하도록 해야 할 것이다."25)라고 밝힌 바 있다. 당시 피난지에서 돌아온 작가와 예술가 등 문화인들에게 서울은 문화의 전국화를 위한 문화재건의 중심지로 간주되었고, 그에 따라 서울에 남아있는 유서 깊은 거리와 과거의 유물은 새롭게 재건해야 할 국가를 과거의 역사 및 전통과 연결시킬 수 있는 중요한 매개였음을 말해준다.

① 古宮을 바라 눈 감으니/ 옛날이 輝煌하다// 어디서 風樂 소리마저/ 들리는 듯, 들리는 듯……// 石壁인 양 깍아지른 高層建物에 부딋쳐/ 물결 모양 부서시는 夢幻이여!// 自動車의 물굽이를 건너는 市民의 꼴이/ 산토끼처럼 한양 처량한데// 長官車의 번지르르한 皮膚에야/ 무삼罪 있으리……// 〈金蘭〉 아가씨야, 따근히 茶를 다려라/ 잠간 네 품에 안기자 나비처럼 쉬어 갈란다

-「世宗路」전문

② 여기는 낡은 世代와 새 世代의/ 슬픈 交叉點// 늬는 또 이끼 돋은/ 歷史의 望夫石이러니// 아아 人定閣 큰 쇠북이 다시/ 울릴 날도 있었더냐// 여기 〈로타리〉는 그대로 두고 圓舞場/ 그러나 〈스텝〉이 맞지 않아 슬프구나// 아모러나, 電線

---

25) 김종완, 「文化의 서울 復歸」, 『文化世界』 1953. 11, 15면.

대를 봐도 안어 주고 싶은 마음이니/ 여보게, 이왕이면 저 뒷골목에 가서 한盞 허세 그려// 首都 百萬士女의 健康을 위하여,/ 그리고 또 우리네의 멋들어진 꿈을 위하여-

-「鐘路」전문

③ 景福宮 바라보며 붙인 담배/ 버리고 보니 두메 山꼴// 두 팔 쭉 벌리고 빙글 돌면/ 山들이 소매끝에 스칠듯// 어느 바윗돌이 호랑이의 발자국을 지녔느뇨// 멧 꼴을 씻어 오는 바람결에/ 太古가 풍기어// 傳統을 固執하는 草家 지붕도/ 예서는 제 格인걸// 박꽃 필 무렵에 우리/ 왕짚신 신고 오자// 北岳과 仁旺이야/ 무어라 수군거리든// 살구꽃 그늘 아래/ 旅愁 잠간 깃들어라

-「彰義門 밖」전문

④ 발돋움하고/ 날으련 듯// 오늘도/ 못 이루어/ 蒼然한 表情 속에/ 옛 꿈이 아련하다

-「南大門」전문

⑤ 한가람/ 흘러 흘러……// 百萬해뇨/ 千萬해뇨// 五千年이/ 어제 겠다// 五百 해야/ 잠간 잠고대// 간 해 그렇거니/ 올 해 안 그러랴   -「한가람은 흐른다」부분

위에 인용한 시들에서 표출되는 시적 화자의 정서는 옛 시절과 현재의 대비에서 비롯한다. 먼저 ①시에 등장하는 화자는 세종로에 서서 "古宮을 바라 눈 감으니/ 옛날이 輝煌하다// 어디서 風樂 소리마저/ 들리는 듯"하다고 술회한다. 하지만 화자가 서 있는 현재의 세종로는 "高層建物"과 고위 관리들의 자동차로 번잡하다. 그리고 번잡한 길을 "산토끼"처럼 쫓기듯 피하며 길을 건너는 "市民"의 모습이 화자의 눈에 포착된다. 화자는 복잡한 심경을 벗어나고 싶은 바람으로 이야기를 마치지만 여기에는 "長官車의 번지르르한 皮膚"와 대조적으로 보이는 "自動車의 물굽이를 건너는 市民"의 모습에 대한 안쓰러움을 넘어서서 근심과 우려가 내포되어 있다.

이렇게 휘황한 옛 시절과는 다른 현실에 대한 걱정 어린 마음은 ②에서 더욱 구체적으로 표현된다. 옛 수도의 중심지인 종로를 두고 화자는 "여기는 낡은 世代와 새 世代의/ 슬픈 交叉點"이라고 말한다. 과거의 번영을 이어가지 못하고 역사적 시련을 겪었기 때문에 "슬픈

交叉點"이라고 말하고 있지만 이보다 더 중요한 것은 종로가 세대와 세대로 이어지는 역사적 장소라는 점이다. 그렇기 때문에 이 시의 마지막 부분에서 화자는 슬픔의 감정 속에서도 "首都 百萬士女의 健康을 위하여,/ 그리고 또 우리네의 멋들어진 꿈을 위하여-" 한 잔 하겠노라는 마음을 드러낸다.

③도 앞 시들과 마찬가지로 "景福宮 바라보며" 옛 시절을 회상하는 장면이다. 지나간 시절은 돌아오지 않기에 "旅愁"에 "잠간 깃들"기도 하지만 "北岳과 仁旺"은 예전 그대로 서울을 둘러싸고 있다. 서울의 고궁이나 산들은 과거와 현재를 이어주며 현재 새로이 구성되는 대한민국이 신생국이라기보다 과거의 유산을 면면히 이어받는 유구한 역사와 전통을 가진 나라임을 증명하는 근거들로써 이 시에 등장하고 있다.

홉스봄(Eric Hobsbawm)에 따르면 사회가 급속히 변형되어 '낡은' 전통이 기반한 사회적 패턴이 약화되거나 파괴되어 그 결과 낡은 전통과 충돌하면서 새로운 전통이 만들어질 때, 또는 낡은 전통과 그것들을 제도적으로 매개하고 보급하는 수단이 더 이상 융통성 있게 적응할 수 없는 것으로 판명나거나 사라졌을 때 전통의 발명은 더 활발히 일어난다.26) 해방 이후 수립된 단독 정부는 한국전쟁을 계기로 독자적인 정치 체제 확립을 공고히 하는 이른바 국가재건을 수행해나갔지만 국가재건은 체제를 세우는 것 외에도 국가의 문화를 만드는 일이었고 과거와의 연속선상에서 정통성을 확보하기 위해서는 전통을 필요로 했다. 그에 따라 소환된 것이 고궁이나 경복궁, 창의문, 남대문 등 과거 왕조가 남긴 유산들이다. 5백 년간 이어진 조선왕조를 대표하는 역사적 유산이 서울에 남아있다는 사실은 유구한 역사적 전통이 대한민국으로 이어지고 있다는 점을 환기한다.

김동명의 시들은 서울의 지명과 과거의 유산인 시적 대상의 이름을 통해 새로이 건설되는 대한민국이 오랜 과거로부터 이어진 국가임을 시사하고 있다. 이는 곧 한 개인이 부인할 수 없는 생득적이고 당위적인 역사와 문화 공동체 안으로 현재의 구성원들을 포함시키는 강력한 계기가 된다. 근대에 탄생한 민족(nation)이 먼 고대성에 뿌리를 두고 있으며, 너무도 자명한 '자연적인' 인간 공동체라고 간주27)되듯이 대한민국은 근대적 국민국가 체제를 기반으로 한 정치 공동체였지만 과거와의 연속성 속에서 고대로부터 이어진 민족문화 공동체라

---

26) 에릭 홉스봄, 박지향, 장문석 역, 『만들어진 전통』, 휴머니스트, 2004, 26면.
27) 에릭 홉스봄, 앞의 책, 41면.

는 정체성을 확보할 수 있었다. 한 예로 「남대문」을 보면 "오늘도/ 못 이루어/ 蒼然한 表情 속에/ 옛 꿈이 아련하다"는 표현이 등장하는데, 여기서 남대문은 "옛 꿈"을 "오늘"로 이어주는 매개의 역할을 한다. 그러한 매개들을 시에 등장시키는 것은 국가재건이 근대적 정치체제를 세우는 일만은 아니란 점을 말해준다.

그러나 김동명이 전통과 역사를 포괄하는 민족문화를 국가재건을 위한 수단으로만 인식했던 것으로 보기는 어렵다. 그는 단순히 민족문화를 국가재건의 수단으로 차용했다기보다는 대한민국이 과거의 전통과 역사를 이어받는 역사적 공동체가 되기 위해서 국가를 초월하는 민족문화를 지녀야 한다고 인식했던 것 같다. 그러한 인식은 여러 편에서 드러나고 있다. 「한가람은 흐른다」에서 "百萬해뇨/ 千萬해뇨// 五千年이/어제 겠다// 五百 해야/ 잠간 잠고대// 간 해 그렇거니/ 올 해 안 그러랴"라는 구절이 말하듯이 새로운 국가 정체성을 확립하는 국가재건은 실제적으로 남한 구성원들이 긴 역사와 전통을 지닌 공동체라는 점을 전제로 정신적, 문화적 하나됨을 꾀하는 과정이었다. 문화인으로서 김동명 역시 구체적 지명과 유산을 형상화한 작품을 통해 역사-문화-국가가 일체를 이루는 공동체를 상상했다. 김동명은 여러 편의 정치평론을 통해 한글을 소홀히 하는 세태를 비판하기도 하면서 민족문화 건설의 중요성을 주장하기도 했다.28) 민족문화를 확립하고 동시에 민주주의를 실현하는 일이야말로 그에게는 가장 중요한 시대적 과제였던 것이다. 물론 그 과제를 수행하기 위해서는 실질적인 정치 참여라는 실천이 요구되었다. 실제로 김동명은 이승만 독재 정권에 대한 비판을 아끼지 않았고 훗날 3.15 부정선거를 비판하는 거사를 준비하며 「민주국국선언서」를 작성하기도 했지만 4.19가 발발하면서 실현되지는 못했다.29) 또한 4.19 이후 참의원으로서 정치 활동도 1년에 그치고 말았다.

문단의 울타리에 속하지 않고 정치인의 길을 택한 김동명의 행적은 자칫 문학과 단절적으로 보이기도 한다. 문학과 정치는 서로 다른 영역으로 간주되었기 때문이다. 그러나 당시 문화인들은 문화재건이라는 화두를 들고 활발히 정치적 의사표명을 하고 있었고, 새로이 건설하는 공동체의 정신적, 문화적 지도자를 자처하며 간접적으로 정치에 참여하고 있었다. 그런 점에서 보면 김동명은 직접적으로 사회적 부패를 척결하고 『目擊者』에 나타난 역사와 전

---

28) 엄창섭, 앞의 글, 133면
29) 김월정, 「나의 아버지 초허 김동명」, 『문예운동』, 문예운동사, 2005. 6, 48-52면.

통의 계승과 민족문화 공동체 건설을 향한 자신의 신념을 구체화하기 위한 실천의 일환으로 정치인의 길을 택했던 것으로 볼 수 있다.

4. 맺음말

이 논의는 김동명의 여섯 번째 시집 『目擊者』에 담긴 '서울'의 표정들을 통해 김동명이 지녔던 국가재건 시기 김동명이 지닌 이상들을 살펴보고자 하였다. 해방 이후부터 전쟁이 끝난 후까지 시대적 과제로 여겨진 국가재건은 당시 문화인들에게도 중요한 과제였다. 문화인들은 스스로를 문화재건의 주체로 인식하며 국가재건에 이바지하고자 했다.

김동명의 『目擊者』는 서울의 다양한 표정을 보여주는 시집이다. 여기에는 1947년 월남 이후부터 한국 전쟁이 끝난 직후 역사적 혼란을 맞이한 서울 곳곳의 장소를 시로 형상화한 작품들이 수록되어 있다. 당시 문화인들이 문화재건의 중심지로 여긴 서울의 장소들과 문화유적들을 대상으로 한 작품들은 국가재건 시기 문화재건에 대한 김동명의 태도와 인식을 엿볼 수 있게 해준다. 물론 이 시집에는 역사적 시련에 처한 서울을 바라보는 자의 회환과 아쉬움, 과거의 번영에 대한 그리움 등 복잡한 심경이 나타나지만 이 논의에서 주목한 것은 국가재건 시기에 대응하는 김동명의 시선과 태도이다.

김동명은 세태를 직시하며 어지러운 질서를 다시 세워 좀 더 나은 국가를 건설해야 한다는 지식인의 사명을 드러냈다. 인상적인 것은 김동명이 관념적인 이상을 이야기하기보다는 눈앞에 펼쳐진 거리의 풍경을 포착하며 그 이면에 담긴 진실을 말하고자 했던 점이다. 그가 본 서울의 표정은 "쓰레기"로 가득한 거리였다. 새 나라에 대한 이상은 간데 없고 부패한 도시의 얼굴을 한 서울을 직면한 그에게는 청소를 하듯 부정부패를 바로잡는 것이 시급한 과제로 인식되었다. 또 다른 서울의 표정은 전통과 역사가 면면히 내려오는 고도(古都)였다. 고도의 흔적이 고스란히 남아있는 수도 서울은 새로이 건설되는 대한민국이 오랜 과거로부터 이어진 국가로서 정통성을 지닌다는 점을 시사하고 있다. 아울러 이러한 인식은 우리가 역사와 문화를 공유하는 생득적이고 당위적인 공동체라는 점을 강조한다. 이러한 공동체는 새로 건설하는 국민국가라는 정치공동체를 초과하는 보다 영속적인 공동체라는 점에서 김동명의 이상이 단지 대한민국 건설이 아닌 이상적인 공동체 건설에 있었다는 점을 짐작하게 한다.

이 논의를 통해 국가재건 시기 김동명 시세계의 일면을 엿볼 수 있었다. 그가 시에서 형상화한 서울의 표정을 국가재건, 문화재건이라는 시대적 연관성 하에서 논의하였다. 권력자들이 바랐던 국가재건이 아니라 자율적인 소신을 지닌 문화인이자 지식인으로서 김동명이 지닌 국가재건에 관한 이상을 살펴볼 수 있었다. 아쉬운 점은 그의 정치평론 및 산문에 대한 고찰이 함께 이루어졌으면 국가재건에 관한 이상이 좀 더 구체적으로 이루어졌으리란 것이다. 이 부분은 이후의 후속 연구로 미뤄두고자 한다.

참고문헌

기본 자료

김동명, 『김동명 시전집』, 강릉시, 2017.

논문 및 단행본

강인철, 「전쟁의 기억, 기억의 전쟁」, 『창작과비평』, 2000, 여름호.

권혁범, 『민족주의는 죄악인가』, 생각의 나무, 2009.

김동명, 「국민도의심의 환기와 진작의 방안 본사주최좌담회」, 『동아일보』, 1957. 1. 1.

김수갑, 『문화국가론』, 충북대학교출판부, 2012.

김영미, 「대한민국의 수립과 국민의 재구성」, 『황해문화』 vol.60, 2008,

김윤정, 「김동명의 정치평론집에 나타난 '자유민주주의' 사상 고찰」, 『김동명문학연구』 vol.4, 김동명학회, 2017.

김월정, 「나의 아버지 초허 김동명」, 『문예운동』, 문예운동사, 2005. 6.

김종완, 「文化의 서울 復歸」, 『文化世界』 1953. 11.

엄창섭, 「초허 김동명 문학연구」, 성균관대학교 박사학위논문, 1986.

이미림, 「작가(시인)으로서의 삶, 지식인(정치인)으로서의 삶」, 『김동명문학연구』 vol.2, 김동명학회, 2015.

이봉래, 「文化民族의 後裔 -文化人 ㄹ氏의 경우」, 『수도평론』, 1953. 7.

이봉범, 「1950년대 신문저널리즘과 문학」, 『반교어문연구』 29권, 반교어문학회, 2010.

이용철, 「김구의 윤리적 문화국가론과 자유주의」, 『정신문화연구』 제37권, 한국학중앙연구원, 2014.

이하나, 『국가와 영화』, 혜안, 2013.

이하윤, 「文化人의 緊急動議」, 『동아일보』, 1955. 1. 19.

이헌구, 「文化戰線은 形成되었는가」, 『戰線文學』 2호. 1952. 12.

장은영, 「전후 문학 텍스트에 나타난 젠더 이미지」, 『비평문학』 제65호, 한국비평학회,

2017.

장정룡, 「김동명 평론의 시대성과 정치인식」『김동명 문학연구』vol.5호, 2018.

조연현, 「文化保護法 是非」, 『수도평론』, 1953. 7.

홍정완, 「전후 재건과 지식인층의 '도의' 담론」, 『역사문제연구』 제19호, 역사문제연구소, 2008.

니시카와 나가오, 윤해동·방기헌 역, 『국민을 그만두는 방법』, 역사비평사, 2009.

에릭 홉스봄, 박지향, 장문석 역, 『만들어진 전통』, 휴머니스트, 2004.

부록) 『目擊者』 작품 목록

일련번호	부	작품명
1	서울素描	世宗路
2		鐘路
3		忠武路
4		또 忠武路
5		明洞
6		北阿峴洞
7		新村洞
8		또 新村洞
9		彌阿里 고개
10		彌阿里를 지나면서
11		彰義門 밖
12		빠- 江南
13		牛耳洞 놀이
14		蓬萊閣 醉談
15		서울素描
16	한가람은 흐른다	한가람은 흐른다
17		南山卽事
18		古宮賦
19		南大門
20		古宮揷話
21		梨花女中校門에 붙이는 노래
22		三淸公園
23		바고다公園
24		高麗大學校
25		舊正雅韻
26		女人國
27		서울驛
28		六臣墓

일련번호	부	작품명
29	驛馬車	양갈보
30		쓰레기
31		駱山怨
32		驛馬車
33		C女士와 빈대떡
34		K博士
35		K先生
36		L博士
37		S博士
38		吊葦滄翁
39		吊 天命女
40		새해
41	避難詩抄	그 이튿날
42		出發
43		目擊者
44		山・白合花
45		行路難
46		南江
47		鎭東過次
48		草梁驛
49		日暮

[Abstract]

Expressions of 'Seoul' during the National Reconstruction Period in Kim Dong-myeong's Poems
-Focusing on 『Witness』(1957)

Jang Eun-yeong(chosun university)

This discussion looked at the expressions of 'Seoul' during the national reconstruction, focusing on Kim Dong-myeong's sixth collection of poetry 『Witness』. The national reconstruction, which was considered a task of the period for a long time from the liberation to the end of the war, was also an important task for the cultured people of that time. Cultured people recognized themselves as the subject of cultural reconstruction and wanted

Kim Dong-myeong's 『Witness』 contains poetry works depicting many places in Seoul, which faced historic confusion just after the Korean War following the Vietnam War in 1947. The works aimed at places and cultural monuments in Seoul, the center of cultural reconstruction, give a glimpse into Kim Dong-myeong's attitude and perception of national reconstruction. Of course, this collection of poems shows complex feelings such as the remorse and regret of the person looking at Seoul under historical trials, and the longing for past prosperity, but this discussion focuses on Kim Dong-myeong's viewpoint behind it. His perspective of reconstruction that he had in the period of national reconstruction is implied in 『Witness』, including the mission of the intellectuals to build a better nation by facing the situation and reestablishing the chaotic order and the wish to build a national community that transcends the nation through the inheritance of tradition and history.

Key words: Kim Dong-myeong, 『Witness』, Seoul, national reconstruction, cultural reconstruction

김동명 산문의 대화체와 삽입시 서술양식

장정룡*

목 차

1. 머리말
2. 김동명 산문의 양식적 특이성
   1) 대화체 작품의 전개양상
   2) 삽입시 작품의 전개양상
3. 맺음말

〈국문초록〉

　김동명이 남긴 산문 가운데 수필 수기로 전하는 작품에서 대화체, 삽입시라는 양식적 특이성을 보인다. 그가 세상에 남긴 산문작품은 총 162편이다.

　이 가운데 최초의 수필집 제목이기도 수필〈세대의 삽화〉는 '시인과 법의 대화'라는 부제로 1955년 9월 1일 동아일보에도 실렸는데, 희곡대화체의 새로운 풍자적 수필양식을 시도하였다고 볼 수 있다. 〈지도자〉역시 시인과 신의 대화, 천사와의 대화를 통해서 당시 지도자에 대한 비판적 시각을 보여준 대화체 작품이다.

　초허산문 가운데 삽입시가 들어 있는 작품이 돋보인다. 그는 자신의 수필 속에 시인으로서 느낀 감회를 쓴 작품을 적절하게 배치함으로써, 정서적 풍부성과 실제적 현장성을 강화

---

*강릉원주대 국어국문학과 교수

하는 작용을 보였다.

　김동명이 북한에서 살았던 시기의 수기 「암흑에의 서설」에는 자작시 18수를 인용하였으며, 1964년 무렵에 작성된 것으로 추정되는 〈어두움의 비탈길〉이라는 6.25 피난수기의 삽입시는 총 21수이다. 기존 시집에 실리지 않은 작품이 11편이다. 이 작품은 1965년에 간행된 『모래위에 쓴 낙서』에만 전하는데, 『목격자』에 수록된 피난시초 등 기존 시들을 인용하면서도 또한 새롭게 시를 창작하여 내용을 보충하고 글을 전개하였다.

　초허가 피난기를 쓴 것은 〈어두움의 비탈길〉만이 아니지만, 이 글에서만 특별히 삽입시 형식을 띤 것은 집필 상 새로운 시도로 볼 수 있으며, 절박한 상황에서도 시적 서정성을 표출하여 전개함으로써 독자들에게도 당시의 상황을 감동적으로 알리는 역할을 수행했다고 판단된다.

　결론적으로 김동명은 수필로 작성한 〈세대의 삽화〉, 〈지도자〉는 희곡대화체 방식을 채용하여 전개하여 문제의식의 전달력을 높였으며, 수기형식으로 작성한 〈어두움의 비탈길〉에는 삽입시가 무려 21수가 되는 새로운 방식의 글을 작성했다는 것도 산문작품 양식상 개성이 있다.

* 핵심어 : 산문작품, 수필수기, 대화체, 삽입시, 피난기

1. 머리말

주지하듯이 강릉출신 김동명은 7권의 시집을 세상에 남긴 유명 작가로서 낭만적이고 전원적인 초기시 뿐 아니라 후기에는 현실비판적 참여시를 썼다. 또한 수필집 2권과 3권의 정치평집을 세상에 내놓았는데 이들 5권의 산문집은 김동명 작가의 정신사적 궤적과 시대와 세태를 보여주는 연구대상이다.[1]

김동명의 삶을 보면 작가로서 문단활동 뿐 아니라 정당활동과 정치평론을 통한 정치인으로서의 한 생애를 살았다. 그러므로 김동명을 문학과 정치를 넘나드는 경계인이자 이방인으로서 변증법적 삶을 살았던 것으로 평가된다.

김동명의 산문작품은 수필집 『세대의 삽화』 26편, 수필·수기집 『모래위에 쓴 낙서』 41편, 정치평론집 『적과 동지』 36편, 『역사의 배후에서』 30편, 『나는 증언한다』 29편 등 총 162편이다. 1937년에 처음 수필 〈소는 불행하다〉를 쓴 김동명은 1968년 작고하기 며칠 전에 쓴 〈다람쥐〉를 포함하여 무려 31년 동안 수필, 수기, 정치평론 등 다수의 산문작품을 남겨 놓았다. 본고에서는 초허의 수필, 수기 등의 산문작품 가운데 양식적 특이성을 보여준 작품을 대상으로 살펴보고자 한다.

2. 김동명 산문의 양식적 특이성

1) 대화체 작품의 전개양상

김동명 최초 수필집 『世代의 揷話』는 1959년에 출판되었다. 이 책자는 1947년 월남한 이래 13년간 집필했던 수필을 모아서 낸 것이다. 1959년 8월 그의 최초 수필집 『世代의 揷話』 후기에는 자신이 수필집을 낸 이유에 대하여 설명하였다.

> 산문을 말하는 경우에 시에의 향수를 고백하는 것은, 내 경우에는 어쩔 수 없는

---

[1] 김동명(金東鳴,1900~1968)은 시집 7권 『나의 거문고』(1930), 『파초』(1938), 『삼팔선』(1947), 『하늘』(1948), 『진주만』(1954), 『목격자』(1957), 『내마음』(1964)과 수필집 2권 『세대의 삽화』(1959), 『모래 위에 쓴 낙서』(1965) 그리고 정치평론집 3권 『적과 동지』(1955), 『역사의 배후에서』(1958), 『나는 증언한다』(1964)를 남겼다.

일임을 어찌하랴. 하여튼 여기에 몰아 놓은, 스스로 수필이기를 바라고 싶은 잡문들이 비록 변변치는 못하나마, 그래도 내게 있어서는 이남생활 열 세 해 동안에 걷우어진 내 문학적 수확의 한 부분이었다는 점에서, 나는 이 글들이 한 권의 책으로 엮어지는 기쁨을 주체스러워할 이유는 없다.2)

초허는 1937년에 〈소는 不幸하다〉수필을 썼으며, 1946년 〈어머니〉와 〈掬雛記〉두 편을 썼다. 이들 작품이 수록된 수필집 『世代의 揷話』(1959)에는 네 부분으로 나누어 수필이 들어 있다. 「자화상」에 18편, 「世代의 揷話」에 6편, 「암흑의 장」1편, 「越南記」1편 등 총 26편을 수록하였다.

두 번째로 나온 수필집은 『모래위에 쓴 落書』로서 책자 제목에 김동명 수필·수기집(1965)이라 하였다. 이 책은 김동명문집간행회에서 묶은 것으로 『세대의 삽화』편에 〈자화상〉, 〈세대의 삽화〉등 24편, 『모래위에 쓴 낙서』편에 〈목련기〉, 〈모래위에 쓴 낙서〉등 14편, 『암흑의 장』편에 〈암흑에의 서설〉, 〈자유를 찾아서 -월남기〉등 2편, 『어두움의 비탈길』편에는 〈1950년대기〉1편 등 총 41편의 글이 실렸다.

『모래위에 쓴 落書』단행본에는 총 41편이 수록되어 있는데, 「세대의 삽화」에 〈자화상〉 18편, 〈세대의 삽화〉 6편 등 24편이 수록되었고, 「모래위에 쓴 落書」에는 〈목련기〉 7편, 〈모래위에 쓴 낙서〉 7편 등 14편이 순수수필로 정리되었다. 수기류 「암흑의 장」에 〈암흑의 서설〉과 〈자유를 찾아서〉(월남기)가 수록되었고 「어둠의 비탈길」은 별도로 구분지어 수록하였다. 이 수기류에서 「암흑의 장」은 북한에서의 생활이고, 나머지는 피난과 월남과정을 수기류로 작성한 것이다. 이상 41편은 1968년에 초허가 작고하기 3년 전에 나온 책들이므로, 이후에도 수필을 더 집필했을 것으로 추정되는데, 〈다람쥐〉는 작고하기 6일전에 작성된 것이다.3)

초허 산문은 에세이(Essey)적인 것(예:삼락론, 소매치기, 잃어버린 젊음, 애연지, 화단 등), 미셀러니(Miscellany)적인 것(예:어머니, 국추기, 전환180도, 동대문과 취객, 고혈압 등), 일기류적인 것(우울한 이야기), 시 해설을 곁들인 6.25피난수기류인 것(어둠의 비탈길, 암흑에의 서설) 등으로 분류하는바4) 피난수기도 있고 일기류적인 것도 있으며, 순수수필적인 글이

---

2) 金東鳴, 『世代의 揷話』 後記, 日新社, 1959, 278~279면
3) 『新東亞』 1968년 3월호, 150~151면

나 사회적인 글도 있다.

초허의 대표적 수필집인 이 두 권에 대하여 시인 스스로 '수필' 또는 '수기(手記)'라고 표현했다. 이 가운데 〈세대의 삽화〉와 〈지도자〉는 대화체로 글을 전개하였다. 전자에 등장하는 대화의 주인공들은 '시인'과 '법'이고 후자는 '시인' '신' '천사' '친구' 등이다.

1952년에 쓴 시인과 법의 대화체인〈세대의 삽화〉그리고 시인·신·천사·친구의 대화를 기술한 〈지도자〉는 시인(자신)이 중심되어 무생물인 법이나 이계(異界)의 천사, 가까운 친구 등 여러 객체간의 대화를 활용한 특이한 산문형식이다.

〈세대의 삽화〉는 대화체 수필이자 초허 최초 수필집 제목이다. 이 수필에 등장하는 시인과 의인화된 법과의 대화는 각각 28회로 56회나 등장한다. 이 작품은 1955년 9월 1일 동아일보 4면에 '詩人과 法의 對話'라는 부제로 실렸다. 작품 출처는 〈서울風物志에서〉이다. 시인은 초허 자신이고 당시 준법정신에 대한 소감을 간접화법으로 피력하였다.

〈指導者〉는 시인과 신의 대화, 천사와의 대화를 통해서 당시 지도자에 대한 비판적 시각을 보여준 대화체 작품이다. 낮잠을 잔 꿈의 상황으로 가탁(假託)하여 당시 '뻔뻔한 거짓말쟁이'인 지도자, '戀愛와 戰爭에 오금을 못 쓰는 怪狀한 人種들이 사는' 세태를 노골적으로 풍자했다. 여기에 나온 '시인'의 초허의 형상화된 인물이다.[5]

이들 두 편의 대화체 수필은 1948년 제헌의회에서 대통령을 간접선거로 선출한지 4년 만에 1952년 이른바 '발췌헌법이 공포되고 이에 따라 8월 5일 제2대 대통령선거가 직선제로 실시된 초헌법적인 정치상황을 풍자하여 인격체와 비인격체 간의 대회체 형식을 차용하여 은유적으로 표현한 것이다. 당시 40일간의 정치파동은 1952년 10월에 작성한 정치평론집에 들어 있다.[6] '삽화(揷話)'는 어느 이야기 사이에 끼인 짤막한 이야기라는 뜻으로 영어

---

4) 嚴昌燮, 「金東鳴 硏究」 學文社, 1987, 147면 "필자는 다소의 異意가 따르리라 예견하면서 手記로 처리된 「暗黑의 章」 중 〈自由를 찾아서(越南記)〉를 1인칭 창작소설로 규정한다. 물론 이 작품은 논픽션(역사수필·전기·기행문을 포함한 산문문학)의 한계에 머물고 있으나, 다른 수기와는 구성과 표현기법을 달리하고 있다. 또 이같이 주장하는 근거는 『세대의 삽화』(1959년 9월 10일)가 간행되기 3개월 전부터 『자유문학』에 4회로 나뉘어 연재하기 시작했으며, 목차에는 '창작소설'로 장르가 명기되어 있다. 〈월남기〉가 『자유문학』에 발표되던 당시, 초허, 편집자 그리고 독자 이 모두가 작품을 창작소설로 是認하였다."

5) 장정룡, 「김동명 산문의 시대적 양상고찰」 김동명문학관개관기념 학술세미나, 강릉시·강릉문인협회, 2013.7.3. 28면 "시인·신·천사친구의 대화를 기술한 〈지도자〉는 시인(자신)이 중심되어 무생물인 법이나 이계의 천사, 가까운 친구 등 여러 객체간의 대화수필체를 활용하여 시대를 풍자하고 지도층의 허식을 지적한 매우 특이한 산문형식이라 할 수 있다."

로 '에피소드(Episode)'이다. 당시 초허가 겪은 정치세태를 짧은 수필로 쓴 내용이다.

   詩人:어- 자네 여기 있었나 그런 걸 난 온 델 찾아다녔구먼…
   法:수고했네, 어서 앉게.(중략)
   詩人:이 사람아, 이야기가 또 곁길로 드네, 揶揄는 그만해 두고 우선 吸血鬼의 正體부터 밝혀주게.(중략)
   法:그럼 우리 건국의 새 순이, 배추벌레에게 파먹히우는 배추잎처럼, 금시로 움퍽 움퍽 자리가 나게 파 먹히우는 꼴을 본 일은 없나?
   詩人:있지(1952년, 세대의 삽화)

 다음에 시인과 신·천사·친구의 대화를 기술한〈지도자〉수필은 총 69회의 대화가 수록되었으며 이 가운데 신 29, 시인 24, 천사 12, 친구 4회로 '하느님'이 가장 많이 등장한다.

   詩人:하느님! 안녕하셨습니까?
   神:음, 어디지?
   詩人:대한민국에서 왔습니다.
   天使:저, 지구아시죠. 태양계에 속한 쪼오꼬만 별 말씀예요(중략)
   神:그대들이 이른바 지도자 가운데는 惡靈에 奉仕하는 자는 없느뇨? 그런 자를 적발하여 假面을 벗길지어다.
   詩人:어떠한 지도자를 가리켜 악령에 봉사하는 자라 하오리까?
   神:그대들의 경우에서는, 나라와 민족의 이름으로, 나라와 민족을 팔아 私慾을 채우는 자니라.(중략)
   詩人:황송하오나, 거짓 지도자의 말은 어떠하온지요?
   神:거짓말쟁이가 어떻게 참 지도자가 되누. 똥무지 속에서 어떻게 향기를 찾누. 그럴 수도 있나.(중략)
   詩人:그 경칠 놈의 指導者 때문에-
   친구:흥, 指導者? 저 뻔뻔한 거짓말쟁이들 말인가!(1952년, 지도자)[7]

---

6) 金東鳴,〈政治波動 四十日間의 回顧〉『敵과 同志』昌平社, 1955, 18~36면

이 두 편의 대화체 수필을 통해서 확인할 수 있는 바는 시인 자신의 언급이 강조되고 있다는 점이다. 〈세대의 삽화〉에서는 시인과 법이 동일하게 28회씩 등장하고 있으며 4명의 화자가 등장하는 〈지도자〉에서는 총 69회 가운데 24회가 시인의 대화이다. 여기서 시인은 초허 자신이라고 할 수 있다.

〈세대의 삽화〉에서는 법이 '시인이여' '아아, 시인이여!' 등과 같이 호칭하며 시인의 시대적 역할을 강조하고 있다. 반면 〈지도자〉에서는 시인이 '하느님' '오, 하느님!'을 호칭하며 이를 구원하기 위한 절박함을 강조하며 당시의 불법적 정치상황을 상징적 화법으로 그려내고 있다.

수필 〈지도자〉에서 마지막은 시인과 친구의 실질적 대화로 마치는데, 꿈에서 깬 시인이 지난밤에 하느님과 천사와 대화를 한 내용을 기록한 것이다. 이른바 꿈속에서 이루어진 '몽유록(夢遊錄)'의 구조로서 〈구운몽〉에서와 같이 '입몽(入夢)'과 '각몽(覺夢)'의 극적 전개를 보인다.

이 글은 초허의 창의적 서술기법이 적용된 방식이라고 할 수 있는데, 결과적으로 이 두 편의 수필은 1952년 '흡혈귀' '거짓말쟁이'로 불법과 탈법을 자행한 위정자들과 혼란한 시대상황을 대화체 방식으로 형상화하였다. 초허시 가운데 〈민주주의〉 〈우울〉 〈남행차에서 내린 여인〉 등은 대화체를 활용하여 쓴 시들이다.[8]

『적과 동지』 서문에 표현되어 있듯이 이 글은 "民主主義로부터의 逆行과 脫線을 하나의 恒例로 삼고 있는, 우리 韓國社會의 病理的 要素를 除去하려는 發言에 있어서 始終一貫 굵은 聲帶를 갖인 단하나의 詩人"[9]으로 평가받은 초허의 날카로운 비평적 시대정신이 담긴 글이다.

---

7) 金東鳴, 『世代의 揷話』 日新社, 1959, 105~117면
8) 金東鳴, 『眞珠灣』 梨花女子大學校出版部, 1954, 56면 〈民主主義〉 "아가 문 열어라/누구요?/엄마다/엄마 목소리는 아닌데요/목이 쉬어 그렇구나/그럼 여기 門 틈으로 손을 좀 보여 주세요/아아, 보기에도 기겁을 할 호랑이의 발톱!/그러나 우리의 不幸한 아기들은 미처 나무 꼭다기로 피신할 겨를도 없었다" 〈憂鬱〉 "어떻게 사느냐고/내 사람아 여기 좋은 수가 있다/우리는 부처님처럼 눈을 내리 뜨고 가만이 앉어 있자/누가 와서/웬 사람들이냐고 물으면/참 좋은 날시외다하고 대답하자…(65면)" 金東鳴, 『詩集 三八線』 文隆社, 1947, 72면 〈南行車에서 내린 女人〉에는 "애 아버지도 풀뿌리를 캐러 다니다가 병이 들어 굶어 돌아가고, 애 우으로 두 아이도…/여인은 눈물로 말을 맺지 못한다/원 동리가 다 그랬어요. 이웃 마을에서는 하루에 일곱명씩 여들명씩 죽어 나간 때도 있었드래요/기왕 죽을 바엔-하고 애를 둘러업고 게바라 나왔지요"
9) 趙炳玉, 〈序文 -敵과 同志 發刊에 際하여〉 『敵과 同志』 昌平社, 1955, 1면

김동명이 당대 정치평론을 쓴 것에 대하여 스스로 '겨레에게 보내는 시집'이라고 언급 할 정도로 문학활동의 연장선상에 놓여 있음을 알 수 있다. 김동명의 정치평론은 정객(政客)·지사(志士)의 면모를 잘 나타낸 것으로 그가 민주주의를 수호하려는 했던 개인의 투쟁기록이며 초허산문의 다양성을 보여주는 특별한 의미를 지닌다. 김동명이 남긴 세 권의 정치평론집은 예리한 지성의 필체로 당대 정치풍토의 병리현상을 파헤치고, 횡포에 과감히 저항하여 우리의 나아갈 길을 밝힌 민주적 교서(敎書)라고도 평가한다. 사회참여적 성향이 강한 정치평론은 시대상황과 제반여건상 필요조건이 상존했던 것으로 이해되는바, 이는 시대적 복잡성, 생활적 확장성, 정치적 영향성, 매체적 접촉성, 산문적 필요성 등에 의한 것이었다.

김동명은 민주주의에 대한 강한 신념을 지녀 정치평론의 논조, 형식, 내용, 필법 등은 다채롭고 다양하였다. 특히 자유민주주의에 대한 강한 신념과 실천을 주장하였다. 정권, 정국에 비판과 인권, 민주적 가치를 제시하였고, 비판정신의 구현과 설득력있는 문장력을 구사하였는데 이것은 김동명의 정치평론이 당대의 사회적 환경, 정치의 현장에서 도출됨으로써 시대성과 강한 실천성을 담고 있는 특징의 하나이다. 김동명의 정치평론집에는 그가 강릉에서 태어난 이후 한반도의 식민지 상황, 해방공간, 전쟁, 분단시대를 관통했던 민족사적 노정에서 신념과 지조를 주창한 비판적 지성인, 사상가의 모습이 잘 나타나고 있다. 작가로서의 삶과 지식인으로서의 삶을 살았던 김동명은 그의 정치평론집이 '민주전선에 바쳐지는 한 방울 기름' '이 나라 민주주의 보육(保育)에 조그만한 도움'이 되기를 소원하였다. 결론적으로 김동명 정치평론집은 한국정치사에 있어서 특별한 의미와 가치를 지니고 있다고 평가된다.[10]

2) 삽입시 작품의 전개양상

초허 산문에서 나타나는 삽입시 형식과 대화체 방식은 산문형식의 보완적 기능, 정서적 기능, 소통적 기능을 강조하기 위한 새로운 시도라고 생각된다. 초허는 6권의 시집을 낸 바 있는데, 자신의 수필집을 '제7의 시집'이라 자평하였으며, 그의 최초 시집 『나의 거문고』에는 스스로 '산문시'라고 표기한 시가 11편이 수록되었다.[11]

---

10) 장정룡, 「김동명 평론의 시대성과 정치인식」 『김동명문학연구』 제5호, 2018, 112면

1959년에 나온 최초 수필집 『세대의 삽화』는 「자화상」「세대의 삽화」「암흑의 장」「월남기」등 4장으로 나누었고 39편을 수록했다. 1965년에 나온 수필·수기집 『모래위에 쓴 落書』는 「세대의 삽화」「모래위에 쓴 낙서」「암흑의 장」「어두움의 비탈길」등 4장으로 나누었다. 「세대의 삽화」에는 자화상, 세대의 삽화가 들어 있고, 「모래위에 쓴 낙서」에는 목련기, 모래위에 쓴 낙서가 들어 있고, 「암흑의 장」에는 암흑에의 서설과 자유를 찾아서(내가 월남하던 이야기)가 들어 있고, 마지막에 「어두움의 비탈길」(1950년대기)이 들어 있다.

목련기에 들어 있는 수필 〈따리아 病들다〉12)에서는 초허가 다알리아를 소재로 "수필에 손을 대게 된 최초" 작품이라는 점에서 기억할 만하다. 여기에서는 "설업고 애달픈 마음이/시린 종아리를 굽어보며, 굽어보며/아아, 여인이여! 너는 정열의 裸像"이라는 전편이 실렸다.

1935년 〈病든 따리아〉라는 첫 수필을 『조광』창간호에 발표한 초허는 이북에 있을 때인 1946년 〈어머니〉와 〈掬雛記〉 등을 발표했으나 1947년 월남 이후에 많은 작품을 남겼다. 1965년에 쓴 〈따리아 病들다〉라는 것도 '다알리아'를 통해서 수필장르의 처음과 마지막을 장식했으니, 다알리아와 시인의 30년간의 특별한 인연이다.13)

『모래위에 쓴 낙서』木蓮記에 수록한 〈菊花〉14)에는 원산에서 교원을 하면서 이사 간 집 마당 가장자리에 핀 노란 국화를 보면서 쓴 시 〈신촌동〉이 수록되어 있다. "대륙이 멀어 설은 地點이기에/국화 한 그루 기르며 산다"고 썼으며 "나는 이때 도심지인 직장으로 부터 지쳐 돌아오면 으레 국화 앞에 서는 것이 버릇이었다. 도연명의 이른바, 유연견남산(悠然見南山) 대신으로 허미수류(許眉叟類)의 유연망동해(悠然望東海)의 풍정도 결코 버릴 것은 아니었다."며 1662년 삼척부사를 했던 당시 척주동해비를 썼던 미수 허목(許穆,1596~1682)처럼 유연히 동해를 바라보던 심정으로 국화와 처음 사귀던 때의 이야기라 하였다.

「딸을 말한다」에서는 시집 『진주만』에 있는 〈아가의 말〉이 들어있으며,15) 「나의 애송시」

---

11) 金東鳴,『나의 거문고』新生社, 1930, 156~167면에는 愛慕, 새날, 餞別, 길손의 노래, 나의 거문고, 幻想의 노래, 님이어, 노래, 告別辭, 나는 眞珠캐는 배사공, 그대는 王이외다 등 11편을 散文詩라고 표기하였다.

12) 金東鳴 隨筆·手記集,『모래위에 쓴 落書』新雅社, 1965, 132면

13) 장정룡,「김동명 수필집 '세대의 삽화'의 작품특질 고찰」『김동명문학연구』제2호, 2015, 72면, 시집 『하늘』 24면에 〈따리아〉 한 편이 수록되어 있다. "달 밤에/힌 따리아/寂寞하다/가을 탓인가/벗은 몸으로/마조 서나/부끄러움 모를라/夫婦인양"

14) 金東鳴 隨筆·手記集,『모래위에 쓴 落書』新雅社, 1965, 138면

15) 金東鳴,『眞珠灣』梨花女子大學校出版部, 1954, 32면에는 제목이 〈아가의 말〉이다. 그러나 金東鳴 隨筆·手記集,

에서는 중국 제갈량이 유비의 초빙을 받을 무렵 남양에서 한낱 야인으로 지내면서 유유자적하던 무렵에 읊었던 "大夢誰先覺(큰 꿈 누가 먼저 깨쳤는고) 平生我自知(내 인생은 나도 알았단다) 草堂春睡足(초당에 반듯이 누워 봄잠만 즐기노니) 窓外日遲遲(창밖에 기우는 해는 어찌 저리 더디뇨)"를 애송시로 인용하였다.

「落穗集」에서는 『서울風物誌(一名 目擊者)』에 들어있는 〈쓰레기〉〈K박사〉〈S박사〉〈駱山怨〉〈驛馬車〉〈弔葦蒼翁〉 등 6수를 포함하였다. 또한〈悼妻詞〉는 시집 『하늘』에 들어 있는 시 한 편이다. "그대의 늙은 모양/내 봄이/내 늙는 꼴/그대에게 못 보임이/더욱 설어…"16) 이들 시를 모아놓은 글 「낙수집」은 떨어진 이삭줍기식으로 김동명사화집17)『내마음』의 마지막 교정을 마치고 누락된 시를 구제조치로 모아놓은 것이라 하였다.18) 「낙수집」의 시들은 시집 『목격자』에도 편집되었다.

다음은 김동명 최초 수필집 『세대의 삽화』에는 「暗黑에 章」, 이후 편찬한 사화집 『내마음』에는 제목을 바꾼 「暗黑에의 序說」에 수록된 삽입시들을 살펴보고자 한다. 1948년에 창작한 이 글은 부제가 '나는 이북서 이렇게 지냈다'이다.19) 자유세계 편집자의 청에 의해서

『모래위에 쓴 落書』新雅社, 1965, 155면 수록된 내용에는 제목이 〈딸의 말〉이다. "내 오래간만에 겨를을 마련하여, 서재에 혼자 앉아서 秋庭賦를 읊고 있으려니, (月汀) 아기 방긋이 문을 밀고 들어와 나더라 하는 말 '아바 맘마 남나'…아내가, 아랫방에서 눈치를 채고 '진지 잡수시래요'하고 번역한다. 나는 이때부터 아가의 말에 흥미를 느끼기 시작했다(하략)"

16) 金東鳴, 『詩集 하늘』 文隆社, 1948, 126면
17) 金東鳴 詞華集, 『내마음』 新雅社, 1964
18) 김동명이 자신의 수필에서 언급한 시집 『서울風物誌』는 초허 스스로 일명 『目擊者』라고 하였는데, 1957년에 낸 『目擊者』에는 위에서 언급한 시를 포함하여 총 49편이 수록되었다. 『서울풍물지』라는 이름의 시집은 출간되지 않았다. 『목격자』 시집에 들어 있는 작품은 「서울素描」에 세종로, 종로, 충무로, 또 충무로, 명동, 북아현동, 신촌동, 또 신촌동, 미아리고개, 미아리를 지나면서, 창의문밖, 빠-강남, 우이동놀이, 蓬萊閣談, 서울소묘 등 15편, 「한가람은 흐른다」에 한가람은 흐른다, 남산즉사, 고궁부, 남대문, 고궁삽화, 이화여중교문에 붙이는 노래, 삼청공원, 바고다공원, 고려대학교, 舊正雅韻, 여인국, 서울역, 육신묘 등 13편, 「驛馬車」에 양갈보, 쓰레기, 駱山怨, C여사와 빈대떡, K박사, K선생, L박사, S박사, 위창옹, 조 천명여사, 새해 등 12편, 「避難詩抄」에 그 이튿날, 출발, 목격자, 산 백합화, 행로난, 남강, 鎭東過次, 초량역, 日暮 등 9편이 들어 있다. 이후 1964년에 간행된 『내마음』에는 『서울風物誌抄』라 하여 총 45편이 수록되었다. 「세종로」에는 자하문 밖, 세종로, 종로, 충무로, 또 충무로, 명동, 북아현동, 신촌동, 또 신촌동, 미아리 고개, 미아리를 지나면서, 蓬萊閣醉談, 빠.江南, 우이동놀이, 서울소묘 등 15편, 「한가람은 흐른다」에는 남대문, 한가람은 흐른다, 남산 卽興, 古宮賦, 梨花頌, 古宮揷話, 이화여중교문에 부치는 노래, 삼청공원, 바고다공원, 舊正雅韻, 六臣墓, 弔 天命女士, 양갈보, C여사와 빈대떡, L박사 등 15편, 「피난시첩」에는 지리산, 그 이튿날, 출발, 목격자, 대전, 論山過次, 전주에서, 산.백합화, 남원야곡, 行路難, 남강, 영동과객, 마산, 초량역, 釜山追懷 등 15편이다.
19) 金東鳴, 〈暗黑의 章〉『世代의 揷話』日新社, 1959, 141~209면

북한이야기를 쓴 것이라 하였다.

　내용은 "暗黑의 章, 恩讐의 彼岸, 物資는 이렇게, 다시 敎壇으로, 馬脚은 드러나다, 南北協商論이 意味하는 것, 쌀을 달라!, 푸른 하늘에의 思慕, 土地革命은 이렇게, 붉은 軍隊의 膳物, 가자 떠나야 한다!, 朝鮮民主黨과 나, 빈 도시락을 끼고 찾아오는 친구들, 道黨委員長 時代, 平壤으로 가다, 選擧神話, 올 것은 드디어 오고야 말았다, 나는 또 詩를 쓰고 있다" 등 18개 소제목 단락으로 구성되어 있다.

　이 글의 첫 머리에 쓴 〈述懷〉라는 시작품에는 "대낮에/밤을 건넌다//마음은/한밤중의 해 바라긴 양//한낮에/해를 그리워라"고 표현하고, "북한에서 지낼 때 심정의 약도이며 오늘의 내마음"이라고도 하였다.20) 이들 작품 속에 초허의 시작품이 다수 들어 있는데 그것은 아래와 같다.

「暗黑의 章」: 〈述懷〉21)

「恩讐의 彼岸」: 〈避難民1〉〈避難民3〉22)

「物資는 이렇게」: 〈輸送機 날으는 港市의 風景〉〈異邦〉〈怪候〉23)

「(나는) 다시 敎壇으로」: 〈歸帆〉24)

「쌀을 달라!」: 〈一九四六年을 보내는 노래〉25)

---

20) 위의 책, 142면

21) 金東鳴, 『詩集 眞珠灣』 梨花女子大學校出版部, 1954, 52면, 이 시는 「暗黑과 함께」에 수록되어 있는데, 〈述懷〉〈文字의 悲哀〉〈異邦〉〈民主主義〉〈레디오〉〈怪候〉〈憂鬱〉〈獄中記1〉〈獄中記2〉〈獄中記3〉〈설날〉〈山驛〉〈道境〉〈浿江賦〉 등 14편이다. 〈述懷〉는 같은 제목, 다른 내용으로 『하늘』(1948, 72~73쪽) 시집에도 들어 있다. "석양에 지는 잎 하나/그대 창밖에 구을거던/외로운/내 꿈인줄 아르시라//한 밤중에 귀또리 울부짖어/그대 잠을 깨우거던/못 잊는/내 넋인줄 아르시라//가는 비 소리없이/그대 머리 위에 뿌리거던/떠나는 내 서름인줄 아르시라"

22) 金東鳴, 『詩集 三八線』 文隆社, 1947, 〈避難民1〉 14면, 〈避難民3〉 18면, 이 책에 실린 〈피난민〉은 전 4편으로 연작시이다.

23) 위의 책, 〈輸送機 나르는 港市의 風景〉 32면, 〈異邦〉 37면, 〈怪候〉 115면

24) 金東鳴, 『詩集 芭蕉』 新聲閣(咸興), 소화13년(1938), 63면 〈歸帆〉, 『모래위에 쓴 낙서』(신아사, 1965) 211면에는 "어쨋든 나는 남들이야 서울로 내빼건 평양으로 달리건, 아른체 않고 그저 내 집- 여기서 잠간 독자 여러분에게 내 집을 소개하면, '風船이 한 채/나의 雙窓을 향하여 돛을 나린다/夕陽이 되면/나의 風景畵는 더욱 아름다우리'라고 하였다. 이 시가 실린 작품은 「나의 집」으로 〈송진냄새〉〈東海〉〈石竹花〉〈黃昏〉〈딸〉 등이 있다.

25) 金東鳴, 『詩集 三八線』 文隆社, 1947, 100~101쪽 "세상에 요렇듯 희한한 民族이 있다는 것은/學問的으로 한 개의 貢獻일른지도 몰라/畸形人間이 알콜管의 優待를 받는 것처럼…" 『모래위에 쓴 낙서』(1965) 218쪽에는 마지막 구절이 바뀌었다. "學問的으로는 하나의 貢獻일지 모르나/人間의 名譽를 위해서는 얼마나 面目없는 일이랴"

「푸른 하늘에의 思慕」: 〈獄中記〉26)

「土地革命은 이렇게」: 〈南行車에서 내린 女人〉27) 〈北方消息〉28)

「가자 떠나야 한다!」: 〈垂楊〉29)

「(나의)道黨委員長 時代」: 〈北韓 消息〉30)

「平壤으로 가다」: 〈汽車〉〈山驛〉〈밤〉〈浿江賦〉(1946.9)31)

「나는 또 詩를 쓰고 있다」: 〈三八線〉32)

초허는 "이상에서 한 이야기는 내가 解放 後에 北韓서 보고 듣고 그리고 겪은 이야기의 大綱이거니와, 이제 이야기를 더 계속하자면 그것은 필경 虎口를 벗어나 南으로 도망해 오던 이야길 밖에 없는데, 이것은 뒷날 다시 기회를 마련해 보기로 하고, 우선 이 정도에서 그쳐두기로 한다."고 마무리를 하였다.

이 글에 인용된 시집은 1930년에 나온 최초시집 『나의 거문고』(1922~1929년 작품)33)를

---

26) 金東鳴, 『詩集 三八線』 文隆社, 1947, 〈獄中記2〉 92~94면, 이 책에 실린 〈옥중기〉는 〈피난민〉과 같이 전4편 연작시로 『모래위에 쓴 낙서』(1965) 223~224쪽에 인용된 작품이다. "캄캄하다/深海에 사는 魚族인양/視力을 잃었나보다//마음은 想念의 바닷가에/難破한 배 조각/꿈도 化石인 양/曲調를 잃었나니/푸른 하늘마저/이렇듯 아쉬울 줄이/별은 더욱 그리워//이윽고 어둠 속에 새겨지는/죽음의 浮彫/아아, 娑婆는 壁 한 겹일다"라고 수정하였으나, 시집 『삼팔선』 93면 4연은 "騷音은/멀리 들려오는 波濤소리처럼/아아, 눈보다는 귀가 고맙구나"로 이것이 누락되었고, 마지막 5연도 다소 수정하여 "어둠 위에 사겨지는/죽음의 浮彫/娑婆는 壁 한 겹일다"로 되어 있다.

27) 金東鳴, 『詩集 三八線』 文隆社, 1947, 72면 〈南行車에서 나린 女人〉,

28) 이 시는 시집 『삼팔선』에 수록되지 않았다. 그 이유를 알 수 없으나, 제목의 경우도 김동명 사화집 『내마음』(1964) 383면에는 〈북쪽 消息〉으로 게재되었고, 차례 11면에는 〈北韓 消息〉으로 다르게 썼다. 또한 『모래위에 쓴 낙서』(1965) 229면에 소개된 시와 상호 차이가 난다. 『내마음』에는 "드디어 男負女戴로 옛 고장을 하직한/流浪民의 그 뒷 소식을 들어보라"라고 하였고, 『모래위에 쓴 낙서』에는 "드디어 男負女戴로 옛 고장을 하직하니…/아아, 流浪民의 그 뒤 소식이 궁금하지 않으냐?"고 바뀌었다.

29) 金東鳴, 『詩集 眞珠灣』 梨花女子大學校出版部, 1954, 134면, 『모래위에 쓴 낙서』 233쪽 "원고를 정리해보니, 무릇 삼십여 편, 이것은 나로서도 여태 경험해보지 못한 하나의 신기록이었다. 내 시집 진주만에 수록된 정원기가 바로, 그것들 가운데서 추려진 것이었음은 물론이다. 그런데 이때에도 내 마음은 노상 실버들 모양 흔들리고 있었음은, 다음의 시로도 엿볼 수 있으리라. '어화, 문전 세류/실실이 푸르렀네//한양 천리길에/휘느러진 봄빛일네/갈거나…/말거나…/어이 갈거나/고흔 님 혼자 두고 내 어이 갈거나/건들하는 미풍에도/휘우뚱거리는 속없는 가시내야/내 마음도 실은/휘늘어진 버들가지/나비 한 마리 날아들어도/흔들거린다네"

30) 김동명 수필수기집, 『모래위에 쓴 낙서』(신아사, 1965) 383면 〈北韓 消息〉 "民主黨과 共産黨은/개와 고양이/언제나 할퀴우기만 하는 民主黨員이언만/그래도 두고 보자는, 信仰 때문에/意氣는 衝天-/이것도 北韓 消息의 한 토막이란다"

31) 金東鳴, 『詩集 三八線』 文隆社, 1947, 〈汽車〉 56면, 〈山驛〉 60면, 〈밤〉 62면, 〈浿江賦〉 65면

32) 김동명 위의 책, 117~120면

제외하고, 1936년 출간된 『芭蕉』(1930~1936년 작품), 1947년 출간된 『하늘』(1936~1941년 작품), 1947년 출간된 『三八線』(1945~1947년 작품), 1953년 출간된 『眞珠灣』(1945~1947년 작품), 1957년 출간된 『서울風物誌 一名 目擊者』(1947~1955년 작품)의 수록시가 들어 있는데 인용된 시는 총 18수이다.

마지막에 넣은 〈삼팔선〉 장시의 일부를 보면 "死線, 오호, 不死鳥도 울고 넘는 怨恨의 아리랑 고개, 구즌 비 휘 뿌리는 침침 漆夜 아니래도 '으흐, 으흐흐흐…' 鬼哭聲이 처량쿠나. 굶어 죽은 넋, 銃 맞아 죽은 넋, 짓밟혀 죽은 넋…, 온갖 억울한 넋들이 '三八線'이 여기드냐' 더위 잡고 '으흐, 으흐흐흐…' 아아, 民族曠前의 受難일다. 歷史의 惡戱, 運命의 嘲弄이 어찌 이대도록 심하뇨?"라 하였다. 이글의 마지막 부분에는 초허 시집 출판에 대한 내용이 들어 있다.

> 나는 이 무렵부터는 원고를 정리하기 시작했다. 우선 해방 이전의 노오트를 추려 한 권의 시집을 겪고 명명하여 『하늘』이라 했고, 해방 뒤의 것은 『진주만』과 『삼팔선』으로 나누어 두 책의 시집을 꾸몄다. 그리고 이것들을 또 장부책에다가 또박또박 옮겨 적었다. 이래서 이것은 당시 원산서 살면서 배를 갖고, 가끔 남한 장사를 다니든 내 처남에게 부탁하여, 장삿길이 트이는 대로 남한으로 가져가 주도록 아내에게 일러놓고 노오트는 모두 꽁꽁 꾸려 아내에게 맡겼다. 어떠한 경우에든지 분실이 안 되도록 각별히 주의하여 거두어 둘 것을 당부하면서-아내는 내가 월남한 뒤에 장부책을 저의 오빠에게 전하기에 앞서, 장부의 시를 모두 낡은 옥양목 쪼가리에다가 옮겼든 것이다. 혹시 장부책이 중도에서 사고를 냈다가는 큰일이다 싶어 한 일인데, 아내는 그 뒤(7월 상순경이었다) 월남할 때에 이 옥양목 쪼가리로 배도리를 만들어서 그때 생후 7개월 밖에 안되는 내 망낭 딸 월령이의 배에 감아 가지고 넘어 왔는데, 오빠 편에 전해든 장부책은 과연 속초 앞바다에 어떤 위험을 느끼고, 바닷물 속에 던져 버렸다는 것은, 또 그 뒤에 알려진 소식이었다. 그런데 나는 오다가 6.25사변 통에, 서울 와서 끄적거려두었든 『서울풍물지』 -일명 목격자- 원고와 함께, 그만 소실하고 말았다. 『서울풍물지』는 비교적 쓴지가 오래지 않았으므로, 곰곰이 기억을

---

33) 金東鳴, 『나의 거문고』, 新生社, 1930

더듬어 다시 적어 놓을 수 있었으나 『진주만』은 완전히 절망이었다. 헌데 그 뒤 -부산서 피난사리하고 있을 때다-1.4후퇴 때에 집단적으로 피난해 온 고향 친구들을 위문차로, 거제도엘 들어갔더니, 바로 우리 뒷집에서 살고 있는 임씨가 나를 만나자 '선생님께 드릴게 있어요'하면서 노오트 꾸러미를 가져다가 내 앞에 놓아주는 것이 아닌가? 감격할 밖에. 이것 역시 아내가 월남할 때 이 노오트 꾸러미를 우리와는 친형제처럼 지나는 임씨 가족에게 맡기면서 '우리에게는 무엇보다도 귀중한 물건이니, 잘 간수했다가 달라'는 부탁을 받고 임씨 부인은 이것을 자기 집 옷장 속 맨 밑바닥에다가 감추어 두었다가 이번 월남하는 길에 가지고 왔다는 것이었다. 이것은 실로 『파초』이래 전 시작이 적혀있는, 그러므로 十有五六年이라는 긴 세월에 걸쳐, 내 손길에서 매만져지든 다섯 책의 노오트와 네 권의 일기책으로 이루어진, 말하자면 내 반생의 조그마한 업적이 거두어진, 내게는 다시 없이 소중한 물건들이었든 것이다.… 이래서 『진주만』은 다시 세상에 나타나는 기회를 얻기에 이르렀고, 임씨 일가는 또 그 옛날과 마찬가지로 시방도 우리 뒷집에서 살고 있다.34)

또한 6.25피난수기인 「어두움의 비탈길」-6.25피난수기-에는 한강을 건너는 상황부터 작가가 도보로 피난하던 수원, 대전, 논산, 전주, 남원, 진주, 마산, 부산까지 이르는 동안에 겪었던 수많은 일들을 수기로 적으면서 여러 편의 시들이 들어가 있다.35)

피난수기의 내용을 적시하면 小序(1), 小序(2), 1950년, 避難길, 勇士의 말, 無心川小夜曲, 石榴꽃과 부처님, 옛날은 그리운 것, 斥紅論, 어데로 갈까, 濠洲飛行隊의 망발, 全州驛頭의 揷話, 山·白合花, 南原의 밤, 冬栢꽃 피는 고장, 폭우를 무릅쓰고, 조각달과 산과 나와, 다섯 마리의 꿈, 지리산 기슭을 예돌아, 敎會堂이 있는 마을, P라는 사나이와의 對話, 또 밤길, 아 남강!, 失影記, 바다에의 鄕愁, 저 사람을 보라, 미쓰馬山과 단둘이, 낙동강 물굽이 등 28개의 소제목이 있다. 이 가운데 초허의 시작품이 다수 들어 있는데 그것은 아래와 같다.

「1950년」 : 〈그 이튿날〉 〈출발〉 〈목격자〉36)

---

34) 金東鳴 隨筆·手記集, 『모래위에 쓴 落書』, 新雅社, 1965, 262~264면 「暗黑에의 序說」
35) 金東鳴 隨筆·手記集, 『모래위에 쓴 落書』, 新雅社, 1965, 331~478면 「어두움의 비탈길」
36) 金東鳴, 『目擊者』, 人間社, 1957, 피난시초 〈그 이튿날〉108~109면, 〈出發〉110~111면, 〈목격자〉112~115면

「避難길」: 〈적의 탄환보다도〉〈수원비행장을 지나면서〉[37]

「石榴꽃과 부처님」: 〈대전〉[38] 〈대전에서〉[39]

「옛날은 그리운 것」: 〈언덕위의 風景〉〈길〉〈江가〉[40]

「全州驛頭의 揷話」: 〈全州驛頭에서〉[41]

「山·白合花」: 〈山·白合花〉[42]

「南原의 밤」: 〈南原夜曲〉[43]

「暴雨를 무릅쓰고」: 〈行路難〉[44]

---

[37] 이 두 편의 작품은 초허 시집에서 찾을 수 없다. 『모래위에 쓴 낙서』 346면, 전편은 제목이 없어서 첫 행을 그대로 옮겼다. 〈적의 탄환보다도〉 "적의 탄환보다도/오히려/더 아픈 동포의 마음//이장집을 찾아/노숙을 면하려니//호롱불 안은/진실로 밤보다도 더 어두워라" 후편 〈수원비행장을 지나면서〉 "앗, 적기닷!/바로 내 장배기 위에서/프로펠러는 미친 듯/나는 밭고랑에 엎드려/배밀이를 한다//오십년에 다시 찾은/옛 솜씨//폐가 십 미터 내외의 지점이/왜 이리 머노?//겨우 파벽에 몸을 숨기고/창공을 쳐다본다//오오, 나의 백조여!/어느새 네가 왔구나//쫓으며 쫓기며/다라다라 다라라라랏, 팍/적기의 겨드랑이에서 빤짝하고/빨간 불꽃이 핀다//적기는 드디어 밀크빛 연기를 뿜으며/몸뚱어리를 가누지 못한다//옷자락을 털며 한길에 나서니/길섶 도량가에는 최용건의 멧시지가 뒹굴고 있었다"

[38] 金東鳴, 『目擊者』 人間社, 1957에는 시작품 〈大田〉이 빠져 있고, 『내마음』 488면에만 실렸다.

[39] 이 작품도 시집 『목격자』와 『내마음』에는 수록되지 않았다. 〈대전에서〉 "비가 나린다/비에 젖으며/비에 젖으며/나서른/거리를 간다/마침 꼬이는 여인이 있기에/불러주는 인정도 있던가 싶어/따라 갔더니/방보다 더 더 큰, 벽보다도 더 넓은/부처님이 앉으셨다//부처님의 콧잔등에 파리가 앉는다/부처님은 콧잔등의 파리를 날릴 줄 모른다//쓴 웃음을 지으며 돌아앉으니/뜰에는 두어 송이 비에 젖는 석류꽃/아아! 네가 나를 불렀더냐"

[40] 이 세 편의 시는 초허의 시 작품집에는 들어 있지 않고 『모래위에 쓴 낙서』에만 들어 있다. 동일제목의 〈江가〉 작품이 『진주만』 26쪽에 있으나 다른 시다. 『모래위에 쓴 낙서』 〈언덕위의 風景〉 "귀밑머리 나풀나풀/놀던 곳이 그리워/女人은 銅像처럼 말없이/언덕위에 섰고//戰爭이 노을처럼 번져오는/쪽으로/사나이는 담배연기를/뿜어 보낸다/잡초위에는 잡조처럼 우거진/쫓기는 이의 설음/어디서 송소리라도 은은히/울려왔으면 좋겠다"(386면) 〈길〉 "꿈에 가끔 다녀본다는 길/그 길이 차마 이럴 줄이야//다만 아름다운 꿈뿐인가?/그러기에 고향도 실은, 못가고 그리는 동안이 고마워라"(387면) 〈江가〉 "막걸리처럼 부연 물결/집신짝 같이 생긴 나무배//그래도 女人은 파아란 물새처럼/언제나 네 품이 그리웠단다"(387~388면)

[41] 이 시는 『목격자』 피난시초에는 빠져 있으나 김동명 사화집 『내마음』 402면에 수록되어 있다. 〈全州驛頭에서〉 "단 두 개의 덮개없는 짐차 칸만이/피난민에게 던져진 好意였다//우리는 단지 남보다 한걸음 앞섰고/또 남보다 악착같이 덤빌 수 있었기에/이 짐차 칸 구석엘망정/처박히는 幸運을 차지했을 뿐/이제 우리의 이 자못 명예롭지 못한 위치가/이렇게도 많은 視線들의 열열한 羨望의 표적이 되어야한다는 것은/분명히 인간과 문명에 대한 一大 恥辱이다/그러나 피난민 諸君!/諸君이 정작 부러워해야할 상대는 우리가 아니다/잠깐 고개를 돌려 저편을 바라보라/어떤 작자의 세간 나부랭이지, 有蓋貨車 안으로만 모시지 않는가?/결국 우리들의 이름은/헌 바겟즈 값에도 못가는 民主國民!/그렇게 얼빠진 얼굴들을 하고, 언제까지나 섰을테냐?/나는 치미는 鬱憤을 火桶처럼 내뿜으며/全州를 떠난다"

[42] 金東鳴, 『目擊者』 人間社, 1957, 116~117면, 이 시는 『現代文學』 제2권 5호, 5월호, 1956, 12~13면에 '避難抄中에서'라고 수록하였다. 崔寅熙의 시 〈첫소리〉도 이 책 18면에 수록되었다.

[43] 이 시도 『목격자』에는 누락되었으나 『내마음』 496~497면에 수록되었다. 〈南原夜曲〉 "全羅道라 南原땅에/내가 왔지라우//풀밭에 번듯이 누어/별하나, 나하나/눈은 한양 星座를 지키나/마음사 李道令//春香 모습 아른아른/내 꿈을 繡놓거니//戰爭과 避難은/나 모르지라우"

「다섯 마리의 곰」 : 〈다섯 마리의 곰〉[45]

「지리산 기슭을 예돌아」 : 〈智異山〉[46]

「아 남강!」 : 〈南江〉[47] 〈晉州過次〉[48]

「바다에의 鄕愁」 : 〈嶺東지나는 길〉[49] 〈嶺上低吟〉[50]

「미쓰馬山과 단둘이」 : 〈馬山〉[51]

  이와 같이 초허는 한국전쟁의 피난길 역경 속에서도 붓을 놓치지 않고 전쟁속의 사람들 모습과 세태를 그렸다. '6.25避難手記'라는 부제가 붙은 「어두움의 비탈길」에는 일자별로 자세하게 피난상황을 기록하고 있는데 이화여대 교수로 재직당시이던 1950년 6월 25일부터 8월 1일 부산 초량 정거장까지 피난의 행적을 담았다.

  초허의 6.25피난수기인 「어두움의 비탈길」에서는 한강을 건너는 상황부터 작가가 도보로 피난하던 수원, 대전, 논산, 전주, 남원, 진주, 마산, 부산까지 이르는 동안에 겪었던 일들이 시편으로 형상화되었는데 역경 속에서도 붓을 놓치지 않고 전쟁속의 사람들 모습과 세태를 그렸다.

---

44) 金東鳴, 『目擊者』, 人間社, 1957, 118~119면

45) 이 시도 『목격자』 피난시초에는 누락되었다. 『모래위에 쓴 낙서』 430면 〈다섯마리의 곰〉 "아빠 곰이 하나/엄마 곰이 하나/오빠 곰이 하나/그리고 月汀이와 月鈴이사/두 마리의 새끼 곰/우리는 섬진강이 나려다보이는/바위 밑에 웅크리고 비를 피하며/저 강물의 긴 사연과/이 바윗돌의 오랜 침묵을 듣는/다섯마리의 곰이로다"

46) 이 시는 『모래위에 쓴 낙서』 436면에만 수록되어 있다. 〈지리산〉 "멀리 아슬하게 높은/짙푸르다기보다 차라리 밤빛인/네 육중한 모습을/나는 여기서 잠깐 걷든 걸음을 멈추고 바라본다/祖國과 正義를 등진 무리들이 즐겨찾는 아지트! 오호, 역사의 부스럼이!/너는 성난 毒腫처럼, 자꾸 아프다"

47) 金東鳴, 『目擊者』, 人間社, 1957, 120~121면, 이 시는 『文學藝術』 제4권 제10호, 11월호, 문학예술사, 1950, 120~121면에도 수록되었으며 '詩集 서울風物志· 避難詩抄에서'라고 표기하였다.

48) 이 시도 『목격자』『내마음』에 수록되지 않았다. 『모래위에 쓴 낙서』 452면 〈晉州過次〉 "베랑을 지고 내려오며/잠깐 촉석루와 南江을 대면했을 뿐/귀도 몰라라/눈도 몰라라/코도 입도 몰라라/다만 몰려오는 이리떼를 향해 마주 가는/1950년대 悲劇의 엑스트라!/피난민을 보았을 뿐!"

49) 이 시는 『목격자』에 〈鎭東過次〉(122~123면)로 수록되었고, 『모래위에 쓴 낙서』 466면에는 〈鎭東 지나는 길〉이라 하였다.

50) 이 시는 『모래위에 쓴 낙서』 467면에만 수록되었다. 〈嶺上低吟〉 "빗발 오락가락/별마저 들락날락//젖으며 마르며 피난민이 간다/굽이굽이 오름길에/恨 마저 굽이굽이//牧者 잃은 羊떼기에/설음이 비뿌려라"

51) 이 시도 『모래위에 쓴 낙서』 472~473면에만 수록되었다. 〈馬山〉 "휘황한 불빛/밤을 사르련 듯//물결소리 고요히/발끝에 찰삭찰삭…//내 이 밤에/미쓰 마산과 마주섰노니//밝으면/떠나는 몸//물새 마저 잠들었는가?/이별은 누구에게 고하리!"

〈어두움의 비탈길 -6.25피난수기〉작품은 1965년에 간행된 그의 문집 『모래위에 쓴 落書』에 전문이 수록되어 있다. 이 작품은 1959년에 나온 그의 수필집 『世代의 揷話』에는 실리지 않았으므로 1964년 무렵에 새로 작성한 것으로 보인다. 정확한 집필시기를 밝히지 않았으나, 1950년 한국전쟁의 피난을 겪었던 초허 스스로 '십년을 헤이고도 벌써 네 해'라는 표현으로 미루어, 1968년 작고하기 네 해전이고, 문집이 발행되기 한 해전으로 생각해 볼 수 있다.[52]

또한 이 글은 초허 스스로 "次善之策으로 메모만이라도 정리해두는 수밖에 없다 싶어, 기회를 두리번거리던 차에 마침 '경향'의 호의로 회포를 풀게 되니 고맙기 한량없다"라고 언급한 것으로 보아 『경향』지에 발표된 내용으로 볼 수 있다.

이 글은 1957년 『사상계』에 실었던 〈피난회상기〉의 전편으로 생각되는바, 1965년에 발간한 문집에만 수록되었다. 이 내용은 3회로 그친 1951년 1월 4일 후퇴당시의 기록인 〈피난회상기〉에 비해서 방대한 분량의 장편으로 작성되었다. 〈피난회상기〉에는 한 편의 시작품도 들어 있지 않다.

      [피난회상기1] (1) 그 밤의 素描 (2) 安養邑으로 (3) 避難第一課 (4) 서글픈 小夜曲[53]
      [피난회상기2] (5) 水原을 지나면서 (6) 막걸리와 慈悲心 (7) 정황없는 사나이들[54]
      [피난회상기3] (8) 怪常한 布告文 (9) 親切한 老婆와 全羅道로 간다는 女人[55]

〈어두움의 비탈길〉은 문집에 수록된 내용이 147면에 걸쳐 작성된 많은 분량으로 초허가 밝힌 바와 같이 마지막으로 의무감에서 작성한 글이라고 하겠다. 그는 피난이라는 원한의 대열에 참여했던 슬픈 추억을 되도록 소상히 기록하여, 6.25를 이야기로만 듣는 모든 낯모르는 형제들에게 전하는 것이 의무라고 심중의 말을 토했다.[56]

---

52) 장정룡, 「김동명 수필의 월남과 피난의 표출양상」『김동명문학연구』 1호, 김동명학회, 2014, 332면
53) 金東鳴, 〈避難回想記〉(一)『思想界』一월호(第42號), 思想界社, 1957, 178~189면
54) 金東鳴, 〈避難回想記〉(二)『思想界』二월호(第43號), 思想界社, 1957, 175~184면
55) 金東鳴, 〈避難回想記〉(三)『思想界』三월호(第44號), 思想界社, 1957, 95~103면
56) 金東鳴 隨筆·手記集, 『모래위에 쓴 落書』 新雅社, 1965, 331~332면 〈小序(1)〉

6.25변란이 이 나라에 있어서 有史以來의 최대의 비극이요, 흉변이었음은 아무도 의심하지 않을 것이다. 정치적으로나 사회적으로나, 그밖에 어느 모로 보든 그것은, 실로 韓民族史上 최대의 비참이요, 통분이요, 치욕이었다. 불행히 –어쩌면 다행일지도 모르나– 이런 호된 변을 직접으로 겪어본 나로서는, 스스로의 견문과 체험이 비록 대수로울 것이 못 된다 하더라도, 이것을 적어서 역사적 대비극의 멍에 눌려, 몸부림치던 겨레의 설음을 어느정도 어림이라도 할 수 있을 만큼 전할 수 있다면?하는 생각을, 나는 품어온 지 오래다. 적어도 나 자신이 문필을 버리기를 원치 않고, 또 저 원한의 피난대열에 참여했던 슬픈 추억을 지니고 있는 이상, 이것을 되도록 소상히 기록하여 6.25를 이야기로만 듣는 모든 낯모르는 형제들에게 전하는 것은, 나의 의무라고 생각해왔다. 이래서 나는 일찍부터 이 일에 뜻을 두고 그동안 몇 차례 붓을 든 적도 있으나, 공교롭게도 매양 피치 못할 사정으로 말미암아, 종시 뜻을 이루지 못하고 돌아보건대, 어제련 듯하건만 어느새 십년을 헤이고도 벌써 네 해를 더했으니, 아마도 무심한 것 세월인가 보다. 이대로 어름하다가는 나의 피난기는 필시 영원히 이루지 못할 꿈이 되고 말리라 싶어, 초조로운 생각은 해가 거듭할수록 더욱 짙어만 간다. 허나 이젠 즉 낡은 메모를 내놓고 옛 기억을 더듬는 것도 용이한 일일 수는 없고, 그렇다고 단념할 수도 없는 일이고 보니, 次善之策으로 메모만이라도 정리해두는 수밖에 없다 싶어, 기회를 두리번거리던 차에 마침 '경향'의 호의로 회포를 풀게 되니 고맙기 한량없다.

초허가 겪은 피난의 행적은 시집 『목격자』에 「避難詩抄」라는 이름으로 9편이 실렸다.[57] 이곳 『모래위에 쓴 낙서』책자에서 소개된 시들 가운데 초허 시집들에 게재되지 않은 시들이 11편이나 된다.

「피난시초」가 실린 시들은 시집제목이기도 한 〈目擊者〉에서 "성난 짐승모양, 적의 포문은 더 가까이 짖어대는데, 강 건너 마을의 휘황한 불빛이여!"처럼 창문을 열고 초허는 의연히 앉아서 통한의 한민족 전쟁사에서 중요한 한 목격자가 되었다.

초허산문은 수필류, 일기류, 수기류, 평론류 등이 있는데[58] 특히 김동명 산문작품의 대화

---

57) 金東鳴, 『目擊者』 人間社, 1957, 107~126면 "그 이튼날, 出發, 目擊者, 山·白合花, 行路難, 南江, 鎭東過次, 草梁驛, 日暮"

체 뿐 아니라 삽입시 형식을 잉용(仍用)하여 쓴 내용들이 있다. 이러한 방식은 우리나라 최초의 수필로 신라 승 혜초(慧超,704~787)의 〈왕오천축국전(往五天竺國傳)〉기행문에 순례자가 고향을 그리워하는 심정과 고통스런 여정이 깃든 한시가 들어있으며, 김시습(金時習,1435~1493)이 쓴 우리나라 최초 한문소설 『금오신화(金鰲新話)』 5편에도 삽입시가 들어가 있다.

이러한 산문전개방식의 새로운 시도는 초허가 월남이후 생활의 폭이 넓어짐에 따라 시를 대신한 또 하나의 문학적 업적으로, 문학의 폭을 넓히는 과정에서 창의성을 보여준 것이라 하겠다. 삽입시가 들어 있는 산문양식은 "1920년대에서 60년대 초기까지 가장 특색있는 작품으로 활약한 중요한 시인"59)으로 평가받는데 일정한 기여를 했다.

초허는 〈어두움의 비탈길에서 주운 抒情〉60)이라는 글과 같이 6.25 사변 중 암흑같은 절박한 피난길에서도 시인으로서 정서적 표출을 잊지 않고 여러 편의 시작품을 산문 속에 함께 표출해 세상에 내놓았다.

3. 맺음말

이상에서 김동명이 남긴 산문 가운데 수필, 수기로 전하는 작품에서 대화체, 삽입시라는 양식적 특이성을 보이는 내용들을 살펴보았다.

초허가 세상에 남긴 산문작품은 수필집 『세대의 삽화』 26편, 수필·수기집 『모래위에 쓴 낙서』 41편, 정치평론집 『적과 동지』 36편, 『역사의 배후에서』 30편, 『나는 증언한다』 29편 등 총 162편이다.

이 가운데 최초의 수필집 제목이기도 수필 〈세대의 삽화〉는 '시인과 법의 대화'라는 부제로 1955년 9월 1일 동아일보에도 실렸는데, 희곡대화체의 새로운 풍자적 수필양식을 시도하였다. 〈指導者〉역시 시인과 신의 대화, 천사와의 대화를 통해서 당시 지도자에 대한 비판적 시각을 보여준 대화체 작품이다.

초허산문 가운데에는 다수의 삽입시를 수록한 작품들이 전한다. 이는 자신의 수필 속에

---

58) 장정룡, 「김동명 산문의 시대적 양상고찰」 김동명문학관 개관기념학술세미나자료집, 강릉문인협회, 2013, 23~83면
59) 李姓敎, 「金東鳴研究」『誠信女子師範大學 硏究論文集』第四·五輯, 誠信人文科學硏究所, 1972, 62면
60) 金東鳴, 「어두움의 비탈길에서 주운 抒情」『思想界』1965.7월호

시인으로서 느낀 감회를 쓴 작품을 적절하게 배치함으로써, 정서적 풍부성과 실제적 현장성을 강화하는 작용을 보였다.

1948년에 쓴 「暗黑에의 序說」은 부제가 '나는 이북서 이렇게 지냈다'인데 여기에는 기존에 자신이 쓴 자작시 〈述懷〉〈避難民1〉〈避難民3〉〈輸送機 날으는 港市의 風景〉〈異邦〉〈怪候〉〈歸帆〉〈一九四六年을 보내는 노래〉〈獄中記〉〈南行車에서 내린 女人〉〈北方消息〉〈垂楊〉〈北韓 消息〉〈汽車〉〈山驛〉〈밤〉〈浿江賦〉〈三八線〉 등 총 18수가 실렸다.

1964년 무렵에 작성된 것으로 추정되는 〈어두움의 비탈길〉『목격자』에 수록된 피난시초 등 기존 시들을 인용하면서도 또한 새롭게 시를 창작하여 내용을 전개하였다.〈어두움의 비탈길〉은 6.25 피난수기로서 1965년에 간행된 『모래위에 쓴 낙서』에만 전하며 삽입시는 총 21수이다. 기존 7권의 시집에 실리지 않고 이곳에만 소개된 11편의 시작품은 〈적의 탄환보다도〉〈수원비행장을 지나면서〉〈江가〉〈길〉〈언덕위의 風景〉〈다섯마리의 곰〉〈智異山〉〈晋州過次〉〈嶺上低吟〉〈馬山〉〈大田에서〉등이다.

초허가 피난기를 쓴 것은 〈어두움의 비탈길〉만이 아니지만, 이 글에서만 특별히 삽입시 형식을 띤 것은 집필 상 새로운 시도로 볼 수 있으며, 절박한 상황에서도 시적 서정성을 표출하여 전개함으로써 독자들에게도 당시의 상황을 감동적으로 알리는 역할을 수행했다고 분석된다.

결론적으로 초허 산문에서 수필로 작성한 〈세대의 삽화〉〈지도자〉는 희곡대화체 방식을 채용하여 전개하여 문제의식의 전달력을 높였으며, 수기형식으로 작성한 〈어두움의 비탈길〉에는 삽입시가 무려 21수가 된다는 점에서 정서를 담보한 개성적인 측면의 의미 있는 작업이라고 하겠다.

[참고문헌]

朝光 創刊號, 朝鮮日報社出版部, 1935

金東鳴, 詩集 나의 거문고, 新生社, 1930

金東鳴, 詩集 芭蕉, 新聲閣, 1938

金東鳴, 詩集 하늘, 文隆社, 1948

金東鳴, 詩集 眞珠灣, 梨花女子大學校 出版部, 1954

金東鳴, (政治評論集) 敵과 同志, 昌平社, 1955

金東鳴, 詩集 目擊者, 人間社, 1957

金東鳴, (政治評論集) 歷史의 背後에서, 新雅社, 1958

自由文學 1959년 6~10월호, 韓國自由文學者協會, 1959

金東鳴, (隨筆集) 世代의 揷話, 日新社, 1959. 9

金東鳴文集刊行會 編, (詞華集) 내마음, 新雅社, 1964

金東鳴文集刊行會 編, (評論集) 나는 證言한다, 新雅社, 1964

金東鳴文集刊行會 編, (隨筆·手記集) 모래위에 쓴 落書, 新雅社, 1965

李姓敎, 金東鳴硏究, 誠信女子師範大學 硏究論文集, 第四·五輯, 誠信人文科學硏究所, 1972

丘仁煥·尹在天·張伯逸, 隨筆文學論, 開文社, 1975

張伯逸, 隨筆의 理解, 玄岩社, 1976

崔勝範, 韓國隨筆文學硏究, 正音社, 1980

金容稷 外, 韓國現代詩史硏究, 一志社, 1983

崔康賢, 韓國古典隨筆講讀, 고려원, 1983

張德順, 韓國隨筆文學史, 새문사, 1984

吳昌翼, 韓國隨筆文學硏究, 교음사, 1986

嚴昌燮, 超虛 金東鳴文學硏究, 成均館大大學院 國語國文學科 博士學位論文, 1986

嚴昌燮, 金東鳴硏究, 學文社, 1987

金炳宇 外, 金東鳴의 詩世界와 삶, 한남대학교출판부, 1994

權瑚, 古典隨筆槪論, 동문선, 1998

沈慶昊, 한국산문의 미학, 고려대학교 출판부, 1998
이상익 외, 고전수필 어떻게 읽을 것인가, 집문당, 1999
김용직, 한국현대시인연구(하), 서울대학교출판부, 2000
문덕수 외, 한국현대시인연구(上), 푸른사상사, 2001
한국문학평론가협회 편, 문학비평용어사전(상·하), 국학자료원, 2006
장정룡, 김동명 산문의 시대적 양상고찰, 김동명 문학관개관기념학술세미나 자료집, 강릉문인협회, 2013.7.3
장정룡, 초허수필의 '꽃이미지와 그 지향성 고찰, 제13차 심연수한중학술세미나 자료집, 심연수선양사업위원회, 2013.10.2.
장정룡, 김동명 수필의 월남과 피난의 표출양상, 김동명문학연구, 제1호, 김동명학회, 2014,
장정룡, 김동명 수필집 세대의 삽화의 작품특질 고찰, 김동명문학연구, 제2호, 김동명학회, 2015
심은섭, 한국현대시의 표정과 불온성, 푸른사상, 2015
유희자, 김동명 시의 모성적 상상력 연구, 강릉원주대 교육대학원 석사논문, 2015
장정룡, 김동명 수필 어머니의 서사구조 고찰, 김동명문학연구, 제3호, 김동명학회, 2016
장정룡, 김동명 작가의 작품해제 및 작품집 후기 고찰, 김동명문학연구, 제4호, 김동명학회, 2017
장정룡, 김동명 평론의 시대성과 정치인식, 김동명문학연구, 제5호, 김동명학회, 2018
엄창섭, 김동명 -바람의 肖像과 불멸의 詩魂, 모던포엠, 2019

[Abstract]

Dialogic Style and Descriptive Style of Interposed Poems in Kim Dong-myeong's Prose

Jang Jung Ryong

(Professor of Korean Language and Literature at Gangneung-Wonju University)

Among the prose left by Kim Dong-myeong, his essay and autobiography works show characteristic styles such as dialogic style and interposed poems. His prose works

In particular, 〈Illustration of Generations〉 which is the title of first collection of essays was also published in the Dong-A Ilbo on September 1, 1955 under the subtitle 'A dialogue between the poet and the law.' It can be considered to attempt the new satirical essay form of the play dialogic style. 〈Leader〉 is also a work with dialogic style that shows critical views on the leaders of the time through dialogue between a

The works that contain interposed poems in Choheo's prose are prominent. In his essay, he appropriately placed the works about what he felt as a poet, strengthening his emotional richness and sense of realism.

Kim Dong-myeong cited 18 poems in his autobiography 「Introduction in Darkness」 during the period when he lived in North Korea, and there were a total of 21 interposed poems in the Korean War evacuation autobiography, 〈Slope o f Darkness⟩, which is estimated to have been written around 1964. There are 1 1 works that are not included in existing collection of poems. This work is inserted only in 『Scribbles on the Sand』 published in 1965. It cites existing poems such as drafts of evacuation poems included in 『Witness』 while creating new poems to complement the content.

⟨Slope of Darkness⟩ is not Choheo's only evacuation autobiography, but it is a new attempt in writing since it is particularly characterized by the style of interposed poems. It seems to have played an impressive role in movingly informing the readers

In conclusion, Kim Dong-myeong's essays ⟨Illustration of Generations⟩ and ⟨Leader⟩ raised the awareness of problems by adopting play dialogic style, and his autobiography ⟨Slope of Darkness⟩ also emphasized individuality of prose work style in that a total of 21 interposed poems were written in a new way.

* Key words: prose works, essay and autobiography, dialogic style, interposed poems, evacuation autobiography

▌ 이 논문은 2019년 08월 20일에 접수되어, 2019년 09월 10일에 심사위원이 심사하고, 2019년 10월 7일 편집회의를 통해 게재가 결정된 논문이다.

초허 시의 '동일성 원리'의 양상 수용
-첫시집 『나의 거문고』를 중심으로

심은섭*

목 차

Ⅰ. 들어가기
Ⅱ. '자아'와 '세계'의 물아일체 정신
   1. 동화(assimilation)에 의한 동일화
   2. 투사(projection)에 의한 동일화
   3. 동화와 투사의 혼합적 양상 동일화
Ⅲ. 맺은 말

[국문초록]

  김동명의 『나의 거문고』를 발견하기 전까지는 대부분 연구자들은 초허가 퇴폐주의 경향의 작품을 썼다고 평가했다. 영원히 종적을 감춘 시집으로 생각했던 첫 시집이 2017년 7월 3일에 발견됨으로써 지금까지 의문시되던 문제점의 진위가 가려지고 있다.

  본 글의 목적은 김동명의 첫 시집 『나의 거문고』에 시편들이 서정시의 장르적 특징의 하나인 자아와 세계의 동일화 방법을 취했느냐의 여부를 구명하는데 진력했다. 그 결과 김동명의 『나의 거문고』 시편 대부분 전원적인 목가풍의 서정시였으며, 동일화 방법에 의해 자

---

*가톨릭관동대학교 교수

아와 세계가 일체성을 가지고 있었다. 이점을 구체적으로 구명하기 위해 동화(assimilation)에 의한 동일화, 투사(projection)에 의한 동일화, 또한 동화와 투사의 혼합적 양상의 동일화 양상을 세분화하여 고찰하였다. 그러므로 초허의 시편 대부분이 자아와 세계가 합일의 동일성을 추구하고 있다는 점을 알았다. 초허가 자아와 세계를 일체의 동일성으로 이끌어가는 까닭은 일제강점기로써 시대적 상황이 반영되었듯이 시적 대상에 식민지 조국의 상황과 연결되어 있었다. 부연하면 국권을 상실한 조국이라는 세계와 자아를 같은 처지의 모습으로 동일화하여 결국 조국을 자기화하였으며, 또 조국광복을 위해 아무것도 할 수 없는 신지식인이라는 점에 대해 성찰과 반성으로 화해의 길을 모색하려고 했기 때문이다.

　때로는 자아를 비유하는 어떤 객관적상관물을 내세워 그 객관적 상관물을 다시 조국으로 상징화하여 이중적 구조로 작품을 구조화하였다. 그 까닭에 자아와 세계가 동일성을 추구하는 시적 태도를 보인 것뿐만 아니라 자아를 비유할 수 있는 대상을 설정하고, 비유적으로 설정된 자아가 세계와 고백적 대화를 시도하는, 즉 자신이 자신에게 고백하는 구조로 동일화를 이룬 작품들이 대다수였다는 점을 구명하였다.

　주제어　김동명, 동일성, 동화, 투사, 성찰, 상징, 객관적상관물

I. 序

2017년에 초허의 첫 시집 『나의 거문고』[1]가 발견되기 전까지 첫 시집에 관한 연구는 사실상 큰 진전을 보지 못했다. 2017년 7월 3일에 첫 시집을 찾아냄으로써 명실상부 2018년 학술대회 때부터 연구가 활발히 이루어졌다. 그러나 아직도 김동명의 첫 시집 『나의 거문고』에 관한 연구는 초보 단계에 지나지 않는다. 지금까지 『나의 거문고』에 관한 연구논문은 「물의 시적 형상화와 수용성의 해법」[2]이 있다. 이 논문은 그 자신이 한국적인 자연(호수, 강, 바다)을 시적 상관물(相關物)로 즐겨 다룬 점은 대륙의 심장에 한·일간의 치열한 정치적 이슈가 되는 현재성에서 독도를 정복한 하슬라 군주 이사부의 혈맥(血脈)이, 초허의 강직한 성품과 내면의식에 파도를 가로지르는 매서운 바람처럼 애향심을 관통하고 있음에 대해, 객관적으로 유추하는 견고한 정체성을 다시금 확장하는 내용을 담고 있다.

또 「초허 첫 시집 『나의 거문고』 발굴에 따른 諸고찰」[3]이 있다. 이 연구 논문에서는 "한 권의 시집 발견이 학계와 한국 시단에 안겨준 것은 기존의 불확실한 주장을 전복시키는 결과를 가져왔다는 것을 주장하였으며 그 예로 지금까지 제기되어 왔던 초기 시세계[4]가 허무주의와 퇴폐주의로 점철되어 있지 않다는 것이다. 동시에 초기시가 습작에 불과하다는 주장에 대한 편견을 깨는 전기(轉機)를 마련하였다는 점은 주목할 부분이다. 또 첫 시집에 수록된 시의 내용을 '전원적 목가풍의 시세계'와 '파토스(pathos)적인 자기성찰의 시', 그리고

---

1) 심은섭, 「김동명 '나의 거문고' 87년 만의 발견」, 『현대시학』, 2017년 11~12월호, p.50~70. 첫 시집 『나의 거문고』(1930)는 2017년 7월 3일에 필자(심은섭)가 원주에서 직접 찾아냈다. 그러나 소장하고 있는 측에서 판매대금을 고가(高價)로 요구하여 개인이 구매하기가 경제적으로 부담이 되어 강릉시에 발굴 사실을 알리고, 강릉시의 재원으로 구매하여 매입 성사가 이루어졌다. 2017년 7월까지 김동명문학관에 비치된 시집 중에서 『나의 거문고』는 영인본조차 없었다. 그러나 『파초』(小和 13년, 1938)는 영인본만, 『38선』(1947), 『하늘』(1948), 『진주만』(檀紀 4287, 1954), 『목격자』(1957)는 원본과 영인본이 비치되어 있다. 첫 시집 『나의 거문고』는 2017년 7월 3일에 발견하여 원본은 강릉시 시립박물관 수장고에 훈증 처리되어 보관하고 있으며, 현재 김동명문학관에는 영인본을 비치해 놓은 상태이다. 세 번째 시집 『38선』은 영인본을 비치하였다가 2017년 11월에 인천지역에 소재하는 고가서점에서 원본을 구매하여 현재 원본이 비치되어 있다. 그러나 『파초』는 지금까지 원본이 발견되지 못했으나 독지가 장정권 씨가 '파초'의 영인본을 기증하여 현재 문학관에 비치되어 있다.
2) 엄창섭, 『김동명문학연구』 제5집, 정산인쇄소, 2018, pp.14.
3) 심은섭, 『김동명문학연구』 제5집, 정산인쇄소, 2018, pp.76-77.
4) 엄창섭은 초허의 시세계를 시기별로 구분하면서 세기말적인 감상주의, 퇴폐주의 경향이 두드러지는 『나의 거문고』(1930) 시대를 초기로 삼았으며, 『芭蕉』(1938), 『하늘』(1948)로 대표되는 1930년대 후반에서 1940년대 후반까지를 민족적 염원을 서정화한 중기로 삼았다. 광복 이후 『三八線』, 『眞珠灣』, 『目擊者』가 간행된 1947~1957년에 해당하는 시기를 후기로 구분한 바 있다. (엄창섭(1987), 『김동명 연구』, 학문사, p.44.)

'일상적인 소재의 시'로 크게 나눌 수 있다는 점을 지적했다. 또 초허의 첫 시집 『나의 거문고』에 실린 작품들은 지극히 기교적이고 명상적이며. 상징적인 동시에 대상을 심정적인 회화로 형상화하고 서정적인 표현으로 승화5)시켰다는 부분을 밝혀낸 연구물이다.

김동명학회가 발행한 『김동명문학연구』 제5집에 실린 「김동명 시, 강릉, 로컬리티·Ⅱ」6)의 논문은 초허의 『나의 거문고』에 대해 대체적으로 '김동명 시의 장소성'에 주목했다. 다만 이 논문의 서론에서 김동명 초기 시세계를 집약하는 텍스트에 해당된다는 것을 명확하게 제시하였다. 또 추측으로 전해오던 『나의 거문고』에 대한 기존의 관점이 많이 다르다는 점에서 반성과 각성을 해야 한다는 점을 들었다.

초허의 첫 시집 『나의 거문고』가 87년 만에 발견되었고, 그 발견은 불과 3년 정도에 지나지 않으므로 시간적으로 많은 연구가 이루어질 수 없는 것은 당연한 일이다. 그 까닭에 지금까지 서너 편 정도의 연구논문이 발표되었을 뿐이다. 따라서 자아와 세계의 동일성에 관해선 아직 연구가 이루어지지 않았다는 점이 이 논문을 쓰게 된 직접적인 동기 중의 하나다.

이 글에서는 먼저 초허의 시작품들이 목가풍의 전원생활을 노래한 것이라는 점에 주목하여 서정시의 장르적 특징 중에 하나인 '동일성(同一性, identity)원리(原理)'의 요소라 할 수 있는 '투사(投射)'나 '동화(同化)'에 의해 자아와 세계가 하나가 되는 화해의 길을 모색하는 특징을 대표적인 예시(例詩)를 통해 규명하게 된다. 특히 동화(同化)와 투사(投射)에 의해 자아와 세계가 하나가 되려는 합일정신을 동화와 투사라는 각각의 방법과 관련이 깊은 시의 예시(例示)를 통해 이해를 돕고자 한다. 두 번째로는 자아가 세계로 다가가 동일화를 이루는 것으로, 이것 역시 투사에 의해 화해의 정서를 드러내는 작품의 예시를 통해 설명하게 된다. 마지막으로 『나의 거문고』에 실린 작품 중에 동일성(同一性, identity)의 방법으로 '동화'나 '투사'의 요소들이 동시에 나타나는 경향의 작품들이 상당한 숫자를 차지한다는 것에 주목하여, 한 작품 속에서 두 요소가 동시에 나타나는 시편들을 예시로 삼아 설명하게 된다.

일반적인 독자들의 상식은 사람의 감정을 시의 소재로 삼아 쓴 시들을 서정시라고 한다. 요컨대 "정(情)을 펼쳐낸다(敍)"는 의미를 가진 시라는 것이다. 그러나 서정시에 대해 깊은 이해가 필요하다. 그 서정시의 이해는 서정시의 장르적 특징을 이해하는 것으로부터 출발해

---

5) 심은섭, 앞의 책, pp.76-77.
6) 남기택, 「김동명 시, 강릉, 로컬리티Ⅱ」, 『김동명문학연구』 제5집, 정산인쇄소, 2018, pp.169-93.

야 한다. 서정시의 장르적 특징은 먼저 시정신과 시적 세계관이 있어야 한다는 것으로, 이것은 '세계의 자아화'를 기할 것에 대한 요구이다. 자아가 세계와 동일성을 이룰 때, 그 자아를 서정자아라고 일컬으며, 이 자아는 서정시에 개입하는 서정 자아라야 한다.

그다음으로 동일화 방법이 있다. 이 방법에는 동화와 투사가 있으며, 사물의 순간적 파악의 순간과 단일성의 특징을 요구한다. 특히 주관적 경험의 자기표현이라고 할 수 있는 주관성과 서정이 필요하다. 따라서 이 글의 궁극적인 목적은 '동일성 원리'에 의해 쓰인 초허의 시작품을 한국 전통 서정시의 근본원리, 즉 서정시의 장르적 특징과 관련지어 분석해 봄으로써 초허의 서정시의 근원적 아름다움의 미학과 전통적 서정시 계보의 한 줄기를 확인하는 유용한 지표를 제공하게 될 것이다. 이를 위해 초허의 자아와 세계가 합일정신을 실현한 '동일화 방법'에 대해 많은 논의를 하게 된다.

II. '자아'와 '세계'의 합일 정신

고조된 감정을 극적으로 표현하는 짧은 길이의 시, 즉 전통적인 서정시는 일인칭 문학으로 자기 독백체의 형식을 가리킨다. 따라서 운문, 혹은 산문이든, 고조된 감정을 극적으로 표현하는 일종의 긴장된 장르를 서정시라고 부른다. 이 서정시는 노래할 세계(대상)를 감정과 주관적으로 파악한다는 것과 세계를 순간적으로 지각하고, 시적 대상을 직관으로 꿰뚫어 본다는 속성을 가지고 있다. 뿐만 아니라 의미가 몽롱하고 애매하다는 속성도 지니고 있다. 그러나 무엇보다 시라는 장르의 특성은 시적 대상, 곧 세계를 존재론적으로 파악한다는 본질적인 특성을 지니고 있다고 할 것이다.

이런 서정시는 '자아와 세계의 합일정신'을 갖는다. 특히 작금의 4차 산업혁명과 같은 인간성 상실의 문명시대에 비추어 본다면 마땅히 그 당위성을 지닌다. 이처럼 서정 정신의 회복은 문명에 대한 반성과 문명적 균형 감각의 회복이며, 나아가 문명 위기의 극복과 불가피하게 깊은 연관을 갖는다. 자연과 인간은 공존하거나 상생을 추구하고 정신과 물질이 삼투(滲透)되며, 우주의 약동을 위한 만물유생론(萬物有生論)의 질서가 지극히 자연스럽고, 마땅히 당연한 것으로 받아들여진다. 이런 점에서 서정적 자아는 지극히 '자아와 세계의 동일성'을 추구한다. 이 동일성의 세계는 서정자아가 생각하는 가치의 극점이다.

노래할 대상을 전지전능의 힘으로 자신의 욕망과 의지대로 변형시키는 서정시의 화자(persona), 즉 서정자아는 대상에 자립적 의의를 인정하고, 그 대상과 대립하는 서사적 자아와는 분명히 변별점이 있다. 곧 오늘날 현대성(modernity)의 성질을 가지고 있는 모더니즘의 시가 자아와 세계의 대결양식이라면, 서정(敍情)은 자아와 세계의 합일양식이라는 점은 이론의 여지가 없다. 그것은 '서정시'에서의 '자아'와 '세계'의 합일정신은 주체와 객체의 교감과 다름이 아니기 때문이다.

이미 언급했듯이 서정시는 '자아'와 '세계'의 동일성을 갈망하며, 이것은 서정시의 정의에 필요충분조건이다. 이에 초허의 첫 시집『나의 거문고』에 수록된 작품들이 일부 허무주의를 나타내는 것도 사실이지만 '자아'와 '세계'의 동일성을 추구하는 양상을 여러 작품에서 볼 수 있다. 초허 자신이 '세계'를 자신의 내부로 끌어들여 그것을 내적으로 인격화하는 동화(同化)의 방법이나 감정이입에 의해서 자아와 세계가 일체감을 이루도록 한다는 의미로 파악되는 초허의 첫 시집『나의 거문고』에 '자아'를 상상적으로 '세계(대상)'과 동일화하는 투사(投射)의 방법을 취하고 있는 시편들이 상당수 수록되어 있다.

이 점을 주목하여 동화의 방법과 투사의 방법으로 '자아'와 '대상'이 합일정신을 이루거나 한 작품 속에서 '자아(projection)'와 '동화(assimilation)'의 방법이 동시에 작동되는 작품을 예시로 삼아 살펴보면 다음과 같다.

1. 동일성의 실체

동일성(同一性, identity)은 두 개 이상의 사상(事象)이나 사물(事物)의 성질이 동일하다고 간주되는 범위 안에 있는 현상을 의미한다.[7] 다시 말해서 다른 사물과 대립·구분되면서 변함없이 동등하게 존재하는 개개의 성질을 말한다. 그러한 대립·구분되는 개개의 성질이 없다는 의미를 가진 차이성과는 대립되는 용어이다. 이때의 차이성이란, 만물제동성이라고도 하고, 무(無)라고도 한다. 구분으로서의 차이성 사이를 구분해두지 않으면 올바르게 이해할 수도 없다. 고대 그리스가 확립한 논리학에는 동일률이 있으나, 이것이 동일성율인 것이다. 그 동일성은 늘 개개의 동일성이다. 따라서 서양적으로 논리적이려면 필연적으로 개개의 존재

---

7) Daum, 한국어 검색어 참조

와 연동하는 동일성이 지향 되어야 한다.

한편 서정시가 추구하는 조화와 합일의 상태를 시적으로 구현하는 원리가 동일화 원리이다.8) 부연하면 자아와 세계(대상) 사이의 거리를 없애주고 동일성의 세계를 추구하는 일이다. 사물과 자아가 서로 교감할 수 있는 자리에 서게 된다면, 자아와 세계라는 구분 자체가 사라져 버린다. 동일성이 서정시의 주관성과 밀접한 관계를 갖는 이유는 자아와 세계 사이의 동일성이라는 기반 위에서 둘 사이의 정서를 일체화시키기 때문이다.

동일성(同一性, identity)이라는 용어는 오늘날 학문적 관심의 대상으로서뿐만 아니라 현실의 삶에 밀착된 하나의 가치개념(價値槪念)으로서 우리의 의식 가운데 자리 잡고 있다. 즉 동일성의 탐구와 주장은 마치 현대의 본질이나 특징처럼 어떤 필연성의 느낌마저 든다. 이런 현상은 의미심장한 역설적(逆說的) 의미를 띠고 있다. 왜냐하면, 동일성의 탐구와 주장은 바로 그 동일성의 혼란이라는 위기감(危機感)의 표현으로 볼 수 있기 때문이다.9)

우리는 의식의 발달, 문자의 진로 속에 숨어 있는 무자비한 변화와 다양성, 소외와 분열이란 말들과 더불어 이 동일성이란 말을 사용하고 있다. 즉 동일성은 객관세계(客觀世界)의 상실과 자아상실(自我喪失)이라는 두 가지 위기감에서 야기된다. 그런데도 시인은 외부세계의 충격에 대해 자신이 의도하는 대로 바꾸어 자아와 세계가 동일성을 갖게 하는 능동적 반응을 한다. 따라서 앞서 정의한 '동일성'을 근거로 초허의 시에서 동화와 투사에 의해 각각 동일화되는 과정과 동화와 투사가 동시에 혼용되어 나타나는 과정을 논의하고자 한다.

2. 동화(assimilation)에 의한 동일화

세계와 자아가 동일화를 이루는 방법에는 두 가지가 있으며, 그중에 동화(同化)가 있다고 앞서 말한 바 있다. 시인이 세계를 자신의 내부로 끌어들여서 그것을 내적 인격화하는 이른바 세계의 자아화이다. 즉 실제로는 자아와 갈등의 관계에 있는 세계를 자아의 욕망, 가치관, 감정에 적합한 것으로 만들어 동일성을 이룩하는 작용을 말한다. 이런 현상들이 초허의 『나의 거문고』에 수록된 상당 부분의 서정시가 차지하고 있으며, 이 서정시가 동일성의 세

---

8) 박태상·이상진·김신정 공저, 「시론」『문학의 이해』, 한국방송통신대학교출판문화원, 2013, p.51.
9) 김준오, 『詩論』, 도서출판 문장, 1987, p.16.

계를 지향한다는 것이다.

초허의 시세계가 담고 있는 동일성의 세계란 세계와 자아가 하나로 혼융된 이상적인 상태를 말한다. 한국 시단의 근대 이후의 동일성 세계의 의미는 유토피아다. 신과 인간의 관계, 인간과 자연의 관계, 신과 자연의 관계를 형성하며 상호의존적이며 보완적인 조화를 이루는 유토피아이다. 이러한 지향점을 도달하기 위해서는 '동화'와 '투사', 또는 '동화와 투사의 혼용'이라는 방법으로 합일의 정신을 드러낸다. 다음에서 서정자아가 자신의 내부로 세계를 끌어들여 그것을 내적으로 인격화하는 동일화 방법 중에서도 '동화'에 의해 주체와 객체가 혼융되어 이상적인 상태를 이루는 작품을 예시로 삼아 살펴보고자 한다.

    여게 문들네꼿이 피엇습니다
    아히들이 꺽거가고 남은것이외다
    나는 봄이주는 해ㅅ볏흘쪼이며
    여게 안자 놉니다

    나비가 날아와 문들네꼿화판우에 안습니다
    바람이 가볍게 꼿송이를 흔듭니다
    그러나 나비는 써러저 가지안켓다고
    날애를 접힙니다 날애들 접힙니다

-「나븨」 전문10)

인용시는 인간과 사물의 완전한 동화 현상을 보여주는 시다. 신과 자연, 인간과 자연, 자연과 신이 조화를 이루며 혼융된 이상적인 유토피아를 만들어 가고 있다. 서정자아는 '봄이주는 해ㅅ볏흘쪼이며' 유토피아에 앉아 놀고 있다. 또 '나비가 날아와 문들네꽃화판우에' 앉아 있다. 바람은 꽃송이와 동일화를 꿈꾸며, 이것을 현실화하고 있다. 특히 '나'와 '햇빛',

---

10) 김동명, 『나의 거문고』, 흥남출판사, 1930, pp.14-15. 『나의 거문고』의 시작품들은 모두 세로로 인쇄되어 있다. 글자 표기는 원문을 따랐으나 형식은 공간의 편의상 가로로 표기하였다. 또한, 이 글에서 인용하는 초허의 시작품의 출처는 모두 시집 『나의 거문고』에 실린 작품들이므로 뒤에서 인용되는 시작품의 출처를 일일이 주석 처리하지 않았음을 참조 바람.

'나비와 민들레', '바람과 꽃송이' 들은 부분적으로 각각 독자성을 지니면서도 내적으로 연속되어 하나의 유기적인 세계를 만들어 간다. 상하의 종속적 관계가 아니라 등가의 원리에 의해 대등한 신분으로 각각 민주적 관계를 형성하고 있다.

초허의 서정시가 추구하는 조화와 합일의 상태를 시적으로 구현하는 원리가 동일화의 원리에 해당된다고 전제할 때 그가 세계를 자신의 내부로 끌어들여 그것을 내적 인격화하는, 이른바 '세계의 자아화'를 성취하려고 한다. 대체적으로 초허는 세계(대상)를 자신의 내부로 끌어들여 인격화하는 방법으로 대상을 자아화했다. 그중에서 「나븨」가 대표적인 작품 중에 하나다.

> 자연이어
> 나는 지금 너희앞헤 내 마음의門을 열어노핫노니
> 바다여 들어오라 길고 긋업는 네 아름다운 곡조를 가지고,
> 山嶽이어 너도들어오라 그러케길고오랜 네 묵상과침착과강건을 가지고,
> 네 머리를 써도는 힌구름으로 더부러 함께 오라.
>
> 오오, 자연이어
> 나는 지금 너히 앞헤 내 마음의門을 열어노핫노니
> 落照여 네 고흠을 가지고, 黃昏이어 네 고요함을가지고 틈어오리
> 섬이어 너는 네 외로움을 가지고들어와 내 마음의바다에 길이잡기라
> 白鷗여 너는네 힌날개를가지고 들어와 내 마음의허공을 훨훨 날으라.
>
> 漁村의 저녁연기여 너는네 속절업슴을가지고 내마음의허공에 사라지라
> 都會의 불빗이어 인생의 피로운꿈을 내가아노니 함께들어와 내 마음
> 의 한구석에 잇스라
> 나는 지금 너히 앞헤 내 마음의문을 열어노코 손을 드러 불으노니
> 모도다 들어오라
> 오오 자연이어!
>
> —「山上에 올라서」 전문

인용시 「山上에 올라서」는 동일성의 원리 중에서 동화의 방법으로 세계와 자아가 합일의 정신으로 화해의 길을 모색하는 대표적인 작품이다. 자아의 내면세계로 '바다', '山嶽', '落照', '農村의 저녁연기', '都會의 불빛'과 같은 자연을 시적 화자의 품으로 불러들이고 있다. 초허가 자연의 물상들을 자신으로 내면화하거나 대상화하는 동기는 인간의 마음과 외부세계를 결합하여 마침내는 동일화가 되고 싶어 하는 욕구에 의한 것이다.

> 님이어 슯흠을 주시려거든 위대한 슯흠을
> 번뇌를 주시려거든 위대한번뇌를 주소셔,
> 님이어 고통을 주시려거든 위대한고통을
> 고난을 주시려거든 위대한困難을 주소서,
> 세상에는 조그마한슯흠과 조그만한번뇌, 조그마한고통과 조그마한困難에
> 눌니어 머리를 들지못하고 시들으가는 생명이 수업시 만사오니,
> 나는 내 크나큰 슯흠과 번뇌와 고통과 困難으로 역거짠놀애를
> 저들 앞헤 나아가 우렁차게 불으오리라.
>
> -「偉大한슯흠을」 전문

인용시의 동일성 구현이 나타나는 부분은 7행과 8행이다. '자아'가 '슯흠과 번뇌와 고통과 곤란(困難)으로 역거짠놀애'의 세계를 '저들 앞에 나아가' 힘차게 들려주는 일체감을 드러내고 있다. '자아'와 '세계'가 일체화되어 있는 상징의 동일성은 암시성(暗示性), 다의성(多義性), 입체성(立體性), 문맥성(文脈性) 등을 하위 속성으로 지닌다.[11] 인용시가 함의하고 있는 동일성의 원리는 '자아'와 '偉大한슯흠'의 일체성이다. 즉 시인은 슬픔과 동일성을 이루어 자신의 감정을 기정사실화 한다. 그것은 '저들'에 대한 암시성이며, '저들'과 독자들이 상상하는 '저들'을 지칭하는 대상의 일치성을 두고 한 말이다.

상징의 존재양식이 본래 원관념이 숨고 보조관념만 제시된 까닭에 상징은 감춤(concealment)과 드러냄(revelation)의 양면성을 필연적으로 지닌다.[12] 다시 말하면 상징에서는 침

---

11) 김준오, 앞에 책, p.139.

묵과 담화가 함께 작용하여 이중적인 의미를 가져오는 특징을 가진다. 암시성은 가급적 무엇인가를 감추려고 하는 시의 특성이며, 이것은 상징의 양면성에 처음부터 내재 되어 있다. 따라서 상징은 때로는 성스럽고 숭고한 것으로, 때로는 장렬하고 비장한 것으로 작품의 알맹이를 우리들의 영혼에 우리들의 내면 깊숙이 불어넣는 호소력을 가진다.

이처럼 상징은 동일성과 깊은 관련을 지닌 것으로 초허의 작품들에서 상징과 동일화가 나타나는 것은 이 이유 때문이다.

3. 투사(projection)에 의한 동일화

자아와 세계가 합일의 의미를 가지는 것으로 '시인이 세계를 자신의 내부로 끌어들여 그것을 내적으로 인격화하는 동화(同化)의 방법은 앞에서 설명하였다. 동일화 방법 중에 동화의 방법과 함께 자아와 세계가 일치를 이루려 하는 투사(投射)의 방법이 있다. 이 투사의 방법은 시적 화자가 자신을 상상적으로 세계에 투사하는 것으로, 감정이입에 의해서 자아와 세계가 일체감을 이루도록 하는 것이다. 즉 동화의 방법은 세계가 시적화자에게로 다가와 합일의 정신을 가지려는 것이라면, 투사는 서정자아가 세계로 다가가 일체성을 이루는 것을 말한다. 두 방법 모두 자아와 세계가 일체감을 이루려 한다는 목적을 갖는다. 그러나 하나가 되는 화해의 방법에서 적극적인 주체가 누구냐에 따라 동화와 투사는 각각 그 성격을 달리한다.

> 먼 山 쪽다기의 싸힌 눈우에
> 아츰 붉은 해ㅅ발이 서리고
> 나무에서 나무로 조그마한 山새들이 나라건늬며
> 아름다운 새아츰을 놀애불읇대
> 神靈한 기운 그윽하게 써도는 아츰大地우에
> 나는 정성스러히 무릅을 꿀다.
> 영광스럽게 퍼져흘으는 아츰 해ㅅ빗헤
> 먼마을의 밥짓는내 고요히 훗허지고
> 일즉이 길 써난 나그네의 외로운 거름이

---

12) W.Y. Tindal, 『The Literary Symbol』, p.5.

들우에 빗긴길을 혼저 밟을쌔
나는 하늘을 울얼어

-「아츰禮拜」전문

인용시「아츰禮拜」는 자아가 세계로 다가가 일체감을 보이는 투사에 의한 동일화 방법이 적용된 작품이다. 특히 1연과 2연 모두 서정자아가 세계(대상)로 다가가 상호 일체를 이루는 '투사'의 방법을 적용하고 있다. 즉 복합적인 투사의 동일화 방법이 적용되고 있다는 뜻이다. 가령 1연의 1행과 2행인 '먼 山 쪽다기의 싸힌 눈우에/아츰 붉은 해ㅅ발이 서리고'에서 '눈'과 '아침 붉은 햇발'이 일체를 이루며, 3행과 4행에서도 '나무에서 나무로 조그마한 山새들이 나라건늬며/아름다운 새아츰을 놀애불읂대'에서도 '나무'와 '산새'가 동일성을 추구하는 것을 알 수 있다. 또 1연의 5행과 6행에서도 '神靈한 기운 그윽하게 써도는 아츰大地 우에/나는 정성스러히 무릅을 쑬다'는 것도 전형적인 서정자아가 세계로 다가가 합일을 이루는 장면이다.

이 동일성은 상징을 필요로 한다. '동일성'의 의미는 '조립한다', '짜 맞춘다'라는 어원적 의미가 시사하는 바와 같이 상징은 본질상 원관념과 보조관념이 하나의 완전한 결합체가 된 것이다. 이러한 결합의 원리는 상징이 동일성을 성립의 원리로 하고 있다는 뜻이다.13) 따라서 앞에서 언급한 상징은 원관념과 보조관념이 동시적이고 상호 공존적이어서 절대 분리 될 수 없는 혼연일체임을 알 수 있다.

또 2연의 3행~5행에서도 1연과 같은 행태의 일체감을 보여준다. '일즉이 길 써난 나그네의 외로운 거름이/들우에 빗긴길을 혼저 밟을쌔/나는 하늘을 울얼어'에서 '나그네의 걸음'이 '들우에 빗긴길'을 밟는 접촉의 형태로써 하나가 되는 모습을 볼 수 있다. 이렇듯이 하나가 됨으로써 세계(대상)에 서정자아의 감정을 이입하여 그 감정의 농도가 얼마인가를 나타냄으로써 독자들의 감흥을 한층 불러일으킬 수 있다는 것이다.

탁목조는 나라갓다
아츰내나 나무를쏫는

---

13) 박명용,『오늘의 현대시작법』, 푸른사상, 2008, p.150.

> 부즐업슨 탁목조는
> 어대론지 날아갓서
> 가고 업는데
>
> 아아그러나 내가슴의탁목조는
> 내가슴을쏫는 탁목조는
> 언제나 가려누 날아가려누
> 바람찬 겨울의하로도
> 쏘다시 접으는데.
>
> -「啄木鳥」전문

위의 시가 노래의 대상으로 삼은 '탁목조'는 딱따구릿과에 속한 새를 통틀어 이르는 말이다. 이 탁목조는 날아갔지만 내 가슴을 쪼아대던 '내가슴의탁목조'는 아직도 서정자아의 가슴에 남아 있다. 이 탁목조는 서정자아의 가슴을 아프게 하는 대상이다. 김동명의 첫 시집 『나의 거문고』가 1930년에 출판되었으므로 「啄木鳥」는 적어도 그 이전에 썼던 시편들이다. 즉 1920년대에 쓴 작품으로 이 시기가 20대 젊은 시절에 해당한다. 그 시기는 일제강점기로써 김동명이 1923년(강릉 행 중 元山에 체류) B소학교(小學校), C여자 고등과(高等科) 교원으로, 1924년 5월 안변(安邊) 향교(鄕校)의 유림학회(儒林學會) 보습소(講習所)(1年制 補習科) 교사로 활동했을 때이며, 또 그가 29세가 되던 해인 1929년에는 원산 광석동에서 교원 생활14)을 하던 때이다.

김동명의 20대는 학교 교사로 활동하던 시기로 젊은 혈기와 교사라는 직위는 일본제국주의 식민지배하에서 국권을 상실한 조국에 대한 답답한 마음을 '탁목조'에 가탁하여 자신의 설움을 노래했다. 따라서 '탁목조'는 조국의 상징이며, 국권을 상실한 김동명의 가슴을 쪼아대는 탁목조로 상징화했다고 볼 수 있다. 그러므로 김동명은 시적 대상, 즉 '탁목조'라는 세계와 자아가 동일화 방법인 '투사'에 의해 일체감을 보인다. 곧 '나=탁목조'이며, '나의 슬픔'은 '탁목조의 슬픔'이다. 다시 말해 '나의 슬픔=탁목조의 슬픔=조국의 슬픔'으로 등식이

---

14) 엄창섭, 「초허김동명문학연구」, 성균관대학교 대학원 박사학위 논문, 1986, p.12.

성립된다.

초허는 조국을 상실한 예술가의 고뇌를 민족적인 서정과 독특한 미의식(美意識)으로 표출하였다. 특히 「水仙花」를 최초의 가곡으로 옮긴 김동진은 초허의 인간적인 풍모(風貌)를 존경하면서도 낭만적이며 애국적인 스승의 시에 깊이 매료되었다고 술회하였다.

> 이 노래 「水仙花」는 김동명 시인의 성격처럼 차가운 것 같지만 따사롭고, 약한 듯 하면서도 강인함을 보여주고 있습니다. 그런 것은 '죽었다가 다시 사는 불멸의 영혼'이라 노래한 그의 애국적 생활이 보여주듯 '조국'을 나타내는 것이지요. 그분은 늘 나랏일로 고뇌(苦惱)했고, 또 詩도 그런 바탕 위에서 씌여졌으니까요.[15]

김동명의 「水仙花」는 그의 두 번째 시집 『파초』(1938)에 실려 있다. 이 「수선화」의 서정 자아는 1연의 '그대는 차듸찬 意志의 날개로/끝없는 孤獨의 위를 날르는/애달픈 마음'이라는 것도 그렇고, 2연의 '또한 그리고 그리다가 죽는/죽었다가 다시 사라 또다시 죽는/가여운 넋은 아닐까.'라는 것도, 3연의 '부칠곤 없는 情熱을/가슴 깊이 감초이고/찬바람에 빙그레웃는 寂寞한 얼굴이여!'라는 시구 절의 1연의 '마음'과 '가여운 넋', 그리고 3연의 '적막한 얼굴'은 무엇을 상징하는지를 살펴보면 외연적으로는 '수선화'라는 꽃의 이미지이다. 그러나 내포적으로는 '조국'의 상징이다.

1938년에 『파초』가 출판되었다. 이 시기는 일제제국주의자들의 만행이 극에 달할 때이고 보면 '또한 나의 적은 愛人이니/아아, 내 사랑 水仙花야/나도 그대를 따라 저 눈ㅅ길을 거르리.'를 살펴보면 '나=수선화'로 귀결된다. 더 나아가 수선화를 가곡으로 작곡한 김동진의 지적대로 '수선화'는 '조국'의 상징으로 수용된다.

「水仙花」의 수선화는 꽃의 이미지가 아니다. 그리스 신화에 나오는 수선화의 꽃말은 '자기주의(自己主義)' 또는 '자기애(自己愛)'를 뜻하는 것으로 나르시시즘이란 정신분석학의 용어도 여기서 유래한 것이다. 이처럼 김동명은 1930년대 그의 첫 시집 『나의 거문고』 출판 이후에도 지속으로 동일화 방법을 활용하여 국권이 상실된 조국의 향수를 투명하고 고아한 언어로 서정화 하는데 주력하였으며, 동화 또는 투사로 자아와 세계를 하나로 묶는 동일성의 방

---

[15] 김동진, 『주간독서(週刊讀書)』, 1968. 6. 21, p.22. 엄창섭, 앞의 논문, pp.16-17. 再引用

법으로 서정시의 장르적 특징을 더욱 강화했다.

이 동일성의 유래는 상징의 특성에서 비롯되었다. 먼저 상징의 특징을 살펴보면 여러 가지 의견이 분분하다. 어번(W. M. Urban)16)은 상징의 특성에 대해 ①무엇인가를 표시한다 ②이중의 지시를 갖는다 ③허구와 진실을 포함한다 ④이중의 적절성을 지닌다 등 네 가지로 정의 했지만 본 글에서는 동일성, 암시성, 다의성, 입체성, 문맥성 중에서 동일성에 대해 살피고자 하는 것이다. 비유에서 원관념과 보조관념은 서로 이질적이면서도 유사성을 근거로 하여 결합된다. 비유란 유사성으로써 차이를 표현한다. 그러나 상징은 그 본질상 원관념과 보조관념이 하나의 완전한 결합체가 된다. 상징의 어원적 의미인 '조립한다', '짜 맞춘다'가 이를 시사하는 이유이다. 원관념이 숨고 보조관념만 작품의 표면에 나타나는 상징의 존재 양식도 양자의 완전한 결합체를 의미한다. 이처럼 상징에 있어서 개념(원관념)과 이미지(보조관념)는 동시적이고 공존적이어서 두 요소는 분리될 수 없이 일체성을 이룬다. 이것이 상징의 본질적 성격으로서 원관념(개념)과 보조관념(이미지)이 동시적이고 공존적인 관계로 분리될 수 없는 일체(동일)임을 알 수 있다.17)

> 나는 지금 詩樓峰꼭닥이에 섯다.
> 마치 第三期를지난 肺病쟁이와 가치
> 그리케 피폐하고 쇠약한 한 적은거리를
> 발압헤 나려다보며 여기에 서서
> 東海를 스쳐오는 맑은바람을 쏘이며 생각한다.
> 게싹지 업허노흔듯한 집들 사이로 쓸린길우에
> 펄넉이는 힌옷자락 느리게 움즉이는 적은그림자
> 아아 장차 엇지나 될것인고
> 世紀를 거듭하야 지나는 동안에.
> 생각하면 내몸이 이峰으로거부러 오래오래 여기에서서
> 저 힌옷거리의 運命을 직히고 십흐다만은-

---

16) 윌버 마셜 어번(Wilbur Marshall Aban, 1873년-1952년)은 어른스트 카시레르의 영향 받은 미국의 언어 철학자이다. 그는 종교, 축학, 윤리, 이상주의에 대해서도 많은 글을 썼다.
17) 박명용, 앞의 책, p.150.

아아 내마음을 괴롭히는 속절업는 생각이어 살아지라
그래도 四千年동안이나 이쌍껍질우에 부쳐두엇거늘,
하고 쏘 세상은 비록 조금식이남아 밝아 오지안는가.

― 「詩樓峰에올라서」 전문

시적화자는 인용시 「詩樓峰에올라서」에서 '게싹지 업허노흔듯한 집들 사이로 쓸린길우에/펄넉이는 힌옷자락 느리게 움즉이는 적은그림자/아아 장차 엇지나 될것인고'라고 노래했다. 의문을 갖게하는 것은 '힌옷자락'이다. 모두가 주지하듯이 백의민족은 한국 사람의 상징이며, 더 나아가 김동명의 입장에선 조국의 상징이다. 이어지는 싯귀에서 '힌옷자락'이 조국의 상징이라는 점을 분명하게 한다. '世紀를 거듭하야 지나는 동안에/생각하면 내몸이 이峰으로 거부러 오래오래 여기에서서/저 힌옷거리의 運命을 직히고 십흐다'는 '힌옷자락'이 한국 사람인 동시에 조국이며, 그 조국의 '운명(運命)을 직히고 십흐다'고 강한 의지를 나타내고 있다. 동시에 '쏘 세상은 비록 조금식이남아 밝아 오지안는가.'라며 조국광복이 다가오고 있다는 희망적인 기대를 나타내기도 했다.

앞에서 설명한 내용을 정리해 보면 '힌옷자락'은 한국 사람과 4천 년의 역사를 가진 '힌옷거리'는 조국의 상징이다. 즉 '힌옷자락=한국 사람'이라는 것과 '힌옷거리=김동명의 조국'이라는 등식이 성립되어 원관념과 보조관념이 서로 일체성을 이룸으로써 상징이 갖는 일차적 성격은 동일성이며, 김동명은 한국 사람으로서 '힌옷자락'과 유리되지 않는 밀착성, 곧 동일성(일체성)을 가진다.

일본제국주의자들의 한국 사람에 대한 멸시와 고통으로 한국인의 존재 위기, 나아가 김동명의 존재 위기, 자아와 조국 상실의 위기, 신지식인으로서 무기력한 자아의 육신이 부서지는 아픔을 느끼는 위기는 벼랑 끝에선 자신과 조국의 운명이었다. 이러한 암울한 시대적 위기를 극복하기 위한 김동명의 심정은 '쏘 세상은 비록 조금식이남아 밝아 오'는 날을 기대하며, 쇠퇴한 '주체' 회복을 통한 자아의 통합, 자아와 세계의 동일성의 완전한 몸의 일체성, 자아의 상처를 치유하는 '상징적 동일성'으로서의 모습으로 거듭나기를 바라고 있다.

나는 째싸라 마음이 내킬째면
행장에 든 樂器를 내여 줄을 골음니다.

그러나 나는 아직도 님쎄 드릴만한
쯧에 맞는 가락을 엇지 못햇슴니다.

그래서 나는 헛도이 樂器를 밀치고 물러안저
스사로 탄식하여 말지안슴니다.

그러나 님의 마음을 내가 아옴애
나는 쏘 樂器를 닥가 행장에 간직함니다.

-「樂器」전문

예시의 작품에서 '님'의 원관념이 무엇인가를 찾는 일이 시의 주제를 파악하는 관건이다. 즉 이 시의 '님'이 무엇과 동일성을 갖느냐이다. 김동명의 첫 시집 『나의 거문고』가 출판된 시기가 1930년이다. 그러면 첫 시집에 수록된 「樂器」는 적어도 1930년도 이전에 창작된 작품으로 유추할 수 있다. 그 시기의 시대적 상황은 미국은 자본주의를 수정하는 뉴딜 정책으로 대공황을 극복하고자 했다. 또 영국과 프랑스는 넓은 식민지를 활용해 블록 경제를 강화하는 방향으로 나아갔다. 그러나 독일, 이탈리아, 일본은 영국이나 프랑스처럼 할 수 있는 여건을 갖추지 못했다. 결국 독일, 이탈리아, 일본은 주변 국가를 침략해 영토를 넓히고 새로운 시장을 확보하는 정책을 택했다. 이때 일본은 만주사변을 일으키며 중국을 침략했다. 일본은 침략 전쟁을 위한 병참 기지를 구축하고자 한반도 공업화에 착수하는 한편 한국인을 전쟁에 동원하기 위한 체제를 만들어 갔다.

서슬이 시퍼런 일제강점기 시절에 저항시인들은 대부분 상징법을 많이 사용하였다. 김동명 시인도 예외는 아니었다. 그 당시에는 '조국'을 비유할 보조관념을 '님'이라는 단어를 유행처럼 사용하던 시기이다. 「樂器」 2연의 '그러나 나는 아직도 님쎄 드릴만한/쯧에 맞는 가락을 엇지 못햇슴니다'라는 표현을 보면 '님'이 '조국'이라는 의미가 더욱 분명해진다. 한편 이런 시대적 상황을 고려해 보아도 「樂器」에 사용된 '님'은 '조국'의 보조관념이며, 이 보조관념과 원관념이라는 두 개의 개념이 동일화 방법 중에 '투사'에 의해 일체성을 갖는 것으로 받아들일 수 있다.

악기는 슬플 때도 연주를 한다. 그러나 보편적인 상식으로 생각해 보면 경사스러운 일에 더 많이 사용된다고 할 때, '나는 아직도 님께 드릴만한/뜻에 맞는 가락을 엇지 못햇'다는 것은 아직 악기를 연주하며 즐거운 시간을 보낼 수 없다는 것이다. 다시 말해서 조국광복의 그 날을 위해 김동명은 '나는 또 樂器를 닥가 행장에 간직'하며 때를 기다리겠다는 인내와 의지를 보이고 있다.

광복의 그날에 연주를 하겠다는 '님'과의 약속이라는 행위에 시적화자는 자동으로 개입된다. '님'이든 '악기'이든, 이런 세계와 동일성을 이루는 서정자아는 갈등이 아니라 화해의 제스처(gesture)를 취함으로써 하나가 되는 것이다.

4. 동화와 투사의 혼합요소의 구조

서정시에서 '자아'와 '세계가 동일성을 이루려는 동일화 방법에는 '동화'와 '투사'라는 형태로도 나타나지만 '동화'와 '투사'라는 방법이 동시에 드러내는 경향도 있다. 소위 혼합적 동일화 방법으로 '자아'와 '세계'가 합일정신을 이루는 것이다.

> 벗이어 대단히 未安한 말입니다만은 이제로부터는 나는 그대의말을 미들수가업습니다.
>
> 그런즉 그暴君과갓흔 간섭을 일절 마러주세요. 동무업시 허덕이는 외로운길우에서 우연이만난 그대의게서 불ㅅ길갓흔 말을 듯고 『오 내사랑이어』불으고 따른 것을 나는 지금도 후회는 하지안습니다.
>
> 그러나 그대여 어쩌케 내가 물ㅅ결과 구름 저쪽에잇는 내 祖國을 이즐수가 잇겟서요.
>
> 마리아와 가치 나도 香油를 작만해가지고 그리운 그땅으로 도라가야 하겟습니다. 그이를 차저만나면 나는 내 香油를기우려 그이 의발을 적시이겟습니다.
>
> 아아 날이 점읍니다, 그러면 그대여 제발 나를써나주세요,

자, 安寧히 가십쇼.

　　벗이어 대단히 未安한말입니다만은 이제로부터 나는 그대의말을
순종할수가업습니다.

　　그런즉 그 아편과갓흔 소군거림을 제발 그만두어주세요.
　　한동안은 내 영혼의 불ㅅ기둥이던 그대의 간절한말을 지금에 생
각함애 가을하늘에 나붓기는落葉보다도 오히려더 하염업습니다. 그러
나 내가 어리석엇다고는 말하지 안습니다.
　　하지만 벗이어 어쩌케 내가 죽음넘에에[18) 잇는 저 힌길과 맑은시
내를 이즐수가 잇겟서요.
　　그러면 이남누한옷과 븨인손으로 어쩌케 그의압헤를 나아감니까.
그런즉 내가 그대에게서 드른 모든말을 다 이저야될 것을 그대도
헤아려 주시겟지오.
　　아아 새날이 오렴니가, 어서 나를 쩌나주세요. 그대가 만일 나를
쩌나지안는다면 내가 그대를쩌나렴니다.
　　자, 그러면 안령히 게십쇼.

　　　　　　　　　　　　　　　　　　　　　　　　　-「餞別」 전문

　　한 편의 시에 사용된 시어는 그 시의 주제를 파악하는데 중요한 요소로서 역할을 한다.
「餞別」에서 사용된 '벗'과 '조국', 그리고 '마리아'와 '향유'는 인용된 시의 내용을 분명하게
도출하는데 그 실마리를 제공한다. 먼저 관련된 시어를 '벗=조국'과 '나=벗'이라는 등식의
성립으로 본다면 이것은 다시 '나=조국'이라는 것으로 귀결되는 형태로 생각해 볼 필요가
있다. 매우 복합적으로 엉켜있다는 것을 직감할 수 있는 부분이다. 다시 말해서 '자아'와
'세계'의 동일성은 복합적이면서 동시다발적인 상관관계를 이룬다는 것이다. 이런 종류의 서

---

18) 원전 시집 『나의 거문고』에 '죽음넘에에'로 표기되어있다. 이것의 정상적인 표기는'죽음넘어에'로 표기되어야 통
　사 규칙에 위반되지 않는다. 지금까지 많은 연구논문에서 원전과 다르게 표기된 것들이 상당수가 발견된다. 특히
　『나의 거문고』에 실린 작품들을 인용하는 시작품들이 더 심하다. 그것은 김동명 시인의 첫 시집 『나의 거문고』
　가 발견되지 않았을 때 다른 저서, 혹은 논문에 실린 작품을 재인용하는 과정에서 발생된 문제로 추측된다.

정시는 독자들에게 가독의 장애를 주게 되지만 크게 보면 '드러내면서 감추고, 감추면서 드러낸다'는 소위 현대시작법이 적용된 사례라 할 수 있다. 이 기법은 형식주의자 시클롭스키(V. Shklovscky)가 개념화한 '낯설게 하기(defamiliarization)'와 관련되며, 이 방법은 시를 시답게 하는 시어를 사용하는 방식으로, 시적 특성을 온전하게 드러내기 위한 것으로 판단된다. 덧붙여 말하면 시에서는 일상 언어가 갖지 않거나 중요하게 생각하지 않는 리듬, 비유, 역설 등의 규칙을 사용하여 일상 언어와 다른 결합규칙을 드러내기 위함이다. 다음의 글이 '낯설게 하기'의 이해의 폭을 넓혀준다고 하겠다.

> 시의 목적은 사물들이 알려진 그대로가 아니라 지각되는 그대로 그 감각을 부여하는 것이다. 시의 여러 가지 기교는 사물을 낯설게 하고, 형태를 어렵게 하고 지각을 어렵게 하고, 지각되는데 소요되는 시간을 증대시킨다. 지각의 과정이야말로 그 자체로 하나의 심미적 목적이며, 따라서 연장시켜야 하는 것이다. 시란 한 대상이 시적임(시성)을 인식적으로 경험하기 위한 하나의 방법이다. 그러므로 대상 자체는 별로 중요하지 않다.[19]

김동명의 「전별(餞別)」 작품뿐만 아니라 『나의 거문고』에 실린 다수의 시편에서 동일한 맥락의 유형이 발견된다. 이 점을 감안하여 다른 작품 하나를 예로 삼아 고찰해 보면 다음과 같은 것을 알 수 있다. 「전별(餞別)」에서 '벗'의 원관념이 무엇이며, 이 원관념과 서정자아인 '나'와의 관계를 알아내는 일이 이 시가 던지는 화두가 무엇인지를 인지할 수 있다. 또 원관념을 숨기고 보조관념인 '벗'을 앞세운 '낯설게 하기'를 시도했던 원인 역시 구명될 것으로 사료된다.

먼저 '벗'의 의미이다. 「전별(餞別)」의 작품에서 '그대여 어쩌케 내가 물ㅅ결과 구름 저쪽에잇는 내 조국(祖國)을 이즐수가 잇겟서요./마리아와 가치 나도 향유(香油)를 작만해가지고 그리운 그쌍으로 도라 가야 하겟습니다'를 살펴보면 '벗'은 '자아'와 일맥상통된다는 것을 알 수 있다. 신지식인으로서 국권이 상실된 조국에 대해 아무것도 할 수 없는 자신을 향해 독백의 형식을 빌려 역설적으로 말하는 것이다. 더욱 분명하게 수용할 수 있는 것은 '벗이

---

[19] 쉬클로프스키, 『기술로서의 예술』, 한기찬 역, 월인재, 1980, pp.21-22.

어 대단히 미안(未安)한말입니다만은 이제로부터 나는 그대의말을 순종할수가업습니다'이다. 이 표현도 앞에서 설명한 것처럼 마찬가지로 조국의 광복을 누구보다 기대하지만 나약한 자신의 처지를 '벗'이라는 객관적상관물을 내세워 강조한다고 볼 수 있다.

따라서 자아와 세계의 합일 정신으로 '벗=나'로 동일화함으로써 철저한 반성과 성찰의 시간을 갖는다고 할 수 있다. '벗'이 '나'가 될 때 '그대여 어써케 내가 물ㅅ결과 구름 저쪽에 잇는 내 조국(祖國)을 이즐수가 잇겟서요'라는 말을 할 수 있게 된다는 것이다. 그것도 '벗'과 '나'를 하나로 통합을 이룰 때 '나'와 '조국'은 일체성을 가질 수 있기 때문이다. '나'로서는 더 이상의 광복의 꿈을 이룰 수 없다는 자괴감으로 '아아 새날이 오렴니가, 어서 나를 써나주세요. 그대가 만일 나를 써나지안는다면 내가 그대를써나렴니다'라며 철저한 자기반성을 통해 자신이 조국을 떠나야 한다는 진정한 성찰의 의미를 던지고 있다. 이것은 다시 자아와 갈등의 관계에 있는 세계를 자아의 욕망, 가치관, 감정에 적합한 것으로 만들어 동일성을 이룩하는 작용[20]이다.

한편, '자아'를 '벗'으로 설정함으로써, 그리고 그 벗(자신)을 향해 자신의 모습을 강렬하고 선명하게 드러냄으로써 '낯설게 하기'에 더욱 깊게 관여하여, 원관념의 의도를 철저하게 숨기고 있다. 앞의 슈클로프스키가 주장했던 예문에서 알 수 있듯이 시의 여러 가지 기교는 사물을 낯설게 하고, 형태를 어렵게 하고 지각을 어렵게 하고, 지각하는데 소요되는 시간을 증대시킨다'는 섬이다. 즉 자아와 세계의 동일화를 이루는 일에는 '상징'과 '낯설게 하기'는 일상적으로 동반되어야 한다.

님이어 이저는 날이 새입니다, 아름다운 새벽빗치 고요히 쌍위로
넘치어 옵니다. 창박게 새날이 하늘꼿 다흔길을 밝게 빗침니다.
  아 어찌 지체하오리까, 뵈읍고 십흔마음 다함업시 간절하옵거든
어찌 한시각인들 이길을 지체하오리까, 밤ㅅ동안 못거른 길이옴애,
급히 거러 이발이 부르튼다할지라도 당신의 부드러운 약손이 어루
만지어 주실 것을 생각하면 이 마음 하늘에 닷는 듯 기쌤니다.

---

[20] 김준오, 『시론』, 삼지사, 2009, p.39.

님이어 한거름 한거름 나아갈수록 한거름 한거름 갓가워오는 당신의 발압흘 바라보며 저는 이길을 것습니다.

『그이의 압헤 이를쌔에 나는 무엇으로 이 가난한마음을 대신하여 그이에게 드릴ㅅ고』하고, 적이 근심하며 길을 것습니다. 그러나 지금저의 이 행장속에는 조그마한 악기가 드럿사온대, 늘마다 만지고 또 만짐은 행여나 조흔 곡조를 어들ㅅ가 함이로소이다.

오 님이어 고요히 나리는 황혼속에 당신의 마을압헤 노힌길이 무지개 갓치 빗낯대에 당신은 어대에서 이 멀리오는 길손을 마저 주시렴니까.

당신의 인자하신 눈ㅅ결이 저의 얼골을 반기며 당신의 온화한 입김이 저의 머리털을 흔드러 노흘쌔, 그리하와 이 조그마한 가슴이 기쑴과 황송과 감격으로 터지려할쌔에, 저는 잠잠이 쑬어 안저 樂器에 손을 다이겟슴니다.

-「길손의 노래」 전문

서정자아는 '님'과 일체감을 가짐으로써 '님'이 사랑하는 '조국'이라는 점을 독자들에게 확실하게 각인시켜주는 극적인 면을 보인다. 국권이 상실된 조국 땅에서는 모두 '길손'이다. '오 님이어 고요히 나리는 황혼속에 당신의 마을압헤 노힌길이 무지개 갓치 빗낯대에 당신은 어대에서 이 멀리오는 길손을 마저 주시렴니까'에서 '당신'은 조국의 원관념으로 '님=당신'이라는 동일성을 가지며, '어대에서 이 멀리오는 길손'은 서정자아에 해당된다. 김동명 시인은 마음속엔 조국광복의 희망을 늘 지니고 있다. 그것을 '당신의 인자하신 눈ㅅ결이 저의 얼골을 반기며 당신의 온화한 입김이 저의 머리털을 흔드러 노흘쌔, 그리하와 이 조그마한 가슴이 기쑴과 황송과 감격으로 터지려할쌔에, 저는 잠잠이 쑬어 안저 악기(樂器)에 손을 다이겟슴니다'라는 표현 속에서 강렬한 광복의 의지와 신념을 찾는다.

모두(冒頭)에서 밝힌 바와 같이 대체적으로 악기를 연주하는 것은 슬픈 사람에게 위로하기 보다는 경축하는 일에 더 많이 이 이루어진다. 김동명 시인이 '악기에 손을 다이겟'다는 것은 언제가 조국광복의 그 날을 굳게 믿고 있으며, 그날이 오면 축하의 악기를 연주하겠다는 말이다. 그러한 믿음 속에서 '어대에서 이 멀리오는 길손'을 마주해 줄 것인가를 묻고 있다. 즉 자아와 조국이 화해의 일체성이라는 시의식을 드러낸다고 확인할 수 있는 대목이다. 서정시는 자아와 세계의 동일화를 추구하는 데 있다.21)

자아가 세계로 들어가는 일과 세계가 자아에게로 다가오는 일이든, 두 가지 방법 중에 하나의 방법만이라도 적용된다면 그것은 동일화 방법이 이루어진 것이며, 이때 하나의 서정시가 탄생한다. 이런 유형의 시는 탄생하는 데에 그치는 것이 아니라 화해의 시로 탄생한다. 자아와 세계가 분리되지 않고 동일화된다는 것은 시의 호소력이 강렬하게 전달되며, 독자들에게 큰 공감을 얻게 된다. 이러할 때 「길손의 노래」에서는 동화나 투사의 방법이 한 작품에 동시에 적용된다는 특징을 보인다. 이렇게 초허의 작품 중에 세 개의 시적 대상(세계)이 서로 다른 관계 속에 설정된 자아와 세계의 동일화로 이루어진 시편을 흔히 볼 수 있다

나의 거문고는 내가 가진 오직하나 보배입니다. 내 所有의 전부
입니다. 이밧게 나는 가진것이란 암오것도 업습니다.

나의 지난날의 모든서름 모든즐거움은 내 거문고의 第一絃이오,
모든잘못 모든뉘우침은 내 거문고의 第二絃입니다.
내 손ㅅ짓이 第一絃과 第二絃우에 노힐째에 나는 문득 옛기억속에
남긴 내 발자곡을 차저 도라가기도 하고, 다시금 괴로운눈물로 내
영혼을 적시기도 합니다.

나의 人生으로의 모든懷疑와 모든외로움은 내거문고의 第三絃이오,
모든衝動과 모든바람은 내 거문고의 第四絃입니다.
내 손ㅅ치 第三絃과 第四絃을 스칠째에 나는문득 차례에온 괴로
운盞을 한업시 서러도하고, 정열가득한 손ㅅ길을 내미러 쥐이는대
로더위잡기도함니다.

---

21) 이지엽, 『현대시창작 강의』, 고요아침, 2009, p.25.

나의 未來에대한 모든 憧憬과 모든 꿈은 내 거문고의 第五絃이오,
주금은 주금을 넘어가잇는 새 活生은 내 거문고의 第六絃임니다.
　내 손꼿치 第五絃과第六絃을 달릴쌔에 나는 문득 어린애갓치 자
지러지게 웃기도하고 술갓치 넘치는기쁨에 함쌕 취하기도합니다.

　그러고 님은, 님을행한 一片丹心은 내 거문고의 第七絃임니다.
　내 손꼿치 第七絃우에 쒸놀쌔에 내 영혼은 敢勇스럽게 하늘꼿을
행하야 나래를 벌림니다.

　오 나의 거문고는 내가 가진 오직하나 보배임니다. 내 所有의
전부임니다. 이밧게 나는 가진것이란 암오것도 업슴니다.

-「나의 거문고」 전문

　인용시는 김동명 시인의 첫 시집의 제목이기도 하다. 이 '나의 거문고'에서 '나'와 '거문고'는 동격은유로써 동일성을 띤다. 즉 '나'가 원관념이고 '거문고'가 보조관념이다. 이 '거문고'가 서정자아인 '나'를 비유하여 설명된다. 따라서 김동명 작품은 동격 은유를 통해 동일성의 원리가 적용되는 것을 알 수 있다.

　비유란 원관념을 설명하기 위해 보조관념을 끌어들여 설명하는 방법이다. 이때 보조관념은 다른 영역에서 끌어 온다. 따라서 비유는 ①다른 범위의 자료를 끌어들여야 한다. ②원관념과 유사한 성질을 가질 것이라는 두 가지 기본 조건을 갖춰야 한다. 따라서 김동명 시인의 첫 시집의 제목인「나의 거문고」작품에서 '나'와 '거문고'는 동격은유로써 동일성을 띤다.

　자아가 세계로 다가가 일체성을 갖든, 또는 세계가 자아에게 다가가 일체성을 띤든 서정시의 목적은 자아와 세계의 대립이 아니라 화해의 길을 모색한다는 것이다.「나의 거문고」는 얼핏보기엔 '투사'나 '동화'의 방법이 적용된 시행을 쉽게 찾아보기 힘들다. '내 손꼿치 第七絃우에 쒸놀쌔'는 이미 합일이 이루진 상태이며, '님을행한 一片丹心' 역시 일체성을 보이는 표현들이다. 다만 투사의 방법이나 동화의 방법이냐의 문제일 뿐이다. 그러나「나의 거문고」는 '투사'나 '동화'의 현상이 복합적으로 나타나는 동일화 방법이 사용되었다. 앞에서 예시를 든 시행들은 '투사'에 해당되나 '다시금 괴로운눈물로 내 영혼을 적시기도 합니다'는

'동화'에 해당된다. 위에서 인용했던 「길손의 노래」처럼 「나의 거문고」에서도 투사와 동화라는 두 개의 동일화 방법이 모두 적용된 작품이다. 이처럼 김동명 시인은 자아와 세계의 동일화 방법으로 화해의 길을 지속적으로 추구하고 있다는 것을 알 수 있다.

III. 맺는 말

이 글에서 동일화 방법을 김동명 시인의 첫 시집 『나의 거문고』에서 찾아보았다. 많은 시편들이 동화(同化)의 방법에 의해 일체성을 갖는 것을 포함하여 투사(投射)의 방법으로도 일체성을 갖는다는 것을 살펴보았다. 그리고 동화와 투사의 방법이 동시에 한 작품에 사용된 점 또한 고찰해 보았다. 그 과정에서 얻은 결과를 요약해 보면 다음과 같다.

첫째, 『나의 거문고』에 실린 시편 대부분이 일제강점기라는 시대적 배경으로 쓴 작품들이다. 그 시대가 세계1차 대전 중이고 그로 말미암아 문예사조는 당연히 퇴폐주의로 흐를 수밖에 없었다. 이런 시대적 상황을 놓고 많은 사람이 김동명 시인을 전원파적인 목가풍의 시를 썼다는 점을 공통적인 사항으로 받아들이는 경향이라 할 수 있으나 퇴폐적인 시를 썼다는 주장에 대해서는 마땅히 재평가의 소지가 있다.

어떤 대상을 놓고 볼 때 사람마다 관점이 다르다는 전제를 통해 김동명 시인을 퇴폐적인 시를 썼다는 지적에 대해 일부 수용할 수 있으나, 김동명 시인의 첫 시집 『나의 거문고』가 발견된 작금의 시점에서는 포괄적이고 정밀한 분석과 연구가 필요하다. 왜냐하면, 초기시라고 할 수 있는 첫 시집 「나의 거문고」에 퇴폐주의 경향의 시가 일부 발견되기도 하였지만 목가풍의 시가 더 많이 실려 있기 때문이다. 즉 이 목가풍 경향 위에 상징법과 관련된 동일화 방법으로 자아와 세계를 하나의 통일된, 또는 같은 합일의 자아와 세계(조국)를 노래한 작품들이 상당수 실려 있다는 것이다.

둘째, 동화나 투사의 방법이 원관념을 밝히지 않고 보조관념만 드러내는 상징으로 자아와 세계의 동일화 방법을 시도했다는 점이다. 김동명의 시작품들은 외연적으로는 순수서정시로만 보이나 세계를 상징적으로 처리하여 '나'가 무엇을 노래하는지를 알아내는 데는 일정한 시간이 필요할 정도이다. 러시아 형식주의자 슈클로프스키의 지적대로 "사물을 낯설게 하고, 형태를 어렵게 하고 지각을 어렵게 하고, 지각하는데 소요되는 시간을 증대시킨다"는 의미를 보여준 시다. 따라서 김동명 시작품의 전체적인 내용 파악은 대략 쉽게 이루어지고 있으나 진정 그 시가 담고 있는 내용을 파악하는 데는 자아와 세계의 동일성 차원에서 분석하지 않으면 안 된다. 그것은 김동명 시인의 작품분석이 실패로 끝날 확률이 높기 때문이다. 가령 '님'에 대해 노래했다면 그 '님'의 이중적인 내용으로 쓰인 시작품 세계가 무엇을 상징하는가를 먼저 알아내는 방법이 선행되어야 올바른 작품을 이해할 수 있다는 것이다.

셋째, 김동명의 시편들의 묘미는 사물 간의 관계가 자아와 조국의 관계로 자연스럽게 발전되고 있었다는 점이다. 다시 말해서 자아와 세계를 확연히 눈에 띄게 나타내지 않는다. 작품 속에 노래를 가청화하는 그 대상을 자기화했다. 즉 가청화할 대상을 상징으로 내세우고 결국은 자기 고백적인 진술을 '조국'이라는 매체로 들려주고 있다. 등식을 보면 '나=상징적인 자아 = 들려주는 대상 조국'이라는 세 부분의 세계가 서로 다른 객관적 상관물로 설정하여 동일화를 이루는 독특한 특징을 보여주었다.

이렇듯이 김동명 시인은 세계(조국)와 갈등이 있다는 것을 스스로 가설로 설정해 놓고, 그 갈등을 해소하는 방법으로 투사와 동화의 방법으로 해결하려고 노력했다. 가령, 조국은 광복을 위해 김동명에게 어떤 요구도 제안하지 않는다. 그러나 김동명이 스스로 조국광복을 위해 어떤 것도 할 수 없다는, 그리하여 멀리하거나 도피라도 하고 싶은 갈등의 정서를 드러내지만 이내 화해를 모색하는 동일화 방법으로 작품을 끌고 간다. 작품을 끌고 가는 방법은 먼저 조국에 대해 성찰과 반성을 보여주며, 이런 갈등을 역설이나 아이러니, 상징 등을 사용하여 더욱 극적으로 화해를 시도한다.

비유는 자아가 세계와 결합, 동일화되고 싶어 하는 욕구에서 비롯된다. 그러기 위해서는 두 사물 간의 의미의 유사성이 있어야 한다. 그래야 두 사물과의 결합을 시도하게 된다. 이 유사성의 원리에 의해 은유가 성립된다. 이 은유로 말미암아 김동명은 자아와 세계의 동일성이라는 화해의 길을 모색하기 때문이다.

[참고문헌]

1. 기본 자료

〈시집〉

김동명, 『나의 거문고』, 신생사, 1930.
_____, 『芭蕉』, 新聲閣(함흥), 1938.
_____, 『삼팔선』, 文隆社, 1947.
_____, 『하늘』, 崇文社(서울), 1948.
_____, 『眞珠灣』, 文榮社(이화여대), 1954.
_____, 『目擊者』, 人間社, 1957.
_____, 『내마음』, 新雅社, 1964.

〈수필집〉

김동명, 『世代의 揷話』, 日新社, 1959(단기 4292).
_____, 『모래 위에 쓴 落書』 新雅社, 1965.

〈평론집〉

김동명, 『敵과 同志』(3판), 昌平社, 1955.
_____, 『歷史의 背後에서』, 新雅社, 1958.
_____, 『나는 證言한다』, 新雅社, 1964.

2. 단행본

강우식, 『한국 상징주의시 연구』, 문학아카데미, 1999.
김동명학회, 『김동명문학연구』, 제1집, 난설헌출판사, 2014.
_____, 『김동명문학연구』, 제2집, 난설헌출판사, 2015.
_____, 『김동명문학연구』, 제3집, 난설헌출판사, 2016.

김동진, 『주간독서(週刊讀書)』, 1968.
김준오, 『詩論』, 도서출판 문장, 1987.
_____, 『시론』, 삼지사, 2009.
마르틴 부버, 『나와 너』, 표재명 옮김, 문예출판사, 1977.
박명용, 『오늘의 현대시작법』, 푸른사상, 2008.
박태상·이상진·김신정 공저, 「시론」『문학의 이해』, 한국방송통신대학교출판문화원, 2013.
백 철, 『朝鮮詩文學思潮史』, 白楊堂, 1949.
레온 앨트먼, 『性·꿈·정신분석』, 유범희 역, 민음사, 1995.
송용구, 『독일의 생태시』, 새미, 2007.
쉬클로프스키, 『기술로서의 예술』, 한기찬 역, 월인재, 1980.
심은섭, 『한국 현대시의 표정과 불온성』 푸른사상사, 2015
이지엽, 『현대시창작 강의』, 고요아침, 2009.
이행순, 『韓國文學史事典』, 螢雪出版社, 1979.
장폴 사르트르, 『문학이란 무엇인가』, 민음사, 2006.
조인현(趙演鉉), 『한국현대문학사』, 人間社, 1961.
주디스 바틀러/가야트리 스피박, 주혜연 역, 『누가 민족국가를 노력하는가』, 산책자, 2008.
질베르 뒤랑, 『상징적 상상력』, 진형준 譯文, 문학과 지성사, 1987.
칼리니스쿠, 『모더니티의 다섯 얼굴』, 이영옥 외 옮김, 시각과 언어, 1998.
한국동서비교문학회, 『동서비교문학저널』 제40호, 도서출판동인, 2017.
한국현대문예비평학회, 『한국문예비평연구』 제51집, 창조문학사, 2016.
J. L. Calderwood와 H. E. Toliver(ed), From of poetry(Prentice-Hall, INC. 1968)
W.Y. Tindal, 『The Literary Symbol』.

3. 논문 및 기타자료

경남도민일보, 「지역사회의 미래와 식물적 상상력」, 2017년 1월 9일字
김병우, 「아버지 김동명에 관한 書翰」. 『김동명의 시세계와 삶』, 한남출판사, 1994.

남기택, 「김동명 시, 강릉, 로컬리티Ⅱ」, 『김동명문학연구』 제5집, 정산인쇄소, 2018.
김윤정, 「김동명 시에 나타난 '주체의식' 연구」, 『김동명문학연구』 창간호, 2014.
송병욱, 「시인의 현실참여」, 『김동명 시세계와 삶』, 한남대학교출판부, 1994.
송용구, 「한국시의 식물적 상상력」, 『시산맥』 통권21호, 2015. 봄호.
_____, 「독일과 한국의 생태시 비교 연구」, 『카프카연구』 제28집, 한국카프카학회, 2012.
송재영, 「물의 상상체계」, 『김동명 시세계와 삶』, 한남대학교출판부, 1994.
송효섭, 「김동명의 기호세계」, 『김동명의 시세계와 삶』, 한남대학교출판부, 1994.
신익호, 「황혼과 변증법적 의미」, 『김동명의 시세계와 삶』, 한남대학출판사, 1994.
심은섭, 「김동명 시에 나타난 기원 양상 연구」, 『한국문예비평연구』 제51집, 한국문예비평학회, 2016.
_____, 「초허의 첫시집 『나의 거문고』 발굴에 따른 제고찰」, 『김동명문학연구』 제5집, 정산인쇄소, 2018.
_____, 「초허의 '소극적 저항의식'의 시세계 수용」, 『김동명문학연구』 제3집, 김동명학회, 2016.
안수길, 「김동명 선생의 시와 애국심」, 『신동아』 43호, 1968.
엄창섭, 「招虛金東鳴文學硏究」, 박사학위 논문, 성균관대학교, 1985.
_____, 「물의 시적 형상화와 수용성의 해빕」, 『김동명문학연구』 제5집, 정산인쇄소, 2018.
오탁번, 「모성 이미지와 화합의 시정신-박재삼의 시세계」, 고려대학교민족문화연구소, 1997.
이경혜, 『1920년대 한국상징시 연구』 석사논문, 계명대학교, 1982.
이미림, 「작가(시인)으로서의 삶, 지식인(정치가)으로서의 삶」, 『김동명문학연구』, 김동명학회 Vol 02, 2015,
이성교, 「김동명연구」, 『성신여자사범대학논문집』 4·5합집, 1972.
_____, 「김동명 시 연구」, 『김동명의 시세계와 삶』, 한남대학출판사, 1994.
임영환, 「김동명시의 특색」, 『정한모 교수 회갑기념논문집』, 일지사, 1983.
장금순, 「백석 시에 나타난 여성의 모습」, 고려대 석사학위 논문, 2006.

[Abstract]

Acceptance of 'Identity Principle' Aspects in Choheo's Poetry
-Focusing on a Collection of Poetry 『My Geomungo』

Shim Eun Sub(Catholic Kwandong University)

Most researchers evaluated that Choheo tended to write decadent work until they discovered Kim Dong-myeong's 『My Geomungo』. The first collection of poetry, which was thought to be hidden forever, was discovered in July 2017, and authenticity matters that have been questioned so far are being verified.

The purpose of this study was to find out whether the poems in Kim Dong-myeong's first collection of poetry 『My Geomungo』 have taken the method of identity of the self and the world, one of the genre features of lyric poetry. As a result, most of the poems in Kim Dong-myeong's 『My Geomungo』 were idyllic and lyrical, and the self and the world were united by the method of identity. In order to examine this point, the study subdivided identity aspects into the identity by assimilation, the identity by projection, and the identity of the mixed assimilation and projection. Therefore, it found that most of Choheo's poems pursue the identify of the united self and world. The reason why Choheo leads the self and the world to the identify of unity is that poetic objects were related to the situation of the colonial country as the situation of the times under the Japanese colonial period was reflected. In addition, he identified the world of his homeland which lost its sovereignty with the self and tried to find a way to reconcile with introspection and reflection on the fact that he was an advanced intellectual who could do nothing for his nation's independence.

At times, he used an objective correlative of the self and symbolized it again into his motherland to make work in a dual structure. For this reason, this study revealed the fact that not only the self and the world show a poetic attitude that seeks identity, but also most of the works achieved identity with the structure in which the objects that can be compared to the self are set up, and the self set figuratively tries to confess to the world, that is, to confess to himself.

Key words: Kim Dong-myeong, identity, assimilation, projection, introspection, symbol, objective correlative

경계 너머의 지정학
—김동명 시의 경우

남기택*

목 차

1. 강릉, 선험적 장소
2. 세방주의(世方主義) 혹은 트랜스로컬리티
3. 바다와 열차, 횡단의 기제
4. 본론 : 생성의 경계

[국문초록]

　김동명 시세계는 낭만적 자연 예찬을 바탕으로 하는 보편 서정의 내면화 국면이 주를 이룬다. 한편 특유의 세계사적 인식, 고향 강릉을 위시하여 다양한 장소 길항의 고유한 결을 형성하고 있다. 장소의 지정학은 중심과 주변은 물론, 물리적인 정주 여부를 넘어, 장소가 지닌 다층적 의미와 정치적 역학 관계를 강조한다. 김동명의 경우 고향 강릉은 일종의 선험적 장소로 한정되지만, 이주 이후의 시세계와 다양한 실정적 관계 속에서 강원권 로컬리티의 근거 지역으로 기능하고 있다. 김동명 시의 장소감각을 재구하기 위한 시도는 김동명 문학의 온전한 구명을 물론 강릉 문학장의 활성화라는 현재적 의미와 연동될 것이다. 파란만장한 시대적 환경은 김동명 시의 장소 의식을 다양하게 변주하는 물리적 기제로 작동하였

---
*강원대학교 자유전공학부 교수

다. 특히 바다와 열차에 관련된 일련의 이미지들은 김동명 시에 내재된 장소감각을 증거한다. 김동명은 중일전쟁, 세계대전, 한국전쟁 등을 목도하며 스스로의 장소감각을 변주해 나갔다. 여기에는 시대적 상황을 응시하는 시인으로서의 자의식 또는 진실을 향한 실천 의지가 담기게 된다. 시대적 이데올로기가 문학 활동의 다양성을 제약하는 실정이었음에도 불구하고, 1950년대의 김동명은 「출발」과 같은 작품으로 새로운 도약을 알린다. 1950년대는 한국 문학장 전반적으로 현대적 문단이 정립되고 본격적으로 발전하는 시기에 해당된다. 그런 점에서 이 작품은 문학사적으로 시의적이다. 하지만 정작 자신의 문학세계는 막을 내린다. 김동명은 전쟁과 분단에 관해 사유하면서 문학적 지정학을 넘어서는 정치적 지정학을 구성하였다. 그가 정치에 입문하면서 붓을 놓은 사실은 문학사적으로는 손실이 아닐 수 없다. 강릉권 문학장의 입장에서도 큰 아쉬움일 것이다. 그럼에도 불구하고 김동명은 오늘날까지 강릉문학의 현재를 생성하는 주요 계기로 기능하는 중이다. 김동명이 시적으로 취한 장소감각은 고향이라는 제도적 공간을 넘어 스스로의 영역을 재구성하면서 트랜스로컬 지평과 나아가 글로컬리즘의 비전을 유증하였다.

핵심어 : 강릉 문학장, 바다, 열차, 로컬리티, 세방주의(世方主義), 장소감각

1. 강릉, 선험적 장소

오늘날과 같은 의미의 강릉 문학장은 한국전쟁기 무렵 강릉사범을 거점으로 자생한 '청포도동인회' 전후 정립된 것으로 거론되고 있다.1) 물론 그 이전에도 강릉 출신의 문학인은 한국 문학장을 배경으로 다양한 활동을 펼치고 있었다. 시인 김동명(1900-1968)은 그 대표적 예시에 해당된다. 나아가 김동명은 강릉 현대문학의 시원 격으로 다루어진다.2) 김동명문학관이나 김동명학회 등의 문학 제도는 관련 지역에서 김동명 시가 지닌 실정적 위상을 반증한다. 김동명 문학이 강릉 문학장 내에서 지니는 실정적 위상의 가장 큰 근거는 시인의 고향이 그곳이라는 역사전기적 배경 때문일 것이다.

한편 김동명은 유년 시절에 강릉을 떠난다. 생존을 위해 부모가 선택한 개항지로의 이주 때문이다. 주지하는 바와 같이 김동명은 9세가 되던 해에 고향을 떠나 함남 원산으로 이주했고, 이후 다시는 정주하지 않았다. 시세계에 있어서도 강릉은 지배적인 소재로 두드러지지 않는다. 그렇다면 강릉은 그저 태어난 곳이라는 호적상의 등재지일 뿐인가. 물론 그렇지 않다. 근자에야 세상에 소개된 김동명의 첫 시집 『나의 거문고』3)에는 마치 운명과도 같이 유년 시절의 체험과 기억이 생생히 각인되어 있었다. 『나의 거문고』 중 '고향' 장의 시편들이 단적인 사례이다.4) 고향이라는 장소가 모든 인간의 의식 속에 원체험으로 존재한다는 것은 특별한 사실이 아니다. 그러나 유년에 고향을 떠난 자가 성인이 되도록 그 장소성을 기억하고, 나아가 시적으로 전유한다는 것은 결코 일반적인 경우가 아니다. 김동명에게 고향 강릉은 강렬한 미적 체험의 장이었고, 목적의식적인 재현의 대상이었음이 분명하다.

성인이 된 김동명이 처녀작을 발표한 것은 1923년 『개벽』을 통해서이다. 물론 그 이전부터 문학에 대한 관심은 누적되어 왔을 것이다. 그렇다 하더라도 김동명의 문학적 입장이 정립되기 훨씬 이전에 고향과 관련된 직접 체험은 차단될 수밖에 없었다. 이런 맥락을 고려해보면, '김동명 시'에 있어서는 고향 강릉이 일종의 선험적 장소였다고 말할 수 있다.

---

1) 강릉문인협회, 『강릉문학사』, 강릉문인협회·강릉시, 2017, 349쪽.
2) 위의 책, 276쪽.
3) 김동명, 『나의 거문고』, 신생사, 1930. 기타 김동명 시집은 『芭蕉』(신성각, 1938); 『三八線』(문륭사, 1947); 『하늘』(문륭사, 1948); 『眞珠灣』(이화여자대학교출판부, 1954); 『目擊者』(인간사, 1957) 등과 같다.
4) 『나의 거문고』에 수록된 '고향' 장의 시편 양상과 지역문학적 의미에 대해서는 남기택, 「김동명 시, 강릉, 로컬리티·II」, 『김동명문학연구』 5, 김동명학회, 2018 참조.

이 글에서는 문학적 장소 인식을 지정학적 관점에서 파악하고자 한다. 지정학적 관점에 따르면 장소는 로케이션(location), 로컬(locale), 장소감각(sense of place)의 세 측면과 관련된다.5) 이는 장소에 내재된 정치적 위계, 집단 정체성과 관련된 역동적 관계를 시사한다. 장소의 지정학은 중심과 주변은 물론, 물리적인 정주 여부를 넘어, 장소가 지닌 다층적 의미와 정치적 역학 관계를 강조한다. 김동명의 경우 고향 강릉은 일종의 선험적 장소로 한정되지만, 이주 이후의 시세계와 다양한 실정적 관계 속에서 강원권 로컬리티의 근거 지역으로 기능하고 있다. 김동명 시의 장소감각을 재구하기 위한 다양한 시도는 김동명 문학의 온전한 구명을 물론 강릉 문학장의 활성화라는 현재적 의미와 연동될 것이다.

2. 세방주의(世方主義) 혹은 트랜스로컬리티

김동명 시의 근원에 고향 강릉의 장소성이 자리하고 있음에도 불구하고 전체 시세계에서 강릉 지역을 중심으로 하는 로컬리티가 두드러진 것은 아니다. 이는 유년 시절에 고향을 떠나 이주의 삶을 살아야 했던 운명에 따른 필연적 결과일 것이다. 물론 그것이 김동명 문학의 예술적 수월성에 대한 근거는 결코 아니다. 다만 이 글은 지역문학의 관점에서 김동명 시세계를 검토하는 것을 목적으로 하고 있으므로 로컬리티라고 하는 미학적 범주 아래 장소성, 지역성, 트랜스로컬리티 등의 제반 양상에 주목하고자 한다.6) 그러기 위해서는 로컬리티 범주를 보다 폭넓게 설정할 필요가 있다. 지정학적 관점의 전유를 방법론적으로 강조할 필요가 이로부터 비롯된다.

문학사적 기록에 따르면 김동명 시세계는 전기의 낭만적 서정과 후기의 사회적 풍자로 대별된다.7) 김동명의 대표작으로 알려진 「파초」나 「내 마음은」은 역시 보편 서정의 순수한

---

5) 존 애그뉴의 설명에 따르면 로케이션은 세계에서 한 장소가 맡고 있는 역할(철강지, 탄광지, 휴양지 등), 로컬은 특정 장소의 활동, 정치학, 정체성을 조직해 내는 제도(가족, 학교, 작업장, 종교공동체 등 집단의 한 부분), 장소감각은 특정한 장소와 연결된 집단적 정체성(특정 장소의 독특한 성격)을 가리킨다. 콜린 플린트, 한국지정학연구회 역, 『지정학이란 무엇인가』, 도서출판 길, 2007, 24-30쪽.
6) 김동명 시에 대해 로컬리티의 관점에서 고향의식과 문학사회학적 입지에 관해 주목한 사례로는 남기택, 「김동명 시, 강릉, 로컬리티」(『김동명문학연구』 4, 김동명학회, 2017), 「김동명 시, 강릉, 로컬리티·II」(앞의 글) 참조.
7) 대표적인 예로 국어국문학편찬위원회 편, 『국어국문학자료사전』(한국사전연구사, 1998), 한국정신문화연구원 편찬부, 『한국민족문화대백과사전』(한국정신문화연구원, 1988) 등에 기록된 김동명 항목을 들 수 있다. 김동명 시에

시심을 환기한다. 그러나 김동명 시의 출발은 파격적인 형식으로 세계문학적 관심을 드러낸다. 잘 알려진 바와 같이 김동명의 등단작 「당신이 만약 내게 문을 열어주시면(보들레르에게)」8)은 '보들레르'를 표제에 각인하고 있다. 그런 만큼 이 작품의 핵심 상징 중 하나인 '님'과 '당신'은 보들레르를 지시한다. 화자는 "당신의 나라"를 절대적으로 신뢰하며, 그곳을 지향하고 있다. 지극한 상념과 추상적 어휘들이 형용하는 그곳은 보들레르와 그 문학적 의미라는 관념적 대상일 것이다. 하지만 시적 문맥을 보면 그 나라는 또한 "붉은 꽃물에 젖은 가슴"이 육화된 공간이요 "불꽃 높게 타는 강한 리듬"의 현장이기도 하다. 이는 곧 관능적인 감각의 현시이자 고도로 조직된 언어 질서를 지시한다. 막연한 낭만적 추상이 아니라 감각과 언어가 중층화된 장소, 곧 문학적 모더니티의 본령을 함의하고 있는 것이다. 보들레르가 선취한 미적 현대성의 감각을 김동명 역시 본능적으로 파악하고 있었다는 점을 간과해서는 안 된다.9) 이처럼 김동명 시에 내재된 문학적 세방주의(glocalism)는 등단작으로부터 발견된다. 이러한 성격은 김동명 시를 관류하는 한 요소로서 다국적성 혹은 트랜스로컬리티의 설정에 개연성을 부여하는 단초이리라 본다.

>붉은술에醉한白骨이
>困憊한사람의魂을안고
>이리로 서리로
>느진가을에흣허지는
>닙과도갓치
>갈곳몰라헤매는것을
>나는보고섯노라.
>
>熹微하게빗나는黃昏의그림자가
>흰눈실이인나무가지밋흐로흣허질제

대한 본격 논구로는 엄창섭, 『김동명 연구』(학문사, 1987); 김병우 외, 『김동명의 시세계와 삶』(한남대학교 출판부, 1994) 등을 참고하였다.
8) 원문 표기는 「당신이만약내게門을열어주시면(쏘드레르에게)」와 같다. 『개벽』 1923년 10월호, 134쪽.
9) 남기택, 「김동명 시, 강릉, 로컬리타·Ⅱ」, 앞의 글, 175쪽.

그는이러케노래불어라
밋친바람에슬치어나는
갈닙의소래와도갓치—
　「지나간옛날에
　　내게도즐거운키쓰와
　　젊은안해의살틀한사랑이잇엇노라」
이러자그는自己의입살을쌜며
蒼白의두눈을무섭게도깜아버려라
나는이것을보고섯노라.

젊은이의무덤을직히고잇는山기슭에
소래업시고요이나리는검은쟝막의밋흐로
追憶깁흔黃昏의그림자가
싱글싱글우스며슬어져버릴씌
사람의困憊한魂을안고잇는
白骨은쏘다시눈을쓰다.

희멀금한달빗치
산산한바람덥힌돌로
쏘다져나릴제
그는쏘노래불어라
금음밤濃霧덥힌바다으로
은은하게써오는鬼哭聲과도갓치—
　「지나간옛날엔
　　내게도芳香놉흔붉은술과
　　빗고흔쭘이잇섯노라」
이리자그는그만넘어져
달빗츨등에지고

쌍우에업대이다
나는이것을보고섯노라.

희멀금한달빗치
들복판에셔춤을출제
江물은노래불어라
그러하나바다만은盛大하게울고잇서라
이씨러라 씨는黎明
사람의困憊한魂을안고
애닯운追憶에넘어젓든白骨은
그만 아아— 그만
새벽별빗과함씌
黎明의밋흐로슬어져버려라
나는이것을보고섯노라.

―「나는보고섯노라」10) 전문

다소 길게 인용한 이 작품 역시 김동명의 등단작 중 한 편이다. 그간 김동명의 등단작은 퇴폐주의 경향이라는 에피세트 속에서 정지한 분석이 생략되어 온 듯하다. 등단 무렵의 초기 작품들이 지닌 내용과 형식, 원문 그대로의 진지한 감상 자체가 중요하다는 판단 이래 전문을 소개해 보았다. 제목에 적시된 바와 같이 화자는 시종일관 관찰자적 태도를 유지하고 있다. 주지적 관찰자의 시선은 적멸과도 같은 상황 속에서 화자가 취할 수 있는 최소한의 실천이자 방어기제일 것이다.

이 글에서 주목하고자 하는 바는 「나는 보고 섰노라」가 지닌 중층적 내면의 양상이다. 일단 작품의 외형은 방대한 규모를 지닌다. 다소 장황한 언술이 내밀한 미적 거리를 상쇄하는 듯도 하지만, 매 연마다 반복되는 종연 형태와 변주("나는 보고 섰노라", "나는 이것을 보고 섰노라", "백골은 또다시 눈을 뜨다")는 서정시의 형식적 긴장에 값할 만하다. 또한 적멸을

---

10) 『개벽』 1923년 10월호, 136-138쪽.

다루는 감정의 지향이 지극한 내면으로부터 경계 너머의 외면으로 전이된다는 점을 눈여겨 보아야 한다. "창백의 두 눈", "황혼의 그림자", "곤비(困憊)한 혼" 등은 적멸에 비견되는 깊은 내면을 환기한다. 하지만 "그믐밤 농무 덮인 바다으로/ 은은하게 떠오는 귀곡성과도 같이"(4연), "그러하나 바다만은 성대하게 울고 있어라"(5연) 등에 드러난 정서는 내면을 넘어 방대한 자연과 그 물성으로서의 비애로 확장된 국면이다. 구심과 원심을 겸비한 중층적 감정값으로 횡단하고 있는 형국인 것이다.

> 祖國을 언제 떠났노,
> 芭蕉의 꿈은 가련하다.
>
> 南國을 向한 불타는 鄕愁,
> 너의 넋은 修女보다도 더욱 외롭구나.
>
> 소낙비를 그리는 너는 情熱의 여인,
> 나는 샘물을 길어 네 발등에 붓는다.
>
> 이제 밤이 차다,
> 나는 또 너를 내 머리마테 있게하마.
>
> 나는 즐겨 너를 위해 종이 되리니,
> 너의 그 드리운 치마짜락으로 우리의 겨울을 가리우자.
>
> ―「芭蕉」(『芭蕉』)[11] 전문

김동명의 장소 전유는 대표작 「파초」의 특장이기도 하다. 「파초」의 중심 감정은 "남국을 향한 불타는 향수"이다. 파초라는 대상 자체가 이미 '남국'을 고향으로 둔 이주의 주체였다. 이로부터 자연스럽게 김동명 스스로가 지닌 역사전기적 배경을 떠올릴 수 있다. 향수의 존

---

[11] 이하 시집에 수록된 작품을 인용할 경우에는 수록 시집명만 병기하기로 한다.

재인 파초는 고향 강릉을 떠나 이주의 삶을 살아야 했던 자신의 운명을 환기한다. 자아가 투사된 객관적상관물일 수 있는 것이다. 또한 「파초」에서 화자는 "너를 내 머리맡에 있게 하며"와 같이 대상을 스스로의 것으로 전유하려는 의지를 드러낸다. 대상에로의 투사를 위시하여 내면화로서의 동일시를 향한 욕망 구도가 구조화된 양상으로 볼 수 있다.12)

「파초」 이후의 김동명 시세계는 당대 현실의 핍진한 묘사는 물론 세계를 지역 단위로 인식하는 경향으로 변모되고 있다. 시집 『진주만』은 그 상징적 외장이라 하겠다. 이는 김동명 후기 시세계의 전반적 배경으로 확장된다. 해방 전후의 『삼팔선』, 『하늘』, 『진주만』 등과 한국전쟁 이후의 『목격자』 사이에는 한국 사회의 일대 혼란기가 자리한다. 김동명은 중일전쟁과 민족말살정책 등 제국주의 폭력이 가속화되던 현실, 해방과 한국전쟁이라는 민족사의 변곡점을 온몸으로 체험했다. 파란만장한 시대적 환경은 김동명 시의 장소 의식을 세방주의와 트랜스로컬을 포함하여 다양하게 변주하는 물리적 기제로 작동하였을 것이다.

3. 바다와 열차, 횡단의 기제

김동명 시에서 경계와 경계 너머의 시적 지정학을 환기하는 요소는 다양하게 발견된다. 그 중에서도 '바다'와 '열차'로 상징되는 소통의 기제는 특별한 주목을 요한다. 또한 그것은 이 글의 기본적인 입장인 강릉 지역의 로컬리티와 관련된 하위 범주를 지시할 수 있다. 바다와 열차는 오늘날 강릉문학의 양상 속에서 빈번한 장소 지표로 소재화되고 있기 때문이다. 강릉 지역의 장소적 요소와 관련하여 바다와 열차는 현재적 관점에서도 중요한 의미를 지닌다.

먼저 한국 문학사에 있어서 바다와 열차가 지니는 의미를 지적할 필요가 있겠다. 반도라는 지정학적 배경을 선험적으로 지닌 우리나라에 있어서 바다가 미치는 영향은 지대한 것이었다. 바다는 상고시대로부터 한민족 삶의 실정적 배경으로서 존재해 왔다. 반면 열차는 근

---

12) 김동명 시에서 파초에 내재된 이국 지향은 이 작품에 한정되지 않는다. 김동명 시세계에는 또 다른 「파초」가 존재하니, 시집 『하늘』의 「파초」가 그것이다. 여기서는 "芭蕉, 알른구나……/ 나는, 한 겨울/ 내 書齋의 憂鬱을 직혀 주던 너매/ 즐거운 봄을 맞으라고/ 내 花壇 한 복판에/ 네 자리를 닦었더니/ 아아, 웬 일이냐/ 사랑이 원수드냐"와 같이 전개된다. 이 작품이 지닌 제재의 성격이나 시상 전개는 『파초』의 경우와 유사하다. 김동명 시세계 내에 존재하는 메인 모티프로서의 파초를 추론할 수 있는 근거라 하겠다.

대화와 더불어 이동과 생산의 인위적 상징물로 민족사에 등장하였다. 1899년 9월 18일 경인선로를 따라 노량진과 제물포 사이를 처음으로 운행한 이래, 기차는 근대적 문명의 일상화를 알리는 상징물로 기능하였다. 어찌 보면 이질적일 듯한 두 소재는 근대문학의 출범과 더불어 공통된 목적으로 전유되었다. 근대성을 모토로 한 계몽의 기획에 있어서 대표적 기제라는 운명을 지니게 된 것이다.

> 텨……ㄹ썩, 텨……ㄹ썩, 텩, 쏴……아.
> 싸린다, 부슨다, 문허바린다,
> 泰山갓흔 놉흔뫼, 딥태갓흔 바위ㅅ돌이나,
> 요것이무어야, 요게무어야,
> 나의큰힘, 아나냐, 모르나냐, 호통까디하면서,
> 싸린다, 부슨다, 문허바린다,
> 텨……ㄹ썩, 텨……ㄹ썩, 텩, 튜르릉, 콱.
>
> ―최남선, 「海에게서 少年에게」 부분

한국 근대문학의 성립 과정에서 바다는 남다른 위상을 점한다. 구한말의 제도적 격변과 더불어 근대적 '문학' 개념이 정립되는 과정은 계몽 담론의 '언문화(諺文化)' 과정과 크게 다르지 않았다. 이때 무한한 가능성의 대명사로서 바다는 계몽의 기원이자 제재로 소환되기에 충분하였다. 이미 바다는 그것이 지닌 원형적 의미로부터 서구 근대문학의 정형에 이르기까지 계몽 담론의 문학적 도구로 전유되고 있었다. 하여 「해에게서 소년에게」(1908)는 태산이나 바위 등의 존재도 어찌할 수 없는 바다의 위용을 노래한다. 이는 바다를 빌어 그 용기와 힘이 대한의 소년들에게 전이되기를 희구하는 것이라고 이해할 수 있다. 새 시대의 주역이 될 소년들이야말로 바다와 같은 큰 희망과 세력을 지녀야 할 것이라는 육당의 신념이 그대로 시화되고 있는 것이다. 그렇게 육당 최남선의 「해에게서 소년에게」는 한국 문학사의 전범이 되었다. 최남선은 동일한 시기에 문명 예찬의 기획을 알리는 「경부철도가」(1908) 역시 작성하였다.

우렁탸게토하난 긔덕소리에
남대문을등디고 떠나나가서
빨리부난바람의 형세갓흐니
날개가딘새라도 못따르겟네

늘근이와젊은이 셕겨안젓고
우리네와외국인 갓티탓스나
내외친소(內外親疎)다갓티 익히디내니
됴고마한딴세상 뎔로일웟네

—최남선,「경부텰도노래」부분

「경부철도가」는 장편 기행체의 창가이며 원제목은 '경부철도노래'이다. 이 작품은 철도의 개통으로 대표되는 서구 문화의 충격을 수용하여 제작된 것으로서, 경부선 시작인 남대문역에서부터 종착지인 부산역까지의 여러 역을 차례로 열거하면서 관련된 풍물·인정·사실들을 서술해 나가는 형식을 취하고 있다.13) 문학적으로는 소품일 것이지만 문화적으로는 현대 문명의 현전을 선언하는 정언명령의 시적 형식에 다르지 않아 보인다.

소년의 야망을 환기하는 바다와 근대 문명을 견인하는 기차. 이들은 공히 계몽된 주체의 재생산을 목적으로 동원된 대상이었다. 첨단 문명을 상징하는 웅장한 철도의 이미지는 자연스럽게 계몽의 도구로 호명되었으며, 바다 역시 객관적인 자연이라기보다는 근대라는 제도와 주체에 의한 각성의 수단이었다. 바다라는 환경과 열차라는 기계는 여전히 우리 문학장의 자연적·문명적 배경으로 현전하고 있다. 이들을 전유해 온 문학사의 흔적은 그 자체로 한국문학과 근대성에 조응하는 주요 지표가 될 것이다. 같은 맥락에서 김동명 시에 각인된 바다와 기차는 문학사의 우연이자 필연일 수 있겠다.

바다여 네 가슴 속에는 푸른 하늘이 잠겨 있고
네 입설에선 끊일줄 모르는 노래가 永遠을 부르노나.

---

13) 한국학중앙연구원, 『한국민족문화대백과사전』(http://encykorea.aks.ac.kr) 참조.

> 저게 두둥실 나뜬것은 白鷗와 함께 힌구름
> 그리고 밤이되면 아름다운 별들은 저들의 오랜 沈黙의 배반을 들고 네게로 모히나니
> 그렇게 넓고 깊고 또 맑은 네가슴 어든
> 거긔에 宇宙의 한쪼각이 즐겨 깃듸린다 하여 怪異타 할거냐.
>
> 바다여 네게는 幻滅을 모르는 希望의 眞珠가 그윽히 빛을 놓고
> 자라기만 하는 情熱의 珊瑚가 구석구석이 붉었나니
> 斷崖에 부서지고 또 부서지는 저 물껼은 너의 悠久한 意志.
> 暴風雨를 부둥켜 안고 봐란듯이 뽐내이는 그 氣槪 더욱 壯할시고,
> 아아 바다여 나는 네가 어찌하여 그렇게 씩씩한가를 알았구나.
>
> ―「海洋頌歌」(『芭蕉』) 부분

  김동명 시세계에 있어서 바다는 초기로부터 발견되는 주요한 장소 지표였다. 김동명 시에 나타나는 원형적 공간으로서의 장소성이 고향 혹은 향수 등과 더불어 바다와도 연동되고 있는 것이다.14) 김동명 시의 바다 모티프는 고향 강릉과 밀접히 연관되어 있다. 이때 바다는 그것이 지닌 원형적 이미지와 더불어 김동명 문학세계의 근원지로서 공간성을 환기하는 기제가 된다. 김동명에게 바다에 관한 원체험은 아주 강렬한 것이었다. 그는 스스로 "내가 처음 바다와 대면하기는 여섯살 때의 일인데, 소먹이는 아이들을 따라 뒷산에 갔다가, 또 어찌어찌해서, 산 마루턱까지 올라 갔더니, 저쪽 하늘 끝에 무엇인가, 하늘 보다도 더 파란 것이 하늘을 떠받치고 있는 것이 보였는데, 그것이 바로 바다임을 알고, 정신놓고 바라보던 기억은 시방도 잊지 않는다"15)고 회상한 바 있다. 요컨대 김동명에게 바다는 근원적 세계를 상징하며, 이러한 의식의 형성 과정에는 고향 강릉에서의 구체적 체험이 각인되어 있다.

  위 작품에서 바다는 무한한 동경의 대상으로 묘사된다. 바다는 "영원"의 노래, "넓고 깊고 또 맑은" 가슴, "우주의 한 조각"이 깃든 장소로 변주되면서 초월성을 체현한다. 이는 바다가 지닌 원형적 심상이 드러난 결과인 동시에, 지정학적 관점에서 경계가 무화되는 질서의

---

14) 남기택, 「김동명 시, 강릉, 로컬리티」, 앞의 글, 172-173쪽.
15) 김동명, 「바다에의 향수」, 김동명문집간행회 편, 『모래 위에 쓴 낙서』, 신아사, 1965, 463쪽.

물화된 형상이라 할 수 있다. 존재론적 한계를 넘어설 수 있는 사유의 대상으로서 바다는 김동명 초기 시세계로부터 문제적으로 전유되고 있는 것이다. 이러한 시의식의 저변에는 강릉이나 원산 등 바다가 특화되는 지역에서의 구체적 장소 경험이 전제되어 있다. 그리하여 바다는 「해양송가」 이후에도 김동명 시의 주된 화소로 반복해서 등장한다.

> 내가 다시 젊어지기는 다만
> 그이 華奢한 옷 자락이
> 나의 무릎 밑에 감길 때……
>
> 이윽고 그의 우람한 두 팔이
> 나의 허리를 어루만질 때면
> 나는 나의 뼈가 힌 조개 같이
> 그의 품 속에서 반짝이는 幻覺에 醉한다.
>
> 나의 가슴을 조그마한 港灣에 비길수 있다면
> 구비 구비 듸리 닫는 물결은
> 異國의 꿈을 실고 오는 나의 나그네,
> 나의 마음은 네의 품 속에서 海草 같이 일렁거린다.
>
> ―「바다」(『하늘』) 전문

바다는 후기 시집에서도 재현된다. 위 작품에서 바다는 화자의 기원이 펼쳐지는 주술적 배경으로 현전한다. '그'로 의인화된 바다는 "나의 마음"이 정위해야 할 궁극적 거처이다. 이 과정에는 '바다→유기체→나그네' 식으로 변주되는 공감각적 인식을 엿볼 수 있다. 김동명 시의 바다가 소박한 자연 예찬의 낭만으로 일반화될 수 없는 이유 중 하나는 이처럼 평이한 진술에 담긴 정치한 시적 장치 때문이다. 또한 화자의 궁극적 소망이 "이국의 꿈"으로 표상된다는 점에서 탈주의 선을 추론할 수 있다. 바다는 막연한 동경과 더불어 이국의 지향을 통해 국가와 국가를 넘나드는 트랜스로컬의 속성을 파생한다. 트랜스로컬 속성이란 바다의 물성, 바다라는 존재가 지닌 원형적 상징을 지시한다. 실로 바다는 인위적 제도로 구획되지 않는다. 즉 국경이나 경계를 물리적으로 설정하기 불가능한 대상인 것이다.

　이 작품에서 경계 간의 소통을 상상할 수 있는 문제적 시어는 '항만'이다. 화자는 자신의 가슴을 "조그마한 항만"에 유비한다. 항만이란 선박이 안전하게 머물 수 있는 시설이고, 화물 및 사람이 배로부터 육지에 오르내리기에 편리한 구역이다. 인간과 사물의 접경이요 교류의 통로가 곧 항만인 것이다. 화자는 항만의 꿈을 통해 스스로 소통의 기제이고자 하며, 그것을 가능케 하는 배경으로서 바다는 존재한다. 이처럼 바다가 스스로의 물성을 통해 횡단을 함의한다면, 기차는 구체적인 행위로서의 횡단 기제에 해당된다.

　　　걸상도
　　　窓琉璃도
　　　등불도
　　　변소도
　　　없는 汽車는,
　　　눌리우고
　　　밟히우고
　　　밀치고

　　　쓸어지고
　　　아우성치는,
　　　車室 안은,
　　　코를 찌르는 惡臭와
　　　頻發하는 盜難마저 겹치어
　　　北方의 生活,
　　　北方 生活의 파노라마!
　　　그러나 北方의 마음은, 靈魂은
　　　우리의 汽車보다도
　　　오히려 더 슬프단다.

　　　　　　　　　　　—「汽車」(『三八線』) 전문

열차는 통상 근대 문명의 이기를 상징한다. 열차의 등장은 거리와 시간을 무화시키는 대표적 도구였던 것이다. 그러나 위 작품에서 열차는 생활의 비루함을 재현하는 배경으로 등장한다. 열차가 매개하는 생활과 역사의 지정학은 김동명 시세계에 분명히 배치되어 있는데, 이에 관련하여 「역마차」와 같은 작품이 문제적이다. 그것은 "달리는 자동차의 행렬 속에/ 타박거리는 역마차// 아하, 〈코리아〉와 〈아메리카〉의/ 서글픈 동반이여!// 그래도 콧노래에 장단 맞춰/ 채찍이 운다// 말발굽 소리 저벅 저벅 저벅……/ 〈코리아〉는 달린다"(「역마차」, 『목격자』)와 같이 전개된다. 역마차는 통상적으로 철도가 통하기 전에 정기적으로 여객이나 짐, 우편물 따위를 수송하던 마차를 지시한다. 그런 만큼 '열차'와 '역마차'는 근대 문명의 분기점을 지시하는 상징물일 수 있다. 이 작품에는 "해방직후 수년간의 서울풍경"이라는 부제가 붙는다. 낙후된 현실과 서양의 간섭을 대비하는 구도, 직접적으로는 '코리아'와 '아메리카'가 대비되는 구도이기도 하다. 그런 점에서 「역마차」는 김동명 시세계 내에서 열차가 지닌 의미망을 전조하는 작품일 수 있다.

전쟁과 분단은 민족 공동체가 처한 상황을 더욱 비극적인 것으로 만들었다. 위의 「기차」에서 열차는 "북방의 생활"을 비참한 실정으로 극화하는 문명으로 형상화된다. 언급한 바와 같이 열차는 근대 문명의 대표적 도구이면서 '속도'의 시대를 견인한 매개물이다. 열차의 발명은 지역과 지역, 경계와 경계를 횡단하는 일상적 메커니즘을 상징하게 된 것이다. 그런 열차마저도 비루한 존재로 각인되는 시저 상황 속에서 화자의 비애는 더욱 심화될 수밖에 없다. 한국 사회의 근대화가 문명의 자발적 형성과는 거리가 먼 타자화된 과정이었기 때문에 이러한 정황이 비롯되었음은 남다른 사실이 아니다.

  심히 閑寂한 조그마한 驛이다.
  撤收部隊를 실은 軍用列車는 이미 드러와 섰다.
  南行中인 旅客列車는 지금 막 드러 오는 길이다.
  한 瞬間이 지난다.
  캄차카의 漁夫들은
  봇도랑사냥에도 비범한 솜씨를 보인다.
  비밀장사패를 비롯하야 移舍軍 脫走黨의 보따리는 물론이오

熱誠者 동무들의 쑷케이쓰까지 한 그물로……

作業은 삽시간에 마춘다.
다음은 出發信號!

―「列車風景」(『三八線』) 전문

　이 작품은 더욱 비극적인 상황을 연출한다. 열차는 도구적 이성이 결과한 근대 문명의 폐해를 고발하는 상관물로 기능하고 있다. 여기서 "캄차카의 어부들"을 등장시켜 중의성을 가하는 맥락은 김동명 시의 현실 고발이 단순한 르포르타주를 넘어서는 미적 지양임을 웅변한다. 캄차카반도는 베링해와 오호츠크해의 경계를 이루는 반도라는 사전적 의미를 단순하게 지시하지 않는다. 그보다는 해방 전후의 혼란한 국정에 따른 소련극동군의 존재에 유비될 것이다. 또한 "봇도랑 사냥"의 중층적 비유를 볼 수 있다. 화자는 캄차카라는 이국적 장소가 청어, 연어, 대구 등의 산물이라는 로케이션을 적실히 활용한다. 여기에 봇도랑, 즉 물을 대거나 빼게 만든 도랑이라는 공간 속성을 결합시켜 침략과 수탈의 통로라는 환유 구조를 생성해내고 있다.

　이처럼 바다와 열차에 관련된 일련의 이미지들은 김동명 시에 내재된 장소감각을 증거한다. 김동명은 중일전쟁, 세계대전, 한국전쟁 등을 목도하며 스스로의 장소감각을 변주해 나갔다. 여기에는 시대적 상황을 응시하는 시인으로서의 자의식 또는 진실을 향한 실천 의지가 담기게 된다. 문학 본연이 지녀야 할 정론적 가치를 위시하여 문학적 파레시아(parrhèsia)[16]를 사유하는 중요한 계기로서 시작이 존재하고 있었던 것이다. 그 속에서 바다와 열차는 정형화된 경계를 횡단하는 화소로 배치되었다. 이러한 국면은 김동명 시의 장소성에 담긴 중요한 의미가 아닐 수 없다.

---

16) 진실을 말하는 용기를 가리키는 개념으로서 파레시아에 대한 푸코의 설명으로는 미셀 푸코, 오트르망 역, 『담론과 진실』, 동녘, 2017 참조. 말년의 푸코는 철학에서의 비판적 태도에 대한 일종의 계보를 구축하려는 의도 아래 고대 철학을 사유하며 이 개념을 강조하고 있다.

4. 본론 : 생성의 경계

　김동명 시세계는 낭만적 자연 예찬을 바탕으로 하는 보편 서정의 내면화 국면이 주를 이룬다. 한편 특유의 세계사적 인식, 고향 강릉을 위시하여 다양한 장소 길항 양상이 고유한 결을 형성하고 있다. 김동명이 마지막으로 상재한 시집은 1957년의 『목격자』이다. 그리고는 정치 활동에 전력하며 문학으로부터 멀어졌다.

　1950년대 우리 사회를 이해하기 위해서는 한국전쟁을 전제할 수밖에 없다. 절대적 조건으로 실존을 위협했던 전쟁은 한국사회 모든 분야에 직접적 영향을 미쳤다. 그야말로 사유 기제로서 작동하는 큰타자(Other)와 같았던 운명의 사건이라 할 수 있다. 해당 시기의 김동명 시를 논구하는 자리에서도 이런 정황을 고려해야만 한다. 전쟁이라는 큰타자가 문학 활동의 선험적 한계를 규정할 수밖에 없는 시대였던 것이다.

　문학장의 선험적 한계라 함은 황폐화된 물리적 조건만을 지시하지 않는다. 전쟁은 문학 행위의 동력이라 할 사상과 상상력의 근간 구도를 제한하는 구조적 배경으로 작동한다. 예컨대 1950년대는 '우리의 맹서'가 모든 에크리튀르(écriture)를 횡단하던 시대였다. 공식적인 인쇄물 뒤에는 "1, 우리는 대한민국의 아들 딸 죽음으로써 나라를 지키자. 1, 우리는 강철같이 단결하여 공산 침약자를 쳐 부시자. 1, 우리는 백두산 영봉에 태극기 날리고 남북통일을 완수하자"와 같은 실천의 표상을 각인해야 했던 것이다.17) 정언명령과도 같은 반공 이데올로기가 시대를 이끄는 환경이었던 만큼 문학 행위의 범위는 상대적으로 제약될 수밖에 없었다.

　그 결과는 문학사에 적시되어 있다. 요컨대 한국전쟁기의 시가 전쟁 현장의 시였다면 이에 대응하여 전통적 서정시와 모더니즘 경향의 대립적 전개는 전후 한국시의 주요한 특질로 나타났다. 전쟁 체험을 직접적으로 다루는 시편들은 그 가열함 속에서도 인간성을 회복하고자 하는 실존적 몸부림이 드러나는데,18) 전쟁이라는 선험적 조건에 모든 창작 역량이 귀속

---

17) 우리의 맹서는 당시 문교부에서 제정한 것으로서 교과서를 포함해 모든 글 뒤에 인쇄되었고, 대한민국 국민은 이를 암기해야 했다.(강준만, 『한국현대사산책 : 1950년대편』 1, 인물과사상사, 2004, 27쪽) 1949년 제정 당시에는 '우리의 맹서', '학생의 맹서', '청년의 맹서'로 구분되어 있었다. 한국전쟁 중이던 1952년 삼일절 기념식에서 국무회의의 의결을 거쳐 새로운 우리의 맹서가 공표되었다. 이는 이후 1950년대 내내 작동하다가 사일구 혁명 이후인 1960년 9월 13일 문교부 결정으로 폐지되었다.
18) 최동호, 「1950년대의 시적 흐름과 정신사적 의의」, 김윤식 외, 『한국현대문학사』, 현대문학, 1994, 316쪽.

되고 있다는 점에서 한계를 지닌다. 문학작품이 특정 역사적 사실에 의해 내용과 형식을 지배받는다면 예술적 의의는 반감되고 말 것이다. 남북한을 막론하고 민족적 비극의 상황은 당시 문학은 물론 여타 예술과 사회제도를 부차적인 것으로 규정할 수밖에 없었다. 김동명에게도 이러한 실정은 예외가 아니었던 듯하다.

> 때는 1950年 6月27日 한낮
> 여기는 梨花高地
>
> 가쁜 숨을 돌리며 帽子를 벗어 든다
> 잘 있거라, 202號! 나의 〈센트·헤레나〉島!
>
> 나뭇잎 물결 속에 눈부신 흰 살결,
> 오, 女王이여! 누가 그대를 지키려나
>
> 내다 보니 天王堂 검은 尖塔이 가슴에 槍날인 양
> 罪? 누가 이은 遺業이뇨
>
> 오호, 運命의 都市여! 너는 듣고만 있을테냐?
> 저 사나운 짐승 모양 울부짖는 砲聲을!
>
> 떠나지 않으련, 모도들 떠나지 않으련?
> 아가야, 가자, 어서 江을 건너자!
>
> ―「出發」(『目擊者』) 전문

김동명 최후의 시집 『목격자』 속에 '출발'을 알리는 작품이 위와 같이 자리한다는 점은 그 구도만으로도 흥미롭다. 「출발」은 전쟁의 참혹함과 구체성을 소재로 하고 있으면서도 비유적이고 서정적인 분위기가 지배적이다. 예의 이국 정서도 소환된다. 화자는 한국전쟁의 한가운데서 남대서양, 아프리카 대륙 먼바다에 위치한 영국령 화산도 세인트헬레나섬을 호명한다.

 시대적 이데올로기가 문학 활동의 다양성을 제약하는 실정이었음에도 불구하고, 김동명은 위와 같이 새로운 출발을 알린다. 그것이 비록 피란의 시적 정황 속에서 외쳐진 다급한 구호일지라도, "운명의 도시"와 "아가"를 동반한 탈주의 명명은 새로운 경계를 향한 선언으로 읽힌다. 1950년대는 한국 문학장 전반적으로 현대적 문단이 정립되고 본격적으로 발전하는 시기에 해당된다. 그런 점에서 「출발」은 문학사적으로 시의적이다. 하지만 정작 자신의 문학세계는 막을 내린다. 이렇게 김동명은 전쟁과 분단에 관해 사유하면서 문학적 지정학을 넘어서는 정치적 지정학을 구성하였다.

 김동명이 정치에 입문하면서 붓을 놓은 사실은, 되돌릴 수 없는 역사전기적 운명이었겠지만, 문학사적으로는 손실이 아닐 수 없다. 강릉권 문학장의 입장에서도 큰 아쉬움일 것이다. 그럼에도 불구하고 김동명은 오늘날까지 강릉문학의 현재를 생성하는 주요 계기로 기능하는 중이다. 김동명이 시적으로 취한 장소감각은 고향이라는 제도적 장소를 넘어, 스스로의 영역을 재구성하면서 트랜스로컬 지평과 글로컬리즘의 비전을 유증하였다. 오늘 우리가 김동명 시를 다시 읽어야 하는 분명한 이유일 것이다.

[참고문헌]

기본자료

김동명, 「당신이만약내게門을열어주시면(쏘드레르에게)」·「나는보고섯노라」·「애닯은記憶」, 『개벽』 1923년 10월호.

_____, 「懷疑者들에게」·「祈願」, 『개벽』 1923년 12월호.

_____, 『나의 거문고』, 신생사, 1930.

_____, 『芭蕉』, 신성각, 1938.

_____, 『三八線』, 문룡사, 1947.

_____, 『하늘』, 문룡사, 1948.

_____, 『眞珠灣』, 이화여자대학교출판부, 1954.

_____, 『目擊者』, 인간사, 1957.

_____, 『김동명 시전집』, 강릉시, 2017.

김동명문집간행회 편, 『모래 위에 쓴 낙서』(김동명 수필·수기집), 신아사, 1965.

논저

강릉문인협회, 『강릉문학사』, 강릉문인협회·강릉시, 2017.

강준만, 『한국현대사산책 : 1950년대편』 1, 인물과사상사, 2004.

국어국문학편찬위원회 편, 『국어국문학자료사전』, 한국사전연구사, 1998.

김병우 외, 『김동명의 시세계와 삶』, 한남대학교 출판부, 1994.

김윤식 외, 『한국현대문학사』, 현대문학, 1994.

남기택, 「김동명 시, 강릉, 로컬리티」, 『김동명문학연구』 4, 김동명학회, 2017, 157-184쪽.

_____, 「김동명 시, 강릉, 로컬리티·II」, 『김동명문학연구』 5, 김동명학회, 2018, 169-193쪽.

엄창섭, 『김동명 연구』, 학문사, 1987.

한국정신문화연구원 편찬부, 『한국민족문화대백과사전』, 한국정신문화연구원, 1988.

한국학중앙연구원, 『한국민족문화대백과사전』(http://encykorea.aks.ac.kr).

미셸 푸코, 오트르망 역, 『담론과 진실』, 동녘, 2017.

콜린 플린트, 한국지정학연구회 역, 『지정학이란 무엇인가』, 도서출판 길, 2007.

⟨abstract⟩

Geopolitics Beyond the Boundaries
— In case of Kim Dong-myeong's poetry

Nam, Gi-taek(Kangwon National University)

　Kim Dong-myeon's poetry world typically features the internalization phase of universal lyricism based on the cult of romantic nature. On the other hand, it forms the unique texture of various opposing places, including his recognition of unique world history and hometown Gangneung. The geopolitics of a place emphasizes the multi-layered meaning and political dynamics of the place, going beyond the center and surroundings, as well as physical settlement. In the case of Kim Dong-myeong, his hometown Gangneung is limited to a kind of an innate place, but it functions as the base for the locality of Gangwon region in diverse practical relations with the poetry world after migration. The attempt to reconstruct a sense of place in Kim Dong-myeong's poems will be linked to the current meaning of comprehensive examination of Kim Dong-myeon literature as well as the revitalization of the Gangneung literary field. The turbulent period setting acted as a physical mechanism that varied the consciousness of places in Kim Dong-myeong's poetry. In particular, a series of images related to sea and trains testify a sense of place inherent in Kim Dong-myeong's poems. Kim Dong-myeong changed his sense of place by witnessing the Sino-Japanese War, the World War, and the Korean War. This includes his self-consciousness as a poet who gazes at the times and the will to practice the truth. Although the ideology of the times limited the diversity of literary activities, Kim Dong-myeong in the 1950s announced a new leap with his works such as 「Departure」. The 1950s is a period in which modern literary circles are generally established and developed in Korean literature. In this sense, this work is timely in literary history. But his literary world came to an end. Kim Dong-myeong thought about war and division and formed political geopolitics that goes beyond literary geopolitics. The fact that he stopped writing as he stepped into politics was a loss to the literary history. It would be a great loss to the Gangneung literary field, too. Nevertheless, Kim Dong-myeong is still playing a main role in creating the present of Gangneung literature. His poetic sense of place reconstructed his own territory beyond the institutional space of hometown and proved the vision of trans-local horizons and even globalism.

* Key words: Gangneung literature field, sea, trains, locality, secularism, a sense of place

김동명문학관과 로컬리티 연구

이미림*

목 차

1. 로컬리티와 강원(강릉)정체성
2. 문학관 설립과 재현 양상
3. 김동명문학관과 지역이미지
4. 강릉의 기억과 고향의식
5. 강릉 · 문학관 · 지역작가

〈국문초록〉

　2013년 개관한 김동명문학관은 시비, 생가와 더불어 로컬리티 문화를 표상한다. 신사임당과 율곡 모자, 김시습, 허균과 허난설헌 남매 그리고 심연수, 황금찬, 윤후명, 이순원, 서영은, 김형경, 김별아, 신봉승, 김은숙 등 다양한 소설가, 시인, 드라마작가를 배출한 강릉지역 정서에 지역문학관은 기여한다. 1930년대 한국문학사에서 매우 중요한 작가임에도 불구하고 관심이 미비했던 김동명 문학이 문학관 조성사업, 학회 창립과 함께 활발하게 연구되고 있다. 이는 문향, 예향, 인문도시라는 특성에 맞게 지역주민의 문학에 대한 애정과 각고의 노력이 뒷받침된 결과이다. 전국적으로 지역문학관, 작가기념관이 활성화되고 있으며 원주의 박경리문학공원, 춘천의 김유정문학촌, 평창의 이효석문학관은 전국적으로 알려진 성공

---
*강릉원주대학교 교수

한 문학관으로 평가받고 있다. 다소 늦은 출발이지만 김동명문학관도 다채로운 프로그램이나 지역과 연계된 관광산업, 문화콘텐츠 개발을 통한 지역경제를 활성화하고 일상적으로 문학을 사랑하는 고유의 생활양식을 유지해야 할 것이다. 지역문인, 강릉시민, 학자들의 노력으로 많은 행사가 개최되며 매년 학술세미나를 통해 김동명 문학연구에 대한 깊이 있는 탐색이 이루어지고 있다. 특히 김동명학회 논문발표는 단일주제로 지속적으로 연구된다는 점에서 유의미하다. 8살까지 강릉에 머문 김동명의 시심의 근원은 어머니의 영향과 고향의식이다. 작가에게 고향은 따뜻하고 포근한 외할머니와 냉철하고 지혜로운 어머니의 무릎과 옛이야기로 기억되는 공간이다. 그의 시와 수필엔 외가와 생가에 대한 풍경이 섬세하게 묘사되었다. 1900년대 강릉은 자연친화적이고 궁핍하며 신화적인 곳으로 어린 김동명에게 무한한 상상력과 시심을 키우게 했다. 고전문학 내지 민속문화 위주였던 강릉에서 김동명문학관 설립은 한국근대문학과의 균형을 이루며, 도서관, 박물관, 관광시설 역할과 독창적인 문학콘텐츠와 프로그램이 운영됨으로써 로컬리티 랜드마크로서 의미를 갖는다.

핵심어: 로컬리티, 강원(강릉)정체성, 문학관, 코쿨, 장소감, 고향의식, 어머니

1. 로컬리티와 강원(강릉) 정체성

지역자치제와 글로컬리즘은 로컬을 재발견하고 창안하며 정립하는데 관심을 갖게 했다. 일제강점기와 분단을 거쳐 산업화한 한국사회는 강력한 중앙집권제를 형성하면서 지방을 타자화했다. 1960~70년대의 지역 식민화는 한국의 성장과 발전의 효율성을 고도화하기 위해 서울을 특권화하고 지역을 생산, 종속적으로 배치[1]함으로써 지역의 열패감을 가져왔다. 본격화된 개발독재는 서울인구증가를 가져왔고 서울-지방 위계를 더욱 강화시켜 극심한 지역 간 불평등과 지역갈등으로 인한 내부식민지화[2]가 되었다. 근대성과 서울, 도시 건설과 현대인과 서울시민 되기는 '로컬이 가지는 국가 내지 중앙에 대한 종속적 위치'를 가져왔고 '국가나 중앙의 통제장치에 철저히 복속시키는 시스템의 형태에서 발현되는 위계적 로컬리티'[3]를 특징으로 한다.

지방 식민지는 지자체 시대의 개막, 시민의식의 확장, 포스트모더니티를 배경으로 주체와 타자라는 이분법적 구도에서 벗어나기 시작했다. 시공간의 압축으로 국경을 넘나드는 지구촌사회는 포스트모더니즘과 맞닿으면서 국가와 민족, 가족단위의 공동체가 엷어지게 되었고 국가단위보다는 도시단위로 이해하게 되었다. 국가, 중앙보다 장소성을 구성하는 우리 이웃들과 주민들과의 교류와 문화적 공감이 중시된 것이다.

서울, 경기지역으로 한정되는 중앙에 대한 차별의식은 용어[4]에서도 비롯되는데, '지방'이라는 단어에 타자적 요소가 내포되었기에 중립적인 '지역'으로 쓰이다가 최근에는 '로컬'로 보편화되고 있다. 각 지역은 특수하고 개별적인 로컬정체성과 로컬문화를 조성하기 위해 문학관을 설립하고 지역축제를 제안하였고, 그밖에도 문인 생가복원, 지역 출신 문인 발굴, 공원 조성, 문화활동 등 지역 특유의 정신과 사상을 정립하고자 노력하였다. 부산 출신 이주홍이나 강릉 출신 심연수 작가의 최근 연구는 이를 증명한다. 그러나 오랫동안 피해의식을

---

[1] 김옥선,「1960-70년대 한국소설에 나타난 지역 식민화 연구」, 경성대 박사학위논문, 2015, 4쪽.
[2] 강준만,『지방식민지 독립선언: 서울민국 타파가 나라를 살린다』, 개마고원, 2015, 34쪽.
[3] 류지석,「로컬리톨로지를 위한 시론」,『로컬리티, 인문학의 새로운 지평』, 혜안, 2009, 26쪽.
[4] 원어를 번역해서 쓸 때 모호하고 오해할 측면이 있는데, 가령 페미니즘feminism을 여성주의, 여성해방주의, 여성중심주의라고 할 때 양성평등의 의미보다는 여성 우위 내지 역차별로 비쳐질 수 있으며, 미소기니misogyny 역시 여성혐오라고 번역할 때 다소 과격하게 이해될 수 있다. 이러한 용어 선정은 학자들의 고민이기도 한데 최근에는 단어에 딱 들어맞는 번역이 되지 않을 때 원어를 쓰는 경향이 많아지고 있고, 이에 대한 논의의 여지가 남아 있다.

지닌 로컬리티는 '지역이기주의나 보수주의로 회귀할 위험'5)이 있으며, 문학관을 통해 발견된 '지역'은 종종 중앙과 대비되고, 중앙 집권적 헤게모니에 대한 비판으로 이어지지만 한편으로는 자의적으로 지역의 정체성을 구성한다는 비판과 더불어 또다른 중앙을 형성한다는 지적6)을 받게 된다.

지역정체성은 지역주민의 기질과 역사적 경험 및 기억, 지역사투리나 어법, 생활양식의 특징 등을 공유함으로써 구성된다. 전국적으로 가장 소외되고 존재감이 결핍된 강원도는 태백산맥 줄기를 기점으로 영동(嶺東)과 영서(嶺西)로 나뉘며, 그 지역적 특성도 매우 다르다. 대관령 동쪽에 위치한 영동은 관동(關東)으로도 불리며 관서(關西)와 짝을 이루는 지명이다. 영서와 달리 영동지역은 산간, 바다, 평야를 모두 지닌 지형으로 문학적 특징도 영서문학과는 차이를 지닌다. 양문규는 강릉, 영동지역의 문학적 특징을 통시적으로 고찰한바 봉건적 수탈과 저항의 무대(일제강점기), 분단현실의 허황함과 이산의 비극(해방후), 정치적으로 보수적 공간(민주화시기), 가족주의 가치를 간직한 '고향'의 공간(90년대 후반)7)으로 보며, 남기택은 리리시즘(전통과 서정), 모더니즘(이산과 이주), 민족문학(분단, 탄광, 해양)8)을, 이미림은 생태주의적 다문화주의적 특성9)이 이 지역의 문학정체성이라고 설명한다.

본고는 지역문학, 지역문인 연구가 상당히 진척되고 있으나 영동 강릉지역의 경우 고전문학 혹은 민속문화 위주로 진행되는바 김동명문학관을 중심으로 현대문학연구의 필요성과 중요성을 재인식하고자 한다.

---

5) 이창남, 「글로벌 시대의 로컬리티 인문학」, 『로컬리티, 인문학의 새로운 지평』, 혜안, 2009, 132쪽.
6) 조정민, 「발견된 '지역'과 만들어진 '문학관'을 넘어: 일본 홋카이도 시립오타루 문학관의 시사점」, 『로컬리티의 인문학』제22호, 부산대 한국민족연구소, 2011, 6쪽.
7) 양문규, 「한국근대문학에 나타난 강원도: 강릉, 영동지역을 중심으로」, 『민족문학사연구』제44권, 민족문학사학회, 2010, 52쪽.
8) 남기택, 「강원 영동지역의 문학적 정체성 연구」, 『현대문학이론연구』제45권, 현대문학이론학회, 2011, 105쪽.
9) 이미림, 「생태주의와 다문화주의로 본 영동문학과 올림픽손님맞이」, 『인문학보』제40집, 강릉원주대 인문학연구소, 2015, 79쪽.

2. 문학관 설립과 재현 양상

지방분권체제에서 각 지역의 정체성을 정립하는데 지역 출신의 문인과 이를 기리는 문학관 건립과 생가 복원이 활발해졌다. 1991년 목포의 박화성문학관으로 시작된 문학관은 2018년엔 74개로 늘어났다. 강원소재 문학관만 해도 춘천의 김유정문학촌, 원주의 박경리문학공원과 토지문화관, 평창의 이효석문학관, 인제의 박인환박물관과 백담사 만해마을, 영월의 난고 김삿갓문학관 등이 있다. 특히 원주와 춘천, 평창의 박경리, 김유정, 이효석문학관은 랜드마크로 인식되면서 그 지역의 출신 및 거주 작가를 통한 도시브랜드가 향상되고 있다.

'지방자치제의 최고의 브랜드는 문화예술인'이듯이 전국의 도시들이 자기 도시를 상징하는 인물을 찾아내고 기념관을 짓는 등 브랜드화[10]하고 있다. 일찍부터 유럽사회는 지역 출신 및 거주 예술가를 위한 문학관, 기념관, 박물관[11]을 조성함으로써 예술가 한명이 도시 전체를 먹여 살릴 뿐만 아니라 품위와 교양과 예술이라는 도시이미지와 더불어 높은 경제가치가 발생하고 있다. 마을 전체가 작가를 기념하기도 하고, 전시실, 창작교실, 숙박집필실, 생가, 작품재현공간, 체험과 산책코스, 현장체험, 작가와의 대화 및 강연, 콘서트, 낭독공연 등을 통해 지역민에게 자부심과 소속감을 갖게 하며, 관광객이나 외부 손님들에게 문화와 문학으로서의 지역정체성을 각인시킨다. 지역문학 활동의 거점인[12] 문학관 보유는 정신적 물리적으로 마을공동체의 소중한 자산으로서의 의미를 갖는다.

지역문학 활성화의 새로운 차원을 여는 지역문학관은 자기 권역 내의 지역문학콘텐츠를 아카이빙하는 역할 수행, 레지던스 공간 제공을 통한 창작공간의 역할 수행과 문인과 시민의 교류와 소통, 새로운 커뮤니티 형성, 문학관종사자, 문인, 문인단체, 연구자, 교사, 문학동호인과 동아리, 문학지망생과 학생, 관심 있는 시민, 출판편집자 등을 광범위하게 연결하는 네트워크의 허브로서의 기능, 시설과 공간을 통한 플랫폼으로서의 역할[13]을 담당한다.

---

10) 한국문화기술연구소, 『문학관과 문화산업』, 단국대학교출판부, 2007, 21쪽.
11) 일본의 료타로시바기념관, 세타가야문학관, 중국의 루쉰박물관, 영국의 셰익스피어마을, 아일랜드의 더블린작가박물관 및 제임스 조이스 센터, 프랑스의 빅토르 위고, 발자크, 에밀 졸라, 구스타브 플로베르 문학관, 이탈리아의 단테, 괴테 박물관, 체코의 카프카박물관, 러시아의 도스토예프스키기념관, 푸쉬킨박물관, 미국의 마크트웨인, 에드거 앨런 포우 박물관, 캐나다의 루시 드 몽고메리박물관 등의 해외 문학관이 있다. - 위의 책, 315-321쪽.
12) 나카무라 미노루, 함태영 역, 『문학관을 생각한다』, 소명출판, 2019, 17쪽.
13) 조현성, 『거점형 문학관 도입 및 활성화 방안』, 한국문화관광연구원, 2018, 7쪽.

주민과 가장 밀착된 공간으로 일년 내내 다양한 행사를 전개하며 전국적으로 방문하는 단체나 개인 수요가 많은 박경리문학공원(1999)은 〈토지〉 4,5부를 집필한 곳이자 작가의 생명사상을 생명도시 원주와 연계하며 장일순 사상가, 사위 김지하 시인의 저항정신, 공동체의식과 관련된 문화도시 이미지를 부각시키고 있다. 또한 〈토지〉의 소설무대인 하동의 평사리 문학관(2004), 작가의 고향 통영의 박경리문학관(2010)으로 분산 유치 경쟁을 하고 있으나 강원지역의 원주시는 박경리 이미지가 강하게 자리매김하고 있다. 또한 전국 최초이자 유일하게 이름을 붙인 김유정역과 고향 실레마을을 배경으로 〈봄봄〉, 〈동백꽃〉 등 스토리텔링을 통한 기념물의 설치와 현장체험학습 등 볼거리가 많은 김유정문학촌도 각광받고 있다. 메밀꽃과 연계된 이효석문학관도 전국적으로 성공한 관광지로 평가받으며 평창효석문화제는 연인원 2백만 이상이 방문하여 2019년 올해 문화체육관광부로부터 우수축제로 선정되었다. 강원도 소재 작가문학관과 축제의 성공은 산, 바다, 물, 별, 하늘과 같은 자연과의 친화와 타자인식을 바탕으로 한 서정적이고 낭만적인 문학의 깊이와 삶에 대한 사유에서 비롯되었다. 먼저 구축하고 정착시켜 다른 어느 지역보다 우수한 평가를 받는 강원도 소재 문학관과 문학축제를 통해 김동명문학관은 발전적인 운영과 생산적이고 로컬리티 특징을 잘 나타내는 프로그램을 조성해서 전국민이 사랑하는 김동명마을로 나아가야 할 것이다.

3. 김동명문학관과 지역이미지

공간과 달리 장소는 정치화되고 문화화된 개념으로 문화적 삶의 표식이자 매개체[14]이다. 인간, 문화, 환경을 통합하는 통찰을 보여주는[15] 장소감은 자아정체성과 장소정체성이 긴밀하게 밀접하고 있음을 말해 준다. 김동명문학관은 지역 출신 작가로서 이 지역의 문화와 고향의식, 생활양식을 대변해준다. 아름다운 바다, 호수, 산, 고개가 어우러진 천혜자연의 경관과 출중한 문인, 문화재와 전통생활양식을 보존한 강릉은 풍요로운 로컬과 민족주의적 장소감을 갖고 있다. 사라져 버리는 기억을 물질로 받쳐주는 불변의 버팀목인 장소[16]로서의 김

---

14) 존 앤더슨, 이영민 외, 『문화 장소 흔적』, 한울아카데미, 2013, 74쪽.
15) 위의 책, 79쪽.
16) 알라이다 아스만, 변학수 외역, 『기억의 공간』, 그린비, 2011, 560쪽.

동명문학관은 지역주민뿐만 아니라 한국근대문학의 상징으로 인식된다.

문향, 예향, 솔향의 도시 강릉은 신라의 범일국사, 김시습, 신사임당과 율곡 모자, 허균과 허난설헌 남매 등 고전문학이나 민속 위주로 보존된 문화도시, 인문도시 정체성을 지니고 있다. 그러나 이러한 이미지는 전통적 폐쇄적 역사적 이미지가 고착화됨으로써 과거, 보수, 전근대, 옛날과 같은 선입견을 갖게 하며 이효석, 김유정, 이태준과 같이 전국민이 사랑하는 걸출한 작가를 배출한 영서문학 못지않게 많은 작가를 보유하고 있다. 근대시인 김동명문학관의 설립은 강릉근대문학의 대표성을 지니며 고전문학, 구비문학에 치우친 작품경향에 균형을 잡게 했다. 일년 내내 지역축제[17]가 끊이지 않고 전국적으로 관광객이 몰려올 정도로 관광명소[18]와 먹을거리, 특산품[19]이 많은데다가 여러 시인과 소설가, 드라마작가[20]를 보유하고 있는 강릉은 명실상부 문학을 대표하는 도시이다.

강릉 출신 작가인 윤후명의 문학전집 1권『강릉』, 7권『강릉의 사랑』에서는 임당동, 객사문, 임당동성당, 방파제, 동해바다라는 지형적 공간, 객사문, 마을을 수호하는 진또배기, 솟대의 새 형상, 단오제의 배경인 호랑이, 나무, 돌 모티프, 호랑이에게 물려간 처녀이야기, 〈헌화가〉의 수로부인과 견우노옹, 전래동화 〈곶감과 호랑이〉의 동아줄 등의 민속, 전설, 설화, 단오제, 관노가면놀이, 커피축제, 높새바람, 꽃샘바람, 너울성 파도, 바닷바람 등의 기후적 특색, 도치, 꽁치, 양미리, 감자, 곰취 등의 향토음식이 등장[21]한다. 이순원의 소설집『말을 찾아서』에서도 강릉, 대관령, 우추리, 경포호수, 위촌, 시동, 봉평을 배경[22]으로 하며, 이광식의 〈범일국사〉에서는 단오제 배경설화인 무월랑과 연화, 범일국사 등 관련인물이 등장

---

17) 4월의 경포벚꽃축제, 복사꽃축제, 해살이 개두릅축제, 허난설헌문화제, 5월의 커피나무축제, 6월의 강릉단오제, 7월의 북동 마늘대축제, 강릉바다축제, 국제청소년예술축전, 경포여름바다예술제, 안인 노란 참가자미축제, 대학민국댄스페스티벌, 8월의 소금강마을계곡축제, 풍호마을 연꽃축제, 주문진해변축제, 9월의 강릉예술축전, 달맞이축제, 10월의 허균문화제, 소금강 청학제, 주문진 오징어축제, 강릉커피축제, 대현 율곡이이선생제, 11월의 강릉한과한마당축제, 대관령옛길걷기대회 등이 있어 타지역보다 축제문화가 활성화되어 있다.
18) 강릉지역의 볼거리로는 경포대, 경포호수, 오죽헌, 정동진, 커피박물관, 하슬라이트월드(피노키오미술관), 선교장, 참소리축음기/에디슨박물관, 허균/허난설헌기념공원, 소금강, 바우길 등이 있다.
19) 한정식, 감자옹심이, 초당순두부정식, 한과, 커피 등 다양한 음식들이 있다.
20) 시인으로는 황금찬, 최연희, 소설가로는 홍성암, 이광식, 윤후명, 서영은, 이순원, 이형경, 최성각, 김별아, 드라마작가로는 신봉승, 김은숙 등이 있다.
21) 이미림,「윤후명 소설의 원형적 탐색: 전쟁과 호환 모티프를 중심으로」,『한중인문학연구』제59집, 한중인문학회, 2018.
22) 이미림,「이순원 여행소설 속의 타자화된 강원(영동)」,『우리문학연구』제42집, 우리문학회, 2014, 262쪽.

함으로써 지역정서, 지역문화를 지닌 공동체 구성원의 공감을 자아내는 등 지역 출신 작가의 작품 속엔 지역원형으로서의 로컬리티가 채색되어 있다.

김동명문학관은 2013년 7월 3일에 개관했으며, 시인의 고향인 강릉시 사천면 샛돌1길 30-2에 위치해 있다. 민족시인이자 정치평론가, 산문가, 대학교수, 참의원인 김동명을 기리기 위한 문학관은 소담한 규모의 1층 건물로 시 〈내마음〉의 호수와 돛단배를 형상화하여 만들었다. 건물 안엔 전시실과 세미나실이 마련되어 있고, 주변엔 생가와 언덕이 조성되어 있다. 전시실엔 시인의 자필원고와 시집 『하늘』, 『진주만』, 『목격자』, 『내마음』 초판본과 서재, 회중시계와 코트 등 유품들이 전시되어 있다. 세미나실은 문인들과 마을주민들이 다과와 차를 마시며 풍요롭고 다양한 행사들을 하는 장소로 꾸며졌다. 문학관의 기본업무에서 자료수집과 보존이 가장 중요한데 2017년엔 영원히 사라질 듯 했던 첫시집 『나의 거문고』를 원주에서 80여 년만에 발굴하는 성과[23]를 가져오는 등 꾸준하게 초간본 작품집, 유품, 작가 관련 자료를 찾기 위해 노력하고 있다.

고증을 바탕으로 복원한 생가에서 시인은 8세(1900~1908년)까지 생활했으며 수필집 『세대의 삽화』중 대표작인 〈어머니〉에 등장하는 '코쿨'을 재현하여 당대의 생활상을 엿보게 했다. 현재는 사라졌기에 다소 생소한 코쿨에서 어머니에 대한 그리움이 나타난다. 김동명 언덕은 바다, 호수, 바람, 하늘, 별이 함께 하는 시심과 감성을 고양시킨 공간이다. 전반적으로 규모가 작고 소박하지만 상업적으로 보이지 않고 지역주민의 은근한 애정과 문학적 열정에 기반한 문학적 분위기를 잘 살려냈으나 시인의 물품이 적어 아쉽다. 북한과 서울에서의 행적을 통한 물품의 진열과 자료전시 등이 보충되어야 한다.

---

[23] 심은섭, 「초허 첫시집 〈나의 거문고〉 발굴에 따른 諸고찰」, 『김동명문학연구』제5권, 김동명학회, 2018, 81쪽.

생가에 재현된 코쿨　　　　　　　　문학관과 생가 전경

최근에는 사천면 미노리에 위치해 있던 김동명시비가 이곳으로 옮겨져 문학관, 생가, 시비, 언덕으로 조성된 김동명 문학세계를 한눈에 볼 수 있게 되었다. 이를 위해 강릉문단과 김동명학회, 사천면주민의 시비 이전 대책회의 등 각고의 노력[24]이 있었다. 그러나 1985년에 세워진 김동명 시비와 2013년 건립된 문학관의 크기와 규모는 차이가 있어 불균형해 보이는 반면 시기를 두고 하나하나 형성되어가는 역사적 기록의 의미를 지닌다.

김동명문학관 건립은 물리적 의미만큼이나 내용적으로 충실하게 프로그램을 실천하여 시문학을 사랑하는 지역주민들에게 영혼의 울림과 로컬리티 감성을 북돋았다. 또한 1930년대를 대표하는 김동명 연구가 그가 남긴 업적에 비해 지나치게 빈약하였는데[25] 문학관 건축과 발맞추어 김동명학회[26]의 논문들이 축적되고 있다. 전기문학, 시문학, 대표작 중심의 문

---

[24] 심은섭,「김동명 시인의 시비(詩碑) 시비(是非)론」, 강원도민일보, 2017.11.6.

[25] 김동명 문학은 현재까지 박사학위논문 1편, 석사학위논문 7편이 나왔으며 연구목록은 다음과 같다. 박무화,「김동명의 시문학」, 경희대 석사논문, 1977, 강석호,「김동명의 시세계」, 연세대 석사논문, 1981, 엄창섭,「초허 김동명 문학 연구」, 성균관대, 박사논문, 1986, 송영순,「김동명시연구」, 성신여대, 석사논문, 1990, 권순인,「김동명 시에 수용된 의식에 관한 연구」, 관동대 석사논문, 1995, 정사운,「김동명의 시연구」, 충남대 석사논문, 1999, 백승란,「김동명과 김상용 시의 심상 연구」, 충남대 석사논문, 2002, 유희자,「김동명 시의 모성적 상상력 연구」, 강릉원주대 석사논문, 2015.

[26] 2013년 강원도를 빛낸 7인의 얼선양 사업의 일환으로 건립된 김동명문학관은 그 외형적 의미분만 아니라 같은 해에 학회창립준비위원회가 발기되었고 최초로 유일하게 박사학위논문을 쓴 엄창섭 교수가 초대학회장으로 추대되어 학회가 형성된 후 매년 학술세미나가 개최됨으로써 내용면에서도 김동명 작가에 대한 문학적 문학사적 가치를 고찰하게 되었다.

학연구가 후기시문학, 수필문학, 정치평론의 범주까지 나아가면서 김동명 문학세계를 본격적 총체적으로 고찰하는 학술적 분위기가 조성된 것이다. 김동명학회는 2014년부터 매년 10월에 문학관에서 학술세미나를 개최하고 학술지 『김동명문학연구』 제5집을 발간27)하였다.

2017년도 학술대회 모습

2018년도 학술대회 모습

특히 이 학술지는 일반학회와 달리 한 작가의 단일주제로 연구되며, 질적28) 양적29) 수준이 높은 김동명 문학이 고구해야할 연구거리가 많다는 사실을 인식시켜 주었다. 강릉문인협회가 주최하고 여러 단체에서 후원하는 시낭송과 음악의 밤도 4회를 맞이하여 김동명의 시를 노래화한 가곡들을 부르고 시인을 칭송하며 주민과 친교의 시간을 갖는 등 지역문화예술의 구심체 역할을 하고 있다.

그동안 김시습, 신사임당, 율곡, 허균, 허난설헌을 기리는 공원이나 문학관이 강릉을 대표하고 있기에 다소 소외되었던 근현대작가 김동명문학관이 설립되었다는 것은 강릉시민과 지역학자, 지역출신 및 거주 문인, 국문학 전공 관련 학생들에겐 기쁘고 의미 있다. 이를 시작으로 영동 출신의 황금찬, 심연수, 신봉승 등 작고문인에 대한 문학관 설립에도 김동명문학관은 한 전형이 될 것이다.

---

27) 2014년부터 2018년까지 논문을 실은 논자는 엄창섭, 장정룡, 심은섭, 박호영, 이성교, 남기택, 장은영, 김윤정, 유희자, 이미림 등 가톨릭관동대, 강릉원주대, 강원대 등 주로 지역대학 교수들이 참여하고 있다.
28) 김동명 시인은 서정적 퇴폐적 목가적인 전원파 시인 혹은 조국에의 향수와 민족애를 그린 작가로 평가되어 왔다.
29) 시집 6권(총370편)으로『나의 거문고』(1930),『파초』(1938),『3.8선』(1947),『하늘』(1948),『진주만』(1954),『목격자』(1957) 등이, 수필집 2권으로『세대의 삽화』(1957),『모래위에 쓴 낙서』(1965) 등이, 정치평론집 3권으로『적과 동지』(1955),『역사의 배후에서』(1958),『나는 증언한다』(1964), 수기집 2권『암흑의 장』,『어둠의 비탈길』등이 있다.

| 문학관 내부 | 학술지 창간호 표지 |

    김동명문학관은 좀더 섬세한 운영과 프로그램 개발과 더불어 도서관의 자료열람 기능, 박물관의 자료전시 기능, 관광시설로서의 역할을 해야 한다. 문화콘텐츠 개발, 자료 보존 및 활용, 스토리텔링 구사, 행정능력 등 문학관 운영에 필요한 능력30)들을 바탕으로 김동명문학관이 좀더 다양하고 독특한 지역적 특성을 표출해야 할 것이다.

    '청마우체국', '청마거리', '청마문학관'이 입체적으로 장소성을 만드는 청마문학관을 벤치마킹하거나 시 〈행복〉과 관련하여 유치환이 20년간 이영도 시인에게 5천여통의 편지를 보낸 곳으로 유명한31) 유체국과 연관시켜보는 작업을 시도할 수 있다. 또한 윤후명 작가가 강릉의 한 작은 마을에 있는 기와집 고가에서 파초를 발견하고, 김동명문학관의 파초가 여기서 옮겨간 것이라는 이야기를 듣게 되면서 시인이 파초를 노래한 사연을 알게 되었다는 에피소드32)를 활용하는 방식과 화초, 나무에 관심을 갖고 상처를 치유하고 위안을 얻은 정원(뜰)의 재현, 외가나 생가 주변의 자연환경 복원 등도 다양한 스토리텔링을 형성할 수 있다.

---

30) 박근희,「문학관 운영 방법론 교과목 개발에 관한 연구」,『문화와 융합』제41권, 한국문화융합학회, 2019, 873쪽.
31) 박승희,「로컬리티 문화 표상과 지역문학관의 재구성: 대구문학관을 중심으로」,『한민족어문학』제72권, 한민족어문학회, 2016, 425쪽.
32) 윤후명,「강릉의 인문학을 위하여」,『인문학의 보물창고 강릉』, 전진인쇄사, 2016, 6쪽.

4. 강릉의 기억과 고향의식

치열한 생존경쟁이 펼쳐지는 문명화된 도시와 대비되는 고향은 서로 사랑하고 허여하며 나눠주는 곳으로 표상된다. 교육이나 문학, 대중매체를 통해 전달되고 학습되는 고향 역시 유년기의 자아와 세계가 일치하는 이상적인 공간이자 어머니의 따뜻한 품과 어릴 때 친구와 친족이 함께 하거나 첫사랑의 아련한 추억이 있는 장소로 인식된다. 그러나 동시에 고향은 불안하고 시대에 뒤처지며 현실에서 밀려나는 두려움을 내재한 곳이기도 하다. 이러한 고향 이미지는 작품 속에 다양하게 투영되고 있다.

김동명의 고향에 대한 기억은 수필 〈어머니〉와 〈掬雛記〉 두 편에 집약되어 있다. 8살까지 살았던 강릉은 다정하지만 냉철한 어머니의 모습으로 시작된다. 그에게 고향은 '내 눈물의 옛 고향'으로 기억되는데 그 이유는 모친이 들려준 타박녀 전설에 대한 강렬한 인상때문이다. 그는 눈물도 동심도 다 잃어버린 고아 타박녀와 자신을 동일시한다.

> 타박 타박 타박女야! 너 어디로 울며 가늬?……
> 내 나이 어렸을 제, 어머니의 무릎을 베고, 혹은 「코쿨」앞에 마주 앉아, 어머니로부터 들은 이야기로 말하면, 달속의 계수나무와 옥토끼의 이야기를 비롯하여, 은하수가의 견우·직녀 이야기, 천태산 마구할멈 이야기, 구미호 이야기, 장사 이야기, 신선 이야기, 그리고 劉忠烈傳, 趙雄傳, 장화·홍연전, 심청전 등, 古談冊 이야기며, 이밖에도 이로 들 수 없도록 많은 이야기를 들었지마는, 그 가운데서도 슬프기로는 타박녀의 이야기가 으뜸이었다.
> 영영 가버린 어머니를 찾아, 슬피 울며 타박 타박 걸어가는 타박女!
> 어디선가, 타박女의 흐느끼는 우름소리 귓가에 들리는 듯 하면, 타박 타박 걸어가는 타박女의 뒷모습이 눈 앞에 서언하여, 나는 이 슬픈 환상 때문에 얼마나 울었는지 모른다.
> 아아 타박女의 우름소리, 타박女의 뒷모습!
> 이것이 바로 내 눈물의 옛 고향이기도 하다.[33]

---

33) 김동명,「어머니」,『世代의 揷話』, 일신사, 1954, 5-6쪽.

아버지보다 어머니의 영향을 많이 받은 어린 소년은 전설, 역사, 민속이야기가 많은 고장에서 꿈과 낭만과 상상력과 호기심을 발현시킬 수 있었다. 영웅의 구국이야기나 남녀간의 사랑이야기, 비현실적인 마법세계보다 어머니와의 사별을 다룬 타박녀의 슬프고 애절한 감정에 작가는 호응하고 있다. 이와 같이 위인전과 고전소설, 설화 등의 이야기 중 돌아가신 어머니를 애절하게 그리워하는 이야기인 타박녀에 공감하는 작가는 모친, 두 아내와의 사별 등 가족을 잃은 아픔을 수필을 통해 피력하였다. 판타지보다는 현실감각을 선호함으로써 작가의 현실정치나 정치평론 활동과 현실비판적인 리얼리즘시로의 전환은 어린 시절부터 배태되었음을 알 수 있다. 이별과 사별에 대한 그리움과 슬픔의 정서는 〈파초〉의 정서이자 서정적인 시를 남긴 시인의 정서이다.

어머니는 따뜻한 코쿨 앞에서 고담책에 수록되었거나 구전된 옛이야기를 아들에게 들려주곤 했다. 코쿨은 강원도 산간지방에서 쓰던 흙으로 된 벽난로 형태로 마치 사람의 콧구멍과 비슷한 데서 유래한 것[34]으로 영동지역의 난방장치이다. 화전민사회에서 방과 부엌 사이의 한쪽 벽에 만들어져 난방과 조명 역할을 했던 선인들의 지혜를 알 수 있으며 이제는 사라졌으나 생가에 재현된 코쿨은 매우 독특한 지역민의 당대 생활양식이었다. 시인의 마음 속 강릉 이미지는 모친, 코쿨, 옛이야기, 슬픔으로 기억된다.

〈掬雛記〉에는 외가의 풍경과 어린 시절의 에피소드를 담고 있다. 시인의 외갓집은 오대산과 동해바다와 갈미봉이 둘러쌓인 시심을 자극하는 깊은 산골이다.

> 내 外家로 말하면, 五臺山 줄기의 한 갈래가 칡순처럼 東쪽으로 뻗어나리고, 여기에 沿하여 이 멧줄기의 기슭을 씻으며 東海로 東海로 흘러가고 있는, 어떤 시냇가 언덕 위에 있었다. 山골이라 하기에는 들이 너무 가깝고, 들녘이라 하기에는 山峽이 너무 지척인, 이를테면 非山非野의 中性地帶였다. 감나무와 밤나무가 많이 늘어선 마을이었으나, 내 外家는 마을에서도 조금 떨어져 시내 가까이 돌담을 두른 조그마한 오막사리였는데, 여기에 食率이라야 단 두 늙은이. 서로 의지하고 살아가는 꼴이 흡사 아이들 소꿉놀이 같앴다.
>
> 내가 여기를 찾은 것은 아마, 襁褓에 싸였을 때부터 였는지도 모른다. 그러나 내

---

34) 장정룡,「김동명 수필 〈어머니〉의 서사구조 고찰」,『김동명문학연구』제3호, 김동명학회, 2016, 62쪽.

> 記憶은 물소리에서부터 시작된다. 방안에 앉아서도 그윽히 들려오는 물소리! 외할머니에게 다리를 주물리우며 듣기에 더욱 즐거웁던 물소리! 이건 내가 襁褓에 와서 처음 들어본 자연의 音樂이었을지도 모른다. 더욱이 문을 열어 제칠양이면, 시내 마즌 편으로 아슬아슬하게 높이 벋지르고 선 山들이 쭈욱 橫陣을 치고 左右로 벌렸는데, 바로 향하여 正面으로는 마치 연꽃 봉오리처럼 동구스럽 하니 뾰쭉 치솟은 메부리가 쳐다 보였다.35)

산골도 평지도 아닌 中性地帶로서 물소리가 방안에서도 들리고 '이마를 맞대다시피' 놓인 갈미봉을 두룬 가난하고 소박한 외갓집은 어린 김동명에게 자연친화와 시심과 미의식을 갖게 했을 것이다. 유년기의 결정적 인상으로 남은 '中性地帶'라는 외갓집의 지리적 위치는 문학과 정치, 시와 산문, 미의식과 현실의식 등 작가의 양가적인 가치관과 삶의 태도이기도 하다. 그의 사상은 민족주의, 반공주의에 고착되기보다는 포괄적인 우주론적 보편주의, 민주주의, 자유주의적 관점에 놓여있는데 이는 북의 조선민주당이나 남의 이승만 정권 양쪽을 비판했던 그의 행보36)에서 잘 나타나 있다. 그는 독재, 부자유, 부정의 등에서 비롯한 인간에 대한 폭력과 억압에 대해 분노하고 저항하며 사회적 발언을 하고 행동했던 지식인 작가였다.

〈어머니〉에 나타난 모친의 이야기습관은 외할머니로부터 이어져 내려왔다. 외조모는 맑고 고요한 밤이면 갈미봉 봉우리 꼭대기에서 生金이 나타나 부자가 될 수 있다는 이야기를 무릎에 누이고 어린 외손자에게 들려주었다. 외조모의 생금 얘기는 '자신의 半生이 생금을 기다리는 어린 시절의 허망한 기대의 연장'이었다고 회상함으로써 인생에 대한 성찰을 반추하는 유년기의 결정적 인상으로 남는다. 그러나 어머니는 碧溪를 끼고 靑山과 마주 앉아 神話를 사랑하는 조그마한 草廬인 외갓집을 가고 싶은 아들의 열망에 인색했다고 한다. 평산 신씨 신사임당 문중 출신인 어머니 신석우는 아들에게 고운 옷을 입혀 친정집을 방문하거나 강릉군수를 소원할 만큼 유난히 긍지와 자존심이 강했기 때문이다. 고향에 초라한 모습을 보이지 않으려고 했고 금의환향을 원했던 어머니의 소망은 작가로 하여금 문인으로서의 삶

---

35) 김동명,「麴雛記」,『世代의 揷話』, 일신사, 1954, 9-10쪽.
36) 이미림,「작가(시인)로서의 삶, 지식인(정치가)으로서의 삶」,『김동명문학연구』제2호, 김동명학회, 2015, 100쪽.

뿐만 아니라 대학교수, 참의원, 정치평론가 등 현실에 대한 감각과 관심을 갖게 한 계기가 되었을 것이다.

두 편의 수필에 나타난 어머니는 근원적이고 한없이 주기보다는 이성적이고 강한 모성성을 지니고 있다. 아들과의 피부접촉을 통해 상상력이 풍부하고 호기심을 자극하는 옛날이야기를 해주었던 따뜻하고 푸근한 감성을 지닌 반면 아들을 객관적이고 냉철한 시각으로 지적해주는 차가움도 겸비한바 어린 아들의 앞날을 위해서 신교육과 신문물을 접할 수 있는 개항지 원산으로 이주하는 용단을 실천에 옮기시는 용감하고 지혜있는 분37)이라고 손녀 월정은 회상한다. 어머니의 아들에 대한 부푼 기대와 교육열은 맹목적인 모성만으로 양육하지 않는 현명함이 드러나며 김동명을 성숙하고 합리적이며 중간자적 시선으로 사유하게 했다.

이는 수필에 그려진 에피소드를 통해 확인할 수 있다. 못생겼다는 모친의 인색한 평가에 김동명은 '냉엄하신 비평정신의 片鱗'이라 회상한다. 편지를 잘 쓰는 아들이 혹여 교만해질까봐 조카 병두만은 못하다고 하는 말에 '겨우 국문을 해독하시는 정도'로 자신의 글을 평가했다고 함으로써 모자간의 팽팽한 긴장감과 자존감이 엿보인다. 또한 예수를 석달만 믿으면 전도부인이 될 수 있다는 어머니의 허풍은 大言壯談를 즐기는 자신의 버릇인 슬픈 유산이 되었다고 한다. 서당에서 장원을 한 자랑을 어머니에게 하자 만족하시며 자못 복박쳐 오르는 감격을 감추고 선생이 너를 부잣집 아들로 알았나보다는 억울한 말에 기가 죽었지만 어머니의 강인하고 객관적인 성품은 먼훗날 문단에서도 한잔 술이나 값싼 우정에 팔려 장원을 남발하는 폐해는 없는가라는 비판정신을 갖게 했다고 술회한다. 김동명의 냉소적이고 냉철한 비판정신과 적확하고 예리한 현실인식은 어머니의 성품과 기질을 그대로 닮았다.

어린 나이에 고향을 떠나 돌아오지 않았지만 시인의 고향에 대한 애착은 시문학의 원초이자 원형인 첫시집 『나의 거문고』에서도 드러난다. 이 시집은 즐거운 아츰(12편), 잔치(16편), 옛노래(15편), 외로울 때(20편), 麗島風景(12편), 異域風情(13편), 故鄕(20편), 冥想의 노래(12편), 나의 거문고(11편) 등 9장으로 구성된바 '외로울 때'와 더불어 '고향' 소재가 가장 많다는 점에서 늘 고향에 대한 그리움과 고독의 정서를 지니고 있었음을 알 수 있다. 시 〈고향〉에서는 1900년 당대 강릉지역과 시인의 집이 묘사되고 있다.

---

37) 김월정,「나의 아버지 초허 김동명」,『문예운동』제86호, 문예운동사, 2005, 29쪽.

마을 압헤는 百餘里 山골물을/모하 흘으는/시내가 잇고/시냇가에는 때때로 이상한 소리를 내이며/도라가는 물레방아가 잇습니다//마을 뒤에는/ 數百年 두고 자란 落落長松/바람이 지낼때면 우수수 소리내고/밤저녁 어떤때면 부흥새 와서 웁니다//南으로 十里는 鏡浦인데/東으로 十里는 시냇물을 따라가면 다다나지고/그리고 서울은 西으로 五百五十里/大關嶺을 넘어서 간답니다.   - 시 〈故鄕〉 전문

이 시가 수록된 시집 발간 연도가 1930년이고 1908년까지 살았던 강릉에의 기억으로 볼 때 백여년 전의 강릉집 풍경은 마을 앞에 시냇가가 흐르고 물레방아가 있으며 강릉의 상징인 오래된 소나무가 즐비하고, 바람소리, 새소리가 들리는 곳이다. 남쪽엔 경포가, 동쪽엔 시냇가가 있으며 서쪽 550리인 대관령 너머의 서울까지 시인은 상상한다. 대관령이라는 고개는 영동주민에게 '~너머의 세계'라는 독특한 사유를 예나 지금이나 갖게 했다. 대관령 저쪽은 영동주민들이 안고있는 내밀한 심리와 정서로 간직되며 꿈과 상상력을 고양시켰다. 바닷바람으로부터 보호하기 위해 심어놓은 500년이 된 강릉지역의 소나무와 영동과 영서를 가르는 경계로 기후와 풍토의 특성과 산신제, 국사성황제와 연관된 지역적 정신적 문화적 상징성을 갖는 대관령은 강릉 출신 작가에게 숲의 영감과 인내, 고통, 아픔, 한을 간직한 강릉사람들의 집단무의식[38]을 담고 있다.

8살에 고향을 떠난 김동명은 북에서 교육받고 직장생활을 하다가 월남했으나 고향으로 돌아오지 않고 서울에서 교수생활을 하다가 사망하였다. 따라서 8살 때까지 기억하는 고향은 자연친화적이고 가난하며 전근대적이고 신화적인 세계로 남아있다. 타지역보다 전통과 자연이 잘 보존되어 있는 강릉 로컬리티는 생태주의적이고 타자지향적이며 순박한 곳으로 김동명이라는 걸출한 한국근대시인을 배출하였다.

---

38) 이미림,「신봉승 시문학에 나타난 초당 표상과 고향 인식」,『해람인문』제44집, 강릉원주대 인문학연구소, 2017, 30쪽.

5. 강릉·문학관·지역작가

  김동명문학관이 설립되고 이곳에서 학술세미나와 시낭송 행사 등이 개최됨으로써 고전, 구비문학 전시물에 경사된 강릉문학의 균형을 갖게 했다. 강원지역의 성공한 대표 문학관인 김유정문학촌, 박경리문학공원, 이효석문학관에 비해 다소 늦은 출발이지만 1930년대 대표시인 김동명문학관도 강릉지역주민의 사랑과 열렬한 관심에 힘입어 자리를 잡아가고 있다. 지역작가 발굴작업에서 심연수와 함께 김동명 작가에 대한 관심은 그 업적과 문학적 가치에 비해 학술적으로 부족해 보인다. 예향, 문향의 고장에서 김동명문학관, 생가, 시비와 로컬리티의 관계양상은 문학과 관광, 산업, 문화콘텐츠 등이 조화를 이룰 때 그 의미가 배가될 것이다.

  김동명문학관 설립에 대한 제언과 전망을 말하자면, 첫째 전국적인 홍보가 미비하다는 점이다. 지역사회에서는 많은 문학마니아층이 형성되고 문인들이 많아 충분히 열기를 느끼지만 김유정, 박경리, 이효석문학관에 비해 외부손님이 부족하다는 문제를 해결해야 한다.

  둘째, 학술세미나 각종 행사시 지역주민은 많이 참여하지만 지역대학생, 대학원생이나 신진학자들의 참여나 참관이 부족하다. 이들의 관심을 유도하여 연구가 지속적으로 이루어져야 한다.

  셋째, 주변 문화시설과의 연계가 요구된다. 김동명문학관이 작가의 생가 위치에 세워지다 보니 강릉시내와 떨어져 있는바 이에 대한 해결방안이 요구된다. 천혜사연과 관광자원을 지닌 강릉지역과 김동명문학관과의 지리적인 접근을 통해 금병산 산행, 유인석/신숭겸 묘역, 애니메이션박물관, 인형극장, 소양강댐, 청평사와 연계하는 관광과 문학인프라를 구축한 김유정문학촌같이 김동명문학관도 강릉의 다양한 문화예술과 연계하는 관광상품을 개발해야 할 것이다.

  넷째, 위의 세 작가문학관이 소설가여서 작품 줄거리와 어우러진 스토리텔링 중심의 조형물과 기념물이 가능하고 볼거리, 먹을거리를 제공하는데 비해 시인의 경우 상대적으로 단순하고 평면적일 수밖에 없다. 따라서 다양한 문화콘텐츠 개발 노력과 인접예술과의 접목이 요구된다.

  다섯째 주민과 밀착되었다고 평가받는 박경리문학관의 토지학교, 청소년토지학교, 토지역사학교, 토지문화학교 등과 같은 프로그램을 운영하여 일회적 행사나 축제에 그치지 않고 일년 내내 강연 혹은 교육프로그램이 시행되어 지속적인 관심을 유도해야 한다.

여섯째 김동명 문학의 특징 중 하나가 화단, 정원, 뜰을 가꾸고 사랑하고 상처를 치유하는 토포필리아적 성향인바 자연친화적이고 생태주의적인 강원도민의 특성을 살리는 에코뮤지엄으로 조성하는 방안이다.

무엇보다도 문학관은 순수하게 문학을 사랑하는 입장에서 유지 보존 발굴되어야 하며, 로컬리티 문화를 상징하고 표상해야 한다. 지역주민뿐만 아니라 전국민이 김동명 문학세계에 관심과 사랑을 갖고 이를 통해 문향이미지가 고취되어야 한다. 그러나 공감과 공유, 교류를 바탕으로 한 지역경제 활성화와 문화콘텐츠 개발을 통한 관광상품화와 산업화도 더불어 발전할 때 로컬리즘 시대의 지역문학관의 역할과 가치는 충분하다고 할 것이다.

[참고문헌]

1. 단행본

강준만,『지방 식민지 독립선언』, 개마고원, 2015.

강원사회연구회 편,『강원문화의 이해』, 한울아카데미, 2005.

김동명학회,『김동명문학연구』제1집, 난설헌출판, 2014.

김동명학회,『김동명문학연구』제2집, 난설헌출판, 2015.

김진기 외,『문학관기행』, 박이정, 2017.

김풍기 외,『강원도 지역원형과 인문학적 각성』, 청운, 2014.

남기택,『강원영동지역문학의 정체와 전망』, 청운, 2013.

동국대 한국문화연구소 편,『근대한국의 문학지리학』, 동국대학교출판부, 2011.

박태일,『한국지역문학의 논리』, 청동거울, 2004.

부산대 한국민족문화연구소 편,『로컬리티, 인문학의 새로운 지평』, 혜안, 2009.

이현식,『성찰적 창조도시와 지역문화』, 글누림, 2012.

임재해,『지역문화 그 진단과 처방』, 지식산업사, 2002.

정주아,『서북문학과 로컬리티』, 소명출판, 2014.

조현성,『거점형 문학관 도입 및 활성화 방안』, 한국문화관광연구원, 2018.

나카무라 미노루, 함태영 역,『문학관을 생각한다』, 소명출판, 2019.

마루타 하지메, 박화리 외역,『'장소'론: 웹상의 리얼리즘과 지역의 로맨티시즘』, 심산, 2011.

알라이다 아스만, 변학수/채연숙 역,『기억의 공간』, 그린비, 2011.

존 앤더슨, 이영민/이종희 역,『문화・장소・흔적』, 한울아카데미, 2013.

한국문화기술연구소,『문학관과 문화산업』, 단국대학교출판부, 2007.

김동명문학회, http://cafe.daum.net/Kim-dong-myung

한국문학관협회, http://www.munhakwan.com

2. 논문

김종우/윤학로,「김유정문학촌과 이효석문학관의 운영과 전망」,『비교문학』제41권, 한국비교문학회, 2007.

김형수,「한국문학의 영원한 타자, 지역문학」,『인문학논총』제3권, 국립7대학 공동논문집 간행위원회, 2003.

남기택,「강원 영동 지역의 문학적 정체성 연구: 전형적 작가와 작품의 양상」,『현대문학이론연구』제45권, 현대문학이론학회, 2011.

남기택/권석순,「정치적 상상력과 지역문학: 강원영동남부지역을 중심으로」,『비평문학』제47호, 2013.

남상욱,「문학의 장소, 장소의 문학」,『일본문화연구』제69권, 동아시아일본학회, 2019.

남송우,「지역문학 연구의 현황과 과제: 충북 대구 경북 전북지역문학을 중심으로」,『국어국문학』제144호, 국어국문학회, 2006.

문재원,「지역문학관의 재현과 로컬리티」,『인문과학연구』제36권, 강원대 인문과학연구소, 2013.

박근희,「문학관운영방법론 교과목개발에 관한 연구」,『문화와융합』제2호, 한국문화융합학회, 2019.

박승희,「로컬리티 문화 표상과 지역문학관의 재구성」,『한민족어문학』제72권, 한민족어문학회, 2016.

서준섭,「지역문학과의 재현과 로컬리티-박경리문학관을 중심으로」,『인문과학연구』제36권, 강원대인문과학연구소, 2013.

송기섭,「장소성과 지역문학」,『비평문학』제72호, 한국비평문학회, 2019.

서재길,「프랑스문학관의 사례로 본 한국근대문학관의 방향」,『근대서지』제16호, 근대서지학회, 2017.

이명수,「로컬, 로컬리티 그리고 인문학적 공간-로컬리톨로지 도달에 관한 동양학적 전망」,『로컬리티 인문학』3, 부산대 한국민족문화연구소, 2010.

이미림,「생태주의와 다문화주의로 본 영동문학과 올림픽손님맞이」,『인문학보』제40집, 강릉원주대인문학연구소, 2015.

_____,「신봉승 시문학에 나타난 초당 표상과 고향 인식」,『해람인문』제44집, 강릉원주대인문학연구소, 2017.

_____,「윤후명 소설의 원형적 탐색: 전쟁과 호환 모티프를 중심으로」,『한중인문학연구』제59집, 한중인문학회, 2018.

_____,「이순원 여행소설 속의 타자화된 강원(영동)」,『우리문학연구』제42집, 우리문학회, 2014.

_____,「작가(시인)로서의 삶, 지식인(정치가)으로서의 삶」,『김동명문학연구』제2호, 김동명학회, 2015.

이영준,「문학과 관광의 만남: 영국의 스트랫포드 온 에이븐과 한국의 봉평」,『글로벌문화콘텐츠』제23호, 글로벌문화콘텐츠학회, 2016

조정민,「발견된 '지역'과 만들어진 '문학관', 그 이후를 사유하다」,『동북아문화연구』제27집, 동북아시아문화학회, 2011.

[Abstract]

A Study on Kim Dong-myeong Literary House and Locality

Lee Mi Rim(Gangneung Wonju University)

Opened in 2013, Kim Dong-myeong Literary House represents locality culture along with poetry monument and birthplace. Local literary houses contribute to the feelings of Gangneung that has produced various novelists, poets, and drama authors including the mother and son Shin Saim-dang and Yulgok, Kim Si-seop, the brother and sister Heo Gyun and Heo Nanseolheon, as well as Sim Yeon-su, Hwang Geum-chan, Yoon Hoo-myeong, Lee Soon-won, Seo Young-eun, Kim Hyung-gyeong, Kim Byeol-ah, Shin Bong-seung, and Kim Eun-sook. Kim Dong-myeong literature, which has been unnoticed even though he was a very important writer in Korean literature history in the 1930s, is being studied actively along with the establishment of the Literary House and the Society. This is the result supported by local people's affection and effort for literature in accordance with the characteristics of a cultural, artistic and humanistic city. Regional literary houses and writer memorial halls are being activated nationwide, and Park Kyungni House in Wonju, THE LITERARY VILLAGE OF KIM YOU JEONG in Chuncheon, and Lee Hyo-Seok Memorial Hall in Pyeongchang are recognized as successful literary houses known throughout the country.

Although it is somewhat late, Kim Dong-myeong Literary House should also revitalize the local economy and maintain a unique lifestyle that loves literature in their daily lives through the development of various programs, tourism industry and cultural contents linked to the region. Many events are held thanks to the efforts of local writers, Gangneung citizens and scholars, and the in-depth exploration of Kim Dong-myeong's literary research is conducted through academic seminars every year. In particular, Kim Dong-myeong's thesis presentation is significant in that it is continuously studied on a single topic. Kim Dong-myeong's poetic turn of mind, who stayed in Gangneung until eight years of age, results from his mother's influence and home consciousness. For the writer, hometown is a space that is remembered as a warm and cozy maternal grandmother, a cold and wise mother's lap and an old story. His poems and essay detail the scenes of his mother's family and birthplace. In the 1900s, Gangneung was a nature-friendly, destitute and mythological place that allowed young Kim Dong-myeong to develop an infinite imagination and a poetic turn of mind. The establishment of Kim Dong-myeong Literary House in Gangneung, which was centered on classical literature and folk culture, keeps a balance with modern Korean literature and has a meaning of locality landmark, serving as a library, museum, tourist facility as unique literary contents and programs are operating.

Key words: locality, Gangwon(Gangneung) identity, literary house, cokul, a sense of place, home consciousness, mother

제7차 학술대회

초허의 시적 특이성과 죽음의식의 연구 / 업창섭

김동명의 전쟁 체험과 시적 발화의 두 층위 / 장은영

초허작품의 고향과 가족에 대한 정서적 표출 / 장정룡

『나의 거문고』에 나타난 김동명의 시작법 고찰 / 이형우

고전 시학의 전통에서 바라본 김동명의 시 / 이홍식

김동명 시에 나타난 식물적 상상력 연구 / 심은섭

초허의 시적 특이성과 죽음의식의 연구
-시문학적 당위성과 정체성의 연계층위

엄창섭*

목 차

1. 서론 : 문제의 제기와 시대적 배경
2. 본론 : 천상의 층계 오르기와 경건한 종교성
   1) 시문학적 형사(形似)와 영혼불멸의 당위성
   2) 작품의 실제적 투사(透寫)와 구원의 상징성
3. 결론 : 문제인식의 동일성 양상과 해법

〈국문 초록〉

　모름지기 「초허의 시적 특이성과 죽음의식 연구-시문학적 당위성과 정체성의 연계층위」라는 주제의 심도 있는 논의를 위하여 '1. 문제의 제기와 시대적 배경, 2. 천상의 층계 오르기와 경건한 종교성, 3. 문제인식의 동일성 양상과 해법'을 각각 이론적 틀로 확정하고, 신학적으로 칼빈의 부활론을 기본골격으로 삼아 핵심 키워드로 확정한 점이다. 화자(persona)인 그 자신은 대학에서 신학을 전공한 지극히 학구적인 기독교의 구원관이며 핵심적 교리인 '십자가의 부활론'을 전적으로 수긍하고, 사회구조 악으로부터 영원한 안식인 구원을 전제한 뒤 부활신앙을 시문학 전반에 걸쳐 '그리스도 유일의 구원주의'를 전폭적으로 수용한 특이성

---

*김동명학회 학회장

은 유의미할 따름이다.

　비교적 초허는 존재감을 지닌 철저한 종교인으로 활동초기부터 일관되게 기독교의 부활론과 구원론을 긍정적으로 수용하고 존엄한 생명의식을 시적으로 형상화했다. 그 자신은 종교적으로 가정(home)을 '창조주(創造主)의 선물(present)'로 의식하고 '그분의 뜻을 실현하는 장소성(場所性) 또는 사랑성(loveliness)'으로 이해했다. 또 한편 독자의 기대감을 저버리지 않은 시문학의 현재성에서 죽음의 상징성에 관한 인식 또한 기독교의 사상에 일관되게 삶의 종말이 아닌 부활과 영생의 큰 틀로 확정한 점이다.

　어디까지나 전 방위적으로 그의 문학에 있어 '죽음의식의 정체성'을 구도적(構圖的)으로 '불멸(不滅), 성취, 흐름(變轉), 향수, 모성애'로 확장시켰으나, 죽음의 문제는 현실적으로 공동의 관심사이다. 이 같은 현상에서 대다수 한국기독교문인들과 신학자들에게 철저하게 배제된 초허의 '내면의식과 작품의 실재, 그리고 종교성'이 문화의 지역구심주의의 시간대에서 체계적으로 새롭게 검증될 핵심과제인 까닭에, '죽음에 관한 내면의식' 또한 소중한 즉물적 상관물임은 결단코 소홀하게 지나칠 수 없다.

　＊ 핵심어 : 부활신앙, 구원주의, 사랑성(loveliness), 종교성, 지역구심주의.

1. 서론 : 문제의 제기와 시대적 배경

　보편적으로 미적주권의 확립과 심층적이고도 다양한 논의를 위해 초허 김동명의 시적 이미지의 형상화에 관한 고찰은 당위성을 지닌다. 일단 논문의 서술방법은 '논리-합리적 방법'에 근거하고, 연구자의 선행연구와 초허의 문학작품을 전제로 하여 '전승비평(傳承批評)'에 주안점을 두었다. 연구논문의 서술절차는 은유비평의 관점에 비중을 두고 주제와 연계성을 지닌 일련의 작품을 분할·통합하였기에, 그간에 비중을 두고 연구자 또한 일관되게 고찰하였듯이 그 자신이 조국을 상실한 처지를 남국을 떠난 '파초'나 '수선화, 백합'같은 식물성 대상에 감정이입의 수법으로 동일화를 시도한 '상징·우의·의지·전원적인 시격'이 시각적 심상(心象)을 매개로 한 빛남은 새삼 유념할 바다.

　일단 주제의 논의에 있어 죽음(death)은 자연계에서 한 생명체가 다른 생명체에게 희생당하거나, 사고·질병·노화 등에 의한 삶의 종식이다. 기독교의 영혼불멸설은 신의 선함을 입증하는 '영생의 약속'을 뜻한다. 희랍의 호메로스는 『일리아드 오딧세이』에서 "오디세우스는 배를 타고 간다. 땅 밑에 있으나 서쪽으로 땅 가장자리를 둘러싸고 있는 오케아노스(宇宙의 江)를 건너 서있다. 왜 서쪽인가? 태양이 지는 곳, 어둠이 내리고 어둠의 세계는 사자의 세계다."라고 기술했듯 '죽음의 문제'는 인간에게 주어진 가장 중차대한 키워드에 해당한다. 근간에 손병희는 "김동리 시에 나타난 죽음의식 연구"에서 '김동리(金東里)의 언어화된 의식'의 근서에 잠재된 죽음의식이 문학적 동기임을 제기하고, 시자품의 관심 대상이며 의식의 인자(因子)로 결론지었다. 한편 인간은 죽음에 직면한 존재로 파악하고 김동리의 시에서 '죽음'의 형상화를 '죽음=한=한국의 서정'으로의 확증은 새로운 문제의 제기이다.

　각론하고 민족사적으로 암울한 일제강점기는 하나 같이 조국을 상실한 좌절의 시간대였다. 그 같은 혼동의 와중에서 주어진 삶을 강직한 집념과 신앙으로 버텨낸 초허는 일제강점기에 민족적 비애와 울분을 토로하며 시적 형상화로 치욕의 나날을 보냈다. 그 자신은 이 땅의 어느 시인보다 암울한 시대상황에서도 슬기롭게 대응하였으며, 뒷날 자유당의 부패와 군사독재정권에도 과감히 맞선 혁명가적인 정객(政客)으로서 지사적인 면모를 입증한 강한 자존감의 실체이다. 차지에 「초허 시문학의 특이성과 그 정체성 탐색」에서 비교적 황혼 또한 비가적(比價的) 질료로 하루의 단절이고 분리이며 골드만의 비극적 세계관과 일맥상통한다.

또 하나 비교적 초허는 존재감을 지닌 철저한 종교인으로 활동초기부터 일관성 있게 기독교의 부활론과 구원론을 긍정적으로 수용하고 존엄한 생명의식을 강렬하게 빚어냈다. 그 자신은 삶의 처소인 가정(home)을 '창조주(創造主)의 선물(present)'로 의식하고 '그분의 뜻을 실현하는 장소성(場所性)은 사랑성(loveliness)'으로 종교적 측면에서 접근한 놀라움이다. 한편 독자의 기대감을 저버리지 않은 시문학의 현재성에서 기독교의 사상에 일관되게 합일된 부활과 영생을 큰 틀로 이해하였기에, 초허의 문학전반에서 '죽음의식의 정체성'을 구도적(構圖的)으로 '불멸(不滅), 성취, 흐름(變轉), 향수, 모성애'로 확장시켰다.

까닭에 삶의 일상에서 극명하게 체득되는 '고독과 절망감, 그리고 불안 심리를 자극시켜 끝내 현실과 이상의 괴리, 물질문명과 신앙의 갈등, 죽음의시의 제(諸)문제가 최소한 정신작업의 종사자에 의한 자유의지의 발현으로 의미의 확장은 그 나름의 당위성을 지닌다. 초허 시편의 백미(白眉)로 결연한 의지가 날(刃) 푸르게 빛나는 대표시격인 〈수선화〉에서 "그대는 신의 창작집(創作集) 속에서/가장 아름답게 빛나는/불멸의 소곡(小曲)//또한 나의 작은 애인이니/아아, 내 사랑 수선화야!/나도 그대를 따라 저 눈길을 걸으리."에서 확증되어지듯 담백한 '불멸의 소곡'이야말로 시대적 역경과 환경을 뛰어넘어 감상적인 낭만성과 환상적인 시적 감응(感應)을 보다 재인시키는 생명감은, 신의 은총으로 화자(persona)인 그 자신이 철저하게 구원(救援)에 뿌리내린 감사의 신앙이고 그 징표임에 틀림없다.

이처럼 자기성찰은 브래드 멜처의 「카인의 징표」와도 연관성이 주어지기에, '부모와 자식 간 용서와 화해의 관계층위'로 그가 '인류의 희망'에 신념을 지니고 수긍한 점은 성서적 맥락에서 구축한 철저한 결과임에 틀림없다. 따라서 우리현대시문학사에서 민족의 구제(救濟)라는 정신적 큰 틀에서 시적 작위에 일관성을 지니되 인위적인 제도나 구속을 거부하고 독자적 행보에 의한 극명한 공적은 동시대의 문인에 견주어 한국기독교문학의 지평을 여는 역할을 응당 담당하고서도 평가와 업적의 미흡한 현재성은 반드시 입증될 정황이다.

그 같은 관점에서 「초허의 시적 특이성과 죽음의식 연구-시문학적 당위성과 정체성의 연계층위」라는 주제의 심층적 탐색을 위하여 '1. 문제의 제기와 시대적 배경, 2. 천상의 층계 오르기와 엄숙한 종교성, 3. 문제인식의 동일성 양상과 해법'을 각각 이론적 틀로 구분 짓고, 신학적으로 칼빈의 부활론을 기본골격 삼아 핵심 진리의 키워드로 확정한 점이다. 그 자신은 대학에서 신학을 전공한 학구적인 진지함으로 기독교의 구원관인 기독론적 구원 즉,

기독교 교리의 핵심인 '십자가의 부활론'을 중심축으로 수긍하고, 사회구조 악으로부터 영원한 안식인 구원을 전제한 뒤 부활신앙을 온전히 그의 시문학 전반에 접목시켜 특이하게 '그리스도 유일의 구원주의'를 폭넓고 다양하게 수용한 놀라움이다.

특히 암울한 역사의 격랑 기를 온몸으로 견뎌내며 이 땅의 어떤 인물보다 현존재(Dasein)로서 강인한 삶의 표상인 초허는 초 장르(beyond genre)적으로 시, 소설, 수필, 정치평론을 넘나들며 그 자신의 존재감을 확고히 지켜내면서 진정한 교육자, 종교인, 정객(政客)으로서의 다양한 입지를 구축하였다. 또 한편 사회정의를 올곧게 수행한 성숙한 민주시민의 초상이며 위대한 지성이기에, 다소 뒤늦은 감이 없지 않으나 이렇게 그 나름의 망설임 끝에 한 권의 문화비평서로 묶어 간행하는 정신작업이야말로 동시대 향리(鄕里)에 몸담고 있는 후학으로서 마땅히 감당할 시대적 소임이며 몫이다.

이 같은 정황에 근거하여 김병욱의 '지조(志操)'에 대한 지적을 주목할 때, '문학하는 이들의 숱한 변절 속에서도 김동명 시인은 지조 때문에 문학의 테두리를 벗어나 현실에 참여했고 이러한 논리의 연장 속에서 문학과 현실참여는 자연스런 귀결점(歸結點)에 도착했다.'는 지적은 이 같은 논리를 뒷받침해 주는 실제이다. 또 하나 견고한 성채(城砦)처럼 일제강점기의 다양성을 지닌 그의 첫 시집인 『나의 거문고』(京城:新生社, 1930.6.10.*한국근대시집 연도별 모음:55시집)에 수록된 일상의 서정성과 현실참여의 색채가 짙은 시편은, 그 자신이 처한 겨레와 조국의 운명을 외면할 수 없었음을 입증한 놀라운 정신적 결과물이다.

또 한편 초허는 1960년 4.19 혁명 직후에는 진리의 상아탑인 대학의 강단을 뛰쳐나와 적극적인 현실참여의 방편으로 비록 짧은 시간대였지만 참의원으로 활동하며, 참여문학의 대열에 몸을 던진 실천궁행과 의미심장한 삶의 잠언을 교시(敎示)하며 미래사회에 대한 비전을 제시한 정신적 인물로서의 역할분담은 그 존재의 빛남이다. 이 같은 관점에서 '일상의 개아(個我)와 절대자와의 합일, 그리고 죽음을 완전한 자유를 누리는 성취의 과정으로 인식하며 영원한 해방을 허락한 신의 은총(恩寵)'을 충직하게 수긍한 점은 지속적으로 수용할 핵심 키워드다.

따라서 역사의 격동기에 이 땅의 그 어느 시인보다도 평생을 구원의 상징인 십자가(十字架)를 축으로 윤무(輪舞)하며 영혼의 기도와 기탄자리(頌歌)로 창조주께 드리며, 민족이 겪는 좌절감을 오로지 기독교신앙에 의지하여 극복하는 한편, 민족과 조국을 위해 자신의 온전한 삶을 받친 철저한 종교 시인이었음은 지식배경(schema)으로 기억에 담아두어야 할 점이다.

여기서 초허 자신은 '사주팔자를 타고났다.'고 자인(自認)은 하였으나 자존심이 강한 모친의 기질을 닮아 풍운아로서의 삶을 영위하였음은 우연일수 없다. 그 같은 보편적 사례가 "영생중학 졸업 직후인 1921년에 동진소학교 교사로 취업하고 학생들 앞에서 1919년 독립만세 운동 지지발언으로 해직이 되었고, 또 서해안의 남포소학교에 어렵게 취업했으나 일본인을 양성하는 교육에 자주 불만을 토로했기에 시고(詩稿)만 들고 직장의 문을 나서는 불행을 겪었다. 뒷날 안주의 소학교에 취업하였으나 데뷔작인 '보들레르에게 바치는 헌시'〈당신이 만약 내게 문을 열어주면〉을 1923년 10월호『開闢』지 발표 직후 1년 만에 해직되는 수난을 겪었다."1)

각론하고 초허의 애상적이고도 담백한 시적 정조와 간결한 언어로 직조된 일련의 작품들이 현대시문학사를 다채롭게 장식하였지만, 또 그 자신의 문학수업에 관한 지론은 '우선 철학을 공부하고, 신학을 배우고, 여가 있는 대로 문학을 공부하는 것임'에 견주어 뒷날 장백일이「김동명 시의 서정성연구」에서 휠더린이 예수의 죽음과 더불어 신적인 빛을 상실했기에 이 지상에는 캄캄한 밤이 돌아왔다는 주장도 그렇지만, 하이데거가 신들의 모습을 감추어 버린 현대를 '세계의 밤(Weltnacht)의 시대'로 지칭하였다. 이 같은 맥락에서 몽테뉴가 "죽음에서 그 기이함을 없애버리자, 죽음을 자주 떠올리고 죽음에 익숙해지자 우리 모두 미래의 시신임을 인정하는 것이 죽음의 두려움과 대면하는 첫걸음임"을 주장한 반면, 일제강점기 민족과 조국 혼을 자신의 숨결로 자인한 초허는, 빼앗긴 민족의 얼과 언어의 빛을 회복할 기미가 보이지 않는 수난기에서도 끝내 자존감을 지켜냈다.

이 같은 상황에서 기질적으로 문단이라는 울타리 속에 처하기를 거부했던 초허의 처세는, '자유로운 바람의 영혼'이기를 자처하며 인위적 제도권에 의한 구속을 원치 않았기에 국외자(outsider)로서 비중 있게 다루어질 수 없었음"2)은 새삼 주지할 바다. 차지에 암울한 삶의 현장에서 그만의 담백한 정감의 몰입과 이미지 형상화는 유의미하고 위대한 창조적 예술행위로, "종교의 내적 세계를 眞善美로 窮極化해 놓고 주시하면, 그 경지는 바로 예술의 極致가 된다."3)는 조남기의 주장처럼 예술의 극치가 종교적 영역의 조우는 종교 시인들이 거처

---

1) 嚴昌燮, "韓國基督敎 詩文學의 諸樣相과 超虛의 正體性", (金東鳴學會, 『金東鳴文學研究』), vol 04. 17쪽.
2) 嚴昌燮, 『金東鳴, 바람의 肖像과 불멸의 詩魂』(모던포엠, 2019), 253쪽.
3) 趙南基, 『基督敎世界文學』(成光文學社, 1980), 197쪽.

할 현주소이다.

 그렇다. 그 자신의 미적주권의 확립을 심도 있게 검색하기 위해 시적 형상화와 산문 전반에서 일관성 있게 확인되는 그 나름의 독자적인 종교적 특이성은 분할·통합할 타당성을 지니기에 민족적 울분을 기독교적 신앙에 의지하여 정화시킨 예언자격인 고매한 품격의 소유자로서 우리현대시사에 거적을 남긴 뚜렷한 실체이다. 어디까지나 지극히 감상적(感傷的)인 시대적 상황에서 기독교적인 경건성(敬虔性)을 읊어냄으로 하여 '인간의 허무의식을 개척하기도 하였다. 따라서 그의 '시와 현실은 예술(藝術)과 괴리(乖離)된 이중구조(二重構造)가 아니라.'4) 퇴폐적인 까닭에, 일단 초허 시문학의 재평가 일환책으로 한국기독교시문학의 시작 배경과 시작품을 핵심과제로 삼고 모두의 공동관심사인 죽음의식을 분할·통합하는 작업은 그 의미와 비중이 실로 막중할 따름이다.

2. 본론 : 천상의 층계 오르기와 경건한 종교성

1) 시문학적 형사(形似)와 영혼불멸의 당위성

 모름지기 「초허의 시적 특이성과 죽음의식의 연구고(硏究考)-시문학적 합리성과 정체성의 연계층위(連繫層位)」라는 논고의 기술에 앞서, 21C 지식·정보화 사회에서 공통의 관심사인 죽음의 문제는 사유의 존재인 인간이 '단절과 고립'이라는 개념으로 수락될 때, 가공할 공포의식으로 수용되는 상황에 견주어 비교적 고대인들은 죽음을 친근감 있게 다루었기에, 장자(莊子) 또한 『내편』에서 '생과 사의 문제'를 자연의 질서 즉, 하나의 순환으로 인식하였다. 또 하나 엘리아데(M. Elide)는 그 자신의 저서 『종교형태론』에서 '生과 死를 하나의 반복적인 주기의 리듬으로 해명하고 죽음 그 자체를 '태초의 그 시간으로의 회귀로 받아들였으리라.'는 전제로 가정하고 원시종교의 수많은 제의의 실례를 통해 유추(類推)할 수 있기에, 버지니아 모리스는 그 자신의 저서 『죽음에 대해 떠든다고 죽지 않는다』에서 "언제 닥칠지 모르는 죽음이 가장 두렵고, 죽음을 기다리느라 늘 신경이 곤두 서있다."라고 서술하였음은 주지할 바다.

---

4) 嚴昌燮, "韓國基督敎 詩文學과 超虛"(「關東語文學」第二輯, 1982), 19쪽.

어디까지나 비록 문학외적인 대상으로 취급할 수 있으나 기독교사상과 불가분의 관계를 맺은 그 자신이 교육, 정치, 종교에 관심을 지니고 폭넓게 행동한 점은 간과치 말아야 한다. 필자의 주장처럼 대다수의 시인에게 견주어 '현실문제에 초점을 맞춰 시의 조명을 강하게 비추면 정서성이 파괴되고, 또 전통성을 중시하다보면 현실세계와 너무 먼 거리에 놓이는 결과를 낳기에 그에게 국한하여 삶의 본질적 문제를 시대상황에만 치중하여 그 범주를 제한한 탐구는 결코 바람직하지 아니하기'5)에 현재적 상황에 슬기롭게 대응했던 초허의 신앙과 인간됨을 새로운 관점에서 검증하여 계승하는 정신작업이야말로 그 의미망의 확장은 지대하다.

특히 자연이법의 순리란, 혹한의 계절을 지나치면 생명의 봄이 오듯이 초허 역시 수난의 시간대에 몸담으면서 조국광복의 신념을 저버리지 않았기에 격랑의 한 생애를 통하여 자신의 강한 의지를 예술의 불꽃으로 발화시켰다. "시란 가치와 형성이고, 그뿐 아니라 그것은 좁은 개성의 울타리를 넘어서 한 시대의 보편적 문화에 늘 다리를 걸쳐 놓고 있는 것"6)이라는 김기림의 지적처럼 현실에 몸담으며 비교적 초허는 이미지를 중시하는 입장에서 시적 행위로 일관하였다. 다소 회화적인 이미지와 기독교적 경건성을 맑은 영혼의 울림으로 철저하게 수용하며 조화롭게 절충한 그 자신은 "엄숙한 宗敎美와 忍從의 美가 그의 시의 특수한 흐름이 되고 있다."7)는 지적처럼 감정의 절제가 없어 시인의 의지를 나약하게 만드는 병폐성 즉, 자기도취, 자기흥분에 기인한 탓에 '다소 여성적이고 부드러운 정조로 가곡으로 불러지는 결과를 가져와 詩想의 깊이가 없다.'는 김구용의 지적도 그렇지만 초허는 강한 신앙심에 의지하여 허무의식을 극복하는 일관성을 지속하였다.

모름지기 문학에서 현실성을 배제할 수 없기에, 순수성에서 "예술은 엄격히 자기를 통제할 때 비로소 존속한다."8) 그 같은 연고로 고매한 품격과 자아의 추구가 예술의 본질이지만, 가끔은 역사성을 거부한 자기만의 집착은 현실도피이거나 시적 상상력의 확장과 무관한 환상이 여백의 틈새일 수 있다. 이 같은 상황에서 기질적으로 문단이라는 울타리 속에 처하기를 거부했던 초허는, 한 때나마 동인중심으로 기록되고 평가받는 문단풍토에서 '자유로운

---

5) 嚴昌燮·曺樂鉉, "金東鳴의 詩硏究"(關東大學 論文集 第十一輯, 1981), 1-2쪽.
6) 金起林, 『우리 新文學과 近代意識』(白楊堂, 1947), 90쪽.
7) 姜凡牛, 『文學叢林』(以文堂, 1976), 20쪽.
8) 金允植, 『韓國近代文學思想』(瑞文堂, 1976), 20쪽.

바람의 영혼'이기를 자처하며 인위적 제도권에 의한 구속을 원치 않았기에 안타깝게도 국외자(outsider)로서 비중 있게 다루어질 수 없었다. 비록 아쉬움이 남지만 한국현대시문학사에 있어 일제강점기와 독재정권에 저항한 민족시인, 인간적 울분과 좌절감을 기독교 신앙에 의지하여 정화시킨 날(刃) 푸른 존재감을 지닌 당당한 시인으로서 그 업적에 걸맞은 다각적이고도 심층적 논의는 응당 수행되어야할 시대적인 과제이다.

무릇 한편의 시는 단순한 정감의 처리가 아니라 언어로 된 예술임을 깊이 인식한 초허는 엄숙한 종교와 인종미(忍從美)를 자신의 시적 흐름으로 다양하게 수용하였다. 모든 종교시는 종교적 사상이나 정서가 시적 변용통로를 걸쳐 예술로 승화되어야 함을 그 자신은 깊이 절감하고, 성서(聖書)에 대한 깊은 이해와 지대한 관심으로 시의 예술성을 종교적 영역까지 끌어올리는 작업에 일관하였다. 그 같은 연유로 1923년 『開闢』(12월호)에 발표한 〈祈願〉이나 1926년 『朝鮮文壇』(4월호)에 수록된 산문시 〈餞別〉은 기독교의 색채가 한층 농후하다. 또 여기서 "나도 마리아와 같이 향유를 장만해 가지고 그리고 그 땅으로 돌아가야겠습니다."의 시행은 신약(요한12:3)의 구체적 인용으로 조국에 대한 깊은 애정을 주 앞에 순종하는 마리아의 믿음으로 형상화한 선명한 예증이다.

이 같은 관점에서 초허의 시적 경향이나 생사관은 철저히 기독교적이며 그 양상은 이채롭다. 또 보다 구체적인 현재성에 있어 "神靈한 기운 그윽하게 떠도는 아침 大地 위에/나는 정성스러히 무릎을 꿇다.(아침 禮拜, P.3)"나 또는 "지행 없는 마음이/또다시 主를 생각하니(「고요한 기도」의 노래-東京自由學院 聖歌隊의 合唱을 듣고, p. 91), "萬年前부터 이宇宙를 지으신 이의 攝理 속에(因緣, P.101, 창1:1)"의 보기나 "고요히 울려오는 「미사」종소리에/아침마다 아침마다 꿇어 엎드려/멀리 祖國을 생각하는 오 외로운 마음이여/...줄임.../聖像 앞에 合掌하고 머리 숙이니(벗을 생각함, p.117)", "주님의 영원한 보금자리를 봅니다.../나는 여기에서/주님의 영원한 자장노래를 듣습니다./...나는 여기에서/주님의 거룩한 뜻을 봅니다.(바다에서, PP.147-148)"의 시적정조는 종교적 색채가 강한 편이다.

한편 전문을 인용하지 않더라도 시 전편이 지극히 성서에 근거하여 예수의 탄생에 접목된 '베들레헴, 동방박사, 하늘엔 영광, 땅에는 평화' 등의 〈크리스마스 頌歌〉(pp.150-151)도 그렇지만, 만해의 〈나룻배와 행인〉을 연상케 하는 그의 시편 중에서 "내가 당신 앞에 나아가서 「님이여 나로 하여금 한평생 당신을 섬기는 종이 되기를 허락하소서.」하고 말할 때에,

당신의 반기는 얼굴을 바라볼 수 있으리라고, 나로 하여금 믿게 하소서...(愛慕, pp.154-155)"에서 '한평생 당신을 섬기는 종이 되기를 허락하소서.'라는 그 자신의 간절한 신념과 순교자적 의지의 표명은 앞서 발표한 망국의 울분을 토로했던 그의 강인한 민족의식이 투사된 〈종으로 마다시면〉과 같은 동일화 양상(樣相)의 역설(paradox)이다.

이와 같이 "마리아와 같이 나도 香油를 장만해 가지고 그리운 그 땅으로 돌아가야 하겠습니다. 그이를 찾아 만나면 나는 내 香油를 기울여 그이의 발을 적시겠습니다. 아아 날이 저뭅니다. 그러면 그대여 제발 나를 떠나주세요.(餞別, pp.156-157, 막 14:3~9)"도 그렇지만 구속과 절망이 없는 거룩한 천상(天上)을 향한 간절한 기대감과 소망은 '사물에 대한 완전한 인식, 하나님의 형상인 소피아(sophia)' 곧 자유의지로 해석된다. 이처럼 그 자신의 비애가 인간의 고뇌에서 비롯된 것보다 본질적으로 겨레와 조국에 바치는 신념, 전쟁과 독재에 대한 증오, 자유와 평화에 대한 갈망은 끝내 인간의 영혼을 구원하는 기독교의 종교관에 전념한 탓이다. 차지에 현실적으로 초허 자신이 공감각적인 기법보다 정서적 면을 중시하되 명상적이고 사변성이 강한 시를 즐겨 쓰려는 의중 또한 '사람, 사물, 心象에 관한 시적 질료'를 통한 시편의 다양성은 쉽게 파악될 것이나, 초허(超虛)라는 그 아호와는 달리 강직한 품성의 소유자로 현실참여에 적극적이었다.

특히 1947년 4월 단신으로 월남한 이후 이화여대 교수로 재직하였으나 정객으로의 기질을 발휘해 조선민주당정치부장 및 민주국민당문화부장 등의 경력을 통해 충분히 입증될 것이다. 비교적 19세기의 철학자와 역사가들이 사료자체에 숨은 편견과 그것을 보는 주관성은 실질적으로 삶의 종말을 예감케 하는 자연현상에 있어 '황혼(黃昏)'의 이미지와도 동질성을 지니기에 마침내 '일몰(日沒)'이 하향성의 소멸의식과 결부된 정황은 주목할 점이다. 그의 시편에서 이 같은 비극적인 상황의 충동은 "이윽고 황혼을 가로질러 날아오는 검은 새 한 마리/나는 부산히 손수건을 흔들어 그리운 이들에게 결별을 고한다.(새벽)"의 보기나 또는 "땅에 떨어져도, 밟히어도 오히려 아끼는 이 없으니,/아아, 여인이여,/너는 드디어 자랑을 잃고 운명의 황혼을 울고 섰구나.(만가)"에서도 상이하게 입증되고 있다. 따라서 그 자신이 삶의 통로를 낯익은 본향에 닻을 내리는 '천상의 층계 오르기'라는 비유적 기법의 처리로 삶의 존재감과 내면의식은 시적 상상력에 의해 새삼 빛난다.

또 하나 일제강점기의 그 암담한 시간대에서도 자신의 시편에 빈도수 잦게 '황혼(黃昏)'을 긍정적인 시적 매개(媒介)로 활용하여, '생동감과 낭만적인 전원에 연계된 안식처, 희망, 동반자로서의 이미지에 포커스를 맞춘 점'은 끝내 역동성이다. "이 몸이 만일 죽는다면/원컨데 황혼의 고요한 품속에 안겨서/그리하여 내 최후의 숨 한 토막을/황혼의 미풍에 부치고 싶으다.(황혼)"의 보기도 그렇지만 "무슨 까닭이냐구요? 하하하. 그러면 그대는 황혼과 함께 영원히 내것이 된답니다 그려.(황혼의 속삭임)"에서 입증되고 있다. 이처럼 인간의 존엄한 삶의 시간대에 '황혼기'가 주어짐에 아름답고 신비적이며 황홀한 속성으로 무한의 영원성을 내포하거나 사랑이 성숙된 조화로움에 의한 동반자로서의 동일화 양상이 수락되는 통과제의는 깊은 사유의 통로를 걸쳐 빛의 장소성에 진입하는 추이로 가늠된다.

어디까지나 경험론의 주창자인 영국의 프란시스 베이컨은 17세기에 인간의 4대 우상인 '편견'에 관해 우려를 제기하였다. 인간의 본성 자체인 감각기관과 정신 속에 내재된 종족 우상은 초허의 〈내 마음은 호수요〉에서 그 의미가 확증된다. 이처럼 그의 대표시격인 〈내 마음은〉은 청순가련형의 여성심리로 작동되거나 상대적으로 '흰 그림자, 비단 옷자락, 피리, 뜰'에서 의미상징을 통해 유추되어진다. 보편적으로 여성은 어머니 또는 아내의 상징이듯이 "세상에 여자를 있게 해 주신 신의 은총이 한량없이 가슴 벅차고 감격스럽다. 여자를 창조하신 하나님의 은혜에 감사하는 것이 어느새 버릇으로 되었다."는 자기변명의 합리화로 확인된다.

작근에 이르러 종종 사순절에 즐겨 들려지는 가곡은 김동진 작곡의 〈내 마음은〉이다. 이 시편을 종교적 맥락에서 접근할 때 '사랑하는 사람을 위하여 호수가 되어 그대의 배가 저어 오도록 준비하고 자신은 그 뱃전에 부서질 것이다. 촛불이 되어 고요히 최후의 한 방울도 남김없이 다 타오르겠다.'는 철저한 자기희생, 그리스도를 위한 헌신적인 사랑의 추이(推移)다. 이처럼 그의 시적 골격은 '삶이란 한낱 환상과 가식에 지나지 않으며 죽음 속에서 또 다른 생명이 비롯된다.'는 기독교적 부활론과 일관되게 접목되는 사실성이다. 이 같은 현상은 "또한 그리고 그리다가 죽는/죽었다가 다시 살아 또다시 죽는/가여운 넋은 아닐까(水仙花)"에서 입증되듯이, 일제강점기의 유일한 탈출구로 문학의 길을 운명적으로 선택하였기에 초허에게 본질적 고독은, 젊은 날 그의 문하생인 안수길의 지적처럼 '남달리 조국과 민족을 사랑한 열정의 발로'였다.

까닭에 〈水仙花〉는 단순한 연애감상이나 민족의 정한을 읊은 서정시가 아닌 지고한 정신적 차원에서 민족과 조국 혼을 시적 대상으로 한 절규로, '죽었다가 다시 살아나는' 기독교 부활론과의 연계층위다. 또 하나 그 자신이 몸담았던 동시대의 시대정황은 공습경보 아래서 현실 도피적 행태를 취한 시간대였다. 청산학원 신학과, 일본대학 철학과에서 수학하면서도, 창씨개명과 일어창작을 거부한 그의 시 의식은 새롭게 논의될 타당성의 여지가 주어진다. 이 땅의 대다수 문인들이 '친일을 택하여 황국신민을 자처하거나 현실도피의 방안으로서 정당화 될 수 없는 현실적 상황에서도 망국의 울분을 토로했던 투철하고 강직한 민족의식은 〈파초 해제〉, 〈종으로 마다시면〉, 〈斷章〉 등을 통해 그 의미망이 확대된다.

차지에 종교적 재생의 한 과정으로서 우리의 문학에서 죽음에의 유혹으로 표현되는 물은, 상상력의 원천이나 시적 상상력을 통한 다양한 이미지의 확장이다. 초허의 시편에서 변형의 표징인 물의 이미지는 힘의 집합으로 교감의 공간이거나 시간의 매체이다. 그의 시편 〈黃昏의 속삭임〉에서도 생동감과 낭만적인 전원의 시적 정조가 감지되듯이, 황혼의 에로틱한 낭만성은 사랑의 비극적인 이별로 종결된다. 그는 1923년 3월에 도일하여 일본의 청산학원 신학과에 입학하여 1928년 졸업했으나 바람처럼 영혼의 자유로움을 소망한 까닭에 성직자의 길을 고집하지 않았다. 그 자신은 삶의 개념을 '환상과 가식(假飾)'에 지나지 않으며 죽음 속의 진정한 생명을 추구한 연유로, 시적 세계를 인위적 세계로 의식하였다.

따라서 피가 뜨겁던 젊은 시절 보들레르와 타고르의 시에 몰입하였고, 죽음을 '영원한 해방을 허락한 하나님의 은총이라.'는 가르침이 단순한 종교적인 교리이기에 앞서 그에게 철저한 집념이고 확고한 신앙이다. 이처럼 죽음의식의 발전과정을, 낡은 의상을 벗고 새 옷을 갈아입는 생성과정으로 의식하고 "사람의 곤비(困憊)한 혼(魂) 안고 있는/백골(白骨)은 또 다시 눈을 뜨다.(나는 보고 섯노라)"라고 읊어냈다. 한편 그 자신은 죽음의 문제를 몰트만(J. Moltman)의 "선하고 의로운 하나님을 변호(이를 神正論(Theocracy)=하나님을 변명함이라고 한다)하고, 고난의 문제를 풀기 위한 필수적인 질문이다."9)라는 '하나님의 정의로우심에 심각한 신정론'에 의문을 제기했다. 이 점에 있어 죽음을 영원한 삶의 전이(轉移)를 의미하는 탄생의 시점으로 이해하였기에, '죽음의 위상'에 대한 초허의 시편(199편,『내 마음은』수록)의 전체적 흐름은 편의상 5개 항목으로 분할되어진다.

그 첫째는 '不滅'로 입증되어지듯 죽음을 못내 민족의 정한과 민족혼으로 과 결부시킨 점

---

9) 이신건, 『조직신학입문』, (한국신학연구소, 1993), 70쪽.

이다. 28편의 시편으로 〈水仙花〉, 〈종으로 마다시면〉, 〈斷章〉, 〈避難民·1〉, 〈三八線〉, 〈獄中記·2〉, 〈旅行記〉 등이 둘째는 순리를 거역하지 않는 자연적 발상으로서 죽음이라는 과정을 통한 '成就'의 과정으로, 죽음 앞에 드려지는 엄숙하고 아름다운 찬미로 인간과 죽음의 융화, 결합, 그리고 인간정신의 위대한 빛남이다. 해당되는 시편으로는 〈옛 이야기〉, 〈죽음〉, 〈새벽〉, 〈幕間〉, 〈彌阿里를 지나면서〉, 〈一九三六年을 보내면서〉 등이다. 셋째 죽음을 한없는 어둠과 단절, 또 절망과 고통에서 비롯되는 공포로 국한하지 아니하고, 기독교의 십자가가 개별적 자아의 지상(地上)과 천국 사이의 가교로 인식하여 죽음을 본원적인 '흐름(變轉)'의 통로로 수긍했다. 이와 관계된 시편은 〈彌阿里를 지나면서〉, 〈하늘·1〉, 〈밤〉, 〈내 마음은〉, 〈食卓〉, 〈誘引〉, 〈賓客을 맞는 밤〉 등이다.

또 넷째는 떠남의 미학을 수용한 그의 시가 독자의 사랑을 받는 비결에 해당하는 것이 신묘(神妙)이듯이, 그 자신은 삶의 정체성을 바람에 흩날리는 꽃잎이거나 낙엽처럼 이 지상에 잠시 정체하는 대상임을 피력하면서, 죽음의 위상을 '향수와 모성애'라는 이중구조로 제시하고 있다. 현재와 과거를 동시에 넘나들고 어울려 닫힌 마음을 열게 하는 본향에 대한 그리움과 같은 '鄕愁'로 인식하였고, 또 이와 관계된 시편은 〈避難民·3〉, 〈밤〉, 〈六臣墓〉, 〈꿈에〉, 〈弔 天命女士〉, 〈哀詞〉 등이다. 그리고 다섯째는 삶과 죽음의 틈새에서 화해의 통로를 구축하는 숭고한 '母性愛'는 증오와 불화를 친근 관계로 회복시켜주는 명백한 인자(因子)로 이해하고 있다는 사실로, 그에 잇닿은 시편은 〈黃昏〉, 〈六臣墓〉, 〈밤〉, 〈꿈에〉, 〈弔 天命女士〉, 〈哀詞〉 등의 시편과 연관성을 지닌다.

2) 작품의 실제적 투사(透寫)와 구원의 상징성

무엇보다 대다수 그리스도인에게 있어 창조주 '하나님(Jehovah)'은 생명의 유일한 주관자로 온전하고도 새로운 세계, 곧 천국을 다스리는 절대자이며, 가장 큰 축복의 은총은 '죽음이 그 분의 뜻에 의해 완성된다는 사실'[10]이다. "내가 진실로 네게 이르노니 오늘 네가 나와 함께 낙원에 있으리라 하시느니라.(눅 23:43)"의 증언처럼 하나님은 사망의 다른 편에 영생의 처소를 예비하였다. 펠리칸은 『죽음의 형태(The Shape Death)』에서 영혼을 '불멸

---

[10] 嚴昌燮, "타고르의 詩文學과 죽음의 位相"(關大論文集 第12輯, 1984), 33쪽.

성의 원'으로 제시하고 있으나 기독교의 복음서에서 죽음은 '죽을 운명(Mortalitas)'으로 해석되며, 인간의 최후 운명인 죽음은 유한적 피조물의 변화와 가능성, 영원한 포물선으로 풀이되어진다. 아울러 정치평론의 지평을 열며 정객(政客)으로 변신한 그 자신이 정치를 '또 다른 시'로 인식한 것은 "강릉군수가 되라."는 모친의 유언과 망국의 한(恨)에 절여져 살아온 또 다른 열정의 발현의 징표에 해당한다. 그 자신은 유학시절부터 정치의 뜻을 품었기에 '정치는 제2의 시'라고 주장도 그렇지만 정치평론집 『나는 證言한다』의 후기 「시와 정치, 그리고 현실」을 통해 입증되는 편이다.

　이처럼 '계속 펜을 들고 살아갈 것인가, 아니면 칼을 들 것인가'를 수 없이 고뇌한 흔적의 역력함이 확인되기에, 초허 또한 민족정신을 예술적 차원으로 끌어올린 만해처럼 민족이 겪은 불행을 종교적 신앙으로 극기한 시인임을 역설하지 않더라도, 기독교문학사에서 배제되고 소외된 현실은 보완되어야 한다. 그 같은 점은 그의 내면의식에 일관되게 깔려 있는 '구원의 확증과 저항의 시편, 그리고 논리적 산문들은 그 본말'이 심층적으로 검증해야 할 타당성이 주어지기 때문이다. 시편 〈종으로도 마다시면〉, 〈斷章〉에서 내재된 치열한 민족애가 불멸의 시혼으로 불타오르듯, 최소한 시인의 시대적 역할수행에 일체의 주저함 없이 '피리를 불어주어야 할 시간대'이다. 또 하나 자명한 것은 그에게 자연의 실체는 강탈당한 조국의 산하이며 삶의 이상향이다. 시선집 『내 마음은』을 통해 '생명의 원천으로 變轉의 속성인 물의 상징성'은 바다(海)와 같은 '생명의 本源이며 母性'으로 풀이되고 있다. 우리역사의 와중에서 이 땅의 어느 시인보다 신학을 체계적으로 학습한 전공자답게 종교성을 적절하게 접목하여 발전시켜온 초허는, 1920~30년대의 기독교의 특이성을 구체적으로 펼쳐낸 자존감을 지닌 문사이지만, 그의 현주소는 대다수 기독교문들로부터 문학적 공과마저 소외된 점은 보완되어야 한다.

　　十字架를 등에 지고 刑場으로 향하시는/스승의 외로운 그림자를 따르는 애끊는
　두 마음이여!/水晶같이 맑은 눈에 방울지는 눈물이라. 앞을 가려 어이가노./여기는
　「골고다」스승의 거룩하신 몸 形틀 뒤에 높이 달리시니/

　　　　　　　　　　　　　　　　　　　　　　　　　　　　　－〈受難〉에서

한국전쟁(The Korea War) 이후 현실적으로 지구상의 유일한 분단국가로 분단의 아픔을 절실하게 체감하면서도 민족적으로 겪은 수난은, 마치 '예수께서 십자가를 짊어지고 골고다 산상을 오르던 참담한 고통'과 동일선상에 있다. 비록 조국광복의 감격은 신선한 충격이었지만 일제강점기 강탈당한 자유와 진정한 평화를 되찾으려고 운명적으로 감내해야했던 민족적 치욕과 절망감속에서도 현실극복의 의지가 강하게 투사된 그의 시문학에는 다양한 특이성이 응축되어 있음은 유념할 바다. 차지에 "네 이웃을 네 자신과 같이 사랑하라.(막 12:31)"는 가르침은 기독교 신학의 핵심적 키워드인 까닭에 '초허가 인간적인 갈등과 대립을 종교적으로 조화롭게 풀어가고 합일시켰는가?'라는 문제의식은 주목할 타당성을 지닌다. 이 같은 사랑의 일상화는 '타자의 고통에 응답하는 행위'로 종교적 몫이며 문학이 담당할 요인이다. 앞서 그 자신은 신학과 철학을 전공한 지식인으로서 문학의 장르를 전폭적으로 갈마들며 특이한 위치에 처한 문인임은 무론하고 인간성 회복에 충실한 박애주의자로서 인간적 면모(面貌)를 지닌 진정한 휴머니스트였다.

이와 같이 강직한 품격과 지조의 소유자인 초허는 일관성을 지니고 일제강점기의 치욕을 몸소 이겨내며 민족혼을 최후까지 우리글로 지켜내기 위하여 오로지 순수서정성에 시혼을 불사른 행위는 더없이 눈물겹다. 그의 시편에서 "아아, 幸福스런 꽃이여!/「그리스도」도/하마터면 너 때문에/詩人이 될뻔 하셨다.(白合花)"(아가서 2:1)를 포함하여 "아아, 당신은 골고다에서 붉은 핏방울을 보지 안었나이까"의 〈祈願〉은 '신에게 드리는 송가(Gitanjali)'이지만, 구약(舊約) 「창세기」의 '천지창조(창 1:16)→노아의 홍수(창 6:17)=소돔과 고모라의 심판(창 19:24-25)', 그리고 신약(新約)에서 '예수의 십자가 처형(요 19:17-34)→구원의 완성'을 시적으로 도식화한 작업은 못내 충격적이다.

또 하나 〈哀詞〉, 〈瞑想의 노래〉, 〈聖母 마리아의 肖像畵 앞에서〉 등은 뒷날 『동아일보』에 독재정권의 부당성을 강권적으로 제기한 논설을 묶어 간행한 정치평론집 『나는 證言한다』에서, 정권의 부당함에 항거하며 예리한 필봉으로 대처한 그의 지사적 행적이 신앙과 합일되어 있음은 내면의식의 특이성 고찰에서 확인되고 있다. 이처럼 '호수와 파초의 시인'으로 일컬어지는 그의 시편에서 '물의 이미지'는 그리움의 정조에 기인한 시적 대상과의 합일을 지향하는 열망으로도 해석되지만 그의 산문을 통시적으로 고찰하면 기독교적 경향은 무척 비중이 크다. 일단 민족정신을 예술적 차원으로 승화시킨 그 자신은 격동의 시대상황에서 기독교 신앙에 의지해 불안의식을 맑은 영혼으로 정화시킨 철저한 종교 시인이지만, 기독교계에서 일체 논의되지 않은 현재성은 차치하고, 선행연구의 시각에서라도 산문전반에 걸친 분할검증은 지속적으로 모색되어야 한다.

이처럼 그가 처했던 시간대에, 어느 목회자나 신학자보다 강한 어조와 체계적인 이론의 제시로 서술한 결과는 현상학적으로 그 의의가 지대하다. 여기서 구체적 예시로 〈孤獨〉의 보기처럼 "무릇 인간으로서는 신을 떠나서 살 수 없는 것도 그 자신이 타고난 운명이다. 고독은 본질적으로 神을 찾고 神을 그리워하는 인간의 본원적인 욕구와 통한다."도 그렇지만 그 자신의 격정적 물음인 "「여호와」도 일찍이 소돔과 고모라성에 유황불을 나리시지 않았든가?(술 노래 解題, 창세 19:24)"의 강한 의지의 피력이나 〈三樂論〉에서 "아담 창조(창세 2:22)의 실제성이나 가버나움에서 포도주를 만든 기적(눅 2:7-10), 또 十誡命에 관한 기사(창세 20:3-17)" 등이 다양하게 수용된 사실성이다.

비교적 초허는 신약(信約)의 '4복음서(마태, 마가, 누가 요한복음)' 중에서 "하나님의 膳物로 약속된 王國[11]"을 예언한 「마태복음」을 깊이 있게 묵상하고 신학적 이론을 체계적으로 풀어나갔다. 또 수필에서는 주로 '바벨塔, 나사렛, 요단江, 요한, 牧師, 예배당, 강단, 이스터의 季節' 등 신학적 용어나 종교적 색조를 거침없이 적용하였고, 설교투의 가르침이나 어법의 특이성은 신의 은총에 잇닿은 역동성으로 가늠했다. 초기시편부터 존재감을 지니고 철저하게 기독교의 부활론과 구원론을 각각 긍정적으로 수용하고 존엄한 생명의식을 강렬하게 빚어냈다. 한편 〈世代의 揷話〉에서 "「베드로」도 닭 울기 전에 세 번 모른다하지 않았나? 그리고 悲劇은, 銀三十量에 스승을 팔던 「가롯 유다」는 어느 世代에나 우굴 거리고 있다는 사실일세."의 보기도 그 같은 경우다.

모름지기 인간성장의 요인을 '분위기 창조'라는 개념으로 파악할 때, 종교적으로 가정(home)은 창조주(創造主)의 선물(present)인 까닭에 '그분의 뜻을 실현하는 장소성(場所性) 또는 사랑성(loveliness)'으로 초허 자신이 놀랍게 인식한 사실이다. 이처럼 가정을 혈연에 의한 인간관계성을 중심으로 한 처소임을 종교적 신앙으로 수용한 초허가 〈세상에서 으뜸가는 幸福〉에서 "家庭은 어떤 女性에게나 도야지 앞에 던져지는 眞珠가 아니기를(마 7:6)" 일관성 있게 피력(披瀝)하며 자신의 집념을 이론적으로 서술한 점은 그 의도가 지극히 이채롭다.

---

11) 강병도 역, 『톰슨 聖經』(기독지혜사, 1984), 1364쪽.

어디까지나 천성적으로 "유별나게 矜持와 自尊心이 강한 모친"12)의 영향을 받은 초허가 김용호에게 답한 "민주주의를 수호하고 독재악의 퇴치를 생애의 남은 과업으로 생각한다.(恥辱의 辯)"에서도 입증되지만, 대다수 문학양식에서 기독교의 부활을 축으로 생명외경심을 긍정적으로 수용하고 있음은 유념할 바다. 따라서 1948년 5월부터 1960년 6월까지 미션학원인 이화여자대학의 교수로 재직한 정황도 그렇지만 서호진에 거처할 무렵도 매월 1회 꼴로 교회에서 설교를 담당했으며 파사현정(破邪顯正)의 필봉을 휘두르며 역사의 증인으로 치열하게 살아온 행적을 감안할 때, 자유분방한 종교 시인으로 응당 평가해도 지나치지 아니하다.

그 같은 점은 1947년 4월, 일본 아오야마(青山) 신학부를 졸업한 함북 경흥출신인 김재준 목사의 사택에 기거하며 한국신학대학 교수로 재직한 이 시기의 시편인 "아아, 幸福스런 꽃이여!/「그리스도」도/하마터면 너 때문에/詩人이 될뻔 하셨다.(白合花)"를 포함해 〈기원〉, 〈수난〉, 〈애사〉, 〈명상의 노래〉, 〈聖母 마리아의 肖像畵 앞에서〉 등에서도 심적 공허함을 철저한 기독교적 믿음으로 극복한 끝에 〈彌阿里를 지나면서〉에서 확인되는 '육체적 생명은 일시적이어서 꽃잎처럼 바람에 날리는 대상임'을 대비시키며 오직 영원한 구속의 대상은 '주의 말씀(벧전 1:24~25)'뿐이라는 간증은 신앙이 표출된 명료성이다.

특히 『東亞日報』에 독제정권의 부당성을 강도 높게 제기한 사설을 묶어 간행한 정치평론집 『나는 證言한다』에서 정권의 부당함에 예리한 필봉으로 대처하였던 그의 지사적 행적이 기독신앙과 접목되었음은 주지할 바다. 한국현대사에 다양한 족적을 남긴 그의 문학관은 명상적·사색적 태도로서 수사적 기교와 회화적 기법으로 즉물적 헝싱을 시적 형상화로 이행하였음은 무론하고, 일제강점기의 혹독한 시간대에 최후까지 우리글로 서정시를 발표한 저항 시인으로서 민족적 비애를 절창하며 교육계에 투신하였고, 공산치하의 압정(壓政)에 저항한 끝에 단신의 월남(越南) 사건은 결코 간과치 말아야 할 시대적 정황이다. 아울러 종교 시인으로서 작품 속에 기독교의 부활을 축으로 한 생명의식을 긍정적으로 수용한 사실은, 그 자신의 내면의식과 작품이 심층적으로 검토될 당위성을 지닌다.

---

12) 金東鳴, 『世代의 插話』(日新社, 1959), 15쪽.

3. 결론 : 문제인식의 동일성 양상과 해법

그간에 한국기독교시문학의 흐름이나 계보는 『文章』을 통하여 성서적 이미지를 순수한 서정시로 변형시킨 박두진과 자연과 유교, 그리고 기독교사상을 거부감 없이 삶의 일상화로 접목시킨 박목월, 십자가의 큰 틀에서 『하늘과 바람과 별과 시』를 경건한 종교성을 형사(形似)시켜 시집으로 묶어낸 윤동주, 오랜 종교생활의 체험적 신앙을 가톨릭에 의지하며 동양적 숲을 조화롭게 절충시킨 구상, 그리고 인간의 본질적 고독을 기독교 사상의 신비성에 자신의 본질적 고독을 시편에 절충한 김현승 등과도 십자가를 축으로 상호연관성을 지닌다.

일단 죽음(death)은 영원한 세계로 들어가는 문(통로)이며, '육체와 영혼의 분리(separation)'로 소멸이나 단절이 아닌 새로운 시작이다. "죽음은 영혼이 흙집(욥기 4:19)"인 육체를 떠나 영원한 분, 구원의 세계로 가는 것임을 절대적 신앙으로 수긍한 초허는, 그 자신의 시편에서 반복적으로 창조주를 기억하도록 일깨웠다. 까닭에 다소 뒤늦은 현재성이지만 시사적 측면에서 광복 이후, 사회현상에 민감하게 조응된 그의 시편은 서정성과 시적 긴장감에 보다 충실한 편이다. 그 와중에서 정치평론의 지평을 열면서 지적인 정객으로 변모하여 이 땅의 민주화를 위해 투신하며, 시대의 비통함을 신앙으로 감내한 예언자적 시인이다.

또 앞서 초허는 신사참배의 조짐이 확장되던 시기에도 기독교 교세확장을 위해 명분상의 분파조성보다 화합의 역동성을 시사(示唆)하며 체계적인 「長監兩敎派合同可否問題」(발행인은 앤더슨(W.J. Anderson)의 『眞生』, 54호, 1929. 6.)를 발표하였다. 본고는 시대정황에 비춰 교파분리의 부당함을 통해 기독교적 학문성의 깊이로 점철된 예이다. 그 같은 점에서 확고한 시의식과 종교성은 다각적이고도 새로운 시각에서 논의되고 또 체계적 연구가 지속되어야할 점이기에, 하이데카의 연구에 일갈(一喝)을 이룬 김병우의 소회는 그만의 의미를 지닌다.

> 내 어린 날의 기억이기는 하지만 아버지 어머니는 주일마다 敎會에 나가지는 않았다. 비록 그 회수는 손꼽을 정도이지만, 크리스마스나 復活節이면 두 분의 얼굴은 환하게 밝았다. 특히 자유당 말기와 5·16革命 直後 不義에 대한 아버지의 무서운 憤怒는 하나님을 依支하지 않는 이로서는 도저히 이해하기 어려울 만큼 철저히 嚴

格한 것이었다. 또 臨終 前日, 改宗한 그분의 信仰이 拘束을 원치 않은 자유함에 起因한 탓이다.13)

이처럼 우리의 기대감을 저버리지 아니한 그 자신이 시문학의 현재성에서, 기독교의 사상에 일관되게 근접한 부활과 영생을 큰 틀로 확정하고 있음은 주지할 바이다. 한편 그의 문학관에서 '죽음의 정체성'을 구도적으로 '불멸(不滅), 성취(成就), 흐름(變轉), 향수(鄕愁), 모성애(母性愛)'로 확증시켜주었음은 간과치 말아야 한다. 특히 '죽음의 상징성'에 관하여 기독교 이론에 접근하면, 즉 세계와 죄악의 속박으로부터의 구원을 뜻한다. 여기서 구원은 이전의 어두움과 무의식의 상태에서 분리되고 벗어나는 것으로 마침내 깨달음과 해탈에 이르게 하고, 승리와 '주어진' 모든 것을 초월한다는 논리이다. 이 같은 점을 칼 융 (Carl Jung) 또한 심리학적인 관점에서 인생의 정오(正午) 그 은밀한 시간대에 포물선의 역전, 즉 죽음의 탄생이 일어나고 또 인생의 후반기는 상승, 발전, 기대, 생의 충일이 아닌 삶의 종말인 죽음이지만, 그것은 의미충족으로 종교에서 뜻하는 죽음에 관한 태도와 동질성의 양상임을 시사(示唆)하였다. 아울러 현재적 정황에 비춰 한국의 기독교문인과 신학자들에게 철저하게 소외되고 배제된 그의 시적인 내면의식과 작품, 그리고 종교성은 문화의 지역구심주의의 시간대에서 다각적이고도 체계적으로 진지하게 새로운 시각에서 끊임없이 검증될 시대적 과제이며 주어진 소명임을 망각하지 말아야 한다.

각론하고 촘스키는 "언어는 인간의 사고를 지배한다."고 제시하였듯이 삶의 흔적을 남기는 존재로서의 인간은 의식의 전환에 의해 그 자신의 운명을 바꿀 수 있다. 이처럼 비정한 이기주의로 치닫는 삶의 현재성에서 비록 정신적 피폐함으로 여유로움을 분별하지 못하는 중에서도 진실로 행복한 사람은, 타인의 잘못도 너그럽게 용서하고 이해하며, 푸른 생명의 언어를 끊임없이 조탁(彫琢)하는 정신작업의 종사자이다. 여기서 정신과의사로 인간의 죽음에 관한 연구에 일생을 바쳐 20세기 100대 사상가로 미국타임지에 선정된 엘리자베스 퀴블러 로스(Kübler Ross)는 『죽음과 죽어감』(청미, 2018)에서 불치병에 걸린 환자들이 겪는 심경변화를 상징화한 죽음의 5단계(부정과 고립, 분노, 타협, 우울, 수용) 과정을 체계적으로 제시하며, 죽음이란 그 자체의 문제보다 그에 수반되는 '절망감, 무력감, 소외감에 의한 죽

---

13) 嚴昌燮, "超虛金東鳴 文學硏究"(成均館大學校 大學院 博士學位論文, 1986), 103쪽.

어감에 대한 두려움'의 명증은 깊이 유념할 문제다.

> 죽어가는 환자의 곁을 지키는 치료사가 된다는 것은 이 광활한 인류의 바다에서 개별 인간의 고유함을 우리에게 일깨우는 것이다. 그것은 인간의 유한함, 우리 삶의 유한함을 우리에게 일깨우는 것이다.[14]

어디까지나 기독교에서 구원관은 올바른 죄의 정의에서 비롯된다. 인간의 범죄행위는 절대자에게 행한 불순종에서 비롯되었기에, 끝내 하나님의 독생자인 예수그리스도의 십자가 처형(贖罪)으로 '인간구원의 역사(役使)'가 완성되었다. 이 같은 연결고리인 잇닿음에 의해 창조주 하나님을 숭상하는 기독교는 교리적으로 온전한 죽음의 개념을 천국(부활)을 향한 통로로 확신하고 했다. 모든 기독교인은 죽음의 문제를 하나님이 인류를 창조한 것으로 확신하기에 창조주를 믿으면 사후에 천국에서 영원한 삶을 누린다는 긍정적으로 수긍할뿐더러 이 점에 있어 초허 자신도 결국 예외일 수 없기에 "의인은 믿음으로 살리라.(롬 1:17)"는 성서의 말씀에 철저하게 순종했고 또 그렇게 존재감을 지니고 주어진 삶을 마감했다.

각론하고 초허 자신은 평생을 철저하고 투철한 종교인으로서 불의와 타협하지 않는 올곧은 신앙관을 지니고 정치평론인 〈民族主義와 民主主義〉에서 "새 부대에는 새 술을 넣어야 한다.(마 9:17)'는 성서의 가르침을 역설하였음도 그렇지만, 〈時局은 重大하다〉에서 입증되듯 다급하고 위기적 상황에서도 '하나님의 正義'를 주창하며 '精神(靈魂)도 먹어야 살고, 精神이 살아야만 옳은 意味의 사람이 사는 것이니, 精神의 糧食은 肉身의 糧食보다도 소중한 뜻이다.'라는 일관된 입장을 표명하였다. 이처럼 스스럼없이 암울하고 혼탁한 사회적 현상에서도 당당하게 존재감을 지켜내며 부당함에 대결구도로 치열하게 맞섰음은 높이 평가할 일이다.

이 같은 관점에서 종교적 차원의 인간관과 구원관은 인간의 죽음 이후 영혼의 내세 삶만을 말하는 것이 아니라, 사자(死者)의 부활체와 마지막 심판 때에 살아있는 자의 변화체를 뜻한다. 종종 기독교인들은 늘 기회가 주어질 때마다 「사도신경」인 "몸이 다시 사는 것과 영원히 사는 것"을 절대적인 신앙고백으로 간증하고 있음은 초허의 경우도 예외일 수 없다. 이 같은 구체적인 실례로 영혼이 떠난 육체(屍身)가 '신령한 형체'로 변형된 상태의 '부활체

---

[14] 엘리자베스 퀴블러 로스(Kübler Ross), 『죽음과 죽어감』(청미, 2018), 439쪽.

→변화체'로 전이(轉移)된 결과임은 다시금 유념할 점이다.

> "보라 내가 너희에게 비밀을 말하노니 우리가 다 잠잘 것이 아니요 마지막 나팔에 순식간에 홀연히 다 변화하리니 나팔소리가 나매 죽은 자들이 썩지 아니할 것으로 다시 살고 우리도 변화하리라 이 썩을 것이 불가불 썩지 아니할 것을 입겠고 이 죽을 것이 죽지 아니함을 입으리라"(고전 15:51-53). 이 죽지 아니함을 입는 변화체 역시 '신령한 몸'으로 변하는 것이다. 이것이 곧 '영광의 몸의 형체'(빌 3:21)이다. 그리스 도인은 부활체와 변화체에 이르기를 고대하며 사는 사람이다.[15]

차지에 문화의 21세기를 맞아 초허에 관한 새로운 감회(感懷)는, 감동을 회복시켜주는 물의 흐름처럼 가슴 저려오는 전별(餞別)과 운명적인 유랑(流浪)을 뜻한다. 차지에 산문집 『모래위에 쓴 落書』(新雅社, 1965)는 그의 서러운 인생의 여정, 곧 '떠남의 미학'으로 해석된다. 까닭에 열정적으로 민족을 위해 따뜻한 감성적 시혼을 존재의 꽃으로 피워낸 '초허의 예술과 투혼, 강인한 신념'을 자신의 존재감으로 당당히 지켜낸 위대한 얼을 기려 문화의 콘텐츠화로 결부(結付)지은 창조적 탐색은 갈등과 대립의 이분법에 의한 새로운 해법에 해당한다.

그렇다. 절망으로 치닫던 암울한 시대에 '바람의 초상이며 불멸의 시혼'인 그 자신이 혼돈의 와중에서 강직한 집념과 기독교신앙으로 버텨낸 역사적 실체임은 너무도 극명한 점에 비춰 처연한 시대상황에서 슬기롭게 대응하면서도 유감없이 혁명적 정객(政客)으로서 지사적 면모를 자존감으로 입증하였다. 비록 우리 시문학사에서 인위적 구속을 거부하고 독자적 행보(行步)로 뚜렷하고 지대한 문학사적 공적을 남겼으나, 동시대의 문인에 견주어 그에 관한 평가가 미흡한 점은 못내 아쉬움이 남아 문제의 여지가 있다. 한국현대사에 다양한 족적(足跡)을 남긴 그의 문학관은 명상적·사색적 태도로서 비유적 이미지와 회화적 기법으로 즉물적 현상을 시적 형상화를 기했을 뿐더러, 일제강점기엔 상징적 서정시를 발표한 저항시인으로 민족적 비애를 절창하며 교육계에 투신하였고, 공산치하에서는 압정(壓政)을 배격한 점은 비중 있게 논의될 항목이다.

또 한편 자유당과 군사독재정권 당시 민주수호의 지성으로서 진실과 정의를 위해 주저함

---

15) 교회연합신문, 〈사설〉(2020. 5. 15)

없는 예리한 필봉의 소유자로 정치평론의 지평을 열었다. 이 점은, 김용호에게 답한 〈恥辱의 辯〉에서 '민주주의를 수호하고 독재악의 퇴치를 생애의 남은 과업으로 생각한다.'에서 명증된다. 무엇보다 철저한 종교 시인으로서 그의 작품에 기독교의 부활을 축으로 한 생명의식을 긍정적으로 수용한 사실이다. 그 뿐 아니라 '個我와 절대자와의 합일, 그리고 죽음을 완전한 자유를 누리는 성취의 과정으로 인식하면서 영원한 해방을 허락한 신의 은총임'을 수긍한 점은 심층적으로 논의되어야 할 것이다. 한편 강원도의 〈얼 선양사업〉의 일환으로 그의 생가 터에 시비와 문학관의 건립은 그 의미가 지대하다.

결론적으로 이 같은 현존성에서 죽음의 문제인식 또한 '個我와 절대자와의 합일, 그리고 죽음을 완전한 자유를 누리는 성취(成就)의 과정으로 의식하며 영원한 해방을 허락한 신의 은총'으로 수긍한 점은 심도 있게 확증할 핵심과제이다. 이 같은 점에서 오직 여생을 구원의 상징인 십자가를 축으로 윤무하며 영혼의 기도와 기탄자리를 창조주에게 올리며, 단절의 표징인 죽음의 문제를 기독교의 부활신앙으로 극복하고 조국의 제단에 자신의 영혼을 온전히 받친 철저한 종교적 시인이다. 모쪼록 '이미지의 형상화와 시상의 관념화, 그리고 기법의 문제 등'을 검토한 초허의 긍정적 의중은, 우리현대문학사의 통합과정에서 검증을 거쳐야할 막중한 조건에 기인한다. 문화의 지역구심주의의 시간대에 정신작업의 종사자들은 시대적 소임을 확인하고, 바다(海)를 조망하는 인식의 전환으로 우리시문학의 건강한 미래를 위하여 알맞은 정신기후의 조성과 시적 상상력을 변화발전시키는 실험정신을 끊임없이 천착(穿鑿)할 당위성을 지닌다.

〈참고문헌〉은 각주로 대치함

 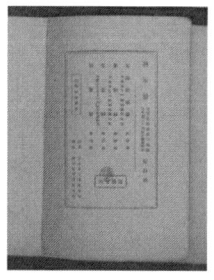

(* 자료 장정룡 교수)

1) M. Elide, 이은봉 역,『종교형태론』(형설출판사, 1979)
2) 莊子, 안동림 역,『내편』(현암사, 1983)
3) 임금복,『박상륭 소설 연구』(국학자료원 1998)
4) ──,『죽음의 한 연구 깊이 읽기』(푸른 사상사 2000)
5) 파드마삼바바, 류시화 옮김,『티벳 사자의 서』(정신세계사, 1995)
6) 한국종교학회 편,『죽음이란 무엇인가』(도서출판 창, 1990)

김동명의 전쟁 체험과 시적 발화의 두 층위
-시집 『眞珠灣』과 『目擊者』를 중심으로

장은영*

목 차

1. 초허 김동명의 삶과 전쟁 체험
2. 전쟁 체험과 '기록'으로서의 글쓰기
3. 태평양 전쟁을 바라보는 관찰자의 발화
4. 한국 전쟁을 체험한 목격자의 발화
5. 맺음말

〈국문초록〉

이 논문은 식민지기와 한국전쟁기에 두 번의 전쟁을 직간접적으로 체험한 초허의 전쟁시를 대상으로 시적 발화 두 층위를 고찰하였다. 전원적이고 목가적인 시인으로 알려진 초허는 급박하게 전환하는 역사적 국면과 마주하며 시세계의 변모를 보여주었다. 초허 시의 변모를 주목해야 하는 이유는 그가 식민지기의 총동원 체제와 한국전쟁 시기의 전시체제에서 문단과 거리를 유지하며 자신의 신념을 지키고자 했던 시인이었기 때문이다. 그의 후기 시집 『眞珠灣』과 『目擊者』는 식민지기에 간접적으로 체험했던 태평양 전쟁과 한국전쟁기에 직접 체험했던 피난길을 형상화한 시집이다.

---
*조선대학교 교수

『眞珠灣』은 태평양 전쟁 격전지들을 시의 소재로 삼고 있다. 격전지 지명을 '너'로 의인화하여 감각적 근접성을 높이며 기억의 장소로 만드는 이 시들에서 화자는 사건에 개입하거나 자신의 입장을 이야기하지 않고 관찰자적 태도를 유지한다. 관찰자로서 전쟁을 관망하는 초허는 전쟁에 대한 개인의 울분이나 감상보다는 전쟁을 기록하고자 하는 의지와 함께 전쟁이 인류의 비극적 사건이라는 인식을 보여준다.

『目擊者』에서 화자는 전쟁의 목격자이자 당사자로서 전쟁 체험을 발화하고 있다. 피난지에서의 체험이 더 구체화되지 못한 점은 있으나 초허는 자신이 직접 체험한 피난길과 피난민의 처지를 시에 담았다. 대상을 조망하는 관찰자가 아닌 전쟁 체험의 당사자이자 목격자로서 한국 전쟁 체험을 기록한 '避難詩抄'의 서술적 발화 양상은 전쟁 체험의 사실성을 확보하고 있다.

두 번의 전쟁 체험을 형상화한 초허의 시는 주제와 창작의 목적 등에서 기존의 전쟁문학과 변별된다. 전시체제의 요구에 부응한 당시 전쟁문학과는 달리 초허의 시는 양심있는 개인의 시선에서 전쟁을 기록하고 전달하고자 하는 목적의식에서 창작된 시로 르포르타주적 글쓰기의 가능성을 보여준다.

핵심어: 김동명, 전쟁 체험, 르포르타주, 진주만, 목격자

1. 초허 김동명의 삶과 전쟁 체험

초허(超虛) 김동명(1900~1968)의 삶은 근대로 진입하는 과정에서 국가 체제가 겪은 수난의 역사를 배경으로 한다. 식민지 시기의 암울과 해방 공간의 혼란 그리고 열강의 개입 속에서 극으로 치달은 이념 대립과 한국 전쟁, 그 이후 한국 사회가 시민 사회로 나아가기 위해 겪은 정치적 시련에 이르기까지 초허의 삶은 한반도에서 일어난 근현대사의 굴곡을 정면으로 관통하는 순간의 연속이었다. 매시기마다 급변하는 체제의 요구를 피할 수 없는 시대적 환경 속에서도 초허는 권력에 영합하지 않고 자신의 신념을 지키기 위해 노력했고 지조를 지킨 문인으로 우리 문학사에 남았다.

지금까지 진행된 초허 시세계에 대한 연구들[1]이 말하고 있듯이 초허의 시세계는 목가적 서정시에서 현실 참여적인 시로 변모해왔다. 1930년대 후반기에 나온 시집『파초』를 통해 세간의 주목을 받은 초허는 서정적인 전원 시인으로 문학사에 기록되어 있다.[2] 그러나 목가적이고 전원적인 세계를 추구하는『芭蕉』와『하늘』에서도 현실과의 갈등이 표출된다. "눈물을 牛乳보다 더 좋아하는,/ 怪物"에 比喩하며 "두 발을 처들고 내 앞에 다가선" 현실을 "뛰여넘"지도 "덤썩 안"(「現實」,『芭蕉』),지도 못하는 갈등을 형상화한 바 있다. 실제로 창씨개명과 일어 창작을 거부한 그는『하늘』에 실린「狂人」과「술 노래」를 끝으로 시작을 중단하기도 한다. "여보게, 나는 이제/ 이 琥珀빛 液體가 주는 魔術을 빌어/ 나의 새끼손톱으로/

---

[1] 초허의 시세계를 초기에서 후기까지 전체적으로 다룬 연구로 다음과 같은 논문이 있다.
박무화,「김동명의 시문학」, 경희대학교 교육대학원 석사학위논문, 1977.
엄창섭,「초허 김동명 문학연구」, 성균관대학교 박사학위논문, 1986.
─────,「원전비평」, 김병우 외,『김동명의 시세계와 삶』, 한남대학교출판부, 1994.
송영순,「김동명시연구」, 성신여자대학교 석사학위논문, 1990.
권순인,「김동명 시에 수용된 의식에 관한 연구」, 관동대학교 교육대학원 석사학위논문, 1995.
정사운,「김동명의 시 연구」, 충남대학교 석사학위논문, 1999.
이성교,「김동명 시 연구」, 김병우 외,『김동명의 시세계와 삶』, 한남대학교출판부, 1994.
장백일,「김동명 시의 서정성 연구」, 김병우 외,『김동명의 시세계와 삶』, 한남대학교출판부, 1994.
김동명 시에 나타난 사회 현실 인식에 대해 초점을 둔 연구는 다음과 같다.
김병욱,「시인의 현실 참여」, 김병우 외,『김동명의 시세계와 삶』, 한남대학교출판부, 1994.
심은섭,「'상실'과 '저항의식', 김동명 시세계」,『인문사회21』37호, 사단법인 아시아문화학술원, 2019.

[2] 백철은 1937-1939년을 현대문학사상의 한 절정으로 보고 이 시기에 나온 시집들을 일별하며 超虛의『芭蕉』를 언급하였다. 그는 여기서 超虛를 "田園派에 屬하는 抒情詩人"으로 규정한 바 있다.(백철(1949),『朝鮮新文學思潮史』, 白楊堂, pp.279-280) 조연현은 超虛의 시가 "素朴한 感性과 牧歌的인 抒情이 그 主調"를 이루고 있다고 평하였다.(조연현,『한국현대문학사』, 성문각, 1980, 452면)

요놈의 地球 떵이를 튀겨 버리려네"(「술 노래」)라는 超虛의 독백은 식민지 현실에 대한 절망과 참담한 심정을 우회적으로 담고 있다.

정치 활동에 대한 포부를 지니고 있던 초허는 1940년대 이후에 시세계를 통해 사회 현실에 대한 관심을 보다 적극적으로 표출하기 시작한다. 현실에 대한 관심이 적극적으로 표출되는 것은 『三·八線』, 『眞珠灣』과 『目擊者』이다. 첫 시집 『나의 거문고』 이후 『芭蕉』, 『하늘』이 비교적 자연물을 대상으로 한 순수 서정을 표출했다면 『三·八線』, 『眞珠灣』, 『目擊者』는 사실적이고 구체적인 현실 감각과 함께 사회 현실에 대한 응시와 비판적 시선을 보여주고 있다.

초허 시세계가 변화하는데 크게 영향을 끼친 것은 사회적·역사적 현실이다. 심은섭에 따르면 김동명의 시에 영향을 끼친 세 가지 환경적 국면은 어린 시절 원산행과 해방 이후 이데올로기 대립으로 인한 두 번의 고향 상실, 국권 상실, 민족상잔의 비극인 한국 전쟁과 그 이후의 독재적 정치 현실로 집약할 수 있다. 이러한 현실을 형상화한 시에서 초허는 상실의 슬픔을 극복하고 저항하고자 하는 비판의식을 드러냈다.[3] 이처럼 수난의 역사가 초허의 시세계가 변모하는 중요한 계기였다는 점에는 대체로 의견이 모아진다. 그러나 초기시에 대한 관심과 연구가 축적되어있는 데에 비해 현실에 대한 비판의식이나 참여의식을 드러낸 후기시에 대해서는 연구가 미비한 편이다. 특히 초허의 후기시에서 주요한 시대적 배경이 되는 전쟁 체험과 시적 발화에 대해서는 초점화된 논의가 이루어지지 못했다.

두 번의 전쟁을 체험하면서도 전시체제의 논리에 휩쓸리지 않고 자신의 신념을 지키며 전쟁을 기록하고자 한 초허의 시는 목격자로서 참혹한 현실과 그 이면에 있는 역사적 진실을 밝히고자 한 노력의 산물이다. 초허는 자유주의와 민주주의를 추구한 자로서 자유를 억압하는 공산주의에 대해 명확한 선을 그었으나 사실상 그의 후기시들은 이념적 문제보다는 사회 현실과 역사적 사건에 대한 기록에 더 중점을 두는 태도를 보여준다. 이러한 발화의 태도는 이념적 적에 대한 감정을 직설적으로 드러내는 정치평론들과 변별되는 지점이기도 하다.

이 논문에서는 두 번의 전쟁 체험을 담은 초허의 시를 대상으로 시적 발화 두 층위를 분석해 보고자 한다. 초허가 보여준 목격자로서 시적 발화는 사실을 기록하고 전달하고자 하는 목적의식을 드러낸다. 초허의 시적 발화가 르포르타주라는 장르를 겨냥한 것은 아니었지

---
[3] 심은섭, 앞의 글, 653-662면 참조.

만 전쟁이라는 사건을 이야기하려는 목표하에 시를 구성하는 서사를 구성하고 사건을 바라보는 서술자 자신의 정체성을 보여준다는 점에서 르포르타주로서의 면모를 함유하고 내포하고 있다. 전시 체제의 르포르타주가 대개 관변 기관의 입장을 대변하는 글쓰기였던데 반해 전시체제와 거리를 유지하면서 전쟁을 목격하는 문인이자 지식인의 시선으로 전쟁 체험을 그려낸 초허의 시는 전형화된 전쟁문학사를 탈피하기 위해서도 눈여겨 보아야 할 텍스트가 아닐 수 없다.

2. 전쟁 체험과 '기록'으로서의 글쓰기

20세기 초 유럽에서 등장한 르포르타주는 비허구적이지만 문학적인 텍스트이며 사실 기술이라는 방식으로 서술된 기록물을 일컫는다. 보고문학, 기록문학 등으로 번역되어 사용되고 있다.[4] 1차 대전 이후 유럽 사회의 혼란과 자본주의의 심화로 인한 사회 갈등과 문화적 지형의 변화 그리고 대중매체의 성장 속에서 저널리즘 글쓰기로 등장한 르포르타주는[5] 글쓰는 이 자신의 관점에서 사건이 어떻게 일어났는지를 보도하는 정보전달 유형의 글쓰기에 해당한다. 글쓰는 이에게 정보수집과 테마 선택 그리고 표현방법에 이르기까지 보다 자유로운 보도 행위를 허용하는 정보전달 형식이기 때문에 기사에 비해 덜 형식화되어 있고, 일상적인 이야기체에 가장 근접한 문체를 지닌다.[6]

그러나 르포르타주는 저널리즘 안에만 국한되지는 않는다. 문학적 르포르타주의 창시자

---

[4] 기록적 서사문학의 개념 규정을 시도한 강태호는 문학과 기록간의 관계를 고려하여 기록문학을 정의했다. 넓은 의미에서 기록문학은 "(1) 글로 쓰인 모든 기록 텍스트 전체, 혹은 (2) 글로 쓰인 모든 예술적/문학적 기록 텍스트 전체"로 규정되는데, 좀 더 세부화하여 좁은 의미에서 정의하자면"(1) 비허구적이긴 하지만 (2) 최소한 예술적/문학적인 (3) 저술, 곧 글로 쓰인 텍스트이며 (4) 기술 방식에 있어서 (4.1) 부연 설명 없는 사실 기술이라는 방식을 택하거나 (4.2) 기록물이나 언어 자료의 짜깁기, 편집 또는 활용이라는 방식을 채택"으로 정리된다.(강태호, 「기록적 서사문학의 개념 규정 시도」, 『독어교육』33, 한국독어독문학교육학회, 2005, 197-198면.) 르포르타주에 대한 기본적 의미를 합리적으로 정리한 개념이다. 이 논문에서는 여기서 규정된 기록문학 개념을 따르되 르포르타주로 표기한다.

[5] 르포르타주는 1920년대 1차대전 이후 바이마르 공화국의 신객관주의 문화 열기 속에서 등장하여 당대를 풍미한 장르이다. 1930년대 비평가인 크라카우어는 르포르타주가 삶을 여과 없이 포착할 수 있기 때문에 시인들에게 최고의 목표가 되었다고 지적하며 당시 독일에서 가장 많이 인정받았음을 지적한 바 있다.(탁선미, 「에곤 에르빈 키쉬의 르포르타주 문학」, 『독일어문학』30권, 한국독일어문학회, 2005, 181면)

[6] 오장근, 「사건보도, 사태보도, 르포르타주」, 『텍스트언어학』10, 한국텍스트언어학회, 2001, 197-199면.

로 알려진 독일의 에곤 에르빈 키쉬(Egon Erwin Kisch)는 대중 저널리즘이 야기한 고유한 문제들에 대한 저널리즘의 자기성찰로써 도덕적, 문학적으로 상승된 르포르타주 이론을 제시한 바 있다. 글쓰기의 현실적 역할과 의미를 중시한 키쉬가 강조한 르포르타주는 사실에 대한 관찰을 토대로 하되 도덕적, 문화적 역할을 잃지 않는 것이며, 현실 개혁이라는 목표를 가지고 현실을 폭로하고 비판하는 발화이다. 키쉬는 "개별 대상 및 사건들 자체의 경험주의적 보고를 넘어서는, 주관적 사유를 매개로 통합적인 현실, 진실을 건드릴 수 있는 르포르타주"를 강조했다.7)

한국에서도 1920년대에 르포르타주가 등장하기 시작했다. 『개벽』에는 지방의 실정을 다룬 르포르타주가 실리기도 했다. 그 이후 일제의 전시체제에서는 관변적 르포르타주가 창작되었다.8) 식민지기에 르포르타주 글쓰기로서 보고문학이 본격적으로 등장한 것은 태평양전쟁이 발발하기 직전이다. 중일전쟁의 체험을 담은 『麥と兵隊』(火野葦平, 1938)이 일본에서 출간된 이후 조선에서도 번역물 『보리와 兵丁』(조선총독부, 1939)이 출간되면서 '보고문학'에 대한 관심이 높아졌다. 이를 계기로 황국위문조선문단사절로 파견되었던 임학수와 박영희는 각각 『전선시집』(인문사, 1939)과 『전선기행』(박문서관, 1939. 10. 5)을 펴냄으로써 조선 문단의 보고문학을 대표하게 되었다. 중일전쟁의 전장과 병사들의 모습, 전쟁으로 몰락한 중국의 실상을 담은 두 기행문은 중일전쟁에 대한 시찰과 보고를 전제한 작업이자9) 일제에 협력한 조선의 문인들과 출판업자 등이 협력하여 전쟁을 상품화한 전쟁문학의 선전 사례로 평가되며10) 박영희의 『전선기행』은 "조선 최초의 전쟁문학"11)이라는 찬사를 받기도

---

7) 탁선미, 앞의 글, 193면
8) 박정선, 「해방기 문화운동과 르포르타주 문학」, 『어문학』106호, 한국어문학회, 2009, 371면.
9) 황국위문조선문단사절 파견은 이후 일제에 협력하는 문단단체가 결성하게 되는 시발점이었다. 1941년 12월 22일에 임전보국단이, 1943년 4월 17일에 조선문인보국회가 결성되었다. 조선문인보국회는 종군작가 강연 등을 개최하며 일제 협력활동을 펼쳤고, 1943년 11월 도쿄에서 열린 대동아문학자대회에 이광수, 유진오, 박영희가 참가하기도 했다.(이승원, 「전장의 시뮬라크르: 박영희의 「전선기행」을 중심으로」, 『한국학』30, 한국학중앙연구원, 2007, 227-229면)
10) 정우택은 황국위문작가단의 파견과 보고문학 출판에 대하여 "검열 등으로 위축되어 있는 문학장을 확장하려는 문단의 욕망이 내재된 기획이었다. '전쟁' 시국과 함께 부상한 대중의 욕망을 문학적으로 생성 소비하기 위해 '전쟁문학'을 아이템화하여 문학의 전쟁 특수를 꾀했다. 전시체제의 이념과 출판 자본, 문단이 결탁하여 조선의 문학장을 '전쟁문학장'으로 마케팅화하였던 것"(정우택, 「전시체제기 이용악 시의 위치」, 『한국시학연구』41, 한국시학회, 2014, 150-151면)이라고 지적했다.
11) 정인택, 「박영희 저 『전선기행』」, 『문장』, 1939. 10, 196면.

했다. 일제에 협력한 조선 작가들이 쓴 르포르타주 즉 '보고문학'의 실체는 조선인들에게 전쟁에 대한 감각을 전하고 전시체제에 몰입하도록 유도하기 위한 전쟁문학에 다름이 없었다.

당시 '보고문학'으로 회자된 기행문은 전쟁문학에 대한 담론으로 이어졌고 『보리와 兵丁』을 계기로 전개된 전쟁문학론은 두 방향으로 의견이 나뉘어졌다. 하나는 이 작품이 시야가 좁고 사상이 없는 보고문학이어서 문학으로서는 수준이 낮다는 주장이었고 다른 하나는 현대 산문정신을 잘 보여주는 보고문학이야말로 새로운 전쟁문학이라는 주장이었다.[12] 파시즘으로 수렴되는 대동아공영권에 담긴 일제의 제국주의적 지배 욕망과 폭력성을 간파하지 못한 채 전쟁 참여가 "조국을 위하여 일어"서는 "명예 있는 민족"[13]의 길임을 강조한 최재서 등의 문인들이 보고문학을 전쟁문학으로 치켜세운 한편 백철이나 이헌구 등은 회의적 입장을 드러내기도 했다. 백철은 "생각건대, 일반문학작품은 그것이 비록 시대상을 반영하는 것이면서도 일차는 그것을 관념화하는데 있다면 보고문학이란 그 당시의 중대한 사건을 생생하게 등장시킨 것, 요지음 류행하는 문단말을 빌면 소재의 문학인 의미일 것이다. 그러나 그것을 보고문학이라고 하든 소재의 문학이라고 하든간에 문학인 이상 그것이 단순한 소재 보고에 머저서 가할 리가 없다."[14]고 비판하며 소재주의에 그친 보고문학의 한계를 지적했다. 이헌구도 작가의 직접적인 전쟁 체험이 작품에 반영되어야 함을 인정하면서도 체험이 전쟁을 소재로 한 문학작품과는 분리되어야 함을 주장한다. 또 당대의 작가가 전쟁이라는 현실을 생생하게 기록하고 표현하는 것은 가능하지만 위대한 작품은 후대의 역사가와 작가에게 맡겨야 함을 강조하며 "모든 선생은 문학적 현실이 될 수 없는 것은 모든 문학이 전쟁을 소재로 할 수 없음과 동일"[15]하다고 말했다.[16]

정리하자면 태평양 전쟁 당시 보고문학은 일제의 통제하에서 일제에 협력한 조선 문인들에 의해 창작되었으며 창작 자체가 일제 협력을 위해 기획된 글쓰기였다는 점에서 전시체제에 의해 통제된 글쓰기였다. 텍스트의 내용과 형식의 문제보다는 일제의 전시이념과 문화통제라는 목적이 글쓰기의 목표이자 평가 기준으로 적용되었음은 물론이다. 이 시기 보고문학

---

12) 이상경, 「제국의 전쟁과 식민지의 전쟁문학」, 『한국현대문학연구』58, 한국현대문학회, 2019, 140-144면.
13) 최재서, 「전쟁문학」, 『인문평론』, 1940. 6. 60면.
14) 백철, 「전장문학 일고」, 『인문평론』, 1939. 10, 46-48면.
15) 이헌구, 「전쟁과 문학」, 『문장』, 1939. 10, 146면.
16) 장은영, 「전쟁문학론의 전개와 폭력의 내면화」, 『우리문학연구』66집, 우리문학회, 2020, 379-383면 참조.

은 르포르타주가 사실의 재현에 그 의의를 두면서도 애초부터 재현의 주체가 누구고 재현의 목적이 어떻게 설정되느냐에 따라 사실이 재현은 달라질 수 있음을 말해준다.

한국 전쟁기에도 전쟁 체험과 전쟁에 대한 재현은 전시체제에 의해 통제되었다. 한국 전쟁이 발발하자 방송과 선전을 맡은 단체를 조직하는 등 즉각적 대응을 보였다. 우익진영 작가들은 발빠르게 '비상국민선전대'를 만들고 상황을 지켜보다가 '문총구국대'를 조직하여 정훈국 소속으로 종군 활동을 전개했다.17) 전시체제는 언론과 출판을 통제하며 문학인들에게 이념 통제를 수행하는 역할을 요청했다. 군인들의 정신을 훈련하기 위해 신설된 정훈국은 "인간의 정신에 영향을 주고 유도하며 나중에는 행동의 통일을 가지게 하기 위해 수단"18)의 하나인 문학 출판을 통제했었다. 정훈국은 직접적 통제 하에서 매체를 간행했고 전시 잡지를 간행하는 등 문단에 대한 통제력을 발휘했다. 전시라는 특수한 상황에서 전방의 병사들과 후방 대중들의 내면을 통제하기 위해서는 글쓰기를 매개로 한 감정의 고무와 추동이 필요했다.

출판이 통제될 뿐만 아니라 거의 불가능한 상황에서 문인들은 전시 매체인 종군작가단 기관지를 중심으로 시와 소설, 정치 시론(時論)과 수필 등의 글쓰기를 수행하며 전쟁 체험을 기록했다. 시나 소설 등의 문학 장르 외에 전쟁 체험을 담은 전쟁 수기는 직접적으로 전시체제가 요구하는 전쟁을 재현할 수 있는 장르였다. 그러나 전쟁 수기 역시 편집 주체의 요구를 반영하는 조건적 글쓰기이자 암묵적 규약 하에 이루어졌던 제한적 글쓰기였다.19)

이처럼 전쟁은 작가들로 하여금 자율적인 글쓰기에 대한 제한을 정당한 것으로 받아들이게 만드는 현실이었고, 이러한 현실에서 전쟁 체험은 작가 자신의 주체적 시선에서 기록되기 어려웠다. 따라서 전시 매체에 지면을 얻을 수 있었던 문학인을 비롯한 지식인과 문화예술 종사자들은 전시체제에 협력하여 대중을 전쟁에 동원하고 조국을 위한 희생을 촉구하며 전쟁 승리를 염원하는 창작물을 생산하거나 아니면 전시체제로부터 거리를 유지하며 절필할

---

17) 김병익, 『한국문단사』, 문학과 지성사, 2001, 268-269면 참조.
18) 이범석 편, 『政訓大系Ⅰ』, 국방부 정훈국, 1956, A17면.
19) 예컨대 대표적인 전쟁 수기집 『적화삼삭구인집』(오제도 편, 국제보도연맹, 1951)의 경우 편집 주체인 오제도는 "참다운 회환과 유감의 뜻을 또는 본의 아닌 행위와 행동을" 표현해준 것에 대해서 고맙게 생각하지만, "부역의 도가 깊을수록 그 회환의 도도 반비례"하여 나타났다는 점에 대해서는 아쉽다고 밝혔다. 전쟁기에 공식적으로 편찬된 수기의 경우 편집자의 요구와 목적 의식에 위해 구성되는 텍스트였던 것이다.(안서현, 「작가들의 전쟁 체험 수기 연구」, 『한국근대문학연구』28, 한국근대문학회, 2013, 61-62면 참조)

수밖에 없었다.

물론 식민지 시기 일제의 총동원체제에 대한 협력과 한국 전쟁 시기 전시체제에 대한 협력은 동일한 의미로 간주할 수 없다. 전쟁의 주체와 성격이 다르므로 전시체제에 대한 협력이 갖는 의미 또한 상이할 수밖에 없다. 마땅히 문학인들이 보여주었던 일제에 대한 저항과 협력의 내적 논리에 대한 분석이나 평가는 한국 전쟁 당시 문학인들이 취했던 전시체제에 대한 협력과 별개의 문제로 논의되어야 함은 자명한 일이다. 다만 이 글에서 논하고자 하는 것은 전쟁이라는 급박한 현실이 야기하는 글쓰기 주체의 시선과 글쓰기의 변화이다. 총력전은 그 이전의 삶을 지배하던 질서를 해체하고 전시의 규범과 통제 즉 전시체제를 일방적으로 요구했듯이 문학에도 변화를 야기했다. 전쟁은 문학의 내용과 형식만이 아니라 문학에 대한 가치 평가 기준을 바꿔놓았다. 이른바 전시체제가 요구한 전쟁문학[20]은 전쟁을 보여주는 것이었다. 국가는 국가주의적 시각으로 전쟁을 재현할 것을 요청했고, 전시체제에 협력한 문인들은 국가의 요구와 관점에 따라 전쟁을 기록하게 된다. 전쟁에 대한 기록은 누구의 관점에서 무엇을 보여주고자 하느냐에 따라 달리 서술될 수밖에 없으며 기록을 통한 '사실'의 재현은 기록에 의해 "생산되어야 하는 이상화된 형상"으로서 국가를 정점으로 작동하는 전시체제에 의해 "산출된 결과물"이었다.[21]

그러나 초허의 경우처럼 역사적 현실 앞에 선 개인의 시선에서 전쟁을 기록하는 경우도 없지 않았다. 전시체제의 문단으로부터 거리를 두고 자신의 신념과 양심에 따른 소명의식으로 기록한 결과물은 전시체제 하에서 생산된 전쟁문학과 성격을 달리한다. 전시 문단과 거리를 둔 상황이었기 때문에 매체를 통해 대중에게 전달되지 못했으나 자신이 겪은 두 번의 전쟁 체험을 기록한 초허의 시는 전쟁에 대한 일종의 기록물로써 르포르타주적 글쓰기에 해당한다. 비록 시라는 문학적 양식을 택했지만 그의 시적 발화는 목격자의 시선으로 전쟁을

---

[20] "50년대에 쓰여진 한국 전쟁시 역시 선전 선동시, 기록시, 전쟁 서정시 등이 있었다. 그러나 이들 대부분은 모두 군과 국민에게 전쟁의욕을 고취시킨 독전 전쟁시였지 반전 전쟁시는 아니었다. 다만 전쟁 서정시의 경우 그 표출된 서정성 속에 휴우머니즘이 내재해 있어 다소 반전적인 색채를 띄고 있기는 하였다. 그러나 그 역시 직접적으로 반전사상을 표방한 것은 아니었다. 그러한 의미에서 한국 전쟁시의 중요한 특징 가운데 하나는 반전시가 거의 없다는 사실일 것이다."(오세영, 「6·25와 한국 전쟁시 연구」, 『한국문화』 제13집, 서울대규장각 한국학연구원, 1992, 277면)

[21] 차승기, 「'언어=사실'의 세계 −전쟁과 르포르타주」, 『대동문화연구』 제107집, 성균관대학교 대동문화연구원, 2019, 10면.

기억하고 전달(보고)해야 한다는 진실에 대한 소명의식을 지니고 있다.22) 그러나 르포르타주가 사회적, 역사적 사건이나 현상을 보고할 목적에서 쓰이는 기록문학의 일종이며, 작자가 보고할 가치가 있는 사건이나 현상을 기록하고 그에 대한 자신의 생각이나 감정을 서술하는 목적을 지니며 내용을 효과적으로 전달하기 위해 문학의 다양한 형식과 기법을 활용한다는 점23)을 고려할 때 초허의 전쟁 체험 시는 르포르타주적 글쓰기로서 전쟁문학이 보여주지 못한 전쟁 체험을 발화하는 텍스트로 간주할 수 있다.

3. 태평양 전쟁을 바라보는 관찰자의 발화

어린 시절 모친과 함께 고향인 강릉을 떠난 원산으로 향했던 초허는 원산에서 보통 학교를 마친 이후 초허는 함흥으로 가서 중학교를 다녔고 일본 유학을 마치고 돌아와 1947년 월남 이전까지 살았다.24) 알려진 바처럼 1923년 『개벽』으로 문단에 데뷔하고, 첫 시집 『나의 거문고』(신생사, 1930)와 『芭蕉』(신성각, 1938)를 출간했다. 이 시기 시집들은 오늘날 그를 기억하는 대표적 작품들이 집약되어 있으며 전원파 시인의 면모를 드러냈다. 식민지기를 배경으로 했던 만큼 이 시기의 작품들은 초허가 "民族的 念願을 抒情化한 시기"25)라고 평가된다. 그러나 중일전쟁과 그에 이은 태평양 전쟁이 발발하면서 일제의 문화통제가 강압적으로 변하고 총동원체제가 시작되자 초허의 시세계도 그에 대한 영향을 받기 시작했다. 1930년대 말 일제가 황국신민화를 강행하면서 시행한 창씨개명, 조선어 금지령으로 1940년

---

22) 다만 초허가 자신의 시적 발화나 글쓰기를 르포르타주로 명명하지 않은 것은 해방기 문단에서 르포르타주 작가들이 대부분 좌파 조직인 문학가동맹 소속이었기 때문일 가능성이 높다. 중국의 경우 '보고문학'으로 불린 르포르타주가 1930년대에 좌익작가연맹의 문예대중화운동에 접목되면서 본격적으로 창작되었고, 해방기 조선에서도 좌파 문화단체들이 주창한 문화운동의 맥락에서 창작되었다. 해방기의 사회 현실을 비판하고 현실 변혁을 촉구한 좌파 문인들의 르포르타주 창작물이 출간된 상황에서 좌익 사상에 대한 비판적 견해를 지닌 초허는 그들과 다른 방식으로 역사적 현실과 전쟁 체험을 기록하고자 했던 것인지도 모른다.(박정선, 앞의 글, 379-382면 참조)
23) 위의 글, 388면.
24) 초허의 일대기에 관해서는 그의 아들 김병우가 쓴 「아버지 김동명에 관한 서한」(김병우 외, 『김동명의 시세계와 삶』, 한림대학교 출판부, 1994)을 참조하였음.
25) 엄창섭은 이 무렵 초허가 일제에 동조하지 않으려고 농촌예찬, 자연친화를 시의 주제로 삼았으며, 민족의 비애와 조국에 대한 향수를 지닌 채 창작활동을 했던 것으로 평가했다.(엄창섭, 「원전비평」, 김병우 외, 『김동명의 시세계와 삶』, 한림대학교 출판부, 1994, 302면)

대 초에는 신문과 잡지가 폐간되기에 이르렀을 때, 일부 조선의 문인들은 황국신민화에 동참하기도 했으나 초허는 「술노래」를 끝으로 절필을 택했다.

> 一九三一年 九월에 滿洲事變을 일으켜 자미를 톡톡히 보고난 日帝는 一九三七年 七월에 이르자, 또 다시 蘆構橋에서 불집을 일으켜 가지고, 중국 본토에 대한 침략전쟁을 强行하는 동안, 韓民族에 대한 포학무도한 탄압정책은 날이 갈수록 더욱 심해졌거니와, 一九四一년 十二월 八일 太平洋戰爭이 벌어지자, 일제의 폭정은 한결 더 무자비성을 발휘하여 숨 구멍이 콱콱 막힐 지경이었음은, 시방 3·40대만해도 누구나 다 기억에 새로우리라.
> 헌데 이 때 무엇보다도 못 참을 일은, 저들의 우리 민족의 抹殺을 위한 語·文抹殺政策의 强行이었는데, 오직 한가지 무원의 길로 믿었든, 美·日戰爭이 다행히 벌어는졌으나, 日帝의 快速度로 걷우어 가는 저 놀랄만한 一方的인 戰果 앞에, 우리의 실망은 또한 얼마나 참혹한 것이었든가, 결국 우리는 영영 죽고마는 것인가, 싶었을 밖에.
> (중략) 여기에 적어 보인 「술노래」는 太平洋戰爭이 벌어지든 바로 다음해인, 一九四二년 봄에 쓴 것인데, 나는 이 詩와 함께 「狂人」을 최후로, 붓대를 집어 던지고, 一九四五년 해방이 오기까지 무릇 四년간, 시 한 구절, 잡문 한 토막 끄적인 적 없이, 하늘만 쳐다 보며 恥辱과 憤怒의 날을 보냈든 것이다.[26]

전쟁이 정점으로 치달을수록 심해지는 일제의 폭정과 일본으로 기우는 전쟁의 형세를 보며 초허는 우리 민족사가 종언할지도 모르는 위기를 느끼고 "취하거나 미치지 않고는 견딜 수 없다 싶은"[27] 심정으로 1940년대 초반부를 보냈다. 그가 선택한 절필은 조국의 절망적 현실에서 끝까지 조국을 저버리지 않으려는 행동이자 조국에 대한 신념을 표명하는 일이었다.

절필을 결심한 이후 초허는 문단과 거리를 두었지만 긴박하게 흘러가는 전쟁 상황은 관심의 대상이 아닐 수 없었다. 장남 김병우의 회고처럼 초허는 태평양 전쟁이 발발하자 사태를 지켜보면서 훗날 『眞珠灣』에 실린 작품들에 관한 시작 메모를 작성해 두었을 것으로 짐작된다.[28] 월남기를 다룬 「暗黒의 章」에서 초허는 해방 이후 "만오년간 끊었든 창작의 붓을 다

---

26) 김동명, 「「술노래」해제」, 『세대의 삽화』, 일신사, 1959, 59-61면.
27) 위의 글, 60면.

시 더듬게 되었는데 내 시집 『眞珠灣』에 수록된 것들이 대개 이 시기에 씌어지기 시작했다"29)고 밝혔으나 태평양 전쟁 관련 시편은 실제 전쟁이 벌어지는 상황에서 들려오는 소식에 기반해 기록되었던 것일 가능성이 크다.

초허는 해방 이후 흥남시 시정에도 관여하기 시작했으나 공산당이 권력을 잡기 시작하면서 시정에서 손을 떼고 월남을 감행했다. 『眞珠灣』은 한국 전쟁이 끝나고 1954년에야 출간될 수 있었다. 『眞珠灣』은 7개의 주제 '江물은 흘러간다'(11편), '아가의 꿈'(6편), '暗黑과 함께'(12편), '眞珠灣'(10편), '새 나라의 構圖'(3편), '庭園記1'(8편), '庭園記2'(6편)로 구성되어 있다. 자연물이나 개인의 삶에서 느끼는 서정 외에도 해방 공간의 혼란과 세태 그리고 다시금 재건할 나라에 대한 기대와 희망 외에도 태평양 전쟁과 관련한 시편이 포함되어 있다. '眞珠灣'이라는 제목으로 묶인 10편의 시는 태평양 전쟁의 격전지 지명, 전쟁의 전개 상황 등 사실적 상황을 드러냄으로써 사실성을 확보하고 있을 뿐만 아니라 자신이 간접적으로 경험한 전쟁을 전달(보고)하기 위해 기획된 작품이란 점에서 다른 작품들과 변별된다. 예컨대 "자, 이 친구들은 戀愛도 戰爭도 그리구 늙을줄 마저 모르면서/ 그래두 도무지 無聊하지 않은가 봐"(「돌」, 『眞珠灣』)에서 나타나듯이 전쟁이 시대적 배경으로 물러나 있는 시들과 달리 자신이 목격한 전쟁 체험을 형상화하려는 목적의식이 분명히 드러난다. 전쟁의 진행 과정을 보여주는 시들은 비유와 의인화와 풍자, 영탄을 남발하지만 실제 지명을 등장시키거나 전쟁 상황에 대한 재현을 시도함으로써 개인의 감상적 차원을 넘어서는 의의를 획득한다.

① 드디어 運命의 날은/ 一九四一年도 다 저므로 十二月 八日// 아하, 이 어찐 爆音이뇨, 요란한 爆音 소리!/ 듣느냐, 저 壯快한 世紀의 「멜로디」를!// 저 푸른 물결 위엔 어느새 燦爛한 불길이 오른다/ 비빈 눈으로 바라 보기에도 얼마나 恍惚한 光景이랴// 그러나 「노크」도 없이 달려 든 無禮한 訪問이기에/ 연다라 용솟음치는 불 기둥에 엉키는 憤怒는……// 黑煙을 뚫고 치솟는 憤怒 속에 世紀의 光明이 번득

---

28) 초허의 장남 김병우 선생은 아버지에 대한 회고에서 태평양전쟁이 발발하면서 초허는 『目擊者』의 시집 노트를 작성하는 한편 문필생활의 공백기를 이용해 장사를 시작하기도 했다고 서술했다.(김병우, 앞의 글, 212면) 이러한 기록을 참조하면 초허의 절필은 신문, 잡지 등 매체에 글을 발표하거나 문단 행사 등에 참여하는 공적 글쓰기를 중단함을 의미하는 것으로 이해하는 것이 타당하다.
29) 김동명, 「暗黑의 章」, 『세대의 삽화』, 일신사, 1959, 142면.

거려/ 아아, 莊嚴한 歷史의 前夜! 颱風은 드디어 터지도다! (「眞珠灣」부분)

「眞珠灣」의 초반부에서 일본의 폭격을 당한 진주만은 "거만한 女王 같"은 여성으로 의인화된다. 그러나 후반부로 가면 폭음에 휩싸이고 "燦爛한 불길이" 용솟음치는 처참한 전쟁터의 모습이 형상화된다. 이 광경을 두고 "비빈 눈으로 바라 보기에도 얼마나 恍惚한 光景이랴"라고 표현한 것은 당시 폭격 소식을 전해 들은 일본인들이나 친일 조선인들의 반응이었다는 점에서 다소 오해의 여지가 남는다. 그러나 폭격 장면을 미화한 것처럼 보이는 10연과 11연은 오히려 진주만 공습으로 확대된 태평양 전쟁에서 훗날 일제가 패망함을 풍자하는 대목이라는 해석도 가능하다. 특히 일제의 폭격을 "無禮한 訪問"으로 평가하고 당시 상황에서는 일제에게 "燦爛한 불길"처럼 보였을지라도 그 안에서 "치솟는 憤怒 속에" 번득이는 "世紀의 光明"을 포착한 것은 진주만 폭격이 훗날 일제의 패전을 예고한 사건이었음을 암시하기도 한다.

「眞珠灣」에서 주목할 부분은 '眞珠灣' 시편에 대부분 적용된 의인법과 그것의 효과이다. 의인법은 인간의 사고와 감정이나 행위를 비인간적 대상에 전이시키는 양식으로 사물을 인격화하는 시인의 비논리적 심성을 표출한다.[30] 화자는 지명을 의인화함으로써 전쟁의 격전지를 '너'라는 관찰의 대상으로 간주하고 실제로는 직접적 관련이 없는 '너'를 화자인 '나'와 밀접한 관계에 위치시킨다. "아아, 과딸카날島여!// 우리도 이제 南方航路가 트이는대로/ 한 배 가득 花環을 싣고 너를 찾으마."(「과딸카날島」), "드디어 蘆溝橋 陣頭의 一發이/ 다음 날 네 運命의 序曲이 될 줄이야……"(「東京」)처럼 다른 시에서도 나타나듯이 의인법을 활용한 발화는 전쟁 상황에 대한 감각적 근접성을 확보하여 멀리서 벌어지는 전쟁을 '나'와 유관한 경험으로 인식하게 하며 격전지에 대한 기억을 견고하게 만드는 장소[31]로 만드는 효과를 낳는다. 태평양 전쟁을 상징적으로 나타내는 지명을 의인화함으로써 역사적 사건은 경험적 대상이자 기억의 장소로 환기되는 것이다.

② 蒼空에 싯기는 푸른 蛾眉, 아아, 運命의 女人이여!/ 虛榮을 안고 歷史의 十字

---

30) 김준오, 『시론』, 삼지원, 2008, 192-193면.
31) 알라이다 아스만, 변학수 외역, 『기억의 공간』, 경북대학교출판부, 2003, 392면.

路에 너머진 가련한 넋이여!/ 太平洋 푸른 물결이 언제나 네 허리를 휘감음은,/ 또한 久遠한 자장 노래로 네 넋을 달램은/ 들 뜨기 쉬운 네 마음을 안 까닭이러니,/ 아아, 女人이여, 너는 드디어 치마 자락이 밝히는 줄도 모르고 네 王城을 버리었구나.// (중략)// 이 것이 東方의 掠奪者, 半白年 榮華의 자최드냐./ 이 것이 「大和의 神孫」, 저 자랑스럽든 歷史의 다음 「페-지」드냐./ 아아, 女人이여, 너는 드디어 모든 것을 잃고 잿더미 위에 너머저 목이 메여 하는구나.// 너는 일즉이, 世紀의 念佛 「大東亞共榮圈」을 高昌하든 正義의 나라가 아니냐./ 하느님 보다도 더 높은 「神」의 다스림을 받는다든 現代版 神話의 나라가 아니냐./ 일곱 번 다시 살아 원수를 갚는다는 不死鳥의 넋을 가진 兵隊의 나라기도,/ 「커-피」보다도 「正宗」보다도 오히려 더 피를 좋아하는 무시 무시한 吸血鬼의 나라기도,/ 아아, 世紀의 惡靈, 歷史의 妖異!/ 敗戰의 理由를 지껄이지 마라 오히려 네게 國基를 남긴 適의 雅量을 感謝하라.//(중략)// 아아, 女人이여, 돌아가라, 네 옛 서울, 「사비」의 古城으로, -눈물로 마음을 닦어 새 아츰을 기다리라! (「輓歌」부분)

일본의 패망에 부친 시 「輓歌」 역시 일본을 "女人"으로 의인화하여 패전이 일본이 저지른 잘못의 결과임을 상기하며 자신의 땅으로 돌아가 새로운 역사를 시작하라고 충고한다. 이 시에 언급된 시어 "太平洋 푸른 물결"이나 "大東亞共榮圈"은 태평양 전쟁과 2차 대전 당시 일본이 아시아 여러 나라를 침략하고자 내걸었던 제국주의적 욕망을 그대로 환기한다. 그러나 시의 화자는 일본의 잘못을 질책하는 한편 "눈물로 마음을 닦어 새 아츰을 기다리라!"는 충고로 시를 마무리함으로써 인간적 품위를 잃지 않는 관용적 태도를 보여준다. 일제가 저지른 식민 통치에 대한 울분을 드러내는 대신 시의 화자가 보여준 절제와 침착을 유지할 수 있는 이유는 '너'를 바라보는 화자가 보는 주체로서 관찰자적 위치에 있기 때문이다. 대상을 보는 자로서 발화하는 '나'는 대상과 평등한 존재가 아니라 근대적 시선의 주체로서 초월적인 위치에 있다.[32] 초허는 피식민자의 시선이 아니라 식민자와 피식민자의 지배 관계를 초월하는 입장에서 전쟁을 관찰하고 있는 것이다. 일본을 한때 영화를 누리다가 패망한 가련한 여인, 치맛자락이 밝혀 넘어지고, 치맛자락에 불이 붙은 여인으로 의인화하고 한 여인의

---

32) 주은우, 『시각과 현대성』, 한나래, 2003, 252면 참조.

흥망성쇄를 바라보는 입장에 선 화자는 객관적으로 사태를 조망하는 관찰자로서 수행하는 발화는 조선을 식민지화한 조선의 적으로서의 일본이 아니라 2차 대전을 일으킨 주범으로서의 일본을 겨냥하고 있으며, 일본을 향한 복수심보다는 전쟁이 인간을 향한 폭력이나 인류에 대한 죄악이라는 점에 초점을 두게 한다. 대결 구도에서 일본을 심판하는 것이 아니라 절대적 선악을 묻는 초월적 심판자의 관점에서 일본의 전범을 심판하는 화자의 태도는 절대적 윤리의식을 드러내고 있다. 실제로 초허는 해방 후 북쪽에서 남쪽으로 이동하는 일본 피난민의 처지를 지켜보며 전쟁이 야기하는 폭력의 실체를 보고 인간적 연민을 드러냈으며, 그것을 『三·八線』에 수록된 「避難民」이란 시에 담은 바 있다.[33]

> ③ 지난 날의 네 죄악을 헤이는 것은/ 「피-난」氏의 任務어니……/ 征旗를 등에, 長江을 거슬러 올라 가든 때의 所感을/ 이제 다시 大日本 文士諸君에게 묻는 것도 지꾸진 작란,/ 재 덮인 네 가슴 위에 얼크러진/ 가지 가지의 슬픈 이야기에 귀를 기우리며/ 나는 조용히 歷史의 審判 앞에 옷깃을 여민다.(「東京」부분)

1945년 미군이 마닐라를 탈환한 이후 오키나와전을 거쳐 결국 8월 6일 히로시마와 나가사키에 원자폭탄을 투하하자 일본 군부는 항복을 선언하였고 이를 계기로 조선도 해방을 맞이하게 된다. 일본의 패망 과정을 지켜보는 시의 화자는 피해자나 동조자가 아닌 관찰자로서 사태를 관망하는 태도를 보여준다. 「東京」은 일본이 패망한 후 동경 서리의 풍경을 묘사하듯 보여준다. "부러진 大理石 기둥 위에 덮놓인 死屍, 狂犬은 피를 물고 잿 더미를 예는구나!/ 아아, 운명의 날이 이렇듯 가혹할 줄이야……"(「東京」)라고 독백하는 화자는 폐허가 된 동경을 묘사하면서 "슬픈 이야기"로 가득한 전쟁의 참혹함을 안타까워하면서도 "歷史의 審判"을 예고한다.

그러나 초허가 예고하는 역사적 심판은 관찰자로서 전쟁을 지켜본 화자의 몫이 아니다.

---

[33] "내 눈 앞에 맨 먼저 나타난, 차마 볼 수 없는 광경은, 北滿 혹은 咸北等地로부터 밀려 나오는 日本避難民의 行列이었다. 그것은 실로 地獄에서나 볼 수 있을 듯한 처참한 모습들이었다. 저들이 國道를 버리고 海岸線을 밟아 興南으로 들어오는 것은, 쏘聯軍을 피하기 위해서라는데, 여기서도 저들은 빈 창고나 遊廓이나 寺院 等에 억류되어 밤마다 쏘聯軍人에 의할 약탈과 강간의 대상이 되어야 한다는 것은 얼마나 짖궂은 運命의 작란이었으랴. 머리를 박박 깎은 女人들이 가끔 눈에 띠어 더욱 측은한 마음을 금할 수 없었다.(김동명, 「暗黑의 章」, 『세대의 삽화』, 일신사, 1959, 142-143면)

애초에 전쟁을 지켜보며 절제된 태도를 보여왔듯이 화자는 인류의 비극 앞에 겸허한 태도를 보인다. "이제 다시 大日本 文士 諸君에게 묻는 것도 지꾸진 작란,/ 재 덮인 네 가슴 위에 얼크러진/ 가지가지의 슬픈 이야기에 귀를 기우리며/ 나는 조용히 歷史의 審判 앞에 옷깃을 여민다."라는 구절이 말하듯이 초허는 보는 주체이자 관찰자로서 태평양 전쟁을 바라보고 전쟁이라는 인류의 비극에 통감하는 데서 자신의 임무를 마무리한다. 그에게는 피식민자로서의 울분이 없지 않았겠지만 태평양 전쟁을 이야기하는 시적 발화에서 그는 관찰자의 역할을 자처하고 있는 것이다.

'眞珠灣' 시편은 진주만 폭격에서 시작된 태평양 전쟁 격전지 진주만, 미드웨이, 산호해, 과달카날, 라바울, 사이판, 필리핀, 오키나와 등을 형상화하되 지명을 '너'로 의인화하여 감각적 근접성을 높이며 기억의 장소로 만들었다. 이 시들에서 화자는 사건에 개입하거나 자신의 입장을 이야기하지 않고 관찰자적 태도를 유지하면서 간접 체험을 이야기하고 있는데, 특징적인 것은 피식민자나 피해자가 아닌 관찰자로서 전쟁을 관망하고 있다는 점이다. 이는 초허가 전쟁에 대한 개인의 울분이나 감상보다는 전쟁을 기록하고자 하는 의지를 반영하며 전쟁을 인류의 비극적 사건이라는 차원에서 이해하고자 함을 보여준다.

4. 한국 전쟁을 체험한 목격자의 발화

월남 이후 한국신학대학에서 교편을 잡은 초허는 이후 힘겹게 월남한 가족들과 상봉하게 되고 1948년부터는 이화여대에서 교수로 재직하며 안정을 찾았다. 그러나 곧 발발한 한국 전쟁으로 초허와 그의 가족들은 피난길에 올라 부산 거제리 초량에서 피난 생활을 시작하게 된다. 전쟁이 끝나고 1954년 서울로 돌아온 김동명은 신촌동에 거처를 마련하고 다시 이화여대에서 교편을 잡았으며 시인이자 정치평론가로 활동했다. 피난 시절 부산에서 학생들을 가르치고 『자유평론』 주간을 맡아 생활했던 초허 역시 가난과 혼란과 불안 속에서 내일을 기약할 수 없는 나날을 보냈지만 자신이 겪고 있는 전쟁의 현실을 기록해야 한다는 의무는 더욱 확실한 생각으로 정립되었다.

> 6.25변란이 이 나라에 있어서 유사 이래의 최대의 비극이요, 흉변이었음은 아무도 의심하지 않을 것이다. 정치적으로나 사회적으로나 그밖에 어느 모로 보던 그것은 실로 한민족 사상 최대의 비참이요, 통분이요, 치욕이었다. 불행이-어쩌면 다행일지도 모르나- 이런 호된 변을 직접으로 겪어본 나로서는, 스스로의 견문과 체험이 비록 대수로운 것은 못된다 하더라도, 이것을 적어서 역사적 대 비극의 멍에에 눌려 몸부림치던 겨레의 설움을 어느 정도 어림이라도 할 수 있을 만큼 전 할 수 있다면? 하는 생각을, 나는 품어 온지 오래다. 적어도 나 자신이 문필을 버리기를 원치 않고 또, 저 원한의 피난 대열에 참여했던 슬픈 추억을 지니고 있는 이상, 이것을 되도록 소상히 기록하여, 6.25를 이야기로 만 듣는 모든 낯모르는 형제들에게 전하는 것은, 나의 의무라고 생각해왔다.[34]

1947년에서 1955년까지 한국전쟁을 전후한 시기에 쓴 작품들이 수록된 『目擊者』는 전쟁 체험을 다음 세대에게 전달해야 한다는 초허의 의무감이 투영된 시집이다. 앞서 출간한 정치평론집 『敵과 同志』(1955)의 후기에서 초허는 "이 글은 내가 祖國에 바치는 나의 詩요, 또 이 冊은 내가 겨레에게 보내는 나의 第七詩集인 것이다. 다만 그 겉 모양과 차림차림이 예와는 다를뿐."[35]이라고 밝히기도 했는데, 이처럼 식민지 말의 전쟁 경험 이후 1950년대를 전후한 시기에 초허는 시와 산문 등 자신의 글쓰기에 대하여 형식보다는 내용과 본의를 중시하는 태도를 드러낸 바 있다. 이 「後記」에서 초허는 조국이 적의 위험으로부터 위독한 시기에 "아름다운 語彙를 찾고 奢侈로운 餘白을 꾸미기에 골돌하면 그만"인가를 역설하며 "詩에 좀더 충실할 수 있었다면, 나는 벌써 칼을 들고 나섰을른지도 모른다"고 밝힌 것처럼 그에게 (조국의) 언어로 이루어진 시는 조국 없이는 존재할 수 없는 대상으로 간주되었기에 조국의 위기 앞에서 아름다운 언어의 형식을 추구하는 시는 이미 시가 아닌 것이었다.

『敵과 同志』에 수록된 글을 썼던 시기와 창작 시기가 겹쳐진다고 보아도 무방한 『目擊者』(인간사, 1957)는 시와 산문의 형식적 구분을 이미 넘어선 시적 발화를 보여주는 시집으로 볼 수 있다. 『三‧八線』이나 『眞珠灣』에서도 이미 현실에 대한 참여의식을 담은 시정신이 나

---

34) 김동명, 「어두움의 비탈길」, 김월정, 「나의 아버지 초허 김동명」(『문예운동』, 2005. 6, 40면)에서 재인용.
35) 김동명, 「後記」, 『敵과 同志』, 창평사, 1955, 457면.

타났고, 역사적 사건을 발화해야 한다는 소명의식이 나타났지만 『目擊者』에 오면 현실을 대하는 태도와 기록으로서의 시적 발화에 대한 의무감은 더욱 확실하게 표명된다. 한국 전쟁 전후 무질서하면서도 역동적인 서울의 풍경과 세태 그리고 피난기로 구성된 시집 『目擊者』는 '서울素描'(15편), '한가람은 흐른다'(13편), '驛馬車'(12편), '避難詩抄'(9편) 4개의 부로 구성되어 있으며 당시 초허의 직접적 체험을 토대로 초허의 눈에 비친 사회상을 담은 시집이다. 이 가운데 '避難詩抄'는 전쟁을 피해 피난길에 올라야 했던 직접적인 전쟁 체험을 보여주는 시들이다. 초허가 마주한 현실과 피난민의 처량한 처지가 형상화된 시들 가운데 주목되는 시는 전쟁이 발발한 이후 피난길에 오르기 직전의 과정을 포착한 「出發」, 「目擊者」이다. 이 시들은 역사적 사건 현장에서 한 개인이 경험한 것을 생생하게 전달하고 있다.

① 때는 1950년 6월 27일 한낮/ 여기는 梨花高地// 가뿐 숨을 돌리며 帽子를 벗어 든다/ 잘 있거라, 202號! 나의 〈센트·헤레나〉島!// 나뭇잎 물결 속에 눈부신 흰 살결,/ 오, 女王이여! 누가 그대를 지키려나// 내다보니 天王堂 검은 尖塔이 가슴에 槍날인 양/ 罪? 누가 이은 遺業이뇨// 오호, 運命의 都市여! 너는 듣고만 있을 테냐?/ 저 사나운 짐승모양 울부짖는 砲聲을!// 떠나지 않으련, 모두들 떠나지 않으련?/ 아가야 가자 어서 江을 건너자!(「出發」전문)

② 나는 窓門을 활짝 열어젖히고/ 傲然히 앉아 바라본다// 굽이쳐 흐르는 한가람이/ 오늘은 어인 일 자꾸만 슬프구나// '레디오'가 그렇게까지 몸부림치며 매달리건만/ 그래도 뿌리치고 떠나는 市民도 있나 보다// 어느새 長蛇陣을 이룬 避難民의 行列이/ 비에 젖으며, 젖으며 간다// 성난 짐승모양,/ 敵의 砲門은 더 가까이 짖어대는데// 江 건너 마을의/ 輝煌한 불빛이여!// 이윽고 '헫·라잍'의 물결,/ 아하 쏟아져 내닫는 自動車의 奔流!// '풀·스피드'로 달리는 自動車·自動車·自動車·自動車……/ 百千瀑布 한꺼번에 쏟아지는 듯!// 아홉 時-열 時-열한 時-열두 時-한 時-한 時 半-/ 밤이 깊어 갈수록 自動車의 奔流는 더욱 凄烈하다// 누가 人道橋 車道를 요 꼴로 設計하였더뇨/ 달리는 마음의 焦燥로움이 눈에 겨웁다// 아모러나 '歷史'는 드디어 無事히 避難하지 않았느냐/ 요행 한가람은 밤비에 가려 보이지 않는다// 나는 窓門을 활짝 열어젖히고/ 傲然히 앉아 바라본다 (「目擊者」전문)

「出發」은 피난길에 오르면서 자신이 교육자로서 몸담았던 대학의 교수 연구실을 향해 작별을 고하는 장면을 보여준다. "202號" 연구실은 초허 자신이 마치 유배된 나폴레옹처럼 그곳에서 홀로 시간을 보냈다는 점에서 "「센트·헤레나」島"으로 비유되었다가 다시 "흰 살결"을 지닌 "女王"으로 의인화된다. 화자는 피난길을 앞두고 아름다운 연인과 이별하는 자가 느끼듯이 가슴에 비수가 꽂힌 것 같은 슬픔을 토로하는 것이다. 화자는 이 슬픔의 원인을 묻듯 "罪? 누가 이은 遺業이뇨"라고 묻지만 이 갑작스런 사태의 원인을 밝히는 것보다 더 급한 것은 서둘러 피난을 떠나는 것이다. 화자는 "떠나지 않으련?", "어서 江을 건너자!"라고 피난을 재촉한다. 자신이 머물던 곳을 떠나기가 아쉽지만 "사나운 짐승모양 울부짖는 砲聲" 소리에 서둘러 떠날 수밖에 없는 상황의 급박함을 느끼는 화자의 모습은 전쟁에 대한 직접 경험을 말해준다.

전쟁에 대한 직접 체험은 자신의 경험적 장소를 매개로 한다. 즉 간접 체험인 태평양 전쟁 시편이 추상적인 지명들을 '너'로 의인화하여 관찰자적 태도로 발화했다면 초허가 직접 체험한 한국 전쟁은 화자 자신이 속해있는 구체적인 장소성을 드러내며 자신의 행위와 심정을 토로하듯 발화한다.

「目擊者」는 전쟁에 대한 직접적 체험을 사실적으로 생생하게 보여주는 시로서 화자는 자신이 어디에서 무엇을 바라보고 있는지 구체적인 장소성을 드러내며 목격자로서 발화하고 있다. 시의 앞부분과 마지막에 배치된 "傲然히 앉아 바라본다"는 표현은 화자가 담담한 태도를 취하고자 함을 말한다. "성난 짐승모양,/ 敵의 砲門은"은 더 크게 들려오고 "百千瀑布 한꺼번에 쏟아지는 듯" "'풀·스피드'로 달리는 自動車·自動車·自動車·自動車", "누가 人道橋 車道를 요 꼴로 設計하였더뇨/ 달리는 마음의 焦燥로움이 눈에 겨웁다"라는 표현들은 상황이 매우 위태로운 것임을 짐작하게 하지만 "窓門을 활짝 열어젖히고" 피난 행렬을 응시하는 화자는 침착함을 유지하며 다만 자신이 본 것을 전달하고자 한다.

화자가 목격한 것은 화자 자신에게도 해당되는 상황이라는 점에서 피난 행렬을 바라보는 목격자와 피난민은 사실상 같은 처지에 있다. 목격자는 관찰자의 위치와 달리 자신이 목격하는 상황 한복판에 있기 때문에 화자는 "늬는/ 戰爭도 모르나// 우리는 이렇게들/ 쫓겨 간단다"(「山·白合花」)에서처럼 '우리'라는 주어를 사용하기도 하고, "남 먼저 눈치 채고/ 남 먼저 떠나나 했더니// 언제나 그 行列이오/ 언제나 그 位置다"(「行路難」)라는 표현처럼 '우리'

가 '나'와 '남'을 구분할 필요 없이 모두 같은 처지라는 동질감을 드러낸다.

　초허는 피난 체험을 형상화하면서 적에 대한 분노나 전쟁 승리를 염원하지 않고 피난민의 처지와 심정을 보여주는 데 집중한다. 피난의 종착지인 부산 초량에 도착했을 때의 상황을 노래한 「초량역」은 피난지에 도착했다는 안도감과 어디로 가야할 지 알 수 없는 막막함 그리고 앞으로의 삶을 기약할 수 없는 운명에 대한 불안을 포착한 시이다.

　　　③ 거지 마냥 초라한 꼴을 한/ 조그만한 停車場이었다//〈홈-〉을 나서니 벌써/ 찬 바람이 휙 끼친다// 그래도 부산의 흙을 밟아 보는 감격에/ 아모나 막 껴안어 주고 싶었다// 어디로 가리, 망설이다가/〈十字架〉를 찾어 언덕 길을 더듬는다// 그러나 간곳마다 어름 나라, 어름 맥성/ 두 손끝 호호호 불며 돌아 선다// 이윽고 길섶 응달에 患者처럼 늘어저/ 소나기나 한바탕 쏟아지라고 빌었다(「草梁驛」전문)

「草梁驛」은 서술적 발화 양상을 잘 보여주는 시이다. 그 이전 시집에서 비유나 영탄, 의인화 등이 빈번히 사용했던 것에 비해 『目擊者』에 수록된 시들은 서술성이 강하게 나타난다. 이 시는 피난 체험에 대한 수기처럼 사실적으로 발화 양상을 띠고 있다. 서술적 발화는 산문 장르가 지닌 리얼리티를 확보할 수 있다는 가능성을 지닌다[36]는 점을 고려할 때 이 시의 발화가 확보하는 것은 사실성이다. 이 시집의 마지막 시 「日暮」에서도 "또/ 저므렀다.// 어느 집/大門을 두드리리.// 黃昏도 이제사/ 반갑지 않어라."라는 전문은 짧지만 누군가의 도움을 청하러 다니는 피난민 가장의 처지를 간략한 서술로 발화하고 있다.

　살펴본 것처럼 '避難詩抄'는 피난의 출발과 여정 그리고 도착한 시점까지의 체험을 담은 시편들로 구성되어 있다. 이 시편들에서 화자는 전쟁의 목격자이자 당사자로서 경험적 장소를 중심으로 전쟁 체험을 발화하고 있다. 피난의 출발 상황을 보여준 시에 비해 피난지에서의 체험이 더 구체화되지 못한 점은 아쉽게 느껴지지만 한편으로는 시 한 줄 쓸 수 없는 피난길의 어려움을 짐작하게 된다. 초허는 총탄이 난무하는 전투 상황이나 전쟁의 발발 이유, 적에 대한 적개심과 승리 등을 노래한 당시 전쟁문학과는 달리 자신이 직접 체험한 피난길과 피난민의 처지를 시에 담았다. 이전 시와 다른 서술적 발화 양상은 전쟁 체험의 사실성

---

[36] 김준오, 「불확실성과 서술시의 변화」, 『현대시와 장르 비평』, 문학과 지성사, 2009, 172면.

을 확보하는 요소라고 하겠다. 대상을 조망하는 관찰자가 아닌 전쟁 체험의 당사자이자 목격자로서 한국 전쟁 체험을 기록한 초허의 시는 기존의 전쟁문학과 달리 전쟁이라는 참사 속에서 삶의 거처를 버리고 어디론가 떠나야 하는 한 개인의 무력감과 불안을 고스란히 보여준다.

5. 맺음말

20세기 한반도는 격변의 장소였다. 한반도에서 태어나 식민지와 해방을 경험하고 민족 내부의 이념대립과 전쟁, 분단으로 이어지는 역사를 관통한 사람들에게 개인의 삶과 운명은 개인 자신에게 맡겨진 것이 아니었다. 특히 그들이 겪은 두 번의 전쟁, 즉 식민지 시기에 일제가 일으킨 태평양 전쟁과 해방 이후 발발한 한국 전쟁은 국가의 정치, 경제, 사회 등 각 영역이 전쟁목적에 투입되고 전 국토가 전장화되고 국가 전체가 병영화되는 총력전이었다. 총력전 시기의 전쟁 체험이 말하는 바는 당시 개인의 삶이 물리적 폭력 외에도 구조적, 문화적 폭력에 직면해 있었다는 사실이다.[37] 전쟁이 야기한 폭력의 시대는 전장에서 싸운 병사들만이 아니라 후방의 민간인들도 전시체제에 협력할 것을 촉구하였으며 문화통제를 통해 사상과 관념 그리고 감정을 통제하고자 했다. 이러한 문화통제를 위해 동원된 것은 문인들이었다. 전시체제는 문인들의 자율적인 글쓰기를 통제하는 한편 '전쟁'을 선전하고 국민을 동원함으로써 전방과 후방에 있는 구성원 모두를 전쟁에 참여하도록 요구했다.

초허는 식민지기의 총동원 체제와 한국전쟁 시기의 전시체제에서 문단과 거리를 유지하며 자신의 신념을 지키고자 했던 시인이었다. 그는 전시체제의 전쟁문학에 휩쓸리지 않고 양심을 지닌 한 개인으로서 전쟁 체험을 시에 담고자 했다. 『眞珠灣』과 『目擊者』는 식민지기에 간접적으로 체험했던 태평양 전쟁과 한국전쟁기에 직접 체험했던 피난길을 형상화한 시를 포

---

[37] 평화학자 요한 갈퉁에 따르면 폭력은 직접적, 구조적, 문화적 층위로 작동한다. 직접적 폭력은 하나의 사건(event)이고 구조적 폭력은 하나의 과정(process)이며 문화적 폭력은 폭력의 이면에서 폭력을 잘못된 것이 아닌 것으로 보이게 하는 문화의 단면들을 말한다. 갈퉁은 '조국을 위한 살인은 올바르고, 자신을 위한 살인은 잘못된 것이다'라는 식의 담론을 예로 들어 문화적 폭력이 작동하는 한 가지 방식이 한 행위의 도덕적 색채를 변화시키는 것임을 지적한 바 있으며, 현실을 불명료하게 만듦으로써 우리가 폭력적인 행위나 사실을 보지 못하게 하거나, 적어도 폭력적인 것으로 보지 않게 하는 것 역시 문화적 폭력의 작동 방식이라고 보았다.(요한 갈퉁(Johan Galtung), 강종일 외 역, 『평화적 수단에 의한 평화』, 들녘, 2000, 412-420면.)

함한 시집이다. 『眞珠灣』의 한 부로 구성된 '眞珠灣' 시편은 태평양 전쟁 격전지들을 시의 소재로 삼고 있다. 격전지 지명을 '너'로 의인화하여 감각적 근접성을 높이며 기억의 장소로 만드는 이 시들에서 화자는 사건에 개입하거나 자신의 입장을 이야기하지 않고 관찰자적 태도를 유지한다. 관찰자로서 전쟁을 관망하는 초허는 전쟁에 대한 개인의 울분이나 감상보다는 전쟁을 기록하고자 하는 의지와 함께 전쟁이 인류의 비극적 사건이라는 인식을 보여준다.

한편 『目擊者』에 실린 '避難詩抄' 시편에서 화자는 전쟁의 목격자이자 당사자로서 전쟁 체험을 발화하고 있다. 피난지에서의 체험이 더 구체화되지 못한 점은 있으나 초허는 자신이 직접 체험한 피난길과 피난민의 처지를 시에 담았다. 대상을 조망하는 관찰자가 아닌 전쟁 체험의 당사자이자 목격자로서 한국 전쟁 체험을 기록한 '避難詩抄'의 서술적 발화 양상은 전쟁 체험의 사실성을 확보하고 있다.

두 번의 전쟁 체험을 형상화한 초허의 시가 재평가되어야 하는 이유는 주제와 창작의 목적 등에서 기존의 전쟁문학과 변별되기 때문이다. 전투 상황, 전쟁을 도발한 적의 잔인함과 폭력상, 우리 군인들의 숭고한 희생, 적에 대한 적개심과 승리 등을 노래한 당시 전쟁문학과는 달리 초허의 시는 양심있는 개인의 시선에서 전쟁을 기록하고 전달하고자 하는 목적의식을 표명한다. 전쟁을 기록하고 전달(보고)해야 한다는 소명의식을 가지고 그가 태평양 전쟁 시에서 보여준 것은 전쟁의 참상과 인류의 비극이었다. 또 한국 전쟁 시에서 초허는 한 개인의 무력감과 불안한 심정이 가감없이 드러냈다. 초허의 시는 전시체제의 통제 하에 있었던 기존의 전쟁문학이 포착하지 않은 전쟁에 대한 또 다른 기억을 환기한다는 점에서 르포르타주 글쓰기의 한 범주에 놓일 수 있다는 가능성을 시사한다.

참고문헌

〈기본 자료〉

김동명, 『眞珠灣』, 이화여자대학출판부, 1954.
_____, 『目擊者』, 인간사, 1957.
_____, 『敵과 同志』, 창평사, 1955.
_____, 『世代의 揷畵』, 일신사, 1959.

〈논문 및 단행본〉

강태호, 「기록적 서사문학의 개념 규정 시도」, 『독어교육』33, 한국독어독문학교육학회, 2005.
김병우 외, 『김동명의 시세계와 삶』, 한림대학교 출판부, 1994.
김병익, 『한국문단사』, 문학과 지성사, 2001.
김월정, 「나의 아버지 초허 김동명」(『문예운동』, 2005. 6,
김준오, 『시론』, 삼지원, 2008,
_____, 『현대시와 장르 비평』, 문학과 지성사, 2009.
박정선, 「해방기 문화운동과 르포르타주 문학」, 『어문학』106호, 한국어문학회, 2009.
심은섭, 「'상실'과 '저항의식', 김동명 시세계」, 『인문사회21』37호, 사단법인 아시아문화학술원, 2019.
안서현, 「작가들의 전쟁 체험 수기 연구」, 『한국근대문학연구』28, 한국근대문학회, 2013.
오세영, 「6·25와 한국 전쟁시 연구」, 『한국문화』제13집, 서울대규장각 한국학연구원, 1992.
이범석 편, 『政訓大系Ⅰ』, 국방부 정훈국, 1956.
이상경, 「제국의 전쟁과 식민지의 전쟁문학」, 『한국현대문학연구』58, 한국현대문학회. 2019.
이승원, 「전장의 시뮬라크르: 박영희의 「전선기행」을 중심으로」, 『한국학』30, 한국학중앙연구원, 2007.
장은영, 「전쟁문학론의 전개와 폭력의 내면화」, 『우리문학연구』66집, 우리문학회, 2020.

정우택, 「전시체제기 이용악 시의 위치」, 『한국시학연구』41, 한국시학회, 2014.
주은우, 『시각과 현대성』, 한나래, 2003.
조연현, 『한국현대문학사』, 성문각, 1980.
차승기, 「'언어=사실'의 세계 -전쟁과 르포르타주」, 『대동문화연구』 제107집, 성균관대학교 대동문화연구원, 2019.
탁선미, 「에곤 에르빈 키쉬의 르포르타주 문학」, 『독일어문학』30권, 한국독일어문학회, 2005.
알라이다 아스만, 변학수 외역, 『기억의 공간』, 경북대학교출판부, 2003.
요한 갈퉁(Johan Galtung), 강종일 외역, 『평화적 수단에 의한 평화』, 들녘, 2000.

초허작품의 고향과 가족에 대한 정서적 표출

장정룡*

목 차

1. 머리말
2. 고향에 대한 추억과 정서
3. 가족에 대한 애정과 회억(回憶)
4. 맺음말

〈국문초록〉

강릉출신 김동명의 작품에는 고향에 대한 정서적 표출이 담겨있으며, 이는 문학적 상상력의 원천으로서 자리잡고 있다. 또한 가족을 소재로 한 작품들도 고향과 같은 정서적인 범주에서 초허문학의 중요한 모티브로 작용하고 있다. 어린 시절을 보낸 고향에 대한 이러한 토포필리아(topophilia:장소애호)는 김동명 문학의 주제의식과도 연결된다. 김동명의 시와 산문에 등장하는 바다(강, 호수)는 고향 강릉의 문학지리적 특성이며 이러한 물의 상상력은 인생과 사상과 문학에 영향을 끼쳤다고 볼 수 있다. 그는 어려서 떠난 고향을 늘 그리워하다가 강릉에 묻혔다. 고향은 누구나 태어나서 자라고 살아온 곳 또는 마음속 깊이 간직한 그립고 정든 장소로서 다정함과 그리움, 동시에 안타까움의 정감을 주는 말로서 지리학적인 탄생이라 할 수 있다.

---
*강릉원주대학교 국어국문학과 교수

김동명의 최초시집 『나의 거문고』 고향편에는 20편이 수록되어 있는데 〈고향〉 〈아버님을 생각함〉 〈할머니〉 〈벗을 생각함〉 〈시루봉에 올라서〉 등에서 고향정서가 노출되어 있다. 고향 마을 앞 시내, 물레방아, 수백 년 된 소나무, 밤에 울던 부엉새까지 정서적 범주에 속하고 경포, 동해바다, 대관령 등이 유년기 기억 속에 지리학적인 시공의 공간으로 자리잡고 있다.

초허작품의 가족에 대한 애정과 회억(回憶)을 살펴보면, 세상의 온갖 쓴맛을 다 겪은 아버지에 대한 인식 저변에는 여장부와 같았던 어머니와 다른 정서가 깃들어 있다. 세고(世苦)에 시달려 초췌한 아버지의 모습, 고향의 폭설로 걱정되는 자식의 가슴에 피눈물이 맺힌다고 했다.

김동명 시의 모성이미지는 그의 삶에 어머니의 영향이 컸음을 짐작케 하는바, 돌아가신 어머니에 대한 그리움과 자식을 기대하는 어머니의 마음을 의식하며 살았으므로 사모의 정과 고향을 그리는 마음에서 작품에서나마 고향으로 돌아가고자 하는 의식을 보여주었다.

초허는 자녀들에 대하여 겉으로는 엄격하나 속깊은 애정을 갖고 있었으며, 태어난 딸이 영원한 꿈과 노래와 진실과 깨끗함과 아름다움 속에서 살기를 바라는 뜻에서 이름을 지었다. 백모란 꽃봉우리같은 자녀가 태어난 것을 인생역정에서 가장 행복했던 시절이라 하였으며, 인생의 자서전이라고도 표현하였다. 마지막으로 고향의 외가인 갈미봉 아래에 사신 할머니에 대한 그리움을 표현하였다. 초허문학에서 고향과 가족애는 무엇보다 소중한 자산이며 시적 감성의 대상이 되었다.

*핵심어:김동명, 고향, 가족, 강릉, 지리학적 탄생

1. 머리말

김동명 작가의 고향은 강릉이다. 그의 작품에는 고향에 대한 정서적 표출이 담겨있으며, 이는 문학적 상상력의 원천으로서 현실화된 유토피아인 헤테로토피아, 장소애호인 토포필리아의 일단으로 자리잡고 있다. 또한 가족을 소재로 한 작품들도 고향과 같은 정서적인 범주에서 초허문학의 중요한 모티브이다.

김동명은 경주김씨로서 경자년(1900) 음력 2월 4일 강원도 명주군(현재 강릉시) 사천면 하노동리 54번지에서 아버지 김제옥(金濟玉)과 어머니 신석우(申錫愚)의 독자로 태어났다. 본명은 동빈(東斌), 아명은 동명(東鳴), 아호는 초허(超虛), 세례명은 프란시스코였다.[1]

초허는 어려서 모친의 열의에 의하여 강릉의 서당에서 한학공부를 하다가 8세 때에 신식 교육을 받기 위해 부모와 함께 원산으로 이사하였다. 1909년 원산소학교에 입학하였고, 1915년 함흥으로 이주하여 함흥 영생중학 입학하였고 1920년 졸업하였다. 1925년 3월에 일본으로 유학하여 아오야마학원(靑山學院) 신학과를, 니혼대학(日本大學) 철학과를 수학, 1925년 졸업 후에 귀국하였다.

가정을 꾸린 것은 1926년 지정덕과 결혼하여 슬하에 병우(1928년생)·월하(1931년생)·월주(1935년생)가 있으며, 사별후 1942년 이복순과 재혼하여 슬하에 월정(1944년생)과 월령(1946년생)이 태어났다. 사별 후에 1960년 하윤주와 재혼하였다. 초허는 1921년 흥남에 있는 동진소학교 교사로 출발하여 여러 곳에서 교편을 잡았다. 일본 유학을 마치고 귀국한 뒤 1934년부터 1938년까지 흥남시 서호진의 동광학원 원장을 지냈으며 광복 후인 1945년 함남중학교 교장으로 부임했으나 흥남학생의거사건(1946)에 동조했다는 혐의로 감금되기도 했다. 1947년에 단신으로 삼팔선을 넘어 월남한 후 한국신학대학 교수, 다음 해인 1948년 5월 30일부터 1960년 6월 30일까지 이화여자대학교 국문과 교수로 재직하였다. 1960년에는 이화여자대학교를 사직하고 참의원으로 정계에 진출하였다. 1968년 1월 21일 서울의 자택에서 작고하였다.

시집으로 『나의 거문고』(1930), 『파초』(1938), 『삼팔선』(1947), 『하늘』(1948), 『진주만』(1954), 『목격자』(1957), 『내마음』(1964)이 있으며, 수필집은 『세대의 삽화』(1959)와 『모래

---

[1] 嚴昌燮, 『金東鳴研究』, 學文社, 1987, 17쪽

위에 쓴 낙서』(1965)가 있다. 정치평론집은 『적과 동지』(1955), 『역사의 배후에서』(1958)와 『나는 증언한다』(1964)가 있다. 이와 같이 초허의 생애사적 측면에서 본다면, 유년기의 고향 강릉과 부모, 아내, 자녀, 할머니 등 가족은 그를 둘러싸고 있는 그리움과 회억의 헤테로토피아적 장소로서 초허 작품에서 의미있게 등장한다. 초허가 태어나고 묻힌 강릉땅에는 김동명 문학관이 세워졌으며, 그의 작품이 수선화 향기로 문학적 향훈을 널리 전하고 있다.

2. 고향에 대한 추억과 정서

어린 시절을 보낸 초허의 고향 강릉은 남달랐다. 8세 때 어머니의 손에 이끌려 원산으로 가기 전에 살던 동햇가의 고향 땅을 영원히 잊을 수 없이 마음속에 오래 자리잡고 있었다. 이러한 토포필리아(topophilia:장소애호)는 김동명 문학의 주제의식과도 연결되는데, 사람과 장소 또는 배경의 정서적 유대를 갖는다. 김동명의 시와 산문에 등장하는 바다(강, 호수)는 고향 강릉의 문학지리적 특성이며 이러한 물의 상상력은 주도 모티브로 작동하며 김동명 인생과 사상과 문학에 영향을 끼쳤다고 분석한다.[2]

인간은 누구나 고향을 그리워하는데, 북극곰은 500km 떨어진 곳에서도 여지없이 자기 집을 찾아가고, 연어는 자기가 태어난 강이나 개울로 돌아가기 위해 대양에서부터 무려 3,200km를 헤엄쳐 간다고 한다. 남극의 제비는 고향으로 돌아가기 위해 북극에서 남극까지 무려 35,200km를 날아가며, 새장에 갇힌 알레스카 새는 언제나 자기고향이 있는 북쪽을 향해 앉는다고 한다. 인간도 예외가 아니어서 나이가 들수록 고향을 그리워한다. 그러므로 "자신의 생명이 시작된 자리로 돌아가서 과거와 화해하고 창조적 삶을 살아야 한다는 의식이 인간의 발걸음을 고향으로 이끈다."고 한다.[3]

초허가 8세 때 떠난 고향은 결국 생존에 돌아오지 못하고 늘 그리워하다가 사후에 묻혔다.[4] 누구나 태어나서 자라고 살아온 곳 또는 마음속 깊이 간직한 그립고 정든 장소로서 다

---

2) 이미림, 「김동명 문학의 공간적 상상력 연구」『김동명문학연구』 제4호, 김동명학회, 2017, 135쪽
3) 송봉모, 『야뽁강을 넘어서 -집념의 인간 야곱』 바오로딸, 2002, 158쪽
4) 「강원일보」 2014. 4. 21. "시 파초로 유명한 초허(超虛) 김동명선생이 102년 만에 고향인 강릉으로 돌아왔다. 김동명 선생의 유족인 경주김씨 수은공파 강릉 사천 종중은 '서울 망우리 공원묘지에 있는 선생의 묘지를 지난

정함과 그리움, 동시에 안타까움의 정감을 주는 말이다. 고향은 일정한 형태로 공간·시간·사람이라는 세 요소가 불가분의 관계로 굳어진 단어이다. 생물학적 탄생과 함께 지리학적인 탄생이 고향이라 할 수 있다.

특히 공간적 개념인 고향집·고향마을·고향산천 등이 거론되고, 사람들이 살고 있는 그곳의 고향 사람과 그곳에 묻힌 조상, 그리고 객지에 나와 있는 고향 사람들로 범주화된다. 고향의 정신적·물질적인 영향은 그 사람을 평생동안 지배한다고 해도 과언이 아니다. 고향의 마을은 고향집의 공간적인 확대이면서 어떤 문화 형태를 형성하며 이웃과 벗과 일가친척이 된다.

김동명의 시 〈고향〉에는 마을 앞 시내, 물레방아, 수백 년 된 소나무, 그리고 밤에 울던 부엉새까지 정서적 범주에 속하고 경포, 동해 바다, 대관령 등이 유년기 기억 속에 지리학적인 시공의 공간으로 자리잡고 있다. 초허문학의 장소성으로 요소로 볼 때 고향의 중층성은 향수, 바다, 어머니로 분석하고 있다.5) 고향은 초허문학의 '헤테로토피아' 개념과 맞닿아 있는 바, 현실 속에 존재하는 이상적 공간으로 인식하였다.6)

초허의 외아들 김병우 교수(1928년생)의 글에는 부모와 살았던 생가인 강릉의 갈골마을 노동리로 동해가 멀리 보이는 야산 솔밭 속의 외딴집, 온갖 나무들이 가득한 정원이라 하였다.7) 1930년 북한 원산에서 찍어낸 김동명의 첫 시집 『나의 거문고』에는 즐거운 아츰(12편), 잔치(16편), 옛노래(15편), 외로울 쌔(20편), 麗島風景(12편), 異域風情(13편), 故鄕(20편), 瞑想의 노래(13편), 나의 거문고(散文詩 11편) 등 9개 항목으로 나누어 전체 132편을 수록했다.

10일 사천면 노동하리의 종중영원으로 이전했다'며 '선생이 어린시절을 보낸 강릉에서 영면에 들 것'이라고 11일 밝혔다. 이날 봉안식에는 유족과 종중 관계자들이 참석했으며 장정권 김동명문학연구회장은 헌시를 낭독하는 등 고인을 기렸다. 김동명 선생은 일제강점기에 활동한 민족시인으로 한국 현대문학의 새 지평을 연 인물로 평가받고 있다. 나의 거문고 하늘 진주만 세대의 삽화 나는 증언한다 모래 위에 쓴 낙서 등을 남겼으며 한국신학대학 교수, 이화여대 국문과 교수 등으로 재직했다. 1960년에는 참의원에 당선돼 정계에 진출했다."(강릉=원선영기자)

5) 남기택, 「김동명 시, 강릉, 로컬리티」『김동명문학연구』제4호, 김동명학회, 2017, 168~174쪽
6) 미셸 푸코, 이상길 역, 『헤테로토피아』문학과지성사, 2014, 48쪽 "푸코는 실제 장소를 갖지 않는 배치인 유토피아와 현실화된 유토피아적 장소인 헤테로토피아로 구분하였다. 헤테로토피아는 나머지 공간에 대해 어떤 기능, 즉 환상적 공간을 만들어내거나 다른 공간을 보정(compensation)하는 등의 기능을 수행한다"
7) 金炳宇, 「아버지 金東鳴에 관한 書翰」『金東鳴의 시세계와 삶』한남대학교 출판부, 1994, 206쪽 "저희 집은 동해가 저 멀리 바라 보이는 나지막한 야산 솔밭 속의 외딴 집이었습니다. 두 그루 소나무가 지키고 있는 築山과 오솔길도 나 있는 정원은 그분의 남부럽지 않은 領地였으며, 화단의 꽃들과 소나무, 무궁화나무, 사과나무, 복숭아 나무, 오동나무 등은 領地의 한다한 주민들이었습니다. 이 때문에 비록 역사 속에 홀로 서 있는 자의 고독은 있었지만 그 분은 결코 가난하지는 않았던 것입니다."

이 가운데 고향 항목에는 20편의 시가 들어 있는바 그 제목을 보면 ①故鄕 ②개 ③부흥새 ④할머니 ⑤아버님을 생각함 ⑥추위 ⑦벗을 생각함 ⑧여슷해 前 ⑨꼿이랄가 香氣랄가 ⑩燈臺쌀 ⑪조개껍질 ⑫앵도밧 ⑬비 ⑭雨野小景 ⑮生命의 曲調 ⑯코스모스 ⑰菊花 ⑱鳳仙花 ⑲淸調辭 등이다. 초허의 시〈고향〉과 〈부흥새〉를 보자.

"마을 압혜는 百餘里 산꼴 물을/모하 흘으는 시내가 잇고/시냇가에는 쌔쌔로 이상한 소리를 내이며/도라가는 물레방아가 잇습니다/마을 뒤에는 數百年 두고 자란 落落長松/바람이 지낼 쌔면 우수수 소리내고/밤저녁 어썬 쌔면 부흥새 와서 웁니다/南으로 十里는 鏡浦인데/東으로 十里 시냇물을 싸라가면 바다나지고/그리고 서울은 西으로 五百五十里/大關嶺을 넘어서 간담니다."8)

"이저는 옛이야기외다/내가 코쿨 압헤 안저서/코쿨밋헤 싸힌 솔쌍이로/우물 井字를 싸핫다 내럿다 할 쌔에/우리집 뒷솔밧헤선/부흥새가 울엇습니다…아버지 이웃사냥 가시고/어머니 큰댁으로 드러가신 뒤면/나는 언제든지 집을 보게 되엇지오/이러케 혼저서 집을 보고 잇슬 쌔에/뒷솔밧헤서 부헝새가 울면/아아 나는 얼마나 무서웟겟습니까/그적시면 문을 꼭 다다걸고/마당싸에 발자최 소리만 눈이 쌔지도록 강구엇드랍니다/그후 고향을 써난 뒤로는/(내 나히 여들살 쌔에 우리는 北쪽으로 이사를 햇습니다) 한번도 부헝새의 울음소래를 못드럿습니다/이러케 턱밋헤 수염이 검도록.…아, 심술굿고 작란 조하하든/내 故鄕의 각시들이어."9)

시 〈고향〉에는 산골물이 흐르는 시냇가와 물레방아, 낙락장송, 부엉새 등 공시적 대상이 등장하고 유명한 관동팔경의 경포대가 있는 경포, 동해바다, 그리고 아흔아홉굽이의 대관령 등이 고향의 정서적 원근으로 자리매김하였다.10)

---

8) 金東鳴, 〈고향〉『나의 거문고』新生社, 1930, 108쪽
9) 김동명 위의 책, 〈부흥새〉111~113쪽
10) 장정룡 외, 『경포대와 경포호의 문화산책』, (새미, 2009). 장정룡, 『대관령문화사』(동해안발전연구회,1996) 등에는 역사와 경승에 대한 논의를 하였다.

1908년까지 살았던 강릉에의 기억으로 볼 때 백여년 전의 강릉집 풍경은 마을 앞에 시냇가가 흐르고 물레방아가 있으며, 강릉의 상징인 오래된 소나무가 즐비하고, 바람소리, 새소리가 들리는 곳이다. 남쪽에 경포가 동쪽엔 시냇가가 있으며 서쪽 550리인 대관령 너머의 서울까지 시인은 상상한다. 대관령이라는 고개는 영동주민에게 '~너머의 세계'라는 독특한 사유를 예나 지금이나 갖게 했다. 대관령 저쪽은 영동주민들이 안고 있는 내밀한 심리와 정서로 간직되며 꿈과 상상력을 고양시켰다. 바닷바람으로부터 보호하기 위해 심어놓은 500년된 강릉지역의 소나무와 영동과 영서를 가르는 경계로 기후와 풍토의 특성과 산신제, 국사성황제와 연관된 지역적 정신적 문화적 상징성을 갖는 대관령은 강릉출신 작가에게 숲의 영감과 인내, 고통, 아픔, 한을 간직한 강릉사람들의 집단무의식을 담고 있다.…타지역보다 전통과 자연이 잘 보존되어 있는 강릉 로컬리티는 생태주의적이고 타자지향적이며 순박한 곳으로 김동명이라는 걸출한 한국근대시인을 배출하였다.11)

그의 시 〈부흥새〉는 '부헝새'라고도 작품에 표기했듯이 '부엉이'를 칭한 것이다. 이 시에는 고향집의 공간적 감성에서 초허는 부모님이 외출한 후에 집을 보고 있을 때, 안방에 설치한 코쿨 앞에 앉아 소나무 가지인 '솔깡이'(강릉방언)로 우물 정(井)자를 성냥으로 쌓듯이 쌓았다 헐었다 할 때 부엉새가 울었다. 어린 나이에 밤에 우는 부엉새 울음 소리가 무서웠다고 하였다. 그의 청각적 옛 심성에는 고향의 뒷솔밭 부엉새 울음이 오랫동안 여운처럼 남은 것이다. 초허 고향집에 설치한 코쿨은 그의 수필에 나올 정도로 어린 시절 추억으로 남아있다.

초허의 첫 시집 『나의 거문고』 고향시편에는 강릉의 시루봉이 등장한다. 증봉낙조(甑峰落照) 즉 시루봉의 낙조는 경포팔경 가운데 하나이다.12) 아름다운 경관의 시루봉에 올라 동해를 스쳐오는 맑은 바람을 쐬며 조국이 장차 어찌될 것인가를 고민하였고,13) 또한 1925년

---

11) 이미림, 「김동명문학관과 로컬리티 연구」, 『김동명문학연구』, 제6호, 김동명학회, 2019, 193~194쪽
12) 『臨瀛(江陵.溟州)誌』, 文旺出版社, 1975, 53쪽 "시루峰, 鏡浦臺의 主峯으로 甑峰落照라는 鏡浦八景中의 하나로 꼽힌다"
13) 심은섭, 「초허시의 동일성 원리의 양상 수용」『김동명문학연구』 제6호, 김동명학회, 2019, 127쪽 "의문을 갖게 하는 것은 '흰옷자락'이다. 모두가 주지하듯이 백의민족은 한국사람의 상징이며, 더 나아가 김동명의 입장에선 조국의 상징이다. 이어지는 싯귀에서 '흰옷자락'이 조국의 상징이라는 점을 분명하게 한다.…즉 '흰옷자락=한국사

의 청년 김동명은 동해변 백사장에 누워 진로를 고민하며 지향없는 자신의 마음을 피력하였다. 시루봉 즉 시루처럼 생긴 봉우리에서 유래했지만 초허는 이를 '시가 있는 봉우리'라는 의미로 환치하였다. 고향 풍광을 배경으로 한 우국시(憂國詩)〈詩樓峰에 올라서〉와 동해변의 〈힌모래우에〉두 편이다.

"나는 지금 詩樓峰 꼭닥이에 섯다/마치 제삼기를 지난 肺病쟁이와 가치/그러케 피폐하고 쇠약한 한 적은 거리를/발압에 나려다보며 여기에 서서/東海를 스쳐오는맑은 바람을 쏘이며 생각한다/게 싹지 업혀노흔듯한 집들 사이로 쭕린 길우에/펄넉이는 힌옷자락 느리게 움즉이는 적은 그림자/아아 장차 엇지나 될것인고/世紀를 거듭하야 지나는 동안에/생각하면 내몸이 이 峰으로 더부러 오래오래 여기에서서/저 힌옷거리의 運命을 직히고 십흐다만은-/아아 내마음을 괴롭히는 속적업는 생각이어 살아지라/그래도 四千年동안이나 이 쌍껍질 우에 부쳐두엇거늘/하고 또 세상은 비록 조금식이남아 밝아 오지안는가."14)

"힌모래우에 힌모래우에/한 적은 지향업는 마음이어/고요한 바닷물소래/거리김엄시 가슴에 슴여드니/아아 이는 탄식이런가/쏘한 그리움이런가"(一九二五年 七月某日에 내 東海邊 白沙場우에 누어놀다)

〈掬雛記〉의 국추는 '병아리를 움켜잡다'는 뜻이다. 어려서 살던 외가 구정면 구정리 갈미봉 꼭대기에서는 '生金'이 나는데 그것을 붙잡으면 부자가 된다는 외할머니의 말씀을 듣고 컸다. 여덟 살 때 외가 서당의 시회에서 장원을 차지했다. 운명의 신이 후년을 풍자하기 위해서 장원으로 농락했다고 자탄했다.15) 이것은 1946년 작품으로 최초의 수필집 세대의 삽

람'이라는 것과 '힌옷거리=김동명의 조국'이라는 등식이 성립되어 원관념과 보조관념이 서로 일체성을 이룸으로써 상징이 갖는 일차적 성격은 동일성이며, 김동명은 한국사람으로서 '힌옷자락'과 유리되지 않는 밀착성 곧 동일성(일체성)을 갖는다"

14) 김동명 앞의 책, 〈詩樓峰에 올라서〉 132~133쪽

15) 金炳宇, 「아버지 金東鳴에 관한 書翰」『金東鳴의 시세계와 삶』한남대학교 출판부, 1994, 215쪽 "선친의 타고난 詩才는 8세 때 신학문을 배우기 위해 고향 강릉을 떠날 때가 되어 外家에 작별 인사하러 갔을 때 이미 드러나게 됩니다. 며칠 머무는 동안에도 놀 수 없다고 하여 제 할머니께서는 선친을 마을 서당에 보내시게 되는데, 마침 그날 詩會가 있어서 선친도 한 수 적어낸 글이 장원으로 뽑히게 되는 것입니다. 선친에게는 시인으로 등단

화에 수록되어 있다. 이 작품에는 초허가 태어나 살았던 사천 노동리와 떨어져 있던 오대산 줄기가 내려온 주문진 장덕리 갈미봉 아래 외가댁과 서당이야기가 나온다.

> 내가 여기를 찾은 것은, 아마 襁褓에 싸였을 때 부터였는지도 모른다. 그러나 내 記憶은 물소리에서부터 시작된다…더우기 문을 열어 제칠양이면 시내 마즌 편으로 아슬아슬하게 높이 벗지르고선 산들이 쭈욱 橫陣을 치고 左右로 벌렸는데, 바로 향하여 正面으로는 마치 연꽃 봉오리처럼 둥그스럼하니 뾰쭉 치솟은 메뿌리가 쳐다보였다. 이것이 이 고장 사람들이 이르는 '갈미봉'인데 이 連山의 主峯格을 이루면서 내 外家와는 실로 이마를 맞대다 싶이 하고 있어 좋았다.…물소리를 들으며 갈미봉 건너다 보며 외할머니의 무릎에서 이런 이야기를 듣던 것을 이제 세어보면 어느덧 半世紀가 넘었것만, 노상 어제 일같이 기억에 새로움은 어인 까닭일고? 내 半生이란 필경은 갈미봉 꼭대기에 나타나는 '生金'을 기다리든 어린 時節의 저 허망한 기대의 연장이 아니었던가? 유별나게 矜持와 自尊心이 강한 내 어머니께서는 친정의 남에 없이 초라한 꼴을 비록 子息에겔망정 보이기가 싫으셨던지, 나를 外家로 다리고 가시는 일은 대단히 드물었다.16)

3. 가족에 대한 애정과 회억(回憶)

전통적으로 한국인들의 가족애는 남다르다고 할 수 있다. 가족은 사회의 중심이자 나라의 기틀이기도 하다. 조상숭배의 전통성이 강한 한국문화에서 가화만사성(家和萬事成)이라는 표현처럼 가장을 중심으로 한 가정생활은 시적 감성의 대상이 되고도 남는다.

가족(家族)은 현행 「민법」 제779조(가족의 범위)에서 그 범위를 기본적으로 자기를 중심으로 자기의 배우자, 형제자매, 직계혈족(부모와 자녀)을 포함하는 것으로 규정하고 있다. 또한 생계를 같이 하는 경우라면, 자기 직계혈족의 배우자, 배우자의 직계혈족, 배우자의 형제자매까지를 가족원으로 한다.

하기까지의 습작기가 별로 없었습니다. 곧장 詩壇의 인물이 된 것입니다."
16) 金東鳴, 〈掬雛記〉『世代의 揷話』日新社, 1959, 13~15쪽

초허의 작품에서 가족에 대한 정감의 표출은 부모님, 아내, 아들 딸에 대한 내용들이다. 먼저, 가족에 대한 내용이 담긴 시〈斷章〉은 1931년 긴 겨울에 쓴 것으로 셋방을 얻어 시작한 살림살이를 아내와 폭식가 장남 병우, 낙천가 장녀 월하와 살며 힘들게 꾸린 상황이 그려진다.

"山아래에 貰房을 얻어/젖은 行裝 펴치었다/안해는 동이 사려 저자로 나려가고/나는 뒷동산에 秋菊을 꺾어/어린 것을 달래다/한 밥상에 세 식솔 둘러 앉으니/아이놈은 고기 없다 트집잡고/안해는 어이 살까 걱정일세/그러나 나는 못드른채 뜰에 나려/코쓰모쓰의 휘인대를 발리다.…남의 집 터를 빌어 몇 마리 기른 닭이/한개 두개 낳은 알을 一心으로 몰았드니/띄끌 몰아 泰山이라 보그미에 그득 찼네/닭알을 헤여 보니 안해의 하는 말이/팔아서는 작란꾼의 설범이를 하자겠다/그러나 나는 '여보 마누라 쌀값은 언제물고/…暴食家 炳宇놈은 感氣로 一週日/樂天家인 月河아씨는 설사로 一週日/거기에 나마저 病이 드니/안해는 앓어 걱정 없어 걱정에/마음이 또 앓는 양 하니/그러면 우리집은 醫師없는 病院이든가/病兒를 품에 안고/남의 집 壁에 기대 앉어/슬며시 눈 감고/휘파람 부는 사나히/일천구백삼십일년 겨울은 길다"[17]

초허가 단란한 가정을 꿈꾼 그의 시 〈나의 뜰〉에 "나의 뜰은 나의 즐거운 조그마한 家庭이요/나는 내 삶에서 오는 고달픔을 대개 여기서 쉬오/울 밑에 몇 포기에 꽃과 나무, 그리고 풀과 벌레들은 나의 家庭이요"라 하여 정원은 가정이며 그곳의 모든 것은 가족이었다. 어머니와 같이 고마운 뜰로서 신묘한 계절의 변화를 일깨워주는 곳이므로 수필 〈정원〉에서 스스로 고백하기를 "나는 본시 정원을 좋아한다"고 했다. "나는 이제 한결 적적하지 않다. 마치 保姆처럼 이 어린 것들을 길러야 하니까"라고 말했다.

"내가 이남으로 도피해올 때 무엇보다도 아깝고 미련이 남는 것은 바로 이 정원이었다. 내 시집 眞珠灣에 실려 있는 庭園記는 바로 내가 고향을 하직하면서, 내 뜰의 花魂木靈에게 보내는 餞詩로 썼던 것인데, 시방도 나는 가끔 내가 남기고 온 내 '家族들'을 생각하며 愁然히 북녘 하늘을 바라보는 버릇이 있다"고 술회했다. 정원의 꽃에게 영혼을 부여하고 '내 가

---

17) 金東鳴, 〈斷章〉『시집 芭蕉』新聲閣, 1938, 74~79쪽

족들'이라 하였다.

  수필〈화단〉에는 접중화, 맨드라미, 진달래꽃, 민들레꽃, 해바라기, 홍목련 등 6가지 진종명화(珍種名花)를 갖추었다고 자랑하며, 이들 꽃에게 물주는 것에 대하여 "우리 아가씨들을 미역 감긴다고 말한다"며 애정을 가득 담았다. 예쁜 따님들 목욕시키는 부모의 마음과 같다.

  1947년 4월 13일, 초허는 북쪽의 공산치하를 벗어나 월남한 과정을 기술한 「월남기」 한 편에 〈모란꽃 방울질 무렵〉이란 제목의 글이 실려 있다. 가족을 두고 몰래 탈출해야 하는 순간, 잠든 어린 자녀들의 발으레한 뺨에 입술을 대고 떠나려 할 때, 그리고 아내를 포옹하고 석별하는 과정에서 눈물을 쏟았다. 실패면 모든 것이 끝나는 위험함, 잠깐 다녀온다는 거짓 하직을 대신하고 뜰에 나섰을 때 백모란이 눈에 밟혔다. 여기서 모란꽃 방울은 가족과의 애끓는 이별을 해야만 하는 초허의 눈물방울과 겹쳐진다.

  초허의 작품 가운데 부모에 대한 내용들이 몇 작품이 있는데, 1930년에 상재(上梓) 첫 시집 『나의 거문고』에는 일본 유학 중 늙고 병드신 아버님을 그리며 이국땅 밤하늘 밑에서 애끓는 생각을 담았다. 초허의 부친은 칠형제 중 다섯째로 무학(無學)이었으며, 거기다가 땅마지기 부쳐 먹기조차 어려운 가난한 살림이었다. 초허가 11대를 살아온 고향을 떠나기 전에 서당에 다녔던 것은 그 모친 신씨의 열의에 의한 것이었다고 한다.[18]

  그러나 세상의 온갖 쓴맛을 다 겪은 아버지에 대한 초허의 인식 저변에는 여장부와 같았던 어머니와 다른 정서가 깃들어 있다. 세고(世苦)에 시달려 초췌한 모습, 강릉지방 폭설에 혹 추우실까 괴로우실까 걱정되는 자식의 가슴에 피눈물이 맺힌다고 했다.

    〈아버님을 생각함〉
    "늙고 병드신 외로운 몸이, 세상에 온갖 쓴맛 다 겪으심은, 아들의 죄인지라, 가

---

[18] 김병우, 「아버지 金東鳴에 관한 書翰」 『金東鳴의 시세계와 삶』 한남대학교 출판부, 1994, 220~225쪽 "선친은 일본이 이 땅을 屬領으로 병합하기 2년 전인 1908년 11대를 살아온 강릉땅을 떠나 생전에 다시 돌아오지 않은 긴 旅路에 올랐습니다.···선친이 어머니의 손에 이끌리어 길을 떠났을 때는 列强의 세까지 끼어든 보수파와 개화당의 각축으로 나라가 온통 이리 기우뚱 저리 기우뚱 하던 때였습니다.···그러나 그 분에게는 모든 것이 確然했기에 발길은 一路 元山으로 향합니다.···선친이 元山을 찾게 된 것은 한마디로 신교육을 받기 위해서였습니다. 백년 전은 근대화의 세례를 위한 通過節次로 그 탈출을 요구한 것입니다.···저희 할머니께서는 30세가 안되었을 젊은 나이에 외아들의 손을 잡고 이러한 땅을 벗어나온 것입니다.···선친은 원산에서 보통학교를 나오지만 그곳에는 중등교육기관이 없는 연고로 咸興으로 가게 됩니다. 그곳에는 선교사들이 세운 永生高普가 있었던 것입니다. 이렇게 해서 함흥지방과 선친의 연고가 맺어지게 됩니다"

슴에 피눈물 서리어 맺침내다. 세고에 시댈리어 초췌하신 아버님의 얼골, 이즐날이 잇스리싸만은, 슬하에 못 모시는 마음이옴애, 異國 밤하늘밋헤 애끈는 생각 뿐임내다."19)

〈추위〉
"우리 故鄕에는 눈이 석자나 왓담니다, 그리고 零下二十二度, 十年來에 처음 추위라는 말 들음애, 三間草屋 우리 집에, 외로히 계신 아버님, 오즉 추우실싸 오즉 괴로우실싸, 마음 심히 걱정되어, 글월을 붓침내다."20)

눈이 석 자나 내린 고향 강릉, 영하 22도의 겨울철 세 칸 초가집에 외로이 계신 아버지에 대한 초허의 마음은 말할 수 없는 걱정스러움이 노출되었다. 부모에 대한 초허의 효심을 엿볼 수 있다.

『신동아』 1935년 6월호에 〈단상(斷傷)〉 〈전춘사(餞春詞)〉 등 두 편이 들어 있는 바, 〈전춘사〉는 1938년 펴낸 『파초』에 수록되어 있지만 〈단상〉은 김동명 시인의 시집들에 들어있지 않은 작품으로 확인됐다. 이 작품을 인용하면 아래와 같다.

"千萬번 잊고 잊고/다시 또 잊어야 하겠건만/마음으로 할 수 없는 것이/사람의 정(情)이 든가/아하 애닯다 잊을수는 바이없네/그러나 이미 깨여진 꿈 자최니/잃어진 꽃향기니/아니 잊고 어이리/하지만 잊자 하니/다시 또 못 잊겠네/아아 서러라 내 사람아/이것이 정(情)이든가/이것이 사랑이 든가"

〈단상〉은 전체 13행으로 구성된 서사적 서정시로서 김동명 시인의 부친과 부인이 『신동아』에 발표된 후 사망한 것을 감안하면 이 시에서 그리움의 대상은 1931년 세상을 떠난 어머니로 추정된다. 또한 "단상이 김 시인의 시집에 수록되지 않은 이유는 불분명하지만 각별히 생각하던 어머니에 대한 심경을 담고 있어 공개를 하지 않은 것으로 추정된다"며 "김 시

---

19) 金東鳴, 〈아버님을 생각함〉 『나의 거문고』 新生社, 1930, 38쪽
20) 김동명 위의 책, 116쪽

인의 작품 특징인 '상실감을 내용으로 한 기도문 형식'이 잘 드러난 시로 평가한다"고 심은섭 교수는 언급했다.21) 다음은 시집 『파초』에 실린〈어머니〉(1938년)이다.

> "아기는 어머니를 찾어 집을 나섰읍니다/이집에서 저집으로/이 마을에서 저 마을로/또한 들이며 山으로까지 두루 쏘다니며 어머니를 찾었읍니다/그러나 어머니는 아모데도 않게섰읍니다/.…저의 어머니께서 집에도 아니오신 것을 알게 된 아기는 곧 다시 집을 뛰처 나오기는 하였으나/이번에도 또 어대로 가야할지 방향을 잡을수가 없었읍니다/가 볼만한 곧은 이미 다 가 본터이라, 아기는 어대로 갈까 하고 망서리다가 마츰내 일시에 북바처 오르는 슬픔에 그만 목을 놓아 울었읍니다/'아기야 꿈을 꾸니. 이전 그만 깨여나거라' 별 보다도 더 먼 곧에서 오는듯한 지극히 가는목소리와 함께 부드러운 손낄이 아기의 뺨에 닿었읍니다/아기는 반짝 눈을 떴읍니다/거기에는 어머니의 빛나는 눈瞳子가 아기의 얼골을 듸다보며 빙그레 웃고 있었읍니다."22)

수필 〈어머니〉(1946년)에는 어머니가 강릉 고향집의 안방에서 불러 주던 민요 타박네와 전설, 옛 소설 등 다양한 구연을 했다. 은은히 피워놓은 아늑한 연분홍 불빛의 코쿨 앞에 마주앉은 어린 초허는 어머니로부터 새로운 세상들을 만났다.

> "타박디박 디박女야! 너 어디로 울며 가늬?… 내 나이 어렸을 제, 어머니의 무릎을 베고, 혹은 '코쿨' 앞에 마주 앉아, 어머니로부터 들은 이야기로 말하면, 달 속의 계수나무와 옥토끼의 이야기를 비롯하여, 은하수 가의 견우·직녀 이야기, 천태산마구할멈 이야기, 구미호 이야기, 장사 이야기, 신선 이야기, 그리고 '劉忠烈傳', '趙雄傳', '장화·홍련전', '심청전' 등 古談冊 이야기며, 이 밖에도 이로 들 수 없도록 많은 이야기를 들었지마는, 그 가운데서도 슬프기로는 타박女의 이야기가 으뜸이었다. 영영 가버린 어머니를 찾아, 슬피 울며 타박타박 걸어가는 타박女! 어디선가, 타박 女의 흐느끼는 우름소리 귓가에 들리는 듯하면, 타박 타박 걸어가는 타박女의 뒷모습이 눈앞에 서언하여, 나는 이 슬픈 환상 때문에 얼마나 울었는지 모른다. 아아, 타박女의

---

21) 〈동아일보〉 2015년 10월 28일자 기사 참조
22) 金東鳴, 〈斷章〉 『시집 芭蕉』 新聲閣, 1938, 113~114쪽

울음소리, 타박女의 뒷모습! 이것은 바로 내 눈물의 옛 고향이기도 하다. 그러나 나
도 어느 사이에 어머니를 잃은 '타박女'가 되었구나. 더우기 나는 어머니와 함께 눈
물도 童心도 다 잃어버린, 세상에도 가엾은 孤兒가 되고 말았구나!"23)

김동명의 수필 〈어머니〉에는 듣기에도 생소한 '코쿨'이 등장한다. 이것은 겨울철 활동이 여의치 않은 강원도 백두대간 산간지역의 추운 지방에서는 겹집을 짓고 살았을 때 외양간·방아실·곳간과 헛간은 물론 보통 부엌에 있는 숙화(宿火, 불씨 보관하는 곳)·화덕·아궁이·부뚜막 따위도 함께 만들어 놓았던 것이다. 특히 이런 시설 가운데 김동명의 수필에 나오듯이 방안에는 '코쿨'도 해놓았다.

'코쿨'은 '코클' '곡쿨' '곡홀' '콧골' 등으로 달리 표현하는데, 소나무가 많은 산간마을 안방의 귀퉁이에 설치한다. 소나무 옹이인 광솔(관솔)을 손가락 크기만 하게 잘게 쪼개어 이곳에 불을 붙여 태웠으며, 주로 등유 대신 등잔불 대용으로 불을 밝혀놓았다. 그 빛으로 책을 읽거나 여성들은 집안 일을 하였고, 겨울철에는 다소 난방 효과를 거두기도 했다.

'코쿨'이란 말은 지금 아는 사람이 많지 않지만 초허가 어린 시절을 보낸 1910년대만 해도 강릉 뿐 아니라 강원도 산골 골짜기 마다 연분홍 불빛의 훈훈함과 함께 어둠을 밝혔던 소중한 등잔과 같은 생활도구였다. 이것은 강원도 산간 지방에서 쓰던 흙으로 된 벽난로 형태가 마치 사람의 콧구멍과 비슷한 데서 유래한 것으로 전한다. 굴피집, 너와집, 저릅집, 청석집 등은 두렁집 또는 귀틀집이라고도 하는데 지붕에 얹은 재질에 따라 참나무껍질인 굴피, 소나무를 얇게 만든 너와, 대마 줄기인 저릅, 편무암의 조각편을 얹은 청석 등 강원도 태백산맥 산간일대의 주택들이었다.

'코쿨'의 어원에 대해서는 그 모양새가 '코의 굴'처럼 생겼다고 하는 형태론적 어휘설과 아궁이의 속을 뜻하는 '고쿠락'과 연관이 있을 듯하다. 초허의 고향집, 가족들과의 추억에서 '코쿨'은 중요한 문학감성적 어휘이다.

코클이란 참 생소한 낱말이다. 일명 코쿠리·코쿨·코굴 등으로도 불리는 이것은 조
명과 난방을 겸한 화전민의 생활기구였다.…코클은 집안의 일부 시설물로서 방안의

---

23) 金東鳴, 〈庭園〉『世代의 揷話』日新社, 1959, 9~10쪽

벽 모서리에 바닥으로부터 50cm에서 1m정도의 높이에 설치한다. 앞은 방을 향하여 입을 벌리게 만들고 굴뚝은 벽을 따라 천장 위까지 올라간다. 코클에는 '속깽이'라는 소나무 광솔을 때는데 기름이 많아 오랫동안 방을 밝힐 수 있었다.[24]

'구들'은 필시 '구운돌'이라는 말로 온돌의 뜻이라. 지금 온돌을 곳 방이라는 의미로 쓰는 것으로 미루어 구들을 방이라는데도 하등의 불합리가 있는 까닭이 없건만 근세에 와서 서울말의 세력에 의함인지 구들을 방이라는 편은 점점 줄어들어 갔다. '구두락'이란 말도 옛날의 산골에서는 방 속에서 관솔을 때는 시설을 이르는 것인데, 지금 일부의 지방에서는 아궁지 속을 '고쿠락'이라 부르고 있다. 산골 사람은 불 때는 방을 덥게 하는 동일한 시설임에 틀림이 없다."[25]

어두운 밤을 밝히기 위하여 기름을 이용한 등잔이 나오기 전에 콧골은 조명 시설이다. 이것은 주로 안방 벽 구석에 설치된다. 방바닥에서 40cm정도 되는 높이에 두터운 널쪽을 귀에 맞게 대고 그 위를 흙으로 원통처럼 쌓거나 싸리나무로 틀을 짠 위에 흙을 바른다. 이 원통은 위로 올라갈 수록 좁아지며 천장 바로 밑에서 정지 쪽으로 뚫고 원통 밑 부분에는 일변 20cm정도의 사방형 아궁이를 뚫어놓았다. 저녁때가 되어 어두워지면 이곳 관솔에 불을 지펴서 방안을 밝히고 연기는 원통을 따라 올라가서 정지 쪽으로 빠져나가며 콧골에 불빛은 은은하고두 아늑하게 방안에 퍼져나간다.[26]

초허 김동명이 고향을 늘 그리워하였고 돌아가신 어머니를 그리워한 감정을 표출한 시 가운데 주목되는 작품으로 〈꿈에〉가 있다.

시인에게 있어 어머니의 존재는 절대적이다. 자식 하나 공부시키기 위해 미련없이 고향을 떠나 함경도 원산으로 간 분도 어머니요, 그가 중학을 나올 때까지 학비를

---

24) 장정룡, 『민속의 고향 강원도세상』 동녘출판기획, 1999, 170~171쪽
25) 洪起文, 「言語와 民俗」, 『문화유물』 제1호, 조선물질문화유물조사보존위원회, 1949, 44쪽
26) 임상규, 『삼척지역의 민가 두렁집이야기』 삼척시립박물관, 2011, 317~318쪽

대기 위해 삯바느질에서부터 닥치는 대로 일한 분도 어머니다. 아마도 어머니가 아니었더라면 꾸준히 학교를 다녀 교원이 되고, 동경 유학까지 갔다 온 지식인으로서의 그는 없었을 것이다. 그런 어머니가 1931년 세상을 떠났다. 삶의 온갖 역경을 겪고 '내가 이 다음에 커서 무엇이 되기를 바라느냐?'는 자식의 물음에 '강릉 군수가 되어주렴'하며 고향에 대한 향수에 잠겼던 어머니가 아니던가. 그 존재를 그가 어찌 잊을 수 있었겠는가. 결국 꿈에 어머니가 나타난 것이다. 그러나 깨어보니 어머님이 그리워하던 곳이자 자신의 고향인 강릉은 일 천리 길이고, 돌아가셔서 계신 저승의 '명도'는 더욱 멀다. 그러니 향수에 젖을 수밖에 없다. 시의 내용을 보면 가을비가 내려 오동잎과 포구가 비에 젖고, 향수도 그에 따라 젖는 것으로 되어 있지만, 내포된 시인의 감정은 그렇게 단순하지 않다. 어머님에 대한 사모의 정과 겹쳐 고향에 대한 그리움이 말할 수 없이 깊다. 이 시는 전체의 길이가 6연 12행이고, 각 행의 자수가 적어 짤막한 형태를 이루고 있지만 행간에 내포된 의미는 상당히 함축적인 가작이다. 초허의 시인으로서의 재능을 이 시를 통해 엿볼 수 있다.[27] (시) 꿈에, 어머님을 뵈옵다 깨니/故鄕 길이 一千里/冥途는 더욱 멀어/窓밖에 가을비 나리다/梧桐잎, 浦口와 함께 젖다/鄕愁, 따라 젖다.

김동명 시편에 많이 나타나는 모성이미지는 그의 삶에 어머니의 영향이 컸음을 짐작케 하는바, 작가에게 가장 큰 영향을 끼친 모친의 성품이나 교육방식은 〈어머니〉와 〈국추기〉에 잘 나타나 있다.[28] 초허는 1931년에 돌아가신 어머니에 대한 그리움과 자식을 기대하는 어머니의 마음을 의식하며 살았으므로 사모의 정과 고향을 그리는 마음에서 작품에서나마 고향으로 돌아가고자 하는 의식을 보여주었다고 평가한다.[29] 작가의 고향인 강릉 사천마을, 구정 갈미봉 아래에 사신 외할머니의 정감어린 손주사랑, 강인하고 냉철한 어머니의 성품 등에 문학적 영감을 받았다고 할 수 있다. 시 〈哀詞〉는 작고한 어머니에 대한 슬픈 곡조이다.

어머니 病을 얻어/他鄕에 누으시니/마음은 옛 깃을 그려/구름밖에 머물고/視線은

---

27) 박호영, 「김동명 시에 나타난 낭만주의적 시의식」, 『김동명문학연구』 제2호, 김동명학회, 2015, 39~40쪽
28) 이미림, 「김동명 산문에 나타난 타자지향성과 디아스포라의식」, 『김동명문학연구』 제1호, 김동명학회, 2014, 115쪽
29) 유희자, 「김동명 시의 모성적 상상력 연구」, 『김동명문학연구』 제2호, 김동명학회, 2015, 164~165쪽

그리운 이들을 찾아/푸른 山에 막히도다/달빛이 샘물 같이 찬/귀또리 우짖는 밤에/
님 홀로/눈을 어이 감으신고/아아, 세상에 슬픈 노래 한 曲調/이리하야 끝 나단 말
이…/主의 城 밖에 외로이 이른 길손 한 분/고이 맞으시라, 비나이다!30)

  김동명의 시 가운데 "〈꿈에〉〈哀詞〉등의 詩篇에 描寫된 어머니에 대한 절절한 그리움과 期待는 個人의 죽음으로부터 歷史的 狀況으로 擴散된다. 급기야는 거룩한 어머니의 永遠한 모습으로 形象化되어 超虛가 認識하고 있는 '黃昏의 고요한 품'까지 연상적으로 脈絡을 이어 가게 한다. 그 자신 산다는 自體가 본시 슬프고 외로운 것이라고 披瀝하면서도 삶에 대해서는 憐憫의 情을 품고 있다"고 논평한다.31)

  앞서 서술한 바, 초허는 1926년에 지정덕과 결혼하여 병우·월하·월주가 태어났으며 본처와 사별 후 1942년 이화여전 음악과 출신 이복순 교수와 재혼하여 슬하에 월정과 월령을 두었다. 초허의 결혼과 관련하여 외아들 김병우는 다음과 같이 피력하였다.

저는 두 분의 어머니에 관하여 말하지 않을 수 없습니다. 한 어머니는 제가 9세 때 세상을 하직한 생모이고, 또 한 분은 10세 때 출가해 오셔서 제게는 책의 세계 속에 潛心하는 계기가 된 한편 생활의 규율을 잡아가는 데도 결정적인 영향을 주신 어머니입니다. 생모는 살림이 꽤 넉넉했던 선비 집안 출신이었습니다. 선친의 중학 동창이었던 큰 오라버니는 숭실대학을 니왔고, 그 분 자신도 선교사가 세운 여학교에서 신교육을 받은 분이었습니다.…또 한 분은 13세 때 梨花學堂에 입학하여 梨花女專을 나오기까지 줄곧 수석으로 학업을 마친 분으로 월남한 후에 모교에서 교수로 재직 중 저희가 결혼한 해에 세상을 떠나시게 됩니다.…어머니는 깔끔하고 총명했습니다. 실로 선친의 가난은 그 분의 詩世界를 담은 그릇이었습니다. 저는 이것은 두 어머니 덕분에 아무런 어려움 없이 그리 될 수 있었다고 확언할 수 있습니다. 한 분은 어질고 착한 심성 때문에 말 없이 고달픈 삶을 從하셨고, 또 한 분은 뛰어난 총명으로 말없이 가난을 이겨나간 것입니다.32)

---

30) 金東鳴, 『眞珠灣』 梨花女子大學校 出版部, 1954, 14~15쪽
31) 嚴昌燮, 『金東鳴硏究』 學文社, 1987, 111쪽
32) 金炳宇, 「아버지 金東鳴에 관한 書翰」『金東鳴의 시세계와 삶』 한남대학교 출판부, 1994, 207~209쪽

수필〈전환 180도〉에는 첫 부인과 사별 후 1942년에 재혼한 아내 이복순 교수와 일화가 들어있는데 180도로 달라진 부인에 대한 글이다.

> 이건 우리들이 약혼하기 전 이야긴데-그동안 구혼을 목적으로 몇 번 만나 봐야 암만해도 내 초라한 행색을 달갑게 여기지 않는 눈치기에, 나는 이 맹랑하고도 깜찍한 여교원에게 한 개의 고상한 취미를 설교해 주리라는 뱃장에서…아무튼 여왕처럼 떠 받들고 달래어서, 필경 내 집 부엌간으로 유인하기에 성공한다 치드라도, 그 뒷조처가 노상 켕기지 않는 바도 아니었으나, 내 스스로의 솜씨에 대한 자신도 만만하였음을 물론이지마는, 무엇보다도 저의 총명을 이미 滿喫한 터이라, 무엇이 염려랴 했더니, 아니나 다를가, 그렇듯 깔깔하고 쌀쌀하던 이 사람이 일단 결혼식을 치루고 나자, 이건 또 백팔십도의 급전환으로 어떻게나 싹싹하고 고분고분해 지는지, 세상에 이런 법도 있는가 싶었드랍니다.…개가죽 防寒帽子에 챠프린의 것 같은 구두를 신고 지팽이까지 짚고 나설양이면, 내사 내 주제가 저윽히 민망스러울 지경인데, 그래도 어데로 동행을 청하면 노상 어린애처럼 좋아하며 따라와 주니, 이런 신기할 데가 어디 있겠 읍니까. 어떤 때는 둘이 걸어가다가 '남들이 우리를 부부로 볼까'하고 서로 마주 보면 웃은 적도 있었드랍니다. 이것은 내게, 아니, 우리에게 있어서는 하나의 흐뭇한 幸福感을 의미하는 경우이기도 했음은 두말할 것도 없으리다.33)

초허의 아내 사랑은 〈카라〉에서 구체화된다. 카라(calla 칼라)는 결혼과 장례에 가장 많이 사용되는 꽃이다.34) 그는 이 꽃에서 이미 세상에 없는 저 세상으로 떠난 아내의 체취를 그윽히 풍겨주는 슬픈 추억을 생각해낸다.

> 내가 이 花草에 유난히 情이 끌리는 것은…이젠 즉 이미 세상에 없는 내 아내의 體臭를 그윽히 풍겨주는 슬픈 追憶이, 바로 '카라·리리'란다! 그러기에 '카라·리리'는 내게는 영원한 그리움이요, 또 슬픔이기도 하다.35)

---

33) 金東鳴,〈轉換.一八十度〉『世代의 揷話』日新社, 1959, 24~26쪽
34) '카라'는 칼라(calla) 꽃으로 외떡잎식물, 산부채속 식물의 원예품종이다. 부케에 가장 많이 사용되는 꽃, 조의용 관장식에 사용되는 꽃으로서 인생의 새로운 시작인 결혼식과 인생의 마지막 장례식에 쓰인다. 삶의 시작과 끝을 의미하는 꽃으로서 시간의미가 담겼다.

초허에게 있어 가을의 꽃이 '다알리아'였다면 겨울의 꽃으로 단연 '카라'였다. 마치 마리로랑상의 여인상을 연상시킨다고도 했으며, 등불 아래 졸리는 눈으로 바라보면 푸른 이파리 사이에 앉은 한 마리 흰 나비같기도 하고, 불을 끄고 달빛서린 창아래서 비춰보면 푸른 소나무 위에 잠든 한 마리의 백학같다는 명문을 남겼다.

그러기에 "겨울에 기르는 花草로는 아스카라가스의 異國的인 보헤미안 趣味도 버릴 것은 못되고, 水仙花의 처녀같은 東洋的 情趣도 미상불 반갑지 않은 바 아니나, 그래도 나더러 하나만 골라 잡으란다면, 나는 이것 저것 다 젖혀놓고 '카라·리리'에게 請婚하기를 서슴지 않겠다."는 표현으로 영적 결혼을 요구했다.

초허는 자녀의 성장에 지극한 관심을 보였다고 하는바, 장남은 "아버님은 자녀들을 무척이나 사랑하셨으나 굳이 행동으로는 나타내 보이지 않으셨다. 내 기억으로 두어번 나를 앉아 무릎에 앉게 하였을 뿐, 누이들은 어느 누구도 무릎에 앉히지 않으신 엄한 분이었다"고 회상하였다.36)

초허가 사랑했던 자녀 가운데 '월정'이 태어난 1944년 5월 28일 아침 녘에 운명의 첫대면을 하고 사흘 뒤에 백모란이 아가를 맞아주었다고 한다. 그는 백모란과 옥동녀를 일체화하였다. 수필 〈딸을 말한다〉에서 "五月은 내가 제일 좋아하는 계절인데다가, 겸하여 백모란 꽃봉오리 같은 옥동녀를 얻었으니 계절의 미소가 한결 더 고맙고 즐거웠을 밖에-아마도 내 인생의 全 歷程을 통하여, 가장 행복스러웠던 시절이 든가 보다"고 하였다.

〈딸을 말한다〉는 딸의 이름, 딸의 말, 자서전, 서글픈 일 등 네 부분으로 나누어져 있다.37) 딸이 영원한 꿈과 노래와 진실과 깨끗함과 아름다움 속에서 살기를 바라는 작명부터 백모란 꽃봉우리같은 옥동녀가 태어난 것을 인생역정에서 가장 행복했던 시절이라 하였다. 또한 딸의 말배우는 시기, 이북에서 월남할 당시 그리고 6.25사변 중에 딸을 업고 피난하는 등 딸과 함께 한 인생의 자서전이라고도 표현하였다. 초허의 딸에 대한 사랑이 넘치는 글이다. 마지막 서글픈 일은 대학생이 된 딸과의 거리가 벌어진 것을 말하였다.

---

35) 金東鳴, 〈카라〉『모래위에 쓴 落書』金東鳴文集刊行會, 1965, 130쪽
36) 嚴昌燮, 『金東鳴硏究』, 學文社, 1987, 146쪽
37) 『김동명 수필수기집, 모래 위에 쓴 落書』金東鳴文集刊行會, 1956, 153~159쪽

여자가 좋은 이름을 가진다는 것은, 좋은 옷이나 값진 패물을 지닌다는 것보다는, 비교도 안되리만큼 훨씬 자랑스러운 거라고 생각한다. 어떠면 좋은 집이나, 아니, 아름다운 얼굴과도 맞 견줄만하게 자랑스러운 일일지도 모를상 싶다…나는 본시 내 딸을 위하여 되도록이면, 좋은 이름을 지어주고 싶었다. 그래서 끙끙 머리를 짜낸 결과가 겨우 '月汀'이었다.…月汀이란, 알기 쉽게 우리말로 풀어본다면, 잔물살 찰랑거리는 시냇가나 혹은 호숫가에, 흥건히 어린 달빛이라는 뜻이 되겠는데, 이것을 좀 더 줄인다면 '달빛 가득 서린 물가'가 된다.…나는 내 딸이 영원한 꿈과 노래와 진실과 깨끗함과 아름다움 속에서 살기를 바라는 뜻에서, 이렇게 이름지어 주었다.(딸의 이름)

이 애가 나기는 1944년 5월 26일, 당시로 말하면 비록 패망의 길로, 내리막 고비를 달리는 판이라고는 하나, 아직도 오히려 서슬이 푸르던 일제 때 흥남부 질소비료회사 병원 산부인과 산실에서였다. 사흘 뒤 그러니 좀 더 자세히 말해서 1944년 5월 28일 아침녘에 나는 이 아이와 비로소 운명의 초 대면을 했고, 또 사흘 뒤에는, 때마침 눈부시게 피어나고 있던 내 집 뜰의 백모란이 우리 아가를 맞아주었다. 5월은 내가 제일 좋아하는 계절인데다가, 겸하여 백모란 꽃봉오리 같은 옥동녀를 얻었으니, 계절의 미소가 한결 더 고맙고, 즐거웠을 밖에- 아마도 내 인생의 숱 歷程을 통하여 가장 행복스러웠던 시절이든가 보다.(딸의 말)

이 애가 이남으로 넘어온 것은, 바로 네 살쩍 일인데, 한탄강을 건너서 동두천으로부터 서울로 들어오는 기차를 탔을 때…그리고 6.25 난리가 터진 것은 바로 이 애가 일곱 살 때의 일인데, 이 해에 처음으로 초등학교에 들었었다. 6.25 난리통에 나는 이 아이를 둘러업고, 남 먼저 이화고지를 넘어서, 한강 인도교를 건넜고…내 등에는 운명마냥 月汀이가 업혀 있었음은 물론이다. 세상에 어느 제왕이나 長相이 능히 나를 이렇듯 酷使할 수 있었으랴. 나의 모든 화려했던 추억이 그렇듯이, 내 인생의 쓰고 떫었던 기억도, 대개는 이 아이와 함께 있었다. 그러므로 이 아이는 내게는 산 自敍傳이기도 하다.(자서전)

이제 이 아이는 어느새 대학 2학년.…아무려나 시방 와서 새삼 느껴지는 것은, 우리는 어느새 서로, 다른 운명의 하늘 밑을 향하여 걷고 있다는 사실이다. 저와 나와의 사이에, 자꾸 거리가 늘어만 가는 것은 어쩔 수 없는 일이리라. 허나, 벌어진다는 건 결국 슬픈일. (서글픈 일)

〈딸을 말한다〉에는 시집 『진주만』에 있는 〈아가의 말〉이 들어있다.38) 딸 '월정'이에 대한 그의 글은 〈아가의 말〉〈아가의 꿈〉〈아가의 날〉 세 편이며 시집 『진주만』에도 수록되어 있는데 이를 일부분 소개한다.39)

〈아가의 말〉
내 오래건만에 겨를을 마련하여 書齋에 홀로 앉아서 秋庭賦를 읊고 있으려니/月汀 아기 방그시 門을 열고 들어와 날다려 하는 말이/'아바 맘마 남나' 무슨 영문인지 몰라 멍하니 바라 보노라니/ 또 한번 '아바 맘마 남나'다/아내가 아랫 방에서 눈치를 채고 '진지 잡수시래요' 하고 번역한다/나는 이때부터 아가의 말에 興味를 느끼기 시작했던 것이다/…이와 같이 우리 아가는 곳잘 말과 文法을 創造한다/나는 우리 아가를 위하야 이제 조그마한 辭書를 한 卷 엮어야 할까부다.

〈아가의 꿈〉
아가는 어떤 꿈을 꿀까/아내는 빙그레 웃고 말이 없다/아가야 너는 어떤 꿈을 꾸니/말을 모르니 대답이 없을 밖에/그러면 내가 대신 아가의 꿈을 이야기해 보리라/아가는 자장노래를 불러 주지 않아도 곳잘 골골 곳잘 든다/아가는 쪼-꼬만 太陽이 쪼-꼬만 處女처럼 방글방글 웃는 마을에 산다/쪼-꼬만 '꼬째'나무밭고, 쪼-꼬만 집과, 쪼-꼬만 강아지와, 쪼-꼬만 병아리와/그리고 쪼-꼬만 아저씨와 쪼-꼬만 아야들

---

38) 시집 『진주만』에 수록된 시의 제목은 〈아가의 말〉이다. 그러나 金東鳴 隨筆·手記集, 『모래위에 쓴 落書』, 新雅社, 1965, 155쪽 수록된 내용에는 제목이 〈딸의 말〉이다. "내 오래간만에 겨를을 마련하여, 서재에 혼자 앉아서 秋庭賦를 읊고 있으려니, (月汀) 아기 방긋이 문을 밀고 나더라 하는 말 '아바 맘마 남나'…아내가, 아랫 방에서 눈치를 채고 '진지 잡수시래요' 하고 번역한다. 나는 이때부터 아가의 말에 흥미를 느끼기 시작했다(하략)"

39) 金東鳴, 『眞珠灣』 梨花女子大學校 出版部, 1954, 32~40쪽
김월정, 「나의 아버지 초허 김동명」 『문예운동』 제86호, 문예운동사, 2005, 48~62쪽

이 사는 마을이다/…그래서 우리 아가는/아츰마다 눈만 뜨면 '꼬째'를 찾나보지.

〈아가의 날〉
　아가는 아야를 만나려 싯나무 선 築山길로 돌아간다/아가는 아야와 놀다가 싯나무 선 築山길로 돌아온다/아가는 채송아 밭머리에서 논다/아가는 강아지도 아야라고 생각한다/아가는 엄마를 부르며 섬돌위에 쪼-꼬만 신을 벗는다/아가는 人形을 안고 섬돌 위에 쪼-꼬만 신을 신는다/아가는 담쟁이 잎이 빨깧게 물 든 돌기둥 앞으로 간다/아가는 빨갛게 물든 담쟁이 잎도 꽃이라고 생각한다/아가는 落葉을 주으며 논다/아가는 落葉도 이뿐 치마라고 생각한다/아가는 또 엄마가 보구싶다/아가의 날이 저믄다.

어머니 손에 이끌려 원산으로 떠난 초허는 강릉의 갈미봉 아래에 사신 할머니를 생각하며 눈물로 베개를 적셨다고 하였다. 갈미봉은 갈모처럼 봉우리가 생겼다고 하여 붙여진 이름으로 고향 강릉 사천에서 멀지 않은 주문진 장덕리 갈미봉으로 보인다. 산줄기가 마을을 양쪽으로 감싸고 돌고 물이 동해로 흘러간다. 이곳에 사시던 할머니의 부음을 듣고 어렸을 때 끔찍이도 좋아하던 주름살 가득한 그 모습을 세상에 다시 뵐 수 없다고 슬퍼하였다.

　내 外家로 말하면 五臺山 줄기의 한 갈래가 칡순처럼 東쪽으로 뻗어 나리고, 여기에 沿하여 이 멧줄기의 기슭을 씻으며 東海로 東海로 흘러가고 있는, 어떤 시냇가 언덕 위에 있었다.…감나무와 밤나무가 많이 늘어선 마을이었으나, 내 外家는 마을에서도 조금 떨어져 시내 가까이 돌담을 두른 조그마한 오막사리였는데, 여기에 食率이라야 단 두 늙은이. 서로 의지하고 살아가는 꼴이 흡사 아이들 소꼽놀이 같앴다40)

〈할머니〉
"그쌔 우리가 살게 된 바닷가는/故鄕을 써난 一千里엿습니다/낫이면 처음사교는 동무들과 놀기에/마음의 여유가 업섯스나/밤이면 나는 쌔쌔로 우리 할머니를 생각하

---
40) 金東鳴, 〈掬雛記〉『世代의 揷話』日新社, 1959, 13쪽

고/눈물로 베개를 적시엇습니다/얼마 안이 지나가서/우리는 南쪽으로부터 오는 손에게서/우리 할머니의 소식을 들엇습니다/손자가 보고십다고 하시면서/늘마다 한숨을 쉬이신다는 이야기를 들은/어린 손자의 마음은 한층더 설벗습니다/그리고 잇해가 지낸뒤 엇던날에/우리는 故鄕을 떠난 千里 他鄕에서/놀라울사 할머니의 訃音을 밧게 되엇습니다/이리하여 나는 마츰내 내어릴 쌔에 씀직이 조하하든/우리 할머니의 줄음살 가득한 얼골을/다시는 이 세상에서 뵈울수가 업게 되엇습니다."41)

4. 맺음말

김동명 작가의 고향은 풍속이 돈후하고 산자수명한 강릉땅이다. 그가 남긴 작품에는 고향에 대한 정서적 표출이 담겨있으며, 이는 문학적 상상력의 원천으로서 자리잡고 있다. 또한 가족을 소재로 한 작품들도 고향과 같은 정서적인 범주에서 초허문학의 중요한 모티브이다. 어린 시절을 보낸 초허의 고향 강릉은 남달랐다. 8세 때 어머니의 손에 이끌려 원산으로 가기 전에 살던 동햇가의 고향 땅을 영원히 잊을 수 없이 마음속에 오래 자리잡고 있었다. 이러한 토포필리아는 김동명 문학의 주제의식과도 연결되는데, 사람과 장소 또는 배경의 정서적 유대를 갖는다. 김동명의 시와 산문에 등장하는 바다, 강, 호수는 고향 강릉의 문학지리적 특성이며 이러한 뭍의 상상력은 주도 모티브로 작동하며 김동명 인생과 사상과 문학에 영향을 끼쳤다. 그가 어려서 떠난 고향은 결국 생존에 돌아오지 못하다가 사후에 강릉에 묻혔다. 고향은 누구나 태어나서 자라고 살아온 곳 또는 마음속 깊이 간직한 그립고 정든 장소로서 다정함과 그리움, 동시에 안타까움의 정감을 주는 말이다. 고향은 일정한 형태로 공간·시간·사람이라는 세 요소가 불가분의 관계로 굳어진 단어로 생물학적 탄생과 함께 지리학적인 탄생이라 할 수 있다.

특히 공간적 개념인 고향집·마을·산천, 사람들이 살고 있는 그곳의 고향 사람과 그곳에 묻힌 조상, 그리고 객지에 나와 있는 고향 사람들로 범주화된다. 고향 마을은 고향집의 공간적인 확대이면서 어떤 문화 형태를 형성한다. 김동명의 시에는 강릉 노동리 마을 앞 시내, 물

---

41) 金東鳴, 『나의 거문고』, 新生社, 1930, 114~115쪽

레방아, 수백 년 된 소나무, 밤에 울던 부엉새까지 정서적 범주에 속하고 경포, 동해 바다, 대관령, 갈미봉 외가 등이 유년기 기억 속에 지리학적인 시공의 공간으로 자리잡고 있다.

초허작품의 가족에 대한 애정과 회억(回憶)을 요약하면, 세상의 온갖 쓴맛을 다 겪은 아버지에 대한 인식 저변에는 여장부와 같았던 어머니와 다른 정서가 깃들어 있다. 세고(世苦)에 시달려 초췌한 아버지의 모습, 고향의 폭설로 걱정되는 자식의 가슴에 피눈물이 맺힌다고 했다.

김동명 시의 모성이미지는 그의 삶에 어머니의 영향이 컸음을 짐작케 하는바, 초허는 1931년에 돌아가신 어머니에 대한 그리움과 자식을 기대하는 어머니의 마음을 의식하며 살았으므로 사모의 정과 고향을 그리는 마음에서 작품에서나마 고향으로 돌아가고자 하는 의식을 보여주었다.

초허의 자녀는 1남 4녀인데 자녀들에 대하여 겉으로는 엄격하나 속깊은 애정을 갖고 있었으며, 태어난 딸이 영원한 꿈과 노래와 진실과 깨끗함과 아름다움 속에서 살기를 바라는 작명부터 백모란 꽃봉우리같은 옥동녀가 태어난 것을 인생역정에서 가장 행복했던 시절이라 하였으며, 딸과 함께 한 인생의 자서전이라고도 표현하였다. 마지막으로 고향의 외가인 갈미봉 아래에 사셨던 할머니에 대한 그리움을 절절하게 표현하였다.

[참고문헌]

金東鳴, 詩集 나의 거문고, 新生社, 1930
金東鳴, 詩集 芭蕉, 新聲閣, 1938
金東鳴, 詩集 하늘, 文隆社, 1948
金東鳴, 詩集 眞珠灣, 梨花女子大學校 出版部, 1954
金東鳴, (政治評論集) 敵과 同志, 昌平社, 1955
金東鳴, 詩集 目擊者, 人間社, 1957
金東鳴, (政治評論集) 歷史의 背後에서, 新雅社, 1958
自由文學 1959년 6~10월호, 韓國自由文學者協會, 1959
金東鳴, (隨筆集) 世代의 揷話, 日新社, 1959. 9
韓國詩人協會, 'My mind is'(Kim Dong-Myong)Korean Verses, 大韓公論社, 1961
金東鳴文集刊行會 編, (詞華集) 내마음, 新雅社, 1964
金東鳴文集刊行會 編, (評論集) 나는 證言한다, 新雅社, 1964
金東鳴文集刊行會 編, (隨筆·手記集) 모래위에 쓴 落書, 新雅社, 1965
李姓敎, 金東鳴硏究, 誠信女大 硏究論文集, 第四·五輯, 誠信人文科學硏究所, 1972
嚴昌燮, 超虛 金東鳴文學硏究, 成均館大大學院 國語國文學科 博士學位論文, 1986
嚴昌燮, 金東鳴硏究, 學文社, 1987
金炳宇 外, 金東鳴의 詩世界와 삶, 한남대학교출판부, 1994
장정룡, 대관령문화사, 동해안발전연구회, 1996
김용직, 한국현대시인연구(하), 서울대학교출판부, 2000
문덕수 외, 한국현대시인연구(上), 푸른사상사, 2001
장정룡 외, 경포대와 경포호의 문화산책, 새미, 2009
이-푸 투안 저, 이옥진 역, 토포필리아, 에코리브르, 2011
장정룡, 김동명 산문의 시대적 양상고찰, 김동명 문학관개관기념학술세미나 자료집, 강릉문인협회, 2013.7.3
장정룡, 초허수필의 '꽃이미지와 그 지향성 고찰, 제13차 심연수한중학술세미나 자료집,

심연수선양사업위원회, 2013.10.2.

미셀 푸코 저, 이상길 역, 헤테로토피아, 문학과지성사, 2014

장정룡, 김동명 수필의 월남과 피난의 표출양상, 김동명문학연구, 제1호, 김동명학회, 2014,

장정룡, 김동명 수필집 세대의 삽화의 작품특질 고찰, 김동명문학연구, 제2호, 김동명학회, 2015

심은섭, 한국현대시의 표정과 불온성, 푸른사상, 2015

유희자, 김동명 시의 모성적 상상력 연구, 강릉원주대 교육대학원 석사논문, 2015

장정룡, 김동명 수필 어머니의 서사구조 고찰, 김동명문학연구, 제3호, 김동명학회, 2016

장정룡, 김동명 작가의 작품해제 및 작품집 후기 고찰, 김동명문학연구, 제4호, 김동명학회, 2017

金東鳴 詩全集, 강릉시, 2017

장정룡, 김동명 평론의 시대성과 정치인식, 김동명문학연구, 제5호, 김동명학회, 2018

엄창섭, 김동명 -바람의 肖像과 불멸의 詩魂, 모던포엠, 2019

장정룡, 김동명 산문의 대화체와 삽입시 서술양식, 김동명문학연구, 제6호, 김동명학회, 2019

⟨abstract⟩

Emotional Expression of His Hometown and Family in Choheo's Works

Jang, Jung-Ryung(Professor of Dept. of Korean Language &Literature at Gangneung-Wonju National University)

Kim Dong-myeong's works contain an emotional expression of his hometown, which has become a source of literary imagination. In addition, his works based on family are also acting as the important motif of Choheo's literature in terms of emotion such as hometown. This topophilia (love of places) for hometown where he spent his childhood is also related to the thematic consciousness of Kim Dong-myeong's literature. The seas (rivers and lakes) in his poetry and prose are the literary and geographic characteristics of his hometown Gangneung, and the imagination about water is regarded as having influenced his life, thoughts, and literature.

Kim Dong-myeong's first collection of poetry, 「My Geomungo」 Hometown, contains 20 poems, and his emotions about his relatives and hometown are expressed in his poems including ⟨Hometown⟩, ⟨Thinking about Father⟩, ⟨Grandmother⟩ and ⟨Climbing to Sirubong Peak⟩. The downtown in front of his hometown Gangneung Galgol Village, a watermill, a centuries-old pine tree, and an owl that cried at night belong to the emotional category, and Gyeongpo Beach, the East Sea, and Daegwaryeong are contained in his works as the geographic place s of time and space in his childhood memories.

The affection and recollection of his family describes his parents. The perception of his father who tasted the sweets and bitters of life shows a different emotion from his mother who was like a female warrior. He also expressed that it's heartbreaking to see his careworn father who went through various hardships and worrying to see the heavy snowfall in his hometown.

The image of motherhood in Kim Dong-myeong's poetry suggests that his mother had a great influence on his life. Choheo lived with the lon ging for his mother who died in 1931, thinking about the heart of his mother who cared about her children. Therefore, he showed a consciousness to return to his hometown longing for his mom and hometown in his works.

Choheo had one boy and four daughters, and he looked strict but had deep affection for his children. He named his daughter wishing her life in eternal dreams and songs, truth, cleanliness and beauty, and he also expressed that the birth of his precious daughter who was like a white peony bud was the happiest moment in his life, an autobiography of life. In addition, he recalled his longing for his maternal grandmother in his hometown through his works.

Key words: Kim Dong-myeong, hometown, family, Gangneung, geographic

『나의 거문고』에 나타난 김동명의 시작법 고찰

이형우*

목 차

1. 들어가는 말
2. 『나의 거문고』의 편제 분석
3. 『나의 거문고』의 시작법 양상
   3.1. 작제법(作題法)
   3.2. 어휘론(語彙論)
   3.3. 표기법(表記法)
      3.3.1. 이어적기와 끊어적기 혼재
      3.3.2. 사잇소리 및 7종성법 준수
      3.3.3 고어(古語)와 지역어 활용
      3.3.4. 어두자음군[竝書]
      3.3.5. 재음소화
4. 나가는 말

⟨국문초록⟩

이 글은 김동명의 첫시집 『나의 거문고』에 나타난 시작 방식에 대한 고찰이다. 시집의 편제와 어휘적 특성을 밝히려 한다. 시작(詩作)은 시 한 편을 구상하고 구체화하는 과정이지

*한양대학교 강사

만, 그 시인이 살아가는 방식에서 나온다. 방식은 체계적 사유고 방향성을 띤다. 자유분방한 것 같아도 그 안에는 보이지 않는 질서가 있다. 그것이 상상력, 작제법(作題法), 화자, 언어[은유, 환유] 사용, 시공(時空) 활용 등의 유사성으로 나타난다. 그래서 시작법은 시인의 개성을 드러내는 요인이고, 시인의 변별성을 확보할 수 있는 단서다. 동시에 시적 변모 과정을 추론할 수 있는 근거다.

특히 첫 시집은 그 시인의 뿌리이자 거울이다. 최선을 다해 자신을 드러내려는 욕구와 욕망으로 충만해 있다. 당연히 김동명의 시연구는 『나의 거문고』에서 시작해야 한다. 그럼에도 원본이 없어 제대로 조명할 수가 없었다. 그러다 2017년, 강릉에서 1930년 간행본을 찾았다. 기쁨은 당혹감과 함께 왔다. 인쇄상의 결함이 심각하게 드러났다. 심각성이 정상적인 시집으로 봐 줄 수가 없을 정도다. 이 글은 게재 편수상의 오류를 해명한다. 그 다음은 『나의 거문고』의 목차를 집중 분석하여 작제법(作題法)의 원칙과 제목의 어휘군에 나타나는 김동명의 상상력 성향을 찾는다. 마지막으로 시집 전체에 나오는 표기법을 통해 『나의 거문고』가 지니는 문헌학적 특징을 밝힌다.

핵심어 : 초허, 김동명, 나의거문고, 강릉시, 조선문단, 목차, 초기시

1. 들어가는 말

원전 없는 연구는 늘 불안하다. 그래서 신중에 신중을, 확실에 확실을 기한다. 대표적인 사례가 초허(超虛) 김동명(金東鳴)의 경우다. 그는 1930년 6월, 첫시집 『나의 거문고』(新生社)를 냈다. 하지만 그 책은 행방이 묘연해졌다. 1964년에 나온 사화집 『내마음』(신아사)에도 실리지 않았다. 그 이유를 두고 추측만 분분할 뿐이었다. 이런 와중에서도 이성교와 엄창섭의 노력은 돋보인다. 그 열악한 환경에서도 '김동명 문학연구'의 길을 열였다.

그 연장선에 전도현도 있다. 그는 엄창섭과 조낙현의 작업[관동대 논문집]을 참조하면서 『나의 거문고』 출간 이전의 텍스트를 확보하기 위해 당대의 주요 잡지를 뒤져서 45 수를 찾았다.1) 이 중에서 등단작을 포함한 8 수가 시집에 실리지 않았음도 파악했다. 이어서 56 수까지 찾아 정리하고 있다.2) 그러면서 부분적인 성과에 그치고 마는 현실을 아쉬워했다. 지지부진할 수밖에 없는 연구 현실을 충족시킬 일이 김동명의 고향 강릉에서 일어났다. 〈까치민속품〉에 있던, 사라진 시집 『나의 거문고』를 심은섭이 발견하여 2017년 7월에 다시 세상에 나오게 했다.3)

이 기쁨은 곧바로 곤혹스런 일로 이어졌다. 발굴자인 심은섭이 『나의 거문고』에는 알려진 것보다 24수나 더 실려 있다고 발표하면서다.4) 132 수를 주장한 사람은 엄창섭이다. 하동호가 목차만 복사하여 보내온 것을 참고한 결론이었다.5) 그 후로 이어진 모든 연구는 132 수를 기정 사실로 했다. 그러나 원본이 발견되고 정론 시비가 일었으니 바람직한 연구 현상이 비로소 시작된 기분이다. 하지만 『나의 거문고』는 목차의 편수가 131 수다. 이는 이본(異本)이 존재할 수 있다는 의구심을 자아낸다.

---

1) 전도현, 「김동명 초기시 연구 – 첫 시집 『나의 거문고』 시기를 중심으로」, 『한국학연구』 39, 2011, 134-138쪽.
2) 전도현, 「김동명 시의 비유 구성 방법 연구」, 『한국학연구』 43, 2012, 160-165쪽.
3) 심은섭, 「초허 첫 시집 『나의 거문고』 발굴에 따른 諸고찰」, 『김동명문학연구』 제5호, 김동명학회, 2018, 80-81쪽.
4) 심은섭, 앞의 글, 82-83쪽.
5) 엄창섭, 『超虛金東鳴文學研究』, 성균관대학교 박사논문, 1986, 13쪽.

2. 『나의 거문고』 편제 분석

> "『나의 거문고』는 4·6판으로 168면에 132편의 시가 수록되어 있다. (중략) '①즐거운 아츰(12편) ②잔치(16편) ③옛노래(15편) ④외로울 새(20편) ⑤麗島風景(12편) ⑥異域風情(13편) ⑦故鄕(20편) ⑧瞑想의노래(13편) ⑨나의 거문고(11편)'으로 되어있다."[6]

그 뒤로 『나의 거문고』는 132 수가 정설로 여겼다. 그러나 강릉시본 『金東鳴 詩全集』에 실린 『나의 거문고』 목차를 헤아리면 총 131 수다. 1 수가 차이나는 이유는 강릉시본 『金東鳴 詩全集』 『나의 거문고』 9부[편의상 명명]〈나의 거문고(산문시)〉에 10 수가 실렸기 때문이다. 엄창섭이 '11편'이라고 했던 시 중의 「그대는 王이외다」가 빠져있다. 맨마지막 장에는 〈著作·發行人 未詳〉이라고 나와 있다. 『金東鳴 詩全集』에 같이 수록된 다른 시집들은 판권이 분명하다. 하동호가 목차만 복사해서 엄창섭에게 준 자료이기에 임의적인 수기가 들어갔을 수는 없다. 그리되면 하동호가 소장한 판본과 심은섭의 발굴본이 따로 존재한다고 볼 수도 있다. 이런 추론이 가능하다면, 하동호가 소장한 『나의 거문고』는 심은섭이 발굴한 『나의 거문고』의 문제점을 보완한 다른 저본으로 볼 수도 있다.

다음은 두 저본이 같다고 가정하면 맨 마지막 시와 판권이 떨어져 나갔다고 봐야한다. 여기에 소장자가 판권부분을 〈著作·發行人 未詳〉이라고 인쇄해서 붙였을 수도 있다. 다분히 상업적인 상상력이 작동한 흔적이다. 이렇게 놓고 보면 남는 문제는 심은섭의 지적이다. 목차보다 본문에 24 수가 더 많다고 한 사실에 주목해야 한다. 분명히 인쇄되어 있으니 엄연한 사실이다.

24 수가 더 나오는 부분이 5부 17 수와 와 6부 7 수다. 5부는 [麗島風景]이고 6부는 [異國風情]이다. 모두 여행 관련 시다. 이를 면밀히 살피는 일이 이 난제를 푸는 열쇠다. 심은섭은 5부를 29 수로 파악했다.[7] 그의 말처럼 제목에는 12 수인데 시집 속에는 29 수 나오

---

6) 엄창섭, 앞의 글, 같은 쪽.

7) '①夕景(一), ②夕景(二), ③麗島風景, ④海棠花, ⑤五月, ⑥물새한쎄, ⑦물소래드르며, ⑧鈴蘭꼿밧, ⑨漁村, ⑩夕景, ⑪버들, ⑫漂母, ⑬漁夫에게, ⑭乞人,⑮ 澹源殿에서, ⑯木宮에서, ⑰連浦ㅅ불, ⑱꼿섬, ⑲漁村雨景, ⑳山ㅅ길, ㉑船遊, ㉒가을小景, ㉓옛길, ㉔山頂에서, ㉕懷古, ㉖잔ㅅ디밧, ㉗黃昏卽景, ㉘잘가거라,잘있거라 ㉙咸山夜懷'

니 17 수의 차이가 난다. 또, 목차 5부에는 시 「明沙十里에서」가 나오지만 내용은 없고 바로 '海棠花, 五月, 물새한쎄, 물소래드르며, 鈴蘭꼿밧, 漁村, 夕景'이라는 시만 존재한다. 이런 현상들이 「龍興江畔에서」, 「西湖風景」, 「盤龍山을지나면서」, 「公園의밤」, 「異國風情」에서도 같이 나타난다.

거론한 시편들 중에서 「異國風情」만 뺀 나머지 시들은 제목 뒤에 바로 다른 시가 나온다. 이는 이 제목이 그런 시들을 아우르고 있다는, 즉 연작시임을 알려 준다. 그런데 유일하게 「異國風情」에만 내용이 있다. 그러나 자세히 보면 시가 아니라 시즈오카현[靜岡縣] 이즈반도[伊豆半島]로 여행하는 취지를 실은 글이다. 그래서 이 시도 같은 체제를 갖춘 연작시임을 알 수 있다.

「明沙十里에서」가 연작이고 「海棠花」가 바로 소제목이라면 이것이 어디까지인가를 파악해야 한다. 목차는 여기에 대한 답을 준다. 「夕陽」까지임을 알 수 있다. 목차에 나오는 그 다음 시가 「龍興江畔에서」이기 때문이다. 그리되면 자연스레 「龍興江畔에서」도 소제목으로 '버들, 漂母, 漁夫에게, 乞人'이라는 하위 제목을 거느리고 있음을 알 수 있다. 나머지 「西湖風景」, 「盤龍山을지나면서」, 「公園의밤」, 「塩原行」도 마찬가지다. 다시 말하면 심은섭이 문제삼은 작품들은 모두 각각 1 수로 봐야 한다.

이런 사실을 『朝鮮文壇』 1926년 3월호가 입증해 준다. 『朝鮮文壇』의 지면은 1시인 1작품이다. 그런데 같은 달에 「公園의밤」, 「꼿밧」, 「棕櫚樹」이 동시에 실린다. 〈「公園의밤」-「꼿밧」, 「棕櫚樹」〉이란 형식으로 발표했다. 「異國風情」도 마찬가지다. 『朝鮮文壇』 1926년 6월호에 '異國風情, 熱海에서, 伊東에서, 修善寺에서, 狩野川, 沼津에서'가 실려있다. 다른 연작과는 달리 독립된 한 편으로 봐도 상관은 없다. 하지만 여기서 말하는 이국(異國)이란 일본의 이즈반도[伊豆半島]다. '熱海, 伊東, 修善寺, 狩野川, 沼津' 그곳의 여행이다. 상하위 관계가 명확하다. 그래서 이즈반도 여행 연작시 한 편이다. 또, 『朝鮮文壇』은 열린 문단을 지향했기에 가능한한 많은 시인들의 작품을 실었다. 많은 대신 1시인 1작품 원칙을 고수했다. 여러 시인 동시 발표지면에, 특집도 아닌데 김동명에게 특별히 6 수를 배려했을 이유가 없다. 전도현도 그렇게 여겨서 시 한 편으로 간주하고 분류하여 표로 작성8)했다고 한다.

또 김동명의 연작시는 소제목을 다는 경우와 '一, 二, 三, 四', '其一, 其二, 其三'을 다는

---

8) 전도현, 앞의 글, 135쪽 〈표1 : 시집 『나의 거문고』 작품 수록〉 참조.

경우가 있다. 「潘源殿에서」, 「木宮에서」, 「船遊」는 전자에, 「벗을생각함」은 후자에 해당한다. 이렇게 헤아리면 『나의 거문고』에 나오는 연작시는 모두 16 수다. 그랬을 때 『나의 거문고』에 나오는 시 편수는 132 수냐 아니냐만 남는다. 재구성한 목차는 아래와 같다.

[표1] 재구성 목차

즐거운아츰 12	아츰禮拜	
	즐거운아츰	
	農女	
	田園暮景	
	黃昏의놀애	
	첫봄	
	나븨	
	田園慕情	
	어린애기	
	아름다운아츰	
	가을	
	山上에올라서	
잔치 16	잔치	
	외로움	
	탄식	
	기다림	
	아름다운마음이어	
	쑴	
	그대는湖水ㅅ물	一
		二
	잡아오게	一
		二
	삶과주금	
	航海의놀애	
	人生雜吟	一
		二
		三

		四
	俗談에일으기를	
	偉大한숨흠을	
	돌기둥	
	서리	
	새해	
옛노래 15	옛놀애	
	바다ㅅ물가를	
	處世歌	
	쑴	
	失題	
	난호일째에	
	追憶	
	가을	
	果然참일까	
	베루렌에게	
	가을의놀애	
	秋夜情	
	變하는友情	一
		二
	한幕의 變愛劇	
	나는초ㅅ불	
외로울째 20	北風의놀애	
	落葉의놀애	
	쑴	
	啄木鳥	
	아츰까지	
	鐘소래	

	餞秋辞	
	달빗치	
	눈ㅅ길	
	꿈언덕을스칠때	
	꿈인가탄식인가	
	생각	
	힌모래우에	
	새벽비	
	비	
	이몸이세상에잇슴은	
	째의물ㅅ살	
	靑山에싸힌눈을	
	除夜	
	외로울때	
麗島風景 12	夕景	一
		二
	麗島風景	
	明沙十里에서	海棠花
		五月
		물새한째
		물ㅅ래ㄷㄹ며
		鈴蘭꼿밧
		漁村
		夕景
	龍興江畔에서	버들
		漂母
		漁夫에게
		乞人
	濬源殿에서	一
		二
		三
		四
	木宮에서	一

		二
		三
		四
	西湖風景	連浦ㅅ불
		꼿섬
	漁村雨景	
	山ㅅ길	
	船遊	一
		二
		三
	가을小景	
	盤龍山을 지나면서	옛길
		山頂에서
		懷古
		잔ㅅ디밧
		黃昏卽景
		잘가거라,잘있거라
		咸山夜懷	一
			二
異域風情 13	無花果樹	
	『고요한기도』의노래	
	武藏野逍遙	
	아들의마음	
	公園의밤	꼿밧
		棕櫚樹
	異國風情	熱海에서
		伊東에서
		修善寺에서
		狩野川
		沼津에서
	나븨	
	외로운밤	
	因緣	

	塩原行	道中吟			님을생각함
		福渡橋上에서			對答
		回路에			訪問謝絶
	長靜에서				航海
	筑坡山頂에서				바다에서
	利根川의黃昏				處女들에게
故鄕 20	故鄕				處女들이어讚美하라
	개				크리쓰마쓰頌歌
	부흥새		나의거문고산문시 10	愛慕
	할머니			새날
	아버님을생각함			餞別
	추위			길손의노래
	벗을생각함	其一			나의거문고
		其二			幻想의노래
		其三			님이어
	여슷해前				노래
	꼿이랄싸 香氣랄싸				告別辞
	燈臺ㅅ불				나는眞珠캐는배ㅅ사공
	조개껍질			131 수	
	앵도밧				
	비				
	雨夜小景				
	生命의曲調				
	코스모스				
	菊花				
	鳳仙花				
	清調辞				
	詩樓峰에올라서				
瞑想의노래 13	기다리는마음				
	나는길가는나그네				
	樂器				
	瞑想의노래				
	키아라頌				

3. 『나의 거문고』에 나타난 김동명의 시작법

3.1. 작제법(作題法)

제목은 그 시집의 홀로그램[hologram]이다. 시인의 DNA까지 보일 정도로 모든 정보가 다 들어 있다. 『나의 거문고』는 요즘 시집의 체제인 '부(部)'가 없다. 그래서 총 9부 구성이라 해도 좋고, 9장이라 해도 좋다. 이 글에서는 '부'로 다룬다. 김동명은 각 부를 대표하는 이름을 거의가 그 영역[묶음] 안의 시 제목에서 가져온다. 1부[즐거운 아침]에는 시 「즐거운 아침」, 2부[아츰]는 「아츰」, 3부[잔치]는 「잔치」, 4부[옛노래]는 「옛놀애」, 5부[외로울쌔]는 「외로울쌔」, 6부[麗島風景]는 「麗島風景」, 8부[故鄕]는 「故鄕」, 9부[瞑想의노래] 역시 「瞑想의 노래」에서 취했다. 다만 7부[異域風情]만 그런 도식에서 벗어난다. 「異國風情」이 있는데도 그 이름을 취하지 않은 것은 '異國'과 '內國'을 오가는 부분도 있어서 그런 것 같다.

강릉시본 『나의 거문고』에는 전연시(全聯詩) 45 수[34%]. 2연시 27 수, 3연시 22 수, 4연시 4 수, 5연시 3 수, 6연시 2 수, 8연시 2 수, 연작시 16 수, 산문시 10 수로 총 131 수가 실려 있다. 전연시(全聯詩)는 평균 7.8행이다. 평균 길이에 어울리게 8행시가 13 수[9]다. 제일 긴 시가 「生命의曲調」로 15행이고, 가장 짧은시는 「菊花」와 「재의물ㅅ살」로 4행이다. 분연시(分聯詩)는 각 연마다 행수가 거의 같다. 2연시 중에서 「燈臺ㅅ불」만 1연 7행 2연 8행이다. 3연시에서는 「山上에올라서」[5-5-6], 「한幕의 戀愛劇」[6-8-2], 「長靜에서」[3-6-3], 「개」[12-11-10], 「航海」[4-5-6], 4연시에서는 「가을의 노래」[7-1-7-1], 5연시에서는 「기다림」[6-6-2-2-2], 6연시에서는 「부흥새」[1-11-9-4-5-2], 8연시에서는 「無花果樹」[5-6-5-6-6-3-6-2]가 파격이다. 이 중에서 '3-6-3, 12-11-10, 4-5-6, 7-1-7-1'행 배열은 변화와 강조를 동시에 노리는 시적 기교다. 그런데 「기다림」처럼 '6-6-2-2-2' 배열은 6-6-6의 배열에서 마지막 6행을 2행단위로 삼분(三分)한 의도적 연처리일 수도 있고 편집상의 오류일 수도 있다. 시의 구조를 통해 알 수 있는 『나의 거문고』는 한 마디로 복잡다단하다. 과도기적 실험성과 불안함이 공존하고 있다.

시집 제목은 현대식 띄어쓰기를 적용하면 1어절이 69회[53%], 2어절이 54회[41%], 3어

---

9) '추위, 靑山에싸힌눈을, 첫봄, 偉大한숨흠을, 외로운밤, 옛놀애, 앵도밧, 꿈, 俗談에일으기를, 비, 베루렌에게, 바다ㅅ물가를, 果然참일까'

절이 6회, 4어절이 2회 나온다. 1어절과 2어절을 합하면 94%를 차지한다. 같은 제목을 쓴 경우는 꿈 3회, 가을 2회, 나븨 2회, 비 2회다. 하지만 김동명은 음보 단위로 제목 표기를 했으므로 현대식 어절 구분은 무의미하다. 대표적으로 한자 제목이나 4자 제목 같은 경우가 그렇다. '麗島風景, 西湖風景, 漁村雨景, 雨夜小景, 田園暮景, 異國風情, 田園慕情' '公園의밤, 외로운밤, 외로울째' 등등은 시조나 가사를 읽을 때처럼 1음보로 처리해야 더 자연스럽다.

또, 제목 중에서 명사로 끝나는 작품이 99 수[76%], 명사와 조사가 결합한 형식이 23 수 [18%]다. 그 중에서 부사격 조사가 결합한 형식이 13 수[10%]다. 특히 처소부사격조사를 많이 사용한다. 종합하면 명사로 끝나거나 유관한 작품이 122 수[93%]를 차지한다. 여기에 용언의 경우도 8 수 중 5 수['외로움, 기다림, 생각함[3회]' 명사형으로 끝난다.

이리 보면 김동명은 1음보를 애용하며, 명사로 끝나는 명료한 어구(語句)를 중시한다. 명사는 세상을 구분하고 틈새를 강화하는 역할을 한다. 강역에 대한 인식이 그만큼 강함을 나타낸다. 강역은 경계, 강화, 단절, 차이, 생략이라는 무의식의 드러남이다. 그 안에서 균형과 질서와 압축과 여운을 유지하려는 전략이다. 명사를 애용하는 심리에는 세상을 구획화하여 통찰하려는 의도가 작동한다. 경계짓기, 굽별짓기 상상력이 근간을 이룬다는 반증이다.

3.2. 어휘 활용

제목을 해체하면 모두 206 어휘가 나온다. 이중 체언이 177[명사 174/대명사 3]어휘로 86%를 차지한다. 동사가 16어휘로 8%, 형용사 10어휘로 5%를 차지한다. 체언 중에서는 사람과 동식물에 관계된 어휘가 23 종류 27회 나온다. 대명사는 나와 님이 각각 2회, 그대가 1회 나온다. 대신 님과 그대의 속성이라고 할 수 있는 사람들이 '어린애기/아들/處女들2/아버님/할머니'로, 직업군은 '農女, 배ㅅ사공'으로 나온다. 나비가 2회 나오고 개와 부흥새가 각각 1회씩 나온다, 식물은 '菊花, 鳳仙花, 코스모스, 無花果樹' 정도다. 김동명의 관심사는 구체적 사실이 아니다. 생태계 자체가 관념화 된 개념적 존재론에 의존하고 있다.

시간어는 25어휘, 총 36회 나온다. 물론 공간과 겹치는 어휘도 있지만 우선 순위로 나누었다. 빈도수로는 '아침'과 '가을'과 '째'가 4회 나온다. 황혼과 밤이 각각 2회씩 나온다. 종합하면 밤과 관련된 시간어가 10회, 개념적인 시간어가 7회[째4, 전, 옛, 여슷해], 아침 관련 6회, 가을 관련 6회, 겨울 관련 5회 나온다. 의외로 봄과 관련된 어휘는 '첫봄' 한 번이다. 이로 미루어 보면 김동명은 밤과 아침과 가을과 겨울을 선호하는 특성을 지니고 있음을 알 수 있다.

공간어는 22어휘 26회 나온다. 비[2]. 小景[2], 風景[2], 田園[2]에 이어, '길, 山ㅅ길, 눈ㅅ길'과 '모래, 물ㅅ살, 바다, 바다ㅅ물, 湖水ㅅ물, 가[邊]' 등 하늘과 산과 땅과 물과 관련된 어휘들이 골고루 등장한다. 여기에 지명을 나타내는 고유명사[지명]가 13회 나온다. 그만큼 공간에 대한 관심도가 크다. 이는 명사적 사유를 즐기는 사람의 기본적인 속성이다. 공간어는 문화와 생활어와 결합하여 김동명의 시를 싹트게 한다.

『나의 거문고』에 나오는 제목의 문화어는 32어휘 43회, 생활어[관념어]는 25어휘 32회다. 36%를 차지할 만큼 대세를 이루고 있다. 전 시집을 통틀어서 노래(놀애)라는 어휘는 11회 나온다. 여기에 '曲調'과 '頌', '頌歌', '讚美' "거문고', '樂器', '잔치'까지 합하면 17회로 문화어의 절반 이상을 차지한다. 그만큼 그는 노래하는 시인, 노래하려는 시인이다. 노래하는 주제가 '因緣, 追憶, 생각, 기도, 瞑想, 幻想, 友情' 등이다. 동사군들도 멈춤과 흐름으로 양분되고, 형용사군들도 외롭고, 아름답고, 위대하고 즐겁고 고요한 마음 상태를 드러내는데 초점을 맞추고 있다. 이런 점들은 김동명이 이상주의자로서의 면모를 강하게 지니고 있음을 보여준다. 현실 감각이 추상적임을 알려준다. 그래서 인품상의 넉넉함이 『나의 거문고』의 인쇄 문제를 야기했는지도 모른다. 현실주의자였으면 완성된 책자를 세상에 냈을 테니까.

[표2] 『나의 거문고』 제목 어휘[체언]

사람 동식물	시간어	공간어1	공간어2	문화생활1	문화생활2
나2	아츰4	비2	麗島	노래(놀애) 11	꿈5
님2	가을4	小景2	盤龍山	曲調	마음3
그대	째4	田園2	龍興江畔	航海2	탄식2
處女들2	黃昏2	風景2	明沙十里	세상	生命
길손	밤2	故鄕	木宮	거문고	人生
나그네	새날	山ㅅ길	西湖	樂器	몸
農女	새벽비	山上	塩原行	燈臺ㅅ불	삶

사람 동식물	시간어	공간어1	공간어2	문화생활1	문화생활2
배ㅅ사공	暮景	돌기둥	長靜	초ㅅ불	주금
베루렌에게	夕景	野	異國	幕	잠
아들	달빗치(時空)	漁村	利根川	變愛劇	因緣
아버님	慕(情)	公園	潘源殿	啄木鳥	追憶
어린애기	雨夜	길	筑坡山頂	香氣	생각
키아라	除夜	앵도밧	武藏	鐘소래	기도
벗을	첫봄	눈ㅅ길(時空)		眞珠	瞑想
할머니	靑山(時空)	모래		잔치	幻想
나븨2	落葉	물ㅅ살		詩樓峰	友情
개	秋夜(情)	바다		失題	(慕)情
부흥새	눈[雪]	바다ㅅ물		頌	(秋夜)情
無花果樹	北風	湖水ㅅ물		頌歌	風情
菊花	새해	가[邊]		餞秋辭	슯흠
鳳仙花	서리	우에		禮拜	餞別
코스모스	추위	雨景		告別辭	숨언덕
조개껍질	前			對答	雜吟
	옛			訪問	愛慕
	여슷해			謝絶	참[眞]
				處世歌	
				讚美	
				淸調辭	
				船遊	
				逍遙	
				俗談	
				크리쓰마쓰	
23/27	25/26	22/26	13/13	32/43	25/32

[표3] 『나의 거문고』 제목 어휘[용언 외]

동사	형용사	관형사	부사
생각하다3[생각함] 기다리다2[기다리는/기다림] 오르다2[올라서] 오다[오게] 이르다[일으기를] 가다[가는] 지나다[지나면서] 스치다[스칠] 캐다[캐는] 나누다[난호일] 쌓이다[싸힌] 변하다[變하는]	외롭다3[외로운/외로울/외로움] 아름답다2[아름다운] 위대하다[偉大한] 즐겁다[즐거운] 고요하다[고요한] 있다[잇슴은] 희다[힌]	이[지시어] 한[一]	果然
12/16	7/10	2	1

3.3. 표기법

3.3.1. 이어적기와 끊어적기 혼재

『나의 거문고』는 조선어학회 임시총회에서 시행하기로 결의한[1933년 10월 19일] '한글 맞춤법 통일안' 이전에 나왔다. 그래서 당대의 다양한 표기법이 여과없이 들어 있다. 그런 점에서 『나의 거문고』는 국어 변천사의 한 단면을 보여주는 중요한 자료다. 이 중에서 가장 흔한 표기법이 이어적기와 끊어적기다. 오히려 거듭적기는 크게 눈에 띄지 않는다. 또 이어적기인지 거듭적기인지 묘한 어휘가 대부분이다. 그런 부분은 논외로 했다. 이어적기와 끊어적기는 '삶은 주금은'이라는 한 시행에서도 동시에 나타난다. '놀애'와 '노래'가 제일 많이 나오는 사례다. 여기서 추출할 수 있는 결론은 현대적 표기법인 끊어적기가 대세를 형성하고 있고, 과도기적인 거듭적기보다 훈민정음 초기 표기법인 이어적기가 더 많다는 사실이다. 시집의 어휘들 중 대표적인 것들을 뽑아 정리하면 아래 도표와 같다.

[표3] 『나의 거문고』 표기법 양상1

어어적기	끊어적기
거름이[걸음이]	걸어[그을려]
나즌[낮은]	걸여서[걸려서]
노래	기쌈에
노핫노니[놓았으니]	날애
드러[들어]	놀애
드르며[들으며]	넘우도[너무도]
말업시[말없이]	달으리니
열분[엷은]	몰으는
이어노흔[이어놓은]	불으노니/불으다/불을[부를]
터리[털]	불음[부름]을 바다
	붉은
	살아진[사라진]
	새팔한[새파란]
	실음[시름]
	실인손 시린손
	안악네
	안이 옴애
	언으듯
	올으고
	울얼어
	접우는데/접우러오는
	죽어
	팔안[파란]
	흐늑이는
	흘으는

3.3.2. 사잇소리 및 7종성법 준수

그 다음은 사잇소리와 받침표기법이다. 사잇소리는 체언과 체언이 결합하는 과정에 들어간다. 훈정정음 발표 당시에는 한자와 한글을 구분하여 엄격하게 지키려 했으나 나중에는 편의적으로 바뀌었다. 사잇소리는 된소리[경음]으로 바뀌기도 하고, 남기도 하고, 소리[된소리되기]로 나타기도 한다. 글자가 바뀌는 사례가 '잠ㅅ간'이다. 한자 '잠(暫)'과 '간(間)' 사이에 'ㅅ'이 들어가 '잠ㅅ간'이 되고 그것이 '잠깐'으로 변천했다. 햇발, 햇볕 같은 경우가 남아 있음이고, '물ㅅ결' 등의 경우는 소리로만 난다. 『나의 거문고』는 이러한 양상을 압축해서 보여준다.

받침 규칙은 이어적기 끊어적기 거듭적기에 직접적인 영향을 미친다. 훈민정음 반포 당시, 받침은 초성자를 쓴다고 했다 이것이 종성부용초성(終聲復用初聲) 표기법이다. 여기에서 8자[ㄱ, ㄴ, ㄷ, ㄹ, ㅁ, ㅂ, ㅅ, ㅇ]면 충분하다는 8종성가족용(八終聲可足用)으로, 다시 소리가 같이 나는 'ㄷ'과 'ㅅ'을 'ㅅ'으로 통일하자는 칠종성(七終聲)뻐으로 바뀌어 왔다. 역시 『나의 거문고』는 7종송법의 모범적으로 드러내고 있다.

[표4] 『나의 거문고』 표기법 양상2

사잇소리 표기	받침 표기[7종성법]
金ㅅ빗	가러듯기[가러듣기]
나밨곳치	것습니다[걷습니다]
물ㅅ결	곳게[곧게]
바람ㅅ결	낫[낯]
사이ㅅ길	맛흔[맡은]
산ㅅ길	맷는[맺는]
잠ㅅ간	밧[밭]
해ㅅ발	빗나는데[빛나는데]
해ㅅ볏	애씃는[애끊는]
	왓습니다/왓느냐
	집가리[짚]

3.3.3 고어(古語)와 지역어 활용

『나의 거문고』에는 '목슴'이란 어휘가 나온다. 오늘날의 '목숨'으로 사용했던 18세기의 용어다. 목숨은 '목'과 '숨'의 합성어다. 이형태로 '목숨, 목슘, 목숌, 목솜, 목슴'이 있다. 16세기에는 '목슘', 17세기에는 '목숌', 18세기에는 '목솜'과 '목슴'으로 나타나기도 한다. 19세기에는 '목숨, 목슘' 등이 쓰였다.10) 이로 미루어 보면 18세기 대세어였던 '목슴'이란 어휘가 20세기까지 강릉을 중심으로 하는 언어권에 그대로 남아 있었음을 알 수 있다. 시집에 나오는 '집웅'[지붕]도 19세기에 쓰였던 말이다. 또 '일홈'도 17-19세기의 용어다. 그 전에는 '일훔/일홈'[15-19세기]이 쓰였고, 18세기에는 '일음'이, 19세기 이후로는 현재의 '이름'이 쓰인다.

'빗최거든'의 빗최다는 기본형이 '비최다'다. 15세기에 '비취다'가 쓰였다가 17세기에 와서는 '비취다'와 '비최다'가 같이 쓰였다. 19세기까지 '비최다'가 쓰였으나 '비치다'로 정착했다. '색기'도 '삿기(15세기~19세기)〉새끼(19세기)〉새끼(20세기~현재)'11)의 변천과정을 거친다. '색기'는 19세기 표기법인 '새끼'의 이형인 '샛기'가 '색기'로 바뀐 사례다. 이처럼 『나의 거문고』에 나타난 고어의 사례도 강릉을 중심으로 한 강원도말의 특성을 잘 나타고 있다. 이를 정리하면 [표5]와 같다.

[표5] 『나의 거문고』 표기법 양상3-고어

고어	현대어
감초이고	감추고
갓가히/갓가운	가까이/가까운
광이	괭이
깃거운	즐거운, 기쁜
깃드린	깃들인, 깃든
나븨	나비
다토건만[ᄃ토다]	다투다
무릅	무릎

---

10) https://ko.dict.naver.com/#/entry/koko/6495a417cb3e41018790836952092c37/historyInfo[출처 : 우리말샘]
11) https://ko.dict.naver.com/#/entry/koko/a7981e6736f642dcae1bcaf0cebaa92f/historyInfo[출처 : 우리말샘]

고어	현대어
버힌	베인
빗긴	비스듬히 난
빗최거든	비치거든/비추거든
색기	새끼
슬어지는	사라지는
싸화온	싸워온
엇개[엇기]	어깨
의게	에게
일우엇스니	이루었으니
일홈	이름
자최	자취
재조	재주
집웅	지붕
혀여보니	헤아려보니

『나의 거문고』가 지니는 가장 큰 의의가 지역어를 많이 활용하고 있음이다. 방언이나 사투리는 표준어의 상대어다. 바람직한 용어가 아니어서 지역어로 바로 잡는다. 표준어도 서울 지역의 언어다. 요즘은 매스컴의 발달로 지역어가 많이들 사라져 가고 있다. 시인[작가]들의 의무는 고향말을 지키고 계승하는 일에도 있다. 당대의 많은 시인들이 표준어로 시쓰기에 임했지만 김동명은 고향말을 잘 살려 썼다. 아울러 강릉[강원도] 지역어의 범위가 생각보다 훨씬 넓은 언어군을 형성하고 있음도 알 수 있다.

'베루기'는 중국의 요녕성, 흑룡강성은 물론 전국적으로 쓰이는 지역어다. '벼루기'[벼룩]은 황해도, 함경도, 강원도, 경기도, 충청북도의 지역어다. '문들네씃'의 '문들네'[민들레]는 경상북도, 평안도, 함경남도, 중국의 요녕성과 흑룡강성에 분포한다. 강원지역에서는 '문들네'로 쓰인 것 같다. '소스락실비'는 가랑비인 '소스락비'다. 평안도나 중국의 요령성에서 사용한다. '소군거리다'[소곤거리다]는 중국 길림성과 함경도에 분포한 언어다. '드설레는'는 '매우 설레이는'이라는 북한말이다. '해자우리'[해바라기]는 함경남도 지역어다. '멩이'[모이]는 함경남도, 평안도, 황해도, 강원도, 경기도의 지역어다. '아수어진'의 '아숩다'[아쉽다]는 강원도, 충청도, 경상도, 전라도에서 두루 사용된다. '버드라기 쩨'의 '버드라기'는 민물고기 '버들개'다. 함경남도와 강원도에서는 '버드락지'라 했다.

'어린애기'는 충청도, 전라도, 제주도의 지역어다. '소래'는 강원도와 경기도의 지역어다. '여개'[여기]는 강원도와 경상도에 분포한다. '내나'는 '결국'을 뜻하는 말로 전라도와 경상도 지역에서도 쓰인다.(여기서는 '내내'라는 문맥적 의미로 쓰고 있다.) '혼저'[혼자]는 강원도와 충남지역어다. '혼저 옵서예'라는 제주말에서도 확인할 수 있다. '하로'[하루] 역시 경남과 전남의 지역어로 알려져 있다. '자갓가이'는 '곁'을 일컷는 제주도 말이다. '다린'의 '다리다'[데리다는 제주 지역어로 알려져 있지만 김동명의 언어권[강릉 주변]에서도 사용되었음을 알려준다. 이런 어휘들은 표준어가 주는 단조로운 정서를 극복하게 한다. 세월 갈수록, 익숙했던 말들이 사라져 갈수록, 그런 어휘들은 아련한 그리움으로 남는다. 또 그런 것들이 우리의 문화적 토양임을 깨닫게 한다. 『나의 거문고』는 전국 각지의 지역어들이 골고루 남아 있다. 이런 점이 이 시집이 갖는 소중한 가치라 아니할 수 없다.

[표6] 『나의 거문고』 표기법 양상4-지역어

지역어	표준어
개암	개미
감웃한	거뭇한
거륵한	거룩한
골짜군이	골짜기
나흘	나이를
내나	결국, 내내
늘마다	날마다
다린	거느린
더부러	더불어
도두비고	돋우고
독기	도끼
드설레는	매우 설레이는
마조	마주
멩이	먹이, 모이

지역어	표준어
모도다	모으다
무삼	무슨
문들네꼿	민들레꽃
버드라기	버들개
벼루기/베루기	벼룩
소군거림니다	소곤거립니다
소래	소리
소소라쳐	소스라쳐
소스락실비[소스락비]	가랑비
슬쳐가는	스쳐가는
시댈리어	시달리어
아수어진	아쉬워진
알앗스령이면	알았으면
암오데나	아무데나
암오러나	아무려나
어나	어느
어린애기	어린아이
엄참하신	?
엇지다가/엿지	어쩌다가/어찌
여개[여게]	여기
오슬업헤	?
은양이	?
자갓가이	곁
죄악돌	조약돌
중중이	층층이
하로	하루
해자우리	해바라기
혼저/혼젓몸	혼자/혼자몸

3.3.4. 어두자음군[竝書]

병서는 자음을 나란히 쓰는 규칙이다. 각자병서는 같은 자음을 나란히, 합용병서는 다른 자음을 나란히 쓴다. 초성의 합용병서를 어두자음군이라고 한다 여기에는 일반적으로 ①'ㅅ' 계열, ②'ㅂ'계열, ③'ㅄ'계열의 세 종류가 있었다. ①['ㅅ']계열에는 'ㅅㄱ', 'ㅅㄷ', 'ㅅㅂ', ②['ㅂ'] 계열에는 'ㅂㄷ', 'ㅂㅅ', 'ㅂㅈ', 'ㅂㅌ', ③'ㅄ'계열에는 'ㅄㄱ', 'ㅄㄷ' 등이 이었다. 『나의 거문고』에는 'ㅅ' 계열의 흔적이 남아 있다.

[표7] 『나의 거문고』 표기법 양상5-병서(竝書)[어두자음군]

[ㅅㄱ 계열]	[ㅅㄷ 계열]	[ㅅㅂ 계열]	[ㅆ 계열]
싸치	째	쌜내	싸오게
쌔쳐	째마츰	쌀은게	썰다하여
썩거가고	써러져	쌤	썰분
소장바지	쏘한	쏜이한	쎌븜
쏙다기	쓸	기쌘/기쑴에	쪼각
솣[꽃]	씨		쪼이며
수며진	씨슬		
술다			
술벌/술버리쎄			
숨			
싀고			
싀으느			
싀을려다[끌리다]			
싇키는듯			
싇힘업시			
싐직이도			
싳싳내쌍			
설씨도			
잠싿			

[ㅅ 계열]	[ㅉ 계열]	[ㅆ 계열]	[ㅉㅉ 계열]
함께 이ㅆ오/익쓸고덧 업달싸			

3.3.5. 재음소화

재음소화는 음소 하나를 둘 이상으로 착각하여 생기는 현상이다. 쉽게 말하면 한 음소를 두 개로 쪼개어 표현하는 방식을 말한다. 거센소리되기[격음화]와 된소리 되기[경음화] 현상을 분리해서 표현하는 방식이다. 『나의 거문고』에는 '그러타, 노코, 안코, 이라탓, 무치지나, 가티, 조타거나, 놉다라케' 등의 표현이 나온다. 반면 이를 나누어 'ㅋ→ㅎ+ㄱ' 'ㅌ→ㅎ+ㄷ. ㅍ→ㅎ+ㅂ' 식으로 나타내는 경우가 재음소화다. 이런 어휘들을 열거하면 아래와 같다.

[표8] 『나의 거문고』 표기법 양상5-재음소화

재음소화 표기	표준어
갓흐니	같으니
고닯흔	고달픈
구슯흐리	구슬프리
깁히	깊이
놉흔	높은
보리밧헤	보리밭에
슯흠	슬픔
압헤/압흘	앞에/앞을
입흔/입히	잎은/잎이
잇흘	이틀
풀입헤	풀잎에
훗허지고/훗허지는	흩어지고/흩어지는

이와 함께 전설모음화 되기 전의 모습도 지니고 있다. 전설모음화의 대표적 사례로 치음 [ㅅ,ㅈ,ㅊ] 뒤의 모음 'ㅡ'가 'ㅣ'로 바뀌는 현상이다. 경상도 사투리에서 많이 나타난다. 그 예로 '씰개[쓸개], 씨다[쓰다], 무신[무슨], 직시[즉시], 칙간[측간(廁間)]' 등이 있다. 『나의 거문고』에도 '고지낙함[고즈넉함]/고지낙한데' 같은 사례가 보인다. 하지만 '아츰, 거츠른, 거츰 업시, 멀즈막하게, 부즐업슨, 일즉이' 등등의 고유한 모습을 지닌 어휘가 나온다.

이런 어휘가 많이 남은 이유 중의 하나가 '으'음을 즐겨 쓰는 지역적 특성때문이 아닐까 도 싶다. '가드라네, 겨으내, 고흔, 한그러이, 구을너나리는, 달큼한, 들으는 척하고, 몰으는 척하고 녹쓰른, 어릅네 등등의 어휘 습관이 전설모음화를 저지시키는 역할을 한 것으로도 보인다.

4. 결론

김동명은 애독순위가 높은 시인이었다. 이는 "아름다움 서정시로 민족의 비애와 조국애의 향수를 달래던"[12] 시인이란 이미지가 강하기 때문이다. 그에 관한 이해는 엄창섭과 조낙현의 공동 논문으로도 충분히 가능할 수 있다. 그러나 그것은 시집 『芭蕉』 이후의 일이었다. 첫 시집은 원전 부재로인해 제대로 접근할 수가 없었다. 이런 상황에서 찾은 『나의 거문고』는 김동명 문학 연구의 쾌거다. 학자의 본연이 연구에만 있지 않음을 보여준 사례다.

비로소 원본 『나의 거문고』를 펼치고 읽었다. 목차를 중심으로 시집 전체의 편제와 작제법 양상, 시집 속에 드러난 표기법 등을 살폈다. 결론적으로 『나의 거문고』가 편집상의 큰 문제가 있지만 김동명이 의도했던 시집 그대로의 면면을 재구성할 수 있었다. 그래서 엄창섭의 주장이 유효하고, 심은섭의 우려는 우려로 그쳐도 좋다. 당대나 지금이나 130여편이 넘는 작품은 시집 두 권 분량이다. 그것을 한 권으로 엮어야 했던 사정이 무엇인지는 모르겠으나 옥석이 뒤섞여 『나의 거문고』가 작품집으로서의 가치를 저하시키고 있다. 여기에 인쇄 문제까지 겹쳐있다. 그래서 시집이 사라지지 않았나 하는 세간의 추측도 나왔다.

그러나 『나의 거문고』는 시집을 뛰어 넘는 가치가 있다. 국어사적 기념비가 될 만한 어휘

---

12) 엄창섭, 조낙현, 「김동명의 시연구」, 「關大論文集」,

들의 보고(寶庫)이다. 지금은 거의 사용하지 않는 고어(古語)에서부터 고향말을 소중하게 보존해 놓았다. 예전 국어 교과서에서나 볼 수 있었던 어휘들이 20세기까지 두루 쓰였다는 사실에 새삼 놀라움을 금할 길이 없다. 또 지역어의 범위가 얼마나 넓은가를 실감할 수 있었다. 인간은 본능상 자신과 친숙한 어휘를 애용한다. 그런 어휘는 텃말이 되어 오랜 세월이 지나도 잘 변하지 않는다. 『나의 거문고』는 그런 흔적이다. 그의 시는 텃밭의 어휘를 바탕으로, 그 어휘가 지닌 정서, 그 정서가 지펴낸 상상력과 현실인식의 결과물이다. 그래서 『나의 거문고』는 시집이라는 장르를 넘어서 당대의 문헌자료다. 『나의 거문고』에 대한 포괄적인 접근이 필요한 이유다. 작품 세계에 대한 정치한 논의는 추후 연구로 미룬다.

참고 문헌

기본자료

『金東鳴 文學全集』, 강릉시, 정산인쇄광고출판사, 2017.

『開闢』

『東光』

『新生』

『新生』

『新生命』

『新女性』

『朝鮮文壇』

『學之光』

『문예운동』, 2017(02).

논문 및 논문집

엄창섭, 『超虛金東鳴文學研究』, 성균관대학교 박사논문, 1986.

엄창섭, 조낙현, 「김동명의 시연구」, 「關大論文集」11, 1983.

심은섭, 「초허 첫 시집 『나의 거문고』 발굴에 따른 諸고찰」, 『김동명문학연구』 제5호, 김동명학회, 2018.

_____, 초허 김동명과 타고르 시편의 연계층위와 대비, 『동서비교문학저널』49, 한국동서비교 문학학회, 2019.

전도현, 「김동명 초기시 연구 – 첫 시집 『나의 거문고』 시기를 중심으로」, 『한국학연구』 39, 2011.

_____, 「김동명 시의 비유 구성 방법 연구」, 『한국학연구』 43, 2012.

『김동명 문학연구』 1, 김동명학회, 난설헌출판사, 2014.

『김동명 문학연구』 2, 김동명학회, 난설헌출판사, 2015.

『김동명 문학연구』 3, 김동명학회, 난설헌출판사, 2016.
『김동명 문학연구』 4, 김동명학회, 정산인쇄사, 2017.
『김동명 문학연구』 5, 김동명학회, 정산인쇄사, 2018.
『김동명 문학연구』 6, 김동명학회, 정산인쇄사, 2019.

⟨Abstract⟩

A Study on the Beginning Method of Kim Dong-myeong in the poetry collection 『My Geomungo』

Lee, Hyeong-Woo(Hanyang University)

This article is a review of the starting method in Kim Dongmyeong's first poem, My Geomungo. I try to reveal the organization and characteristics of the collection of poetry. The beginning is the process of conceiving and materializing a poem, but it comes from the way the poet lives. The method has a systematic thinking and direction. Even if it seems free, there is an invisible order in it. It appears in the similarities of imagination, composition method (作題法), speaker, use of language [metaphor, metonymy], and use of time and space. Therefore, the starting method is a factor that reveals the poet's personality and is a clue that can secure the poet's discrimination. At the same time, it is the basis for inferring the process of poetic transformation.

In particular, the first collection of poetry is the poet's root and mirror. It is full of desires and desires to show yourself to the best of your ability. Naturally, Kim Dong-myeong's poetry research should start with 『My Geomungo』 Nevertheless, there was no original, so it could not be properly illuminated. Then, in 2017, I searched for a 1930 publication in Gangneung. Joy came with embarras sment. The typographical flaws were revealed seriously. The severity is such that it cannot be viewed as a normal collection of poetry. This article clarifies the error in the number of publications. Next, by intensively analyzing the table of contents of 『My Geomungo』, we find the principles of composition method and the tendency of Dongmyeong Kim's imagination to appear in the vocabulary group of the title. Finally, the literary characteristics of 『My Geomungo』 are revealed through the notation found in the entire collection of poetry.

key words : Choheo, Dongmyeong Kim, My Geomungo, Gangneung City, Chosun Literature, Table of Contents, Early Poetry

초허(超虛) 김동명(金東鳴, 1900~1968) 시에 수용된 고전 시가의 전통

이홍식*

목 차

1. 들어가며
2. 김동명의 시와 고전 율격의 상동성
3. 김동명 시와 시조의 상관성
4. 김동명 시와 전통, 혹은 민족
3. 나가며

국문초록

본고는 그동안 연구자들이 크게 주목하지 않았던 김동명 시의 새로운 면모에 집중하여, 김동명 시인과 그의 시세계를 새롭게 의미화하려는 거시적 목적 하에 기획되었다. 본고에서는 김동명 시에 드러나 있는 고전 시가와의 관련성에 주목하여 논의를 시작하였는데, 특히 초기시집인 『나의 거문고』와 『파초』 소재 시들에서 발견되는 고전 시가와의 율격적 동일성에 초점을 맞춰 김동명 시와 전통 사이의 관련성을 규명하고자 하였다.

그 결과 김동명의 초기시집인 『나의 거문고』 소재 시들이 고전 시가의 음보를 바탕으로

---

*성결대학교 교수

다양하게 변주되고 있음을 확인할 수 있었다. 그중에서도 특히 눈에 띠는 것이 바로 시조의 4음보의 율격이었다. 4음보의 율격을 분절하여 6행 2음보 율격으로 변주한 시들과 3행 4음보의 율격을 그대로 구현한 시들을 통해 김동명의 초기 시들이 전통에 깊이 뿌리를 두고 있음을 확인할 수 있었다. 더하여 이러한 경향이『파초』에까지 이어진다는 사실을 확인함으로써 김동명의 시와 고전 시가 사이의 관련성을 보다 확고히 할 수 있었으며, 김동명 시의 전통의 수용과 변주 양상을 대략적으로나마 가늠해 볼 수 있었다.

　최근 김동명을 '민족정서를 구현한 유수한 시인'으로 규정하려는 움직임이 포착되고 있는 만큼, 고전시가와 전통의 관점에서 김동명의 시를 다시 읽으면 이 담론을 보다 풍성하게 이끌어낼 수 있을 것이다. 더욱이『나의 거문고』와『파초』소재의 시들이 창작된 시기에 전통과 민족 담론이 한 궤에서 풍성하게 논의되었던 점을 감안하면, 전통의 관점에서 김동명의 시를 읽는 작업은 곧 민족의 관점에서 김동명의 시를 읽는 작업으로 자연스럽게 연결될 수 있을 것이다. 그런 만큼 본고는 김동명의 시를 전통과 민족의 관점에서 새롭게 의미화하는 데 중요한 토대를 제공할 수 있으리라 판단된다.

　주제어 : 김동명,『나의 거문고』,『파초』, 고전 시가, 시조, 율격, 전통, 민족

1. 들어가며

「芭蕉」와 「내 마음은」의 시인으로 대중들에게 잘 알려진 김동명의 시에 대한 연구는 최근 김동명학회를 중심으로 활발하게 진행되고 있다.1) 물론 같은 시기를 활동한 다른 작가들에 비해 연구의 시기가 늦고 연구의 폭도 좁은 것이 사실이나, 학회를 거점으로 지역사회와 문인학자들이 주도적으로 연구를 이끌어가고 있는 점은 주목할 만하다.2) 최근까지 김동명의 시인으로서, 수필가로서, 정치평론가로서, 교육자로서, 종교인으로서의 면모가 점차 구체적으로 드러나고 있는 것은 이러한 노력의 결과라 하겠다. 특히 목가적 전원시인으로서의 면모뿐만 아니라3) 민족정서를 구현한 유수한 시인4)으로서의 면모 또한 차츰 밝혀지고 있어 그 의미가 적지 않다.

본고는 초허(超虛) 김동명(金東鳴, 1900~1968)의 시를 고전 시학의 관점에서 읽어내어 새롭게 의미화하려는 목적하에 기획되었다. 1923년 『개벽(開闢)』에 「당신이 만약 내게 문을 열어주시면」, 「나는 보고 섰노라」, 「애달픈 기억」 등 세 작품을 발표하고 1925년 3월 일본 유학을 떠난 이후 본격적으로 시를 짓기 시작한 김동명은 표면적으로 고전과의 접점이 잘 보이지 않는 작가이다. 더욱이 1923년 이전의 작가 관련 기록이 풍족하지 않아, 김동명이 어떤 환경 속에서 어떤 교육을 받으며 시의 얼개를 구성했는지도 확인하기가 쉽지 않다. 그럼에도 불구하고 김동명의 시를 고전 시학의 관점에서 읽으려 하는 것은 그의 초기시집인 『나의 거문고』에 실린 많은 시편에서 고전 율격5)이 확인되기 때문이다. 특히 시의 '음보(音步)'

---

1) 현재 학위논문으로 박사논문 1편과 석사논문 9편이 확인된다. 1977년에 소개된 박무화의 「김동명의 시문학」(경희대학교 석사논문) 이후 2015년까지 지속적으로 학위논문이 소개되고 있다. 엄창섭의 「초허 김동명 문학 연구」(성균관대학교 박사학위논문, 1986.)를 마지막으로 박사논문은 더 이상 확인되지 않지만, 김동명학회를 중심으로 김동명의 시와 수필과 평론을 지속적으로 발굴하여 분석하고 평가하는 작업을 진행하고 있고 강릉시와 지역 문인학자들의 지원과 관심이 큰 만큼 향후 의미 있는 연구성과를 기대할 만하다.
2) 김동명 연구의 선편이 되는 이성교의 「김동명 연구」(『연구논문집』 4, 성신여자대학교, 1972.) 이후 2011년까지의 연구사는 전도현의 「김동명 초기시 연구-첫 시집 『나의 거문고』 시기를 중심으로」(『한국학연구』39, 고려대학교 한국학연구소, 2011.)에 자세하다.
3) 백철, 『朝鮮新文學思潮史』, 신구문화사, 1982, 501쪽.
4) 金容誠, 『韓國現代文學史探訪』, 國民書館, 1973 ; 엄창섭, 「시대적 상황대처와 초허(超虛)의 한글인식」, 『김동명문학연구』, 김동명학회, 2015 ; 심은섭, 「초허의 '소극적 저항의식'의 시세계 수용」, 『김동명문학연구』, 김동명학회, 2016 ; 심은섭, 「'상실'과 '저항의식', 김동명 시세계」, 『인문사회』21, 사단법인 아시아문화학술원, 2019.
5) 율격은 장단과 고저와 발음 등 짜임새가 비슷한 말의 토막을 이어붙이는 문학창작의 한 방식을 가리키는 국문학 용어이다. 최근까지 고전 율격은 음보(音步)와 음수(音數)의 개념으로 주로 설명되어 왔는데, 그간에 이루어진 율

로 시의 율(律)을 구성하는 고전 시가의 자취가 많이 보이기 때문이다.

물론 김동명과 고전 시와의 접점이 다른 사적 자료를 통해 분명히 드러나지 않은 이상 이러한 동일성은 우연에 기인한 것일 수 있다. 하지만 우연에 기이한 동일성은 반복적으로 나타나기가 쉽지 않다. 김동명의 초기시집인 『나의 거문고』에서는 이러한 동일성이 반복해서 드러난다. 또한 김동명 자신이 초기시집인 『나의 거문고』를 '창피한 시집'이라 술회했고[6] 그의 습작기에 해당하는 초기시집이라 '시어에 대한 자각이 부족하다'는 평가가 있는 만큼,[7] 이러한 동일성이 시적 완성도가 낮은 데 기인했다고 말할 수 있을지도 모르겠다. 그런데 이러한 경향이 완성도가 높다고 평가되는 다음 시집인 『파초』에서도 확인되는 만큼, 이러한 동일성을 작품 완성도의 높낮음과 연결하여 논할 수는 없다고 본다.

이에 본고에서는 김동명 초기 시에 보이는 고전 시와의 형식적 동일성에 기초하여 김동명 시의 율격적 특징을 분석하고, 나아가 그 의미를 새롭게 천착하고자 한다. 이는 낭만주의와 민족주의의 전통 위에서 김동명의 시를 연구해왔던 기왕의 연구방법에 작은 변화를 줄 수 있을 뿐 아니라 김동명의 초기 시의 성격과 그의 시적 지향을 새롭게 규정하는 데에도 일정 정도 도움을 줄 수 있으리라 생각한다.

2. 김동명의 시와 고전 율격의 상동성

봄날에 쑤리는 소스락실비는

쏫방울을 곱게하고

격 논의의 경과는 김정화의 「한국 시 율격론의 사적 전개」(『고시 율격의 비교학적 연구』, 보고사, 2004.)에 자세하다. 이 가운데 본고의 연구방법에서 중요한 근거가 되는 '음보'의 개념은 '호흡의 단위'(조동일)에서 시작해 '마디(colon)의 단위'(김대행)를 거쳐 '음량(mora)의 단위'(성기옥)에 이르는 과정을 거치면서 변주되었고, 학계의 정설로 받아들어졌다. 그러나 음보의 개념으로 고전 율격을 설명할 수 없다는 지적이 오랫동안 있어 왔다. 이에 류수열은 「시조의 율격에 대한 학술 담론과 교육 담론의 거리」(『시조학논총』48, 한국시조학회, 2018.)에서 김대행의 주장(김대행, 『한국 시가 구조 연구』, 삼영사, 1976, 42쪽.)을 긍정하며 '음보'를 '마디'로 대체할 것을 주장하기도 하였다. 기존의 음보 개념으로 고전 율격을 설명하기가 쉽지 않다는 사실에 십분 동의하지만, 고전 시가의 율격을 '마디'의 개념으로 충분히 설명 가능한지 여부는 조금 더 학술적으로 따져봐야 할 뿐만 아니라 이에 대한 동의가 아직은 충분하지 않은 듯하여 본고에서는 부득이 음보라는 용어로 설명하고자 한다.

6) 안수길, 「金東鳴 선생의 시와 愛國心」, 『新東亞』3월호, 1968, 305쪽.
7) 이성교, 「김동명 시 연구」, 『김동명문학연구』1, 김동명학회, 2014, 159쪽.

> 인생을 싸르는 하염업는탄식은
> 목숨을 아름답게 하나니
> 아 사람아 탄식을버리고야 어이사리.   -「탄식」,『나의 거문고』

　1930년에 발간한 김동명의 초기시집 『나의 거문고』는 '즐거운아츰, 잔치, 옛노래, 외로울쌔, 麗島風景, 異域風情, 故鄕, 暝想의 노래, 나의거문고'로 구성되어 있다. 이 가운데 산문시인 '나의거문고'에 실린 시편을 제외하고 대부분의 시는 편폭이 짧은 편이다.[8] '탄식'을 노래한 위 시는 겨우 5행에 불과하다. 시조보다 조금 길고 한시의 칠언절구보다 조금 짧은 분량이다. 특별한 은유나 상징 없이 '봄날에 내리는 실비가 꽃방울을 곱게 하듯이 탄식 또한 인간의 목숨을 아름답게 한다'는 깨달음을 노래하고 있는데, 짧은 탄식만큼이나 시상이 짧게 마무리되었다. 위에 소개한 「탄식」처럼 짧은 시편 속에 간결한 시구로 시인의 시정(詩情)을 담아내는 것은 김동명 초기 시의 도드라진 특징 중 하나이다.

> 아직도 / 오마한
> 그대약조 / 생각하고
>
> 오로지 / 이마음이
> 빌자최를 / 기다릴긴가
>
> 암오러나 / 만나야할님이어니
> 숯숯내 / 어리석으리   -「기다림」,『나의 거문고』

　김동명의 초기 시는 짧기도 하거니와 리듬감 또한 살아 있다. 위에 소개한 시는 「기다림」의 세 번째 연에 해당하는데, 3.4조를 기본으로 1행당 2음보씩 배치하여 율격에 기인한 리듬감을 잘 살렸다. 더욱이 5행에서 글자수에 변화를 주어 리듬에 긴장과 변화를 주고 있는데, 이것은 우연이 아니라 다분히 의도적인 장치로 보인다. 물론 『나의 거문고』가 1933년

---

8) 이성교, 「김동명 시 연구」,『김동명문학연구』1, 김동명학회, 2014, 158쪽.

10월 29일에 공표한 조선어학회의 한글맞춤법통일안 개정 이전에 출간되어 맞춤법 통일안 개정 이전의 표기를 사용하였기 때문에 현대의 통사규칙을 따르지 않고 있다고도 볼 수 있다.9) 하지만 띄어쓰기에 문법적 통일성이 보이지 않는 것으로 보아, 김동명이 시작(詩作)을 위해 의도적으로 통사규칙을 허문 것으로 보인다. '만나야할님이어니'를 '만나야 할 님이어니'처럼 통사규칙에 맞게 표기하게 되면 이 행의 전체 음보가 2음보에서 3음보로 늘어나 리듬감이 깨질 뿐 아니라 시정(詩情)의 전달 또한 평범해지고 만다. '만나야 할 님이어니'를 '만나야할님이어니'로 줄여 1음보로 만듦으로서 독자는 8자의 시어를 3자 혹은 4자로 줄여서 읽어야 하는 까닭에 리듬에 긴장과 변화가 생기는 것이다.

> 삶은 / 객지요,
> 주금은 / 고행입니다.
>
> 삶은 / 주금으로 / 드러가는 / 문어구요,
> 주금은 / 고향으로 / 도라가는 / 첫고개입니다.
>
> 삶은 / 주금의길을 / 곳게하기위하여온 / 曠野의 使徒요,
> 주금은 / 영원한새생활에 / 나아가는 / 거룩한 禮式입니다.   -「삶과주금」『나의거문고』

김동명의 초기시에서 리듬감을 살리는 요소는 여러 가지가 있지만, 그중에서도 특히 눈에 띠는 것은 율격이다. 「삶과주금」이라는 위 시에서 볼 수 있는 것처럼 각운을 고려한 경우도 보이지만, 보다 뚜렷이 보이는 것은 바로 율격, 즉 시의 '음보'이다. 삶과 죽음의 은유를 대비시켜 나열하되 1행에서 6행으로 나아가며 시구를 점차 늘리고 음보도 확장하여 의미를 강화하고 있는데, 그럼에도 불구하고 리듬감이 느껴지는 것은 바로 시의 '음보' 때문이다. 특히 시의 '음보'에 대한 고려는 5행과 6행에서 보다 선명히 드러난다. '죽음의길'과 '곳게하기위하여온'이라는 시구에서 보듯 띄어쓰기를 파괴하여 음보를 강조했을 뿐 아니라, 6행에서 다시 '영원한새생활에'와 '나아가는'으로 자구의 수를 바꾼 뒤에 대구하여 리듬에 변화

---

9) 심은섭, 「초허 첫 시집 『나의 거문고』 발굴에 따른 諸고찰」, 『김동명연구』5, 김동명학회, 2018, 99쪽.

를 주고 있다. 이는 시의 율(律)을 위해 통사구조를 의도적으로 깨뜨린 것으로 보인다.

고전 율격에서 '음보'는 '통사적 긴밀성'을 갖는다.10) 그런데 이 통사적 긴밀성에 대한 고려는 시를 읽는 사람에 의해 이루어지는 것이 아니라 시를 짓는 사람에 의해 전략적으로 고려된다. 이 시의 음보는 낭독 이전에 작가들이 창작 과정에서 그 호흡을 밀도 있게 계산한 전략적 조사(措辭)의 산물인 셈이다.11) 김동명이 시를 창작함에 있어서 시어의 수를 조정하는 데서만 그치지 않고 통사규칙을 깨뜨리면서까지 새롭게 음보를 완성한 것 또한 다분히 미리 계산한 전략적 조사(措辭)로 읽힌다. 이는 김동명이 고전 시가에 대해 일정 정도 이해가 있었음을 보여주는 자료가 될 수 있을 것이다.

인생을 / 덧업다고
그누라서 / 말하엿나
쌍우에 / 억만마음
여기에 / 그대발자국을
삭임즉 / 하이.-「人生雜吟」1,『나의 거문고』

인생을 / 썰다하여 / 한하는가
꼿은 / 써러짐으로 / 더욱곱고
인생은 / 썔븜으로 / 아픔납나니
南山에 / 바위쏠처름
春風秋雨에 / 쓸니고 / 쑤리어
거저다만 / 오래간들 / 무삼하리.-「人生雜吟」4,『나의 거문고』

위 시는 「人生雜吟」이란 시의 첫 번째와 네 번째 수다. 첫 번째 수는 전체 시를 2음보씩 반복하여 구성하였고, 네 번째 수는 3음보씩 반복하되 5행에서 시어에 변화를 주어 완성하

---

10) 고정희는 「고전시가 율격의 교육 내용 연구」(『국어교육연구』 29, 서울대학교 국어교육연구소, 2012.)에서 고전시가 연구자들이 음보(音步)를 '통사적 긴밀성을 고려한 자연스러운 호흡의 단위'라는 비교적 넓은 의미로 사용하고 있다고 하였다.
11) 류수열, 「시조의 율격에 대한 학술 담론과 교육 담론의 거리」, 『시조학논총』 48, 한국시조학회, 2018, 26쪽.

였다. 김동명의 초기시에는 이처럼 각 행의 음보를 도드라지게 구성하여 한 편의 시를 완성한 작품이 적지 않다. 시 전반에 걸쳐 시의 '음보'가 분명히 드러나고 그 상용빈도가 잦은 편이라 우연으로 보기에는 어려움이 있다. 김동명의 초기시에는 2음보, 3음보, 4음보, 5음보 등 다양한 시의 '음보'가 확인되는데, 그중에서도 눈에 띠는 것은 2음보와 3음보와 4음보로 된 시들이다.

[3음보]
살어리 / 살어리 / 랏다
청산애 / 살으리 / 랏다
멀위랑 / ᄃ래랑 / 먹고
청산애 / 살어리 / 랏다 - 「청산별곡」

[4음보]
풍상(風霜)이 / 섯거 친 날에 / ᄀ 픠온 / 황국화(黃菊花)를
금분(金盆)에 / ᄀ득 다마 / 옥당(玉堂)에 / 보니오니
도리(桃李)야 / 곳이오냥 마라 / 님의 뜻을 / 알쾌라 - 송순(宋純, 1493~1582)

3음보와 4음보는 우리의 전통 시가와 밀접하게 관련이 있기 때문이다.12) 위에 소개한 첫 번째 시가는 대표 고려가요인 「청산별곡」이고, 두 번째 시가는 송순(宋純)이 쓴 시조이다. 위 예에서 확인 가능한 것처럼 전통 시가 가운데 고려가요는 3음보를 위주로 하고, 시조는 4음보를 위주로 한다.13) 3음보격 시가에는 고려가요 외에도 민요가 있고, 4음보격 시가에는 시조 외에도 가사와 잡가와 창가 등이 있다. 고려가요와 시조, 가사와 민요 등은 우리의 전통 시가로 각각 시대별로 대중들의 사랑을 받았다. 3음보격의 고려가요와 민요를 전통적 한국음악으로 보고, 4음보격의 시조와 가사를 중국음악에서 영향을 받았다고 보아 3음보격 시가에 더 큰 가치를 두는 견해도 있지만,14) 최근 이에 대한 제고가 이루어지고 있는 만

---

12) 2음보의 경우 4음보로의 확장이 자연스러운 만큼 2음보는 4음보의 연장선에서 이해가 가능하다.
13) 이찬욱, 「율격(律格)의 3음보(音步)와 음악(音樂)의 3분박(分拍)에 대한 논증(論證)」, 『시조학논총』 47, 한국시조학회, 2017, 164쪽.

큼15) 3음보와 4음보 모두 전통의 관점에서 충분히 가치를 부여할 수 있을 것이다.

3. 김동명 시와 시조의 상관성

김동명의 초기시집인 『나의 거문고』에 실려 있는 여러 시 가운데 더욱 주목할 만한 것은 바로 2음보와 4음보로 구성된 시들이다. 3음보로 구성된 시보다 그 수도 많을 뿐더러 2음보와 4음보가 구조적으로도 서로 많이 닮아있기 때문이다. 단순히 4음보가 2음보의 배수이기 때문이 아니라, 시상(詩想)의 흐름과 시적 의미의 차원에서도 자연스럽게 확장이 가능하기 때문이다.

[2음보]
실음업시 / 나리는비는
첨하씃헤 / 방울지고
색기다린 / 검운개는
쓸에안저 / 조는고나

아히야 / 무러보자
酒店이 / 어드메냐
집압헤 / 매인배는
사공이 / 간데업다. - 「어촌우경(漁村雨景)」, 『나의거문고』

[4음보]
실음업시 / 나리는비는 / 첨하씃헤 / 방울지고
색기다린 / 검운개는 / 쓸에안저 / 조는고나
아히야 / 무러보자 / 酒店이 / 어드메냐

---

14) 정병욱, 『한국고전시가론』, 신구문화사, 1982.
15) 임재명, 「한국 전통 음악의 3분박구조」, 『한국학 논집』 31, 계명대 한국학연구원, 2004. ; 이찬욱, 「율격(律格)의 3음보(音步)와 음악(音樂)의 3분박(分拍)에 대한 논증(論證)」, 『시조학논총』 47, 한국시조학회, 2017, 164쪽.

집압헤 / 매인배는 / 사공이 / 간데업다

　어촌에 비 내리는 풍경을 노래한 「어촌우경(漁村雨景)」이란 시다. 처마 끝에 방울지는 비는 시름 없이 내리고, 새끼를 데리고 뜰에 앉아 졸고 있는 검은 개도 시름없기는 한 가지다. 오직 시인만이 시름에 겨워 망우물(忘憂物, 술)을 찾는데, 그마저도 사공의 부재로 길이 막혀 구하지 못한다. 시구를 따라 찬찬히 읽다 보면 시인의 알 수 없는 시름, 풀지 못한 시름이 우경(雨景)을 물들이고 시 밖으로 자연스럽게 전해진다. 고전 시학의 관점, 특히 관물(觀物)의 관점에서 보자면 아(我)로써 사물을 보는 까닭에 사물과 내가 모두 나의 색채로 물드는 '유아지경(有我之景)'이 잘 드러났다 하겠다.16) 이 시는 김동명의 초기 시에서 2음보의 율격을 사용한 시들이 4음보 율격의 시로 자연스럽게 확장될 수 있음을 잘 보여준다. 아래 예시문처럼 2음보의 율격을 4음보로 바꾸면 칠언절구의 한시에 가까운 형태로 변하게 되는데,17) 시상(詩想)의 흐름과 시의 의미가 이전보다 선명하게 드러난다.

[2음보]
쏸이한 / 저녁안개
고요히 / 들우에
밀물가티 / 퍼져서
먼마을은 / 감초이고
갓가운곳은 / 히미한데
실바람 / 행기롭소 －「田園暮情」,『나의거문고』

[4음보]
쏸이한 / 저녁안개 / 고요히 / 들우에

---

16) 정민,『한시미학산책』, 휴머니스트, 1996, 491쪽.
17) 4음보 율격으로 변환한 위 시는 성간(成侃, 1427~1456)의 「도중(道中)」이란 다음 한시와 유사한 점이 많이 보인다. "반쯤 닫은 사립문에 울타리 촘촘한데, 석양에 말 세우고 앞길을 묻는다. 푸른 안개 밖으로는 보슬비 흩뿌리고, 때마침 농부가 소를 몰고 오는구나.(籬落依依半掩扃, 夕陽立馬問前程. 翛然細雨蒼煙外, 時有田翁叱犢行.)" 이 시는 '경(景)을 읊었지만 정(情)이 절로 표출되는' 고전 시가(한시)의 시작법이 잘 드러나 있는 시인 만큼, 김동명이 시에서 정서를 표출하는 방법 또한 고전(전통)과 연결하여 논할 수 있으리라고 본다.

밀물가티 / 퍼져서 / 먼마을은 / 감초이고
갓가운곳은 / 히미한데 / 실바람 / 행기롭소

  위에 소개한 시는 「田園暮情」 두 수 가운데 첫 번째 수로, 저물녘 전원(田園)에서의 시정(詩情)을 노래하였다. 저녁 안개가 자욱한 들판에 먼 마을은 사라지고 가까운 곳은 희미하지만 향기로운 실바람에 시인의 마음 또한 절로 향기로워진다. 뿐만 아니라 시구를 따라서 찬찬히 되뇌다 보면 나도 모르게 절로 시인 옆에 앉아서 자욱한 안개를 바라보며 향기로운 실바람을 맞게 된다. 고전 시학의 관점에서 보자면 물아일체(物我一體)의 경계가 보인다 하겠다. 이 시의 2음보를 4음보로 확장하여 아래의 예시와 같이 바꾸면 시상(詩想)의 흐름이 보다 분명해져 물아일체의 경계가 선명해지는데, 구조적으로는 3장 4음보의 시조와 매우 닮게 된다. 3언과 4언과 5언을 적절히 배치하여 시조의 율격미를 제대로 구현하고 있다.

[2음보]
이밤에 / 오마든님
늣도록 / 안이옴애
속절업시 / 기다리는마음
마음이 / 병이런가
창박에 / 바람소래
가려듯기 / 어름네

마당ㅅ거 / 집가리에
슬쳐가는 / 바람소래를
행여근가 / 반겻스나
다시쏘 / 속단말가
새벽닭이 / 홰를치니
서름더욱 / 새로워라. -「기다림」,『나의거문고』

[4음보]

이밤에 / 오마든님 / 늣도록 / 안이옴애
속절업시 / 기다리는마음 / 마음이 / 병이런가
창박에 / 바람소래 / 가려듯기 / 어릅네

마당ㅅ거 / 집가리에 / 슬쳐가는 / 바람소래를
행여근가 / 반겻스나 / 다시쏘 / 속단말가
새벽닭이 / 홰를치니 / 서름더욱 / 새로워라.

   이 외에도 시조의 율격에 부합하는 시들이 많이 보인다. 위에 소개한 첫 번째 시는 「기다림」 세 수 가운데 첫 번째와 두 번째 시다. 첫 번째 시에서는 이 밤에 찾아오기로 한 님이 소식이 없자 바람소리에도 님인가 싶어 마음을 졸이는 시적 자아의 모습을 잘 그렸다. 그리고 이어지는 두 번째 수에서는 바람소리를 님이 오는 소리로 착각하다 끝내 밤을 새워버린 상황을 잘 그려냈다. 1연에 비해서 2연은 시간적으로 변화했을 뿐 아니라 님을 기다리는 마음도 더 간절해졌다. 여기에서는 소개하지 않았지만 마지막 3연에서는 그럼에도 불구하고 님을 기다리겠다는 다짐으로 막을 내렸다. 하나의 시편을 연으로 분절하여 시인의 정감을 세밀하게 확장시켰다가 다시 마무리하는 구성은 연시조와 아주 닮아 있다.

窓 밧긔 워석 버석 님이신가 니러 보니
蕙蘭 蹊徑에 落葉은 므스 일고
어즈버 有限ᄒᆞᆫ 肝腸이 다 그츨가 ᄒᆞ노라   - 신흠(申欽), 『청구영언(靑丘永言)』

風簫簫 雨落落ᄒᆞᄃᆡ 自開 自閉 窓戶聲을
誤聽 郞君의 曳履聲만 너기ᄃᆞ니
숨笑코 出門望ᄒᆞ니 愧慙蒼天 ᄒᆞ여라   - 『영언유초(永言類抄)』186

   「기다림」이란 위 시는 사랑을 노래한 시조와 구조적으로 닮아있을 뿐 아니라 시적 정감 또한 유사한 결을 가진다. 첫 번째 시조는 『청구영언(靑丘永言)』에 실려 있는 신흠(申欽)의 시조이다. 님이 오는 소리인가 싶어 문을 열어 보니 님은 아니 오고 낙엽만 바람에 굴러다닐 뿐이라, 한스러운 정 때문에 애간장이 녹는다고 하였다. 두 번째 시조는 『영언유초(永言類抄)』에 실려 있는 시조이다. 바람이 불고 비 내릴 때 스스로 열렸다 닫히는 창문 소리를 님의 신발 소리로 착각하여 웃으며 문을 나섰다가 안타까움과 머쓱함에 홀로 부끄러워하는 여인의 모습을 그렸다. 약간의 차이는 있지만 위 두 시조와 「기다림」이란 시는 시적 화자와 시적 상황과 시적 정감 등에서 유사성이 보인다. 구조와 정감 등에서 확인되는 이러한 유사성은 김동명이 시조에 대해 선지식이 있을 뿐 아니라, 시를 지을 때 일정 정도 이를 활용했음을 알려주는 지표가 될 수 있을 것이다.

>壁上에 걸린 한쪽 그림
>여기에 만일 살이붓고 기갓쓸는다면,
>아아 한촉 화살로도 오히려凱歌를 불으지안엇는가. －「濬源殿[18])에서」

>시내ㅅ가 亭子우에 몸을 누이고
>이마에 손을언저 한생각 자아내니
>오오 이는 가장셜분 꿈이런가. －「長靜에서」

더욱이 『나의 거문고』에는 2음보를 4음보로 확장하여 3장의 구조로 변환하지 않고도 시조의 시형에 부합하는 시들도 보인다. 첫 번째 시는 경주 준원전(濬源殿)에서 쓴 시인데 4음보의 기본 골격 위에 글자 수를 늘려서 한 편의 시를 완성하였다. 태조의 어진에 살이 붙고 기가 차면 화살 하나만으로 개선가를 부를 것이라는 찬미를 담았다. 두 번째 시는 일본 유학 시에 지은 시로 시냇가 정자 위에 누워서 잠깐 한 생각을 짧은 꿈에 비겨 노래했다. 그 생각과 그 꿈을 알 길이 없지만, 3행의 첫 구에 감탄사를 붙이고 4음보의 시형(詩形)을 유지한 것은 시조의 시형과 결코 무관해 보이지 않는다. 시조에 대한 이해뿐 아니라 시작(詩作)에 반영하려는 의지 없이는 나오기 어려운 구조이다.

---

18) 준원전은 조선시대 태조의 어진을 봉안하고 제향하던 진전 가운데 하나로 함경도 영흥에 있었다. 이 외에도 서울과 외방에 4곳이 더 있었는데, 서울에 있는 것은 문소전(文昭殿), 전주에 있는 것은 경기전(慶基殿), 경주에 있는 것은 집경전(集慶殿), 평양에 있는 것은 영숭전(永崇殿), 개성에 있는 것은 목청전(穆淸殿)이라 하였다.

4. 김동명 시와 전통, 혹은 민족

김동명의 고전 율격에 대한 관심은 『나의 거문고』를 끝으로 완전히 사라지지 않는다. 1936년에 출간한 『파초』에서도 이러한 경향은 확인된다. 『나의 거문고』 소재 시들에 비하여 『파초』 소재 시들은 율격의 변화가 더 다채롭고 정감의 변화도 분명히 확인된다. 『파초』의 시대에 오면 김동명의 시는 '1920년대 습작기에 보던 어두운 분위기가 말끔히 가시고 해맑은 아침을 맞은 듯한 세계를 보여준다'는 평가를 받는데,[19] 이러한 평가는 율격과 정감의 변화와도 무관해 보이지 않는다. 반면에 "亂世이기 때문에 옛날 東洋 詩人들과 같이 현실을 버리고 전원에 거하는 마음은 이때 시인들의 無難한 시제가 되었다. 『芭蕉』一卷에 담겨있는 김동명의 반백 편의 시들은 완고하리만큼 古人의 시경을 본받아 하나의 歸去來辭였다."[20]라는 평가도 함께 존재한다. 김동명의 시가 『파초』의 시대에 와서도 고인의 시경(詩境)과 결별하지 않았음을 확인할 수 있는 대목인데, 실제로 『파초』 소재 시들에서도 고전 시경(詩境)의 흔적을 쉬 찾을 수 있다.

[2음보]
돌다리. / 돌다리 ······
돌다리 / 건닌 발낄
하마옛날 / 밟쟀드니
구름 밑에 / 白雲山이
찬물인 듯 / 선듯 하게
내 얼골에 / 닿는다. -「돌다리」, 『芭蕉』

[4음보]
돌다리 / 돌다리 / 돌다리 / 건닌 발낄
하마옛날 / 밟쟀드니 / 구름 밑에 / 白雲山이
찬물인 듯 / 선듯 하게 / 내 얼골에 / 닿는다.

---

19) 이성교, 「김동명 시 연구」, 『김동명연구』1, 김동명학회, 2014, 159쪽.
20) 백철, 『朝鮮新文學思潮史』, 신구문화사, 1982.

「白雲山行」이란 시에 속해 있는 시편이다. 「白雲山行」은 김동명이 1934년에 9월에 함경도 백운산을 유람하고 쓴 시다. 「白雲山行」에는 "백운산은 沃沮女眞 千餘年의 옛꿈을 더듬으며 東海의 滄浪을 俯瞰하고 섯는 關北의 名岳이니, 그 山容이 자못 威雅壯麗하야 한번 오른이 반드시 讚嘆을 아씨지 안을새, 내 甲戌 晩秋에 短筇을 이쓰러 却奇峰 기슭을 더듬으니라."[21] 라고 하여 짧은 서문을 붙여 두었는데, 이를 통해 이번 여행과 시작(詩作)의 목적이 영사(詠史)가 아니라 찬탄(讚嘆)에 놓여 있음을 확인할 수 있다. 이 당시 김동명은 자연을 벗 삼아 주변의 모든 사물들을 너그러운 마음으로 다 시화하였는데,[22] 「白雲山行」 소재 시편들 또한 이러한 경향에 잘 들어맞는다. 보잘것없는 돌다리지만 이 위에 서서 시인은 문득 돌다리와 백운산과 하나가 되는 물아일체(物我一體)의 경계를 경험한다. 고전의 율격과 시경(詩境)이 잘 느껴지는데, 특히나 시조와 결이 잘 맞는다.[23]

[2음보]
病兒를 / 품에 안고
남의 집 壁에 / 기대 앉아
슬며시 / 눈 감고
휘파람 / 부는 사나이
一千九百三十一年
겨울은 / 길다. -「단장」8, 『芭蕉』

[4음보]
病兒를 / 품에 안고 / 남의 집 壁에 / 기대 앉아

---

21) 『김동명 詩전지』, 강릉시, 2017, 296쪽.
22) 이성교, 「김동명 시 연구」, 『김동명연구』 1, 김동명학회, 2014, 160쪽.
23) 「白雲山行」에 실려 있는 다른 시편들도 율격의 측면에서 「돌다리」와 아주 많이 닮아있다. 「碧溪水」에서는 "碧溪水 길을 막고 / 구비 구비 서렸으니 / 白雲은 靈山이라 / 俗客을 끄림인가 / 그러나 사람이 기를 쓰고 / 돌다리를 놓았드라."라고 하였고, 「외딴집」에서는 "山谷間에 외딴집 한 채 / 뜰 앞엔 松林 / 松林 지나 溪流로다 / 내 오늘 이집 앞에 / 지팽이를 머므르고 / 저 너래 盤石 우에 / 그대 무릎이 그립구나"라고 하였으며, 「龍興寺」에서는 "山도 아니 늙고 구름도 드대론데 / 아아 龍興寺, 너 홀로 늙단말가."라고 하였고, 「雲霞樓에서」에서는 "東天에 달이 떳네 / 白雲山에 달 비쳤네 / 그대는 자려는가 / 내 홀로 이밤에 / 雲霞樓를 건이리."라고 하였다.

슬며시 / 눈 감고 / 휘파람 / 부는 사나히
一千九百三十一年 / 겨울은 / 길다.

뿐만 아니라 김동명은 『파초』에 '단장(短章)'이란 제목으로 8편의 짧은 시편을 실어 놓았다. 그 율격의 음보를 기준으로 놓고 보면 단장시조에 매우 가까워 보인다. 2음보 6행으로 행을 늘리고 2자부터 8자까지(한자 포함) 글자수를 자유롭게 배치하여 시율(詩律)에 변화를 주었지만,[24] 그 근간에는 시조의 전통이 짙게 흐르고 있다.[25] 또한 병든 아이를 안고 남의 집 벽에 기대어 휘파람을 부는 사나이의 마음은 어떤 것일까? 1931년 가난하고 병든 자에게 겨울은 한없이 길었으리라. 「단장」 소재 다른 시편에서 줄곧 가난을 노래한 것을 보면, 시인에게도 그해 겨울은 더없이 길었을 것이다. 시경(詩境) 또한 관물(觀物)의 유아지경(有我之景)과 잘 들어맞는다.

남의집 / 터를 빌어 / 몇 마리 / 기른 닭이
한개 두 개 / 낳은 알을 / 一心으로 / 몰았드니
띄끌 몰아 / 泰山이라 / 보그미[26]에 / 그득 찼네.

닭알을 / 헤여보며 / 안해의 / 하는말이
팔아서는 / 작란꾼의 / 설범이를 / 하자겄다
그러나 나는, / 『여보 마누라 / 쌀값은 / 언제물고······』   -「短章」4, 『芭蕉』

위에 소개한 시는 「단장」 소재 시편 가운데 네 번째 시다. 시인의 가난하고 소박한 일상

---

[24] 「短章」에 실린 시편들은 대부분 시조의 구조와 율격을 바탕으로 하되 이를 새롭게 변용하여 새로운 시형을 만들어내었다. 예를 들어 첫 번째 시에서는 "山아래에 貰房을 얻어 / 젖은 行裝을 펴치 겄다. / 안해는 동이 사려 저자로 나려 가고 / 나는 뒷동산에 秋菊을 꺾어 / 어린 것을 달래다."라고 하여 1, 2행과 4, 5행을 2음보씩 분절하여 변화를 주었다.

[25] 「短章」에 실린 모든 시편들이 시조의 구조와 율격을 변용한 것은 아니다. "한밥상에 세식솔 둘러 앉으니 / 아이놈은 고기 없다 트집 잡고 / 안해는 어이 살까 걱정일세 / 그러나 나는 못드른체, 뜰에 나려 / 코쓰모쓰의 휘인 대를 발리다."라고 한 두 번째 시는 3음보의 율격을 변용한 것으로 보인다. 다만 이러한 변용된 형태는 김동명이 『파초』의 시대에 와서 고전 율격의 다양한 변주를 이전에 비해 보다 적극적으로 구사했음을 보여주는 지표로 읽을 수 있다.

[26] 보그미는 바구니의 사투리다.

이 4음보 율격과 두 개의 연 속에 잘 드러나 있다. 남의 터를 빌려서 기른 닭, 그 닭이 낳은 많은 달걀, 그 달걀을 팔아서 새로운 일을 꿈꾸는 아내, 그러나 밀린 쌀값 때문에 달리 할 것이 없는 현실, 김동명은 이 모든 것을 담담하게 말하 듯이 그려내었다. 『파초』 시기 김동명의 시는 크게 은둔, 자연, 낭만, 민족 등의 용어로 설명되는데,27) 위 시를 보면 그의 시가 현실에 단단히 뿌리를 내리고 있었음을 알 수 있다. 소박한 감성일 수도 있겠지만 『나의 거문고』 시기의 시들이 보여주는 퇴폐적 경향을 씻어내는 데28) 이러한 현실 인식도 작용했을 것으로 보인다.

이렇듯 김동명의 시는, 비록 『나의 거문고』와 『파초』 소재 시 가운데 일부만 살펴보았지만, 고전 시가와의 관련성이 적지 않다. 특히 2음보와 4음보 중심의 율격 구성과 시조와의 구조적 상관성은 김동명의 시가 전통의 자장 위에 놓여 있음을 잘 보여준다. 뿐만 아니라 전통과의 관련성이 특정 시기에만 국한되어 나타나는 것이 아니라 1920년대와 1930년대 시에 공이 나타나고 1930년대 시들이 1920년대 시들에 비해 구조적 세련미를 더해지고 있는 점은, 김동명 시의 내재적 변화 동인을 찾을 때 고전 또는 전통이 유의미한 지표가 될 수 있음도 보여준다.

하지만 서두에서 잠깐 밝혔던 것처럼 현 시점에서 김동명과 고전 시가, 또는 전통과의 상관성을 보다 명확하게 뒷받침해줄 외재적 요인들과 그 근거들이 충분히 탐색되지 않은 상황이라, 향후 김동명 시의 전통성 논의를 보다 폭넓게 확장하기에는 여러 한계가 분명 존재한다. 이후 관심 있는 연구자의 깊이 있는 탐색이 요구되는 바이다. 다만 김동명이 시를 창작했던 시기의 시대적 상황들을 살펴보면, 김동명 시의 이러한 경향과 특징들이 개별적이고 특수한 것이 아님을 확인할 수 있게 한다. 김동명이 『나의 거문고』의 주요 시들을 창작하고 『파초』를 출간한 시기는 바로 1920년대 후반부터 1930년대 중반까지다. 이 시기는 우리 시문학사에서 중요한 변화가 약동하는 때이다. 특히 전통과 민족의 두 동인이 강하게 작동하던 때였다.

1920년 후반부터 1930년대 중반까지는 민족주의문학과 민족 담론이 활발하게 진행되던

---

27) 박호영은 「김동명 시에 나타난 낭만주의적 시의식」(『김동명연구』2, 김동명학회, 2015. 35쪽.)에서 김동명의 시를 혁명적 낭만주의의 범주에 넣어 김영랑·김광섭·장만영·김기림·임학수 같은 시인들과 함께 논해야 한다고 역설하였다.
28) 이성교, 「김동명 시 연구」, 『김동명연구』1, 김동명학회, 2014, 152쪽.

때이다. 이 시기 민족문학의 형성은 KAPF를 중심으로 한 계급문학이 전통계승에 기여하는 문학창작에 무관심할 뿐 아니라 현실적으로 민족 내부의 분열을 조장하고 있다는 비판에서 시작되었으며, 전통의 계승을 통해 민족의 자존심을 고취하고 민족언어의 우수성을 드러내며 민족적 의지를 고양할 수 있는 국민문학의 건설을 지향하였다.29) 이러한 국민문학운동의 성격을 가장 보여주는 것이 바로 최남선에 의해 제창된 시조부흥운동이다.30)

1920년대 중반 시조부흥론이 제기된 이후 시조는 근대문학의 장 안에서 시조론을 불러오는 동시에 '조선심'의 표상이라는 의미를 획득해갔다. 또한 시조는 1930년대 '전통' 기획과 맞물리며 전통적 시형으로서 문단 전반에 인식될 수 있었다. 당시 일제는 강력한 사상 통제와 포섭을 통해 조선과 그 전통을 와해시키는 동시에 재편성해가고 있었는데, 시조는 그 위에서 혹은 그에 대응하며 '전통'으로 사유되기 시작하였다.31) 이 시기 이병기·이은상·조운·염상섭 등에 의해 이루어진 활발한 시조창작과 학문적 접근은 시조와 민요 등 전통 시가의 존재와 향토성과 민족성 등이 강조되어 문단에 큰 반향을 일으켰다.

김동명의 초기시집인 『나의 거문고』와 두 번째 시집인 『파초』는 이러한 시대적 환경 속에서 탄생한 결과물이다. 뿐만 아니라 김동명은 1923년에 『개벽(開闢)』에 「당신이 만약 내게 문을 열어주시면」·「나는 보고 섰노라」·「애달픈 기억」 등 세 작품을 발표함으로써 문단에 데뷔하였다. 김동명에게 문단의 길을 열어준 이 『개벽(開闢)』은 당시 사회진화론에 기반을 둔 실력양성론을 비롯하여 다양한 문화운동을 주도했던 잡지였다.32) 김소월의 「진달래꽃」과 「못 잊어」 등 민족과 전통의 범주에서 논의되는 여러 시편들이 『개벽』을 통해 소개된 것은 우연이 아닐 것이다. 김동명이 개벽을 통해 문단에 데뷔한 이후 전통과 민족과 유관한 시편들을 창작하여 『나의 거문고』로 묶은 것도 이러한 환경과 결코 무관해 보이지 않는다. 더욱이 김동명이 시를 창작할 때 우리 언어에 대한 관심이 남달랐을 뿐 아니라 이후에도 창씨개명과 일어 창작 등을 거부하는 등 전통과 민족에 대한 동일한 인식들을 줄곧 보여준 것을

---

29) 전승주, 「1920년대 민족주의문학과 민족 담론」, 『민족문학사연구』24, 민족문학사학회, 2004, 42~43쪽.
30) 최승호, 「전통서정시론의 시대적 변천」, 『어문학』73, 한국어문학회, 2001.
31) 우은진, 「1930년대 '전통' 인식과 시조담론」, 『한국문학논총』63, 한국문학회, 2013, 202쪽.
32) 김정순, 「『開闢』誌의 雜誌史的 價値 硏究」, 『잡지연구』9-1, 출판문화학회, 2001 ; 강혜정, 「1920년대 동북아시아의 사회주의 연동과 조선 신문화운동: 천도교 잡지 개벽을 중심으로」, 『동북아연구』34-2, 조선대학교 동북아연구소, 2019.

보면, 그의 시에 드러나는 전통과 민족 지향성은 우연이 아님이 분명해 보인다. 전통과 민족의 지평 위에서 김동명의 시를 다시 읽어야 하는 이유와 당위도 바로 여기에 있다.

5. 나가며

본고에서는 김동명 시에 드러나 있는 고전 시가와의 관련성에 주목하여 논의를 시작하였다. 특히 초기시집인 『나의 거문고』와 『파초』 소재 시들에서 발견되는 고전 시가와의 율격적 동일성에 초점을 맞춰 김동명 시와 전통 사이의 관련성을 규명하고, 이러한 관련성이 지니는 의미를 천착하는 데 주된 목적을 두었다.

이에 고전 율격 이론 가운데 음보율(音步律)을 잣대로 삼아 김동명 시와 고전 시가 사이의 상동성을 살펴보았다. 그 결과 김동명의 초기시집인 『나의 거문고』 소재 시들이 고전 시가의 음보를 바탕으로 다양하게 변주되고 있음을 확인할 수 있었다. 김동명은 우리 고전 시가의 전통 음보인 3음보와 4음보를 주로 활용하여 시를 지었는데, 그중에서도 특히 눈에 띄는 것이 바로 시조의 4음보의 율격이었다. 4음보의 율격을 분절하여 6행 2음보 율격으로 변주한 시들과 3행 4음보의 율격을 그대로 구현한 시들을 통해 김동명의 초기 시들이 전통에 깊이 뿌리를 두고 있음을 확인할 수 있었다.

더하여 이러한 경향이 1930년에 간행된 『나의 거문고』에만 그치지 않고 1936년에 출간된 『파초』에까지 이어지고 있는 사실을 확인함으로써, 김동명의 시와 고전 시가 사이의 관련성을 보다 확고히 할 수 있었고, 김동명 시의 전통의 수용과 변주 양상을 대략적으로나마 가늠해 볼 수 있었다. 나아가 김동명 시의 성격과 의미 등을 고전과 전통 위에서도 반드시 읽어야 하는 이유와 당위를 확보할 수 있었다.

더욱이 김동명 시와 전통 사이의 관련성이 민족 담론과도 자연스럽게 연결될 수 있는 가능성 또한 확인할 수 있었다. 최근 김동명을 '민족정서를 구현한 유수한 시인'으로 규정하려는 움직임이 포착되고 있다. 대부분 민족어에 대한 관심과 「파초」 등의 시에 드러나 있는 정서와 의미를 분석하는 데 초점이 맞춰져 있는데, 고전시가와 전통의 관점에서 이를 다시 읽으면 담론을 보다 풍성하게 이끌어낼 수 있으리라 판단된다. 『나의 거문고』와 『파초』 소재의 시들이 창작된 시기에 전통과 민족 담론이 한 궤에서 풍성하게 논의되었던 점을 감안할 때, 전통의 관점에서 김동명의 시를 읽는 작업은 곧 민족의 관점에서 김동명의 시를 읽는 작업으로 자연스럽게 연결될 수 있을 것이다.

다만 본고에서는 김동명 시와 고전 시가 사이의 관련성, 그중에서도 율격적 동일성에 기초해 논의를 진행한 만큼 전통과 민족의 토대 위에서 김동명과 그의 시를 어떻게 규정할 것인지에 대해서는 논의가 미치지 못했다. 더욱이 이러한 작업이 제대로 진행되려면 김동명의 시가 전통을 어떻게 변주하여 미학적으로 완성도 높은 시를 창작했는지를 보다 구체적으로 규명해야 한다. 그리고 비슷한 시기 시가의 전통을 잘 수용하여 민족정서를 잘 구현했다고 평가받는 김소월과 박목월 등 유수한 시인들과 비교 작업도 충분히 이루어져야 할 것이다. 뿐만 아니라 작가론에 충실한 연구와 1차 자료 수집도 지속하여 전통과 민족의 토대 위에서 김동명의 위치를 새로이 가늠할 때 외적근거를 충실히 제공할 필요도 있다. 이는 단번에 할 수 있는 일이 아닌 만큼 후속 연구를 기대한다.

□ 참고문헌

『김동명 詩전지』, 강릉시, 2017, 296쪽.

강혜정, 「1920년대 동북아시아의 사회주의 연동과 조선 신문화운동: 천도교 잡지 개벽을 중심으로」, 『동북아연구』34-2, 조선대학교 동북아연구소, 2019.

고정희, 「고전시가 율격의 교육 내용 연구」, 『국어교육연구』29, 서울대학교 국어교육연구소, 2012.

金容誠, 『韓國現代文學史探訪』, 國民書館, 1973.

김정순, 「『開闢』誌의 雜誌史的 價値 硏究」, 『잡지연구』9-1, 출판문화학회, 2001.

김정화, 「한국 시 율격론의 사적 전개」, 『고시 율격의 비교학적 연구』, 보고사, 2004.

류수열, 「시조의 율격에 대한 학술 담론과 교육 담론의 거리」, 『시조학논총』48, 한국시조학회, 2018.

박무화, 「김동명의 시문학」, 경희대학교 석사논문. 1977.

박호영, 「김동명 시에 나타난 낭만주의적 시의식」, 『김동명연구』2, 김동명학회, 2015. 35쪽.

백 철, 『朝鮮新文學思潮史』, 신구문화사, 1982, 501쪽.

심은섭, 「초허의 '소극적 저항의식'의 시세계 수용」, 『김동명문학연구』3, 김동명학회, 2016.

심은섭, 「초허 첫 시집 『나의 거문고』 발굴에 따른 諸고찰」, 『김동명연구』5, 김동명학회, 2018, 99쪽.

심은섭, 「'상실'과 '저항의식', 김동명 시세계」, 『인문사회』21, 사단법인 아시아문화학술원, 2019.

안수길,「金東鳴 선생의 시와 愛國心」,『新東亞』3월호, 1968, 305쪽.

엄창섭, 「초허 김동명 문학 연구」, 균관대학교 박사학위논문, 1986.

엄창섭, 「시대적 상황대처와 초허(超虛)의 한글인식」, 『김동명문학연구』2, 김동명학회, 2015.

우은진, 「1930년대 '전통' 인식과 시조담론」, 『한국문학논총』63, 한국문학회, 2013, 202쪽.

이성교, 「김동명 연구」, 『연구논문집』 4, 성신여자대학교, 1972.

이성교, 「김동명 시 연구」,『김동명문학연구』1, 김동명학회, 2014, 159쪽.

이찬욱, 「율격(律格)의 3음보(音步)와 음악(音樂)의 3분박(分拍)에 대한 논증(論證)」, 『시조학논총』47, 한국시조학회, 2017, 164쪽.

임재원, 「한국 전통 음악의 3분박구조」,『한국학 논집』31, 계명대 한국학연구원, 2004.

전도현, 「김동명 초기시 연구-첫 시집『나의 거문고』시기를 중심으로」,『한국학연구』39, 고려대학교 한국학연구소, 2011.

전승주, 「1920년대 민족주의문학과 민족 담론」,『민족문학사연구』24, 민족문학사학회, 2004, 42~43쪽.

정 민,『한시미학산책』, 휴머니스트, 1996, 491쪽.

정병욱,『한국고전시가론』, 신구문화사, 1982.

최승호, 「전통서정시론의 시대적 변천」,『어문학』73, 한국어문학회, 2001.

김동명 시에 나타난 식물적 상상력 연구

심은섭*

목 차

1. 서론
2. 폭력에 저항하는 객관적 상관물
3. 해방을 위한 희망의 의지
4. 숙명적 삶의 성찰
5. 결론

• 국문초록

　어떤 시인에 대한 온전한 연구는 한국의 문단을 더욱 건강하게 만든다. 올해가 김동명이 1968년 68세의 일기로 타계한 지 52년째이다. 그럼에도 불구하고 김동명의 문학세계에 대한 다양한 연구가 활발하게 이루어지지 않아 매우 안타깝다. 다행히도 김동명의 시세계 중기에 해당되는 전원적 목가풍의 시세계에 대한 연구는 더러 있으나 식물적 상상력과 관련된 연구는 거의 찾아보기 힘들다. 이점을 고려하여 본 논문에서는 일차적으로 일제강점기에 신지식인으로서 위기에 처한 조국을 외면한 채 농촌에 묻혀 전원적인 목가풍의 시를 읊었다는 비평을 불식하기 위해 대표적인 작품을 예로 삼아 그의 식물적 상상력과 관련된 저항의식을 규명했다.

---

*가톨릭관동대학교 교수

동시에 김동명의 내면에 이어져 온 상상력의 흐름과 그 편향성을 고찰하는 과정에서 국권 상실의 아픔을 극복하고, 일제 만행에 대한 저항의식 등을 '풀'과 '나무'와 '꽃'이라는 식물에 투사(投射)하여 자아와 동질성을 형상화하는 데 노력한 점도 밝혔다. 또한, 식민지 지배하에서 조국의 해방을 갈망하는 희망적인 작품 활동이 여러 작품에 나타난 사실을 규명한 점도 이 논문이 시도한 쟁점 중의 하나이다.

김동명은 결코 현실 도피적인 지식인이 아니라 해방의 의지를 소신과 상징적 기법으로 갈망했다. 즉 미래가 불확실한 일제 만행의 시대에도 김동명은 해방을 위한 희망의 의지를 식물적 이미지를 통해 표현했으며 그는 조국광복의 기다림, 삶의 허무함을 식물이라는 대상에 화자의 정감을 이입시켰다. 이것은 화자의 처지를 식물에 전이시켜 무기력한 자아에 대한 성찰과 국권 상실의 아픔임을 드러낸 것이다.

한편, 모든 성찰은 철저한 회의(懷疑)에서 시작된다. 김동명의 성찰은 신지식으로서 아무것도 할 수 없었던 자신의 무기력한 행동에 대한 회의(懷疑)가 그 시발점이며, 그러한 작품을 예시로 삼아 규명하였다.

• 논문주제어: 상상력, 상실감, 저항, 일제강점기, 대상화.

1. 서론

　상상력과 이미지에 관한 연구는 주로 프랑스에서 활발히 전개됐다. 한국에서 이루어진 연구 성과 중의 하나로 볼 수 있는 이승원에 의하면 "역사주의 방법론과 분석주의 방법론을 문학사회학적 방법론에 경도되고 있는 연구와 구조주의적 기호학적 접근을 시도하는 일군의 연구로 대별"된다는 것을 알 수 있다. 김동명 또한 시를 통해 식물이 가지고 있는 시적 분위기나 아름다움을 묘사하기도 하고, 또 그 식물의 속성을 파악하여, 그 속성에 시적 자아의 내면세계를 반영하기도 했다. 즉 시적자아를 식물로 대상화[1]했다는 것이다.

　그러므로 본 글은 김동명 시인이 자아를 식물로 대상화하는 것 중에서도 특히 시인의 인생체험, 시인의 세계관, 시인의 역사의식을 나타내는 메타포 혹은 '객관적 상관물'로서 시의 중요한 역할을 감당해왔다[2]는 것에 대한 규명이다. 특히 일제 식민지와 같은 사회적 환경이나 관습, 그리고 그런 유사한 상황들이 오랫동안 억압의 주체로 이어져 오던 역사 속에 김동명도 그 중심에 서있었다는 것은 주지의 사실이다. 역사적으로 살펴보아도 광복 이전의 식민지 국민의 신분에 대한 일제의 부정적 시각이나, 자국 위주로 자행되어온 일제강점기의 폐쇄성, 그리고 문학적 특성조차 부정적으로 암시하는 대상으로 삼아왔다. 다른 나라 시에서도 별반 다를 바 없으며, 한국의 서정시에서도 '식물'이 표상하는 가장 중심적인 의미는 자연의 생명력이며, 자연과 사람의 '상호관계'[3]이다.

　그는 이렇게 억압받는 김동명 자신의 삶을 식물이 가지고 있는 이미지를 대상화하여 저항의식을 드러냈다. 자신에 대한 이러한 억압이 설상가상으로 모든 사회에 존재하는 가장 보편적인 억압이라는 것과 더 나아가 근절하기 가장 어려운 억압의 행태라는 심각성을 대상 식물에 투사했다.

　김동명은 '시인으로서의 김동명'과 '자연으로서의 식물'이 상호 어떤 작용을 하는지를 보여줌으로써 자연과 사람 간의 조화로운 관계를 회복하고자 했다. 그러므로 김동명이 '식물적 상상력'으로 서정성을 활성화시킨 것만큼은 부인할 수 없는 사실이다. 이러한 문학적 사실을 근거로 삼아 그의 시작품에 나타난 식물적 메타포(metaphor) 속에 내재된 생태의식과 생명

---

1) 본 논문에서 사용된 '대상화'라는 용어는 '타자화', '객관화', '객관적 상관물' 등의 의미로 대체된 단어이다.
2) 송용구, 「한국시의 식물적 상상력」, 『시산맥』 통권21호, 2015 봄호, 14쪽.
3) 마르틴 부버, 표재명 옮김, 『나와 너』, 문예출판사, 1977, 12쪽.

의식을 분석해 보는 일이 김동명의 시를 올바르게 이해하는데 그 나름의 의미가 있을 수 있을 것으로 판단된다. 부연하면 그의 많은 작품 중에서 식물을 소재로 대상화한 것에 논점을 두고자 한다. 따라서 본 글에서는 그 매개가 식물을 대상으로 한다고 전제할 때, 이미지가 어떻게 시적 자아를 다양한 층위를 이루며 대상화하였는가를 짚어보고자 한다.

2. 폭력에 저항하는 객관적 상관물

이성교는 「김동명 시 연구」에서 김동명의 시는 지극히 유치한 즉흥시에 지나지 않는다. 이때의 경향은 대체로 퇴폐주의에 흘렀다[4]고 지적했다. 엄창섭 역시 초기시의 주제는 다분히 '人生을 苦悶하는 虛無的 特性을 보여주며 감상적·퇴폐적 경향'을 띠고 있다[5]고 지적했다. 이에 해당되는 시로써 1923년 처음 『開闢』誌(通卷 40호)에 발표된 「당신이 만약 내게 門을 열어 주시면」은 보들레르의 『악의 꽃』을 읽고 즉석에서 쓴 헌시이며, 퇴폐적인 풍조의 시이며, 「나는 보고 섰노라」는 화려했던 옛날을 추억하는 대목으로 시어에 아무 지각없이, 그리고 거침없이 나오는 생각을 관념적으로 담았다. 또 「애달픈 記憶」은 퇴폐적인 경향보다 허무적이고 애상적인 데가 더 많다. 또 오늘날 김동명에 관해 많은 사람들이 갖고 있는 일반적인 견해는 그를 김소월, 김상용, 김영랑 및 청록파 시인들과 더불어 30~40년대 한국의 대표적인 전원파(田園波) 시인이라는 것이다.[6] 동시에 김동명의 시세계는 곧 동명의 시인생활을 대표한 전원적 목가풍의 경향이었다.[7]

이처럼 전원적, 또는 목가적 시인으로 평가를 받아온 만큼 자연 친화적인 시적 경향을 지닌 김동명에게 자연이라는 것은 삶의 이상향이며 궁극의 귀착점이다. 시는 순간의 정서를 가장 잘 드러낼 수 있는 장르로 세계 내에 존재하는 자아의 내밀한 감정, 극적인 감정을 표출할 수 있는 본질적인 특성이 있다.[8] 이런 김동명에게 '식물적 상상력'은 어떻게 효율적으

---

4) 이성교, 「김동명 시 연구」, 『김동명의 시세계와 삶』, 한남대학교출판부, 1994, 19쪽.
5) 엄창섭, 「초허 김동명 문학연구」, 성균관대박사학위 논문, 1986, 38쪽.
6) 송재영, 「물의 想像體系」, 『김동명의 시세계와 삶』, 한남대학교출판부, 1994, 57쪽.
7) 이성교, 「김동명연구」, 성신여사대논문집 4·5합본집, 1972, 64~65쪽.
8) 송영순, 「해방기 이광수 시에 나타난 '고백'과 '사랑'의 의미」, 『한국문예비평연구』 제51집, 한국현대문예비평학회, 2016, 109쪽.

로 그의 이상적 자연세계와 밀접한 관련성을 지닌 폭력에 대한 저항으로서의 객관적 상관물이었는가를 고찰하는 데 매우 중요한 단서가 된다. 그의 시에서 '식물적 상상력'은 '자기 대상화의 매개물'에 둔다는 점이다. 식물의 특징은 동물처럼 이동하지 않는 정착의 물질이다. 그러면서도 그것은 나무와 꽃, 풀과 같이 비폭력적이며, 순수한 평화적인 세계를 이루고 있다. 이것은 곧 시의 소재가 다양한 식물이었다는 것은 김동명 시인이 비폭력적이라는 점을 명징하게 보여주는 방증이다.

> 어제는 저를 위해 종여 가지를 흔들며 『호산나』를 불으드니,/이제 와선 피를 달라 부르짓고, 그 머리 우에 가시冠을 언딴말가/옷을 찢는 祭司長은 월래가 그러려던 무릎배 아니냐/갈대도 머리를 따리며 춤 뱉고 희롱하는/아아 네 이름이 「民衆」이 드냐
> —「受難」 일부9)

「受難」에서 주목해야할 시어는 '종려나무'와 '가시관'이다. 종려나무는 이스라엘에서 가장 오래된 과실나무로서 성경에서 자주 언급되는 식물 중 하나다. 김동명은 종려나무에 자신을 가탁(假託)하여, 정직과 정의, 그리고 공정한 삶을 상징적으로 나타냈다. 이 「受難은」 두 번째 시집 『파초』(1938)에 수록되어 있다. 이 시집에 수록된 시편들은 김동명의 전성기에 쓴 작품들이다. 이 시의 시간적 배경은 일제의 탄압이 극에 달한 시기로써 이 '수난'은 크게 한민족의 수난이며, 작게는 김동명 개인의 수난이다. 이 수난의 가해자는 일본 세국주의사들이며, 이들은 인류가 예수의 머리에 가시관을 씌워 고통을 안겨주었듯이 한민족에게 식민지라는 영육의 고통을 안겨준 것으로 볼 수 있으며, 이 시의 기저에는 일제에 대한 저항의 비판적 시적 태도가 깔려있다. 이처럼 시인은 신화적이고 마법적인 세계를 배경으로 하여 현실의 징후들과 삶의 리얼리티를 확인하는 과정을 보여준다.10)

> 그대는 차듸찬 意志의 날개로/끝없는 孤獨의 우를 날으는/애달은 마음.//또한 그리고 그리다가 죽는/죽었다가 다시 사라 또다시 죽는/가여운 넋은 아닐까.//부칠곳

---

9) 김동명, 『파초』, 신성각, 1938, 117~122쪽.
10) 김미라, 「기형도 시에 나타난 환상성」, 『국제한인문학연구』 제25집, 국제한인문학회, 2019, 136쪽.

없는 情熱을/가슴 깊이 감초이고/찬바람에 빙그레웃는 寂寞한 얼골이어//그대는 神의 創作集 속에서/가장 아름답게 빛나는/不滅의 小曲.//

또한 나의 적은 愛人이니/아아 내 사랑 水仙花야/나도 그대를 따라 저 눈ㅅ길을 거으리.//

-「水仙花」전문11)

김동명 시에 있어 식물은 가장 중요한 상상력의 원천이며, 이 상상력은 다양한 시상 전개를 확장하게 한다. 어느 때엔 '꽃'처럼 화려한 비유로 수식된 몽상의 세계를 전개하기도 하며, 유연한 고전적 시어로, 애수와 고독의 표상으로 전개되는가 하면, 불의에 저항하는 변형적 형태로 나타나기도 한다. 인용시의 「水仙花」는 '자기주의(自己主義)' 또는 '자기애(自己愛)'라는 의미를 지니고 있다. 곧 '나'와 '수선화'는 등가의 등식이 성립하는 관계망으로 확장·전개된다. 다시 말해 '나'는 '수선화'이고, 이 관계는 더 나아가 '애인'으로 발전된다.

이 시의 화두는 희망을 찾을 수 없는 사회현실에 대한 신지식인의 내적 고뇌다. 인생의 비탄과 허무를 동시에 드러내는 「水仙花」를 역설적으로 수용하면, 김동명 삶의 허무와 시대적 어둠을 극복하려는 치열한 몸부림이다.

마르쿠제에 의하면 예술은 全산업사회에서 현실과 다른 차원을 이룩한다. 그것은 현실적으로 불가능한 욕망을 상상력에 의한 환상 속에서 달성하게 혹은 해소하게 만들어 준다.12) 또 예술은 현실을 고통으로 승화시켜 현실에 만족하지 못하는 사람에게 생존과의 화해를 달성해 준다13)는 맥락으로 이해된다.

김동명은 수선화라는 이미지를 통해 자신의 내적 고뇌를 해소하고 그것을 폭력에 저항하는 의식을 드러내고자 했다. 즉, 조국을 잃은 상실감을 수선화가 지닌 생태적이고 신화적인 특질 속에서 위로받고자 하는 정서를 드러냈다. 그러므로 시란 단순히 허구적인 구성으로만 만들어지는 것이 아니라, 작품 내에 존재하는 구성 요소의 전반적인 연계성과 의미구조의 연관성에 의해 창작된다.

---

11) 김동명, 앞의 책, 4~5쪽.
12) 김 현, 『문학과 사회학』, 민음사, 1983, 140쪽.
13) 신익호, 「황혼과 변증법적 의미」, 『김동명의 시세계와 삶』, 한남대학출판사, 1994, 75쪽.

특히 「수선화」는 수선화에 관한 여섯 개의 단상과 이미지가 차례로 배치되어 있다. 수선화가 깨끗하고 기품 있는 식물이기에 시의 형식도 빈 여백을 많이 두어 담백한 풍취가 연상되도록 처리하였다. 시의 어조 역시 "~다"라는 평이한 종결어를 일률적으로 사용하여 불필요한 감정의 확산을 막고 평담하고 개결한 맛을 살리려고 했다.14) 그 이유는 무엇일까? '나도 그대를 따라 저 눈길을 걸으리.'라는 표현에서 그 이유를 찾을 수 있다. 내 애인은, 즉 나의 조국은 순탄한 길을 걷는 것이 아니라 '눈길'을 걷고 있다. 이 험난한 눈길의 조국을 화자는 따르겠다는 강렬한 의지의 소산이다. 조국을 따르겠다는 강한 의지는 곧 일본제국주의 강압에 대한 저항의식과 다를 바 없다. 일제강점기로 이념에 감상의 의상을 입힐 수밖에 없는 암울한 사회적 정서였다. 김동명의 시가 사람들에게 심금을 울리는 것은 풍부한 식물적 상상력 때문이다. 이처럼 김동명은 어떤 특정한 이미지를 내세워 상상을 통한 상징적 저항의식을 보여 왔다.

옛 사람 너를 일러/娼女라 하였겠다//가시로 하여 이름인가,/꺾이지 않으려는 매서운 마음/節夫의 넋이어늘……//붉다 하여 이름인가,/깨문 입술 피 맺히니,/먹은 마음 서리어늘……//아마도 그 사나이 너를 못 꺾어/화 푸리 한가 보네

-「해당화」 전문15)

여기서 '해당화'가 지닌 본질적 속성은 아름다운 여인이다. 이처럼 시적화자는 '해당화'라는 식물을 대상으로 하여 자신의 정서, 즉 아름다운 여인을 시기하는 이유를 말하고 있다. 그러나 '사나이'와 '해당화'가 각각 함의하고 있는 의미를 알아내는 일이 「해당화」를 이해하는 관건이다. 외연적으로 보면 '해당화'는 한낱 '꽃'에 불과하지만, 내포적인 시각으로 보면 '조국'의 상징이다. 그러나 시인은 '해당화'를 단순히 '꽃'이나 '한 여인'으로 치부한 것은 아니다. 그 식물, 또는 '한 여자'의 그 이상의 의미를 지닌 속성으로서의 상징이다. 그 '해당화'가 꽃으로서 상징하는 바가 무엇인지 알기 위해선 「해당화」가 김동명의 여섯 권 시집 중에 『진주만』에 실려 있다는 점을 상기할 필요가 있다. 즉, 『진주만』은 '太平洋戰記'이다. 시편 대부분이 풍류시를 필두로 하여 「아가에게 주는 시」, 「태평양전쟁抄」, 「새나라 설계」,

---

14) 이숭원, 앞의 논문, 478쪽.
15) 김동명, 『眞珠灣』, 이화여자대학교출판부, 1954, 124~125쪽.

「가정예찬」 등 다섯 개의 소제목으로 구성된 시집이다. 특히 「태평양전쟁抄」는 일제가 진주만을 기습한 이야기들로 구성되어 있다. 그런데 이 시집이 일제강점기 때의 내용을 담은 시편들로 구성되어 있음에도 불구하고 전체 여섯 권의 시집 중에서 다섯 번째로 발간된 것은 일제강점기 말기에 쓴 미완성 작품을 해방 후에 다시 회상하여 개작한 것으로 추측된다. 따라서 「해당화」의 '해당화'는 식물로서의 꽃이 아니라 어떤 상징성보다 조국을 원관념으로 하는 객관적상관물로 보는 것이 타당하다.

> 산이/산을 업고//산이 다가와/소녀를 붙든다//아아, 빠알간 얼굴을 한/두멧 색시야!//늬는/전쟁을 모르나//우리는 이렇게들/쫓겨 간단다
>
> -「山百合花」 일부[16]

인용시는 김동명이 해방 이후에 쓴 작품이다. '아아, 빠알간 얼굴을 한/두멧 색시야!/늬는/전쟁을 모르나/우리는 이렇게들/쫓겨 간단다'가 지니는 정서는 6·25전쟁 중에 피난 중인으로 추측된다. 그는 아홉 살 되던 해(1908년)에 함경남도 원산으로 이사를 하였고, 그곳에서 성장했다. 그는 철저한 반공주의자였다. 따라서 북한에서 더 이상 일상생활이 어려웠고, 끝내 제2의 고향이었던 원산을 떠나 월남했다. 「山百合花」가 담고 있는 내용처럼 이데올로기의 폭력에 의해 그의 삶은 순전히 '산이 산을 업고' 쫓겨 다니는 신세로 전락했다. 아직 일제강점기의 상흔이 아물지 않은 상태에서 또 다른 이념적 갈등으로 심신은 더 피폐해졌고, 이념의 폭력성을 거부하는 자신의 감정을 부각시키기 위해 '백합'을 '색시'로 의인화하였으며, 이것은 다시 화자의 감정을 '색시'에 전이하는 전형적인 은유로 민족상잔의 아픔을 드러냈다. 백합의 이미지는 순수성이다. 이 순수성과 전쟁의 폭력성을 상호 대립시켜 전쟁으로 인한 아픈 상처를 더욱 부각시켰다.

전쟁의 부당성을 순수의 대명사로 일컫는 백합에 의탁하여, 본연의 의미를 감추면서 드러내고, 드러내면서 감추는 기법을 사용하였다. 억압과 경제적으로 피폐한 일제강점기로부터 벗어나야 한다는 의지를 보여 오던 끝에 찾아온 해방의 기쁨은 짧았고, 미군정 시대의 혼란기를 맞이했다. 그러나 종국에는 아비규환의 6.25 전쟁을 겪어야 했던 운명적 작란은 김동명이 숙명적으로 받아들이기엔 너무나 가혹했다. 따라서 그는 8.15해방의 전후를 총망라하

---

[16] 김동명, 『목격자』, 인간사, 1957, 116~117쪽.

여 시종일관 국가와 민족의 안위를 위해 시를 써왔다.17)

3. 조국해방을 위한 희망의 의지

김동명은 식물을 소재로 하여, 작품화하고 그 작품 속에 저항의식을 담은 것만은 아니다. 조국의 해방과 국권상실에 대해 필연적 희망의 의지를 작품 속에 육화시켰다. 이런 점을 토대로 대표적인 작품을 인용하여 살펴보면 다음과 같다.

> 내가 처음 이곳에 왓슬쌔에/제일 먼저 내눈을 쯔은 것은/쓸밋헤 서있는 한그루 무화과나무엿습니다./그쌔 맞츰 무화과나무는/새팔한 잎사귀를 내밀기 시작하엿습니다.//그후에 나는 그 넓고두터운 입사귀우에/써러지는 비ㅅ방울 소리를/여러번 들었습니다./조국 써나 멀리잇는 몸이라/달빗헤 더욱푸르른 무성한 잎사귀를 바라보며/하염업는 생각에 잠기기도 여러번이엇습니다.……〈중략〉……쓸밋헤 푸른풀이 자갓가히 조핫슬쌔에/나는 또 나라에 갓더가/우리 江山에 힌눈이 덥히는것을보고/또다시 도라온 지금에는/無花果 나무의 말은가지 그남아 간데업고/독기에 찍기인 그루만 외롭게 남아잇습니다.//그러나 나는 또다시 도라오는봄을 기다리며/그루압헤 섭니다.
>
> —「無花果樹」일부18)

「無花果樹」는 2019년 7월을 기점으로 87년 만에 발견된 김동명의 첫 시집 『나의 거문고』19)에 실린 작품이다. 이 작품(전체 69행 8연으로 구성되어 있으며, 인용된 부분은 1, 2

---

17) 심은섭, 「김동명 시에 나타난 기원 양상 연구」, 『한국문예비평연구』 제51집, 한국현대문예비평학회, 2016, 57쪽.
18) 김동명, 『나의 거문고』, 新生社, 1930, 88~90쪽.
19) 첫 시집 『나의 거문고』는 필자가 2017년 7월 3일 원주 고가서점에서 찾아냈다. 소장자가 고가(高價)를 요구하여 개인이 구입하기는 어렵다는 판단에 따라 강릉시에 발굴 이 사실을 알리고, 강릉시에서 구입할 것을 요청하여 매입 성사가 이루어졌다. 그러므로 2017년 7월까지 김동명문학관에 비치된 시집 중에『나의 거문고』만 영인본이 없었다. 『파초』와 『38선』 시집은 영인본을 비치되어 있다. 현재 『나의 거문고』의 원본은 강릉시 시립박물관 수장고에 훈증 처리되어 보관 중에 있으며, 김동명문학관엔 영인본을 비치해 놓은 상태이다. 세 번째 시집 『38선』은 영인본을 비치하였다가 2017년 11월에 필자가 인천지역에 소재하는 고가서점에서 원본을 구입하여 김동명문학관에 비치해 놓은 상태이다. 그러나『파초』는 현재까지 원본의 소장자를 알고 있으나 구매를 하지 못하고 있으며, 독지가 장정권 씨가 시집 『파초』의 영인본을 기증하여 현재 문학관에 비치되어 있다.

연과 7, 8연임)은 일본 유학 중에 쓴 시다. 이 시에서 '마른 나뭇가지'와 '도끼에 찍힌 그루'는 화자의 감정이 이입된 객관적 상관물로서의 역할이다. '도끼'가 담고 있는 의미는 극에 달한 일제 만행을 비유한 표현이며, '봄'은 '조국의 해방'을 상징한다. 무화과나무가 '새팔한 잎사귀를 내밀기 시작'했던 것처럼 그러한 상황 속에서 김동명은 어떤 경우에도 봄은 돌아오리라는 확신을 가지며 광복의 의지를 시 속에 녹여놓았다. 이에 양주동은 김동명의 작품에 대해 다음과 같이 제시했다.

> 몬저 그 詩體가 典雅한 것을 取한다. 이 한 篇에서 나는 作者의 敬虔한 宗敎的 情熱과 묵직한 苦悶의 影子를 엿보았다. 偏重의 中樞思想되는 「벗」과 「조국」 및 「죽음넘어」는 이것이라 分明히 解義할 必要가 업슬 것이다. 다만 그 氣分과 情操를 맛보아서 足할 것이다.[20]

김동명은 새로운 기대와 조국의 해방을 위해서는 찍히고 말라가는 아픔도 몸소 경험해야 겠다는 결의를 새로이 하고 있다. 이 시의 주제는 '무화과수'를 바라보며 조국의 해방과 전쟁으로 인한 세기적 말세의 고통에 대한 회상이다. 일부 혹자에 의해 절망과 감상, 비분(悲憤)의 작위의식에 사로잡힌 퇴폐적 시풍이라고 혹평을 받은 바 있다. 그러나 그의 초기시라고 할 수 있는 『나의 거문고』에 실린 작품들도 순수 전원을 노래한 작품들이 대다수이며, 국권 상실에 따른 국가와 김동명 자신과의 단절을 맞는 민족의 비극기로 실의와 절망에 빠져있기보다는 조국을 위해 무엇을 할 것인가를, 즉 미래를 맞이할 준비하는 과정이라고 말함이 더 옳은 듯하다. 이 점에 관해 선험적 연구에 중심적 역할을 했던 엄창섭은 "혹한의 계절이 지나면 신생의 계절이 돌아오듯 김동명은 암담한 시대를 바람처럼 살아가면서도 조국광복의 신념을 지니고 있었다. 그는 어두운 시대 상황에서도 민족 시인으로서의 조국광복의 희망적 의지를 예술로 승화시켰다"고 했다. 또 안수길 역시 김동명이 새로운 시대, 해방의 조국을 갈구하는 희망은 "남달리 조국과 민족을 사랑하는 정열에서 생긴 것"으로 지적한 바 있다. 이처럼 「無花果樹」는 단순히 연애시나 민족의 정한을 읊은 서정시가 아니라, 높고 큰 차원의 민족과 조국을 노래한 애국정신을 표현한 시이며, 민족 시인의 희망을 절규하는

---

20) 양주동, 「4월 시평」, 『朝鮮文壇』, 5월호, 성진문화사, 1974, 21쪽.

행위인 동시에 도덕적 교훈성의 설명과 다름이 아니다.

> 어화, 門前 細柳,/실실이 푸르렀네//漢陽 千里 길에/휘느러진 봄 빛일네//갈 거나……/말 거나……//어이 갈 거나/고흔 님 혼저 두고 내 어이 갈거나//건들하는 微風에도/휘우뚱거리는 속 없는 가시내야//내 마음도 실은/휘느러진 버들 가지.//나비 한 마리 날아 들어도/흔들 거린다네//
>
> -「垂楊」 전문21)

위의 「垂楊」에서 김동명의 식물적 상상력은 수양나무가지에 그 뿌리가 닿아 있다. 외부세력에도 꺾이지 않는 수양버드나무가지의 외유내강의 속성은 저항 뒤에 찾아오는 희망의 의미로 수용되어야 한다. '휘느러진 버들가지'는 '건들하는 미풍(微風)에도 휘우뚱거리는 속없는 가시내'의 은유이며, 어떤 외부의 세력일지라도 절대 굴하지 않겠다는 화자의 의지와 언젠가 조국광복의 그 날을 고대하는 심정 정서를 형상화한 것이다. 이 시기의 대다수의 시편이 3·1운동의 실패로 암담했던 조국의 현실을 고려한다면 원관념을 숨기어 상징적으로 쓸 수밖에 없다는 사실이다.

김동명의 식물적 상상력은 수양버드나무를 꿈꾸고, 그 나무를 닮고 싶어 하며, 그 나무의 생명력을 자신의 것으로 전환하려는 대상화 작업의 일종이다. 나무들은 죽음을 넘어 불멸성을 가지고 있다. 그것은 식물의 환경 적용능력에서 찾을 수 있기 때문이다. 비드나무의 불멸성은 조선 중기 문신 신흠의 한시에도 나타난다. "동천년로항장곡(桐千年老恒藏曲)/매일생한불매향(梅一生寒不賣香)/월도천휴여본질(月到千虧餘本質)/류경백별우신지(柳經百別又新枝)"에서 4구를 주목할 필요가 있다. '버드나무 가지는 백번을 꺾어도 새 가지가 나온다'라는 것으로 「垂楊」 또한 버드나무의 영원회귀성과 다시 살아나 미래에 다가올 조국광복의 희망을 우회적으로 표현한 것이다. 따라서 이 불멸성의 버드나무가지를 김동명은 자신과 조국광복의 희망에 견주어 노래했다.

> 索寞한 내 뜰에/오직 한 송이 붉은 薔薇꽃//겨울과 겨르려는/불 붙은 情熱인

---

21) 김동명, 『眞珠灣』, 이화여자대학교출판부, 1954, 134~135쪽.

양……//黃昏이 숯고 간 뒤//恍惚한 孤獨 위에/힌 눈이, 나리다//蒼白한 情念을 에워/밤이 스미다//이윽고 새 날이 오니/아아 燦爛한 銀빛 圓光!/나는 이 아츰/꽃의 거룩한 모습을 절한다//

-「雪中花頌」 전문22)

'꽃'이라는 식물이 관찰의 대상으로 놓여 있으면서도 '생명의 감각적 인식'이 포착되어 있다. 식물적 상상력이 작용하는 경우 식물이 단순히 대상성만으로 설정되는 경우는 사실 그리 흔하지 않다. 김동명이 이미 장미꽃이라는 식물과 눈(雪)을 대비시켰다는 그 자체가 그 소재 속에 살아남아야겠다는 시인의 독특한 생존의식이 작용했음을 말해준다. 따라서 선택된 소재를 중심으로 상상력을 전개하는 한 시인의 생활 자체가 대상 식물과 관계를 맺는 것은 당연한 일이다.23)

김동명은 「雪中花頌」에서 장미꽃을 자신의 내부로 끌어들여 그것을 내적으로 인격화하거나 화자 자신을 상상적으로 세계에 투사하는 것으로, 이것은 감정이입에 의해 자아와 세계가 화해의 일체감을 이루도록 했다. 즉 '내 뜰의 붉은 장미'에서 '나=장미'의 일체감이 발견된다. 이 일체감을 통해 '나=장미'는 겨울과 싸운다. 싸우는 것은 저항이며 승리의 희망을 찾으려는 일종의 의지와 같다. 그러므로 김동명의 작품 밑바탕에는 해방을 위한 희망의 의지와 냉엄하고 현실주의적인 것이 용하게 도사리고 있다.24)

4. 숙명적 삶의 성찰

'식물적 이미지'는 가시적인 교감의 공간이다. 교감은 본질적으로 두 개의 사물이 대체되고 상호지향성을 추구하는 작용이다. 그런 까닭에 반드시 두 개 이상의 대상을 필요로 한다. 그것은 대상과의 은밀한 결합이며, 더 나아가 대상화 작업으로 이어지기 때문이다. 김동명 시에서 어렵지 않게 발견되는 동경(憧憬)의 정조, 즉 동경의 시적 정서는 단순한 연민의

---

22) 김동명, 앞의 책, 10~11쪽.
23) 이숭원, 앞의 논문, 480쪽.
24) 이성교, 「김동명 시 연구」 『김동명의 시세계와 삶』, 한남대학교출판부, 1994, 31쪽.

호소가 아니라 세계와의 동화(同化, assimilation), 혹은 투사(投射, projection)를 지향하는 처절한 열망이기도 하며, 자기운명에 대한 성찰이기도 하다. 김동명은 동경의 대상에 대한 성취의 갈망을 강렬하게 요구한다. 그러나 매우 절제된 열망을 보여줌으로써 시적 대상을 자기성찰화하는데 성공적이다.

김동명은 일제강점기에 따른 국권상실과 그들의 억압적 만행에 무기력한 자신의 운명에 대한 성찰을 작품으로 승화시켰지만 유년시절의 성숙하지 못한 행동에 대해서도 진정한 성찰의 기회를 작품 통해 만들어 내고 있다.

　　때는 잠시 사십년(四十年) 뒤으로 물러 간다.……

　　시냇가 솔 밭 머리에 있는 외따른 집이다. 마당 한가에는 접중花가 한창 피어 실바람에 흐느적인다./아까 부터 이 꽃을 자못 흥취 있게 바라보고 섰는 아이가 있다. 아랫도리는 벗은 채 적삼만 걸쳤는데, 나이는 많아야 여섯 살 쯤이나 되었을까. 동무들을 따라 시내에 목욕하려 나왔다가 돌아가는 길이다. 벌서 동무들은 다 가버린 지 이윽한데, 오직 이 아이만 홀로 남아 있어 꽃을 구경하고 섰는 것이다./아이는 마치 무엇에 홀린듯, 종시 꽃앞을 떠나지 못한다.……

　　저녁 때다./뒤 뜰에 밤 나무가 서 있는 또 하나의 외따른 집이다./이윽고, 아이는 까맣게 걸은 배와 종아리를 해가주고, 意氣揚揚하게 이 집 부엌 門 앞에 나타난다. 마츰 부엌에서 불을 지피고 있든 女人은, 아모 일도 없다는듯이 자못 欣然한 態度로 微笑까지 지어 보인다. 女人은 드디어 이 아이를 부엌 間으로 불러 드리기에 成功한다. 瞬間, 미리 준비 되었든 장작 가비는 사정 없이 아이의 볼기짝에 와 나려진다./
『요놈, 남의 집 꽃 나무는 왜 결단을 냈어……』

　　때는 다시 오늘로 돌아 온다./四十年前 惡童 접중花 아가씨에게 지은 罪를 갚고저, 이 꽃을 뜰 한 구석에 심어 놓고 가끔 雜草를 덜어 주면, 때로는 볼기짝을 만져 보며 어머니를 생각하기도한다.

　　　　　　　　　　　　　　　　　　　　　　　　　　　－「접중花」 전문[25]

「접중花」는 전체적인 구조로 보아 5연 10행으로 되어 있다. 1연 1행에서 지난날을 회상하는 시간적 배경을, 그리고 2연과 3연에서는 그 당시의 정황을 제시하지만 어떤 일이 어떻게 벌어졌는지는 말하지 않는다. 그것은 「접중花」에서 사건의 내용을 드러내는 일이 중요한 것이 아니라 '접중화'란 꽃을 매개로 하여 어머니에 대한 그리움을 승화시키는 일이 시의 목적이기 때문이다. 다만, 4연의 표현으로 보아 '시냇가 솔 밭머리에 있는 외따른 집'의 접중花(접시꽃)를 온통 짓밟아 놓았거나 꽃을 다 꺾어 놓음으로써 외딴집 주인으로부터 어머니가 항의 받은 것으로 짐작된다. 즉 그 당시의 사건을 떠올리며 1931년에 사망한 어머니를 그리워하는 마음을 시로 승화한 작품이 「접중花」다. 그러나 「접중花」를 단지 어머니에 대한 '그리움'만을 표출한 것은 아니다. 그 이면에는 접중화를 매개로 한 반성과 성찰의 의미가 복합적으로 존재한다는 것이다.

「접중花」는 김동명의 다섯 번째 시집 『진주만』(1954)에 실려 있다. '이 꽃을 뜰 한 구석에 심어 놓고 가끔 잡초(雜草)를 덜어 주면, 때로는 볼기짝을 만져 보며 어머니를 생각하기도 한다.'에서 모친에 대한 그리움이 외연적으로 나타나 있다면 성찰의 의미를 '접중화'라는 식물적 상상으로 전이하여 작품 속에 육화한 것으로 판단된다.

시인은 시의 소비자들에게 상상을 확장 시켜줄 의무를 지닌다. 그런 관계로 이중구조의 형식을 도입하여 시를 쓰는 작품들은 대체적으로 완성도가 매우 높다. 「접중花」도 이중구조로 다양한 형식을 갖춘 작품이다. 이야기의 줄거리를 가진 서사적 구조를 비롯하여, '접중화→어머니→그리움→성찰'로 이어지는 다층적 형식의 구조를 지닌다. 앞에서 김동명의 시를 이해하려면 외연적 보다는 내포적 분석 방법이 한층 필요하다고 주장한 바 있다. 「접중花」도 내포적 분석 방법을 취할 때 온전한 성찰의 시라는 점을 발견할 수 있다. 이처럼 김동명 작품에서는 식물적 상상력이 작용하여 시적화자의 정서가 작품 속에 구체화되는 것에 대해 이것을 식물적 이미지로 현현된 까닭으로 수용된다는 점이다. 다시 말해서 식물의 생리를 통하여 인간의 행동과 삶의 방식을 상상해 보는 것이라고 말할 수 있다.

「접중花」는 김동명 시인이 자신의 내적 지향점을 대상 식물인 '접중花'에 투영한 것이다. 주지하듯이 김동명의 작품 중에 식물적 상상력을 수용한 시가 상당수 차지한다. 그중에서 「접중花」를 식물적 상상력에 의해 쓰인 시를 예시로 삼은 것은 식물적 상상력의 표출이라는

---

25) 김동명, 『眞珠灣』, 이화여자대학교출판부, 1954, 130~132쪽.

부분이 어떤 작품보다 매우 특징적인 면을 보이기 때문이다. 특히 「접중花」는 문학과 삶의 관련성을 강조하여 작품의 의미를 해명하려는 의도로써 문학사회학적 방법론에 입각한 작품으로 구분 할 수 있다. 시인이 어떤 식물을 서정의 대상으로 선택하고 형상화하였다는 점에서 그 식물이 완전한 대상성만으로 존재한다고 볼 수는 없다. 시인의 생활은 대상 식물과 일정한 거리를 유지하고 있으며, 식물은 식물대로 시인의 삶과 직접적인 관련을 맺지 않는다. 대부분 그 식물은 정감표출의 수단이라든가 감각적 표현의 도구로 처리되는 수가 많[26]기 때문이다.

> 난초에게/내 초라한 인생을 들키우다./……〈중략〉……/蘭草 잎 넘어로/世紀의 狂暴을 바라보다./蘭草 잎 밑에서/弱者의 슬픔을 삼키다. //내 난초에게/분노를 말 하다.
> 　　　　　　　　　　　　　　　　　　　　　　　　　　　　　－「蘭草」 일부[27]

위의 「蘭草」는 서정의 미(美)만 드러낸 것만은 아니다. '세기의 폭풍'을 감지하는 예지와 '폭풍이 역사를 짓밟으리라'는 예언이 들어있다. 이것은 김동명이 지각의 엄숙성이 빚은 역사의식으로서의 증언이며, 성찰의 결과이다. 여기에 김동명 시의 진정성이 있다. 진정한 서정은 진실의 토양에서 피어난 꽃이다. 이런 김동명의 진정성은 자기반성적인 성찰과 내통한다. 그는 「광인」(시집 『하늘』)에서도 '나는 오늘 네가 부럽구나'라며 차라리 광인이라도 되어 민족의 질곡을 망각하는 처지가 더 부럽다고 했다. 현재에 처한 상황을 스스로 그 원인의 근거를 찾은 뒤에 반성하는 태도로 성찰하는 영역을 확보한다.

그는 거대한 이념이나 질서에 낱낱이 귀속되지 않는 다양하고 구체적인 일상의 체험을 통해 스스로 성찰하고 반성한다. 특히 일상적 관찰을 통해 세기말적 세계대전의 상흔과 국권상실의 아픔이 얼마나 서러운 고통인지를 「蘭草」를 통해 지각하고 있다. 그의 대부분 작품들이 단순히 자연 찬미나 전원예찬 또는 목가적 서정을 노래한 것만은 아니다. 그는 「餞別」(『조선문단』 4월호, 1926)에서도 초기 퇴폐주의에서 벗어난 면모를 보여주고 있다는 것과 "죽음넘어 있는", "내 조국"을 잊을 수 없다는 자기반성에서 시작된 것이다.

---

26) 이숭원, 앞의 논문, 475쪽.
27) 김동명, 『하늘』, 文隆社, 1948, 18~21쪽.

이같이 김동명은 식물의 생리를 작품에 투사하여 조국 상실에 대한 고통과 슬픔의 삶을 살아가는 자신의 처지와 동병상련(同病相憐)으로 '난초'를 자신의 분신으로 대상화하는 시적 태도를 견지해 온 것이다. 그는 소극적 저항의 의지와 일제의 강압적 식민정책을 은유 또는 상징으로 보여주며, 이것을 타파하려고 했다. 또 '꽃', '풀' 등의 식물이미지를 통해 그의 절대적인 구원을 이미지화하고 이에 도달하기 위한 적극적인 의지의 태도를 '꽃'에 적용하였다.

> 祖國을 언제 떠났노/芭蕉의 꿈은 가련 하다。//南國을 향한 불타는 鄕愁/너의 넋은 修女보다도 더욱 외롭구나。//소낙비를 그리는 너는 情熱의 女人,/나는 샘물을 길어 네 발등에 붓는다。//이제 밤이 차다./나는 또 너를 내 머리맡에 있게 하마。//나는 즐겨 너를 위해 종이 되리니,/네의 그 드리운 치맛자락으로 우리의 겨울을 가리우자。
>
> -「芭蕉」전문28)

식물을 소재로 쓴 「芭蕉」를 통해서도 김동명의 시의식과 상상력의 움직임을 파악할 수 있다. 이 식물적 상상력은 나무와 꽃의 이미지를 포괄하는 개념으로, 나무나 꽃의 변별적 자질은 큰 중요성을 띠지 않는다. 다만 식물의 실제적 수준을 분석하는 것이 아니라, 식물적 특성이 작품 속에서 어떻게 현현되며, 어떤 파급효과를 불러오는가를 살피는 일이어야 한다. 식물의 생명적 현상은 생사의 영겁회귀의 순환구조를 보여주며, 영원불멸과 그것의 상징이라고 말할 수 있다. 요약하면 생성구조와 성장구조, 하강구조라는 순환과정의 속성을 거친다. 즉 개화-성장-결실-하강으로 이어진다.

이 「芭蕉」의 시간적 배경은 '소나기'의 시어가 의미하듯이 성하의 계절이다. 이 시기는 식물의 순환과정 중에서 성장구조의 단계에 해당된다. '성장'이라는 것은 생물학적 입장에서 따져보면 개체, 기관(器官), 세포가 형태적 또는 양적(量的)으로 증대가 되는 변화를 뜻한다. 김동명은 식물의 양적 증대의 변화가 가장 크게 일어나는 여름날의 파초를 보며, 식물의 생리를 작품에 투사하여 조국 상실에 대한 슬픔과 비애의 삶을 영위하는 시인의 처지와 '파초'를 동병상련(同病相憐)으로 여기는 성찰의 태도를 보여 왔다. 이것이 곧 저항의지와 일제의 강압적 식민정책을 은유 또는 상징으로 파초와 동일화의 의지로 보인다는 점이다. 이처

---

28) 김동명, 『파초』, 신성각, 1938, 2쪽.

럼 시인에게 식물적 이미지가 시의 소재로 많이 사용되는 것은 곧 시인들에게 상상의 대상이 되기 때문이다. 김동명이 식물적 상상력에서 이끌어내는 이미지도 결국 '南國을 향한 불타는 鄕愁'를 이겨내는 힘이며, '설운 탄식'을 넘어서는 상상적인 매개체의 역할이다.

시 쓰기의 기저(基底)는 개인적인 체험의 밑바탕 위에 상상력을 첨가하여 일반 보편화해야 한다는 것을 전제로 할 때, 「파초」의 시적화자는 자신이 처한 상황을 '파초'라는 객관적 상관물에 투사(投射)함으로써 그 의미가 확대되는 것을 알 수 있다. 식물 이미지의 속성을 사용하는 것은 시인에게는 결핍을 견디는 힘이고, 절망을 극복하는 방법이다. 또한, 춥고 어둡고 허기진 세상과 화해를 시도하는 중요한 매개물이다. 그것은 그의 결핍이 빈 허공으로서의 결핍이 아니라 단단한 '씨앗'으로서의 결핍이기 때문이다. 즉 씨앗은 아직 온전한 생명의 모습을 보존하고 있지는 않지만, 결핍되었던 햇빛과 물과 공기가 충족되면 언제든지 커다란 나무로 자라날 가능성을 지니고 있다는 점이다. 이같이 조국광복의 해방에 대해 희망을 파초에 투사(投射, projection)하여 '세계의 자아화'한 것이며, 이것은 다시 '나는 즐겨 너를 위해 종이 되리'라는 자기다짐의 반성으로 이어진다.

김동명이 식물적 상상력을 통해 시적 대상과 동일화를 꿈꾸는 것은, 개인적 결핍의 차원을 넘어 세상에서 가장 위대함을 보여주는 '소낙비를 그리는 너는 정열의 여인'에 대한 연민 때문이다. 시적 자아는 꿈을 이루지 못하는 현실의 고독한 심정을 '파초'라는 식물에 그대로 투영하고 있다. 다시 말하면 자아와 세계의 동일성(同一性), 혹은 일체감을 추구하는 일이 김동명의 시세계이다.

1938년에 출판된 김동명의 두 번째 시집 『파초』에 수록된 시편들은 대부분 첫 시집 『나의 거문고』가 출판된 이후에 쓴 시이다. 그러므로 『파초』에 수록된 시편을 쓴 시기는 일제의 탄압이 더욱 거세져 민족적이고 반일적인 사상이 조금도 허용되지 않았던 1930년 이후다. 그 당시 신간회 해산, 카프의 검거 및 해산, 일어사용 강제령, 내선(內鮮) 동조론 강요 등으로 문단은 점차 현실 도피적인 형태를 취할 수밖에 없었다.

김동명은 일제탄압을 피하여 함경남도 서호진에 머물면서 시를 썼다. 이때 쓴 시에는 일제에 대한 강한 저항의식이 표출되어 있지는 않다. 그러나 일제의 침략적인 정황에 동조하지 않으려는 의지는 확고했다. 따라서 시집 『파초』에 수록된 시편들은 전원을 제재로 하여, 식물적 이미지 내지 상상력을 통해 은둔자적 생활과 식민지 시인의 고독한 심경을 드러내기도 했다. 한편, 일부 비평가들에 의해 시집 『파초』에 수록된 작품들은 농촌예찬과 자연친화 경향으로 치우쳤다는 비판을 받은 것도 사실이다. 그러나 일제의 탄압 속에서 식물적 상상력에 의한 대상을 이미지화하고 그것을 소재로 민족의 비애와 신지식인으로서의 무기력함과 그에 따른 처절한 성찰을 섬세하고 참신한 언어로 서정화했다는 시사적 가치를 간과해서는 안 될 부분이다.

> 빛은 짙푸르러/하늘을 이었고.//意志는 화살인양/情熱을 꿰 뚫다.//香氣는 깊이/살 속에 간직하되.//마음은 고즈너기/宇宙의 祕奧에 참여한다.//내 달 밤에 조심이/네 앞으로 나아 감은.//거룩한 黙想에 잠기는/네 마음을 배호려 함일다.//
>
> ―「향나무」 전문29)

「향나무」는 김동명이 식물적 상상력에 의해 향나무의 특성을 대상화한 작품이다. 향나무의 잎이 푸른 것은 하늘에 달려있다는 전제조건을 밝히고 있다. 그러나 의지는 자신의 마음에 따라 화살인양 정열을 꿰뚫을 수 있다는 것을 보여준다. 오직 향나무만이 지닌 고유한 향을 살 속에 간직하며, '마음은 고즈너기/宇宙의 비오(祕奧)에 참여'하는 개방적인 태도와 식물적 상상력과 결합하여 자성과 아름다운 성찰의 경지를 보여준다. 욕망이 배제된 식물의 순수함, 향기를 살 속에 간직할 수 있는 인내와 지혜, 그리고 우주의 섭리를 이해하고 적응하는 순수미학을 「향나무」를 통해 스스로 깨닫고 있다. 이것을 식물이 가지고 있는 수동성이 문학의 추리·반전 편향성을 극복하는 계기로 삼는 것 또한 김동명의 식물적 상상력의 기저임을 이해시킨다.

> 水仙 잎은/森林 같이 茂盛하다.//힌 꽃은/달 같이 밝다.//내 뺨에 닿는 것은/입술이냐 香氣냐//香氣에 담긴 네 마음/입술인양 반가워라.//너로 하여 나는/불을 끄지 못한다.//너 때문에 나는/겨울을 사랑 한다.//
>
> ―「水仙Ⅰ」 전문30)

---

29) 김동명, 『眞珠灣』, 이화여자대학교출판부, 1954, 136쪽.
30) 김동명, 『하늘』, 문융사, 1948, 14~15쪽.

> 밤 중에 홀로/水仙과 마조 앉다.//香氣와 입김을/서로 바꾸다.//생각은/湖水인양 밀려 와,//人生은/갈매기 같이 凄凉쿠나.//여기에서 내 마음은/검은 물결에 싯기는 마풀 한 오리.//아아, 水仙/나는 네가 부끄러워.//
>
> ―「水仙Ⅱ」전문31)

특히 「水仙·Ⅱ」에서는 「水仙·Ⅰ」보다 성찰의 수선화를 자신에게 견주는 시적 태도가 더 분명하다. 가령 김동명 자신의 '人生은/갈매기같이 처량(凄凉)쿠다'는 심정을 내비치면서 처량한 정도를 '여기에서 내 마음은/검은 물결에 싯기는 마풀 한 오리'로 대상화했다. '마풀'은 바다에서 나는 풀로 그의 자신이 바다 속에서 흔들리는 바다풀 한 올에 불과하다는 의미이다. 따라서 「水仙·Ⅰ」과 「水仙·Ⅱ」을 비교해 볼 때 전자에서 자신의 심정을 드러내는 욕구가 더 강렬함을 느낄 수 있다. 이 모든 심적 정서를 식물적 상상력으로부터 불러오는 이유는 고향과 가족상실, 조국(국권)상실, 그리고 거기에 따른 저항, 동시에 이념의 폭력에 의한 민족상잔의 아픔에서 비롯되어32), 이것은 다시 신지식으로서 아무것도 할 수 없는 자신을 질타하는 성찰로 발전된다.

5. 결론

김동명의 시에 나타난 식물적 상상력과 관련하여 일제의 폭력에 대한 저항으로서의 객관적 상관물의 역할에 대해 살펴보았다. 또 식물적 이미지를 통해 조국의 해방을 위한 희망적인 의지의 여부와 관련성의 정도 또한 쟁점 사항으로 논의해 보았다. 그리고 김동명이 조국이 처한 위급한 상황에서 신지식인으로서 무기력한 자신의 태도를 질타하고 성찰하는 모습의 작품도 분석해 보았다. 이와 관련하여 도출된 결론은 다음과 같다.

김동명의 작품을 분석할 때 다의적인 해석이 필요하다. 그것은 한 시인을 평가할 때 어느 한쪽 부분에 집착해서는 안 된다. 어느 한쪽에 편중되거나 집착한다는 것은 온전한 평가를 할 수 없기 때문이다. 마찬가지로 김동명을 평가할 때 작품론이든 생애론이든 전체를 보아

---

31) 김동명, 앞의 책, 16~17쪽.
32) 심은섭, 「초허의 '소극적 저항의식'의 시세계 수용」, 『김동명문학연구』 제3집, 김동명학회, 2016, 120쪽.

야 한다는 주장은 타당성을 갖는다. 그는 격변의 한국 현대사에서 그 나름의 최선을 다했고 그의 고뇌와 결단, 그리고 저항과 희망을 노래하고, 자신의 삶을 뒤돌아보는 성찰은 그 시대를 살았던 양식이 있는 지성인으로서의 자화상이었다. 자연귀의(自然歸依)적 전원사상의 일부분인 식물적 상상력으로 상징적 표현을 통해 일제의 강압에 지속적으로 저항했다. 혹자들은 전원에 갇혀 현실 상황을 무시한 채 목가풍의 시만 노래했다는 혹평을 한 바도 있지만, 정작 그의 시작품에 사용된 식물적 이미지의 시어 전체가 저항의식과 희망의 의지, 그리고 성찰의 의미를 함의하고 있다고 볼 수는 없지만 적어도 작품 대다수에 사용된 식물적 이미지는 그러하다는 결론에 도달하였다.

따라서 김동명 시의 식물적 시어는 식물성 이미지로 사용된 까닭에 작품 분석에서 외연적 분석보다 내포적 분석이 더 큰 효용성과 정확성을 높인다는 점이다. 작품 분석에서 지나친 내포적 분석은 작품의 의도와 가치를 훼손할 수 있다는 문제점이 있지만, 김동명의 시작(詩作) 시기가 일본 제국주의자들의 만행이 극에 달한 때라는 점을 고려할 때 원관념을 드러내지 않는 상징법 사용으로 인하여 상상력에 의한 유추로만 작품 내용을 알아내는 한계점 역시 인정되어야 한다.

그는 서정으로 삶을 꿰뚫었다. 전기의 시세계로 분류하는 『나의 거문고』 132편 중에는 식물적 상상력을 사용한 시는 극히 드물었으나 그의 시세계를 중기로 일컫는 『파초』 이후의 작품 편수를 370편으로 볼 때 구상적 소재로 지역(37), 사람(34), 목초(34), 자연과 기상(31), 풍경(27), 산수(22), 거주(17), 노래와 악기(13), 금수(禽獸)(9), 기타(22) 등(엄창섭의 「초허김동명문학연구」)에서 식물이 3위를 차지할 만큼 많이 사용되었다.

시는 한 시인의 마음의 표현이다. 김동명은 자신의 심정을 식물적 이미지라는 객관적 상관물의 수용 위에 저항의식과 해방을 갈구하는 희망의 의지, 그리고 무기력한 숙명적인 신지식인에 대한 성찰의 표현을 얹혀놓았다. 동시에 일제강점기에 민족의 아픔을 저버리지 않고 미래의 희망과 꿈을 확신했던 시인으로 평가되어야 마땅하다.

• 참고문헌

〈기본서〉

김동명, 『나의 거문고』, 신생사, 1930.
_____, 『芭蕉』, 新聲閣(함흥), 1938.
_____, 『삼팔선』, 文隆社, 1947.
_____, 『하늘』, 崇文社(서울), 1948.
_____, 『眞珠灣』, 文榮社(이화여대), 1954.
_____, 『目擊者』, 人間社, 1957.
_____, 『내마음』, 新雅社, 1964.

〈단행본〉

강우식, 『한국 상징주의시 연구』, 문학아카데미, 1999.
김동명학회, 『김동명문학연구』, 제1집, 난설헌출판사, 2014.
_____, 『김동명문학연구』, 제2집, 난설헌출판사, 2015.
_____, 『김동명문학연구』, 제3집, 난설헌출판사, 2016.
레온 앨트먼, 『性·꿈·정신분석』, 유범희 역, 민음사, 1995
마르틴 부버, 표재명 옮김, 『나와 너』, 문예출판사, 1977.
백 철, 『朝鮮詩文學思潮史』, 白楊堂, 1949.
송용구, 『독일의 생태시』, 새미, 2007.
심은섭, 『한국 현대시의 표정과 불온성』, 푸른사상사, 2015.
주디스 바틀러/가야트리 스피박, 주혜연 역, 『누가 민족국가를 노력하는가』, 산책자, 2008.
질베르 뒤랑, 진형준 譯, 『상징적 상상력』, 문학과 지성사, 1987.
한국현대문예비평학회, 『한국문예비평연구』 제51집, 창조문학사, 2016.
한국동서비교문학회, 『동서비교문학저널』 제40호, 도서출판동인, 2017.
J. L. Calderwood와 H. E. Toliver(ed), From of poetry(Prentice-Hall, INC. 1968)

⟨논문⟩

김병우, 「아버지 김동명에 관한 書翰」, 『김동명의 시세계와 삶』, 한남출판사, 1994.
김윤정, 「김동명 시에 나타난 '주체의식' 연구」, 『김동명문학연구』 창간호, 2014.
송병욱, 「시인의 현실참여」, 『김동명 시세계와 삶』, 한남대학교출판부, 1994.
송용구, 「한국시의 식물적 상상력」, 『시산맥』 통권21호, 봄호, 2015,
_____, 「독일과 한국의 생태시 비교 연구」, 『카프카연구』 제28집, 한국카프카학회, 2012.
송재영, 「물의 상상체계」, 『김동명 시세계와 삶』, 한남대학교출판부, 1994.
송효섭, 「김동명의 기호세계」, 『김동명의 시세계와 삶』, 한남대학교출판부, 1994.
신익호, 「황혼과 변증법적 의미」, 『김동명의 시세계와 삶』, 한남대학출판사, 1994.
심은섭, 「김동명 시에 나타난 기원 양상 연구」, 『한국문예비평연구』 제51집, 한국문예비평학회, 2016.
안수길, 「김동명 선생의 시와 애국심」, 『신동아』 43호, 1968.
엄창섭, 「招虛金東鳴文學研究」, 박사학위 논문, 성균관대학교, 1985.
이미림, 「작가(시인)으로서의 삶, 지식인(정치가)으로서의 삶」, 『김동명문학연구』, 김동명학회 Vol 02, 2015.
이성교, 「김동명연구」, 『성신여자사범대학논문집』 4·5합집, 1972.
_____, 「김동명 시 연구」, 『김동명의 시세계와 삶』, 한남대학출판사, 1994.
이숭원, 논문 「한국 현대시에 나타난 식물적 상상력에 대한 연구」
임영환, 「김동명시의 특색」, 『정한모 교수 회갑기념논문집』, 일지사, 1983.

⟨기타 자료⟩

경남도민일보, 「지역사회의 미래와 식물적 상상력」, 2017년 1월 9일 字.

• Abstract

A Study on the Botanical Imagination in Kim Dong-myeong's poems

Shim Eun-Sub(Catholic Kwandong University)

A complete study of a poet makes the Korean literary circle healthier. Although 52 years have passed since he died at the age of 68 in 1968, Kim Dong-myeong's literary world has not been fully studied. Except for some studies on his pastoral poems, few studies can be found related to botanical imagination. Kim Dong-myeong has been criticized for writing pastoral poems in the Japanese colonial era, secluded in the countryside. To dispel such criticism, this paper examines resistance consciousness related to botanical imagination, focusing on Kim Dong-myeong's representative poems.

At the same time, in the process of examining the flow of imagination and the bias of Kim Dong-myeong's inner world, this paper shows that he not only overcame the pain of losing his sovereignty, but also tried to embody the self and homogeneity, by projecting the consciousness of resistance to Japanese brutality to plants such as 'Grass', 'Tree', and 'Flower. This paper also examines his hopeful creative activities in his various works that yearned for liberation of the motherland under the Japanese colonial rule.

Kim Dong-myeong was not an intellectual who escaped reality but longed for the will of liberation through his beliefs and symbolic techniques. In other words, even in the era of Japanese brutality, where the future is uncertain, Kim Dong-myeong expressed the will of hope for liberation through a botanical image. This revealed the pain of losing motherland and reflection on the helpless self by transferring the persona's situation to the plant life.

Meanwhile, all reflection begins with a thorough skepticism. This study shows that Kim Dong-myeong's reflection began with skepticism about his helpless behavior that could not do anything with new knowledge.

- keyword: imagination, sense of loss, resistance, Japanese colonial -era, objectification

제8차 학술대회

김동명(金東鳴)의 시에 투영된 고전시가의 의경(意境) / 이홍식

『나의 거문고』의 화자(話者) 유형 연구 / 이형우

김동명 시에 나타난 '서울'의 문학지리학적 연구 / 차성환

김동명의 산문에 나타난 현실 인식 / 한명섭

대화 프레이밍의 협력에 대한 연구 / 권우진

백시종 소설 연구 / 조미희

해변시인학교_의 현황과 시사(詩史)적 의의 / 최서진

김동명(金東鳴)의 시에 투영된 고전시가의 의경(意境)

이홍식*

목 차

1. 들어가며
2. 김동명의 초기 시와 고전 시가의 상관성
   - 율격을 넘어 정경(情景)으로
3. 김동명의 시에 보이는 한시의 의경(意境)
4. 김동명의 시에 보이는 시조의 의경(意景)
5. 나가며

<국문초록>

본고는 초허 김동명의 시와 전통 사이의 상관관계를 천착하여, 그 의미를 부여하기 위한 목적 아래 기획되었다. 김동명의 시는 율격(律格) 면에서 고전시가와 많이 닮아있을 뿐만 아니라, 정(情)과 경(景)을 활용하여 시경(詩境)을 구성하는 전통적인 예술형식인 의경(意境)에 있어서도 고전시가와 유사성이 확인된다. 이에 본고에서는 의경을 매개로 김동명의 시와 전통 사이의 상관관계를 천착하였다. 다만 김동명의 시와 전통과의 접점을 보다 분명히 확인하기 위해서 율격 면에서 고전시가와 많이 닮아있는 작품을 중심으로 논의를 진행하였다.

그 결과 김동명 초기 시, 그중에서도 목가적 전원시의 특징을 보여주는 작품들에서 정경

---

*국립안동대학교 한문학과 조교수

(情景)을 활용하여 시경(詩境)을 구성하는 고전시가의 의경(意境)이 잘 들러나고 있음을 확인할 수 있었다. 김동명은 초기 시 여러 편에서 정(情)을 경(景)에 감추어 시인의 마음을 유장하게 드러내기도 하고, 정(情)을 통해 경(景)을 읽어 시인의 마음을 핍진하게 드러내기도 하였다. 전통과 고전시학에 대한 이해와 그것을 시작(詩作)에 반영하려는 의지 없이는 나오기 어려울 정도로 다수의 작품에서 이를 확인할 수 있었다.

이상의 연구 결과를 종합해보면 김동명의 시와 전통, 그중에서도 고전시가와의 상관성은 분명히 확인되는 것으로 판단된다. 다만 김동명의 시와 전통 사이의 상관관계에 대한 연구는 아직도 시작단계에 놓여 있는 만큼, 지속적인 연구가 필요하다. 또한 민족과 전통의 토대 위에서 시를 창작했다고 알려진 당대의 여러 시인들과의 비교 연구도 요구된다. 이상의 연구가 한자리에 모여질 때라야 김동명의 시와 전통 사이의 관계뿐 아니라 그것이 문학사에서 가지는 의미와 가치까지도 분명히 드러낼 수 있기 때문이다.

주제어: 김동명, 전통, 고전시가, 의경(意境), 정(情), 경(景), 목가적 전원시

1. 들어가며

「내 마음은」과「芭蕉」등으로 대중들에게 익히 알려진 초허(超虛) 김동명(金東鳴, 1900~1968)은 20세기 초중반에 활동한 우리나라의 대표 시인이다. 1930년에 처음 묶은『나의거문고』에서부터 마지막 시집인『목격자』에 이르기까지 다수의 시집에 실려 있는 여러 작품들은 대중들의 사랑을 많이 받았을 뿐만 아니라 시학적으로도 그 의미와 가치를 인정받았다.[1] 최근에 밝혀진 목가적 전원시인으로서의 면모[2]와 민족정서를 구현한 유수한 시인[3]으로서의 면모 등은 김동명의 시가 지니는 시학적 가치와 의미를 잘 보여준다.

더하여 주목할 만한 것은 김동명 시와 전통과의 상관성이다. 백철은 일찍이 그의 두 번째 시집인『파초』소재 시들을 평가하여 "난세(亂世)이기 때문에 옛날 동양(東洋) 시인(詩人)들과 같이 현실을 버리고 전원에 거하는 마음은 이때 시인들의 무난(無難)한 시제가 되었다.『파초』일권(一卷)에 담겨있는 김동명의 반백 편의 시들은 완고하리만큼 고인(古人)의 시경을 본받아 하나의 귀거래사(歸去來辭)였다."[4]라고 하였다. 김동명의 시가 구현해내는 시경(詩境) 속에 동양 시학의 전통이 자리하고 있음을 분명히 한 것인데, 이는 김동명의 시를 전통의 토대 위에서 새롭게 읽어야 하는 당위와 그렇게 읽을 수 있는 가능성을 동시에 보여준다.

물론 김동명은 1923년『개벽(開闢)』지를 통해 등단하고 1925년 일본 유학 이후 본격적으로 시작 활동을 시작한 만큼, 표면적으로 전통과의 접점이 잘 보이지 않는다. 또한 시작 활동 이전의 기록이 풍부하지 않아서 김동명의 시작 환경과 교육 환경 등을 확인할 수 없다 보니 전통과의 접점을 외부에서 찾기가 쉽지 않다. 하지만 그의 시에서 확인되는 시경(詩境)

---

[1] 엄창섭은「시대적 상황대처와 초허(超虛)의 한글인식」(『김동명문학연구』, 2, 김동명학회, 2015, p.16.)이란 논문에서,『나의거문고』소재 시에는 세기말적 감상주의와 퇴폐적 경향이 잘 드러나고,『파초』소재 시에는 절망적인 시대 상황과 인생의 무상함 및 민족적 염원이 잘 형상화되었으며,『삼팔선』,『진주만』,『목격자』소재 시에는 태평양전쟁과 일제의 암흑상 및 한국전쟁의 사회상이 잘 표현되어 있어 시학의 측면에서 충분히 논할 만한 가치가 있다고 평가하였다. 특히 감상적 낭만주의와 민족주의의 관점에서 김동명의 시를 평가한 것은 주목할 만한데, 실제로 이후 많은 연구들이 이 관점 위에서 진행되었다.

[2] 백철,『朝鮮新文學思潮史』, 신구문화사, 1982, p.501.

[3] 金容誠,『韓國現代文學史探訪』, 國民書館, 1973. 엄창섭,「시대적 상황대처와 초허(超虛)의 한글인식」,『김동명문학연구』, 김동명학회, 2015. 심은섭,「초허의 '소극적 저항의식'의 시세계 수용」,『김동명문학연구』, 김동명학회, 2016. 심은섭,「'상실'과 '저항의식', 김동명 시세계」,『인문사회21』10권 6호, 사단법인 아시아문화학술원, 2019.

[4] 백철,『朝鮮新文學思潮史』, 신구문화사, 1982.

과 율격(律格)의 상동성은 위 백철의 평가처럼 전통의 기반 위에서 읽어야 하는 당위와 읽을 수 있는 가능성을 잘 보여준다.

이에 상기 연구자는 앞선 한 연구를 통해서, 고전 시가의 율격을 중심으로 김동명 시와 고전 시가 사이의 상관성을 탐구하였다.5) 전통 시가의 3음보와 4음보 율격이 김동명 시에서 어떻게 구현되고 있는지를 천착하여, 그의 시가 고전 시가와 어떻게 연결되어 있는지를 밝힐 수 있었다.

본고에서는 이러한 앞선 연구의 성과를 토대로 김동명 시와 고전 시가의 상관성을 보다 깊이 천착해 보고자 한다. 김동명 시에서 확인되는 고전 시가의 시경(詩境), 그중에서도 의경(意境)6)에 초점을 맞춰 둘 사이의 관계를 추적하고, 그렇게 얻어진 결과를 바탕으로 의미를 부여하고 가치를 평가하고자 한다. 다만 김동명 시와 고전 시가의 상관성이 주로 초기 시집인 『나의 거문고』와 『파초』 소재 시들에서 확인되는 만큼, 이들 시를 중심으로 논의를 진행하고자 한다.

2. 김동명의 초기 시와 고전 시가의 상관성
-율격을 넘어 정경(情景)으로

본격적인 논의에 앞서 김동명 시와 고전 시가가 어떻게 서로 연결되어 있는지를 먼저 살펴볼 필요가 있다. 앞서 백철이 평가한 것처럼 김동명의 초기 시에는 전통의 시경(詩境)이 잘 드러나 있다. 백철은 이를 귀거래(歸去來)로 한정했지만, 김동명의 초기 시에는 전통의 시경이 다양한 형태로 표출되어 있다. 이번 장에서는 이전의 연구성과를 바탕으로, 김동명의 초기 시와 고전 시가의 상관성을 율격을 넘어서 정경(情景)으로 확장할 수 있는 가능성을 엿보고자 한다.

---

5) 이홍식, 「고전 시가의 율격과 김동명(金東鳴) 시의 상관성 탐색」, 『한국언어문화』 75, 한국언어문화학회, 2021.
6) 의경의 개념에 대해서는 다음을 참고하였다. 김준용, 「의경(意景) 개념을 통해 재해석한 심상(心象) 표현 연구-본인 작품을 중심으로」, 홍익대학교 석사학위논문, 2020. 양창석, 「중국 산수화의 의경(意境)에 관한 연구」, 『미술교육논총』 24-2, 한국미술교육학회, 2010. 이광수, 「의경(意境)의 의미와 표현에 대한 연구」, 서울대학교 박사학위논문, 2011. 최은숙, 「의경(意境)을 통한 가상공간(假像空間) 표현 연구」, 홍익대학교 석사학위논문, 2013.

[6행 2음보]
생각에서 생각으로
감돌고 휘돌아
넘어가도 한이업고
도라서도 씃업스니
아아 생각의 길우에
늘어질 이내몸가

- 「생각」, 『나의거문고』

[3행 4음보]
생각에서 생각으로 감돌고 휘돌아
넘어가도 한이업고 도라서도 씃업스니
아아 생각의 길우에 늘어질 이내몸가

김동명의 초기 시와 고전 시가의 상관성은 먼저 짧은 편폭 속에[7] 율격을 살려 구성한 형식에서 찾을 수 있다.[8] 『나의 거문고』에 실려 있는 이 「생각」이란 시는 고전 시가의 2음보 율격을 바탕으로 전체 6행으로 구성되어 있다. 의미구조를 바탕으로 각 행을 재편하면 아래의 3행 4음보 구조로 바꿀 수 있는데, 마지막 장의 첫 구절에 '아아'라는 감탄사를 부기한 것과 연결하여 놓고 보면 시조와 형식적으로 매우 유사하다.[9] 끝이 없고 한이 없이 이어지는 생각으로 인해 생각의 길 위에 늘어진 자신의 모습을 고전의 율격을 바탕으로 그려내고 있는데, 시의 완성도는 비록 높다 할 수 없지만 김동명 시와 고전 시가 사이의 형식적 상관성을 잘 보여준다.

---

[7] 이성교, 「김동명 시 연구」, 『김동명문학연구』 1, 김동명학회, 2014, p.158.
[8] 이홍식, 「고전 시가의 율격과 김동명(金東鳴) 시의 상관성 탐색」, 『한국언어문화』 75, 한국언어문화학회, 2021.
[9] 시조의 운율 구조에서 감탄사의 기능에 대해서는 다음을 참고하였다. 김창원, 「시조의 종장 운율 구조의 의미에 대한 통시적 이해-사뇌가로부터 시조까지의 감탄사를 중심으로 하여」, 『우리문학연구』 42, 우리문학회, 2014. 이찬욱, 「고시가에 나타난 감탄사의 의미기능」, 『시조학논총』 14, 한국시조학회, 1999. 한양수, 「고시조의 감탄사 소고-종장 초구를 중심으로」, 『국어국문학논문집』 6, 동국대학교 국어국문학부, 1965.

> 시내ㅅ가 후子우에 몸을 누이고
> 이마에 손을언저 한생각 자아내니
> 오오 이는 가장썰분 꿈이런가.
>
> —「長靜에서」,『나의 거문고』

더욱이『나의 거문고』에는 음보의 확장 없이도 3장 4음보의 시조 율격과 동일한 구조로 시경을 구현한 작품을 확인할 수 있다.10) 위에 소개한 시는 김동명이 일본 유학 시에 장정(長靜)에서 지은 시다. 시냇가의 정자 위에 누웠다가 잠깐 한 생각이 세상에서 가장 짧은 꿈이라는 탄식이 긴 여운을 남긴다. 김동명이 당시에 어떤 생각을 떠올렸는지 가늠할 수 없지만, 피식민인으로 식민의 나라에서 유학하는 자신처럼 짧고 허무한 것임에는 분명해 보인다. 3행의 첫 구절에 감탄사를 붙이고11) 4음보의 율격을 유지한 것을 보면, 시조에 대한 이해와 고전 시가의 율격을 시작(詩作)에 반영하려는 의지 없이는 나오기 어려운 구조임에 틀림이 없다.

> 古墟의 풀을 밟는 나그네의 마음이라
> 담우에 우짓는 가막까치 제야 무삼 쯧잇스리만
> 王朝의 五百年 옛자최가 봄풀속에 아득커늘
> 마음에 이는 생각 어이안이 구슲흐리
>
> —「本宮에서(咸興)」,『나의 거문고』

위에 소개한 시는 앞서 살펴본 「長靜에서」와 달리 4행 4음보의 율격에 가깝게 구성되어

---

10) 이 외에도『나의 거문고』소재「濬源殿에서」에서도 확인이 가능하다. 이 시의 첫 번째 수에서 김동명은 "壁上에 걸린 한쪽 그림 / 여기에 만일 살이붓고 기갓살는다면 / 아아 한촉 화살로도 오히려凱歌를 불으지안엇는가"라고 읊조렸고, 세 번째 수에서는 "다 메워 업어지고 겨우남은 쪼각못에 / 雜草만 그득하니, 碧海桑田은 이를두고 한 말인가 / 靑龍黃龍 옛傳說에 코우슴만 절로나네"라고 하였으며, 네 번째 수에서는 "頹落한 古殿을 등에지고 秋草우에안즈니 / 솔아래엔 늙은소 잠을자고 발압헨 한포기들菊花 / 龍興江 바라보며 暫間 傷感, 웃으리 뉘인고"라고 하였다.

11) 시조처럼 마지막 구절 첫 머리에 감탄사를 붙인 시도『나의 거문고』에는 아주 많이 보인다. 「탄식」에서는 "아 사람아 탄식을버리고야 어이사리"라고 하였고, 「꿈」에서는 "오 꿈은 내 사랑입니다"라고 하였으며, 「꿈인가탄식인가」에서는 "아아 이는 꿈인가 탄식인가"라고 하였다. 이 외에도 많은 시편에서 감탄사로 마지막 구절을 정리한 것이 확인된다.

있다. 2행과 3행에서 음보에 변화가 보이지만, 전체적으로 4행 4음보의 율격에 준한다. 고허(古墟)에서 지난 왕조의 자취를 떠올리며 구슬픈 감회를 떠올렸는데, 이는 형식상으로 7언절구의 구성과 많이 닮아있고 내용상으로 영사시(詠史詩)와 아주 유사하다. 한시에 대한 이해와 고전 시가의 율격을 시작(詩作)에 반영하려는 의지 없이는 나오기 어려운 구조임에 틀림이 없다.

그런데 김동명의 시는 율격에 있어서만 고전 시가와의 상관성이 보이는 것은 아니다. 의경(意境)에 있어서도 통하는 바가 적지 않다. 의경(意境)은 정(情)과 경(景)이 융화되어 표출되는 예술형식이다. 김동명 시에도 경(景)을 보고 정(情)을 일으키는 정수경생(情隨景生)과 촉경생정(觸景生情)의 방식, 정을 머금어 경에 투사하는 이정입경(移情入景)과 경종정출(景從情出)의 방식, 둘 사의 선후를 구분할 수 없는 정경교융(情景交融)과 물아일체(物我一體)의 방식처럼 정(情)과 경(景)을 결합하여 의미를 드러내는 고전 시학의 방식들이 두루 확인된다. 특히 첫 번째 시집인 『나의 거문고』 소재 시들의 경우, 두 번째 시집인 『파초』에 실려 있는 「파초」와 「내 마음은」 등의 시들이 보여주는 은유나 상징 등이 잘 보이지 않는다. 대신에 경(景)과 정(情)의 결합하여 의미를 만들어내는 전통 시가의 의경이 많이 보인다.

> 여게 문들네쏫이 피엇습니다
> 아이들이 썩거가고 남은것이외다
> 나는 봄이주는 해ㅅ볏흘쪼이며
> 여기 안자 놈니다
>
> 나비가 날아와 문들네쏫화판우에 안습니다
> 바람이 가볍게 쏫송이를 흔듭니다
> 그러나 나비는 써러저 가지안켓다고
> 날애를 접침니다 접침니다
>
> － 「나븨」, 『나의 거문고』

위에 소개한 시는 나비를 소재로 한 시로, 시적 화자의 눈에 비친 민들레꽃과 그 꽃에 앉은 나비의 모습이 카메라 렌즈에 잡힌 것처럼 사실적으로 잘 그려져 있다. 특히 두 번째 연에서는 화판 위에 앉은 나비와 이를 흔드는 바람, 떨어지지 않으려고 날개를 접치는 나비의 모습이 아주 생생하게 묘사되어 있다. 객관 사물에 해당하는 경(景)을 전면에 내세우고 정(情)을 그 안에 살포시 숨기는 바람에, 시인의 마음인 정(情)은 무한히 확장되고 있다. 봄볕을 쬐며 민들레꽃을 살펴보는 시인의 마음은 어떠한 것일까? 작은 바람에도 쉬 흔들려 세차게 날개짓을 해야만 제 한몸 가눌 수 있는 나비는, 어쩌면 약하고 불안한 그러나 눈길이 가는 당시의 시인 자신의 모습인지도 모르겠다.

　김동명 시의 특징 중 하나인 전원적 목가풍의 시들은 『나의 거문고』 소재 시들에서부터 확인이 된다. 특히 위에 소개한 「나븨」 외에도 「農女」, 「田園慕情(1)」, 「田園慕情(2)」, 「첫봄」, 「가을」, 「가을의 노래」, 「秋夜情」, 「낙엽의 노래」, 「농촌」, 「夕景」, 「漁村雨景」, 「이국풍정」, 「봉선화」, 「코스모스」 등과 같은 다수의 작품이 여기에 해당한다.12) 이들 시들은 대부분 전원의 풍경을 노래하고 있는데, 경(景)과 정(情)을 중심으로 시를 구성하고 있어 고전 시가의 의경(意境)이 잘 드러난다.

　　　　샌이한 저녁안개
　　　　고요히 들우에
　　　　밀물가티 펴저서
　　　　먼마을은 감초이고
　　　　갓가운곳은 히미한데
　　　　실바람 행기롭소

　　　　　　　　　　　　　　　　　　　　　　－ 「田園暮情(1)」, 『나의거문고』

　위에 소개한 시는 전원의 저물녘 풍경에 마음(情)을 담아낸 「田園暮情(1)」이란 시이다. 『나의 거문고』에 실려 있는 대표적인 전원적 목가시인데, 모정(慕情)이란 말 속에 이미 정경(情景)이 교융(交融)되어 있음이 드러나 있다. 하얀 저녁 안개가 고요하게 들판에 퍼지자, 먼 마을은 자연스레 시야에서 사라졌다. 가까운 곳마저 희미할 정도로 안개가 자욱해지자 전원의 풍경은 더 이상 시선에 들어오지 않는다. 그 순간 코끝을 실바람이 간지럽힌다. 그 향긋

---

12) 심은섭, 「초허 첫 시집 『나의 거문고』 발굴에 따른 諸고찰」, 『김동명문학연구』 5, 김동명학회, 2018, p.95.

한 바람에 저물녘 안개 낀 전원의 풍경은 시적 화자의 마음과 하나가 된다. 물아일체(物我一體)의 의경이 뚜렷한 시이다.

3. 김동명의 시에 보이는 한시의 의경(意境)

이번 장에서는 김동명의 초기 시에 보이는 의경을 대표적인 고전 시가인 한시의 의경과 비교하여 살펴보고자 한다. 특히 『나의 거문고』와 『파초』에 실려 있는 목가적 전원시를 비롯하여, 경(景)과 정(情)을 결합하여 독특한 시경을 드러내는 작품을 중심으로 살펴보고자 한다.

고전시학, 특히 한시에서 경(景)은 감각으로 수용된 대상에 대한 객관적 서술로 이루어진 구절을 가리키며, 정(情)은 시인의 감정이나 생각을 담은 구절을 말한다.13) 이 경과 정은 서로 불가분의 관계를 맺는데, 경이 정을 불러일으키기도 하고 정에 따라 경이 선택되기도 한다. 이에 한시에서는 정수경생(情隨景生)·촉경생정(觸景生情)·이정입경(移情入景)·경종정출(景從情出) 등 다양한 정경론(情景論)을 기반으로 시를 창작하고 비평하였다.14)

허공 가득 푸른 이내 옷을 적시고	滿空山翠滴人衣
풀이 푸른 연못에는 흰 새가 나네	草綠池塘白鳥飛
깊은 숲 밤늘 새운 묵은 안개가	宿霧夜棲深樹在
낮바람 불어오자 비를 뿌린다	午風吹作雨霏霏

이 시는 고려 충숙왕 때의 문신인 이진(李瑱, 1244~1321)의 「산거우제(山居偶題)」란 시이다. 『동문선(東文選)』에 실려 있는데, 경(景)만으로 시인의 정의(情意)를 드러내는 '지출술경(只須述景) 정의자출(情意自出)'의 경계가 잘 드러나 있다.15) 허공에 가득 떠 있는 푸른 이내에 시인은 옷이 다 젖었다. 꼭 짜면 물이 들 것만 같다. 푸른 풀이 자란 연못에는 흰 새가 난다. 전체 화면을 푸른 빛과 흰 빛이 물인다. 그런데 갑자기 어디선가 묵은 안개가 바람에

---

13) 구본현, 「景을 통한 情의 표출 방식에 따른 漢詩 해석」, 『국문학연구』 28, 국문학회, 2013, p.145.
14) 정민, 『한시미학산책』, 솔, 1997, pp.192~151.
15) 정민, 『한시미학산책』, 솔, 1997, p.144.

몰려와 비를 뿌린다. 쇄락(灑落)한 풍경이 잘 그려져 있다.

> 마을 압헤는 百餘里 山ㅅ골물을
> 모하 흘으는 시내가 잇고
> 시내ㅅ가에는 쌔쌔로 이상한소리를 내이며
> 도라가는 물레방아가 잇습니다.
>
> 마을 뒤에는
> 數百年 두고 자란 落落長松
> 바람이 지낼째면 우수수 소리내고
> 밤저녁 어썬째면 부흥새 와서웁니다.
>
> 南으로 十里는 鏡浦인데
> 東으로 十里는 시내ㅅ물을 싸라가면 바다나지고
> 그리고 서울은 西으로 五百五十里
> 大關嶺을 넘어서 간담니다.
>
> ―「故鄕」, 『나의 거문고』

 김동명의 초기 시에는 이 경(景)과 정(情)을 바탕으로 시경(詩境)을 구성한 시편이 적잖이 보인다. 위에 소개한 시는 고향 강릉을 노래한 시이다. 세 번째 수를 제외하면 형식상으로 4행 4음보의 율격을 유지하고 있어서 칠언절구의 한시와 구조적으로 통하는 바가 있다. 물론 두 번째 수 첫 구절에서도 율격의 변화가 보이지만, 나머지 장에서 4음보의 기본 율격을 구사하고 있어서 한시와 통하는 바가 많다. 김동명은 이 시에서 정(情)을 전혀 드러내지 않고 풍경과 풍경이 만들어내는 소리로만 고향 강릉을 그려냈다. 김동명에게 고향 강릉은 대관령과 경포와 바다를 끼고 있고, 굽이지는 계곡물과 물레방아와 낙락장송과 부엉이라는 시각물이자 청각물로 이미지화 되어 있다. 자연친화적이고 서정적인 고향 풍경은 어쩌면 그의 이른 이주와도 무관하지 않을 듯싶다.16)

바다우에 철란이 흔들리는 금빗물ㅅ결
夕陽을 빗겨바든 漁村의 저녁연기
魚船은 한그러이 浦口로 도라오고
가는물살은 느리게 바위를싯는데
白鷗한쌍 훨훨날아 섬박그로 도라가니
나는쏘 山에 올라 夕陽을 반기노라.

- 「夕景(1)」, 『나의 거문고』

위에 소개한 시는 밤 풍경을 노래한 두 수 가운데 첫 번째 수이다. 전체 6행으로 구성되어 있지만 4음보의 율격을 잘 유지하고 있어서 고전 시가의 시경이 잘 드러난다. 특히 저물녘 어촌의 풍경 속에 동화된 시적 자아의 모습이 한 폭의 그림처럼 그려져 있어 물아일체(物我一體)의 시적 경계가 잘 보인다. 금빛 석양으로 물든 바다와 저녁 연기 자욱한 어촌 마을, 그 안으로 한가롭고 들어오는 어선과 살랑살랑 바위를 때리는 물살, 섬 밖으로 날아가는 흰 갈매기와 그것을 바라보는 시인은 서로의 경계가 전혀 없다. 아름답고 고즈넉하며 평안한 어촌의 풍경은 백철이 언급했던 귀거래의 이미지들이다. 김동명의 초기 시, 그중에서도 전원적 목가시에서는 이러한 시경이 공통으로 보이는데, 이렇게 된 데에는 정경(情景)을 중심으로 시를 구성하는 고전 시가의 의경(意境)에 영향을 받은 바가 적지 않다.

실음업시 나리는비는
첨하씃헤 방울지고
색기다린 검운개는
쓸에안저 조는고나

---

16) 이미림은 「김동명 산문에 나타난 타자지향성과 디아스포라의식」(『김동명연구』 1, 김동명학회, 2014, p.115.)이라는 논문에서 김동명의 고향의식과 강원표상을 "1900년 강원도 명주군 사천면에서 태어나 1908년에 함경북도 원산으로 이주한 김동명에게 고향 강릉은 어린 시절의 기억 속에 남아있다. 1947년까지 북한에서 생활한 그는 어머니의 강인함과 자연친화적인 고향과 외깃집이 있는 영동지역을 서정적이고 아름답게 자각하고 있다."라고 규정하였다. 김동명 산문에서 보이는 고향의식과 강원표상은 위 「고향」이란 시와 통하는 바가 있다. 실제로 김동명은 『나의 거문고』 고향 조에 20편의 시를 편재해 놓았는데, 개, 부흥새, 燈臺ㅅ불, 조개껍질, 앵도밧, 코스모스, 菊花, 鳳仙花 등 자연친화적인 서정물로 시를 구성하였다. 까닭에 경(景)과 정(情)을 결합하여 시를 많이 구성하였다.

아히야 무러보자
酒店이 어드메냐
집압헤 매인배는
사공이 간데업다.

- 「漁村雨景」, 『나의거문고』

[4행 4음보]
실음업시 나리는비는 첨하씃헤 방울지고
색기다린 검운개는 쓸에안저 조는고나
아히야 무러보자 酒店이 어드메냐
집압헤 매인배는 사공이 간데업다.

다음으로 살펴볼 시는 비 온 뒤의 어촌 풍경을 노래한 「漁村雨景」이란 시이다. 앞선 연구에서 초기 시 가운데 대표적인 목가적 전원시로 일컬었던 작품이다.17) 4행 2음보의 형식을 두 번 겹쳐 놓았는데, 두 연의 시상이 서로 연결되어 있는 만큼 의미구조를 바탕으로 재편하면 아래의 예시문처럼 4행 4음보의 형식을 갖추게 된다. 칠언절구의 한시와 구조적으로 통하는 바가 있는데, 정경(情景)의 구성하는 방법 또한 서로 통한다.

시름없이 내리던 비는 처마 끝에서 방울지고 검은 개는 새끼를 데리고 뜰에 앉아 졸고 있다. 여름날 비 온 뒤의 오후마냥 평안한 풍경이다. 술 생각이 간절한 시적 자아가 풍경을 깨고 아이에게 주점이 어디에 있는지 물어보지만, 집 앞에는 배만 있고 사공은 간 곳이 없다. 아마도 비 때문에 배를 타는 사람이 없자 집으로 들어간 것일 테다. 아니면 먼저 주점에서 탁배기 한 사발을 먼저 들이키고 있는지도 모를 일이다. 시인은 자신의 마음을 말하지 않았지만 어촌의 한가로운 풍경 너머로 시적 자아의 흥취와 아쉬움이 함께 풍겨온다. 경(景)을 묘사했지만 경 밖으로 시인의 마음이 절로 드러난다.

한밥상에 세식솔 둘러 앉으니

---

17) 심은섭, 「초허 첫 시집 『나의 거문고』 발굴에 따른 諸고찰」, 『김동명문학연구』 5, 김동명학회, 2018, p.95.

아이 놈은 고기 없다 트집 잡고
안해는 어이 살까 걱정일세
그러나 나는 못드른체, 뜰에 나려
코쓰모쓰의 휘인대를 발리다.

- 「短章(2)」, 『芭蕉』

이번에 살펴볼 시는 앞서와 다른 방식으로 시경(詩境)을 구성하고 있다. 『파초』에 실린 「短章」이란 시 가운데 두 번째 작품인데, 7·5조의 가락에 3음보의 율격을 더하고 기승전결의 구성을 따라서 고전 시가, 그중에서도 한시의 오언절구와 상관성을 짙게 풍기는 시이다.[18] 시인은 아이와 아내와 함께 한 밥상에서 밥을 먹지만, 아이는 밥투정을 하고 아내는 살아갈 걱정을 토해낸다. 가난은 이렇듯 시인에게 안쓰러움과 미안함을 가져다 준다. 그래도 뾰족한 수가 없다 보니 아무일 없다는 듯이 뜰에 내려가 코스코스 휜 대를 발린다. 앞서 살펴본 시들과 달리 경물에 대한 묘사는 보이지 않고 시인의 정의(情意)가 핍진하게 드러나 있다. '즉정견정(即情見景) 정의핍진(情意逼眞)'의 경계가 보인다.

4. 김동명의 시에 보이는 시조의 의경(意景)

이번 장에서는 김동명의 초기 시 가운데 시조와 유사한 율격을 취하면서 시경(詩境)을 드러내고 있는 작품들을 중심으로 살펴보고자 한다. 김동명의 초기 시가 보여주는 특징 중 하나는 바로 간결한 형식 속에 유장한 의미를 담아 사람들의 심금을 울린다는 점이다. 이전 연구에서는 김동명의 풍부한 상상력과 정열에서 그 힘을 찾았는데,[19] 정경(情景)의 적절한 구성에서도 그 힘을 찾을 수 있다.

마을과 마을을 이어노흔
밧과논 사이ㅅ길은

---

[18] 정민, 「목월시의 의경과 한시적 미감」, 『한국언어문화』 36, 한국언어문화학회, 2008, p.2.
[19] 이성교, 「김동명 시 연구」, 『김동명문학연구』 1, 김동명학회, 2014, p.162.

黃昏에 빗나는데
소몰고 돌아오는 農夫의
보섭 쓰으는소래
내마음을 이쓰오

- 「田園暮情(2)」, 『나의 거문고』

　위에 소개한 작품은 「田園暮情」이란 시의 두 번째 수이다. 고전시학과 일정하게 연결되어 있는 정경(情景)의 구성이 짧은 시형 속에서 의미를 어떻게 유장하게 만드는지 잘 보여주는 시이다. 제목 그대로 저물녘 전원의 풍경에서 느낀 정감을 6행 2음보의 율격으로 구성하였는데, 중간에 음보의 변화가 보이지만 의미구조를 중심으로 재편하면 3장 4음보의 시조 율격과 상통하는 바가 있다. 이 시에서 시인은 자신의 정(情)을 그대로 말하지 않고 저물녘 전원의 경(景) 속에 감추어놓았는데, 이를 통해 시인의 정감이 더욱 깊어졌다. 마을과 마을로 이어지는 논과 밭의 사이길, 그 위로 붉은 노을이 지고, 하루 일을 마친 농부는 소를 몰고 돌아온다. 지게에서 들려오는 보습 부딪히는 소리는 수채화 같은 전원의 저녁 풍경에 생기를 불어넣는데, 이 사이에 시인의 마음이 놓여 있다. 경(景)을 보고 정(情)을 일으키는 정수경생(情隨景生)의 경계로 인해, 모정(暮情)의 의미는 하나로 국한되지 않고 화면 밖으로 흘러나온다. 전원의 풍경을 목가적으로 그려내는 시의 경우 이처럼 고전시학의 정경(情景) 구성이 특히 더 도드라진다.

病兒를 품에 안고
남의 집 壁에 기대 앉아
슬며시 눈 감고
휘파람 부는 사나이
一千九百三十一年
겨울은 길다

- 「短章(8)」, 『芭蕉』

[3행 4음보]

>   病兒를 품에 안고 남의 집 壁에 기대 앉아
>   슬며시 눈 감고 휘파람 부는 사나히
>   一千九百三十一年 겨울은 길다

　물론 정(情)을 경(景)에 감추기만 하는 것은 아니다. 『파초』에는 단장(短章)이란 제목 아래 8수의 시를 실어 놓았는데, 제목 그대로 편폭이 아주 짧다. 위에 소개한 8번째 작품처럼 의미구조를 바탕으로 율격을 조정하면, 3장 4음보의 시조 형식과 매우 유사한 형태를 보이게 된다. 이 짧은 편폭 속에 시인은 정의(情意)를 가득 드러내었다. 병든 아이를 품에 안고 남의 집 벽에 기대어서 슬며시 눈을 감고 휘파람을 부는 사나이, 그 모습에 시인은 자신의 마음을 담았다. 가난한 이들에게 겨울은 한없이 길다. 가난으로 빚어진 아이의 밥투정과 아내의 넋두리에 실없이 코스모스 흰 대를 발릴 수밖에 없었던 시인의 마음은 병든 아이를 안고 밖에서 밤을 새우는 사나이의 마음에 겹쳐진다. 시인의 정(情)에 나아가 시경을 읽으면 시인의 정(情) 핍진하게 시 밖으로 드러난다.

>   버들솟날리는 시내에서
>   물을움켜 손을싯고
>   도라서니 님이지오
>
>   님이길래 손을잡고
>   잡고보니 꿈이기로
>   꿈이기로 울엇다네
>
> 　　　　　　　　　　　　　　　－「꿈」, 『나의 거문고』

　꿈을 노래한 이 시도 앞서 살펴본 「短章」이란 시와 동일한 의경을 보여준다. 3행 2음보의 율격을 기본으로 두 개의 연을 합쳐 한 편의 시를 구성하였다. 두 연은 의미구조가 서로 연결되는데, 이 구조 속에 허망한 꿈 때문에 눈물을 쏟을 수밖에 없는 시인의 마음이 잘 드러나 있다. 시인은 버들꽃 날리는 시내에서 손을 씻다가 문득 들리는 인기척에 돌아선다. 그리운 님의 모습에 덥석 손을 잡고 반가운 마음을 드러내지만, 이내 꿈에서 깨고 만다. 꿈에서 깬 시인은 님의 부재를 확인하고 한없이 눈물을 흘린다. 경물에 대한 묘사 없이 정의 표출만으로 이루어진 시편이라 할 만하다.

    이밤에 오마든님
    늦도록 안이옴애

    속절업시 기다리는마음
    마음이 병이런가

    창박게 바람소래
    가려듯기 어렵네

                -「기다림(1)」, 『나의 거문고』

    마당ㅅ가 집가리에
    슬쳐가는 바람소래를
    행여근가 반겻스나
    다시쏘 속단말가
    새벽닭이 홰를치니
    서름더욱 새로워라

                -「기다림(2)」, 『나의 거문고』

    아직도 오마한
    그대약조 생각하고

    오로지 이마음이
    발자최를 기다릴건가

    암오러나 만나야할님이어니

끗끗내 어리석으리

— 「기다림(3)」, 『나의 거문고』

「꿈」에 드러난 의경이 보다 선명하게 보이는 작품이 바로 위에 소개한 「기다림」이란 시다. 6행 2음보로 이루어진 3수의 시가 전체 시를 구성하는데, 각 시편을 의미구조에 따라 재편하면 3행 4음보로 3장 4음보의 시조 율격과 거의 흡사하게 된다. 3번째 수 5행에서 '만나야할님이어니'라고 하여 음수율에 변화를 주었지만, 세 개의 어절을 통사규칙을 파괴하여 하나의 어절로 바꾼 만큼 율격에 변화는 보이지 않는다.[20]

첫 번째 시에서 시인은 이 밤에 찾아오기로 한 님을 기다리느라 잠 못 들고 있다. 이따금씩 부는 바람소리에 님인가 싶어 문을 열어보지만 기다리던 님은 보이지 않는다. 그렇게 속절없이 시간을 보내던 시인은 결국 뜬눈으로 새벽을 맞고 만다. 마당의 짚가리를 스쳐가는 바람소리에 님이라 착각하기를 여러 번, 새벽닭이 울고 말았다. 사랑하는 님을 기다리는 시인의 애절한 마음은 새벽닭의 홰를 치는 소리에 설움으로 바뀌고 만다. 하지만 이내 자신의 마음을 다독이고 언제 올지 모를 님을 기다리기로 한다. 여기서 중요한 것은 시인이 마음[情]이 점층되어 폭발했다가 다시 수렴되는 과정을 거치는 점인데, 이는 조선 후기 연작 시조의 형태를 띠고 창작된 기녀시조의 의경과 통하는 바가 있다.

기러기 우는 밤에 내 홀노 잠이 업셔
殘燈 도도혀고 輾轉不寐ᄒᆞ는 차에
窓 밧긔 굴근비 소리예 더욱 茫然ᄒᆞ여라

千里에 맛나다가 千里에 離別ᄒᆞ니
千里 꿈속에 千里님 보거고나
꿈씨야 다시금 生覺ᄒᆞ니 눈물겨워 ᄒᆞ노라

時時로 生覺ᄒᆞ니 눈물이 몃줄기오

---

20) 이홍식, 「고전 시가의 율격과 김동명(金東鳴) 시의 상관성 탐색」, 『한국언어문화』 75, 한국언어문화학회, 2021, p.162.

北天 霜雁이 언의 쌔여 도라올고

두어라 緣分 未盡ᄒ면 다시 볼가 ᄒ노라

이 시는 18세기 후반에 활동한 맹산(孟山) 기생 강강월(康江月)이 지은 연작시조이다. 이 시의 의경은 앞서 살펴본 「기다림」의 의경과 상통하는 바가 많다. 첫 번째 수에서 여인은 잠들지 못한 채 잔등의 심지를 돋우며 님을 기다리지만, 창밖에는 빗소리만 요란하다. 이 빗속에는 님이 오기 어려울 테니, 후두둑 떨어지는 빗소리는 여인의 마음을 소란스럽게 할 뿐이다. 이 여인의 심란한 마음은 둘째 수에서 증폭된다. 님을 그리며 밤을 좇던 여인은 자기도 모르게 깜빡 잠이 들고 말았다. 그리고 짧은 꿈속에서 그리던 님을 만났지만, 선잠에서 깨자마자 님의 부재를 자각하고 하염없이 눈물을 흘리고 만다. 그리고 이어지는 마지막 수에서는 자신의 마음을 다독여 다시 보게 될 님을 기다리기로 한다. 경물에 대한 묘사 없이 기다림의 감성을 핍진하게 그려내었다.

5. 나가며

본고는 김동명의 시와 전통 사이의 상관관계를 천착하여 의미를 부여하기 위한 목적 아래 기획되었다. 현재 남아있는 김동명의 시작(詩作) 관련 자료만 놓고 보면 김동명의 시와 전통과의 접점을 찾기란 쉽지가 않다. 하지만 그의 시 자체에서 확인되는 고전시가의 자취는 그의 시를 전통의 관점에서 읽어야 하는 당위와 읽을 수 있는 가능성을 보여준다. 더욱이 김동명이 활동했던 시기 여러 작가들이 전통의 토대 위에서 시를 지었고 김동명 또한 이러한 문학 자장 안에 놓여 있었다는 사실은, 김동명 시와 전통과의 접점 가능성을 말해준다.

이에 상기 연구자는 지난 연구에서 고전 시학의 율격을 매개로 김동명 시와 전통 사이의 상관관계를 천착하였다. 그리고 이번 연구에서는 김동명 시에서 확인되는 고전 시가의 시경(詩境), 그중에서도 의경(意境)에 초점을 맞춰 둘 사이의 관계를 추적하고, 그렇게 얻어진 결과를 바탕으로 의미를 부여하고 가치를 평가하고자 하였다. 다만 고전시가와의 접점을 보다 분명히 하기 위해서 율격 면에서 고전시가와 친연성이 보이는 작품을 중심으로 의경을 점검하였다.

의경(意境)은 정(情)과 경(景)이 융화되어 표출되는 예술형식이다. 김동명 시에도 경(景)을 보고 정(情)을 일으키는 정수경생(情隨景生)의 방식, 정을 머금어 경에 투사하는 이정입경(移情入景)의 방식, 둘 사의 선후를 구분할 수 없는 정경교융(情景交融)과 물아일체(物我一體)의 방식처럼 정(情)과 경(景)을 결합하여 의미를 드러내는 고전 시학의 방식들이 두루 확인되었다. 특히 『나의 거문고』 소재 시들 가운데 목가적 전원시의 특징을 보여주는 작품들에서 '지출술경(只須述景) 정의자출(情意自出)'의 경계가 잘 드러나고, 감성을 전면에 내세운 작품들에서 '즉정견정(卽情見景) 정의핍진(情意逼眞)'의 경계가 확인되었다.

이상의 연구 결과를 종합해보면 김동명의 시와 전통, 그중에서도 고전시가와의 상관성은 분명히 확인되는 것으로 판단된다. 물론 텍스트 자체에 대한 면밀한 분석과 텍스트를 둘러싸고 있는 컨텍스트에 대한 분석이 앞으로도 지속적으로 이루어져야 하겠지만, 김동명의 시가 탄생하게 된 중요한 자양분 가운데 전통이 놓여 있음은 분명해 보인다. 따라서 김동명 시와 전통과의 접점 위에서 다양한 연구를 지속할 필요가 있다. 특히 전통과 민족의 토대 위에서 김동명과 그의 시를 어떻게 규정할 것인지에 대해서 적극적으로 논의할 필요가 있다.

다만 이 작업을 충실히 완성하기 위해서는 김동명 시에 대한 엄정한 평가가 제대로 이루어져야 하며, 나아가 비슷한 시기 전통을 수용하여 민족정서를 잘 구현했다고 평가받는 김소월과 박목월 등 당대 시인들과의 비교 연구도 충분히 이루어져야 한다. 역량 있는 연구자의 후속 연구를 기대해본다.

〈참고문헌〉

1. 기본자료

『김동명 詩전집』, 강릉시(편), 2017.

2. 논문 및 단행본

구본현, 「景을 통한 情의 표출 방식에 따른 漢詩 해석」, 『국문학연구』 28, 국문학회, 2013.
金容誠, 『韓國現代文學史探訪』, 國民書館, 1973.
김준용, 「의경(意景) 개념을 통해 재해석한 심상(心象) 표현 연구-본인 작품을 중심으로」, 홍익대학교 석사학위논문, 2020.
김창원, 「시조의 종장 운율 구조의 의미에 대한 통시적 이해-사뇌가로부터 시조까지의 감탄사를 중심으로 하여」, 『우리문학연구』 42, 우리문학회, 2014.
백 철, 『朝鮮新文學思潮史』, 신구문화사, 1982.
심은섭, 「초허의 '소극적 저항의식'의 시세계 수용」, 『김동명문학연구』, 김동명학회, 2016.
_____, 「'상실'과 '저항의식', 김동명 시세계」, 『인문사회21』 10권 6호, 사단법인 아시아문화학술원, 2019.
_____, 「초허 첫 시집 『나의 거문고』 발굴에 따른 諸고찰」, 『김동명문학연구』 5, 김동명학회, 2018.
양창석, 「중국 산수화의 의경(意境)에 관한 연구」, 『미술교육논총』 24-2, 한국미술교육학회, 2010.
엄창섭, 「시대적 상황대처와 초허(超虛)의 한글인식」, 『김동명문학연구』 2, 김동명학회, 2015.
이광수, 「의경(意境)의 의미와 표현에 대한 연구」, 서울대학교 박사학위논문, 2011.
이미림, 「김동명 산문에 나타난 타자지향성과 디아스포라의식」, 『김동명연구』 1, 김동명학회, 2014.
이성교, 「김동명 시 연구」, 『김동명문학연구』 1, 김동명학회, 2014.

이찬욱, 「고시가에 나타난 감탄사의 의미기능」, 『시조학논총』 14, 한국시조학회, 1999.

이홍식, 「고전 시가의 율격과 김동명(金東鳴) 시의 상관성 탐색」, 『한국언어문화』 75, 한국언어문화학회, 2021.

정 민, 『한시미학산책』, 솔, 1997.

_____, 「목월시의 의경과 한시적 미감」, 『한국언어문화』 36, 한국언어문화학회, 2008.

최은숙, 「의경(意境)을 통한 가상공간(假像空間) 표현 연구」, 홍익대학교 석사학위논문, 2013.

한양수, 「고시조의 감탄사 소고-종장 초구를 중심으로」, 『국어국문학논문집』 6, 동국대학교 국어국문학부, 1965.

⟨Abstract⟩

Exploring the Ui-gyung(意境) of classical poetry projected into Kim Dong-myeong's poems

Lee, Hong-shik(Andong National University)

This paper was planned for the purpose of imparting meaning by establishing a correlation between ChoHeo Kim Dong-myeong's poems and traditions. Kim Dong-myeong's poems resemble classical poems in terms of Yulgyeok(律格). In addition, Ui-gyeong(意境), a traditional art form that makes up poetry using Jeong(情) and Gyeong(景), is also similar to classical poetry. Therefore, this paper established a correlation between Kim Dong-myeong's poems and traditions through the Ui-gyeong(意境).

As a result, it was confirmed that the Ui-gyeong(意境) were well visited in the early Kim Dong-myeong poems, especially works that showed the characteristics of idyllic rural poems. in his early poems, Kim Dong-myeong hid his Jeong(情) in the Gyeong(景) and revealed the poet's heart. and He also read the Gyeong(景) through his Jeong(情) to reveal the poet's heart. It is difficult to come out without an understanding of tradition and classical poetry and a willingness to reflect it in writing poetry.

Summarizing the above research results, the correlation between Kim Dong-myeong's poems and traditions is clearly confirmed. However, as research on the correlation between Kim Dong-myeong's poetry and tradition is still in the beginning stage, continuous research is needed. It should also be studied in comparison with various poets of the time who created poetry on the basis of ethnicity and tradition. Only when the above research is gathered together will the relationship between Kim Dong-myeong's poems and traditions be clearly revealed. And the meaning and value of it in literary history will be clearly revealed.

keywords: Kim Dong-myeong, tradition, classical poems, Ui-gyeong(意境), Jeong(情), Gyeong(景), idyllic rural poems

『나의 거문고』의 화자(話者) 유형 연구

이형우*

> **목 차**
>
> 1. 들어가는 말
> 2. 화자(話者) 담론 고찰
>   1) 화자 연구 개괄
>   2) 화자 유형 제안
> 3. 『나의 거문고』의 화자 분석
>   1) 개체적 화자
>   2) 가족적 화자
>   3) 사회적 화자
>   4) 우주적 화자
> 4. 나가는 말

<국문초록>

이 글은 시쓰기에 화자가 얼마나 중요한가를 밝힌다. 기존 연구는 대부분, 화자가 작가와 일치하느냐 아니냐의 연장선에 있다. 하지만 그 사실은 별로 중요하지 않다. 화자는 달을 가리키는 손가락이기 때문이다. 도구는 목적 달성 후 폐기해야 할 방편이다. 여기에 얽매여서는 본말이 전도되어, 화자가 구사하는 논리, 언어의 통발에 걸려들어 시 자체를 놓

---

*성결대학교 국어국문학과 연구교수

치고 만다.

　화자는 지향성의 층위다. 1차원에서 4차원 중 특별히 한 층을 선호하는 인식의 틀이다. 그 틀이 '나 - 가족 - 사회 - 세계'로 굳어진다. 화자는 그런 틀로 사유하는 사람이다. 그 양상은 홀로서기, 내가 중심이 된 우리, 우리가 중심인 나, 우주와의 교감으로 나타난다. 이를 각각 개체적 화자, 가문적 화자, 사회적 화자, 우주적 화자로 명명한다. 개체적 화자는 내면세계 심화, 가문적 화자는 사조직 강화, 사회적 화자는 공익 추구, 우주적 화자는 조화로움에 관한 이야기를 특별히 잘 한다. 이런 점들은 작품에서 개성과 타성으로 나타난다.

　각 화자는 자신의 틀로 상상하고, 합당한 대상을 포착한다. 또 거기에 맞는 언어를 골라 시간과 공간을 얽고, 은유와 환유를 만든다. 마지막으로 시적 미장 공사를 거쳐 언어의 집을 완성한다. 그래서 같은 화자끼리는 사유와 어법이 비슷하다. 이 말은 시도, 시인도 결코 다양하지 않다는 사실이다. 좋은 시인은 작품마다, 시집마다 다르게 하려고 애쓰는 사람이다. 그것은 개별 작품의 화자를 잘 살리는 일에서 시작한다. 화자가 시인의 손에서 탄생한 만큼 text는 인간적이다. 인간적인 장단점을 지니기에 전지전능한 해석소가 될 수 없다. 이런 시적 특성을 김동명의 첫시집 『나의 거문고』로 살핀다.

　주제어: 화자, 개체적 화자, 가문적 화자, 사회적 화자, 우주적 화자

1. 들어가는 말

이 글은 김동명 첫시집 『나의 거문고』에 나타나는 화자 유형을 분석한다. 그 작업을 통해 화자가 시를 만들고 전달하는 역할의 유형적 특징을 밝힌다. 지금까지 화자는 '퍼소나'에서 후기 구조주의의 '주체'까지 다양한 이름으로 이어져 연구되고 있다. 우리 시사(詩史)에서 화자 연구는 1960년대는 양주동 송욱 김윤섭 등등의 저서가 주종을 이루었고, 70년대는 박철희, 조동일, 정재완, 김준오, 황동규, 80년대 이후에는 김준오의 영향이 컸다. 그 후로 윤지영은 시적 주체 문제를 본격적으로 거론[1]하고 그 뒤로 펼쳐진 담론들을 정끝별[2]과 박현수[3]가 정리해 놓고 있다.

그러나 아무리 다양한 분류, 합당한 이론이라 해도 명쾌하게 해명이 되질 않는다. 그 이유는 화자 관련 논란이 근대 서정시에 그 뿌리가 있기 때문이다. 지금 우리가 논하는 서정시는 근대 과학의 결정체다. 물리학적 사유가 DNA고, 그 피조물은 독립원인(獨立原因)이다. 독립원인은 주위와의 관계성을 배제한다. 모든 사물에는 각립(各立)하는 이유가 있다고 본다. 그리고는 나눌 수 있는 만큼 나눈다. 마치 불변하는 요소[Idea]를 찾는 것처럼. 그래서 언어도 과학언어, 도덕언어, 예술[시적]언어로 나누고, 일상어를 어떻게 시적언어로 만들 것인가에 관심을 두었다.

시도 시인에게서 독립시켰다. 이른바 시의 자율성이다. 그것의 실상은 텍스트다. 텍스트는 어떤 해석도 가미되지 않은 자음과 모음의 결합 그 자체다. 근대 예술은 텍스트를 무한 해석 가능체라고 믿었다. 텍스트를 존재하게 하는 실세가 화자[자아]다. 그들은 휴머니즘이라는 보편 정서로 가득차 있고, 우주의 중심이라는 확신으로 충만하다. 그 작동 원리는 자율시스템이다.

지금 우리에게 익숙한 서정시(抒情詩/敍情詩)는 19세기의 서구 용어다. 예전부터 내려오던 것을 괴테가 언급하고, 헤겔이 확장시켰다. 괴테는 문학의 진정한 형식을 '①분명하게 말하는 것, ②열광적으로 감동하는 것, ③몸소 행동하는 것'으로 나누고 각각 '서사, 서정, 드라마'라 불렀다. 헤겔도 이를 받아들여 '시문학'을 '서사시', '서정시', '극시'[희비극 포함]라는

---

[1] 윤지영, 『1950 - 60년대 詩的 主體 硏究』, 서강대학교 박사학위논문, 2003.
[2] 정끝별, 「21세기 현대시 화자 유형에 관한 사례 분석 연구」, 『현대문학의 연구』 46, 한국문학연구학회, 2012.
[3] 박현수, 「서정시의 화자 개념과 갈래적 특성 고찰」, 『어문론총』 85, 한국문학언어학회, 2020.

세 장르로 나누었다. 특히 괴테가 말한 '열광적으로 감동하는 것'을 헤겔이 '주관적인 말하기로서, 내면적인 것을 강조하는 것'으로서 정리했다. 주체가 외계를 내면으로 받아들여 "막연한 감정을 눈에 보이게 나타내는 것"(『미학강의』)이라 했다. 이처럼 서정시의 주체는 체험 순간을 시적으로 표현한다고 하여 기존 서정 개념에 획을 그었다.

그랬을 때 왜 서정시의 주체가, 열광적으로 감동하고, 외부를 내면화해야 하며, 막연한 감정을 구체적으로 나타내야 하는가 하는 물음이 남는다. 헤겔이 말한 '예술종언'[Endeder Kunst]을 상기할 필요가 있다. 과학의 발달은 기존 질서를 뒤엎어 놓았다. 신을 대신하는 〈인간이라는 새로운 성자〉들은 '예술의 과거성'[Vergangenheitscharakter der Kunst]을 극복하기 위해 기독교 시대의 낭만적 예술이 지니던 감성을 배제해야 했다. 화자[주체]는 그 시대의 대안이었다. 그들은 절대자와 분리되어야 했고 대립해야 했다. 그래서 천국에서 지상, 복종에서 자유, 숭배에서 유희로 관심을 쏟았다. 그 방법론이 이성적 사유다. 그 실천론이 부분성, 개체성, 사변성, 명랑성, 다양성 부각이다. 이런 분위기에서 일어난 프랑스 대혁명과 그 전후로 부각된 시민사회의 모순은 현실에 대한 실천적 관심을 고조시켰다. 적어도 그때의 서정시는 신적(神的) 질서에 맞서려는 시대정신이었다. 천지개벽의 신호탄이었다. 화자는 그런 대리자였다. 그러나 그 시대는 저문 지 이미 오래다.

2. 화자(話者) 담론 고찰

1) 화자 연구 개괄

언어학에서 말하는 화자는 행위자(agent)로서 행위의 주체이기도 하지만 사태를 인식하는 주체[4]다. 그의 태도에 따라 미묘한 차이가 일어난다. 화자는 문장이나 발화의 구성에 동기화된 힘으로 폭넓게 사용되고 있을 뿐만 아니라, 정보내용이나 커뮤니케이션 목표와 관계할 수 있다.[5] 아울러 화자입장(speaker's stance)은 '화자가 담화 상황에서 진술되는 사건과

---

4) 이영준, 「한국어교육을 위한 화자의 개념 연구」, 『어문논집』 80, 민족어문학회, 2017, pp.195-198.
5) 정은상, 「발화에서 화자의 언어의향 반영과 응용에 대한 문제」, 『노어노문학』 19(2), 한국노어노문학회, 2007, p.99.

대화 참여자에 대해서 자신의 위상을 자리매김하는 것'으로 언어마다 화자가 자신의 입장을 정하는 방식이 다르다.6)

시 속의 화자는 시를 효과적으로 전달하기 위해 시 속에서 도입되어 말하는 나7)다. 우리나라에선 개념 정립 없이 화자 서정적 주체, 서정적 자아로 혼용8)되고 있다. 시인의 분열된 주체9), 작가와 일치도 아니고 불일치도 아닌10) 묘한 지점에 있다. 퍼소나란 개념으로 익숙하다. 퍼소나는 페르조나라고도 하며 고전 비극에서 쓰인 가면이다. 페르조나(persona)는 C.G.Jung의 개념이다. 이것이 시 속의 말하는 이, 작가가 창조한 자아 등등으로 쓰였다. 그 후 다양한 용어가 나오고 나름대로 복잡다단한 정의의 홍수 속에서 오늘에 이르렀다. 이런 논의들은 윤지영에 오면서 체계성을 띤 시사적(詩史的) 담론으로 자리한다.

윤지영은 "화자 설정은 시의 이해 및 창작의 종착점이 아니라 출발점이다."는 관점에서 1950년대와 1960년대의 시적 화자를 재현적 화자와 창조적 화자로 나누었다. 재현적 화자는 사적 일상을 보고한다. 그래서 시어나 이미지 등은 후경화 되고 화자 자체는 전경화 된다. 그러나 창조적 화자는 구체적 개인의 모습은 드러나지 않고 내면세계의 비현실적이고 비일상적인 방식을 형상화[인접성이나 유사성을 파괴] 한다. 그러면서 화자의 형성방식은 1)구심적 화자의 통합적 구성 원리로 ①최소효과와 ②구체화, 원심적 화자의 해제적 구성 원리로 ①최초 효과와 ②구체화를 든다. 이를 연장하여 화자와 텍스트의 관계를 화자 전경화 텍스트 전경화로 나누어 치밀하게 정리하고 있다.11)

10년쯤 뒤, 정끝별은 다양한 용어들을 정리하여 '퍼소나, 가면, 발화자 서술사, 시인, 자아, 주체, 목소리, 어조, 태도, 발화, 언표, 발성, 언술(담론) 등'을 화자 개념의 연장선[유효성]으로 재확인한다. 아울러 화자의 시적 기능과 시 교육적 의미를 연동시켜 고찰하였다.12) 8년 지난 시점에 김현수는 기존 연구를 ①퍼소나(탈), 화자 ②시적(서정적) 자아(주체, 주인

---

6) 이창덕, 「국어 화자입장(speaker stance)의 화용적 표현 체계에 대하여」, 『화법연구』 31, 한국화법학회, 2016, p.248.
7) 정끝별, 「현대시 화자 교육에 관한 시학적 연구」, 『한국문예비평연구』 35, 한국문예비평학회, 2011, p.14.
8) 윤재웅, 「김소월시의 화자연구」, 『동악어문학』 22, 동악어문학회, 1987, p.320.
9) 이현승, 「백석 시의 화자 연구」, 『어문논집』 62, 민족어문학회, 2010, p.312.
10) 신용목, 「백석 시에 나타난 화자의 성격과 정동의 구조」, 『한국언어문화』 69, 2019, p. 148.
11) 윤지영, 앞의 논문, pp.12-42.
12) 정끝별, 앞의 논문. pp.543-551.

공) ③시적 주체(들) ④시적 인격13) 등으로 분류하여 개념을 정리하고 문제점[보완점]을 지적한다.

그러나 대부분의 연구는 납득할 만한 분류 기준이 없다. 가장 많은 화자 유형은 20개14)다. 고전 작품에 대한 화자 연구는 '1인칭 현상적 화자, 전지적 함축 화자, 화자의 혼성'15), '自然 親化의 사대부 화자, 悲憤과 慷慨의 武人 화자, 悲哀와 愛慾의 妓女 화자'16)로 나눈 정도다. 하지만 서양 이론을 적용해 보았다는 이상의 의미를 찾기는 드물다.

현대시의 화자 연구는 중구난방이다. 체험적 화자와 정동의 환유적 구조, 선험적 화자와 정동의 은유적 구조17) 〈현상적 화자[화자가 작품 현상에 존재]-①허구적 화자, ②시인지향적 화자/함축적 화자[화자가 작품 뒤에 숨음]-①관찰자적 화자, ②제시자적 화자〉18), 감상적 화자, 성애적 화자, 순정적 화자, 연기적 화자19), '현상적 화자, 준현상적 화자, 준현상적 청자'20), '현상적인 화자만 나타나는 경우, 현상적 화자와 현상적 청자가 함께 나타나는 경우, 현상적 청자만 나타나는 경우, 현상적 화자와 현상적 청자가 모두 나타나지 않는 경우21), 조형적 시선의 화자, 극화된 화자, 고백적 화자22), 분열된 주체로서의 유년화자, 정함의 추구완속신의 두려움을 이기는 학습적 화자23) 보고자로서의 화자, 작중인물로서의 화자, 비평가로서의 화자24) 등등이 있다.

체계적 분류법을 제시하고 있는 연구는 정끝별과 박현수 정도다. 정끝별은 '어떤 시점에서 발화하는가'(화자의 인칭과 위치)와 '어떤 목소리로 발화하는가'(화자한 목소리)를 설정했다. 인칭은 1인칭과 비인칭으로, 위치는 '관철적, 전지적'으로 나누었다. 화자의 목소리는 '화자

---

13) 박현수, 앞의 논문, pp.242-251.
14) 김승종, 「시의 화자 분류 체계연구」, 『국제어문』 24, 국제어문학회, 2001, p.24.
15) 金美鞏, 『고려 악부 화자의 담화 방식 연구』, 성균관대학교 박사학위 논문, 2006.
16) 박종우, 이창희, 「백호 시의 미적 특질」, 『민족문화연구』 59, 민족문화연구원, 2013, pp.414-423.
17) 신용목, 「백석 시에 나타난 화자의 성격과 정동의 구조」, 『한국언어문화』 69, 한국언어문화학회 2019, pp.148-160.
18) 노창수, 「시적 화자 유형에 따른 작품의 특징 고찰」, 『국어교육』 69, 한국국어교육연구회, 1990, p.134.
19) 정효구, 「김소월 시에 나타난 화자의 성별과 성격」, 『한국시학연구』 6, 한국시학회, 2002. pp.209-226.
20) 심재휘, 「김영랑 시의 화자 연구」, 『어문논집』 55, 민족어문학회, 2007, pp.233-245.
21) 김인섭, 「김현승 시의 화자 연구」, 『숭실어문』 제10집, 숭실어문학회, 1993, pp.483-406.
22) 유지헌, 「박목월 시에 나타난 시적 화자 연구」, 『우리어문연구』 61, 우리어문학회, 2018, pp.41-62.
23) 이현승, 「백석 시의 화자 연구」, 『어문논집』 62, 민족어문학회, 2010, pp.312-330.
24) 박민영, 「서정주 이야기시의 서사전력」, 『한국문예비평연구』 36, 한국문예비평연구회, 2011, pp.36-51.

지향적/청자 지향적/등장인물지향적/메시지 지향적, 묘사적/진술적 목소리' 등이다. 그리고 시점, 위치, 목소리들이 조합하는 경우의 수에 따라 화자 유형은 증가될 것25)이라 했다. 박현수는 '범맥락화된 주체, 치환 가능한 주체, 고양된 주체'26)를 화자 모델로 설정한다.

2) 화자 유형 제안

"극단적으로 말하자면 이 세상에 같은 화자, 같은 시점이란 존재할 수 없다. 시 한 편 한 편이 모두 유일한 화자가 유일한 시점을 통해 발현한 유일한 목소리인 셈이다." "관습적인 규범과 개성적인 '감(感)'이 상호작용함으로써 한 편의 시에 '적절한 관점'이 선택되"고 "화자조차도 결국 시적 진실성을 효과적으로 전달하기 위해 시인에 의해 선택된 창조적 장치에 다름 아니다."27)는 정끝별의 진단은 타당하다. 그는 화자를 시적 도구[장치]라 여긴다. 도구는 어떤 목적을 이루기 위한 수단이나 방법이다. 도구는 용도에 맞게 방향성과 정형성을 띤다. 호미로 땅을 파고 낫으로 풀을 베듯이, 그에 합당한 외형을 지닌다. 그 많은 사례들을 모으면 일관된 공통점이 있다. 그래서 그의 단언은 부당하다. 극단적으로 이 세상에 같은 화자, 같은 시점은 존재할 수밖에 없다.

흔히들 갖는 환상이 시적 화자의 다양성이다. 각 편마다 다른 화자들이 무궁무진한 시세계를 이루고 있다고 여긴다. 또 시인마다 개성이 각기 다르다고 본다. 그래서 그들이 별천지의 세계에 산다고들 여긴다. 하지만 이는 착각이다. 시 한 편 한 편만 놓고 보면 신선할 수 있다. 그러나 시집 한 권을 놓고 보면 그말이 그말이다. 돌려치고 메어쳐도 그게 그거다. 같은 시대를 사는 사람들도 다르지만 엇비슷한 유형으로 사는 공통점도 있다. 이제마는 인간을 정의하기를 '한 말 또 하고, 한 짓 또 한다.'고 했다. 그의 말을 참작하면 일신일일신우일신(日新日日新又日新)라는 『대학(大學)』의 강령이 얼마나 무서운가를 실감하게 된다. 그만큼 분명한 개성, 다른 시점은 찾기가 어렵다.

우리의 언행 속에는 현실이 배여있다. 말은 몸을 변화시킨다. 살랑거리는 말을 잘 하는 사람은 허리가 날렵하고, 으스대기 좋아하는 사람은 어깨가 벌어진다. 이것이 굳어져서 그

---

25) 정끝별, 앞의 논문, pp.543-551.
26) 박현수, 앞의 논문, pp.251-263.
27) 정끝별, 앞의 논문, p.14.

사람의 언행을 만들고 그것이 그 사람의 정체성을 만든다. 이를 언어학에 적용하면 언어 유형론(言語類型論)[linguistic typology]이 된다. 언어 외적인 실세계의 문제를 적극적으로 끌어 들여 언어 현상을 설명하려는 방법론이다. 언어의 기능, 인식 구조, 화용적 성격, 역사적 성격을 중요시 한다. 이는 언어 요소만을 대상으로 하는 형식 문법 연구와 상반된다. 화자 담론은 이런 언어 유형적 특성을 밝히는데 유용하다.

작가와 화자는 은현동시(隱現同視)다. 하이데거 식으로 풀면 존재와 존재자의 관계다. 아무리 분리하려 해도 나눠지지 않고, 아무리 숨기려 해도 숨길 수 없다. 화자는 이런 특성을 지닌 Text 속의 인간이다. 모든 인간은 이원적(二元的)이다. 하늘 지향적이거나 땅 지향적이다. 하늘 지향은 이상적, 이타적 삶을, 땅 지향은 현실적, 이기적 삶을 본능적으로 영위한다. 그러나 여기에도 각각 이원화(二元化) 현상이 작동한다. 하나는 완전히 이상세계만 추구하고 또 하나는 이상을 우위로 하되 현실도 감안한다. 반대도 성립한다. 현실을 우선하면서 이상 세계를 추구하거나, 현실 고착되는 경우다. 이렇게 보면 인간의 유형은 '2원(二元)-3성향-4유형'으로 존재한다. 이를 한의학의 삼초(三焦) 개념으로 도식화 하면 아래와 같다.

<표 1> 한의학의 삼초(三焦)개념

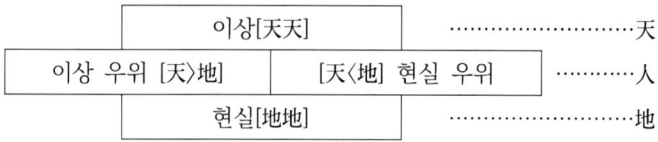

이원(二元)이란 하늘적 화자와 땅적 화자다. 하늘적 화자는 이타적[公的][altruistic I]이고 땅적 화자는 이기[私的]적[egoistic I]이다. 이타적 화자는 보편성, 공공성을 강조하고 이기적 화자는 특수성과 개체성을 중시한다. 3성향이란 천지인(天地人)의 위치에너지다. 하늘만을 고집하는 사람, 땅만 중시하는 사람, 이를 두루 아우르는 사람들도 있다. 하늘에만 관심 있는 사람은 세계[우주]적 안목이 발달하고, 땅에만 관심 있는 사람은 생태적[자생적] 안목이 발달한다. 하늘 땅을 두루 살피되, 하늘을 우위에 두는 사람은 선공후사(先公後私)하고, 사회[역사]적 안목이 발달한다. 마찬가지로, 땅을 중시하는 사람은 선사후공(先私後公)하고 가문[당여(黨與)]적 안목이 뛰어나다. 상상력은 여기에 따라 생겨난다.

<표 2>

```
        ╱  天天  →  天下  →    이상      →  우주적 화자
    天  →  天地  →   國   →  이상〉현실  →  사회적 화자
話 ╱
者 ╲
    地  →  地天  →   家   →  이상〈현실  →  가문적 화자
        ╲  地地  →   身   →    현실      →  개체적 화자
```

　우주적[세계적] 화자는 외부 지향이다. 사회적 화자는 선공후사(先公後私)다. 가족적 화자는 선사후공(先私後公)이다. 개체적 화자는 내부 지향이다. 화자의 동일시와 분열 현상은 표리(表裏) 관계의 일치와 어긋남에서 나온다. 괘상(卦象)으로 보면 양괘[-]는 밖으로 나가려 하고, 음괘[--] 안으로 잡아 당긴다. 그래서 일차적으로 사회적 화자[==]는 하강형[↓] 동일시를, 가문적 자아[==]는 상승형[↑] 동일시28)를 이루려는 성향이 있다. 반대로 우주적 화자[=]는 자아 소멸이나 외부 갈등[↘]을 유발하고, 개체적 화자[==]는 자아 분열이나 내부 충돌을 [↯]을 일으킨다. 이러한 특성들이 시적 형상화, 시적 언어로 드러난다.

<표 3>

자아유형	우주적 화자	사회적 화자	가문적 화자	개체적 화자
자아성향	idealism[慧覺]		realism[資業]	
	보편성, 이타성		특수성, 이기성	
행위목표	是[옳음 추구]	非[그름 고침]	利[이로움 좇음]	害[해로움 회피]
추구성향	慈悲[仁]	正義[義]	倫理[禮]	善[智]
사유특성	哀	怒	喜	樂
외부지향	天下	國	家	身
내부지향	天下	家	國	身
화자양상	외부 대립 ↘	자아를 세계화↓	세계를 자아화↑	내면 상충 ↯
和爭관계	爭[외부 갈등]	和[투사]	和[감정이입]	爭[내부 갈등]

28) 하강형 동일시는 投射projection에, 상승형 동일시는 同化assimilation에 해당한다. (김준오, 『詩論』, pp.25-29 참조.)

〈표 4〉

	성향	지향성	어조	상상력
우주적 화자[肺]	외향	시간	내뱉기[과시]/해박/연민/독단/초월	우주[신화]
사회적 화자[脾]	외내향	시공간	뒤섞기[위엄]/화려/분노/비판/명분	사회[역사]
가족적 화자[肝]	내외향	공시간	받들기[과묵]/검소/기쁨/신중/실리	가족[문중]
개체적 화자[腎]	내향	공간	보내기[분방]/분방/즐김/타산/집착	개체[개인]

3. 『나의 거문고』의 화자 유형

> "『나의 거문고』는 4·6판으로 168면에 132편의 시가 수록되어 있다. (중략) '①즐거운 아츰(12편) ②잔치(16편) ③옛노래(15편) ④외로울 쌔(20편) ⑤麗島風景(12편) ⑥異域風情(13편) ⑦故鄕(20편) ⑧暝想의노래(13편) ⑨나의 거문고(11편)'으로 되어있다."29)

김동명 첫 시집『나의 거문고』는 원본이 없는 상태에서 연구가 이어졌다. 엄창섭이 박사학위 논문에서 밝힌 편수는 모두 132편이다. 하동호가 목차만 복사해서 보내온 것을 확인한 결과라 했다. 그 후로 132 수가 기정사실화 됐다. 그런데 심은섭이 강릉〈까치민속품〉에 있던『나의 거문고』를 발견하여 2017년 7월에 세상에 내 놓으면서30) 문제가 불거졌다. 알려진 것보다 24 수나 더 많이 실려 있었다.31) 그러나 강릉시본[심은섭 발굴본]『金東鳴 詩全集』에 실린『나의 거문고』목차를 헤아리면 총 131 수다.

1편이 차이나는 이유는 강릉시본『金東鳴 詩全集』,『나의 거문고』9부[편의상 명명]「나의 거문고(산문시)」에 10 수가 실렸기 때문이다. 엄창섭이 '11편'이라고 했던 시 중의「그

---

29) 엄창섭, 앞의 글, 같은 쪽.
30) 심은섭, 「초허 첫 시집『나의 거문고』발굴에 따른 諸考察」,『김동명문학연구』제5호, 김동명학회, 2018, pp.80-81.
31) 심은섭, 앞의 글, pp.82-83.

대는 王이외다」가 빠져있다. 그러나, 시집을 펼치면 심은섭이 말한 문제가 전면에 부상한다. 무려 24 수가 많다. 자세히 들여다 보면 편수가 더 늘어난다. 구분 원칙을 적용하기도 난감한 일이 생긴다. 이러한 이유를 필자는 작년 김동명 학회에서 밝혔다.32) 그 근본적인 이유는 목차의 제목과 본문에 실린 연작시의 체제가 일치하지 않아서다. 이는 모두 출판사나 김동명의 안이함에서 생긴 불찰이다.

목차에는 〈麗島風景〉에 모두 12편이 실려 있다. 그러나 「夕景」, 「明沙十里에서」, 「龍興江畔에서」, 「濬源殿에서」, 「木宮에서」, 「西湖風景」, 「船遊」, 「盤龍山을 지나면서」 등은 여러 수가 모여 있다. 〈故鄕〉의 「벗을 생각함」, 〈異域風情〉의 「異國風情」, 「塩原行」, 「公園의밤」, 「塩原行」 등도 마찬가지다. 이를 바탕으로 심은섭 발굴본[강릉시본] 『나의 거문고』는 131편 167 수로 확정하여 논지를 시작한다.

강릉시본 『나의 거문고』에 나오는 167 수에는 개체적[생태계적] 화자가 118 수[71%], 가족적[동아리적]화자가 22 수[13%], 사회[역사]적 화자가 21 수[12.5%], 우주적 화자가 6 수[3.5%] 차지한다. 물론 절대 기준은 없다. 또 해석에 따라서 얼마든 다른 화자로 판정할 수 있다. 생태계적 화자나 우주적 화자도 생각나름이고, 개체적 화자나 가족적 화자도 상황에 따라 얼마든 경계를 넘나들 수 있다. 어쨌든 대략적으로 나눠본 화자 유형으로 볼 때 『나의 거문고』는 김동명 초기시가 지니는 친환경적, 낭만적 요소가 풍부한 시집이다. 이를 각 화자의 발화 방식으로 살펴본다.

1) 개체적 화자

개체[생태]적 화자는 내면 지향적, 공간 고착형이다. 사물을 내면화하려는 힘[인력(引力)]이 강하다. 현실적이며 자기중심주의자[egotist]다. 자아도취적 성향이 강하고, 분출욕이 강해서 엄격함이 결여되어 있다. 그래서 시적 기교를 중시하지만 설익은 경우가 많다. 이런 특징들이 『나의 거문고』에 여과없이 나타난다. 특히 개체적 화자의 모습으로 드러난다.

   이슬 가득한 아츰 풀밧흘 거러

---

32) 이형우, 「『나의 거문고』에 나타난 김동명의 시작법 고찰」, 『김동명문학연구』 제7호, 김동명학회, 2020, pp.118-123.

나무에 등을 기대고 서니
숲실의 해ㅅ발이
가지와 가지사이로 빗겨흘러
내 여윈 발잔등을 싯고 조용 하여라
연한 풀입새와 부드러운 바람ㅅ결
서로 행기 로운데
송진 냄새 쏘한 스윽하니
아 즐거운 아츰이어
내 마음 잠깐 여기에 쉬도다.

-「즐거운아츰」

해ㅅ볏헤 걸어 붉은
農女의 벗은발이
밧머리 외갈래 길우에 서다
지금은 째 六月 훈훈한 남풍이
누른이삭 흐늑이는 보리밧헤
金빗 물ㅅ결을 지으며
農女의 더운쌤을 싯고지나가다
흙 냄새와 풀 행기
그리고쏘 검운눈알이 사랑스러운 여기에서
나는 자연과인생과의 아름다운 조화를보노라.

-「農女」

개체적 화자를 통해 나타나는 특징은 세심한 주변 살피기다. "일즉이 길써난 나그네의 외로운 거름"(「아츰禮拜」), "베ㅅ이삭 머리숙인 저마을의 길우로/거러가는이 뉘의 집 싸님인고"(「田園暮景」), "소몰고 돌아오는 農夫의/보섭 쓰으는소래"(「田園慕情」), "하나는 主人집 쌀애기/쏘하나는 이웃집 쌀애기"(「어린애기」)" 등등 주변[자연과 이웃]에 관한 애정어린 관심이 시심(詩心)으로 작동한다. 그래서 그의 시가 전원적이고 낭만적으로 읽힌다.

「즐거운아츰」에서도 화자는 세심한 촉을 발산한다. '이슬 가득한 아츰 풀밧' 나뭇가지 사이로 비치는 '金실의 해ㅅ발' '부드러운 바람'을 타고 코끝을 감도는 '연한풀입새'와 '송진냄새'까지 내 몸으로 끌어당긴다. 그러나 그 기분에 도취되어 냉정을 잃어 버렸다. 결구(結句)를 놓쳐버렸다. 방심한 나머지 앞의 평이한 진술들을 시적(詩的) 전환으로 마무리해야 한다는 사실을 무시해 버렸다. 그래서 선언문에 그치고 말았다.

이런 습성은 「農女」에서도 나타난다. 「農女」의 결구["나는 자연과인생과의 아름다운 조화를보노라."]도 같은 진술이다. 이를 양주동은 '~ 하는 싸위', '가증(加增)한 일'이라는 혹독한 비판을 받았다. 그러면서도 '시상이 깊은 것도 안이오, 묘한 것도 안이로되, 엇전지 버리기 어려운 일편이다.'는 평도 받았다.[33] 이런 점들이 김동명 시의 특징이다. 분명히 수준 이하지만 읽힌다. 그 이유는 화자를 통해 드러나는 온화함, 세상을 껴안고 있는 넉넉함이 작동하고 있기 때문이다.

    탁목조는 나라갓다
    아츰내나 나무를쏫는
    부즐업슨 탁목조는
    어대론지 날아갓서
    가고 업는데

    아아그러나 내가슴의탁목조는
    내가슴을쏫는 탁목조는
    언제나 가려누 날아가려누
    바람찬 겨울의하로도
    쏘다시 접으는데.

               -「啄木鳥」

    서리여 오라, 내 가슴의 골안에도

---

33) 엄창섭, 앞의 논문 p.44에서 재인용.

愛慾의 칡줄과 功名의 구름입,
그리고 또 온갖 煩惱와 哀愁의 雜草
씩씩하게 얼클어진 내 가슴의 골안에도
서리여 함쑥 나리라

-「서리」1-5행

『나의 거문고』개체적 화자를 지배하는 화소(話素)는 사랑이다. 탁목조(啄木鳥)는 딱따구릿과에 속하는 새다. 날카롭고 단단한 부리로 나무에 구멍을 내어 그 속의 벌레를 잡아 먹는다. 그런데 나라는 나무에, 내 가슴에 날아갈 줄 모르고 쪼아대는 괴조(怪鳥)가 있다. 심지어 "바람찬 겨울" 하루가 저무는 데도 날아갈 줄 모른다. 무심하게 쪼아대는 그 아픔을 달리 말하면 사랑이고, 그리움이다. 『나의 거문고』에 이따금씩 등장하는 낯선 시, 시다운 시다.

「서리」 역시 「啄木鳥」와 궤를 같이하는 시다. 탁목조(啄木鳥)가 주는 시련을 구체화 한다. 애욕의 칡줄기가 무성히 뻗어 있고, 온갖 번뇌(煩惱)와 애수(哀愁)의 잡초(雜草)가 무성한 내 가슴 골짜기까지, 공명심이 구름으로 떠 있는 하늘까지, 서리가 가득 내리기를 염원하다. 그리고 그것이 낙엽처럼 떨어져 나간 뒤 온세상 비추는 햇빛과 온 세상 적시는 밤 이슬 받아서 내 영혼이 씩씩하게 자라게 하라고 명령한다.

하지만 대부분의 시들은 연애편지에 가깝다. 그대 생각과 사랑과 그리움과 안타까움을, 또 여기에서 파생되는 이별과 아픔과 절망을 애틋하게만 노래하고 있다. "꽃은 써러짐으로 더욱곱고/인생은 쎌븜으로 아름답나니"(「항해(航海)의 놀애」四)라는 반어적 상상력도 작용하지만 한두 구절로 시 전반을 떠받치기엔 무리가 있다. 이는 에두르고, 곡진히 하려는 노력도 없이 지극히 평범한 어휘와 어조로 일관한다는 말이다. 그래서 "말은 끊어져도 의미는 이어지고, 가리킴은 가까우나 뜻은 먼 데에 있다."는 차원과는 거리가 있다.

그러나 「漁村雨景」에서는 한시풍을 보여준다. 처마 끝으로 쉬임없이 내리는 비, 그 덕분에 오히려 새끼랑 여유로운[졸고 있는] 검은 개, 사공은 간 데가 없고 빈 배만 걸린 어촌, 어디가 면 술 마실 수 있느냐고 묻는 운치가 시간을 거꾸로 돌린 듯하다. 이런 이야기 방식은 김동명의 시적 편력을 입증하는 진술들이다. 한시에서 보들레르까지. 개체적 화자를 통해 동서 고금을 넘나드는 시공(時空)을 잘 보여주고 있다.

2) 가족적 화자

가족적 화자는 가문적 화자, 동아리적 화자다. 내가 중심되는 조직[세상]을 만들려 한다. 혈연[가문], 지연, 학연을 호출한다. 선사후공(先私後公)하며 조직력이 강하다. 이런 화자는 사적(私的)인 끈끈함을 과시한다. 반대로 그들의 슬픔은 그런 연대감이 사라진 데서 온다. 자신의 세계를 만들려는 욕망[흡입력]이 강하다. 이 화자의 개구(開口)는 표면상 우리다. 실상은 나 중심의 너다. 가족적 화자는 『나의 거문고』〈故鄕〉편에 집중적으로 배치되어 있다34). 그 다음은 〈잔치〉 편이다.35) 이들은 본능적으로 고향과 부모 형제와 친척 등을 입의(立意)[시쓰기 출발점]로 삼는다.

> 마을 압헤는 百餘里 山ㅅ골물을
> 모하 흘으는 시내가 잇고
> 시내ㅅ가에는 째째로 이상한소리를 내이며
> 도라가는 물레방아가 잇습니다.
>
> 마을 뒤에는
> 數百年 두고 자란 落落長松
> 바람이 지낼째면 우수수 소리내고
> 밤저녁 어썬째면 부흥새 와서웁니다.
>
> 南으로 十里는 鏡浦인데
> 東으로 十里 시내ㅅ물을 싸라가면 바다나지고
> 그리고 서울은 西으로 五百五十里
> 大關嶺을 넘어서 간담니다.
>
> ー「故鄕」

---

34) 「개」, 「부흥새」, 「할머니」, 「아버님을 생각함」, 「추위」, 「벗을 생각하며」, 「여슷해전」, 「꼿이랄까 香氣랄까」, 「燈臺ㅅ불」, 「앵도밧」, 「雨夜小景」, 「淸調辞」.
35) 「잔치」, 「아름다운 마음이어」, 「그대는 湖水ㅅ물」, 「航海의 놀애」.

이저는 옛이야기외다.
내가 코쿨 압헤 안저서
코쿨밋헤 싸힌 솔ㅅ강이로
움풀井字를 싸핫다 내렷다 할째에
우리집 뒤ㅅ솔밧헤선
부흥새가 울었습니다.

-「부흥새」 2연

「故鄕」의 화자는 '바다나지고'라는 어휘를 사용한다. '나지고'는 '나타나고'의 북한[함북] 사투리다. 보이지 않던 것이 나타난다는 뜻이다. 그래서 일차적으로 북한 가까이 있음을 알게한다. 나아가 경포(鏡浦) 십리 위, '東으로 十里 시내ㅅ물'이 흐르는 곳이라고 구체화 한다. '서울은 서쪽 오백오십리에 있는데, 대관령을 넘어간다고 한다. 그 동네 앞으론 '百餘里 山ㅅ골물이 모여 흐르는 시내가 있고, 그 시냇가에는 '째째로 이상한소리를 내이며/도라가는 물례방아'가 있다. '복숭아꽃 살구꽃 아기 진달래'는 전국적 현상이기에 특별히 어느 누구의 고향이라 말하기 곤란하다. 그러나 위의 진술은 분명한 장소성을 지니고 있기에 그들만의 동질성을 확보한다. 이처럼 가족 연대성은 그들만의 언어로[지역어]로 강화된다.

'코쿨'은 관솔불을 올려놓으려고 벽에 뚫어 놓은 구멍이다. 그 앞에서 소나무 가지를 우물 정자로 쌓았다 내렸다 할 때 집 뒤 솔밭에선 부흥새가 울었다. 부흥새는 올빼미의 지역어다. 함경에선 부영새, 부엉새[함북], 경북에선 부꿍새, 부형새, 전라에선 부겅새라 불렀다. '부흥새'는 그리 부르는 지역적인 궁금증도 유발한다. 그런 새소리를 고향 떠나 떠돌다 우연히 산사에서 듣는다. 부모님 생각은 물론이고, '심술 굿고 작란 조하하는/내 故鄕의 각시들'도 그립다. 이런 진술은 그들만의 생태계를 부활시킨다. 가족적 화자로 살피는 『나의 거문고』는 지역어의 보고(寶庫)다. 지역어는 그들의 정체성이다.

―
그대는 湖水ㅅ물
나는 浮萍草,

고요히 물결치는 그대의사랑위로
지행업시 써도는 내마음이라,
밤마다 맷는 고흔꿈은
그대의 배개에서

二
그대는 허공
나는 구름, 허공가티 헤아릴수업는 그대의 맘위로
구름가티 써도는 내꿈이라,
바람 狂風, 뉘라서 그대게서
이내몸을 갈라 노흐리.
-「그대는 湖水ㅅ물」

그대는 닷노코 쉬일 浦口를 바라
하늘 아래 바다를 써가는
한 적은 배,

니는 저언덕을 행하야
쉬지 안코 「쌔」의 바다를 건늭는
외로운 사공이러라
-「航海의놀애」

나는 초ㅅ불
그대는 나븨.

마음과몸이 합쎄타서 불이되엿슨즉
그대여 훌적나라 내게와 안기라.

> 마음과 날개, 몸과몸이 함께타서 살아진뒤에
> 쌍우에 헛된쑴을 새쳐보지 안으려나.
>
> -「나는 초ㅅ불」

가족적[가문적] 화자의 출발점은 관계 정립이다. 그것이 평등이든 주종이든 분명히 하려 한다. 「그대는 湖水ㅅ물」, 「航海의놀애」, 「나는 초ㅅ불」은 '湖水ㅅ물'과 '浮萍草', '허공'과 '구름'이라는 예속 관계, '배'와 '사공'의 상보 관계를 설정하면서 우리의 길을 제시한다. 「나는 초ㅅ불」은 다음 시집 『芭蕉』에 실린 「내마음은」의 씨앗이 된다. 이처럼 가족적 화자의 담론은 다음 시집에 족보로 이어지고 있다.

3) 사회적 화자

사회적 화자는 역사적 화자다. 대의 명분을 실천하려 한다. 국가적, 공적인 시스템을 중시한다. 선공후사(先公後私)하며 개개인의 욕망을 억제하려 한다. 세계[보편]를 화자[특수]에 적용하려는 요소[투사력]가 강하다. 이 화자의 개구(開口)도 우리다. 그러나 실상은 우리이다. 『나의 거문고』〈麗島風景〉편, 「潛源殿에서」, 「木宮에서」 연작이 모두 사회[역사]적 화자다. 〈異域風景〉에도 몇 수가 모여 있다.36) 이들 화자는 본능적으로 국가 우선이며, 대동사회(大同社會)를 꿈꾼다. 그것이 좌절되면 비분강개한다.

> 一
> 壁上에 걸린 한쪽 그림
> 여기에 만일 살이붓고 기가쓸는다면,
> 아아 한촉 화살로도 오히려凱歌를 불으지안엇거는가.
>
> 二
> 내 뒤에 오는 사람
> 이碑ㅅ돌에 삭인글字 흐려못보고 지날째도 잇스리니

---
36) 「無花果樹」, 「『고요한기도』의노래」, 「武藏野逍遙」, 「아들의마음」.

아아 사람의 남겨노흔 자최란 이리도속절업서라.

－「濬源殿에서」

　　진전(眞殿)은 ①임금의 초상화인 어진(御眞)을 봉안, 향사하는 처소다. ②조선 시대에는 태조(太祖)의 어진(御眞)만을 받드는 진전이 따로 설치되었다. 서울에는 문소전(文昭殿)[서울], 외방에는 경기전(慶基殿)[전주], 준원전(濬源殿)[영흥], 집경전(集慶殿)[경주], 영숭전(永崇殿)[평양], 목청전(穆淸殿)[개성]을 두었다. 준원전은 환조의 옛집이자 태조 이성계가 태어난 곳이라 외방의 진전 가운데 가장 먼저 설치했다. 1398년(태조 7) 왕의 어진을 봉안하였고, 여러 산릉과 동일하게 1년 6차례 속절에 사신을 보내 제사를 지내게 하였다.

　　그 준원전 벽 위에 빛바랜 그림이 걸려 있다. 망한 나라였으니 어진(御眞)이 붙었을 리가 없다. '저 얼굴에 살이 붙고 기운이 차 오른다면'이라 한 걸로 보아 이성계와 관련된 노쇠한 그림이 있었던 듯하다. 그걸 본 순간 활 시위 하나로 왜구들을 초토화한 명장 이성계의 얼굴과 겹친다. 어디서 개선가가 울려 퍼지는 듯하다. 그러나 현실은 초라하다. 전을 나와 보니 연못은 거의 메워졌고 조각못만 남았다. 그 주위로 잡초가 무성하다. 청룡황룡(靑龍黃龍)이 힘을 겨누었다던 옛 전설은 이제 우스개 소리다. 망연자실하여 퇴락한 옛 궁터에 앉아 보니 역사의 흥망과 무관하게 늙은 소가 소나무 아래서 잠을 잔다. 밭 앞으로 한포기 들국화가 흔들린다. 저 멀리 조선의 발원지인 용흥강37)이 흘러간다. "이碑ㅅ돌에 삭인글字"은 흐릿해서 후손들이 알아 볼 수 없을 만큼 역사란 덧없다. 이런 시공을 살다가는 우리란, 인간이란 무엇인가 하는 상념에 잠긴다.

　　　　一
　　　古墟의 풀을 밟는 나그네의 마음이라
　　　담우에 우짓는 가막까치 제야 무삼 쯧잇스리만
　　　王祖의 五百年 옛자최가 봄풀속에 아득커늘

---

37) 함경남도 고원군(高原郡) 운곡면(雲谷面) 각고산(角高山)에서 발원. 영흥군(永興郡) 횡천면(橫川面)과 영흥 평야를 거쳐 전탄강(箭灘江)과 합류한 뒤, 영흥군과 문천군(文川郡)의 경계를 이루며 동해로 흐르는 강. 고려시대에는 횡강(橫江)이라 불렀다. 이성계(李成桂)가 태어난 곳이라 하여 하륜이 이 이름으로 고쳤다.(『新增東國輿地勝覽』48, 咸鏡道, 永興)

마음에 이는 생각 어이안이 구슯흐리.

二
에 드러가서
位牌압헤 잠ㅅ간瞑想
도라서니 실실이 씨ㅅ긴日傘
빗도 퍽은 날갓구나
변하는 세상일을 네게나 무러볼싸

－「本宮에서(咸興)」

본궁(本宮)은 잠저(潛邸)다. 등극하기 전에 거처하던 곳을 일컫는다. 이성계의 4대조인 목조[李安社]는 당시 몽골 땅이었던 함흥 남부의 영흥으로 이주하여 기반을 닦았다. 이성계도 거기서 태어나 함흥에서 자랐다. 조선 건국 후, 함흥과 영흥에 본궁을 설치해서 연간 32회 제사를 올렸다. 그렇게 유서깊은 자리를 화자가 찾았다. '오백년 도읍지를 필마로 돌아드니'와 같은 어조와 심경이 담긴 시다. 잡초 우거진 古墟, 그 터 위에서 우는 까막까치, 사당[사우(祠宇)]에 들어가 위패(位牌) 앞에 고개 숙이고 돌아서니 임금이 쓰던 일산(日傘)은 실오라기처럼 찢겨 나부끼고 퇴색한 지도 오래다. 나무 "한그루 나무의목숨"보다도 짧은 "五百年 歲月을" 누가 오래라고 하느냐 한탄한다. 이런 어조는 일본의 무사시노[武藏野]에 가서도 일관된다. "언덕우에 날근神社/새쫑이 무삼짓가/길아래 農家집집웅은/어이그리 놉흔고."(「武藏野消遙」 2연)라며 새똥으로 얼룩진 신사화 높은 농가 지붕을 대조하고 있다.

그후에 나는 그 넓고두터운 입사귀우에
써러지는 비ㅅ방울 소리를
여러번 들엇습니다
祖國을 써나 멀리잇는 몸이라
달빗헤 더욱푸루른 무성한 입사귀를 바라보며
하염업는 생각에 잠기기도 여러번이엇습니다.

－「無花果樹」 2연

「無花果樹」는 "祖國을 언제 떠났노/芭蕉의 꿈은 가련하다//南國을 向한 불타는 鄕愁,/네의 넓은 修女보다도 더욱 외롭구나."라는 「芭蕉」 1-2연의 또 다른 버전이다. "너의 그 드리운 치맛자락"은 "그 넓고두터운 입사귀우"가 변형된 시구다. 이렇게 보면 『나의 거문고』는 다른 시들의 습작기, 과도기적 성격을 지닌다. 화자의 안목과 어조가 바뀌지 않는다는 사실은 김동명 시작법의 부정적 면모고, 옛 시를 세련되게 재탄생시킨다는 점은 긍정적 모습이다. 이러한 특징은 우주적 화자에게서 더 명확해 진다.

4) 우주적 화자

우주적 화자는 외부 지향적, 이동형이다. 사물을 보편화하고 공유하려는 힘[척력(斥力)]이 강하다. 이상적이며 이타주의자[altruist]다. 천재성을 과시하고, 분출욕이 강하고 절제력이 약하다. 그래서 호방한 기풍을 좋아하지만 얼개가 치밀하지 못 하다. 이런 화자의 특징은 깨달음을 앞세운다. 김동명의 시세계는 이런 우주적 화자가 활성화 되면서 새로운 지평이 열린다. 김동명만의 목소리가 정갈하게 다듬어지는 단계에 이른다. 허균은 이런 시쓰기 과정을 아래와 같이 말한다.

> 먼저 뜻을 세움에 나아가고 그 다음으로 말을 엮는 것을 바르게 하여 구절이 살아 있고 글자가 원숙하며 소리가 맑고 박자가 긴밀해야 한다. 소재를 취해와서 엮되 놓여야 할 자리에 놓아두고 빛깔로 꾸미지 아니하며, 두드리면 쇳소리가 울리는 것만 같고 가까이 보면 화려한 듯하여, 이를 눌러 깊이 잠기게 하고 높이 올려 솟구쳐 내달리게 한다.[38]

앞에서 잠깐 살핀 입의(立意)는 대상[사물]과 화자[나]의 관계맺기다. 저 대상은 나를 통해 무엇을 말하려 하는가? 그러한 시절인연을 제대로 포착하는 일이다. 김동명의 표현대로 이름을 몰라서 더 정다운 꽃과의 만남도 "萬年前부터이宇宙를 지으신이의 攝理속에"(「因緣」) 있었음을 깨닫는 일이다. 그 다음이 명어(命語)다. 명어란 언어화[詩化]하는 과정이다. 음운, 형태, 통사, 의미 영역을 조화롭게 엮어야 한다. 고저장단(高低長短)이 강약(強弱)과 온유(溫

---
38) 정민, 『나는 나다』, 문학과 지성사, 2018, p.25.

柔), 촉급(促急)과 완만(緩慢)으로 두루 흐르되 과잉, 과장에 빠져서는 안 된다. 이러한 기본 절차가 미비하면 개성적인 시가 되지 않는다. 『나의 거문고』〈나의 거문고〉(산문시) 시편들에 면모 일신하는 과정이 나타난다. 타고르와 만해의 영향력이 힘을 받으면서 초기의 소박한 감성, 전원적 서정성에서 벗어난다. "시적 흐름이 응축되고 균제미를 갖추는 양상", "간결하면서도 시적 교감을 통한 상상력의 확장과 다양성"39)을 구축한다.

> 그러고 님은, 님을행한 一片丹心은 내 거문고의 第七絃입니다. 내 손솟치 第七絃
> 우에 뛰놀째에 내 영혼은 敢勇스럽게 하늘끗을 행하야 나래를 벌립니다.
> 오 나의 거문고는 내가 가진 오직하나 보배입니다. 내 所有의 전부입니다. 이밧게
> 나는 가진것이란 암오것도 업습니다.
> 　　　　　　　　　　　　　　　　　　　　　　　　－「나의 거문고」 5연

화자는 차원에 따라 대상을 포괄한다. 개체 그 자체, 나와 너. 나와 사회, 나와 세계와의 관계가 지닌 경계선을 허문다. 〈나의 거문고〉 장에 들어 있는 10편의 시들은 시집 『나의 거문고』에서 어떤 비중을 차지하는지, 왜 시집 이름이 그것인지를 증거해 준다. 한용운의 화법에 익숙한 우리기에 많이 익숙하지만 나름대로 그 속에는 김동명다운 언어결이 따로 반짝이고 있다. 그 대표작이 「나의 거문고」다.

거문고는 화자의 유일한 재산이다. '지난날의 모든서름 모든즐거움은 내 거문고의 第一絃', '모든잘못 모든뉘우침은 내 거문고의 第二絃', '모든懷疑와 모든외로움은 내거문고의 第三絃', '모든衝動과 모든바람은 내 거문고의 第四絃', '未來에대한 모든憧憬과 모든꿈은 내 거문고의 第五絃', '주금은 주금을 넘어가잇는 새 活生은 내 거문고의 第六絃'이다. 마지막으로 '님은, 님을행한 一片丹心은 내 거문고의 第七絃'이다. 희로애락(喜怒哀樂)을 거문고의 각 현으로 은유화 했고, 그 현을 공간 인접[배열 위치/상하]과 시간 인접[현의 진동/고저]으로 환유화 했다. 그러면서 각 현을 튕기는 화자의 심경까지를 잔영으로 활용하고 있다. 김동명다움이 가장 잘 묻어나는 작품 중의 한 편이 아닐 수 없다.

---

39) 심은섭, 「초허 김동명과 타고르 시편의 연계층위와 대비」, 『동서비교문학저널』 49, 한국동서비교문학학회, 2019, p.190.

사공이와서 나를불을쌔가 언제일지모름애 나는내 고닲흔마음을 위하야 이러케 피리를 맨들고잇슴니다

당신을 생각할쌔에 나는 일흠모를 나무와 꼿 향기속에 한 적은 집을 봄니다.

-「愛慕」3연

오 님이어 고요히 나리는 황혼속에 당신의 마을압헤 노힌길이 무지개 갓치 빗낫대에 당신은 어대에서 이 멀리오는 길손을 마저 주시렴니까.

-「길손의 노래」3연

님이어 당신은 어나길을 거러 도라오시렴니까.

붉은노을이 江물우에 녹아흘을쌔, 나무ㅅ그림자 길게 누은 夕陽ㅅ길을 거러 도라오시렴니까.

어쩐 사람은 말하기를 『어리석은 愛人이어 네님은 벌서 너를 이즌지가 오래다』 합니다.

-「님이어」1연

님쎄서는 내게 貧窮을 주시는대신에 노래를주섯슴니다.

貧窮의 가시밧흘 지날쌔에, 문득 고요히 노래를 불으고보면 발밋헤 가시밧흔 언으듯 아름다운 眞珠의바다가 되어 내 영혼의배를 씨워줍니다.

-「노래」1연

우주적 화자는 통찰력이 발달해 있다. 뿐만 아니라 같은 어휘를 통각적으로 울리는 솜씨를 지닌다. 위 시의 화자들처럼, 체념과 인고를 넘어, 기다림을 종교적 차원까지 승화시키고 있다. 시간적 공간적 제약을 넘나들며 총제적인 '님'을 탄생시켰다. 한용운의 시가 그렇듯 '님'은 사랑하는 이요, 망국(亡國)이고, 절대자다. 모든 것이 어우러져 동심결을 이룬다. 김동명의 시편들도 마찬가지로 다가온다. 이는 문학이 공부로 성취되지는 않지만, 학력과 식견과 노력 없이는 이룰 수 없는 영역임도 알려 준다. 김동명이 그만큼 노력한 시인이었음을 반증한다. 그러나 화자별 화법이 천편일률이다. 비슷한 것은 창작이 아니다. 이처럼 화자로 살펴

본 『나의 거문고』는 한 시인의 시세계가 정점을 향하는 출발점, 허물을 벗어가는 과정이 어떠한지를 여과없이 보여주는 시집이다.

4. 나가는 말

이 글은 시 속에서 화자의 역할이 얼마나 중요한지를 밝히기 위함이다. 화자에 대한 기존 연구는 분류 기준이 없다. 이는 뚜렷한 관점 없이 서구 이론의 말단을 차용한 때문이다. 그래서 이 글을 통해 어떤 작품에도 적용 가능한 화자 유형을 도출하려고 했다. 그러기 위한 선행 작업으로 화자가 다양하다는 편견부터 지적했다. 시인 역시 각양각색이 아님을 살폈다. 그것은 이 우주의 모든 산물은 그 종(種)이 지닌 한계를 벗어날 수 없다는 전제에서 시작했다. 인간이 인간인 이상, 인간이 만든 모든 예술품도 그 인간 자체와 무관할 수가 없다. 작가는 더 이상 천재가 아니다. 당연히 텍스트는 작가의 문학적 장치일 뿐이다.

화자는 그런 설계를 수행하는 도구다. 화자의 시선이 시를 정교하게도 폭넓게도 만든다. 개체적 화자는 생태계에 만연한 개체 살이에 초점을 맞추고 우주적 화자는 생태계에 각립(各立)하는 존재들의 조화에 초점을 맞춘다. 그래서 각각 현미경적 시선과 망원경적 시선이 발달한다. 그렇기에 텍스트는 전지전능한 해석소이기 보다는 작가다움이 변증법적 양상으로 드러난 현상이다. 그래서 작품 해석은 작품 속에 등장하는 화자 분석으로 가능하다. 작중 화자와 무관한 해석은 아무리 읽는 재미를 배가한다 해도 오독이다.

인간의 감정은 아무리 복잡한 듯해도 희로애락(喜怒哀樂) 넷으로 수렴된다. 또 인간의 인식 범위도 '나 – 가족 – 사회[국가] – 우주'라는 4차원 공간에 한정된다. 그래서 천차만별인 것 같아도 모두 4 유형으로 수렴 가능하다. 그 가장 으뜸 가는 실천지침이 '수신제가치국평천하(修身齊家治國平天下)'(『대학(大學)』)다. 우리의 삶은 자신을 닦고, 집안을 닦고[다스리고], 세상을 닦고[통치하고], 우주를 닦는[조화되는] 지향성을 지닌다. 그러는 과정에서 특정한 한 방향으로 관심이 쏠린다. 그래서 개인주의자, 가족주의자, 사회주의자, 세계주의자가 나온다. 수 많은 인간은 모두 이 유형 중의 하나에 속한다. 그래서 같은 시공을 살아도 사실을 바라보고 해석하는 방식이 다르다. 또 시대를 초월해서 공유 가능한 가치관이 있다. 예술도 마찬가지다.

　한 작품은 자체로 뛰어날 수는 있다. 그러나 한 시집이 명저가 되기는 어렵다. 좋은 시집은 개별 작품끼리의 유사도가 낮아야 한다. 좋은 시인은 시집마다 다른 색깔이 펼쳐져 있어야 한다. 이런 관점에서 살펴 본 『나의 거문고』는 문제가 많다. 복제된 화자들이 즐비하다. 그래서 안 봐도 읽은 시가 많다. 그나마 가족적, 사회적 화자는 이야기를 만들고 있는 과정이라도 보여준다. 또, 우주적 화자들은 타고르, 한용운 식 시쓰기를 차용하면서도 시적 완성도를 높이고 있다.

　『나의 거문고』에는 개체적 화자의 분포가 70%가 넘는다. 개체적 화자는 생태계 그 자체기 때문에 얼마든 우주적 화자와 겹쳐 읽기가 가능하다. 하지만 그런 작품은 한둘에 지나지 않는다. 가족적 화자와 사회[역사]적 화자가 25% 정도에 그친다는 사실은 습작기의 시들과 등단 초기 시들이라서 그렇다고 봐야 한다. 자생력이 모자라 주위에 눈 돌릴 여유가 없었던 시기라서 그랬다고 볼 수 있다. 추후 시집에서 김동명의 시들이 평가 받고 회자되는 작품들이 모두가 가족적, 사회[역사]적 화자들이다. 여기서 화자는 작품으로 끝나지 않고 시와 독자를 이어주는 징검다리, 시라는 달[본연]을 가리키는 유용한 손가락[도구]임을 알 수가 있다.

〈참고 문헌〉

1. 기본자료

『金東鳴 文學全集』, 강릉시, 정산인쇄광고출판사, 2017.
『김동명 문학연구』 1, 김동명학회, 난설헌출판사, 2014.
『김동명 문학연구』 2, 김동명학회, 난설헌출판사, 2015.
『김동명 문학연구』 3, 김동명학회, 난설헌출판사, 2016.
『김동명 문학연구』 4, 김동명학회, 정산인쇄사, 2017.
『김동명 문학연구』 5, 김동명학회, 정산인쇄사, 2018.
『김동명 문학연구』 6, 김동명학회, 정산인쇄사, 2019.
『김동명 문학연구』 7, 김동명학회, 정산인쇄사, 2020.

2. 논문 및 단행본

정 민, 『나는 나다』, 문학과 지성사, 2018.
김준오, 『시론』, 삼지원, 2002.
오규원, 『현대시작법』, 문학과지성사, 1990.
이승훈, 『과정으로서의 나』, 푸른사상, 2003.
金美拏, 『고려 악부 화자의 담화 방식 연구』, 성균관대학교 박사학위논문, 2006.
김승종, 「시의 화자 분류 체계연구」, 『국제어문』 24, 국제어문학회, 2001.
김인섭, 「김현승 시의 화자 연구」, 『숭실어문』 제10집.
윤지영, 『1950 - 60년대 詩的 主體 硏究』, 서강대학교 박사학위논문, 2003.
노창수, 「시적 화자 유형에 따른 작품의 특징 고찰」, 『국어교육』 69, 한국국어교육연구회, 1990.
박민영, 「서정주 이야기시의 서사전력」, 『한국문예비평연구』 36, 한국문예비평연구회, 2011.
박종우, 이창희, 「백호 시의 미적 특질」, 『민족문화연구』 59, 민족문화연구원, 2013.
박현수, 「서정시의 화자 개념과 갈래적 특성 고찰」, 『어문론총』 85, 한국문학언어학회, 2020.

신용목, 「백석 시에 나타난 화자의 성격과 정동의 구조」, 『한국언어문화』 69, 2019.
심은섭, 「초허 첫 시집 『나의 거문고』 발굴에 따른 諸고찰」, 『김동명문학연구』 제5호, 김동명학회, 2018.
_____, 「초허 김동명과 타고르 시편의 연계층위와 대비」, 『동서비교문학저널』 49, 한국동서비교문학학회, 2019.
심재휘, 「김영랑 시의 화자 연구」, 『어문논집』 55, 2007.
엄창섭, 『超虛金東鳴文學研究』, 성균관대학교 박사학위논문, 1986.
엄창섭, 조낙현, 「김동명의 시연구」, 『關大論文集』 11, 1983.
유지헌, 「박목월 시에 나타난 시적 화자 연구」, 『우리어문연구』 61, 우리어문학회, 2018.
윤재웅, 「김소월시의 화자연구」, 『동악어문학』 22, 동악어문학회, 1987.
이영준, 「한국어교육을 위한 화자의 개념 연구」, 『어문논집』 80, 민족어문학회, 2017,
이창덕, 「국어 화자입장(speaker stance)의 화용적 표현 체계에 대하여」, 『화법연구』 31, 한국화법학회, 2016.
이현승, 「백석 시의 화자 연구」, 『어문논집』 62, 민족어문학회, 2010.
이형우, 「『나의 거문고』에 나타난 김동명의 시작법 고찰」, 『김동명문학연구』 제 7호, 김동명학회, 2020.
전도현, 「김동명 초기시 연구 - 첫 시집 『나의 거문고』 시기를 중심으로」, 『한국학연구』 39, 2011.
_____, 「김동명 시의 비유 구성 방법 연구」, 『한국학연구』 43, 2012.
정끝별, 「현대시 화자 교육에 관한 시학적 연구」, 『한국문예비평연구』 35, 한국문예비평연구회, 2011.
정끝별, 「21세기 현대시 화자 유형에 관한 사례 분석 연구」, 『현대문학의 연구』 46, 한국문학연구학회, 2012.
정은상, 「발화에서 화자의 언어의향 반영과 응용에 대한 문제」, 『노어노문학』 19(2), 한국노어문학회, 2007.
정효구, 「김소월 시에 나타난 화자의 성별과 성격」, 『한국시학연구』 6, 한국시학회, 2002.

<Abstract>

A Study on the speaker aspect of 『My geomungo』

Lee, Hyeong-woo(Sungkyul University)

This essay reveals how important the speaker is in poetry writing. Most of the existing research is an extension of whether the speaker agrees with the author or not. But that fact doesn't really matter. Because the speaker is the finger pointing to the moon. A tool is a tool that should be discarded after achieving its purpose. If you get caught up in this, the main message is inverted, and you get caught in the trap of the speaker's logic and language, and you lose sight of the poem itself.

The speaker is a layer of directionality. It is a frame of perception that prefers one layer in particular from one dimension to four dimensions. The frame is solidified with 'I-Family-Society-World'. A speaker is a person who thinks in such a framework. This aspect is expressed as standing alone, we are the center, we are the center, and communion with the universe. These are called individual speakers, family speakers, social speakers, and cosmic speakers, respectively. The individual speaker is particularly good at deepening the inner world, the family speaker strengthening private organization, the social speaker pursuing the public interest, and the cosmic speaker talking about harmony. These points appear as individuality and inertia in the work.

Each narrator imagines in his or her own frame and captures the appropriate object. Also, by choosing a language that suits them, time and space are intertwined, and metaphors and metonymies are created. Finally, the house of language is completed through poetic plastering. Therefore, the reason and usage of the same speaker are similar. This means that attempts and poets are never diverse. A good poet is one who strives to be different in each work and in each collection of poems. It starts with making good use of the narrator of the individual work. As the narrator was born from the poet's hand, the text is human. Because it has human strengths and weaknesses, it cannot be an omnipotent analysis center. These poetic characteristics are examined in Kim Dong-myeong's first collection of poems, My Geomungo.

Keywords: speaker, individual speaker, family speaker, social speaker, universal speaker

김동명 시에 나타난 '서울'의 문학지리학적 연구
−『目擊者』를 중심으로−

차성환*

목 차

1. 1950년대 김동명과 '서울'
2. 『目擊者』에 나타난 '서울'의 장소성
   1) 자연과의 동일시와 순수의 장소
   2) 이방인의 감각과 도시 문명의 장소
   3) 한국 전쟁의 기억과 회상의 장소
   4) 세태 비판과 풍자의 장소
3. 새로운 '서울'을 꿈꾸기

<국문초록>

이 글은 김동명의 『目擊者』에 담긴, '서울'의 문학지리학적 특징을 살펴보았다. 『目擊者』는 '서울'이라는 장소성이 시세계의 가장 중요한 핵심적인 위치를 차지한다. 김동명은 '서울'을 시집의 주요 소재로 선택한 만큼 '서울'이란 장소에 깊은 유대와 애착을 가지고 있었다. 『目擊者』에 나타난 서울의 장소성은 크게 네 가지로 드러난다. 첫째는 자연과의 동일시의 순수의 장소, 두 번째는 이방인의 감각과 도시 문명의 장소, 세 번째는 한국 전쟁의 기억과 회상의 장소, 네 번째는 세태 비판과 풍자의 장소이다. 이는 김동명이 품은, 새로운 조국을

---

*명지전문대학 문예창작과 강사

향한 꿈을 엿볼 수 있게 한다. 한국전쟁 이후 더 나은 조국을 재건하고자 하는 희망을 『目擊者』의 서울 시편에 투영하고 있는 것이다. 김동명은 현재 어려움 속에 있을지라도 서울이 품은 유장한 역사의 흐름과 함께 보폭을 맞춰 힘을 내 나아가겠다는 굳은 의지를 천명하고 있다. 본 연구는 그의 시세계에서 상대적으로 조망 받지 못한 후기시의 현실 참여적 성격을 살펴볼 수 있다는 점에서 큰 의의가 있다.

　주제어: 김동명, 서울, 문학지리학, 장소성, 『목격자』

1. 1950년대 김동명과 '서울'

> 서울가 산다면//(一) 때로 北岳에 오르고, 漢水에 놀 수 있는 것,//(二) 때로 古宮을 찾고, 廢墟를 더듬을 수 있는 것,//(三) 때로 昌慶苑에 이르러 古代美術品을 바라볼 수 있는 것,//(중략)//또 所謂 子息이라고 몇 놈 생기고 보니 그것들의 教育이 第一 걱정이란 말슴이거던요.
>
> - 산문 「文化施設 完備된 서울이 그립소」 부분

김동명은 1936년 잡지 『조광』에서 '문화시설 완비된 서울이 그립소'라는 제목의 산문을 통해 자식의 교육 문제를 이야기하며 '서울'에 살고 싶은 소망을 피력한다.[1] '서울'에 살면 북악산과 한강, 고궁을 다니고 창경원에 가서 고대미술품을 관람할 수 있는 것을 장점으로 친 것이다. 그런데 '북악'과 '한수', '고궁'과 '창경원' 등 다른 장소를 구체적으로 언급하는 가운데 유독 '폐허'라는 추상적인 단어를 사용한 부분은 의미심장하다. "古宮을 찾고, 廢墟를 더듬을 수 있는 것"이라는 표현을 보면, 일제 치하 식민지 '서울'에 있는 지난 왕조의 고궁은 이미 패망한 나라의 흔적이기에 그곳을 찾는 일이란 '폐허'를 거니는 것이라고 여겼을 수 있다. 식민지의 '서울'을 바라보던 시인만의 직관적 인식일 수도 있겠다. 우연이겠지만 서울이 그립다고 쓴 그의 글대로, 그는 먼 훗날 서울의 '폐허'를 목도하며 찬찬히 더듬게 된다.

김동명은 해빙 후 1947년 4월 공산당의 출당 조치로 신변에 위험을 느껴 혈혈단신으로 긴급히 월남하게 된다. 그리고 겪게 된 삼팔선으로 나뉜 남북분단의 현실과 한국전쟁, 피난길, 다시 서울로 입성해 정착하는 과정에서 '서울'을 소재로 한 다수의 시편을 쓰게 된다. 1950년대는 한국전쟁이 남긴 상처를 수습하기 위해 국가를 정비하고 사회를 재건해야하는 역사적 과제가 산적한 시기였다. 하지만 이승만 정부는 반공을 국치로 들면서 자유당 정권의 부정부패를 은폐하기에 급급한 상황이었다. 특히 당시 '서울'은 대한민국을 대표하는 수도로서 전쟁의 참상 이후에 도시 재건이 시급한 장소로 급격한 사회 발전에 따른 다양한 사회적 문제들이 양산되는 곳이기도 했다. 일제 식민지와 남북이데올로기가 낳은 이산가족의 현실, 그리고 한국전쟁이라는 비극을 고스란히 겪으면서 김동명은 현실에 대한 강한 참여의

---

[1] 金東鳴, 「문화시설 완비된 서울이 그립소」, 『朝光』, 1936.2, p.55. 엄창섭, 『金東鳴, 바람의 肖像과 불멸의 詩魂』, 모던포엠, 2019, p.228에서 재인용.

식을 가지게 된다. 김동명은 대한민국의 수도인 서울에서 목도한 전후의 참혹한 풍경 속에서 새로운 국가 재건에 대한 꿈을 품게 된 것이다. 독재정권에 대한 비판적 의식과 민주주의에의 열망은 김동명으로 하여금 1960년 4.19 혁명 이후 초대 참의원으로 정치 입문하게 하는 등 적극적인 정치활동에 투신하게 한 원인이기도 했다.

제6시집 『目擊者』는 1957년 11월 30일 人間社[2])에서 발행된 마지막 시집으로, 해방 이후 북에서의 경험을 토대로 상실된 민족애의 슬픔을 노래한 제4시집 『三八線』(1948)과 일제 말기 태평양 전쟁의 참상을 고발하고 있는 제5시집 『진주만』(1954)의 연장선상에서 김동명의 후기시의 특징인 현실 참여의식이 강하게 노정되어 있는 작품집이다.[3]) 『목격자』는 총 49편 4부 구성으로 1부 '서울素描' 15편, 2부 '한가람은 흐른다' 13편, 3부 '驛馬車' 12편, 4부 '避難詩抄' 9편으로 이루어져 있다.[4]) 이 시집의 특이한 점은 1950년대 전후 서울의 실제 장소를 제목으로, 또는 소재로 하는 작품들이 다수 수록되어 있다는 것이다. 시집 제목이 암시해주는 것처럼 시인은 '목격자'와 같은 시선으로 1950년대 서울 곳곳을 응시하고 있

---

2) 인간사의 발행인은 박거영(朴巨影, 1916-1998)으로 본명은 귀손(貴孫)이다. 1916년 4월 9일 함경남도 원산(안변군 안변면 곽하리)에서 태어나 1933년 『조선중앙일보』를 통해 등단한 이후 상해에서 『대한일보』를 공동 발행하기도 했으며 해방 이후에는 인간사라는 출판사를 운영한다. 특히 박거영과 함경남도 함주 출신 시인 한하운(1919-1975)과의 친분은 잘 알려져 있다. 둘은 이북 고향이 지리적으로 가깝고 월남한 실향민의 처지로서 남한 사회에서 소외되어 있다는 동질감을 느끼고 있었다. 그들은 서로의 작품 세계를 지지하며 가까운 관계를 유지했다. 이는 한하운의 『나의 슬픈 반생기』와 박거영이 한하운의 시에 단평해설을 단 『한하운시전집』이 인간사에서 나오게 된 배경이 된다. 박거영과 한하운은 후에 인세 문제로 다투고 갈라지게 된다. 자세한 내용은 장인수의 「한하운 문학의 형성 배경과 주제 의식」(『한민족문화연구』 70, 한민족문화학회, 2020.6, pp.171-202.)을 참고할 것. 김동명(1900-1968)과 박거영의 나이 차이는 16살이 나지만 박거영과 한하운의 관계처럼, 월남 시인이라는 공통분모가 김동명의 『目擊者』가 인간사에서 출판하게 된 중요한 요인이 아닐까싶다. 우선 박거영의 고향인 함경남도 원산은 김동명의 고향인 강원도 명주(溟洲)와 지리적으로 가까우며, 김동명이 1908년 함경남도 원산으로 이주해 1909년 원산소학교 입학한 정황과 해방 후 원산에서의 교원생활을 고려했을 때 서로 지리적/정서적으로 공유하는 부분이 많았을 것이다.

3) 김동명의 시는 보통, 세기말적인 감상주의가 두드러지는 『나의 거문고』(1930)가 발표된 1920년대를 초기, 목가적인 전원시를 그리고 있는 『芭蕉』(1938), 『하늘』(1948)을 쓴 1930년대에서 해방 이전까지를 중기, 해방 이후 현실 참여의식이 두드러진 『三八線』(1947), 『眞珠灣』(1954), 『目擊者』(1957)를 후기로 구분한다. 이러한 시기별 구분은 엄창섭에 의해서 처음으로 제시되었다. -엄창섭, 『김동명 연구』, 학문사, 1987, p.44. 참조.
『하늘』의 시집 출간은 1948년으로 『三八線』(1947)보다 늦지만 수록된 시들은 해방 이전의 작품들이다. 김동명에 의하면, 자신이 1947년 북에서 탈출하고 곧이어 월남한 아내로부터 『三八線』, 『하늘』의 원고를 건네받아 시집 출간하였으며 이후 한국전쟁 중 남한으로 피난 온 이웃 주민에게서 『眞珠灣』의 원고를 받아 1954년에 발간할 수 있었다고 한다.-김동명, 「暗黑에의 序說」, 『모래 위에 쓴 落書』, 金東鳴文集刊行會, 1965, pp.262-265. 참조.

4) '서울'의 구체적 장소가 직접 드러난 작품들은 1부 '서울素描'와 2부 '한가람은 흐른다'에 집중되어 있으며 3부 '驛馬車'는 인물과 관련된 시편들이, 4부 '避難詩抄'는 한국전쟁 당시의 피난 경험을 쓴 시편들로 채워져 있다.

다. 마치 당대의 현실을 분명히 기록하고 증언해야한다는 듯이 서울의 풍경과 인상을 스케치하듯이 담아낸다. "서울의 곳곳을 관찰하는 시인의 시선은 서울의 과거를 현재와 교차시키는 가운데 현실의 세태를 보여 줌으로써 당대의 사회상을 그려"5)내고 있는 것이다. 시집에 수록된 시 중에는 '서울素描'라는 작품이 있고 이는 1부의 제목이기도 한 점, 그리고 서울의 많은 지명이 등장하는 것을 보면 김동명이 의식적으로 이 시집을 '서울'이라는 장소를 중심으로 기획했다는 것을 알 수 있다. 시집 『目擊者』는 '서울'이라는 장소성이 시세계의 가장 중요한 핵심적인 위치를 차지한다. "장소에 애착을 갖게 되고 그 장소와 깊은 유대를 가진다는 것은 인간의 중요한 욕구"6)라고 한다면, 김동명은 '서울'을 시집의 주요 소재로 선택한 만큼 '서울'이란 장소에 깊은 유대와 애착을 가지고 있었던 것으로 보인다.

문학지리학(literary geography)은 20세기 초 영국 샤프(Sharp)에 의해서 처음 시도된 후 1970년대에 이르러 활발하게 연구되어 지리학의 한 분야로 자리 잡았다. 문학지리학이란 경관에 대한 해설로서의 문학 작품이나, 또는 지리학적 현상으로서의 문학작품을 연구하는 것을 의미한다.7) 국내 국문학계에서 문학지리학 연구는 2000년대 중반 이후 조동일과 김태준에 의해 지방문학사, 지역문학/문화 분야에서 시도되었는데, 작가와 작품을 지역민의 생활 및 지리와 연결 지어 해석하는 방식으로 이루어졌다.8) 다시 말해 문학지리학은 "특정 지역에서 꽃핀 문학적 자산을 자연지리에 대한 관심과 연결해 그 지리의 위치, 지형, 인심, 풍속, 인물, 기후, 생태, 역사, 지역의 방언 분화, 공동체의 체험 등을 전제로 아우르며, 그것이 문학 상상력에 어떤 자양분을 공급하고, 미학적 숨결을 불어넣었는가를 따지고 캐는 것"9)이다. 문학작품 속에 등장하는 장소를 중심으로 읽어냄으로써 이를 장소와 작가/작품과의 영향관계를 살펴보는 작업이다. 특히 1인칭 화자의 독백체 발화가 우세한 시 장르의 특성상, 구체적인 지명과 장소가 등장하는 작품에는 실제 시인이 경험한 장소체험을 시적으로 형상화하는 경우가 두드러진다. 작품 속에 해당 장소가 어떻게 묘사되고 표

---

5) 장은영, 「해설」, 김동명, 장은영 엮음, 『김동명 시선』, 지식을만드는지식, 2012, p.134.
6) 에드워드 렐프 저, 김덕현, 김현주, 심승희 역, 『장소와 장소상실』, 논형, 2005, p.94.
7) 이은숙, 「문학지리학 서설-지리학과 문학의 만남」, 『문화역사지리』 제4호, 한국문화역사지리학회, 1992, pp.147-166. 참조.
8) 권혁래, 「국문학계와 지리학계의 문학지리학 연구동향과 전망」, 『인문학연구』 47권, 경희대학교 인문학연구원, 2021, p.24.
9) 장석주, 『장소의 탄생』, 작가정신, 2006, p.28-29.

현되고 있는지를 면밀히 분석함으로써, 그 장소와 관련된 시인의 생각과 정념을 적극적으로 읽어낼 수 있는 것이다.

김동명은 1950년대 전후의 폐허 위에서 생성중인 '서울'을 바라본다. 이때의 '서울'은 김동명에게 개인적인 기억이 서려있는 장소이면서 동시대를 함께 살아온 사람들과의 기억, 더 나아가 역사적 기억이 공존하는 곳이다. '서울'이라는 장소와 연관된 개인적/공동체적인 기억을 상상적으로 재구성해서 써낸 작품인 것이다. 특히『目擊者』는 "당대 사회상에 대한 기록인 동시에 새로운 정치 공동체를 만들어가는 시점에서 김동명이 구성원들과 공유하고자 했던 기억이란 점"10)에서 주목해야 한다. "독자는 문학작품에 나타나는 장소의 의미를 통해서, 어떤 장소에 대한 작가의 마음 속에 스며있는 특정한 의미를 얻게"11) 되는 것이다. 따라서 이 글은『目擊者』의 '서울' 시편을 문학지리학적 관점으로 접근해서 김동명이 공유하고자 했던 그 특정한 의미를 알아보고자 한다.

2.『目擊者』에 나타난 '서울'의 장소성

김동명은 1947년에 월남한 이후 한국 신학대학 교수로 있다가 1948년부터 이화여자대학교 국어국문학과 교수로 임용이 되어 1960년까지 재직하게 된다. 이후 교육계를 떠나 정치 활동에 주력하다가 1968년에 생을 마감하였다. 김동명이 서울에서 실제 활동했던 동선들을 다 파악할 수는 없지만『目擊者』에 나타나는 서울의 지명들만 파악하더라도 그의 활동반경을 쉽게 짐작할 수 있다. 그의 시에는 서울의 고궁과 공원, 서울역, 종로, 세종로, 미아리, 명동, 북아현동, 남대문, 우이동, 이화여중, 고려대학교, 신촌동, 충정로 등이 등장한다. "超虛의 후기시에 나타나는 場所space는 인식의 범주나 抽象的인 意味를 띠는 空間space 개념보다는 集團的, 個人的 삶과 구체적인 聯關을 맺고 상호작용하며 의미를 획득하는 實在의 居住地로 형상화된다.12) 김동명이 그리고 있는 '서울'은 추상적인 공간이 아니라 생물학적 시

---

10) 장은영,「김동명 시에 나타난 국가재건 시기 '서울'의 표정들:『目擊者』(1957)를 중심으로」,『김동명문학연구』 제6집, 김동명학회, 2019.10, p.46. 장은영은 1950년대 문화재건의 중심지인 서울의 장소들과 문화 유적들을 대상으로 한『目擊者』의 작품 분석을 통해 김동명이 당대 문화인이자 지식인으로서 더 나은 국가 건설에 대한 사명과 전통/역사를 계승한 민족공동체를 건설해야겠다는 염원을 갖고 있음을 논증하고 있다.
11) 이은숙,「문학지리학 서설-지리학과 문학의 만남」,『문화역사지리』제4호, 한국문화역사지리학회, 1992, p.148.

인의 실제 생활 감각이 구체적으로 부여된 장소이다. "장소는 행위와 의도의 중심이며, 우리가 실존의 의미있는 사건들을 경험하게 되는 초점이다. 사건과 행위는 장소의 맥락에서만 의미있으며, 사건과 행위가 장소의 성격에 영향을 주지만, 장소의 성격에 의해 사건과 행위가 윤색되고 영향을 받기도 한다."13) 김동명은 해방 이후의 서울에서 '실존의 의미있는 사건들'과 마주친다. 김동명에게 있어 '서울'은 분명한 '장소'이며 그 생생한 현장에서 보고 듣고 겪은 일들을 작품 속에 증언하듯이 사실적으로 그려내고 있다.

1) 자연과의 동일시와 순수의 장소

김동명의 서울 시편 중 일부에는 『芭蕉』와 『하늘』과 같은 중기시가 지향했던 자연과의 동일시와 회감이 섬세하게 그려진 순수 서정의 세계가 담겨 있다. 아마도 한국전쟁 이전에 쓴 시들로 보이는데 시적 주체는 서울 곳곳에 있는 자연의 정취를 만끽하면서 그 모습을 아름답게 그려낸다. 당시 서울은 본격적인 도시 개발에 들어서기 전이기에 문명에 의해 파괴되지 않은 순수한 자연의 모습을 많이 간직하고 있었다.

> 景福宮 바라보며 붙인 담배/버리고 보니 두메 山골//두 팔 쭉 벌리고 빙글 돌면/山들이 소매끝에 스칠듯//어느 바윗돌이/호랑이의 발자국을 지녔느뇨//멧꼴을 씻어오는 바람결에/太古기 풍기어//傳統을 固執하는 草家 지붕도/예서는 제 格인 걸//박꽃 필 무렵에 우리/왕짚신 신고 오자//北岳과 仁旺이야/무어라 수군거리든//살구꽃 그늘 아래/旅愁 잠간 깃들어라
>
> ―「紫霞門 밖」 전문14)

---

12) 장은영, 「金東鳴 詩에 나타난 場所의 詩的 形象化」, 『語文研究』 39권 3호, 한국어문교육연구회, 2011, p.386. 장은영은 이-푸 투안(구동회·심승희 역, 『공간과 장소』, 대윤, 2007, p.15-22.)이 경험을 기준으로 공간과 장소를 구분하는 데에 착안해서 김동명의 후기시에 나타난 장소가 시인의 실제 경험을 통해 가치가 부여되어 장소화가 이루어진 곳으로 보았다.
13) 렐프는 작가란 한 사람의 관찰자로서 다른 사람의 관심이 닿지 못하는 자연이나 환경의 어떤 특정한 현상을 통찰할 수 있는 능력이 있어서, 마음의 눈으로 환경을 관찰하고, 자신들의 고유한 언어에 의해서 독특한 방법으로 환경을 기술한다고 설명한다. 또한 작품을 통해서 자신들의 체험은 물론, 다른 사람의 경험도 소중히 여겨서 기술하기 때문에 문학작품을 읽는 것은 곧 다른 사람의 체험을 공유하는 것과 마찬가지라고 본다. ―에드워드 렐프, 앞의 책, p.102-103. 참조.
14) 이 글에서 김동명 시의 인용은 『目擊者』(인간사, 1957)를 기준으로 한다.

人蔘 녹은 물에/쌀을 씻고//흰돌 도마 위에/魚肉을 저며//솥은 저만큼/食卓은 이쯤 꾸며 놓고//勸하거니 마시거니……/꽃잎도 어깨를 툭 치며 미끄러진다//어허, 저겐 또/三角山이 비청비청 걸어오네//여보게 오늘에 醉한 건/우리네 뿐이 아니가베
　　　　　　　　　　　　　　　　　　　　　　　　　－「牛耳洞놀이」전문

　　　深山인양 그윽한 채/잎 넘어 萬戶長安//눈으로 치달리면/北岳이 우뚝//성큼 내려 뛰니/溪谷과 나//흰 물이 돌 위에 맑아/玉을 굴리는 듯//저 물길 따라/곬으로 들 양이면//멧菊花 피었으리/丹楓 잎도 붉었으리
　　　　　　　　　　　　　　　　　　　　　　　　　－「三淸公園」전문

　지금의 종로구 청운동에 있는 자하문 밖에서 경복궁을 바라보면서 담배를 피우던 '나'는 문득 서울이 산으로 둘러싸인 형상이라는 것을 새삼 깨닫는다. 두 팔을 벌리고 돌면 산들이 소매 끝에 스칠 것 같다며 서울을 감싼 북악과 인왕의 산세에 흡족한 마음을 드러낸다. 태고 때부터 전해오는 것 같은 서울의 산과 자연의 풍경에 감격해, 박꽃이 피면 꽃놀이 가자며 흥취를 돋우고 있는 것이다. 전통을 고집하는 낡은 초가지붕도 이곳에는 잘 어울린다. 「牛耳洞놀이」에서도 '나'는 우이동 계곡이 품은 자연의 정취를 만끽한다. 꽃잎이 어깨에 떨어져 미끄러지고 삼각산도 이 술판에 금방이라도 끼어들 것처럼 인간과 자연이 즐겁게 한데 어우러지는 풍경을 정답게 그려내고 있다. 「三淸公園」 또한 '나'는 북악산 산자락의 삼청공원에서 맑은 계곡물을 감상하며 가을의 초입에 들어서는 자연을 즐기고 있다. '나'는 계곡 안쪽 깊은 곳에서 피었을 "멧菊花"와 이제 붉게 물들기 시작했을 "丹楓"잎을 상상한다.

　　　東山엔 배꽃 香氣/동지 섯달에도 풍기느니//西으론 靑春山脈/구름이 끝일러라//보리 밭 건너 서면/無憂鄕 넘는 고개//極樂으로 드는 門은/저 중 따라 가시라
　　　　　　　　　　　　　　　　　　　　　　　　　－「또 新村洞」전문

　지금의 서대문구 신촌동 일대는 당시 서울의 변두리로 동쪽 산에는 배꽃이 많고 서쪽에는 청춘산맥이라 부를 정도로 녹음이 우거진 산들이 있었던 것으로 보인다. 이러한 산들에

둘러싼 신촌동은 "보리 밭"이 펼쳐져 있어 근심 없는 시골과 같고 곧 '극락'에 가까운 장소가 된다.

김동명 시의 시적 주체는 서울의 변두리와 공원에서 산과 자연을 감상하면서 충만함을 경험한다. 자연은 순수의 공간으로 어떠한 허물도 없이 인간을 있는 그대로 받아들이는 곳이다. 「또 新村洞」에서의 도심에 있는 "보리 밭" 풍경은 지금은 찾아볼 수 없지만 종로구에 있는 삼청공원이나 우이동 계곡, 자하문 밖의 자연은 서울 '둘레길'이란 이름으로 현재도 많은 사람들이 찾는 서울의 명소이다. 김동명은 서울이 품고 있는 산과 자연의 아름다움을 그려낸다. 속세에 닿지 않은 듯한 순수한 자연과 인간이 서로 즐겁게 어우러지는 모습을 담아내고 있다.

2) 이방인의 감각과 도시 문명의 장소

김동명은 고향을 이북에 두고 온 실향민이자 월남한 문인으로서 해방 이후 남한 사회에서의 적응이 쉽지 않았을 것이다. 본래 고향이 아닌 타향으로서의 '서울'은 시인에게 일차적으로 친근감이 아니라 낯선 이질감으로 다가오게 된다. 급박하게 변하는 도시 문명의 속도에 상실감을 경험할 수밖에 없다. 『目擊者』에서 도시의 풍경이 묘사된 시들에는 주로 고향을 잃은 채 도시 문명 속에 살아가는 이방인으로서의 감각이 두드러지게 나타나있다.

> I//저는 아모 상관도 없노란 듯이/멀즈막이 비껴 서서,/그래도 구름으로 이마를 가리고/삐끔이 넘겨다 보는 三角山이/오늘은 도모지 슬프지를 않구나//Ⅱ//저녁 안개 흘러 들어/牛乳빛 물결 위에 뜬 高層建物은/豪華로운 客船 모양······//에라, 나도 두 팔 부르걷고/忠武路 入口에다 통발을 대고/人魚 사냥이나 할까부다//Ⅲ//뒤짐을 짚고/落日과 마주 선다//내 그림자가 이제사/나를 다었구나15)//두 팔을 쭉 벌리면/連峯이 모두 품에 안길 듯//휘파람을 불어/世紀의 挽歌에 和答한다
> 　　　　　　　　　　　　　　　　　　　　　　　　　－「南山卽事」전문

---

15) '닮었구나'의 오기로 보임.

古宮을 바라 눈 감으니/옛날이 輝煌하다.//어디서 風樂 소리 마저/들릴 듯, 들리는 듯……//石壁인 양 깍아지른 高層建物에 부딧쳐/물결 모양 부서지는 夢幻이여!//自動車의 물굽이를 건너는 市民의 꼴이/山토끼처럼 한양 처량한데//長官車의 번지르르한 皮膚에야/무삼 罪 있으리……//「金蘭」 아가씨야, 따끈히 茶를 다려라/잠간 네 품에 안기자 나비처럼 쉬어 갈란다.

-「世宗路」전문

이 시는 「紫霞門 밖」이나 「牛耳洞놀이」, 「三淸公園」에서 볼 수 있는, 순수한 자연과의 동일시를 보여주지 않는다. "三角山"은 '나'의 일과 유리되어 있고 마치 남의 일처럼 "아모 상관도 없노란 듯이/멀즈막이 비껴 서서" 도시의 인간사를 "삐끔이 넘겨다 보"고 있다. 해가 지고 서울에 "저녁 안개"가 깔리자 "牛乳빛 물결 위에 뜬 高層建物은/豪華로운 客船"과 같다는 묘사가 인상적이다. '나'는 "忠武路 入口에다 통발을 대고/人魚 사냥이나 할까부다"라며 도시에서의 삶에 적응하지 못한 모습을 보인다. 도시의 정취는 쓸쓸하고 외롭다. 고층건물이 들어선 서울의 해 지는 풍경과 '나'는 애써 화해를 시도하지만 그러한 서울의 도시문명이 들려주는 것은 미래의 희망이 아닌 쓸쓸한 "世紀의 挽歌"이다. 「世宗路」에서 시적 주체는 서울의 고궁을 바라보다 눈을 감으면서 금방이라도 지난 왕조가 되살아나 "風樂 소리"가 들릴 것 같지만 이는 잠깐 동안의 꿈에 불과하다. 민족이 번성했던 지난 시대의 꿈은 "石壁인 양 깍아지른 高層建物에 부딧쳐/물결 모양 부서지는 夢幻"인 것이다. 이곳 서울에 살아가는, "自動車의 물굽이를 건너는 市民의 꼴"은 "山토끼처럼 한양 처량"할 뿐이다. 반면에 "長官車의 번지르르한 皮膚"와 같이 시민들의 빈곤한 삶과는 다르게 호의호식하는 지배층의 삶이 대조적으로 묘사되어 있다. '나' 또한 이러한 "山토끼"와 같이 처량한 신세로, 급기야 서울의 풍경에 현기증을 느끼고 쉬어가야겠다고 토로한다.

天井을 바라본다……/누가 나의 湖水를 메웠느뇨?//文字의 숲 속에 「빠-·江南」/푸른 물빛이 鄕愁인 양 「커-텐」에 어리렸다//棕櫚盆 곁으로 갈까, 나의 아씨야!/허나 누어서 마시기엔 예가 외려 더 좋은 걸//나는 번듯이 누운 채 두 손길을 배 위에 올려 놓고/盞을 기울이노니, 돈도 벗도 또한 시름도 없이……16)//「江南」에 情들인 이가 있느냐?고/나는 「江南」이 어딘지도 모르노라//象形文字의 야릇한 魅力이 江바람 마저 풍기어/갑갑한 나의 天井이 오늘은 도모지 심심치 않으이

-「빠―江南」전문

「빠―江南」에서 "누가 나의 湖水를 메웠느뇨?"라고 자문할 때, "湖水"라는 단어 때문에 김동명의 대표작 「내 마음은」에서의 "내 마음은 호수요/그대 노저어 오오"라는 시구가 쉽게 연상된다. 「내 마음은」에서 "湖水"가 "그대"를 온전히 받아들일 수 있는 고요한 마음의 상태라고 할 때, 「빠―江南」에서는 이제 그런 평화로운 "湖水"는 존재하지 않는다고 말하는 듯하다. 시인은 아마도 서울 번화가에서 "象形文字"와 같이 어지러운 간판 문자들 틈에서 '江南'이라는 술집을 발견했던 모양이다. "돈도 벗도 또한 시름도 없이" 술을 마시며 외로운 '나'의 심정을 토로하는 부분에서는 초기시 『나의 거문고』에서의 퇴폐적 성향의 기운을 감지할 수 있다.

이들 시에는 고층건물이 들어선 서울이라는 도시문명의 장소에 쉽게 적응하지 못하는 이방인의 형상이 새겨져 있다. 이때의 '서울'은 시인의 개인적 기억이나 추억과 연계되지 않은 채 낯설게 묘사된다. 슬픔과 쓸쓸함, 외로움의 정서가 깊이 배어져 마치 '서울'이란 장소에 속하지 못하고 겉도는 형상을 드러낸다. 순수한 자연과는 대비되는 인공적인 도시 문명 속에서 소외된 도시인의 모습이 두드러지는 것이다.

3) 한국 전쟁의 기억과 회상의 장소

김동명이 그리고 있는 서울의 모습 중에는 한국 전쟁의 기억이 강렬하게 남아있는 곳이 있다. 현재의 시적 주체는 서울의 어떤 장소를 바라보면서 과거 한국전쟁 당시 그 장소에서 벌어졌던 일을 회상하는 것이다. 미아리, 충정로, 서울역 등등에서 목격한 피난행렬을 통해 전쟁의 참상을 이야기한다. 서울은 한국전쟁의 기억과 분리될 수 없는 장소이기 때문이다.

돋보기도 담배쌈지도 수달피 등걸이도 골패쪽도 막걸리 사발도 늙은 마누라도 손

---

16) 장은영본(『김동명 시선』, 지식을만드는지식, 2012.)은 3연과 4연을 한행으로 처리하고 있다. 작품의 통일성과 2행 1연 쓰기를 선호하는 시인의 성향을 볼 때 행 나눔이 맞을 듯싶다.

주 손녀도 다 버리고/그 밖에 온갓 것 다 버리고 넘는 고개//장독대도 바느질 그릇도 鏡臺도 옷欌도 寶石半脂도 남편도 아들 딸도 다 버리고,/그 밖에 온갓 것 다 버리고 넘는 고개//預金通帳도 有價證券도 高級乘用車도 勢道도 「뿌란디」도 妓生도 謀略도 中傷도 다 버리고/그 밖에 온갓 것 다 버리고 넘는 고개//靑春도 사랑도 꿈도 눈물도 悔恨도 希望도 歡樂도 懊惱도 다 버리고,/그 밖에 온갓 것 다 버리고 넘는 고개//아아, 彌阿里 고개는 저승 고개, 온갓 것 온갓 것 다 버리고 넘는 고개, 눈물의 고개라지/오늘 따라 가랑비에 함초록 젖느구료

-「彌阿里고개」전문

바람결 같이 갔나 보다/꿈결 같이 지났나 보다//씻은 듯 자취 없다/발바리 새끼 한 놈 얼씬 않는다//아등아등 갚아 모은 財物/소북이 남겨 놓고//빈 보따리 메고/가 드라지//주룽주룽 떼 지어/짐짝 처럼 실려 가더란다

-「忠武路」전문

거지와 淑女가 가끔/숨박꼭질 하는 곳//생선 가가 같이/비린 내가 풍긴다//避難民의 長蛇陣이/噴水 모양 흩어저//鋪道 위에/물방울이 차겁다

-「서울驛」전문

한국전쟁 당시 서울의 시민들은 북한의 침략에 쫓겨 집과 재산을 두고 서둘러 피난을 떠날 수밖에 없었다. "온갓 것 다 버리고 넘는" "彌阿里고개"의 현장은 아비규환이나 다름없다. 피난 과정에서 가족과도 생이별하는 상황이 벌어지고 죽음을 당하기도 한다. 가지고 있던 모든 것을, 삶의 터전을 버리고 떠나야했기 때문에 "눈물의 고개"인 것이다. '나'는 현재의 "彌阿里고개"를 바라보다가 그곳에서 벌어졌던, 과거 한국전쟁 당시의 참상을 떠올리고 슬픔에 젖는다. 미아리고개를 소재로 하는 다른 시 「彌阿里를 지나면서」에서도 이러한 한국전쟁에 대한 기억을 배경으로 "내 무덤은 어느게뇨"라며 자신의 죽음의식과 연관된 비극적인 심상을 드러낸다. 미아리고개뿐만 아니라 피난민의 행렬에 대한 기억은 서울 곳곳에 남아있다. 「忠武路」에서는 전쟁통에 사람들이 모두 떠난 충무로의 풍경을, 「서울驛」에서는 "避難民의 長蛇陣이/噴水 모양 흩어저"있는 서울역의 모습을 날카로운 필치로 그려내고 있다.

때는 1950年 6月27日 한낮/여기는 梨花高地//가뿐 숨을 돌리며 帽子를 벗어 든다/잘 있거라, 202號! 나의 「센트·헤레나」島!//나무잎 물결 속에 눈부신 흰 살결,/오, 女王이여! 누가 그대를 지키려나//내다 보니 天王堂 검은 尖塔이 가슴에 槍날인양/罪? 누가 이은 遺業이뇨//오호, 運命의 都市여! 너는 듣고만 있을테냐?/저 사나운 짐승 모양 울부짖는 砲聲을!//떠나지 않으련, 모도들 떠나지 않으련?/아가야, 가자, 어서 江을 건너자!

-「出發」전문

나는 窓門을 활짝 열어 젖히고/傲然히 앉아 바라본다//굽이쳐 흐르는 한가람이/오늘은 어인 일 자꾸만 슬프구나//「레디오」가 그렇게까지 몸부림치며 매달리건만/그래도 뿌리치고 떠나는 市民도 있나보다//어느새 長蛇陣을 이룬 避難民의 行列이/비에 젖으며 젖으며 간다//성난 짐승 모양,/敵의 砲門은 더 가까이 짖어대는데//江 건너 마을의/輝煌한 불빛이여!//×/이윽고 「헫·라잍」17)의 물결,/아하 쏟아져 내닫는 自動車의 奔流!//「풀·스피드」로 달리는 自動車·自動車·自動車·自動車······/百千瀑布 한꺼번에 쏟아지는 듯—/아홉時—열時—열한時—열두時—한時—한時半—/밤이 깊어 갈수록 自動車의 奔流는 더욱 凄烈하다//누가 人道橋 車道를 요꼴로 設計하였더뇨/달리는 마음의 焦燥로움이 눈에 겨웁다//아모러나 「歷史」는 드디어 無事히 避難하지 않었느냐/요행 한가람은 밤비에 가려 보이지 않는다//나는 窓門을 활짝 열어 젖히고/傲然히 앉아 바라본다

-「目擊者」전문

김동명은 (신촌동) 이화고지에 있는, 자신이 살던 집인 "202號"를 나폴레옹이 워털루 전투에 패한 후 유배를 간 곳인 '센트 헤레나 섬'이라 칭한다. 자신의 '서울살이'를 유배지에서의 생활로 본 것이다. 「新村洞」18)이란 시에서 이러한 내용이 똑같이 등장하고 그 집에서 "人生 五十年을 건너/天井만 바라본다"는 표현을 볼 때, 김동명이 1900년생이기 때문에 19

---

17) 헤드라이트
18) "여기 호박꽃 피는 마을/비들기장 모양 住宅이 여섯 兄弟//뒤으로 돌아 둘쨋번, 202號는/나의 「쎈트·헬에나」島//人生 五十年을 건너/天井만 바라본다//大陸이 멀어 서룬 地點이기에/菊花 한 그루 기르며 산다"(「新村洞」전문)

50년 한국전쟁 발발 당시 신촌동에 살았던 것으로 짐작할 수 있다. 「出發」에는 김동명이 "1950年 6月27日 한낮"에 "사나운 짐승 모양 울부짖는 砲聲"를 들으며 서둘러 강 이남으로 피난을 떠나는 장면이 새겨져 있다.

「目擊者」에서 '나'는 창문을 열고 한강을 바라보면서 지난 한국전쟁 당시 "人道橋"를 넘어 피난을 떠나는 사람들의 행렬을 떠올린다. "「레디오」가 그렇게까지 몸부림치며 매달리건만"이란 표현에서는, 이승만 대통령이 라디오 방송을 통해 서울시민에게 피난을 가지 말고 그대로 서울에 있으라고 얘기 했던 역사적 일화를 꼬집고 있다. '나'는 "쏟아져 내닫는 自動車의 奔流"를 바라보면서 한국전쟁 당시 인도교를 건너려고 "長蛇陣을 이룬 避難民의 行列"을 상상한다. 전쟁은 이미 끝났지만 '나'는 피난의 상황에 쫓기는 악몽에 시달리는 것이다.

서울은 한국 전쟁의 기억을 간직하고 있는 장소이다. 김동명은 당시 피난 상황에 처했던 경험을 직접적으로 작품에 형상화한다. 전쟁이 끝난 후 서울에는 평화가 찾아왔지만 머릿속에는 전쟁의 참상이 결코 사라지지 않아 괴로워하는 모습을 보인다. 전쟁 당시 목도했던 기억이 끊임없이 회상되면서 현재의 '나'를 괴롭히는 것이다.

4) 세태 비판과 풍자의 장소

김동명은 1947년 월남해서 『동아일보』에 자유당의 부패상을 비판하는 정치 평론을 연재하게 되는데 이를 계기로 정계에 진출하여 민주당 참의원에 당선된다. 『적과 동지』(1955), 『역사의 배후에서』(1958), 수필집 『세대의 삽화』(1959)과 같은 정치 평론집을 내는 등 현실 정치에 적극적으로 활동한다. 해방 이후 남북한 단독 정부가 수립되고 숨 돌릴 틈도 없이 한국전쟁을 치른 한국 사회에는 많은 사회적/정치적 문제들이 산적해 있었다. 자유당의 독재가 판을 치는 당시의 '서울'은 다양한 모순과 부조리한 문제들을 품고 있는 곳이기도 했다. 김동명은 이를 날카로운 비판의 시선으로 바라보고 있다.

-스레기. 一九四八年代의 서울의 特徵을 이야기 하는데 있어 이 보다 더 適切한 語彙는 없으리라. 쓰레기야 말로 서울의 마음이오 또 그 肉體다.//K市長 退任辯에 가르되/「쓰레기엔 무척 혼났노라」//Y市長 就任辭엔 가르되/「쓰레기는 기어히 치우고야 말리라」/쓰레기와 겨르는/大서울의 悲鳴이렸다//허긴 街路邊에 덤덤이 쌓인

쓰레기도/두고 볼 것은 못되지마는//그 보다도 더 급한 것은/要路에 널린 쓰레기//이건 누가 치워 주려나/언제나 치워 주려나

-「쓰레기」전문

쓰레기와 市長 閣下가/단판 씨름 하는 거리//歸屬財産을 파먹고/구데기처럼 살이 찐 謀利꾼의 거리//어디 없이 널린 똥과 오줌과 가래침이 실은/貪官汚吏 못지 않게 질색인 거리//소매치기 패도 제법「빽」을 자랑한다는 거리//거지도 곳잘/中間派 행세를 하는 거리//「감투」市場은 여전히 흥성거려/거간군도 忠武路 金銀商 못지 않게 한 몫 본다는 거리//늙은이들이 하 망영을 부려/주춧돌이 다 흔들거린다는 거리//일찍 부터 슬픈 傳說을 지니고 있어/자래 배 알른 어린 아기처럼 얼굴이 노랗게 뜬 거리//그래도 빙 둘러 있는 遠近 山川의 이름만 거들어도/제법 멋들어진 故鄕란다

-「서울素描」전문

1948년도의 '서울'은 "쓰레기" 문제로 골치를 앓았다. 해방 이후 제도적 구비가 미흡하고 청소 인력과 인프라가 부족했기 때문에 당시 새로 취임한 윤보선 시장은 서울의 '쓰레기'에 선전포고를 한 상황이었다. 「쓰레기」에서 '쓰레기는 서울의 마음이다'라는 말은 단지 거리에 있는 실제 '쓰레기'만 일컫는 말이 아니다. "要路에 널린 쓰레기"는 곧 정부 요직에서 서민들의 등골을 빼먹고 부정부패를 일삼는 인간쓰레기들을 풍자하는 말일 것이다. "쓰레기와 겨르는/大서울의 悲鳴"은 서울 도로변에 널린 쓰레기 문제와 함께 부정부패가 횡횡한 서울의 정치현실을 함께 언급하고 있는 표현이다. 「서울素描」에서는 더 직접적으로 서울의 부패한 현실을 고발하고 있다. 서울은 "歸屬財産을 파먹고/구데기처럼 살이 찐 謀利꾼의 거리"이고 탐관오리가 들끓으며 감투 시장은 호황이다. 서울은 일제 식민지와 해방, 한국 전쟁과 같이 "일찍 부터 슬픈 傳說을 지니고 있어/자래 배 알른 어린 아기처럼 얼굴이 노랗게 뜬 거리"이기도 하다. 온통 쓰레기로만 채워진 서울의 모습은 절망적일만도 한데 시의 마지막에서는 "그래도 빙 둘러 있는 遠近 山川의 이름만 거들어도/제법 멋들어진 故鄕란다"라며 서울에 대한 애착을 드러낸다. 타락하고 부정부패가 심한 '서울'에 대해 희망을 버리지 않는 것이다.

길 모퉁이에 버리운 듯 흩어저/스스로 밟히우기를 기다리는 꽃이란다//너머 輕蔑하는 눈으로 보지 마라/너머 苛酷한 이름으로 부르지도 마라//歷史의 罪를 지고 가는 어린 羊떼가 아니냐/祖國 때문에 바쳐야할 슬픈 犧牲이 아니냐//누구 저들 앞에 나아가 두 무릎 꿇는 者는 없느뇨/일찌기 「쏘—냐」 앞에서 그러던 「라스코리니코프」처럼//悽慘한 人類의 姿勢 앞에/市民으로의 禮節을 다하지 않으려나//淑女 諸君! 그대들의 高慢한 눈초리의 生理를 위해서는/나는 이제 더 좋은 對象을 指示하리라//그대들이 아모리 蔑視한대도 침 뱉는대로 失德이 아닐 수 있기는 다만/그대네 사랑방에 버티고 앉은 수염 달린 양갈보란다

-「양갈보」전문

「양갈보」는 "미군을 수호자로 여기고 옹호하면서 미군 주둔으로 발생한 기지촌 여성들을 비난하는 모순적인 세태를 날카롭게 고발하는 작품"[19]이다. 미군 기지촌에서 몸을 파는 여성은 한국 정부에 의해서 암암리에 관리되었던 탓에, 그들을 보고 "양갈보"라고 부르며 혐오하는 당시의 세태는 모순적인 일일 수밖에 없다. 그렇기 때문에 시인은 기지촌 여성들을 "歷史의 罪를 지고 가는 어린 羊떼"로 비유하고 "祖國 때문에 바쳐야할 슬픈 犧牲"이라고 말한다. 도스토예프스키 소설 『죄와 벌』에서 살인을 저지른 주인공 '라스코리니코프'가 가족의 생계를 위해서 어쩔 수 없이 몸을 파는 여인 '쏘—냐' 앞에 무릎을 꿇고 구원을 갈망한 대목을 인용하면서, "悽慘한 人類의 姿勢 앞에/市民으로의 禮節"을 지킬 것을 요청하고 있다. 그리고 진짜 문제는 기지촌 여성들이 아니라 "사랑방에 버티고 앉은 수염 달린 양갈보"라며 풍자하고 비판한다. 흔히 '수염'은 권력자들의 권위와 힘을 상징하기 때문에, 여기서 "수염 달린 양갈보"는 정부 요직에서 미국에 나라의 살림을 팔아먹는 지배층을 지칭하고 있는 것으로 보인다. 말 그대로 "要路에 널린 쓰레기"(「쓰레기」)인 것이다.

여기는/우리의 애기 「월街」//信用은 벌써/낡은 商術//「또어」가 열리기 전에/分針은 곳잘 뒷걸음질을 친다//푸른 煙氣를 사이에/商談은 蜃氣樓 같이 神妙하고//작자는 태연히/32日을 約束한다//에서 女人을 다리고 茶房을 찾는 것은/심히 古風스러

---

[19] 장은영, 「폐허의 시대를 담은 시선들-전후 시대의 사회와 시」, 이성혁 외, 『시, 현대사를 관통하다』, 문화다북스, 2018, p.208.

운 奢侈일러라

-「明洞」전문

  강남 지역이 개발되기 이전에 명동은 서울의 행정부처와 관공서가 밀집되어 있는 중심지였다. 「明洞」을 보면, '명동'은 미국 뉴욕에 있는 세계 금융시장의 중심지 Wall Street에 빗대어 진다. '명동'은 대한민국의 자본이 가장 활발하게 움직이고 투자되는 장소인 것이다. 다방에서 상담을 하고 있는 테이블을 바라보면 이곳에서 신용은 인간에 대한 신뢰가 아니라 상술로 변색되어 있다는 것을 깨닫게 된다. '명동'은 사람들이 신기루에 홀리듯이 32일이라는 있지도 않은 날짜에 약속을 할 정도로 협잡과 사기꾼이 횡횡하는 곳이다. 이 시는 명동의 한 다방에 대한 묘사를 통해 당시 물질만능주의가 판을 치고 있는 서울의 모습을 잘 보여주고 있다.

     달리는 自動車의 行列 속에/타박거리는 驛馬車//아하, 「코리아」와 「아메리카」의/
     서글픈 同伴이여!//그래도 콧노래에 장단 맞춰/채찍이 운다//말발굽 소리 저벅 저벅
     저벅……/「코리아」는 달린다

-「驛馬車-解放直後 數年間의 서울風景-」전문

  "-解放直後 數年間의 서울風景-"이라는 부제를 달고 있는 시 「驛馬車」는 1945년 8월 15일 일제 치하에서 해방된 이후 9월 8일부터 남한단독정부가 수립되기 전인 1948년 8월 15일까지 미군이 군사 통치를 하던 시기를 배경으로 한다. 이 시에는 "달리는 自動車의 行列 속에/타박거리는 驛馬車"를 보고 "아하, 「코리아」와 「아메리카」의/서글픈 同伴이여!"라고 탄식하는 장면이 나온다. "「아메리카」"로 비유되는 "自動車"가 달리고 있다면, "「코리아」"로 비유되는 "驛馬車"는 "自動車"에 미치지 못한 속도로 겨우 타박거린다. 대한민국과 미국과의 국력의 차이를 "自動車의 行列" 속에 있는 "驛馬車"를 통해 대조시켜 보임으로써, 나라가 힘이 없어 미군정의 지배를 받을 수밖에 없는 현 상황을 선명하게 부각시켜 보여주고 있는 것이다. 이를 "서글픈 同伴"이라고 보는 대목에서는 시인의 안타까움이 묻어나온다. 하지만 "驛馬車"가 "콧노래에 장단 맞춰/채찍이" 울고 "말발굽 소리"를 내며 "달린다"는 표현에서는 시인이 이제 조금씩 힘을 내고 있는 조국의 미래에 희망을 품고 있음을 알 수 있다.

김동명은 해방 이후 부조리와 부정부패로 얼룩진 서울의 세태현실을 날카롭게 비판하고 풍자한다. 기지촌 여성과 미군정에 의한 지배, 정부의 요직에서 부정부패를 저지르는 관리들, 황금만능주의와 같은 여러 문제들로 들끓는 서울을 예리하게 해부한다. "정치적 격동기에 선 시인의 눈에 비친 戰後 한국 사회는 무질서와 혼란이었을 것이다. 이러한 사회의 풍경을 目擊者의 시선으로 바라보면서 超虛는 옛 것에 대한 기억을 환기시키는 한편 지식인으로서 사회적 문제에 대한 責任感과 罪意識을 드러내기도 한다."20) 서울 곳곳에 만연한 부조리한 일들을 서슴없이 과감하게 지적하면서, 이에 대한 비판뿐만 아니라 조국의 미래에 대한 걱정과 안타까움을 피력한다. 당대의 서울은 극심한 혼란과 불안정한 상황에 처해있다. 하지만 김동명은 서울이 아무리 더러운 곳이라 할지라도 발을 딛고 살아가는 이곳에 대한 애정을 포기하지 않겠다는 의지를 보여준다.

3. 새로운 '서울'을 꿈꾸기

'현대문학에 있어 대표적인 田園文學의 一人者'라는 백철의 평가 이후 김동명의 시세계는 문단과 학계에서 주로 전원시로만 호명되었다. 이는 한국 시문학사에 김동명의 시를 안착시킨 중요한 기준점이 된다는 점에서 긍정적이지만 반면에 이러한 평가가 김동명의 또 다른 면모, 즉 후기시가 품은 현실참여적 성격에 대한 올바른 평가를 받고 있지 못한 원인이 된다는 점에서 재고가 필요하다.21) 따라서 김동명의 마지막 시집인 『목격자』에 대한 본 연구는 그의 시세계에서 상대적으로 조망 받지 못한 후기시의 현실참여적 성격을 살펴볼 수 있다는 점에서 큰 의의가 있다.

"1950년대 한국시는 한국전쟁이 초래한 황무지적 상황, 즉 전쟁의 광포한 파괴와 살육, 전통의 소멸과 근대에 대한 부정의식 등을 배경으로" 하며 "이념이 부자유스러운 시대"인

---

20) 장은영, 앞의 논문, 2011, p.404.
21) 엄창섭은 지금까지 김동명 시세계가 견지한 '참여의식'에 대한 논의가 부족했다면서 이에 대한 연구의 필요성을 역설하고 있다. "무엇보다도 참여의식이 강한 그 자신은 누구보다 위기에 처한 겨레와 국가를 외면할 수 없었기에, 결과적으로 적극적인 현실참여의 방편을 모색으로서 마침내 옹호와 구제의 용기와 기지로 주어진 일생을 다양하게 변신하며 역주하되 문학을 날(刃) 푸른 무기의 창끝으로 수용한 점은 재평가하여야 한다."-엄창섭, 앞의 책, p.99.

탓에 "혼란한 현실을 극복할 수 있는 대안적 이념은 부재"한 상태였다. 전통주의 시와 모더니즘 시로 양분된 당대 시단에서 현실주의시는 위축될 수밖에 없었다.22) 『목격자』는 분명 1950년대 당대 시단에 위축되어 있던 현실주의시의 빈자리를 채우고 있는 귀한 시집이다. 김동명은 "민족과 조국에 대한 자신의 이상과 신념, 전쟁과 독재에 대한 철저한 증오와 항거(抗拒), 동시에 그의 진정한 바람이 자유와 평화의 갈구(渴求)라는 것을 시로 드러냈다."23)

이 글은 김동명의 『目擊者』에 담긴, '서울'의 문학지리학적 특징을 살펴보았다. "초허가 삽화처럼 보여 주는 서울은 혼란하고 불안정한 사회상을 반영"하고 있으며 "인간성 상실에 대한 비판과 냉소, 안타까움 등을 드러내는 초허의 태도"를 볼 수 있지만 무엇보다도 "중요한 것은 서울 소묘가 과거와 현재가 교차하는 이 도시에 대한 애정 어린 응시에서 비롯된다는 점이다."24) 김동명이 식민지 시기 「芭蕉」에서 "祖國을 언제 떠났노/芭蕉의 꿈은 가련하다.//南國을 향한 불타는 鄕愁./네의 넋은 修女보다도 더욱 외롭구나."라며 조국을 잃은 슬픔을 노래했듯이, 이 "芭蕉의 꿈"은 지금 보다 더 나은 새로운 조국에 대한 꿈이며 곧 『목격자』를 쓰던 시기에 김동명이 꾸는 꿈이기도 하다. 『목격자』에서 서울을 묘사하는 시편들 속에는 김동명이 품은, 새로운 조국을 향한 "불타는 鄕愁"가 서려있다. "한가람아, 어서 가자/나도 따라 흐르리"(「한가람은 흐른다」)라고 했을 때, 김동명은 현재 어려움 속에 있을지라도 서울이 품은 유장한 역사의 흐름과 함께 보폭을 맞춰 힘을 내 나아가겠다는 굳은 의지를 천명하고 있는 것이다.

김동명의 전기적 일화들에서 실제 서울에서의 생활 반경을 면밀하게 파악하여 이를 당시의 사료들과 연결 지어 '서울 시편'을 분석하지 못한 점이 큰 아쉬움으로 남는다. 또한 해방 이후와 한국전쟁 이후 서울을 소재로 한 다른 문학작품과의 비교 연구를 통해 김동명의 '서울 시편'의 의미를 드러내는 것도 의미가 있을 거라고 본다. 이는 차후 연구과제로 삼고자 한다.

---

22) 남기혁, 「한국 전후시의 형성과 전개」, 이승하 외, 『한국현대시문학사』 수정증보판, 소명출판, 2019, p.203.
23) 심은섭, 「상실과 '저항의식'」, 『인문사회21』 제10권 6호, 2019, p.662.
24) 장은영, 「해설」, 앞의 책, p.135.

<참고문헌>

1. 기본자료

김동명 저, 장은영 엮음, 『김동명 시선』, 지식을만드는지식, 2012.

김동명, 『내마음』, 신아사, 1964.

김동명, 『目擊者』, 인간사, 1957.

김동명, 「暗黑에의 序說」, 『모래 위에 쓴 落書』, 金東鳴文集刊行會, 1965.

2. 논문 및 단행본

권혁래, 「국문학계와 지리학계의 문학지리학 연구동향과 전망」, 『인문학연구』 47권, 경희대학교 인문학연구원, 2021.

남기혁, 「한국 전후시의 형성과 전개」, 이승하 외, 『한국현대시문학사』 수정증보판, 소명출판, 2019.

심은섭, 「'상실'과 '저항의식'」, 『인문사회21』 제10권 6호, 2019.

엄창섭, 『金東鳴, 바람의 肖像과 불멸의 詩魂』, 모던포엠, 2019.

_____, 『김동명 연구』, 학문사, 1987.

이은숙, 「문학지리학 서설-지리학과 문학의 만남」, 『문화역사지리』 제4호, 한국문화역사지리학회, 1992.08.

장석주, 『장소의 탄생』, 작가정신, 2006.

장은영, 「김동명 시에 나타난 국가재건 시기 '서울'의 표정들:『目擊者』(1957)를 중심으로」, 『김동명문학연구』 제6집, 김동명학회, 2019.10.

_____, 「金東鳴 詩에 나타난 場所의 詩的 形象化」, 『語文研究』 39권 3호, 한국어문교육연구회, 2011.

_____, 「폐허의 시대를 담은 시선들-전후 시대의 사회와 시」, 이성혁 외, 『시, 현대사를 관통하다』, 문화다북스, 2018.

_____, 「해설」, 김동명, 장은영 엮음, 『김동명 시선』, 지식을만드는지식, 2012.

장인수, 「한하운 문학의 형성 배경과 주제 의식」, 『한민족문화연구』 70, 한민족문화학회, 2020.6.

3. 국외 논저

Relph, Edward, 김덕현·김현주·심승희 역, 『장소와 장소상실』, 논형, 2005.
Tuan, Yi-Fu, 구동회·심승희 역, 『공간과 장소』, 대윤, 2007.

A Literary Geographic Study of 'Seoul' in Kim Dong-myeong's Poems

Cha, Shung-hwan(Myongi College)

This article examines the literary geographic characteristics of Seoul contained in Kim Dong-myeong's Witness. For "witnesses," the location of "Seoul" occupies the most important key position in the market price world. Kim Dong-myeong had a deep bond and attachment to the place called "Seoul" as he chose "Seoul" as the main subject of poetry. There are four main characteristics of Seoul that appeared in "Witness." The first is the place of innocence of identification with nature, the second is the place of alien sensations and urban civilization, the third is the place of memory and recollection of the Korean War, and the fourth is the place of criticism and satire. This gives a glimpse into Kim Dong-myeong's dream of a new country. It reflects the hope of rebuilding a better homeland after the Korean War in the Seoul Psalm of the "Witness." Kim Dong-myung is vowing his firm will to work hard to keep pace with the flow of Seoul's long history, even if he is currently in difficulties. This study is of great significance in that it can examine the realistic participatory nature of late poetry, which has not been relatively viewed in his world of poetry.

Keywords: Kim Dong-myeong, Seoul, literary geography, Placeness, a witness

김동명의 산문에 나타난 현실 인식

한명섭*25)

목 차

1. 서론
2. 자작시 해설 담론과 초허의 산문
3. 해방 이후의 현실 인식과 산문
4. 정치평론과 현실 참여
5. 결론

<국문초록>

김동명은 초기 시와 관련하여 전원·목가적 시인으로 분류되어 왔다. 최근 연구를 통해 그의 문학관이 사회 참여적인 면까지 포괄하고 있음이 재조명되고 있다. 이런 평가는 그가 쓴 산문이 중요한 실마리를 제공했다. 초허가 6권의 시집만 남겼다면 작가로서의 참모습을 제대로 평가하기 어려웠을 것이다. 그의 산문이 자작시 해설과 함께 역사적 상황에 대한 객관적 서술이었으며 당대의 정치 상황에 경종을 울리는 시대정신을 보여주고 있음은 돋보이는 부분이다. 이 글에서는 김동명의 산문을 50~60년대 '자작시 해설 담론'과의 관계에서 그 의의를 검토하고자 한다.

초허는 1958년부터 『자유문학』에 '자작시 해설'과 연관된 글을 발표했다. 등단시기와 문단

---

*가천대학교 가천리버럴아츠칼리지 한국학전공 조교수

사를 비롯하여 자작시 해설에 관한 내용이 주를 이룬다. 1950년대 후반에 발간된 『세대의 삽화』(1959)도 일종의 자작시 해설집이라 할 수 있다. 초허가 산문을 발표한 시기는 1950년대와 60년대에 걸쳐있다. 1950~60년대에는 『문학예술』, 『현대문학』, 『자유문학』 같은 주요 문예지를 중심으로 작가들이 자작시를 해설하는 글이 다양하게 발표되었다. 잡지, 신문 등 여러 매체에서 널리 유통된 '자작시 해설'은 일종의 작은 시사(詩史)라는 점에서 전후 시문학장을 이해하는 데에 긴요한 텍스트가 된다. '자작시 해설'은 해설이란 형식을 빌려 시인 자신과 곧바로 연관하고 있다는 점에서 자기에 대한 역사적 서사이며 초허의 산문 역시 이와 같은 특성을 보인다고 할 수 있다. 정치평론 외의 초허의 산문이 자신이 겪은 경험 위주로 씌어있으면서도 당대의 상황에 대한 묘사는 객관적인 태도를 유지하고 있다. 정당 활동에서 위원장직을 맡는 등 핵심적인 자리에서 활동하며 접하는 북한 내의 혼란스러운 정치적 상황을 서술한 부분은 다른 월남 작가들의 자작시 해설류의 창작 태도와는 다르게 읽힌다. 이러한 맥락에서 해방기와 6·25라는 '과거' 기억을 복원하는 데 김동명의 산문이 담고 있는 객관적 경험과 당대 현실의 인식이 할 수 있는 역할은 새롭게 조명되어야 한다.

　주제어: 김동명 산문, 초허, 김동명, 자작시 해설 담론, 현실 인식

1. 서 론

초허는 전원·목가적 시인으로 분류되어 널리 알려져 왔다. 과거 초허의 연구가 답보 상태에 머물렀던 이유에 대해 엄창섭[1]은 초허 자신이 문학을 여기로 인식하고 있었던 점, 동인 활동이나 문단 활동에 전혀 참여하지 않은 점, 민주당 시절에 정치평론을 쓰며 정객으로 변신하였기 때문이라고 밝혔다. 최근의 연구를 통해 초허 작품의 표면적 서정성만으로 목가풍 시 세계로 한정하는 기존의 평가를 넘어 사회 참여적인 면까지 재조명을 받고 있다. 이런 평가의 근간에는 그의 산문이 중요한 실마리를 제공한다. 초허가 6권의 시집만 남겼다면 작가로서의 참모습을 제대로 평가하기 어려웠을 것이다. 그의 산문(정치평론집, 수기)이 있어 초허 김동명을 온전히 이해할 수가 있다. 이 글에서는 초허 김동명의 산문을 50~60년대 '자작시 해설 담론'과의 관계에서 그 의의를 검토하고자 한다.[2]

초허는 1958년부터 『자유문학』에 '자작시 해설'과 연관된 글을 발표했다. 등단시기와 문단사를 비롯하여 자작시 해설에 관한 내용이 주를 이룬다. 1950년대 후반에 발간된 『세대의 삽화』(1959)도 일종의 자작시 해설집이라 할 수 있다.

김동명의 초기 시는 "내 마음은 호수요/ 그대 저어 오오"처럼 목가적인 정서가 담겨 있다는 평가가 일반적이었으나, 자작시 해설을 발표한 이후로는 『삼팔선』(1947), 『진주만』(1954) 등 후기 시를 새롭게 조명할 수 있었다. 이를 계기로 목가적, 기독교적, 민족시적 성격 등 1920~30년대에 국한되어 있던 김동명 시 세계에 대한 평가를 해방 후 작품까지 확장하여 재독할 가능성이 만들어졌다.

자작시 해설을 이용한 자기 증명의 서사는 김동명에게만 특정되는 독특한 형식은 아니었다. 1955년부터 3, 4년간 주요 문예지를 중심으로 자작시 해설을 담는 고정 지면이 마련되었고, 다수의 시인이 거기에 참여했다. 시 텍스트의 생산은 물론 직접 해설까지 시인이 맡아서 하는 자신에 대한 역사적 담론이 만들어졌다. 전후 매체에서 문단 회고록이 증가하는 가운데 자작시 해설 류의 자기 서사는 수필집으로 묶여 발간되었다.[3]

---

[1] 엄창섭 외, 「原典批評」, 『金東鳴의 詩世界와 삶』, 한남대학교 출판부, 1994, p.332.
[2] 이와 관련한 연구로는 '박연희, 「1950년대 후반 전후 인식의 시학적 전유」, 『민족문화사연구』 71, 2019.'와 '김성연·임유경 편, 『동아시아 역사와 자기 서사의 정치학』, 앨피, 2018.'가 있다.
[3] 박연희, 「1950년대 후반 전후 인식의 시학적 전유」, 『민족문학사연구』, 민족문학사연구소, 2019, p.390.

이런 분위기 속에서 다른 자작시 해설이 의도적이든 아니든 자신의 입장을 공고히 하려는 의도에서 쓰였던 것과는 다르게 초허의 자작시 해설과 정치평론은 당대의 상황을 객관적인 면에서 증언하고 있다는 점에서 변별된다. 이는 일제 강점기 붓을 꺾고 일체의 친일을 하지 않았을 만큼 지조 있던 초허의 생애가 역사 앞에 당당했기 때문이라 설명할 수 있다.

유종호는 기억하기가 반드시 정치적 주체로서의 자기 재정립이 아니라 과거를 이해하는데 자료로서의 정리라는 차원에서도 가능하다고 하였다.

> 내세울 것 없고 볼품없기 짝이 없는 내 삶의 소롯길에서 보고 듣고 한 얘기를 적어보려는 것은 겪어보지 않은 사람들에게 과거 이해의 단서를 제공해 주고 싶다는 뜻에서다. 내가 보고 듣고 했던 것이 보편적이요 전형적이라고 말하지는 않겠다. 저마다 특정 지역과 특정 상황에 매인 특정 경험을 가지고 있을 터이다. 그런 경험을 될수록 많은 사람들이 기록하고 교환하기를 나는 바란다. 많은 기록의 종합과 검토를 통해 비로소 과거는 그 진실을 드러낼 수 있을 것이다. 모든 것을 잊어버릴 권리가 우리에게는 없다.[4]

'풍문에 의한 상상력'에 휩쓸리지 않고 '삶의 세목'을 기록하는 것이어서 기억하기의 행위가 갖는 의미를 찾을 수 있다면 해방기와 6·25라는 '과거' 기억의 복원이라는 측면에서 김동명의 산문이 가진 의의를 새롭게 조명할 수가 있을 것이다.

2. 자작시 해설 담론과 초허의 산문

초허가 산문을 발표한 시기는 1950년대와 60년대에 걸쳐있다.[5] 1950~60년대에는 『문학예술』, 『현대문학』, 『자유문학』 같은 주요 문예지를 중심으로 작가들이 자작시를 해설하는 글이 다양하게 발표되었다. 잡지, 신문 등 여러 매체에서 널리 유통된 '자작시 해설'은 일종의 작은 시사(詩史)라는 점에서 전후 시문학장을 이해하는 데에 긴요한 텍스트가 된다.[6]

---

4) 유종호, 『나의 해방 전후 1940~1948』, 민음사, 2004, p.28.
5) 초허의 수필집 『세대의 삽화』는 1959년에, 『모래 위에 쓴 낙서』는 1965년에 발표되었다.

'자작시 해설'은 해설이란 형식을 빌려 시인 자신과 곧바로 연관하고 있다는 점에서 자기에 대한 역사적 서사이며 초허의 산문 역시 이와 같은 특성을 보인다고 할 수 있다. 정치평론 외의 초허의 산문이 자신이 겪은 경험 위주로 씌어있으면서도 당대의 상황에 대한 묘사는 객관적인 태도를 유지하고 있다. 정당 활동에서 위원장직을 맡는 등 핵심적인 자리에서 활동하며 접하는 북한 내의 혼란스러운 정치적 상황을 서술한 부분은 다른 월남 작가들의 자작시 해설류의 창작 태도와는 다르게 읽힌다. 이는 초허가 한국에 와서도 참의원까지 하는 등 정치적 입지가 공고했기 때문에 가능했을 것으로 생각된다.

과거 청산의 문제에 직면한 해방기 한국 사회에서 기억하기의 행위는 개인이나 집단의 정체성을 재구축하기 위한 핵심적인 방편이었다. 나아가 위장된 식민화의 기억을 되살리고 그것들을 인정하는 것에서 출발하는 것, 피식민자로서의 경험을 고백하고 적극적으로 그것을 기억하는 것은 식민주의의 극복, 탈식민주의 전략으로 여겨질 수 있었다.[7]

징용으로 내지 탄광이나 군수공장에 끌려갔던 조선인들은 해방기라는 혼돈의 시기에 귀환 서사의 내러티브를 생산해냈으며 귀환 학병들은 과거를 회고하며 민족의 독립을 위한 투사로서의 기억을 부각했다. 물론, 식민지 감옥에 갇혔던 독립운동가, 해외에서 머물던 정치적 망명자들의 기억도 해방기 텍스트에 등장했다. 기억하기는 특정한 집단적 이익과 연결되어 있기도 하다.

해방은 되었지만, 독립은 분단이라는 장벽에 직면한 '해방기'에 자신의 과거를 청산해야 할 필요가 있던 이들이 있었다. 과거 식민지시기 자신의 행적을 비판하는 집단 중에는 문학가들이 있었다. 이들은 작가나 평론가로서 개인의 자기비판이나 반성을 식민지시기 검열탄압을 받았던 문학자라는 공통의 기억 속에서 해결하려 하였다. 기억은 현재 놓인 입장에서 과거 사건을 재구성하고, 미래로 열어가려는 행위에 어떤 의미를 부여하려는 작용의 일환이다. 기억은 행동의 주체가 과거와 미래를 염두에 두고 현재에서 무언가를 선택하는 행위다. 과거 사실의 어떤 측면을 통해 다른 측면을 상기하는 양면성이 있는 기억은 그 시점에서 재편성을 통해 현재와 결부된다.

---

6) 박연희, 「시인들의 문학적 자기서사」, 김성연·임유경 편, 『동아시아 역사와 자기 서사의 정치학』, 앨피, 2018, pp.297-299.
7) 차희정, 『해방기 소설의 탈식민성 연구-잡지 게재 소설을 중심으로』, 아주대학교 박사학위논문, 2009, p.44. 위의 책에서 재인용.

1950년대 지식인들은 기존의 문학 이념과 범주를 계승하거나 아니면 소거해야 하는 상황에 직면했고, 제국적/식민지적 사상이 교차한 일제 말기부터 좌/우의 이념이 공존한 해방기까지 전향과 월경의 민족사를 공식화하는 작업은 비단 학문장에서만 일어나지 않았다. 1950년대에 회고적 역사 기술이 '해방 후 10년사'와 같은 저널리즘 기획물이나 지식인 개인의 수기, 자서전의 글쓰기에 이르기까지 하나의 붐을 형성하게 된 것은 그러한 맥락에서 이해될 만하다.8)

근래의 연구를 통해 김동명의 문학세계가 서정성은 물론 작가의 현실 참여 의식을 표현하는 데서도 성취를 거두고 있음이 밝혀지고 있다. 본 논문은 정치와 사회에 큰 관심을 보였으며 사회정의를 바로 세움으로써 민주주의 낙원 건설에 이바지하고자 했던 김동명의 작품을 목가적인 서정이나 전원시에 한정하여 설명하기보다 시는 물론 수기, 정치평론 등의 산문에서 보여준 성과를 살피려는 의도에서 시작하였다. 김동명의 산문은 해방 직후 북한의 정치적 상황, 월남 과정에 관한 서술, 6·25 당시 피난 경험 등을 담는 등 격동의 시기에 관한 직접 체험을 생생하게 담아내고 있다는 점에서 해방기 문인들의 자기 재구축 욕망에서 쓰인 글과는 다른 맥락에서 주목할 필요가 있다.

3. 해방 이후의 현실 인식과 산문

강원도 명주군 출생인 김동명은 1908년 함경남도 원산으로 이주하였고 1925년 도일한 후에 시를 본격적으로 창작하기 시작했다. 1930년에 첫 시집 『나의 거문고』를 발간했다. 1941년부터 절필을 했던 김동명9)은 8·15광복을 맞아 흥남시 자치 위원회 위원장을 맡아 활동을 시작한다.

> 恩讐의 彼岸
> 나는 해방 직전까지도 新興, 洪原等地로 돌아다니며, 木商노릇을 하고 있었는데, 해

---

8) 앞의 책, 2018, p.297.
9) 김동명 시인은 일본강점기 말년에 붓을 꺾고 친일을 하지 않았다.

방이 되자, 市民 有志들은 굳이 나를 끌어내어, 市自治委員會의 委員長職을 떠맡겼던 것이다. 그러나, 나는 府廳을 비롯한 各機關의 接受를 끝내자, 이내 病을 칭탈하고 누워버렸다. 반드시 意欲이 없어서가 아니라, 物情돌아가는 품이 벌써 나를 그 자리에 머물러 있기를 허락지 않음을 눈치 챘기 때문이었다. 처음에는 어리둥절하여 어쩔 바를 모르는 듯 하던 厥者들이, 차츰 계획적인 행동을 개시했기 때문임은 물론이다.

그래서 나는 내 집에 꾹 들어 박혀 있는 동안, 滿五年間 끊었든 創作의 붓을 다시 더듬게 되었는데, 내 詩集 「珍珠灣」에 收錄된 것들이, 대개 이 시기에 씨어지기 시작했다. 담뿍 다섯해 동안 꽁꽁 얼어 붙었든 시정이, 경첩에 대동강 풀리듯이 술술 풀리어, 창작욕을 끝없이 북돋아 주는데는, 해방의 고마움을 다시금 만끽하지 않을 수 없었다.

눈을 지긋이 감고 추억삼매에 잠겨 태평양의 풍운 속을 넘나들며, 혹은 인생여정의 그윽한 哀愁에 젖어 꿈 꾸는 듯한 기분이다가도, 문득 현실로의 창문이 열릴 때, 눈 앞에 벌어지는 광경에는 또한 몸서리를 치지 않을 수 없었다. 이래서 씨어진 것이 바로 시집 「삼팔선」에 거두어진 것 들이었다.10) (『모래 위에 쓴 落書』, p.204)

위의 인용대로 초허는 흥남시 자치위원회 위원장직을 맡은지 얼마지나지 않아 해방 직후의 상황에 환멸을 느끼고는 병을 칭탈하여 집에 머문다. 윗글은 「암흑에의 서설」일부로 해방 이후 3·8선 이북에서 벌이진 소련 제국주의와 공산당의 횡포를 자세히 기술하고 있다.

이 때의 경험과 6·25 전쟁을 고스란히 겪은 경험을 가지고 시집 『三八線』에는 월남하기 전 공산치하에서 겪은 민족의 참상을, 『眞珠灣』을 통해서는 태평양 전쟁 초기의 상황과 일제 강점기의 암흑상을 담아냈다.

8·15 해방은 곧바로 남북 분단이라는 민족적 비극으로 이어졌고 사회적 혼란기는 여전했다. 김동명의 산문을 통해 보는 해방 정국은 희망보다는 혼돈으로 가득한 상태이다. 해방의 기대와 꿈이 현실에서 여지없이 무너지는 것을 김동명은 시집 『삼팔선』과 手記集 『暗黑의 章』에서 형상화하고 있어 역사적 가치를 지닌다. 그의 시와 수기집에는 해방 이후 북한에서

---

10) 본 논문에 사용하는 인용문의 텍스트는 金東鳴文集 刊行委員會會 編, 金東鳴詞華集, 『내 마음』(신아사, 1964년), 金東鳴 評論集, 『나는 證言한다.』(신아사, 1964년)과 金東鳴隨筆·手記集, 『모래 위에 쓴 落書』(신아사, 1965년)이다. 인용문 말미에 각 글의 원전 제목, 저서명과 면수로 표기한다.

진행되고 있는 공산화에 대한 시인의 불안이 암시되어 있다.

그는 흥남 중학교 교장에 취임하나 1946년 3월 함흥 학생 의거로 투옥된다. 이후, 소련 군이 점령한 북한은 공산당 치하로 들어가게 되었고 해방의 환희도 사라졌다.

> 푸른 하늘에의 思慕
>
> 나는 咸興學生義擧事件에 관련하여, 내 自身이 겪은 쓰라린 체험의 한토막을 언제나 잊지 못한다. 그것은 실로 아슬아슬한 危機의 一瞬이었기 때문이다. (중략)
>
> 安 (現 弘益大學敎授 安容純氏)과 나는 놈팽이위 뒤를 따라, 헌병대 자리에 새로 지어진 소위 교화소 앞에 이르렀을 때, 우리는 놈팽이의 가자는 곳이 설마 이런 델 줄은 몰랐다. 실은 처음부터 저 녀석이 꽁무니에서 捕繩을 꺼내지나 않나 해서, 노상 눈치가 슬금슬금 살펴지지 않은 바도 아니긴 했으나―.
>
> (중략)
>
> 허리띠며 時計며 其他 所持品을 꺼내 놓고 監房에 들어 서자,(물론 安과는 別室이다) 덜커덕 하고 잠그고 쇠 채우는 소리! 나는 비로서 次元이 다른 世界에 들어 왔음을 깨달았다. 빛도 없고, 공기도 없고― 그렇지 않으면 이렇듯 캄캄하거나 숨이 가쁠 턱은 없을 일이 아닌가 싶었다. 무자비한 숙청의 폭군 「스탈린」의 군정하에 있다는 냉엄한 사실앞에 나는 새삼스럽게, 그러나 또 완전히 압도 당하고 말았던 것이었다.
>
> 「쏘」軍이 進駐하면서, 第一次的인 建設事業이 敎化所의 확장이었다는 것은, 興南의 例로만 보드라도 이미 廢墟가 된지 오랜 憲兵隊 자리에, 이처럼 대규모의 假設 留置場이 만들어져 있다는 것으로도, 짐작되는 일이지만, 이러한 사실이야말로, 저들의 政治性格의 가장 솔직한 告白이오, 表現이 었든 것이다.
>
> 그런데, 놈들의 이 事件에서 서두는 품이, 만일 내 비밀이 알려졌다가는, 나를 「시베리아」로 보내는 것 쯤은 아무 것도 아니라 생각하매, 당장 몸둥아리가 千길 구렁 속으로 떨어지는 듯, 정신이 아찔했다. 이번 일에 대한 내 태도는 職員들이 다 알고 있을뿐더러, 더욱이 오늘 아침 Y에게 대한 指示는, 그것이 비밀로 감추어지기를 어떤게 바랴라싶어, 미운놈은 용서없이 「시베리아」로 보낸다는 소문이 바로, 내일 같아서 당장 입술이 바짝 오그러질 지경이었다.
>
> 「시베리아」로 간다! 이렇게 생각하매 내 아내, 내 子息들은 언제나 만나누 싶어,

하룻 밤 사이에 사뭇 十年 목숨이 덜리는 듯 했다.[11] (『모래 위에 落書』, pp.221-222.)

사흘 동안의 투옥 기간에 그는 자유에 대한 많은 생각과 자신의 처신에 대해 숙고했을 것이다. 시 「옥중기1」과 「옥중기2」는 그때 투옥당한 체험을 토대로 형상화한 작품인데 죽음에 대한 불안감이 주조를 이룬다. 김동명이 3일간 투옥당했던 경험을 시로 쓴 「옥중기」 세 편의 연작시는 자신에 대한 반성과 죽음에 대한 공포, 현실의 인식 등이 나타나 있는데 그것은 북한 전체가 감옥이며 폭력이라는 것을 말해 준다. 구체적인 체험은 우리의 상상을 초월한다. 소련 군정하에서 투옥은 곧 죽음이라는 예감을 갖는 것은 그간의 북한에서 살아온 그에겐 어쩌면 현실감을 가지고 있기 때문이다. 시집 『삼팔선』은 개인 김동명 뿐만 아니라 남한에 살고 있는 우리 모두에게 북한 공산세계의 실체를 드러내 보여 준 귀중한 역사적 자료다.

獄中記 Ⅰ

널바닥 위에 두 무릎 모으고
端正히 앉었다.

進駐軍의 威勢에
「법」마저 행방불명이된 오늘날

누가 이 화려한 객실로
나를 인도하였는고?

주인 없는 손이길래 더욱

---

[11] 본 논문의 텍스트는 金東鳴文集 刊行委員會 編, 金東鳴 評論集, 『나는 證言한다.』, 신아사, 1964년과 金東鳴隨筆·手記集, 『모래 위에 쓴 落書』, 신아사, 1965년을 저본으로 한다. 인용문에서는 각 글의 제목, 출전 저서명과 면수로 표기한다.

무시무시해지는 밤

상념은 벽에 부디쳐
날개를 앓는다. (『내마음』, pp.354-355.)

獄中記 7∥

캄캄하다.
심해에 사는 어족인 양,
시력을 잃었나보다.

마음은
상념의 바닷 가에
난파한 배 쪼각.

꿈도
화석인 양,
곡조를 잃었나니

푸른 하늘 마저
이렇듯 아쉬울 줄이,
별은 더욱 그리워.

소음은
머얼리 들려 오는 波濤 소리처럼—
아아, 눈보다는 귀가 고맙구나.
이윽고 어두움 위에 사겨지는
「죽음」의 浮彫

娑婆는 벽 한 겹일다. (『내 마음』, pp.356-358.)

김동명은 1946년 6월에 조선민주당에 입당하여 8월에 함경남도당 위원장이 된다. 조선민주당은 소련 군정 당국이 조만식 선생을 이용하여 공산당 일당 독재를 감추기 위한 술책의 하나였다. 그도 그 사실을 잘 알았지만 반공 세력을 규합하기 위해 조선민주당에 입당했음을 「암흑에의 서설」에서 밝히고 있다.

> 이들에게서 들은 朝鮮民主黨 이야기는, 미상불 내게 약간의 興味를 느끼게 하지 않는 바도 아니었다. 물론 利用하기 위하여 만들어 놓은 政黨이니, 利用당하는 것은 覺悟해야 하겠지만, 그러나, 하나만치 利用당하고 둘만큼 利用할 수만 있다면, 결국 得이 아니냐? 하는 計算일 수도 있는 듯 했다. 물론 「스티코프」의 장단에 나서는 것이 불쾌하기는 하나, 「고작크」대신 花郞舞를 추어 보일수도 있지 않느냐는 생각이기도 했다. 曺晩植氏가 「스티코프」의 慫慂에 머리를 끄덕여 보인 것도, 결국 이런 胸算이었으리라고 믿거니와, 속담이 不入虎穴이면 不得虎子라고, 이미 敵의 手中에 들어 있는 이상, 한 걸음 더 心臟가까이 가서 「다이너마이트」장치를 걸어볼 일이 아니냐는 魂膽이기도 했다. 어쨌든 놈팽이들이 朝鮮民主黨을 만들어 가지고, 장차 어디다가 어떻게 써 먹자는 꿍꿍이 판인지는 모르나, 우리는 우리대로 조선민주당의 간판을 빌어, 우리들의 딴 살림을 꾸려 보는 것도 하나의 용수임에 틀림 없다 싶었다. 가령 우리들이 무엇을 해 보려면, 좋든 궂든간에 이 길밖에 달리는 별 보리 없었음이 또한 사실이었다. (『모래 위에 落書』, p.237.)

그는 이때부터 정치 현장에 참여하게 되었다. 공산 치하에서 2년동안 공산당의 전횡과 독재를 정치 현실에서 직접 겪으며 철저한 반공 투사가 된다. 진주군인 소련군들에게 끼니를 연명하기 위하여 피난민 부녀자가 몸을 파는 정경이 극명하게 드러난 작품을 보자. 詩지만 서술형 문장을 통해 상황묘사가 상세히 되어있다.

避難民 ll

해 질 무렵이다.

녀석들은 例의 버릇대로 쌀섬에 비스듬이 기대여 휘파람을 불고 있다.

이맘 때면 女人들은 약속이나 해 두었던 듯이 鐵柵 밖으로 모여 온다.

녀석들은 싱글 벙글 웃어 보인다.

여편네들은, 假花처럼 寂寞한 얼골에 웃음을 지어 보인다.

녀석들은 짐짓 無表情한 얼골로 딴전을 부려 본다.

여편네들은, 이래서는 안되겠다는 듯이 돌연히 秋波의 集中射擊을 퍼붓기 시작한다.

허나 이것은 누구의 화살이 먼저 과녁을 맞치느냐는 문제가 아니다

누구의 화살이 먼저 저 自身의 心臟을 뚫으냐는 승강이리라.

불꽃을 날리는 愛嬌의 競演이 실은

靈魂의 嗚咽보다는 오히려 더 비창함은 이 까닭이 아닐까?

드디어 幸福의 女人들만이「디오니소쓰」의 가슴으로 부름을 받는다.

이윽고, 시꺼먼 고깐차 안으로부터 엉금엉금 기어 나리는 女人들의 옆구리에 쌀자루를 낀채 비틀거리며 鐵柵을 넘어 夕暮의 거리로 사라지는 뒷 모습!

아아「恩讐의 彼岸」일다! (『내마음』, pp.336-338.)

이런 비극적 상황을 초허는 은혜와 원수의 피안이라고 표현하면서 처량한 심정을 나타내고 있다.

초허는 시「삼팔선」에서 민족 분단의 상징이자 현실인 3·8선에 대한 분노의 소회를 밝히고 있다. 3·8선 이북에서 살아보지 않은 사람들에게 실감이 나지 않는 것이겠지만 그곳에서 갖은 고초를 겪고 사지를 탈출한 김동명이 바라보는 3·8선이 어떠했을지 잘 보여주고 있다.

三八線

獄門,

굳게 닫힌 獄門일다.

어허, 一千萬 獄囚諸君! 우리는 도대체,
어떤 녀석의 魔術 지팽이에 걸렸기에 모도를 요 꼴이람.

자, 저 작자들은 대관절 무슨 이야기가 저리도 끝이 없을꼬?
남은 기다리기에 사뭇 애가 푹푹 타 들어가는데—
(중략)

鐵壁,
깜아득히 높이 솟은 鐵壁일다.

여기는 「크레므린」製 「自由」와 「平和」의 女神을 떠메고,
밤을 새워 亂舞하는 붉은 餓鬼 떼의 移動舞臺.
(중략)

아아, 民族 曠前의 受難일다.
歷史의 惡戱, 運命의 嘲弄이 어찌 이대도록 심하뇨.

배를 갈라 창자를 부리어도,
간장을 끄내어 씹어 뱉은들, 이 한을 어이 풀이! (『내 마음』, p.347)

1946년 12월 조선민주당 함경남도 사건을 빌미로 그는 출당 조치를 당한다. 이때부터 그는 감시의 시선 속에서 생활을 한다.

十二月 中旬 어느날 밤중의 일이었다. 黨 사환애가 와서 崔黨首의 來咸을 고하는 한편, 내일 아침 일찍이 黨에 나와 달라는 事務局長의 기별을 전해 왔다. 「흥, 이 친구가 언제 暗行御史가 되었든가.」하고 나는 속으로 픽 웃으면서도, 어딘지 좀 수

상하다는 豫感이 안드는 바도 아니었다.

> 나는 그 이튿날 아침, 지정시각 보다는 좀 늦게 당에 나갔는데, 二層 복도에 올라서자, 내방(委員長室)으로부터는 찢어지는 듯한 金屬性 叫喚이 들려 왔다. 「흥, 돼지 목 따는 소리같구나?」하고, 속으로 노이며 문을 열고 들어 서니, 黨首 崔鏞健이, 道黨 및 市黨간부들을 주욱 앞에 놓고 一大叱責을 내리는 길이었다. 쌍통을 왼통 쭈구려 밤송이처럼 찌푸려 가지고 연방 주먹질 다리질을 해 가며, 당장에 누구를 잡아먹을 듯한 기세로, 한참 게거품을 물고 떠들어대드니, 結論은 이것이라는 듯이, 나를 손가락질하며, 黜黨을 선언하는 것이었다. (254쪽)

1947년 4월 초허는 혼자서 월남을 감행한다. 그가 갖은 어려움을 극복하고 사지를 빠져 나온 여정은 手記「월남기」를 통해 자세히 서술되어 있다.

> 一九四七年 十二月 ×日, 朝鮮民主黨에서 쫓겨나든 瞬間부터, 나는 벌써, 나야 원하든 말든 以南으로 넘어가는 수 밖에 없는 것이, 내 運命의 막다른 골목임을 깨달았다. 반드시 曹晚植先生의 흉내가 아니라, 수 많은 同胞들을 敵의 유린에 맡긴채, 나 혼자 살겠다고 살짝 몸을 빼 달아나는 것이 암만해도 마음에 싸지 않아, 여터 머므적거려 온 것이, 내 심경의 솔직한 일면이기도 했으나, 사정이 이쯤 된 이상, 이곳은 벌써, 내「산 송장」의 墓地以外에 아무 것일 수도 없었다.
> 　崔鏞鍵의 말을 빌면, 놈들이 내게「시베리아」行을 保留한 것은, 오로지 저들의「慈悲心」에 의한 것이라 했으니, 원래가 惡魔인 놈팽이들이 언제까지나 佛心을 지녀주기를 바란다는, 것도 虛妄한 이야기거니와, 또 그것은, 나의 원하는 바일 수도 없었다. 어쨌든 떠나야했다. 허나, 저 疊疊한 警戒網을 어떻게 뚫고 나가야 하나? 만일 걸리는 날이며, 놈들의「慈悲心」은 利子까지 덧붙이어 내게 報復해오기로 마련인 즉, 내게는「가츄사」도 없는「시베리아」벌판에, 나 혼자 끌려 가서 곰처럼 웅크리고 멀뚱멀뚱 죽을 날을 기다려야 한다는 것은, 너무도 慘酷한 이야기가 아닌가? (『모래 위에 落書』, p.268.)
> 　(중략)

地圖가 보이는 바에 依하면, 南으로 넘어 가는 길은 네 갈래로 나눠지는데, 그 하나는 물론 直「코스」인 京元線을 타고, 漣川으로 가서 三八線을 넘는 길이오, 또 하나는 배를 타고 嶺東 바다로 나려가서 束草를 지나 注文津으로 들어가는 길이오, 다음은 東海線으로 杆城서 내려 麟蹄로 해서 洪川을 거쳐 春川으로 빠지는 길이오, 그리고 마지막은 平壤으로해서 海州에 가 가지고, 三八線을 넘는 길이었다. (『모래 위에 落書』, p.269.)

(중략)

『조막손이의 이야기를 들으면, 녀석들은 시방 重大犯人을 놓쳐 놓고, 騎馬隊까지 출동시켜 잡느라고 법석이기 때문에 여느 때보다 조건은 좀 나쁠지 모르나, 그래도 자기만 나서면 문제없다는 거예요. 돈만 마련해 오면 같이 가주겠다잖아요..』이러는 것이었다.

나는 이 때, 그 重大犯人이라는 것이, 全谷署管內에서의 어떤 脫出者에 관한 이야긴 줄로만 알고 無心히 들어 넘겼는데, 뒤에 알고 보니, 그 重大犯人이야말로 바로 나 自身이었음을 어찌하랴. 그리고 보면, 이 때 기마대의 출동소동은 반드시, 전고에 한한 이야기가 아니었을 거도 두말할 나위 없다.

이것은 내가 서울에 와서 달포가 훨신 지난 뒤에 들은 소식이지마는, 내가 집을 떠난지 사흘만인 四月 十六日에 家親께서 돌아 가시고, 四月 三十日에는 道黨舊幹部늘이 체포되있을 뿐 아니라, 쏘軍司令部에서는, 나를 놓쳐 버렸다 해서, 붉은「카레스키」頭目(咸興)들에게 대한 문책이 자못 준열하였다 하니, 놈들이 나를 붙들기에 얼마나 血眼이 되어 덤볐으랴? 하는 것은 想像하고도 남음이 있다. 이 무렵에 咸興서는, 내가 三八線에서 붙들려 護送中이라는 소문이 자자 했더라고 하는데, 이거도 역시 這間의 소식을 말하는 것이리라. (『모래 위에 落書』, p.318.)

1947년 월남한 직후에 김동명은 조선민주당 정치부장, 민주국민당 문화부장 등의 정당 활동을 활발히 했다. 1947년 38선을 넘어올 당시 이미 40대 후반에 접어든 상황에서 자유를 찾아 월남한 것은 새로운 삶을 찾은 것만큼이나 벅찬 감격이었을 것이다.

나는 본래 내 자신에 관하여, 소위 축하의 뜻을 품겨 스스로 잔을 기울이거나, 혹

은 다른 이로부터 축배를 받아 본 일은 거의 기억에 없다. 가령 생일이라고 해서 자
축할 생각이 나본 일이 없고, 또 책권이나 냈다 해서, 축하를 받아 본 적도 없다.
생일 때가 되면, 매양 어쩌구 어쩌자는 아내의 주문이 있기가 일수요, 또 책권이나
나오면, 가까운 친구들로부터는 흔히 어떻게 가만히 있겠느냐, 하는 눈치일 경우도
없지 않으나, 나는 일절 거부 혹은 사절해 왔던 것이다. 내가 세상에 왔다는 것이
불행히도 스스로 축하할 일이 못됨은 물론이오, 내 저작이 또한 족히 치사를 받을
정도의 것이 못됨도 스스로 잘 알기 때문이다.

   그러나 이 저녁에 두 동행을 위한 내 초대야말로, 내가 세상에 와서 비로소 처음
가져 보는, 나 자신의 행운에, 스스로 느껴워하는 기록적인 행위였던 것이다. 비록
아무것도 아닌 안줏 사발을 앞에 놓고, 들이키는 막걸리 잔일망정, 그것은 실로, 내
人生一代의 最大의 歡喜에 스스로 감사하고, 스스로 축하 하는 감격의 잔이었던만
큼, 그 저녁에의 나의 추억은 언제나 새롭고, 또 언제나 다감하다.

   이튿날이었다. 우리가 東豆川에 들어와서, 여기 저기서 자득 모여든 피난민들과
함께 기차를 타고 서울역에 닿은 것은 午後 네 時쯤이었던가보다.

   이래서 이 날, 卽 一九四七年 四月 二十日부터, 서울 特別市에는 解放名物의 하
나인 越南避難民이 한 사람 더 불었더란다. (『모래 위에 落書』, p.325.)

3·8선을 넘어 월남한 경험뿐만 아니라 6·25전쟁 시기 6월 25일부터 8월 1일까지 서울에
서 부산으로의 떠났던 피난 여정이 기록되어 있는 手記인 「어두움의 비탈길」은 문학인이 썼
다는 점에서 글의 가치를 찾아볼 수 있다. 일기 형식을 빌려 씀으로써 초허는 객관적 상황
전달과 개인적 소회를 모두 담아냈다. 피난지의 풍경과 그것을 바라보는 심정을 산문으로
잘 담아냈다. 물론 이는 시를 통해서도 잘 형상화되었다.

4. 정치평론과 현실 참여

   5·10 총선거에서 서북 특별선거구 설치를 주장하며 정치에 입문한 초허는 월남 시인으로
서 누구 못지않은 반공주의 행보를 이어나갔다. 그 이후의 활발한 사회 활동을 했으므로,

창작활동보다 오히려 현실정치에의 열망이 두드러졌다는 평가를 받기도 한다. 그는 강원도에서 참의원에 당선하였으나 현실정치에서 성공하지 못했다. 참의원이 된 지 1년도 못 되어 5·16 쿠데타를 맞이했기 때문에 충분한 경륜을 펼 시간적 여유도 없었을 뿐만 아니라 당시의 정치 상황에서 그는 아웃 사이더일 수밖에 없었기 때문이다.

『적과 동지』에 실린 36편의 논설에는 철저한 반공과 자유 민주주의가 바탕에 깔려있다. 다음의 「정치파동 40일간의 회고」에서 볼 수 있듯이 그의 언변은 거침이 없었다.

> 그러나, 어느 구름짱에서 떨어진 빗방울 때문인지 運命의 날은 豫想 밖으로 빨리 닥쳐왔네. 때는 칠월4일, 경우인즉 非常戒嚴令宣布以來 苦戰에 苦戰을 繼續하여 드디어 最近에는 滅裂狀態에까지 기울고 있던 聯合戰線派를 爲해서 문득 可能한 最善의 條件이 賦與되었다는 것은 우리 信念의 鬪士들을 爲하여 얼마나 祝賀할만한 일이었겠나. 마치 運命의 神은 저들의 這間의 悲運과 忍耐에 報答하는 듯, 決戰의 最後瞬間을 저들의 所願대로 正常的인 條件과 함께 마련해 주었던 것일세. 저들의 勝利에 對한 信念은 結局 正常的狀態에의 復歸에 대한 信念을 意味하는 것이었음은 勿論이네. 드디어 저들은 저들이 願하는 立場에서 勝利냐, 敗北냐, 오로지 저들 自身의 意思로 選擇할 수 있는 瞬間 三分之二가 아니라 三分之一로서도 足히 最後的인 勝利를 獲得할 수 있는 瞬間, 저들은 마침내 勝利의 抛棄를 爲하여 四十日間의 鬱憤을 물리치고 묵묵히 起立姿勢를 取하였더라네! 世上에노 珍奇한 光景이 아니었나? 이쯤되면 벌써 批評의 對象이 될수는 없네.
>
> 아무러나 우리 選良들의 莊嚴한 愛國的行動에 자네도 敬意를 表해 주게.
>
> 以上으로 우리 歷史의 豪華版 暴風交響曲「四十日間」은 滿場絶讚裡에 大團圓을 지은 것일세.(『나는 證言한다』, pp.21-22.)

그는 친일한 적도 없고 용공을 한 적도 없으며, 현실적으로 부정에 개입할 지위도 아니니 서슴없는 비판이 가능했을 것이다. 많은 국민을 기만하고 피난길에 올랐던 위정자들, 특히 이승만 대통령의 행태에 대하여 천신만고 끝에 부산에 피난 간 시인은 분명 분개했을 것이다. 이승만 독재가 극단으로 치닫던 시절에 이화여대 국문과 교수로 재직했던 시인은 "세상을 바라보는 눈빛과 행동이 함께하는 것이 시대의 예술이다."라는 말로 비판 정신을 강조했으며 정치평론을 통해 직접 실천하기도 했다.

김동명은 『적과 동지』에 이어 『역사의 배후에서』를 1958년 3월에 펴냈다. 이 정치평론들은 1956년에서부터 1958년 초까지 신문, 잡지에 기고한 글들인데 〈민주 투쟁〉이라는 역사적 명제를 부각한 글이다. 이 글들은 역사의 증언일 뿐만 아니라 예언의 성격도 포함하고 있다. 결국, 4·19혁명으로 이승만 독재체제는 무너졌다. 그러나 4·19로 얻어낸 민주 질서는 민주당의 실정과 정치군인들에 의해서 반전하고 만다. 김동명은 장면과 그 주변의 사람들에 대해 철저한 불신을 했고 5·16으로 그것이 현실로 드러났다.[12] 사실 5·16 후에 발표된 몇 편의 논설들은 그가 저지른 실수다. 그러나 그 후의 박정권에 대해서 쓴 글들은 다시 민주주의 수호라는 그의 기본 명제를 따르고 있다. 초허는 박정희가 주장한 '민족적 민주주의'의 부당성에 대해 통렬히 비판했는데 그것은 정곡을 찌른 것이다.[13]

> 나는 誓間 오·일육 군사혁명에 대한 나의 감상과 그리고 태도를 간단히 이야기해 보고자 한다. (중략) 이 소식은 당시 내게 큰 충격과 감동을 주었던 것이 사실이다. 나는 노상 흐뭇한 기분이었다. 그러나 시간이 지남에 따라 사태의 발전을 고요히 관망하는 동안, 차츰 어느 정도의 냉정을 회복하게 되자, 나는 문득 새로운 불안과 의구에 사로잡혀 전율 비슷한 감정을 느끼지 않을 수 없었다. (중략)
> 내가 처음 군부가 실력 행동을 개시했다는 소식을 듣고 작약했다는 것은 두말 할 것도 없이 장정권에 재한 나의 고직한 불신과 염오를 의미함이었음은 물론이다.(『나는 證言한다』, p.358.)

우리는 유신 이후 많은 문학인이 여러 형태로 현실에 참여하는 것을 보아 왔다. 외압에 의해서 어쩔 수 없이 발언하지 못하기도 하지만, 양식 있는 문학인들은 정의를 위하여 현실의 문제에 발언할 수밖에 없다. 자유당 정권하에서 문학인들의 수도 적었고 많은 사람이 죽어간 것을 보았기 때문에 문인의 집단적 현실 참여가 크게 없었다는 점은 아쉽다. 그런 가운데 김동명의 행보는 의의가 있다.

---

12) 金炳旭, 「시인의 현실 참여」, 金炳宇 外 10名, 『金東鳴의 詩世界와 삶』, 한남대학교출판부, 1994, p.120.
13) 위의 책, p.127.

가혹한 시대를 살았던 시인 김동명을 생각하며 우리는 '문학이란 무엇인가'를 되묻지 않을 수 없다. 그의 경우 문학이란 진실한 삶의 표현인 동시에 그 진실된 삶을 실천하는 것이었다.

5. 결 론

시대 정신을 외면한 문학은 훗날 좋은 평가를 받기 어렵다. 그러나 섣부른 현실 고발의 문학도 생명력을 길게 유지할 수 없다. 만약 6권의 시집만을 남겼다면 우리는 초허의 참모습을 보지 못할 수도 있었다. 그러나 그의 산문(정치평론집, 수기)을 읽고 나면 그의 전체 모습이 명확하게 떠오른다. 한 인간의 진실성은 시보다는 산문에서 정확히 이해하기 쉽다. 그는 시인이고 교육자였던 바 전문적인 정치인이었다고 하기는 어렵다. 정치적으로 했던 모든 주장이 옳았다고는 할 수도 없다. 하지만 그는 엄혹한 시기에 정의 편에 서서 글을 써 왔다고 평가할 수 있다. 이는 북한에서의 활동이나 남한에서의 활동이나 모두 적용할 수 있다.

기억하기는 정치적 주체로서의 자기 재정립이라는 목적에서뿐만 아니라 과거를 제대로 인식하는 단서를 제공하는 자료로서의 의의도 갖는다. 해방기와 6·25라는 '과거' 기억을 복원하는 네 김동명의 산문이 담고 있는 객관적 경험과 당대 현실의 인식이 할 수 있는 역할은 새롭게 조명되어야 한다.

<참고문헌>

1. 기본자료

金東鳴文集 刊行會 編, 金東鳴詞華集, 『내 마음』, 신아사, 1964.
_____, 金東鳴 評論集, 『나는 證言한다』, 신아사, 1964.
_____, 金東鳴隨筆·手記集, 『모래 위에 쓴 落書』, 신아사, 1965.

2. 논문 및 단행본

金炳旭, 「시인의 현실 참여」, 『金東鳴의 詩世界와 삶』, 한남대출판부, 1994.
박연희, 「1950년대 후반 전후 인식의 시학적 전유」, 『민족문학사연구』 71, 민족문학사연구소, 2019.
_____, 「시인들의 문학적 자기서사」, 『동아시아 역사와 자기 서사의 정치학』, 앨피, 2018.
엄창섭, 『김동명, 바람의 肖像과 불멸의 詩魂』, 모던피엠, 2019.
엄창섭 외, 「原典批評」, 『金東鳴의 詩世界와 삶』, 한남대출판부, 1994.
오태영, 「해방과 기억의 정치학-해방기 기억 서사 연구」, 『한국문학연구』 39, 동국대 한국문학연구소. 2010.
유종호, 『나의 해방 전후 1940~1948』, 민음사, 2004.
차희정, 「해방기 소설의 탈식민성 연구-잡지 게재 소설을 중심으로」, 아주대학교 박사학위논문, 2009.
한성훈, 「월남 지식인의 정체성: 정치사회변동과 자기 결정성」, 『동방학지』 180집, 2017.

<Abstract>

The reality perception presented in Kim Dong-myeong's prose

Han, Myung-seop(Gachon University)

Kim Dong-myeong has been classified as a rural and idyllic poet. Recent research has re-examined that his literary world has expanded to the aspect of social participation. This evaluation provided an important starting point for his prose. If Kim Dong-myeong had only six poetry books left, it would have been difficult to properly evaluate his true character as a writer. His prose contains an objective description of the historical situation along with a self-composed poem commentary and shows the spirit of the times that alarm the political situation of the time. This is a prominent part compare d to contemporary writers. In this article, I would like to review the significance of Kim Dong-myeong's prose in relation to the 'self-written poem commentary discourse' in the 50s and 60s.

Since 1958, Cho-ho has published articles related to 'self-written poem commentary' in 『Free Literature』. Most of the content is about the time of the debut, the history of the paragraph, and the commentary on the poem. 『Illustration of a Generation』(1959), published in the late 1950s, is also a kind of self-written commentary. Cho-ho published prose in the 1950s and 60s. In the 195

0s and 1960s, various articles were published in which writers commented on their own poems, centered on major literary journals such as 『Literary Arts』, 『Modern Literature』, and 『Free Literature』. 'Self-written poem commentary', widely distributed in various media such as magazines and newspapers, is an essential text for understanding the post-war poetry scene in that it is a kind of small current affairs. 'Self-written poem commentary' is a historical narrative about the self in that it is directly related to the poet himself by borrowing the form of commentary. Although his prose, other than the political commentary, is mainly written about his own experiences, the description of the situation of the time maintains an objective attitude. The part describing the chaotic political situation in North Korea encountered while working in key positions, such as serving as the chairperson of a political party, is read differently from the creative attitude of other Vietnamese writers' self-written commentary. In this context, the role that the objective experience contained in Kim Dong-myung's prose and the perception of contemporary reality can play a role in restoring the memories of the 'past' of the liberation period and 6·25(Korean War) must be re-examined.

Keywords: Kim Dong-myeong's prose, Cho-ho, Kim Dong-myeong, self-written poem commentary discourse, reality perceptione.

대화 프레이밍의 협력에 대한 연구
-토론·토의를 중심으로-

권우진*

목 차

1. 서론
2. 대화 프레임
   1) 토론
      (1) 진행 방식
      (2) 논제 특성과 발화의 목표
   2) 토의
      (1) 진행 방식
      (2) 논제 특성과 발화의 목표
3. 협력적 프레이밍
   1) 토론에서의 협력적 프레이밍
   2) 토의에서의 협력적 프레이밍
4. 결론

<국문초록>

본고는 두 화자 이상이 함께 참여하는 목적 지향적 대화에 협력적으로 참여하는 방식에

---
*한양대학교 ERICA 한국언어문학과 강사

대하여 고찰하였다. 토론(debate)과 토의(discussion)가 생산적 활동이 되기 위한 참여자들의 구체적 참여 방식을 논하고, 토론과 토의라는 대화 형식에 대립과 경쟁뿐만 아니라 협력적 구조 속에서 진행되어야 하는 점이 무엇인지를 분명히 밝히는 것을 논의의 초점으로 하였다.

토론은 상반된 견해를 가진 참여자들이 자신의 주장을 경쟁적으로 제시하고, 서로의 의견을 논박한다. 하지만 본고에서는 토론이 경쟁적인 관계에서 발화가 이루어지지만 아무 질서 개념이 없는 말싸움이 아니며 공동의 활동 목적을 가진 대화 활동이라는 점을 협력적 프레이밍의 초점으로 고찰하고자 하였다. 토의의 경우는 다른 참여자와의 견해 차이를 숨기려 하기보다는 겸손하면서도 적극적인 태도로 분명히 드러내는 것이 공동의 문제를 효율적으로 해결하는 데에 도움이 되는 협력의 초점으로 보았다.

협력적인 공생을 위해 협력적 대화는 필수적이며, 토론과 토의는 민주적인 발전의 근간이 되는 대화 방식이라고 할 수 있다. 협력적 대화를 구체적으로 실천하려면 무엇에 대하여 어떻게 협력해 나가야 하는가에 대해 이해해야 할 것이다. 이에 본고에서는 토론과 토의가 생산적 활동이 되기 위한 구체적 참여 방식을 '협력 프레이밍'의 관점에서 분석적으로 논의하였다.

주제어: 대화 프레이밍, 협력적 대화, 토론, 토의, 목적 지향적 대화

1. 서론

본 연구는 두 화자 이상이 공동으로 구성하는 목적 지향 활동에 협력적으로 참여하는 방식에 대한 고찰이다. 토론이나 토의가 생산성을 가지기 위해서는 각 구성원이 공동의 목적으로 가지는 활동에 기여하는 태도를 가져야 한다. 이에 토론(debate)과 토의(discussion)의 논제나 참여 방식은 나름의 고유한 특성을 가진다는 점에 주목할 필요가 있다. 그래서 그에 대한 구체적 논의가 이루어질 수 있기 때문이다. 그럼에도 우리 사회에서는 두 영역의 대화 방식을 구분하지 않고 뭉뚱그려 이해하는 경향이 있다. 이는 대화 프레임에 대한 참여자들의 이해를 돕지 못하고, 그들의 참여 태도를 결정하는 데에 바람직하지 못한 영향을 주기도 한다. 이에 토론과 토의라는 대화 방식이 지향하는 목적과 그에 따른 참여자들의 생산적 참여 방식을 살펴보도록 한다.

협력적 대화의 필요성은 재론의 여지가 없다. 그럼에도 '협력적'의 의미를 특정한 현상에 고착시킨다는 것은 어려운 일이다. 그러나 그렇다 하더라도 그에 대한 고찰의 필요성이 반감될 수는 없는 일이다. 이에 협력적 대화 연구 과정에서 무엇에 대하여 어떻게 협력해 나가야 하는가를 이해하는 것은 의미 있는 작업이 될 것이다. 대화는 두 명 이상의 화자가 상호작용적으로 수행하는 공동의 활동이다. 특히 토론이나 토의와 같이 활동 목표가 뚜렷한 대화 형태에서는 참여자들이 공유하는 대화 프레임이 있기 마련이다. 공동으로 구성하는 프레임을 위해 각 참여자들은 프레이밍 활동에 참여하게 된다. Gregory Bateson(1972)에 의해 처음으로 도입된 프레임(frame)이라는 개념은 언어학, 인류학, 심리학, 인공 지능 연구 등에서 자주 언급된다.[1] 프레임은 언어적 표현과 더불어 음정이나 어조, 억양, 표정 등의 메타메시지를 통해 구성된다. 이들 메시지는 대화 프레임을 공격하는 것, 심각한 것, 장난스러운 것, 도전하는 것, 협조적인 것, 비아냥하는 것 등으로 구성해 낸다. 곧 대화의 성격을 규명하는 상호작용의 틀을 만들어내는 것이다. 이에 대한 주요 연구로는 Tannen(1979), Goffman(1974), Raskin(1985) 등이 있다.[2]

---

[1] Bateson, Gregory. *Steps to an Ecology of Mind*. New York: Ballantine. 1972.
[2] Tannen, Debora. *"What's in a Frame? Surface Evidence for Underlying Expectations."* In Roy O. Freedle, ed., New Directions in Discourse Processing. Norwood, N.J.: Ablex. 1979. pp. 137-181.
Goffman, Erving. *Frame Analysis*. New York: Harper and Row. 1974.
Raskin, Victor. ed. The Quaderni di Semantica's Round Table Discussion of Frame Semantics.

그렇다면 참여자 공동으로 구성하는 프레임의 형태는 어떠한 것이며, 이를 위해 대화 참여자 각자가 수행하는 프레이밍 활동의 성격에 대하여 논의할 필요가 있다. 프레임과 관련된 시사적 발언의 예는 다음과 같다. 열린우리당 서울시장 후보인 강금실씨가 당과 지도부를 비판한 대목이 그것이다. "정부가 직접 사건마다 대립각을 세우면 국민이 보기에 불안해 보이고 포용성이 없어 보인다."(2006년 4월 14일 정부의 대 언론관 비판에서), "당과 정부가 민주주의에서 가장 소중히 여기는 포용력, 적으로 사람을 구분하는 것이 아니라 입장이 다른 사람들에게도 귀 기울이고 문제를 풀려는 노력을 안 보여주고 계속 싸우고 비난하고 편을 가르는 모습을 보인 것에 국민이 가장 실망했다고 본다"(2006년 5월 23일 중앙일보 기사) 등이 그것이다. 대화의 장에서 대립각을 세워 모든 대화 참여자들을 하나의 주체로서 아우르는 프레이밍을 하지 않고 있음을 지적하는 것이다.

본고에서는 토론과 토의의 구체적 대화 방식을 논의하기 위하여 대학생 토론대회(숙명토론대회)의 2015년도 공개 영상 자료를 대상으로 하고, 토의의 경우는 최종 합의에 도달한 직장에서의 업무 대화를 대상으로 관찰하였다.[3]

2. 대화 프레임

1) 토론(debate)

(1) 진행 방식

토론은 논점에 대한 대립구도를 갖는다. 이러한 구도는 곧 토론 프레임이 갖는 특징의 일부가 된다. 이때 논점을 축으로 하여 대립적 구도의 주장이 일어나는 데 이때 양 측의 참여 방식은 경쟁적이다. 이러한 과정에서 논박이 허용된다.

Special issue of Quaderni di Semantica. Vol. 6, No. 2. 1985.
[3] 문제 해결과정에 대한 토의 내용은 권우진, 『집단 토의에서의 협력적 대화 방식에 관한 연구』, 한양대 박사학위논문, 2006.의 부록에 제시된 전사 자료를 활용하였다.

(1) a. 직파 토론

제1긍정자: 긍정적 주장을 보완함
제1부정자: 제1긍정을 논박함
제2긍정자: 긍정적 주장을 계속 뒷받침함
제2부정자: 제2긍정을 논박함
제1긍정자: 긍정적 주장을 계속하고 이를 요약함
제1부정자: 긍정적 주장을 논박하고 이를 요약함

b. 반대신문식 토론

긍정자: 주장(10분)
부정자: 긍정에 대한 반대 신문(5분)
청중: 긍정자에 대한 질문(5분)
부정자: 주장(10분)
긍정자: 부정에 대한 반대 신문(5분)
청중: 부정자에 대한 질문(5분)
부정자: 답변(3분)
긍정자: 답변(3분)

이 외에도 "A팀 입론 → B팀 입론 → B팀 보론/반론 → A팀 보론/반론 → A팀 질문1 → B팀 답변1 → B팀 질의1 → A팀 답변1 → A팀 질의2 → B팀 답변2 → B팀 질의2 → A팀 답변2"와 같은 대립 구도로 주장과 논박이 경쟁적으로 이루어진다.

(2) 논제 특성과 발화의 목표

발화의 목표와 목적에 대해 생각해 볼 필요가 있다. '목표'가 지향하는 '표지'라면 '목적'은 지향하는 '방향'으로 조금 더 궁극적인 취지에 해당한다. 목표는 실현이 가능하며 목적은 지향하는 바이므로 단순한 실천으로서 실현이 완료되었다고 보기 어려운 경우가 있다. 대화 참여에 있어서도 발화의 목표는 어떠한 내용을 언급하는 것이기는 해도 발화의 목적은 그 이면에 존재하는 경우가 있는 것이다. 특정 대화 형식에 한정하여 논의하자면, 토론이나 토의의 경우 실제적인 언어 수행의 과정에서 단계적으로 목표하는 것과 그러한 활동을 통해 추구하는 목적은 사뭇 다르다는 데에 주목하고자 한다. 결국 우리는 대화 참여에 있어 단기적인 수행 목표와 장기적 안목의 활동 목적을 동시에 고려할 필요가 있다는 것이다. 대화 참여의 협력적 태도는 이와 같은 성찰에 근거하여 수행된다.

토론은 찬성과 반대의 의견을 가진 양편이 서로의 주장을 펼치는 과정이다. 그러므로 논제는 다음과 같다. '스크린 쿼터제 찬반 여부', '뇌사 인정 찬반 여부', '교원평가제 찬반 여부', '사학법 찬반 여부', '인터넷 컨텐츠의 유료화, 지금은 시기상조다', '여성할당제, 확대되어야 한다'와 같이 논점을 중심으로 대화 참여자들의 판단이 대립을 보이는 것이 된다.

이와 같은 논제의 특성으로부터 각 팀의 참여 목표는 자신이 옳다고 생각한 판단이 왜 옳은지를 철저히 규명해 보이는 것이다. 견해의 타당성을 증명해 보이는 것이 관건이 되므로 대립된 견해에 대하여서는 논박을 하는 것이 허용된다. 참여자들은 토론 활동을 통해 자신이 선택한 관점이 가지는 타당한 근거들을 충분한 사전 조사에 근거하여 치밀한 논리로서 주장해 보이는 것이 발화 수행의 목표가 된다. 발화 수행 상의 목표와 대화 활동 상의 목적은 다른 차원이며, 이에 대화 참여자는 두 가지 요건을 아울러 충족시킬 수 있는 태도를 취할 필요가 있다. 이에 대하여서는 3장 1절에서 언급하도록 한다.

2) 토의(discussion)

(1) 진행 방식

토의는 공동으로 해결해야할 과제에 대하여 관계자들이 공동 대안을 모색하는 것이다.[4] 아래 [그림1]은 공동 문제 해결 과정에서 최종 합의를 목적으로 하는 토의의 진행 구도를 도식화한 것이다. (가), (나), (다)는 각 참여자들의 견해와 입장을 나타낸다. 공동 의사 결정으로서의 토의에서는 (가)-(다)가 드러나야 논의 과정을 통해 견해의 차이를 좁혀나갈 논점이 생기게 된다. 따라서 토의 과정에서는 우선적으로 논제가 드러나고, 각 참여자의 관점이

---

[4] 문제 해결 스키마 등 문제 해결의 일반적 순서에 관한 고찰로는 John, Dewey(1910: 72), Charles H. Kepner & Benjamin B. Tregoe(1965), 다카타 기요아키/ KMA KT팀 역(2003: 21), 고바야시 유타카(小林裕)(이왕호 역 2002: 24-28) 등이 있으며 대략적인 순서는 '①정황 이해, ② 문제 포착, ③ 문제 정의, ④ 문제의 구체화·문제 분석, ⑤ 다양한 해결책 제안, ⑥ 저울질, ⑦ 선정, ⑧ 실행 계획'과 같다.

드러나는 과정이 선행되어야 한다. (라)는 최종으로 도달한 합의안을 나타낸다. 서로가 가진 관점과 여건으로서의 (가)-(다)가 효과적으로 반영된 합의 결과를 도출하는 것이 최종 목적이다. 결국 토의는 그러한 결과를 함께 찾아나가는 공동 활동이 되는 것이다. (라)는 토의의 최종 결과라면 그 사이의 상호 작용 과정이 관건이 된다.

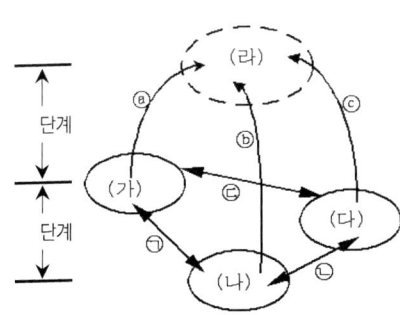

㉠-㉢은 대화자 (가)-(다)가 대립하는 관계를 나타낸다. 참여자들은 대립 관계에 임하면서도 궁극적으로는 그 안에서 유리한 위치에 서는 것만이 중요한 것이 아니라 함께 (라)에 도달하는 것이 목표라는 것을 인식할 필요가 있다. 그러므로 협의자들은 단순히 (라)를 얻는 것만이 아니라, 참여자끼리, 혹은 후보안끼리의 효과적인 상호 작용을 통해 가급적 모든 구성원이 만족할 수 있는 (라)를 도출하기 위하여 ㉠-㉢의 대립을 유연하게 운용하면서 ⓐ-ⓒ 과정을 문제 해결적으로 잘 밟아나가는 것이 중요하다. 이 과정에서의 효율적 방법들에 대하여 이해할 필요가 있다.

전체 과정은 두 가지 단계로 설명이 가능하다. 단계1은 각 입장과 대립이 존재하는 상태이다. 사람은 그가 가진 사고의 방식, 취향, 지식의 정도, 계획, 다양한 관계 등이 모두 동일한 경우가 있을 수 없기에 상호의 견해가 잘 드러나도록 하여 논점을 중심으로 어떠한 대립을 보이고 있는 것인지를 구체적으로 이해하는 과정이 필요하다. 이것이 성실하게 수행되었을 때 의견을 구체적으로 조율할 수 있는 토대가 마련되는 것이기 때문이다.

단계2는 문제 해결의 후반부 작업으로서 합의안을 도출해 나가는 과정에 해당한다. 여기서 참여자들은 서로의 대립된 의견을 확인하고, 조율의 방법을 모색해 나가면서 공동의 문제를 해결하도록 하는 대안을 도출하게 된다.

(2) 논제 특성과 발화의 목표

토의는 서로의 견해가 가지는 차이점을 발견하고 그에 대한 타협점을 찾아내는 과정에서 공동 의사 형성 행위를 완성해 내야 한다.

논제는 특정 명제에 대한 동의 여부로 참여자간 대립이 일어나는 것이 아니라, 다양한 관점으로서 열린 대안을 모색하도록 하는 것들이 해당한다. '사내 프로젝트팀원으로 누구를 선발할 것인가', '사학분규 해법은 없는가', '고구려사 왜곡 대처 방안은 무엇인가', '교원평가제 도입안 문제는 없는가', '위기의 노동운동, 해법은 무엇인가', '부동산 광풍, 누구의 책임인가', '고위공직자 비리 척결, 어떻게 할 것인가', '한국경제, 무엇이 대안인가', '쓰레기 만두 파동, 대책은'과 같은 것들로서 자신의 의사와 상대방의 의사를 함께 충족시킬 방법을 찾고자 하는 것들이다. 따라서 협의자 집단은 공동의 문제에 대한 대안을 함께 모색하는 과정에서 서로의 관점을 이해하고 이를 해결책에 반영해야 한다.

결국 과제 중심의 문제 해결적 대화에서는 각자 자신의 주장에만 몰입하는 자세로부터 벗어나 공동의 의사를 결정하기 위해 의견을 모아야 한다. 각자의 입장과 취향, 목표, 욕구가 다른 주체들은 각자의 주장을 갖기 마련인데, 이들이 서로 자신의 견해에 따라 공동 결정안의 성격을 고집하게 되면 대화 공동체는 공동의 업무를 함께 처리할 수 없게 되기 때문이다. 이에 공동 의사 결정의 토의에서 협력성은 특별한 지위를 차지한다. 토의 과정에서는 각 구성원들 서로의 입장을 아는 것이 중요하며, 대화 공동체를 이를 기반으로 하여 공동 문제의 성격에 대한 의견을 나누게 된다. 함께 해결해야 하는 목표 대상에 대한 이해가 공동으로 이루어지고 나면, 각자의 견해에서 주장되었던 다양한 대안들을 함께 검토해 나가게 된다. 이때 다양한 의견의 많은 부분들은 유기되거나 조정되는 것이 불가피한데, 바로 이러한 과정에서 상호의 의견이 존중되는 가운데 서로가 동의할 수 있는 기준에 의하여 유기·조율되는 것이 상당히 중요하다. 결국 존중을 기초로 다양한 단계의 동의가 일어날 수 있는 분위기가 마련되는 것이다. 대화 공동체가 서로 공격하고 방어하는 긴장된 분위기가 되어서는 곤란하기 때문이다. 곧 토의의 경우는 토론과는 달리 발화 수행 상의 목표와 대화 활동 상의 목적에 부합하는 참여 태도의 성격이 상당히 일치한다.

3. 협력적 프레이밍

　대화는 수행 목표나 목적이 구체화되지 않았을 뿐 수행의 동기를 가진 공동의 활동이다. 이에 활동의 목적이 있다는 것과 그것을 바로 이해하는 것은 효과적인 참여 태도를 취하는 데에 도움이 될 것이다. 거시적인 안목에서라면 대화 활동에서 '협력'은 선택의 문제가 아니라 필수의 문제가 된다. 대화를 통해 유익한 결과를 얻기 위해서는 공동의 목적에 부합하는 방법을 취하여야 할 것이다. 참여자간 토론과 토의에 존재하는 갈등의 기능과 관리 방법에 대하여 알아보도록 한다.

　먼저 토론 전략으로 소개된 내용을 통해 우리가 풀어야 하는 오해가 무엇인가에 대해 살펴본다. 박용한(2003)에서는 TV 토론에서 다음과 같은 전략들이 사용되고 있음을 정리하였다.5) 다음과 같은 상호 작용 책략의 의의가 무엇인가 대하여 생각해 볼 필요가 있다. 우리 사회에서 토론과 토의의 용어 사용에 혼란이 많다. 논의 내용이 분명히 드러나 있는 대화는 '토론'을 범용하는 경우가 자주 눈에 띈다. 'TV토론'의 경우도 논제에 따라서는 엄격하게 말해 대화 형태가 '토론'인 경우와 '토의'인 경우가 섞여 있는 경우가 많다.

　　　가. 순서 끼어들기 : 상대방의 대화 목적 달성에 보탬이 되는 상대방의 순서
　　　　　　　　　　　에는 적극적으로 끼어들어 방해하면서, 나의 대화 목적
　　　　　　　　　　　달성에 보탬이 되는 나의 **순**서를 구성하라.
　　　나. 순서 유지하기 : 상대방의 순서 끼어들기에 대응하여, 나의 대화 목적 달
　　　　　　　　　　　성에 보탬이 되는 나의 순서를 계속적으로 유지하라.
　　　다. 비난하기 : 상대방의 발언 중 어떤 잘못이나 결점 등이 보일 경우 이를
　　　　　　　　　책잡아 비난함으로써, 상대방의 이미지에 손상을 가하라.
　　　라. 비꼬기 : 상대방이 현재 취하고 있는 의견이나 전반적인 행위 양상 등을
　　　　　　　　대상으로 하여, 상대방의 감정에 거슬릴 정도로 빈정대듯이 말
　　　　　　　　함으로써, 상대방의 이미지에 손상을 가하라.
　　　마. 유감 표명하기 : 상대방의 주장 내용에 대해, 먼저 상대방의 지위나 그간
　　　　　　　　　　　의 행위 등을 언급한 후 그에 따른 유감이나 실망감 등

---
5) 박용한, 『토론 대화 전략 연구』, 역락, 2003.

을 표함으로써, 상대방의 이미지에 손상을 가하라.
(박용한 2003: pp.111-112, pp.194-195)

위와 같은 고찰은 TV 토론의 경우를 분석하여 얻어진 결과로 토의에 참여한 협의자들의 상호 작용에서 사용한 대화 전략을 정리한 내용에 해당한다. 이와 같은 전략에 입각한 참여가 성취하는 것은 논제에 대하여 수행하는 철저한 탐색도 아니며, 서로의 입장을 고려한 대안 모색도 아니다. 결국 심리적으로 유리한 위치를 차지하는 것이기는 해도 토론으로서도 토의로서도 대화 목적에 부합하는 수확을 거두는 데에 기여하지 못하는 태도라고 할 수 있다. 대화 참여의 전략이 엉뚱한 부분에 치중되어 있다는 것을 알 수 있다.

대화의 프레임은 참여자들의 공동 작업에 의해 구축되는 것이기에 각 참여자가 전체 프레임 형성에 함께 기여할 수 있는 프레이밍을 할 수도 있고 그렇지 않을 수도 있다. 프레이밍은 메시지를 구성하는 방식이므로 메시지가 어떻게 프레이밍 되느냐에 따라서 해당 메시지에 대한 인식이 달라지기도 한다. 결과적으로 같은 메시지를 전달하는 것이라 하더라도 프레이밍의 방식으로 인해 메시지 효과가 달라질 수 있다. 예를 들어 '자네는 열정은 대단한데 창의력이 부족해'와 '자네는 창의력은 부족한데 열정이 대단해'가 상대방에게 미치는 메시지 효과는 동일하지 않다.

공동의 관심사에 대한 공동 목표가 있는 상호작용 활동으로서의 대화는 공동 활동에 유익한 참여 방식이 있으며 구성원들은 이에 기여하거나 손실을 가하는 메시지 전달 방식을 취할 수 있다.

1) 토론에서의 협력적 프레이밍

발화의 목적은 그와 같은 대화 활동이 어떤 의의를 갖는가에 기초한다. 토론에서는 상반된 견해를 가진 참여자들이 자신의 주장을 경쟁적으로 제시하고, 서로의 의견을 논박한다. 때로 참여자들은 대화 과정에서 나름의 전략을 사용하고, 상대방의 자존심을 건드리는 것은 아랑곳하지 않으며 오로지 치밀한 논박을 통해 자신의 견해가 더 타당하다는 것을 드러내는 데에 혼신의 노력을 다 한다.

그러나 토론은 아무 질서 개념이 없는 말싸움이 아니다. 일견 의견의 다툼 같아 보일 수는 있어도 공동의 활동 목적을 가진 대화 활동이라는 것을 주목할 필요가 있다. 그런가 하면 공동 활동으로서의 대화 목적에 대하여서도 생각해 볼 수 있다. 문제의식에서 발로한 닫힌 명제로서의 토론 논제들이 낳는 결론은 찬성 혹은 반대가 있을 뿐이다. 그러나 심층적인 논의 후에 내릴 수 있는 결론이 찬성과 반대라는 이분법적 판단에 국한되지는 않는다. 대화의 궁극적인 목적은 논박의 우열관계에서 어느 쪽이 승리하였는가라는 단편적 사실을 얻는 것만으로 끝나는 것이 아니라, 경쟁적인 주장과 논증 과정으로 진행된 대화 내용 자체가 된다. 곧 관련 사안에 대한 해결방안을 마련하기에 앞서 사태에 대한 깊은 이해를 돕는 치밀한 탐색을 경쟁적으로 수행하는 것이다. 이를 통해 대화 참여자들을 포함하여 대화를 지켜보는 토론 활동 관계자 모두는 사안이 가지고 있는 다양한 특성과 문제점들을 보다 깊이 있게 이해할 수 있게 된다. 겉으로 나타나는 상호작용의 형태는 대립적이고 경쟁적이지만 결과적으로 보면 논점에 대한 심층 분석을 협동적으로 수행하고 있는 것이다. 따라서 공동의 활동 목적을 가지는 까닭에 그 안에도 공동 활동으로서의 협력 영역이 존재한다. Grice(1975: 45-6)는 일찍이 일상 대화에 있어서의 협력 원리(Cooperative Principle)를 양(quantity), 질(quality), 적합성(relevance), 태도(manner) 차원으로 언급하고, Schiffrin(1984: 316)은 관계의 유대성을 가지고 진실을 함께 찾아나가는 것이 논쟁이라고 보고 협동적 수행에 나타나는 갈등을 논하였다.6) 이동은(2000: 29)의 경우도 문제 해결을 위한 갈등과정에 있어 구성원들은 서로간의 협동적 유대를 위한 노력이 분명히 존재한다는 것을 강조한 바 있다.7)

다음은 여성할당제가 사기업에도 시행되어야 한다는 논제에 대한 찬성측과 반대측의 토론 대화이다.

> (3) [3] 1:여성 고용문제 해결에 있어서 그 주체는 다름 아닌 여성 스스로가 되어야 한다는 것, 인정하십니까?

---

6) Grice, H.P. *Logic and conversation*. In Cole & Morgan. 1975. pp.41-58, (Part of Grice 1967.)
Grice, H.P. *Logic and Conversation*. Unpublished MS. of the William James Lectures, Harvard University.1967.
Schiffrin, Debora. "Jewish Argument as Sociability" *Language in Society 13*(3). 1984.
7) 이동은, 「토론에서의 충돌과 유지를 위한 조율(alignment)」, 서울대학교 대학원 언어학과 『언어연구』 제20집, 2000.

[4] 2:여성이 능력이 있다면 고용이 충분히 가능하다고 말씀드리는 것입니다.

[5] 1:그러면 현재, 이런 여성이 자신의 문제를 가지고 있다고 인정하고 계시고 있다고 생각합니다. 분명히 차별은 존재하고 있습니다. 이런 상황에서 여성이 자신의 문제를 스스로 해결할 수 있을 만한 충분한 권한이나 대표성을 현재 가지고 있다고 생각하십니까?

[6] 2:여성이 능력이 있다면 그 문제를 스스로 해결할 수 있습니다.

[7] 1:아 그러세요? 예. 논점을 중심으로 참여자들이 의견의 대립 구도를 보이는 토론에서, 일차적인 전략은 논리 전개의 방식에서 모색될 것이다. 그런가 하면 최종 결과는 주장이 갖는 타당성의 우열로 가름되는 것이므로 자신의 논증 과정이 우월하다는 프레이밍에 기여하기 위해 상대방의 의견에 수긍하는 발화는 가급적 삼간다. 그러나 예문에서 화자1이 [7]에서 "아 그러세요? 예."라며 반대측의 의견을 존중하는 투의 발화를 하자 청중에서 폭소가 터져나왔다. 이는 대화자가 그와 같은 전략에서 벗어나는 행동을 보인 데 대한 청중들의 반응에 해당하는 것으로 볼 수 있다.

{청중 웃음} & ((-))에서의 차별의 이유를 물을 때 여성의 경우는 보이지 않는 이유를 말하지만 남성의 경우는 실력이라든지 책임감 등을 얘기하며 객관화시키려는 방향이 있습니다. 이것은 남성과 여성이 차별의 문제에 있어서 공유하는 지점이 분명히 다르다는 점, =을 증명하는 것입니다, 어떻게 생각하십니까?

[8] 2:남성과 여성은 다른 면을, ((음)) 다른 면을 인정할 수 있지만 그것을 기업 전체가 그렇게 생각하고 있다는 거는 오히려 그쪽의 편견이 아닐까요?

[9] 1:예, 어~ 현재 대부분의 여성 인력이 저임금 하위직에 수평적으로 분포되어 있다는 것 인정하십니까?

[10] 2:네 그렇습니다.

[11] 1:그럼 여성은, 여성 고용 할당제는 여성 할당제는 여성을 무조건적으로 고용하는 것이 아닌 실력 있는 여성 중*에서 기업에게 선발하라고 하는 것임을 인정하십니까?

[12] 2:그렇다면 그 고용할당제는 무= 으~ 실력 있는 여성들만을 위한 제도

[13] 1:아 그렇습니까. 그러면 이런 여성 할당제는 여성 정책의, 전반의 한 과정이라는 것, 인정하십니까?

[14] 2:예.

[15] 1:예, 우리가 시행하고 있는 여러 가지 여성 정책은 지금 다양하게 ((-))고 있는 상황입니다. 그것을 인지해 주시기 바랍니다. 또한 그~ 아까부터 그~ 말씀하시는 도중에 그~ 기업에 최대의 목표는 최대 이윤을, 추구에 있다고 하셨습니다.

[16] 2:그=

[17] 1:하지만*, & 그~ 사회적인 책임에도 단계가 있고, 그 단계에는 법적, 윤리적, 경제적 사회 공헌적인 책임이 모두 존재합니다. 그렇다면 너무나 우리 국내 기업은 경제적인 책임에만 너무 치중되어 있다는 것은, 치중되어 있다고 생각하지는 않으십니까?

[18] 2:제 일차적 목표는 당연히 경제적인 것이어야 합니다. 하지만 기업의 사회적인 책임이 없다고 인정하지는 않았습니다, 저희가. 기업의 윤리적인 책임에 대해서 저희가 말씀드리는 것이고 그것을 선의 개념이나 선의 개념은 그것을 지키지 않았을 때 비난을 받을 일이지 그것을 의무화하거나 강제화한다고 법을 어기는 것은 아닙니다.

[19] 1:제가 말씀드린 것은 사회적 책임 안에도 법적인 부분이 있다고 분명히 말씀드렸습니다. 이 부분에 대해서는 좀 더 구체적으로 본론에서 설명해 드리도록 하겠습니다. 국가가 기업의 자율성을 보장해야 된다고 말씀하셨습니다. 그리고 사기업은 자유 경제 시장 안에서 활동의 자유를 갖는다고 말씀하셨습니다. 하지만 이런, & 기업도 법을 지켜야 한다는 것 인정하십니까?

[20] 2:하지만 여성 고용할당제가 법률로 제정되어 있는 것은 아닙니다.

(3)은 찬성측이 반론에 들어가기 전에 반대측에게 확인 질문을 하는 과정이고, (4)는 찬성측이 반대측 주장에 맞서 반론을 제시하는 과정에 해당한다.

(4) 1:⋯여성의 양적 증가는 왜 필요하냐, 바로 실질적 평등이, 실질적 평등의 기반이 되기 때문입니다. 우선 여성이 양적으로 많이 증가하고 그 여성들이 연대할 수 있을 때 어~ 여성들은 자신들의 문제를 스스로 해결할 수 있는, 그 토대를 만들 수 있습니다. 여성에 대한 차별의 경험은 철저히 경험적 지식이기 때문에 여성이 아닌 여성과 차별적 문제를 공유하지 못하는 남성이 여성의 차별적 문제를 그 근본적 문제를 해결해 주는 데는 분명 한계를 가지고 있습니다. 현재 여성은 저임금 하위직 직종에 대부분을 차지하고 있습니다. 고용에 있어서 문제는 실제적으로 능력있는 여성이 인재로서 고용시장에 진입하지 못한다는 사실입니다. 궁극적으로 여성 고용 할당제가 지향하는 것은 여성이 노동 시장에 유연하게 진입하는 것이지만 현재의 수평적 구조로는 그 근본적인 문제를 해결할 수가 없습니다. 여성이 많이 진출하고 그 여성들이 ((처음에)) 고용 상태를 이해하고 대안을 찾아가는 과정이 필요하므로 여성의 고용은 수직적인 분포로 재-분포 되어야 합니다. 어~ 기업은 어 여성이 저희는 여성이 모든 여성을 기업에게 무조건적으로 선발하라고 강제하는 것이 아닙니다. 실력있는 여성이 많지만 여성이라는 성의 위기로 인해서 고용시장에 접근할 수 없는 여성을 다양하게 제시함으로써 여성이 더 많은 인재를 효과적으로 ((-)) 수 있는 그 기반을 마련해 주겠다는 것입니다. 어~ 기업이 원하는 것에 유연하게 대처할 수 있는 자질을 가진 여성이 먼저 고용된다면 그 성과와 파급효과 또한 기대할 수 있을 것입니다. 또한 여성의 다양성을 보장하는 문제는 비단 여성 할당제뿐만이 아닌 모든 여성 정책 전반의 목표라고 생각합니다. 이는 수적인 문제가 해결되지 않고는 전혀 실현 불가능합니다. 모든 일에는 차례와 순서가 있는 법입니다. 여성이 다양하게 기업에 진출하고 그 여성들이 여성 스스로에 대한 대안에 다양하고 모색적인 대안이, 대안이 스스로 만들어나가는 여성인력이 있을 때만 즉 수적인 ((-))이 있을 때만 그 해결책은 가능하다고 생각합니다. 신발을 신지도 않은 사람에게 뛰거나 구르기를 강요할 수 없는 것입니다. 여성 할당제는 여성에게 신발을 신기는 과정에 비유할 수 있을 것이고, 이는 양적인 보장을 전제하는 과정이며 그래서 여성 고용 할당제는 ((잠정적))이어야 한다고 저희는 주장합니다. 또한 저희는

사기업의 특수성과 무관하게 여성 고용 할당제를 주장하는 것이 아닙니다. 앞서 말씀드렸듯이 여성 고용 할당제는 다양하게 존재하고 기업은 자신의 형태에 맞게 단계적으로 적용하면 되는 것입니다. 앞에서 말씀드렸다시피 기업은 사회적 책임을 져야 될 의무가 있습니다. 그러나 물론 아까 반대 측에서도 말씀하셨다시피 이 사회적 책임은 국가도 함께 지는 것입니다. 기업과 국가는 사회적 책임을 누가 먼저 지는 것이 아니라 정도의 차이만 있을 뿐 이것은 국가와 기업이 동시적으로 행해야 할 일입니다. 자유 시장 경제 체제 내에서 기업이 자신의 활동을 자유롭게 보장받는 것은 당연한 일입니다. 하지만 이것은 어디까지나 사회적 책임인 법적 윤리적 테두리 안에서만 보장받는 것입니다. 여성에 대한 불리한 고용 정책은 기업의 사회적 책임인 법적 윤리적 부분에(부분을) 간과한 것이고 이에 대한 책임은 국가가 당연히 물을 수 있는 것입니다. 사기업은 전체 경영 ((-))의 칠십 퍼센트를 차지하고 실질적 경쟁이 이루어지는 장이 됩니다. 실력있는 여성이 자신의 능력을 공정하게 평가받기 위해선 경쟁의 중심인 사기업 내에서 자립할 수 있어야 합니다. 현재 양성 평등 원칙이 가장 잘 지켜지고 있는 스웨덴의 경우 …….

  토론 참여자들은 상대방에게 예전부터 가지고 있었던 누적된 감정을 '항상', '언제나', '모두', '전부' 등으로 일반화하는 식으로 해당 사안으로부터 벗어난 표현을 하지 않는다. 또 상대방의 신분을 문제삼는다든지, 인격이나 자질을 의심한다든지 하는 식의 논점 일탈을 범하지 않는다. 발화 시간이나 말차례 수 등의 발언 기회는 대회가 규정하거나 스스로 절제하는 방식으로 조절된다. 그런가 하면 자신의 의견에 대한 반대 의견이 있다고 해서 화를 낸다거나 감정적인 대응을 하지 않는다. 자신의 주장에 대해서는 이를 뒷받침 할 수 있는 객관적이고 논리적인 근거를 제시한다. 주장을 경쟁하는 과정에서 자기의 주장을 내세우기에 급급하여 상대방의 이야기를 무시하는 태도를 취하지 않는다.
  그러나 토론이라는 명목 하에 이루어지고 있는 TV토론 등에서의 대화는 이러한 참여 규칙이 존중되고 있지 않은 경우가 많다. 대조적 관찰을 위해 경쟁적 토론 분위기에서 오고간 대화의 사례를 보도록 한다. 다음은 상대방의 논리를 객관적 기준에서 검토하려기보다 발상 자체에 문제가 있다며 아예 내용 전개를 불가하게 하는 발화의 경우이다.

(5) [131] B1 7) 이런 법을 갖다가 지금 그렇게 간단히 이렇게 처리하신다는 건[
상당히[지금 발상에 문제가 있지 않나 싶습니다

【자료3가】[8]

(5)의 경우에 있어서도 상대방의 제안 내용을 '간단히 처리'하는 것으로 일축하여 해석하고 대화 상대방의 '발상' 자체를 원천적으로 부정하면서 이것은 '상당히 문제가 있다'는 식으로 강조하여 비난하고 있다. '발상' 단계에 대한 비난은 대화 참여의 활성화를 크게 저해하는 발언에 속한다. 경쟁적 토론에서는 다른 대화 참여자의 잘못된 부분을 가급적 많이 드러내고자 한다. 그러다보니 문제점 지적도 자격이나 자질 등 내용의 범위가 상당히 넓다. 이에 반하여 협력적 대화에서는 상호간 비판 내용이 제한적으로 나타난다. 대화를 통해 해결하고자 하는 문제의 초점과 그의 해결과정에 유의미한 관계를 가지는 부분에 대해서만 비판이 이루어진다.

(6) [074] K 1)　　　　　　　[정말 교육학과 출신의 교수님 맞습니까?
[078] Y 1)　　　　　　　[아니 A교수님 잠깐만요
[079] A 1) 예
[080] Y 1) 말씀을 꺼내신 김에 [그렇게 학교를 혼란으로 몰아넣는 그런 세
　　　　　　력이 있다면
[081] A 1)　　　　　　　　　[예
[080] Y 2) 구체적으로 말씀을 하시고[비판을 하시죠
[082] Y 1)　　　　　　　　　　　[왜 그런가 하면 지금요
　　　　2) 지금 이제 학교에서 분규를 이렇게 보면은 대개 조직의 멤버들이
　　　　　　있다고 우리가 알고 있어요
　　　　3) [어떻게 보면은
[083] K 1) [교수님으로서 그런 말은 [부끄러운 말씀인 줄 아셔야 됩니다

【자료3가】

---

8) 권우진, 「집단 토의에서의 협력적 대화 방식에 관한 연구」, 한양대 박사학위논문, 2006.의 부록에 제시된 전사 자료 번호

화자K는 화자A의 발언을 문제 해결적인 차원에서 지적하지 않고 [074]에서 교육학 교수로 출연한 토의자를 향해 "정말 교육학과 출신의 교수님 맞습니까?"라며 토의 진행 도중 신분을 묻고 있다. 이는 순수한 질문이 아니라 의문문의 형태를 띤 진술로서 '나는 당신을 교육학과 출신으로 인정하기 어렵다'라는 직접적 비난을 하는 것이 된다.[9]

[083]의 '교수님으로서 그런 말은 부끄러운 말씀인 줄 아셔야 됩니다'라는 발화는 상대의 신분 자질에 대하여 체면 손상을 가하는 표현이다. 문제 해결 과정의 어떤 단계도 해결하지 못할 뿐만 아니라 해결하고자 하는 목표와는 동떨어진 화두로 대화 상대의 체면을 위협하고 있다. 체면 위협은 문제 해결에 도움이 되지 않을 뿐만 아니라 감정적으로 상처를 입으면 경청하기가 어려워지고 상대방의 주장에 귀를 기울이기보다는 자신의 입장을 내세우려고 급급할 것이다.[10]

아래의 예문은 상대방의 말을 다 경청하기 전에 도입부만을 듣고 반대의사를 적극적으로 표현하고 있는 경우이다.

(7) [149] K 1)　　　　　　　[제가 예를[합리적인 토론을 위해서 제가 법
　　　　　　　　　　　　　　에 대한 설명을 좀 해 드리겠습니다

　　[150] H 1)　　　　　　　[아이 저(???)

　　　　　2) 아이 그러니까 법이든 뭐든 간에 보세요

---

9) 다음의 문제제기는 실제 문제 해결을 위한 문제제기보다는 형태만 질문형일 뿐 원망이나 비난의 진술 기능을 하고 있다.
　　　　어떻게 그럴 수가 있니? (그럴 수는 없다)
　　　　어쩌다가 그렇게 됐니? (참 안된 일이다)
　　　　왜 그랬니? (원망스럽다)
　　　　내가 언제 그랬냐? (안 그랬다)
　　　　뭐가 문제니? (문제없다)
　　　　무슨 학교가 뭐 이래? (부당한 처사이다)
　　　　도대체 이런 경우가 어디 있어?(너무한 일이다)
　　　　무슨 녀석이 이런 녀석이 다 있어? (너무한 행동을 했다)
의문사는 건설적 비판과 파괴적 비판에서 각기 다른 기능과 해석을 갖는다. 답할 수 있는 질문과 답할 수 없는 질문으로 나누어 볼 수 있는데, 의문사가 정말 의문의 뜻으로 사용되는 경우와 의문의 뜻으로 사용되지 않고 감탄이나 강조의 뜻을 나타내는 경우가 그에 해당한다.

10) 이와 관련한 체면에 대한 논의는 다음을 참고할 수 있다. Myers, G.E.&Myers, M.T. *The Dynamics of Human Communication: A Laboratory Approach*. McGraw-Hill, Inc, 1985. 임칠성 역, 『대인 관계와 의사소통』, 집문당, 1998.

3) 지금[사립학교법 개정에 관해서 얘기를 토론하자고 해서 나왔는데

【자료3가】

(8) a. [020] A 3) 치부를 했기 때문에 만약에 그것이 치부라고 생각한다면 그건 나쁜 것이다,

    4) [그런 말씀이신가요?

[021] S 1) [아니 아니 그게 아니죠

    2) 아까 얘기 나왔습니다마는

    3) 시설이 좋아지고 하면 괜찮은데 사립[학교의

b. [158] Y 4) 지금 제가 이 말씀드리는 이유는 아까 법 절차를 통해서 해결할 수가 있다고 말씀을 하셨기 때문에 지금 우리 사립학교 관련법이나 기타 다른 법에 이런 문제들이 발생할 때 해결할 수 있는 어떤 장치가 있는지를[제가 여쭤보는 겁니다

[159] A 1)   [아니죠

    2)   [지금 저 잘 아시는 법률 공법하시는 분이 계시니까 말씀드리겠는데,

【자료3가】

(7)에서 화자H는 화자K의 제안에 대하여 "아이 그러니까 법이든 뭐든 간에 보세요"라며 상대방 말에 대하여 전혀 관심을 두지 않고 있다. (8)에 있어서도 선행 화자에 대한 반대의사를 즉각적이고도 단정적으로 표현하고 있다.

각자의 관점에 입각하여 철저한 논거에 입각하여 주장하고 논박하는 토론은 표면상으로는 승패적인 상호작용 방식을 띄고 있음에 분명하다. 언쟁 전략을 비롯한 인간 상호 작용의 방식은 승패(win-lose or power strategies), 승승(win-win or integration strategies), 패패(lose-lose or compromise strategies)로 나누어 볼 수 있다.[11]

논점에 대한 표면적인 상호 작용에 있어서는 승패적이다. 그러나 이는 상호작용의 단편

---

[11] Myers, G.E.&Myers, M.T. *The Dynamics of Human Communication: A Laboratory Approac.*, McGraw-Hill, Inc. 1985. 임칠성 역, 『대인 관계와 의사소통』, 집문당, 1998.

적인 국면에 해당하는 것으로 관계의 성질을 총제적으로 드러내는 것으로 보기 어렵다. 늘 승자와 패자를 가르는 것이 대화의 궁극적 목적이라고 볼 수는 없기 때문이다.

2) 토의에서의 협력적 프레이밍

프레임의 형태에 따라 협력의 방식은 다르다. 토의에 있어서는 자신이 취하고 있는 관점에서 수행할 수 있는 최선의 탐구를 하는 것이 각 대화 방식에서 추구되어야 할 협력의 영역이 된다.

토의는 보다 나은 판단을 위해 여러 사람이 함께 협의하는 것을 목적으로 하지만 서로의 관점이나 이해가 모두 동일한 것이 아니어서 부각되지는 않으나 경쟁이 존재한다. 공통적인 목적을 갖고 있음에도 불구하고, 각자의 주장에 몰입하여 대화라는 공동 활동으로서의 목표를 잃어버리는 경우가 많은 것도 사실이다. 갈등은 어디에나 있다. 아무리 좋은 관계라 하더라도 개인 간의 기호 및 입장 차이는 존재할 수밖에 없기 때문이다. 갈등은 그것의 존재 여부보다는 극복의 방법이 중요하다는 점을 다시 확인하게 된다. 토의에서는 이러한 견해의 차이를 인정하고 이를 숨기려 하기 보다는 오히려 적극적으로 해소하고 상호 작용이 문제 해결적인 방향으로 일어날 수 있도록 하는 것이 중요하다. 공동의 의사결정 과정에서 구성원 일부의 의견이 무시되거나 반대 의사가 남겨지는 것은, 결국 공동 의사로서의 한계를 인정하는 것이기 때문이다.

[그림1]에서 단계1만을 염두에 두고, 여기에만 집착하면 궁극적 대화 목적인 (라)에 도달하는 것이 어려워진다. (라)는 그저 토의 결과만을 나타내는 것이 아니라 모든 구성원들의 다양한 차이점이 효과적으로 반영된 최종 대안이 되는데, 이에 도달하려면 협의체 전체를 하나의 문제 해결 주체로 간주하고 대립이 전제된 공적 활동이 잘 이루어지도록 해야 한다. 만약 대립만이 존재하는 단계1에만 머문다면 그것은 대립을 논점의 축으로 하는 토론 효과를 가질 수는 있지만 (라)에 도달한다는 공적인 목표 도달에는 실패하게 될 수도 있다. 단계2를 염두에 두고, 그것을 효과적으로 달성할 수 있도록 노력해야 비로소 토의는 나름의 역할을 완수하게 되는 것이다. 이와 같은 현상들이 잘 극복되려면 몇 가지 언어외적 요건들이 갖추어져야 한다. [그림1]은 많은 언어외적 변인을 통제한 상태에서 고찰된 내용에 속한다. 본고의 연구 대상 자료에서 최종 합의에 도달한 업무 대화에서는 자료의 특성상 미리 조절

된 변인이 있다. 동일한 지위, 분위기, 친분의 정도로서의 관계가 그것이다. 사내에서 동일한 지위에 속하는 사람들로 구성된 대화이기에 상호 존중이 가능하고, 기업 연수 차원에서 실시된 평가과정이기에 진지함과 성실함이 어느 정도 전제 되어 있다. 또 전국의 여러 지점에서 선발되어 온 사람들로서 친분의 정도가 어느 정도 미리 통제되어 있는 면이 있다. 이와는 대조적으로 일상에서 벌어지는 토의에서는 대화에 참여하는 구성원들의 열의, 논제 또는 토의 결과와 관련한 책임이나 권한의 정도가 다른 경우가 많다는 점을 고려해야 할 것이다. 이는 언어외적 요건으로서 본고에서는 깊이 다루지 않도록 한다.

먼저, 관점과 논점이 공유되고 참여자들의 의사가 모두 드러나야 하며 서로가 지시하는 개념의 내포적 의미까지 공유하도록 노력할 필요가 있다. 또한 협력적 의견 수용 차원에서 비판을 할 때는 여러 협의자의 견해에 대한 적절성을 상호적으로 타진하기 위해 논리적이면서도 상호 배려가 있는 비판을 수행하는 것이 중요하다. 협력적 말차례 교환 차원에서는 발화량을 스스로 관리하고 발화를 시작할 때에는 시동 발화로서 선행 화자에게 발화 시작을 미리 알리는 것이 일반적이며, 선행 화자의 언급 내용을 인정하면서 전환의 의사를 드러내는 담화 표지들도 자주 사용되는 경우를 발견할 수 있다. 또한 후행화자는 추이적정지점에서 발언권을 획득하였더라도 선행 화자의 발언 의사가 지속되고 있음을 확인하는 즉시 선행 화자에게 그 발언권을 다시 양보하는 경우가 대부분이었다.

서로 다른 의사가 점차로 방향 정렬이 일어나 궁극적으로는 합일에 도달하는 과정에서는 토의 전반에 대한 주제 관리가 일어난다. 곧 시작에서부터 종결에 이르기까지의 개별 화자들의 발화 내용이 독립된 견해나 주장으로만 존재하지 않고 합의체 전체의 의사 형성에 기여하는 의미적 통합체로 연결되는 과정이 존재하는 것이다. 이러한 기능을 수행하기 위한 노력은 주요 화자에 의하여 이루어지는 경우와 참여자 공동에 의해 이루어지는 경우로서 살펴볼 수 있다. 대화 중간 중간에 대화 목적으로서의 대의에 대해 계속 환기가 될 때 협력적인 대화가 가능해지는 것이다. 그런가 하면 합의에 이르기 위해 서로 자신들의 견해와 입장에만 집중하지 않고 서로가 공유하고 있는 대화 동기에도 관심을 갖는다. 이러한 목표 공유는 크게 두 가지 차원으로 나누어지는데 하나는 대화의 원인이 된 사태나 사건으로서의 과제 목표로서 대화 수행의 목적이 되는 활동을 공유하는 것이고, 다른 하나는 대화 활동으로서의 토의 목표를 공유하는 것이다. 또 대화 내용에 대한 정리 과정에서 중요 항목에 대한 취사선택이 공동으로 이루어진다. 참여자들의 의사가 한 방향으로 정렬되는 과정에서 다른 사람의 견해를 따르기로 하는 의결권 양보와 문제점 지적에 대한 인정, 판단에 대한 동의 등의 발화 수행 등이 나타나기도 한다.

다음은 그와 관련한 대화의 예이다. 대화 상대의 의견이 가지는 그 나름의 긍정적 측면을 인정하면서 격려하여 협력적 분위기를 조성해 나가고 있다.

(9) a. 앞에서 세분이 이제~ 말씀을 잘 하셨는데요,
 b. 좋은 의견이라고 생각합[1니다. 아까 그~ 말씀하신 [2부분에서, 추가를 한다면은, 제가- 추가를 하고 싶은 것은,
 c. 네, 말씀하신 대로 이정훈 사원은, 콤피터를 활*용할 수 있는,… 시스템을 구축한다든지, … 데이타를 ((-))해서 백분 컴퓨터를 활용할 수 있는 능력은 뛰어나구만요.
 d. 쾌활한 것은 물론 좋습니다, 그러나
 e. 충분히 예, 그 말씀도 옳습니다. 왜냐하면은 이제~ 프로그램을 아니까, 컴퓨터를 훌륭히 잘 다룰 수가 있는데, 저희가- 이제 원하는…
 f. 물론 뭐~ 옳으신 말씀인데요, 그렇지만 그~ 단순 원가 계산이나, 또는 통계-적인 면만 가지고는 좀 힘들다고 저는 보거든요. 왜냐면 이번 프로젝트가…

【자료1가】

(9a)에서 '말씀을 잘 하셨다'면서 선행 화자들의 화행 자체를 일단 격려하고, (9b)에서 상대방의 의견에 대해서는 일단 긍정적인 평가를 하면서 자신의 의견을 덧붙이면서 보완하고 있다. (9c)에서는 '컴퓨터를 활용할 수 있는 능력은 뛰어나구만요'라고 하고 있는데 여기서 '~는 능력은'은 '~는 능력이'보다 한정적으로 초점화한 평가로서 언급하는 것이 된다. (9d)-(9f)는 일단 선행 화자의 의견을 긍정적으로 평가한 후 다시 그와 상반된 자기 견해를 피력하는 것에 해당한다.

(10) [274] 4:충분히 예, 그 말씀도 옳습니다. 왜냐하면은 이제~ 프로그램을 아니

까, 컴퓨터를 훌륭히 잘 다룰 수가 있는데, 저희가- 이제 원하는 그~ 잡, 그러니까 업무 부분에 있어서는 기존의 경험이 오히려 좀 쩍*찌(적지) 않나, 그래 생각을 가질 = 가져 보거든요. 그렇게 하고 보면은 물론 컴퓨터에는 아주 익숙하고 여러 가지 그~ 응용 기초- 프로그램을 뭐~ 만들고, 하시는 데는 그런 것도 능히 하지만, 우리가 지금 그~ 원하는 그~ 정보의 가공 처리, 그런 부분에서는 지금 그~ 쪼-끔 & 거리감이 있지 않나 그런 생각을,

【자료1가】

화자4는 대화 상대가 제시한 정책적 대안의 의의는 인정하되 합의체가 지향하고 있는 논제관련성(topicality)에 문제를 제기하고 있다. 각 화자는 선행 화자와 다른 견해를 주장하고자 함에도 불구하고 의사개진을 긍정적인 반응으로서 시작하여 대화 흐름을 원만하게 하고 있는 것을 볼 수 있다. 상대방의 의견과는 정작 다른 관점의 해석을 제시하더라도 갑작스러운 반대의사에 저항하게 되는 발언보다는 심리적 부담을 경감할 수 있는 분위기로 상호 작용하는 것이다. 요청의 거절, 제의의 거절, 가치 판단 이후의 상반된 의견 제시 등은 협력적 대화에서 선호되지 않는 범주로서 지연되거나 부가적으로 복잡한 구성 성분을 갖기 마련이어서 일단은 상대방의 의견을 존중하는 발언이 선행한 후 문제제기하는 것이 공동 문제 해결 과정에 도움이 된다. 이와 관련하여 Levinson(1983: 420)은 비선호 범주가 (a)의미 있는 지연 후에 나타나거나 (b)well 등 비선호적 지위를 표시하는 서언과 더불어 나타나거나, (c)선호적 둘째 부분이 왜 수행되지 않는가에 대한 설명과 더불어 나타난다고 정리한 바 있다.12)

4. 결론

공동체가 스스로 정한 질서 안에서 공동의 생산성을 창출해 나갈 수 있어야 할 것이다. 이에 토론과 토의는 민주적인 발전의 근간이 되는 사회 장치라 할 수 있다. 어느 독일 유학

---

12) Levinson, Stephen C. *Pragmatics*. Cambridge University Press. 1983.

생의 회고에 의하면, 독일 사람들은 악법도 지키는 문화를 가지고 있다고 한다. 현실적으로 받아들이기에 법이 적절하지 않더라도 채택된 법은 일단 준수하면서 적절하지 않다고 여겨지는 법에 대해서는 끊임없는 토의를 통해 고쳐나간다는 것이다. 악법이라고 생각하는 것은 스스로 융통성 있게 피하는 사회와는 대조적으로 보인다.

토론은 상반된 견해를 가진 참여자들이 자신의 주장을 경쟁적으로 제시하고 서로의 의견을 논박하지만 아무 질서 개념이 없는 말싸움이 아니며 공동의 활동 목적을 가진 대화이다. 토론은 각자가 증명하기로 한 결론의 타당성을 낱낱이 밝히는 역할을 성실히 이행하는 것으로 협력의 역할을 완수한다.

토의의 경우는 다른 참여자와의 견해 차이를 숨기려 하기보다는 겸손하면서도 적극적인 태도로 분명히 드러내는 것이 공동의 문제를 효율적으로 해결하는 데에 협력한다.

협력적인 공생을 위해 협력적 대화는 필수적이며, 토론과 토의는 민주적인 발전의 근간이 되는 대화 방식이 된다. 본고에서는 토론과 토의가 생산적 활동이 되기 위한 구체적 참여 방식을 '협력 프레이밍'의 관점에서 분석적으로 논의하였다. 토론은 경쟁적 구도로 이해되며, 토의는 규칙 없는 대화로 이해되기 쉽다. 그러나 두 가지 대화 양식 모두 각 구성원의 협력적인 태도를 토대로 하여 문제해결력을 가지게 된다는 사실을 돌아볼 필요가 있다.

<참고문헌>

강석진, 「토론과정에서 사회적 합의형성을 강조한 개념 학습 전략: 교수 효과 및 소집단 토론에서의 언어적 상호작용」, 서울대학교 박사학위논문, 2000.

강태완 외, 『토론의 방법』, 커뮤니케이션북스, 2001.

권순희, 「대화 지도를 위한 청자 지향적 관점의 표현 연구」, 서울대학교 박사학위논문, 2001.

권우진, 「집단 토의에서의 협력적 대화 방식에 관한 연구」, 한양대학교 박사학위논문, 2006.

나미수, 『TV시사토론』, 한국언론재단, 2003.

민병곤, 「TV 토론 담화의 논증 분석」, 『텍스트언어학』 11, 한국텍스트언어학회, 2001.

박용한, 『토론 대화 전략 연구』, 역락, 2003.

오미영, 「TV 토론 출연자의 커뮤니케이션 능력 평가에 대한 요인 분석」, 중앙대학교 박사학위논문, 2002.

유동엽, 「대화 참여자의 대화 전략에 관한 연구 -상호 작용을 위한 대화를 중심으로-」, 서울대학교 석사학위논문, 1997.

이남기, 「TV 토론에 나타난 후보자의 수사학적 전략에 관한 연구」, 성균관대학교 박사학위논문, 2002.

이동은, 「토론에서의 충돌과 유지를 위한 조율(alignment)」, 서울대학교 대학원 언어학과 『언어연구』 제20집, 2000.

이두헌, 「대화분석의 방법에 대한 연구」, 한국외국어대학교 박사학위논문, 1994.

이선영, 「토론의 논증 구성과 사회적 상호 작용에 관한 연구」, 서울대학교 석사학위논문, 2001.

이왕호 역, 『문제 해결력』, 지식공작소, 2002.

장경희, 「대화 텍스트의 결속 구조」, 『한양어문』 15, 1997.

_____, 「국어의 대화구조」, 『한양어문』 16, 한양어문학회, 1998.

_____, 「진술에 대한 긍정과 부정」, 『한국어의미학』 5, 한국어의미학회, 1999.

_____, 「국어의 수용형 대화와 거부형 대화」, 『텍스트언어학』 6. 한국텍스트언어학회, 1

999.

_____, 「청유 화행에 대한 수락과 거절」, 『텍스트언어학』 9, 한국텍스트언어학회, 2000.

_____, 「판정 질문에 대한 긍정과 부정」, 『한국어의미학』 7, 한국어의미학회, 2000.

Bateson, Gregory. *Steps to an Ecology of Mind*. New York: Ballantine. 1972.

Goffman, Erving. *Frame Analysis*. New York: Harper and Row. 1974.

Grice, H.P. *Logic and Conversation*. Unpublished MS. of the William James Lectures. Harvard University. 1967.

Grice, H.P. *Logic and conversation*. In Cole & Morgan.(Part of Grice 1967). 1975.

John Dewey. *How we think*. Lexington, Mass: D.C. Heath. 1910.

Kepner, Charles H. and Tregoe, Benjamin B. *The Rational Manager: A Systematic Approach To Problem Solving And Decision Making*. McGraw Hill Book Company, Inc. 1965.

KMA KT팀 역, 『문제 해결과 의사 결정의 세계표준 KT법』, 한국능률협회, 2003.

Levinson, Stephen C. *Pragmatics*. Cambridge University Press. 1983.

Myers, G.E.&Myers, M.T., *The Dynamics of Human Communication: A Laboratory Approach*. McGraw-Hill, Inc, 1985. 임칠성 역, 『대인 관계와 의사소통』, 집문당, 1995.

Raskin, Victor, ed. The Quaderni di Semantica's Round Table Discussion of Frame Semantics. *Special issue of Quaderni di Semantica*, Vol. 6, No. 2. 1985.

Schiffrin, Debora. "Jewish Argument as Sociability," *Language in Society* 13(3). 1984.

Tannen, Debora.. "*What's in a Frame? Surface Evidence for Underlying Expectations.*" In Roy O. Freedle, ed., New Directions in Discourse Processing. Norwood, N.J.: Ablex. 1979.

Tannen, Debora. *That's Not What I Meant: How Conversational Style Makes or Breaks Relationship*. Ballantine. 1986.

⟨Abstract⟩

A study on the Collaboration on Conversation Framing

Kwon, U-jin(Hanyang University ERICA)

This study examined the ways in which two or more speakers participate cooperatively in a purpose-oriented conversation. Discussing the specific ways in which participants participate in debate and discussion to become a productive activity, and clarifying what should be done in a cooperative structure as well as confrontation and competition in the dialogue format of discussion and discussion became the focus of the discussion.

In a debate, participants with opposing views competitively present their arguments and refute each other's opinions. However, in this paper, I tried to consider as the focus of cooperative framing that discussion is a conversational activity with a common purpose, rather than a quarrel without any concept of order, although utterances are made in a competitive relationship. In the case of discussion, rather than trying to hide differences of opinion with other participants, showing them clearly with a humble and positive attitude was seen as the focus of cooperation to help solve common problems efficiently.

Cooperative dialogue is essential for cooperative coexistence, and discussion and discussion are the basis of dialogue for democratic development. In order to practice cooperative dialogue concretely, it is necessary to understand what a nd how to cooperate. Therefore, in this study, the specific participation method for discussion and discussion to become a productive activity was analytically discussed from the perspective of 'cooperative framing'.

Keywords: Conversation framing, Collaboration, Debate, Discussion, Purpose-oriented conversation, Cooperative dialogue

백시종 소설 연구
-「성치」와 「산 넘어 북촌」을 중심으로-

조미희*

목 차

1. 서론
2. 분석되지 않는 기관으로서의 남근
3. 거세와 신체 없는 기관
4. 결론

<국문초록>

　본 연구의 목적은 백시종의 소설 「성치」(1975)와 「산 넘어 북촌」(1977)을 중심으로 분석되지 않는 기관인 남근이 신체 없는 기관으로 전회하는 양상을 고찰하는 데 있다.
　현재의 남근은 실제적인 남성의 성기로서의 음경을 의미하는 것이 아니라 순수 기표로 작동하는 것이라고 할 수 있다. 이러한 이론적인 배경을 바탕으로 백시종의 두 소설을 의미화하면 실제적인 기관인 음경이 남근으로 화하는 과정으로 해석할 수 있다. 즉 생물학적인 기관인 음경이 분석되지 않는 양상 속에서 남근의 상징성으로 나아가는 것의 원초적인 기원을 확인할 수 있는 것이다.
　분석되지 않는 기관으로서 음경이 함의하는 것은 분석의 무용이 아니라 분석의 불가능성

---

*한양여자대학교 문예창작학과 강사

을 의미한다. 윤리적인 측면에서 분석되지 않는 기관은 분석의 가치가 없는 것으로 여겨질 수 있다. 그러나 인식론적인 차원으로 접근하면 분석되지 않는 것은 분석 불가능성의 기원에 대한 역학관계를 밝히는 통찰의 실패라고 할 수 있다. 이러한 실패의 지점에서 신체 없는 기관인 남근의 상징성을 발견할 수 있는 것이다.

신체 없는 기관으로 존재하는 남근은 항상 분석할 수 없는 어떤 과잉이나 결여와 관계한다. 이러한 남근적 상징은 의미화될 수 없는 성애적 매혹과 애착을 상기시키는데 이러한 작인들이 의미화의 과정을 지속시키는 결과로 작동한다. 분석 불가능성, 즉 의미화 할 수 없는 영역을 향한 인간 지성의 노력은 끊임없이 초과와 결핍을 순환하면서 분석을 위한 장으로 접근한다.

70년대에 발표 된 백시종의 두 소설에서 두드러지게 나타나는 성애적인 요소, 즉 특정 신체를 파편화시켜 부분적인 대상으로 의미화 하는 서사는 상당히 독특한 양상으로 신체에서 탈육화된 기관의 개념적 사례라 할 수 있다.

주제어: 백시종, 70년대, 욕망, 남근, 기관 없는 신체

1. 서 론

본 연구의 목적은 백시종의 소설 「성치」[1](1975)와 「산 넘어 북촌」[2](1977)을 중심으로 분석되지 않는 기관인 남근이 '신체 없는 기관'[3]으로 전회하는 양상을 고찰하는 데 있다.

일반적으로 남근은 생물학적인 기관으로서의 음경이 아니라 기표로서 작용한다. 프로이트는 남근보다는 음경에 대해 많은 언급을 하고 있는데 반해 라캉은 기표적인 성격을 강조하기 위해 음경 보다는 남근을 선호했다고 한다[4]. 따라서 현재의 남근은 실제적인 남성의 성기로서의 음경을 의미하는 것이 아니라 순수 기표로 작동하는 것이라고 할 수 있다. 이러한 이론적인 배경을 바탕으로 백시종의 두 소설을 의미화하면 실제적인 기관인 음경이 남근으로 화하는 과정으로 해석할 수 있다. 즉 생물학적인 기관인 음경이 분석되지 않는 양상 속에서 남근의 상징성으로 나아가는 것의 원초적인 기원을 확인할 수 있는 것이다.

분석되지 않는 기관으로서 음경이 함의하는 것은 분석의 무용이 아니라 분석의 불가능성을 의미한다. 윤리적인 측면에서 분석되지 않는 기관은 분석의 가치가 없는 것으로 여겨질 수 있다. 그러나 인식론적인 차원으로 접근하면 분석되지 않는 것은 분석 불가능성의 기원에 대한 역학관계를 밝히는 통찰의 실패[5]라고 할 수 있다. 이러한 실패의 지점에서 신체 없

---

1) 백시종, 「성치」, 『산 넘어 북촌 외』, 한국현대문학전집 52, 삼성출판사, 1981, pp.342-369.
2) 백시종, 「산 넘어 북촌」, 위의 책, pp.270-329.
3) 신체 없는 기관은 들뢰즈의 기관 없는 신체의 역전으로 지젝의 주장이다. 들뢰즈의 기관 없는 신체는 "유기체로서의 몸, 기관의 앙상블로서의 몸"이란 담론을 비판한다. 그는 몸을 둘러싼 표상을 지배한 유기체라는 개념을 대신하여 기계라는 개념을 도입하는데 이 때 기계란 인간의 몸의 연장에 불과하며 몸의 보충이자 반복을 의미한다. 그렇기 때문에 현대 사회는 신체 없는 기관이 더 적합하다. 왜냐하면 근대적인 몸의 재현체계와 다른 분절적인 정보의 흐름에 연결된 몸, 하나의 기관으로 환원되어야만 세계와 접촉할 수 있는 기관만이 필요하다고 해도 과언은 아니기 때문이다. 서동진, 「기관없는 신체 혹은 신체없는 기관-신체의 재현과 그 위기」, 『철학과 경계』 4(1), 2004, pp.137-139 참조.
4) ……'남근'이라는 용어는 프로이드의 글에 거의 나타나지 않고, 간혹 나타날 때는 음경과 같은 의미로 사용된다. 프로이드는 '남근기'에서와 같이 '남근적'이라는 형용사를 더 자주 사용하는데, 남근기는 (남자나 여자) 아이가 음경이라는 단 하나만의 생식기를 알게 되는 발달단계를 말하므로 이는 '남근'과 '음경'이라는 용어 사이에 엄격한 구분을 시사하는 것은 아니다.
라캉은 정신분석 이론에 관계되는 것은 생물학적 현실에 있어서의 남성 생식기가 아니고, 그것이 환상에서 담당하는 역할에 있다는 것을 강조하기 위해 '음경'이라는 용어보다 '남근'이라는 용어를 선호한다. 그래서 라캉은 보통 '음경'이라는 용어를 생물학적인 기관을 위해 '남근'이라는 용어를 이 기관의 상상적이고 상징적인 기능에 남겨둔다. 딜런 에반스, 김종주 외 역, 『라깡 정신분석 사전』, 인간사랑, 2004, p.87.
5) 슬라보예 지젝, 박정수 역, 『그들은 자기가 하는 일을 알지 못하나이다』, 인간사랑, 2007, p.155.

는 기관인 남근의 상징성을 발견할 수 있는 것이다.

백시종6)은 1966년 등단7)이래 현재8)까지 왕성하게 작품 활동을 하는 현역 작가 중 한 명이다. 반세기를 넘는 오랜 기간 동안 창작활동을 한 작가의 연륜에 비해 작품에 대한 전문적인 연구는 거의 이루어지지 않고 있는 실정이다. 출간 작품에 대한 평론을 제외하고 제대로 된 연구 논문은 전무하다고 할 수 있다. 이에 본 연구는 백시종의 70년 대 소설인 「성치」와 「산 넘어 북촌」에서 공통적으로 제시되는 남근적 상상력을 중심으로 분석되지 않는 남근이 어떻게 "신체 없는 기관"으로 전회할 수 있는 지를 이론의 기원적인 측면으로 환원하여 탐색하려 한다.

이 작품들은 표면적으로 매스 미디어와 결합한 지식인들의 허위의식을 과도한 성능력의 노동자를 등장시켜 풍자(「성치」)하는 작품으로, 남북분단이라는 역사적 비극적 속에 함몰된 개인의 수난과 애욕(「산 넘어 북촌」)으로 해석할 수 있다. 그러나 이러한 서사의 원환을 가능하게 하는 남근적인 상상력은 이들 작품에 대한 새로운 시각을 요구한다. 따라서 본 연구는 라캉을 경유한 지젝의 논의를 바탕으로 70년 대 백시종이 재현하는 남근의 의미를 고찰하고자 한다.

2. 분석되지 않는 기관으로서의 남근

지젝은 그의 책 『그들은 자기가 하는 일을 알지 못하나이다』(2007)에서 분석되지 않는 사례9)에 대해 프로이트와 바이스10)의 편지를 예로 들고 있다. 바이스는 프로이트와 정기적으로 편지를 주고받으면서 임상환자에 대한 정신분석 과정을 보고하거나 프로이트의 조언을 청하기도 했다고 한다. 당시 바이스의 곤경에 대해 프로이트는 다음과 같이 답변했다.

---

6) 1944년 경남 남해 출생.
7) 1966년 『대한일보』 신춘문예에 「나루터」가 입선하였고, 『전남일보』 신춘문예에 동화 「꽃마음」과 장편 『자라지 않는 나무들』이 당선. 1967년 『동아일보』 신춘문예에 「비둘기」가, 『대한일보』 신춘문예에 『둑 주변』이 당선됨.
8) 2020년 장편 『여수의 눈물』 출간.
9) 슬라보예 지젝, 앞의 책, pp.153-159 참조.
10) Edoardo Weiss (1889-1970) was the earliest Italian psychoanalyst, and the founder of psychoanalysis in Italy.

> 두 번째 슬로베니아인 환자는 당신의 수고를 받을 가치가 전혀 없는 무익한 사람입니다. 그런 사람들에 대해서는 우리의 분석기술이 실패하기 마련입니다. 우리의 통찰력만으로는 그들을 통제하고 있는 역학관계를 꿰뚫을 수 없습니다.[11]

이러한 프로이트의 답변에서 분석가가 처한 곤경과 답변의 모순성을 탐지할 수 있다. 먼저, 분석이 불필요한 환자는 분석이 필요치 않는 무익한 환자로 정신분석 치료를 받을 가치가 없는 환자라는 의미이다. 왜냐하면 이러한 환자에게 분석가의 분석기술은 실패할 수밖에 없기 때문이다. 그러나 "우리의 통찰력만으로는 그들을 통제하고 있는 역학관계를 꿰뚫을 수 없다"라는 진술 속에 이 답변의 근본적인 곤경에 대한 답을 찾을 수 있다. 실패의 근본적인 원인은 그러한 환자를 분석할 수 있는 분석의 틀 혹은 분석 기술이 아직 없기 때문에 이러한 환자의 분석은 실패의 사례를 추가할 뿐이라는 것이다. 이러한 분석 불가능성의 역설은 분석되지 않는 환자는 분석가의 통찰력으로 접근할 수 없는 사례로 분석의 무익(無益)이 아니라 분석의 무화(無化)로 해석할 수 있는 단서를 제공하는 것이다.

흔히 분석할 수 없는 사례에 맞닥뜨리면 쉽게 분석가치 없는 것으로 단정된다. 「성치」의 민덕진 박사가 처한 위기 역시 이런 분석 불가능성에 대한 곤경에서 비롯된다.

고등학교 졸업 후 미국에서 유학하고 돌아 온 민박사의 명함은 "의학박사, 민외과원장, S대학 의과대학 강사, 한국가족문제연구소장, 한국테니스협회 이사, M방송국문화평론 위원" 등 화려한 직함으로 가득 차 있다. 이 명함을 통해 알 수 있듯이 민박사의 일상은 한 달 민저 스케줄을 짜야 가능할 정도로 다양하고 바쁜 일상으로 구성되어 있다. 이러한 민박사가 가장 중점을 두는 것은 '한국가족문제연구소'인데 이 연구소는 민박사가 의학박사 학위를 따고 귀국하기 전에 이미 구상된 것이었다. 한국가정문제연구소를 통해 민박사가 추구하는 것은 성과학이며 이것은 민박사가 인디애나 대학 재학시에 록펠러 재단 의학부의 연구기금을 지원받으면서 구체화되었다.

> 민박사는 한국에서만은 성과학 분야의 일인자다. 어느 누구도 민박사가 갖고 있는 성 지식과 자료와 기타 성관계 분석 요령에 관해 감히 추종할 자가 없다. 「어둠 속

---

[11] 슬라보예 지젝, 앞의 책, p.155.

에 덮어 두기만 해서 더욱 불결해진 성(性)을 밝은 곳으로 옮겨와 건전한 생활 양식
으로 발전시킨다」가 연구의 기본 목적이며 바로 그것이 한국 가정문제 연구소의 설
립방침이기도 하다.

민박사는 귀국과 함께 병원 개업보다 먼저 가정문제 연구소를 만들었다. …… 인
디애나 대학 재학시에 아니 더 구체적으로 말해서 록펠러 재단 의학부의 연구비를
지급받았을 때부터 이미 머릿속에 박아 놓은 계획이었다.12)

민박사가 추구하는 학문의 공식적인 명칭은 "성과학"이지만 실제적인 강연이나 칼럼 원고
는 노골적인 성담론에 가깝다 보니 매스컴과 젊은층의 호기심 어린 환호를 받는 반면에 성
에 대해 말하는 것을 꺼리는 유교적인 장년층이나 동료들에게는 조롱과 멸시를 받기도 했
다. 그러나 민박사의 거침없고 자극적인 성에 대한 발언은 매스컴과 결합하여 자극적인 양
상으로 전개되면서 그를 유명인사로 발돋움 할 수 있는 기반을 제공한다.

…… 그의 강연은 지금까지 어느 누구도 감히 언급하지 못한 성의 터부우를 거리
낌없이 내뱉었다.
『여러분은 음치(音痴)는 부끄러워하면서도 성치(性痴)는 부끄러워하지 않습니다.
왜 그럴까요?』
가 그의 강연 첫머리이다. 「옛날의 섹스는 종족 보존만을 위한 것이었지만, 이제
사랑을 위한 섹스, 혹은 레크리에이션섹스도 개발되었습니다.」, 「섹스를 지배하지 못
한 사람은 자기 자신도 지배하지 못합니다.」 따위의 일반론에 뒤이어 남녀의 성감
대, 성기의 크기, 성교 빈도와 건강, 발기와 사정 등의 의학적인 지식을 그림이나
슬라이드로 보여 주기도 하고 젊은이들의 공개 질문을 받기도 했으며 또한 몇 가지
성에 대한 속신을 바로잡아 주기도 하였다.13)

70년 대 한국사회에서 성문제의 일인자가 된 민박사의 연구 열정은 매스컴과 야합하여
원색적인 방향으로 선회한다. 대중들의 성적인 호기심을 자극하려는 의도에서 통계자료나

---

12) 백시종, 「성치」, 앞의 책, p.343.
13) 백시종, 앞의 책, p.352.

연구 결과를 조작하는 일도 서슴지 않는 등 비윤리적인 행동도 거리낌 없이 저지르게 된다. 이러한 비도덕성에도 불구하고 경직된 한국사회에서 돌연변이처럼 갑자기 튀어나온 민박사에 대해 대중들은 열광했으며 성문제 일인자라는 명성으로 인해 민박사는 한국의 킨제이14)로 불리게 되고 이러한 유명세는 경제적인 성공과 직결된다. 귀국 후, 민박사는 성과학을 고집하면서 대부호인 아버지 민영운과 대립하는데 이 대립으로 민박사는 경제적인 어려움을 겪게 된다. 그러나 민박사는 자력으로 유명인사가 되면서 경제적인 안정과 아버지에 대한 독립을 얻게 된 셈이다.

민박사가 김석보를 만나게 된 것은 아버지 민영운의 도움 없이 자신의 힘으로 병원 신축 공사를 하는 과정에서 비롯된다.

> 김석보는 아주 깡마르고, 무식하고, 말 많고, 웃기를 잘 하는 사십대의 사내였는데 그래서 언제 어디서나 툭 튀어나오는 인물이었다. …… 투박하고 저항적이며, 선동적인 감정파였다. …… 사실, 민박사에게 김석보는 귀찮은 존재였다. 그래서 외삼촌 종수씨를 시켜 해고를 권했으나, 마음대로 되지 않았다. …… 인부들이 김석보의 해고를 결사적으로 반대하고 나섰기 때문이다.15)

김석보는 초등학교 3학년 중퇴로 지방에서 상경하여 막노동을 하며 살아가는 사회의 가장 하층민이다. 그는 함께 일하는 일꾼들을 대신해서 새참이나 휴식을 요구하는 등 입바른 소리를 잘 하며 일꾼들의 전폭적인 지지를 받는다. 이러한 김석보의 행동이 일꾼들의 맹목적인 옹호라고 생각한 민박사는 김석보를 대수롭지 않게 생각하지만 우연히 공사장에서 본 김석보의 돌연한 행위를 통해 김석보에 대해 연구하기로 마음먹게 된다.

민박사가 공사현장을 감독하던 어느 날, 김석보는 새참을 먹다말고 일어나 새참을 가져온 여인을 따라가 아무 거리낌 없이 성행위를 하는데 이에 놀란 민박사는 김석보에 대해 호기심을 갖게 된다.

---

14) 미국 성과학의 아버지로 불리는 킨제이(Alfred Kinsey 1984~1956)는 민박사가 공부한 인디애나 대학의 교수였으며 록펠러 재단이 수여한 연구기금으로 성과학을 연구했다. 한국 성과학의 1인자 민박사 역시 인디애나 대학에서 공부하고 록펠러 재단 의학부의 후원으로 연구를 시작하게 되었다.
15) 백시종, 위의 책, p.353.

>   ……삼십대의 주모가 안주를 이고 들어섰다.……김석보는……들고있던 삽자루를
>   내던지고, 그녀를 덥석 끌어안는 것이었다.……그는 그녀를 아주 능숙한 솜씨로 벌
>   떡 들어올렸다. 그리고는 뼈대만 서 있는 건물 깊숙이로 달려 들어가는 것이었다.
>   민박사는 벌떡 일어나서,
>   『저 친구 왜 저러는 거요?』
>   『육갑하는 거죠.』
>   옆에 있던 인부가 발했다.
>   『육갑을 하다니?』
>   『병신 육갑한다는 말 못 들어 보셨습니까?』
>   …중략…
>   『하루에도 두서너 번씩 있는 일인 걸요. **석보는 병신입니다.** 너무 아랫도리가 잘
>   일어나는 병신이죠. 한 번 일어났다 하면 누가 말려도 소용없어요.』16) (강조 인용자)

민박사의 경악과 달리 대낮 새참시간에 벌어진 김석보의 짐승같은 행위에 대해 일꾼 동료들은 대수롭지 않게 여기며 육갑이니 병신이니 하며 놀리는 정도에서 그치고 만다. 정사를 마치고 나온 김석보를 유심히 관찰한 민박사는 김석보를 연구하기로 결심한다.

>   ……석보의 코허리에서 흘러내린 땀이 유리같은 햇빛에 반사되어 얼굴 전체로 윤
>   슬을 찍어냈다. 그것은 미끈하게 생긴 구렁이 몸뚱이처럼 보였다. 기름발이 고루고루
>   묻은 그래서 아무리 힘있게 붙잡아도 단번에 미끄러져 튀어나갈 것 같은 피부, 잘
>   다져진 체격, 대지렁이 떼가 서식하고 있는 것 같은 억센 장딴지, 유난히 번쩍거리
>   는 눈깔.17)

민박사는 정사를 마치고 땀을 흘리며 일하는 김석보의 모습을 보고 김석보의 육체에 흐르는 성적인 생명력을 포착하고 연구 대상으로 타당성을 조사한다. 김석보의 대낮 정사에서 일꾼 동료가 암시했듯이 김석보는 대단한 성능력의 소유자이다. 김석보는 잦은 발기로 인해

---

16) 백시종, 앞의 책, p.354.
17) 백시종, 앞의 책, p.355.

벌떡코로 불리고 있으며 상경하기 전 고향에서 세 번 결혼했으나 모두 이혼하고 현재는 봉촌동 판자촌에서 어머니와 기거하고 있었다. 김석보의 이혼은 모두 김석보의 지나친 발기와 관련이 깊으며 이에 대해 판자촌 이웃들은 김석보를 "영웅"대하듯이 추앙한다. 강간 혐의로 기소되었을 때도 주민들이 자발적으로 진정서를 제출하여 석방시키기도 하는 등 김석보에 대해 절대적인 신뢰를 보내고 있다.

민박사는 김석보를 연구에 투입하기 위해 김석보의 동네를 찾아 가 연구에 참여하도록 설득한다. 김석보가 사는 동네는 서울의 가장 하층민이 사는 곳으로 민박사는 상상도 못할 정도로 열악한 생활환경과 극도의 경제적인 비참함 속에 놓여있는 곳이었다. 이러한 동네에서 김석보는 "영웅화되어 초인간적 성능력을 마음껏 발휘[18]"하고 있는 인물로 추앙되고 있는 것이었다. 민박사는 이러한 김석보를 연구하여 김석보의 성능력의 원천을 적나라하게 밝히고 그 결과물을 미국 세미나에서 발표할 생각에 들뜨게 된다.

『자식, 팔자 한번 늘어졌구만. 가만히 누워 있어도 삼천 궁녀를 모셔다 바치니……』
『정말 대단한 녀석이죠?』
민박사가 옆에서 거들자,
『뼈다귀밖에 없는 자식인데, 어디서 그런 힘이 생기는 거지?』
『글쎄, 그걸 몰라서 조사하는 것 아닙니까』[19]

민박사는 김석보를 연구에 끌어들이기 위해 김석보에게만 유리한 일방적인 계약을 맺게 된다. 연구랍시고 아무런 하는 일 없이 영양가 있는 음식을 포식하며 뒹굴기만 하는 김석보는 밤낮없이 성교만 감행하게 되고 민박사는 외삼촌 종수를 설득하여 김석보를 상대할 여자들을 구해오게 한다. 김석보의 초인적인 정력에 대해 과학적 조사를 바탕으로 충분히 밝힐 수 있다고 자신한 처음의 의도와 달리 민박사는 온갖 조사에도 차이점을 밝힐 수 없자 점점 곤경에 빠지게 된다. 그러나 이미 지불된 연구 기금과 미국 세미나의 발표 일정으로 인해 연구를 감행할 수밖에 없는 처지가 된다.

---

[18] 백시종, 위의 책, p.358.
[19] 백시종, 앞의 책, p.367.

> 우선 일차적으로 정액 검사, 기초 체온 측정, 정신·신체 검사, 요도 분비물 검사, 유전 인자 검사, 투베르쿨린, 혈액형 검사, 혈구 검사, 매독 검사를 실시했고, 이차적으로 발기 중추(勃起中樞) 검사, 사정 중추(射精中樞) 검사, 교감신경 검사, 하부 요수 팽대부 검사를 거쳐, 성기 크기 검사에 이르렀다.……일반적으로 보았을 때 김석보는 너무나 평범한 사내임에 틀림없었다. 일반 사람들과 아무런 차이가 없었다. 유일하게 차이가 있는 것은 소문대로 김석보의 성기뿐이었고, …… 그의 성기는 상상을 할 수 없을 만큼 컸다. 의학 협의회가 발표한 세계적 평균치 …… 김석보의 그것은 무려 그 두 배가 넘는 ……크기다. [20]

김석보의 초인적인 성능력의 기원을 밝혀내려던 민박사의 야심찬 기획은 이렇듯 실패의 전조를 보이게 된다. 김석보의 비상식적인 성능력과 달리 그의 신체는 지극히 평범했고 일반적인 사람과 다를 게 없었다. 김석보가 일반적인 사람들과 다른 것은 오직 발기 시 평균을 훨씬 뛰어넘는 성기의 크기뿐이었고 이를 제외하고는 도출될 수 있는 적절한 결과가 없는 것으로 밝혀진다. 성기의 비정상적인 크기는 연구 결과로 의미가 없는데 이미 성능력과 성기의 크기는 관련이 없다는 연구 결과가 지배적이기 때문에 김석보의 단독 연구 결과로 제시하기도 어려운 지경에 이르게 된다. 김석보의 잦은 발기로 인한 비상식적 상황과 진전 없는 연구 성과로 인해 민박사는 자신의 연구에 대해 회의감을 느끼게 된다.

> 민덕진 박사는 피곤했다. …… 처음과는 달리 민박사는 갈수록 김석보에 대한 계획이 탐탁지 않게 여겨졌다. 결과적으로 그는 돌연 변이에 지나지 않을 것이다. 수십만에 한 명쯤 있을 수 있는 비정상적인 인간. 육체적인 것뿐만 아니라, 정신적으로도 그는 비정상적이다. 저항과 불만과 불신의 덩어리에 불과하다. 과연 이 이질적인 인간을 분석해 낸다고 해서 만족할 만한 결과가 나올 수 있는 것인가.[21]

---

20) 백시종, 위의 책, p.363-364.
21) 백시종, 앞의 책, p.365.

김석보에 대해 연구할수록 김석보의 발기의 근원이 무엇인지에 대한 해석은 오리무중이 된다. 그의 잦은 발기가 "돼지비계"에서 왔다는 이웃주민들의 속설이나 그를 "병신"이라고 칭했던 일꾼 동료의 말처럼 김석보는 종잡을 수 없는 우연한 돌출물이자 돌연변이에 불과한 것이다. 민박사가 처한 연구에 대한 회의와 곤경은 민박사가 처음 김석보를 접하고 느낀 의욕을 다시 상기하게 한다.

민박사는 김석보를 육갑하는 병신이라고 칭하는 동료들과 달리 그를 분석하여 해석해 낼 수 있으리라고 기대했다. 그러나 연구하는 과정 속에서 김석보의 발기력의 근원은 분석되지 않는다. 이렇게 분석되지 않은 김석보의 발기능력의 근원은 오로지 비정상적인 성기의 크기로만 설명된다. 김석보의 분석되지 않는 성기, 즉 생물학적인 음경은 초인적이고 비정상적인 발기로 인해 남성의 신체에 부속한 성기가 아니라 분석될 수 없는 남근으로 전회한다. 여기에서 분석할 수 없는 것은 앞에서 살펴보았듯이 분석의 무용이 아니라 분석의 불가능성을 의미한다. 분석 불가능한 김석보의 남근은 민박사의 실패를 예견하며 한국가정문제연구소가 주장하는 성과학을 비웃으며 와해시킨다. 민박사는 단순히 김석보 연구에서만 실패한 것이 아니라 학문과 가정, 사회적인 실패의 연쇄를 경험하게 된다.

민박사의 실패의 근원인 김석보의 남근은 단순히 김석보의 신체의 일부를 의미하는 부분대상으로 존재하는 것이 아니라 김석보 자체라는 상징성을 갖는데 이는 신체 없는 기관으로서 남근의 형상으로 환원될 수 있다. 김석보의 초인적인 발기능력에 대한 놀라움과 선망은 김석보처럼 보잘 것 없는 사내를 영웅시하게 만드는데 이것은 김석보가 살고 있는 마을의 특수한 형태와도 관련이 깊다. 도시의 최하층 사람들이 모여 사는 김석보의 마을은 비참할 정도로 열악한 환경에 노출되어 있으며 막일과 노동으로 생계를 이어가는 사람들이 대다수이다. 이러한 조건 속에서 남성성으로 대표되는 김석보의 초인적인 정력은 어떠한 것과도 비교될 수 없는 빈곤계층의 욕망의 상징인 것이다.

김석보의 행위는 일종의 성기 충동[22]에 해당하기 때문에 여성과의 행위 시에 어떠한 정서적인 교감(사랑 등)이 없이 오로지 동물적인 욕구를 충복시키는 형태로 발현된다(돈을 주고 김석보를 상대할 여자를 지속적으로 제공하는 것). 이는 욕망의 주변을 순환하는 과정 속에서 만족을 발견하는 충동의 역설을 실현하는 것이라 할 수 있다. 따라서 김석보 자체는

---

22) 레나타 살레클, 이성민 역, 『사랑과 증오의 도착들』, 도서출판 b, 2003, pp.82-83.

빈민촌의 주민들이 욕망하는 대상으로 상징적인 남근의 실현이라고 할 수 있다.

　김석보의 분석 불가능한 남근은 민박사가 처음 정사를 마치고 돌아와 일을 하던 김석보를 통해 본 "미끈하게 생긴 구렁이 몸뚱이"로 형상화 될 수 있다. "아무리 힘있게 붙잡아도 단번에 미끄러져 튀어나갈 것 같은" 김석보의 육체는 인간 김석보의 신체가 아니라 남근의 총체이자 신체 없는 기관의 알레고리이다.

3. 거세와 신체 없는 기관

　「성치」의 김석보의 육체가 분석되지 않는 남근의 형상화라면 「산 넘어 북촌」에서 서사를 지배하는 달래산의 남근석은 신체에서 탈육화된 기관[23])의 양상을 상기시킨다.

　　　넓고 넓은 철원평야가 시작되는 임진강 상류에 사춘기 소녀의 젖가슴처럼 오똑
　　선 명성산(明星山)을 흔히들 달래산이라고 불렀다.[24])

　달래산의 모습을 묘사하는 것으로 시작한 이 작품의 서두에서 짐작할 수 있듯이 달래산은 배경으로 존재하는 것이 아니라 이 소설 전체를 지배하는 가장 핵심 모티브[25])이다. 인물과 서사를 지배하는 달래산 설화[26])는 작중 인물의 욕망과 실패를 예견하는 필연적인 매개물로 작동한다. 달래산 설화는 달래산 중턱에 자리한 "거무튀튀하고 뾰족하고 끝이 뭉특한 돌[27])"

---

23) "달라붙어 떠나지 않는 안 죽은 목소리들의 외설적인 낄낄거림"처럼 육체에서 분리되어도 영원히 남아 있는 기관을 의미한다.
　　슬라보예 지젝, 조형준 역, 『헤겔 레스토랑』, 새물결, 2013, p73.
24) 백시종, 「산 넘어 북촌」, 앞의 책, p.270.
25) 「산 넘어 북촌」의 주변 세계는 역사적 현실이지만, 작품의 뼈대는 달래산의 양석(陽石)에 결부된 욕정의 설화로서 결구되어 있다. ……최춘길 집안에서 일어난 애욕에 드라마인 것이다. 김인환, 「모순의 미학-백시종 문학 해설」, 『산 너머 북촌 외』, 한국현대문학전집 52, 삼성출판사, 1981, p.445.
26) 그 거무튀튀한 돌에 대해 전해 전해 오는 얘기로는 오누이가 달래산 고개를 넘다가 억수 같은 비를 만났고 비 맞은 누이의 몸이 너무 자극적이어서 솟아오르는 정욕을 이기지 못한 오빠가 그만 자신의 남근(男根)을 돌로 찍어 죽었다는 것인데, 그 남근을 놓고 찍었다는 바위가 곧 보기 흉한 그 한 덩이 돌이었으며, 오빠를 잃은 누이가 『달래나 보지, 달래나 보지.』라고 온 전신을 기대고 울었다는 곳 역시 바로 그 돌이라는 것이다. 백시종, 앞의 책, p.294.
27) 백시종, 위의 책, p.294.

을 통해 실체화 된다. 남자의 성기처럼 생긴 이 돌은 양석 혹은 남근석으로 불리면서 달래산의 수호신으로 군림하고 있다.

근친상간적인 욕망을 억누르기 위해 자신의 남근을 돌로 찍어 죽은 오빠의 해소되지 못한 욕망과 금기를 상기시키는 바위가 남근을 닮은 돌로 화하여 달래산을 지키고 있는 수호자 역할을 하는 것이다.

> 언제 생긴 것인지는 모르나, 그 남자 성기 모형의 양석 앞에는 등신대(等身大)보다 작은 석불(石佛)이 하나 서 있었고, 연천, 철원, 멀리로 개성에서까지 아이를 못 가진 부녀자들이 몰려들어 석불 앞에 기원을 하고, 남근처럼 생긴 그 거무튀튀하고 빳빳한 돌에 그녀들의 성기를 접촉시켰다는 것이었다.28)

달래산 설화에서 알 수 있듯이 오빠의 이루지 못한 욕망은 남근석이 되어 수많은 여자의 성기와 접촉하게 되는데 이러한 남근석의 형상은 "대가리 끝은 검디검게 반들거렸으며, 햇빛 좋은 날은 야릇한 윤기가 반지르르 흐르기까지"29) 하는 등 기괴한 모습으로 묘사된다. 이러한 달래산의 남근석은 달순의 아버지 최춘길에 의해 달래산 중턱에서 달순의 사랑채로 옮겨오게 된다. 최춘길은 마을 어른들의 반대를 무릅쓰고 달래산 중턱에서 남근석을 뽑아다가 그가 거처하는 사랑채 앞에 세워놓는 일을 감행한다. 수 년 동안 태기가 없었던 최춘길의 처 역시 남근석에 성기를 접촉시키기도 했었는데 최춘길은 특별한 이유도 없이 그 돌을 뽑아서 자신의 집에 옮겨 놓았던 것이다. 남근석을 강제로 뽑아서 옮겨온 후 최춘길은 주색잡기에 빠져 방랑을 일삼게 된다.

> 아버지는 …… 누구 못지않게 부지런하고 얌전하기 이를 데 없는 예의 바른 젊은이였다. 여자라곤 달희 언니 어머니였던 첫 부인밖에 몰랐고, 그녀에게 수년 동안 태기가 없어도, 할머니를 비롯한 친척들이 다른 여자를 천거하여 억지로 등을 밀어도, 아버지는 막무가내로 거절하고 들었다는 것이었다.

---

28) 백시종, 위의 책, p.294.
29) 남근석의 형상화는 신체의 기관으로서 남근이 아니라 탈육화한 기관으로 존재하는 남근적 상징성을 의미한다.

> 그러던 아버지에게 어느 날 갑자기 심상치 않은 바람이 불어온 것이었다. ……아
> 버지 나이가 서른 다섯 되던 해, 그러니까 달희언니가 태어났던 해, 달순이의 어머
> 니를 둘째부인으로 맞아들었던 해, 바로 그 해에 돌풍처럼 그 바람기가 휩쓸어 들었
> 다는 것이었다.30)

건실한 젊은이였던 최춘길의 일탈을 두고 마을 사람들은 "달래산 정기31)" 때문이라고 하며 최춘길을 욕하기 보다는 달래산의 남근석에게 책임을 돌렸다. 대부호 최춘길의 밑에서 살아가는 마을 사람들이 직접적으로 최춘길의 방탕을 지적하기 보다는 남근석을 원인으로 지목하는 것이 훨씬 수월했기 때문이다.

최춘길 집안의 비극은 처음에는 우연처럼 시작되었지만 반복되는 사건 속에서 필연적인 것으로 소급된다. 즉 강제로 뽑혀 온 남근석은 춘길의 첫 부인인 달희 어머니를 죽게 하거나 춘길을 주색잡기에 빠져 방랑하게 하는 데 그치지 않는다. 남근석으로 인해 춘길 집안은 문란한 애욕에 빠져 근친상간의 금기를 깨뜨리며 몰락하게 되고 인물들은 그 죄를 짊어지며 살아가게 되는 것32)이다. 춘길의 무분별한 방랑은 춘길의 후처인 달순 어머니를 젊은 머슴 꺽쇠와 불륜에 빠지게 하고 집안에 가장이 없는 상태에서 달순 어머니의 동생인 덕칠은 춘길의 전처 소생인 달희와 야반도주를 한다. 결혼을 이틀 앞둔 달희가 의붓삼촌인 덕칠과 도망치자 최춘길은 달순 어머니에게 손찌검을 하고 집을 나가고 그 여파로 최춘길의 어머니는 화병을 앓다가 집나간 아들이 돌아오기도 전에 죽게 된다. 이러한 와중에 달순은 꺽쇠의 사촌 형 만득에게 열네 살에 겁탈을 당하게 되는데 만득은 자신의 아내를 빼앗은 춘길에 대한 복수로 어린 달순을 겁탈한 것이다.

전쟁으로 인해 가족들이 모두 흩어지고 꺽쇠와 달순 어머니, 달순이는 남한으로 피난 와서 같이 살게 된다. 꺽쇠는 달순 모녀를 부양한다는 핑계로 드러내 놓고 달순 어머니와 관계를 하고 그 와중에 달순 어머니는 임신을 하게 된다. 마흔 다섯에 임신한 달순 어머니는 달순의 오빠 달영에게 꺽쇠와 살면서 임신한 모습을 보일까봐 달영이 온다는 전 날에 자살

---

30) 백시종, 앞의 책, pp.292-93.
31) 백시종, 위의 책, p.293.
32) 죄의 대가는 일종의 부채로 남아 죽음으로 혹은 죽어서도 유령의 형상으로 나타나 빚의 청산을 요구한다. 알렌카 주판치치, 이성민 역, 『실재의 윤리』, 도서출판 b, 2004, pp.281-282 참조.

을 하고 만다. 어머니를 잃고 고아가 된 달순은 어쩔 수 없이 꺽쇠와 살면서 꺽쇠의 아이를 임신하게 되고 결국 꺽쇠와 결혼하게 된다. 이렇게 최춘길 집안은 근친상간으로 얽히고설킨 복잡 미묘한 관계로 연결되는데 이러한 관계 속에서 모든 인물은 정신적, 육체적으로 파멸하게 된다.

특히 가장 어린 달순이의 파국은 꺽쇠와 바람난 어머니와 만득의 아내와 관계한 아버지로 인해 비롯된 것으로 자신의 죄가 아닌 다른 사람이 저지른 죄의 대가를 가장 비극적 양상으로 되갚게 된다33).

> 명성산 입구 다닥다닥한 시멘 블록 집에 사는 달순은 생긴 것과는 달리 너무 엉뚱한 면모를 갖고 있기 때문일까, 질서가 없기 때문일까, 혼란하기 때문일까, 얌전하지 못하기 때문일까, 뭔가 갈기갈기 찢겨져 있는 것처럼 보였기 때문일까.
> 따지고 보면 남편을 가진 부인이, 혹은 아이들을 가진 어머니가 응당 가져야 하는 희생적인 여자다움을 저버린, 바람난 암코양이가 된 것도 망상과 혼돈에 사로잡혀 한 마리 삵쾡이처럼 우엉우엉 울부짖는 것도 그래서 모두가 달순이 하면 휘휘 혀부터 내흔드는 것도 모두가 남편인 박 남수 씨 때문이었다.34)

달순은 자신을 겁탈한 남자의 사촌 동생이자 친 어머니의 남편이었던 꺽쇠35)와 결혼할 수밖에 없었는데 이러한 달순의 비극적인 운명은 꺽쇠와의 결혼으로도 끝나지 않은 채 달순을 지속적으로 괴롭힌다. 달순의 불안 상황과 심리는 젊고 예쁜 달순이를 위태롭고 위험한 여자로 보이게 하는데 실제로 달순은 환상에 시달리며 마을 사람들에게 정신병자로 취급당하기도 한다36).

---

33) 달순의 비극은 근친상간의 금기를 어긴 자들의 부채를 모두 떠맡은 것과 같다. 청산되지 않은 부채는 달순의 지속적인 환상과 달순과 관계한 남자들의 의도치 않은 죽음이나 불구로 현실화 된다. 알렌카 주판치치, 앞의 책, p.281.
34) 백시종, 앞의 책, p.270.
35) 달순이 만득의 보복으로 겁탈을 당한 것은 1차적인 원인은 만득의 아내와 관계한 아버지에게 있으나 만득에게 그럴 기회를 준 것은 꺽쇠와 달순 어머니이다. 꺽쇠와 달순 어머니가 달순을 혼자 과수원에 남겨 두고 정사를 벌이지만 않았어도 달순은 우연히 만난 만득에게 겁탈을 당하지 않았을 것이다. 백시종, 위의 책, pp.308-311.
36) 표면적으로 남편인 박남수가 사고로 하반신 마비의 불구가 된 것이 달순이의 일탈의 원인이라 생각할 수 있으나 그 이면에는 근친상간의 죄의 대가인 영원한 고통과 관련이 깊다.

그녀가 환상을 보는 날 밤이 따로 정해진 것은 것은 아니었으나, 대체로 한 달 정도의 간격을 두고 길가는 사람이 갑자기 간질을 하듯, 예상하지 못한 순간에 불쑥 찾아드는 것이었다.

환상은 늘 한기와 함께 왔다. ……마른 잎 같은 한기가 채 가시기도 전에 문창호지 뚫듯 거센 바람을 몰고 그녀가 열 네 살 때 처음 보았던 흰 자루를 쓴 사내가 화약 냄새나는 춤을 덩실덩실 추며 나타나는 것이었다.[37]

달순이 겁탈을 당하고 남북전쟁으로 인해 쫓기듯 고향을 떠나온 때가 열 네 살이었을 때였다. 달순은 최 부잣집 막내딸로 "모든 것이 충족스러운, 그래서 모든 것이 다 만만했던 어린 시절을 보낸 여자[38]"로 "귀염둥이 중의 귀염둥이"였다. 달순의 집은 많은 농토와 양조장, 두부 공장, 과수원 등 미처 다 셀 수 없는 집안으로 구 철원에서 막강한 힘을 가지고 있었다.

이러한 달순의 충만한 어린 시절은 열네 살을 기점으로 파탄 나고 지금까지 바닥없는 나락으로 추락하고 있는 실정이다. 달순은 남편인 박남수(꺽쇠에서 개명)가 지뢰를 밟아 하반신 마비가 되면서 집안의 가장이 되어 DMZ 지역에서 농사를 짓게 된다. 군인들의 도움으로 농사를 짓던 달순은 하반신 마비로 불구가 된 남편을 대신하여 성적 욕망을 채울 남자를 찾게 된다. 36세의 젊고 건강한 육체를 지닌 달순은 일 년이면 두 번 씩 다른 남자를 찾았는데 달순과 관계한 남자들은 "달순이 자신도 모르는 사이에 남자들 스스로 그녀 곁을 떠나거나, 병들거나, 죽거나[39]" 하면서 달순의 곁에 남아있지 않게 되었다[40]. 이러한 달순의 이력 때문에 달순은 이웃들의 비난과 멸시를 받기도 하고 따돌림을 당하기도 한다.

달순 가족의 애욕과 비극의 근본적인 원인은 앞서 살펴보았듯이 달래산 남근석을 강제로 뽑아 낸 달순의 아버지 최춘길의 행위에서 비롯되었다. 근친상간의 금기를 지키기 위해 자신의 남근을 찍어 죽은 오빠의 화신인 남근석은 "사춘기 소녀의 젖가슴처럼 오똑 선 달래

---

[37] 백시종, 위의 책, p.271.
[38] 백시종, 앞의 책, p.273.
[39] 백시종, 위의 책, p.287.
[40] 달순은 자신을 거친 남자들의 죽음이나 불구됨에 대해 "자기도 모르는 사이"라며 스스로를 기만하지만 남자들이 사고를 당하는 우연성은 반복적인 상황을 통해 필연성을 감지할 수 있도록 한다. 이러한 필연성은 달래산 남근석을 뽑아 온 행위에서 비롯된 것이다.

산" 중턱에서 달래산을 수호하며 (근친상간)금지의 상징으로 자리를 지키고 있어야 하는 것이다. 남근석은 실제 성기는 아니지만 상징적인 성기로 아이를 낳지 못하는 여인들의 염원과 한의 집약체이기도 했다. 그렇기 때문에 남근석에 여성의 성기를 닿게 하는 행위는 성행위를 연상시키지만 자손을 위한 신성한 의식으로 인식되는 것이다. 이러한 남근석을 강제로 자신의 집안에 옮겨온 것은 상징적인 거세41)이며 금기에 대한 도전과 파괴적인 행위와 결을 같이 한다.

달래산 중턱에 있던 남근석이 인간의 염원과 욕망이 함축된 향락의 주체였다면 달래산에서 뽑혀 최춘길의 마당에 옮겨온 남근석은 거세의 기표로 민중의 염원을 충족시켜주던 신령스러운 존재에서 개인의 욕망과 향락을 위한 도구로 축소 절하된다. 이러한 남근석은 이중적인 해석을 가능하게 하는데, 먼저 달래산에서 뽑혀서 실제적으로 거세를 당한 남근석은 최춘길의 성적 욕망과 방탕으로 전이된다. 건실한 청년이었던 최춘길을 주색잡기에 빠져 방랑을 일삼는 인간으로 변하게 하는 것이다. 즉 남근석의 정기 때문에 최춘길은 오로지 욕망의 충족을 위해 충동적 생활을 일삼는 인간으로 변한 것이다. 다른 하나는 달래산 중턱에서 근친상간의 금기를 수호42)하던 남근석에 부여된 상징성의 훼손이다. 물신이었던 남근석은 산에서 뽑히면서 한낱 정원의 장식물이 되는데 이로 인해 근친상간의 금지라는 원초적인 금기가 깨져버리게 된다43). 이것은 단순히 인간의 애욕44)으로 축소될 수 없는 원초적인 죄의 원환으로 나아가며 끊임없이 지속된다.

신체 없는 기관으로서 남근석은 향락의 주체이자 근친상간의 금지의 수호신이라는 이중적인 상징성을 대표한다. 그러나 남근석이 강제로 달래산에서 뽑히게 된 상황은 남근석에 대한 실제적인 훼손이자 상징적인 거세에 해당한다. 남근석은 훼손과 거세를 통해 사라지지 않고 탈육화한 부분으로 남아서 여전히 최춘길 집안의 몰락을 지켜보며 죄에 대한 대가의

---

41) 달래산 중턱에서 남근석을 뽑는 행위는 실질적인 거세이자 상징적인 거세라는 이중성을 함의한다. 즉 여기에서 거세는 폭력적인 신체적 절단(남근석을 뽑는 행위)이라는 실질적인 훼손의 양상을 보이지만 이러한 실질적인 훼손을 통해서 비육체적인 영역(상징적 거세의 영역)으로 진입할 수 있도록 한다. 따라서 "상징적인 거세"는 신체적인 현실에 결박하기보다는 현실을 초월하고, 비물질적 생성의 공간으로 진입할 수 있도록 한다. 슬라보예 지젝, 김지훈 외 역, 『신체 없는 기관』, 도서출판 b, 2006, p.170.

42) 각주 26) 달래산 설화 참조.

43) 이는 도스토예프스키의 "만약 신이 없다면, 모든 것이 허용될 것이다"라는 유명한 명제를 상기시킨다. 슬라보예 지젝, 『그들은 자기가 하는 일을 알지 못하나이다』, 앞의 책, p.156.

44) 김인환, 앞의 책, p.445.

상환을 종용하는 것이다.

4. 결론

　신체 없는 기관으로 존재하는 남근은 항상 분석할 수 없는 어떤 과잉이나 결여와 관계한다. 이러한 남근적 상징은 의미화될 수 없는 성애적 매혹과 애착[45]을 상기시키는데 이러한 작인들이 의미화의 과정을 지속시키는 결과로 작동한다. 분석 불가능성, 즉 의미화 할 수 없는 영역을 향한 인간 지성의 노력은 끊임없이 초과와 결핍을 순환하면서 분석을 위한 장으로 접근하게 하는 원동력을 제공한다.

　앞서 살펴보았듯이 분석의 불가능성은 분석의 무익이 아니라 분석을 위한 통찰력의 부재이다. 분석 불가능을 대하는 민박사의 피로와 곤경은 연구자들이 겪는 공통적인 감정이라고 할 수 있다. 70년대에 발표 된 백시종의 두 소설「성치」와 「산 넘어 북촌」은 공통적으로 남근을 서사의 핵심으로 제시하고 있다. 이러한 남근중심주의에 대한 일상적이고 통념적인 해석은 다른 70년대 소설에서 많이 축적 되었다. 이두 소설에 나타나는 성애적인 요소, 즉 특정 신체를 파편화시켜 부분적인 대상으로 구성하는 서사는 유기체적인 몸 담론의 근대적인 신체관에서는 만화적이고 풍자적인 양상이라는 건통적인 개념으로 분석될 수 있다. 그러나 슬로베니아인[46]에 대한 지젝의 주석처럼 작품의 심연에 접근하려는 집요한 시도와 새로운 이론은 피로와 곤경 속에서 논리의 불충분함을 명확하게 하며 분석 불가능성에 접근할 수 있도록 계기를 마련해 준다.

　반세기 동안 작품 활동을 한 백시종의 소설에 대한 본격적인 연구논문이 없다는 것은 분명 시사점이 있다. 그러나 작품이 작가의 총체성을 드러내는 완결체가 아니라 그 과정이라고 볼 때 백시종의 작품도 충분히 연구 가치가 있다고 여겨지며 앞으로 연구자들의 관심과 다양한 연구 결과를 접해 볼 수 있기를 기대해 본다.

---

[45] 슬라보예 지젝, 『신체 없는 기관』, 앞의 책, p.190.
[46] 슬라보예 지젝, 『그들은 자기가 하는 일을 알지 못하나이다』, 앞의 책, p.156.

<참고문헌>

1. 기본자료

백시종 외,『산 너머 북촌 외』, 한국현대문학전집 52, 삼성출판사, 1981.

2. 논문 및 단행본

김인환,「모순의 미학-백시종 문학 해설」,『산 너머 북촌 외』, 한국현대문학전집 52, 삼성출판사, 1981.

박영균,「기관 없는 신체인가, 신체 없는 기관인가?-지젝의 들뢰즈 비판」,『철학연구』106집, 2008.

서동진,「기관없는 신체 혹은 신체없는 기관-신체의 재현과 그 위기」,『철학과 경계』4(1), 2004.

윤희경,「루이스 부르주아의 작품에 나타난 신체의 이미지」,『현대미술사연구』45, 2019.

다리안 리더, 박소현 역,『모나리자 훔치기』, 새물결, 2010.

딜런 에반스, 김종주 외 역,『라깡 정신분석 사전』, 인간사랑, 2004.

레나타 살레클, 이성민 역,『사랑과 증오의 도착들』, 도서출판 b, 2003.

슬라보예 지젝 외, 김영찬 외 역,『성관계는 없다』, 도서출판 b, 2005.

_____, 김지훈 외 역,『신체 없는 기관』, 도서출판 b, 2006.

_____, 박정수 역, 『그들은 자기가 하는 일을 알지 못하나이다』, 인간사랑, 2007.

_____, 조형준 역,『헤겔 레스토랑』, 새물결, 2013.

알렌카 주판치치, 이성민 역,『실재의 윤리』, 도서출판 b, 2004.

<Abstract>

A study on Baek Si-jong's novels-Focusing on 「Seongchi」 and 「San neom-eo Bugchon」

Jo, Mi-hee(Hanyang Women's University)

This study is to examine the aspect of Phallus, an institution that is not analyzed centering on Baek Si-jong's novels 「Seongchi」(1975) and 「San neom-eo Bugchon」.(1977), turning to a bodyless institution.

It can be said that the present Phallus does not mean penis as a real male genital, but acts as a pure notation. Based on this theoretical background, if the two novels of Baek Si-jong are meaningful, it can be interpreted as the process of turning the Phallus, the actual organ, into the south root. In other words, it is possible to confirm the original origin of advancing to the symbolism of the south root in a way that the penis, a biological organ, is not analyzed.

What penis implies as an institution that is not analyzed means the impossibility of analysis, not the dance of analysis. Institutions that are not analyzed in terms of ethics may be considered worthless in analysis. However, what is not analyzed when approached at an epistemological level can be said to be a failure of insight to reveal the dynamics of the origin of non-analysis. At the point of this failure, the symbolism of Phallus, Orans without Bodies, can be found.

Phallus, which exists as a bodyless organ, always has to do with some exces s or lack of which cannot be analyzed. These phallic symbols remind us of sexual attraction and attachment that cannot be signified, and these work as a result of continuing the process of signification. The human intellect's efforts toward the unanalytical, that is, the unsignifiable realm, constantly cycle through excess and deficiency, approaching the field for analysis.

Recalling that these authors act as a result of continuing the process of meaning. The efforts of human intelligence toward the impossibility of analysis, that is, areas that cannot be meaningful, approach the chapter for analysis while constantly circulating excess and deficiency.

The sexual element that stands out in the two novels of Baek Si-jong published in the 1970's, that is, the narrative composed of partial objects by fragmenting a specific body, is a conceptual example of an organ decapitated from the body in a quite unique way.

Keywords: Baek Si-jong, 70's, Desire, Phallus, Orans without Bodies

〈해변시인학교〉의 현황과 시사(詩史)적 의의

최서진*

목 차

1. 들어가며
2. 〈해변시인학교〉의 운영 현황
   1) 설립 배경
   2) 조직과 운영
   3) 개설 현황과 경과
3. 〈해변시인학교〉의 교육 효과
4. 〈해변시인학교〉의 시사(詩史)적 의의

<국문초록>

　1980년대 시의 저변확대를 위한 시단의 노력은 『심상』지의 〈해변시인학교〉를 통해 한 결실을 거두었다. 해변이라는 자연 공간으로 문학교육의 장을 이동하여 직접 시인과 독자가 만나 서로 소통하면서 시단의 저변 확장을 도모한 이 문학운동은 당시의 문단 상황에서는 파격적이었다. 시인학교의 설립 목표는 첫째 시의 저변 확대, 둘째 국어 순화, 셋째 대중의 정서 함양이었다. 회를 거듭할수록 참여하는 시인과 독자가 늘어나면서 시를 사랑하는 독자들과 시인들간의 교류의 장을 마련하는데 큰 성과를 거두었다.

---

*한양대학교 ERICA 한국언어문학과 강사

행사의 주요 내용은 시인들의 특강, 가족(분과) 단위의 활동과 토론, 시창작 지도 등이었다. 구체적으로 시라는 장르에 대한 기초적 이해, 시 낭송, 작품 해설, 질의응답, 그리고 시인의 개별 지도와 백일장을 통해 교육 효과를 극대화하고 우수한 신인을 발굴하기도 했다. 이렇게 다양한 행사를 통해 시에 대한 일반인들의 관심을 높이고 시와 독자의 거리를 좁힘으로써 시단의 저변 확장을 위한 새로운 가능성이 열렸다.

〈해변시인학교〉는 시인과 독자의 만남의 장이었으며, 시 창작 교육의 집중화 및 단기화의 공간이었다. 또한 독자와의 교류를 통해 시 독자를 확대하고, 시 창작 교육을 개방하여 단기적인 집중 교육을 통해 효율적인 시 교육을 실천하였다. 이러한 〈해변시인학교〉의 지속적인 활동은 문단 내외로 파급되어 한국 문단에서 독자와의 소통과 교류를 적극적으로 실천하게 되는 계기가 되었다. 〈해변시인학교〉는 시 창작 교육의 개방, 단기적인 집중을 통한 효율적 교육, 독자의 저변확대, 문단 내외로의 파급 효과 등 독자와의 교류를 통한 시의 저변을 확대하였다는 점에서 시사적 의의가 크다 할 수 있다.

주제어: 〈해변시인학교〉, 『심상』, 시론 특강, 시 창작 교육, 독자

1. 들어가며

〈해변시인학교〉는 시전문 문예지 『심상』에서 시론 특강과 시 창작 교육을 실시하며 개최한 시를 사랑하는 독자들과 시인들간의 교류의 장이다. 1979년 여름부터 개최된 〈해변시인학교〉는 현재까지 지속되며 독자와의 교류를 이어가고 있다.[1]

〈해변시인학교〉가 설립된 1980년대는 '현실이 상상력을 압도하던 시대'[2]로 정치 사회적인 이념이 들끓던 시기라 시단의 흐름에도 영향을 주었다. 진보적 이념과 민중 지향성을 지닌 작품들이 대세를 차지하는 중에도 이에 맞서 해체적인 경향의 작품들이 활기를 띠었으며,[3] 불황기의 출판 상황에 맞서 무크지 운동이 활발하게 일어났다.[4] 이를 통해 서정시를 쓰는 시인들도 여전히 제 목소리를 지니기 위해 노력했다. 그리하여 민중시와 실험시 및 서정시가 공존하면서 '시의 시대'다운 외적 호황을 보여[5]준 것도 이 시기였다. 이런 가운데도 끊임없이 대중화 문제가 제기되고 또 수많은 문학인이 노동자와 농민, 그리고 지역의 근로 대중과 결합하여 활동을 벌이기도 했다. 그러다 보니 자연 관념적 편향이 극심했고 조직 측면에서도 마찬가지였다.[6] 이러한 위기의 시단 분위기는 〈해변시인학교〉의 성공과는 극명하게 대조된다.

〈해변시인학교〉는 '문인 등단 제도'라는 근대의 산물이 이 땅에 들어온 이래 생긴 가장 특이하고 큰 행사였다. 그동안 국가나 문학 단체가 선도한 독자와의 모임은 있었으나 특정 문예지가 주관하여 단기 과정으로 창작 학교를 만들고 운영한 전례가 없었기 때문이다.

---

[1] 〈해변시인학교〉는 1979년 제1회 개최를 시작으로 2019년 제41회까지 지속되고 있다. 팬데믹으로 인해 2019년 횡성에서 개최된 41회가 가장 최근의 행사였다.

[2] 오세영 외, 『한국현대시사』, 민음사, 2007, p.473.

[3] "80년대 우리 시를 지배한 것은 리얼리즘과 해체이다. 민중시나 해체시나 궁극적으로 노린 것은 현실 부정이고, 현실 파괴이고, 현실을 지배하는 질서 파괴이고, 질서를 구성하는 아버지라는 이름을 죽이기이다." 이승훈, 『한국모더니즘 시사』, 문예출판사, 2000, p.301.

[4] 1980년대 시단의 해체적 경향을 지적한 연구는 다음과 같다. 김준오, 「해체시를 넘어」, 『도시시와 해체시』, 문학과비평사, 1993, pp.140-142. 구모룡, 「억압된 타자들의 목소리」, 『현대시사상』, 1995, 가을호, pp.177-193. 박상배, 「해체시란 무엇인가」, 『현대시사상』 무크 2집, 고려원, 1988, pp.54-65. 정효구, 「우리시의 해체주의」, 『현대시사상』 무크 2집, 고려원, 1988, pp.66-80.

[5] 김재홍, 「1980년대 한국시의 비평적 성찰」, 김윤식·김우종 외, 『한국현대문학사』, ㈜현대문학, 1989, pp.551~552.

[6] 좌담, 「문학과 예술의 대중화를 위하여」, 황석영 외, 『전환기의 민족문학』, 풀빛, 1987, p.57.

1970년대에는 시전문 문예지가 많지 않았다. 『현대시학』, 『시문학』, 『심상』 등 정도였고, 이들이 시인들의 주요 발표 무대였다. 시인의 숫자에 비해 전문지가 적고 발표의 장이 부족해 시인들은 주로 문예지를 중심으로 모이고 소통하였다. 〈해변시인학교〉라는 시 전문학교가 성공할 수 있었던 근원에는 바로 이런 문예지의 역할을 통한 결속력이 바탕이 되었는데, 여기에 『심상』지의 기획력과 조직력 및 운영 방식이 뒷받침하여 성공할 수 있었다.

이러한 〈해변시인학교〉는 전문 월간지 『심상』이 주관한, 시 자체가 중심이 된 시의 축제였다. 여기에는 기성 시인이 50명에서 100명이 참석했으며, 인원이 초과하여 받을 수 없을 정도로 많은 사람들이 참가했다. 〈해변시인학교〉는 일차적으로 기성 시인 '문단의 오늘'과 아마추어들 '문단의 내일'이 만나는 자리였고, 시와 자연이 만나는 자리였고, 문학이 축제의 장이 되는 그 가능성을 확인한 자리였다. 제7회 몽산포 〈해변시인학교〉를 마친 이후 『심상』지 편집후기에 피력한 편집진의 말을 통해서 이 행사가 정착된 뒤의 상황이 어떠했는지 구체적으로 확인할 수 있다.

> 몽산포 〈해변시인학교〉에 참석했던 독자가 '참으로 지난 여름은 위대했다'고 격정 어린 목소리를 편지에 담아 보냈다. 그는 릴케의 싯귀를 인용한 것이 아니라, 가장 함축성 있는 감정을 절실히 대변해 줄 말을 이렇게 찾은 듯했다. 100명이 넘는 시인들과 180명의 독자가 몽산포 바닷가에 모여 3박 4일간 벌인 시의 퍼레이드, 촛불 아래 이마를 맞대고 시를 이야기하고, 달빛 아래 파도 소리를 들으며 삶을 이야기하던 시인학교는 시인들에게나 독자들에게 감동적인 만남의 자리였다.
>
> 구상, 정한모, 조병화, 김남조 시인을 비롯하여 참석해준 많은 시인에게 감사드리는 마음을 여기에 적는다.[7]

위 인용문에는 〈해변시인학교〉에 관한 구체적인 정보들이 들어 있다. 독자 반응에서부터 시인과 독자들의 참여 현황, 개교 기간과 독자와 시인의 만남 현장 분위기 등을 알 수 있다. 행사 주최 측의 발언이기는 하지만 3박 4일간이라는 짧은 기간에 '시인학교는 시인들에게나 독자들에게 감동적인 만남의 자리였다'는 평가는 시인과 독자가 사제 관계를 넘어서는

---

7) 『심상』, 심상사, 1985. 9월호, 편집후기 '색연필'에서.

어울림을 장이었음을 짐작하게 한다. 이는 문학 실현의 한 궁극적 행태라고 볼 수 있어 당대에 〈해변시인학교〉가 끼친 영향은 적지 않다고 판단된다. 특히 대표 참여 시인으로 거론한 '구상, 정한모, 조병화, 김남조' 등 문학사뿐 아니라 대중적으로도 잘 알려진 시인들이 참여할 정도로 시단의 반응도 뜨거웠다8)는 점에서 〈해변시인학교〉의 성공 가능성은 열려 있었다. 그 후로 '**시인학교'라는 이름으로 유사한 행사가 열리게 된 것이라든지, 제도권 밖에서 다양한 창작 교실이 속출한 현상은 이 행사의 성공을 방증한다. 이렇듯 1980년대 시와 독자와의 새로운 만남을 주도한 〈해변시인학교〉는 문단에 큰 반향을 불러일으켰다.

〈해변시인학교〉에는 1980년대 우리나라 시단에서 하나의 큰 현상으로 자리를 잡았고 그 의의 또한 적지 않다고 본다. 이에 본고는 월간 시지 『심상』이 1980년대에 운영하였던 〈해변시인학교〉의 모습을 고찰하고자 한다. 당시만 하더라도 예고나 예대 등 제도권에서 두어 개 정도 문예창작과가 개설되어 있을 때였는데, 이것을 열린 공간으로 끌어내어 축제 형식으로 시인과 독자의 만남의 장을 마련했던 〈해변시인학교〉의 운영 과정을 살펴보고 그 문학사적 의미를 살펴봄으로써, 1980년대 문학의 한 특성에 접근하고자 한다. 본고에서는 이 학교의 초창기와 절정기라 할 수 있는 1980년대를 중심으로 〈해변시인학교〉의 구체적인 모습을 살펴보고자 한다.

2. 〈해변시인학교〉의 운영 현황

1) 설립 배경

『심상』은 1973년 10월 박목월 시인의 주도로 박남수, 김종길, 이형기, 김광림 시인 등의 도움으로 창간한 월간 시 전문지이다. 편집 겸 발행인은 박목월이었다. 창간 5년 후인 1978년 3월에 발행인인 박목월 시인이 작고하자, 그 뒤를 이어 아들이자 문학평론가인 서울대

---

8) 〈해변시인학교〉 운영진으로 참석한 한 시인의 증언에 따르면, 『심상』은 박목월 시인이 주도하여 창간 운영되었는데, 박목월 시인은 돌아가실 때까지 우리나라 양대 시인 단체 중 하나인 '한국시인협회' 회장을 오래 맡으셨기 때문에 그 당시 한국시인협회의 주요 시인들이 해마다 많이 참석하였다고 한다. 위에 거론한 네 분 중에 구상 시인을 제외한 세 분이 목월 시인 타계 이후 차례로 회장을 역임했고, 그 뒤에도 우리나라 유수한 시인들은 거의 〈해변시인학교〉를 다녀오지 않은 분이 없었을 뿐만 아니라 김용성, 윤후명, 정동주 등 일부 소설가와 평론가들도 많이 참여할 정도로 해마다 한여름 7월 말 8월 초쯤에 열린 이 행사는 문인들에게 뜨거운 관심거리였다.

박동규 교수가 이어받았는데, 그 이듬해에 〈해변시인학교〉를 만들었다. 외국의 한 해수욕장에서 자연스럽게 이루어진 시낭송 모임을 경험한 한 시인의 이야기를 듣고 박동규 교수가 착안하여 구체화해서 실행한 것이다.

당시에는 전문 시지에 대한 일반 대중들의 관심이 거의 없는 상태였다. 난해해진 현대시를 대중들이 외면해 시 독자가 줄어들었다. 그 반면에 시와 거리가 멀어질수록 각박한 생활 속에서 메마른 정서를 위무해 줄 감성적인 서정시에 대한 대중적 열망도 높았던 시기였다. 1980년대 발간된 도종환의 『접시꽃 당신』(1985), 서정윤의 『홀로서기』(1987) 등과 같은 시집이 대중적인 주목을 받았던 것도 이와 같은 맥락에서 이해할 수 있다. 〈해변시인학교〉는 이러한 서정시에 대한 대중들의 관심과 열기 속에서 설립되었다 할 수 있다.

2) 조직과 운영

〈해변시인학교〉라는 이름을 달고 있는 만큼 조직적인 운영을 위한 최소한의 장치가 필요했다. 회를 거듭할수록 참여하는 시인과 독자의 수가 늘어난 까닭은 조직적인 운영의 묘를 잘 살려 그 취지가 널리 알려졌기 때문이다. 조직은 크게 교육과 복지로 나뉜다. 복지 부분은 300여 명의 참여자에게 숙식을 제공하는 일이고, 교육 부분은 참여 시인과 독자를 관리하고 교육이 원활하게 이루어지도록 게 하는 일이다. 총책임은 박동규 교수가 담당하였다. 그리고 복지는 박 교수의 부인이 맡았다. 교육은 교장과 교감 및 교무주임이 맡아 운영하였다. 교육을 중심으로 한 학교의 기본 조직은 다음과 같다.

〈표 1〉 해변시인학교 기본 조직

회	이사장	교장	교감	교무주임
1	박동규	김광림	이명수	권두환
2	박동규	황금찬	이명수	권두환
3	박동규	황금찬	이명수	권두환
4	박동규	황금찬	이명수	권두환

회	이사장	교장	교감	교무주임
5	박동규	황금찬	이명수	권두환
6	박동규	황금찬	이명수	권두환
7	박동규	황금찬	이명수	권두환
8	박동규	황금찬	이명수	이상호
9	박동규	황금찬	이명수	이상호
10	박동규	황금찬	이명수	이상호
11	박동규	황금찬	이명수	이상호

〈표 1〉에서 볼 수 있듯이 제1회 교장은 김광림 시인이, 2회부터는 황금찬 시인이었다. 교감에는 이명수 시인이, 교무주임으로는 7회까지는 서울대 권두환(평론가) 교수가 맡다가, 몽산포해수욕장에서 실시한 8회부터는 이상호 시인이 담당하였다. 각반의 소단위 구성에는 '가족'이라는 이름을 붙여 가족애를 불어넣으려 하였다. 가족별로 담임 시인을 임명하고, 편성은 독자를 남녀의 성별로 구분하여 20명 내외로 한 가족을 만들어 10개 가족 내외로 편성하여 학생 수는 대략 200명 내외가 되었다. 참여 학생은 10대 청소년부터 70대 어르신까지 남녀노소로 다양하게 구성되었다. 학생(독자)들의 직업은 고교생부터 교수, 화가, 음악가, 약사, 국회의원 등 매우 다양하였으며, 미주 등 해외에서 동포도 참여하였다.

지도를 맡는 시인들은, 한국시인협회 회장을 오래 역임한 박목월 시인의 영향으로 주로 한국시인협회 원로시인들과 중진들이 거의 참여했고, 『심상』 출신 시인들이 담임 등을 맡아 실무를 처리하였다. 참여 시인이 많을 때는 연인원 100여 명에 이르기도 하였지만, 평균 40~50명 정도 되어, 200명이 넘는 인원이 시인학교에서 3박 4일간 함께 숙식을 시에 관련된 다양한 프로그램을 수행하였다.

한편, 시인학교 교육 과정은 다음과 같다. 첫날 입교식 후 3박 4일 동안 이루어지는 교육 과정은 크게 교육과 친목(놀이) 시간으로 구분된다. 교육은 합동 강연, 작품 감상과 합평회, 창작지도와 실기 등 세 과정으로 구분된다. 합동 강연은 하루에 두세 차례씩 식사 후에 이론 중심으로 원로들이 강연한다. 합동 강연이 끝나면 가족별로 나누어 교실이나 야외로 나아가 시인들이 돌아가면서 자기 경험을 바탕으로 구체적인 말씀을 들려준 다음, 다시 시인들이 개별적으로 몇 명씩 독자를 맡아 집중 지도를 한다. 지도 내용은 주로 시에 친근하게 다가갈 수 있도록 하는 감성 차원과 실제로 좋은 시를 읽고 쓸 수 있는 기법에 관한 이론들로 어우러져 있다.

본부(교무)에서는 이러한 교육이 원활하고 효과적으로 이루어지도록 치밀하게 계획했다. 이를 위한 가장 중요한 일은 참여 시인들을 배치하는 것이다. 그래서 매일 입 퇴교 시인 목록을 작성하고 합동 강연 강사 선정, 가족별 시인 배치 등에 신경을 썼다. 가족에 배치되는 시인은 순환하게 함으로써 독자들이 가능한 한 많은 시인을 직접 만날 수 있도록 세심하게 배려했다. 이론 교육과 창작지도는 셋째 날 오후로 마무리했다.

저녁에는 가족별 장기자랑 시간을 통해 우정과 흥을 돋우고, 마지막 날에는 10시쯤에 캠프파이어를 통해 극점에 이루게 했다. 그리고 캠프파이어가 끝나는 동시에 백일장 주제를 발표하여 밤새 시를 쓰는 시간을 갖도록 했다. 그래서 해변 시인학교에서는 '자정 백일장'이라는 이름을 붙였다. 작품은 다음 날 아침 식사 전까지 제출토록 했다. 심사는 이날까지 남아 있는 시인들이 모두 모여 실시하고 장원은 『심상』을 통해 등단 기회를 부여하여 도전 의욕을 자극하였다.

이러한 교육 과정으로 이루어진 3박 4일의 일정 동안은 진지함과 낭만이 잘 어우러져 훈훈한 인간미가 넘치는 현장이었던 것으로 많은 시인은 기억한다. 시인들도 독자와 직접 만나 대화를 나누고 서로 시를 이야기하고 시인의 삶을 이야기하는 뜻깊은 자리였다.[9] 이런 점에서 〈해변시인학교〉는 시의 독자 확대나 초보자들의 교육에만 뜻을 두는 것이 아니라, 기성 시인들에게도 초심을 되새기게 하고, 마음이 가난한 가족들에게도 심신의 위로와 그 긍지를 살려주는 유일한 시간과 장소였다.[10] 시인학교의 교육 과정이 깊은 인간적 유대 속에서 시를 향한 진실한 애정을 불태웠다는 사실은 중요한 의미를 지닌다.

---

9) 황금찬, 「바다와 시」, 『심상』 1989, 9월호, p.24.
10) 구상, 「해변 시인학교」, 『심상』 1981, 9월호, p.31.

3) 개설 현황과 경과

〈해변시인학교〉는 1979년 제1회를 시작으로 1989년 제11회까지 개최된다. 주로 동해안과 서해안을 중심으로 1980년대 실시된 〈해변시인학교〉의 개최 상황은 아래와 같다.

〈표 2〉 해변시인학교 개최 상황

개최연도	회	장소
1979년	제1회	포항 구룡포(구룡포초등학교)
1980년	제2회	태안 만리포
1981년	제3회	양양 죽도(인구초등학교)
1982년	제4회	강릉(강릉대학 기숙사)
1983년	제5회	포항(대양초등학교)
1984년	제6회	속초(영랑초등학교)
1985년	제7회	태안 몽산포(남면초등학교)
1986년	제8회	강릉
1987년	제9회	강릉(인구초등학교)
1988년	제10회	강릉 주문진
1989년	제11회	사천(사천초등학교)

제1회 〈해변시인학교〉는 1979년 8월 3일부터 8일까지 포항 구룡포에서 문을 열었다. 서울, 부산, 대구, 포항, 경주, 대전, 강릉 등지에서 참여한 시인과 독자를 포함해 인원은 200여 명이었다. '시와 바다'라는 제목으로 공개 좌담을 했다. 황금찬, 유승우, 홍완기, 이기철 시인 등이 자신의 시적 체험과 작품을 중심으로 열띤 대담을 나누었다. 이날의 '공개 좌담'과 해변에서의 각종 행사는 대구 MBC TV에서 녹화하여 문화 경북의 프로그램으로 소개되었다.[11] 구룡포는 포항에서 30분 이상 비포장도로를 달려야 하는 오지의 해수욕장이다. 그

---
[11] 이명수, 「해변에서 벌인 詩의 축제」, 『심상』, 심상사, 1979, 9월호, p.144.

러함에도 200여 명 모였다는 사실은 시인학교 개설의 지속 가능성을 알려주었다. 지면을 통해서 시와 독자가 만나 시인과 독자와의 거리가 멀다는 이전의 통념을 무너뜨리는 시발점이 되었다고 해도 과언이 아니다. 그리하여 〈해변시인학교〉의 창설은 시단과 독자의 인식을 바꿔주는 계기가 되었다.

제2회 〈해변시인학교〉는 1980년 8월 1일부터 4일까지 충남 만리포에서 열렸다. 참여 시인은 연인원 50명 정도였고, 독자는 200명이었다. 원래 참여 독자를 120명가량 받을 계획이었으나 독자가 몰려 200명으로 확대했다. 그래도 자리가 모자랐다고 한다. 숙소와 식사 등의 문제점으로 인해 더 받을 수 없어 미안하다[12])는 편집후기를 통해서 시인학교의 열기가 대단했음을 확인할 수 있다. 주제는 '시를 통한 가족화 운동'으로 정하고, '시를 어떻게 쓸 것인가?', '시를 어떻게 읽을 것인가?', '참다운 시인이 되는 길'이었다.

[그림 1] 제3회 죽도 해변시인학교(1981)

제3회 〈해변시인학교〉는 1981년 8월 8일부터 11일까지 강원도 양양군 죽도에서 개교하였다. 참여 시인은 71명이었고, 독자는 200명이었다. 주제는 '詩의 생활화 운동'이었다. 시인들이 준비해간 '나는 왜 생애를 바쳤는가'와 '울면서 쓴 시와 웃으면서 쓴 시'라는 재미있는 강의를 통해 시인과 독자가 한 가족이 되어 인간적 거리를 좁힘은 물론 시의 저변확대와

---

12) 『심상』, 심상사, 1980, 8월호, 편집후기 '색연필'에서.

건전한 시 확산 운동에도 크게 이바지한 결실을 거두었다는 평가를 얻었다.13)

[그림 2] 제4회 강릉 해변시인학교(1982)

제4회 시인학교는 1982년 7월 29일부터 8월 1일까지 강릉에서 열렸다. 참여 시인은 100명이었고, 독자는 150명이었다. 주제는 '詩를 우리의 생활 속으로'였다. 시를 통한 가족화 운동, 詩의 생활화 운동은 우리 삶에 다소나마 윤기를 주겠다14)는 취지에서였다고 한다. 해변 시인학교가 좋은 詩를 이 땅에 널리 알리고 내일에 전하여 詩의 새로운 지평을 열어가는 일에 앞장서서 질적인 향상과 심화를 꾀하여 시의 저변확대를 이루겠다는 의지를 『심상』 편집후기에서 밝히고 있다. 위의 기사에서도 알 수 있듯이 〈해변시인학교〉는 시인과 독자가 만나는 광장으로서의 큰 구실을 했다.

제5회 시인학교는 1983년 8월 4일부터 7일까지 포항에서 개교하였다. 주제는 '시와 독자의 거리 좁혀 시가 있는 아름답고 진실한 삶을 나누어 갖기'였다. 참여 시인은 120명이었고, 독자 인원은 80명이었다. 특이한 일은 『심상』 8월호에 해변 시인학교 시 특집을 마련한 점이다. 작품은 주로 해변 시인학교에 참석하는 시인 55명의 작품 125편이다. 특집 시는 해변 시인학교 교재로 이용되어 이중의 역할을 하였다. 특히 5회 〈해변시인학교〉를 기점으로 역량 있는 신인을 발굴하기 위한 원고를 모집하여 전문성을 확대하였다.

제6회 시인학교는 1984년 7월 27일부터 30일까지 속초에서 개교하였다. 참여시인 100명이었고, 독자 인원은 200명이었다. 주제는 '꿈과 사랑이 깃든 삶을 위하여'였다. 8월호에는 해변 시인학교 전권특집을 엮었다.15) 70여 명의 시인, 140여 편의 시를 한 권에 담기는 처음이다.16) 주로 〈해변시인학교〉에 참가하는 시인의 작품이 주가 되었고, 문학의 사회적

---

13) "79년 구룡포에서 처음 시작된 〈해변시인학교〉는 만리포, 죽도에서 차례로 열려 문학을 통한 대화의 광장으로 큰 구실을 했다."(『경향신문』, 1982년 7월 12일자 기사).
14) 『심상』, 심상사, 1982, 8월호, 편집후기 '색연필'에서.
15) 전권특집 목차 일부.

역할을 실험할 가능성을 보여준 기획이었다.

제7회 〈해변시인학교〉는 1985년 7월 26일부터 29일까지 몽산포에서 개교하였다. 참여 시인은 70명이었고, 독자 인원은 170명이었다. 주제는 '시와 언어, 시와 현실', '삶과 시의 진실'이었다. 이번에도 〈해변시인학교〉에 참가하는 시인들의 작품을 전권특집으로 엮었다. 수록 순서는 연대별로 구분하여 가나다순으로 배열하였다. "해변 시인학교는 시인과 독자의 거리를 좁혀 시 독자의 저변확대에 크게 이바지한 것을 평가받고 있다."17)라는 기사를 통해서도 알 수 있듯이 이 학교는 더 굳건히 자리를 잡아가고 있었다.

제8회 시인학교는 1986년 8월 1일부터 4일까지 강릉에서 개교하였다. 참여 시인은 100명이었고, 독자 인원은 200명이었다. 시인학교의 교재

[그림 13] 제5회 포항 해변시인학교, 『서울신문』 1983년 8월 10일자 기사

를 위해 『심상』지 8월호에는 전권을 시인학교에 참가하는 시인의 작품들만을 실었다. 시인학교가 시 낭독이나 시운동을 대표하는 행사로 자리매김하게 되었다. 시인학교 행사를 통해

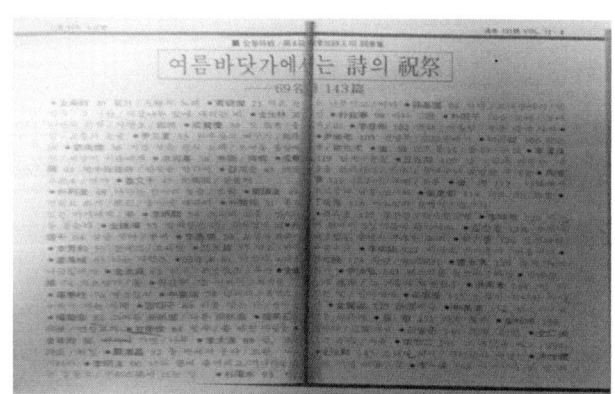

16) 『심상』, 심상사, 1984, 8월호, 편집후기 '색연필'에서.
17) 『경향신문』, 1986년 7월 7일자 기사에서.

시대의 올바른 길을 찾으려는18) 담론 취지를 읽을 수 있다. 이와 같은 〈해변시인학교〉의 정착과 결실은 "시, 연극, 무용, 음악 등 문화예술이 피서지를 찾아 나섰다. '해변시인학교', '현대춤 여름 캠프', 그리고 바닷가에서의 연극 공연 등이 펼쳐져 피서지를 문화예술을 꽃피웠다. 피서객들이 단순한 놀이 대신 휴가철에 문화와 만날 수 있도록 '만남의 장'을 스스로 찾아가 만든 것이다."19)라는 기사를 통해서도 여실히 확인할 수 있다.

제9회 시인학교는 1987년 7월 31일부터 8월 3일까지 죽도에서 개교하였다. 참여 시인은 100명이었고, 독자 인원은 150명이었다. 주제는 '진실한 삶과 진실한 시를 생각한다'였다. 〈해변시인학교〉에 참가한 교사, 학생, 사무원, 종업원, 주부 등 여러 다양한 계층이 시인학교를 통해 '시의 담금질', '이미지의 담금질'을 체험했다. 바람직한 시의 길을 경험하는 계기가 되었다.20)

제9회 행사에는 현대그룹 고(故) 정주영 회장도 참석했다. 매년 여름휴가를 동해안에서 보내던 정 회장은 양양을 지나다가 시인학교 행사장을 목격하고 들어왔다. 경제와 시의 관계를 얘기하기도 했다. 캠프파이어를 할 때 자청하여 즐겁게 노래도 부르며 동참했다. 시인들을 강릉 현대호텔로 초청하여 저녁을 대접하면서 유대관계를 도모하기도 했다. 이를 계기로 정 회장은 몇 년간 계속 잠깐이나마 참여하였다. 안면도에 〈해변시인학교〉 교사를 마련해 기부하여 그동안 여러 해변으로 돌아다니던 번거로움을 해소해 주었을 뿐만 아니라 여기서 행사를 할 때는 몽산포에 설치된 현대건설 하계 휴양지에서 점심을 대접하기도 했다. 안팎의 이런 기류는 주최 측을 한껏 고무하게 했다. 그들은 〈해변시인학교〉가 '문단의 한 행사로 뿌리내리고 있고' '독자와 시인이 함께 꾸며가는 유일한 해변 축제'이며 나아가 '문학혁명'이라는 자신감을 표하게도 했다. 이러한 발전은 다음 기사를 통해서 확인할 수 있다.

> 지난 79년 경북 영일군 구룡포에서 개교된 이후 매년 여름, 만리포, 죽도, 강릉, 포항, 몽산포 등의 해수욕장을 옮겨 다니며 개최했다. 지난 9년간 학교에 참가한 시인 소설가 예술인들은 연 1천여 명이고 일반독자는 3천 명이나 된다. 시인과 독자가

---

18) 『심상』, 심상사, 1986, 9월호, 편집후기 '색연필'에서.
19) 『경향신문』, 1987년 8월 7일자 기사에서.
20) 이상범, 「숱한 기억 속의 얼굴들」, 『심상』, 심상사, 1987, 9월호, p.44.

> 공동생활을 통해 낭만적이고 목가적인 만남의 자리가 돼 온 해변 시인학교는 무엇보다 시 인구의 저변확대에 크게 이바지했다는 평가를 받고 있다. 80년대 폭발적인 시 붐도 시인학교 시 낭송 운동 등이 한몫을 했다는 시단의 평가이다. 실제로 해변 시인학교에는 10대에서부터 60대 노인들까지의 시 독자가 폭넓게 참가해 왔다.[21]

제10회 〈해변시인학교〉는 1988년 7월 29일부터 8월 1일까지 주문진에서 개교하였다. 참여 시인은 150명이었고, 독자 인원은 250명이었다. 주제는 '시와 행복의 관계', '인생의 정화와 시의 역할', '시와 인간 변화의 문제' 등이었다.

제11회 〈해변시인학교〉는 1989년 7월 28일부터 31일까지 강릉 사천에서 개교하였다. 참여 시인은 150명이었고, 독자 인원은 220명이었다. 주제는 '인간 정신의 고향을 찾아'였다. 일정표는 입교식에서 비롯되어 초청 강의 주제발표, 시인과 독자와의 대화, 만남의 밤 축제, 기상과 더불어 건강달리기, 에어로빅, 시 창작 실기 지도, 시 낭송 경연대회, 시인들의 육필 시화, 시극 경연, 임해 수련, 시인 페스티벌과 캠프파이어, 자정 백일장 등으로 빈틈없이 진행되었다. 남녀노소와 직업과 계층을 가리지 않고 멀리 해외에서까지 달려와 한솥밥 식구가 되었던 11회 졸업생들은 백일장 제목「솔밭」과「우정」을 잊지 못했다.[22] 시인학교는 참석자들의 가슴에 시심을 심어 보다 넉넉한 삶의 장을 스스로 열도록 해주었다. 이는 다시 시 독자 확산으로 이어졌다. 회를 거듭할수록 '시와 함께하는 행복한 생애의 축제'로 자리를 잡게 되었다.

3. 〈해변시인학교〉의 교육 효과

〈해변시인학교〉는 시인과 독자의 만남의 장이었고, 시 창작 교육의 집중화와 단기화의 공간이었다. 교육 효과는 시의 생활화에 이바지하였고, 시 독자를 확대한 점을 대표적으로 거론할 수 있다. 시인학교는 방학 동안에 유휴공간인 초등학교 교실을 활용하면서, 해변이라는 광활한 자연 공간을 운동장으로 같이 이용하였다. 여름휴가를 창조적 활동을 겸하는 휴가로

---

[21] 『경향신문』, 1988년 7월 4일자 기사 중에서.
[22] 장윤우, 「바다는 알고 있다」, 『심상』, 심상사, 1989, 9월호, p.29.

바꾼 효과가 있었다. 또 시인들의 특강 및 개별 지도에 의한 집중 교육으로 시 창작의 솜씨를 북돋우는 기회가 되었다.

> 시인학교의 프로그램은 학교 교육이 그동안 제대로 못 한 것을 하나의 사회교육으로 접근한 것이 된다. 문학교육의 수업은 단순히 젊은 세대들의 정서 순화에만 효용이 있는 것이 아니다. 더 나아가 젊은 세대들 상상력의 발전에도 크게 도움을 준다.[23]

시인들의 특강은 독자와 거리가 먼 추상적인 문제가 아니라 실제로 독자들이 시를 쓸 때, 또는 쓰고자 할 때 부대끼는 실질적인 문제들을 통하여 강연이 이루어졌다. 매회 주제가 조금씩 달랐지만, '시를 어떻게 쓸 것인가?', '시를 어떻게 읽을 것인가?', '참다운 시인이 되는 길' 등이 주제였다. 시인들의 열띤 강연과 오직 시 공부를 일념으로 모인 독자들의 감명 깊은 호응은 실로 혼연일체 그것이었다고 『심상』은 편집후기를 통해 밝혔다. 시인학교는 시인이나 독자에게 자연 속에서 시를 통해 이루어지는 직접적이고도 유의미한 소통을 뜻한다. 이를 통해 대중들에게 시적 관심을 불러일으킨 점은 교육 효과를 거둔 대표적인 사례라고 평가할 수 있다.

> 시인과 독자와의 만남은 시의 대중화가 다른 차원에서 시도되고 있는 것을 알 수 있다. 즉 시인과 詩作을 대중화하는 것이 아니라 대중을 시 속에 끌어들이려는 심산으로 볼 수 있다. 시인이 대중의 생각과 감정을 대변함으로써 그들의 호응을 얻는 것도 시의 대중화임은 분명하지만, 이렇게 되면 시의 질적인 향상보다 통속화를 자초할 우려가 없지 않다. 즉 시가 전달에 치중하다 보면 언어의 창조적 기능은 상실되고 일상 쓰이는 속된 의미만을 나타내게 될 독자에게 安易하게 내맡기는 것이 아니라 독자에게 시에 친숙할 수 있도록 다각적인 접근방법을 일러주는 것이 바람직하다.[24]

이 글에서 감지할 수 있듯이 〈해변시인학교〉의 역할은 시의 대중화를 위한 한 방법으로서

---

23) 김요섭, 「詩의 불꽃에 드리는 祝祭」, 『심상』, 심상사, 1980, 9월호, p.105.
24) 김광림, 「詩의 대중화 문제」, 『심상』 1989, 9월호, p.35.

시의 수준을 일상적 언어로 하향하는 방법이 아니라 대중들에게 시적 인식과 관심을 고조하여 시의 수준을 견지하면서도 저변을 확장할 수 있는 길이었다. 이렇게 독자와의 소통 공간을 넓히는 과정을 겪음으로써 〈해변시인학교〉는 만족스러운 성과를 보여주었다. 또 독자뿐만 아니라 기성 시인들에게도 창작에 대한 자극과 힘을 불어넣은 점도 빼놓을 수 없다.

한편, 교육 효과를 극대화하기 위해 백일장을 개최하여 등단의 장으로 삼은 점도 손꼽히는 업적이다. 3박 4일간의 마지막 날, 낮 행사와 저녁 캠프파이어를 마친 모든 일정이 끝난 자정에 백일장 시제(詩題)를 발표한다. 밤새 창작하도록 하고 다음 날 아침 식사 직전에 모았고, 심사하여 수료식 때 시상을 했다. 이 일은 시인학교 3박 4일간의 행사 중에서 백미였다. 그중에서 장원은 『심상』 신인상의 영광을 얻었다. 김송배(1983), 임승천(1985), 김오민(1988) 등 많은 시인이 〈해변시인학교〉의 독자로 참가하였다가 『심상』을 통해 등단해 활동하고 있다.

4. 〈해변시인학교〉의 시사(詩史)적 의의

우리 역사 속에서 '문단'의 개념은 일제 강점기 이후에 등장했다. 문단은 근대라는 제도가 낳은 산물이다. 이 제도는 시인과 독자를 양분시켰는데 1980년대만 해도 시인이라는 이름만으로 그 전문성을 인정받을 정도였다. 〈해변시인학교〉는 제도가 두 계층을 양분한 거리를 좁힌 일대 사건이다. 이는 대중의 권위를 확보하려는 시 전문지와 시인들의 욕망과 제도권 편입을 열망하는 문학 지망생의 욕망과 문학소년, 문학소녀였던 일반인들의 기억이 어우러져 확산한 문학사의 큰 획이라 할 수 있다. 역사상 그런 대대적인 문학 축제의 장은 〈해변시인학교〉가 처음이자 마지막이다. 독자와의 교감과 소통을 위해 해변이라는 자연 공간을 택했고, 시를 매개로 시인과 독자의 만남을 기획했다. 이 신선한 발상에 온 문단은 주목하고 많은 시인이 동참했다. 80년대의 관점에서 볼 때, 〈해변시인학교〉는 시를 포함한 순수예술과 대중과의 만남을 시도하는 어떤 가능성과 구체적인 전망을 최초로 제시해주었다. 종래 소통의 광장이 한낱 한정된 지면이었다면, 〈해변시인학교〉는 이러한 인식을 바꿔주는 계기가 되었다. 또 그것이 결코 상상만이 아님을 현실로 보여주기도 하였다.

『심상』의 〈해변시인학교〉는 문학의 힘을 확인할 수 있는 기획이었다. 〈해변시인학교〉가 성공을 거둔 요인은 『심상』이라는 잡지의 역할로 한정할 수 없다. 이는 당시 문학에 대한 관심과 열망 속에서 배태된 문학 현상이기 때문이다. 격론을 펼치며 대립하기도 했지만, 정치 경제적 상황과 무관하게 문학은 삶의 주요한 영역이다. 〈해변시인학교〉는 『심상』과 시인들을 중심으로 기획, 운영되었지만, 실제적으로 문학에 대한 믿음으로 호응한 독자들이 있었기에 가능했다.[25]

결론적으로, '〈해변시인학교〉의 문학사적 의의를 간추리면 다음과 같다.

첫째, 단기적으로 개설한 전문적인 시 창작 교육의 장이었다. 그때까지의 문학교육은 특정 학과에 한정되거나, 특정 세미나에 의존했다. 〈해변시인학교〉는 시인[전문가]들이 동시에 직접 강의하고 첨삭한 시 창작 교실이었다. 해변이라는 공간에서 열린 시 창작 학교였고, 단기화 과정이었다. 일반인들 대상의 시 창작 교육을 통해 일반인들에게 시에 대한 인식과 관심을 불러일으켰고, 시는 특별한 사람들만의 전유물이 아님을 몸소 겪고 알게 하는 데 크게 이바지하였다.[26]

둘째, 시의 저변확대를 이루었다. 모집 마감이 지나도 입교 허락을 원하는 희망자가 나날이 늘어난 현상은 그만큼 시의 저변확대가 이루어졌다는 증표이기도 하다. 이는 문학에 대해 목말라하는 일반인들이 많다는 점과 더불어 전문적으로 시를 쓰고 싶은 독자들이 늘어나고 있음을 알려준다.

셋째, 문학 외적 파급 효과를 극대화했다. 주로 일반 예고와 대학의 문예창작과에서 담당하던 정규 과정에서 일탈하여 그 울타리 밖에서도 시 창작 활동이 가능함을 확인하는 계기를 만들었다. 창작 수요층이 넓다는 것을 확인함으로써 다른 문예지에서 '숲속의 시인학교' 등과 같은 유사 행사들이 시단에 일어났다. 특히 대학의 사회교육원, 백화점의 문화센터 등에 시 창작 교육 과정의 설치 및 확산에 크게 이바지했다고 할 수 있다.

---

[25] 시가 독자들의 것이 되어 시의 생활화, 시의 가족화가 이루어지기 위해서는 무엇보다도 먼저 시가 읽히는 풍토가 조성되어야만 하겠다. 이런 점에서 앞으로 『심상』은 시를 사랑하고 가까이하는 수준 높은 독자를 계발해 가는 지속적인 운동을 펴가려 한다.(『심상』, 심상사, 1982, 9월호, 편집후기 '색연필'에서.)

[26] 『심상』에서 주최한 시인학교는 시의 저변확대와 시단의 새로운 기풍 조성을 목적으로 일련의 새로운 문학운동으로서의 성격과 의의를 지닌 것이었다고 볼 때, 80년대를 향한 한국시의 올바른 방향을 시인과 독자가 공동 모색 속에서 찾고자 하는 우리의 노력은 그 가능성의 일단을 찾을 수 있었다고 자부한다.(이명수, 「해변에서 벌인 詩의 祝祭」, 『심상』 1979, 9월호, 144쪽. 밑줄: 인용자.)

〈해변시인학교〉는 정규 학교에서 장기간에 걸쳐 일정한 단계를 겪으면서 실시하던 시 창작 교육 과정을 탈피하여 여름 해변에서 단기적인 집중 교육을 통해 독자들에게 시인과 시와의 만남을 창작의 계기로 작용하도록 유도한 비제도적인 새로운 교육기관이었다. 시적 상상력만큼 기발한 기획으로 이루어진 이 학교의 교육 과정을 통해 일반 독자들에게 시에 대한 새로운 인식과 생활화를 꾀하게 하여 시의 저변확대에 지대한 영향을 끼쳤다는 점에서 그 시사적 의의를 인정할 수 있다.

<참고문헌>

1. 기본자료

『심상』, 심상사, 1979, 9월호.
『심상』, 심상사, 1980, 8월호.
『심상』, 심상사, 1980, 9월호.
『심상』, 심상사, 1981, 9월호.
『심상』, 심상사, 1982, 8월호.
『심상』, 심상사, 1982, 9월호.
『심상』, 심상사, 1984, 8월호.
『심상』, 심상사, 1985, 9월호.
『심상』, 심상사, 1986, 9월호.
『심상』, 심상사, 1987, 9월호.
『심상』, 심상사, 1989, 9월호.

2. 논문 및 단행본

구모룡, 「억압된 타자들의 목소리」, 『현대시사상』, 고려원, 1995, 가을호.

구 상, 「해변 시인학교」, 『심상』 1981, 9월호.

김광림, 「詩의 대중화 문제」, 『심상』 1989, 9월호.

김요섭, 「詩의 불꽃에 드리는 祝祭」, 『심상』, 심상사, 1980, 9월호.

김윤식·김우종 외, 『한국현대문학사』, ㈜현대문학, 1989.

김준오, 『도시시와 해체시』, 문학과비평사, 1993.

김재홍, 「1980년대 한국시의 비평적 성찰」, 김윤식·김우종 외, 『한국현대문학사』, ㈜현대문학, 1989.

박상배, 「해체시란 무엇인가」, 『현대시사상』 무크 2집, 고려원, 1988.

오세영 외, 『한국현대시사』, 민음사, 2007.

이명수, 「해변에서 벌인 詩의 축제」, 『심상』, 심상사, 1979, 9월호.

이상범, 「숱한 기억 속의 얼굴들」, 『심상』, 심상사, 1987, 9월호.

이승훈, 『한국 모더니즘 시사』, 문예출판사, 2000.

_____, 『한국 현대시의 이해』, 집문당, 1999.

장윤우, 「바다는 알고 있다」, 『심상』, 심상사, 1989, 9월호.

정효구, 「우리시의 해체주의」, 『현대시사상』, 무크 2집, 고려원, 1988.

황금찬, 「바다와 시」, 『심상』 1989, 9월호.

황석영 외, 『전환기의 민족문학』, 풀빛, 1987.

<Abstract>

Current status and current significance of 〈School for Seaside Poets〉

Choi, Seo-jin(Hanyang University ERICA)

The poet's efforts to expand the foundation of poetry in the 1980s bore fruit through the 〈School of Seaside Poets〉 in the magazine 『Shimsang』. This literary movement, which moved the field of literary education to the natural space of the beach, and promoted the expansion of the foundation of poetry by directly meeting and communicating with poets and readers, was unconventional in the literary context of the time. The goals of the establishment of the Poet School were first to expand the foundation of poetry, second, to purify the Korean language, and third, to cultivate public sentiment. As the number of poets and readers who participated in the series increased over the course of each episode, it was a great success in providing a forum for exchange between poets and readers who love poetry.

The main contents of the event were special lectures by poets, activities and discussions in the family (division) unit, and guidance on poetry creation. Specifically, poetry maximized the educational effect and discovered excellent newcomers through a basic understanding of the genre, recitation of poetry, commentary on works, Q&A, and individual guidance and encyclopedia of poets. By rai sing public interest in poetry and narrowing the distance between poetry and readers through these various events, new possibilities for expanding the foundation of poetry have been opened.

⟨School of Seaside Poets⟩ was a meeting place for poets and readers, and it was a space for concentrating and shortening poetry creation education. In addition, through exchanges with readers, the number of poetry readers was expanded, and poetry creation education was opened to practice effective poetry education through short-term intensive education. These continuous activities of ⟨School of Seaside Poets⟩ spread both inside and outside the literature, and became an opportunity to actively practice communication and exchange with readers in Korean literature. ⟨School of Seaside Poets⟩ has great suggestive significance in that it expanded the foundation of poetry through exchanges with readers, such as opening up poetry creation education, efficient education through short-term concentration, expanding the reader's base, and ripple effects inside and outside the paragraph.

Keywords: School of Seaside Poets, 『Shimsang』, Poetry Special Lecture, Poetry Creative Education, Readers

제9차 학술대회

김동명의 『나의 거문고』, 『芭蕉』, 『三八線』 시세계 연구 / 박주택

김동명 문학의 노마드적 사유와 이방인 시선 / 이미림

김동명의 시론시와 시적 자의식 고찰 / 이형권

해방기 시에 나타난 '국가'에 대한 시적 상상력 / 장은영

안확의 민족문학사론 연구 / 전철희

박인환 『선시집』 연구에 관한 제고 / 정애진

김종삼 후기시에 나타난 '죽음'과 '애도' 연구 / 정지훈

김동명의 『나의 거문고』, 『芭蕉』, 『三八線』 시세계 연구

박주택*

목 차

1. 서론
2. 《나의 거문고》의 만물 조응과 낙원 상징
3. 《芭蕉》의 존재론적 조화와 모더니티
4. 《三八線》과 이데올로기로서의 현실 인식
5. 결론

<국문초록>

김동명은 신석정, 김상용과 함께 전원시파 시인으로 알려졌다. 그러나 김동명은 이러한 전원시의 모습뿐만 아니라 전 6권의 시집을 통해 다양한 시적 세계를 구축한 시인이다. 김동명이 작품 활동을 했던 1920년대는 백조파의 낭만성이 주조를 이루는 가운데 카프파의 유물론적 변증법에 입각한 리얼리즘이 30년대 초반까지 목적문학의 성격을 지속해왔다.

《나의 거문고》(1930)는 이러한 문학적 환경을 배경으로 자연적 상상력을 바탕으로 이상세계를 그려낸다. 보들레르의 상징주의에 영향을 받은 《나의 거문고》는 만물조응을 통해 낙원 상징을 그려내며 고독과 애수, 죽음과 명상의 세계를 펼쳐 보인다. 이어 발간한 《芭蕉》(1938)는 김동명의 심미성이 잘 드러난 시집으로 여기에는 〈芭蕉〉, 〈水仙花〉, 〈내 마음은〉 등

---
*경희대학교 교수

이 수록되어 있고 사물과의 거리 유지를 통해 미적 모더니티를 확보한다.

《三八線》(1947)은 《나의 거문고》와 《芭蕉》에서의 이상을 향하던 시선이 현실로 옮겨오면서 해방 공간의 좌우 이데올로기의 문제를 직설 어법으로 토로한다. 《나의 거문고》와 《芭蕉》가 자연적 소재를 시의 전면에 펼치며 전원 심상을 통해 내면의 지향을 그리고 있는 것에 반해 《三八線》은 〈三八線〉을 "굳게 닫힌 獄門"으로 인식하며 '현실'의 문제를 중심 제재로 삼는다.

《나의 거문고》(1930)와 《芭蕉》(1938) 그리고 《三八線》(1947)은 《하늘》(1948), 《眞珠灣》(1948), 《目擊者》(1948) 등으로 이어지며 자연의 내면 표상과 현실을 담보하는 방향을 견인한다. 근대시사에서 김동명은 식민지기 이상적 공간을 그려내며 상징 시학을 바탕으로 주목할 만한 성과를 이루며 민족 문학의 가능성을 열어 놓았다.

주제어 : 전원적 상상력, 낙원 상징, 초월의 시학, 미적 모더니티, 이데올로기, 민족 문학

1. 서론

　김동명은 1923년 《開闢》 10월호에 〈당신이 만약 내게 門을 열어주시면〉, 〈나는 보고 섰노라〉, 〈애닯은 記憶〉 등을 발표하며 작품 활동을 시작한다. 또한 그해 《開闢》 12월호에는 〈회의자들에게〉, 〈祈願〉을 발표하여 1920년대 문학사 흐름에 참여한다. 1920년대는 백조파로 대표되는 낭만적 경향의 시가 세기말적 흐름의 퇴폐주의와 맞물리며 유미적 세계를 표상하는 시적 조류를 1920년대 중반까지 이어간다. 박영희, 박종화, 이상화, 홍사용 등 백조파는 개화기의 창가와 신체시의 형식을 극복하고 자유로운 형식에 기초하여 주체로서의 미의식을 유감없이 발휘하였다. 아울러 1925년에 출발한 카프는 무산계급의 해방이라는 이념적 기치와 유물론적 세계관에 입각한 현실을 반영하는 정치적 노선에 기울어진 것이었다. 1926년에 김동명은 《朝鮮文壇》에 〈農女〉, 〈追憶〉 등을 발표한 뒤 1927년에는 《東光》 3월호에 〈길손의 노래〉, 〈瞑想의 노래〉, 〈樂器〉, 〈외로움〉 등을 발표하며 백조파의 낭만성과 카프의 경향성 사이에서 김동명만의 시적 세계를 이어간다.

　김동명이 활발하게 작품 활동을 하던 1930년대는 1920년대의 낭만주의적 격정과 유물론적 변증법에 입각한 카프가 퇴조를 보이고 김영랑, 박용철, 정지용 등의 순수시정을 내세우는 시문학파에서부터 출발한다. 시문학파가 민족어의 발견을 근간으로 인식하고 서정을 내용 이상의 것으로 파악하며 예술성의 근간으로 삼고자 했을 때 김기림류의 주지주의는 지성과 이미지를 강조하는 것이었다. 문학이 동시대 흐름과 조건을 반영하고 문학적 영향을 반영하는 것은 당연한 일이다. 김동명의 시에서 현실 인식과 순수서정 그리고 절제된 감정 등이 다채롭게 보이는 것도 바로 이 때문이다.

　그러나 김동명은 이러한 조건과 상황에도 불구하고 전 6권의 시집을 통해 자신만의 시세계를 고집해 오며 현실과 삶 등의 철학적 인식을 보여준다. 즉 김동명은 카프파의 경향문학에도 경도되지 않고 국민문학파가 내세우고 있는 관념적 민족주의 문학과도 거리를 두는 한편 백조파의 낭만성과도 대응하는 것이었다. 이상(李箱)으로 대표되는 아방가르드도 근대시의 영역을 확장하며 환상과 초월의 문제를 환기하는 것이었지만 김동명은 오롯이 자신만의 성채를 쌓아가며 현실과 인간의 문제를 탐구하고자 했다.[1]

---

1) 김동명, 신석정, 김상용으로 대표되는 전원시파는 자연을 통해 민족의 시원(始原)을 되살리는 것이었고 생명과 인

첫 시집 《나의 거문고》(1930)는 이러한 시적 세계를 담고 있는 것으로 이 시집은 자연 인식과 현실의식 그리고 개인 기록과 내면 서정이 고르게 섞이면서 다채로운 시적 양상을 보인다. 그렇지만 김동명의 진가는 《芭蕉》(1938)에서 발견된다. 이 시집은 《나의 거문고》에서 보이던 전원 심상이 더욱 간결하게 주조되어 미와 내용의 심화라는 성취를 동시에 이룬다. 《芭蕉》에서 김동명은 30년대 주류를 이루고 있던 모더니즘을 투영하면서 통제된 주체를 통해 현실과의 상동성을 유지한다. 해방 후 출간된 《三八線》(1947)은 역사로서의 이데올로기와 시대적 현실을 보여주며 국가와 민족에 기초를 둔 민족의식을 보여준다.

김동명은 1900년 강원도 명주군 사천면 노동리에서 태어났다. 1920년 영생 학교를 졸업하고 1921년 흥남에 있는 동진 소학교와 평안남도의 강서소학교에서 교원을 하다 1925년 일본으로 건너가 동경의 청산학원(靑山學院)의 신학부(神學部)와 일본대학(日本大學)의 철학과(哲學科)를 고학으로 주간과 야간을 동시에 다녔다. 이와 같은 학구열은 교수로서뿐만 아니라 정치 평론집 《역사의 배후에서》(1958), 수필집 《세대의 삽화》(1959) 등과 해방 후 흥남시 자치 위원회 위원장, 조선민주당 함경남도 부위원장, 참의원 등에 참여하는 현실 개진 의지로 이어진다.2)

1947년 북에서의 정치적 탄압을 피해 삼팔선을 넘어 월남하기 전까지 그는 명주(강릉)를 떠나 원산과 함흥, 흥남 등지에서 생활하며 고향을 그리는 시편을 많이 남겼다. 이는 장소로서의 고향 의식과 향토애를 보여주며 신석정, 김상용과 함께 전원시파의 경향성을 보여주는 것으로 김동명의 시는 장소의 기억을 통해 가치의 근원을 파악하게 해줌으로써 정체성의 뿌리를 들여다보게 만드는 본유적 의미를 지닌다.

장소의 문제는 정치와 자본뿐만 아니라 같은 공간 내에서 발생하는 다양한 경험을 공유한다는 점에서 강한 연대감과 소속감을 지닌다. 이것은 장소가 장소감을 지닌다는 근본적 속성에서부터 한 국가 내에서 중앙과 지방이라는 구조에 이르기까지 다양한 관계를 맺으며 존재성을 확인할 수 있는 것에서도 확인된다.3) 문학은 인간의 정신적 층위와 매개하며 다른 어떤 것보다도 지속하는 시간 속에 뿌리내리며 장소의 고유성과 매개한다.

생의 외경을 통해 시에 있어 깊이를 더하며, 민족의 현실을 바라보고자 했다.
2) 김용성, 『한국현대문학사탐방』, 국학자료원, 2011, 136쪽.
3) 이를 위해서는 지역, 지역성, 지역주의에 대한 편견 없는 차이를 승인하는 태도의 변화와 공간과 공간, 경계와 경계 간의 상호 이해와 협력을 바탕으로 하는 전환적인 시각이 필요하다.

김동명의 경우 역시 마찬가지다. 김동명 삶의 이동 경로가 명주(강릉)에서 원산, 함흥, 흥남 그리고 서울을 거쳐 다시 명주(강릉)로 귀환하는 구조를 이루고 있는 것은 장소의 측면에서 정신의 중요한 부면을 차지한다. 문학이 보편성보다는 특수성에 기대어 있고 인식과 의지, 실천과 행동 등에 관계한다고 볼 때 한 시인의 생애를 파악하고 장소에 주목하는 것은 주체의 중심성을 살필 수 있는 가능성에 기여할 수 있는 까닭이다. 이 점에서 김동명이 신학을 전공하고 신에 대한 찬미를 보이는 시편들에서 지상과 천상의 장소 속에 각각 죽음 의식4)과 영원의식의 대립을 형상화한 것은 주목할 만한 일이다.

김동명은 다양한 유파와 흐름 속에 자신만의 시적 세계관을 구축하며 현실과 이상의 문제를 바라보고자 했다. 본고는 이 같은 점에 주목하여 김동명의 시집 6권 가운데 전반부에 해당한다고 볼 수 있는 《나의 거문고》(1930), 《芭蕉》(1938), 《三八線》(1947) 세 권의 시집을 대상으로 김동명의 시에 나타난 자연과 상징 그리고 현실과 민족이 어떻게 인식되고 구현되어 있는지를 논구해보자 한다.

2. 《나의 거문고》의 만물 조응과 낙원 상징

김동명이 1923년 《開闢》에 발표한 〈당신이 만약 내게 門을 열어주시면〉은 알려져 있다시피 보들레르의 시를 읽고 난 뒤 그 경향에 심취하여 쓴 것이었다. 보들레르에게 바치는 이 시는 곧 보들레르의 시와 상징 세계에 들어가고자 하는 열망을 드러내는 일종의 신앙고백이었다.5) 보들레르가 1851년 《지옥의 변경》이라는 제목의 시집을 1857년 《악의 꽃》이라는 제목으로 발간한 것은 모더니티라고 부를 수 있는 근대 인식을 드러내는 것이었다. 보들레르는 이 시집을 통해 미(美)라고 부를 수 있는 고유한 자기 영역을 추(醜)라고 명명하고 추(醜)가 지닌 미(美)를 발견하고자 했다. 이는 낭만주의와 거리를 두고 인간의 근본적 내면에 우글거리고 있는 추악한 본성을 바로 보고자 함이었다. 산문 시집 《파리의 우울》 역시 패덕

---

4) 이는 다음과 같은 논의에서도 발견된다. 김동명의 시는 부활과 영생을 큰 틀로 이해하여, 문학 전반에서 '죽음의식의 정체성'을 구도적(構圖的)으로 불멸, 성취, 향수, 모성애 등으로 확장시켰다.(엄창섭, 〈초허의 시적 특이성과 죽음 의식 연구〉, 《김동명 문학 연구》, 2020.)
5) 김용직·김치수·김종철 편, 『문예사조』, 문학과 지성사, 1977, 448쪽.

한 인공 낙원의 풍경을 묘사한다. 이렇듯 김동명이 보들레르에게 경사된 것은 자신이 처한 상황과 보들레르의 시적 세계와 서로 '조응'한 것으로 이는 김동명의 마음을 비추는 것이라 할 수 있다.6)

   오-님이여! 나는 당신의 나라를 밋습니다.
   회색의 둑겁운 구름으로
   해와 달과 별의 모든 보기 실흔 蠱惑의 빗츨 두덥허 버리고
   定向 업시 휘날리는 낙엽의 亂舞 밋헤서
   그윽한 靜的에 붉곳 놉게 타는 강한 리씀의
   당신의 나라를.
   痲醉와 悲壯 痛悅과 狂喜
   沈靜과 冷笑 幻覺과 獨尊의
   당신의 나라
   구름과 물결 白灼과 精香의
   그리고도 오히려 極夜의 새벽 빗치 출넝거리는 당신의 나라를
   오-님이여! 나는 밋습니다.

   님이여! 내 그립어 하는 당신의 나라로
   내 몸을 받읍소셔
   살 비린내 요란한 魅惑의 봄도
   屍衣에 奔忙하는 喪家집 갓흔 가을도
   님게신 나라에서야 볼 수 업겟지요
   오직 눈자라는 끗까지 놉히 싸힌 흰눈과
   국다란 멜오듸에 비장하게 흔들이는 眩暈한 極光이 두 가지가 한데 어우러저서는
   白熱의 키쓰가 되며
   死의 위대한 序曲이 되며

---

6) 대상이 인식될 때는 지향을 통해서이다. 지향은 순수한 가치를 정밀하게 드러내기 위해 내면에 집중한다. 헌시가 그 사람의 삶과 족적을 경외하는 것이라면 치열한 삶뿐만 아니라 미적 성취에서도 높이 이룬 것을 흠모하는 것은 분명하기 때문이다.

푸른 우슴과 검은 눈물이 되며
生이 死로 씨와 날을 두어짜내인 쟝밋빗 방석이 되야
버림을 당한 困憊한 魂들에 여윈 발자국을 직히고 잇는
님의 나라로 오오-내 몸을 밧읍소셔.
　　　　　　　-⟨당신이 만약 내게 門을 열어 주시면(쏘드레르에게)⟩ 부분

보들레르는 '악'을 단순히 '선'에 대한 대비적 의미로 드러내는 것이 아니라 행과 불행, 삶과 죽음이 인간에게 핵심적으로 도사리며 지배하는 '은닉된 본성'으로 파악했다. 김동명은 보들레르에게 바치는 이 시에서 '님'이라 부르며 보들레르의 나라로 들어가기를 소원한다. 김동명이 보들레르에 경외감을 보이는 것은 보들레르가 성취한 문학을 선망하는 것에서 출발한다. 이는 김동명 시에 있어서 두 가지로 발현된다.

하나는 상상력을 확장하여 현실로부터 멀어진 이상적 자아를 중심으로 삼아 세계와의 통일을 꾀하고자 한 것으로 이는 전원 상징으로 나타난다. 다른 하나는 내면 탐구를 통해 존재의 의미를 밝히고자 하는 것이다. 전자가 공간적 상상력을 통해 김동명이 처한 상황과 시대적 현실과의 대비적 관계 속에서 지향하는 낙원으로서의 전원 이미지를 구현한다면 후자는 내면의 영혼 속을 파고들며 주관적 자아로서의 인식을 겨냥한다. 이는 외면 공간과 내면 공간이라는 측면에서 상통한다.

자연이어
나는 지금 너희앞헤 내 마음의門을 열어노핫노니
바다여 들어오라 길고 끗업는 네 아름다운 곡조를 가지고,
山嶽이어 너도들어오라 그러케길고오랜 네 묵상과침착과강건을 가지고,
네 머리를 써도는 힌구름으로 더부러 함께 오라.

오오, 자연이어
나는 지금 너히 앞헤 내 마음의門을 열어노핫노니
落照여 네 고흠을 가지고, 黃昏이어 네 고요함을가지고 들어오라
섬이어 너는 네 외로움을 가지고들어와 내 마음의바다에 길이잡기라

> 白鷗여 너는네 힌날개를가지고 들어와 내 마음의허공을 훨훨 날으라.
>
> 漁村의 저녁연기여 너는네 속절업슴을가지고 내마음의허공에 사라지라
> 都會의 불빗이어 인생의 피로운꿈을 내가아노니 함께들어와 내 마음의 한구석에 잇스라
> 나는 지금 너히 앞헤 내 마음의문을 열어노코 손을 드러 불으노니
> 모도다 들어오라
> 오오 자연이어!
>
> -〈山上에 올라서〉 전문

이 시는 보들레르의 시 〈상응〉을 연상하게 한다. 〈상응〉이 자연 속을 걸어가며 교감을 이루고자 하는 것처럼 〈山上에 올라서〉는 '마음의 문'을 연 뒤 자연을 바라보며 그 속에서 자연과 합일을 꿈꾼다. 이는 감각이 순수하고 영원한 것을 찾고자 하는 인식에서 비롯한다. 이때 자아는 새로운 세계를 향해 가는 가능성 속에 자연의 형식과 내용을 합류시킨다. 자연은 보들레르가 그랬던 것처럼 이상적 세계를 표상한다. 그러나 이것은 구체적 공간이 아니라 김동명 자신이 구축한 세계로 의식 속에서 생성하고 소멸하는 세계의 공간이다. 말하자면 자신을 이질적 존재로 인식하고 선택한 이질적 세계인 것이다.

김동명이 이 시에서 자연을 갈구하고 있는 것은 척박한 현실에서 출발한다. 의식은 대상과 부딪치는 것 속에서 순수한 자기 인식을 구성한다. 김동명 또한 산상 공간에서 순수한 자기 인식으로 이질적 세계를 구축한다. 이것은 현실의 고립 속에서 고차원적인 것, 좀 더 좋은 것, 미래적인 것에 대한 예감이며 그것을 이해할 수 있는 준비 태세이다.[7]

현실을 이질성으로 인식하여 상상 속에 미래적인 예감을 구현하는 산상(山上)은 우월의 장소로서 이상 공간을 바라보는 지상의 꼭대기로 나타난다. 이는 김동명이 막연한 동경을 추구하며 도취나 마술적 유희를 우연이라는 마법에 손에 끌려다니지 않는[8] 감각과 세계와의 통일을 구하는 열정 때문이다.

---

7) 『문예사조』, 앞의 책, 52쪽.
8) 위의 책, 55쪽.

> 서리여 오라, 내 가슴의 골안에도
> 愛慾의 칙줄과 功名의 구름입,
> 그리고 또 온갓 煩惱와 哀愁의 雜草
> 씩씩하게 얼클어진 내 가슴의 골안에도
> 서리여 함쑥 나리라
> 가을의 쓰늘한 바림이어 세차게 불어오라,
> 이리하여 모든 것이 말고 써러진뒤에
> 내 영혼으로 하여금
> 막힘업시 빗죄는 낫의 해ㅅ볏과, 밤의 이슬을바다
> 씩씩하게 자라게하라, 자라게하라
>
> -〈서리〉 전문

〈서리〉는 자아의 공간이 내면으로 펼쳐지고 있다는 점에서 내면의 탐구와 관계한다. 〈山上에 올라서〉가 자아의 공간을 밖으로 펼치고 있다면 〈서리〉는 존재와의 상면을 꿈꾸며 자아의 상징 공간을 향한다. 보들레르가 감각과 자연의 상응을 교감하며 "〈자연〉은 하나의 사원이니 거기서/ 산기둥들이 때로 혼돈의 말을 새어 보내니,/ 사람은 친밀한 눈으로 자기를 지켜보는 상징의 숲을 가로질러 그리로 들어간다"(〈상응〉)와 같이 '향과 색과 음향이 서로 응답하'는 통일을 추구하고 있다.

보들레르가 《악의 꽃》의 구조 속에 고독과 우울, 죽음과 악과 같은 인간의 내면을 그리고자 한 것은 영혼의 문제에 해당하는 것이었다. 이런 의미에서 〈서리〉는 삶과 인간의 문제를 파고들고 있는데 이는 보들레르의 시 〈알바트로스〉를 연상시키며 '고통받는 새'의 모습으로 나타난다. 예컨대 보들레르의 시 〈썩은 시체의 향기〉, 〈흡혈귀〉, 〈살인자의 술〉 등에서 나타나고 있는 세계에 매혹되어 있으면서 보들레르의 심연과 미적 인식에 맞닿아 자연과 세계의 암호를 해독하고자 하는 것이다.

《나의 거문고》는 꽃과 나무와 같은 식물적 상상력과 비와 바다와 같은 물의 상상력이 주조를 이루며 자아의 친근한 시선에 의해 대상과 친밀성을 유지한다. 김동명은 《나의 거문고》에서 보들레르에게 바치는 시처럼 같은 상징주의 시인인 베를렌느에게도 바치는 시를 수록하고 있는데 여기서 그는 베를렌느의 비극적 삶과 동감한다. "아아 베루렌 베루렌/ 그대의 심장은 임이 땅속에썩어 업서젓슴애/ 모든눈물 모든괴로움, 모든원한 모든울분/ 그리고 또 모든비난도 모든명에도/ 지금에 오니 한묵금 옛이야기"(〈베루렌에게〉)에서와 같이 뛰는 심장을 공명하며 노래한다.9)

어떤 대상과 인물에 공감하는 것은 일치에 의한 것으로 이는 개념적 사고와는 근본적으로 다른 감정 활동에 의한 것이다. 김동명이 상징주의에 매료되는 것도 보들레르나 베를렌느에게 자극을 받는 것도 김동명의 의식 속에서 발현되는 자발성 때문이다. 인간은 고립된 존재로 부정적 사유를 동반하기도 하지만 어떤 것에 귀속하려는 일치 욕구를 갖기도 하는 까닭이다. 이와 같은 일치 욕구를 적절히 드러내고 있는 보들레르와 베를렌느의 〈가을의 노래〉와 김동명의 〈가을의놀애〉를 살펴보자.

①우리 곧 싸늘한 어둠 속에 잠기리
잘 가거라, 너무도 짧은 여름 발랄한 별이여!
벌써 돌바닥 뜰 위에 장작 부리는
불길한 충격 소리 들려오는구나.

겨울은 온통 내 가슴에 사무쳐 들라
분노, 증오, 몸서리, 넌더리, 고역,
그리하여, 내 심장 북극지옥의 태양인 양,
한갓 얼어붙은 덩어리 되어지리.

-보들레르 〈가을의 노래〉 부분

②가을 날
바이올린의
긴 흐느낌이
단조로운 우울로

---

9) 심은섭은 《나의 거문고》에 실린 작품들이 주관적, 또는 감정적 요소와 고통을 동반하는 파토스의 격정을 담고 있다고 진단하며 이와 같은 작품으로 〈베루렌에게〉, 〈몰소래 드르며〉, 〈乞人〉, 〈本宮에서〉를 들고 있다.(심은섭, 〈초허 첫 시집 《나의 거문고》 발굴에 따른 諸 고찰〉,《김동명 문학 연구》, 2018, 97-99쪽.)

내 마음 쓰리게 하네
종소리 울리면
추억하며
눈물 흘리네

-베를렌느 〈가을의 노래〉 부분

③지금 가을은 햇슥한두팔을 펴서
아직도 오히려 달큼한 追憶이 남아잇는 갈대를 부여잡고
우리의 즐기는 哀傷가득한 놀애를
가만이 불고 잇나니
그대여 가지 안으려나 저 바람드설레는 못가으로
가을의 노래를 드르러

-김동명, 〈가을의놀애〉 부분

①의 보들레르의 시는 가을의 불길함과 다가오는 겨울이 주는 분노, 넌덜머리, 고역 등으로 인해 자신의 심장을 지옥의 태양으로 인식하는 침울을 드러낸다. ②의 베를렌느의 시는 가을이 주는 우수와 추억으로 눈물을 흘리는 애상적 정조를 나타낸다. 그런가 하면 ③의 김동명의 시는 보들레르에게 바치는 헌시 〈당신이 만일 내게 門을 열어주시면〉과 같이 베를렌느에게 바치는 헌시 〈베루렌에게〉 옆에 자신의 시 〈가을의놀애〉를 나란히 수록하고 있는데 이는 시적 경향과 흐름을 고려할 때 베를렌느의 〈가을의 노래〉에 영향을 받아 쓴 것으로 파악된다. 이 시에서 김동명은 베를렌느의 시에서와 마찬가지로 추억과 애상을 노래한다.

이렇듯 김동명과 상징주의는 불가분의 관계라 할 수 있는데 "강한 시인은 자신 안에서 "에토스는 악마"이며 "모든 것은 그를 통해서 만들어지고 만들어진 어느 것도 그 없이 만들어지지 않는다"10)는 말과 같이 김동명은 상징주의 시의 영향을 통해서 독창적인 세계를 이루고자 하였다. 상징주의가 저 너머에 대한 구도로서 세계와 교감을 절대시하는 것이라면 김동명 역시 정신의 절대에 이르고자 악마의 에토스를 〈가을의 놀애〉에 배분한다. 미지의

---

10) 해럴드 블룸, 『영향에 대한 불안』, 문학과지성사, 2012, 179쪽.

것과 신비적인 것은 김동명에 중요한 위상을 지닌다. 이는 전원적 상상력을 보여주며 이상적 세계를 시대 속에 구현하고자 했으며 낙원의 시현(示顯)을 상징하며 세계의 비의(祕義)를 해독하고자 하였기 때문이다.

김동명의 정신의 절대 추구는 신에 대한 조응으로 이어진다. 그가 니혼대학(日本大學)에서 신학을 전공했다는 것은 김동명의 시가 신과 연결된 의식을 지니고 있음을 알 수 있게 해준다. 이 점은 불교적 사유에 기초한 한용운(韓龍雲)과 닮아있다. 한용운은 김억, 김동명, 이상화, 변영로 등과 함께 상징주의 시학을 근대문학에 정착한 시인이다. 그런데 불교의 피안(彼岸) 사상은 초월적이고 신비적인 절대의 경지를 추구한다는 점에서 상징주의 시학과 유사하다. 한용운은 『님의 沈默』(1926)을 통해 자연과 신에 대한 외경과 깨달음을 상징화하여 드러낸다.

한용운의 〈알 수 없어요〉에서 〈떨지는 오동잎〉 등은 초월적 신비를 드러내는데 이는 김동명의 시 〈愛慕〉, 〈길손의 노래〉, 〈나의 거문고〉, 〈幻想의 노래〉, 〈님이여〉, 〈노래〉, 〈나는 眞珠캐는배ㅅ사공〉 등 많은 시편에서 카톨릭적인 찬미를 노래하는 것과 동궤 한다. 이와 같은 의미에서 김동명은 한용운과 마찬가지로 초월적 세계를 지향하고 있고 두 시인 모두 타고르와의 관련성이 있다는 점은 다른 어느 시인보다 서로 유사성을 지니고 있다 하겠다.

타고르가 우리에게 알려진 것은 1917년 《靑春》 11월호에 진학문(秦學文)이 동경을 찾은 그를 만난 후기를 수록한 후부터이고 이에 김억은 1921년 《開闢》 2주년에 타고르의 《園丁》의 일부를 번역 소개한 뒤 1923년에는 《기탄잘리》를 완역한 후 1924년에는 《新月》과 《園丁》을 번역하여 출간했다.[11] 한용운의 《님의 沈默》은 알려진 바대로 타고르의 영향에 힘입은 바 절대자를 향한 자아의 헌신과 다짐 그리고 외경 등의 세계를 상징 언어로 표현하며 '님'의 '색(色)'과 '공(空)'을 노래했다.

김동명이 타고르를 접했다는 것은 이미 전기적 사실에 의해 밝혀진 바 있다.[12] 김동명이 절대자에 대한 찬미와 고백의 형식을 취하고 있는 것은 한용운과 마찬가지로 신비와 구도의 세계, 절대와 초월적 세계를 상징 언어로 제시한다. 이처럼 김동명의 절대자를 향한 언어는 상징주의가 현실을 저주받은 곳으로 인식하여 순수 세계로 들어가기 위해 상징으로 이루어

---

11) 김용직, 『한국현대시사 2』, 한국문연, 1996, 155-159쪽
12) 앞의 책, 157쪽

진 세상을 해독하며 '신의 숲'으로 가기 위해 새로운 비의(祕義)를 발견하고자 한다.

3. 《芭蕉》의 존재론적 조화와 모더니티

《芭蕉》(1938)는 《나의 거문고》(1930)의 세계를 이어가면서 간결함이 주조를 이룬다. 시행의 길이와 호흡이 짧아지며 하나의 완결된 시의 응축을 획득하는데 이는 미적 어조를 유지하면서 감각을 세련되게 운용하는 유연성에서 확인된다. 이와 같은 형식의 완결미는 〈芭蕉〉와 〈水仙花〉 그리고 〈내 마음은〉에서 뚜렷한 바 이들 시에서는 감각과 정신이 대상에 집중하는 조응의 구체성을 보인다. 이처럼 김동명은 《芭蕉》에서 세계를 '관계'로 파악하고 사고를 대상과 결합하는 의지를 보이며 상징을 한층 더 선명하게 구현한다.

《芭蕉》는 김동명의 시집 중에서도 가장 완성도가 높은 시집이다. 이는 김동명이 존재를 인식하는 집중적 태도를 지니면서도 존재의 본성에 맞는 의미를 부여할 때 가능한 것이다. 절대적 존재가 존엄성을 부여받는 것도 초월의 세계와 절대의 세계가 친밀하게 인식 대상으로 다가올 때이다. 그러나 이와 같은 힘들은 존재와 세계를 간절하게 요청할 때 충족된다. 초월과 이상은 실체적 대상이 아니라 주관적 관념에 의해 가까운 존재로 받아들이는 사유이기 때문이다. 《芭蕉》는 《나의 거문고》에서 상속받은 상징적 세계와 상징의 존재라는 것을 자각하면서 '관계들'과 조화를 꾀한다.

그대는 차듸찬 意志의 날개로
끝없는 孤獨의 우를 날르는
애달픈 마음.

또한 그리고 그리다가 죽는
죽었다가 다시 사라 또다시 죽는
가여운 넋은 아닐까.

부칠곧 없는 情熱을

가슴 깊이 감초이고
찬바람에 빙그레웃는 寂寞한 얼골이어.

그대는 神의 創作集 속에서
가장 아름답게 빛나는
不滅의 小曲.

또한 나의 적은 愛人이니
아아 내 사랑 水仙花야
나도 그대를 따라 저 눈ㅅ길을 거르리.

-〈水仙花〉 전문

여기에서 '수선화'는 자연적 존재로서 인격성을 부여받는다. 〈水仙花〉는 대상과의 거리를 유지하면서 '관계들'과 조화를 이루고 있다는 점에서 이 시집에 수록된 시 〈芭蕉〉와 닮아있다. 〈芭蕉〉에서 자아가 "나는 즐겨 너를 위해 종이 되리니/ 네의 그 드리운 치마짜락으로 우리의 겨울을 가리우자"라며 대상과 감각의 '조응'을 통해 존재의 깊이에 다가설 때 바뀐 존재의 충족적인 순간으로 다가온다.

〈水仙花〉와 〈芭蕉〉는 식물적 상상력을 드러내며 전원 심상에 기인한 내면의 질서를 표상한다. 하지만 〈水仙花〉가 대상에 심미적 태도를 취함으로써 가치를 형성하는 데 반해 〈芭蕉〉는 '조국', '향수', '소낙비', '밤' 등에 망국의 비애를 이입하며 숭고의 욕구를 자극한다. 이같이 〈水仙花〉는 '神의 創作集'이라는 영원성으로 환기하며 감정을 절약하는 과정을 통해 대상을 인격적 가치로 옮겨놓는다.

《芭蕉》는 김동명 개인의 가족을 등장시킴으로써 공동체에 대한 이상 세계를 꿈꾼다. '집'과 '고향'은 상징으로 인해 구체성을 획득한다. '가족'은 중심을 채우는 정신과 '관계'하며 장소의 내부에 정주하는 평화로운 분위기를 조성한다. 《芭蕉》는 '관계들'의 연결을 통해 '조응'의 의미가 강화된다. 이같이 대상을 감각으로 다가가며 시정을 일으키고 있는 모더니티를 감지할 수 있다. 보들레르가 '조응'을 통해 신과 악마, 천국과 지옥, 영혼과 신체, 영원과 시간 등을 복합적으로 그려내며 낯섦과 신비를 전달한13) 것처럼 김동명 역시 《芭蕉》에서 '감각과 존재'에 밀착하며 미적 모더니티를 확보한다.

> 黃昏
> 여긔엔 아름다운 노래의 黃金의 古城이 있고
> 거룩한 어머니의 永遠한 모습이 있고
> 님을 찾는 무리들의 아름다운 彷徨이 있고
> 永遠한 神祕의 고요한 속사김이 있고
> 맑은 情調가 있고 恍惚한 陶醉가 있고 끝없는 嘆息이 있고
> 또한 삶과 죽음의 有情한 訣別이 있나니
> 이몸이 만일에 죽는다면
> 원컨대 黃昏의 고요한 품속에 안겨서——
> 그리하여 내 最後의 숨 한토막을
> 黃昏의 微風에 부치고 싶으다.
>
> -〈黃昏〉 전문

〈黃昏〉은 구체적 존재인 '황혼'을 통해 존재성을 발견한다. 존재가 대상을 가리키는 것이라면 존재성은 존재의 인식을 통해 얻어지는 결과이다. 이렇게 본다면 〈黃昏〉에서 '黃金의 古城', '永遠한 神祕', '恍惚한 陶醉', '有情한 訣別' 등을 지각하는 것은 대상을 의미론적으로 환원하는 것이다. 환원은 시선에 따른 의식 작용의 결과로 이는 미지의 것에 대한 매혹에서 비롯한다. 즉 과잉을 억제하고 존재성을 발견하려는 집중에 의해 가능한 것이다. 이는 〈芭蕉〉, 〈水仙花〉에서와 같이 김동명 시의 모더니즘으로의 가능성을 환기한다.

김동명이 활발하게 활동했던 30년대는 자본주의 양식이 도입되어 근대적 문화 양식이 등장했던 시기였다. 예컨대 20년대의 상징주의가 미적 근대성을 제기했을 때 30년대는 근대 주체의 경험이 긴밀한 '관계'를 형성했다. 이와 같은 주체 조건의 변화는 문화의 변화를 꾀하며 형식이나 실천의 문제 나아가 자율의 문제 등을 야기하며 다양성을 옹호하는 것이었다. 이런 의미에서 김동명 시의 모더니즘으로의 가능성을 형성한다.

---

13) M.칼리니쿠스, 『모더니티의 다섯 얼굴』, 시각과언어, 1993, 65쪽.

《芭蕉》는 자아와 대상, 주관과 객관이 긴밀한 관계를 유지하며 그 속에서 미적 순환을 이루며 자연과 현실의 이미지를 구성한다. 다시 말해서 《芭蕉》는 '현실'의 문제를 적극적으로 다루면서 중심적인 우위성을 확보한다. 이는 보편적 의미에서도 그렇고 김동명 개인이 해방 후 정치에 참여했다는 전기적 사실을 검토할 때에도 그렇다. 김동명이 '집'과 '고향' 그리고 '가족'을 등장시켜 '생활과 삶의 문제'를 짚어가는 것도 바로 이 '현실'의 무게 때문이었다. 《芭蕉》에서 간취되는 '현실 인식'은 '이상'과의 대비적 '관계'를 이루며 개인의 내면을 드러내는 과정에서도 선명하게 드러난다. 말하자면 고독과 비애, 삶과 죽음의 문제가 '현실'의 보편적 특질을 이루는 것으로 인간을 불완전성으로 이해하고 여기에서 유래하는 겸허를 성찰로 그의 세계관을 형성한다.

> 내 마음은 湖水요
> 그대 저어 오오
> 나는 그대의 힌 그림자를 안꼬, 玉같이
> 그대의 뱃전에 부서 지리다.
>
> 내 마음은 燭불이오
> 그대 저 문을 닫어 주오
> 나는 그대의 비단 옷자락에 떨며, 고요히
> 最後의 한방울도 남김없이 타오리다.
>
> 내 마음은 나그네요
> 그대 피리를 불어 주오
> 나는 달 아래에 귀를 기우리며, 호젓이
> 나의 밤을 새이오리다.
>
> 내 마음은 落葉이오
> 잠깐 그대의 뜰에 머므르게 하오
> 이제 바람이 일면 나는 또 나그네같이, 외로이

그대를 떠나리다.

－〈내 마음은〉 전문

　〈내 마음은〉이 '호수'와 '촛불' 그리고 '나그네'와 '낙엽'과의 은유 '관계' 속에 자아의 내면에 일고 있는 의식을 투영하면서 각각 '고요'와 '열정', '방랑'과 '고독'을 노래한다. 이는 일찍이 베를렌느적인 비애와 우수를 담고 있으면서 내면을 사물들과 '조응'하고 변화하는 운동성 내지는 변화성을 담아낸 것은 근대시사에서 발견하기 어려운 것이다. 시적 완성도가 높다는 것에서뿐만 아니라, 자신과 대상과의 거리를 유지하며 정제된 미의식을 간직하고 있다는 점에서 더욱 빛을 발휘한다. 운율적인 측면서도 4연의 4행으로 구성되어 분산되는 마음을 정형적 규칙과 구조 속에 담아내는 안정적인 느낌을 자아내고 있어 '조응'의 의미를 강화한다. 무엇보다 〈내 마음은〉의 우수성은 '현실'의 부정성을 '현실'의 질서와 '이상'의 질서에 결합하고자 함에 있다.

　즉 '나'는 '그대'로 상징되는 대상과 교호함으로써 '나'는 '나'로서의 '현실' 자아를 확인하고 이를 동인으로 '나'와 '그대'의 정체성을 확보한다. 〈이는 1-3연까지의 '정적 조응'이 4연에 이르러 급격하게 '동적 조응'을 이루며 대상과 떨어질 수 없는 상면을 동반한다. 일견 '사랑을 노래하고 있는 시'인 것처럼 보이는 이 시는 자아의 주관을 대상에 재배열하는 '나'의 호소력으로 인해 '그대'는 '나'의 본유적인 존재를 다스려 줄 수 있는 존재로 그려진다.

　이와 같은 대한 호소력은 절대자에게 드리는 〈祈願〉과 같은 시에서부터 〈聖母마리아의 肖像畫 앞에서〉나 〈受難〉과 같이 찬미와 봉헌의 어조에서도 드러난다. 이들 시는 〈내 마음은〉에서 보이는 '현실'의 부정성이 '이상'의 질서로 결합하고자 하듯이 초월적 영역에서 정신의 지위를 갖는다.

　자연과 생명의 심미성을 드러내는 것이라면 〈내 마음은〉은 '나'와 '그대'의 '수평적 상응'을 통해 '나'가 꿈꾸는 '이상' 세계에 들어가고자 하는 김동명 시의 특징을 잘 보여준다. 〈水仙花〉와 〈芭蕉〉에서 보이는 것처럼 평화로운 분위기를 유지하면서 호수와 달, 바람과 낙엽과 같은 자연적 소재를 배치하여 전원 느낌과 함께 표현의 명확성과 구조의 완결성을 확보하는 까닭이다. 이 점에서 이 시의 심미성은 특기할만한 일이며 자아의 마음속에 절대 이념과 순수 이념을 환기하고 있다는 점에서 미의 가치를 인정받을 수 있다 하겠다.

4. 《三八線》과 이데올로기로서의 현실인식

《나의 거문고》(1930)와 《芭蕉》(1938)는 전원의 심상을 동원하여 이상 세계를 제시한다. 이 과정에서 《나의 거문고》는 자연적 소재의 적극적 활용을 통해 낙원의 문제를 극화시키고 《芭蕉》 또한 이를 강화하며 심미성을 고양한다. 이에 반해 《三八線》(1947)은 앞의 두 시집에서 대비적 '관계'로서 보이던 '현실'의 문제가 전경화되면서 이데올로기의 문제를 시의 중심으로 내세운다. 여기에는 남북 분단의 비극, 살육과 가난, 신탁과 피난과 같은 이념과 시대의 문제가 중요하게 부각된다. 분노와 냉소 등의 극화된 어조와 신랄한 풍자를 내용으로 삼으며 직설 화법을 형식화한다.

해방 후 좌우의 대립은 정치적 문제에서 문화적이고 생존적인 것에 이르기까지 광범위한 것이었다. 특히 40년대는 암흑기로서 어용문학의 황국신민화 작업과 전쟁을 위한 국책 사업은 견디기 어려운 것이었다. 김동명이 해방될 때까지 글을 쓰지 않은 것도 이와 무관하지 않는데 《三八線》은 이와 같은 '현실'의 연장선 상에서 자신의 입장을 고수하며 '이데올로기'를 드러낸다.

김동명은 이 시기 조선민주당에서 흥남시당부 위원장을 거쳐 함남도당부 위원장의 직책을 맡고 있었을 뿐더러 함흥학생의거와 같은 이유로 김동명은 1947년 철원을 통과하여 남한에 도착한다. 《三八線》은 이런 의미에서라도 해방 후의 상황을 실감 있게 그린 시집이라할 수 있고 이 점 때문에 《三八線》은 르포르타주의 형식을 간직한 시집이라 할 수 있다. 그만큼 《三八線》은 김동명의 정치적이고 개인적인 현실 인식이 여과되어 있지 않고 드러나 이 시집은 《나의 거문고》와 《芭蕉》에 비해 미감이 떨어지는 것도 사실이다.

그러나 《나의 거문고》(1930), 《芭蕉》(1938), 《三八線》(1947)이후 《하늘》(1948), 《眞珠灣》(1948), 《目擊者》(1948)등의 시집이 모두 '현실'에 깊이 착목하고 있다는 것을 상기한다면 이 시집이 주는 계기와 의의는 크다. 주지하듯 임화(林和)는 해방 다음 날 이원조, 김남천과 함께 조선문학건설본부를 세운 후 그해 12월 공산당의 승인 아래 카프를 재결집하여 문학가동맹을 결성한다. 이에 우익 측은 박종화, 오상순 등을 중심으로 46년 3월 전국문필가협회를 설립하며 '국가 건설'과 '민족 문학'의 당면성에 대해 견해를 제시하며 좌우익이 '국가'와 '민족'에 관한 모색을 계속한다. 이와 같은 시기 《三八線》은 우파 민족주의적 입장에서

'현실'의 리얼리티와 '자유'의 문제를 제기한다.

> 내 말은 네가 모르고
> 네 말은 내가 모르고
> 언제 보던 얼골인듯 하나
> 다시 보면 딴 사람들이고,
> 《解放》《由自》《民主主義》조차
> 무슨 呪文이나 듣는듯 몸서리 치니
> 아하 魔法使 아저씨!
> 열일곱해 情드려 놓은 내故鄕은 어데다 감추었소.
>
> -〈異邦〉 전문

 이 시는 비록 직서적 어법을 택하고 있지만 해방 후 북의 상황이 어떠한지를 여실하게 드러낸다. '내 말은 네가 모르고/ 네 말은 내가 모르'는 이념과 주장이 혼란한 정치적 상황과 '다시 보면 딴 사람들이'고 '정드려 놓은 내 고향'을 감춘 시대에 '해방'이니 '자유'니 '민주주의'는 주문과도 같은 것이었다. 시의 제목이 〈異邦〉인 까닭도 "正義의 이름으로 同胞"(〈祖國〉)를 파는 위협적이고도 공포스러운 '현실' 때문이다. "宣傳塔에 監禁된/ 文字의 縱列"이 "捕虜 같이 슬"(〈文字의 悲哀〉)픈 구호가 난무하는 북에서 복격한 것은 공산주의 이념과 당의 권력이 난무하는 자유 없는 자유였다.

 민주주의는 "기겁할만한 호랑이의 발톱!"으로 '아기들은 피신할 겨를도 없'(〈民主主義〉)고 목숨이 위태로운 상황 속에 허기와 총에 맞은 아이와 피난 행렬이 줄을 잇는 풍경만이 도처에 난무할 뿐이다. 임화가 조선문학가동맹 대회에서 〈조선민족문학 건설의 기본과제에 대한 일반보고〉를 통해 말하고자 한 것은 민족문학 건설의 근본적 해결을 위한 단계에 민주주의를 내세우며 민족문화를 성취할 것을 제창하는것이었다. 물론 임화가 내세우는 민족문학이란 새로운 '현실'에의 개진을 촉구하는 것으로 이는 과거 프로문학이 내세우던 대중성과 계급주의에 입각한 인민에 기초한 논리였다.

 이에 반해 우익 진영의 민족 문학에 관한 논리는 좌익 진영이 전통을 빌미로 민족정신을 왜곡하여 자신들의 이익을 위해 프롤레타리아 계급을 착취하는 파시스트라는 것이다. 우익 진영은 47년 2월에 결성한 '전국문화단체 총연합회'에서 김동리, 이헌구, 조연현, 조지훈 등이 민족정신과 문학정신의 자주성을 옹호하며 좌익의 정치주의 문학을 배격했다.

특히 조지훈은 〈정치주의 문학의 정체-그 허망에 향하여〉라는 글에서 개성을 무시한 협동은 봉건주의적이며 따라서 좌익의 정치주의 문학은 타율적 노예근성이라고 맹렬하게 비난한다. 이처럼 해방 후 좌우익의 싸움은 정치적인 것에서부터 문학 내에 이르기까지 첨예한 대립을 이루어갔다. 일제 잔재와 봉건 문화의 청산이 주로 좌익 진영에서 테제로 내세운 것이라면 우익 진영에서는 순수문학을 내세우며 인간성의 옹호와 같은 휴머니즘을 내세웠다.

이 시기 김동명은 좌우익의 대립 속에서 《三八線》을 통해 그가 지닌 이념이나 자유에 대한 신념 그리고 시대가 안고 있는 인간의 문제에 대해 깊이 있게 고민한다. 말하자면 김동명은 그의 사상적 기반을 시를 통해 드러내며 자유와 민주주의를 외친다. 그가 《三八線》에서 관찰자로서의 태도에서 벗어나 목격자로서 증언하는 역할을 맡는 것도 바로 이러한 까닭에서이다. 이 시집이 47년에 발간되었다는 사실은 두 가지 측면에서 의의를 지닌다.

하나는 북의 강력한 공산화 과정 속에서 공산주의를 비판하고 그 허위를 맹렬하게 지적하고 있는 우익 진영의 논리를 반영하는 것이다. 목격자로서 계급주의를 배격하는 '증언시집'이라고 할 수 있을 정도로 생생하게 북의 실정을 담고 있기 때문이다. 이는 이후에 김동명이 《적과 동지》, 《역사의 배후에서》와 같은 정치 평론집을 펴내며 정치와 인간, 현실과 문학의 문제에 몰두하게 된 동력으로 작용했던 것이다.

다른 하나는 이러한 논리가 김동명의 '민족 문학'적 성격을 드러낸다고 할 수 있다. 민족문학이 역사와 시대 속에 처한 국면을 파헤치며 그 속에 담겨 있는 진실과 의미를 담아내는 것이라면 《三八線》은 좌우익의 대립 속에서 사상과 현실 인식을 눈에 보이듯이 담아내고 있다. 일견 공산주의를 배격하는 반공주의로 보일 수 있지만 사실성을 바탕으로 한 통찰에 근원하고 있다는 면에서 자아의 확고한 의식에서 출발시킨 현실 해석이라 할 수 있다. 이 점 때문에 《三八線》은 현실 해석에 자아의 주관을 지나치게 개입하고 있다는 약점을 안고 있다.

너는 人類가 가진 아름다운 浪漫의 하나,
그러기에 젊은 마음들이 흔히 네게 情熱을 기우림은

하나의 生理的 宿命이기도 한가 보드라.
허나·········
아아 世紀의 妖花여! 魅力이어!
우리는 네의 名譽와 榮光을 위하야 가만히 귀ㅅ속하노니
侵略者의 앞자비란 어데 당한 짓이뇨.

－〈共産主義〉 전문

  공산주의가 '人類가 가진 아름다운 浪漫'이라고 이해한 뒤 '젊은 마음들'이 '情熱을 기울이'는 것이 '生理的 運命'이라고 지적하고 있지만 이는 공산주의가 "世紀의 妖花"일 뿐이라는 것을 경계하기 위한 것이다. 인간은 생명과 재산 등의 자연권을 권력의 자의성으로부터 보호받아야 한다. 끊임없이 김동명이 《三八線》에서 적시하고 있는 것은 기본권에 대한 의식에서 출발한 인간성의 옹호라는 '휴머니즘'에 바탕한다. 그러나 김동명의 이러한 사유는 관념에 의한 것이 아니라 직접 보고 느낀 경험적 휴머니즘이라는 점에서 우월성을 갖는다.

  이런 뜻에서 개인과 공동체의 자유를 존중하는 김동명 사유는 '자유주의'가 자리하고 있는데 이는 공산 정당의 권력과 지도적 권위인 전체주의에 대한 항거라고도 볼 수 있다. 김동명이 《三八線》에서 북의 '현실'을 생생하게 정초하고 있는 것도 강요된 체제에 대한 이데올로기의 허위성을 간파하는 것이었다. 자유와 평등과 같은 공통 의지가 강제됨으로써 똑같은 의지를 갖는 것은 복종을 요구하는 전체주의적 지배에 의한 것이다. 공산주의를 "世紀의 妖花"라고 비판하고 있는 것도 강제적인 권위에 대항하는 자연권에 대한 김동명의 에토스라 할 수 있다. 이와 같은 경우는 다음과 같은 시에서 더욱 적극적으로 드러난다.

이 地方에 있어서 《自由》는 완전히 禁制品의 하나다.
阿片쟁이처럼 門을 닫아걸고 조심 조심히 가저 보는일이 있다할지라도
들키기만 하는 날에는 罰보다도 천대가 더 무섭다.
아아 레텔도 華麗한, 저 쇼윈도—안에 陣列되여 있는 自由!
허나 이사람아, 그건 商品이 아닐세 그저 粧飾用으로········
그러기에 손을 대서는 안된다네.

－〈自由〉 전문

이 시에서 '自由'는 '禁制品'이자 '粧飾用'이다. 인간이 타인에 의해 지배되는 존재가 아니라 스스로 자신의 삶을 사는 존재라 할 때 자유는 스스로의 권리와 선택에 의한 것이다. 김동명이 공산주의에 대해 비판적 거리를 유지하며 자유에 대한 의지를 보이는 것도 바로 권리에 대한 박해에서 비롯한다. 《三八線》은 공산주의가 내세우고 있는 권력의 모순이나 자유의 모순을 지적하며 풍자하고 냉소한다.

이것은 단지 공산주의의 이념을 부정하는 것에서라기보다는 공산주의 체제가 갖는 억압과 폭력 체제에 대한 비판과 폭로이다. 이 점에서 〈自由〉는 《三八線》에서 중요한 부면으로 떠오른다. 현실을 부정하는 것은 현실 그 자체에도 있지만, 현실 속에 사는 인간의 상황이 고려될 때 한층 비극이 고조된다. 김동명이 '自由'를 '阿片쟁이'로 비유한 것도 끊을 수 없는 자유의 권리 때문일 것이다. 이 같은 사유는 다음의 시에서도 확인된다.

> 人權.
> 이것으로 우리의 위대한 領導者들이, 낡은 世代의 骨董品 처럼 저들의 客
> 室을 粧飾하는것쯤은 거이 流行이기도 하지마는, 一般 庶民階級에서의 個人
> 所有는 絕對 拒否다. 그러나 아모도 不平을 느끼지 않는다. 우리들에게 있
> 어서 이것은 벌서 완전히 한개의 侈奢品이므로………
>
> 이제 未久에 벌레들이 우리에게 婚談을 걸어 올른지도 모른다!
>
> -〈人權〉 전문

이 시에서 '人權'은 '骨董品'과 '奢侈品'으로 '一般 庶民階級에서의 個人 所有는 絕代 拒否'되는 물품으로 취급된다. 인권을 물질화시켜 유통품으로 전락한 현실을 비판하고 있는 이 시는 〈自由〉와 마찬가지로 권리와 선택을 잃어버린 자유의 박탈을 직설적으로 폭로한다. 이 폭로가 가능한 것은 김동명이 몸소 겪은 북의 현실 때문이다.

앞서 살펴본 〈異邦〉,〈共産主義〉,〈自由〉 등과 더불어 〈人權〉은 일상 어법으로 시대 상황의 무도함을 그린다. 이때 자아는 대화 주체로서 대화의 내용을 장악하고 이를 대화의 상대자에게 들려주는데 이는 '증언'의 어조를 지닌다는 점에서 폭로의 형식을 갖는다. 이처럼 《三

八線》은 《나의 거문고》나 《芭蕉》와는 다르게 시대 의식을 중요한 가치로 삼는다.

1947년에 나온 이 시집은 김동명 자신이 겪은 체험을 사실적으로 묘파하고 있고 민족이 처한 현실에서 이데올로기의 문제와 자유와 인권의 문제 그리고 폭력과 피난의 문제 등을 폭넓게 다룸으로써 민족 문학의 성격을 지니고 있으면서도 이 같은 문제의식이 자칫 반공주의로 읽힐 수 있다는 면을 간과하기는 어렵다. 그럼에도 불구하고 《三八線》만큼 민족이 처한 사실을 극명하게 보여주고 있는 시들이 많이 보이지 않는다는 점에서 우익의 민족주의를 대변하는 것이라 하겠다.

《三八線》이 《나의 거문고》나 《芭蕉》와 다르게 현실의 문제에 깊이 천착하고 있는 것은 이들 시집에서 보이던 이상적 세계에 대한 열망이 좌절된 것에 기인한다. 이는 임화가 사회주의의 평등한 세계가 실현되기를 기울이다가 파시즘의 세류 속에 프롤레타리아 계급이 국가주의 독재자에게 열광하는 것에 절망을 거듭했듯이 김동명 또한 초월에 대한 열망이 좌절된 것으로 풀이된다. 《나의 거문고》와 《芭蕉》에서 보이던 '전원' 상징이 소거되고 '현실'을 고발하기에 급급하다는 것은 그만큼 절망의 크기를 드러내는 것이다.

이 크기는 사실과 경험에 토대하는 것에 비례해 《三八線》은 한국전쟁을 선험적으로 보여주며 민족의 문제를 미래로까지 이어지게 만드는 의의를 지닌다. 그리고 생명 가치를 담보하면서까지 실상을 낱낱이 고발하고 있다는 점은 김동명의 남다른 민족의식을 가늠해준다. 이러한 점은 인본주의와 자유에 대한 의지를 담고 있어 《하늘》(1948), 《眞珠灣》(1948), 《目擊者》(1948) 등의 시집으로 이어지는 지속적인 연계를 보여준다.

5. 결론

김동명은 신석정, 김상용과 함께 '전원시인'으로 널리 알려져 있다. 그러나 역설적이게도 김동명에 대한 이와 같은 범주 규정은 김동명의 시 세계를 폭넓게 바라보는 데 있어 한계를 노정한다. 김동명은 '전원시인'으로서뿐만 아니라 상징주의를 근대시사에 뿌리 내리게 했으며 모더니즘과 리얼리즘의 양상 역시 그의 시 속에 수반되어 있기 때문이다.

김동명은 1923년 《開闢》 10월호에 〈만약 당신이 내게 門을 열어주시면〉을 발표한 이래 1948년까지 전 6권의 시집을 출간하며 의미 있는 시적 세계를 성취해냈다. 이 글에서는 6

권의 시집 중 전반 부에 해당하는 《나의 거문고》(1930), 《芭蕉》(1938), 《三八線》(1947)을 대상으로 인식과 의지의 경과에 따라 다양하게 깊어지는 유래에 대해 살펴보았다.

김동명이 활동을 시작하여 문학적 성취를 개진했던 20년대와 30년대는 서구의 문예사조가 왕성하게 유입되고 일본을 통해서도 그 문학적 소개가 이루어졌다. 《태서문예신보》를 통해 상징주의가 소개되어 김억, 주요한, 남궁 벽, 이상화, 한용운, 김동명, 변영로, 서정주 등이 그 상징 시학을 시험하고 정착한 것도 이 시기 한 축을 이룬다. 30년대는 시문학파의 민족어의 발견과 서정의 성취 그리고 김기림의 지적 감각의 성취와 미를 여과한 정지용의 세련된 이미지 등의 모더니즘과 이상의 초현실주의와 같은 아방가르드가 근대성의 측면에서 성과를 이뤄냈다고 할 수 있다.

이와 같은 문학적 흐름 속에 김동명은 비단 보들레르에게 심취되었다는 것에 그치는 것이 아니라 상징주의 시학의 미적 정착을 보여주면서 만물조응이 김동명 시에서는 전원 상징으로 구현되고 있었다. 이와 같은 의지는 먼 곳을 향해 초월의 시학을 표상하고 있는 데에도 발견된다.

첫 시집 《나의 거문고》(1930)는 여과되지 않은 청춘의 격정과 삶과 죽음의 근본적 문제에서부터 이역풍정(異域風情)을 새겨놓았다. 이 시집에서는 '님'을 향한 마음과 '나그네'의 심상이 주를 이루며 '님의 약속'(〈기다리는 마음〉)을 생각하고 '님께로 가는 길'(〈나는길가는나그네〉)을 걷는다. 이 시집을 통해 김동명은 슬픔과 꿈, 고독과 명상을 상징으로 각인해 놓고 《芭蕉》와 연계하면서 변화를 지속한다.

두 번째 시집인 《芭蕉》(1938)는 간결한 시행과 더불어 심미적 완성도를 높이고 있다. 특히 김동명 시에서 널리 알려진 〈芭蕉〉, 〈水仙花〉, 〈내 마음은〉이 시집에 실려 있고 《나의 거문고》에서 보이던 공간과 장소가 구체화되어 나타난다. 또한 《芭蕉》는 자연 심상을 활용하여 '사랑'과 '이별' 등의 인연을 노래하면서도 감정을 견인하는 미적 모더니티를 보인다. 말하자면 대상과의 동일성을 유지하면서 미적 거리를 확보하고 있어 모더니즘과의 연관성을 살필 수 있다.

세 번째 시집 《三八線》(1947)은 《나의 거문고》(1930)와 《芭蕉》(1938)에서 보이던 낙원 상징이 절망에 이르면서 이상 세계에 대한 시선이 시대적 현실로 옮겨온다. 이 시집은 해방 공간의 좌우 이데올로기 속에 북의 상황을 비판하고 냉소와 풍자를 계속한다. 역사와 조국,

공산주의와 민주주의, 자유와 인권 등의 무거운 주제를 다루고 있는 이 시집은 고통에 공명하면서 "세상에 요렇듯 히한한 民族이 있다는 것"(〈一九四六年을보내는노래〉)에 분노하며 삼팔선을 "굳게 닫힌 獄門"(〈三八線〉)으로 인식한다. 이와 같은 의미에서 이 시집은 민족문학으로서의 가능성을 제기한다.

《나의 거문고》(1930), 《芭蕉》(1938), 《三八線》(1947)은 김동명의 전 6권의 시집 중 전반부에 속하는 시집들이라 할 수 있다. 이들 시집은 김동명 초기의 사상적 기반은 물론 그 시법까지를 잘 살필 수 있고 근대시사에서 의미 있는 성취를 이루고 있다는 점에서 주목할 만한데 《나의 거문고》에서의 상징시학과의 관련성 《芭蕉》에서의 모더니즘과의 상관성 그리고 《三八線》의 민족 문학과의 연관성 등은 앞으로 김동명 시를 연구하는 데 중요한 가치를 이루는 것이라 하겠다.

김동명은 그의 시적 세계는 물론이거니와 삶에 있어도 치열하게 자신의 본분을 다하였다. 해방 후 북의 현실을 비판하는 '현실 인식'은 정치에 직접 참여함으로써 현실 정치의 실천을 보여주었으며 역사와 시대, 민족과 삶의 문제를 후반부의 시집인 《하늘》(1948), 《眞珠灣》(1948), 《目擊者》(1948) 등의 시집으로 이어가는 지속성을 보여주며 《적과 동지》, 《역사의 배후에서》와 같은 정치 평론집을 통해 자신의 신념을 담아내기도 했다. 시인으로서 교수로서 정치인으로서 다양한 면모를 보이며 고통의 격랑 속에 현실을 바로 보려는 김동명의 시가 그간 이루어 놓은 다양한 논의에 더해 앞으로 더욱 새롭게 자리매김하기를 고대한다.

<참고문헌>

김동명, 『나의 거문고』, 신생사, 1930.

_____, 『芭蕉』, 신성각, 1938.

_____, 『三八線』, 문륭사, 1947.

_____, 『하늘』, 문륭사, 1948.

_____, 『眞珠灣』, 이화여자대학교출판부, 1954.

_____, 『目擊者』, 인간사, 1957.

김용성, 『한국현대문학사탐방』, 국학자료원, 2011, 136쪽.

김용직·김치수·김종철 편, 『문예사조』, 문학과 지성사, 1977, 448쪽.

심은섭, 〈초허 첫 시집《나의 거문고》 발굴에 따른 諸 고찰〉,《김동명 문학 연구》,제5호 2018.

엄창섭, 〈초허의 시적 특이성과 죽음 의식 연구〉,《김동명 문학 연구》,제7호 2020.

해럴드 블룸, 『영향에 대한 불안』, 문학과지성사, 2012, 179쪽.

M.칼리니쿠스, 『모더니티의 다섯 얼굴』, 시각과언어, 1993, 65쪽.

<Abstract>

A Study on the Poetic World of Kim Dong-myeong's 『My Geomungo』, 『Pa-Cho』, and 『Sampalseon』

Park, Ju-taek(Kyunghee University)

Kim Dong-myung, along with Shin Seok-jung and Kim Sang-yong, is known as a poet of "Jeonwon Sipa." However, Kim Dong-myeong is a poet who has established various poetic worlds through the collection of all six poems as well as the appearance of Jeon Won-si. In the 1920s, when Kim Dong-myeong was active in his work, realism based on the materialistic dialectic of "Kappa" continued the character of purpose literature until the early 30s, while the romanticism of "Swanpa" was dominated.

My Geomungo (1930) depicts an ideal world based on natural imagination against this literary environment. Influenced by Baudelaire's symbolism, My Geomungo depicts the symbol of paradise through all things and unfolds the world of loneliness, sorrow, death and meditation. Subsequently published, *Pa-Cho*(1938) is a collection of poems that reveals Kim Dong-myeong's aesthetic characteristics, which includes *Pacho, Suseonhwa*, and *my heart*, and secures aesthetic modernity by maintaining a distance from objects.

Sampalseon (1947) expresses the problem of left and right ideologies in the liberation space in a straightforward way as my gaze toward the ideal in *My Ge omungo* and *Pa-Cho* shifts to reality. While *My Geomungo* and *Pa-Cho* are spreading natural materials to the front of the poem and drawing inner orientation through the image of everyone, the three lines recognize the three lines as "hard closed doors" and use the problem of "reality" as a central sanction.

My Geomungo (1930), *Pa-Cho* (1938), *Sampalseon* (1947) lead to *Sky* (1948), *Jinjuman* (1948), and a *Witness* (1948), which leads to the inner representation of nature and the direction of securing reality. In modern poetry, Kim Dong-myeong painted an ideal space for colonization and achieved remarkable results based on symbolic poetry, opening up the possibility of national literature.

Keywords: Plural imagination, paradise symbol, transcendental poetry, aesthetic modernity, ideology, national literature.

김동명 문학의 노마드적 사유와 이방인 시선

이미림*

목 차

1. 시인의 삶과 노마디즘
2. 나그네, 새(나비), 이국식물로서의 이방인 시선: 전기문학
3. 목격자, 산책자로서의 이방인 시선: 후기문학
4. 맺음말

<국문초록>

　김동명 문학연구가 활발하게 전개되면서 연구대상이 확대되고 있으며, 다각도의 관점에서 새로운 의미가 도출되고 있다. 그의 문학은 초기의 전원적 낭만적 서정과 후기의 현실비판적 사회적 풍자로 구분되며, 민족문학, 반공문학, 서정문학으로 평가된다. 본고는 이러한 상반된 문학세계를 일관되게 관통하는 요소로 노마드적 사유와 이방인 시각으로 보았다. 8살 때 고향 강릉을 떠난 작가의 삶은 출향, 출교, 월남, 피난으로 이어지는 노마디즘적 삶을 영위했고 이로 인해 정착민, 공동체구성원으로 세상을 보기보다는 거리를 두고 관조하고 관찰하는 노마드 시각이 형성되었다. 그의 문학엔 보다 근원적인 민주, 자유, 인권이 중시되며, 부정의, 부조리, 불합리한 현실에 질문을 던지고 객관적 중도적으로 사유하는 포괄적이고 인류보편적 의미가 내재되어 있다. 그는 인간을 억압하고 고통스럽게 하는 남북의 정치현실에

---

*강릉원주대학교 국어국문학과 교수

분노하는 파레시아의 역할을 충실히 했기에 세상과 불화하고 고통을 느꼈다. 외로움, 슬픔, 우울의 정동은 결코 순탄치 않았던 작가의 삶과 문학의 기저로 작동된다. 초기문학에서는 나그네(길손), 새(나비), 외래종 식물로 표상되는 나그네, 서정적 노마드로, 후기문학에서는 서울풍경과 시민표정 소묘를 통한 목격자, 산책자, 비판적 노마드로 나타난다. 문학의 출발점에서 조우한 보들레르가 산보객이 되어 파리풍경을 채집하고 관찰했듯이 김동명 역시 어둡고 비도덕적이며 더러운 국가재건기인 1950년대 서울모습을 객관적이고 냉철하게 드러냈다. 김동명 문학세계는 노마디즘적 사유와 이방인의식의 관점에서 재조명할 때 새로운 면모와 문학적 가치가 도출된다.

주제어: 노마디즘, 이방인의식, 파레시아, 나그네, 목격자, 산책자, 보들레르

1. 시인의 삶과 노마디즘

　김동명 문학연구는 전기문학에 치중되어 전원문학, 서정문학이라는 평가가 고착화되었지만 최근 김동명문학관 설립과 김동명학회의 매년 학술대회 논문 발표로 인해 다양한 문학적 관점이 이루어졌다. 시장르뿐만 아니라 수필, 정치평론에 대한 관심의 확장[1]이라든지 최근 발굴된 『나의 거문고』에 대한 집중적 논의[2] 그리고 1986년 엄창섭 박사학위논문 이후 36년 만에 발표된 박사학위논문[3]은 이러한 결과를 뒷받침한다. 그러나 석사학위논문이 6편[4]에 불과하고, 김동명학회지 수록논문 이외에는 여전히 관심과 연구가 충분치 않다.

　문학은 현실을 재현하는 예술영역으로 작가의 유년기적 인상과 삶의 궤적을 반영한다. 김동명은 교수, 참의원, 정치평론가로서 주류의 삶을 영위했지만 그가 태어난 1900년부터 1968년까지는 격동의 시기이자 시대적 이행기로서 한일합방, 식민지, 좌우익 대립, 전쟁, 분단, 독재 등 고통스럽고 폭력적인 한국근현대사를 온몸으로 경험했다. 그는 안정되고 정주하기보다는 역사적 분노, 인간혐오, 시대와의 불화로 인한 외로움과 그리움의 정서, 정원으로의 도피, 현실과 이상의 길항, 정치와 예술의 부조화 속에 살았다. 그가 남긴 수많은 시들과 수필, 평론에는 이러한 내적 갈등과 고뇌가 고스란히 담겨있다. 한국근현대사의 비극을 체화한 작가의 고난은 8살 때 신사임당의 후예인 신씨 집안 출신 모친의 결단으로 신교육을 받고 신문물을 체득하기 위해 강릉을 떠나면서 시작된다. 일평생 고향상실감과 소속에 대한

---

[1] 장정룡, 「김동명 수필의 '월남'과 '피난' 표출양상」, 『김동명문학연구』 제1집, 김동명학회, 2014. 「김동명 수필집 『세대의 삽화』의 작품특질 고찰」, 『김동명문학연구』 제2집, 김동명학회, 2015. 「김동명 수필 「어머니」의 서사구조 고찰」, 『김동명문학연구』 제3집, 김동명 학회, 2016. 「김동명 평론의 시대성과 정치인식」, 『김동명문학연구』 제5집, 김동명학회, 2018. 「김동명 산문의 대화체와 삽입시와 서술양식」, 『김동명문학연구』 제6집, 김동명학회, 2019. 김윤정, 「김동명의 정치평론집에 나타난 '자유민주주의' 사상 고찰」, 『김동명문학연구』 제3집, 김동명학회, 2016. 졸고, 「김동명 산문에 나타난 타자지향성과 디아스포라의식」, 『김동명문학연구』 제1집, 김동명학회, 2014. 한명섭, 「김동명의 산문에 나타난 현실 인식」, 『김동명문학연구』 제8집, 김동명학회, 2021.

[2] 심은섭, 「초허 첫 시집 『나의 거문고』 발굴에 따른 제고찰」, 『김동명문학연구』 제5집, 김동명학회, 2018. 이형우, 「『나의 거문고』에 나타난 김동명의 시작법 고찰」, 『김동명문학연구』 제7집, 김동명학회, 2020. 「『나의 거문고』의 화자(話者) 유형 연구」, 『김동명문학연구』 제8집, 김동명학회, 2021.

[3] 피기춘, 「김동명 시문학의 수용성에 관한 연구」, 중부대 박사학위논문, 2022.

[4] 박무화, 「김동명의 시문학」, 경희대 교육석사학위논문, 1977. 강석호, 「김동명의 시세계」, 연세대 교육석사학위논문, 1981. 송영순, 「김동명시 연구」, 성신여대 석사학위논문, 1990. 권순인, 「김동명시에 수용된 의식에 관한 연구」, 관동대 석사학위논문, 1995. 정사운, 「김동명의 시 연구」, 충남대 교육석사학위논문, 1999. 유희자, 「김동명 시의 모성적 상상력 연구」, 강릉원주대 교육석사학위논문, 2015.

불안정한 정체성은 고향 이주와 타향살이로 인한 디아스포라적 운명에 기인한다. 고향이란 자신의 정체성과 집단적 공동체의식이 형성되고, 유소년기 결정적 인상이 투영된 공간이다. 수필 「어머니」와 「국추기」의 조모와 모친이 들려준 타박녀 이야기나 갈미봉신화 등을 통해 감성과 정동을 키운 소년 김동명에게 바다가 보이는 고향은 서정적이고 전통적이며 정체되고 가난한 장소로 회상된다.

교통이 불편한 시대에 도보 이주 여정은 삶의 곤란과 고난을 어린 소년에게 심어줬을 것이다. 원산 이주는 영원히 고향으로 돌아오지 못하게 떠도는 나그네의 삶을 영위하는 계기가 되었다. 어머니에 이끌린 출향은 개항지에서의 근대교육을 향한 목적 때문이며, 원산과 함흥에서 학교졸업 후 김동명은 1921,22년에 동진소학교, 강서소학교 교원생활을 하다가 명확한 이유 없이 교장으로부터 출교 통보를 받는다. 생계와 취업이 힘든 시대에 김동명은 쓸쓸히 바닷가를 배회하며 시창작을 하게 되고, 현인규와 교류하면서 보들레르와의 조우 이후 시인의 길로 나아간다. 일찍이 강릉군수가 되어 금의환향하길 소망했던 어머니의 영향으로 문인의 길을 생각지 않았기에 김동명은 문단활동이나 문학모임에 참여하지 않았다. 『악의 꽃』에의 경도는 그의 문학을 서정적이고 퇴폐적이며 전원적인 시세계를 구축하게 했다.

작가는 현실정치에도 참여했으나 숙청의 위기를 맡게 되어 북의 생활을 청산한다. 1931년 모친이 작고하고, 1938년 아내의 죽음을 맞이한 그는 1942년 이화여전 음악과 출신의 이복순과 재혼하여 부부교수가 된다. 1945년 함남중학교장을 역임하고 해방 후 흥남시 자치위원회 위원장을 맡지만 1946년 함흥반공학생의거에 연루되어 옥고를 치른다. 이화여대 교수생활 중 전쟁으로 부산에서 어려운 생활이 시작되고 정계입문을 위해 1960년에 사직했기에 평온한 교수생활은 길지 않았다. 1959년 부인 사망으로 세 번째 결혼을 하는 등 개인적 슬픔도 반복되었다. 이주와 유학, 불안한 직장생활로 정착이 쉽지 않던 작가는 유명한 시인, 대학교수, 정치평론가, 참의원이라는 명성과 명예를 얻었지만 인생 여정의 곳곳에 배인 슬픔과 불행, 고독과 소외의 순간은 탈고향이라는 개인적인 운명과 한국근현대사의 비극이 배경을 이룬다. 김동명은 남북 현실정치에서 정치권력에 저항하고 부당함을 피력하는 등 행동하는 지식인으로서 책무를 다하는 모습을 보였다. 정치평론가와 참의원 생활 역시 승승장구하며 기득권 세력에 편승하기보다는 부패하고 부정의한 이승만과 자유당 정권에 대한 신랄하고 가차 없는 비판으로 불편하고 불안한 정치인생을 영위한다.

그의 일생은 타향살이, 함흥학생의거 동조 혐오로 인한 투옥, 북의 조선민주당 활동시 숙청, 출당과 단신 월남, 전쟁 피난, 이승만 정권 탄압과 모의 모색 등 위험하고 아슬아슬한 생애였다. 그의 삶은 세속적 욕망과 정치참여, 순수서정과 문학활동 등 복합적 양상을 함의하고 있다. 기득권에 순응하며 주류적 삶에 편승할 수 있음에도 김동명은 세상과 불화함으로써 외로웠다. 그의 신념은 반공주의나 민주주의, 민족주의와 같은 거창한 정치이념 이전에 자유와 평등, 인권, 민주를 가장 중요한 가치로 여겼으며 인간성 옹호와 약자의 입장에 서서 독재와 전체주의, 파쇼에 대해 경계[5]했다.

정주민 혹은 공동체구성원으로서가 아니라 노마드, 이방인의 시각으로 세상을 본 그의 문학은 현실과 이상, 고향과 타향, 시와 정치, 이주와 정주 사이에서 길항하며 경계에 머문다. 이는 고통과 절망적 상황에서 도피하고 치유 받았던 정원(뜰)이 세상과 유리된 장소가 아니라 도심 속의 토포필리아라는 사실에서도 드러난다. 보수적이고 전통적인 강릉에서 태어나고 자란 김동명은 사나이 기상이 체화되었고, 옳고 그름을 중시하는 파레시아스트[6]였다. 문학뿐만 아니라 현실에서 그는 시대의 올곧은 목소리를 마다하지 않고 생존의 위협에 굴하지 않은 지식인, 정치가로서의 소명의식을 다했다. 그가 살아낸 일제강점, 분단, 전쟁, 독재, 불의한 한국근현대사 속에 지속된 삶은 고독하고 절망스럽고 고통스러운 역경의 세월이었다. 그가 남긴 시와 산문, 정치평론엔 이러한 삶의 흔적이 녹아있다.

동명의 생애와 문학은 고향과 타향, 정주와 이주, 조화와 불화, 평화와 전쟁, 문학과 정치가 갈등하는 양상을 보인다. 본고는 서정문학, 반공문학, 민족문학으로서의 고향의식에 주목하여 평가된 김동명의 문학세계를 관통하는 일관된 자세를 노마디즘적 사유와 이방인의 시선으로 보고자 한다. 노마디즘은 정착민과 달리 언제든 영토에서 떠날 수 있는 존재, 어떤 영토에도 안주하지 않는 존재[7]이다, 방랑자라는 의식은 인간이 자신이 살던 고향을 떠나는 순간부터 형성되는 이방인이라는 일종의 자기정체성[8]이다. 노마드적 삶이란 육체적 이동뿐

---

[5] 졸고, 「작가(시인)으로서의 삶, 지식인(정치가)으로서의 삶」, 『김동명문학연구』 제2호, 김동명학회, 2015, p.94.
[6] 파레시아는 '모든 것을 말하기'를 의미하는 그리스어로 '진실의 용기', '발언의 자유' 등으로 번역된다. 푸코는 이 용어를 발언자의 위험을 내포하며 주체가 진실과 맺는 윤리적 관계에 관한 문제에 주목한다. 파레시아는 '진실한 삶' 속에서의 시금석의 조건으로 진실의 공표를 실천하는 사람이다. - 미셸 푸코, 오트르망 심세광 전혜리 역, 『담론과 진실: 파레시아』, 동녘, 2017, pp.11-12, p.18.
[7] 이진경, 『모더니티의 지층들』, 그린비, 2007, p.263.
[8] 장윤수, 『노마디즘과 코리안 디아스포라 문학』, 북코리아, 2011, p.17.

만 아니라 제도, 관습, 규칙, 질서 등의 억압에서 벗어나 유연하고 유동하는 정신적 여행을 포함한다. 지속적으로 이동하는 자인 이방인은 혈연적 지연적 직업적으로 얽매이지 않기에 객관성이라는 특성을 지니며, 객관적인 사람이란 어떠한 고정관념에도 얽매이지 않는 자유자9)를 말한다. 또한 이방인은 물음을 던지는 자로서 토박이 공동체에 자극을 주는 낯섦을 간직하고 있는 자10)이다. 공동체에 포섭되지 않는 이방인은 벤야민의 유유자적하는 사람과 상통되는바 이들은 가장 개방적인 삶을 살고자 하며 절대 지배받지 않고자 하고, 모험에 대한 애수를 지닌 사람11)이다. 남북 정치활동을 통해 독재와 억압과 폭력을 경험한 김동명은 목숨을 담보한 월남여정을 통해 자유의 소중함을 체득하지만 또다시 제2의 고향을 잃게 된다. 남한사회에서도 불신과 부정부패, 불합리한 정치상황을 겪으며 그는 행동하는 지식인, 파레시아스트가 된다. 위험에 맞서는 용기와 연관되는 파레시아는 진솔성, 진실과의 관계, 신념과 진실의 일치를 전제로 하며 타자를 개선하고 돕기 위해 진실을 말하는 것을 의무하고 생각하는12) 삶의 태도이다. 짐멜은 공간적 의미에서는 가깝지만 사회적 의미에서는 멀리 떨어진 누군가와의 사회적 상호작용을 의미하는 모순적 경험을 예시 또는 포착하기 위해 이방인이라는 인물을 채택13)한바 김동명은 문학과 정치, 고향과 타향 모두와 거리를 둔 국외자였다.

  유목주의는 사회적으로 코드화된 사유방식과 행동방식에 안착되기를 거부하는 비판적 의식을 지칭14)하기에 우상파괴적이고 관습적인 성격에 반대하는 흐름을 말한다. 또한 유목민은 집없음이나 강제적인 장소이동을 의미하지 않으며, 고착성에 대한 모든 관념, 욕망 혹은 향수를 폐기해 버리는 종류의 주체를 형상화15)한다. 북의 김일성 일당과 소련사령부 하수인인 최용건에 의해 숙청, 출당으로 자유의 가치를 알고 정주했던 북의 생활을 청산한 일이나 남의 이승만 정권의 부정부패에 항거하고 모의한 일들은 김동명의 유목적 특성을 말해 준다.

---

9) 이용일, 「다문화시대 고전으로서 짐멜의 이방인 새로 읽기」, 『독일연구』 제18권, 한국독일사학회, 2009, pp.191-192.
10) 김애령, 「이방인과 환대의 윤리」, 『철학과 현상학 연구』 제39권, 한국현상학회, 2008, p.179.
11) 미셸 마페졸리, 최원기 최항섭 역, 『노마디즘』, 일신사, 2008, p.40.
12) 미셸 푸코, 앞의 책, p.101.
13) 마이크 크랭·나이절 스리프트, 최병두 역, 『공간적 사유』, 에코리브르, 2013, p.104.
14) 로지 브라이도티, 박미선 역, 『유목적 주체』, 여이연, 2004, p. 32
15) 위의 책, p.59.

일제강점기 우리 민족은 가난, 독립운동, 해외유학, 교육 등의 이유로 외부지향성을 드러냈다. 어린 시절의 탈고향 체험은 일생동안 작가를 떠돌게 하며 정착의 어려움을 갖게 했다. 그가 반공이나 민족에 묶이지 않고 자유, 민주, 인권이라는 보편적인 이념을 중시하게 된 것도 공동체나 조직에 순응하지 않고 저항했으며, 하나의 기준에 매이기보다는 인류 보편적인 사유에 침잠했기 때문이다. 식민지현실, 고향 강릉과 모친의 세속적 욕망, 개인의 성정 등 복합적으로 형성된 그의 사유는 방랑자, 이방인, 노마드의 시선으로 세상을 바라보게 했다.

본고는 그의 문학에 반공, 민족문학적 성격, 조국에의 향수와 민족의 비애가 드러나지만 이에 한정하지 않고 현실과 서정, 정치와 문학이 초기부터 공존한다는 사실에 주목한다. 조국과 고향을 잃은 김동명은 정착민이나 공동체구성원으로 살아가기보다는 일정한 거리를 두고 객관적이고 중도적으로 관찰자, 비판적 노마드로서 세상을 읽어나갔다. 따라서 김동명 문학의 전후기 문학의 뚜렷한 차이를 일관되게 관통하는 작가의식을 노마디즘적 사유와 이방인 시선으로 보고자 한다.

2. 나그네, 새(나비), 이국식물로서의 이방인 시선: 전기문학

김동명 문학은 초기의 전원문학과 낭만적 서정, 후기의 현실참여문학과 사회적 풍자로, 시정신에서 산문정신으로의 변모를 보이지만 이는 처음부터 내재된 작가의 현실인식과 정치적 관심에서 비롯된다. 바다, 하늘, 실향, 조국상실, 보들레르와의 조우는 해방 이전의 시작품에 오롯이 드러나며, 『삼팔선』(1947) 이후의 시집에서는 진주만 공습, 태평양전쟁, 6.25, 50년대 서울묘사 등에서 산문정신과 현실비판이 등장한다. 이 글에서는 그의 삶 속에 체화된 이방인 정체성을 통한 노마디즘적 삶의 태도와 유동적 정체성을 고찰한다. 그의 문학에 체현된 노마디즘적 특성은 나그네, 길손이라는 시적 화자, 새, 나비로 표상되는 떠돎과 이동 모티프, 외래종 식물인 파초, 종려나무, 무화과에 투사된 이방인의식으로 표출된다. 이는 영원한 이방인의 처지에서 세상을 인식한 작가의 삶과 문학적 결과이다.

'나그네', '길손'은 길위에 머문 자들로 정착하지 못하고 떠돌기에 외로움과 소외, 부초 같은 심경을 지닌다. 김동명 시에서 나그네는 시집 『나의 거문고』(1930)와 『파초』(1938)에 집중적으로 등장하고 후기로 갈수록 점차 사라진다. 「아츰에서」, 「을 小景」, 「고요한 기도의

노래」,「복도교상에서」,「나는 길가는 나그네」,「길손의 노래」,「내 마음은」,「기원」,「비」,
「광인」 등의 시에는 8살의 고향이주로 시작된 나그네, 이방인의 시각과 사유, 고독, 외로움
의 정서가 내포되고 있다.

> 우수수 지나가는 바람따라/살구나 입새 뚝뚝 떨어지는 소래에/창박글 바라보니 푸
> 른하늘 놉흔하늘.//애가 끈키는 듯 매암이의 울음소리/드르며 동산에 홀로 올으니/
> 西天에 타는 노을, 바다우에 黃金물ㅅ결./하늘ㅅ가에 외로운돗은 가는 듯 마는 듯/
> 석양을 띠고 훨훨나는 갈매기여 어대로 가는고/나도 외로운 길손, 고향이 그리워.
> - 「을 小景」

바람, 하늘, 바다, 동산, 노을과 같은 시어가 말해주듯이 이 시는 서정적이고 낭만적인 자
연경관을 배경으로 고향을 그리는 길손의 마음을 그린다. 바람으로 인해 열매나 잎이 떨어
지고 애끓는 매미의 울음소리는 길손의 감정을 표출한다. 방향성을 상실한 갈매기와 동일시
되어 외로운 길손은 정착하지 못하고 부유하는 삶을 영위한다. 창밖을 관조하며 푸르고 높
은 하늘을 보거나 동산에서 홀로 붉은 노을과 물결치는 바다를 보는 시인의 모습은 홀로 관
망하는 단독자의 모습을 하고 있다. 「을 小景」은 조국상실, 탈고향, 식민지 트라우마를 지닌
시대상과 자신의 경험이 바탕이 되어 조국과 고향 결핍과 부재를 드러내고 있다.

> 나는 길가는 나그네/하늘 끝에 다은 길이어니/언제나 거러 지날까/탄식하며 길을
> 것는/나그네의 몸이로세.//나는 길가는 나그네/구비진 고갯길을/이리 저리 도라 넘
> 노라/숨이차 허덕이며/길을 것는 나그네로서.//가다가 문득/갈래ㅅ길 만나고보면/것
> 든 거름 머무르고/오고 가는 길손에게/말을 맛는 나그네로세.//저녁새 짓으로 날고/
> 길이 어슬어슬 어두울때면/주막집 차저드러/한밤 신세 끼치고 가는/나그네의 몸이로
> 세.//江 건늬면 또 江이오/山넘으면 또 山이로되/님게로 가는 길이어니/끝업는 이길
> 을 가고 가고/또 가는 나그네로세.
> - 「나는 길가는 나그네」

이 시에서도 시적 자아는 길 가는 나그네이다. 하늘 끝에 닿은 길을 탄식하며 걷는 나그

네의 몸은 고달프고 애처롭다. 하늘에 닿은 길, 구비진 고갯길, 두 갈래길, 끝없는 길을 마주한 나그네의 정서와 심리와 몸의 반응은 숨이 차며 기약이 없다. 어두워지면 주막에 머무는 신세이지만 강과 산을 한없이 건너야 하는 길은 님에게로 가는 길이자 끝없이 가야 하는 인생의 여정이기도 하다. 일제강점기 우리 민족은 생계와 독립운동, 유학 등의 이유로 조국을 떠나는 외부지향성을 보였고, 식민지 조선은 안정되거나 정주하지 못하는 불안하고 공포스러운 사회적 분위기가 조성되었다. 어린 나이에 강릉을 떠난 육체적 피로와 심리적 불안은 소년 김동명에게 나그네의식과 향수를 내면깊이 체화시켰을 것이다.

「咸山夜懷」의 나그네는 피곤하고 고단한 몸을 객침에 누이고 창가의 달빛풍경을 감상하며 고향과 이토를 대비시킨다. 나그네, 고갯길, 길손, 저녁새, 걸음, 주막집, 강과 산 등은 정착하고 안주하거나 보호받지 못하고 불안하고 정처 없이 떠도는 이방인을 나타내는 시어들이다.

「길손의 노래」에서는 새벽에 지체 없이 님을 만나러 떠나는 길손의 간절함을 그린다. 그리움이 충만하여 발이 부르트도록 걷지만 당신의 부드러운 약손이 어루만져 줄 것이기에 달려가서 기쁨과 황송과 감격이 사무쳐 악기를 연주하겠다는 의지를 표명한다. 「내 마음은」에서는 님을 향한 마음이 호수, 촛불, 낙엽에 이어 나그네가 된다. 피리를 불어주길 바라며 잠시 뜰에 머물다가 바람이 일면 외로히 그대를 떠나는 나그네의 삶을 슬픔과 고독, 사랑의 정열로 나타낸다. 이 시기에 작가는 시적 자아를 나그네, 길손으로 표상하며 외로움, 피곤함, 고단함의 성동과 안주 혹은 안정을 획득하지 못하고 떠날 수밖에 없는 현실상황에 놓인다. 영원한 방랑자로서의 트릭스터는 경계를 넘는 자이며 자기 자신이 문제를 만들고 해결하는 자[16]로서 시대의 암울과 개인의 고독한 상황을 길을 잃고 헤매지만 임에게로 가고 봄을 기다린다.

나그네와 더불어 노마드 이미지는 새, 물새, 나비로 비유되며 「전원묘경」, 「황혼의 놀애」, 「나븨」, 「물새 한떼」, 「장정에서」 등의 시에서 그려진다.

> 여게 문들네꼿이 피었습니다/아히들이 꺽거가고 남은것이외다/나는 봄이주는 해ㅅ볏흘쏘이며/여게 안자 놉니다//나비가 날아와 문들네꼿화판우에 안습니다/바람이 가볍게 꼿송이를 흔듭니다/그러나 나비는 떠러져 가지안켓다고/날애를 접침니다 접

---

16) 최정은, 『트릭스터: 영원한 방랑자』, 휴머니스트, 2005, p.170.

침니다

-「나븨」

　새와 더불어 나비는 자유, 비상, 이주를 표상하는 존재이다. 봄, 햇빛, 꽃 사이에서 노는 시적 화자는 민들레꽃 위에 앉은 나비가 바람에 흔들리자 날개를 뒤로 젖히며 떨어지지 않으려고 안간힘을 쓰는 장면을 목격한다. 정주한 꽃과 이주하는 나비 그리고 이들을 훼방 놓는 바람의 형상을 관찰하는 시인은 나비와 동일시된다. 역사와 인생의 질곡과 고난을 헤쳐온 화자는 나비의 애처로운 모습에서 자신을 발견한다. 아름다운 꽃과 나비는 평화와 사랑을, 바람은 외세의 고난과 고통을 상징하며, 정착과 평화와 보호를 방해하는 수많은 일들을 겪으며 살아가는 이들의 모습을 재현한다. 나비는 장자몽의 환생의 의미뿐만 아니라 변태, 생성 그리고 궁극적 꿈, 미약한 존재, 자유로운 비상, 정체성 혼돈 등 4가지 표상체계로 형상화[17]되며, 다문화시대인 오늘날 이주자로서 자주 비유되고 있어 이동, 떠돎의 의미를 지닌다.

　　黃昏아 잘가거라 나도지금 가리라/아득한 옛일이니, 머물러 생각한들 어이하리/늙은솔아 잘잇거라 옛城趾에 남은돌 너도 부디잘잇거라/짓으로 나는 새야 함께 가자 나도지금 가련다.

-「잘가거라, 잘잇거라」

　아침과 황혼의 시간성이 자주 나타나는 김동명의 이 시에도 아득한 옛일을 황혼이 지듯이 미련 없이 보내고, 솔과 돌, 새를 대비하며 정주와 이주의 양상을 표상한다. 오랜 세월 한 자리에 머문 소나무와 성지에 남은 돌에게 인사하는 시적 화자는 새와 함께 훌훌 떠난다. 아득한 옛일, 늙은 솔, 옛성지를 부여잡고 머문들 어이하리라는 화자는 새로운 곳으로 나아간다. 김동명의 초기시는 고향과 먼곳에 대한 향수와 동경이라는 낭만주의 정신적 특징[18]이 나타난다. 나비와 더불어 날개짓을 하는 새의 형상은 작가들에게 이동, 자유, 비상, 부유, 이주, 여행 등의 의미로 등장하곤 한다.

---

17) 한점돌, 「한국현대소설에 나타난 '나비'의 표상체계 연구」, 『국어교육』 제113집, 한국어교육학회, 2004, p.708.
18) 신명경, 『한국 낭만주의 문학론』, 새문사, 2003, p.23.

고국, 고향이라는 안정된 장소를 확보하지 못한 작가는 자신의 처지를 투사한 객관적 상관물로 외래종 식물인 무화과수, 종려수, 파초를 상정한다. 정원, 나무, 조경, 꽃에 대한 작가의 집착과 애정은 후기의 서울공간 비판과 대비된다.「무화과수」,「종려수」, 두 편의「파초」에서 작가는 원산지를 떠나 이동한 이국식물을 통해 자신의 부유(浮遊)하고 불안한 심경을 표출한다. 무화과나무, 종려나무, 파초는 외국에서 온 외래종 식물군이자 성경과 무관하지 않다.

> 내가 처음 이곳에 왓슬때에/제일 먼저 내 눈을 끄은 것은/뜰밋헤 서잇는 한그루 無花果나무엿습니다/그때 맛츰 無花果나무는/새팔한 입사귀를 내밀기 시작하엿습니다.//그후에 나는 그 넓고두터운 입사귀우에/떠러지는 비ㅅ방울 소리를/여러번 들엇습니다/祖國을 떠나 멀리잇는 몸이라/달빗헤 더욱푸루른 무성한 입사귀를 바라보며/하염업는 생각에 잠기기도 여러번이엇습니다.//삐죽한 열매가 열리는 것을 보고/나라에 도라갓더가/찬바람이 떨어지자 또다시 왓슬때에는/아히들이 따먹고 남은/누러케 익은 無花果열매를 볼수잇섯습니다.//언으듯 가을이 지나가고/겨울이 왓슬때에는/입흔 다지고 말은 가지만/떠는 듯 찬바람에 흔들리엇습니다/이때에나는 뜰아래에 나려 외로이건일며.하늘을 울얼러 잠잠히 생각하기 여러번이엇습니다//그러나 봄은 언으듯 뚜다시 도라왓습니다/기다리던 봄은 또다시 도라와서/문들레꼿우에 나븨가 날아와 안ㅅ고/일홈모을 풀포기들은 푸른빗을 다토건만/아아 한그루 無花果나무 가지에서는/봄빗을 차즐수가 업섯습니다.//有情한 듯 소곤거리며 나리는 봄비에 젓는/無花果나무의 말은가지압헤 설때마다/나는 말할 수 없는 寂寞을 느끼엇습니다.//뜰밋헤 푸은 풀이 자각가히 조하슬때에/나는 또 나라에갓더가/우리 江山에 흰 눈이 덥히는것을보고/또다시 도라온 지금에는/無花果나무의 말은가지 그남아 간데업고/독기에 찍기인 그루만 외롭게 남아잇습니다.//그러나 나는 또다시 도라오는 봄을 기다리며/그루압헤 섭니다.
>
> -「無花果樹」

「無花果樹」의 시적 화자의 눈에 띤 '한그루 무화과나무'는 '祖國을 멀리 떠나 멀리있는 몸'으로 '멀고' '한그루'라는 특성의 이주자를 대변한다. 새파랗고 넓고 두터운 잎사귀, 삐죽한 열매, 마른 가지의 특성을 묘사하고 비에 젖는 잎, 아이들에게 따먹히는 열매, 봄벗이 없는 나뭇가지, 도끼에 찍히는 나무라는 표현을 통해 세파에 찍히고 먹히고 흔들리는 무화과나무가 사계의 변모와 더불어 그려지며 시인 자신과 유비된다. 민들레 주변엔 나비가 날아와 앉지만 외롭고 적막할 뿐인 나무와 자신을 돌아오는 봄을 기다린다는 이 시는 나라를 침탈당하고 고향을 떠난 작가 자신의 심경이 고스란히 녹아있다. '꽃이 없이 열리는 열매'라는 뜻의 무화과(無花果)는 아담과 이브가 수치심을 느끼고 몸을 가리기 위해 입었다고 하는바 신학을 전공한 김동명의 종교적 성향을 보인다. 초기 시편부터 존재감을 지니고 철저하게 기독교의 부활론과 구원론을 각각 긍정적으로 수용하고 존엄한 생명의식을 강렬하게 빚어낸 종교적 시인[19]이기에 기독교 정서와 종교적 색채의 소재가 나타난다. 한국적 풍경과 어울리지 않는 이질적이고 다소 그로테스크한 무화과나무는 부초처럼 떠도는 이방인의 형상으로 타자성을 지닌 제노포비아의 대상이 된다.

이 시는 사계절의 변화와 함께 잎, 열매, 나뭇가지의 특질과 시련을 묘사한 후 무화과의 이주와 유동성을 자신의 삶에 비유함으로써 완결된 구성을 지니며, 수많은 삶의 질곡과 고통에도 봄을 기다리는 희망적 바람으로 마무리된다. 봄, 나비, 봄비와 적막, 외로움, 찬바람, 흰눈과 대비되는 시어의 대조는 조국(강산)상실과 실향을 표상한다, 그의 이러한 시들은 30년대에 한정되지 않고 유동하는 노마디즘 시대인 오늘과 맞닿아 동시대적인 의미를 지닌다. 또한 종교적 소재와 다른 삶에의 향수, 적막과 고독의 심상은 그의 문학을 보다 초월적이고 우주보편적 독창성으로 이끈다.

> 외로히 모혀선 종여나무의/그리우는 南國의 마음을/뉘라서 아라 주리/초생달 열분 빗만/일흘싯고 흘러라
>
> - 「종려수」

시 「受難」에도 등장하는 종려나무와 가시관은 한민족의 수난이자 김동명 개인의 수난[20]을 의미하며, 짧은 시인 「종려수」에서도 '외로움', '남국'을 향한 그리움이 나타난다. 종려나

---

19) 엄창섭, 「초허의 시적 특이성과 죽음의식 연구」, 『김동명문학연구』 제7집, 김동명학회, 2020, p.32.
20) 심은섭, 「김동명 시에 나타난 식물적 상상력 연구」, 『김동명문학연구』 제7집, 김동명학회, 2020, p.181.

무 역시 성경에 자주 등장하는 식물로 '젖과 꿀이 흐르는 가나안 땅'의 꿀이 종려나무 열매가 태양열에 꿀처럼 녹는 모습을 뜻한다. 고국, 고향을 떠났다는 사실은 늘 기다림과 그리움의 정서가 내재된 삶을 영위하는 것으로 태풍에도 뿌리가 흔들리지 않는 종려나무는 로마에 대항하는 유대인의 민족주의를 상징하기도 한다. 일제 침략으로 인한 식민지 현실은 경이로운 생명력을 지닌 종려수의 특질을 지녀야 하며, 생명, 강인, 불사조, 이주 등 다의적 의미를 갖게 한다. 성경 출애굽한 이스라엘 백성이 광야를 지날 때 오아시스 옆 종려나무에 오래 머물던 것처럼 40년 광야생활을 연상하기에 우리 민족이 처한 상황과 겹쳐진다. 무화과수, 종려수는 탈향, 향수, 이주 등 노마디즘과 밀접한 관계를 갖는다.

> 祖國을 언제 떠났노,/芭蕉의 꿈은 가련 하다.//南國을 向한 불타는 鄕愁,/네의 넋은 修女보다도 더욱 외롭구나.//소낙비를 그리는 너는 情熱의 女人,//나는 샘물을 길어 네 발등에 붓는다.//이제 밤이 차다./나는 또 너를 내 머리마테 있게하마.//나는 즐겨 너를 위해 종이 되니,/네의 그 드리운 치마짜락으로 우리의 겨울을 가리우자.
>
> -「芭蕉」

> 芭蕉, 알른구나……/나는, 한 겨울. 내 書齋의 憂鬱을 직혀 주던 너매/즐거운 봄을 맞으라고. 내 花壇 한 복판에/네 자리를 닦었더니/아아, 웬 일이냐/사랑이 원수드냐/너는 드디어 病 들었구나./나는 오늘에,/우리들의 슬픔 訣別을 생각하며/다시 너를 옴겨/내 寢臺 머리에 있게 하노니/내 곁에서 죽고 싶어 하는 네 마음을/내 어찌 모르랴.
>
> -「芭蕉」

김동명은 동명(同名)의 시 「파초」두 편을 남긴다. 감정이입과 의인화 기법으로 자신의 처지를 비유하는 파초는 원산지가 열대 원산 식물로 먼나라 남국에서 몹시 추운 한국으로 이동했다. 도교의 팔선이 지니고 다녔다는 넓은 잎모양의 파초는 나그네에게 비오거나 따가운 햇살이 비칠 때 쉬었다가 갈 수 있는 공간을 마련해주며, 때론 수녀처럼 때론 정열의 여인이 되어 그리움 혹은 가련함의 대상이 된다. 기다림의 꽃말을 지닌 파초는 민족의 독립 혹은 사랑하는 연인을 기다리며, 화단 한복판에서 침상으로 옮겨와 '나'와 함께 죽음을 맞이한다. 식물의 생리를 작품에 투사하여 조국상실에 대한 슬픔과 비애의 삶을 영위하는 시인의 처지와 파초를 동병상련으로 여기는 성찰의 태도를 보인21) 이 시들 속 파초는 외국에서 이주한 외래종 식물이라는 점에서 노마드, 이방인의 삶을 표상하는데 유효하다.

바람은 인생살이의 풍파와 시련으로, 꽃송이나 나무를 흔들거나 잎이 떨어져 정주하지 못하게 하는 요인으로 작동된다. 또한 꽃이나 나무는 '한그루'라는 표현처럼 홀로 서있으며 아이들이 꺾어 훼손됨으로써 외부의 폭력, 침투를 드러낸다. 시적 화자는 현실에 적극적으로 다가서지 못하고 창밖이나 동산에 올라 홀로 관조하거나 관찰하는 태도를 보임으로써 외롭고 떠돌며 머물지 못하는 운명을 지닌다. 무화과수, 종려나무, 파초는 종교적 색채와 디아스포라 이미지라는 식물적 상상력을 지니며 영원한 이방인을 표상하고 있다.

3. 목격자, 산책자로서의 이방인 시선: 후기문학

정주민의식과 이방인의식의 길항과 욕망이 일관되게 지속적으로 나타난 김동명 문학은 고향과 타향, 정원과 길위의 공간으로 사유한다. 주류의 삶을 영위한 듯 하지만 작가의 생은 대체로 고달프고 위험한 삶의 질곡에 노출되었다. 그의 현실비판적이고 사회풍자적인 문학적 변모는 해방 후 『삼팔선』(1947)부터 나타나며, 장르 역시 수필, 평론과 같은 산문으로 확장된다. 『眞珠灣』에서는 태평양전쟁을 회상하는 관찰자의 발화22)로서 개인의 울분이나 감상보다는 전쟁을 기록하고자 하는 의지와 함께 전쟁이 인류의 비극적 사건이라는 인식을, 『目擊者』에서는 전쟁 체험의 목격자이자 당사자로서 피난길과 피난민의 처지23) 혹은 고향을 잃은 채 도시문명 속에 살아가는 이방인 감각24)으로 서울 장소성을 시에 담았다.

강릉군수가 되어 금의환향하길 바라는 어머니의 교육방식에 따라 8살부터 타향살이를 한 작가는 현실적이고 세속적인 삶의 방식을 구현하고자 했지만 실업과 구직이 반복되자 불안

---

21) 위의 논문, p.195.
22) 장은영, 「김동명의 전쟁 체험과 시적 발화의 두 층위」, 『김동명문학연구』 제7집, 김동명학회, 2020, p.59.
23) 위의 논문, p.48.
24) 차성환, 「김동명 시에 나타난 '서울'의 문학지리학적 연구」, 『김동명문학연구』 제8집, 김동명학회, 2021, pp.69-70.

한 마음에 바닷가를 서성거리며 시를 끄적거렸고 현인규로부터 보들레르 시집을 빌리면서 운명적으로 작가의 길을 걷는다. 프랑스 시인에게 바치는 헌시를 창작했을 정도로 그에게 심취한 김동명은 보들레르의 삶에도 영향을 받았을 것이다. 보들레르는 화려하고 아름다운 대도시의 뒷골목 풍경이 지닌 우울, 절망, 불안이 도사리는 현대성의 양면을 산책하며 관찰했고, 『파리의 우울』에서 끔찍하게 거대한 도시 속 군중의 고통스러운 일상으로 표현25)했다. 시집 『악의 꽃』 필화사건과 세간의 조롱으로 보들레르는 냉정한 관찰자이자 자발적 망명객으로 벨기에로 망명하여, 인간에 대한 혐오감과 19세기 중엽 현대의 물질문명 전체에 대한 던지는 통렬한 경고장26)을 남겼다. 그는 고독한 산책자로서 파리와 브뤼셀의 일상과 풍속과 도시풍경을 비판적으로 소묘했다.

『목격자』(1957)에서 김동명은 1950년대 서울풍경과 도시민표정을 거리를 산보하거나 창밖풍경을 관조하면서 날카롭고 섬세하게 담아낸다. 정원과 도시로 표상되는 떠남과 머묾, 이주와 정주 사이의 길항과 공존을 보인 그의 문학은 「오랑캐꽃」, 「라일락」, 「백합화」, 「무궁화」, 「해당화」, 「장미」, 「접경화」, 「수양」, 「향나무」, 「오동」, 「다래넝쿨」, 「싸리」등 정원기 시리즈와 함께 피난민 시리즈 「세종로」, 「종로」, 「충무로」, 「또 충무로」, 「명동」, 「북아현동」, 「신촌동」, 「미아리고개」, 「미아리를 지나면서」, 「빠-강남」등의 서울소묘 시리즈 시에서 구현된다. 전쟁양상, 피난행렬, 서울소묘를 표현한 시에서는 목격자, 산책자, 비판적 노마드로서 관찰된 도시풍경이다.

고향과 북한, 서울을 떠남으로써 시작된 실향민, 월남민, 피난민으로서의 노마디즘적 삶은 이사, 유학, 취업, 월남, 피난, 정치적 갈등, 반정부 시위 등의 이유로 반강제적으로 이루어졌다. 초기의 나그네, 길손, 새, 이국식물로 표상된 서정적 노마드의 시각이 후기엔 보다 구체적이고 관찰적인 시선인 목격자, 산책자로서의 비판적 노마드로 제시된다. 그의 삶과 문학은 늘 공동체에서 부유했기에 세상과 거리를 둔 객관적 중립적인 시선을 갖는다. 파리의 산보객 보들레르처럼 김동명도 50년대 전후의 살벌하고 황량하며 타락과 금전, 몸 파는 여자가 머문 서울풍경을 사실적으로 재현했다. 그는 전쟁의 잿더미 속에서 반윤리적이고 비도덕적인 도시의 삶을 시로 남긴다. 서울사람들의 사기와 협잡과 매춘과 더러운 일상을 그리며

---

25) 이건수, 『저주받은 천재시인 보들레르』, 살림, 2006, p.43.
26) 이건수, 『보들레르의 풍자적 현대문명 비판』, 살림, 2020, p.55.

작가는 근대자본주의사회의 이면을 폭로한다. 강릉과 원산을 떠나 정착한 서울은 작가에게 정착민으로 살지 못하고 냉정하고 예리하게 공간을 바라보게 했다. 월남과 피난 체험을 통해 이기적이고 잔혹하며 자기중심적인 인간 본성에 환멸을 느낀 작가는 쓰레기로 표상되는 서울의 표정과 도시정체성을 구현해 나간다.

시제(詩題)이자 도시공간명인 세종로, 종로, 충무로, 북아현동, 신촌동, 미아리고개, 남대문, 이화여중, 삼청공원, 파고다공원 고려대학교, 서울역, 육신묘 등의 풍경을 소묘하는 김동명은 각 공간의 의미와 시대상을 폭로하고 현대인의 물질적 성적 욕망과 계층 차이, 권력지향성, 여성타자의 희생과 고통 등의 표정을 읽어낸다. 이 시기의 서울묘사는 전통건물과 역사적 흔적에 대한 과거회상, 자본주의의 무한욕망, 서울시민의 다양한 표정들로 이뤄진다.

> 古宮을 바라 눈 감으로/옛날이 輝煌하다//어디서 風樂소리 마저/들릴 듯, 들리는 듯……//석벽인 양 깍아지른 高層건물에 부딧쳐/물결 모양 부서지는 夢幻이여!//自動車의 물굽이를 건너는 市民의 꼴이/산토끼처럼 한양 처량한데//長官車의 번지르르한 皮膚에야/무삼 罪 있으리……//「金蘭」아가씨야, 따근히 차를 다려라/잠간 네 품에 안기자 나비처럼 쉬어 갈란다
>
> － 「世宗路」

한평생 디아스포라의 삶을 영위한 시인은 시「世宗路」에서 화려하고 태평성대했던 우리민족의 역사를 뒤안길로 산업화 근대화된 현실 속 차와 고층건물이 즐비한 거리를 토끼처럼 쫓기는 처량한 시민들의 고달픈 일상과 상대적 박탈감을 표출한다. 또한 고궁과 고층건물, 처량한 시민과 번지르르한 장관차를 대비하며 시대, 계층, 빈부차가 드러나는 서울거리를 묘사함으로써 자본주의적 근대적인 우리 사회의 미래를 진단한다. 시「鐘路」에서는 구세대와 신세대의 슬픈 교차점과 역사의 망부석으로 이해하며, 「또 忠武路」에서는 '蕩子처럼 돌아온 거리어니' 서른여섯 해 밝힌 설움'으로 식민지 과거를 회상한다.

「明洞」에서는 미국 월街인 증권가를 연상하며 낡은 상술의 信用, 蜃氣樓 같이 神妙한 商談, 古風스러운 奢侈로서 女人과 함께 茶房을 찾는 일로 그리며, 명동공간이 상징하는 자본주의적 성적 물질적 욕망을 함축적으로 표상한다. 돈과 물질적 재화에 대한 무한한 욕망 즉 에리식톤 콤플렉스로 나타나는 한국 자본주의 정신27)의 폐해와 인간의 동물성과 잔인함이

극대화된 서울의 모습을 명동이라는 공간을 통해 폭로한다. 이는 판타스마고리아에 매혹된 도시를 산보하는 산책자(flaneur)인 도시민이 철골구조로 표상되는 고층건물과 자동차를 비판하고 공격하는 시인의 시선이 담겨 있다.

> 南向판 멧기슭이/한가람과 마주 바라//墓地인 양 외진 채/道心이 고대란다//뜰마다 꽃이 피어/도란도란 이야기도 피어//西으로 재넘으면/꾀꼬리 우는 마을//이슬지는 이밤사/네 품에 보내고 싶어라.
>
> ―「북아현동」

「北阿峴洞」에서는 동네의 특성을 살려 한가람(한강)과 마주 바라보는 묘지인 양 외진 채 꾀꼬리 우는 마을이라고 묘사한다. 조선시대에 성안에서 사람이 죽으면 광화문과 서소문을 통해야만 시체를 나가게 했는데 아이 시체는 이 고개를 지나서 묻게 했다하여 '아이 시체가 넘는 고개'라는 의미나 아이처럼 작은 '아이고개(兒峴)'라는 뜻대로 무덤으로 당대의 도시를 표출하며, 정지용의 시에서 '서울에서도 꾀꼬리 소리를 들을 수 있는 곳'이라 예찬했듯이 문학과 예술에 영감을 준 흔적이 남아있다. 김동명은 역사적 사실과 마을의 특성을 살려 서울이 지닌 다양한 면모를 산책자의 입장에서 관찰하고 묘사한다.

> 쓰레기와 市長 閣下가/단판 씨름 하는 거리//歸屬財産을 파막고/구네기처럼 살이 찐/謀利꾼의 거리//어디 없이 널린 똥과 오줌과 가래침이 실은/貪官汚吏 못지 않게 질색인 거리//소매치기 패도 제법 「빽」을 자랑한다는 거리//거지도 곳잘/中間派 행세를 하는 거리//「감투」市場은 여전히 흥성거려/거간군도 忠武路 金銀房 못지 않게 한 몫 본다는 거리//늙은이들이 하 망영을 부려/주춧돌이 다 흔들린다는 거리//일찍부터 슬픈 傳說을 지니고 있어/자래 배 앓른 어린 아기처럼 얼굴이 노랗게 뜬 거리//그래도 뺑 둘러 있는 遠近 山川의 이름만 거들어도/제법 멋들어진 古都란다.
>
> ―「서울素描」

---

27) 김덕영, 『에리식톤 콤플렉스』, 길, 2019, p.19.

이 시는 서울풍경과 시민표정을 압축해서 보여준다. 작가의 눈에 비친 50년대 도시는 세속적인 시장, 살찐 모리꾼, 소매치기, 거간군, 늙은이들이 다니는 거리로 쓰레기, 구데기, 똥, 오줌, 가래침 같이 더럽고 무질서하며 혐오로 가득차 있다. 서울시는 단판 씨름하는 거리, 모리꾼의 거리, 탐관오리 못지않게 질색인 거리, 빽을 자랑하는 거리, 중간파 행세를 하는 거리, 거간군, 금은방처럼 한몫 본다는 거리, 주춧돌이 다 흔들거린다는 거리, 얼굴이 노랗게 뜬 거리로 비도덕적 비위생적 무법적 카오스적이다. 이 도시를 살아가는 정치가, 노인, 아이, 협잡꾼이 난무하는 서울거리는 타락과 세속과 욕망이 넘실대는 공간이다. 그래도 자연 속의 古都라고 마무리를 하지만 보들레르가 파리의 자본주의적 성적 물질적 욕망을 스케치했듯이 김동명은 서울의 부패와 비정상을 날카롭고 예리하게 꼬집는다. '역마차' 편에서는 이 도시를 살아가는 양갈보, C여사, K박사, K先生, L博士, S博士 등의 인물들을 묘사한다.

서울 역시 작가에게는 타향인지라 공동체 구성원, 정착민, 서울시민의 시각이 아닌, 비판적 노마드, 이방인의 시선으로 국가재건기 서울풍경과 시민표정을 다각적으로 그린다. 대도시와 산책자로 표상되는 보들레르의 독법으로 작가는 자신이 흠모했던 프랑스 시인의 모습을 닮아 있다.

> 나는 창문을 활짝 열어 젖히고/傲然히 앉아 바라본다//굽이쳐 흐르는 한가람이/오늘은 어인 일 자꾸만 슬프구나//「레디오」가 그렇게까지 몸부림치며 매달리건만/그래도 뿌리치고 떠나는 市民도 있나보다//어느새 長蛇陣을 이룬 避難民 行列이/비에 젖으며, 젖으며 간다//성난 짐승 모양,/敵의 砲門은 더 가까이 짖어대는데//강 건너 마을의/輝煌한 불빛이여!//이윽고 「헫·라일」의 물결,/아하 쏟아져 내닫는 自動車의 奔流!/「풀·스피드」로 달리는 自動車·自動車·自動車·自動車……//아홉時-열時-열한時-열두時-한時-한時半-/밤이 깊어 갈수록 自動車의 奔流는 더욱 凄悷하다//누가 人道教 車道를 요꼴로 設計하였더뇨/달리는 마음의 焦燥로움이 눈에 겨웁다//아모러나 「歷史」는 드디어 無事히 避難하지 않았느냐/요향 한가람은 밤비에 가려 보이지 않는다//나는 窓門을 활짝 열어 젖히고/傲然히 앉아 바라본다
>
> -「目擊者」

1947년 4월 13일부터 20일까지 8일간의 북한 탈출을 기록한 「월남기」와 전쟁피난기를 다룬 「어두움의 비탈길」과 같이 자유, 해방의 소중함과 극한 상황에서의 인간환멸을 체험한 자전적인 글에서 알 수 있듯이 시 「목격자」는 창밖에서 바라본 서울시민의 모습을 재현한다. 시적 화자는 슬프고 어두운 한강, 짐승같은 피난민 행렬, 자동차 물결을 보면서 초조, 불안, 공포스러운 한민족의 비극적이고 슬픈 운명을 채색한다. 식민지, 전쟁 트라우마를 지닌 작가의 개인적이고 역사적인 상황 속에서 고통스러운 우리 민족의 애달프고 신산한 일상을 극한 상황에서 당대 서울을 묘사한 시이다.

이 시기의 김동명은 파레시아라는 문학적 소명을 수행하며 관찰자, 목격자로서의 이방인 의식을 드러낸다. 애정에 기반한 그의 서울풍경와 시민표정은 쓰레기, 물질만능, 쾌락위주, 계층차로 부정적이고 공격적인 면모를 드러내는 작가의 현실인식은 자본주의 욕망으로 재편되는 우리 사회의 축도를 해부하고 예언한다.

김동명은 포함되지만 포함되지 않는 어떤 사람, 가까이 있지만 어딘가 다른 곳에 있는 어떤 사람28)으로서의 이방인 시선으로 거리를 두고 살아가는 삶에 대한 민감성과 주변적 성격으로 서울을 발전적 희망적이기보다는 퇴행적 부정적으로 그렸다. 또한 화폐, 욕망, 자본, 오염, 자원, 정보 등이 공존하는 흐름의 공간인 서울을 이방인이자 산책자, 비판적 노마드의 시선으로서 모든 종류의 사회적 공간적 긴장과 이방성, 덧없음으로 재현한다.

4. 맺음말

김동명 문학은 전후기가 뚜렷하게 구별되어 전원문학과 사회풍자문학으로 나눠진다. 본고는 그의 양가적인 문학세계를 관통하는 일관된 작가의식을 노마디즘과 이방인의식으로 보고자 하였다. 김동명에게 어린 시절 탈고향의 체험은 일평생 공동체에 안주하지 못하고 떠도는 삶의 자세를 갖게 했다. 그가 겪은 식민지, 좌우익 대결, 분단, 전쟁, 독재라는 한국근대사를 배경으로 출향, 출교, 월남, 피난과 같은 체험은 정착민 혹은 공동체구성원으로서가 아니라 비판적 성찰적 노마드로 살아가게 했다. 전기문학에서는 나그네(길손), 새(나비), 이국

---

28) 마이크 크랭·나이절 스리프트, 앞의 책, p.105.

식물(무화과수, 종려수, 파초)로 표상된바 「을 小景」, 「나는 길가는 나그네」에서는 고단하고 피곤한 길위의 여정을 그리며 임을 향하고 봄을 기다리는 서정의 세계를 반영한다. 「나비」, 「잘가거라, 잘잇거라」의 시에서는 새와 나비가 등장하는바 자유, 비상, 부유, 이주, 여행 등의 의미를 지닌다. 외래종 식물을 소재로 한 「무화과수」, 「종려수」, 두 편의 「파초」는 성경과 연관된 이국식물들로 이동, 떠돎, 민족주의, 독립갈망 등 다양한 함의를 내포한다. 후기문학에서는 국가재건기인 50년대 서울풍경과 시민표정을 냉소적이고 부정적으로 소묘한다. 보들레르의 영향을 받은 작가는 프랑스 시인이 파리거리를 산보하며 냉철하게 관찰하였듯이 목격자이자 산보객으로서 서울 곳곳의 공간을 그린다. 그에게 대도시는 타락, 금전, 몸 파는 여자가 살아가는 곳이고, 사기와 협잡과 매춘과 더러운 일상이 난무하는 곳이다. 「세종로」, 「또 충무로」, 「북아현동」, 「서울소묘」, 「목격자」등이 시에서 빈부격차, 고층빌딩과 자동차로 표상되는 산업화, 욕망과 쾌락, 비도덕과 부조리가 난무하는 미래의 근대자본주의 사회를 예리하게 드러낸다. 그는 객관적 중도적 시선으로 파레시아의 역할과 문학적 소명을 사유하고 실천한 작가였다.

<참고문헌>

1. 기본자료

김동명, 『김동명 시전집』, 강릉시, 2017.
_____, 『모래위에 쓴 落書』, 장안서림, 1956.
_____, 『세대의 삽화』, 일신사, 1959.

2. 논문 및 단행본

국원호, 최도식, 「김동명 시의 탈식민주의와 분열증적 사유의 의미」, 『한국문학논총』 제87집, 한국문학회, 2021.
김덕영, 『에리식톤 콤플렉스』, 길, 2019.

김월정, 「나의 아버지 초허 김동명」, 『문예운동』 제86호, 문예운동사, 2005.

남기택, 『강원권 시문학과 정전의 재구성』, 강원학연구원, 2022.

백승란, 「김동명과 김상용 시의 심상연구」, 충남대 석사학위논문, 2003.

엄창섭, 「김동명 산문의 연구」, 『관대논문집』 제17권, 관동대학교, 1989.

이건수, 『보들레르의 풍자적 현대문명 비판: 벨기에 기행을 중심으로』, 살림, 2020.

_____, 『저주받은 천재 시인 보들레르』, 살림, 2006.

이미림, 「김동명 산문에 나타난 타자지향성과 디아스포라의식」, 『김동명문학연구』 제1집, 김동명학회, 2014.

_____, 「김동명 텍스트의 헤테로토피아적 특성」, 『김동명문학연구』 제5집, 김동명문학연구, 2018.

_____, 「작가(시인)로서의 삶, 지식인(정치가)으로서의 삶」, 『김동문학연구』 제2집, 김동명학회, 2015.

이성교, 「김동명연구」, 『연구논문집』 제4권, 성신여대, 1972.

장은영, 남승원, 「김동명 시에 나타난 장소의 시적 형상화」, 『어문연구』 제39권, 한국어문교육연구회, 2011.

_____, 「초허 김동명 시에 나타난 장소의 형상화」, 『김동명문학연구』 제5집, 김동명학회, 2018.

전도현, 「김동명 시의 비유 구성 방법 연구」, 『한국학연구』 제43권, 고려대 한국학연구소, 2012.

피기춘, 「김동명 시문학의 수용성에 관한 연구」, 중부대 박사학위논문, 2022.

차성환, 「김동명 시에 나타난 '서울'의 문학지리학적 연구」, 『김동명문학연구』 제8집, 김동명학회, 2021.

최명국, 「1930년대 전원파의 상실 의식과 귀거래 의식」, 『한국문학이론과 비평』 제69집, 한국문학이론과비평학회, 2015.

최정은, 『트릭스터: 영원한 방랑자』, 휴머니스트, 2005.

마이크 크랭·나이절 스리프트, 최병두 역, 『공간적 사유』, 에코리브르, 2013.

미셸 마페졸리, 최원기 최항섭 역, 『노마디즘』, 일신사, 2008.

미셸 푸코, 오트르망 심세광 전혜리 역, 『담론과 진실: 파레시아』, 동녘, 2017.
로지 브라이도티, 박미선 역, 『유목적 주체』, 여이연, 2004.
자크 아탈리, 이효숙 역, 『호모 노마드 유목하는 인간』, 웅진닷컴, 2005.

Nomadic Thought and Stranger Gaze in Kim Dong-myung Literature

Lee Mi-rim(Gangneung-wonju National University)

With the active development of Kim Dong-myung's literary research, the research object is expanding, and new meanings are being drawn from various perspectives. His literature is divided into early rural romantic lyricism and later reality-critical social satirical tendencies, and is regarded as ethno-literature, anti-communist literature, and lyrical literature. Bongo saw this conflicting literary world as a consistent penetrating element, with Nomadic thought and a Gentile perspective. The artist's life, which left his hometown of Gangneung at the age of 8, led to a nomadist life that led to expulsion, expulsion, Vietnam, and evacuation, which led to the formation of a Nomadic view of contemplation and observation from a distance rather than seeing the world as a settler or a member of the community. In his literature there is an inherent sense of inclusiveness of democracy, freedom, and human rights, with a more fundamental emphasis on democracy, freedom, and human rights, questioning injustices, absurdities, and absurd realities, and thinking objectively and centrically. Because he had fulfilled the role of Paresia in anger at the political realities of the North and the South oppressing and tormenting human beings, he felt discord and pain wi th the world. The affect of loneliness, sadness, and depression operates as the basis of the writer's life and literature, which has never been smooth.

In early literature, he appears as a stranger (Gilson), a bird (a butterfly), a stranger represented by an alien plant, a lyrical nomad, and in later literature as an eyewitness, a critical nomad, and a walker through the Seoul landscape and civic expression mausoleum. Just as Baudelaire, who met at the beginning of literature, became a walker, collecting and observing the Paris landscape, Kim Dong-myung objectively and soberly revealed the image of Seoul in the 1950s, a dark, immoral, and dirty period of national reconstruction. When the literary world of Kim Dong-myung is re-examined from the perspective of Nomadist thought and Gentile consciousness, new aspects and literary values are derived.

Keywords: Nomadism, Gentile consciousness, Paresia, Stranger, Witness, Walker, Baudelaire

김동명의 시론시와 시적 자의식 고찰

이형권*

목 차

1. 현실과 이상, 혹은 정치와 시
2. 시론시와 시적 자의식의 양상
    1) 열정과 순수와 저항, 그리고 유랑의 시학
    2) 꿈과 모국어와 자유, 그리고 비판의 시학
3. 김동명 시론시의 문학사적 의의

<국문초록>

이 논문은 김동명의 시론시에 나타나는 시적 자의식을 고찰한 것이다. 시적 자의식은 협의로 보면 시에 관한 시인의 생각을 뜻한다. 하지만 광의로 보면 시인의 사상이나 이념, 미적 태도, 언어관 등도 포괄한다. 이 논문은 후자의 관점을 취했다. 즉 시의 문맥 속에 시나 시인이 등장하지 않더라도 시적 자의식과 관련되는 시편들을 두루 논의의 대상으로 삼았다.

김동명은 일제 강점기와 분단의 역사적 시련기를 온몸으로 살다 간 서정 시인이자 민족 시인이었다. 그는 시를 통해 역사의 어둠을 밝히고 그 질곡을 넘어서고자 했다. 그가 등단 하던 1923년 즈음은 일제 강점기의 강압적 통치로 인한 궁핍과 우울의 시절이었다. 이 시기 그의 시는 보들레르의 열정과 절규를 빌려 우울한 내면세계를 극복하고자 했다. 등단작

---

*충남대학교 국어국문학과 교수

인 「당신이 만약 내게 문을 열어주시면」과 첫 시집 『나의 거문고』에는 그러한 시와 관련된 시적 자의식을 드러난다. 1938년에 간행한 두 번째 시집 『파초』를 발간할 즈음의 시는 일제 강점기의 현실에 대한 저항성과 시적 서정성이 조화를 이루고 있다. 「수선화」, 「파초」, 「내 마음은」, 「우리 말」, 「우리 글」 등에는 그와 관련된 시적 자의식이 드러난다. 이들 시의 중심 내용인 순수 서정, 낭만 정신, 민족애 등은 그의 시가 전반적으로 지향하는 세계와 일치한다.

광복 이후 김동명은 북한의 사회주의 정권과 남한의 자유당 독재 정권에 대해 저항적인 시를 창작했다. 예컨대 「가두점경(街頭點景)」에는 그러한 시와 관련된 자의식이 드러난다. 또한 역사의 질곡이 극심한 상황 속에서도 서정적 감각과 초월 의지를 견지한다. 6·25전쟁 시기에 쓴 시 「대전」에서 시는 비루한 현실을 서정적으로 극복하기 위한 정갈한 영혼의 장소라고 본다. 이러한 인식은 부단히 현실 너머의 이상 세계를 꿈꾸어온 김동명의 시적 자의식과 온전히 일치한다.

주제어: 김동명, 시론시, 시적 자의식, 순수 서정, 민족 의식, 언어 의식, 이상세계

1. 현실과 이상, 혹은 정치와 시

초허 김동명(1900~1968)은 1923년에 보들레르의 시집 『악의 꽃』을 읽고 큰 감명을 받아 시를 쓰기 시작한다. 바로 그해에 「당신이 만약 내게 문을 열어주시면」을 『개벽』 10월호에 발표하면서 문단에 등장하였다. 1930년 첫 시집 『나의 거문고』를 간행했는데, 이 시집의 시편들은 암담하고 우울했던 역사적 현실을 노래하는 것이었다. 시집의 분위기는 보들레르의 영향을 받아 퇴폐적이고 감상적인 경향이 강한 편이었다. 이때부터 1940년대 초반까지 약 10년간 창작 활동을 왕성하게 전개한다. 1938년에 간행한 제2시집 『파초(芭蕉)』는 김동명 시의 절정이라 할 만하다. 이 시집에 실린 「파초」는 식민지 시대 한국인의 처지를 적실하게 노래한 것으로 널리 애송되고 있다. 1942년, 김동명은 일제의 창씨개명을 거부하고, 한글시 창작이 어려워지자 절필의 길을 가게 된다.

1945년 광복과 함께 원산에서 흥남중학교 교장으로 부임했으나, 1946년 흥남학생의거사건에 동조했다는 혐의로 교화소에 감금되는 고초를 겪기도 했다. 북한 사회에 환멸을 느낀 김동명은 1947년, 단신으로 월남하여 세 번째 시집 『삼팔선』을 발간하는데, 이 시집에는 시인이 삼팔선을 넘기 전까지 북한에서 겪었던 참상을 고발하고 있다. 이듬해인 1948년에는 제4시집 『진주만』을 발간하는데, 이 시집은 일본이 저지른 태평양전쟁의 비극을 다룬 시편들로 구성되었다. 1957년에 발간된 마지막 시집 『목격자』는 서울의 풍물과 피난지의 풍경을 중심으로 한 지리적 상상을 보여준다. 이즈음에 그는 이승만의 자유당 정권에 비판적인 정치 칼럼을 자주 쓰다가, 1960년 참의원 선거에서 민주국민당으로 당선되어 정치 활동을 본격적으로 전개한다. 그리고 1964년에는 첫 시집부터 마지막 시집까지 그의 시를 총망라한 시집 『내 마음』을 발간한다.

김동명의 생애[1]에서 눈여겨볼 만한 것은 1) 1920년대 등단한 시인으로서 보들레르의 영향을 받고 있다는 점, 2) 일제 강점기에 창씨개명을 거부하고 절필을 했다는 점, 3) 일제 강점기나 광복 이후 독재 시대를 부정하고 더 나은 세계를 지향했다는 점 등이다. 이들 가운데 1)은 그의 시가 우리 시사에서 보들레르의 영향을 받은 선구적인 사례라는 것이고, 2)는 그가 우리 말에 대한 자존감과 민족시에 대한 인식이 분명했다는 점을 알려준다. 또한,

---

[1] 김동명의 연보 및 작품 발표 현황은 「김동명의 문학과 생애」(『문예운동』 2017년 봄호)를 참조했다.

3)은 이상향을 추구하는 낭만 정신의 소유자였다는 사실을 의미한다. 그런데 중요한 것은 이러한 특성이 모두 그의 시적 자의식을 형성하는 요소로 작용했다는 점인데, 그 구체적 양상은 시론시2)로 나타난다. 시론시에 관한 연구는 김동명의 시 정신이나 시 전반의 특성을 살피는 데 매우 중요한 요소임에도 불구하고 아직 본격적인 연구가 이루어지지 않았다.

김동명 시에 관한 연구는 그동안 작가론3)을 비롯하여 시의 비유4), 로컬리티5), 저항의식6), 식물적 상상력7), 율격8), 탈식민주의9) 등과 관련하여 이루어져 왔다. 또한, 일본 시인 바쇼와의 비교연구10)도 흥미롭다. 이들뿐만 아니라 각종의 석박사 학위논문도 등장하고, 학술지 『김동명문학연구』11)도 간행되면서 김동명 시에 관한 학술적인 연구가 다각도로 이루어져 왔다. 하지만, 김동명 시는 이들 연구 성과와 함께 시론시 내지 시적 자의식에 관한 충분한 분석이 이루어져야 더 심도 있게 이해할 수 있다. 이러한 전제 아래 김동명의 시론시와 시적 자의식의 문제에 대해 종합적으로 분석해 보고자 한다. 특히 그동안 시론시와는 무관하게 명작으로 인정받아온 것들을 시적 자의식과 연관하여 살피는 일은 김동명 시 이해의 폭을 넓히는 데 도움이 될 것으로 판단된다.

---

2) 시론시는 메타시(meta poem)라고도 하는데, 협의로는 시 본문에 시가 등장하는 시에 관한 시를 의미하지만, 광의로는 시인에 관한 시, 시 쓰기(과정)에 관한 시 등으로 포괄한다. 이뿐만 아니라 시인이 견지하는 사상, 미학, 이념, 언어 등과 관련된 것들도 폭넓게 시론시의 범주에 포함할 수 있다. 독일의 시론가 디이터 람핑은 패러디 시도 메타시의 일종으로 본다.(디이터 람핑, 『서정시: 이론과 역사』, 장영태 옮김, 문학과지성사, 1994, p.185) 본고에서 시론시는 광의의 의미로 사용한다.
3) 엄창섭, 『김동명 연구』, 학문사, 1987.
4) 전도현, 「김동명 시의 비유 구성 방법 연구」, 고려대학교 한국학연구소, 『한국학연구』 43호, 2012.
5) 남기택, 「김동명 시, 강릉, 로컬리티」, 김동명학회, 『김동명문학연구』 4호, 2017.
6) 심은섭, 「상실과 저항의식, 김동명 시세계」, 인문사회 21, 『인문사회 21』 10-6호, 2019.
7) 심은섭, 「김동명 시의 식물적 상상력 연구」, 국제한인문학회, 『국제한인문학연구』 27호, 2020.
8) 김흥식, 「고전 시가의 율격과 김동명 시의 상관성 탐색」 한국언어문화학회, 『한국언어문화』 75호, 2021.
9) 국원호·최도식, 「김동명의 탈식민주의와 분열증적 사유의 의미」, 한국문학회, 『한국문학논총』 87호, 2021.
10) 김효중, 「김동명과 바쇼의 대비 연구」, 한국비교문학회, 『비교문학』 34호, 2004.
11) 2013년 창립된 김동명학회에서 발간하는 학술지로서 2014년 창간되었으며, 2021년 기준으로 제8집까지 간행되었다.

2. 시론시와 시적 자의식의 양상

1) 열정과 순수와 저항, 그리고 유랑의 시학

김동명의 시 가운데 '시' 혹은 '시인'이 직간접적으로 등장하는 시편들이 다수 존재한다. '노래'라는 시어도 '시'와 유사한 의미로 본다면 그 작품 수는 더 늘어난다. 또한, 이러한 시어들이 직접 등장하지 않더라도 시적 자의식과 관련지을 수 있는 작품들이 적지 않다. 이러한 시론시는 시인의 시 정신과 관계 깊은 시적 자의식을 노골적으로 드러내는 것이 일반적이다. 시인이 시적 자의식을 시의 형식으로 표현하는 것은 시에 관한 깊은 통찰이 없으면 불가능하다. 관념적이고 주관적인 사유를 구체적인 언어로 형상화해야 하기에 고도의 시적 표현 능력도 필요하다. 프랑스 시인 보들레르의 「알바트로스」나 칠레의 민족 시인 네루다의 「시」는 시론시로서 아주 잘 알려진 사례에 속한다. 우리나라에서도 백석의 「흰 바람벽 있어」나 서정주의 「자화상」, 김춘수의 「나목과 시 서장」, 정현종의 「시, 부질없는 시」 등도 시론시로서 독자들에게 큰 감흥을 불러일으킨 사례이다. 김동명은 이들보다 더 일찍이 시론시를 통해 자신의 시적 신념이나 생각을 드러내곤 했다. 먼저 초창기 시에 해당하는 「수선화」를 보면, 시에 대해서 무한한 가치를 옹호하면서 시인의 삶과 관련된 자긍심을 노래한다.

> 그대는 차디찬 의지의 날개로
> 끝없는 고독의 위를 날으는
> 애달픈 마음.
>
> 또한 그리고 그리다가 죽는,
> 죽었다가 다시 살아 또다시 죽는
> 가엾은 넋은 아닐까.
>
> 부칠 곳 없는 정열은
> 가슴 깊이 감추이고
> 찬 바람에 빙그레 웃는 적막한 얼굴이여!

그대는 신의 창작집 속에서
가장 아름답게 빛나는
불멸의 소곡(小曲).

또한 나의 작은 애인이니
아아, 내 사랑 수선화야!
나도 그대를 따라 저 눈길을 걸으리.

- 「수선화」12) 전문

이 시의 "수선화"는 시인 혹은 시를 상징한 것으로 읽을 수 있다. "수선화"는 "그대"로 의인화되면서 첫 연부터 다섯째 연까지 "고독", 생명의 "가엾은 넋", "정열", "불멸의 소곡", "나의 작은 애인" 등으로 은유적 의미를 확장해 나간다. 시인이 "고독"이나 "가엾은 넋"으로 존재하는 것은 김동명의 시 곳곳에 등장하는 시인의 존재론적 의미이다. 시인은 늘 "고독" 속에서 새로운 시의 세계를 창조하기 위해 생멸을 반복하는 시지프스와 같은 운명을 타고난 존재이다. 시인은 또한 시대적, 현실적 제약 때문에 타고난 "정열"을 감추면서 살아갈 수밖에 없지만, "신의 창작집 속에서/ 가장 아름답게 빛나는/ 불멸의 소곡(小曲)"이다. 시인은 새로운 언어로 새로운 세계를 창조하므로 "신의 창작집"에 영원히 머물 수 있는 존재이다. 따라서 "수선화"가 "내 사랑"이라는 고백은 김동명 시인이 스스로 시인의 운명을 사랑하는 존재임을 드러낸 것이다.

김동명의 시 가운데 「수선화」 외에도 시적 자의식을 드러내고 있는 작품은 등단 작품인 「당신이 만약 내게 문을 열어주시면」을 비롯해 「파초」, 「내 마음은」, 「우리 말」, 「우리 글」 등이 있다. 이들은 일반적인 서정시로 읽어도 무방하지만, 동시에 시적 자의식을 드러내는 일종의 메타시로 읽어도 무방하다. 이들 시편으로 미루어 보건대 김동명 시인은 시를 통해 시적 자의식을 드러내는 데 적극적인 시인이었다. 이러한 사실은 그만큼 그가 자신의 시에 대한 신념과 소신이 분명했다는 사실을 말해준다. 이 글은 이 점이 그의 시를 이해하는 데

---

12) 김동명이 생전에 만든 사화집 『내 마음』(신아사, 1964)의 작품을 저본으로 삼는다. 다만 원전이나 오탈자 등의 확인을 위해 『김동명 시전집』(강릉시, 2017)도 참조한다.

매우 중요하다는 생각에서 출발한다.

　김동명 시인은 등단 시기부터 시에 관한 자의식을 충실히 간직하고 있었다. 등단작인「당신이 만약 내게 문을 열어주시면-보들레르에게」은 시적 자의식이 선명하게 드러나는 작품이다. 시의 부제에 "보들레르"가 등장하여 시론시라는 것을 암시해 주는데, 젊은 시절 김동명은 우리나라의 다른 시인들과 마찬가지로[13] 보들레르의 열정적, 상징적 시 세계를 추종하고 있었다.

　　　　오 님이여! 나는 당신을 믿습니다
　　　　찬 이슬에 붉는 꽃물에 젖은 당신의 가슴을
　　　　붉은 술과 푸른 아편(阿片)에 하염없이 웃고 있는 당신의 맘을
　　　　또 당신의 혼(魂)의 상흔(傷痕)에서 흘러내리는 모든 고운 노래를

　　　　오 님이여! 나는 당신의 나라를 믿습니다
　　　　회색(灰色)의 두꺼운 구름으로
　　　　해와 달과 별의 모든 보기 싫은 고혹(蠱惑)의 빛을 뒤덮어버리고
　　　　정향(定向)없이 휘날리는 낙엽(落葉)의 난무(亂舞) 밑에서
　　　　그윽한 정숙(靜淑)에 불꽃 높게 타는 강(强)한 리듬의
　　　　당신의 나라를.

　　　　마취(痲醉)와 비장(悲壯) 통열(痛悅)과 광희(狂喜)
　　　　침정(沈靜)과 냉소(冷笑) 환각(幻覺)과 독존(獨尊)의
　　　　당신의 나라
　　　　구름과 물결 백작(白灼)과 정향(精香)의
　　　　그리고도 오히려 극야(極夜)의 새벽빛이 출렁거리는 당신의 나라를
　　　　오 님이여! 나는 믿습니다.

---

[13] 1910년대 백대진, 김안서에 의해 우리나라에 소개된 보들레르는 이후 임노월, 박영희, 양주동, 서정주 등에 의해 수용되었다.(이형권,「한국시의 보들레르 이입과 수입 양상」, 어문연구학회,『어문연구』45호, 2003, p. 383. 참조)

님이여! 내 그리워하는 당신의 나라로
내 몸을 받읍소서
살 비린내 요란(搖亂)한 매혹(魅惑)의 봄도
시의(屍衣)에 분망(奔忙)하는 상가(喪家)집 같은 가을도
님 계신 나라에서야 볼 수 없겠지요

오직 눈 자라는 끝까지 높이 쌓인 흰 눈과
굵다란 멜로디에 비장(悲壯)하게 흔들리는 현훈(眩暈)한 극광(極光)이
두 가지가 한데 어우러져서는
백열(白熱)의 키스가 되며
사(死)의 위대(偉大)한 서곡(序曲)이 되며
푸른 웃음과 검은 눈물이 되며
생(生)과 사(死)로 씨와 날을 두어 짜내인 장미빛 방석이 되어
버림을 당한 곤비(困憊)한 혼(魂)들에 여윈 발자국을 지키고 있는
님의 나라로 오오 내 몸을 받읍소서.

살뜰한 님이여! 당신이 만약 내게 문(門)을 열어 주시면
(당신의 나라로 들어가는)
그리고 또 철회색(鐵灰色)의 두꺼운 구름으로
내 가슴을 덮어주실 것이면
나는 님의 번개 같은 노래에
낙엽(落葉)같이 춤추겠나이다.

정(情)다운 님이여! 당신이 만약 문(門)을 열어 주시면
(당신의 전당(殿堂)으로 들어가는)
그리고 또 당신의 가슴에서 타는 정향(精香)을
나로 하여금 만지게 할 것이면
나는 님의 바다 같은 한숨에

물고기같이 잠겨 버리겠나이다.

님이여! 오오 마왕(魔王)같은 님이여!
당신이 만약 내게 문(門)을 열어 주시면
(당신의 밀실(密室)로 들어가는)
그리고 또 북극(北極)의 오로라빛으로
내 몸을 쓰다듬어 줄 것이면
나는 님의 우렁찬 웃음소리에 기운내어
눈 높이 쌓인 곳에 내 무덤을 파겠나이다.

- 「당신이 만약 내게 문을 열어 주시면-보들레르에게」 전문

이 시의 핵심어인 "님"은 일차적으로 "보들레르"를 지시하는 동시에 시를 의미한다. 하여 시의 화자인 "나"가 진입하고자 하는 "당신의 나라"는 보들레르의 나라이며 시의 나라이다. 이 시는 "나"가 그런 나라에 들어가기를 간절히 소망한다는 내용을 주조로 삼는다. 그렇다면 그런 나라는 어떤 나라이기에 "나"가 그토록 들어가기를 소망하는 것인가? 그곳은 1연에서 "당신"을 향한 믿음의 공간으로 제시된다. 이때 "당신"은 "붉은 술과 푸른 아편에 하염없이 웃는" 디오니소스적인 존재로서, 그의 거처는 "당신의 혼(魂)의 상흔(傷痕)에서 흘러내리는 모든 고운 노래"가 있는 나라이다. 영혼의 상처를 승화하는 "고운 노래"의 나라는 다름 아닌 역설적 시의 세계이다. 따라서 "당신의 나라"는 첫 번째 연부터 영혼의 상처를 보듬어 곱게 승화시켜 주는 아름답고 이상적인 나라이다.

두 번째 연의 "당신의 나라"도 첫 번째 연과 다르지 않다. 그 나라는 비록 "회색의 두꺼운 구름"으로 뒤덮여 있지만, "정숙한 불꽃 높게 타는 강한 리듬"으로 그것을 승화시킬 수 있는 곳이다. 이는 시적 역설의 세계라고 할 수 있다. 그 세계는 셋째 연에서 "마취와 비장" 혹은 "구름과 물결"이 지배하는 곳을 "오히려 극야의 새벽빛이 출렁거리는" 곳으로 전복할 수 있는 세계와 다르지 않다. 넷째 연에서 그 나라에는 "매혹의 봄"도 "시의에 분방한 상가집 같은 가을"도 "없"다는 것은, 그 나라가 바로 그런 역설적 공간임을 강조하고 있다. 그 나라는 죽음의 나라가 아닌 역설적 생명의 나라인 셈이다. 다섯째 연에서 그 나라가 "흰눈"

과 "극광" 혹은 땅과 하늘의 세계, "푸른 웃음과 검은 눈물", "생과 사"가 "한데 어우러"지는 것도 그러한 역설의 세계를 의미하는 것이다. "장미빛 방석"은 그러한 세계를 상징한다.

여섯 번째 연에서 "철회색의 두꺼운 구름"으로 "내 가슴을 덮어주시"면, "님의 번개 같은 노래에 낙엽같이 춤추겠"다는 것도 역설적 시심과 상통한다. "나"는 어두운 "구름"의 마음을 승화하여 "님의 번개 같은" 빛의 시심의 세계에 동화되고자 하는 것이다. 이렇듯 "님"과 하나가 되고자 하는 마음은 7연에서 "님의 바다 같은 한숨에/ 물고기같이 잠겨 버리겠"다는 표현에서도 반복된다. 마지막 8연에서 이처럼 역설적 세계 인식을 통해 어둠을 빛으로 승화해 주는 "님"을 "마왕같은 님"이라고 하는 것은 그 신비로움을 강조하기 위한 것이다. "나"는 "님"의 아름답고 신비한 "오로라빛"이나 "우렁찬 웃음소리"을 통해 "눈 높이 쌓인 곳에 내 무덤을 파겠"다는 것도 그렇다. 이는 조악하고 낮은 현실인 "무덤"을 순수하고 높은 이 "눈 높이 쌓인 곳"으로 승화시키는 시적 역설과 관계 깊다. 이러한 "당신의 나라"를 시의 세계로 볼 경우, 이 시는 보들레르의 미학 혹은 역설의 시학을 강조한 일종의 시론시로 읽는 것이 가능하다. 그리고 이러한 특성은 김동명의 초기시의 시론적 배경을 이루고 있다.

잘 알려진 대로 김동명의 초기시에는 어두운 시대에 대한 저항과 극복의 의지가 빈도 높게 드러난다. 그런데 그의 대표작인 「파초」는 그러한 시 세계를 단적으로 드러내면서 그 시론적 밑바탕을 이룬다.

조국을 언제 떠났노
파초의 꿈은 가련하다.

남국(南國)을 향한 불타는 향수
너의 넋은 수녀(修女)보다도 더욱 외롭구나!

소낙비를 그리는 너는 정열의 여인
나는 샘물을 길어 네 발등에 붓는다.

이제 밤이 차다.

나는 또 너를 내 머리맡에 있게 하마.

나는 즐겨 너를 위해 종이 되리니,
너의 그 드리운 치맛자락으로 우리의 겨울을 가리우자.

-「파초」전문

이 시는 1936년 『조광』에 실린 시이다. 5연 10행으로 이루어진 시이다. 이 시는 잃어버린 조국에 대한 그리움의 시로 잘 알려져 있다. 시인은 남국에서 온 파초를 보면서, "조국"을 잃은 식민지의 운명을 생각하고 있다. 그 운명의 주인공은 "조국"을 잃고 떠돌이처럼 살아가는 우리 민족이다. "파초의 꿈은 가련하다"고 하는 것은 바로 그러한 처지에 있는 우리 "조국"을 드러낸다. 그러나 "조국"을 상실했음에도 불구하고 우리 민족은 그 회복을 강렬하게 희구하고 있다. "남국을 향한 불타는 향수"는 그러한 희구의 정신을 의미한다. 또한 "너는 정열의 여인"이라는 시구는 "조국"을 향한 사랑의 강도를 충실히 드러내 준다. 일제 강점기에 국권을 상실한 가운데서도 김동명 시인은 그것을 되찾고자 하는 꿈[14]을 잃지 않았다. 이러한 꿈은 당시 우리 민족 구성원들의 것이기도 했다.

그런데 꿈이 시인의 처지에서는 시 쓰기라고 할 때, 이 시는 일종의 시론시로 볼 수도 있다. 즉 "나"는 우리 민족의 일원이면서 우리 민족이 원하는 국권 회복의 꿈에 적극적으로 동참하는 시인이다. 그것은 다름 아닌 김동명 시인을 포함한 우리의 민족시인이라 할 수 있다. "나는 샘물을 길어 네 발등에 붓는다"라는 행위는, 이런 맥락에서 보면 시를 쓰는 행위를 상징한다. 그 시는 당연히 우리 민족의 꿈을 옹호하면서 독립을 위해 일조하는 시일 터이다. "나는 즐겨 너를 위해 종이 되"겠다는 의미는 그러한 의지가 강하다는 점을 알려 준다. "파초"가 잎사귀로 추운 "겨울"의 날씨를 버텨내듯이, 우리 민족 또한 일제 강점기의 시련을 "파초"의 정신으로 극복하자는 것이다. 이러한 정신은 일제 강점기 그가 발표한 저항 시편들의 시론적 배경을 이룬다.

김동명 시의 중요한 특성 가운데 하나는 순수 서정의 세계이다. 김동명 시를 소박한 감성

---

14) 이 시를 식민치하의 현실 패배와 관련된 것으로 보기도 하나, 상실한 조국을 되찾기 위한 간절한 강한 신념과 의지를 드러낸 것(김효중, 앞의 논문, p.147. 참조)으로 보는 것이 설득력이 있다.

과 목가적인 서정의 시인15)으로 평가한 것도 그와 관련된다. 실제로 김동명의 많은 시편은 리리시즘을 바탕으로 하는 순수 서정과 감각을 드러내는 데 치중하는 모습을 보여준다. 그의 대표작 가운데 하나인 「호수」는 그러한 시 세계와 시론적 입장을 드러낸다.

> 내 마음은 호수요,
> 그대 노 저어 오오.
> 나는 그대의 흰 그림자를 안고 옥같이
> 그대의 뱃전에 부서지리다.
>
> 내 마음은 촛불이요,
> 그대 저 문을 닫아 주오.
> 나는 그대의 비단 옷자락에 떨며, 고요히
> 최후의 한 방울도 남김없이 타오리다.
>
> 내 마음은 나그네요,
> 그대 피리를 불어 주오.
> 나는 달 아래 귀를 기울이며, 호젓이
> 나의 밤을 새이오리다.
>
> 내 마음은 낙엽이요,
> 잠깐 그대의 뜰에 머무르게 하오.
> 이제 바람이 일면 나는 또 나그네같이,
> 외로이 그대를 떠나오리다.
>
> — 「내 마음은」 전문

1937년 6월 『조광』에 발표된 이 시는 기본적으로 순수한 아름다움의 세계를 지향하는 마음을 담고 있다. 첫 번째 연에서 시의 화자는 자신의 "마음"을 "호수"로 은유하고 있다.

---
15) 조연현, 『한국현대문학사』, 인간사, 1962, p.622.

이때 "호수"는 "노 저어 오오"라는 시구에 드러나듯이 사랑에 대한 간절한 기다림을 상징한다. 동시에 "그대의 뱃전에 부서지리라"는 표현을 통해 열정적인 사랑을 갈망하고 있다. 두 번째 연에서 "촛불"은 화자가 간직한 사랑을 향한 진실하고 절대적인 마음을 상징한다. 둘만의 진실한 사랑을 위해 "그대 저 문을 닫아 주오"라고 소망하면서, 그것이 절대적인 것이라는 점을 "최후의 한 방울도 남김없이 타오리라"라고 표현한다. 세 번째 연에서 화자의 마음은 "나그네"가 된다. "나그네"는 떠돌면서 살 수밖에 없지만, 항상 사랑을 갈망하는 인간의 운명 혹은 화자의 운명을 상징한다. "그대 피리를 불어 주오"는 그런 사랑에 대한 갈망을 드러낸다. 네 번째 연에서 "내 마음"은 "낙엽"이 된다. 이 역시 영원할 수 없는 삶 속에서도 순간적으로나마 사랑을 갈구하는 화자의 심사를 은유한다. 이 시는 결국 유한한 인간의 운명 속에서도 영원한 사랑을 열렬히 소망하는 화자의 마음을 그리고 있다.

그런데 이 시에서 "나"의 마음은 곧 김동명 시인의 시적 지향이기도 했다. "내 마음"을 시의 마음, 즉 시심(詩心)으로 보면, 이 시는 일종의 시론시로 읽을 수 있다. "내 마음"을 은유하고 있는 "호수", "촛불", "나그네", "낙엽" 등은 그의 시가 추구했던 시 세계와 자연, 기원, 유랑, 허무 등의 주제 의식과 일치한다. 즉 "호수"는 그의 시에 빈도 높게 나타나는 순수한 자연의 세계를 대표한다. 자연을 시적 소재나 대상으로 그의 시적 지향을 드러낸 것이다. 또한 "촛불"은 그의 시의 주요 테마로 간주되는 기원(祈願)의 시 세계(심은섭)를 대변하고, "나그네"의 유랑 의식은 역시 김동명 시의 주요 모티브에 속하는 떠돌이 의식을 드러낸다. 다른 시에서도 "소슬 대문 앞에/ 내사 김삿갓"(「진동과객(鎭東過客)」 부분)이라고 고백하면서 유랑의 시학을 드러낸다. 그리고 "낙엽" 역시 그의 시에 자주 얼굴을 내보이는 허무 의식과 관련된다. 허무 의식이 자신의 시와 연관된다는 언급은 "연기와 마주 앉아/ 허무의 도(道) 위에/ 나의 노래를 사긴다."(「연기」 부분)라는 시구에도 드러난다.

2) 꿈과 모국어와 자유, 그리고 비판의 시학

김동명 시에는 앞서 밝힌 대로 시, 시인, 노래 등의 시어가 적잖이 등장한다. 한 편의 시에서 시라는 문학 장르를 시어로 등장시켜서 시상을 이끌어 간다는 것은 쉽지 않은 작업이다. 왜냐하면, 시라고 하는 장르 개념으로서의 추상적인 대상을 구체적인 감각적 언어를 통해 자신의 시 의식과 관련지어 형상화해야 하기 때문이다. 자칫 시론시가 아니라 시론에 그칠 위험이 언제나 도사리고 있다는 말이다. 김동명은 이러한 위험을 잘 알고 있었던 듯하다. 하여 자신의 시론적 입장을 감각적 언어를 동원하여 구체적으로 표현하고 있다. 먼저 '노래'라는 시어를 통해 시적 자의식을 드러내는 시를 살펴본다.

> 노래는 새요.
> 슬픔 먹고 사는 새요.
> 새야 가지 마라,
> 가슴에 가득 슬픔 있네.
> 한 알도 남기지 말고
> 다 쪼아 먹게나.
> 먹고 가세 함께 날세나.
>
> 노래는 새요.
> 외로움 찾아 깃드는 새요.
> 새야 가지 마라.
> 여기에 외로움 가지 청청 느러졌네.
> 이 가지 등에 틀고,
> 나와 함께 꿈꾸세나.
> 꿈꾸다 함께 가세나.
>
> － 「노래」 전문

이 시에서 "노래"는 시라고 읽어도 무방하다. "노래는 새"라는 은유는 시가 현실 너머의 어떤 비상을 꿈꾸는 것임을 의미한다. 1연에서 "슬픔을 먹고 사는 새"는 인생이란 "슬픔"으로 가득한 것이라는 점을 인식하면서, 동시에 그것을 "쪼아먹"고 "날"아가자고 함으로써 "슬픔"을 초극하고자 하는 의지를 드러낸다. 2연에서 "외로움을 찾아 깃드는 새"라는 표현도 비슷하다. 인생이란 "외로움"으로 가득한 것이라는 점을 인식하면서 그것을 넘어서기 위해 "노래" 즉 시가 필요하다고 본다. 즉 "나와 함께 꿈꾸세나/ 꿈꾸다 함께 가세나"는 시가 꿈을 꾸는 기제임을 강조하고 있다. 꿈을 꾼다는 것은 현실 너머의 세계를 지향하는 것일 터, 김동명 시 가운데 저항시 계열의 작품들은 이러한 꿈 꾸기의 시학과 관련된다고 할 수 있다. 실제로 그의 시에는 꿈이라는 시어가 적잖이 등장하면서 현실 초극의 의지를 드러내곤 한다.

시가 꿈꾸기라면 그 매개 역할을 하는 것은 언어일 터이다. 언어는 시인이 시 창작을 가능하게 하고, 독자가 시를 향유할 수 있게 해주는 매개체이다. 언어는 상대적이기는 하지만 사상이나 감정을 보다 직접적으로 전달할 수 있다는 점에서 다른 예술의 매체와 변별된다.16) 이런 점에서 김동명의 시론시에서 언어, 특히 모국어는 시적 자의식과 관련하여 큰 의미를 부여받는다.

> 네게는 불멸의 향기가 있다.
> 네게는 황금의 음률이 있다.
> 네게는 영원한 생각의 감초인 보금자리가 있다.
> 네게는 이제 혜성 같이 나타난 보이지 않는 영광이 있다.
>
> 너는 동산같이 그윽하다.
> 너는 대양같이 뛰논다.
> 너는 미풍같이 소곤거린다.
> 너는 처녀같이 꿈꾼다.
>
> 너는 우리의 신부다
> 너는 우리의 운명이다
> 너는 우리의 호흡이다
> 너는 우리의 전부다
>
> 아하, 내 사랑 내 희망아, 이 일을 어쩌리,

---

16) 가령 음악 예술의 소리나 회화 예술의 색채는 그 자체로 관념을 담아낼 수 없다. 관념은 소리나 색채라는 매체를 거쳐서 간접적으로 드러낼 수밖에 없다. 하지만 언어는 관념적 언어를 통해 직접 관념을 드러낼 수도 있고, 감각적 언어를 통해 간접적으로 드러낼 수도 있다. 그만큼 언어는 관념과 감각을 넘나들기에 편리한 매체라고 할 수 있다.

네 발등에 향유를 부어주진 못할망정,

네 목에 황금의 목걸이를 걸어주진 못할망정,

도리어 네 머리에 가시관을 얹다니,

가시관을 얹다니……

아하, 내 사랑, 내 희망아, 세상에 이런 법이……

우리는 못났구나 기막힌 바보로구나.

그러나 그렇다고 버릴 너는 아니겠지 설마,

아아, 내 사랑 내 희망아, 내 귀에 내 입술에 대어다오.

그리고 다짐해다오, 다짐해다오.

-「우리 말」전문

  이 시는 우리 말의 가치와 소중함에 대해 노래한다. 이 시가 창작될 당시에 일제의 우리 문화 말살 정책이 시행되고 있었다는 점을 생각하면 이 시가 전해주는 시적 울림은 상당하다고 할 수 있다. 그런데 이 시의 "말"은 곧 시어라는 의미로 해석할 수 있다. 즉 1연에서 "불멸의 향기"는 시어가 지녀야 할 감각적 특성을, "황금의 음률"은 시어가 간직한 음악적 특성을 일컫는 것으로 볼 수 있다. 또한 "영원한 생각의 감초"도 시의 중요한 내용으로서의 사상을 의미한다고 할 수 있다. "혜성같이 나타난 보이지 않는 영광" 역시 시가 지니는 시상의 의외성과 함축성을 뜻한다고 보는 것이 가능하다. 또한, 2연의 "동산", "대양", "미풍", "처녀" 등으로 표상된 "그윽"과 활기와 "부드러움", 그리고 "꿈꾼다"라는 속성도 김동명 시인이 지향한 시의 속성이라고 할 수 있다. 3연에서 시가 "신부"와 같이 소중하고 "운명"과 같이 거부할 수 없고, "호흡"과 같이 생명의 근원이니 "너는 우리의 전부"라고 말할 수 있게 된다.

  그런데, 4연에서는 "우리 말" 혹은 우리 시가 맞이한 시련을 말하고 있다. 일제 강점기는 우리 말의 시련기이자 우리 시의 시련기[17]라는 사실을 인식하고 있는 부분이다. "향유"와 "황금의 목걸이"를 주지 못하는 대신 "네 머리에 가시관을 얹"었다는 사실, 즉 우리 말을 지키지 못해 우리 시를 자유롭게 짓지 못하는 사실을 반성하고 있다. 일제 강점기에 우리 말,

---

17) 일제는 1938년에 공식적으로 일본어 상용화를 선언하면서 조선어 사용을 금지했다. 1939에는 창씨개명 정책을 공식화하면서 조선인의 황민화에 박차를 가했다.

우리 시를 지켜내지 못한 사실에 대해 성찰을 하는 것이다. 그러나 우리 말과 우리 시는 여전히 "내 사랑, 내 희망"이라는 사실을 분명히 하면서 우리 민족 혹은 우리 시를 "버릴 너는 아니겠지"라고 생각한다. "우리 말"을 의인화하여 그것이 민족정신의 고갱이라는 사실, 혹은 우리 시를 의인화하면서 그것이 시의 중심이라는 사실을 강조하고 있다.

　우리 말에 대한 사랑은 우리 글에 대한 그것과 다르지 않다. 훈민정음에서 비롯된 우리 글은 사실 세계 어느 문자와 비교해도 그 우수성을 인정받고 있다. 문자는 한 시인의 처지에서 볼 때 생각과 느낌의 손발과도 같다. 구비문학이 사라진 이 시대에 문자는 기록문학의 매체로서 제 역할을 충실히 하고 있다. 가령 "내 마음은 영원한 형상(形像)에 대한 염원으로 터질듯하다./ 네 귀는 불멸의 자유를 향한 시들 줄 모르는 해바라기다./ 네 날개는 인류 문화의 최고봉에 머무르고서 준마(駿馬) 같이 운다."(「우리 글」 부분)라는 부분은 인상 깊다. 우리 글이 "영원한 형상"과 "불멸의 자유"와 "인류 문화의 최고봉"이라고 하면서 그 가치를 강조하고 있다. 그에 대한 믿음 또한 "나는 믿는다, 그렇다고 우리를 버리고 갈 네가 아님을"(같은 시)이라고 강조하고 있다. 앞서 노래했던 "우리 말"과 같이 "우리 글"의 미래와 가치에 대해 의인화의 기법을 통해 매우 낙천적으로 인식하고 있다.

　김동명의 언어관을 파악하기 위해서는 그의 「우리 글」이라는 시에서 우리 글을 "불멸의 자유"라고 표현했던 점을 상기할 필요가 있다. "자유"는 김동명 시인에게 언어뿐만 아니라 시가 지녀야 할 근본적인 속성으로 인식된다.

Ⅵ 낙성(洛城)

성루(城樓)에 높이
일장기 휘날리고,
자금산(紫金山) 저녁 노을에
한아(寒鴉 갈까귀) 두어 마리……

강남의 시인 제군!
감상(感想 마음에 일어나는 생각)이 어떠시뇨?

- 「1937년 점묘(點描)」 부분

문자의 비애

선전탑에 감금된
문자의 종렬(縱列)은
포로마냥, 슬프다.

비에 젖는 화상(畫像)

우리 김 장군은
시청 정문 꼭대기에서
「스딸린」 원수를 모시고,
오늘도 비를 맞으신다.
누구 우산을 좀 받아줄 이는 없는가,
아니, 그만 나려들 오시래두—

- 「가두점경(街頭點景)」18) 부분

앞의 시는 "자금산의 저녁 노을"을 배경으로 "한아(寒鴉) 두어 마리"가 날고 "성루에 높이 /일장기 휘날리"는 장면을 보면서 시인의 의미에 대해 생각하고 있다. 갈까마귀를 뜻하는 "한아"와 "저녁 노을"이 등장하는 것으로 보아 이 장면은 밝고 희망적인 분위기보다는 어둡고 절망적인 분위기를 조성한다. 그 이유는 시의 제목에 보이듯이 바로 "1937년"이라는 시대적 배경과 관계 깊다. 이 시기 일제는 중일전쟁을 일으키면서 우리나라를 전쟁의 볼모로 만들어버리고 말았다. 당시 한반도는 남의 나라 전쟁에 휘말리며 인적, 물적으로 강제적인 동원에 시달리면서 우울한 시대를 맞이하고 있었다. 이러한 시대를 상기하면서 "시인 제군"을 호명하면서 "감상(感想)이 어떠시뇨"라고 묻는 것은 의미심장하다. "감상"은 마음에 일어

---

18) 이 시는 일종의 연작시로서 "문자의 비애"나 "비에 젖은 화상" 등은 연작시에 포함된 하위 작품이라고 할 수 있다.

나는 생각을 일컫는 것, 화자는 시인들에게 "1937년"의 우울한 시대에 대해 어떠한 생각을 하고 있는지 묻고 있다. 이 물음은 두말할 필요도 없이 그러한 시대에 대해 비판적인 시를 써야 한다는 메시지를 전하고자 한 것이다.

뒤의 시는 어느 "시청 정문 꼭대기"에 서 있는 "스딸린"을 "모시"는 "김장군" 동상과 그 곁에 쓰여있는 정치적 구호를 소재로 하고 있다. "문자의 비애"는 사회주의 혁명과 관련된 정치적 구호에 관한 부정적 인식을 포함한다. 독재자의 동상 곁에서 그들을 찬양하는 언어는 정치적으로 극도로 억압된 인간과 다르지 않다. "선전탑에 감금된/ 문자의 종렬"은 바로 그런 언어를 의미한다. 즉 "김 장군" 즉 김일성이나 "스딸린"의 우상화를 위한 언어는, 삶의 진실을 담아내지 못하고 정치적 선전 선동을 위한 도구에 그친다. 하여 그런 언어는 "포로 마냥, 슬프다"고 보는데, 그 곁의 독재자들의 "비에 젖은 화상"도 그렇다고 한다. 이러한 언어로 이루어진 시는 역시 "자유"와 거리가 멀다. 공산주의 사회의 교조적인 시는 자유와 진실을 노래하는 매개가 아니라, 특정한 독재자를 선전하고 민중을 선동하기 위한 것에 불과하다. 이 시는 사회주의 신봉자들에 대한 신랄한 비판의 시[19]로서 김동명 시인이 견지한 반공주의자로서의 사상적 면모를 잘 보여주고 있다.

이렇듯 김동명 시인은 불의의 시대나 경직된 이념에 대해 비판적인 시를 써야 한다고 생각했다. 또한, 날이 갈수록 사회의 관심에서 멀어져 가는 시인의 운명에 대해 노래하기도 했다. "인생은/ 극장,/ 선생님, 내가 맡은 역은/ 그선가요?/ 시인인가요?/ 이제 그만 막을 내리시구려./ 저게 많은 귀부인이/ 왕관 쓴 저 작자만 보는 걸."(「인생 단상(斷想)」 부분)에서 그러한 세태를 비판한다. 인생이라는 극장에서 "많은 귀부인"이 권력자인 "왕관"에만 관심을 보이고, "내가 맡은 역"인 "시인"에게는 관심을 주지 않는 세상에 대해 문제를 제기하고 있다. 이러한 문제 제기 속에는 세상을 지배하는 권력인 "왕관"보다, 세상 사람들에게 아름다운 세계를 전해주는 "시인"의 가치가 지나치게 낮게 평가되고 있다는 생각이 내재해 있다. 즉 세상에서 차지하는 "시인"의 역할이 매우 소중하다는 생각이 반영된 것이다. 이와 비슷한 생각은 「옛 이야기」에서도 보인다.

아버지. 옛날에 어떤 바닷가에

---

19) 심은섭, 앞의 논문, p.660.

한 시인이 살았더란다.
마음은 착했으나 뜻이 약하고,
재주는 있었으나 게으른 것이 흠이더란다.
그런데 그 집은 가난하였으나,
꿈은 컸든가 보드라.
파도 소리를 들으며 어부와 함께 이야기하고,
달밤에 홀로 바닷가를 거닐다가
드디어 나이 먹고 병들어
먹은 뜻 이루어 못보고
불우한 채,
석죽화(石竹花) 그늘 밑에 이슬이 되었더란다.
그리하여 그가 간 뒤에
세상에서 그를 아는 사람은
아무데도 없었더란다.
다만 지금도 그 바닷가에 피었을 석죽화나
그의 손꼬락을 새어 흐르는 흰 모래나
그의 일을 알른지 말른지

- 「옛 이야기」 부분

이 시는 "아버지"가 딸과 대화하는 내용 가운데 일부이다. 시의 주인공인 "시인"은 일평생 시를 쓰다가 죽었지만, "세상에서 그를 아는 사람은/ 아무데도 없었"다고 한다. 그는 "마음은 착했으나 뜻이 약"한 문약성(文弱性)을 지니고 있었고, "재주는 있었으나 게으른" 성격이라 현실에는 잘 적응하지 못하고 살았다고 한다. 또한 "집은 가난하였"다고 한다. 그러나 이 시에서 정작 중요한 이야기는 "꿈은 컸든가 보드라" 하는 부분이다. 시인은 속악한 현실에서 버림을 받기 일쑤지만 세상을 아름답게 하려는 큰 꿈을 꾸는 존재라는 것이다. 다른 시에서도 "웅대하고도 심원한 저「우주의 시」마저 나는 나의 창경(窓鏡)에 입술을 대고 읊조려 보리라."(「창경(窓鏡) 2」(213) 부분)는 존재이다. 이것은 일찍이 보들레르가「알바트로스」에서 현실에서는 큰 날개 때문에 뒤뚱거리는 모습의 조롱거리에 불과하지만, 하늘에서는 큰 날개로 꿈을 꾸는 시인의 모습20)과 다르지 않다. 이는 아무리 시대 현실이 타락했을지라도 시를 통해 꿈을 꾸었던 김동명의 시 혹은 그의 시적 자의식과 다르지 않다.

3. 김동명 시론시의 문학사적 의의

김동명은 일제 강점기와 분단의 역사적 시련기를 온몸으로 살다 간 서정 시인이자 민족 시인이었다. 그는 시를 통해 역사의 어둠을 밝히고 그 질곡을 넘어서고자 했다. 그가 등단하던 1923년 즈음은 일제 강점기의 강압적 통치로 인한 궁핍과 우울의 시절이었다. 이 시기 그의 시는 보들레르의 열정과 절규를 빌려 우울한 내면세계를 극복하고자 했다. 등단작인 「당신이 만약 내게 문을 열어주시면」과 첫 시집 『나의 거문고』는 그러한 시와 관련된 시적 자의식을 드러낸다. 1938년에 간행한 두 번째 시집 『파초』를 발간할 즈음의 시는 일제 강점기의 현실에 대한 저항성과 시적 서정성이 조화를 이루고 있다. 그의 대표작인 「수선화」, 「파초」, 「내 마음은」, 「우리 말」, 「우리 글」 등에는 그와 관련된 시적 자의식이 드러나고 있다. 이들 시에 드러나는 순수 서정, 낭만 정신, 민족애 등은 그의 시가 지향하는 세계와 일치한다.

광복 이후 김동명은 북한의 사회주의 정권과 남한의 자유당 독재 정권에 대해 저항적인 시를 창작했다. 예컨대 「가두점경」에는 그러한 시와 관련된 자의식이 드러난다. 나아가 역사의 질곡이 극심한 상황 속에서도 한 시인으로서의 서정적 감각과 초월 의지를 저버리지 않는다. 6·25전쟁 시기에 쓴 시 「대전」에서는 "시인은 부처님을 등지고/ 섬돌 위의 낙숫물 소리를 듣는다."라고 노래한다. 이 시구는 시대의 질곡을 맞이한 시인이 종교적 승화와 순정한 자연의 감각을 드러낸다. 김동명 시인은 시라는 것을 결국 비루한 현실을 서정적으로 극복하기 위한 정갈한 영혼의 장소라고 본 셈이다. 이처럼 시와 시인이 존재해야 할 자리는 그러한 이상적 장소라고 인식한 것은, 부단히 현실 너머의 세계를 꿈꾸어온 김동명 시의 시적 자의식과 관련된다.

---

20) "「시인」도 이 구름의 왕자를 닮아,/ 폭풍 속을 넘나들고 사수를 비웃건만,/ 땅 위, 야유 속에 내몰리니,/ 그 거창한 날개도 걷는 데 방해가 될 뿐."(보들레르, 『악의 꽃』, 윤영애 옮김, 문학과지성사, 2003, p.47.)

이처럼, 김동명은 밤의 시대에 꿈을 찾아 나선 선구자였다. 그는 스스로 밤의 호수에서 꿈을 낚는 어부라고 고백한다. "밤은/ 푸른 안개에 싸인 호수.// 나는/ 잠의 쪽배를 타고 꿈을 낚는 어부다."(「밤」 전문) 이렇게 꿈을 낚는 시인은 언제나 서재에 앉아 문학사의 한 페이지를 장식하고자 살아온 것이다.

> 나의 서재는 바다일다.
> 나의 항해의 가장 많은 시간을
> 나는 여기서 보낸다.
> 구석에 놓인 낡은 조그마한 침대,
> 그것은 명상의 물결에 흔들리며
> 또한 잠의 미풍(微風)에 품기며
> 앞으로 앞으로 나아가는 나의 적은 배일다.
> 때로 나는 고독의 실비에 옷을 적시며
> 갈매기 모양 「마스트」에 날아와 앉는 우울을 바라본다.
> 이름만인 책장, 그 위에 진달래가 시들었고,
> 천정에는 거미줄, 벽 위에 오십 전짜리 풍경화.
> 나는 여기서 오연(傲然)히 도사리고 앉아,
> 위대한 「조선문학사」의 한 「페-지」를 꾸민다.
>
> - 「나의 서재」(8) 전문

이 시에서 "나"는 김동명 시인과 일치한다. "나의 서재는 바다"라는 첫 시구는 그가 바닷가 도시인 강릉 출신다운 진술이다. 그가 삶의 "항해"에서 "가장 많은 시간을" "여기서 보낸다"는 것은 항상 글쓰기를 하면서 생활하는 시인의 일상생활을 드러낸 것이다. 그리고 자기 자신을 작은 "배"에 비유하면서 "고독"과 "우울"을 벗삼아 살아가고 있다고 고백한다. "이름만인 책장, 그 위에 진달래가 시들었고,/ 천정에는 거미줄, 벽 위에 오십 전짜리 풍경화"라는 시구는 시인의 생활이 곤궁하다는 것을 알려준다. 그러나 생활 현실은 이처럼 가난하지만, "오연(傲然)히 도사리고 앉아,/ 위대한 조선문학사의 한 「페-지」를 꾸민다"고 한다. "나"는 비록 가난하고 비루한 생활을 할지라도, 오만한 정신으로 "위대한 조선문학사"의 한 페이지를 쓰고 있다는 것이다. 현실의 여러 가지 어려움 속에서도 시의 창작을 통해 우리 문학사를 개척해 나가는 시인은 이상주의자 혹은 낭만주의자이다. 그의 낭만 정신은 "위대한 조선문학사"라는 이상을 위해 현실의 질곡을 넘어서는 원동력이 되었고, 결국에는 스스로 그러한 문학사의 한 페이지를 장식한 주인공이 된 것이다.

<참고문헌>

강릉시, 『김동명 시전집』, 정산인쇄, 2017.

국원호·최도식, 「김동명의 탈식민주의와 분열증적 사유의 의미」, 한국문학회, 『한국문학논총』 87호, 2021.

김동명, 사화집 『내 마음』, 신아사, 1964.

김효중, 「김동명과 바쇼의 대비 연구」, 한국비교문학회, 『비교문학』 34호, 2004.

김흥식, 「고전 시가의 율격과 김동명 시의 상관성 탐색」, 한국언어문화학회, 『한국언어문화』 75호, 2021.

남기택, 「김동명 시, 강릉, 로컬리티」, 김동명학회, 『김동명문학연구』 4호, 2017.

디이터 람핑, 『서정시: 이론과 역사』, 장영태 옮김, 문학과지성사, 1994.

보들레르, 『악의 꽃』, 윤영애 옮김, 문학과지성사, 2003.

심은섭, 「상실과 저항의식, 김동명 시세계」, 인문사회 21, 『인문사회 21』 10-6호, 2019.

엄창섭, 『김동명 연구』, 학문사, 1987.

이형권, 「한국시의 보들레르 이입과 수입 양상」, 어문연구학회, 『어문연구』 45호, 2003.

전도현, 「김동명 시의 비유 구성 방법 연구」, 고려대학교 한국학연구소, 『한국학연구』 43호, 2012.

조연현, 『한국현대문학사』, 인간사, 1962.

편집부, 「김동명의 문학과 생애」, 『문예운동』 2017년 봄호.

<Abstract>

A Study on Kim Dong-myeong's Poetry and Poetic Self-consciousness

Lee, Hyeong-kwon(Chung-nam National University)

This paper examines the poetic self-consciousness that appears in Kim Dong-myeong's meta-poetry. Poetic self-consciousness refers to the poet's idea of poetry in consultation. However, in a broad sense, it also encompasses the poet's ideas, ideologies, aesthetic attitudes, and language views. This paper took the latter view. In other words, even if a poem or poet does not appear in the context of a poem, the psalms related to poetic self-consciousness were used as the subject of discussion.

Kim Dong-myeong was a lyric poet and national poet who lived throughout the Japanese colonial period and the historical ordeal of division. Through poetry, he tried to shed light on the darkness of history and overcome the yoke. Around 1923, when he started his poetic career, it was a time of poverty and depression due to the coercive rule of the Japanese colonial period. During this period, his poems embraced Baudelaire's passion and scream to overcome the gloomy inner world. His debut work, "If you open the door to me" and his first collection of poems Geomungo(A lyrical instrument), reveal poetic self-consciousness related to such poems. Around the time of the publication of the secon d collection of poems, Pacho, published in 1938, the resistance to the reality of the Japanese colonial period and poetic lyricism are harmonized. Poetic self-consciousness related to it is revealed in "Daffodil", "Plantain", "My heart is", "Our language", and "Our writing". The central contents of these poems, such as pure lyricism, romantic spirit, and national love, are consistent with the world that his poems generally aim for.

After Korea's liberation from Japanese colonial rule, Kim Dong-myeong created poems that were resistant to the socialist regime in North Korea and the dictatorship of the liberal party in South Korea. For example, "Street scenes" reveals self-consciousness related to such poetry. In addition, it maintains a lyrical sense and transcendental will even in situations where history is severely distorted. In "Daejeon", a poem written during the Korean War, poetry is regarded as a place of neat soul to overcome the poor reality lyrically. This perception is completely consistent with Kim Dong-myeong's poetic self-consciousness, who has constantly dreamed of an ideal world beyond reality.

Keywords: Kim Dong-myeong's poetry, poetry, poetic self-consciousness, pure lyricism, national consciousness, language consciousness, ideal world

해방기 시에 나타난 '국가'에 대한 시적 상상력

-김동명의 『三八線』, 『眞珠灣』에 나타난 풍자와 알레고리를 중심으로-

장은영*

목 차

1. 서론
2. 『三八線』에 나타난 해방기의 현실 인식
3. 『眞珠灣』에 나타난 국가에 대한 상상력
4. 맺음말

<국문초록>

이 논문은 초허 김동명의 『三八線』과 『眞珠灣』을 중심으로 해방기 시에 나타난 국가에 대한 시적 상상력을 살펴보았다. 해방기는 식민지 상태에서 벗어났지만 강대국의 개입으로부터 자유로울 수 없었고 내부에서는 좌익과 우익의 이념 대립이 고조되는 혼돈의 시기였다. 이러한 시기에도 해방기 문학인들은 좌익과 우익의 노선은 달랐지만 민족문학 건설을 강령으로 삼고 문학을 매개로 국가 건설에 참여하고자 하는 의지와 열망을 드러냈다.

초허의 『三八線』과 『眞珠灣』은 해방 후의 풍경과 소회만이 아니라 역사적 혼란 속에서의 경험을 담은 시집이다. 해방기를 배경으로 하지만 『三八線』에서는 보다 직접적인 현실 인식과 그에 대한 풍자가, 『眞珠灣』에서는 간접적인 방식으로 국가를 환기하는 알레고리적 상상

---

*조선대학교 자유전공학부 부교수

력이 나타났다. 『三八線』은 부화뇌동하는 교육자들을 비롯하여 강대국의 권력에 영합하는 정치 지도자들을 비판하며 풍자의 대상으로 삼는가 하면 국가재건에 직면한 우리에게 부재한 가치와 이념이 무엇인가를 언급함으로써 그것의 중요성을 일깨웠다. 국가에 대한 다양한 상상력을 보여준 『眞珠灣』에서는 미완성된 국가에 대한 알레고리적 상상력을 보여주었다. 초허의 시에 나타난 '아기'는 도래하지 국가에 대한 시적 알레고리로서 국가란 미확정적이고 그 실체를 알 수 없는 잠재태로서 존재한다는 것을 시사한다. 또한 초허는 다양한 식물들로 가득한 정원이라는 공간을 통해 민주적인 국가를 상상하는 동시에 나라의 주권자로서 국가 건설을 위해 자유롭게 뜻을 펼치지 못하는 현실적 상황을 환기하는 알레고리적 상상력을 보여주었다.

자주적이고 민주적인 국가를 꿈꾸며 현실에 대한 비판적 인식을 놓치지 않은 초허는 해방기 시에서 풍자와 알레고리를 통해 현실을 환기하는 한편 혼돈의 시기를 직면한 개인의 고독과 우울을 보여주었다. 초허의 시에 나타난 국가재건이란 미확정적이고 미완성의 상태에 있는 국가를 우리 스스로의 힘으로 성장시켜나가는 과정이며, 국가란 이미 존재하는 완성태가 아닌 잠재적인 상태로 존재하는 것이었다. 풍자와 알레고리를 통해 우리가 만들어나가야 하는 생명체와도 같은 국가를 상상한 초허의 후기시는 국가에 대한 상상력을 확장시킨다는 점에서 해방기 시의 소중한 성과이다.

주제어: 해방기, 『삼팔선』, 『진주만』, 풍자, 알레고리, 국가

1. 서론

　1923년 『개벽』을 통해 문단에 나온 초허(超虛) 김동명(金東鳴, 1900-1968)의 1920~1930년대 시는 전원적이고 목가적인 시세계를 보여주었다고 평가되었다. 그러나 후기시에 해당하는 『三八線』(1947), 『眞珠灣』(1954), 『目擊者』(1957)는 초기나 중기와 달리 역사적 현실에 대한 관심을 구체적으로 드러내며 변모한 시세계를 보여주었다.[1] 이 논문에서는 초허의 해방기 시집 『三八線』(1947), 『眞珠灣』(1954)를 중심으로 국가에 대한 시적 상상력을 살펴보고자 한다.[2]

　초허의 후기 시세계는 해방기와 한국전쟁기를 배경으로 한다. 이때는 한국의 사회 역사적 격변기이자 폭력이 난무한 시대였고 미국과 소련의 냉전을 배면에 둔 채 남북의 이념적 대립이 극에 달했던 시기였다. 역사학자 강만길의 회고처럼 해방기는 정치 지도자를 비롯한 한국인들에게는 '느닷없이' 닥친 사건이었고, 좌익과 우익 진영으로 나뉜 '찬탁'과 '반탁'의 대립은 "그야말로 사생결단의 싸움"이었던 때이다.[3] 한국문학사에서도 해방기[4]는 이데올로기적 시비에 치우쳐 정치적 논쟁이 문단을 주도한 시기로 평가된다. 해방 직후 조선문학건설본부가 건설되고, 곧 이와 유사한 성격을 지닌 예술 단체들이 연합하여 조선문화건설중앙협의회(1945. 8. 18)를 결성하면서 예술활동 전반을 장악하자 이에 불만을 지닌 민족계열 문화인들은 중앙문화협회(1945.9.19)를 설립했다. 또 조선문화건설중앙협의회의 지도 노선

---

[1] 초허 김동명에 대한 본격적 학술적 연구를 선보인 엄창섭의 『김동명 연구』는 세기말적인 감상주의, 퇴폐주의 경향이 두드러지는 『나의 거문고』(1922-1930) 시대를 초기로, 『芭蕉』(1936-1938), 『하늘』로 대표되는 1930년대를 민족적 염원을 서정화한 중기로, 광복 이후 『三·八線』, 『眞珠灣』, 『目擊者』가 간행된 1947-1957년에 해당하는 시기를 후기로 구분하였다.(엄창섭, 『김동명 연구』, 학문사, 1987, p. 44)

[2] 『三八線』과 『眞珠灣』은 초허가 해방 이후부터 월남 전에 쓴 시들을 엮은 시집이다. 『三八線』은 월남 직후 출간되었지만 『眞珠灣』은 한국전쟁이 끝난 후 1954에야 출간될 수 있었다. 같은 시기에 창작되었으나 긴 시간적 격차를 두고 출간된 두 시집에는 「異邦」, 「民主主義」, 「怪候」, 「憂鬱」, 「獄中記」1,2,3(『三八線』에서는 「獄中記」4로 수록된 것이 『眞珠灣』에서는 「獄中記」3으로 수록됨), 「설날」이 중복 수록되어 있다.

[3] 강만길, 『역사가의 시간』, 창비, 2010, p. 52, p. 79.

[4] 한국 문학사에서 해방 이후 한국전쟁 이전까지의 시기는 해방공간, 해방정국, 광복기 등으로 불린다. 이 가운데 '해방공간'이란 용어도 많이 사용되었는데, 김윤식, 정호웅은 『한국소설사』에서 '공간'이 역사성의 결여를 함의한 이 시대의 문학상의 특질을 말해주는 것으로 사용되었다고 지적한다. 이 시기의 역사성이란 일제를 대신하여 미국과 소련으로 통치권의 주체가 바뀌었으나 여전히 국권이 상실된 상태를 말하며 "역사성의 결여 형태로서의 해방공간이 시적, 그리고 연극적 울림으로 들끓었다는 사실은 이 시기가 비논리적·심정적 사고와 행위에 지배되었던 때임을 또한 의미"한다고 서술했다.(김윤식, 정호웅, 『한국소설사』, 문학동네, 2007, p. 313.)

에 반발한 좌익계열 문인들을 중심으로 조선프롤레타리아예술동맹(1945.9.30)이 조직되었다. 이후 조선문화건설중앙협의회와 조선프롤레타리아예술동맹은 조선문학가동맹(1945.12.)으로 통합되었다. 조선문학가동맹은 일제 잔재 청산과 봉건주의 청산, 진보적 민족문학 건설 등을 강령으로 채택했다. 이에 민족진영 문인들도 중앙문화협회를 중심으로 전조선문필가협회(1946.3.13)를 창설하면서 문학인으로서 민주주의 국가건설에 공헌하고 민족문화를 발전시키자는 강령을 채택했다.[5]

이와 같이 해방기 직후 문단은 정치적 현실의 제반 문제가 문단적 상황에 직접적으로 연결되고 있었고[6], 좌익과 우익 진영의 갈등은 심화되어갔다. 그러나 다른 한편으로 해방기는 미국과 소련의 개입으로부터 자유로울 수 없었고 좌익과 우익의 이념 대립이 고조되는 가운데 또 한편으로 국가재건에 대한 열망이 분출된 때이기도 하다. 해방기 문학인들은 좌익과 우익의 노선은 달랐지만 민족문학 건설을 강령으로 내걸고 있었고, 문학을 매개로 국가 건설에 참여하고자 하는 의지와 열망을 드러냈다. 일제에 의한 국권상실의 시대와는 달리 종전 이후 식민 권력과의 절대적 종속관계에서 해방됨을 의미하는 탈식민지화는 자국 내 구성원의 인권과 평등의식의 확산으로 이어졌고 해방의 흥분과 더불어 민주주의 국가에 대한 이상과 기대가 표출되었다. 이념적 자유를 보장받을 수 없는 상황이었지만 해방기 문학은 새로운 세계에 대한 욕망을 의식적으로나 무의식적으로 재현하면서[7] 국가재건에 참여하고자 하는 욕망을 분출했다. 강대국의 통치와 이념적 갈등과 대립과 함께 새로운 국가 건설에 대한 의지가 양립하며 희망과 좌절을 동시에 경험하던 이 시기에 문인들도 '국가'가 무엇인가를 모색하고 꿈꾸었다는 사실은 부인할 수 없는 사실이다.[8]

문인들이 해방기의 혼돈과 이념적 대립 속에서도 국가에 대한 각자의 이상과 상상력을 드

---

[5] 권영민, 『한국현대문학사』, 민음사, 2000, pp. 33~35.
[6] 위의 책, p. 35.
[7] 이행선, 『해방기 문학과 주권인민의 정치성』, 소명출판, 2018, p.12.
[8] 북한 월남민과 해외 귀환민 등 해방 후 급격히 증가한 인 인구와 이에 따른 주거 문제 등은 소설을 통해서 재현되기도 했다. 집을 구하는 상황에 처한 소설 속 인물들은 일제 식민지기에 보장받지 못한 생존을 새로 건설될 국가가 보장해 줄 수 있으리라 기대하는 한편 국민으로서의 안정된 삶을 살고자 욕망하는 모습을 보여주기도 했는데, 이때 국가를 표상하는 '집'을 마련하고 정착하고자 하는 인물들의 욕망은 미국이나 소련에 영향받지 않는 독립된 국가에 대한 꿈이고, 민족의 공간으로서 '집' 서사는 통일된 민족 공동체 건설로 나아간다.(이민영, 「해방기 소설에 나타난 '국가-집' 표상 연구 -김동리, 김동인, 엄흥섭의 소설을 중심으로」, 『현대소설연구』49, 한국현대소설학회, 2012, pp. 244-260.)

러내고자 했던 것처럼 초허도 자신의 정치적 신념을 실천하며 정치 활동에 참여하는 한편 민주적인 국가의 도래를 기다리는 마음을 시로 형상화했다. 초허의 해방기 시를 수록한 『三八線』, 『眞珠灣』은 해방 후의 풍경과 소회만이 아니라 그 이후 혼란 속에서 경험한 초허의 내면을 담은 시집으로 현실에 대한 좌절과 우울, 미래에 대한 기대 등 복합적인 정서가 나타난다. 그러나 초허의 해방기 시에서 국가에 대한 상상력은 제한적으로 나타날 수밖에 없었다. 이는 월남 전 초허의 정치적 활동으로 인해 위기에 처한 현실적 상황과 무관하지 않은 것으로 짐작된다. '찬탁'과 '반탁'으로 극명하게 가시화되는 이념적 선택이 자유롭지 못한 상황에서 국가재건에 대한 초허의 기대와 이상은 현실적 한계를 느끼며 좌절과 우울을 내포하게 되었다.

초허의 해방기 시에 나타난 국가에 대한 시적 상상력을 살피고자 하는 이 논문이 주목하는 것은 바로 이와 같은 시대적 상황에서 초허 시의 알레고리적 상상력이 증폭된다는 점이다. 『三八線』과 『眞珠灣』 모두 해방기를 배경으로 한 시집이다. 해방 이후 조선민주당에서 활동했던 초허는 민족주의계열 인사들에 대한 숙청이 현실화되자 남쪽으로 가야 한다는 결정을 내리고 칩거하면서 그의 말 말대로 '불안'과 '공포'의 나날을 보냈다. 그때 당시를 초허는 이렇게 회고한다. "이래서 나는 이 무렵부터는 原稿를 정리하기 시작했다. 우선 解放이 전의 「노오트」를 추려 한 卷의 시집으로 엮고 命名하여 「하늘」이라 했고, 解放 뒤의 것은 「眞珠灣」과 「三八線」으로 나누어 두 冊의 시집을 꾸몄다."9) 해방기 시집 『三八線』은 1947년 9월에 출간되었지만 『眞珠灣』은 1954년 8월에 출간되었다. 『眞珠灣』의 후기에서 초허가 상세히 밝힌 것처럼 『眞珠灣』은 해방과 한국전쟁이라는 역사적 시련으로 인해 몇 차례 소실할 뻔한 고비를 겪고 나서야 출간될 수 있었다. 두 시집에 대해 초허는 "나는 내 집에 꾹 들어박혀 있는 동안, 滿五年間 끊었든 創作의 붓을 다시 더듬게 되었는데, 내 시집 「眞珠灣」에 수록된 것들이, 대개 이 시기에 씨어지기 시작했다. 담북 다섯해 동안 꽁꽁 얼어 붙었든 시정이, 경첩에 대동강 풀리듯이 술술 풀리어, 창작욕을 끝없이 북돋아 주는데는, 해방의 고마움을 다시금 만끽하지 않을 수 없었다./눈을 지긋이 감고 추억삼매에 잠겨 태평양의 풍운 속을 넘나들며, 혹은 인생여정의 그윽한 哀愁에 젖은 꿈 꾸는 듯한 기분이다가도, 문득 현실로의 창문이 열릴 때, 눈 앞에 벌어지는 광경에는 또한 몸서리를 치지 않을 수 없었다. 이

---

9) 김동명, 「나는 또 詩를 쓰고 있다」, 『暗黑의 장』(『김동명문학연구』7, 김동명학회, 2020, pp. 228~229.)

래서 씌어진 것이 바로 시집 「三八線」에 거두어진 것들이었다."10)라고 훗날 기록하기도 했다. 초허의 진술에서도 나타나듯이 두 시집 모두 해방 직후부터 월남전까지의 시기에 집필한 것이지만 『三八線』이 비교적 직접적으로 해방기의 풍경과 해방에 대한 소회를 노래한다면, 『眞珠灣』은 현실을 간접적으로 환기한다. 이 논문에서는 『三八線』에 나타나는 현실에 대한 풍자와 『眞珠灣』에 나타나는 알레고리적 상상력을 살피면서 초허의 해방기 시에 나타난 국가에 대한 상상력에 접근해보고자 한다.

풍자와 알레고리는 현실에 대한 비판과 고발과 저항을 형상화하는데 있어 유용하게 사용되는 수사법이다. 정끝별은 "좌·우 이데올로기 대립을 근간으로 하는 한국 현대사 속에서 이데올로기 및 정치 현실에 대한 알레고리는 우리 현대시에서 가장 쉽게 찾아볼 수 있다"고 지적하며, 이러한 유형은 정치 현실을 생경한 구호나 직접 진술을 피해 비유적이고 우회적으로 반영하는 동시에 시적 보편성을 획득할 수 있다는 장점을 지닌다고 지적한다. 또한 지배체제의 횡포나 억압에 맞서 싸울 수 없는 인간의 나약한 모습을 과장과 희화화를 섞어 풍자하는 것은 정치풍자적 알레고리의 일반적 형식이라고도 서술한 바 있다.11) 즉 풍자와 알레고리는 현실에 대한 비판적 인식을 토대로 한다는 점에서 유사성을 지닌 수사법이고, 해석의 관점에 따라 풍자냐, 알레고리이냐로 구분될 수 있지만 사실상 동시에 작동하는 것으로도 볼 수 있다.

이 논문에서는 현실에 대한 직접적인 발화를 풍자로, 우회적이고 간접적인 발화를 알레고리로 구분하여 『三八線』과 『眞珠灣』에서 나타난 국가적 상상력을 논의해 보고자 한다. 자주적이고 민주적인 국가를 꿈꾸며 현실에 대한 비판적 인식을 놓치지 않은 초허의 시적 상상력은 초허의 해방기 시가 지닌 문학사적 의미를 되돌아보게 할 뿐만 아니라 오늘날 우리 시는 어떠한 '국가'에 대한 상상력을 보여주고 있는가를 성찰하게 하는 계기를 만들어준다는 점도 이 논의의 출발점이다.

---

10) 김동명, 『모래 위에 쓴 落書』, 신아사, 1965, p.2 04.
11) 정끝별, 『시론』, 문학동네, 2021, pp. 196~200.

2. 『三八線』에 나타난 해방기의 현실 인식

해방 직후 초허는 흥남 중학교 교장에 취임했으나 1946년 3월 함흥 학생 의거로 투옥된다. 이 사건으로 고초를 겪은 초허는 "내 자신이 겪은 쓰라린 체험의 한토막"으로 기억되는 사건이라고 말하며 사흘 동안의 투옥 경험을 진술했고, 이는 「獄中記」에서도 나타난다.[12] 초허가 「獄中記」 연작에서 강조한 현실은 "『法』마저 행방 불명이 된 오늘"(「獄中記」 1)이다. "『法』의 不在를 틈 타" "나를 노리고 있는 怪漢"(「獄中記」 4)에게 위협당하는 자신의 처지를 토로하는 초허는 암담한 시대의 삶을 "심해에 사는 어류인양/시력을 잃었나 보다"(「獄中記」 2)라고 진술했다. 당시 함흥에 거주하던 초허에게는 해방의 기쁨보다 정치적 상황에 따른 위협이 목전을 겨누고 있었다.

초허의 진술에 따르면 1946년 7월부터 초허는 조선민주당[13]과 관계를 맺고 활동하기 시작했다. 초허가 월남을 결정할 수밖에 없었던 계기는 조선민주당이 공산주의 세력에게 완전히 포섭되고 민족주의 세력이 축출되는 데 따른 실질적인 위협과 불안이었다. 이때 당시의 심경을 초허는 다음과 같이 밝히기도 했다.

> 굶어 죽은 넋, 총 맞아 죽은 넋, 짓밟혀 죽은 넋…… 온갖 억울한 넋들이 「삼팔선이 여기드냐」 더위잡고, 「으흐, 으흐흐흐……」
>
> 아아, 민족 曠前의 受難일다

---

12) 한명섭, 「김동명의 산문에 나타난 현실 인식」, 『김동명문학연구』8집, 김동명학회, 2021, pp.92-93.
13) 조선민주당은 공산주의 세력에 대항하기 위해 조직된 민족주의 정당으로 알려져 왔으나 실제로는 공산주의 세력과 통일전선을 형성하면서 창당이 이루어졌다. 이북지역에서 민족주의 세력을 대변하는 정당의 필요성은 민족주의자들만이 아니라 공산주의자들도 공감한 바였고, 창당을 처음 제의한 것은 공산주의 세력이었다. 최초로 조선민주당 창당에 개입했던 이는 김일성이었고, 조만식에게 대중을 결집하여 정당을 조직할 것을 종용했다. 소련사령부에서도 해방 직후 1945년 9월 이북지역에 소비에트적 질서를 도입하고 말고 광범위한 반일연합을 기반으로 부르주아 민주주의 권력을 수립을 지시한 바 있으며 민족주의 세력에서 정당을 조직하라고 권고한 것으로 알려져 있다. 1945년 11월 3일 조선민주당이 창당되었고, 당수에는 조만식이 취임하였다. 조선민주당은 해방 직후에도 봉건 질서를 타파하기 위해 어느 정도 사회주의적인 정책의 필요성을 느끼고 공산주의 세력과 통일전선을 형성했으나 처음부터 공산주의 세력과 민족주의 세력의 통일전선은 불안정했다. 반일적 민주주의 세력과의 통일전선을 규정한 점은 동일했으나 양측의 통일전선 목표가 달랐기 때문인데, 공산주의 세력은 국내외 각 당파와 계층을 망라하는 민족대단결을 지어 일제 잔재를 숙청할 것을 주장했고, 조선민주당은 전민족의 통일을 내세웠다. 통일정부의 수립은 조만식이 소련군사령부와 처음 만났을 때부터 내세운 최우선의 목표였다.(김선호, 「해방직후 조선민주당의 창당과 변화」, 『역사와 현실』61호, 한국역사연구회, 2006, pp.286-291.)

> 역사의 惡戱, 운명의 嘲笑이 어찌 이대도록 심하뇨?
>
> 배를 갈라 창자를 뿌리어도,
> 肝臟을 끄내어 씹어 삼킨들 이 恨을 어이 풀이!
>
> 나는 이와 같이 격열한 감정 속에서 사뭇 몸부림을 치다가도, 밖앝에서 흰 눈이 펄펄 날릴 때면 「白雪賦」(같은 해 十二月七日作으로 되어 있다)나 「積雪賦」와 같은 고요한 抒情의 湖水에 沈潛하기를 잊지 않았든 것도 이때의 일. 새해(一九四七)로 넘어 와서도 나는 憂鬱한 神話, 列車風景, 民主主義 등 「三八線」系의 詩를 썼지마는, 때로는 벌써 오래 前에 돌아가신 어머니의 슬픈 最後에 생각을 달리기도, 木商 時代의 추억을 더듬어 「山」에 誘惑을 느끼기도 했다. 또 「湖水」나 「구름」의 浪漫을 따르다가 「새 나라의 構圖」를 흥겨롭게 그려 본 것도 이 무렵의 일이었든 것이다.
> (중략) 그런데 끊임 없이 솟든 感興도 三月로 접어 들면서부터는 비로소 落潮를 보이기 시작했다. <u>떠나야 한다는 생각이(이것은 곧 不安과 恐怖를 의미한다) 이 무엇 보다도 앞을 섰든 까닭이리라.</u>14)

이 글은 1946년 말부터 1947년 초의 심경을 밝힌 대목으로 해방기 시들의 창작 배경을 말해주고 있다. 조선민주당 활동을 하면서 도당위원장까지 맞게 된 초허는 이때부터 자신이 공산당의 감시의 대상이 되었다고 회고한 바 있다. 특히 민족주의 계열에 선 초허가 짧은 시간 동안 십만에 가까운 당원을 포섭하는데 성공하자 김일성 일당과 소련사령부 사이에서 중대한 정치문제로 간주되어 1946년 12월 중순 최용건(崔庸健)을 통해 '肅淸'이라는 명목으로 탈당을 통고했다고 한다. 이 이후 초허는 1947년 4월까지 외출을 삼가고 "방에 들어박힌채, 시를 쓰면서 탈출할 기회를 엿보앗"다.15)

해방 이후 월남 전까지 초허는 정치적으로 자유로울 수 없었을 뿐만 아니라 신변의 위협까지 느끼면서 월남을 준비하고 있었다. 1945년 12월 모스크바 3상회의 전후 시기 조선민

---

14) 김동명, 「나는 또 詩를 쓰고 있다」, 『暗黑의 장』(『김동명문학연구』7, 김동명학회, 2020, pp.226-227.) 밑줄은 인용자.
15) 김동명, 「越南記」, 『暗黑의 장』(『김동명문학연구』7, 김동명학회, 2020, pp.234-235.)

주당의 활동은 거의 알려진 바가 없지만, 초허가 조선민주당과 인연을 맺은 시기가 공산주의 세력이 조선민주당 개조활동 3단계에 돌입하며 신탁통치를 반대하는 조선민주당 민족주의 계열 인사들에 대한 축출이 진행되던 시기였다는 점에서 초허의 입지 또한 위태로울 수밖에 없었음을 짐작할 수 있다.16) 공산주의 계열 지도자인 최용건으로부터 탈당을 통보받은 사건에 대해 초허는 "하찮은 이야기꺼리 같기도 하나, 기실인즉 이것은 當時 北韓에서의 全般的이고도 性格的인 朝民黨運動의 「反動的」에 대한 强壓의 發火點을 이루었더라는 事實에서, 政治史的으로는 적지 않은 一事件"17)이라고 말했다. 따라서 이 시기의 "不安과 恐怖"를 견디는 초허의 복잡한 심경이 시와 무관할 수는 없으며, 초허의 해방기 시가 지닌 문학사적 의미는 이러한 창작 배경 없이 평가될 수 없음은 물론이다.

     교무실- 스토브를 빙 둘러
     입은 살았으나 주먹은 보잘 것 없는 위인 들이다.

     (…중략…)

     이윽고
     입은 噴火口 같이 터지나
     복도를 지나는 사환아이의 발 자최 소리에도 흠칫하는 겁쟁이 들이다.

     머리와 입만 남어 있는 몸뚱이 없는 사내들.
     『過歲 安寧 하시오』.

     오늘은
     일즉이 색동조고리를 입고 만나 본 일이 있는,
     그리고 三十六年만에 다시 만난 우리의 설날이다.

---

16) 김선호, 앞의 글, pp.297-298.
17) 김동명, 「越南記」, 『暗黑의 장』(『김동명문학연구』7, 김동명학회, 2020, p.234.)

-「설날」전문, 『三八線』

해방 이후 처음 맞이한 명절 설날의 풍경을 그린 이 시는 감격스러움보다는 무거운 분위기를 포착하고 있다. 설날을 맞이한 교무실에서 "스토브"를 둘러싼 무기력한 교사들과 "低氣壓"으로 표현된 무거운 교무실 분위기는 해방 후 처음 맞는 설날과 어울리지 않는다. 교무실의 가라앉은 분위기는 식민지 기간에 일제의 통치를 따르며 협력한 교사들을 바라보는 시적 화자의 심경을 투영하고 있다. 실제로 해방 직후에는 식민지배 당국자들에 의해 양성된 교육요원들이 별도의 재교육과정 없이 해방 이후 교육을 그대로 맡는 아이러니한 상황이 비일비재했다. 심지어는 일제강점기 조선총독부 시학관 경력자가 몇 해 뒤에 문교부장관이 되는 상황이 연출되기도 했다.18) 준비 없이 맞이한 해방은 일제의 잔재를 청산하지 새로운 질서를 정비하지 못하는 우리의 현실적 한계를 드러내고 말았다. 초허는 특히 자신의 안위만을 걱정하는 소위 교육자의 신분에 있는 자들의 위선적인 태도를 풍자하고 있다. "보잘 것 없는 위인", "겁쟁이", " 머리와 입만 남아 있는 몸뚱이 없는 사내들"을 향한 시적 화자의 새해 인사는 위선자들을 향한 초허의 조소이다.

이처럼 초허가 해방의 기쁨과 감격 대신 자조적인 감정을 드러낼 수밖에 없었던 까닭은 민족의 해방이 내적으로 실현되기 어려운 현실 때문이다. 뿐만 아니라 「運動會」라는 시에서 나타나듯이 당시 사회는 공산주의자들이 주도하는 일제 잔재 청산이 공포 정치의 형태로 시행되고 있었다. "한가지 不安은 요행 살아 졌으나 同時에 그보다 더 무섭고 더 어두운 不安을"(「運動會」) 느낀다는 시적 발화처럼 초허에게 해방기는 미래에 대한 불안과 현실적으로 해결해야 하는 난제들을 앞에 둔 시기였다.

> 이야기는 간단 하다.
> 主權 마는 異民族에게……
> 그리고 統監府는, 아니 委員會는
> 어데쯤 두자시오.
> 어허 李侯爵 閣下, 老兄은 실로 多福 하구려

---

18) 강만길, 앞의 책, p.64.

어느새 이렇게 많은 後裔를 가지셨소.

- 「託治1」전문, 『三八線』

三國 外相의 모처럼한 厚意니
달게 받자!(비록 國際奴隷의 지윌망정)
아아 이렇듯 장엄한 自己 拋棄가
이렇듯 담박한 外交的 退却이,
일즉이 어느나라 역사에 있었드냐.
이런 酬酌을 해자우리씨 껍질 뱉듯 하면서도
마음 놓고 鐘路 네거리를 건일수 있다는 것은
一面 民主主義朝鮮의 자랑이라구나 할까.
정권, 당세, 자기만족,
모도다 소중하지 않은바가 아니나
三千萬의 人質로는
아아 너머 무엄하지 않으뇨!

- 「託治2」전문, 『三八線』

 1945년 12월 미국, 영국, 소련 3국의 외상이 개최한 '모스크바 3상 회의' 이후 미국과 소련의 신탁통치가 결정되고 그 소식이 국내에 전해지자 처음에는 좌익과 우익 모두 반대의 사를 보였다. 그러나 조선공산당을 중심으로 하는 좌익진영은 찬탁 노선으로 전환하고 한국민주당을 중심으로 하는 우익진영은 반탁 운동을 통해 진영의 결속을 강화했다. 신탁통치 찬반 문제로 좌우익의 대립은 심화되어갔고, 미국과 소련은 서울에서 제1차 미소공동위원회를 열었으나 결렬되었다. 결렬 이후 이승만을 중심으로 하는 우익세력 일부가 남한 단독정부 수립 운동을 펴나갔고, 우익진영은 공동위원회 참가를 거부하면서 대대적인 반탁운동을 벌였다.[19] 신탁통치에 대한 이해나 '모스크바 3상 회의' 의정서에 대한 이해가 부족한 상황

---

19) 강만길, 『고쳐 쓴 한국현대사』, 창비, 2010, pp.267-270.

에서 임시민주정부 수립 문제는 제외된 채, 신탁통치만이 부각되면서 결과적으로 두 차례의 미소공동위원회가 결렬되고 모스크바 의정서는 준수되지 못한 채 남북한에는 분단 정권이 성립되었다.20)

이러한 상황에서 초허는 자국의 이익을 배면에 깔고 있는 미국과 소련의 신탁통치나 남한 단독정부 수립을 목표로 반탁을 주장한 이승만 모두를 비판하는 듯한 정치적 판단을 보여준다. 「託治」1, 2는 당시 정치 현실에 대한 초허의 비판적 생각을 드러낸 시로, 풍자적 뉘앙스로 "三千萬의 人質"로 삼고 "國際奴隸"로 만드는 신탁통치를 비판하고 있다. 초허는 강대국인 미국과 소련의 힘의 논리에 따라 한반도가 다시 한번 국권상실의 위기에 빠질 것임을 예측하면서 그러한 결정이 민족을 위기에 빠뜨리는 일임을 엄중하게 꾸짖는다. 우리 민족의 자주독립과 통일된 국가의 수립을 저해하는 외세에 대해서만이 아니라 "정권, 당세, 자기만족"을 위해 분단을 초래하는 정치 지도자를 향한 초허의 날선 비판은21) 노골적인 풍자로 나타난 것이다.22)

『三八線』에서 현실에 대한 비판적 인식을 보여준 초허는 시를 통해 자주적인 독립 국가 건설을 위해 필요한 가치를 언급하기도 한다. 그런데 「民主主義」, 「自由」, 「人權」 등의 시에서 보여주는 것처럼 초허가 국가재건을 위한 가치를 환기하는 방식은 그것을 규정하는 방식이 아니라 그것이 부재한 현실의 위기를 드러내는 우회적 방식이다.

---

20) 김영희, 「미군정기 신문의 보도 경향」, 『한국언론학보』 44호, 2000, p.39.
21) 초허는 공산주의 세력만이 아니라 "李侯爵 閣下"라는 말로 이승만을 향한 풍자도 드러낸다. 이것은 민족자결권을 인정한 「대서양헌장」(1941)에 대한 미국의 모순적 태도와 미국의 논리를 그대로 선전하며 이승만에 대한 비판을 담고 있다. 당시 「대서양헌장」에서 밝힌 민족자결권은 한국이 미소공동위원회에 신속한 자주독립을 요청하는 근거가 되기도 했고 언론매체들도 앞다투어 「대서양헌장」을 언급하며 민족의 자주적 독립을 외치고 있었다. 그러나 미군정은 「대서양헌장」 2조의 영토 변경은 당사국 국민의 의사에 따라야 한다는 의미를 축소하여 "의사표시의 자유", "언론자유 조항"으로만 해석했고, 이에 대해 한민당 등 자유주의 우파 세력은 이러한 문법적으로도 정합적이지 않은 미군정의 유권해석을 확대 재생산하고자 노력했다. 결과적으로 '모스크바 3상 회의'의 결과와 '대서양헌장'은 끊임없이 충돌을 일으켰다.(윤상현, 「주권, 세계 구상, 자유주의적 국제주의의 계보」, 『개념과 소통』 17, 한림과학원, 2016, pp.179-180.) 이러한 정황을 읽어낸 초허는 민족자결권보다 강대국의 요구를 받아들이려는 공산주의 세력만이 아니라 이승만과 같은 정치 지도자들을 비판하지 않을 수 없었던 것이다.
22) 사전적 의미에서 "풍자는 새로운 사회의 등장에 적응하지 못하는 구세대나 불합리한 권력의 가치관이나 체제를 공격하기 위한 문학적 표현이다. 대상에 대해 부정적 비판적 태도를 취하므로 아이러니와 비슷하지만 아이러니보다는 날카롭고 노골적인 공격 의도를 지닌다."(한국문학평론가협회, 『인문학용어대사전』, 국학자료원, 2018, p.1721.)

「아가, 門열어라」

「누구요?」

「엄마다.」

「엄마 목소리는 아닌데요..」

「목이 쉬어서 그렇구나.」

「그럼 여기 門 틈으로 손을 좀 보여주세요.」

아아, 보기에도 기겁을 할 호랑이의 발톱!

그러나 우리의 不幸한 아기들은 미처 나무 꼭다기로 避身할 겨를도 없었다.

-「民主主義」전문, 『三八線』

「民主主義」는 『三八線』과 『眞珠灣』에 중복 수록된 작품이다. 해방 이후 '민주주의'는 가장 정치적인 번역어였고, 해방 이후 나온 사전에서 '민주주의'는 핵심 항목이었다. '민주주의'는 식민지 시대와 해방 이후를 가장 극명하게 구별하는 단어로서 어떤 정치적 지향점을 가지고 있든지 자주적 민족국가건설이라는 목적을 위해 선취해야 할 목표였다.23) 그러나 아직은 '민주주의'가 어떤 구체성을 획득하거나 자생적으로 의미를 찾아가지는 못한 시기였다. 미군정은 매체를 이용하여 미국식 민주주의를 전파하고자 했으나 선전 매체들이 말하는 '민주주의'는 어떤 체계성을 갖추고 제도나 이념으로 정의되기보다는 "개인에게 행동 표현의 자유와 자존심을 줌으로서 발달한 완전무결한 실천철학"(엠 헨슨, 「민주주의 강좌」, 『새살림』2, 1947. 3. 10)이라는 피상적 개념으로 전달되는데 그쳤다.24) 우화적으로 서술된 이 시에서 호랑이의 거짓 협박에 위협당하는 "아기"는 우리 민족과 민주주의를 동시에 상징한다. 외부 강대국에게 문을 열어줄 때, 우리 민족의 미래도, 민주주의의 실현도 없을 거라는 경고의 메시지를 담고 있다. 이 시의 메시지는 간단명료하지만 이보다 중요한 것은 민주주의에 대한 초허의 생각이다. 초허는 민주주의가 무엇이라고 설명하는 대신 "아기"라는 표현을 통해 그것이 미완성의 상태로서 국가의 건설과 함께 성장해나가는 것임을 암시한다. 또한 "아기"

---

23) 박지영, 『번역의 시대, 번역의 문화정치』, 소명출판, 2018, pp.79-80.
24) 박지영, 위의 책, pp.83-84.

에 불과한 민주주의가 누구에게 문을 열어주느냐, 즉 어떤 정치 세력에 전유되는가에 따라 민주주의가 달리 실현될 수 있다는 점도 시사한다.25) 실제로 해방 직후에는 민주주의가 좌파들의 언어에 가까웠고, 단정 수립 이전까지는 이념적 선전전에서 승리한 소련보다 미국에 대한 반감이 강했다.26) 이런 정황을 고려할 때 해방기 초허가 살고 있던 함흥 지역에서 민주주의는 사회주의와 결부된 이념으로 선전되고 있었음을 알 수 있다. 초허는 이 시를 통해 강대국에 의한 민족자결권의 박탈을 그리고 아직 실현되지 않은 민주주의가 사회주의에 종속된 이념으로 성장할지도 모른다는 불안감을 동시에 드러낸 것이다.

>이 地方에 있어서 『自由』는 완전히 禁制品의 하나다.
>阿片쟁이처럼 門을 닫어걸고 조심 조심히 가저 보는 일이 있다할지라도
>들키기만 하는 날에는 罰보다도 천대가 더 무섭다.
>아아 레텔도 華麗한, 저 쇼윈도-안에 陳列되여 있는 自由!
>허나 이사람아, 그건 商品이 아닐세 그저 粧飾用으로……
>그러기에 손을 대서는 안된다네.
>
>-「自由」전문, 『三八線』

>人權.
>　이것으로 우리의 위대한 領導者들이, 낡은 世代의 骨董品처럼 저들의 客室을 粧飾하는것쯤은 거이 流行이기도 하지마는, 一般 庶民階級에서의 個人所有는 絶對 拒否다. 그러나 아모두 不平을 느끼지 않는다. 우리들에게 있어서 이것은 벌서 완전히 한 개의 奢侈品이므로……
>
>　이제 未久에 벌레들이 우리에게 婚談을 걸어 올른지도 모른다!

---

25) 민주주의라는 개념은 본질적으로 명확하게 정의내리기 어렵다. 민주주의가 근본적으로 함축한 역설 때문인데, 민주주의(Democracy)는 말 그대로 시민, 민중, 대중을 뜻하는 데모스(demos)의 힘으로 풀이된다. 민주주의에서 데모스는 통치자이자 피치자이다. 따라서 민주주의는 통치자와 피치자, 자유와 복종, 주체와 객체가 한 존재에게 동시에 머무는 매우 역설적인 체계라고 볼 수 있다.(고병권, 『민주주의란 무엇인가』, 그린비, 2011, p.13.)
26) 박지영, 앞의 책, p.85.

-「人權」전문, 『三八線』

「自由」와 「人權」에서도 초허의 풍자 정신이 드러난다. 국가재건을 앞둔 시점에서 자유와 인권은 절실한 가치였지만 해방기 한반도의 국민들에게 자유와 인권은 허용되지 않았다. 해방 직후 미군정은 언론의 자유를 허용한다는 방침을 가지고 있었으나 1945년 10월 30일 법령 제19호를 공포하여 신문 및 기타 출판물의 등록제를 실시하였고, 1946년 5월 29일에는 법령 제88호를 통해 신문 및 기타 정기 간행물에 대한 허가제를 실시하였다.[27]

이와 같은 상황에서 초허는 "自由"는 "쇼윈도-안에 陳列"된 "粧飾用"이 되었다며 "손을 대서는 안된다네"라는 과장 섞인 풍자를 보여준다. "人權" 역시 "庶民階級"에게는 "絕對 拒否"된 "奢侈品"과 같은 것이 되었음을 지적하며 머지않아 "벌레들이 우리에게 婚談을 걸어"올지도 모른다는 자조적인 농담을 건넨다. 초허에게 자유와 인권이란 누구나 누려야 하는 당연한 권리였음에도 이것조차 보장되지 않는 현실은 암담한 상황으로 여겨졌을 것이고, 정치적 지도자들의 사리사욕과 무능은 비판의 대상이었다. 하지만 직설적인 비판이 어려운 상황에서 초허가 택한 것은 풍자를 통한 현실 비판이었다. 과장된 표현으로 씁쓸한 웃음을 유발하는 이 시에서 비극적인 대목은 "自由"와 "人權"이 없는 인간은 "벌레"와도 같은 처지라는 인식이다. 민주주의, 자유, 인권이 무엇인가를 정의하거나 설명하는 대신 풍자적 뉘앙스로 그것이 없는 국가에서 우리의 삶은 위기에 빠지고, 우리는 천대 받으며 한 마리 "벌레"로 전락한다는 것을 초허는 예견한 것이다.

해방기는 일제의 억압적 통치와 지배로부터 벗어났다는 기쁨과 함께 어떻게 국가를 건설해나가야 할 것인가라는 현실적 과제에 직면한 시기였다. 냉전질서를 한반도에 기입시키는 미소 양국의 개입과 통치도 조선인들을 분열시키는 계기가 되었다. 찬탁과 반탁을 둘러싸고 촉발된 좌익과 우익의 이념적 대립은 각 개인의 자유를 제한할 수밖에 없는 날선 대립으로 치달았다. 이러한 시대의 한복판에 선 초허는 "歷史는/유유히 흘러간다, 강물처럼./우리는 강기슭에 피는 이름 없는 풀꽃."(「歷史는」, 『三八線』)이라고 역사를 관망하면서도 현실 정치에 대한 비판적 인식을 놓치지 않고 시를 통해 풍자화했다. 그 결실인 『三八線』은 부화뇌동하는 교육자들을 비롯하여 강대국의 권력에 영합하는 정치 지도자들을 비판하며 풍자의 대상으로

---

27) 김영희, 앞의 글, p.36.

삼는가 하면 한 나라를 건설하는 우리에게 부재한 가치와 이념이 무엇인가를 언급함으로써 그것의 중요성을 일깨우기도 했다. 현실에 대한 비판적 인식은 시에서 풍자적 태도로 나타난 것인데, 계몽적 태도를 지양하고 해방기의 모순적 현실을 꼬집으며 비판한 풍자 정신은 초기, 중기 시에서는 볼 수 없던 후기시의 특징이자 해방기 시문학의 성과이기도 하다.

3. 『眞珠灣』에 나타난 국가에 대한 상상력

초허는 시를 통해 역사의 한 페이지를 기록하는 동시에 앞으로 펼쳐질 미래에 대한 구상을 담고자 했다. 『眞珠灣』은 후기에서 밝힌 것처럼 1945년 8월 15일 이후부터 1947년 봄, 즉 내가 단신으로 월남하기까지의 사이에, 북향 서호에서 썼던 시들로, 일제 말기에서 해방에 이르는 역사적 상황을 배경으로 한다. 태평양전쟁을 환기하는 장소들을 형상화한 시편을 비롯하여 해방 이후 도래할 국가에 대한 초허의 기대와 이상을 담은 시에 이르기까지 역사 앞에 선 한 개인이 포착한 시대의 변화가 생생하게 그려진 시집이다. 하지만 『眞珠灣』에는 역사적 사건을 배경으로 한 작품 외에도 「白雪賦」, 「踏雪賦」1, 2, 3처럼 자연 현상에서 끌어올린 정적인 서정을 담은 작품에서부터 「아가의 말」, 「아가의 꿈」처럼 아버지로서 초허의 개인적인 생활을 소재로 한 작품들도 공존하고 있다. 하지만 시대적 현실과 무관해 보이는 시일지라도 해방기 민족의 수난과 초허 자신의 정치적 부자유, 현실적 위협과 압박 등에서 촉발된 "격렬한 감정"이 전제되어 있음을 간과할 수는 없다.28) 문학 작품에 대한 해석이 항상 현실적 상황에 종속되어야 하는 것은 아니지만 창작 배경의 특수성을 고려할 때 현실과의 관련성을 배제한 채 해석하기는 어렵다. 즉 '새 나라의 構圖'의 시들처럼 국가재건이라는 시대적 과제가 직접적으로 반영된 경우만이 아니라 '아가의 꿈', '庭園記1', '庭園記2'의 시들처럼 시대 현실이 드러나지 않은 경우도 '국가'에 대한 상상력을 함축하고 있는 것으로 해석될 필요성이 제기된다. 이 장에서는 국가재건이라는 역사적 현실과 시대적 과제에 무게를 두고 『眞珠灣』에 나타난 알레고리적 상상력을 논의해 보고자 한다.

『眞珠灣』의 5부에 해당하는 '새 나라의 構圖'에 실린 3편의 시는 앞으로 건설해나갈 국가

---

28) 김동명, 「나는 또 詩를 쓰고 있다」, 앞의 책, pp.226-227.

에 대한 기대와 이상을 직접적으로 표출한 경우에 해당한다. 「새 나라의 構圖」에서는 자신의 이상을 공간적으로 상상하면서 우리에게 필요한 이념을 직접 거론할 뿐만 아니라 독립국가로서 국제적 관계를 상상하면서 내부적으로는 평등의 이념을 실현할 것을 기대한다. 「새 나라의 일꾼」에서는 국가의 구성원으로서 우리가 지녀야 할 마음가짐을, 「새 나라의 幻象」에서는 어렴풋한 국가의 모습을 "어린 애기"에 비유하면서 "애기"가 "소년"이 되고, "소년"이 연주한 곡조가 땅에 내려 꽃이 피는 환상을 펼친다.

> 世界史의 指向이요 新生活의 原理인 「民主主義」의 花岡石으로
> 빈틈없이 壁을 쌓으라
>
> (중략)
>
> 高遠한 「民族的 理想」은 대청에 높이 걸어 대낮같이 환한 등불이 되게 하고
> 靈臺에 서리는 新羅의 달빛을 걸어 새나라의 꿈을 繡놓게 하라
>
> 이리하여 굳건하고도 화려한 새집 이루어지거든
> 하늘가에 흩어졌든 우리 겨레 함께 모여 살게 하라
>
> 勞務者와 企業人, 농민과 상인, 공무원과 문화인
> 모도 다 한 食卓에 앉는 한 家族이 되라
>
> 왼 家族이 있는 힘 다 바쳐서 새 나라의 榮光
> 日月 같이 온 세상에 빛나게 하라!
>
> ―「새 나라의 構圖」부분, 『眞珠灣』

해방 후의 국가재건을 "굳건하고도 화려한 새집"을 만드는 일에 비유한 이 시에서 초허는 '민족혼', '동포애', '독립 자주', '민주주의', '인류애', '이성'과 같이 국가의 기초적 이념을

호명했다. '민주주의', '인류애' 등은 새로이 건설될 국가가 세계사적 흐름에 맞춰 나아가야 한다는 인식을 반영하는 한편 '민족애', '동포애'는 "우리 겨레"가 "함께 모여" 통일 정부를 수립해야 한다는 점을 역설하고 있다.

다시 말해 초허는 우리가 건설할 국가가 일민족 일국가 형태의 근대적 민족국가 체제로서 내부적으로는 민주주의 원리에 기초해야 한다는 생각을 펼치고 있는 것이다. 이 시에서 민주주의에 대한 생각이 구체적으로 드러난 구절은 "勞務者와 企業人, 농민과 상인, 공무원과 문화인/모도 다 한 食卓에 앉는 한 家族이 되라"라는 대목인데, 초허가 민주주의를 구체적으로 사유하며 평등의 문제로 인식하고 있었음을 보여준다. 모든 구성원이 "한 食卓"에 앉는다는 것은 봉건적 질서로부터의 탈피만이 아니라 구성원 모두가 계급적 평등에 기초한 "한 家族" 즉 국민 혹은 인민의 자격을 지녔음을 의미한다. 당시 공산주의 세력이 노동자 계급 혁명을 주창하며 계급적인 대립각을 드러내는 것을 불안한 눈으로 바라본 초허는 모든 계급이 평등하게 공존하는 국가를 구상하고 있었음을 알 수 있다.

「새 나라의 構圖」가 국가재건에 필요한 이념과 가치들을 직접적으로 거론하면서 국가를 구성하는 기본적 이념과 방향을 제시한 시라면, 「새 나라의 幻像」은 국가의 도래를 상상하면서 아직은 실체가 드러나지 않은 국가를 미완의 형상으로 포착해낸 시이다. 여기서는 '아가'와 동의어인 '애기'라는 표현이 등장하는데, 이 시에서 "어린 애기"는 다름 아닌 도래할 국가에 대한 알레고리이다.[29]

　　　　드디어 문허저 가는 「카오쓰」 속에
　　　　눈이 보인다
　　　　코가 보인다
　　　　둥근 이마가 보인다

---

[29] 추상적 관념을 구체화하는 알레고리와 상징은 자주 비교되는데, 둘 다 원관념과 보조관념이 관습화된 관념으로 결합된다. 알레고리가 1:1로 대응한다면, 상징은 多:1로 대응한다. 상징이 숨겨진 다의적 원관념으로 인해 의미가 다양해지며 미확정적, 암시적 성격을 띤다면 알레고리는 설화성과 계기성이 강조되는 서술 구조와 의미화 과정을 일컫는다. 상징에서는 이미지가 관념을 결정하며 세계의 존재 양상이나 미적 가치 등에 관한 탐구를 표출하는 반면 알레고리는 관념이 이미지를 결정하며 현실과 밀접하게 연결되는 당대 삶의 가치나 시대정신을 표출하는 데 주력한다. 그러나 실제 작품에서는 상징적 의미와 알레고리적 의미가 동시에 작동하는 경우가 많고 작품을 보는 관점에 따라 다른 해석이 가능하다.(정끝별, 앞의 책, p.187)

미끈한 사지가 보인다⋯⋯

　　아아, 새 역사의 탄생이다
　　새 역사의 어린 애기를 안으라
　　새 역사의 어린 애기 앞에 禮物을 드리자
　　새 역사의 어린 애기 앞에 敬拜를 드리자

　　애기가 자란다
　　애기의 재주가 자란다
　　애기의 꿈이 자란다
　　애기는 이내 가슴이 수평선처럼 부푸러 오른 소년이 된다.

　　(⋯중략⋯)

　　비 바람에도 떨어지지 안는
　　된 서리에도 시들줄 모르는 꽃이란다
　　꽃 속에 우리가 있다
　　향기 속에 우리가 산다

－「새 나라의 幻像」부분, 『眞珠灣』

　초허는 국가재건에 필요한 이념과 가치를 과감히 밝히면서도 동시에 국가란 아직 알 수 없는 잠재적 상태이자 미완의 형상으로 존재하고 있음을 말한다. 이와 같은 이중적 태도는 해방기라는 역사적 상황에 대한 이해의 부족이라기보다 오히려 냉철한 인식에서 나오는 것이다. 오랜 식민지배로부터 해방되었으나 여전히 강대국에 의한 국권상실과 분단의 위기에 선 현실 앞에서 '국가'란 "문허저 가는 「카오쓰」"로부터 완전히 빠져나오지 못한 미결정적 상태의 존재와도 같은 것이기 때문이다.

　2연부터는 국가가 탄생하고 제 모습을 갖추어나가는 과정을 "어린 애기"가 "소년"으로 성장하는 과정에 빗대고 있다. "애기"라는 비유가 중요한 이유는 초허가 국가를 완성태로 인식하지 않고 지속적으로 변화하고 성장하는 생명체로 인식하고 있음이 보여주기 때문이다. 초허는 민족의 자주독립과 민주적인 국가에 대한 큰 기대를 지니면서도 국가가 완성된 형태로 오는 것이 아니라 변화, 생성의 운동을 하는 미결정성을 지닌 것임을 포착했고, 그것을 "애기"에서 "소년"으로 성장하는 인간적 주체로 표현했다. 이때 "애기"란 아직 실체화되지 않은 '국가'에 대한 '확장된 은유'이자 식민지배로부터 벗어나 국가재건을 모색해가는 해방기라는 특수한 상황을 담은 알레고리이다. 물론 "애기"가 성장하면서 변화하는 존재라는 점에서 초허가 상상하는 '국가'는 이미 존재하는 특정한 체제와 형태를 말하는 것이 아닌 잠재적이고 이상적인 공동체로 보아야 한다. 즉, 초허에게 '국가'는 정립된 형태의 체제가 아닌 가능성의 상태일 수도 있다. 그런 점에서 "애기"는 다의적인 맥락의 공동체라고 해석될 수도 있고, 이때는 상징에 가까워진다. 따라서 "애기"는 '국가'에 대한 알레고리와 상징이 겹쳐져 있는 표현으로 볼 수 있다.[30]

이 논의를 시집 전체로 확장해 볼 때, '아가'/'애기'라는 존재의 외연은 더욱 넓어진다. 이 시집의 2부에 해당하는 '아가의 꿈'을 보면 '아가'라는 표현은 근대적 민족국가 체제로서 '국가'에 한정되지 않고 아직 존재한 적 없는 이상적인 공동체의 차원으로 확장되기 때문이다. 「아가의 말」, 「아가의 꿈」, 「아가의 날」에서 엿볼 수 있듯이 '아가'는 "무엇이든지 될 수 있"(「아가의 말」)는 존재로 그려진다. 특히 「아가의 말」에서 시적 화자는 누구도 침범하거나 훼손할 수 없는 '아가'의 '말'과 '꿈'이 있음을 인정하고 적절한 거리에서 '아가'를 관찰하는 태도를 보여준다. 아가가 "말과 文法을 創造"(「아가의 말」)하는 존재라는 것은 '아가'가 새로운 빠롤과 랑그를 만드는 존재로서 자신의 법과 질서를 스스로 만들어나가는 존재라는 의미가 담겨 있다. '아가'의 성장을 지켜보는 조력자로서 시적 화자가 할 수 있는 일은 '아가'의 말로 "조그마한 辭書를 한卷 엮"는 일이다. '아가'의 말을 받아적으며 '아가'가 창조하는 새 문법, 법과 질서와 문화의 실현에 동참하는 것이다.

'아가'를 지켜보는 이 시들은 독립적 존재로 성장해나갈 국가를 환기한다. 현실 참여적 실천가이기도 했던 초허에게 해방 후 현실은 국가의 도래를 편안히 두고 볼 수만은 없게 만들었지만 이념적 차이 때문에 칩거할 수밖에 없었던 상황인지라 도래할 국가에 대한 기대와

---

[30] 정끝별, 『시론』, pp.188-189.

바람은 더욱 간절한 것이었는지도 모른다. '아가'는 취약성과 연약함을 지닌 미성숙한 존재이지만 동시에 무엇이든 될 수 있는 가능성과 새로운 세계를 구축할 수 있는 창조성을 지닌 존재이다. 초허는 아버지로서 '아기'를 지켜보는 경험을 통해 해방기의 혼돈 속에서 배태된 국가에 대한 알레고리적 상상력을 보여준 것이다.

6부, 7부에 해당하는 '庭園記'1,2에는 식물의 이름으로 된 시편들이 수록되어 있다. 식물의 이름을 호명하며 시적 화자의 감흥이나 소회를 드러낸 이 시들은 표면적으로 보자면 현실과 무관한 자연물에 대한 서정을 담은 시로 해석될 수 있다.「白合花」,「薔薇」등의 경우처럼 대상의 아름다움에 대한 감흥을 드러내거나「향나무」처럼 초허 자신이 지니고자 하는 삶의 자세와 가치 등을 투영한 시 그리고「梧桐」처럼 자신의 처지와 심정을 투영한 시들이 그러하다. 그러나 해방 이후 조선민주당 함흥 위원장을 맡고 활동하다가 공산당의 견제를 받으며 정치적 활동을 그만 두고 신변의 위협까지 느낀 초허가 외부 활동을 중단한 채 칩거했던 것은 월남을 준비하기 위함이었다. 당시의 초허가 현실에 무감한 채 자연에 대한 서정에 빠지기는 어려웠을 것이다. 오히려 '庭園記' 시편을 현실에서 벗어나고자 하는 서정으로 본다면, 초허의 '庭園'은 현실과 단절된 유폐적 공간이거나 도피적 공간으로 전락하고 만다. '庭園記' 시편들을 희망과 혼란이 공존하는 해방기의 알레고리로 읽어낼 때, 초허가 당시에 지닌 현실인식과 감정적 경험, 즉 국가재건이라는 역사 앞에 선 초허의 기대와 이상 그리고 혼란과 불안에 근접해 볼 수 있다.

조그마한 다래 넝쿨을 築山한 모퉁이에 옴겨 심은 뜻은
나의 庭園으로
白雲山 사슴이를 불러 들리려함이었다
한가위 咸興 대목 장으로 나려 온다는 童子人蔘을 誘引하려함이었다
長津, 甲山 큰 애기들의 흥겨운 멧노래를, 碧岩에 부딧는 물 소리와
함께 엿드르려 함이었다
그러나 나의 偉大한 野心은
언제나 벋을줄 모르는 다래 넝쿨을 탄식하며
오늘도 白雲山을 바라 쓴 웃음을 짓는구나

-「다래넝쿨」전문, 『眞珠灣』

시적 화자에게 정원은 아직 완성된 세계가 아니다. 화자는 땅을 일궈 "다래넝쿨"을 심은 이유가 "白雲山 사슴이", "童子人蔘", "長津, 甲山 큰 애기들의 흥겨운 멧노래"를 정원에 불러들이기 위해서라고 말한다. 즉 '庭園'은 신령하고 귀하고 아름다운 것들을 이곳에서 실현하고자 하는 "나의 偉大한 野心"과 노력 속에서 완성되어가는 장소인 것이다. '庭園'은 순수한 자연이라기보다 인간의 노력을 통해 더 이상적인 상태에 도달하게 되는 인공적인 장소로서 초허가 바라는 국가를 환기한다. 그러나 시적 화자인 '나'의 탄식처럼 초허 역시 자신의 노력이 결실을 거두기 어려운 상황에서 "쓴 웃음"을 지을 수밖에 없었을 것이다. 남과 북 민족 전체가 하나의 국가를 이루어야 한다는 신념을 위해 노력을 기울였음에도 불구하고 이념적 대립은 극심해지고 남북의 분단이 예상되는 시기에 초허는 좌절과 비극을 경험할 수밖에 없었다. 이 시는 월남 이전까지 해방기에 초허가 직면했던 현실과 그에 대한 좌절을 환기하는 알레고리인 것이다.

> 상징은 초역사적이고 통합적이지만, 알레고리는 시대적이고 파편적이다. 상징은 인류학적이지만 알레고리는 문화적이고 사적이다. (여기까지만 본다면, 본질주의 시와 '미래파 시'의 갈등은 상징과 알레고리의 싸움이라고 부를 만도 하다.) 그러나 알레고리는 바로 이 약점에 의지하여, 본질적이고 튼튼하다고 믿었던 삶의 토대가 얼마나 허망하며, 그래서 존재가 얼마나 부박하고 비극적인가를 알게 한다. 알레고리는 질서 속에서 혼란을 창조한다. 문제는 이 혼란인데, 삶의 비극성뿐만 아니라 새로운 가능성도 이 혼란 속에 있기 때문이다. 알레고리는 그 파편적 성질을 이용하여 현실의 고리가 거의 끊어진 자리에서 미래의 한 점을 향해 정신을 투기하고, 논리적으로 현실의 조건이 아직 성숙하지 않은 자리에서 그 현실의 질적 변화를 전망한다. (중략) 현실을 잊어버리지 않는 사람들에게는 이 초라한 현실이 그 조건을 그대로 간직한 채 더 큰 현실로 연결되는 한 고리가 죽음 뒤에나 볼 수 있을 것 같은 낯선 얼굴로 나타난다. 현대시는 그 얼굴을 알레고리라고 부른다.31)

---

31) 황현산, 「불모의 현실과 너그러운 말」, 『웹진 문장』 2010. 1.(https://webzine.munjang.or.kr/archives/8186)

황현산의 지적처럼 시인이 자신의 시를 통해 구현하는 알레고리는 "본질적이고 튼튼하다고 믿었던 삶의 토대"가 허망하고 부박하고 비극적인가를 보여주며 "질서 속에서 혼란을 창조"하지만 바로 그 혼란은 새로운 가능성의 계기가 되고 그것이 "현실의 질적 변화"를 초래한다. 초허의 '庭園記'가 지닌 문학사적 의의는 바로 여기서 찾을 수 있다. 해방기 민족의 운명은 당사자인 우리가 뒤바꿀 수도, 거부할 수도 없이 미소 양국의 결정에 따를 수밖에 없는 '국권상실'의 상태였고 냉전의 논리는 한반도 내의 이념적 갈등으로 치달아가고 있었다. 초허는 이러한 위기와 혼란 시대 한복판에서 우리 스스로가 나라의 주인이어야 한다는 의식을 드러내며 이상과 현실의 괴리를 토로했다. 「庭園行」은 초허가 느낀 이상과 현실의 괴리를 고스란히 담고 있다.

> 내게 비록 적으나마 國土와 臣民이 있거늘, 스사로 일커러 王이라 하기로 누가 감히 나를 僭稱이라하료.
> 왕의 거실을 엿보는 者 있거든 저 燦爛한 꾸밈과 高貴한 威儀를 한갓 俗된 눈으로만 求하지 말라. 壁에 드리운 몇 오리의 거미줄이 黃金의 장식을 대신하기로, 비스방울에 젖은 窓門의 얼룩이 반드시 一幅의 名畫만 못하라는 법은 대관절 어데 있느뇨.
> 房 바닥에 배를 붙이고 업디인 사나이를 보거든 그것은 懊惱의 바다를 헤엄치는 거룩한 姿勢인줄 알라.
> 憂鬱은 저 山水圖에 끼인 안개처럼 걷힐줄을 모르고 懷疑는 微風인양 짓굳이 머리 칼 밑으로 스며 들제,
> 孤獨은 王后 같이 언제나 곁에 있으되 언제나 점잖으나, 倦怠는 輕妄스러운 公主 모양 연방 「아바 마마」를 부르며 보채기가 일수다.
> 이런 때다. 나는 화ㅅ김에 곳잘 侍從도 다리지 않고 수레도 없이 國土巡遊의 길을 떠난다.
> (중략)
> 휘파람을 불며 오솔 길도 없는 西嶺에 올라 華麗한 眺望을 즐기고— 아아 내 版圖의 廣大함이여!--다시 거름을 돌려 回程을 밟는다.
>
> -「庭園行」부분, 『眞珠灣』

이 시는 "壁에 드리운 몇 오리의 거미줄이 黃金의 장식을 대신"하는 초라한 나라의 "왕"으로서 "臣民"을 살피기 위해 "國土巡遊의 길"을 떠나는 상황을 그리고 있다. 초허가 당시의 현실을 외면하지 않고 초라한 현실일망정 인정하고 수용하고자 한다는 것을 짐작하게 한다. 시적 화자는 자신을 "國土와 臣民"을 거느린 "王"이라고 스스로를 소개하는 동시에 "房 바닥에 배를 붙이고 업디인" 채 "懊惱의 바다를 헤엄치는" "사나이"임을 고백함으로써 "王"으로서 걸맞지 않는 삶을 살아가고 있음을 드러낸다. 대조적으로 느껴지는 "王"과 "사나이"는 국가의 주인이 되어야 하는 이상을 지녔으나 실제로는 나라의 주인으로서 아무런 권리를 실현하지 못하고 무기력에 빠진 현실의 괴리를 나타낸다. 시적 화자가 토로하는 "憂鬱", "懊惱", "懷疑", "孤獨" 같은 감정 역시 "王"의 처지에 걸맞지 않는 신분과 현실의 괴리에서 비롯된 것인데, 화자는 이를 부인하지 않는다. 오히려 "이런 때다"라는 표현을 통해 그러한 감정들을 수용하는 듯한 모습을 보여준다.

이 시에서 시적 화자가 느끼는 우울함의 원인은 구체적으로 드러나지 않지만 "大理石 圓柱처럼 奢侈로운 夢幻의 나의 殿에 오르면, 孤獨은 또 王后 같이 고요히 나를 맞어 주으니 저의 黃昏 같이 華麗한 목을 안고 黃金 키쓰를 사기자쿠나!"라는 맨 마지막 구절은 몽환에 가까운 상상을 펼치는 동안에도 고독을 떨쳐내지 못하는 시적 화자의 처지를 다시 한번 강조하고 있다. 「庭園記」 시편을 자연에서 느끼는 서정을 표출하는 시로 보기 어려운 이유가 여기에 있다. 나라의 주인인 "왕"으로서 시적 화자 지닌 근원적인 고독과 우울함의 정서가 이 시의 주된 정서를 이루고 있기 때문이다. 고독과 우울의 출처를 이해하기 위해서는 해방기의 혼란 속에서 감금 상태에 놓여야 했던 초허의 삶과 해방기로 돌아가야 한다. "시적 발화의 표면에 드러나지 않으나, 그 모든 발화가 지시하는 체계 바깥의 현상을 이르는 말이 알레고리"라고 할 때, 『眞珠灣』은 해방기라는 혼돈의 시대를 관통하며 한반도에서 펼쳐진 역사적 현실을 보여주기 위한 전략으로서 알레고리적 상상력을 펼친 시집으로서 해방기 시문학의 한 결실이다.

4. 맺음말

　초허의 해방기 시를 수록한 『三八線』, 『眞珠灣』은 해방 후의 풍경과 소회만이 아니라 역사적 혼란 속에서의 경험을 담은 시집이다. 일제의 식민지배로부터 벗어나 국가재건을 도모해야 했던 시기였지만 한반도는 강대국의 개입으로부터 자유롭지 못한 상황이었고, 민족의 자주독립과 민주적인 국가 건설은 요원해 보이는 갈등과 혼란이 거듭되고 있었다. 초허의 해방기 시에 나타난 국가에 대한 시적 상상력을 살피고자 하는 이 논문은 이와 같은 시대적 상황에서 초허 시의 알레고리적 상상력이 증폭되는 점에 주목하여 두 시집에 수록된 시들을 살펴보았다.

　해방 직후부터 월남전까지의 시기에 집필한 두 시집은 같은 시대적 현실을 배경으로 하지만 『三八線』에서는 보다 직접적인 현실 인식과 그에 대한 풍자가, 『眞珠灣』에서는 간접적인 방식으로 국가를 환기하는 알레고리적 상상력이 발견된다. 『三八線』은 부화뇌동하는 교육자들을 비롯하여 강대국의 권력에 영합하는 정치 지도자들을 비판하며 풍자의 대상으로 삼는가 하면 한 나라를 건설하는 우리에게 부재한 가치와 이념이 무엇인가를 언급함으로써 그것의 중요성을 일깨우기도 했다. 계몽적 태도를 지양하고 해방기의 모순적 현실을 꼬집으며 비판한 초허의 풍자 정신은 초기, 중기 시에서는 볼 수 없던 후기시의 특징이다. 이에 비해 『眞珠灣』에 실린 '아가의 꿈', '정원기' 1. 2의 시편에서 초허는 국가에 대한 다양한 상상력을 보여주었다. 아버지로서 자신의 아기를 돌보는 경험은 초허로 하여금 미완성된 국가에 대한 알레고리적 상상력을 촉발한 것으로 짐작된다. 초허의 시에서 자주 등장하는 '아가'는 도래하지 않은 공동체인 국가, 즉 아직은 미확정적이고 그 실체를 알 수 없는 잠재태로서의 국가를 환기하는 알레고리로 사용되고 있다. 또한 다양한 식물들로 가득한 정원을 거니는 시적 화자의 소회를 담은 '정원기' 1. 2의 시편은 정원이라는 공간을 통해 다양한 존재들이 공존하는 민주적인 국가를 상상하게 하는 동시에 나라의 주권자로서 국가 건설을 위해 자유롭게 뜻을 펼치지 못하는 현실적 상황을 환기하는 알레고리적 상상력을 보여주었다.

　초허에게 국가재건이란 미확정적이고 미완성의 상태에 있는 국가를 우리 스스로의 힘으로 성장시켜나가는 과정이며, 국가란 이미 존재하는 완성태가 아닌 잠재적인 상태로 존재하는 것이라 여겨졌다. 어떤 모습으로 성장해나갈 것인가는 결국 해방기를 맞이한 우리 자신의 손에 달린 것이었기에 초허는 현실에 대한 관심과 참여를 놓지 않았다. 자주적이고 민주적인 국가를 꿈꾸며 현실에 대한 비판적 인식을 놓치지 않은 초허의 해방기 시는 초허의 후기 시가 지닌 의의를 재고하게 할 뿐만 아니라 국가에 대한 상상력을 확장시킨다는 점에서 문학사적 의미를 획득한다.

<참고문헌>

1. 기본자료

김동명, 『三八線』, 문륭사, 1947.
_____, 『眞珠灣』, 이화여자대학교출판부, 1954.
_____, 『모래 위에 쓴 落書』, 신아사, 1965.
_____, 「나는 또 詩를 쓰고 있다」, 『暗黑의 장』, 『김동명문학연구』7, 김동명학회, 2020.

2. 논문 및 단행본

강만길, 『고쳐 쓴 한국현대사』, 창비, 2010.
강만길, 『역사가의 시간』, 창비, 2010.
박지영, 『번역의 시대, 번역의 문화정치』, 소명출판, 2018.
권영민, 『한국현대문학사』, 민음사, 2000.
권혁웅, 『시론』, 문학동네, 2010.
김선호, 「해방직후 조선민주당의 창당과 변화」, 『역사와 현실』61호, 한국역사연구회, 2006.
김영희, 「미군정기 신문의 보도 경향」, 『한국언론학보』44호, 한국언론학회, 2000.
김윤식, 정호웅, 『한국소설사』, 문학동네, 2007.
박지영, 『번역의 시대, 번역의 문화정치』, 소명출판, 2018.
엄창섭, 『김동명 연구』, 학문사, 1987.
윤상현, 「주권, 세계 구상, 자유주의적 국제주의의 계보」, 『개념과 소통』17, 한림과학원, 2016.
이민영, 「해방기 소설에 나타난 '국가-집' 표상 연구 -김동리, 김동인, 엄흥섭의 소설을 중심으로」, 『현대소설연구』49, 한국현대소설학회, 2012.
이행선, 『해방기 문학과 주권인민의 정치성』, 소명출판, 2018.
정끝별, 『시론』, 문학동네, 2021.
한국문학평론가협회, 『인문학용어대사전』, 국학자료원, 2018.

한명섭, 「김동명의 산문에 나타난 현실 인식」, 『김동명문학연구』8집, 김동명학회, 2021.
황현산, 「불모의 현실과 너그러운 말」, 『웹진 문장』 2010. 1.(https://webzine.munjang.or.kr/archives/8186)

<Abstract>

The poetic imagination of the 'Nation' during the liberation period
—Focusing on satire and allegories in 『The 38th parallel』 and 『Pearl Harbor』 of Kim Dong-myeong—

Jang, Eun-young(Chosun University)

This paper analyzed the poetic imagination of the Nation during the liberation period focus on The 38th parallel and Pearl Harbor of Kim Dong-myeong. The liberation period could not be free because of the involvement of external forces. And Inside, the ideological confrontation between the left and the right was confusing. During the liberation period, the Korean's writers expressed their willingness and desire to participate in the construction of national literature.

The 38th parallel and Pearl Harbor of Kim Dong-myeong are collection of poems that contains not only the scenery and thoughts after liberation but also experiences in historical chaos. In the 38th parallel, satire about direct perception of reality appears, and in Pearl Harbor, an allergenic imagination that evokes the nation appears. The 38th parallel satirized educators and political leaders pandering to the power of the great powers. And it reminded us of its importance by mentioning what values and ideologies are absent from us. Pearl Harbor showed an allergenic imagination of an unfinished country. The 'baby' that appeared in Kim Dong-myeong's poem was an allegory to the Nation that did not arrive. This is because the Nation was undecided and a potential state whose substance was unknown. In addition, he imagined a democratic Nation where various beings coexist through the space of the garden. And he showed an allergenic imagination that evokes a realistic situation in which he could not freely express his will as a sovereign.

While dreaming of an independent and democratic country, Kim Dong-myeong did not miss the critical perception of reality. He evoked reality through satire and allegories, while showing loneliness and depression during the liberation period. His later poem is a valuable achievement of the liberation period in that it expands the imagination of the Nation.

Keywords: the liberation period, The 38th parallel, Pearl Harbor, satire, allegories, Nation

안확의 민족문학사론 연구

전철희*

목 차

1. 머리말 : 문학사의 역사화를 위하여
2. '문학'의 재탄생
3. 민족의 한계 안에서의 역사
4. 민족문학사의 문화적 기원
5. 맺음말 : 안확의 역사철학과 민족문학사의 이념

<국문초록>

　본고의 목적은, 안확의 『조선문학사』가 민족문학사론으로서 갖는 가치를 밝히는 것이다. 안확은 신채호의 민족주의적 역사관과 이광수의 문학론을 부분적으로 계승했다. 그런데 신채호와 이광수는 각기 다른 이유 때문에 조선시대에 대해 역사적으로 바라보지 못했다. 반면 안확은 외국문물의 수용을 인정하면서도 그것을 극복할 민족적 정신의 존재를 확신했기 때문에 한반도의 총체적 역사를 서술할 수 있었다. 그의 문학사는 조선후기의 평민문학이 지닌 정신사적 의미를 논구했다는 점에서 이후에 나올 민족문학사의 구도를 선취한다. 이는 문학을 통해 민족적 정신의 발전 양태를 더듬는 민족문학사 서술이 제도적(관학적) 국문학의 정착 이전에 문화운동의 자장에서 자생적 맹아를 드러냈음을 보여준다.

　주제어: 안확, 한국문학사, 문화, 민족주의, 역사서술

---
*대진대학교 한국어문학과 강사

1. 머리말 : 문학사의 역사화를 위하여

한반도 최초의 자국 문학사인 안확의 『조선문학사』[1]는 조선청년회연합회의 기관지 『아성』에 연재됐다. 안확이 상무집행위원을 맡고 있던 이 단체는 "신문화의 건설"을 목표로 내걸고 1920년대 문화운동의 한 축을 담당하고 있었다. 한편 안확이 처음으로 문학을 논의한 글은 「조선의 문학」[2]인데, 이 글이 개제된 『학지광』은 조선유학생학우회의 기관지로 1910년대 실력양성론의 산실이었다. 수록지면의 나열만으로도 안확이 1910년대의 실력양성운동과 1920년대 초반의 문화운동의 첨병이었음이 얼마간 드러난다. 그의 문학사는 구습철폐와 신문물수용을 주장했던 우파적 계몽운동의 계보[3] 속에서 논해질 필요가 있다.

이 계보의 허두에는 1900년대 자강운동[4]이 온다. 갑오정변 무렵부터 신채호, 박은식, 장지연, 최남선 등은 한반도의 역사연구에 매진했다. 자국의 역사를 밝혀내는 작업이 민족의 기원을 찾고 선조에게서 교훈을 얻을 수단으로 여겨지는 시대였다. 하지만 이들의 담대한 이상에도 불구하고 당시의 지식인들이 서가에 틀어박혀 사료만 훑을 여유는 없었을 것이다. 근대화와 관련된 제반학문을 섭렵하고 각각의 정국에 맞는 글들을 매체에 발표하기에 바빴기 때문이다. 그들의 관심사 중에는 문학도 있었다. 사실 이 시대에는 '문학'이라는 용어가 정치적인 글 전반을 통칭하는 뜻으로 사용되었기 때문에, 그들이 내놓는 저술 대부분은 이 용어의 범주 아래 포섭될 수 있는 종류의 것이었다.[5] 근대화와 관련된 제반학문을 섭렵하며 박람강기를 뽐낸 만큼 자강운동가들이 특정한 분야에서 구체적 성과를 낸 것으로 보이지는 않는다. 사료가 부족하고 근대적(과학적) 학문의 방법론이 수립되지 못한 시대이기도 했고, 애국심을 고취하려는 목표에서 파생된 역사서술이 종종 학문적 엄밀성을 깎아먹은 탓도 있

---

[1] 안확, 『朝鮮文學史』, 한일서점, 1922.
[2] 안확, 「朝鮮의 文學」, 재일본동경조선유학생학우회, 『학지광』 6호, 1915.7.
[3] 실력양성운동은 '민족'의 신력을 선양함으로써 독립을 쟁취하려고 한 운동을 통칭한다. 이에 대한 개괄적 설명은 박찬승, 『한국근대정치사상사연구』(역사비평사, 1992)을 참조했다.
[4] 보통 이를 '애국계몽운동'이라고 칭해 왔으나, '애국'이라는 가치 지향적 개념이 학술적 용어의 접두사로 적합한지에 대해서는 논쟁의 여지가 있다. 이 문제를 너그럽게 넘겨준다 하더라도, '애국계몽운동'의 일부를 형성했던 대한협회와 서북학회의 일부, 그리고 청년학우회 계열 등의 행적은 '애국'이라는 단어 아래 설명하기 힘든 면이 있다. 따라서 본고는 실력양성을 통해 국권을 쟁취하려 했던 계몽운동을 '자강운동'이라고 칭하겠다. 박찬승, 「우리역사 바로알자 – '애국계몽운동' 잘못 알고 있다」, 『역사비평』, 역사비평사, 1990년 2월, p.282-288. 참조.
[5] 당시에 문학이 전인적인 것으로 여겨졌다는 사실에 대해서는 다음 책이 설명하고 있다. 최원식, 『문학』, 소화, 2012.

을 것이다.

안확의 자국사는 자강운동가들의 역사서술이 지닌 장단점을 거의 그대로 물려받았다. 그는 일본의 대학에서 수학을 했지만 특정분과의 학문에 매몰되지 않고 미술, 학예, 정치, 군사, 경제 등 다양한 분야를 섭렵한 딜레당트(Dilettante)였다. 그에게도 문학과 정치는 크게 분리되는 것이 아니었다. 『조선문학사』는 조선의 정신을 복원하고자 기획된 '조선문명사' 구상의 일부였다. 저자가 방대한 범위의 연구를 겸한 만큼 이 저술은 깊이와 전문성의 면에서 미진한 데가 있다. 더욱이 경성제국대학의 설립은 안확의 작업을 더욱 낡은 것으로 만들어 버렸다. 대학은 사료해석부터 논문작성법에 이르기까지 과학적 방법론을 전파하고, 인문학을 문학/역사/철학 등의 분과로 나누는 제도적 기구이다. 오늘날까지 이어져오는 국문학제도는 경성제대 출신의 김태준과 조윤제 등이 조선사연구회를 설립하고 각기 장르론적 저작을 집필한 1930년대에 형성됐다. 이들의 성과물에 비해 문학과 역사 분야에 양다리를 걸친 안확의 저작은 아무래도 밀도가 떨어진다. 새로운 제도가 수립될 때 전 시대의 문제의식은 빠르게 의미를 잃는 법이다.

문학과 역사학의 전문화 이후에 자생적 국문학 연구는 내리막길을 걷는다. '조선학'에 매진하면서 문학에도 관심을 견지한 민족주의적 계몽운동가의 명맥이 하루아침에 끊겼다는 뜻은 아니다. 가령 문일평, 정인보, 권상노는 대학의 외부에서 한반도 문학에 관한 나름의 의견을 개진[6]했다. 하지만 그들의 연구에서 문학이 차지하는 영역은 극히 미미하다. 그나마 산출된 결과물도 대학 출신들이 문학연구의 헤게모니를 잡아가는 과정에서 큰 영향력을 발휘하지는 못했다. 대학과 문단에 발을 담그지 않고 문학을 연구하는 사람은 뭔가 '비전문적'으로 보이는 시대가 되었다. 안확에게도 마찬가지의 말을 할 수 있다. 『조선문학사』 이후에 그가 발표한 문학론들은 아무래도 시대에 뒤떨어졌다는 느낌이다.

이 구도를 볼 때, 경성제대가 설립되기 1년 전에 안확이 상재한 『조선문학사』는 박람강기한 지식인이 문학과 역사학을 오가며 민족주의적 목적으로 완성한 문학사 중 역사적 의미를 부여받을 수 있는 유일한 것이라고 할 수 있다. 다른 지역들과 마찬가지로 한반도에서도 근대적 민족이 '발명'될 때 문학과 역사학은 지대한 공헌을 했다. 신문물에 매혹된 지식인들이 1900년대부터 수많은 시행착오를 거치며 '문학'과 '역사'를 재규정하고 민족주의를 세워가

---

[6] 이동영, 『한국문학연구사』(부산대학교 출판부, 1999) 참조.

는 과정은 지난했다. 안확은 이 개념어들이 자생적 민족주의의 권역에서 형성되어가는 도정에서 문학사를 집필했다. 이 점에 주목해서 보면 안확이 당시의 지식장(知識場)과 어떻게 상호작용했는지, 달리 말하면 그것으로부터 무엇을 배우고 어떤 점을 극복했는지에 대한 논의가 긴요하다는 결론이 나온다. 본고는 이런 관점에서 『조선문학사』가 지니는 의미를 규명하려 한다. 기존의 연구들[7]이 안확의 문학사에 대한 내재적 분석에 집중했던 반면, 필자는 '문학'과 '민족문학'에 대한 안확의 구상을 사상사적 맥락에서 살피는 일에 집중하겠다.

2. '문학'의 재탄생

1900년대의 한반도에서 인문학계는 나름의 활기를 띠고 있었다. 조선의 국운이 쇠하는 것을 보고 절박해진 지식인들이 다양한 단체를 조직하고 여러 매체를 창간해 문필활동으로 나선 덕이었다. 이 시대에 근대 문학의 맹아와 근대적 역사서술이 함께 나타났음은 이미 여러 논자에 의해 밝혀진 바다. 문학 분야에서는 계몽적 군담소설과 역사소설, 신소설과 신체시 등의 형식이 새로 등장했다. 역사 쪽에서는 신채호가 조선 최초의 근대적 역사관을 제시했다. 신채호는 역사가인 동시에 문학자이기도 해서 「천희당시화(天熙堂詩話)」[8]를 통해 '국시(國詩)개량론'을 제시하기도 했다. 그의 주장인즉 "詩란 子는 國民言語의 精華"여서, "講武한 國民은 其 詩부터 講武하며 文弱한 國民은 其 詩부터 文弱"하기 때문에 '강무'한 시를 써서 강한 나라의 초석을 다지자는 것이었다.[9] 문학이 민족의 정신을 표상하는 매개라고 본 신채호의 관점이 여실히 드러나는 대목이다.[10] 그래서 신채호는 말초적 쾌락에 탐닉하는 구소설과 통속문학을 비판하고, 과거 위인을 행적을 기록한 『을지문덕』, 『수군제일위인 이순신전』, 『최도통전』 등을 창작했다. 동시대의 박은식이 『동명성왕실기』, 『발해태조건국지』, 『

---

7) 이종두, 「안확의 조선문학사와 조선문명사 비교연구」, 성균관대학교 대동문화연구원, 『대동문화연구』, 2011.;김호적·최연식, 「자산 안확(自山 安廓)의 조선 민족사에 대한 이원적 접근 ― 〈조선문학사〉와 〈조선문명사〉를 중심으로 ―」, 『동양고전연구』, 동양고전학회, 2017.
8) 『대한매일신보』 1909. 11.9~12.4. 김주연은 엄밀한 고증을 통해 이 글의 저자가 신채호였을 것이라고 추정한다. 김주연, 「「천희당시화」의 저자 확정 문제」, 『신채호문학연구초』, 소명출판, 2012, p.469-513.
9) 상기 구절은 최원식, 위의글, 135쪽을 인용한 것이다.
10) 위의 책, 136쪽의 해석을 참조했다.

몽배금태조』, 『천개소문전』 등을 상재한 것도 같은 문제의식으로부터 말미암은 결과물이라 하겠다. 이 작품들은 양계초의 『월남망국사』와 『이태리건국삼걸전』 등에서 영향을 받은 것으로, 위인을 만들어냄으로써 민족적 자존심을 고양하고 강인한 기상 등을 교훈으로 제시하고자 쓰인 역사소설들이었다. 역사'소설'이라고 말하기는 했지만, 현재적 의미에서 문학의 범주에 넣을 수 있는 작품이라고 단언하기는 어렵다. 위인전기는 차라리 역사적 논픽션에 가깝기 때문이다. 하지만 1900년대의 상황에서 이 작품들은 분명히 '문학'이었다.11) 문학은 '문(文)' 내지는 '학문(學文)', '박학(博學)' 정도로 정의되고, 계몽적 의도를 갖춘 글이면 완결된 미학을 갖춘 예술형태가 아닐지라도 '문학'이 될 수 있는 시대였다.

　이 시대의 문학은 대부분 계몽을 목적으로 삼은 것이었다. 훗날 걷잡을 수 없이 통속화되는 신소설조차 본래는 근대문물을 찬양하고 풍속을 교화시키기 위해 창조된 장르였다. 강직한 투사 신채호에 비하면 세련된 지식인의 느낌을 지닌 최남선조차 문학을 대할 때는 계도적 관점을 견지했다. 그가 창간한 『소년』에는 나폴레옹, 잔 다르크, 워싱턴, 한니발 등의 위인에 대한 소개가 수록된 적이 있다. 비록 서양인을 소재로 삼았다는 점이 구별되기는 하지만, 바람직한 가치관을 선양하기 위한 전기(傳記)라는 점에서 신채호와 박은식의 역사소설과 크게 다르지 않은 글들이었다.12) 신체시 역시 독자의 진취적 기상을 함양하는 등 사회정치적 목적을 위해 창안된 형식이었다.

　문학이 지식전달을 위한 도구라면 그것과 역사, 지리 등의 인문학 지식 사이의 경계선은 희미해질 수밖에 없다. 최남선은 『소년』13)을 통해 전 인문학을 포괄하는 지식의 장을 선보이려 했다. 이 잡지는 서구에 대한 지식(인물, 자연과학, 지리)을 소개하고, 그것을 거울로 삼아 동양과 한반도의 지리 및 특수한 문화를 논의했다.14) 근대 초창기에 문학과 역사의 경

---

11) 1900년대에 역사·전기물은 소설(문학)의 하위갈래로 인식되었다. 권보드래, 「한국 근대의 '소설' 범주 형성에 관한 연구」(서울대학교 박사학위논문, 1999) 참조.
12) 류시현, 『최남선 평전』, 한겨레출판, 2011, p.47.
13) 일본에서 인문학이 문학, 역사 분과 등으로 분화된 것은 도쿄제국대학이 편제를 개편한 1880년대 말기에 이르러서였다. 『소년』(1908)이 참조한 『국민의 벗(國民之友)』(德富蘇峰, 1887)는 아직 대학이 학문을 독점하지 못했던 시절의 활기찬 통합적 지식 저널리즘의 한 전범을 보여주었다. 당대 일본의 지적 분위기에 민감했던 최남선이 굳이 20년 전의 잡지를 참조한 것은, 근대적 학문의 토대가 없는 조선에 알맞은 것이 『국민의 벗』과 같은 매체가 알맞다는 판단 때문이었을 것이다. 이 매체의 구도를 따올 때 문학을 계몽의 도구로 보는 관점은 최남선에게 논리적인 귀결이었다.
14) 오영섭에 따르면 조선광문회 출간 도서는 35종 59책인데, 『독국통감』이나 『택리지』 등의 지리/역사책 중심이었

계가 모호해지는 현상은 비단 한반도에서만 보이는 특수한 사례가 아니다. 역사와 문학은 국민국가를 지탱하는 두 가지 정신적 축을 형성하는데, 대학의 편제가 둘을 나누기 전까지 둘은 다양한 형태로 혼용된다. 신화에 가까운 문학작품을 사료로 삼아 역사를 서술15)하거나, 민족서사시의 형태를 띤 역사소설이 학문적 역사연구를 대체하는 경우도 일본이나 유럽에서 쉽게 찾아진다.16)

최남선은 이윽고 조선광문사를 설립하고 "역사적, 언어적, 도덕적 세 방면을 자주적, 근대적, 과학적으로 연구 설명"17)하는 데 도움이 되는 인문학 고전을 출간한다. 그 중 문학고전을 선별할 때는 '요긴함, 강건함, 고상함'18) 등의 가치가 기준이 되었다. 즉 한반도에서 긴요하게 필요한 작품, 강한 기상을 보여주는 작품, 품위 있는 삶을 보여주는 작품을 정전으로 삼으려 했던 것이다. 뚜렷한 계몽적 의모로 문학을 소개하다보니, 최남선은 소설의 중요한 부분을 발췌번역하거나 전체줄거리를 요약만 해서 지면에 수록하는 일에도 거리낌이 없었다. 이는 당시의 지식시장에서 최전선에 있던 최남선조차 문학 작품을 완결된 미학적 구성물로 여기는 데 이르지 못했음을 보여준다. 물론 이후에는 최남선도 문화의 중요성을 강변하게 된다. 하지만 1910년대에 시문독본을 낼 때까지도 문학을 통해 자기수양의 도구로 삼으라고 명시하는 것19)을 보면 최소한 자강운동기까지의 그는 계몽적 문학관을 엄격하게 고수했던 것으로 보인다.

문학이 하나의 지식으로 여겨지고 역사 등 여타 학문과 구별되지 않을 때 문학사는 쓰일 수 없다. 역사를 서술하기 위해서는 대상에 대한 개념화가 선행되고, 그 개념을 평가할 정도의 심리적 거리도 확보할 필요가 있다. 1900년대는 아직 문학의 자율적 특성에 대한 논의가 진척되지 못한 상태였다. 하지만 이런 상황이 변하기까지는 오랜 시간이 필요하지 않

다. 오영섭, 「조선광문회 연구」, 한국사학사학회, 『한국사학사학보』 3호, 2001년.

15) 일본의 예를 든다면, 역사에서 신화를 추방하려 했다는 이유로 1892년에 동경대학교 교수 구메 구니타케(久米邦武)가 해임당하는 일이 있었다.
16) Margaret Mehl, *History and the state in nineteenth-century japan*, 1998, ST. MARTIN'S PRESS, INC.(New York), 1998.
17) 최남선, 「十年」, 『靑春』, 14호, 1918년 6월, p.8.
18) 류시현은 『레미제라블(Les Miserable)』, 『로빈슨 크루소』, 『춘향전』 등을 분석함으로서 최남선이 이 가치들을 통해 고전을 재편성한 양태를 귀납한다. 류시현, 앞의 책, pp.50-57 참조.
19) 임상석, 「시문독본의 편찬과정과 1910년대 최남선의 출판활동」, 육당연구학회, 『최남선 다시 읽기』, 현실문화, 2009, p.204.

았다. 「천희당시화」가 발표된 지 불과 1년도 지나지 않아 이광수가 「문학의 가치」[20]를 발표한 것이다. 이 글은 문학이 "본래 '일반 학문'이러니, 人智가 漸進하여 학문이 점점 복잡히 되매 '문학'도 차차 독립이 되어 其 의의가 명료히 되"[21]었다고 전제한 후, 그것을 여타의 글쓰기 형태나 학문으로부터 구별할 필요성을 제기한 구성이었다. 이렇게 '문학'이라는 용어가 구체적으로 정의될 때, 그것을 역사적으로 맥락화할 수 있는 여지가 생겨날 수 있었다. 반대로 말할 수도 있다. '문학'이라는 개념의 윤곽을 확정하기 위해서는 문학사 서술이 선행되어야 한다. 하나의 용어를 정립하기 위해서는 그 용어가 가리키는 대상이 무엇인지를 가리키는 과정이 선행되어야 하기 때문이다. '문학'이라는 용어를 정의하려면 과거의 한반도와 외국에서 나온 허다한 글 중 어떤 것이 문학에 속하는지를 먼저 규명할 필요가 있었다. 그러니 이광수가 「문학의 가치」을 구체화시킨 문학론 「문학이란 何오」[22](1916)와 「부활의 서광」(1918)[23]을 통해 과거 한반도의 문학에 대한 평가를 시도한 것은 퍽 자연스러운 귀결이었다.

3. 민족의 한계 안에서의 역사

춘원은 한반도에서 근대문학의 태동 과정에서 가장 큰 역할을 맡은 문인 중 한 명으로 꼽힌다. 따라서 그의 문학론에 대해서는 이미 상당한 논의가 축적되어 있는 상황이다. 본고에서는 그 중 필요한 부분만 추려 간략하게 언급하고 넘어가겠다. 이광수는 '문학'이 'Literature'의 역어라고 선언했다. 물론 문학(文學)이라는 단어 자체는 고래의 동양에서부터 사용되어 왔다.[24] 이 용어를 서양적 의미의 문학(Literature)으로 재정립하기 위해 이광수는 '지(知)-정(情)-의(意)'론을 참조했다. 그에 따르면 문학은 '지'와 '의'가 아닌 '정'에 배타적으로 연결되는 종류의 글이다. 여기에서 '정'은 감성, 내면, 쾌락 등과 밀접하게 연관을 갖는다.

---

20) 이보경, 「文學의 價値」, 『대한흥한보』 11호, 1910년 3월.
21) 위의 글, 이광수, 『이광수 전집』 1권(삼중당, 1979년, pp.545-546)에서 재인용.
22) 이광수, 「文學이란 何오」, 『매일신보』, 1916년 11월 10~23일.
23) 이광수, 「復活의 曙光」, 『청춘』 12호, 1918.3.
24) 최원식, 앞의 책, pp.81-99 참조.

이 주장으로만 보자면 춘원은 이전의 문학관으로부터 급격히 이탈한 혁명가였다. 그런데 춘원이 철저하게 계몽주의적 문학관을 버렸다고 보기는 힘든 데가 있다. 감각만 탐닉하는 문학에 대해 비판한 이력도 있고, 스스로를 문사(文士)라 칭하며 민족의 지도자를 자처하거나 소설 속에 정치적인 주장을 삽입하는 일도 다반사였기 때문이다. 이런 점을 강조한다면 그는 자강운동기의 지식인들과 같은 계몽적 지식인의 계보에 속할 것이다.25) 요컨대 이광수는 낭만주의자와 계몽주의자의 얼굴을 함께 가진 야누스였다. 하지만 문학을 '정의 만족'에 배타적으로 종속시키는 감각이 선언적 효과를 발휘하고 이후에 전개될 자율적 문학론의 포부를 열어젖혔다는 점은 분명한 사실로 인정해야 한다.

문학을 재정립한 이광수는 의기양양하게 조선의 문학을 평가하는 작업으로 나아간다. 그에 따르면 동양은 온전한 의미의 문학을 만들어내지 못했다. "氣候 不調하고, 土地 不毛하여 生活이 困難한 土地(那國이나 地方)가 多한고로, 衣·食·住의 原料를 得함에 汲汲하여 知와 意만 중히 여기고, 情은 賤忽히 하여 此를 排斥하여"26) 왔기 때문이다. 그래도 삼국시대에는 찬란한 문명이 꽃피었던 만큼 수준 높은 문학적 성취를 산출했을 수도 있다. 그런데 조선의 사대부들은 "愚하게도 中國 思想의 奴隸가 되어 自家의 文化를 絶滅"27)한 나머지 고유한 문화를 만들지 못했다. 때문에 "우리는 過去에는 世界文化에 아모 것도 貢獻한 것이 업고 現在 母論 過去만도 못하다"28)고 이광수는 결론짓는다. 물론 이 평가는 엄정하지 못하다. 동양이 경제적 조건의 낙후함으로 문화가 정체되었다는 전제부터 어불성설이거니와, 한글의 창제 이후에도 한문을 고집했다는 이유로 조선의 문학이 삼국시대보다 퇴조했다는 가설도 비약이다. 하지만 이광수에게 자신의 평가가 정합성을 갖고 있는지의 여부는 중요하지 않았다. "朝鮮文學은 오직 將來가 有할 뿐이요, 過去는 無하다"29)고 말함으로써 새로운 문학의 도래를 예언할 수만 있으면 그 논거야 아무래도 좋았을 것이다.

이광수가 조선의 문화 전통을 송두리째 부정하게 된 이유는 다층적이다. 불우한 유년기의 경험이나 개인의 섬세한 자의식 등 개인적 내면요소가 어느 정도 영향을 끼쳤음은 분명한

---

25) 최원식, 「기원론의 이력」, 앞의 책, pp.41-78.
26) 이광수, 「文學의 價値」, 『이광수 전집』 1권, p.546.
27) 이광수, 「文學이란 何오」, 『이광수 전집』 1권, 삼중당, p.555.
28) 이광수, 「우리의 理想」, 재일본동경조선유학생학우회, 『학지광』 14호, 1917년 11월, p.3.
29) 이광수, 「文學이란 何오」, 『이광수 전집』 1권, 삼중당, p.555.

사실로 보인다. 일본식민사학의 감염력도 간과하기는 힘들다. 일본의 관학계는 자신들이 "청결우미한 국민의 고유사상은 장엄한 중국사상과 유원(幽遠)한 인도사상을 융화하며 확실히 동양문화의 정화를 모았다"30)는 서사31)를 만들어 냈고, 그에 비해 조선인은 하등의 창조적 재주가 없이 정체만 거듭하는 민족으로 규정하기 예사였다. 이광수는 "조선에 정신문명의 상징이랄 것이 전무하다"는 시마무라 호게츠(島村抱月)의 단언을 무비판적으로 승인한 것으로 보인다.32) 조선에 '정신문화'가 없었다는 인식은 이광수 자신의 사상에도 부합했다. 그는 사회진화론의 열렬한 신봉자였는데, 적자생존의 논리를 받아들이는 순간 망국에 다다른 나라에 창조적 문화가 있을 리 없다는 결론을 피하기는 어려워진다.33)

우국지사형 지식인의 전범인 신채호조차 이런 논리에서 벗어나지 못했다. 그가 최초의 근대역사가로 평가받는 이유는 "주자학적인 명분론과 정통론 그리고 사대주의적인 존화사관을 철저히 비판"34)했기 때문이다. 이는 사대부들의 지적 전통을 오롯이 부정했다는 뜻이기도 하다. 한때 신채호는 박은식의 유교구신(求新)론에 공명하며 유교의 정신은 곱씹을 만한 교훈이 있다고 보았다. 그런데 한일합방이 다가오고 망국의 원인을 찾을 필요가 생기자 유교는 비판의 표적이 되었다. 그것은 문약(文弱)한 습속을 만들고 전제왕권을 옹호하며 사덕(私德)을 중요시한 나머지 국가의 공동체성을 경시하게 만들었다는 점에서 하등 가치가 없는 도덕관을 지녔다고 폄하됐다.35) 역사가 '아와 비아의 투쟁'이라는 선언부터가 우승열패의 신화를 받아들인 결과였던 차에, 신채호는 병약한 국가였던 조선을 변호할 이유가 없었다. 대신 그는 한반도의 기원에 단군을 배치하고, 부여족의 활약을 칭송했다. 상고시대까지만 해노

---

30) 塩井雨江, 高橋龍雄, 『新體日本文學史』, 普及社, 1902, p.2쪽(정병호, 「한국의 <조선문학(사)론> 형성과 중국사상의 표상 - <일본문학사> 및 <조선(인)론>의 비교를 통해」, 『일본학보』 제81집, 2009년 11월, pp.179-193에서 재인용)

31) 일본의 역사학계에서도 같은 흐름이 있었다. 가령 일본의 역사학자 시라토리 쿠라키치(白鳥庫吉)는 유학이 중국에 끼친 영향을 부정적으로 평가하면서도, 일본에서 유학의 정신은 긍정적인 영향을 끼쳤다고 평가했다. 스테판 다나카 저, 박영재·함동주 역, 「'지나': 중국으로부터 일본의 분리」(『일본 동양학의 구조』, 문학과지성사, 2004, pp.173-222) 참조.

32) 춘원, 「復活의 瑞光」, 『청춘』 12호, 1918.3, p.19-25. 상기 구절은 윤영실, 「최남선의 근대 '문학' 관념 형성과 고전 '문학'의 수립」(국어국문학회, 『국어국문학』 제150호, 2008.12, pp.457-484)에서 재인용했다.

33) 이재선, 「이광수의 진화론 사상」, 『이광수 문학의 지적 편력』, 서강대학교 출판부, 2010.

34) 조동걸 등, 『한국의 역사가와 역사학』 하, 창작과비평사, 1994, p.87.

35) 유근호, 「한·일 국학사상의 중국관과 자국관의 비교: 신채호와 모토오리 노리나가의 반중화론을 중심으로」, 박충석·와타나베 히로시 등, 『국가이념과 대외인식』, 아연출판부, 2002, pp.205-206.

한반도의 사람들은 빛나는 문명을 이룩했는데, 신라의 최치원과 고려의 김부식 등 모화주의자(慕華主義者)들이 등장하고 무비판적으로 중국을 따라하면서 조금씩 고유한 미덕을 잃어갔다고 신채호는 생각했다. 이 서사는 한반도의 역사를 점진적 퇴화라고 판단한다는 점에서 이광수의 인식과 궤를 같이 한다.

신채호가 총체적 역사학을 수립하지 못하게 된 까닭도 여기에 있다. 1900년대까지 그는 통사적 편년체 역사서술법을 거부하고, 사평(史評) 형식의 글을 통해 조선의 무능력을 비판하거나 상고시대의 찬란한 역사를 찬양하거나 과거에 기백을 가졌던 영웅의 애국정신을 함양시키려고 했다. 조선은 욕을 먹어 마땅한 국가였던 탓에, 자랑스러운 민족의 기상을 널리 알리려는 신채호의 역사에서 주변부를 맴돌 수밖에 없었다. 망명 이후에도 신채호는 민족정신(國粹)을 확립하기 위한 역사서술을 이어가는데, 이때의 대상은 상고시대로 한정되었다. 헤이든 화이트는 역사를 서술하는 과정에서 어떤 사건이 역사적이고 어떤 사건이 비역사적인지에 대한 역사가의 평가가 개입한다는 점을 지적한다. 보통 사람들은 문화적 환경과 연관되는 사건을 역사적이라고 보고, 자연환경과 연관되는 사건은 비역사적이라고 판단한다. 이것은 사람들이 아주 먼 옛날을 역사의 범위에서 벗어난 선사(先史)시대라고 규정해버리는 까닭이기도 하다.36) 신채호는 반대 편향이 있어서, 보통은 신화의 영역으로 여기는 고대사를 역사의 중심에 놓고 비교적 최근인 조선은 역사에서 조금씩 배제시키는 모습이 드러난다. 아마 조선의 사대부들이 선사시대 조상들의 '낭랑정신'을 잃었다고 여긴 까닭일 터이다.

물론 역사가는 종종 반성의 자양분을 제공할 만한 과거를 현현하고자 암흑기에 대한 역사를 쓸 때도 있다. 가령 경술국치 이후에 박은식은 조선이 망해가는 과정을 되돌아보며 직접적으로 교훈을 이끌어내고자 『한국통사』(1915)를 서술했다. 이 책은 "우리 민족에게 뼈아픈 고통의 역사를 통해 지치심(知恥心)과 지통심(知痛心)을 유발함으로써 독립운동의 정신적 동력을 제공"하려는 의도로 쓰였다.37) 하지만 문화적 전통이나 민족적 정신을 중심으로 역사를 서술한다면 이런 정치적 암흑기를 대상으로 삼을 수는 없었을 것이다. 자국의 선조에게서 물려받을 교훈을 소구할 때 조선은 공백으로 남아있어야만 하는 시기였다. 이광수가 조

---

36) Hayden White, *"The Question of Narrative in Contemporary Historical Theory"*, The Content of the Form, The Johns Hopkins University Press, pp.55-56.
37) 조동걸 등, 앞의 책 p.102.

선문학을 대하던 태도도 이 맥락으로 설명할 수 있다. 한문학을 중국의 지방문학이나 모작 정도로 치부했던 그의 속문주의에 대해서는 인정한다고 쳐도, 그는 분명 한글로 창작된 작품의 존재 정도는 알았을 것이다. 조선의 문학이 열등한 것도 아니고 전무하다는 그의 단언은, 이 시대에 문화적 성취가 이루어졌을 리 없을 것이라는 확신으로부터 비롯된 결과로 보인다. 이런 인식으로 말미암아 그는 한반도에서 최초로 제대로 된 문학을 하고 있다는 자부심을 가질 수 있었다. 반면 안확은 이와 조금 다른 길을 걸었다.

4. 민족문학사의 기원

이광수의 문학론은 혁명적이지만 당대의 담론적 분위기로부터 아주 멀리 떨어져있는 것은 아니었다. 1910년 정도부터 문명론은 문화론으로 대체되어갔다. '문명'이 주로 물리적, 이성적인 것을 의미하고 기술발전, 부국강병 등에 연결된다면, '문화'는 개인적, 정신적, 윤리적인 영역을 지칭한다. 문화담론의 대두는 심미적 예술과 사적인 문제를 논의할 환경을 만들어주었다.[38] 시대적 분위기는 문학의 자율성을 옹호하는 논자들의 등장으로 이어졌다. 가령 최두선은 1914년에 『학지광』을 통해 "文學은 글 가운데에 情意를 늣는 거"[39]라고 정의했다. 춘원이 그랬듯 당시의 논객들은 문학의 자율성을 옹호하면서 내심 그것이 어떻게든 사회계도적 성격을 지니기를 열망했다.

안확도 예외는 아니었다. 그가 처음으로 문학을 다룬 글 「조선의 문학」은 이광수의 「문학이란 何오」와 1년 터울 밖에 나지 않는다. 두 글의 논지는 크게 다르지 않다. 「조선의 문학」의 서두항목 "文學은 何오"은 "文學은 美感想을 文字로 表顯하는 것이라"고 정의한다. 미감(상)에 대한 강조는 이광수의 낭만주의를 떠올리게 한다. 하지만 또한 안확은 문학이 "人의 思想을 活動식히며 理想을 振興식히는 機械"[40]라고 주장한다. 다분히 문화론의 자장 아래에서 선별된 용어들이 돋보인다손 치더라도, 저자가 계몽적 문학관에서 크게 탈피하지 못했음

---

[38] 류준필, 「'문명', '문화' 관념의 형성과 '국문학'의 발생」, 민족문학사학회, 『민족문학사연구』 18권, 2001, pp. 27-28.
[39] 최두선, 「文學의 意義에 關하야」, 재일본동경조선유학생학우회, 『학지광』 3호, 1914.2.
[40] 안확, 「朝鮮의 文學」, p.64.

을 보여주는 대목이라 하겠다. 한편 안확은 시가, 소설, 서사문, 서정문을 순문학이라 칭하고 서술물, 평론문 등을 잡문학이라 명명했다. 비록 '잡(雜)'이라는 접두사를 붙이기는 했을지언정 정치적 언설을 문학의 범주에 넣은 것은 그가 1900년대까지 통용되던 계몽적 문학관의 미명에서 벗어나지 못했음을 확실히 증명한다. 문학을 '정의 만족'과 배타적으로 연결시키고 시, 소설, 극, 논문41)으로 장르를 나눈 이광수에 비하면 이런 논지는 얼마나 온건한 것인가.

물론 이 사실을 놓고 안확과 이광수 사이의 우열을 논해서는 안 된다. 둘은 서로의 관심사가 달랐을 뿐이다. 안확은 '문학'이라는 용어를 새로 정립하는 일 대신 기존의 한반도에서 흥망한 문학의 경과를 확인하는 작업에 나선다. 이광수가 신문학건설에 나선 문사(文士)라면 안확은 자국문화의 역사를 검토하는 연구자 쪽에 가까워졌다. 물론 이런 분리는 자강운동기에 생겨날 수 없었던 것이다. 1900년대는 문학과 역사의 목표가 일치하고 역사를 서술하는 것이 곧 문학에 종사하는 것이 되는 시대였다. 안확과 이광수의 경우와 같은 역할분화는 1910년대 이후 역사와 문학(문화)의 분리 이후에야 가능한 일이었다.

「조선의 문학」은 본격적인 문학사가 아니다. 그러나 문학의 역사를 대략적으로나마 되돌아봄으로써 안확은 자신의 논지를 뒷받침할 근거를 얻었다. 그는 유교의 병폐를 지적하고 한문학만 계승하고 있는 유생들의 보수적 습속을 비판하려 했다. 「조선의 문학」은 한반도에 자주적 문화가 빛나던 상고시대가 있었다고 본다. 그런데 한자의 전파, 불교와 유교의 잇따른 유입으로 그것이 점점 힘을 잃어갔다고 보았다. 조선의 역사를 쇠퇴로 인식한다는 점에서 신채호나 이광수의 평가와 크게 다르지 않은 것이라 하겠다. 특히 유교에 대한 안확의 반감은 누구에게 뒤지지 않을 정도였다.

春秋에 對하야는 孔子가 罪人이라고 이믜 自白한바어니와 詩畵의 刪定에 對하야도 孔子가 支那의 歷史上文學賞의 大罪人됨은 余의 公眼으로 判決하노라.42)

안확이 보기에 공자가 조선에 끼친 해악은 다음과 같다. ① 유학자들을 사대주의에 빠지

---

41) 여기서 논문(論文)은 에세이 정도를 뜻한다.
42) 안확, 「朝鮮의 文學」, 재일본동경조선유학생학우회, 『학지광』 6호, 1915년 7월, p.70.

게 만들었다. 그 결과 사대부들은 조선의 건국자가 단군이 아닌 기자라고 오해하게 되었다. ② 당파싸움을 조장했다. ③ 새로운 진보적 사상이 수입되지 않게끔 막았다. ④ 겉으로는 애국심, 애민주의를 주창한 듯 보이나 실은 이기주의에 가까운 개인주의를 조장했다. ⑤ 글 짓는 재주만 숭상해서 병역과 체육을 등한시하게 만들었다.[43] 이런 안확의 평가를 오늘날 전적으로 긍정하기는 힘들다. 이것이 당시에 근대적 신문물을 수입하려고 하던 지식인들 사이에서 보편적으로 통용되는 입장이었음을 감안하면서 읽어야 하겠다.

이상의 역사적 평가를 경유해 안확은 "固有의 文學과 神聖의 精神을 發揮하"[44]는 문학의 재건을 주장한다. 유교와 한문학을 비판하고 '신문학'의 필요성을 역설하는 그의 논지는 이광수와 유사할 수 있다. 하지만 문학이 종교적 목적에서 생겨났다고 단언하며 조선인이 응당 가져야 할 민족정신(조상과 신에게 공경하는 마음가짐)의 복원을 주창할 때 그는, 상고시대로 거슬러 올라가 조상들의 정신과 기백을 발굴하던 신채호와 닮아 보인다. 말하자면 '조선의 전통'을 계승하면서 '현대적'인 문학의 개발에 착수하자던 안확의 주장은, 계몽적 민족주의(자강운동)의 역사서술 전통에 발 딛고 신문학의 필요성을 강변한 것이라는 점에서 독자성을 인정받을 만하다.

흥미로운 것은 안확이 사대부들의 유교추종을 근거 삼아 남의 것을 쉽게 모방하는 조선인의 습속을 유추해낸다는 점이다. 더 나아가 그는 당시의 젊은 문인들이 구주문학의 퇴폐적인 면에 탐닉하는 것도 그런 기질로 인한 결과라고 단정 짓는다. 이 대목은 우리의 주목을 요한다. 야간은 식민사관의 논리로 수렴하는 것을 감수하면서까지 조선인의 일반적 특성을 찾으려는 안확의 지적경향을 보여주기 때문이다. 후에 그의 역사서술은 '조선인의 민족성'을 찾아내는 데 주안점을 두게 될 것이었다. 물론 그는 가급적 긍정적인 민족성을 찾으려고 애썼고, 『조선문학사』를 쓸 때에는 더욱 그런 편향이 강해졌다. 가령 조선인이 외국의 문물을 잘 모방한다는 「조선의 문학」의 평가는, 『조선문학사』에 오면 조선인이 외국의 문물을 비판적으로 수용할 능력이 있었다는 상찬으로 뒤바뀌어 버리고 만다.

물론 큰 틀에서 보자면 「조선의 문학」의 논조는 『조선문학사』까지 계승된다고 할 수도 있다. 『조선문학사』는 상고시대에 조선인은 순수한 자질을 지녔다고 보았다. 그 당시의 사

---

43) 위의 글, pp.71-72.
44) 위의 글, p.73.

람들은 종(宗)을 지키고 신실하게 단군을 숭상했다는 것이다. 그런데 이런 조선인의 미덕은 불교와 유교의 유입으로 변화를 겪게 된다. 하지만 그 변화가 꼭 부정적인 것만은 아니었다. 불교는 한반도의 문화가 만개할 수 있게끔 도와주는 거름이 되었다. 유교는 비록 온갖 단점을 노정한 사상이지만, 문자언어가 없던 상황에서 한자의 수입은 조선의 문화적 발전에 어느 정도 기여한 측면이 있다. 한글이 반포된 이후에도 중국의 문화를 모방하는 데 급급한 사대부는 비판받아 마땅하지만, "漢文利用의 附帶條件으로 入한고로 精神이 儒敎로 化치는"45) 않았던 것이다. 사대부의 전횡과 임진왜란의 참상을 목도한 평민들은 조선후기에 새로운 문화를 만들어냈는데, 거기에는 조선인 "본래의 정신"인 "義氣武勇, 祖先崇拜, 國民的 思想"46) 등이 남아있다고 안확은 주장한다.

이런 역사적 개괄을 통해 안확은 조선이 문화적 개방성을 인정하면서도 자국의 고유한 정신이 전승되어 왔다고 평가한다. 그렇다면 오늘날의 사람들은 "義氣武勇, 祖先崇拜, 國民的 思想" 등 고유한 민족적 정신을 간직하면서도, 현명한 선조들과 같이 외국의 사상을 주체적으로 수용해야 할 것이다. 즉 "耶蘇敎던지 儒敎던지 佛敎던지 流入할 時도 잇고 排斥할 時도 잇스매 그 取捨의 精神은 現在 事業을 爲한 功用을 取한 것이라 고로 保守할 바는 何時던지 保守하고 利益이 될 것은 何時던지 採用하야 改善"47)하자는 자각론48)이 안확의 궁극적인 결론이었다.

이렇게 투철한 목적의식을 가지고 저술된 안확의 문학사는 최소한 두 가지 점에서 성취를 이루었다. 첫 번째는 안확이 조선의 총체적인 역사를 서술할 수 있게 되었다는 점이다. 상기했듯 자강운동기의 투사 신채호나 실력양성론의 문사 이광수에게 조선은 쉬쉬하고 싶을 만큼 부끄러운 민족의 과거였다. 때문에 그들의 자국사에서 조선의 흔적은 거의 말소되어 있다. 안확은 다소 지나치다 싶을 정도로 과거의 제도와 문화를 후하게 평가하면서, 한민족의 역사 전체를 통시적으로 살필 수 있게 된 것이다. 안확의 문학사가 지닌 또 다른 의미는 평민문학의 중요성과 의미를 인식했다는 점에서 찾아질 수 있다. 기존의 지식인들은 엘리트

---

45) 안확, 『朝鮮文學史』, 한일서점, 1922, p.42.
46) 위의 책, p.114.
47) 위의 책, p.169.
48) 안확, 「자각론(自覺論)」, 1920. 참조.

적인 태도를 견지하고 조선의 한문학을 비방만 하는 데서 멈추는 경우가 많았는데, 안확은 조선후기에 민중의 자각이 태동하고 그것을 담아낸 문학이 존재했다는 사실을 강조했다. 이런 구도는 경직된 유교가 온갖 악습을 만들어낼 때조차 민족의 자생적인 정신은 유구히 이어져왔음을 강조하기 위한 구도였다. 조선후기에 문화적 헤게모니가 평민층으로 옮겨졌다는 관점은 후속 연구자들의 한국문학사 서술에서도 반복해서 나타난다. 이는 안확이 후대에 쓰일 민족문학사의 구도를 선취했다고 말할 수 있는 근거가 된다. 물론 경성제대 출신의 학자들이 국문학 연구에 새로운 바람을 일으킨 이후 안확에게서 직접적으로 영향 받은 문학사가는 거의 없을 것이다. 그럼에도 민족의 정신을 재구한다는 문제의식에 있어서나 민중의식이 확대되어 가는 과정으로 문학의 역사를 파악하려던 시도의 계보를 그려본다면 가장 앞에 놓일 사람은 안확이 되어야 한다.

5. 맺음말 : 안확의 역사철학과 민족문학사의 이념

역사적 상징성이나 지적 성취의 정도로 볼 때 안확이 신채호나 이광수보다 앞선다고 말하기는 힘들다. 신채호나 이광수는 황무지 같던 역사와 문학 분야에 씨를 뿌린 개척자들이었다. 그에 비하면 안확은 사상사적으로 조금 어정쩡한 위치에 놓인다는 느낌도 없지 않다. 이 점을 감안하면서 본고는 안확이 신채호나 이광수와 어떤 점에서 갈라지는지를 논했다. 그렇게 해야 안확의 지적 고투를 더욱 명확하게 의미화할 수 있으리라는 믿음 때문이었다.

『조선문학사』는 신채호의 역사관이나 이광수의 문학론을 부분적으로 계승하는 측면이 있다. 하지만 신채호는 조선인의 순수한 원형을 찾기 위해 상고시대까지 거슬러 올라가고, 이광수는 무비판적으로 외국의 신문물을 추수하는 쪽으로 나아갔다. 각기 다른 이유 때문에 그들은 조선시대를 역사에서 누락시켰다. 그에 반해 안확은 외국문물의 수용을 인정하면서도 그것을 극복할 민족적 정신의 존재를 확신했다. 이 믿음이 그로 하여금 한반도의 총체적 역사의 서술을 가능하게 만들었다. 조선후기의 평민문학이 지닌 정신사적 의미를 밝혀냈다는 점에서 안확의 문학사는 이후에 나올 민족문학사의 구도를 선취한다.

안확이 문명사를 계획할 당시 한반도의 역사학은 정체상태였다. 새로운 역사서가 나오지 않았다는 말은 아니다. 새로운 사관(史觀)이라고 할 만한 것을 산출하지 못했다는 뜻이다.

민족주의적 '조선학운동'과 실증주의적 진단학회 계열 그리고 백남운의 유물론적 역사서술을 세 꼭짓점으로 삼아 근대적 역사학의 이념이 구체화된 것은 1930년대의 일이다. 학문적으로 척박했던 1920년대 초반에 안확은 오직 선조의 얼을 복원하고 조선인의 민족성을 발굴하겠다는 열정으로 자국사 서술에 착수한 것이었다. 그의 사례는 문학을 통해 민족적 정신의 발전 양태를 더듬는 민족문학사 서술이 제도적(관학적) 국문학의 정착 이전에 문화운동의 자장에서 자생적 맹아를 드러냈음을 보여준다.

　물질적 조건을 문화로 극복할 수 있다고 믿었다는 점에서 안확은 철두철미한 정신주의자였다. 안확의 문화론적 정신주의가 민족문학사서술의 기원을 형성한다면 조금 더 따져볼 문제가 남는다. 식민지의 엄혹한 현실은 안확의 이상이 지닌 한계를 여실히 보여주었다. 3.1운동 전후에 들불처럼 퍼진 문화운동은 식민권력의 통치 아래에서 별다른 성과를 내지 못하고 사라진다. 문화운동과 그 뒤를 이은 자치운동이 체제저항적 정신을 잃어가면서 생긴 사상의 공백으로 새로운 조류의 운동이 생겨날 때, 안확은 시대의 뒤편으로 밀려난 야인으로 전락한다. 이토록 허망하고 무력한 문화주의로부터 한반도 민족문학사는 발아했다. 물론 더 이상 새로운 총체적 문학사가 쓰이지 않는 오늘날 문학사 서술이 지닌 이데올로기적 허약성을 비판하는 것은 비겁한 일일 수밖에 없다. 조금 더 생산적인 작업으로 나아가려면 현대에 문학을 역사적인 맥락 속으로 배열하는 일이 어떤 의미를 지닐 수 있는지에 대해서부터 근원적으로 다시 물어야 할 것이다. 이는 차후의 과제로 남겨둔다.

<참고문헌>

1. 기본자료

안확, 『조선문학사』, 한일서점, 1922.

안확, 「자각론」, 1920.

이광수, 『이광수 전집』, 삼중당, 1979년.

『대한매일신보』, 『학지광』

2. 논문

권보드래, 「한국 근대의 '소설' 범주 형성에 관한 연구」, 서울대학교 박사학위논문, 1999.

김주연, 「천희당시화」의 저자 확정 문제」, 『신채호문학연구초』, 소명출판, 2012.

김호적·최연식, 「자산 안확(自山 安廓)의 조선 민족사에 대한 이원적 접근 - 『조선문학사』와 『조선문명사』를 중심으로」, 동양고전학회, 『동양고전연구』, 2017.

류준필, 「'문명', '문화' 관념의 형성과 '국문학'의 발생」, 민족문학사학회, 『민족문학사연구』 18권, 2001.

박찬승, 「우리역사 바로알자 - '애국계몽운동' 잘못 알고 있다」, 『역사비평』, 역사비평사, 1990년 2월.

유근호, 「한·일 국학사상의 중국관과 사국관의 비교: 신채호와 모토오리 노리나가의 반중화론을 중심으로」, 박충석·와타나베 히로시 등, 『국가이념과 대외인식』, 아연출판부, 2002.

윤영실, 「최남선의 근대 '문학' 관념 형성과 고전 '문학'의 수립」, 국어국문학회, 『국어국문학』 제150호, 2008.12.

오영섭, 「조선광문회 연구」, 한국사학사학회, 『한국사학사학보』 3호, 2001년.

이재선, 「이광수의 진화론 사상」, 『이광수 문학의 지적 편력』, 서강대학교출판부, 2010.

이종두, 「안확의 조선문학사와 조선문명사 비교연구」, 성균관대학교 대동문화연구원, 『대동문화연구』, 2011.

임상석, 「시문독본의 편찬과정과 1910년대 최남선의 출판활동」, 육당연구학회, 『최남선 다시 읽기』, 현실문화, 2009.

정병호, 「한국의 〈조선문학(사)론〉 형성과 중국사상의 표상 - 〈일본문학사〉 및 〈조선(인)론〉의 비교를 통해」, 『일본학보』 제81집, 2009년 11월.

3. 논저

류시현, 『최남선 평전』, 한겨레출판, 2011.

박찬승, 『한국근대정치사상사연구』, 역사비평사, 1992.

스테판 다나카 저, 박영재·함동주 역, 『일본 동양학의 구조』, 문학과지성사, 2004.

이동영, 『한국문학연구사』, 부산대학교 출판부, 1999

조동걸 등, 『한국의 역사가와 역사학』, 창작과비평사, 1994.

최원식, 『문학』, 소화, 2012.

Margaret Mehl, *History and the state in nineteenth-century japan*, 1998, ST. MARTIN'S PRESS, INC., 1998.

White Hayden, "The Question of Narrative in Contemporary Historical Theory", The Content of the Form, The Johns Hopkins University Press.

<Abstract>

The Origin of composition of the National History of Korean Literature

Jeon, Cheol-hui(Daejin University)

This paper explores the historical meaning of "Korean literary history" of An Hwak . He was partially inherit the literary theory of Lee Kwang-su and nationalistic view of Shin Che-ho. However, for different reasons, Shin Che-ho and Lee Kwang-su had not unearthed history in the Chosun Dynasty. On the contrary, An Hwak showed acceptance of foreign civilization. However, he was convinced of the existence of ethnic spirit to overcome this. So he was able to narrative the overall history of the Korea. His literary history revealed a spirual meaning of commoner literature of the late Chosun. It shows the composition of ethnic literary history that comes out after that. This indicates ethnic literary narrative to assure the development aspects of the national spirit has sprouting and autochthonic origin before institutional(academic) knowledge appeared.

Keywords: An Hwak, History of Korean Literature, Culture, Nationalism, Description of History

박인환 『선시집』 연구에 관한 제고

정애진*

목 차

1. 들어가며
2. 작품 선별 과정에서 나타난 의식의 양상
3. 『선시집』의 4부 구조와 의미 구도
   1) '서적' 속 이상향과 내적 풍경의 부조화
   2) 바다 위 죽음과 공포, 새롭게 정립되는 삶의 인식
   3) 무너진 삶의 새로운 정립, 일상과 사람들
   4) 전쟁 속에서 피어난 서정의 가능성
4. 나가며

<국문초록>

이 연구의 목표는 박인환의 『선시집』에 대한 인식의 전환을 도모하고, 시집의 구성 원리와 주제 의식 등 유의미한 지점들을 도출하여 박인환 시세계를 탐구하는 데 보다 다양한 시각이 파생될 수 있도록 일조하는 것에 있다.

1926년에 태어나 1956년 31살의 나이로 타계하기까지, 박인환의 생애는 비록 짧았지만 한국 시사에 그가 남긴 족적과 그 가치는 여전히 회자되고 있다. 특히 박인환은 신시론과 후반기 동인의 중심 인물로서 꾸준히 호명되어 왔는데, 때문에 초기 연구는 그의 시를 '모

---

*한양대학교 창의융합교육원 강사

더니즘'이라는 시대의 한 경향성에 지나치게 집중되어 왔다는 한계를 가질 수밖에 없었다.

시대를 거치면서 박인환에 대한 부정적 평가는 여러 관점의 시도를 통해 긍정적인 평가로 뒤바뀌어 왔다. 현재까지의 연구사 검토와 그 구체적 흐름에 발맞추어, 이 연구에서 주목하고자 하는 것은 크게 두 가지이다. 첫째, 예술인으로서 1950년대를 풍미했던 박인환의 예술세계를 전체적으로 목도한 연구 성과를 이루어내야 한다는 것이다. 둘째, 시인이 필연적으로 마주했던 시대적 담론을 바탕으로 하여 박인환 개인의 주체성과 정체성의 측면을 더 면밀히 관찰해야 한다는 점이다. 이를 위해 이 연구에서는 아직까지 그 연구가 미진한 박인환의 『선시집』에 주목하고자 한다.

박인환의 『선시집』은 시인의 첫 시집이자 유일시집이며, 그의 초기 시와 중기 시를 구분하는 데 있어 중요하게 다뤄질 수 있는 자료이다. 뿐만 아니라 시집의 '후기'에는 시인으로서의 자세와 사명감 등이 분명하게 드러나 있어 그가 지향해 온 시적 세계관을 추론할 수 있게 한다. 박인환은 '기묘한 불안정한 연대'로 이야기되는 시대를 살아오며 시인으로서의 소명을 다하고자 하였다. 혼란한 사회는 그야말로 변화의 연속이었으나, 한 가지 지켜온 것은 '시에 대한 정조와 신념'이었다. 이것이야말로 박인환의 시세계를 이루는 근본 토대라고 할 수 있을 것이다.

정리하자면, 이 연구는 『선시집』이 연구 자료로서 충분한 가치를 갖는다는 확신 하에 일련의 과제를 수행하고자 한다. 『선시집』의 구성 원리를 통해 그 속에 내재되어 있는 작가의 의도와 시세계를 밝히고, 그의 작품을 새롭게 볼 수 있는 방향성을 제시하는 것이 이 연구의 최종 목표가 될 것이다.

주제어: 박인환, 선시집, 1950년대, 신시론, 모더니즘

1. 들어가며

1926년에 태어나 1956년 31살의 나이로 타계하기까지, 박인환은 문단 내에서 활발한 활동을 했다. 그는 1947년에 『신시론』 제1집을, 다음 해에는 『신시론』 제2집에 해당하는 『새로운 도시와 시민들의 합창』을 발간했다. 동인들과 함께 공동 시집 두 편을 낸 후, 『검은 준열의 시대』라는 제목으로 본인의 첫 단독 시집 출간을 계획했지만 무산되고 말았다. 그러나 그는 시집 출간의 열망을 쉽게 놓지 않았다. 1955년, 그의 염원은 최초이자 생전의 유일한 시집인 『선시집』이 되어 세상에 나왔다.

『선시집』 수록 작품의 연대는 1945년부터 1955년까지로, 해방 후부터 전쟁 발발 시점과 전후기까지를 포괄하고 있다. 시인은 근현대 시기의 역사를 살아오며 느꼈던 생생함을 총 56편의 작품 속에 녹여내었다. 『선시집』의 작품 목차는 크게 〈서적과 풍경〉, 〈아메리카 시초〉, 〈영원한 서장〉, 〈서정 또는 잡초〉 4부로 구성되어 있으며, 각각의 작품들은 네 개의 '부'로 묶여 배열되어 있다.

이 논문에서는 『선시집』의 목차를 통해 드러나는 세 가지의 구체적 사실에 주목한다. 첫째, 시집에 실려 있는 56편의 작품이 창작 시기, 발표 시기와는 아무런 관련 없이 배열되어 있다는 것이다.[1] 둘째, 각각의 작품들은 〈서적과 풍경〉, 〈아메리카 시초〉, 〈영원한 서장〉, 〈서정 또는 잡초〉라는 소제목 아래 응집되어 묶여 있는데, 작품을 4부로 묶어놓은 이 일련의 형식에서 작가의 의도를 엿볼 수 있다는 전제가 가능해진다는 것이다. 『선시집』의 '후기'는 이 같은 내용을 뒷받침해줄 수 있는 작은 실마리를 제공한다.

> 처음 이 시집은 「검은 준열의 시대」라고 제할려고 했던 것을 지금과 같이 고치고 사부로 나누었다. 집필년월순도 발표순도 아니며 단지 서로의 시가 가지는 관련성과 나의 구분해 볼려는 습성에서 온 것인데 도리혀 독자에게는 쓸데 없는 일을 한것같다.

박인환은 시집의 '후기'에서 집필년월순, 발표순과는 무관하게 그저 "서로의 시가 가지는

---

[1] 목차 상 첫 번째 수록 작품인 『세사람의 가족』(한국시집 上)은 1952년 12월 31일에 발표된 작품이며, 그보다 먼저 발표된 「불행한 샹숑」(「단층」이라는 제목으로 1946년 6월 20일 『순수시선』에 처음 발표되었다.)은 53번째로 수록되었다.

관련성", 그리고 "나의 구분해 볼려는 습성"에 따라 시집을 4부로 나누었다고 밝히고 있다. 이는 시집의 구성 원리 속에 작가의 의도가 어느 정도 반영되었음을 일컫는 내용이라고 할 수 있다.

셋째, 박인환이 공동 시편 『신시론』1집, 『새로운 도시와 시민들의 합창』에 실은 작품들을 『선시집』에서는 모두 배제했다는 사실이다.

〈표 1〉

순서	작품명	최초 발표지	최초 발표 연도
1	단층[2]	순수시선	1946. 6. 20
2	**인천항**	신조선 / 새로운 도시와 시민들의 합창	1947. 4. 20
3	**남풍**	신천지 / 새로운 도시와 시민들의 합창	1947. 7. 1
4	**지하실**	민성 / 새로운 도시와 시민들의 합창	1948. 3. 1
5	**인도네시아 인민에게 주는 시**	신천지 / 새로운 도시와 시민들의 합창	1948. 2. 1
6	골키―의 달밤	신시론 1집	1948. 4. 20
7	언덕	자유신문	1948. 11. 25
8	**열차**	개벽 / 새로운 도시와 시민들의 합창	1949. 3. 25
9	정신의 해방을 찾아	민성	1949. 3. 26
10	1950년의 만가	경향신문	1950. 5. 16
11	약속	학우 2년생	1952. 6. 25
12	바닷가의 무덤	학우 2년생	1952. 9. 1
13	구름과 장미	학우 2년생	1952. 9
14	봄은 왔노라	신태양	1954. 3. 1
15	가을의 유혹	민주경찰 43호	1954. 9. 6
16	봄 이야기	아리랑	1955. 4. 1
17	주말	시작 4집	1955. 5. 20

---

[2] 『선시집』에 수록될 때는 「불행한 상송」으로 개제, 개작되었다.(엄동섭, 염철 엮음, 『박인환 문학전집 1』, 소명출판, 2015.)

위 〈표 1〉은 『선시집』에 실리지 않은 작품 목록3)을 정리한 것이다. 표를 통해 알 수 있는 중요한 사실 두 가지는 이렇다. 첫째, 동인 활동의 산물인 『신시론』1집(「고르키의 달밤」)과 『새로운 도시와 시민들의 합창』에 실린 작품(「열차」, 「인천항」, 「남풍」, 「인도네시아 인민에게 주는 시」, 「지하실」)은 『선시집』에는 수록되지 못했다는 것이다. 둘째, 같은 초기 작품임에도 「단층」, 「사랑의 parabola」, 「나의 생애에 흐르는 시간들」, 「전원」 등은 『선시집』에 수록되었다는 것이다.

시집을 내는 과정 속에는 일정한 기준에 따라 작품을 선택하고 배제하는 방식이 포함되게 마련이다. 시집 목록으로서 선택된 작품과 그렇지 않은 작품을 구분해 그 특징을 살핀다면 시집 구성에 반영된 작가의 의도를 파악할 수 있으리라 사료된다.

이 같이 정리된 내용을 토대로, 이 글에서는 먼저 『선시집』의 작품 선별 과정에 나타난 선택과 배제의 원리를 살펴보고, 이를 통해 드러나는 의식의 양상과 작가가 추구하려 했던 시적 세계관을 추론해볼 것이다. 더불어 앞선 작업을 통해 얻어낸 사실에 비추어 시집의 구성 원리에 따른 창작 의도를 자세하게 훑어보는 과정을 겸하려 한다.

박인환에 대한 연구는 주로 『선시집』에 실린 대표작에 한정되어 있는 것이 사실이며, 그의 작품 세계를 구성하는 키워드 또한 '전쟁', '허무', '모더니즘', '신시론', '후반기' 등으로 굳어져 적지 않은 한계를 낳고 있다. 박인환의 『선시집』은 그가 생전에 펴낸 유일한 시집이라는 점에서 큰 위상을 갖는다. 그러나 『선시집』을 대상으로 한 연구는 현재 찾아볼 수 없는 실정이다. 한 권의 시집은 작가의 세계관과 주제 의식을 추론할 수 있게 하는, 무엇보다 중요한 자료가 될 수 있다. 이 같은 확신 하에 『선시집』의 구성 원리를 통해 그 속에 내재되어 있는 작가의 의도와 시세계를 밝히고, 그의 작품을 새롭게 볼 수 있는 방향성을 제시하는 것이 이 글의 최종 목표가 될 것이다.

---

3) 『선시집』 발간일(1955. 10. 15) 이후에 발표된 작품들과 박인환 사후(1956. 3. 20 이후) 발표지에 실린 작품들은 포함하지 않았다.

2. 작품 선별 과정에서 나타난 의식의 양상

박인환은 1947년부터 신시론 동인으로 활동하면서 두 차례 공동 시집을 발간했다. 『신시론』1집, 『새로운 도시와 시민들의 합창』이 바로 그것이다. 김경린, 박인환, 김수영, 양병식, 임호권, 김병욱 등은 구시대의 방식을 버리고 변화하는 시대에 대응하기 위해 모더니즘을 앞세워 작품 활동을 시작했다. 그러나 '새로운 시운동'이라는 단일한 구호 아래, 이들의 사상적 합일이 완벽하게 이루어진 것은 아니었다.4) 신시론 동인들은 한뜻으로 기존의 전통시학을 거부하고, 이를 바탕으로 시대에 걸맞은 새로운 시학을 구성하고자 했다. 문제는 모더니즘이라는 새로운 경향을 정의하고, 그것을 작품에 투영하고자 하는 사고의 과정 속에서 동인들 간의 의견 차는 분명히 존재할 수밖에 없었다는 사실이다. 모더니즘 시를 받아들이는 개개인의 수용 방식 자체가 서로 달랐던 것이다. 「ESSAY」의 필자가 역사와 현실, 즉 내용과 사고에 중점을 두었다면, 김경린은 모더니즘 시에 있어서 중요한 것은 형식과 표현 방법임을 강조했다. 반면 박인환은 형식과 표현 방법을 중요시하면서도 동시에 역사성과 현실성 또한 뚜렷이 드러나는 작품을 창작하고자 했다.5) 역사와 현실, 형식과 표현의 결합을 가능케 하는 자유정신에 입각하여 양 극단의 주장을 절충하고 있는 셈이다. 1949년에 『새로운 도시와 시민들의 합창』을 간행할 즈음에는 멤버들 간의 사상적 차이가 짙어져 결국 김병욱과 김경희가 동인에서 탈퇴하게 되었다. 사화집의 간행 이후에도 구성원 간의 갈등은 이어졌고, 그 결과 김경린과 박인환은 신시론 동인을 해체하고 후반기라는 새로운 동인을 결성하기에 이르렀다.

위의 사실을 염두에 두었을 때, 박인환이 신시론 동인으로 활동하던 당시의 작품을 『선시집』에서 배제한 것은 자신의 시세계와 창작 방향을 확고히 성립시키기 위한 것이었을 가능성이 크다. 사상적 합일이 충분히 이루어지지 않았던 동인 활동 당시의 작품은 모더니스트

---

4) 권경아는 그의 논문에서 신시론 동인들이 모더니즘이라는 한 이념으로 묶인 것이 아니었음을 재차 주장하고 있다. 『신시론』1집의 경우, 모더니즘적 경향보다는 오히려 현실 참여적인 경향의 시와 시론들이 다수를 차지하고 있었다는 것이다. (권경아, 「1950년대 한국 모더니즘 시의 근대성 연구―후반기 동인을 중심으로」, 한양대학교 대학원 박사학위 논문, 2011.)
5) 전병준은 『신시론』에 실린 작자 미상의 「ESSAY」, 박인환의 「시단시평」, 김경린의 「현대시의 구상성」을 예로 들며 시적 지향이나 추구라는 점에서 동인들 간의 차이가 분명히 존재하고 있다고 설명한다. (전병준, 「신시론 동인의 시와 시론 연구」, 한국어문학국제학술포럼 31권, Journal of Korean Culture2015, pp.175-198.)

로서의 입지를 견고히 다지려 한 박인환의 시도와는 맞지 않았을 것이고, 이를 의식해 자신만의 문학적 지향을 여실히 보여줄 수 있는 작품들을 모아 첫 시집을 만들었다는 추측이 가능하게 되는 것이다.

나의 不毛의文明 資本과 思想의 不均整한 싸움속에서 市民精神에離反된 言語作用만의 어리석음을 깨닭었다.
資本의 軍隊가 進駐한 市街地는 지금은 憎惡와 안개낀 現實이 있을 뿐…… 더욱멀리 지낸날 노래하였든 植民地의 哀歌이며 土俗의 노래는 이러한 地區에 가란져간다.
그러나 永遠의 日曜日이 내가슴속에 차어든다 그러할때에는 사랑하든 사람과 詩의 散策의 발을 옴겼든 郊外의 原始林으로 간다 風土와 個性과 思考의自由를 즐겼든 詩의 原始林으로간다
아 거기서 나를 괴롭히는 無數한薔薇들의 뚜거운 溫度[6]

『새로운 도시와 시민들의 합창』의 서문 '장미의 온도'에서 박인환은 "불모의 문명"과 "사상의 불균정한 싸움"으로 어지러운 세상 속에서 시민정신이 결여된 창작 활동을 하는 것은 어리석은 일임을 깨달았다고 고백하고 있다. 자본에 잠식당한 시가지 속에서 이제는 "식민지의 애가"도, "토속의 노래"도 찾아볼 수 없다. 그는 이러한 현실에 개탄하며 "풍토와 개성과 사고의 자유를 즐겼든 시의 원시림"으로 되돌아가고자 한다.

『새로운 도시와 시민들의 합창』에 실린 「인천항」(1947), 「남풍」(1947), 「지하실」(1948), 「인도네시아 인민에게 주는 시」(1948), 「열차」(1949) 등은 서문의 내용을 충실히 집약시켜 놓은 작품들이라 할 수 있다. 1940년대 후반에 창작된 다섯 편의 작품들이 흥미롭게도 모두 일제강점기와 밀접한 연관을 갖는다는 사실은 눈여겨볼만하다. '영국의 식민지 향항, 일본의 식민지 상해부두와 성조기가 휘날리는 조선의 인천항을 함께 떠올리며 식민주의의 기억에 슬퍼하는 장면(「인천항」)'이나 '서구 열강에 의해 점령당한 동남아시아 국가의 저항 모습을 생각하며 과거 식민지 상황에 처했던 우리 민족의 기억을 다시금 펼쳐놓는 장면'(「남풍」), '300여 년이라는 긴 시간 동안 네덜란드의 지배를 받고 있는 인도네시아와 오랫동안

---

[6] 박인환, 「장미의 온도」, 『새로운 도시와 시민들의 합창』, 도시문화사, 1949.

일본의 지배를 받은 조선을 같은 약소민족으로서 동일시하고, 그들의 아픔에 공감하는 장면(「인도네시아 인민에게 주는 시」)' 등을 통해 가난하고 슬픈 우리 민족의 역사를 끊임없이 재현해 보여주고자 하는 시인의 의식을 엿볼 수 있다. 즉, 박인환은 우리 민족의 아픔인 일제강점기 식민의 기억을 회상하면서, 『새로운 도시와 시민들의 합창』 서문에서 그가 강조했던 '시민정신'을 통해 억압과 핍박을 넘어선 자유를 추구하고자 했던 것이다.7)

이처럼 『새로운 도시와 시민들의 합창』에 실린 작품들은 일제강점기를 겪은 한 민족의 일원으로서의 사명감 내지는 정치적 현실에 대한 비판 의식을 거쳐 나온 산물들이다. 그 내용 속에는 현실 참여적 태도, 탈식민주의적 시각 등이 포착되는데, 이러한 면모는 처음부터 박인환이 추구하고자 했던 모더니즘과는 상반된 개념이라고 이야기할 수 있다.

정리하자면, 박인환이 신시론 동인으로 활동하며 발표했던 작품들을 『선시집』에 싣지 않은 이유는 모더니즘이라는 자신의 시적 경로를 더욱 확고히 하기 위함이라는 것, 또 『새로운 도시와 시민들의 합창』에 실린 작품들이 주로 일제강점기를 배경으로 한다는 점을 생각해볼 때 1950년대, 특히 6. 25 전쟁을 중심으로 한 사회의 모습과 정치 상황을 보여주는 내용만을 엮어 통일성을 갖추고자 일제강점기를 거론한 작품들을 배제했을 것이라는 가정을 해볼 수 있다. 실제로 『선시집』에 수록된 56편의 작품들 속에서 6. 25전쟁과 관련한 내용을 쉽게 포착할 수 있는데, 이는 앞서 살펴본 작품들의 창작 방식과는 확연한 차이를 지닌다.

이 같은 내용을 근거로 하여 다음 장에서는 4부로 나뉘어 수록된 작품들 간의 연관 관계를 찾아보고, 그 속에서 발견할 수 있는 시인의 의도를 종합하여 확장된 논의를 진행해보도록 할 것이다.

3. 『선시집』의 4부 구조와 의미 구도

박인환 사후, 김수영은 그를 향한 날선 비판 의식을 「박인환」, 「말리서사」 등의 산문에 담아 표출했다. 이때는 1960년대 참여시의 중심에 선 김수영의 작품이 빛을 보기 시작한 시기였기에, 다수의 연구자들은 그의 글 때문에 박인환의 작품이 과소평가되어 학계에서 제

---

7) 조은주, 「박인환 시와 일제강점기」, 『우리어문연구 48집』, 우리어문학회, 2014. 1. 30. pp. 445-476.

대로 인정받지 못했다고 추측하기도 한다.

그렇다면 김수영은 무엇 때문에 박인환을 맹렬히 비난했던 것일까. 맹문재는 "김수영이 박인환을 비난한 것은 시어의 문제였다"8)고 이야기한다. 김수영은 자신의 등단작 「묘정의 노래」가 고리타분하고 낡은 시라고 평가받은 것에 대해 대단한 부끄러움을 갖고 있었다. 그런 그에게 댄디보이라고 칭해지던 박인환이 새로움을 지향하며 써내려간 작품, 그리고 그가 사용한 몇몇 시어들에 깊은 반감이 있었음은 당연한 일이었을 것이다.

> 어떤 사람들은 너의 「목마와 숙녀」를 가장 근사한 작품이라고 생각하는 모양인데, 내 눈에는 '목마'도 '숙녀'도 낡은 말이다. 네가 이것을 쓰기 20년 전에 벌써 무수히 써먹은 낡은 말들이다. '원정(園丁)'이 다 뭐냐? '배코니아'가 다 뭣이며 '아포롱'이 다 뭐냐?9)

김수영에게 박인환의 작품은 오로지 '유행만 따르는, 진정성 없는 경박함'으로 느껴질 뿐이었다. 실제로 『선시집』에는 '쇼오위인드'(「세 사람의 가족」), '트람벨'(「최후의 회화」), '아끼레스'(「낙화」), '코르셋트'(「1953년의 여자에게」), '샨데리아'(「종말」), '나프킨'(「서정가」), '뮤스'(「불행한 샨송」), '콤프렉스'(「십오일간」), '센치멘탈'(「어느 날의 시가 되지 않는 시」), '와이샤스'(「에버렛트의 일요일」) 등 당시에는 잘 쓰이지 않을 법한 시어들이 상당수 발견된다. 나열한 시어들의 공통점은 모두 외래어라는 점이다.

그러나 각각의 시편들을 4개의 부로 묶어 살펴보면 『선시집』에 등장하는 외래어는 작품에서 그다지 중요한 구실을 하지 못하는, 그저 가벼운 소품 혹은 장식으로서 사용된 시어라는 사실을 쉽게 알 수 있다. 오히려 『선시집』을 지배하는 시어들은 관념어, 한자어, 고유어 등으로 구분된다. 밑의 표는 각 부의 시편들에 사용된 시어 중 빈도수와 중요도를 기준으로 선별하여 정리한 것이다.

---

8) 맹문재, 「시어의 시학—박인환의 시」, 『시학의 변주』, 서정시학, 2007, p.310.
9) 김수영, 이영준 엮음, 「박인환」, 『김수영 전집 2 산문』, 민음사, 2018, p.162.

〈표 2〉

부	단어	빈도	작품 목록
서적과 풍경	주검	3회	「영원한 일요일」, 「불행한 신」, 「미스터모의 생과 사」
	종말	4회	「세 사람의 가족」, 「종말」, 「미래의 창부」, 「불신의 사람」
	신	5회	「미래의 창부」, 「검은 신이여」, 「불행한 신」, 「영원한 일요일」, 「서적과 풍경」
	죽음	7회	「회상의 긴 계곡」, 「불행한 신」, 「검은 신이여」, 「살아 있는 것이 있다면」, 「일곱 계의 층계」, 「밤의 미매장」, 「종말」
아메리카 시초	바다	3회	「태평양에서」, 「십오일간」, 「여행」
	하늘	7회	「태평양에서」, 「충혈된 눈동자」, 「어느 날의 시가 되지 않는 시」, 「여행」, 「새벽 한 시의 시」, 「다리 위의 사람」, 「투명한 바라이에티」
	거리	6회	「충혈된 눈동자」, 「어느 날의 시가 되지 않는 시」, 「여행」, 「새벽 한 시의 시」, 「다리 위의 사람」, 「투명한 바라이에티」
	비	5회	「태평양에서」, 「충혈된 눈동자」, 「어느 날의 시가 되지 않는 시」, 「십오일 간」, 「다리 위의 사람」
영원한 서장	용사	2회	「한줄기 눈물도 없이」, 「새로운 결의를 위하여」
	적	3회	「어린 딸에게」, 「신호탄」, 「새로운 결의를 위하여」
	전쟁	4회	「어린 딸에게」, 「잠을 이루지 못하는 밤」, 「무답회」, 「부드러운 목소리로 이야기할 때」
서정 또는 잡초	구름	2회	「장미의 온도」, 「구름」
	여자	3회	「식물」, 「서정가」, 「불행한 샨송」
	바람	5회	「식물」, 「나의 생애에 흐르는 시간들」, 「사랑의 Parabola」, 「구름」, 「전원」

〈표 2〉의 내용을 살펴보면 각 부마다 상이한 시어들이 사용되었음을 알 수 있다. '서적과 풍경'에서는 어둡고 부정적인 뉘앙스를 풍기는 관념적 시어들이, '아메리카 시초'에서는 자연의 상상력이 돋보이는 시어들이, '영원한 서장'에서는 남북전쟁을 연상케 하는 구체적 시어들이, '서정 또는 잡초'에서는 서정적 영감을 떠오르게 하는 시어들이 눈에 띈다. 각 부를 아우르는 중요 시어들을 포착했다면, 각 부를 구성하는 시어들이 작품 속에서 어떤 구실을 하는지, 나아가 어떤 방식으로 주제 의식을 표출하는지에 대해서 더 명확하게 살펴볼 필요가 있을 것이다.

1) '서적' 속 이상향과 내적 풍경의 부조화

1부인 〈서적과 풍경〉에는 전체 56편의 작품 중 26편의 작품이 묶여 있다. 2, 3, 4부에 묶인 작품 수가 대개 10편 내외인 것을 감안한다면, 시집 전체에서 1부가 차지하는 부분은 상당하다고 짐작해볼 수 있다.

26편의 작품 중 1950년대 초반 발표된 작품들이 대다수인 점 또한 눈여겨볼 만한데, 가장 특징적인 부분은 부 제목과 동일한 「서적과 풍경」이라는 시편이 포함되어 있다는 점이다. 「서적과 풍경」은 박인환 시 중에서도 호흡이 긴 시에 속한다. 8연 66행의 방대한 분량을 아우르고 있는 핵심 단어는 '서적'과 '풍경'이다.

> 서적은 황폐한 인간의 풍경에 광채를 띠웠다./서적은 행복과 자유와 어떤 지혜를/인간에게 알려주었다.//지금은 살육의 시대/침해된 토지에서는 인간이 죽고/서적만이/한없는 역사를 이야기 해준다.//오래도록 사회가 성장하는 동안/활자는 기술과 행렬의 혼란을 이루었다./바람에 퍼덕이는 여러 페이지 들/그 사이에는/자유 불란서 공화국의 수립/영국의 산업혁명/에후·루우스벨트씨의 미소와 아울러/〈뉴우기니아〉와 〈오끼나와〉를 걸쳐/전함 미조오리호에 이르는 인류의 과정이/모두 가혹한 회상을 동반하며 나타나는 것이다.//내가 옛날 위대한 반항을 기도하였을 때/서적은 백주의 장미와 같은/창연하고도 아름다운 풍경을/마음속에 그려주었다.

인류의 오랜 역사 동안, 서적은 지식인들로 하여금 '세계를 들여다보게 하는 창'으로서 기능했다. 개화기 이후 근대 사회로서 진입하게 되면서, 동양의 지식인들은 서적을 통해 앞선 서양의 문물과 마주할 수 있었다. 한국 전쟁 이후로는 미국의 문물이 급격하게 수용되기 시작했는데, 당시 박인환은 문학 원서, 잡지, 영화 등을 통해 적극적으로 미국 문화를 접했다. 그가 영어에 능통했기에 가능한 일이었다.

외래 문물에 대한 박인환의 관심과 애정은 다수의 시편과 산문을 통해 증명된다. 「서적과 풍경」에서도 서양을 연상시키는 기표의 연쇄작용이 포착된다. '불란서', '공화국', '산업혁명', '루스벨트', '뉴기니', '오키나와', '미조오리호' 등의 기표는 전쟁으로 황폐화된 현실 밖에 존재하는 '풍경'으로서 기능한다.[10] 서적에는 과거 찬란했던 인류의 역사가, 서양을 중심으로 하여 발전해온 문명의 시대가 담겨 있다. 서적은 "황폐한 인간의 풍경에 광채를" 띄움으로써, 전쟁의 공포로 휩싸인 암울한 현실 세계를 잠시나마 부정할 수 있게 해준다.

> 나는 눈을 감는다/평화롭던 날 나의 서재에 군집했던/서적의 이름을 에운다./한 권 한 권이 인간처럼 개성이 있었고/죽어 간 병사처럼 나에게 눈물과/불멸의 정신을 알려준 무수한 서적의 이름을……/이들은 모이면 인간이 살던/원야와 산과 바다와 구름과 같은/인상의 풍경을 내 마음에 투영해주는 것이다.//지금 싸움은 지속된다./서적은 불타오른다./그러나 서적과 인상의 풍경이여/너의 구원한 이야기와 표정은 너만의 것이 아니다./에후·루우스벨트씨가 죽고/다그라아스·백아더가 육지에 오를 때/정의의 불을 토하던/여러 함정과 기총과 태평양의 파도는 잔잔하였다./이러한 시간과 역사는/또 다시 자유 인간이 참으로 보장될 때/반복될 것이다./비참한 인류의/새로운 미조오리호에의 과정이여/나의 서적과 풍경은/내 생명을 건 싸움 속에 있다.

시적 화자는 눈을 감고 자신의 서재를 채우던 서적의 이름을 떠올려본다. 한 권 한 권의 책들은 모두 '나'에게 의미 있는 것들이었다. 무수한 책들을 열어보면 그 속에는 원야, 산, 바다, 구름처럼 아늑한 풍경이 펼쳐진다. 그러나 화자가 바라보아야 하는 세계는 밤의 창문마다 "고통과 구토가 동결된", "절망과 기아의 행렬이 밤을 새우"는 세계이며(「세사람의 가족」), 나의 형제들이 "비탈에서 절름거리며 오는"(「영원한 일요일」) 세계이다. 화자의 현실 인식을 통해, '풍경'은 서적 너머의 이상적인 세계에서 현실의 세계로 전환된다. 화자의 "문명의 모습이 숨어버린 황량한 밤"(「자본가에게」)이 이어지고, '나'는 "지옥으로 돌아갈 수도 없는"(「종말」) 불행한 자가 된다.

서적은 이제 불타오르고 있다. 불타오르는 형상은 포탄이 터지고, 독한 연기가 사방에서 피어오르는 폐허를 반영하고 있는 것처럼 보이지만, 사실 현실과 맞서 싸우고자 하는 화자의 의지를 표명하고 있는 것에 가깝다. 「서적과 풍경」을 제외한 나머지 25편의 시가 그려

---

10) 조영복은 그의 논문 「근대문학의 '도서관 환상'과 '책'의 숭배」(『한국시학연구』, 한국시학회, 2008.)에서 가라타니 고진의 이론을 끌어와 '풍경'에 대해 해석한 바 있다. 시에서 이야기되는 "'풍경'은 책과 도서관만이 존재하는 세계"이며, "전쟁의 참혹한 현실과 '바깥'의 세계를 자신으로부터 멀찍이 떨어뜨려 놓는 것"이 바로 '서적'이라는 것이다.

내는 현실의 풍경은 '주검', '종말', '신', '죽음'의 키워드로 축약된다. 현실은 전쟁의 참상 그 자체이며, 그곳에서 '나'는 무기력해져만 간다. 그러나 「서적과 풍경」에서 우리는 희망의 목소리를 발견할 수 있다. 과거와 시간은 서적 속에 기록되어 부정할 수 없는 역사로 남는다. 치열했던 태평양 전쟁이 끝나고, 과거의 역사가 되어 서적 속에 남게 된 것처럼 '나'를 고통스럽게 하는 전쟁 또한 언젠가 종식되어 먼 과거의 역사로서 기록될 것이라는 유일한 기대, 이것이 바로 타 시편과 「서적과 풍경」을 구분 지을 수 있는 지점이다.

2) 바다 위 죽음과 공포, 새롭게 정립되는 삶의 인식

박인환은 1955년 3월 5일 '남해호'를 타고 미국을 여행한 후, 4월 10일 귀국해 『조선일보』에 「19일간의 아메리카」를 기고했다. 그는 산문에서 터코마, 에버렛, 아나코테스, 포트엔젤, 포틀랜드 등을 구경했다고 적고 있는데, 이때의 여행 경험을 담아 쓴 작품은 '아메리카 시초'로 묶인다. 박인환은 배를 타고 13일간 태평양을 건너는 동안 좁은 실내에서 담배를 피우고, 『욕망이란 이름의 전차』를 세 번이나 읽고, 여러 선원들과 접하면서 그들의 이야기를 듣는다. 태평양을 항해한 지 몇 일만에 올림피아에 입항한 그는 본격적으로 미국을 여행하며 이국의 정취를 물씬 느끼는가하면, 유학생과 이민자들을 만나 한국 이야기를 듣고 자신의 고국을 그리기도 한다.

시인은 자신이 경험한 이국의 환상적인 모습을 작품 속에 녹여내는 데 별 관심이 없었던 것 같다. 처음 미국에 발을 디뎌 바라본 푸른 산과 부성한 수목들을 보며 감탄을 했다고 적고는 있지만, 『선시집』의 2부 '아메리카 시초'의 내용은 오히려 그가 건넌 광활한 바다(태평양)에 대한 단상과 비 내리는 거리의 모습이 대부분을 차지한다. 자신을 실은 배가 떠가는 드넓은 태평양, 거리에 내리는 비, 무수한 물방울을 품고 있는 어두운 하늘 등 자신을 감싸는 이국의 풍경은 '물'이라는 물질적 상상력으로 치환되어 드러난다.

가스통 바슐라르는 그의 저서 『물과 꿈』에서 물의 이미지가 물질적 상상력으로서 문학 작품 속에 깃드는 양상을 몇 가지로 분류한 바 있다.11) '모성적인(여성적인) 물'은 만물의

---

11) '맑은 물, 봄의 물', '깊은 물, 잠자는 물', '카롱의 콤플렉스, 오필리아의 콤플렉스', '복합적인 물', '모성적인 물과 여성적인 물', '순수성과 순수화, 물의 모랄', '부드러운 물의 우월성', '난폭한 물' 등이 그것이다.(Gaston Bachelard, 이가림 옮김, 『물과 꿈』, 문예출판사, 2012.)

근원으로 새싹을 틔게 하고 물고기를 춤추게 하며, 대지를 품고 생명을 잉태하게 한다. 한편으로 '난폭한 물'은 예부터 인간의 터전을 파괴하고, 깊은 곳에 빠뜨려 죽게 함으로써 두려움의 대상이 되기도 했다. 박인환의 시를 지배하는 물의 상상력 또한 그러하다.

> …더우기 낭만과 정서는 저기 부숴지는 거품 속에 있어라. / 죽어간 자의 표정처럼 / 무겁고 침울한 파도 그것이 노할 때 / 나는 살아있는 자라고 외칠 수 없었다. / 거저 의지의 믿음만을 위하여 / 심유한 바다 위를 흘러가는 것이다. …(중략)… 옛날 불안을 이야기 했었을 때 / 이 바다에선 포함이 가라앉고 / 수십만의 인간이 죽었다. / 어둠 침침한 조용한 바다에서 모든 것은 잠이 들었다. / 그렇다. 나는 지금 무엇을 의식하고 있는가? // 단지 살아있다는 것만으로서…
>
> ―「태평양에서」 부분

화자는 배를 타고 태평양을 횡단 중이다. 끝을 가늠할 수 없는 대양의 수평선과 마주하고 있던 화자는 거센 파도가 배를 잠식하는 순간, 살아 있다는 것조차 두려울 만큼의 공포에 사로잡힌다. 격렬히 운동하는 파도의 흐름 속엔 지난 날 많은 이들의 목숨을 앗아간 '죽음'의 그림자가 드리워져 있기 때문이다. 포탄의 굉음을 연상케 하는 대자연의 광포는 화자로 하여금 나약한 인간의 처지를 다시금 실감하게 한다. 오래전, 수많은 사람들의 비명을 삼킨 바다는 이제 태연하게 침묵하고 있다. 나는 살아 있다는 이유만으로 바다 아래 가라앉아 있는 검은 얼굴들과 그들의 죽음을 의식해야 한다. 골똘히 생각에 잠긴 화자 곁으로 바람이 불어온다. 배의 갑판에 서서 알 수 없는 고독을 담배로서 달래본다. 담배 연기는 밤공기에 빠르게 흩어지고, 무한한 밤의 풍경 속에서 화자가 바라는 것은 그저 조용히 잠드는 것이다. 이렇듯 대륙으로 향하기 위해 화자가 건너야만 하는 태평양은 "피의 비가 내리고 주검의 재가 날리는"(「충혈된 눈동자」) 공간으로서 존재하는 것이었다.

태평양을 건너 낯선 나라에 도착해서도 '물'에 대한 단상은 이어진다. 광활한 바다를 넘어와 마주한 풍경 속에서는 유난히 '비'가 많이 내린다.

> …거저 배를 타고/많은 인간이 죽은 바다를 건너/낯설은 나라를 돌아 다니게 되었다.//비가 내리는 주립공원을 바라 보면서/이백년전/이 다리 아래를 흘러간 사람

의 이름을/수첩에 적는다.…

―「여행」 부분

낯선 나라를 여행하던 도중, 화자는 자신이 건너 온 바다에서의 인상을 떠올리고, 그 인상은 차츰 어두운 하늘에서 내리는 비, 다리 아래로 흘러가는 강물에 집중된다. 비가 내리는 주립공원은 과거와 현재의 연속선상으로서 존재하는 공간이다. 화자는 주립공원 내의 다리를 보며, "다리 아래를 흘러간 사람"을 생각한다. 현재를 살아가는 화자와 200년 전의 사람은 아무런 연관이 없지만, 다리 아래 흐르는 '물'을 통해 자연스레 교우한다. 200년 전 이미 죽은 사람이 보았을 호수의 수심을 지금은 살아 있는 한 사람인 화자가 보고 있다. 과거와 현재가 공존하는 공간을 채우고 있는 것은 곧 '삶', 그리고 '죽음'에 대한 인식이다. 그러한 인식은 나아가 마치 환상처럼, 다리 아래로 흐르는 "파란 물"이 "절망된 사람의 피와도 같"(「다리 위의 사람」)이 보이도록 한다. 화자는 흐르는 물속에 잠겨 있는 죽음의 그림자를 끊임없이 응시하고 있다. 그러나 200년 전 같은 공간에 서 있던, 이미 죽은 사람의 자취를 탐하면서도 결국 도달하고야 마는 지점은 '나'는 산 사람이라는 인식, 앞으로도 삶은 이어질 것이라는 인식이다. 과거 죽은 이의 이름을 수첩에 적는 행위, 그것은 곧 죽음과 삶의 철저한 분리를 뜻하기 때문이다.

3) 무너진 삶의 새로운 정립, 일상과 사람들

1부 〈서적과 풍경〉에서, 현실은 시인이 가닿고자 하는 이상 세계와 교차되어 존재하고 있음을 확인했다. 반면 3부 〈영원한 서장〉에서의 현실은 무너진 삶의 조각이 되어 시인의 내면을 짓누르는 지점이 된다. '제트기', '박격포', '수류탄', '고지탈환전', '공산군', '침략자', '신호탄', '용사', '원수' 등의 시어가 이를 단적으로 증명한다. 치열한 삶의 공간 속에서 매일같이 화자의 귓가를 때리는 것은 "기총과 포성의 요란함(「어린 딸에게」)", "군대의 합창(「검은 강」)" 그리고 "전선으로 나가는 뜨거운 구두소리(「한줄기 눈물도 없이」)"이다. 생과 사의 경지에서 시인은 '일상의 사람들'을 포착해낸다. 자신이 지켜야 할 어린 딸과 아내, 피난으로 뿔뿔이 흩어진 친우들, 자유를 위해 피와 청춘을 바친 젊은 용사들이 바로 그들이다.

낡고 개체 많은 토지에서/나는 더욱 고독하였다. / 힘없이 집에 돌아오면 세 사
람의 가족이 나를 쳐다보았다. 그러나 / 나는 차디찬 벽에 붙어 회상에 잠긴다. //
전쟁 때문에 나의 재산과 친우가 떠났다. …(중략)… 오늘도 비행기의 폭음이 귀에
잠겨 / 잠이 오지 않는다. / 잠을 이루지 못하는 밤을 위해 시를 읽으면 / 공백한
종이 위에 / 그의 부드럽고 원만하던 얼굴이 환상처럼 어린다. / 미래에의 기약도
없이 흩어진 친우는 / 공산주의자에게 납치되었다. …(중략)… 나는 나의 말로를 바
라본다. / 그리하여 나는 혼자서 운다. / 이 넓고 개체 많은 토지에서 / 나만이 지
각이다. / 언제 죽을지도 모르는 나는/ 생애 한없는 애착을 갖는다.

―「잠을 이루지 못하는 밤」 부분

화자는 늦은 밤까지 잠에 들지 못하고 있다. 암울한 미래와 눈덩이처럼 불어나는 불안감, 가장으로서의 책임감이 그를 밤새 침잠하게 만든다. 몸을 일으켜 종이 앞에 앉아보지만 그 위로 떠나간 친구의 얼굴이 떠오른다. 공산주의자에게 납치된, 부드럽고 원만한 얼굴의 친구는 이제 생사조차 알 수 없다. 뿔뿔이 흩어진 친구들을 그리워할, 기억의 여유조차 내겐 없다. 비참한 축제와도 같은 하루하루를 견뎌낼 수밖에 없는 이유는 내게 달린 가족이 있기 때문이다. 재산과 생명은 이미 부스러기와 같고, 파멸한다는 것이 위대한 일처럼 여겨지는 시간과 공간 속에서 나는 혼자 울 수밖에 없다. 나만 홀로 지각인 세계 속에서도 삶의 애착은 끝까지 남아 나를 일어서게 한다.

연기와 여자들 틈에 끼어 / 나는 무답회에 나갔다. / 밤이 새도록 나는 광란의
춤을 추었다. / 어떤 시체를 안고 …(중략)… 이 시간 전쟁은 나와 관련이 없다 /
광란된 의식과 불모의 육체……그리고 / 일방적인 대화로 충만된 나의 무답회. …
(중략)… 새벽에 돌아가는 길 나는 내 친우가 / 전사한 통지를 받았다.

―「무답회」 부분

샨데리아가 화려하게 회전하는 무답회에서 '나'는 잠시나마 일상을 벗어나보려 한다. 춤을 추고, 사람들과 떠드는 시간만큼은 전쟁과 관련이 없다고 생각해본다. 그러나 영원히 끝나지 않을 것 같은 밤의 끝자락에서, 전사한 친우의 소식과 함께 깜깜한 현실은 다시금 '나'를 덮

쳐온다.

그리하여 화자는 "하염없이 죽"기를 거부한다. 내가 바라던 하늘과 계절과, 한때 청춘과 바꾼 반항까지 서적처럼 불타 버린 참담한 상황 속에서도 "부드러운 목소리로 이야기할 때"를 생각하고, 또 기다리는 것이다. "침략자는 아직도 살아 있고 싸우러 나간 사람은 돌아오지 않"고, "지나간 싸움을 비웃듯이 비가 내리「새로운 결의를 위하여」"는 이 순간, 갈대가 무성성한, "인간이 사라진 고독한 신의 토지(「고향에 가서」)"에서 우리들이 또 다시 살아나갈 것을 염원하는 것이다. 이것이 바로 화자가 무너진 삶을 정립하는 최후의 방식이다.

4) 전쟁 속에서 피어난 서정의 가능성

앞서 이야기한 것처럼 박인환이 속해 있던 신시론, 후반기 동인의 구성은 전통적 서정시에 대한 반발에서부터 시작된 것이라고 보아야 할 것이다. 이 사실을 염두에 두자면, 전통적 서정시와 대척점을 이루며 새로운 시의 추구를 주장했던 모더니즘 시는 서정시와는 전혀 반대의 지향점을 갖고 있었다고 이야기할 수 있다. 그러나 모더니즘을 서정시의 범주 안에서 보아야 한다는 의견도 여럿 있다는 점에 주목해 볼 때[12], 박인환의 시 또한 그 안에 내재되어있는 서정적 감수성에 대해 논의되어야 할 필요성이 있다.

몇몇의 연구자들은 박인환의 시에 나타난 서정성의 면모를 '도시적 서정'이라고 명명했다.[13] 전통적 서정시가 대개 자연을 통해 자아의 정서를 담아왔다면, 그에 대한 반발을 존재 방식으로 하여 등장한 모더니즘은 도시적 공간 속에 위치하고 있는 서정적 자아의 이성과 감성을 노래하고 있다는 것이다. 실제로 『선시집』을 구성하고 있는 여러 시편들 중 대다수의 시편이 삭막하고 황폐한 도시를 배경으로 하고 있으며, 그 공간 안에서 시적 자아의 고뇌, 상실의 감정 등이 토로된다. 그러나 4부에서 시인은 '식물', '바람', '구름', '전원', '언덕' 등, 도시 공간을 구성하는 사물들을 배제하고 자연과 관련한 시어들을 집중적으로 택하여 쓰고 있다. 부의 제목을 〈서정 또는 잡초〉라고 붙인 사실 또한 주목할 만한 특징이다.

---

[12] 한명희는 그의 논문(「1950년대 모더니즘시의 서정성—김수영, 박인환 시를 중심으로」, 『한국시학연구』 제16호, 한국시학회, 2006.8, pp.25-47.)에서 김준오, 오세영, 박현수 등의 의견을 종합하여 모더니즘 시 역시 '서정시'의 범주 안에서 논의되어야 함을 주장했다.

[13] 노승욱(「박인환 시에 나타난 도시적 서정성 연구」, 2011), 최승호(「도시적 서정시의 맥락과 현재적 가능성」, 2002) 한명희(「1950년대 모더니즘시의 서정성—김수영, 박인환 시를 중심으로」, 2006)의 논문이 대표적이다.

1926년 강원도 인제군에서 출생한 박인환은 11세가 되던 1936년에 서울시 종로구로 이사를 하게 된다. 그는 자신의 고향 인제에 대해서는 잘 알지 못한다고 이야기하면서도 "봄이 온 것을 무한히 즐기며 산으로 들로 천렵을 나가 집을 비워도 도적을 맞은 사람은 하나도 없"던 곳, "순박하고 순수하고 그리고 인간의 정서를 말하는 곳"으로 회상한다.[14] 그러나 성인이 되어 찾은 고향은 이제 "하늘엔 구름도 없"는 폐허, "인간의 이름이 남지 않은 토지"(「인제」)가 되어버렸다. 현실의 무력한 상황 앞에서 '나'가 할 수 있는 일은 언젠가 봄이 올 것이라는 막연한 희망을 품는 것뿐이다. 인간애와 자연의 아름다움으로 충만했던 고향 '인제'는 박인환의 작품 속에서 '상실의 대상'으로 표상되며, 불안의 정서를 회피할 수 있는 유일한 공간이 된다.

> 홀로 새우는 밤이었다./지난 시인의 걸어온 길을/나의 꿈길에서 부딪쳐 본다./적막한 곳엔 살 수 없고/겨울이면 눈이 쌓일 것이/걱정이다./시간이 갈수록/바람은 모여 들고/한간 방은 잘 자리도 없이/좁아진다./밖에는 우수수/낙엽 소리에/나의 몸은/점점 무거워진다.//풍토의 냄새를/산마루에서/지킨다./내 가슴보다도/더욱 쓰라린/늙은 농촌의 황혼/…(중략)…/절름발이 내 어머니는/삭풍에 쓰러진/고목 옆에서 나를/불렀다./얼마 지나/부서진 추억을 안고/염소처럼 나는/울었다./마차가 넘어간/언덕에 앉아/지평에서 걸어오는/옛 사람들의/모습을 본다./생각이 타 오르는/연기는/마을을 덮었다
>
> ―「전원」 부분

"홀로 새우는" 밤은 나를 불안하게 하는 시간이며, 이 불안의 시간 속에서 '나'는 잠시 동안 시인으로서의 소명과 앞으로의 길에 대해 고민해본다. 그러나 당장 덮쳐오는 것은 삶에 대한 걱정이다. 삶의 방향성과 목표의식을 잠식해버리는 현실의 세계는 '나'를 무겁게 옥죄어 온다. 낙엽이 지는 밤, 스산한 바람이 좁은 방을 가득 메우는 듯하고, 모든 만물은 점점 생기를 잃어간다. 자연의 일부인 '나' 또한 한해의 마지막을 준비해야만 한다. 바람과 흙냄새가 훅 끼쳐오는 마을에서 '나'의 마음은 마치 "늙은 농촌의 황혼"처럼 슬퍼진다.

---

14) 박인환, 「원시림에 새소리, 금강은 국토의 자랑―내 고장 자랑, 강원도 편」, 『신태양』, 1954. 4.

쓸쓸함이 감도는 내적 풍경 속에서 '나'의 기억은 이제 과거의 추억에 가닿는다. 괴로운 세월이 흐르는 사이, 절친했던 친구와 옛 사람들은 하나둘 떠나고 회상의 장면 속엔 그들의 빈자리만 남아 있을 뿐이다. '나'를 서글프게 만드는 것은 "부서진 추억"이다. 파편화된 유년의 추억은 이어붙일 새도 없이 타오르는 연기처럼 사방으로 흩어져버리고 만다. 시적 화자가 회상하는 고향은 "애초에 어디에도 존재하지 않았으며 그러므로 잃어버릴 수도 없었던 대상"[15]이다. 때문에 "절름발이 내 어머니"와 "옛 사람들"의 공간은 현실을 망각하게 하는, 일종의 도피처인 동시에 영영 가닿을 수 없는 단절의 공간이 된다.

> 어린 생각이 부서진 하늘에/어머니 구름 작은 구름들이/사나운 바람을 벗어난다.//밤비는/구름의 층계를 뛰어내려/우리에게 봄을 알려주고//모든 것이 생명을 찾았을 때/달빛은 구름 사이로/지상의 행복을 빌어주었다.//새벽 문을 여니/안개보다 따스한 호흡으로/나를 안아주던 구름이여/시간은 흘러가/네 모습은 또 다시 하늘에//어느 곳에서도 바라볼 수 있는/우리의 전형/ 서로 손 잡고 모이면/크게 한 몸이 되어/산다는 괴로움으로 흘러가는 구름/그러나 자유 속에서/아름다운 석양 옆에서/헤매는 것이/얼마나 좋으니
>
> ―「구름」 전문

결여된 자아를 회복하기 위해 시인이 선택한 방법은 유년의 순수하고 자유로웠던 세계로의 회귀이다. '나'는 하늘을 올려다보고 있다. 불안과 절망이 망각되고 미래에 대한 긍정과 호기심만 남은[16], "어린 생각"들이 구름처럼 떠가고 있다. 크고 작은 구름들은 봄의 생명을 싹 틔운 밤비를 생각하게 하고, 비가 그친 후 지상으로 쏟아져 내리던 달빛을 생각하게 한다. 새벽녘 따스한 포옹으로 '나'를 안아주던 구름은 시간이 흐른 후에도 그 자리에 존재한다. 오래도록 변하지 않는 자연의 본질은 마치 벗어날 수 없는 삶의 굴레를 보여주는 듯하다. 산다는 것은 괴로운 일이지만 '우리'가 서로 손 잡고 모여 그 괴로움을 함께하는 것처럼 구름은 흩어지고, 또 뭉치며 하늘을 유유히 흘러간다. 삶의 괴로움을 잠시 내려놓게 하는

---

15) Sean Homer, 김서영 옮김, 『라캉 읽기』, 은행나무, 2009, p.158.
16) "어린아이는 천진난만함과 망각 그 자체"이며, "거룩한 긍정의 존재"이다.(Saito Takashi, 『곁에 두고 읽는 니체』, 홍익출판미디어그룹, 2020, p.116.)

것은 자연이다. 나를 둘러싼 아름다운 세계가 있기에, 지는 태양을 바라보며 오늘을 되돌아 보고 내일을 기약할 수 있는 것이다.

4. 나가며

　50년대 모더니즘을 대표하는 작가로서 중요한 위치를 차지하고 있는 박인환에 대한 연구는 주로 '우울' '허무', '죽음', '전쟁' 등의 키워드로서 편향되어 왔다. 대부분의 연구들이 대표작 몇 편만을 언급하며 '모더니즘'이라는 시대의 한 경향성에 집중한 해석을 내놓는 것에 그치고 있다는 점도 고질적인 문제라고 할 수 있다.

　이 글에서는 박인환의 『선시집』에 대한 인식의 전환을 도모하고, 유의미한 가치를 규명하는 일련의 방법들을 제시하고자 했다. 박인환은 31세의 젊은 나이에 타계하기까지 적지 않은 시와 산문을 남겼다. 『선시집』은 박인환 생전 처음이자 마지막으로 출판된 유일 시집이라는 사실만으로도 큰 위상을 갖지만, 특히 다수의 작품 중 56편만을 선별하여 엮어낸 시집이라는 점에서 상당한 가치를 지닌다.

　살펴본 바와 같이 『선시집』의 4부 구조는 각각 '황폐한 세계와 내적 공간의 부조화', '물의 상상력으로 치환되는 죽음과 삶의 인식', '무너진 삶의 새로운 정립, 일상과 사람들', '전쟁 속에서 피어난 서정성의 염원' 등으로 그 의미 구도를 범주화시켜볼 수 있다.

　4부 구조의 의미망은 서로 동떨어져 있는 듯 보이지만, 결국은 하나의 '부드러운 목소리'로 귀결된다. 그것은 사랑하는 사람들에 대한 연민이며, 고차원적인 인류애이며, 세상을 향한 애증 어린 절규이다. 『선시집』 후기에서 박인환은 시를 쓰는 동안 불안정한 시대, 암울한 사회와 싸워왔음을 밝히고 있다. 『선시집』으로 묶인 56편의 작품은 사회 현실을 향한 고뇌와 열정의 산물, 혼란 속에서도 시인으로서의 자의식을 지키기 위한 몸부림 그 자체였다. 그의 시는 이제 '실패한 모더니즘'이 아닌, 전쟁의 참상에 나름의 방식으로 대항하고자 했던 '한 시인의 정신적 고투'로서 읽혀야 옳을 것이다.

　1950년대를 살아가는 시인들이 그러했듯, 박인환 또한 전쟁으로 인해 사라지거나 떠나간 많은 것들에 대한 그리움과 애도의 마음을 작품에 담았다. 화려한 도시문명의 어두운 그늘을 예리하게 포착하고, 비극과 절망의 정서를 노래하는 방식을 통해 그는 그만의 시적 자의식을 성립해나갔다. 물론 형식적인 몇 개의 틀을 통해 그의 시집을 오롯이 조망하고자 하는 시도에는 상당한 한계가 있다. 이 논문에서 미처 수행하지 못한, 세밀한 작업들을 보완한다면 박인환의 『선시집』에 대한 인식의 전환을 도모하고, 유의미한 가치를 규명할 수 있을 것이라고 기대한다.

<참고문헌>

권경아, 「1950년대 한국 모더니즘 시의 근대성 연구—후반기 동인을 중심으로」, 한양대학교 대학원 박사학위 논문, 20011.
김수영, 이영준 엮음, 『김수영 전집2』, 민음사, 2018.
노승욱, 「박인환 시에 나타난 도시적 서정성 연구」, 『도시인문학연구』제3권 1호, 서울시립대학교 도시 인문학연구소, 2011.
맹문재, 『박인환 깊이 읽기』, 서정시학, 2006.
_____, 『시학의 변주』, 서정시학, 2007.
박인환, 『선시집』, 산호장, 1955.
김경린 외, 『새로운 도시와 시민들의 합창』, 도시문화사, 1949.
엄동섭·염철 엮음, 『박인환 문학전집 1』, 소명출판, 2014.
오세영, 「후반기 동인의 시사적 위치」, 『문학사상』 99집, 문학사상사, 1981.
전병준, 「신시론 동인의 시와 시론 연구」, 『한국어문학국제학술포럼』 31권, Journal of Korean Culture, 2015.
조영복, 「근대문학의 '도서관 환상'과 '책'의 숭배」, 『한국시학연구』, 한국시학회, 2008.
조은주, 「박인환 시와 일제강점기」, 『우리어문연구』 48집, 우리어문학회, 2014.
최승호, 「시적 서정시의 맥락과 현재적 가능성」, 『우리말글』, 우리말글학회, 2002.
한계전, 「50년대 모더니즘의 시의 가능성」, 『1950년대 문학 연구』, 한양어문학회, 1995.
한명희, 「1950년대 모더니즘시의 서정성—김수영, 박인환 시를 중심으로」, 『한국시학연구』, 한국시학회, 2006.
Gaston Bachelard, 이가림 옮김, 『물과 꿈』, 문예출판사, 2012.
Saito Takashi, 『곁에 두고 읽는 니체』, 홍익출판미디어그룹, 2020.
Sean Homer, 김서영 옮김, 『라캉 읽기』, 은행나무, 2009.

<Abstract>

Improvement of Research on Park In-hwan's 『Poetry Collection』

Jeong, Ae-jin(Hanyang University)

The aim of this study is to change Park In-hwan's perception of "Poetry Collection" and to help him derive more diverse perspectives in exploring Park In-hwan's market system by deriving meaningful points such as the composition principle and theme consciousness of the poetry collection.

From 1926 to his death at the age of 31 in 1956, Park In-hwan's life was short, but the traces and values he left behind in Korean history are still being talked about. In particular, Park In-hwan has been steadily called as the central figure of Shin Si-ron and Dong-in in the second half, so early research had no choice but to have a limitation that his poetry had been too focused on a trend in the era of "modernism."

Throughout the times, the negative evaluation of Park In-hwan has changed to a positive evaluation through attempts from various perspectives. In line with the research company review and its specific trend so far, there are two main things to pay attention to in this study. First, as an artist, it is necessary to achieve research results that see the art world of Park In-hwan, who enjoyed the 1950s. Second, based on the discourse of the times that the poet inevitably fac ed, the aspects of Park In-hwan's individual subjectivity and identity should be observed more closely. To this end, this study aims to pay attention to Park In-hwan's book of poems, which has yet to be studied.

Park In-hwan's "Poetry Book" is the poet's first and only collection of poems, and it is an important material to distinguish between his early and mid-term poems. In addition, the "late" of the collection of poems clearly reveals his attitude and sense of duty as a poet, allowing him to infer the poetic worldview he has been pursuing. Park In-hwan tried to fulfill his mission as a poet by living in an era called a "strange unstable solidarity." A chaotic society was simply a series of changes, but one thing that had been kept was 'pity and belief in poetry'. This can be said to be the fundamental foundation of Park In-hwan's market system.

In summary, this study intends to carry out a series of tasks with the conviction that the Pre-Poetry Collection has sufficient value as a research material. The final goal of this study will be to reveal the artist's intention and market meter inherent in it through the composition principle of the book of poems, and to present the direction to see his work anew.

Keywords: Park In-hwan, Sunsijip, 50s, lyricism, Shinshiron

김종삼 후기시에 나타난 '죽음'과 '애도' 연구

-『누군가 나에게 물었다』를 중심으로-

정지훈*

목 차

1. 들어가며
2. '죽음'에 대한 인식
3. '애도'와 윤리적 주체
4. 나가며

<국문초록>

본 연구의 목적은 김종삼 후기시에 나타난 '죽음'과 '애도'의 의미와 의의를 밝히는 데 있다. 주지하다시피 김종삼은 한국시사에서 '순수시인'이라고 평가받으며 그 위상을 차지한다. 그에 따라 미학적인 성취가 두드러지게 나타나는 전기시에 대한 조명은 꾸준히 이루어진반면, 후기시는 비교적 조명받지 못했다. 김종삼 후기시의 경우 시인의 건강 악화가 직접적인 영향을 주었다고 할 수 있다. 그로 인해 진술적인 형식을 취하면서 변화를 보이면서 미학적인 성취가 다소 가려졌다고 볼 수 있다.

본 연구에서는 김종삼 후기시를 접근하는 데 있어서 개인시집 『누군가 나에게 물었다』를 중심으로 살펴보았다. 김종삼의 경우 개작과 재수록이 많다는 점을 염두에 두어야 한다. 즉

---

*한양대학교 창의융합교육원 강사

개별 작품만으로 그의 시세계의 흐름을 살펴보는 데 어려움이 있다. 개인시집은 작품의 선별과 배열을 통해 하나의 의미망을 갖는다. 『누군가 나에게 물었다』에서는 지면발표순으로 볼 때 나타나는 개인의 불안정함이 감소하고, 일관된 태도를 보여주고 있음을 확인할 수 있다. 그에 따라 김종삼은 '죽음'과 그에 따른 '고통'에 대해서 회피하는 것이 아닌, 그 속에서 먼저 떠나간 '타자'를 인식하고 '시 쓰기'를 통해 끝까지 애도하고자 하는 태도를 찾아 볼 수 있다.

주제어: 김종삼, 후기시, 『누군가 나에게 물었다』, 죽음, 애도, 윤리

1. 들어가며

시인 김종삼은 1954년 「돌」을 발표하는 것을 시작으로 하여 1984년 지병으로 작고하기 전까지 꾸준하게 작품을 남겼다. 1957년 출간된 『전쟁과 음악과 희망과』의 후기에서 그의 시가 '과작'이라고 평가한 것[1]과 같이 김종삼은 이후에도 매해 많은 편수를 발표하지는 않았지만 삼십 여 연간 활동하며 축적한 시편은 결코 적다고 할 수는 없다. 짧지 않은 시력(詩歷)과 더불어 시인상을 수상함으로써 생전에도 여러 평가를 받았으며, 특히 「원정」을 통한 "비극적 세계 인식"에 대한 김현의 논의[2]는 김종삼 시세계를 조망할 수 있는 단초를 제공해주었다. 또한, 김주연은 김종삼 시에서 의식을 직접적으로 진술하지 않고 그림으로써 대상화하는 기법적인 측면에 주목하여 "묘사의 시"[3]로 보았다. 황동규는 김종삼 시에 나타나는 '절묘한 아름다움'은 '잔상효과'에 기인하는 것으로 보고 "현대시가 낳은 가장 완전도가 높은 순수시인"[4]으로 평가된 바 있다.

이처럼 김종삼은 한국문학사에서 '순수시인'으로 위상을 차지하는 한편, 미학적인 측면 뿐만 아니라 다양한 관점에서 접근하면서 그의 시세계를 확장하는 작업이 진행되고 있다. 그럼에도 불구하고 시인의 예술에 대한 남다른 관심은 시세계에 적지 않은 영향을 주었고 이를 배제하기란 쉽지 않다. 그에 따라 김종삼의 연구는 초·중기시를 중심으로 다루어진 경향이 있다. 특히 후기시는 지병 악화와 결을 함께하면서 김종삼 특유의 형식적인 미학보다는 진술적인 형식을 갖는다.

> "후기에 올수록 직접적 진술의 형식을 띠고 나타난다. 이러한 진술들 속에서 우리가 읽을 수 있는 또 하나의 그의 주제는 죄의식이다."와 "후기시, 특히 강렬한 죽음 체험 이후에 씌어진 시편들에서는 지상의 삶에 대한 연민어린 애정으로 침윤된다. 이제 그는 우리의 고통이 환상이 아니라, 가난하지만 마음 좋은 사람들의 인정에 의해 극복될 수 있다고 본다. 성스러운 평화는 현상의 세계나 음악 혹은 환상의 세계

---

1) 김종삼, 김광림, 전봉건 저, 『戰爭과音樂과希望과』, 自由世界社, 1957, p.110.
2) 김현, 「김종삼을 찾아서」, 『상상력과 인간/시인을 찾아서- 김현 문학 전집 3』, 문학과지성사, 1993. p.403.
3) 김주연, 「非世俗的 詩」, 장석주 편, 『김종삼 전집』, 청하, 1988, p.296.
4) 황동규, 「殘像의 美學」, 장석주 편, 『김종삼 전집』, 청하, 1988, p.254.

가 아니라, 지상의 세계, 그것도 가난하지만 따뜻한 인정의 세계에 존재한다."5)

이승훈은 「평화의 시학」에서는 김종삼의 후기시에 대해 지병 악화로 인한 고통과 죽음을 체감하며 진술적으로 변모하며 그럼에도 '가난하지만 따뜻한 인정'이 있는 '평화'를 지향하고 있음을 밝힌다. 이와 같은 견해는 충분히 타당성이 있으며 그에 따라 김종삼 후기시에 대한 일반적인 인식으로 자리 잡아 왔다. 본고에서는 후기시에 대한 일반적인 인식을 견지하는 한편, '죽음'과 '주체'에 주목하여 후기시의 의의를 밝혀보고자 한다.

본고에서는 다루고자 하는 후기시는 크게 두 가지 방향에서 접근할 수 있다. 첫 번째는 작품의 '시집 단위' 접근이다. 이는 곧 김종삼 시세계에서 개인시집이 갖는 위상과 관련된다. 앞서 언급한 바 김종삼은 '과작'이라고 불릴 만큼 작품을 많이 발표하지는 않았다. 그러나 꾸준히 신작을 발표하는 한편, 이미 발표한 작품을 지면에 재수록하는 경향이 있다. 이때 단순히 오탈자를 바로잡거나, 개작 혹은 그대로 재수록 되기도 한다. 개작에 따라 의미의 변화도 나타나기도 하지만 '재수록'이란 곧 시인에게 있어 '현재성'을 갖는다고도 할 수 있다. 곧, 과거에 발표한 작품이라고 하더라도 재수록 시는 여전히 시인에게 유의미하다고 볼 수 있다. 이러한 관점에서 작품을 접근했을 때 김종삼의 시기 구분은 더욱 어려워진다. 이때 기준이 되는 것이 바로 개인시집이다. 개인시집은 시인이 직접 작품을 선별하고 구성한 결과물이며 의미망을 형성한다.

두 번째는 '죽음'과 '주체'에 대한 접근이다. 김종삼은 한국전쟁을 경험하면서 죽음에 대한 사유를 작품 곳곳에 드러낸 바 있지만, 건강 악화로 인해 보다 직접적으로 드러낸다. 여기서 핵심은 죽음에 대한 주체의 태도에 있다. 특히 『누군가 나에게 물었다』에 수록된 작품을 살펴보면 죽음에 대한 불안이라든가 혹은 반대로 평온한 상태로 진입하고자 하는 태도와는 거리가 멀다. 죽음이 가까울수록 커지는 고통을 끝까지 놓지 않으면서 '시인의 영역'에 도달하고자하는 것을 찾아볼 수 있다.

---

5) 이승훈, 「평화의 시학」, 김종삼, 『평화롭게』, p.167.

2. '죽음'에 대한 인식

김종삼 후기 시편은 앞서 언급한 바 진술적인 면을 보인다. 그에 따라 주체, 타자, 세계와의 불화를 보여주며 염세주의적인 면모를 보여주기도 한다. 이와 같은 시편은 후기 시의 특징인 것은 사실이지만 이 자체가 후기시의 전반을 의미하지 않는다. 음악을 비롯한 미학적인 시세계에서 죽음과 고통으로의 변화는 시인의 개인적인 상황에서 기인하는 바가 크다. 한국전쟁 경험과 지인들의 죽음을 통해 시 곳곳에 죽음에 대한 사유가 묻어나왔지만, 지나친 음주로 인한 건강 악화와 형 김종문의 죽음은 내면세계에 영향을 미치면서 죽음에 대한 보다 직접적인 사유가 이루어진다. 따라서 이전의 시편에서 볼 수 있는 형식적인 미학과 더불어 '화해'의 여지를 보여주는 시편과 함께 불화와 자조적인 내면을 내비치는 시편이 등장한다. 후기시를 개별 작품 단위로 시기순으로 놓고 본다면, 죽음을 앞둔 불안한 주체의 형상이 부각된다. 다만, 개인시집『누군가 나에게 물었다』와 같이 개인시집 단위로 접근한다면 불안으로 끝을 맺지 않는다. 다시 말해, 또 다시 주체를 재설정함으로써 타자와 세계에 대한 화해 가능성을 열어놓는다.

시집을 분석하기에 앞서 시집 자체의 특징을 먼저 살펴볼 필요가 있다. 김종삼은『십이음계』,『시인학교』,『누군가 나에게 물었다』총 세 권의 개인시집을 남겼다. 이들의 공통적인 특징으로는 따로 부 구성을 하지 않았다는 점과『시인학교』와『누군가 나에게 물었다』의 경우 표제작이 시집의 가장 마지막에 수록된다는 점이 있다. 또한, 재수록된 작품이 압도적으로 많다는 점에서 개인시집에 대해서 시신집과 큰 차이가 없다는 견해도 있지만,『누군가 나에게 물었다』는 앞선 두 개인시집과 달리 시집에 처음 수록되는 작품이 비교적 많다는 것이 특징이다. 또한,『누군가 나에게 물었다』에 수록된 총 42편중 9편이 새롭게 수록되었다는 점과 그 중에서 표제작「누군가 나에게 물었다」도 포함된다는 점은 시선집이라기보다는 개인시집의 성향을 담고 있음을 보여준다.

시집에 수록된 작품을 살펴볼 때, 여섯 작품[6]을 제외하면 1970년대 후반에서 시집이 출간되기 직전까지 발표된 작품이 대부분을 차지한다. 이는『십이음계』와『시인학교』에서 중복해서 수록된 작품이 있던 반면에『누군가 나에게 물었다』에서는 개인시집 간 중복으로 수

---

[6] 「투병기」, 「제작」, 「67년1월」, 「연인의 마을」, 「지-전봉래에게」, 「따뜻한 곳」

록된 작품이 없다는 가장 큰 차이점이 있다. 이와 같이 앞선 두 개인 시집간의 차이점은 이전 시기와는 다른 전환이 이루어졌음을 의미한다. 그럼에도 비교적 더 이전에 발표한 작품이 수록되었다는 것은 이러한 전환이 단번에 이루어진 것이 아니라 이미 내재되어 있었음을 의미한다.

> 한국의 가장 밝은 보헤미안 詩人 金宗三은 이제 죽음 앞에서 날고 있다. 이 시집에 실린 작품 거의 전부가 죽음을 향해 조각되어 있는 것이다.
> 그러나 그의 손길이 닿으면 죽음까지도 환해진다.
> 라산스카/나 지은 죄 많아/죽어서도/영혼이 없으리
> 그에 의해 조탁된 죽음에는 영혼마저 너무 무겁고 어둡게 느껴지는 것이다. 그래서 그는 나른다. 「라산스카」에도 「鬪病記」에도 「주검의 갈림길도 없는」 「소곰 바다」에도 맑은 하늘이 비쳐져 있다. 그 하늘은 그는
> 착하게 살다가 죽은 이의 죽음도 빌려 보자는/ 생각도 하면서 천천히/더욱 천천히/날고 있는 것이다.
> 그의 밝은 죽음이 비록 어둡고 무겁겠지만 다시 삶이 이어가기를 비는 마음 간절하다.
>
> - 『누군가 나에게 물었다』, 1982, 표4

김종삼 세 번째 시집만의 또 다른 구성적인 특징은 이전의 시집과는 달리 표4에 시집에 대한 내용이 간략하게 서술되어 있다는 점이다. 시집의 표4에서 황동규는 김종삼이 죽음을 앞두고 있으며, 그럼에도 죽음 보다는 '삶이 이어가기를 바라는 것'이 시집의 요지임을 밝힌다. 언급된 바와 같이 시집에 수록된 작품에서는 '죽음'에 대한 내용을 어렵지 않게 찾아볼 수 있다. 여기서 주목을 요하는 것은 죽음에 대한 태도의 변화에 있다. 김종삼의 시세계에서 죽음은 한국전쟁과 지인의 죽음을 통해 꾸준히 등장하는 요소 중 하나이다. 그러나 후기 시편에서의 죽음은 앞서 언급한 바와 같이 개인적인 차원에 집중된다. 가장 큰 변화는 '전쟁'과 관련된 이미지는 거의 드러나지 않으며, 죽음을 앞둔 개인이 이를 어떻게 여기고 있는가에 초점이 놓인다.

여긴 또 어디메냐
목이 마르다
길이 있다는
물이 있다는 그 곳을 향하여
罪가 많다는 이 불구의 영혼을 이끌고 가 보자
그치지 않는 전신의 고통이 하늘에 닿았다.

- 「形」(『누군가 나에게 물었다』, 1982, p.9.)

그 동안 무엇을 하였느냐는
물음에 대해

다름아닌 人間을 찾아다니며
물 몇桶 길어다 준 일밖에 없다고

머나 먼 廣野의 한 복판
야튼
하늘 밑으로
영롱한 낯빛으로
하여금 따위에선

- 「물桶」부분(『本籍地』, 1968, p.12.)

  황동규의 글귀에서 '삶이 이어나간다'는 말은 건강을 되찾는다는 의미가 아니다. 김종삼 후기시에서 삶을 이어간다는 것은 곧 '죽음을 지연시킨다'는 의미를 갖는다. 따라서 더 이상 회복할 수 없는 상태의 지속이라 할 수 있으며 '고통'이 늘 뒤따른다. 『누군가 나에게 물었다』에서 가장 처음 수록된 「형」은 이러한 상황을 잘 나타낸다. 이 시를 초기 시편과 함께 놓고 본다면 그 차이를 확연하게 확인할 수 있다. 1968년 발표한 「물통」을 먼저 살펴보면,

하늘에서 들려오는 '무엇을 하였나'라는 질문에 시적 주체는 별일이 아닌 듯 한 어조로 '인간을 찾아 물 몇 통을 길러다 주었을 뿐'이라 답한다. 그러나 '광야의 한 복판'에서의 '물'은 인간의 생명과 직결되며, 그 대상이 '인간'이라는 포괄적인 범위라는 점에서 시적 주체의 행위는 결코 가볍지 않다. 따라서 이 때 시적 주체의 행위는 구원에 가까운 의미를 갖는다.

이와는 대조적으로 「형」의 시적 주체는 '죄 많은 불구의 영혼'을 가진 인간으로 등장한다. 뿐만 아니라 자신이 어디에 서 있는지 알지 못한다. 여기서 핵심은 길을 잃고 방황하는 것이 아닌 '길'과 '물'이 있는 곳을 향해 '전신의 고통'을 느끼며 끝까지 나아가고자 하는 것에 있다. 이때 고통은 단순히 신체적인 증상을 가리키지 않는다. 오히려 고통을 통해서 아직 '살아있음'을 보여준다. 따라서 시적 주체의 걷는 행위는 죽음을 회피하는 것이 아니라 오히려 고통을 동반하는 죽음을 직면하고자 하는데 그 의미가 있다. 이와 같은 맥락에서 "착하게 살다가 죽은 이의 죽음도 빌려 보자"[7]라는 구절은 죽은 이가 남긴 '삶'이 아닌 '죽음'을 빌린다고 볼 수 있다.

> 눈발이 날리고 있었다/주먹만하다 집채만하다/쌓이었다가 녹는다/교황청 문 닫히는 소리가 육중/하였다 냉엄하였다/거리를 돌아다니다가/다비드像 아랫도리를 만져보다가/관리인에게 붙잡혀 얻어터지고 있었다
>
> — 「내가 죽던 날」(『누군가 나에게 물었다』, 1982, p.13.)

> 그 언제부터인가/나는 罪人/수億年間/주검의 連鎖에서/惡靈들과 昆蟲들에게 시달려왔다/다시 계속된다는 것이다.
>
> — 「꿈이었던가」(『누군가 나에게 물었다』, 1982, p.15.)

『누군가 나에게 물었다』에 수록된 작품에서는 시적 주체가 죽음 직전의 상태를 끊임없이 지속하고 있음을 보여준다. 위의 「내가 죽던 날」과 「꿈이었던가」의 제목에는 어미 '-던'이

---

7) 「또 한번 날자꾸나」, 『김종삼 정집』, p.627.

공통적으로 들어간다. 이는 '지난 일을 돌이켜 생각하거나 일이 완결되지 못함을 나타내는' 사전적 의미를 통해 '나의 죽음'과 '꿈'이 미완인 채 "다시 계속"되고 있음을 말한다. 「내가 죽던 날」에서는 "교황청 문 닫히는 소리"는 종교적인 신앙으로 귀결되지 않음을 나타낸다. 또한, "다비드像 아랫도리를 만져보"는 것은 일종의 '아이'로의 회귀로 볼 수 있겠지만 이 역시 완벽한 회귀로 보기 어렵다. 이 시에서 회귀는 아이의 장난과 같은 '행위'만 회귀했기 때문에 되돌아오는 것은 훈육이 아닌 폭력이며 고통을 동반한다. 다만 중요한 점은 시적 주체가 스스로 행위를 선택했다는 것에 있다.

그렇다면 시적 주체가 '죽음' 직전의 상태를 지속하고자 한 이유에 대해서 파악할 필요가 있다. 인용한 작품에서 알 수 있듯 핵심은 '죄'에 있다. 김종삼 시에서 죽음과 죄의식은 긴밀한 관계에 놓인다. 여기서 주의해야 할 점은 '죽음'이 개인적 차원으로 전환이 이루어질 때 김종삼의 시세계가 협소해지는 것이 아니라는 점이다. 김종삼은 현실의 균열을 '음악'이라는 요소를 통해 봉합하고자 하지만 실패한다.8) 그러나 여기서 실패는 사회와 개인의 능력을 떠나 필연적으로 실패할 수밖에 없는, 다시 말해 내재적인 불가능함을 뜻한다. 김종삼 시의 후기시는 내재적인 불가능함을 이미 알고 있는 주체의 문제를 중점에 놓았다고 할 수 있다.

내용 없는 아름다움처럼

가난한 아희에게 온
서양 나라에서 온
아름다운 크리스마스 카드처럼

어린 羊들의 등성이에 반짝이는 진눈깨비처럼.

- 「북치는 소년」
(『現代韓國文學全集 18·52人詩集』, 新丘文化社, 1967.
『김종삼 정집』, p.263.)

---

8) 김종삼 시에서 현실의 균열과 '음악'으로의 봉합에 대한 논의는 정치훈,「김종삼 시집 『십이음계』의 위상과 의미」, 『한국시학회』, 2019. 참고.

바로크 시대 음악들을 때마다
팔레스트리나들을 때마다
그 시대 풍경 다가올 때마다
맑은 물가 다가올 때마다
라산스카
나 지은 죄 많아
죽어서도
영혼이
없으리

-「라산스카」(『누군가 나에게 물었다』, 1982, p.14.)

  김종삼 시편에서 「라산스카」는 다양한 판본으로 발표되었다.9) 『누군가 나에게 물었다』에 수록된 「라산스카」는 다른 판본과는 달리 시집에 새롭게 수록된 작품이다. 이는 곧, 시집의 구성에 있어 직접적인 관련이 있음을 의미한다. 이 시에서 가장 두드러지는 점은 형식의 변화에 있다. 김종삼 시를 미학적인 측면에서 논의할 때 여백과 잔상이 구심점으로 작용했다면, 이 시에서는 이를 비껴나간다. 보다 확실하게 살펴보기 위해 김종삼의 대표작 중 하나인 「북치는 소년」과 비교해본다면, 「북치는 소년」에서는 각 행의 끝을 '-처럼'으로 맺음으로써 의미를 열어둔다. 「라산스카」 역시 '-때마다'를 통해 확장시키는 듯 보이지만 마지막에 "나 지은 죄 많아/죽어서도/영혼이/없으리"라 는 종결어미를 통해 열려있던 의미의 공간을 닫아 놓는다. 그러나 시집의 맥락에 따라 읽는다면 '죽음'으로 내용이 종결되는 것이 아닌, '죽어서도 영혼이' 없기때문에 '죽음'에 다다르지 못함을 보여준다. 또 살펴볼 점은 '-때마다'로 끝나는 종결어미를 통해 일련이 과정이 '반복'된다는 것이다. 「북치는 소년」에서 '-처럼'은 의미가 무한으로 확장해나간다면, '-때마다'는 무한히 반복되는 것으로 볼 수 있다.

  '-처럼'의 무한히 확장하는 것과 '-때마다'의 무한히 반복의 차이는 주체의 욕망과 관련 있다. 「북치는 소년」은 현실 너머의 도달할 수 없음에도 불구하고 '물자체'10)를 추구하고자

---

9) 김종삼은 「라산스카」라는 제목의 작품으로 총 4편 발표한다. 이는 각각 1961년 『현대문학』 7월호, 1963년 『현대시』 제4집, 1973년 『풀과 별』, 그리고 1977년도에 출간된 『시인학교』에 수록된다.

하는 바와 같으며 「라산스카」의 경우는 '반복'을 통한 '충동'과 같다. 욕망에서 충동으로의 전환은 주체가 자신의 결여를 채워줄 '물자체'가 있다고 여겼지만 실은 애초부터 '결여'된 것임을 받아들이는 것에서 비롯된다. 이때 핵심은 '물자체의 결여'에 대한 주체의 반응이다. 『누군가 나에게 물었다』에 수록된 시편에서는 주체의 속성은 '결여'되어 있다는 것을 '앎'에도 불구하고 이전의 행위들을 반복한다.

끝없이 펼치어진 荒野가 되었을 때 하늘과 땅 사이에 밝은 화살이 박힐 때 나는 坐客이 되었다 신발만은 잘 간수해야겠다 큰 비가 나릴 것 같다 -「鬪病記・2」,(『文學과知性』, 1974, 겨울. 『김종삼 정집』, p.408.)	<u>다시 끝없는</u>11) 荒野가 되었을 때 하늘과 땅사이에 밝은 화살이 박힐 때 나는 坐客이 되었다 신발만은 잘 간수해야겠다 큰 비가 내릴 것 같다. -「鬪病記」,(『누군가 나에게 물었다』, 1982, p.21.)
한 밤중 나체의 산발한 마녀들에게 쫓겨다니다가 　들어간 곳이 휘황한 광채를 뿜는 시체실이다 다가선 여러 마리의 마녀가 천정 쪽으로 솟아올라 붙은 다음 캄캄하다 다시 새벽이 되었다 뭘좀 먹어야겠다 -「鬪病記・3」,(『文學과知性』, 1974, 겨울. 『김종삼 정집』, p.409.)	꺼먼 부락이다 몇 겹의 유리가 하나씩 벗겨지고 있었다 살 곳을 찾아가는 중이다 하얀 바람결이 차다 집들은 샤갈이 그린 폐가들이고 골목들은 프로이트가 다니던 진수렁투성이다 안고 가던 쉔베르크의 악기가 깽깽거린다 -「鬪病記」,(『現代文學』, 1975. 1. 『김종삼 정집』 p.413.)

---

10) 쇼펜하우어는 물자체(Ding an sich)와 연결시켜 주는 것은 음악이라고 주장했다. 말들이 단지 의미할 수 있는 것은 삶의 실체의 욕동을 직접적으로 주는 것이다. 이런 이유로 음악은 의미를 우회하면서 그/그녀 존재의 현실 안에서 주체를 "포착"한다. 음악에서 우리는 볼 수 없는 것, 즉 표상(Vorstellungen)의 흐름 밑에 있는 떨리는 생명력을 들을 수 있다. 그러나 삶의 실체의 흐름이 중단되고 멈춘다면 어떻게 되겠는가? 이 때 부패와 생성이라는 죽음과 재탄생의 순환을 뛰어넘는 절대적인 죽음을 나타내는 이미지가 생겨난다. 우리 귀로 보는 것- 시각적인 것을 초월한 떨리는 삶의 실체, 즉 시각적 영역에서 이 맹점을 보는 것-보다 더욱 공포스러운 것은 우리 눈으로 듣는 것이다. (슬라보예 지젝・레나타 살레츨 엮음, 라깡정신분석연구회 옮김, 『사랑의 대상으로서 시선과 목소리』, 인간사랑, 2010, p.161.)

11) 강조 인용자.

김종삼의 건강 악화를 직접적으로 담아낸 시는 「투병기」라 할 수 있다. 김종삼은 총 3편의 「투병기」를 발표하였는데, 『누군가 나에게 물었다』에는 1974년 『문학과지성』에 발표한 「투병기・2」가 일부 수정 후 수록되었다. 여기서 두 편의 「투병기」는 수록되지 못하는데 이는 시집의 맥락과 맞지 않아서 배재된 것으로 볼 수 있다. 수록되지 못한 「투병기」를 살펴보면 '죽음'으로부터 도피하는 태도를 보여준다는 공통점이 있다. 시의 공간적 배경은 '꿈'으로 볼 수 있는데, 여기서 꿈은 단연 현실에서 이룰 수 없는 욕망을 충족시키는 공간이 아닌, 내면의 무의식의 차원이다. 그 결과 꿈은 화해가 아닌 공포로 다가온다. 따라서 1974년 발표한 「투병기・3」과 1975년 발표한 「투병기」에서 시적 주체가 꿈속에서 "쫓겨다니"는 것과 "살 곳을 찾아가는 중"은 내면의 심연과 맞닥뜨리지 않기 위한 '현실로의 도피'[12]라 할 수 있다.

이와는 달리 시집에 수록된 「투병기」에서 시적 주체는 이끌어주는 길 하나 없는 "황야"의 공간에 놓여 있다. 이때, "밝은 화살"이 "하늘과 땅 사이"에 박혔다는 것은 삶과 죽음의 경계에 놓여 있음을 의미한다. 시적 주체는 자신을 "좌객"이라고 칭하지만 "신발만은 잘 간수해야겠다"는 구절을 통해 "큰 비"를 회피하는 것이 아니라 맞서고자 한다. 또한, 시집에 수록될 때 맨 처음 구절에 추가된 "다시 끝없는"이라는 시어는 앞서 언급한 바와 같이 '반복'과 관련되어 있음을 주목해야 한다. '끝없이'가 앞서 살펴본 '-처럼'의 욕망의 층위에 놓인다면, '다시 끝없는'은 '-때마다'의 충동의 층위에 놓인다.

> 나도 낡고 신발도 낡았다
> 누가 버리고 간 오두막 한 채
> 지붕도 바람에 낡았다
> 물 한방울 없다
> 아지 못할 봉우리 하나가

---

12) 만약 우리가 '현실'로 체험한 것이 환상에 의해 구조화된 것이라면, 환상이 우리가 날것의 실재(Real)에 직접적으로 압도당하지 않도록 보호해주는 스크린으로 기능한다면, 그때 현실은 실재와의 대면으로부터 도피하는 기능을 한다. 꿈과 현실의 대립에서 환상은 현실의 편에 있으며, 외상적인 실재와 대면하는 것은 바로 꿈에서이다. 이것은 꿈이 현실을 감당할 수 없는 사람들을 위한 것이라는 의미가 아니라, 현실 자체가 자신의 꿈을(꿈속에서 드러나는 실재를)감당할 수 벗는 사람들을 위한 것이라는 의미다. (슬라보예 지젝 저, 박정수 옮김, 『HOW TO READ 라캉』, 웅진지식하우스, 2007, p.89.)

> 햇볕에 반사될 뿐
> 鳥類도 없다
> 아무 것도 아무도 물기도 없는
> 소곰 바다
> 주검의 갈림길도 없다
> ― 「소곰 바다」(『누군가 나에게 물었다』, 1982, p.22.)

시집에서 「투병기」에 바로 이어서 수록된 작품 「소곰 바다」는 1980년 『세계의 문학』 가을호에 발표한 작품이다. 「투병기」와는 지면발표 시기로 봤을 때 6년 정도의 차이가 있지만 시집 내에서 그 흐름이 자연스럽다고 할 수 있는데, 이는 바로 '신발'에서 비롯된다. 시에서 시적 주체가 처한 상황은 「투병기」의 "황야"와 같이 생과 죽음의 경계에 놓여 있을 때, 「투병기」에서는 "큰 비가 내릴 것 같다"는 가정으로 끝을 맺었다면 「소곰 바다」에서는 '큰 비'가 '여전히 오지 않았거'나 혹은 '이미 지나간' 상황으로 볼 수 있다. 중요한 점은 '낡았다'라는 표현을 통해 시간의 흐름이 발생했다는 점이다. 따라서 「투병기」보다 더 죽음의 이미지가 두드러진다. 간단하게 '물'이 생의 이미지라고 할 때 "물 한방울"에서 "물기"조차 없음으로의 변화는 생 보다는 죽음에 더 맞닿아 있다.

「소곰 바다」에서 주목해야하는 시어는 "햇볕"과 "소곰"이다. 두 시어는 '빛과 소금'이라는 종교적 의미[13]를 연상케 한다. 그러나 이 시에서 '햇볕'은 생명과 연관되는 '물'을 증발시킨다. 그 결과 풀조차 자랄 수 없는 '소금 바다'가 형성된다. 따라서 '자기희생적인 삶'이라는 종교적인 의미와는 다소 거리가 있다. 희생을 하기 위해서는 타인이 전제되어야 하지만 여기서는 '누구도' 없기 때문이다. 결국 '소금 바다' 위에 남는 것은 죽음 앞에 선 주체뿐이다. "주검의 갈림길도 없다"는 바로 앞에 놓인 죽음을 피할 수 있는 또 다른 길이 없음을 의미하며, 「소곰 바다」에서 역시 죽음을 회피하지 않는 태도를 보여준다.

---

[13] 영적인 면에서 어둡고 부패한 이 세상을 살아가야 하는 성도가 지녀야 할 본분과 역할 및 자세를 나타낸 표현이다(마5:13-16). 여기서 '빛'이라 함은 참 생명의 빛이신 예수님(요8:12)의 모범을 좇아 살아가는 거룩하고 온전한 삶이나 예수의 제자로서의 빛된 본질 및 선교적 사명을 나타낸다. 그리고 '소금'이란 예수 그리스도를 섬기는 자들이 지녀야 할 자기 희생적 삶과 그리스도인으로서의 사회적 사명을 강조한다. (교회용어사전 : 교회 일상, 2013. 9. 16. 가스펠서브)

나는 죽어가고 있었다/며칠째 지옥으로 끌리어가는 최악의 고통을 겪으며/죽음에 이르고 있었다/집사람은/임박했다고/흩어진 물건들을 정리하고/골방 구석구석을 청소하고/식은땀을 닦아주고 나가 버렸다/며칠째 먹지 못한 빈 속에/큼직큼직한 수면제 여덟 개를 먹었다/잠시 후 두 개를 더 먹었다/일미리 아티반 열 개를 먹었다/잠들면 깨어나지 않으려고 많이 먹었다

낮은 몇 순간/밤보다 새벽이 더 길었다/손가락 하나가 뒷잔등을 꼬옥 찔렀다/죽은 아우 「宗洙」의/파아란 한 쪽 눈이 나를 지켜보고 있었다/오랫동안 나에게서 잠시도 떠나지 않고 노려보고 있었다/자동차 발동거는 소리가 들렸다/갑자기 아무거나 먹고 싶어졌다/닥치는대로 먹었다/아침이다/이틀만에 깨어난 것이다/고되인 걸음이 시작되었다/앞으로 앞으로

— 「아침」(『누군가 나에게 물었다』, 1982, pp.43-44.)

시간 가는 줄 모르고/기초철봉을 익히고 있었읍니다/그애가 보이지 않았읍니다/그애는 교문을 나가 뒤도 돌아보지 않고 울다가 그치고 울다가/그치곤 하였읍니다/
/[14]저는 그 일을 잊지 못하고 잇읍니다/그애는 저보다 먼저 죽었기 때문입니다

— 「운동장」 부분(『누군가 나에게 물었다』, 1982, pp.26-27.)

시 「아침」 역시 맥락을 함께 한다. 시에서 시적 주체는 죽음에 이르는 과정에서 극심한 고통을 겪고 있으며, 이를 버티지 못해 수면제를 과다 복용한다. 2연에서 아우 '종수'가 시적 주체를 잠시도 떠나지 않고 노려보는 것은 '생'으로부터 도피한 것이 아닌, '죽음'으로부터 도피했기 때문이다. 다시 말해 죽음을 직면한다는 것의 의미는 '생을 마감한다'는 의미가 아닌, 죽음으로부터 다가오는 '고통을 회피하지 않는 것'에 있다. 따라서 기독교적인 맥락에 따라 '자살'은 '죄악'이자 곧, 죄의식으로 자리 잡는다고 보기보다는 시집의 구성에 따라 읽어나가야 한다. 시집에 함께 수록된 「운동장」은 동생과의 관계를 파악할 수 있는 내용이 있어 참조할만하다. 이 시는 유년 시절을 회상하는 내용을 다루고 있으며, 동생을 잘 살피지 못했던 일화를 그려낸다. 여기서 동생과의 일화를 잊지 못하는 것은 "그애가 저보다 먼저

---

14) 『김종삼 정집』에서는 행 구분으로 되어있지만, 원문에는 연 구분으로 되어있음.

죽었기 때문"이라고 말하는 대목을 주목해야한다. 김종삼 시에서 등장하는 종수는 "착하게 살다가 죽은 이"에 속한다고 할 수 있으며, 그에게 "죽음도 빌렸"(「또 한번 날자꾸나」15))다고 할 수 있다. 그렇기에 「아침」에서 동생이 시적 주체를 노려보는 것은 수면제를 과다 복용함으로써 '채무', 즉 '죽음'이라는 채무를 제대로 이행하지 않았기 때문이다.

김종삼 후기 시편의 죄의식은 '죽음'과 관련이 있으며 타자, 특히 "착하게 살다 죽은" 타자와의 관계에서 기인한다. 물론 죽음에 대한 사유는 개인적인 차원에서 비롯되었지만 김종삼은 '죽음'을 두려워했다거나 '생'의 의지를 다져나갔다고는 볼 수 없다. '죽음'과 함께 다가오는 '고통' 속에서 먼저 떠나간 이들에 대한 죄의식을 상기한다. 이때 고통과 죄의식은 단번에 교차함으로써 끝을 맺는 것이 아닌, '고통'을 지속함으로써 삶과 죽음의 경계에서 이루어진다.

3. '애도'와 윤리적 주체

김종삼의 『누군가 나에게 물었다』는 단순히 개인의 죽음에 대한 소회를 그리지 않는다. 앞서 살펴본 바와 같이 '죽음'을 다루는 한편, 이때 죽음은 '자기 자신'뿐만 아니라 '타자'를 향한다. 여기서 타자는 '먼저 떠나간 이들'로 그려지면서 이들을 향한 '애도'의 작업이 이루어진다.

> 세자아르 프랑크의 音樂 「바리아숑」은
> 夜間 波長
> 神의 電源
> 深淵의 大峽谷으로 울려퍼진다
>
> 밀레의 고장 바르비종과
> 그 뒷장을 넘기면

---

15) 김종삼, 『누군가 나에게 물었다』, 민음사, 1982, p.11.

> 黯然의 邊方과 連山
> 멀리는
> 내 영혼의
> 城廓
>
> - 「最後의 音樂」(『누군가 나에게 물었다』, 1982, p.34.)

주지하다시피 김종삼 시에서 '음악'은 핵심 요소이다. 시집에 함께 수록된 「음-종문형에게」에서 "나는 음역들의 영향을 받았다"고 언급한 것 뿐만 아니라 작품 전반적으로 '음악'적 요소가 내재되어 있다. 그러나 그의 시에서 음악의 위상이 고정된 것이 아니라 시기에 따라 차이를 보인다. 『누군가 나에게 물었다』에 이르면 '주체'에 대한 사유가 집중됨에 따라 그만큼 '음악'과 '시' 역시 다른 방향으로 전개된다.

「최후의 음악」에서는 시적 주체의 위치를 살펴봐야 한다. 작품에서 세자르 프랑크의 음악 '바리아숑'은 "신의 전원"이라고 지칭할 만큼 현실을 초월하는 위치에 자리 잡고 있다. 그에 따라 "深淵의 大溪谷"을 울릴 정도로 힘을 갖는다. 이때 시적 주체는 밀레의 고장이기도한 '바르비종'과 "암연의 변방과 연산"을 거쳐서 저 멀리 '영혼의 성곽'에 위치한다. 성곽이 외부와 내부의 경계를 두어 자신만의 영역을 구축한다고 할 때, 이 시에서는 '음악'과의 분리를 통해 '주체'의 영역을 만들어냈다고 할 수 있다.

> 나의 막역한 친구/볼프강 아마데우스 모짜르트가/병고를 치르다가 죽었다 향년32세/장의비가 없었다/동네에서 비용을 거두었다/부인이 보이지 않았다//묘지로 운구 도중/비바람이 번지고 있었다/점점 심해지고 있었다/하나 하나 도망치기 시작했다/한 사람도 남지 않고 다 도창치고 말았다//볼프강 아마데우스 모차르트
>
> - 「實記」(『누군가 나에게 물었다』, 1982, p.19.)

두 사람의 생애는 너무 비참하였다. 그러므로 그들에겐 신에게서 베풀어지는 기적으로 하여 살아갔다 한다. 때로는 살아갈만한 희열도 있었다 한다. 환희도 있었다 한다. 영원 불멸의 인간다운 아름다움의 내면세계도 있었다 한다. 딴따라처럼 둔갑하는 지휘자가 우스꽝스럽다. 후란츠 슈베르트 · 루드비히 반 베토벤-

- 「연주회」(『누군가 나에게 물었다』, 1982, p.24.)

'주체의 영역'이 설정됨에 따라 나타나는 두드러지는 변화는 바로 '음악'과 '음악가'와의 분리에 있다. 이전 시기에서는 음악가가 호명되어도 그들이 남긴 음악에 초점이 맞춰진다. 예컨대 1963년에 발표한 「요한 쎄바스챤」에서 "귀가 주볏이 일어서는/(빠흐)가 틀고 있는 나직한/音/山上."16)와 같이 '음'에 집중한다. 이와는 달리 『누군가 나에게 물었다』에 수록된 두 작품은 그들의 '음악'보다는 '음악가'에 초점을 맞춘다.

위의 인용된 작품에서 등장하는 인물은 모차르트, 슈베르트, 베토벤이며 그들은 시에서 말하고 있는 바와 같이 요절하거나 불우한 삶을 살았다. 그럼에도 이러한 사람들이 "영원 불멸의 인간다운 아름다움의 내면세계"를 통해 아름다운 음악을 남겼다는 점을 주목해야 한다. 달리 말하면 시에 등장한 세 명의 음악가 역시 앞서 언급한 "착하게 살다가 죽은 이"로 놓을 수 있다. 또한 짚고 넘어가야 할 부분은 '음악가'들에 대한 시적 주체의 태도이다. 이들은 "영원 불멸의 아름다운"음악을 남기고 생의 영역을 떠난 듯 보인다. 그럼에도 이들이 끊임없이 되돌아오는 것17)은 '음악'과 분리되지 못함에 기인한다. 따라서 「실기」에서 '장례식' 장면이 등장하나 이는 '비바람'에 의해 마무리되지 못한다. 부인도 보이지 않고 운구하는 사람 포함한 모두가 자리에서 도망침으로써 관속에 남은 모차르트만 남은 듯 보인다. 장례식은 실패했지만 그럼에도 남은 것은 이를 바라보는 시적 주체의 시선이며 '실기'라는 기록이다. 이는 곧, 상징적 절차의 미완수에 대한 책무를 대신 짊어진 것이며 이를 완수하고자 하는 시도로 볼 수 있다.

---

16) 『김종삼 정집』, p.194.
17) 죽은 자는 왜 귀환하는가? 라캉의 답변은 우리가 대중문학에서 발견했던 것과 동일하다. 그들이 제대로 매장되지 않았기 때문에, 다시 말해서 무언가가 그들의 장례식을 망쳐버렸기 때문에 그들은 귀환한다는 것이다. 죽은 자의 귀환은 상징적 의식(儀式), 상징화 과정에 있어서의 교란을 나타내는 기호다. 죽은 자는 어떤 미불된 상징적 채무의 수금인으로서 귀환한다는 것이다. 이것이 바로 라캉이 「안티고네」와 「햄릿」에서 끌어낸 기본적인 교훈이다. 두 연극의 플롯은 부당한 장례식을 포함하고 있으며 "살아 있는 시체들"-안티고네와 햄릿 아버지의 유령-은 상징적 계산account을 해결하기 위해서 귀환한다. 그렇다면 살아 있는 죽은 자의 귀환이란 육체적인 사망을 뛰어넘어 지속되는 어떤 특정한 상징적 채무를 물질화하는 것이라고 할 수 있다. 장례식이 가장 순수한 상징화의 예증인 것은 바로 이러한 이유 때문이다. 장례식을 통해서 죽은 자는 상징적 전통의 텍스트 속에 각인되며, 죽었음에도 불구하고 공동체의 기억 속에 '계속 살아 있을 것'이라는 사실을 보장받는 것이다. 다른 한 편으로 "살아 있는 시체들의 귀환"은 정당한 장례식의 뒤집힘이다. 장례식이 상실에 대한 체념과 수용을 함축하는 반면, 죽은 자의 귀환은 그들이 전통의 텍스트 안에서 정당한 자신의 위치를 찾을 수 없다는 사실을 의미한다. (슬라보예 지젝 저, 김소연 옮김, 『삐딱하게 보기』, 시각과 언어, 1995, pp.56-57.)

그렇다/非詩 일지라도 나의 職場은 詩 이다.//나는/진눈깨비 날리는 질짝한 周邊이고/가동中인/夜間鍛造工廠//깊어가리마치 깊어가는 欠谷

- 「制作」(『누군가 나에게 물었다』, 1982, p.30.)

누군가 나에게 물었다. 시가 뭐냐고/나는 시인이 못됨으로 잘 모른다고 대답하였다/무교동과 종로와 명동고 남산과/서울역 앞을 걸었다/저녁녘 남대문 시장안에서/빈대떡을 먹을 때 생각나고 있었다./그런 사람들이/엄청난 고생 되어도/순하고 명량하고 맘 좋고 인정이/있으므로 슬기롭게 사는 사람들이/그런 사람들이/이 세상에서 알파이고/고귀한 인류이고/영원한 광명이고/다름아닌 시인이라고.

- 「누군가 나에게 물었다」(『누군가 나에게 물었다』, 1982, p.56.)

『누군가 나에게 물었다』의 핵심은 '음악'이 '음악가'와 분리될 뿐만 아니라 '시'와 '시인' 역시 분리된다는 점이다. 김종삼이 산문 「먼 시인의 영역」에서도 '스스로 시인이 못된다'고 언급한 바와 같이 「누군가 나에게 물었다」에서 역시 같은 태도를 보여준다. 다만 '시'가 무엇이냐라고 하는 질문에 시적 주체는 "시인이 못됨으로 잘 모른다"고 대답하지만 누가 '시인'인지 명확하게 밝힌다. 여기서 시인이란 '고생스러워도 순하고 명량하고, 마음 좋고 인정이 좋아 슬기롭게 사는 사람들'이라 말한다. 또한 시인은 '시'가 무엇인지 모르지만 시가 '직장'이라고 명확하게 말한다. 「제작」의 공간적 배경은 철을 찍어내는 공장을 방불케 하는데, 이는 김종삼이 시를 쓸 때 고심하며 쓴다는 대목과 일치한다.[18] 여기서 중요한 점은 '시'와 '시인'과 시적 주체의 위치이다. 그의 직장은 '시'이지만 결과물은 '비시'이다. 이때, 시를 만드는 것은 시인이며, 시인은 앞서 언급한 '사람들'이다. 따라서 시를 만드는 공장이 유지되기 위해서는 결국 '사람들'을 필요로 한다. 이 말은 곧, 시적 주체는 타자와의 관계 속에서 자리 잡을 수 있다고 바꾸어 말할 수 있다.

소년기에 노닐던
그 동뚝 아래

---

[18] "시를 일단 쓰기 시작하면 어휘선택에 지독하게 신경을 쓰며 골머리를 앓지만 써 놓고 난 뒤에 역시 「작품」이니 「시」니 할 만하지가 못하기 십상이다. (「먼 시인의 영역」, 『김종삼 정집』, p.916.)

호숫가에서
고요의
피아노 소리가
지금도 들리다가 그친다

사이를 두었다가
먼 사이를 두었다가
뜸북이던
뜸부기 소리도
지금도 들리다가 그친다

나는 나에게 말한다
죽으면 먼저 그 곳으로 가라고

- 「글짓기」(『누군가 나에게 물었다』, 1982, p.33.)

『누군가 나에게 물었다』에서 찾아볼 수 있는 전환점은 시와 음악의 위상의 변화에 있다. '주체'에 대한 사유가 시집의 중심에 놓이면서 음악과 시의 위상은 변화를 보인다. 범박하게 접근하자면 김종삼 시에서 '시'가 생의 끝자락에 놓일 때, '음악'은 죽음의 시작점에 놓인다. 시집에 수록된 작품을 보면 '쓰기'와 관련된 내용을 어렵지 않게 찾아볼 수 있다. 김종삼에게 있어 쓰기는 '시'를 쓰는 것에 집중되어 있다. 그리고 '쓰기'란 앞서 살펴본 「제작」과 같이 '만든다'라는 의미를 지닌다.

'쓰기'와 관련하여 김종삼 시를 접근해 볼 때, 본격적으로 드러나는 것은 「투병기」에서부터이다. 그 이전 시기에도 이와 유사하게 '이야기'라는 시어로 접근할 수 있는 있지만 '쓰기'와 '이야기'의 결정적인 차이는 이야기가 '말과 글'을 함께 담을 수 있는 단어이기도 하지만, '말'에 조금 더 중심을 차지하고 있다는 점이다.

김종삼의 시는 후기로 갈수록 이야기에서 '기(記)'와 '록(錄)'을 중점으로 다루고 있다는 점을 주목해야한다. 이러한 전환은 '쓰기'라는 행위가 더욱 부각 되며, 휘발성이 강한 말이 아닌 글을 통해 자신의 말을 남기고자 하는 것으로 볼 수 있다. 따라서 김종삼에게 있어 쓰기의 결과물인 '시'는 삶과 죽음의 경계에서, 삶에 끝자락에서 이루어진다. 이러한 맥락에서 '음악'은 그 경계에서 죽음의 시작점에 놓인다.

「글짓기」는 이러한 삶과 죽음의 경계에서 '시'와 '음악'이 놓인 위치에 대해 살펴볼 수 있다. 시의 제목이 '글짓기'이기는 하지만 시의 내용은 그에 대해서 다루지 않는다. 다만, 시 자체가 '글짓기'인 것이다. 시에 나타나는 "피아노 소리"와 "뜸부기 소리"는 음악적 요소인데, 여기서 "지금도 들리다가 그친다"는 구절과 마지막 "죽으면 그 곳으로 가라고"는 구절을 주목해야한다. 소리가 들리다가 그치는 이유는 시적 주체가 경계에 서 있음을 말하는 것이며, 이를 확실히 듣기 위해서는 '죽음' 이후에 가능하다.

> 두 소녀의 가난한 모습이/며칠째 심심할 때면/떠 오른다/하나같이 동그랗고/하나같이 작은
> ― 「소공동 지하상가」부분(『누군가 나에게 물었다』, 1982, p.41.)

> 작곡가 尹龍河씨는/언제나 찬연한 꽃 나라/언제나 자비스런 나라/언제나 인정이 넘치는 나라/음악의 나라 기쁨의 나라에서/살고 있을 것입니다//遺品이라곤 遺産이라곤/五線紙 몇 장이었읍니다/허름한 등산모자 하나였읍니다/허름한 이부자리 한 채였읍니다/몇 권의 책이었읍니다//날마다 추모 합니다.
> ― 「추모합니다」(『누군가 나에게 물었다』, 1982, p.20.)

> 얼마 안 되어 보이는 고료를 받아든 노인의 손이 조금 경련을 일으키는 것 같았다./계단을 조심스럽게 내려가는 노인의 걸음거리가 시원치 않았다//이십 여년이 지난 어느 추운 날 길거리에서 그 당시의 친구를 만났다 문득 생각나 물었다/그 친군 안 됐다는 듯/그분이 方仁根씨였다고
> ― 「掌篇」(『누군가 나에게 물었다』, 1982, p.28.)

김종삼이 고통을 동반하는 '죽음'을 끝까지 견지해나간 것은 바로 '타자'에 대한 인식에서부터 비롯된다. 김종삼 시 전반에서 등장하는 타자는 대부분 선한 사람들이며, 특히 어린아이를 비롯한 약자에 대한 관심은 꾸준히 보여주었다. 다만, 시기에 따라 타자들에 대한 태

도가 조금씩 차이를 보인다. 초기의 시적 주체는 약자의 상황에 직접적으로 개입하면서 당면한 문제를 해결하고자 하는 태도를 보인다면 후기로 갈수록 시적 주체와 타자와의 거리는 유지되면서 직접적인 개입보다는 그 상황을 지켜보는 것으로 변화를 보인다. 「소공동 지하상가」에서 보여주는 바와 같이 시적 주체와 '두 소녀' 사이에는 물리적인 거리감이 있을 뿐만 아니라 '떠 올릴'뿐이다. 그럼에도 불구하고 타자를 향한 따뜻한 시선은 유지하고 있다는 점이 중요하다.

전기시와 초기시의 또 다른 차이는 '이미 먼저 떠난 자'들에 대한 호명의 방식에 있다. 이전 시기의 경우 김종삼이 형성한 시세계에 호명됨으로써 존재의 지속성을 가졌다면, 후기시에서는 상징적인 절차를 통해 그들의 생이 끝이 났음을 보여준다. 이러한 전환은 앞서 살펴본 바와 같이 죽음에 대한 인식으로 부터 비롯된다. 김종삼에게 있어 예술의 영역이란 '죽음 이후' 온전히 닿을 수 있다. 그렇기에 시에서 등장하는 타자, 특히 예술가들에 대한 상징적인 의례절차를 다루는 것은 온전히 예술의 영역으로 닿을 수 있도록 윤리적 책임을 수행한다.

4. 나가며

김종삼에 대한 대표적인 평가는 '순수시인'으로 이루어져왔다. 음악을 비롯한 예술에 대한 남다른 관심은 그의 시세계에도 영향을 주었으며, 한국시학사에서 미학적인 성취를 이루어냈음은 분명하다. 다만 시대적 상황에 의해 김종삼뿐만 아니라 당대 시인과 그들이 남긴 작품에 대해 '순수'와 '참여'라는 이분법적으로 접근한 면도 있다. 그에 따라 작품에 내재된 주제 의식을 조명함으로써 그 의미와 의의를 밝히는 작업이 이루어졌다. 김종삼 역시 그의 시세계에서 나타나는 '순수'라던가 '미학'이라는 틀에서 벗어나 현실 참여뿐만 아니라 '죽음', '윤리적 주체' 등 다층적으로 접근함으로써 의미를 확장해나가고 있다.

본고에서 역시 그 일환으로 김종삼 시를 살펴보고자 했다. 특히, 비교적 조명받지 못한 김종삼의 후기시에 주목했다. 후기시의 경우 시인의 건강 상태가 시에도 직접적으로 영향을 주었는데, 이전에 보여주었던 미학적인 성취보다는 진술적인 형식을 보여줌으로써 비교적 조명받지 못한 점이 있다. 다만 본고에서는 김종삼의 시에 대해서 개별 작품으로 살펴보는 것이 아닌, 개인시집을 중심으로 살펴봄으로써 후기시에 대한 의의를 밝혀보고자 했다. 김종삼의 시를 개별 작품 단위로 놓고 지면 발표순으로 나열해서 본다면 급변하는 시인의 상태에 따라 작품 간의 격차가 있음을 볼 수 있다. 즉, 이러한 격차로 인해 후기시에 대한 평가가 전기시에 비해 미진하게 다루어져왔다. 물론 개별 작품의 시기적인 흐름으로 살펴보는 것 역시 김종삼 시를 통찰할 수 있는 통로이다.

다만, 김종삼 시는 개작과 재수록이 많다는 특징이 있음을 염두에 두고 접근해야한다. 개별 작품만을 중심으로 김종삼 시에 통시적인 흐름을 접근한다면 미처 다루지 못하는 부분이 발생한다. 그에 따라 개별 작품뿐만 아니라 '개인시집'에 주목해야한다. 개인시집은 시인이 직접 작품을 선별하여 구성한 하나의 의미망으로 의의를 갖는다. 본고에서 다룬 『누군가 나에게 물었다』에 수록된 작품들을 살펴보면 지면발표순으로 볼 때 나타나는 개인의 불안정함이 감소하고, 일관된 태도를 보여주고 있음을 확인할 수 있다.

김종삼의 마지막 개인시집 『누군가 나에게 물었다』는 '죽음과 '주체'에 대한 사유를 집중적으로 다루고 있다. 이때 시집에서 살펴볼 수 있는 주체는 죽음 앞에서 불안하거나 혹은 반대로 평온한 상태로 진입하는 것과는 거리가 멀다. 고통스러운 생의 마지막을 끝까지 놓치지 않고 죽음을 향해 다가가고자 한다. 이때 지향하는 바가 고통을 통해 삶과 죽음의 경계에 서서 타자와 세계와의 완벽한 일치를 이루고자 하는 것이 아니다. 반대로 그러한 일치가 불가능함을 보여준다.

김종삼의 『누군가 나에게 물었다』의 핵심은 바로 이와 같은 대상과의 일치가 '불가능함'을 '알고 있다'는 것에 있다. 더 나아가 '시인의 영역'에 도달하기 위해 죽음의 경계에서 시 쓰기를 멈추지 않는다. 김종삼은 '음역의 영향'을 받았다고 언급할 만큼 그의 시세계에서 '음악'은 전방위적으로 깔려 있음을 어렵지 않게 찾아볼 수 있다. 그럼에도 그의 생애 마지막까지 놓지 않은 것은 바로 '시 쓰기'이다. 김종삼에게 있어 '시 쓰기'란 '애도'의 완결과도 맞닿아 있으며, 타인에 대한 책임을 완수함으로써 윤리적 주체로 나아갔다고 할 수 있다.

<참고문헌>

김종삼, 『누군가 나에게 물었다』, 민음사, 1982.

김종삼, 김종삼 편찬위원회 편, 『김종삼 정집』, 북치는소년, 2018.

김종삼, 김광림, 전봉건 저, 『戰爭과 音樂과 希望과』, 自由世界社, 1957.

김 현, 「김종삼을 찾아서」, 『상상력과 인간/시인을 찾아서- 김현 문학 전집 3』, 문학과 지성사, 1993.

이승훈, 「평화의 시학」, 김종삼, 『평화롭게』,

정치훈, 「김종삼 시집 『십이음계』의 위상과 의미」, 『한국시학회』, 2019.

슬라보예 지젝·레나타 살레츨 엮음, 라깡정신분석연구회 옮김, 『사랑의 대상으로서 시선과 목소리』, 인간사랑, 2010,

슬라보예 지젝 저, 박정수 옮김, 『HOW TO READ 라캉』, 웅진지식하우스, 2007.

슬라보예 지젝 저, 김소연 옮김, 『삐딱하게 보기』, 시각과 언어, 1995.

<Abstract>

A Study on 'Death' and 'Mourning' in Kim Jong-sam's Late Poems
—Focusing on 『Someone Asked Me』—

Jeong, Chi-hun(Hanyang University)

The purpose of this study is to elucidate the meaning and significance of 'death' and 'mourning' in Kim Jong-sam's later poems. As is well known, Kim Jong-sam is evaluated as a "pure poet" in Korean current affairs and occupies that position. Accordingly, the illumination of the early poetry, where the aesthetic achievement is prominent, was steadily made, while the late poetry was relatively unlit. n the case of Kim Jong-sam's late poetry, it can be said that the poet's deterioration in health had a direct impact. As a result, it can be seen that the aesthetic achievement is somewhat obscured while taking a statement form and showing changes

In this study, in approaching the late poetry of Kim Jong-sam, we focused on his personal collection of poems 『Someone Asked Me』. in the case of Kim Jong-sam, it should be borne in mind that there are many rewrites and re-records. In other words, it is difficult to examine the flow of his poetic world only with individual works. A personal collection of poems has a meaning network through the selection and arrangement of works. In 『Someone Asked Me』, it ca n be confirmed that the individual's instability, which appears in the order of publication, is decreasing and showing a consistent attitude. Accordingly, Kim Jong-sam does not avoid 'death' and the resulting 'pain', but recognizes the 'other' who left first and seeks to mourn until the end through 'writing poetry'.

Keywords: Kim Jong-sam, Late Poems, 『Someone Asked Me』, Death, Mourning, Ethics

제10차 학술대회

김동명 시집 『파초芭蕉』에 나타난 생태의식 연구 / 송용구

김동명 시 연구 / 유성호

김동명 시집 삼팔선과 진주만의 해방문단사적 의미 / 이성천

김동명 문학의 모빌리티 함의 / 임정연

AI를 활용한 김동명문학의 대중화 전략 / 조해진

간도이민문학의 형성에 대한 재고찰 / 김인경

신재효 사설 속 성(性)과 질병의 콘텐츠 / 이문성

백석의 만주 시편과 현실 수용의 변화 양상 / 임지훈

김동명 시집 『파초芭蕉』에 나타난 생태의식 연구

송용구*

목 차

1. 들어가는 말
2. 시집 『파초芭蕉』에 나타난 생태주의적 함의含意
   - 자크 데리다의 '해체주의' 및 마르틴 부버의
     '관계의 철학'과 생태주의 간의 융합적 관점을 중심으로

3. 「밤」,「나의 뜰」,「구름」에 나타난 자연와 인간의 동반
   자적 상호관계
   - 자크 데리다, 마르틴 부버, 머레이 북친의 관점으로
     바라본 「밤」·「나의 뜰」·「구름」과 김동명의 생태의식

4. 「파초芭蕉」에 나타난 생태주의적 사회의식
   - 마르틴 부버, 자크 데리다, 머레이 북친의 관점으로
     바라본 「파초」와 김동명의 생태의식

5. 나오는 말

참고문헌

---

*고려대학교 독일어권문화연구소 교수

〈국문초록〉

본本연구의 목적은 김동명金東鳴의 시집 『파초芭蕉』에 나타난 시인의 생태의식을 규명하고 시대의 차이를 초월하는 문학의 현재적 의의와 가치를 조명하는 데 있다. 『파초芭蕉』에서의 '자연'은 가시적可視的 생활공간 속에서 인간과 함께 '상호부조'의 동등한 수평적 관계를 형성하는 생명공동체의 주축主軸이 되고 있다. 자연 속의 개별적 생물들을 '타자他者'로 존중하고 자연과 인간의 상호부조를 "현실적 삶"으로 묘사하는 김동명의 생태주의적 세계관이 그의 시를 움직이고 있다. 『파초芭蕉』의 주요 시작품들 속에서 인간과 자연은 "나와 그것"이 아닌, "나와 너"로서 만남과 대화의 교감을 나눈다. 파초, 소나무, 봉선화, 해당화, 작약芍藥 등 '생명'을 가진 개별적 생물들은 도구적道具的 가치를 갖는 시적詩的 묘사의 대상에 머물지 않는다. '자연'과 자연 속의 생명체들은 '사물'의 단계를 벗어나 '독립적 존재'로서 시인과 마주한다. 그들은 현실적 삶의 현장에서 인간인 '나'와 함께 협력하는 상호부조의 파트너로서 생명공동체를 "함께 만들어가는" 생태사회의 공동 주체가 된다. 김동명 시집 『파초芭蕉』는 자연친화적 생태의식의 토대 위에서 인간과 자연의 상호부조를 통해 구현될 미래지향적 '생태사회'의 전망을 밝혀준다.

주제어: 김동명, 생태의식, 『파초芭蕉』, 자연, 나와 너, 인간과 자연의 상호부조, 생태사회

1. 들어가는 말

'호수와 파초의 시인' 초허招虛 김동명金東鳴. 그의 대표작으로 알려진 시 「내 마음은」, 「파초芭蕉」, 「수선화水仙花」는 가곡으로도 작곡되어 한국인들의 뇌리에 그의 이름을 각인시켰다. 김동명은 친구 현인규玄仁圭에게 보들레르의 시집 『악의 꽃』을 빌려 읽고 큰 감화를 받아 보들레르를 향한 예찬과 이 시집에 대한 헌사의 성격을 띤 시작품 「당신이 만약 내게 문門을 열어주신다면」을 1923년 10월 『개벽開闢』에 발표하였다. 이 시와 함께 『개벽開闢』에 발표된 「나는 보고 섰노라」, 「애닯은 기억」은 김동명의 등단작이 되었다.[1] 그의 첫 시집 『나의 거문고』(1930)는 보들레르를 포함해 베를렌느, 말라르메, 랭보 등 19세기말에 활동했던 프랑스 상징주의 시인들의 문학적 색채가 고스란히 반영된 결과물이라 해도 과언은 아닐 것이다. 『나의 거문고』에 수록된 「베루렌에게」[2]와 「가을의 놀애(가을의 노래)」[3], 「꿈」[4], 「꿈언덕을 스칠 때」[5], 「꿈인가 탄식인가」[6]등의 시작품들은 '데카당스'파派라 불리는 이 프랑스 천재 시인들의 탐미적耽美的 경향이 1920년대 김동명의 초기시에 결정적 영향을 주었음을 증명한다.

『나의 거문고』에서 김동명의 시적詩的 자아는 일제강점기의 암울한 현실을 떠나 "꿈"으로 대변되는 이상적 세계 속에서 '절대미絶對美'에 이르고자 하는 초월적 의지를 표출하고 있다. '자연'은 김동명의 초기시부터 후기시에 이르기까지 필생을 관류하는 주제의식의 요체라고 말할 수 있다. 그러나 『나의 거문고』를 중심으로 그의 초기시에서 읽을 수 있는 '자연'은 객관적 세계 또는 생물적 실체로서의 '자연'이라기보다는 시인의 주관적 관념과 이상理想을 나타내는 '상징'의 의미를 짙게 드러낸다. 이는 앞서 열거했던 보들레르를 비롯한 프랑스 상

---

[1] 엄창섭, 「초허(招虛)의 시문학과 정체성(Identity)의 고찰」, 『김동명 문학연구』, 김동명학회, 2014년 10월, p.14 참조.
[2] 김동명, 「베루렌에게」, 『김동명 시 전집・상』, 김동명선양사업회, 2022, p.72.
"베루렌"은 프랑스 상징주의 시인 베를렌느를 의미한다.
[3] 김동명, 「가을의놀애(가을의 노래)」, 같은 책, p.73.
시집 『나의 거문고』에서 이 시가 「베루렌에게」의 다음에 위치하는 것으로 볼때, 이 시는 베를렌느의 동명(同名)의 시 「가을의 노래」에서 창작의 모티프를 얻은 것으로 보인다. 이 시에서 화자가 "사랑"을 고백하는 "그대"는 베를렌느로 해석된다.
[4] 김동명, 「꿈」, 같은 책, p.83.
[5] 김동명, 「꿈언덕을 스칠 때」, 같은 책, p.90.
[6] 김동명, 「꿈인가 탄식인가」, 같은 책, p.91.

징주의 시인들의 시적 경향을 받아들인 당연한 결과일 것이다. 필자의 이와 같은 확신을 뒷받침할만한 평론가의 견해를 제시해본다.

> "자연은 보들레르가 그랬던 것처럼 이상적 세계를 표상한다. 그러나 이것은 구체적 공간이 아니라 김동명 자신이 구축한 세계로 의식 속에서 생성하고 소멸하는 세계의 공간이다. 말하자면 자신을 이질적 존재로 인식하고 선택한 이질적 세계인 것이다."[7]

시인이자 문학평론가 박주택이 언급한 것처럼 『나의 거문고』로 대표되는 김동명 시인의 초기시에서 나타나는 "자연"[8]은 객관적 현실세계 속에서 인간과 공생共生하는 독립적 실재實在 또는 생물적 생명체가 아니라 시인의 주관적 "의식"에 의해 "구축된" 절대미絶對美의 "이상적 세계"에 가깝다. 그러나 시집 『파초芭蕉』(1938)를 기점으로 그의 시적 경향은 뚜렷한 변화의 양상을 보여준다. 『파초芭蕉』에서 형상화된 '자연'은 객관적 실상과 생물적 실체의 성격을 짙게 드러낸다. 더욱이 인간의 생활공간과 현실세계 속에서 인간과 공존하며 동등한 수평적 위치에서 상보적相補的 상호관계를 형성하는 생태적 성향의 '자연'이 부각되고 있다.

본本논문에서 필자는 '생태주의'를 관점의 중심축으로 삼아 자크 데리다Jacques Derrida의 '해체주의' 사상과 마르틴 부버Martin Buber의 '관계의 철학'을 통섭하는 인문학의 융합적 관점으로 김동명의 시를 바라봄으로써 그의 시 속에 내포된 생태주의적 함의含意를 분석하고자 한다. 자연과의 수평적 상호관계 속에서 자연 속의 개별적 생물들을 독립적인 '타자他者'로 존중하고 자연과의 상호부조를 자신의 삶과 시로 승화시켰던 시인 김동명의 생태의식을 그의 시집 『파초芭蕉』를 중심으로 규명하고자 한다.

---

[7] 박주택, 「김동명의 '나의 거문고', '芭蕉', '三八線' 시 세계」, 『김동명 시 전집 · 상』, 김동명선양사업회, 2022, p.411.
[8] 김동명, 「山上에 올라서」, 같은 책, p.40.

2. 시집 『파초芭蕉』에 나타난 생태주의적 함의含意
- 자크 데리다의 '해체주의' 및 마르틴 부버의 '관계의 철학'과 생태주의 간의 융합적 관점을 중심으로

자크 데리다의 '해체주의' 사상은 남성, 백인, 성인, 인간만을 각각 '주체'로 떠받드는 '로고스 중심주의'에 의해 지배의 '대상'으로 전락했던 '타자他者', 즉 여성, 유색 인종, 아동, 자연의 '존재'가 얼마나 중요한지를 세계인들에게 새롭게 인식시켜주었다. 장구한 세월 속에서 차별을 감수해야만 했던 여성의 인권 해방과 권리 신장을 옹호하는 '페미니즘', 에드워드 사이드Edward Said의 '오리엔탈리즘'9) 사상을 포함하는 '탈식민주의'적 세계관을 바탕으로 유색 인종과 제3세계인들의 문학적 성과에 중요성을 부여하는 '소수인종문학', 엘리트 위주의 고급문화를 높이 평가하고 대중문화를 저급한 것으로 보았던 모더니즘의 문화관을 비판하면서 대중문화의 다양성을 중요한 문화적 양상으로 인정하는 '포스트모더니즘'의 문화관 등은 데리다의 '해체주의' 사상으로부터 지대한 영향을 받은 역사적 성과물이다.10) 남성과 여성, 백인과 유색 인종, 성인과 아동, 인간과 자연 등 우월한 지배자와 하등한 피지배자라는 수직적 지배구조와 위계질서 속에 갇혀 있던 모든 이분법적 대립체계를 '해체'함으로써 사람들의 인권과 함께 자연의 생명권生命權을 신장시키는 역사적, 문화적 발전에 기여해왔다는 측면에서 데리다의 '해체주의' 사상은 한국시를 포함해 세계 각 지역의 현대시를 탐색할 수 있는 문예학 이론의 중심으로 부각되었다.

특히, 기후변화와 생태위기를 초래할 만큼 인간에 의해 억압과 침탈을 겪었던 모든 생물의 생명권生命權을 인간의 생명권과 동등한 것으로 보호하려는 '생태주의'11)는 자연을 하등한 '대상'으로 규정해왔던 '인간중심주의'적 고정관념을 해체하고 자연의 지위를 인간과 동등한 것으로 끌어 올렸다는 점에서 데리다의 '해체주의'와 동질적인 사상의 인자因子를 공유하고

---

9) 에드워드 사이드, 『오리엔탈리즘』, 박홍규 옮김, 교보문고, 2007, p.18 참조.
'오리엔탈리즘'이란 동양에 대한 서양의 사고방식이자 지배방식이다. 에드워드 사이드는 오리엔탈리즘을 "동양을 지배하고 재구성하며 억압하기 위한 서양의 방식"이라고 정의하였다. 동양의 문명과 문화는 서양의 그것보다 열등하므로 개화와 발전을 위해서는 마땅히 서양의 지배를 받아야 한다는 논리다. 동양에 대한 서양의 지배를 정당화시키는 이데올로기라고 말할 수 있다.
10) 이만식, 「한국 해체시의 역사와 전망」, 『시산맥』제9권, 2022년 2월, p.38 참조.
11) 송용구, 『기후변화에 대항하는 독일시와 한국시의 기상학적 의식』, 국학자료원, 2020 참조.

있다. '생태주의'는 1866년 생물학자 에른스트 헤켈Ernst Haeckel이 주창한 '생태학Ökologie'12)과 인문과학이 결합하여 생성된 융합적 사상이다. 생태주의는 생태계를 움직이는 자연법칙과는 다른 의미를 지닌다. 생태계의 자연법칙은 약육강식의 법칙과 상호부조의 법칙으로 대별된다. 이 가운데 후자의 자연법칙, 즉 하나의 종種과 다른 종이 서로 도움을 주고 받는 상호부조의 관계를 인간과 자연 간의 상호부조로 전용轉用하자는 이성적 요청이 '생태주의'다. 생태주의는 이성적 판단과 성찰을 통해 인간과 자연 간의 관계를 재정립한 철학이다.13) 생태주의에 따르면, '사회'란 자연을 배제한 인간의 공동체만을 지칭하는 것이 아니다. 인간의 힘만으로는 사회를 세울 수도, 유지할 수도 없다. 생태주의가 지향하는 사회는 인간과 자연이 동반자적 유대관계 속에서 협력하는 생명공동체를 의미한다. 머레이 북친Murray Bookchin을 비롯한 다수의 생태주의자들은 이 생명공동체를 '생태사회'14)라 명명한 바 있다.

『생태언어학Ökolinguistik』의 저자 알빈 필Alwin Fill이 강조한 것처럼 생태주의는 "큰 것에 비해 작은 것을 우대하고 힘의 계속적인 팽창이 약한 것의 희생을 야기시키는 것에 대항하는"15) 패러다임이다. '큰 것'의 위세로부터 '작은 것'을 보호하고 '(강자의) 힘의 계속적인 팽창'으로부터 '약한 것의 희생'을 막는다는 견지에서 생태주의는 자연을 인간의 하위에 두고 지배의 대상으로 삼는 '인간중심주의'를 거부한다. 구승회는 그의 『생태철학과 환경윤리』에서 인간이 "주체의 자기확대 과정"16)을 통하여 "자연의 인간"을 망각하고 "인간의 자연"17)만을 생각하게 된 것을 '인간중심주의'로 규정하였다. 인간중심주의는 이성만능주의理性萬能主義의 의미를 포함하고 있다. 인간에게는 이성理性이 있지만 자연에게는 이성이 없다고 단정하는 것이 인간중심주의의 출발점이다. 그러나 생태주의에 따르면 이성은 인간과 자연 간의 우열을 판단하는 기준이 될 수 없다. 이성을 인간에게만 있는 고유한 속성으로 인정한다고 해도, 인간에게 없는 자연의 고유한 속성 또한 인정해야 한다는 것이 생태주의의

---

12) Ernst Haeckel, Generelle Morphologie der Organismen, Berlin 1866. Bd. 2. p.286.
13) 송용구,「생태주의 관점에서 바라본 문화적 상호의존 관계와 제2외국어 교육」,『카프카 연구』제16집, 한국카프카학회, 2006. p.121 참조.
14) 머레이 북친,『머레이 북친의 사회적 생태론과 코뮌주의』, 서유석 옮김, 메이데이, 2012, pp.57-67 참조.
15) 알빈 필(Alwin Fill),『생태 언어학』, 박육현 옮김, 한국문화사, 1999, p.12.
16) 구승회,『생태철학과 환경윤리』, 동국대학교 출판부, 2001, p.21.
17) 같은 책, p.22.

판단기준이다. 자연은 인간의 생명을 보전하는 데 없어서는 안 될 필수적 요소들을 공급해 줄 뿐만 아니라 고운 꽃빛의 씨실과 맑은 향기의 날실로 평안의 옷을 직조하여 인간의 마음에 입혀준다. 이와 같이 인간은 단지 물질적 가치의 척도로 환산할 수 없는 무량無量의 혜택을 자연으로부터 부여받고 있다. 이 '혜택'에 대한 인식을 이정표로 삼아 '생태주의'는 인간이 걸어가야 할 진정한 '이성의 길'을 제시한다. 그 길은 자연이 베푸는 혜택에 대한 보답으로 마땅히 물·공기·흙의 생명력을 보호하고 동식물의 생명권生命權을 지켜주는 것이다. 머레이 북친의 비판적 견해와 같이 이성의 힘을 오용誤用하는 "인간에 의한 자연지배"[18]의 반이성적反理性的 태도를 지양하고 자연과 인간이 서로 도움을 주고받는 '상호의존'의 사회를 지향하는 것이다. 사회학자 앤서니 기든스Anthony Giddens의 견해를 빌려 말한다면 이성을 자연에 대한 우위의 절대조건으로 믿어왔던 인간중심주의를 극복하고 자연과 인간의 상호부조를 모색하는 것이 진정한 이성의 길이며 인간이 새롭게 걸어가야 할 "제3의 길"[19]이다. 이처럼 인간과 자연을 함께 존중하는 '생명중심'의 패러다임으로 '인간중심'의 전통적 문화를 혁신하려는 사상이 '생태주의'다.

인간과 자연이 서로 혜택과 보호를 주고 받는 '생태적 상호부조의 시스템'을 유지할 수 있는 전제조건은 무엇인가? 그것은 인간이 '주체 중심'의 사고방식을 탈피하는 것이다. 인간만이 주체가 되어 객체이자 대상인 자연을 지배할 수 있다는 오만을 버리는 것이다. 김동명의 시집 『파초芭蕉』에 수록된 다수의 작품에서 '자연'은 시적 자아 또는 시적 주체에 의해 존재의 의미가 규정되는 객체이자 대상이 아니라 독립적 세계의 면모를 드러낸다. 시의 화자가 말을 거는 "솔"[20], "꽃, 나무, 풀, 벌레, 새"[21], "구름, 작약芍藥, 해당화海棠花, 봉선화鳳仙花"[22], "파초芭蕉"[23], "수선화水仙花"[24] 등은 독립적 존재로서 시인과 수평적 위치에 서 있다. 자크 데리다의 관점을 『파초芭蕉』에 투영한다면 시인의 대화 상대인 솔, 꽃, 나무, 풀,

---

18) 머레이 북친, 『사회생태론의 철학』, 문순홍 역, 솔, 1997, p.244.
  북친은 "인간에 의한 자연지배는 인간에 의한 인간지배에서 기인한다"고 주장했다.
19) 앤서니 기든스, 『제3의 길』, 한상진 외 옮김, 생각의나무, 2001 참조.
20) 김동명, 「밤」, 『김동명 시 전집 상』, 김동명선양사업회, 2022, p.225.
21) 김동명, 「나의 뜰」, 같은 책, 2022, p.255.
22) 김동명, 「구름」, 같은 책, p.227.
23) 김동명, 「파초(芭蕉)」, 같은 책, p.221.
24) 김동명, 「수선화(水仙花)」, 같은 책, pp.222-223.

벌레, 새, 구름, 파초, 수선화 등은 '생명'을 가진 "타자他者"[25]로서 시인과 마주하고 있다. 생태계 안에서 그들은 인간과는 '다른' 존재양식, 특유한 능력, 고유한 역할을 지니고 있는 종種들이다. 이 "차이"[26]를 깊게 이해함으로써 자연의 '존재 그 자체'를 있는 그대로 인정하고 자연의 고유한 속성을 존중하는 생태의식이 「밤」, 「나의 뜰」, 「구름」, 「파초芭蕉」, 「수선화水仙花」등 다수의 작품에서 발견된다. 자연 속의 생물들을 시적 주체 속에 가두어 놓고 관념적 유희의 대상으로 활용하는 것이 아니라 개별적 생물들 하나 하나를 '주체'로부터 벗어나게 해주는 '탈주체脫主體'의 노력을 통해 그들을 각각 독립적 '타자'로 바라보며 '삶'의 세계에서 동고동락하는 동반자로 인식하는 생태주의적 세계관이 앞에서 열거한 시작품들 속에 내재內在되어 있다.

인간과 자연 간의 수평적 상호관계를 추구한다는 점에서 시인 김동명의 생태의식은 마르틴 부버의 '관계[27]의 철학'과 '만남[28]의 철학' 및 '대화의 철학'과 의미의 접점을 찾을 수 있다. "요컨대 남이나 세상을 물건으로 취급하여 '그것'이라 하지 말고, 오직 사랑으로 대하며 '너'라고 여기자는 것이다. 세상을 '나와 그것'이 아닌 '나와 너'의 관계로 만들자는 것이다."[29]라는 박홍규의 설명이 밝혀주듯 마르틴 부버는 『나와 너Ich und Du』에서 "나무"[30]를 "그것"[31]이나 "대상"[32]으로 규정하지 말고 나무를 "너"[33]라는 독립적 존재로 받아들일 것을 주장하였다.[34] '나무'는 부버가 제시하는 자연의 대표적 생명체이자 자연의 또 다른 이름이다. 부버의 사상에 따르면 자연은 사람의 소유물이나 부속물이 아니다. 자연은 인간인

---

25) 이만식, 『해체론의 시대』, 새미, 2009, pp.33-35.
26) "Différance". 자크 데리다의 해체주의 사상의 핵심 개념인 'Différance'은 한국의 철학계에서 '차연(差延)'으로 번역되어 있다.
27) 마르틴 부버, 『나와 너』, 표재명 옮김, 문예출판사, 서울, 1977, p.8.
28) 같은 책, p.17.
29) 박홍규, 『마르틴 부버』, 홍성사, 2012, p.28.
30) Martin Buber, *Ich und Du*, Heidelberg 1974, pp.13-14.
  "ein Baum"
31) 같은 책, p.14.
  "es"
32) 같은 책, pp.10-13.
  "Gegenstand"
33) 같은 책, pp.15-16.
34) 마르틴 부버, 『나와 너』, 표재명 옮김, 문예출판사, 서울, 1977, pp.13-14 참조.

"나"와 동등한 위치에 서 있는 "너"다. 자연은 "나와 더불어 살아가는"35) 너다.

　마르틴 부버의 '관계의 철학'은 자크 데리다의 해체주의 사상과 정신적 공유지대를 갖는다. 김동명의 시집 『파초芭蕉』에서 시적 화자인 "나"와 만나는 "솔"36), "꽃, 나무, 풀, 벌레, 새"37), "구름, 작약, 해당화, 봉선화"38), "파초"39), 수선화40) 등은 데리다의 견지에서 볼 때 독립성과 고유성을 지닌 타자他者로서의 "너"다. 부버가 말한 것처럼 나와 너의 "다른 점"41)을 인정하고 존중할 때 인간인 "나"는 자연인 "너"에게 "온 존재를 기울여"42)도움을 줄 수 있다. 데리다가 말했던 나와 타자 사이의 '차이'를 인정한다면 부버가 강조했던 나와 너, 즉 인간과 자연의 수평적 "상호관계"43)를 이룰 수 있다.

　『파초芭蕉』에 수록된 「밤」, 「나의 뜰」, 「구름」, 「파초」, 「수선화」등의 생태시편에 등장하는 자연과 자연 속의 생물들은 시적 화자에 의해 "그것"44)으로 지칭되지 않는다.45) 마르틴 부버는 자연을 이러한 대명사로 지칭할 경우에 인간과 자연 사이에는 "나와 그것"의 관계가 형성되어 자연은 인간으로부터 지배를 받는 예속의 "대상"으로 규정되고 인간의 도구와 수단으로 기능하게 되며 결국 인간과 자연 사이에는 수직적 "지배구조"46)가 고착된다고 보았다. 자연을 "너"로 바라보며 "너"로 불러줄 때에 비로소 인간과 자연 사이에 고착되었던 "나와 그것"의 지배구조 및 위계질서가 해체되어 마침내 인간은 자연을 내려다보는 것이 아니

---

35) Martin Buber, *Ich und Du*, Heidelberg 1974, p.12.
　"das Leben mit der Natur"
36) 김동명, 「밤」, 『김동명 시 전집 상』, 김동명선양사업회, 2022, p.225.
37) 김동명, 「나의 뜰」, 같은 책, p.255.
38) 김동명, 「구름」, 같은 책, p.227.
39) 김동명, 「파초(芭蕉)」, 같은 책, p.221.
40) 김동명, 「수선화(水仙花)」, 같은 책, pp.222-223.
41) Gerhard Wehr, *Martin Buber*, Reinbek bei Hamburg 1968, p.17.
　"Anderssein"
42) Martin Buber, *Ich und Du*, Heidelberg 1974, p.9.
　"mit dem ganzen Wesen"
43) 같은 책, p.14.
　"Beziehung ist Gegenseitigkeit(관계는 상호적인 것이다)." 부버는 '상호성'을 나타내는 명칭으로 "gegenseitig"와 "wechsel"을 사용하고 있다.
44) 같은 책, p.14.
45) 김동명, 「파초」·「밤」·「구름」·「나의 뜰」, 『김동명 시 전집 상』, 김동명선양사업회, 2022, pp.221-255.
46) 머레이 북친, 『머레이 북친의 사회적 생태론과 코뮌주의』, 서유석 옮김, 메이데이, 2012, p.47.

라 "나와 너"로 "마주 보고 살아가는"⁴⁷⁾ 동등한 "상호관계"⁴⁸⁾를 이루어 상보적相補的 유대감을 강화할 수 있다고 부버는 주장하였다.

김동명의 시의 지층에서 캐낼 수 있는 또 하나의 인문학적 수확이 있다. 그것은 자연과 자연 속의 생물 개체를 바라보며 말을 걸고 대화의 마당을 열어가는 시인 김동명의 언어철학적 지평의 출발점이 "나와 그것"이 아닌 "나와 너"라는 사실이다. 여기에 기반하여 복수의 생물들을 대화의 상대로 맞이할 때에도 김동명은 꽃, 나무, 풀, 벌레, 파초 등을 "나와 그들" 또는 "나와 그것들"이 아닌 "나와 우리"라는 평등한 동료이자 지체肢體로 포용하여 각각의 개별적 생물과 "나와 너"의 관계 속에서 생명공동체를 "함께 만들어가고"⁴⁹⁾ 함께 지탱해 나가는 "생태사회"⁵⁰⁾의 미래지향적 비전을 표출하고 있다.

이와 같이 자크 데리다의 '해체주의' 사상과 마르틴 부버의 '관계의 철학'을 통섭하는 인문학의 융합적 시각으로 시집 『파초芭蕉』를 탐색할 때에 김동명의 다층적 생태의식을 추출할 수 있음을 본本논문의 3장과 4장에서 「밤」, 「나의 뜰」, 「구름」, 「파초」를 통해 규명해 본다.

3. 「밤」, 「나의 뜰」, 「구름」에 나타난 자연와 인간의 동반자적 상호관계
- 자크 데리다, 마르틴 부버, 머레이 북친의 관점으로 바라본 「밤」・「나의 뜰」・「구름」과 김동명의 생태의식

    자려다 窓을 여니, 밤 하늘이

    어머니 같이 가까이 내게로 온다.

    내 뜰을 지키고 섰는 외로운 솔⁵¹⁾ 한 대,

    兄弟여,

---

47) Martin Buber, *Ich und Du*, Heidelberg 1974, p.14.
　"Er(der Baum) leibt mir gegenüber."
48) 같은 책, p.14.
49) 같은 책, p.14.
　"Er hat mit mir(Sprecher) zu schaffen."
50) 머레이 북친, 『머레이 북친의 사회적 생태론과 코뮨주의』, 서유석 옮김, 메이데이, 2012, pp.57-67 참조.
51) 소나무를 의미한다.

이 밤에 내

네 어깨 위에 손을 얹고 싶구나.52)

- 김동명의 시 「밤」전문, 시집 『파초芭蕉』중에서

시집 『파초芭蕉』에서는 '자연'에게 주관적 정조情操를 투영하여 관념적 상상에 의해 자연을 변용變容하는 경향보다는 자연을 하나의 우주이자 독립적 세계로 바라보는 수평적 시각이 뚜렷하게 비쳐 나온다. 김소월이 그의 시 「산유화」에서 "산에 / 산에 / 피는 꽃은 / 저만치 혼자서 피어 있네 // 산에서 우는 작은 새요 / 꽃이 좋아 / 산에서 / 사노라네"53)라고 말하며 '꽃'과 '새'의 독립적 존재를 인정하고 존중하였듯이 위의 시 「밤」에서 김동명은 "뜰을 지키고 섰는 외로운 솔"을 시인의 주체로부터 벗어나 "저만치" 서 있는 독립적 존재로 바라본다. 마르틴 부버가 "나무"를 "그것"이나 "대상"으로 취급하지 않고 자신과 함께 "마주 보고 살아가는" 동반자적 의미의 "너"라고 호명한 것처럼 이 시의 화자인 "나"도 "솔"을 너로 받아들여 "형제"라 부른다.

시인은 "솔"을 자신의 주체 속에 가두어 놓고 이성의 힘에 의해 지배하는 "대상" 또는 "그것"으로 종속시키지 않는다. 나와 너 사이의 소통을 "행위"로 규정하는 위르겐 하버마스Jürgen Habermas의 견해에 따르면 소통을 단절시키는 근본적 원인은 '나'의 자아가 상대방을 지배의 대상으로 삼아 주체 속에 "종속의 식민구조"를 구축하는 것이다.54) 하버마스의 개념을 빌려 말한다면 "네 어깨 위에 손을 얹고 싶구나"라는 화자의 발언에서 드러나듯 주체 속에서 "솔"에 대하여 구축할 수 있는 '종속의 식민구조'가 해체되고 있다.

자크 데리다의 시각으로 시 「밤」을 바라본다면 시인은 자연을 "주체主體"55)로부터 해방하는 '탈脫주체'의 의지를 통해 "솔"이라는 이름의 나무를 "뜰을 지키고 섰는" 타자他者이자 단독자로 여긴다. 마르틴 부버가 나무를 "나와 함께 세계를 만들어가야 하는"56) 협력의 동

---

52) 김동명, 「밤」, 『김동명 시 전집 상』, 김동명선양사업회, 2022, p.225.
53) 김소월, 「산유화」, 『진달래꽃』, 미래사, 1991, p.81.
54) 위르겐 하버마스, 『의사소통의 철학』, 홍윤기 옮김, 민음사, 2004 참조.
55) 자크 데리다, 『해체』, 김보현 편역, 문예출판사, 1996, pp.138-140.
56) Martin Buber, Ich und Du, Heidelberg 1974, p.14.

료로 인정한 것처럼 시인 김동명도 소나무를 "뜰"이라는 세계를 '나'와 함께 가꾸어나가는 반려이자 "형제"로 받아들인다. 김동명의 「밤」은 시인과 소나무, 인간과 자연, 나와 너의 동반자적 상호관계를 명징하게 표현한 생태의식의 수작秀作이다.

자연과 자연 속의 생물을 '사물'로 규정하기보다는 '나'와 마주 보며 생명선生命線을 따라 교감을 나누고 '상호의존'의 파트너로 품어 안는 김동명의 생태의식이 「나의 뜰」에서도 발견된다.

> 나의 뜰은 나의 즐거운 조그마한 가정이요.
> 나는 내 삶에서 오는 고달픔의 많은 때를 여기서 쉬이오.
> 울 밑에 몇포기[57]의 꽃과 나무, 그리고 풀과 벌레들은 나의 형제요.
> 우리는 함께 푸른 하늘의 다함 없이 높음을 사모하여 흰구름[58]의
> 자유로움을 배우고[59], 또 미풍(微風)의 소근거림[60]에 귀를 기울이오[61].
> 새들이 저의 아름다운 노래를 가지고 우리의 문(門)을 두드릴[62] 때면
> 아침은 옥로(玉露)의 식탁 위에 황금의 잔(盞)을 놓소.
> 낙일(落日)이 우리의 이마에서 저의 정열에 타는 석별(惜別)의 키스를 걷을 때면,
> 황혼은 또 뜰에 이르러 명상(瞑想)의 배반(杯盤)을 베풀고 우리를 부르오.
> 달은 촛불, 우리는 여기서 과거와, 그리고[63] 미래의 허다한
> 슬픈 이야기를 읽소.
> 그러나 때로는 불을 끄고 말쟁이 별들의 『침묵(沈黙)의 속삭임』에
> 귀를 기울이고 밤 가는 줄도 모르오.
> 이제 우리 울타리에·샛노란 호박꽃이 주렁주렁[64] 매달릴 때면,

"Er hat mit mir(Sprecher) zu schaffen."
57) 원시(原詩)에는 "멫포기"로 기록되어 있다.
58) 원시(原詩)에는 "힌구름"으로 기록되어 있다.
59) 원시(原詩)에는 "배호고"로 기록되어 있다.
60) 원시(原詩)에는 "소군거림"으로 기록되어 있다.
61) 원시(原詩)에는 "기우리오"로 기록되어 있다.
62) 원시(原詩)에는 "두다릴"로 기록되어 있다.
63) 원시(原詩)에는 "및"으로 기록되어 있다.

또 저 덕 밑에 포도송이가 척척 늘어질65) 때면,

우리의 가정(家庭)은 얼마나 더 번화(繁華)하게 될 것이겠오.

나는 그 때를 그리며, 이 저녁도 고요히 나의 뜰을 거니오66).

- 김동명의 시 「나의 뜰」전문, 시집 『파초芭蕉』중에서

시의 화자인 "나"는 "뜰"을 "즐거운 조그마한 가정"으로 인식하고 있다. 이곳에서 "나"와 함께 살아가는 가족이 있다. "꽃과 나무, 그리고 풀과 벌레들"이 바로 그들이다. 시 「밤」에서처럼 "나"는 그들을 "형제"라 부른다. 마르틴 부버가 말했듯이 꽃도, 나무도, 풀도, 벌레도 한 집에서 "나와 더불어 살아가는"67) 녹색의 근친과 같은 "너"다. '생태eco'라는 낱말의 어원이 그리스어 오이코스Oikos로서 '집'을 의미하듯 꽃, 나무, 풀, 벌레는 "뜰"이라는 집에서 "나"와 동거하는 생태적 식구들이다. "함께 푸른 하늘의 높음을 사모하고" 함께 "흰구름의 자유로움을 배우며" 함께 "미풍의 소근거림에 귀를 기울이는" 것은 나와 그들이 "뜰"이라는 가정 안에서 "우리"라는 가족으로 결속되어 삶의 연대를 이루고 있음을 의미한다. "우리의 가정(家庭)은 얼마나 더 번화(繁華)하게 될 것이겠오"라는 고백으로부터 "나"와 생물들 간의 상호의존 및 인간과 자연 간의 상호부조가 생태적 가정인 "뜰"을 건강하게 가꾸는 자연법칙으로 작용하고 있음을 알게 된다. "뜰"은 또 다른 시 「구름」에서도 생명공동체의 현장으로 재현되고 있다.

저기 바다를 건너 둥둥 떠오는

구름아

여기 잠깐 와 주렴

나의 뜰로

나는 너를 좋아한다.

---

64) 원시(原詩)에는 "주룽주룽"으로 기록되어 있다.
65) 원시(原詩)에는 "느러질"로 기록되어 있다.
66) 김동명, 「나의 뜰」, 『김동명 시 전집 상』, 김동명선양사업회, 2022, p.255.
67) Martin Buber, *Ich und Du*, Heidelberg 1974, p.12.

바다를 건널 때나

산을 넘을 때나

흉흉한 물결이 발밑에 출렁거릴 때나

험한 묏부리에 옷자락이 걸릴 때나

언제나 태연하게

아무런 거리낌도 없이

다만 구원의 미소로

네 길을 즐기는

구름아

나는 네가 좋구나

못 견디게 좋구나.

잠깐만 와 주렴

나의 뜰로

작약(芍藥)은 어제 피고

해당화(海棠花)는 방울 졌다

봉선화(鳳仙花)도 고개 들고

파초(芭蕉)잎도 너보고 손짓한다

구름아

내 뜰에 잠깐 쉬어가렴.

- 김동명의 시「구름」일부, 시집『파초芭蕉』중에서

시「구름」에 등장하는 "작약(芍藥), 해당화(海棠花), 봉선화(鳳仙花), 파초(芭蕉)"는 "나의 뜰"에서 시인과 함께 살아가는 시인의 "형제"이자 자매이다. 이들 각각의 개별적 존재들은 시「나의 뜰」에 등장하는 "꽃"과 "풀"이기도 하다. 작약, 해당화, 봉선화, 파초는 "뜰"이라는 "가정"에서 시인과 동고동락하는 식구이자 가족이다. 시인은 한 집의 가정에서 함께 살아가는 이들과 "우리"라는 생명적 연대의식을 이루어 "구름"을 "너"라 부르며 구름을 "뜰"로 초청한다. "나의 뜰"은 시인과 작약과 해당화와 봉선화와 파초가 공유하는 "우리"의 뜰로 승화된다. "봉선화도 고개 들고 파초잎도 너보고 손짓한다"는 발언에서 드러나듯 파초, 봉선화, 해당화, 작약, 시인은 생명선生命線으로 연결된 생명공동체의 동등한 지체肢體로서 공동체의 터전인 '우리의 뜰' 안에 구름을 초청해 "너"로 맞이하고 있다.

시인이자 문학평론가 심은섭은 「구름」을 "자연과의 친화를 노래한" 작품으로, 「나의 뜰」을 "생활상과 현실을 노래한" 작품으로 보았다.[68] 마르틴 부버는 "자연과 더불어 살아가는"[69] 자연친화의 생활을 낭만적 삶이 아닌 "현실적 삶"[70]으로 규정한 바 있다. 부버와 심은섭의 견해에서 추출할 수 있는 공통적 시각을 투영할 때 「구름」과 「나의 뜰」은 자연과 더불어 살아가는 자연친화의 생활상을 '현실적 삶'으로 형상화한 생태주의적 시편으로 규정될 수 있다.

김동명의 「나의 뜰」과 '나의 뜰'이 또 한 번 생명공동체의 현장으로 재현되는 「구름」은 대중이 갖고 있던 기존의 '사회'에 대한 통념을 깨뜨린다. 인간의 공동체만을 의미하던 전통적 사회의 가치는 이 시에서 더 이상 효력을 지닐 수 없다. 시인 김동명이 지향하는 사회는 사회생태주의Social Ecology 사상가 머레이 북친이 언급했던 "생태사회"[71]의 성격을 띠고 있다. 북친의 시각으로 「나의 뜰」을 바라본다면 "뜰"은 생명을 지닌 다양한 독립적 존재들이 "우리"라는 유대감으로 결속되어 "가정"과 같은 공생共生의 터전을 함께 지탱하고 함께 보전해나가는 생명공동체를 뜻한다. "뜰"은 인간인 "나"와 자연인 "꽃, 나무, 풀, 벌레"가 생명권生命權의 평등[72]을 기반으로 삼아 공존, 공생, 협력의 연대적 삶을 통하여 함께 "번화繁

---

68) 심은섭, 「전집 발간에 부쳐」, 『김동명 시 전집 상』, 김동명선양사업회, 2022, p.7.
69) Martin Buber, *Ich und Du*, Heidelberg 1974, p.12.
   "das Leben mit der Natur"
70) 같은 책, p.18.
   "Alles wirkliche Leben ist Begegnung."
71) 머레이 북친, 『머레이 북친의 사회적 생태론과 코뮌주의』, 서유석 옮김, 메이데이, 2012, pp.57-67 참조.
72) 구승회, 『생태철학과 환경윤리』, 동국대학교 출판부, 2001, p.105.
   구승회는 노르웨이 철학자이자 '심층생태론(deep ecology)'자인 네스(Arne Naess)의 "생물권 평등주의"를 소개하고 있다. '심층 생태론'은 자연에 대한 인간의, 이성의, 문명의 개입과 간섭을 전면적으로 부정한다. 인간을 자연을 파괴하는 암적인 존재로 바라보며, 이성과 문명을 암적인 힘으로 규정한다. 자연과 인간 혹은 자연과 문명의 관계를 극단적 대립관계로 설정하고 있다. '심층 생태론'을 주장하는 학자들조차도 문명사회에서 살고 있고, 학문 연구와 학술 심포지움 등의 이성적, 문명적 활동을 하고 있는 문명인임을 부인할 수 없기 때문에 '심층 생

華"시켜야 할 생태사회의 의미를 함유한다. 김동명의 시 「나의 뜰」과 「구름」은 19세기까지의 전통적 가치관의 틀에 구속되어 있던 일반 대중의 인간중심주의적 사회관社會觀을 생명중심주의적 사회관으로 전환시킬 수 있는 생태문화의 매체로써 순기능을 발휘할 수 있다. 이는 문화적 가치와 문학의 현대성을 겸비한 김동명 시의 자산이다.

4. 「파초芭蕉」에 나타난 생태주의적 사회의식
- 마르틴 부버, 자크 데리다, 머레이 북친의 관점으로 바라본 「파초」와 김동명의 생태의식

인간으로서의 "나"와 자연으로서의 "너"는 존재양식, 역할, 능력에 있어서 "다른 점"[73]이 있게 마련이며 이 '차이'를 존중할 때에 인간과 자연, "나"와 "너"는 "상호관계"[74]를 맺게 된다고 부버는 주장하였다. 자연을 바라보는 시각에 있어서 자크 데리다의 관점과 상통한다. 나무로부터 '산소'라는 물리적 도움과 '종이'라는 문화적 도움을 받는 것처럼 자연인 "너"의 능력을 통하여 수많은 도움을 받는 "나"의 삶을 부인할 수 없는 까닭에 인간인 "나"는 "온 존재를 기울여"[75] 자연인 "너"를 도와야 한다. 이는 "너"에 대하여 마땅히 지켜야 할 "나"의 당위적 윤리다. 자연에게서 물질적 요소와 정서적 평안을 얻으므로 인간의 생명을 지탱할 수 있는 것처럼 자연에 대한 보답으로 인간의 '온 존재를 기울여' 자연을 보살피는 생활방식. 이러한 생활방식이 곧 양자의 상호관계를 형성한다. "나"와 "너" 사이의 상호관계를 인간관계에 제한하지 않고 인간과 자연 간의 상보적相補的 상호관계로 확대하였던 마르틴 부버의 생태주의적 '관계의식'을 김동명의 대표작 「파초芭蕉」에 투영해보자.

태론'은 비현실성과 모순을 지닌 이론임에 분명하다. 그러나 네스가 제시한 '생물권 평등주의'만큼은 종(種)의 독립적 존재가치를 옹호하고 '생명'을 유지할 권한을 모든 종의 고유 권한으로 인정한다는 점에서 현대의 생태위기를 극복하는 데 도움을 줄 수 있는 생태학적 패러다 임이다.

73) Gerhard Wehr, *Martin Buber*, Reinbek bei Hamburg 1968, p.17.
"Anderssein"
74) Martin Buber, *Ich und Du*, Heidelberg 1974, p.14.
75) 같은 책, p.9.
"mit dem ganzen Wesen"

조국(祖國)을 언제 떠났노,
파초(芭蕉)의 꿈은 가련하다.

남국(南國)을 향한 불타는 향수(鄕愁),
너의 넋은 수녀보다도 더욱 외롭구나.

소낙비를 그리는 너는 정열(情熱)의 여인,
나는 샘물을 길어 네 발등에 붓는다.

이제 밤이 차다,
나는 또 너를 내 머리맡에 있게하마.

나는 즐겨 너를 위해 종이 되리니,
너의 그 드리운 치맛자락으로 우리의 겨울을 가리우자.[76]

- 김동명의 시 「파초芭蕉」전문, 시집 『파초芭蕉』중에서

김동명이 1936년 1월 『조광朝光』에 발표한 시 「파초芭蕉」는 시집 『파초芭蕉』(1938)의 표제작이 되었다. 시인이자 문학평론가 이성교는 그의 논문 「김동명 시 연구」에서 다음과 같이 말한다.

> "우선 이 시는 자연을 있는 그대로 그리지 않고 어디까지나 관조적인 태도로 자기심정적인 사상을 호소하고 있다. 여기 '조국'은 곧 파초의 고향 남국이요, 또한 작자의 고향이기도 하다. 이런 상징적인 표현이 많은 사람의 공감을 불러일으킨다. 그러니까 파초는 막바로 조국을 잃은 작자이기도 하다. 주로 여기서는 파초와 자신의 운명을 같이 보고 너와 내가 대화하듯이 신세타령을 늘어놓고 있다. 이 시에서 보는 대로 김동명 시의 또 하나의 특색은 상징적인 표현을 위하여 의인법을 많이 썼다.

---

[76] 김동명, 「파초芭蕉」, 『김동명 시 전집 상』, 김동명선양사업회, 2022, p.221.

그래서 도처에서 '나' '너' '그대' 같은 인칭대명사를 많이 볼 수 있다."77)

이성교를 비롯한 김동명 문학의 연구가들뿐만 아니라 그의 시를 사랑하는 대부분의 독자들도 시의 소재가 된 "파초"를 일제의 식민지 백성인 시인과 한국인들을 뜻하는 상징으로 해석하고 있다. "상징적인 표현이 많은 사람의 공감을 불러일으킨다. (…) 상징적인 표현을 위하여 의인법을 많이 썼다"는 이성교의 해석이 이런 일반적인 해석을 대변한다. "조국(祖國)을 언제 떠났노,/ 파초(芭蕉)의 꿈은 가련하다.// 남국(南國)을 향한 불타는 향수(鄕愁),/ 너의 넋은 수녀보다도 더욱 외롭구나."라는 화자의 발언에서는 나라의 주권을 상실한 시인의 슬픈 심정을 파초에게 이입하였고, "이제 밤이 차다,/ 나는 또 너를 내 머리맡에 있게하마.// 나는 즐겨 너를 위해 종이 되리니,/ 너의 그 드리운 치맛자락으로 우리의 겨울을 가리우자."라는 당부와 호소에서는 국권國權과 한국인의 자유를 되찾으려는 해방의 의지를 '파초'라는 객관적 상관물을 통해 표현하고 있다는 것이다.

「파초芭蕉」를 바라보는 전형적 시각으로 굳어진 이와 같은 해석의 정설은 일제강점기의 역사적 현실에 근거를 두고 있는 까닭에 그 타당성을 인정할 수밖에 없다. 필자는 이 전형적 해석에 동의하면서도 김동명이 자신의 감정과 심정을 이입하거나 미래지향적 의지를 강화하기 위한 시적詩的 묘사의 매체로써 파초를 활용하는 데 그치지 않고 한 걸음 더 나아가 파초를 '생명'을 가진 실제적 자연물이자 생태적 존재로 바라보고 있음에 주목하였다. 김동명의 대표시 「파초芭蕉」를 일제강점기의 시대상황이라는 역사적 관점의 틀에만 구속시킬 것이 아니라 생태주의 세계관을 포함하는 다중적 시각으로 분석할 때에 비로소 김동명의 시세계는 특정 시대의 문학적 산물이 아니라 시대의 차이를 초월해 인간다운 정신과 인간다운 삶의 교훈, 즉 "후마니타스Humanitas"78)의 의미까지도 후대에 전승할 수 있는, 현대성을 갖춘 고전古典의 입지를 자리매김할 것으로 판단된다.

---

77) 이성교, 「김동명 시 연구」, 『김동명 문학연구』제1호, 김동명학회, 2014년 10월, p.160.
78) 송용구, 『인문학의 숲』, 평단, 2022, p.4.
"후마니타스(Humanitas): '인문학' 혹은 '인문주의'라는 이름은 본래 라틴어 '후마니 타스(humanitas)'와 '스튜디아 후마니타티스(Studia humanitatis)'에서 유래했다고 한다. '후마니타스'는 인간다움을, '스튜디아 후마니타티스'는 인간다움에 대한 연구 혹은 인간에 대한 학문을 의미한다. '후마니타스'는 기원전 55년 로마의 철학자, 문필가, 정치가, 웅변가였던 키케로(Cicero)가 정의한 개념이다. 그로부터 약 1,400년이 지난 14세기에 이탈리아 인문주의자 프란체스코 페트라르카(F. Petrarca)가 '스튜디아 후마니타티스'라는 개념을 제시했다."

김동명의 시 「밤」, 「나의 뜰」, 「구름」, 「파초芭蕉」, 「수선화水仙花」를 비롯한 다수의 작품에 등장하는 솔, 꽃, 나무, 풀, 벌레, 새, 작약, 봉선화, 해당화, 파초, 수선화[79] 등의 생명체는 시인의 심상心想을 표현하기 위한 상징, 은유, 객관적 상관물의 기능을 발휘할 뿐만 아니라 '생명'을 간직한 고유한 종種으로서의 생물이며 독립적 존재이기도 하다. 「파초芭蕉」에 등장하는 시인의 대화 상대방인 "파초"는 시적 주체의 정신적 힘에 의해 지배를 받는 대상이 아니다. 마르틴 부버의 말을 빌려 분석한다면 시인은 파초를 "여러 가지 사물 중의 하나"[80]로 취급하지 않는다. "그것"[81]이나 "대상"[82]으로 사물화事物化하지 않는 것이다. 시인은 '자연'을 물리적 차원에만 머물러 있는 사물로 취급하지 않고 '생명'을 지닌 소중한 존재로 인식한다. 이와 같은 김동명의 정신세계는 자연과 막힘 없이 교감을 나누고 지속적으로 소통하는 생활방식, 즉 '생태문화'를 낳게 된다. 심은섭의 견해로부터 김동명의 시에 반영된 시인의 생태문화를 엿볼 수 있다.

> "『파초』에 수록된 작품에는 고독과 향수가 짙게 배어 있지만 김동명이 추구한 자연과의 교감과 친화 그리고 따뜻한 인간애가 바탕에 깔려 있어 전체적으로 목가적이고 전원적인 시풍을 보인다."[83]

심은섭의 견해에서 드러나듯 자연을 단순한 '사물'이 아닌 소통의 상대방으로 인식하여 "형제"로서 "따뜻한 교감"을 주고 받으며 애정어린 말을 건네는 "친화"의 생활방식이 시집 『파초芭蕉』에 전반적으로 반영되어 있다. 자연친화의 생활방식을 일상의 삶으로 승화시킨 김동명의 생태문화가 시집 『파초芭蕉』의 내용적 근간을 형성한 것으로 볼 수 있다. 이런 견지에서 시 「파초芭蕉」와 「나의 뜰」은 김동명의 개인적 생태문화를 '시'라는 열린 공간에서 만인의 생태문화로 승화시킨 걸작이다.

머레이 북친의 사회생태주의적 세계관에 비추어 보면 「파초芭蕉」에서는 인간이 자연을 그

---

79) 김동명, 「수선화(水仙花)」, 『김동명 시 전집 상』, 김동명선양사업회, 2022, p.221.
80) 마르틴 부버, 『나와 너』, 표재명 옮김, 문예출판사, 1993, p.13.
81) 같은 책, pp.6-8.
82) 같은 책, p.19.
83) 심은섭, 「전집 발간에 부쳐」, 『김동명 시 전집 상』, 김동명선양사업회, 2022, p.7.

것 또는 대상으로 규정할 때에 형성될 수 있는 자연에 대한 수직적 "지배구조"[84] 및 "위계질서"[85]가 보이지 않는다.[86] 자크 데리다의 시각으로 바라본다면 시인은 시적 주체를 "해체"[87]하고 파초를 주체의 자기중심적 관념으로부터 해방하였기 때문이다. 파초는 이미 인간인 "나"와 수평적 위치에 서 있는 "타자他者"로서 독립적 지위를 갖는다.

"남국南國"에서 자라난 파초는 시인인 "나"와는 다른 종種의 속성, 다른 생물적 기질, 다른 생태적 생활방식을 갖고 있는 타자다. 데리다가 말했던 "차이", 부버가 언급했던 "다른 점"이 파초와 "나" 사이에 뚜렷하다. "나"는 파초라는 이름을 가진 "너"와의 차이를 인정하며 존중한다. "나"는 파초를 나에게 종속된 "그것"으로 보지 않는다. "나"는 남국南國이라는 이역異域의 땅에서 태어난 "너"만이 가질 수 있는 "파초"로서의 태생적 속성을 존중한다.

궁극적으로 시인은 시적 주체의 주관적 관념으로부터 "파초"뿐만 아니라 "나" 자신까지도 해방시킨다. 이러한 '탈주체'의 과정을 통해 마침내 파초, "너"의 입장에 서서 "너"의 현재적 삶과 상황을 헤아리며 "너"에 대한 공감과 소통을 극대화한다. "남국(南國)을 향한 불타는 향수(鄕愁)/ 너의 넋은 수녀보다도 더욱 외롭구나.// 소낙비를 그리는 너는 정열(情熱)의 여인"이라는 발언에서 파초를 향한 공감의 깊이와 소통의 진정성이 체감體感된다. 마르틴 부버의 말처럼 "나"는 파초 "너"에게 "온 존재를 기울여 응답"[88]함으로써 소통과 상호부조의 "관계 속으로 들어섰다"[89]고 말할 수 있다.

자크 데리다의 '해체주의' 사상과 마르틴 부버의 '관계의 철학'이 융합된 생태주의적 함의含意를 김동명의 시 「파초芭蕉」에서 발견할 수 있다. 파초를 타자他者로 인식하고 차이를 존중함으로써 비로소 시인과 파초는 서로 의지하며 도움을 주고 받는 "나와 너"의 "상호관계"[90]를 맺는다. "나는 샘물을 길어 네 발등에 붓는다"와 "나는 즐겨 너를 위해 종이 되리니, 너의 그 드리운 치맛자락으로 우리의 겨울을 가리우자"라는 발언으로부터 김동명의 현

---

84) 머레이 북친, 『머레이 북친의 사회적 생태론과 코뮌주의』, 서유석 옮김, 메이데이, 2012, p.47.
85) 머레이 북친, 『사회생태론의 철학』, 문순홍 옮김, 솔, 1997, p.244.
86) 머레이 북친, 『머레이 북친의 사회적 생태론과 코뮌주의』, 서유석 옮김, 메이데이, 2012, pp.18, 49-50참조.
87) 자크 데리다, 『해체』, 김보현 편역, 문예출판사, 1996, p.141.
88) 같은 책, p.52.
89) 같은 책, p.52.
90) Martin Buber, *Ich und Du*, Heidelberg 1974, p.14.

실인식과 생태의식이 자연스럽게 결합되어 있는 포괄적 사회의식을 엿볼 수 있다. 식민지의 백성으로 살아가는 시인인 "나"와 남국을 떠나 "차가운" 북구北歐의 땅에서 실향의 존재로 살아가는 "너" 파초. 나라의 주권을 빼앗긴 "나"와 본향을 잃어버린 "너"의 상실감이 동병상련의 공감대를 형성하여 서로를 품어주고 보듬어 주는 동반자적 유대감으로 승화한다. 시인과 파초, 나와 너의 상호의존 및 상호부조의 관계가 파초의 녹색 혈맥처럼 선명해진다. 마르틴 부버의 표현을 빌려 말한다면 파초는 "나"와 함께 "마주 보고 살아가는"[91] 동등한 수평적 관계 속에서 "겨울"의 추운 "밤"을 이겨내고 따뜻한 광명의 세계를 "나와 함께 만들어 가야"[92] 하는 공생共生의 반려이자 협력의 동반자로 존재의 층위層位가 상승한다.

5. 나오는 말

본本논문에서 필자는 '생태주의'를 중심으로 자크 데리다의 '해체주의' 사상과 마르틴 부버의 '관계의 철학'을 통섭하는 융합적 관점을 통해 김동명의 시집 『파초芭蕉』를 분석함으로써 인간과 자연 간의 상호부조에 기반을 둔 생명공동체와 생태사회를 지향하는 시인의 포괄적 사회의식社會意識을 규명해보았다. 시 「밤」, 「나의 뜰」, 「구름」, 「파초芭蕉」등 다수의 작품에서 시적 화자인 "나"의 말을 듣는 솔, 꽃, 나무, 풀, 벌레, 새, 구름, 작약, 해당화, 봉선화, 파초 등 '자연'의 모든 생물은 인간에게 종속된 대상이 아닌 독립적 개체다. 각각의 개별적 존재는 "나"와 수평적 위치에 마주 서서 대화의 시공時空을 공유하는 "너"다.

시집 『파초芭蕉』에 등장하는 솔, 꽃, 나무, 풀, 벌레, 새, 구름, 파초, 수선화 등을 바라보는 김동명의 의식의 흐름을 자크 데리다의 시각으로 추적해보면 '주체' 중심의 관념을 탈피하여 개별적 종種으로서의 생물들을 각각 '타자他者'로 인식하는 시인의 생태의식이 발견된다. 자연과 인간의 동질감뿐만 아니라 양자 간의 '차이'와 '다름'을 직관함으로써 종種의 고유한 속성을 인정하고 각 생물들의 생태적 존재양식을 존중하는 김동명의 생태주의적 세계

---

91) 같은 책, p.14.
"Er(der Baum) leibt mir gegenüber."
92) 같은 책, p.14.
"Er hat mit mir(Sprecher) zu schaffen."

관이 「밤」, 「나의 뜰」, 「구름」, 「파초芭蕉」의 내용적 근간根幹을 이루고 있다. 마르틴 부버와 자크 데리다 간의 융합적 시각으로 바라본다면 이 시작품들 속에서 시인과 함께 "나와 너"의 만남과 대화를 지속하는 생명체들은 시인의 주체 속에 갇혀 있는 시적詩的 묘사의 대상으로 소재적素材的 사물의 기능을 부여받는 것이 아니라 '탈주체脫主體'의 과정을 통하여 타자他者로서 독립적 지위를 갖는다. 그들은 "현실적 삶"의 현장에서 인간인 '나'와 함께 협력하는 상호부조의 파트너로서 생명공동체를 "함께 만들어가는" 생태사회의 공동 주체가 되고 있다.

초허招虛 김동명의 시작품들 속에 등장하는 파초, 봉선화, 해당화, 작약, 구름, 새, 벌레, 풀, 나무, 솔 등 '생명'을 가진 존재들은 "그것es"이라는 대명사로 지칭되지 않는다. 시인은 각각의 개별적 존재들을 "너"로 불러주고 "너"로 맞이한다. 시인과 그들과의 관계는 "나와 그것"의 수직적 지배구조 및 위계질서가 아닌 "나와 너"의 수평적 "상호관계"로 뚜렷이 나타난다. 이는 "뜰"과 "집"에서 시인과 함께 살아가는 각각의 생명체들이 사물이나 대상이 아닌, 수단이나 도구가 아닌 "너"로서 시인인 "나와 함께 마주 보고 살아가는" 형제임을 뜻한다. 「나의 뜰」에서 명징하게 드러나듯 김동명은 그들을 집합적集合的 무리로 바라보며 말을 건넬 때에도 "나와 그들" 또는 "나와 그것들"의 관계가 아닌 "나와 우리"라는 생명공동체의 지체肢體의식을 견지하고 있다. 자연친화적 생태의식의 토대 위에서 인간과 자연 간의 '상호부조'를 통해 구현될 미래지향적 '생태사회'의 청사진이 시집 『파초芭蕉』임을 확증하지 않을 수 없다.

〈참고 문헌〉

구승회: 『생태철학과 환경윤리』, 동국대학교 출판부, 2001.

김소월: 『진달래꽃』, 미래사, 1991.

마르틴 부버: 『나와 너』, 문예출판사, 1977.

머레이 북친: 『머레이 북친의 사회적 생태론과 코뮌주의』, 서유석 옮김, 메이데이, 2012.

머레이 북친: 『사회생태론의 철학』, 문순홍 역, 솔, 1997.

머레이 북친: 『사회생태주의란 무엇인가』, 박홍규 역, 민음사, 1998.

문순홍: 『생태학의 담론』, 아르케, 1997, 2006.

박주택: 「김동명의 '나의 거문고', '芭蕉', '三八線' 시 세계」, 『김동명 시 전집·상』, 김동명선양사업회, 2022.

박홍규: 『마르틴 부버』, 홍성사, 2012.

송용구: 『기후변화에 대항하는 독일시와 한국시의 기상학적 의식』, 국학자료원, 2020.

송용구: 「생태주의 관점에서 바라본 문화적 상호의존 관계와 제2외국어 교육」, 『카프카 연구』 제16집, 한국카프카학회, 2006.

송용구: 『인문학의 숲』, 평단, 2022.

심은섭: 「전집 발간에 부쳐」, 『김동명 시 전집 상』, 김동명선양사업회, 2022.

알빈 필: 『생태 언어학』, 박육현 옮김, 한국문화사, 1999.

앤서니 기든스: 『제3의 길과 그 비판자들』, 박찬욱 외 옮김, 생각의 나무, 2002.

엄창섭: 「초허(招虛)의 시문학과 정체성(Identity)의 고찰」, 『김동명문학연구』, 김동명학회, 2014년 10월.

에드워드 사이드: 『오리엔탈리즘』, 박홍규 옮김, 교보문고, 2007.

위르겐 하버마스: 『의사소통의 철학』, 홍윤기 옮김, 민음사, 2004.

이만식: 『해체론의 시대』, 새미, 2009.

이성교: 「김동명 시 연구」, 『김동명 문학연구』 제1호, 김동명학회, 2014년 10월.

이재성: 『열림과 소통의 문화생태학』, 계명대학교 출판부, 2008.

자크 데리다: 『해체』, 김보현 편역, 문예출판사, 1996.
홍성태: 『생태사회를 위하여』, 문화과학사, 2004.
Buber, Martin: *Ich und Du*, Heidelberg 1974.
Haekel, Ernst: *Generelle Morphologie der Oaganismen*, Berlin 1866. Bd. 2.
Wehr, Gerhard: *Martin Buber*, Reinbek bei Hamburg 1968.

⟨Abstract⟩

A Study on ecological consciousness appearing at 『Plantain』, a collection of poems, written by Kim Dong-Myeong

Song, Yong-Ku(Korea University)

The purpose of this paper is to look into not only ecological consciousness appearing at 『Plantain』, a collection of poems, written by Kim Dong-Myeong but also the modern meaning of literature which transcends periodical difference. Nature expressed in『Plantain』becomes a pivot of life community which develops an equal horizontal relationship of "mutual support" with mankind in a visible living space. Kim Dong-Myeong's ecological worldview which respects separate creatures at the nature as 'others' and which portrays the mankind's mutual support as "realistic life" operates his poems. In the major poem works of 『Plantain』, the mankind and the nature communicate with each other as "I and you" rather than "I and it." Separate creatures such as plantains, pines, balsamines, sweetbriers, peonies etc. which hold life don't remain as objects of poetic portrayal which have values as tools. 'The nature' and the creatures in the nature face the poet as 'independent existence', free from the stage of 'things'. They become a joint subject of the ecological society "in which they make life community together" as partners of mutual support, cooperating with 'me' a mankind in the site of "realistic life". 『Plantain』, poem collection written by Kim Dong-Myeong, lights the future-oriented prospect of the ecological society through mutual support of the mankind and the nature on the foundation of nature-friendly ecological consciousness.

Keywords: Kim Dong-Myeong, ecological consciousness, *"Plantain"*, nature, I and You, mutual support of the mankind and the nature, the ecological society

김동명 시 연구
― 시집 『파초』를 중심으로

유성호*

목 차

1. 초허 시대의 문학사적 자장
2. 초허의 문학적 생애와 『파초』의 세계
3. '힌그림자'의 상호텍스트성
4. 기도 형식의 시편이 함유한 종교적 상상력
5. 시집 『파초』의 문학사적 의미

〈국문초록〉

　　김동명의 두 번째 시집 『파초』(1938)는 그의 시집 가운데 가장 서정성과 낭만성이 두드러진 결실이다. 그 가운데 「파초」는 남국을 떠나온 파초와 조국을 잃은 자신을 대비시켜 조국에 대한 사랑과 향수를 한데 어울려 표현한 작품이다. 그의 작품은 상실된 것들에 대한 향수를 노래함으로써 결핍과 불모의 현실을 극복하려는 데 현저한 특징이 있다. 그가 삶의 어려움과 현실의 상처를 치유 받을 수 있는 공간으로 바다를 비롯한 자연을 상정하는 것도 이 때문이다. 이를 귀납하여 후대(後代)의 문학사는 그를 전원시인이라 칭하기도 하였다. 이 때 '전원(田園)'이란 현실적 고통을 잊기 위한 도피의 공간이 아니라 그 속에서 희망적 미래

---
*한양대학교

를 꿈꿀 수 있는 긍정적이고 생성적인 공간이 된다. 그의 작품의 또 다른 특징은 '그대'라는 대명사를 많이 사용한 점이다. 「수선화」, 「내 마음은」 등에 주로 많이 쓰인 이러한 대명사는 향수와 고독의 분위기를 더욱 고조시키는 역할을 하고 있으며, 나아가 기독교 신앙과 접맥되는 수사학으로 자리잡게 된다. 결국 시집 『파초』는 일제강점기에 자연 심상을 가치 생성의 공간으로 노래한 결과이자 어두운 시대를 낭만적 초월로써 견뎌내려 했던 미학적 의지를 담은 시집이라 하겠다.

주제어 : 전원, 자연, 저항, 그대, 낭만적 초월

1. 초허 시대의 문학사적 자장

한국 근대 시문학사에서 3·1운동 전후로부터 1920년대 초중반에 이르는 시기는 신문, 잡지, 동인지 등의 광범위한 매체적 변화를 중심으로 폭넓은 다양성을 형성하게 된다. 그리고 시인이나 작품들도 활발히 증폭되는 현상을 빚는다. 근대 들어 초유의 양적, 질적 전환기 혹은 도약기가 펼쳐진 것이다. 이처럼 방사적으로 넓게 퍼진 당대 창작 활동은 커다랗게 세 갈래로 나누어 범주화할 수 있을 것이다. 하나는 감상적 에너지에서 발원한 낭만주의 계열이고, 둘은 민요시 혹은 전통적 의미의 서정시 경향이고, 마지막은 당대 현실을 증언하고 비판한 일련의 현실주의 흐름이다. 그리고 이러한 줄기 외에도 실험적으로 분출되었던 상징주의, 다다이즘 등을 떠올릴 수 있을 것이다. 이 가운데 감상적 어조로 존재의 생래적 슬픔을 노래한 낭만주의 경향은 당대에 대한 즉자적 애상과 비탄이 주조를 이루었다. 『백조』에서 극점을 이루다가 김소월에 이르러 서정시로서의 예술적 보편성을 얻어간 이 경향은, 어쨌든 1920년대 내내 한국 시의 저류(底流)로 흡수되어갔다. 물론 이러한 경향의 편재화 이면에는 3·1운동을 겪은 주체들의 자부심과 상실감, 꿋꿋함과 처연함이 섞여 흐르고 있었을 것이다. 그러다가 1920년대 중반 이후 당대 주요담론으로 부상한 사회주의의 영향과 함께 이러한 낭만주의 경향은 궁핍한 현실과 접속되면서 한층 더 강화된 공동체적 관심으로 나아가게 된다. 그러나 이 과정에서 3·1운동 직후의 시적 주체들은 한결같이 활동이 줄어들거나 영향력이 약화되면서 문학사의 전면에서 철수하게 된다. 주요한, 홍사용, 이상화, 박종화, 김석송, 변영로, 황석우, 김동환, 유엽, 양주동, 이장희, 심지어는 조명희, 김소월, 한용운에 이르기까지 이들은 모두 1920년대 중반을 고비로 하여 창작 활동을 접거나 다른 장르로 이월해가거나 활동 위축을 겪는다. 다음 세대인 카프와 모더니즘 시인들에게 그 자리를 내준 것이다.

1930년대는 이러한 문학사적 자양을 온몸으로 흡수하면서 문학운동을 여러 갈래로 펼쳐간 시기이다. 우리는 이때로부터 근대문학의 본격적 개화가 이루어졌다고 말할 수 있을 것이다. 이때로부터 우리 근대시는 일제라는 외압과의 간단없는 갈등과 긴장을 가지지 않을 수 없었다. 이때 한일 간의 관계는 영향의 수수(授受)보다 한층 더 근본적으로 압제-저항의 논리를 수반하게 된다. 물론 당대의 저항이란 독립운동 같은 정치적 반응으로 나타나기도 했지만, 서정시에서는 모어를 끝까지 묵수하려는 문화적 자의식으로 나타나기도 했다. 이때 '모어(母語)'는 하나의 공동체를 얽어매는 동류항이기도 했지만, 식민지라는 결여 상황에서 자기 존재를 확인할 수 있는 가장 강력한 물리적 실체이기도 했다. 어쨌든 이 시대의 특성은 시인이 곧 지식인이었고 한 시대의 지도적 그룹을 자임했다는 데 있다. 근대의 징후가 전문화나 분화로 나타났던 데 비출 경우, 우리 문단은 거대한 정치적 성향과 흡인력으로 편제된 중앙 집권적 속성을 띠었던 것이다. 당연히 시인의 영향력이나 파장이 컸다는 것은 예상하기 어려운 일이 아니었고, 이는 지금 시인들과는 다른 그들만의 권력이자 멍에였을 것이다. 우리가 읽고자 하는 텍스트 역시 이러한 문학사적 자장으로부터 발원하는 것이다.

2. 초허의 문학적 생애와 『파초』의 세계

초허(超虛) 김동명(金東鳴, 1900~1968)은 현재의 강릉시 사천면 노동하리 71번지에서 빈궁한 소작농의 와아들로 태어났다. 교육열이 유난히 강한 어머니의 손에 끌려 1908년에 함경도 원산으로 이사한 뒤부터 제2의 인생을 출발했다고 할 만큼 그의 삶은 신식 근대교육에 의해 커다랗게 바뀐다. 함흥 영생중학 및 도쿄 아오야마학원 신학과를 졸업학고 원산, 서호 등지에서 교편생활을 하던 그는 1920년대 낭만주의적 경향에서 벗어나 상대적으로 식민지 현실과 꿈의 세계를 절묘하게 조화시키는 작품을 줄곧 썼다. 평남 안주에 소재한 유신보통학교에 취업한 후 1923년 10월 『개벽』에 프랑스 시인 샤를 보들레르에게 바치는 시 「당신이 만약 내게 문을 열어주신다면」 외 2편을 발표하면서 등단하였는데, 그때 작곡가 김동진(金東振, 1913~2009)과 사제 간의 인연을 맺게 된다. 초허 작시의 가곡 「파초」, 「내 마음」, 「수선화」는 나중에 모두 김동진에 의해 작곡된다. 이러한 초기시를 모은 결실이 그의 첫 시집 『나의 거문고』(신생사, 1930)이다. 최근 그 원본이 발견되어 연구가 치열하게 진행중인 텍스트인데, "구체적 장소성의 형상화와 더불어 원형으로서의 고향이 지닌 보편적 가치를 추구하는 양상이 오롯이 자리한다."[1]라고 평가되고 있다. 이어 제2시집 『파초』(신성각, 1938)가 나왔는데 이 시집은 그가 서호진의 사학기관인 동광학원장으로 있을 때 쓴 작

---

1) 남기택, 「김동명 시와 로컬리티」, 『시현실』 86호, 예맥, 2021. p.5쪽.

품들을 수록한 것이다. 이 시집은 일제의 정치적 탄압을 피해 전원적인 것을 소재로 하여 향수, 비애, 고독을 참신하고 투명한 서정으로 읊은 시편들을 싣고 있다. 이 중에는 특별한 가편인 「파초」와 「내 마음은」 등이 포함되어 있다.

김동명의 작품은 상실된 것들에 대한 향수를 노래함으로써 결핍의 현실을 극복하려는 데 특징이 있다.[2] 그가 삶의 어려움과 현실이 주는 상처를 치유 받을 수 있는 공간으로 전원을 상정하는 것도 이 때문이다. 이때의 전원은 현실적 고통을 잊기 위한 도피의 공간이 아니라 그 속에서 희망적인 미래를 꿈꿀 수 있는 긍정적이고 생성적인 공간이 되어준 것이다. 그의 작품의 또 다른 특징은 '너, 그대'라는 2인칭 대명사를 많이 사용한 점이다. 「수선화」, 「내 마음은」 등에 주로 많이 쓰인 이 같은 대명사는 향수와 고독의 분위기를 더욱 고조시키는 역할을 하고 있으며 상실된 조국과 유추케 함으로써 시인의 내면을 잘 나타내주고 있다. 1938년부터 그는 목재상으로 생계를 이었고 1942년부터는 절필하다가 해방후 월남하여 시집 『삼팔선』(1947)과 『하늘』(1948)을 출간하였다. 1954년에 시집 『진주만』으로 아시아 자유문학상을 수상한 그는 이후 문학보다는 사회에 대한 관심과 정치적 열정으로 기울어져 마침내 정치평론을 쓰기에 이르고 그 산물로 정치평론집 『적과 동지』(1955)를 펴냈다. 정치평론가로서의 경험은 결국 그로 하여금 현실정치에 뛰어들게끔 해주었다. 그렇게 시인으로, 교육자로, 정치인으로, 종교인으로 기억되고 있는 그의 대표작은 두 번째 시집 『파초』일 것인데, 특별히 표제작 「파초」는 망국의 설움을 달래는 시심이 파초라는 한 열대식물에 대한 희생적 사랑으로 승화되어 나타난 작품이다. 남국을 떠나온 파초와 조국을 잃은 자신을 대비시켜서 조국에 대한 사랑과 향수를 한데 어울려 표현한 것이다.

祖國을 언제 떠났노,
芭蕉의 꿈은 가련하다.

南國을 向한 불타는 鄕愁,
너의 넋은 修女보다도 더욱 외롭구나.

---

2) 김동명 시의 개괄적 특징에 대해서는 이성교, 「김동명 시 연구」(『성신여사대논문집』 45호, 성신여자대학교, 1972), 엄창섭, 『김동명 연구』(학문사, 1987), 김병우 외, 『김동명의 시세계와 삶』(한남대학교출판부, 1994) 등이 대표적 연구성과라고 할 수 있다.

소낙비를 그리는 너는 情熱의 女人,
나는 샘물을 길어 네 발등에 붓는다.

이제 밤이 차다,
나는 또 너를 내 머리마테 있게하마

나는 즐겨 너를 위해 종이 되리니,
네의 그 드리운 치마짜락으로 우리의 겨을을 가리우자.

— 「파초」 전문3)

『조광(朝光)』 1936년 1월호에 발표된 이 작품은 원산지인 남쪽을 떠나온 파초와 나라 잃은 식민지의 시인과의 공통성이 배경을 이루고 있다. 조국을 잃고 정신적 이역(異域)에서 살아가는 화자는 열대지방을 떠나 온대지방의 겨울에서 고향을 생각하는 가련한 꿈을 지닌 파초를 향하여 언제 고향을 떠나게 되었느냐고 묻는다. 그런데 파초의 대답을 듣기 전에 화자의 눈에 파초의 꿈이 순간적으로 가련해 보인다. 그것은 파초가 고향을 그리고 있고 수녀보다도 더 외로운 넋을 지니고 있는 것처럼 느껴졌기 때문이다. 한여름 소나기를 기다리는 파초는 마치 정열에 불타는 여인이 목말라 물을 찾는 것과 같아 보였다. 소나기가 흔치 않은 온대지방에 사는 화자는 소나기 대신 샘물을 떠다 파초에게 건넨다. 이러한 위로는 파초의 고독과 목마름에 대한 화자의 자기동일시 때문인데, 그 희생과 헌신은 파초에 대한 극진한 사랑을 넘어 공동체적 결속감으로 승화하게 된다. 결국 4연과 5연에서 화자는 밤과 겨울에 익숙하지 않은 파초의 곁에서 헌신을 하겠다는 다짐과 공동체적 친화감을 보이고 있다. 그 친화의 매개가 되어준 것이 치맛자락 곧 파초의 커다란 잎사귀이다. 이처럼 파초의 모습과 생리에는 자유를 갈망하는 시인이 활용할 수 있는 여러 가지 특징적 이미지가 있다. 그 특징들이 시의 영상으로 붙잡혀 매우 효과적으로 구사되고 있다 할 것이다. 마지막 행에서 파초의 넓고 푸른 잎사귀는 여인의 낭만적인 치맛자락으로 연상되면서 그 치맛자락으로 하여금 민족의 겨울 곧 시대적 불행을 가리면서 위로하는 의미를 암암리에 부여받게끔 하고 있

---

3) 이상 이 논문에서 거론되는 김동명 시편은 모두 김동명전집편찬위원회 편, 『김동명 시전집·상』(김동명선양사업회, 2022)에서 인용함.

다. 물론 파초가 가진 고독, 향수, 그리움 등은 사실상 모두 화자 자신의 것일 터이다. 이러한 해석은 김동명의 시적 스탠스에 대한 다음의 해석과 맞닿아 있다. "열악한 정세 속에서도 그는 식민지 현실에서 벗어나기 위해 자유와 사랑을 꿈꾸는 시를 창작했다. 그가 추구한 자유는 그저 있음의 비인간적 현실에서 홀로서기를 한 주체가 누리는 자유였고, 그가 추구한 사랑은 식민지적인 동일성의 세계와 자기 집, 그리고 자기에서 초월하여 타자들을 맞아들이고 받아들일 수 있는 환대의 주체들에게서 나오는 사랑이었다."4) 이러한 자유와 사랑의 이미지야말로 시집 『파초』의 표층적 주제인 그리움이나 향수를 넘어 존재하는 심층적 주제라 할 것이다.

> 그대는 차듸찬 意志의 날개로
> 끝없는 孤獨의 우를 날르는
> 애달픈 마음.
>
> 또한 그리고 그리다가 죽는
> 죽었다가 다시 사라 또다시 죽는
> 가여운 넋은 아닐까.
>
> 부칠곧 없는 情熱을
> 가슴 깊이 삼조이고
> 찬바람에 빙그레웃는 寂寞한 얼골이어.
>
> 그대는 神의 創作集 속에서
> 가장 아름답게 빛나는
> 不滅의 小曲.
>
> 또한 나의 작은 愛人이니
> 아아 내 사랑 水仙花야

---

4) 국원호, 「김동명 시의 환대의 주체와 초월의 정치학」, 『국제한인문학연구』 36호, 국제한인문학회, 2023.

나도 그대를 따라 저 눈ㅅ길을 거르리

― 「水仙花」 전문

　이 작품 역시 전원 혹은 자연을 매개로 하는 시편의 한 사례이다. 나르키소스 설화가 배경을 이루고 있는 '수선화'는 김동명 이전에도 여러 시인들에 의해 신비롭고 아름다운 꽃으로 형상화되어왔다. 김동명의 수선화를 표상하는 이미지는 먼저 '意志'와 '孤獨'이다. 그 애달픈 마음을 바탕으로 하여 수선화는 "그리고 그리다가 죽는/죽었다가 다시 사라 또다시 죽는/가여운 넋"이라는 설화적 이미지를 소환한다. 마침내 수선화는 '情熱'과 '寂寞'의 얼굴을 하고 "神의 創作集 속에서/가장 아름답게 빛나는/不滅의 小曲"으로 도약하는데, "나의 작은 愛人"으로서 시인으로 하여금 "나도 그대를 따라" 눈길을 걷겠다는 의지를 견지하게끔 해준다. 이렇게 수선화는 "不滅의 小曲"으로 우리에게 남았다. 어쩌면 이 불멸과 영원을 함의하는 이미지군(群)은 시집 『파초』를 대표하는 속성일지도 모른다. 요컨대 『파초』는 불멸과 영원을 노래한 시집인 것이다. 가령 시집 곳곳에 나오는 "永遠한 沈黙"(「달밤」), "永遠의 微笑"(「구름」), "不滅의 旋律"(「구름」), "不滅의 哀愁"(「海洋頌歌」), "不滅의 노래"(「祝願」), "不滅의 幻像"(「사랑」) 등이 이러한 낭만적 영원불멸의 이미지를 생성하고 있는데, 이는 모든 것이 절멸된 식민지 세속 공간에 대한 초허 나름의 미학적 저항이 방법론적 일관성을 띠면서 표출된 형상들일 것이다.

　　　내 마음은 湖水요
　　　그대 저어 오오
　　　나는 그대의 힌그림자를 안꼬, 玉같이
　　　그대의 뱃전에 부서지리다.

　　　내 마음은 燭불이오
　　　그대 저 문을 닫어 주오
　　　나는 그대의 비단 옷자락에 떨며, 고요히
　　　最後의 한방울도 남김없이 타오리다.

내 마음은 나그네요
그대 피리를 불어 주오
나는 달 아래에 귀를 기우리며, 호젓이
나의 밤을 새이오리다.

내 마음은 落葉이오
잠깐 그대의 뜰에 머므르게 하오
이제 바람이 일면 나는 또 나그네같이, 외로히
그대를 떠나리다.

— 「내 마음은」 전문

   이 작품에서도 불멸과 영원의 이미지가 한층 내면화된 채 사물들과의 낭만적 동일화를 진행해가고 있다. 시인의 마음과 비유적 동일체를 이루는 사물은 '호수/촛불/나그네/낙엽'이다. 고즈넉하고 밝고 외롭고 쓸쓸한 이미지이지만, 이것들은 바로 '그대'를 향한 희생과 헌신의 이미지로 어느새 몸을 옮겨간다. '그대'는 호수 위로 노를 젓고, 촛불이 꺼지지 않게 문을 닫아주고, 나그네에게 피리를 불어주고, 낙엽의 뜰에 머문다. 그때 비로소 화자의 움직임이 시작되는데 화자는 그대의 흰 그림자를 안은 채 부서지고, 그대의 비단 옷자락에 떨며 타오르고, 달 아래에 귀 기울이며 밤을 새우고, 나그네같이 그대를 홀연히 떠날 것이다. 이 모든 낭만적 충동과 동일화 의지가 "내 마음"의 속성이자 불가능한 꿈으로 나타나는 것이다. 이처럼 「파초」, 「수선화」, 「내 마음은」 같은 시집 『파초』의 대표작들은 한결같이 향수와 고독의 분위기를 고조시키면서 누군가 혹은 어딘가를 향한 낭만적 초월의 에너지를 가득 품고 있다. 그것이 바로 김동명 나름의 일관된 저항의 방법이었던 셈이다. 1938년 우리 시문학사가 거둔 만만찮은 성과가 아닐 수 없다.

3. '힌그림자'의 상호텍스트성

앞에서 살펴본 김동명의 「내 마음은」에는 "힌그림자"라는 표현이 나온다. '흰 그림자'는 윤동주 자필 시고를 간직했다가 세상에 내놓은 후배 정병욱이 자신의 아호를 '백영(白影)'이라 할 정도로 소중하게 생각했던 '윤동주 브랜드'로 유명하다. 두루 알려져 있듯이, 윤동주는 정지용과 백석의 영향을 많이 입었다. 그 시인들의 시집을 여러 차례 숙독하고 그들로부터 겸허하게 많이 배우고 또 배웠다. 그래서 윤동주 시에 당대 선행 시편의 흔적은 여럿 발견된다. 그렇다고 윤동주가 선배 시인들을 무반성적으로 베끼거나 그 모방적 성과를 대수롭지 않게 발표한 흔적은 전혀 없다. 다만 그는 매우 성실한 습작의 정신으로 당대 대가들의 작품을 읽고 메모하면서 거기에 창의적 변형을 가하는 작업을 지속적으로 수행하였다.

힌그림자.

黃昏이 지터지는 길모금에서
하로 종일 시드른 귀를 가만이 기우리면
땅검의 옴겨지는 발자취소리,

발자취소리를 들을수있도록
나는총명했든가요.

이제 어리석게도 모든것을 깨다른다음
오래 마음 깊은속에
괴로워하든 수많은 나를
하나, 둘 제고장으로 돌려보내면
거리모통이 어둠속으로
소리없이사라지는 힌그림자,

힌그림자들

연연히 사랑하든 힌그림자들,

내모든것을 돌려보낸뒤
허전히 뒷골목을 돌아
黃昏처럼 물드는 내방으로 돌아오면

信念이 깊은 으젓한 羊처럼
하로 종일 시름없이 풀포기나 뜻자.
四、十四.[5]

윤동주의 말년은 일본 체류 기간이다. 그 중 동경에 머무른 시기는 1942년 3월 일본으로 건너가 릿쿄대학에 입학하고 여름방학을 맞은 7월 하순까지의 5개월 정도에 지나지 않는다. 현재까지 발견된 일본 시편은 이때 동경에서 써서 친구 강처중에게 편지로 부친 다섯 편의 작품이 전부다. 그 가운데 1942년 4월 14일 「힌그림자」가 씌어졌다. 이 작품은 황혼을 배경으로 씌어졌다. 황혼은 '낮과 밤' 혹은 '삶과 죽음'의 경계를 상징하는 시간대이다. 원형비평적으로 보아도 '황혼'은, 불안한 운명과 함께 행복했던 과거와 부정적 현실 사이에 놓인 자신을 뒤돌아보게 하는 시간이다. '뒷골목'으로 이어진 통로를 통해 '내 방'으로 돌아온 '나'는 황혼의 발자취 소리를 듣는다. 이때 '시든 귀→흰 그림자→의젓한 양'으로 승화, 발전되는 단계가 시인의 상상 속에서 이루어진다. 미성숙에서 성숙으로 나아가는 일종의 성장 문법이 이 시편에서도 관철되는 것이다. 이때 '발자취소리'를 들을 수 있도록 스스로 총명했는지를 사유하는 '나'는, '땅검의'에 울리는 '발자취소리'에 지친 귀를 기울이며 황혼의 고요를 경청하는 존재이며, 다시금 시대의 발자취 소리를 듣지 못한 것을 부끄러워하는 타자적 존재이기도 하다. '나'는 모든 것을 깨닫고 나서야 고통스러워하는 것들을 하나 둘 제 고장으로 돌려보내는데, 이는 '어리석음'을 벗어나 '깨달음'을 얻고 궁극에는 '부끄러움'을 넘어서려는 상징적 몸짓을 연쇄적으로 보여주는 것일 터이다. 그렇게 제 고장으로 돌려보내는 '흰 그림자', 연연히 사랑하던 '힌그림자'는, 지난날의 '모든 것'이자 이제는 사라져가야 할

---

[5] 왕신영 외 편, 『사진판 윤동주 자필 시고전집』, 민음사, 2002.

그 무엇이다. 희고 밝고 환하지만 그림자의 영역에만 존재하고 사유될 수 있었던, '나'의 영원한 향수로 남게 될 그 무엇인 셈이다. '나'는 그렇게 고향으로 돌아가도 그 자리에는 존재하지 않을 어느 지점에서, 그것을 그리워하는 모습조차 그림자로 빨려 들어갈 것만 같은 위치에서, '내 모든 것'인 흰 그림자를 떠나보낸다. 「슬픈 족속」에서 민족 상징으로 각인되었던 '흰' 색의 '그림자'는 여전히 그에게 남은 소중한 흔적이었으나, 이제는 그것을 윤동주 스스로 최후의 순간까지도 택할 수 없었던 제 고장으로 돌려보내는 것이다. 연연히 사랑하던 모든 것을 떠나보내고, '나'는 자신의 현실을 상징하는 '뒷골목'을 돌아 황혼처럼 물드는 '내 방'으로 돌아온다. 그리고 마치 속죄를 기다리는 의젓한 '양'처럼 스스로 내어줄 준비를 하면서 '시름없이' 풀포기를 뜯겠다고 말한다. 이처럼 이 시편은 윤동주 특유의 종교적 감각과 희생 의지, 그리고 성장 문법이 곡진하게 담긴 명편이다. 윤동주가 그린 '힌그림자'가 실존의 무게를 상대적으로 많이 얹고 있는 데 비해 김동명의 그것은 "나는 그대의 힌그림자를 안꼬, 玉같이/그대의 뱃전에 부서지리다."라면서 선명한 낭만적 이미지를 내비친 바 있다. 하지만 윤동주의 뇌리에 '힌그림자'라는 시적 기표는 이미 『파초』를 통해 들어와 있었을 것이다. 또 하나 '힌그림자'를 윤동주에게 암시해준 선행 시편은 이용악의 작품이다.

> 한방 건너 관 덮는 모다귀소리 밥비 끊진다
> 목메인 울음 땅에 땅에 슬피 내린다.
>
> 힌 그림자 바람벽을 거닐어
> 니어 니어 사라지는 힌 그림자 등을 묻어 무거운데
> 아모 은혜도 받들지못한 여러 밤이 오늘밤도
> 유리창은 어두워
>
> 묻어진 하눌을 헤치며 별빛 흘러가고
> 마음의 도랑을
> 씨들은 풀닢이 저어가고
>
> 나의 병실엔 초라한 돌문이 높게 소스라 선다.

> 어느 나라이고 새야
> 외리운 새야 벙어리야 나를 기대려 기리 울라
> 너의 사람은 눈을 가리고 미웁다.
>
> — 이용악, 「등을 동그리고」 전문[6]

잡지 목차에도 '등을 동그리고'라고 제목이 적혀 있고, 해방 후 시집 『오랑캐꽃』(아문각, 1947)에도 '등을 동그리고'라고 제목이 적혀 있으니, '동그리고'가 맞는 표현일 것이다. 『사진판 윤동주 자필 시고전집』 제2부는 '사진판 자필 메모, 소장서 자필 서명'이다. 198쪽을 보면 윤동주가 일본책 『體驗と文學』 뒤 속표지에 일제말기 잡지 『문장』과 『인문평론』의 소장 사항을 정리해놓은 것이 있다. 『인문평론』의 경우, '昭. 15. 5月. 2卷 5号 有'라고 쓴 후에 그 왼쪽에 화살표를 넣어 '以上 全部 有'라고 윤동주는 적었다. 그리고 오른쪽으로 가면서 '6. 7. 無', '昭. 15 8月 2卷 8号 有', '9 10, 11, 12 無', '昭. 16. 1月 3卷 1号 有'라고 적었고 오른쪽에 화살표를 넣어 '以上 全無'라고 썼다. 그러니 이용악 시편이 실린 『인문평론』 1940년 1월호를 소장하고 있었음을 밝힌 것이다. 그리고 『문장』의 경우, 왼쪽에 '第一卷 全部 有', '第二卷 1号 有, 昭15, 1月', '2号 無', '3号 有, 昭 15, 3月', '4号 有, 4月', '5 6号 無', '第二卷 7号 15. 9月' 以下 全無라고 적었다. 물론 왼쪽 상단에 '有吉'이라는 서점 이름이 적혀 있는데, 이로 보아 이 소장 사항은 윤동주 개인의 것일 수도 있고, 서점의 것일 수도 있겠다. 하지만 우리는 윤동주가 위의 소장 도서에 어렵지 않게 접근했을 것이고, 유난한 다독가였던 그가 소장 잡지 소재 시편을 읽었을 가능성이 높다고 판단하게 된다. 인문평론사는 이용악이 1940년에 근무한 직장이었고, 이때는 윤동주가 연희전문 2학년으로 겨울방학을 맞고 있을 시기였다. 하지만 '힌그림자'는 윤동주의 개인 창안이라기보다는, 김동명의 「내 마음은」과 이용악의 「등을 동그리고」를 접하고 나서 그 이미지를 변형 수용한 것으로 보아야 할 것이다. 혹시라도 윤동주가 그들 시편을 못 보았다고 할지라도, 김동명이 먼저 썼고 이용악이 이어 쓴 '힌그림자'라는 기표는 마땅히 적시해두어야 할 것이다. 마찬가지로 후대 시인들에게 김동명의 시적 기표가 끼친 영향도 깊이 생각해볼 필요가 생겨나는 것이다.

---

[6] 『인문평론』 1940년 1월호.

4. 기도 형식의 시편이 함유한 종교적 상상력

다음으로 시집 『파초』 후반부에는 기도 형식의 시편들이 집중적으로 실려 있다. 대체로 서정시의 영적 체험은 스스로 분열되어 있는데, 그 분열된 얼굴은 절대자에 대해 실존적으로 응답하는 열정과 이성적으로 거부하는 표정을 동시에 가지기 때문이다. 따라서 그 체험은 이러한 모순을 통합하는 능력을 요구하는데, 이때 '종교적 상상력'은 그러한 질서의 원리로서 나타난다. 그리고 그것은 분열된 자아와 세계의 통합과 함께 자기동일성의 상상적 재구축 작업을 수행한다. 시인들이 의식적으로 자아와 세계의 동일성을 추구하는 데는 두 가지 방법이 있는데 동화(assimilation)와 투사(projection)가 그것이다.7) 이때 '동화'란 시인이 세계를 자신의 내부로 끌어들여 그것을 인격화하고 자아화하는 과정이고, '투사'는 자신을 상상적으로 세계에 밀어 넣는 감정이입에 의해 자아와 세계가 일체감을 이루도록 하는 과정이다. 앞서 암시하였듯이 '종교적 상상력'은 이러한 동화와 투사의 전개에 의해 완성되는 힘인데, 김동명의 종교시편이 이러한 힘을 통해 완성되는 것은 자명한 이치일 것이다. 이러한 종교시편들 예컨대 영원성의 추구, 신성의 복원에 대한 의지, 영성 회복에 대한 열망, 사랑의 구현, 불가시적 세계에 대한 발견 등을 시적으로 수용하고 형상화한 김동명 시의 실례들은 우리에게 매우 중요한 탐구 과제가 된다. 그 가운데 성경적 전거를 가진 다음 작품을 주목해볼 수 있다.

>主여,
>여기 無花果나무 한구루
>아직 한번도 열매를 맺어보지는 못하였아오나
>그렇다고 찍어 버리시지는 마옵소서
>새봄을 맞어
>말은 가지에 물이 오르고
>잎이 퍼드러지면
>날새들의 쉬임터는 될만 하오니

---

7) 이승훈, 『시론』, 고려원, 1988. p.56.

또한 땅우에 고요히 흔들거리는 푸른 그늘을

지나는 길손들은 반겨 하오리니

主여

열매를 맺을줄 모른다고

찍어버리지는 마옵소서.

―「祈願」 전문

화자는 예수로부터 저주 받아 말라버린 성경의 무화과나무 한 그루와 자신을 동일시하고 있다. 열매를 맺지 못했지만 찍어 버리지는 말아달라고 '祈願'라는 간절함이 새봄을 맞아 이제 간신히 잎을 피우고 누군가의 쉼터가 되겠다는 의지로 이어져간다. 땅 위에 고요히 흔들리는 푸른 그늘에서 지나는 길손들도 쉴 터이니 열매를 맺을 줄 모른다고 찍어버리지는 말라는 간원(懇願) 안에는, 스스로의 실존적 고독과 그럼에도 누군가의 쉼과 충전을 위한 터전이 되겠다는 다짐이 담겨 있다. 이때 '쉼터=그늘'은, 앞에서 본 「파초」의 '치맛자락'처럼, 존재론적 어둠을 가리고 새로운 기운을 얻게 하는 역설의 현장 역할을 하고 있다 할 것이다. 흔히 세속 부정, 주체 소멸, 절대 타자에의 몰입 성격을 띠게 마련인 종교시편에서 김동명은 갈등과 그 치유 과정을 함축적으로 담음으로써 실존적 각성과 의지를 담은 종교시의 한 비평을 열고 있다 할 것이다.

聖母 마리아님,

당신의 눈엔 푸른 달빛이 고였읍니다

한번 닿으면, 나의 머리털은 蒼鬱한 森林이 될것입니다

나는 거긔서 일즉이 잃어 버렸든 나의 새들을 찾을수 있지 않겠읍니까.

오 聖母 마리아님, 그 눈을 들어 잠깐 나를 보아주십시오.

聖母 마리아님,

당신의 눈은 맑게 개인 가을하늘 같습니다

한번 닿으면, 나의 마음은 한쪼각 힌구름이 될것입니다

나는 거긔서 당신의 품속을 放浪하는 유쾌한 길손이 되지 않겠읍니까.

오 聖母 마리아님, 그 눈을 들어 잠깐 나를 보아 주십시오.

聖母 마리아님,
당신의 눈엔 따스한 微風이 흐릅니다
한번 닿으면, 나의 憂鬱은 푸르른 봄잔듸밭이 될것입니다
나는 거긔서 아름다운 花草를 꺾어 당신에게 드리는 花環을 맨들수 있지않겠읍니까.
오 聖母 마리아님, 그 눈을 들어 잠깐 나를 보아 주십시오.

聖母 마리아님,
당신의 눈은 가없이 넓은 바다와 같습니다
한번 닿으면, 나의 붓대는 黃金의 상앗대가 될것입니다
나는 거긔서 勇敢한 沙工이 되여 저 언덕으로 저어 갈 수 있지 않겠읍니까.
오 聖母 마리아님, 그 눈을 들어 잠깐 나를 보아 주십시오.

聖母 마리아님,
당신의 눈은 永遠한 꿈을 凝視하는 거룩한 기쁨입니다
당신의 눈은 最高의 瞬間에서 타는 고요한 불낄입니다
또한 외로운 靈魂들이 돌아갈 오직 하나의 避難處입니다.
오 聖母 마리아님, 바라옵건대 그눈을 들어 永遠히 나를 직혀주소서.

— 「聖母마리아의 肖像畵 앞에서」 전문

이 격정적인 작품은 "聖母 마리아님"에 대한 간절한 호명과 함께, 그분의 눈에서 "푸른 달빛"과 "맑게 개인 가을하늘"과 "따스한 微風"과 "가없이 넓은 바다"와 "永遠한 꿈을 凝視하는 거룩한 기쁨"을 바라보고 있는 신앙시편이다. '내 마음'에 사물 이미지를 하나씩 연결했던 「내 마음은」과 정확하게 일치하는 통사구조이다. 그렇게 거룩하고 아름답고 깊은 눈을 가진 성모의 은총으로 화자의 머리는 "蒼鬱한 森林"이 되어 잃어버린 새들을 찾고, 화자의 마음은 구름이 되어 유쾌한 길손이 되고, 화자의 우울은 봄 잔디밭이 되어 아름다운 화환을 만들고, 화자의 붓은 황금의 상앗대가 되어 저 언덕으로 저어 갈 것이다. 그렇게 성모의 눈

은 고요한 불길로 타오르면서 외로운 영혼들이 돌아갈 피난처가 되어준다. 그 눈을 들어 자신을 영원히 지켜달라는 기구(祈求) 속에서 우리는 그의 이중적 존재론을 암시받게 된다. 그것은 "기원의 형식, 즉 기원의 대상을 구체화하고 전구적인 기원이라는 점을 가시화"8)한 이 작품에 들어선 현존과 부재, 충만과 결핍의 이중적 조건 때문이다. 이처럼 기도 형식의 시편이 함유한 종교적 상상력 역시 실존의 벽지에서 시인이 수행한 낭만적 초월의 성격을 잘 보여준다 할 것이다.

5. 시집 『파초』의 문학사적 의미

식민지 시대에 쓰이고 읽힌 우리 근대시는, 일본 제국의 제도와 언어에 대한 길항과 지양이라는 이중 운동 속에서 형성된 역사적 실체이다. 일본 제국의 직접적 영향과 함께 그에 대한 저항의 논리가 병행되었던 것이 그 선명한 사례일 것이다. 물론 여기서 길항과 지양이란 모어를 지키고 전통 정서나 의식을 섬세하게 확산하려는 문화적 자의식에 의해 나타난 정치적, 문화적 긴장을 말한다. 사실 근대적 의미의 시는, 모어의 질감을 살려 자국민들에게 국민국가적 정체성의 감염을 수행하는 데 일차적 의미를 둔다. 아닌 게 아니라 근대 국가란, 모어의 아름다움을 자국민에게 보급하는 문학 작품의 창작과 번역과 전파와 계승에 내남없이 헌신적이지 않았던가. 물론 후기 근대로 올수록 모어의 아름다움이나 질감을 최대화하는 시의 목표를 선명하게 유지할 수 없게 되었고, 어쩌면 모어의 기율이나 미학에서 현저하게 벗어난 원심적인 실재들이 빈번하게 나타나고 있기도 한 것이 사실이다. 하지만 식민지 근대라는 뚜렷한 결여 상황에서 시작된 우리 근대시가 몇몇 걸출한 시인들에 의해 모어를 한층 세련화하고 그것을 미적 차원에서 심화한 흔적으로 충일한 사례를 만들어낸 것은 기억할 만한 일이다. 그 점에서 여전히 (근대) 시인은 "부족방언의 예술사"(말라르메)이다. 김동명은 일제강점기 내내 이러한 부종방언의 예술사로서의 성격을 견지하면서 회상과 애수와 그리움의 서정 밑으로 저항과 낭만적 초월의 일관성을 보여준 대표적인 시인인 셈이다.

『파초』는 그의 시집 가운데 가장 서정성과 낭만성이 두드러진 결실로서, "전원 심상이 더

---

8) 심은섭, 「김동명 시에 나타난 기원양상 연구」, 『시현실』 86호, 예맥, 2021. p.76.

욱 간결하게 주조되어 미와 내용의 심화라는 성취를 동시에 이룬"9) 최대 업적이다. 이 시집에 실린 「파초」는 남국을 떠나온 파초와 조국을 잃은 자신을 대비시켜 조국에 대한 사랑과 향수를 한데 어울려 표현한 작품이다. 이 시집에 실린 그의 시는 상실된 것들에 대한 향수를 노래함으로써 결핍의 현실을 극복하려는 데 현저한 특징이 있다. 그가 삶의 어려움과 현실의 상처를 치유 받을 수 있는 공간으로 자연 혹은 전원을 상정한 것도 이 때문이다. 이를 귀납하여 후대의 문학사는 그를 신석정, 김상용과 함께 3대 전원시인이라 칭하기도 했다. 이때 '전원'이란 현실적 고통을 잊어버리기 위한 도피의 공간이 아니라 그 속에서 희망적 미래를 꿈꿀 수 있는 긍정적이고 생성적인 공간이다. 그의 작품의 또 다른 특징은 '그대'라는 대명사를 많이 사용한 점이다. 「수선화」, 「내 마음은」 등에 주로 많이 쓰인 이러한 대명사는 향수와 고독의 분위기를 더욱 고조시키는 역할을 하고 있으며, 나아가 기독교 신앙과 접맥되는 수사학으로 자리잡게 된다. 결국 김동명의 두 번째 시집 『파초』는 일제강점기에 자연 심상을 가치 생성의 공간으로 노래한 결과이자, 어두운 시대를 낭만적 초월로써 견뎌내려 했던 미학적 의지를 담은 결실이라 할 수 있을 것이다.

---

9) 박주택, 「김동명의 『나의 거문고』, 『파초』, 『삼팔선』 시세계」, 김동명전집편찬위원회 편, 『김동명 시전집·상』, 김동명선양사업회, 2022. p.405.

〈참고문헌〉

국원호, 「김동명 시의 환대의 주체와 초월의 정치학」, 『국제한인문학연구』 36호, 국제한인문학회, 2023.

김동명전집편찬위원회 편, 『김동명 시전집·상』, 김동명선양사업회, 2022.

김병우 외, 『김동명의 시세계와 삶』, 한남대학교출판부, 1994.

김용성, 『한국현대문학사탐방』, 현암사, 1984.

김우규 편저, 『기독교와 문학』, 종로서적, 1992.

김유중, 『한국 모더니즘문학의 세계관과 역사의식』, 태학사, 1996.

김은철, 『한국근대관념주의시연구』, 형설출판사, 1993.

김재홍, 『한국현대시인연구』, 일지사, 1986.

김현자, 『한국 현대시 작품 연구』, 민음사, 1988.

남기택, 「김동명 시와 로컬리티」, 『시현실』 86호, 예맥, 2021.

박주택, 「김동명의 『나의 거문고』, 『파초』, 『삼팔선』 시세계」, 김동명전집편찬위원회 편, 『김동명 시전집·상』, 김동명선양사업회, 2022.

신동욱, 『우리 시의 역사적 연구』, 새문사, 1984.

심은섭, 「김동명 시에 나타난 기원양상 연구」, 『시현실』 86호, 예맥, 2021.

엄창섭, 『김동명 연구』, 학문사, 1987.

왕신영 외 편, 『사진판 윤동주 자필 시고선집』, 민음사, 2002.

유성호, 『한국 현대시의 형상과 논리』, 국학자료원, 1997.

유성호, 『근대시의 모더니티와 종교적 상상력』, 소명출판, 2008.

유종호, 『동시대의 시와 진실』, 민음사, 1995.

이성교, 「김동명 시 연구」, 『성신여사대논문집』 45호, 성신여자대학교, 1972.

이승훈, 『시론』, 고려원, 1988.

정현기, 『비평의 어둠 걷기』, 민음사, 1991.

정현종·김주연·유평근 편, 『시의 이해』, 민음사, 1983.

최동호, 『현대시의 정신사』, 열음사, 1985.

Charles I. Glicksberg(최종수 역), 『문학과 종교』, 성광문화사, 1981.
Franz Zimmermann(이기상 역), 『실존철학』, 서광사, 1987.
Janne Bernis(이재희 역), 『상상력』, 탐구당, 1995.
Mercia Eliade(이동하 역), 『성과 속 - 종교의 본질』, 학민사, 1983.
Roman Ingarden(이동승 역), 『문학예술작품』, 민음사, 1995.

⟨Abstract⟩

A Study on Kim Dong-myeong's Poetry

Yoo, Sung-ho(Hanyang University)

Kim Dong-myung's second poetry collection, "Pacho"(1938), stands as the most prominent culmination of lyricism and romanticism among his collections. Within this collection, the poem "Pacho" particularly stands out as a work that juxtaposes the love and nostalgia for his homeland by contrasting the departure of Pacho, who left the southern region, with his own loss of the homeland. His works are characterized by a notable emphasis on nostalgia for what has been lost, serving as a means to overcome deficiency and the barrenness of reality. This is why he envisions the sea and nature as spaces where he can find solace to heal the hardships of life and the wounds of reality. Drawing on this, future literary history has often referred to him as a pastoral poet. In this context, "pastoral" doesn't denote an escapist space to forget the harsh realities but rather a positive and creative space where one can dream of a hopeful future within it. Another distinctive feature of his work is the frequent use of the pronoun "you" (그대). This pronoun, predominantly used in poems like "Susonhwa" and "My Heart Is," amplifies the atmosphere of nostalgia and loneliness, and further, it intertwines with Christian faith, becoming a vehicle for theology. In the end, the poetry collection "Pacho" can be seen as a result of singing natural symboli sm as a space for the creation of value during the Japanese colonial period, encapsulating the aesthetic determination to endure the dark times through romantic transcendence.

Keywords: Pastoral, Nature, Resistance, You, Romantic Transcendence

김동명 시집 『삼팔선』과 『진주만』의 해방문단사적 의미
-월남시인과 월북시인의 거리재기

이성천*

```
                    목 차
    1. 들어가는 글
    2. 해방문단의 시대적 배경과 시집 『진주만』 '후기'의 진실
    3. 월남시인과 월북시인의 거리재기
    4. 맺음말
```

<국문초록>

　김동명이 1947년과 1954년에 각각 상재한 제3시집 『삼팔선』과 제5시집 『진주만』은 여러 측면에서 예외적 성격을 지닌다. 무엇보다도 두 시집은 7년이라는 간행 연도의 시차를 노정하면서도 동일한 시기에 창작된 작품들로 구성되어 있다. 뿐만 아니라 이 시집들은 같은 시기 남한에서 출판된 여타의 시집과 달리 해방이후 북한의 정치·사회·문화적 동향을 시적 배경을 거느린다. 특히 북의 통치체제가 강화되는 현장에서 드물게 소비에트이데올로기의 허구성과 특정 권력의 횡포를 강도 높게 비판하고 있다는 점, 해방기 북한문단의 재편성 과정을 암묵적으로 제시한다는 점에서 보면 각별한 의미부여가 가능해진다.

　그럼에도 이제까지의 연구에서 『삼팔선』과 『진주만』은 김동명의 다른 시집들에 비해 집

---

*경희대학교 후마니타스칼리지 부교수

중적인 논의가 상대적으로 미루어져 왔다. 하지만 본고는 김동명 문학세계의 종합적 이해를 도모하기 위해서는 개별 시집에 대한 균형 있는 논의가 이루어져야 한다고 판단했다.

이에 따라 본고에서는 시집 『삼팔선』과 『진주만』에 수록된 작품들을 구체적으로 살펴보고 이후 월북 시인들의 시편들과 비교해봄으로써 최종적으로 김동명 시집의 문학사적 의미를 간략하게나마 검토하고자 했다. 이 과정에서 본고는 해방기 북한에서 발표된 시편들과 김동명 시세계의 현실인식이 상이지점에 놓여 있음을 파악하는 한편, 해방기 문학의 성격과 북한문단의 재편성 과정을 궁극적으로 이해할 수 있었다.

이러한 본고의 작업은 해방문단 김동명 시세계의 특질 규명은 물론, 최종적으로는 그의 문학세계의 외연을 넓히는 데 기여할 것으로 기대된다. 뿐만 아니라 김동명 문학세계에 대한 실증주의적 후속 연구의 가능성을 열어 놓은 것으로 평가된다.

주제어 : 김동명, 진주만, 삼팔선, 월북시인, 월남시인

1. 들어가는 글

초허(超虛) 김동명(1900-1968)이 1947년과 1954년에 각각 상재한 제3시집 『삼팔선』과 제5시집 『진주만』은 여러 측면에서 예외적 성격을 지닌다. 무엇보다도 두 시집은 7년이라는 간행 연도의 시차를 노정하면서도 동일한 시기에 창작된 작품들1)로 구성되어 있다. "이 책(『진주만』-인용자)에 모은 시편들은, 1945년 8월 15일 이후부터 1947년 봄, 즉 내가 단신으로 월남하기까지의 사이에, 북향 서호에서 쓰여진 것들"2)이라는 시인의 자전적 산문과 『삼팔선』은 "해방 후의 상황을 실감 있게 그린" "르포르타주의 형식을 간직한 시집"3) 또는 "급박하게 변화하는 개인사와 해방 전후 사회사를 반영한 시집이 『삼팔선』과 『진주만』이다"4)라는 그간의 평가는 이 사실을 직·간접적으로 반영한다.

이런 까닭에 〈김동명 문학연구〉는 초기 단계에서 시기구분의 문제와 관련하여 다소간의 혼란을 경험하기도 했다. 즉 초기 연구에서 일부의 논문은 김동명의 전기 시세계를 『나의 거문고』 『파초』 『하늘』, 후기 시세계를 『진주만』, 『삼팔선』, 『목격자』로 분류하고, 발간 연도와는 무관하게 시인의 세 번째 시집을 『하늘』(1948), 네 번째 시집과 다섯 번째 시집을 『진주만』(1954)과 『삼팔선』(1947)으로 간주한 것이다. 물론 이러한 주장은 김동명 시세계의 연속성과 변화의 동인을 추적하는 과정에서 일시적으로 나타난 단순한 착오로 치부할 수 있다. 그러나 한 시인의 전기적 생애와 문학적 행보를 객관적이고 사실적으로 전달하는 일이 연구자의 일차적 책무라는 사실을 감안하면, 실제 작품의 창작일자를 중심에 두고 논의를 전개한 것이라 할지라도 보다 주의를 기울어야했다는 지적이 따를 법하다.5)

한편 시집 『삼팔선』과 『진주만』이 "1945년 8월 15일 이후부터 1947년 봄" 사이에 북한에서 창작한 작품들을 수록하고 있다는 시인의 증언은6) 다시 몇 가지 측면에서 예외적이다.

---

1) 창작일자가 1946년으로 기재된 『삼팔선』의 「무제」는 시집 『진주만』에 약간의 변형을 가하여 「술회」라는 제목으로 재수록 되어 있다.
2) 김동명, 「진주만 후기」, 『김동명문학연구』3, 김동명학회, 2016, 339쪽.
3) 박주택, 「김동명의 『나의 거문과』, 『파초』, 『삼팔선』 시세계」, 『김동명 시전집(상)』, 국학자료원, 2022.
4) 장은영, 「초허 김동명 시에 나타난 장소의 형상화」, 『김동명문학연구』5, 김동명학회, 2018, 48쪽.
5) 이후에 발표된 대부분의 논문들에서는 이와 같은 문제가 명료하게 정리되고 있다. 가령, 김윤정은 시집들이 "다루고 있는 시대와 발간연도가 순차적이지 않다는 점에 유의"할 것을 유연하게 당부한다. 김윤정, 「일제말기 김동명의 전쟁시를 통해 본 현실인식과 저항성」, 『김동명문학연구』4, 김동명학회, 2017, 70쪽.
6) 이와 관련된 문제는 후속 장에서 구체적 자료를 근거로 다시 다루기로 한다.

먼저 이 시집들은 같은 시기 남한에서 출판된 여타의 시집과 달리 해방이후 북한의 정치·사회·문화적 동향을 주요 시적 배경으로 거느린다. 특히 〈북조선주둔 소련점령군사령부〉의 이념체계와 김일성 중심의 통치체제가 강화되는 현장에서 드물게 소비에트이데올로기의 허구성과 특정 권력의 횡포를 강도 높게 비판하고 있다는 점, 이 과정에서 해방기 북한문단의 재편성 과정을 암묵적으로 제시한다는 점에서 보면 각별한 의미부여가 가능해진다. 더욱이 '월남시인'[7] 김동명의 현실인식과 향후 시작의 방향성을 비교적 분명하게 예고한다는 점에서는 주목을 요한다.

그럼에도 이제까지의 연구에서 『삼팔선』과 『진주만』은 김동명의 다른 시집들에 비해 상대적으로 집중적인 논의가 미루어져 온 감이 없지 않다. 여기에는 나름의 사정이 있었을 것이다. 예를 들면 전체 작품의 원본확정문제, "최고 전성기의 시집"으로 평가되는 『파초』가 보여준 미학적 수준을 지속적으로 유지하지 못했다는 연구자들의 판단, 생경한 관념의 노출 및 일종의 보고/기록문학에 대한 독자의 선입견, 월남을 전후한 김동명 시인의 정당 활동과 정치적 행보 등이 그것이다. 실제로 김동명의 세 번째 시집 『삼팔선』의 원본은 첫 시집 『나의 거문고』와 마찬가지로 2017년이 되어서야 발굴되었다.[8] 뿐만 아니라 『삼팔선』과 『진주만』에 수록된 적지 않은 작품들은 광복 이전에 발표된 『파초』의 시편들에 비해 정치적 편향의 성격이 농후한 것도 사실이다. 시집 『삼팔선』과 『진주만』은 원본 텍스트의 부재[9]와 작품성의 결여라는 중층적 한계를 동시에 안고 있었던 것이다.

그렇다 할지라도 김동명 문학세계의 종합적 이해를 도모하기 위해서는 개별 시집에 대한

---

[7] 양명문은 월남문인을 제1차 해방기, 제2차 한국전쟁 및 1.4 후퇴시기로 나누어 구분한다. 그에 따르면 제1차 월남문인은 김동명, 안수길, 김진수, 임옥인, 황순원, 구상, 조영암, 최상덕, 최태응, 유정, 오영진 등이고, 제2차 월남문인은 김이석, 강소천, 함윤수, 원응서, 양명문 등이다. 양명문, 「월남문인」, 『해방문학 20년』(한국문인협회 편), 정음사, 1971, 82쪽.

[8] 김동명의 첫 시집 『나의 거문고』와 세 번째 시집 『삼팔선』은 심은섭 교수와 엄창섭·장정룡 교수 등이 주도하는 김동명학회의 노력에 의해 2017년 7월 원주와 11월 인천에서 각각 발굴되었다. 시집 발굴의 경위와 전후 사정에 대해서는 『나의 거문고』의 발굴자인 심은섭 교수의 다음과 같은 논문에 소상하다. 심은섭, 「초허 첫 시집 『나의 거문고』 발굴에 따른 제 고찰」, 『김동명문학연구』5, 김동명학회, 2018.

[9] 한 예로 김동명의 데뷔작 「당신이 만약 내게 문을 열어주시면-뽀드레르에게」와 「나는 보고 섯노라」, 「애달픈 기억」은 김소월의 대표작으로 평가받는 「삭주구성」, 「가는 길」, 「산」과 함께 1923년 10월 『개벽』 40호에 발표되었다. 그런데 심은섭은 『나의 거문고』를 분석하면서 김동명의 데뷔작 「당신이 만약 내게 문을 열어주시면-뽀드레르에게」, 「나는 보고 섯노라」, 「애달픈 기억」이 일부의 주장과 달리 시집에 수록되지 않았음을 밝히고 있다. 원본 시집 발굴의 큰 성과는 이 지점에서 재차 확인된다. 심은섭의 위의 논문, 91-92쪽.

균형 있는 논의가 이루어져야 한다는 것이 본고의 판단이다. 특히 이 과정에서 해방기 북한에서 발표된 시편들, 혹은 김동명의 현실인식 및 주제의식과 상이지점에 놓여 있는 작품들과의 비교 연구는 한동안 소외의 영역에 놓여 있던 김동명의 전체 시세계를 평가하는데 도움을 줄 것으로 여겨진다. 이에 따라 본고에서는 시집 『삼팔선』과 『진주만』에 수록된 작품들을 구체적으로 살펴보고, 이후 월북 시인들의 시편들과 비교해봄으로써 김동명 시집의 해방문단사적 의미를 검토하고 한다. 이러한 본고의 연구는 해방기 김동명 시세계의 특질 규명은 물론, 최종적으로 그의 문학세계의 외연을 넓히는 데 기여할 것으로 기대된다.

2. 해방문단의 시대적 배경과 시집 『진주만』 '후기'의 진실

김동명의 『삼팔선』과 『진주만』이 "해방 전후 사회사를 반영한 시집"이라고 했거니와, 이는 필연적으로 해방기 문단상황에 대한 예비적 고찰10)을 요구한다. 일제 36년 동안 주권을 유린당한 조선은 해방 직후 민족의 주체성 회복과 새로운 조국건설이라는 당면 과제를 내세우고 이를 해결하기 위해 다각적인 노력을 시도한다. 그러나 정치·경제·사회·문화 등의 모든 분야에 걸쳐 자정 능력을 상실한 이 시기의 사회 현실은 이 같은 민족적 대과제를 감당하기에는 역부족이었다. 더욱이 미·소(美·蘇) 점령군이 거의 동시적으로 한반도에 진주해옴에 따라 이데올로기적 갈등과 맞물린 해방공간의 사회는 더욱 혼란이 가중되고 극단적 대립 국면으로 치닫는다. 해방 직후 힘의 공백 상태로 인한 사회적 혼란은 이 시기에 이미 민족의 분단을 예고하고 있었던 것이다.

세계사적 관점에서 해방의 의미를 살필 때, 해방이 주어진 한반도는 냉전이데올로기에 의한 힘의 균형 분배라는 제국주의적 논리가 축소 적용됨을 알 수 있다. 그리고 이 같은 역사적 사실은 사회적 동향과 문학의 연속성을 총체적으로 파악하는 문학사회학적 입장을 견지하면 향후 전개될 문단의 성격을 짐작할 수 있게 한다. 해방기의 한국문단은 좌·우익 이념 논쟁의 대리적 성격을 지니고 있었으며, 그로 인해 당시의 정치적 상황과 떼려야 뗄 수 없는 불가분의 관계를 맺고 나타난다. 그로 인해 이 시기의 문인들은 어느 누구도 강요된 정

---

10) 해방문단의 시대상황에 대해서는 졸고, 「해방직후의 문단 동향과 문예지의 성격」(2007.12)을 참조하기로 한다.

치적 선택에서 벗어날 수 없었던 것이다. 한 가지 주목할 것은 어떤 선택이 되었든, 좌·우익의 문인들은 대립적 입장을 보이면서도 두 진영 모두 민족문학을 주창하였다는 점이다. 심지어 좌우 합작의 중간노선에서도 그들의 강령으로 내세운 것은 민족문학의 지향이었다. 이러한 사실은 일제 강점기 시대를 마감하는 이 시기에 군국주의적 파시즘에 대항하는 민족주의 논의는 우선시 될 수밖에 없었으며, 이에 따라 민족문학의 선택은 당연한 결과로 인식하던 문단의 분위기를 상징적으로 보여준다. 해방문단에서 민족문학은 이민족과의 갈등으로 민족적 소외를 받아 온 전조선인에게 민족적 동질성을 포괄적으로 유도해 낼 수 있는 유일한 대안으로 작용하고 있었던 것이다. "정신사적 의미에서 그것은 신"[11]이라는 일전 김윤식의 평가는 이 시기 일제의 잔재 청산 작업과 민족문학의 의미를 단적으로 드러내 준다.

> 東京,/너는 국제 「캥」의 外廓陣地,/또한 「백림」, 「로마」로 더부러 歷史의 地下室./戰利品 목녹에 오른 「滿洲」 잉크도 마르기 전에/암호 전보와 비밀 지령은 너머 심하지 않으냐./드디어 蘆構橋 陣頭의 一發이/다음 날 네 運命의 序曲이 될 줄이야……//보라,/蒼空 一萬「메터」를 뒤덮어 오는/白鳥 떼의 힌 날개,/千 가락 萬 가락 휘뿌리는 金실 비./불꽃의 饗宴./아아, 七百萬 都民 諸君!/일즉이 어느 市民이 이렇듯 華麗한 밤을 가져 보았다드뇨./하룻 밤 사이에 어허,/이 무삼 變貌뇨./황량한 廢墟 위에/杯盤 같이 낭자한 光景을 보라,/부러진 大理石 기둥 위에 덮놓인 死屍,/狂犬은 피를 물고 잿 더미를 예는구나!/아아, 運命의 날이 이렇듯 苛酷할 줄이야……//드디어 칼을 놓고/城下에 엎디느뇨./나서 처음 國民을 불러 보는 가엾은 帝王이여!/이제야 비로소 눈물을 맛 본 不幸한 人子여!/大使館 車途 위에 비낀 그대의 그림자를 서러 마라./이제 「사람」으로 돌아올 수 있는 「날」을 찾았다는 것은 또한/얼마나 壯嚴한 感激이랴.//지난 날의 네 罪惡을 헤이는 것은/「피난」氏의 任務어니……/征旗를 등에, 長江을 거슬려 올라 가든 때의 所感을/이제 다시 大日本 文士 諸君에게 묻는 것도 지꾸진 작란,/재 덮인 네 가슴 위에 얼크러진/가지 가지의 슬픈 이야기에 귀를 기우리며/나는 조용히 歷史의 審判 앞에 옷깃을 여민다.
>
> 「동경」 전문

---

11) 김윤식, 『한국현대문학사』, 일지사, 1988, 11쪽.

김동명 시인에게 일제의 잔재 청산 작업과 민족 주체성 회복의 의지는 다각적인 주제를 동반하며 입체적으로 수행된다. 1937년 6월 『조광』 20호에 이미 우리말이 간직한 "불멸의 향기"(「우리말」)와 "인류 문화의 최고봉"(「우리글」)으로써의 우리글을 형상화했던 시인이고 보면 어쩌면 이는 당연한 결과일 것이다. 이런 그의 일제 잔재 청산의식과 민족문학에의 실천적 작업은 해방을 맞이하여 더욱 가시화된다. 특히 지난날 일제의 역사적 과오를 정면으로 비판하고 "역사적 심판"의 합법성을 확인하는 일은 시인에게 주어진 최우선의 과제였다.

인용한 시 「동경」은 일제의 과거 만행에 대한 책임을 묻고 미국의 원자폭탄이 일본에 투하된 장면을 시화한 작품이다. 시의 도입부에서 일제의 침략성과 그들의 노골적 횡포의 흔적은 몇몇 상징 시어를 통해 압축적으로 제기된다. "전리품 목록에 오른 〈만주〉"와 "노구교 진두의 일발" 등의 시구가 바로 그것이다. 잘 알려져 있듯이 〈만주(국)〉은 일제의 대륙침략을 위한 꼭두각시 국가였다. '노구교 사건' 이후 만주국의 건국이념이 점차 대동아공영으로 옮겨가고 있다는 사실은 이 점을 분명하게 말해준다. 이 시에서 시인은 1연에 '만주' 침략과 '노구교' 사건을 상징적으로 위치시킴으로써 제국 일본이 동아시아에서 자행한 야만과 기만의 역사를 새삼 환기하고 있는 것이다.

1연의 내용이 일제의 간교함과 침략성이 야기하는 "지난날의 네 죄악"을 폭로하는 데 할애하고 있다면, 2연 이후에는 태평양 전쟁 이후 패전국 일본의 "운명"에 대해 전면적으로 상술한다. 그 "운명"의 모습이란 가령, 이렇다. "황량한 폐허" "배반 같이 낭자한 광경" "가엾은 제왕" "잿더미" "불행한 인사" "부러진 대리석 기둥 위"의 주은 시체 등등. 결국 이 시에서 시인은 1930년대부터 1945년 해방에 이르기까지의 실제 사건을 "운명의 서곡"과 "운명의 날"로 재구하여 제국 일본의 침략과 패망의 순간들을 효과적으로 조명한다. 이를 통해 시인은 조국해방의 정당성과 역사발전의 순리라는 주제를 순조롭게 이끌어내고 있다. 작품의 말미에 놓인 "나는 조용히 역사의 심판 앞에 옷깃을 여민다"라는 시구는 시 「동경」의 주제의식을 함축적으로 제시한 것으로 여겨진다. 이 대목에는 일제의 패망을 바라보는 시적 주체의 "장엄한 감격"과 해방 조국의 미래를 기원하는 시인의 내면이 암묵적으로 담겨있다.

흥미로운 점은 김동명의 「동경」은 "역사의 심판"을 "동경"으로 호명된 제국 일본에 한정하지 않는다는 것이다. "동경, 너는 국제 '깽'의 외곽진지,/또한 '백림', '로마'와 더불어 역사의 지하실"이라 부분에는 그러한 시인의식이 동반되고 있는데, 이는 "동경"으로 표상된 일본과 함께 "백림"12)과 "로마"를 세계전쟁을 일으킨 장본인이자 "국제 깽"으로 인식하는 그의 국제정세 판단능력13)을 투명하게 보여준다고 하겠다.

> 國賓 「二千六百年」이 硝煙 속에 亡靈일세/半世紀의 功 드린 塔이 하룻 밤에 재가 되다 恨할 거냐./질탕한 웃음과 노래로 어 날의 征服을 즐기든 都城이여!/心臟에 살을 받고 피를 뿜으며 너머지는 妖婦여!/이제 퍼 붓는 불 비에 너는 타는구나, 타는구나 타는구나……/槿域 三千里를 짓밟든 발이여, 너도 함께 타느냐.//이제 모든 것이 재로 낙은 廢墟 위엔/殘骸와 腐屍와 狂犬과, 그리고 움즈기는 송장과 恥辱과 悔恨과 원망과……/아아, 얼마나 많은 웃음과 壯談과 豪氣와, 그리고 陰謀와 貪婪과 殘忍이 여기에 잠 들었는고./이 것이 東方의 掠奪者, 半百年 榮華의 자최드냐./이 것이 「大和의神孫」, 저 자랑스럽든 歷史의 다음 「페―지」드냐./아아, 女人이여, 너는 드디어 모든 것을 잃고 잿더미 위에 너머저 목이 메여 하는구나.//너는 일즉이, 世紀의念佛 「大東亞共榮圈」을 高唱하든 正義의나라가 아니냐./하느님 보다도 더 높은 「神」의 다스림을 받는다는 現代版 神話의 나라가 아니냐./일곱번 다시 살아 원수를 갚는다는 不死鳥의 넋을 가진 兵隊의 나라기도,/「커―피」 보다도 「正宗」 보다도 오히려 더 피를 좋아하는 무시 무시한 吸血鬼의 나라기도,/아아, 世紀의 惡靈, 歷史의 妖異!/敗戰의 理由를 지꺼리지 마라 오히려 네게 國旗를 남긴 敵의 雅量을 感謝하라//아아 드디어 모든 것은 지나 갔다, 바람결 같이, 또한 꿈결 같이……/구슬픈 吊鐘 소리 살아진 하늘 한 가엔 쓸쓸타, 墓標 하나!/墨痕 조차 淋漓하구나, 「大日帝本國」!/將相은 獄에 누어 恥辱을 삼키고/美姬는 征服者의 팔을 끼고 「스텝」을 맞추누나./아아, 女人이여, 돌아가라, 네 옛 서울, 「사비」의 古城으로, —— 눈물로 마음을 닦어 새 아츰을 기다리라!

「挽歌」 부분

---

12) '베를린'의 한자식 표기이다. 유사한 표기방식의 예로 천상병 시인이 고초를 겪은 1967년의 '동백림(동베를린)' 사건이 있다.

13) 당시 김동명의 세계정세 판단 능력은 공산진영, 특히 김일성의 입장과 비교하면 극명한 대조를 보인다. "만일 10월의 위대한 산아인 쏘련이 없었더라면 만일 독일 파씨즘과 일본군국주의자들에 대한 그의 역사적 승리가 없었더라면, 우리 조선은 아직까지도 일본 식민지 압박하에서 신음하게 되었을 것이며 지금까지 우리에게는 조선민주주의인민공화국과 같은 자기의 독립적 국가도 없었을 것이며 우리 국가의 기초를 튼튼케한 민주건설에서의 그러한 거대한 성과들을 달성하지 못하였을 것이다."『김일성 선집』제4권, 조선로동당출판사, 1954, 3쪽.

일본 패망의 역사적 당위성을 반어와 역설의 언어, 의인화와 풍자의 수사적 장치를 동원하여 형상화한 작품들은 시집 『진주만』에서 하나의 주제군을 형성한다. 앞서 살펴본 「동경」 외에 「眞珠灣」 「미쯔웨이」 「산호해」 「꽈달카나島」 「사이판」 「比律賓(비율빈)」 「沖繩」이 유사계열에 속하는데, 이 시편들은 모두 태평양전쟁을 소재로 하고 있다는 점에서 공통적이다. 인용한 「만가」는 의미맥락상, 1941년 12월에서 1945년 8월에 이르는 태평양전쟁 시편의 마지막 단계에 해당한다. 그런 만큼 「만가」는 진주만, 과달카날, 사이판, 비율빈(필리핀), 충승(오키나와)을 중심으로 전쟁의 폭압적 분위기와 현장성을 단출하게 표출한 여느 작품들과 달리, "반세기 공들인 탑이 하룻밤에 재가"된 "대일제본국"의 "망령"과 "대동아공영권을 고창(高唱)하든" 동방의 약탈자" 일본의 제국주의적 욕망을 강도 높게 비판한다. 시 「동경」과 마찬가지로 「만가」는 "근역 삼천리를 짓밟든" "병대의 나라"의 "많은 웃음과 장담과 호기와, 그리고 음모와 탐람과 잔인"이 "송장과 치욕과 회한과 원망"으로 추락하는 최후의 역사적 순간을 적나라하게 기록함으로써 식민지를 경험했던 민족사의 비극을 정신적 차원에서 극복하고자 하는 것이다.

連綿 四十年의 歷史를 꿰뚫어 흐르는/「民族魂」 위에 터를 닦으라//불 같이 뜨겁고 샘 같이 淨한 「同胞愛」의 갸륵한 마음씨로/주추 돌을 놓으라//「獨立 自主」의 굵고 둥굴고 미끈한 大理石 기둥을/華麗하게 다듬어 세우라!//世界史의 指向이오 新生活의 原理인 「民主主義」의 花岡石으로/빈 틈 없이 壁을 쌓으라//地球가 구으는 동안 썩을 리 없는 「人類愛」의 大들보를/조심이 들어 올리라//三千萬의 마음이 한테 뭉쳐 비 바람 막어 내는/푸른 기와짱이 되라//그리고 四面을 돌아 가며 窓을 내되/蒸餾水같이 맑은 「理性」의 거울을 끼어 두라//東窓으로는 「러키」 山脈을 넘어 오는 마치 소리와 함께/太平洋의 悠久한 곡조를 맞으라//南窓으로는 나무의 향기와 함께/珊瑚林에 어리는 南國의 서름을//西窓으로는 「이스라엘」의 옛 꿈과 아울러/이제 막 熱病에서 풀려난 새 세대의 모습을 안어 드리라//北窓도 「커-틴」을 활짝 걷어 제치라/저 可恐한 世紀의 犯行을 凝視하기에 좋은 位置가 아니냐//(이제 잠간 귓속하노니 眩暈을 느끼는 이 있거든 곧/저 大理石 기둥에 기대어 서게하라)//그리고 우리 「民族文化」의 精華로는 찬란하게 壁을 꾸미고/異國産 名花들은 花盆臺에 바쳐 적당한 위치에 있게하라//高遠한 「民族的理想」은 대청에 높이 걸어 대낮 같이 환한 등

불이 되게하고/露臺에 서리는 新羅의 달 빛을 걸어 새 나라의 꿈을 繡 놓게 하라//이리하여 굳건하고도 화려한 새 집 이루어지거든/하늘 가에 흩어졌든 우리 겨레 함께 모여 살게 하라//勞務者와 企業人, 농민과 상인, 공무원과 문화인/모도 다 한 食卓에 앉는 한 家族이 되라//왼 家族이 있는 힘 다 바쳐서 새 나라의 榮光/日月 같이 온 세상에 빛나게 하라!

「새 나라의 構圖」 전문

김동명 시인이 해방공간에서 제국과 식민의 암울한 역사를 「동경」과 「만가」를 통해 정신사적 층위에서 극복하고자 했다면, 이후 그의 시는 새로운 민족국가 건설에 대한 희망과 염원을 적극적으로 표출한다. 「새 나라의 구도」는 이런 시인의 "민족적 이상"에 대한 절박함과 간절함이 가감 없이 드러난 작품이다. 이 시에서 흘러나오는 "민족혼" "독립 자주" "민주주의" "인류애" "민족문화" 등의 시어가 김동명이 구상하는 "새 나라의 영광"을 위한 필수불가결의 구조물임은 재론의 여지가 없다. 시인은 해방기를 경과하는 "삼천만의 마음"을 직설적이고 격정적인 어조와 명령조의 화법을 통해 투박하게나마 대변하고 있는 것이다. 이 부근에서 간과하지 말아야 할 것은 김동명의 "새 나라의 구도"는 민족구성원 내부 차원의 화합과 다짐과 각오로만 끝나지 않는다는 점이다. 시인에게 "새 나라"는 "노무자와 기업인, 농민과 상인, 공무원과 문화인 모도 다 한 식탁에 앉는 한 가족이" 될 것은 물론이고, "동창(東窓)으로는 '로키'山脈을 넘어" 미국과의 항상적 친교를 도모하여야 하며 "남창(南窓)으로는" 식민시기 수난의 아픔을 동질적으로 체험한 "남국의 설움"을 공유해야 한다. 또한 "서창으로는 '이스라엘'의 옛 꿈과 아울러" 서양의 "새 세대의 모습"과 문명을 수용해야 한다. 그리고 "북창도 '커튼'을 활짝 걷어" "저 가공한 세기의 범행을 응시"할 때만이 비로소 완성된다.

여기서 본고가 동서남북 창(窓) 너머의 형편과 실정, 그것들에 대한 우호감과 적대심을 새삼스럽게 나열하는 이유는 무엇보다도 "북창" "커튼" 뒤의 존재(들) 때문이다. 시 「새 나라의 구도」에서 시인은 그 존재를 "가공한 세기의 범행을" 일으켰거나 현재 일으키는 대상으로 지목한다. 그렇다면 이 근방에 놓여 있는 시구들은 사소한 듯, 전혀 사소하지 않을 수 있다. "동창"이 "로키산맥 넘어"의 미국을 지시한다는 점을 염두에 두면, "세기의 범행"을 일으킨 "북창" 방면의 주체란 소련이나 북한의 공산주의 세력을 의미하기 때문이다. 물론 김동명 시인이 일관되게 반공의식을 지녔던 문인이라는 점, 1947년 월남 이후에는 반공을 기치로 내세워 정당 활동을 이어갔다는 점을 고려하면 이마저도 별다른 문제가 되지 않을 것이다. 그러나 "북창"이라는 시인의 방위 감각과 "세기의 범행"과 같은 단정적 평가는 이전 그의 자전적 〈후기〉를 상기하면 여전히 복잡한 모순성을 노출한다. 무엇보다도 이 시기 김동명은 스스로가 지명한 "북창"의 지대에서 생활하고 있었던 까닭이다. 그리고 이런 내용들은 본고로 하여금 시집 『진주만』〈후기〉의 사실 관계14)를 재고하게 한다.

　기실 김동명의 시집 『진주만』에 수록된 작품들의 실제 창작시기에 대해서는 학자들 간의 의견이 분분하다. 특히 시제로 차용된 〈진주만〉을 소제목으로 삼은 제4장의 시편들에 관해서는 주요 연구자들이 회의와 의문의 시선을 지속적으로 보내고 있다. "(초허는-인용자) '내 시집 『진주만』에 수록된 것들이 대개 이 시기(해방이후-필자)에 쓰여지기 시작했다'고 밝혔으나 태평양 전쟁 관련 시편은 실제 전쟁이 벌어지는 상황에서 들려오는 소식에 기반해 기록되었던 것일 가능성이 크다"15)라는 주장과 "『진주만』의 발간이 1954년에 이루어졌으므로 이 시(「진주만」-필자)가 사후적으로 쓰였을 것이라는 추측이 가능하다"16)라는 견해는 대표적인 사례에 해당한다. 이들 연구는 실시간으로 전달되는 전쟁의 현장성과 긴박감, "운명의 날"을 예고한 작품의 내용과 태평양전쟁 초기 상황의 불일치성, 시인의 예언자적 지성 등을 근거로 자신의 주장을 신중하게 개진하고 있다. 본고의 생각에 이들 논자의 입장은 각 나름의 타당성을 확보하고 있는 바, 이 문제에 관해서는 후속 연구에서 지속적인 논의가 요청될 것으로 판단된다.

---

14) 본고가 확인한 바에 따르면, 김동명의 「새 나라의 구도」는 1947년 7월 『대조』 종간호에 발표된 바 있다(조남현, 『한국문학잡지사상사』, 서울대출판문화원, 2012, 1010쪽). 특기할 것은 시집 『진주만』에서 "北窓도 「커-틴」을 활짝 걷어 제치라/저 可恐한 世紀의 犯行을 凝視하기에 좋은 位置가 아니냐"의 부분은 『대조』에서 "북창으로는 시베리아의 찬바람을/크레무린궁의 비밀지령 따위도 겁낼 것은 없느니라"로 제시되고 있다. 시집 『진주만』의 간행 연도가 1954년이기 때문에 현재로는 어느 쪽이 개작한 것인지는 확인할 길이 없다.
15) 장은영, 「김동명의 전쟁체험과 시적 발화의 두 층위」, 『김동명문학연구』7, 김동명학회, 2020, 61쪽.
16) 김윤정, 「일제말기 김동명의 전쟁시를 통해 본 현실 인식과 저항성」, 『김동명문학연구』4, 김동명학회, 2017, 83쪽.

3. 월남시인과 월북시인의 거리재기

　세계사적 흐름에 따른 정치적 이념의 갈등 속에서도 식민지 청산과 민족문학의 재정립을 한 목소리로 요구했던 당시 문학인들의 태도는 해방공간의 시대사적 정황을 선명하게 반영한다. 결과적으로 해방공간의 문학은 민족 간의 갈등으로 얼룩진 일제 식민지를 마감하는 동시에 민족 내부의 이데올로기적 대립 시대를 여는, 즉 비동일성의 동시적 성격을 띤다는 시대사적 의미를 부여할 수 있는 것이다. 이러한 현실의 상황에서 우리 문학계는 좌파는 좌파대로, 우익계열은 그들대로 각각의 세력을 규합한다. 그리고 이후에 양 진영은 단체의 조직과 결성에 힘을 쏟는다. 해방공간에서 단체의 조직 및 결성은 이 시기 정치적 상황과 관련지어 살펴볼 때 의미하는 바가 매우 크다. 왜냐하면 이 시기 대부분의 문학 단체는 그들의 문학관에 앞서 정치적 편향성이 우선시되었기 때문이다. 이런 측면에서 정치 현실과의 관련성을 배제한 어떠한 해방공간 문학 관련 논의도 결코 이루어질 수 없다. 그리고 해방문단의 이원화 양상은 당시의 정치적 입장 및 이데올로기적 갈등과 결부되어 점차 노골화되어 간다. 이를테면,

　　　만일에 나라를 근심한다고 너만의 향락을 꿈꾸고,/민족을 사랑한다고 네 민족을 팔아먹던 생각이거든/물러서라, 자유와 권력은 네에게 벌을 주리라./일장기를 고친 기가 무슨 우리 기드냐,/불 끓는 우리 마음에/ 그짓 기는 살러지리라.//거리를 뒤덮은 저 붉은 旗,/붉은 기를 쥔 억세인 그대들 손에/모든 권력은 쥐어지리라,/그여코 쥐어지리라,/그렇지 않고는 자유란 무엇이며 해방이란 무엇이냐.//날러라 붉은 기, 이 땅 우에 날러라./물감을 드려 붉은 줄 아느냐/빛갈이 좋아 붉은 줄 아느냐/진실로 나라와 민족을 사랑하기 때문에,/勞農大衆을 살리려 하기 때문에,/흘린 피 同志들의 그 귀한 피로/물드려 붉은 줄 모르느냐,/날러라 붉은 旗, 거리거리 날러라.
　　　　　　　　　　　　　　　　　　　박세영, 「날러라 붉은 旗」(1945.10.7.) 부분

　　　이때다./돌연히, 日本刀를 찬 두사람의 保安隊員이 운동장을 횡단하야 校長席 앞으로 武步를 옮긴다./교장은 起立하야 정중히 좌석을 권한다./그러나 우리 保安隊員 동무는 손을 뒤으로돌려 꽁문이에서 포승을 끄낸다./만장은 악연한다./女生徒 들은

우름을 터트린다./이윽고, 『黨』 선전부 책임자 동무가 마이크를 앞세우고 演臺에 올라 선다./滿場은 손에 땀을 쥐고 귀를 기우린다./『동무 여러분, 교장은 아직도 日帝主義의 殘滓를 청산하지 못한 사람이오. 우선 시상석을 보시오. 저게 앉은 사람들은 모도 過去 日帝時代에 소위 有力者라던 사람들 뿐이고, 勞働者나 農民은 한 사람도 보이지 않소. 이런 낡어 빠진 머리를 가진 교장은 단호히 처단하지 않으면 안될것이오. 이것이 우리가 오늘 여러 동무 앞에서 교장을 체포하게 된 理由요.……』/滿場은 또 한번 바보처럼 벌린 입을 담을지 못한다./한가지 不安은 요행 살어 젔으나 同時에 그보다 더 무섭고 더 어두운 不安을/이번에는 各自가 자기 자신의 問題로서 가슴 속에 느끼면서,/흐터 젔다.

김동명, 「운동회」(1945.9.)부분

와 같은 시편들이 여기에 해당한다. 위의 두 작품은 동일한 시기에 발표되었다. 박세영의 「날러라 붉은 기」는 1945년 10월 6일, 그리고 김동명의 「운동회」는 동년 9월에 창작된 작품이다. 그러나 이 시들에서 보이는 현실 감각과 정치적 판단력은 확연하게 대조된다. 박세영의 「날러라 붉은 기」가 시상의 전면에 "붉은 기"를 내세워 사회주의 제도와 혁명의 당위성을 맹목적으로 주창하고 있다면, 또 다른 시 김동명의 「운동회」는 북한에서 전개되는 사회주의체제를 공포정치의 서막이 열린 것으로 인식한다. "한 가지 불안의 요행 사라졌으나 동시에 그보다 더 무섭고 더 어두운 불안"이라는 시적 진술에는 북조선사회주의의 폭압성에 대한 반발감과 경계심이 늘어 있는 셋이다.

이처럼 문단의 좌우대립은 해방직후의 시기부터 극단으로 치닫는다. 실제로 해방직후 조선공산당은 국가의 정치적 헤게모니를 획득하기 위해 사회 각 방면에서 활발하게 활동하고 있었다. 특히 그 전위에서 문학의 선전적 역할을 크게 기대했다. 이에 따라 좌익계열의 문인들은 해방 직후 〈조선문학건설본부〉와 〈조선프롤레타리아문학동맹〉과 같은 단체를 결성하게 된다. 이후 이 두 단체는 현실 인식 및 계급적 입장의 차이를 분명하게 인식하고 있었음에도 불구하고 남로당의 지령에 따라 1945년 12월 13일 〈조선문학가동맹〉으로 통합된다. 이들의 활동에는 남로당의 당수 박헌영을 중심으로 하는 조선공산당의 영향력이 막대하게 미치고 있었던 것이다.

한편 좌익 계열의 조직적 활동에 대한 반사작용으로 우익 계열의 문인들도 차츰 그 세력을 형성해 간다. 이들은 초기에는 그 세력이 미미하나 좌익 계열과의 논쟁 속에서 이론적 틀을 형성해 갔으며, 이후 〈조선문학가동맹〉의 1차, 2차 월북을 계기로 문단의 주도권을 잡게 된다. 특히 〈전조선문필가협회〉 결성을 계기로 좌익에 대한 이론적 우익의 세력을 조직적으로 쌓아가게 되는데, 이 두 단체의 결성이후 문학계는 더욱 더 대립 양상으로 치닫게 된다. 그로 인하여 이 시기 대부분의 문인들은 필연적 동기가 없더라도 문학단체에 가입하는 풍경을 연출하게 되는 것이다.

이렇듯 해방기 문단의 대립적 양상은 해방이 되자마자 많은 정당과 이념 단체들이 출현하는 상황을 통해 어느 정도 이해 가능하게 한다. 또한 해방 직후 한국인들은 "사회가 무서워서" 각종 정당이나 단체를 만들기도 했고 가입하기도 했다는 비유적 표현을 성립하게 한다. 이 시기 지식인들은 지식인대로 정당 활동에 가입했고 농민들은 농민들대로 상당수가 조합 운동에 가담했으며 또 공장 노동자들은 그들대로 노총의 지시를 따르기도 했다. 각 개인은 어느 한 정당이나 이념 단체에 가맹함으로써 어떤 존재와 싸워야 하고 어떤 세력과 협력해야 하는지를 더욱 분명하게 배울 수 있었[17]던 것이다. 이러한 현상은 혼란스러운 현실의 정체성을 인식할 수 없는 상황에서 오는 극단의 공포심을 상대적 객체로 규정하고 대결 의식에서 오는 긴장감으로 혼란의 공포를 벗어나고자 하는 심리적 현상으로 이해할 수 있을 것이다.

월남문인과 월북문인 같은 문학사의 낯선 용어가 본격적으로 등장하는 것도 이 무렵의 일이다. 그리고 이 과정에서 서울을 중심으로 삼팔선 이남에서 활동하던 문인들의 월북 및 평양 중심의 북조선 문화예술 총동맹 결성은 남북문단의 실질적 분단 및 이념적 갈등을 공고히 하는 결정적 사건으로 작용한다.

> 약소민족의 의로운 벗/조선 인민의 위대한 해방자/쏘련 군대여 언제오는가?/이날 우리 30만 손들이/뜨거운 악수를 보내고/지나간 날 설움을 호소했더니,/쏘련 군대는 아니 오고/하이얀 노트 아메리카만이/공중에서 삐라를 뿌렸다./지폐같은 종이로/시민을 달래였다.
>
> 박세영, 「쏘련 군대는 오는가」 전문

---

[17] 조남현, 「해방 직후 소설에 나타난 선택적 행위」, 『해방 공간의 문학 운동과 문학의 현실 인식』, 한울, 1989, 참조.

> 너는 人類가 가진 아름다운 浪漫의 하나,/그러기에 젊은 마음들이 흔히 네게 情熱을 기우림은/하나의 生理的 宿命이기도 한가 보드라./허나………/아아 世紀의 요화여! 매력이어!/우리는 네의 名譽와 榮光을 위하야 가만히 귀ㅅ속하노니/侵略者의 앞자비란 어데 당한 짓이뇨.
>
> 김동명, 「공산주의」 전문

위의 시 역시 조선문학가동맹에서 주도적으로 활동하다가 1946년 월북(1차)하여 북조선문학예술총동맹에 가담한 박세영의 작품이다. 북한문학사의 일반적인 시기구분에 따르면 해방 이후 북한의 문학은 '평화적 민주건설시기(1945.8-1950.6)', '위대한 조국해방전쟁시기(1950.6-1953.7)', '전후복구시기(1953.7-1960)' 순으로 전개된다. 박세영의 「쏘련 군대는 오는가」는 '평화적 민주건설시기'에 발표된 작품이다. 이 무렵 북한의 시문학은 주제별로 해방시, 사회주의 체제 찬양시, 김일성 우상화 시, 친소 및 국제적 연대의 시로 크게 분류되는데, 박세영의 시는 "비록 보지는 못했으나/건강한 네 몸과 네 마음을/항상 굳게 믿고 있던 우리들"이라는 내용을 담은 이경구의 「영원한 악수」와 함께 친소 및 국제적 연대의 시를 대표한다.[18] 다시 말해 "진정한 해방자 소련군대"를 찬양하는 주제의식에 긴밀하게 부응하는 작품이다. 실제로 이 시는 소련의 군대를 "민족의 의로운 벗"이자 "조선 인민의 위대한 해방자"로 묘사함으로써 "붉은 기" 군대에 대한 우호적 시각을 선명하게 보여준다.[19] 이는 김일성이 「10월 혁명과 조선 인민의 민족해방투쟁」에서 표명한 것처럼 미국에 대한 적개심과 사회주의 종주국 소련에 대한 절대적 지지를 표방하는 이 시기 월북시인 작품의 한 전형을 보여준다고 하겠다.

그렇다면 북한문학이 명명한 평화적 민주건설시기에 생산된 월남시인의 작품은 어떠한가. 이에 대한 대답은 두 번째로 인용한 김동명의 「공산주의」와 같은 작품을 통해 살펴볼 수 있다. 이 시에서 시인은 "공산주의"를 "인류가 가진 아름다운 낭만의 하나"이며 "그러기에 젊은 마음들이 너에게 정열을" 기울이는 "생리적 숙명"임을 인정하면서도 실제 현실공간에서

---

[18] 북한 애국가의 작사가이기도 한 박세영은 월북이후 지속적으로 소련에 대한 연대의식과 우호적 관계를 강조한다. 전후복구시기에 그가 발표한 「나도 스딸린 거리를 건설하다」는 북한 사회주의의 기초 건설을 "위대한 쏘련 인민의 염원"으로 표현하여 북한과 소련의 연대성을 부각한다.

[19] 이성천 엮음, 『박세영 시선』, 지만지, 2012, 137-153쪽 참조.

벌어지는 공산체제의 비인간성과 모순성을 가차 없이 비판한다. "세기의 요화"나 "침략자의 앞잡이"는 이러한 시인의식을 분명하게 보여주는 시구들이다. 여기에는 소련과 '공산주의' 이념의 왜곡성과 편협함에 대한 시인의 적대감이 노골적으로 표출되어 있다. 월북시인 박세영이 "약소민족의 의로운 벗/조선 인민의 위대한 해방자"로 칭송해 마지않은 소련과 '공산주의'의 위상은 김동명의 「공산주의」를 위시한 대부분 시편들에서 "벌레"(「인권」), "수신인면(獸身人面)의 군상(群像)"(「막간」), "기겁을 할 호랑이의 발톱"(「민주주의」), "정의의 이름으로 동포를 팔되 부끄러움을 모르는 나라"(「조국」)와 같은 형국으로 변질되어 비판과 성토의 대상이 되고 있는 것이다. 이러한 사정은 해방기의 역사적 사건들과 맞물릴 때 보다 구체적으로 제시된다. 다음의 시편들은 김동명과 월북시인들이 해방기를 지나는 현실인식의 '차이'를 극명하게 보여준다.

-땅은 밭갈이하는 농민에게-/칠판에 굵다랗게 쓴 토필 글씨를/한 자 한자 더듬어 읽는 돌쇠는/야학에서 이태나 익히 유식하다는/머슴살이에 잔뼈가 굵은 노총각이었다//〈중략〉//땅은 밭갈이하는 농민에게-/토지개혁의 우렁찬 환성은/등을 넘고 비탈길을 감돌아 두메산골에까지 산울림해 왔다./-나라를 찾은 것만 대두 고마운데/땅까지 차지하게 되다니-/-이거 꿈인가 생시인가/눈을 뜨이고 귀는 열리여

김우철, 「농촌위원회의 밤」(1946) 부분

그대를 불러 우리의 태양이라 노래함은/저 푸른 하늘 높이 빛나는 일륜이/언제나 대지에서 솟아 다시 대지의 품으로 돌 듯이/인민의 앞장선 그대의 가르치심이/언제나 우리들의 가슴 속에서 우러나/다시 우리 인민의 혈관으로 뻗쳐 흐르기 때문이요.//〈중략〉5천년 혈맥을 맥맥히 이어온/오, 그대는 우리의 자랑/세계 빨찌산사에 빛나는/김일성 장군

백인준, 「그대를 불러 우리의 태양이라 노래함은」(1947) 부분

당의 나를 길렀다/어머니와 같이 사랑스럽게/그러나 그보다도 억세인 품으로//〈중략〉//당의 나의 자랑/당의 나의 행복/오, 당은 나의 생명!/그 부르는 곳으로 나는 가리라

백인준, 「당은 나의 생명」(1947) 부분

서울을 중심으로 한 해방공간 중앙문단의 폐쇄적 상황은 김동명이 거주하던 흥남과 원산을 비롯한 북한의 전 지역에서도 유사하게 전개된다. 그러나 서울과 달리 북한지역에서는 해방직후부터 소련의 영향력과 이에 힘입은 김일성 체제의 권력형 독주가 일찌감치 시작되었으며, 이는 북한문단의 교조적이고 획일적 분위기를 형성하는 데 절대적인 영향을 끼친다. 1946년 원산에서 발생한 시집 『응향』 사건은 단적인 사례라고 할 수 있다. 1946년 원산문예총연합회가 그 하위조직으로 원산문학가동맹을 구성하고 "해방기념시집"을 기획, 발간한 후에 일어난 시집 『응향』 사건은 해방 직후 북한 문학의 흐름을 이해하는 데 매우 요긴하다. 원산문예총 위원장 박경수가 주도하고 화가 이중섭이 장정을 맡았으며 구상 시인 등이 작품을 발표한 시집 『응향』은 발표되자마자 공산주의 계열의 문학단체 및 문인들에 의해 즉각적인 비판을 받았다. 당시 남한의 조선문학가동맹 기관지인 『문학』 3집(1947.4)에는 「시집 『응향』에 대한 결정서」가 실려 있는데 이를 요약하면, "인민에게 복무해야 할 문학이 현실 도피적이고 퇴폐적인 정서를 담고 있는데 대한 원색적 비난과 건국시점에서 용납할 수 없는 반동행위로 규정한다"는 내용으로 정리된다. 특히 초허보다 두 달 앞선 1947년 2월에 월남한 시인 구상에게는 「길」, 「밤」, 「여명도」20) 등의 작품을 들어 "반동적 예술지상주의의 산물"과 "반인민적 경향"이라고 원색적 비판을 서슴지 않았다.21) 북의 문단에서 시집 『응향』은 절대로 그냥 넘어갈 수 없는 엄청난 사건이었던 것이다. "비탄과 우울과 도피의 절망은 조국 건설을 위한 조선인민들의 영웅적 노력과 투쟁과는 아무런 연관성 없는 다 죽어가는 낡은 사살의 신봉자들만이 이해할 수 있는 괴기의 유물들" 또는 "현실에 대한 그로테스크한 인상에서 오는 허무한 표현의 유희이며, 낙오자로서의 죽어져 가는 애상의 표백밖에 찾아볼 수 없다"라는 안막과 북한문예지도부의 평가22)는 이 점을 압축하고 있다.

공교롭게도 위에 인용한 「그대를 불러 우리의 태양이라 노래함은」(1947)과 「당은 나의 생명」(1947)의 시인 백인준은 시집 『응향』을 북한에서 가장 혹독하게 비판한 인물23)이다.

---

20) 일반에 잘 알려진 구상의 「여명도」는 대략 다음과 같다. "동이 트는 하늘에/가마귀 날아//밤과 새벽이 갈릴 무렵이며/카스바 마냥 수상한 이 거리는/기인 그림자 배회하는 무서운 골목..../이윽고/북이 울자/원한에 이끼 긴 성문이 뻐개지고/구렁이 잔등같이 독이 서린 한길 위를/횃불을 든/시빌이/깨어라!/외치며 가마를 달려./말굽소리/말굽소리"(「여명도」 부분)

21) 이승원, 『구도 시인 구상 평전』, 분도출판사, 2019, 59-66쪽 참조.

22) 위의 책, 63-64쪽.

23) 이외에도 시집 『응향』을 강하게 비판함으로써 초기 북한 문단에서 김일성의 절대적 신임을 얻은 문인들로는 박팔

1919년 평북 출생인 백인준은 연희전문을 다니다가 동경에서 유학한 후, 1946년 문예총 작가동맹의 위원으로 활동한다. 인용시 외에도 「니콜라이 북은 군대에게 드리는 노래」와 같은 소련군대를 찬양한 작품들을 발표했는데, 이러한 창작활동 덕분에 해방기 북한에서 그는 '조선의 마야코프스키'로 불리기도 했다.

「문학예술은 인민에게 복무하여야 할 것이다」는 시집 「응향」에 대한 그의 육성이 담긴 평문이다. 이 글에서 백인준은 『응향』을 반동적 예술세력의 퇴폐적이고 관념적인 허위의 시집으로 지정하고 그들에게 자아비판을 요구한다. 훗날 구상이 1946년 말에서 1947년 사이에 일어난 〈응향〉 사건이 자신의 월남 동기가 되었다고 회고한 것도 이러한 사정과 무관하지 않다. 그렇다면 백인준과 북조선문화예술총동맹이 의도하고 창작한 작품의 실제는 어떠한 것인가.

백인준 자신과 김우철[24]이 생산한 인용 시편들은 이 시기 북조선문예총의 일치된 목소리를 보여주는 작품이다. 먼저 시집 『응향』 사건이 발발한 시기에 발표된 백인준의 시는 평화적 민주건설시기 북한문단의 전형적인 성격을 보여준다. 이 시편들에는 '당'을 중심으로 사회주의 체제를 옹호하고 김일성을 우상화하는 장면들이 곳곳에서 발견된다. 시제가 환기하듯이 이 시들은 김일성을 "우리의 태양이라고 노래"하거나 "당은 나의 생명"으로 지정하며 북한시의 '진원' 혹은 '원조' 격으로 기능하고 있는 것이다. 이 점은 김우철의 「농촌위원회의 밤」에서도 마찬가지로 확인된다.

1946년에 발표된 김우철의 「농촌위원회의 밤」은 북한의 공식적인 문예지 『조선문학』에 재차 수록되었던 작품이다. 북한의 공식적인 문예월간지 『조선문학』이 1946년에 창간된 김일성의 『문화전선』을 기원[25]으로 삼았다는 것은 주지의 사실이다. 이 점은 반세기에 걸쳐

양, 안막, 안용만, 최명익, 송영, 김사량, 김이석 등이 있다. 이들 중 대부분은 분단 이후에도 북한 문단의 실질적 지도자로 활동한다. 가령 박세영은 1989년 사망할 때까지 북한최고인민회의대의원과 문예총 중앙위원을 역임했으며, 백인준은 조선문학예술총동맹 위원장 자격으로 1997년 판문점에서 개최된 제8차 범민족대회에 참석했다. 이 때 남한의 시인 고은은 〈우리들의 시를 공동 창작합시다〉라는 제목으로 백인준에게 공동서한을 보낸 바 있다.

24) 백인준과 김우철은 1988년 정부차원에서 단행한 납월북 문인 명단에는 포함되지 않는다. 그러나 오랜기간 서울과 동경에서 활동하다가 해방 이후 북조선 시단을 주도하고 있다는 점을 고려하여 이 지면에서는 함께 논의하기로 한다.

25) 이와 같은 사실은 다음의 진술을 통해 확인할 수 있다. "오늘에 짐작되는 것이지만《문화전선》, 그 이름은 위대한 수령 김일성 동지께서 주체35(1946)년 5월 24일 북조선 각도 인민위원회, 정당, 사회단체 선전원, 문화인, 예술인 대회에서 하신 연설 불후의 고전적 로작 〈문화인들은 문화전선의 투사로 되여야한다〉에서 옮겨 온 것이

누계(累計) 700호를26) 넘어선 2006년 4월호를 통해서 직접적으로 확인할 수 있는데, 이천 년대 들어서도 이 잡지에는 "당과 운명을 같이하는 혁명가의 역할"27)과 "로동계급의 수령형 상을 창조하는 것은 수령형상창작집단뿐 아니라 모든 창작집단과 작가의 공동의 임무이며, 전당적, 전사회적 과제이다"28)와 같은 창작 기본 지침을 변함없이 사수하는 작품들이 주로 실려 있다. "위대한 수령 김일성"의 1946년 〈문화인들은 문화전선의 투사로 되어야 한다〉 라는 제목의 연설은 현재(2023년 10월호) 910호를 넘어선 『조선문학』에도 영향을 미치고 있는 것이다. 특히 이 잡지 『조선문학』에는 "추억에 남는 시"라는 이름의 특별한 지면이 별 도로 마련되어 있다. '추억에 남는 시'라는 명칭이 환기하듯, 이 '란(欄)'은 북한의 월북시인 혹은 작고시인들의 오래 전 작품을 '추억'하려는 의도에서 준비된 지면이다. 여기에 수록된 작품들은 대개가 당의 이념에 충실하면서도 비교적 높은 수준의 시적 형상성을 유지하고 있 어서 그동안 북한의 문학사에서 적극적으로 평가되어 왔다는 공통점을 지닌다. 『조선문학』 의 '추억에 남는 시'에서 거론되는 시인과 시편들은 그야말로 자타가 공인하는 북한 시단의 대표적인 작가 작품들인 셈이다. 이천 년대 들어 이 지면을 통해 소개된 작품으로는 박세영 과 백인준 등의 주요 시편들과 최영하의 「젖줄기」를 비롯하여 리찬의 「생각」, 정서촌의 「조 선」, 김상오의 「나의 조국」, 김철의 「어머니」 등을 들 수 있다. 그리고 2006년 3월호에는 김우철의 「농촌위원회의 밤」이 수록되어 있는 것이다.

김우철의 「농촌위원회의 밤」은 북한의 토지개혁을 주제로 한 작품이다. 1946년 3월 5일 북한에서 실시된 〈토지개혁령〉은 무상몰수/무상분배29)의 원칙에 따라 계급모순을 해소하고 노동계급을 북한 내에서 영도적 계급으로 만들어가는 소련30)과 김일성의 핵심 정책이다. 이

었다. ...(중략)... 그 가르침을 따라 《문화전선》은 《문학예술》, 《조선문학》으로 700호 발행에 이른 것이다." 김 철, 「《조선문학》잡지 발행 700호에 부치여」, 『조선문학』, 2006, 4월호, 50쪽.

26) 『조선문학』은 2006년 4월에 발행 700호를 맞이했다. 이에 따라 이 잡지의 특집란에는 김병훈의 「《조선문학》잡 지가 걸어온 영광에 찬 로정을 돌이켜보며」, 최학수의 「생활과 투재의 교사, 창작의 요람 《조선문학》잡지」, 오영 재의 「《조선문학》잡지는 문학의 저수지이며 얼굴」 등의 글이 실려, 이 잡지가 북한에서 차지하는 위상에 대하여 상세하게 밝히고 있다.
27) 김정일, 『주체문학론』, 조선로동당출판사, 1992, 3-21쪽 참조.
28) 김정일, 「주체문학의 대강」, 위의 책, 22쪽.
29) 김일성 중심의 〈북조선임시인민위원회〉는 1946년 3월 5일 〈토지개혁령〉을 발표하고 약 4만4천명 지주들의 땅 을 몰수했다. 이는 북한 전체 농지 면적의 50%이다. 이 땅은 북한 전체 인구 50%, 전체 농촌 인구 70%에게 무상으로 분배된다. 김학준, 『북한 50년사』, 동아출판사, 1995, 108쪽.

과정에서 각종 '위원회'가 조직되었음은 물론이다. 1946년 북조선문화예술총동맹 평북위원회 위원장을 지낸 김우철은 이러한 북한 사회의 변화를 "토지개혁의 우렁찬 함성"과 "나라를 찾은 건만 해두 고마운데/땅까지 차지하게 되다니-/-이거 꿈인가 생시인가/눈을 뜨이고 귀는 열리여"와 같이 천지개벽의 사건으로 기록한다. 시인에게 북한 전체 농지 면적의 50%가 농업 주체에게 분배된 〈토지개혁〉은 봉건적 계급모순을 청산하고 모든 인민에게 해방과 자유를 가져다 줄 절대적 사건으로 인식되는 것이다. 그렇다면 '월남시인' 김동명에게 비춰진 토지개혁의 실제는 어떠한가.

> 무슨 당비 무슨 부담금 무슨 세금 해서 공제액이 二百圓이 넘는구려./X國 놈들처럼 도적질이나 한다면 몰라도……./쌀은 자꾸 실어 보내면서도 배급은 여전히 二홉,/그래도 농민이나 小市民에 비하면 얼마나 우대냐고 초사요./그럼 마소새끼처럼 싫근 부려 먹고 쌀 두홉도 안주어야 옳단 말요./에잇 비러 먹을 것들, 勞働者 두번만 위하다간… 엣, 퉤, 퉤, 퉤…
>
> 「노동자」 부분

> 이 지방에 있어서 자유는 완전히 禁制品의 하나다.
>
> 「자유」 부분

> 『解放』『由自』『民主主義』조차/무슨 咀文이나 듣는듯 몸서리 치니/아하 魔法師 아저씨!/열일곱해 情드려 놓은 내故鄕은 어데다 감추었소.
>
> 「異邦」 부분

> 主權 마는 異民族에게………./그리고 統監府는, 아니 委員會는/어데쯤 두자시오
>
> 「탁치1」 부분

> 천조대신으로부터/스탈린 대원수의게로…/아아 네 이름은/世紀의 코스모폴이턴!/헌 신짝 같이/아하 진실로 헌 신짝 같이/祖國을 버리는 무리들이여/너히들의 등 뒤

---

30) 북한의 토지개혁 과정에는 1945년 11-12월에 소련으로부터 파견된 개혁 전문가 2명이 깊이 관여한 것으로 알려져 있다. 김학준, 『북한 50년사』, 동아출판사, 1995, 108쪽.

에서/惡魔는 웃는다

「惡魔는 웃는다」 부분

우리의 김장군은/市廳 正門 베란다에서/스탈린大元帥를 모시고/오늘도 비를 맞으신다./구 雨傘을 좀 받어 드릴 이는 없는가,/아니, 이제 그만 나려들 오시구려.//〈중략〉//우리 少年은/오늘,/다시 담배 장수를 안해도/배 고프지 않은 세상으로 갔다./스탈린元帥의 전송을 받으면서………

「街頭點景－비맞는 畫像」 부분

인용 시편들은 토지개혁이 발표될 무렵 북한 사회의 실상을 경쾌하게 전언한다. 그러나 김동명 시인이 목격한 북조선임시위원회 체제와 현실의 정황은 김우철의 「농촌위원회의 밤」과는 전혀 딴판이다. 거기에는 "토지개혁의 우렁찬 함성" 대신 "무슨 당비 무슨 부담금 무슨 세금 해서 공제액이 이백원이 넘는" 인민들의 고통과 부조리한 삶의 모순이 그려져 있다. "이 지방에 있어서" "자유는 완전히 금제품"이고 "해방, 자유, 민주주의조차" 현실과는 동떨어진 "마법사"의 저주받은 주술이라는 탄식은 이러한 시인의식을 투명하게 보여준다. 시인에게 공산 당국이 주관하는 온갖 위원회와 그들이 주도하는 정책이란 "악마"의 행위에 다름 아니다. "스탈린 대원수"와 "우리의 김장군"을 조롱하거나 "악마"와 동일시하며 그들에게 "이제 그만 나려들 오시"기를 권하는 장면은 향후 김동명의 시 눈(詩眼)이 어디를 향하는지를 분명하게 보여주는 대목이다. '북조선' 체제에 대한 반목과 저항의지를 강렬하게 담고 있는 이 시편들은 이미 1947년 4월에 감행된 김동명의 월남을 예고하고 있었던 것이다. 그리고 이 사실은 궁극적으로 월남시인과 월북시인의 문단사적 거리를 분명하게 드러내준다.

4. 맺음말

　김동명 시인은 꽤 오랜 기간 한국현대시사의 주변부에 놓여 있던 시인이다. 그것은 그가 한동안 자료의 접근이 용이하지 않았던 지역의 문인이었다는 점, 한국현대문학사를 추동했던 1920,30년대의 특정 유파나 동인으로서의 활동을 거의 하지 않았다는 점, 대표작 「수선화」, 「파초」, 「내 마음」 등과 견주었을 때 일부의 시편들이 미학적 편차를 노출하고 있다는 점, 무엇보다도 해방공간을 지나면서 문단활동보다 정치인(정당인, 정치 평론가) 혹은 교육가로서의 역할을 적극적으로 수행하였다는 사실 등과 직접적으로 연관된다. 그 결과 이제까지 김동명 시인의 존재와 그의 작품은 한국문학사의 중심부에 본격적으로 진입할 기회를 갖지 못했던 것이다.

　물론 이전 시기에 김동명의 문학에 관한 연구가 전혀 없었던 것은 아니다. 예를 들면, 신의주고보를 수석 졸업하고 1927년 조선인으로서는 유일하게 동경고사에 합격한 백철은 『조선신문학사』(1948)에서 "난세이기 때문에 옛날 동양시인들과 같이 현실을 버리고 전원에 기거하는 마음은 이때 시인들의 무난한 시제가 되었다"라며 김동명의 시세계를 선도적으로 진단했다. 또한 1970년대 들어서는 안수길, 이성교, 조연현 등의 주요 문인들이 그의 시세계에 대해 목가시 혹은 전원시에 대한 견해를 중심으로 논의를 이어갔으며, 1980년대에는 엄창섭, 김용성 등의 연구자들이 학위/학술 차원의 공론화된 장을 적극적으로 마련하며 김동명 문학에 관한 심도 있는 논의들을 의욕적으로 생산된 바 있다.

　그럼에도 김동명 문학연구는 오랜 기간 동안 양질의 차원에서 미진한 부분이 없지 않았다. 특히 등단지면을 공유했던 동시대의 여타 시인들(주요한, 김소월, 김안서, 김기진, 홍사용, 이상화, 조명희)과 비교해보면 김동명 문학연구의 상대적 빈약성은 여실히 드러난다. 다행스럽게도 김동명 문학연구는 2013년을 기점으로 획기적 전환을 맞이한 것으로 보인다. 이 과정에서 강릉시의 후원으로 2013년 이후 순차적으로 진행된 〈김동명문학관 건립〉과 〈김동명선양사업회 창립〉은 김동명 문학연구를 활성화시키는 중대한 계기로 작용했다. 전국단위의 학술지에서 김동명 문학연구의 활성화가 본격적으로 추진되고 있다는 점, 선양사업회가 주도하는 김동명 학회의 차별성이 이전 시기에 비해 눈에 띄게 부각되고 있다는 점, 학술/학위논문의 편수가 점진적으로 증가하고 있다는 점 등은 이러한 사실을 분명히 입증한다. 특히 학회 소속의 주요 연구자들에 의한 원본 수집 및 발굴 작업은 김동명 문학연구를 결정적으로 촉진시키는 일종의 문학사적 사건으로 판단된다.

　본고는 선행연구가 축적한 이러한 논의의 연장선상에서 시집 『삼팔선』과 『진주만』의 해방문단의 의미를 간략하게나마 살펴보고자 했다. 그 결과 이 무렵 그의 시편들은 현실인식의 측면에서 북조선문화예술총동맹이 생산한 작품들과 극단적 대립 양상을 띤다는 점을 거듭 확인했다. 더하여 김동명 시에 나타나는 특유의 주제적 속성은 월남시인과 월북시인의 간극을 분명하게 드러내는데, 이를 통해 북한문단이 재편성되는 과정을 최종적으로 파악할 수 있었다.

<참고문헌>

기본자료

김동명, 『삼팔선』, 문륭사, 1948.

＿＿＿, 『진주만』, 이화여자대학출판부, 1954.

김동명 선양사업회, 『김동명 시전집』(상), 국학자료원, 2022.

김동명 학회, 『김동명문학연구-부록』(1-7).

논문 및 저서

권영민, 『해방 공간의 문학 운동과 문학의 현실 인식』, 한울, 1989.

김윤식, 『한국현대문학사』, 일지사, 1988.

김윤정, 「일제말기 김동명의 전쟁시를 통해 본 현실 인식과 저항성」, 『김동명문학연구』4, 김동명학회, 2017.

김정일, 『주체문학론』, 조선로동당출판사, 1992.

김 철, 「《조선문학》잡지 발행 700호에 부치여」, 『조선문학』, 2006년 4월호.

김학준, 『북한 50년사』, 동아출판사, 1995.

남기택, 「경계 너머의 지정학」, 『김동명문학연구』6, 김동명학회, 2019.

박주택, 「김동명의 『나의 거문고』, 『파초』, 『삼팔선』 시세계」, 『김동명 시전집(상)』, 국학자료원, 2022.

심은섭, 「초허 첫 시집 『나의 거문고』 발굴에 따른 시 고찰」, 『김동명문학연구』5, 김동명학회, 2018.

＿＿＿, 「초허 시의 '동일화' 방법의 양상 수용」, 『김동명문학연구』6, 김동명학회, 2019.

양명문, 「월남문인」, 『해방문학 20년』(한국문인협회 편), 정음사, 1971.

엄창섭, 「시대적 상황대처와 초허의 한글인식」, 『김동명문학연구』2, 김동명학회, 2015.

＿＿＿, 「초허의 초기 시편과 시특성 연구」, 『김동명문학연구』3, 김동명학회, 2016.

이성교, 「김동명 시 연구」, 『김동명문학연구』3, 김동명학회, 2016.

이성천, 「주체문학론 이후 북한시 연구」, 『한민족문학연구』, 2006.
_____, 「해방직후의 문단 동향과 문예지의 성격」, 청동거울, 2007.
_____, 「북한 문예지 〈조선문학〉의 유형적 특성 고찰」, 『어문연구』64, 2010.
_____ 편, 『박세영 시선』, 지만지, 2012.
이숭원, 『구도 시인 구상 평전』, 분도출판사, 2019.
장은영, 「초허 김동명 시에 나타난 장소의 형상화」, 『김동명문학연구』5, 김동명학회, 2018,
_____, 「김동명의 전쟁체험과 시적 발화의 두 층위」, 『김동명문학연구』7, 김동명학회, 2020.
장정룡, 「김동명 수필집 『세대의 삽화』의 작품특질 고찰」, 『김동명문학연구』2, 김동명학회, 2015.
_____, 「초허작품의 고향과 가족에 대한 정서적 표출」, 『김동명문학연구』7, 김동명학회, 2020.
조남현, 『해방 공간의 문학 운동과 문학의 현실 인식』, 한울, 1989.
_____, 『한국문학잡지사상사』, 서울대출판문화원, 2012,

<Abstract>

Kim Dong-myung's poetry collection the 38th parallel and Pearl Harbor Emancipation sentence Social meaning
-a measure of distance between a poet who defected to South Korea and a poet who defected to North Korea

Lee Seung-cheon(Kyung Hee University)

Kim Dong-myung's third collection of poems *the 38th parallel* and fifth collection *Pearl Harbor,* published in 1947 and 1954, respectively, are exceptional in many ways. First and foremost, they are composed of works created during the same time period, despite the seven-year gap between their publication dates. Moreover, unlike other anthologies published in the South during the same period, they are set against the backdrop of political, social, and cultural trends in North Korea after liberation. In particular, they are particularly significant in that they strongly criticize the fictions of Soviet ideology and the abuse of power, which is rare in the context of the strengthening of the North's governance system, and implicitly suggest the process of reorganization of the North Korean literary community during the liberation period.

Nevertheless, in previous studies, *he 38th parallel* and *Pearl Harbor* has received less attention than Kim Dong-myung's other poetry collections. However, we believe that a balanced discussion of individual poetry collections is necessary to promote a comprehensive understanding of Kim Dong-myung's literary world.

Accordingly, this article examines the works in the poetry collections *38th parallel* and *Pearl Harbor* in detail, compares them to the poems of later North Korean poets, and finally examines the literary history of Kim Dong-myung's poetry collections. In the process, this article identifies the differences in the perception of reality between the poems published in North Korea during the liberation period and Kim Dong-myung's poetic world, and ultimately understands the nature of the liberation period literature and the process of reorganization of the North Korean literary community.

This work is expected to contribute to the identification of the characteristics of Kim Dong-myung's poetic world in the liberation movement and eventually to the expansion of his literary world. In addition, it opens up the possibility of further positivist research on Kim Dong-myung's literary world.

Keywords: Kim Dong-myeong, poetry, Pearl Harbor, the 38th parallel, a poet who defected to South Korea, a poet who defected to North Korea

김동명 문학의 모빌리티 함의
시집 『목격자』에 나타난 '서울'의 장소성을 중심으로 -

임정연*

목 차

1. 이동성(mobility)과 유목적 거주
2. '나그네'에서 '목격자'로: 심상의 사실성과 동일자의 연대
3. '재난 공동체'의 감각, '사이공간'으로서의 서울
4. 나가며

<국문초록>

본고는 김동명의 삶과 문학에서 강릉과 서울을 대립하는 문학 공간으로 보는 시각을 지양하고, 이주와 망명으로 점철된 김동명의 유동적 삶의 이력과 서울에서의 거주 방식을 모빌리티 패러다임으로 재사유하는 데 목적이 있다. 유목주의적 관점에서 접근할 때 김동명의 삶에서 이동성 및 유동성은 단순히 거주의 문제가 아니라 내발적으로 형성된 실존적인 감각 및 존재방식이라고 볼 수 있기 때문이다. 즉 김동명은 정주와 이주의 이항 대립을 넘어서서 세계를 타향으로 삼아 스스로를 타자의 자리에 위치시키는 '유목적 거주'라는 실존적 태도를 삶의 양식으로 받아들였다고 할 수 있다.

시집 『목격자』는 해방기와 한국전쟁 직후 서울의 혼란과 폐허를 실존적으로 경험하고 재

---

*안양대학교 국어국문학과 교수

난 공동체의 유목주의적 연대감을 서울이라는 시각적 패러다임 안에서 사유하고자 했다. 서울은 김동명에게 개인의 경험 공간이라기보다 일종의 문화적 기억공간이라 할 수 있다. 그는 서울을 상징하는 공간에 대한 장소기억을 경유해서 민족이 공유하는 오랜 역사를 소환하는 방식으로 공동체의 일체감을 추구하고 재난 유토피아의 가능성을 제기한다. 특히 이동과 지속과 같이 '유동성'을 표상하는 시어들을 통해 무정형의 개인들을 서울이라는 공통항으로 묶어내고 민족 공동체의 건재함을 강조하고자 했다.

이런 맥락에서 김동명에게 서울은 과거와 현재, 개인과 사회, 자아와 세계가 서로 교섭하고 접합하는 '함께 엮임'의 장소로, 유목주의적 공동체가 매개되는 '사이 공간'으로 기능하다고 볼 수 있다. 김동명의 삶과 문학에서 서울은 '유목적 거주'를 표상하는 장소로서, '장소 상실'이 아니라 '장소 확장'이라는 측면에서 재의미화될 필요가 있는 것이다.

주제어: 김동명, 서울, 모빌리티, 이주, 유목적 거주, 목격자, 재난 공동체, 재난 유토피아, 사이공간

1. 이동성(mobility)과 유목적 거주

고향 강릉을 떠나 8세 이후 평생을 타 지역에서 생활했던 김동명의 마지막 거주지는 '서울'이었다. 김동명은 신식교육을 시키기 위한 어머니의 선택으로 함경도 원산으로 이사(1908)해 학업을 이어가다 함흥으로 이주(1915), 함흥영생고보를 졸업(1920)하고 일본 유학(1925)을 마치고 귀국한 후에는 흥남에서 흥남동광학원 원장을 역임(1934-38)했다. 해방 후 함남중학교 교장으로 부임(1945)했으나 추방당해 월남(1946)한 후부터 서울에 거주, 부산으로 피난을 갔던 시기를 제외하고는 1968년 1월 작고하기까지 서울에서 생을 보냈다.[1] 이처럼 강릉에서 서울에 이르기까지 이사, 유학, 취업, 월남 피난으로 이어지는 김동명의 이동 궤적에는 개인의 신산했던 삶과 한국 현대사의 질곡이 그대로 투영되어 있다.

이 같은 삶의 이력으로 미루어, 그가 고향이라는 장소를 상실한 결핍감과 낯선 땅에 정주하지 못한 이방인으로서의 내면을 갖고 있었으리라 짐작하기는 어렵지 않다. 이를 근거로 김동명이 "현실과 이상, 고향과 타향, 시와 정치, 이주와 정주 사이에서 길항하며 경계"[2]를 넘나드는 '경계인'이자 '이방인'으로서, '노마드적'이고 '디아스포라'적인 문학세계를 형성[3]했다는 분석은 타당한 측면이 있다.

그런데 김동명의 내면을 이렇게 고향 상실감과 불안정한 정체성에 고착시키고 나면, 그가 최종적으로 정착해서 거주했던 '서울'에서도 궁극적인 '정주'[4]가 불가능했다는 환원주의적 결론에 이를 수밖에 없다. 실제로 이런 맥락에서 그동안 이방인으로서 김동명이 서울에 대해 심리적 거리를 두고 서울을 부정적인 공간으로 비판하고 있다는 해석[5]이 지배적이었다.

---

1) 1947년 서울에 자리잡은 김동명은 1948년부터 이화여자대학교 교수로 재직, 전쟁 발발 후 부산 초량으로 피난 갔다 1954년 서울로 돌아와 신촌동에서 거처하며 이화여자대학교 국어국문학과 교수이자 시인, 정치평론가로 활동했다.
2) 이미림, 「김동명 문학의 노마드적 사유와 이방인 시선」, 『김동명문학연구』 9호, 김동명학회, 2002, p39.
3) 위 논문을 비롯해 이미림은 여러 편의 논문을 통해 김동인의 디아스포라 의식과 이방인적 정체성을 규명한 바 있다. 이미림, 「작가(시인)으로서의 삶, 지식인(정치가)로서의 삶」, 『김동명문학연구』 2호, 김동명학회, 2015; 이미림, 「김동명 문학의 공간적 상상력 연구」, 『김동명문학연구』 4호, 김동명학회, 2017; 이미림, 「김동명 텍스트의 헤테로토피아적 특성」, 『김동명문학연구』 5호, 김동명학회, 2018; 이미림, 「김동명 문학의 노마드적 사유와 이방인 시선」, 『김동명문학연구』 9호, 김동명학회, 2022.
4) 정주주의 사고는 하이데거가 말하는 '거주함'의 개념과 깊은 관계가 있다. 거주는 인간이 특정한 장소에 결합되고 고정되는 방식이며, 이는 '존재한다'는 것과 등치되는 인간의 실존적 조건이다. 이런 관점에 의하면 '거주함'이 불안정할 경우 인간의 실존과 정체성이 심각한 위기가 초래된다. 이상봉, 「모빌리티 공간정치학」, 김태희 외, 『모빌리티 사유의 전개』, 앨피, 2019, p36.

여기에는 물론 '강릉'이라는 원형적이고 이상적인 공간이 존재한다는 전제가 작용한다.6)

이런 해석은 주로 김동명의 마지막 시집 『목격자』(1957)의 시편들을 근거로 이루어졌다. 『목격자』는 '서울素描'(15편), '한가람은 흐른다'(13편), '驛馬車'(12편), '避難詩抄'(9편)으로 구성되어 있다. 이 시집에서 김동명은 해방 직후 혼란스러운 서울의 시대상과 개별 장소의 정체성을 개인의 감정을 배제한 채 사실에 바탕한 객관적인 증언의 차원에서 서술하고자 했다.7) /

건국 이래 수도로서 명실상부한 위상을 갖고 있는 서울은 한국인들의 삶을 규정하는 중심지로서 한국 현대사의 영욕을 간직한 "역사의 심장이자 중심이고 욕망의 실체이자 투쟁의 증인"8)이었다. 국가와 민족의 운명을 그대로 재현하고 있는 서울이란 장소는 간단히 정의할 수 없는 다양한 욕망이 투사되고 이율배반이 공존하는 모순과 아이러니의 현장이라 할 수 있다.

일제 강점기 경성은 일본 제국주의의 식민지 도시정책에 따라 전통적 경관이 파괴되고 그 자리를 새로운 도시구획과 건물들이 대신한 공간9)이었으며, 근대문명의 허상을 좇아 입성한 타지역 사람들로 인해 해방 후 대한민국의 수도 서울은 그야말로 '이주민의 도시'로 변해가고 있었다.10) 해방 공간의 서울은 근대 국가의 미래를 상상하는 희망과 활기가 넘쳐나고 있었던 것이다.

---

5) 차성환, 「김동명 시에 나타난 '서울'의 문화지리학적 연구」, 『김동명문학연구』 8호, 김동명학회, 2021; 이미림 (2022), 앞의 글 참조.
6) 남기택, 「김동명 시, 강릉, 로컬리티 I」, 『김동명문학연구』 4호, 김동명학회, 2017; 남기택, 「김동명 시, 강릉 로컬리티 II」, 『김동명문학연구』 5호, 김동명학회, 2018; 남기택, 「경계 너머의 지정학」, 『김동명문학연구』 6호, 김동명학회, 2019. 남기택은 김동명 시의 로컬리티 분석을 통해 김동명 시 세계에서 문학적 세계관을 형성하는 원 체험적이고 원형적 장소로서 '강릉'이 갖는 의미에 대해 공부한 바 있다. 본고는 김동명 문학에서 강릉이라는 공간이 문학적 원형으로 작용한다는 점에 동의한다. 다만, 여기서 문학적 공간으로서의 '강릉'은 단순히 고유 지명과 특정 장소를 지시하는 기호가 아니라는 의미이다.
7) 이성교는 『목격자』가 동명이 해방 전의 전원적 특질과 해방 후 사회적 경향을 조화시키는 가운데 시에 관심을 가지고 있을 때 쓰여진 것이라 시적 성취의 면에서 결실을 맺었다고 고평한 바 있다.(이성교, 「김동명 시 연구」, 『김동명문학연구』 3, 김동명학회, 2016) 장은영은 국가재건 시기 서울의 표정들을 사실적으로 담아낸 시집으로 『목격자』를 분석하였다.(장은영, 「김동명 시에 나타난 국가재건 시기 '서울'의 표정들-『목격자』(1957)를 중심으로」, 김동명학회, 『김동명문학연구』 6호, 2019)
8) 홍성식, 「현대시에 나타난 '서울' 연구」, 『새국어교육』 71권, 한국국어교육학회, 2005, p543.
9) 송은영, 「1950년대 서울의 도시공간과 문학적 표상」, 『한국학연구』 29집, 인하대학교한국학연구소, 2013, p495.
10) 이 시기부터 늘어난 이촌향도 현상으로 서울의 인구증가율이 다른 도시와 비교불가능할 정도로 압도적이었다. 1947-50년에 160~170만 명에 머물러 있던 서울 인구는 한국전쟁기에 한 때 64만명까지 줄었지만 되돌아온 피남민들과 월남민들로 1960년에는 244만 명, 1966년에는 379만 명까지 늘어났다. 『서울 육백년사』 6권, p578, 송은영, 앞의 글, pp.503-504.

부의 환상을 갖고 상경한 이주민들이 서울이라는 도시 공간에서 느낀 생존의 현실은 참혹한 것이었고 여기에서 비롯된 절망과 환멸, 비애는 서울의 장소성을 생존경쟁, 물질만능주의, 개인주의와 같이 타락한 근대 자본주의를 상징하는 문학적 표상으로 박제시켰다.

그러나 실제로 서울이 윤리적 타락과 부정적인 이미지를 갖게 된 것은 한국전쟁의 폐허 위에서 국가 주도의 도시개발과 산업화 정책이 추진된 1960년대 이후, 그 폐해를 고발하는 문학작품들을 통해서라 할 수 있다. 희망과 절망이 교차하는 해방기와 한국전쟁 전후의 서울은 단지 이런 특성만으로 일별할 수 없는 복합적이고 혼종적인 성격을 띠고 있었다.

이런 서울의 복합적 성격과 『목격자』의 배경이 된 시기를 고려할 때, 김동명의 실존적 상황과 시 세계를 단순히 실향의식과 불안정한 정체성에 기대어 해석하는 데는 한계가 있다는 의미이다.

본고가 '서울'에 대한 김동명의 장소감을 '모빌리티'[11])의 관점에서 재고해보고자 하는 이유는 이 때문이다. 모빌리티에 주목하는 사고는 정주냐 이동이냐의 양자택일적 관점이 아니라, 이동이 야기하는 정주의 의미 변화라는, 양자의 변증법적 관계에 주목[12])한다.

하이데거식으로 말하자면 '정주'는 특정한 장소에서 만족감이나 편안함을 느끼며 머물거나 살아가는 '뿌리내림'이라는 감각을 중요시한다. 정주가 특정한 장소에 결합되고 귀속된 삶이라고 할 때, 유목은 정주(settlement)에 대한 대립항으로 존재한다.

인류가 농경 문명을 이루고 땅에 정착한 후에 정주는 인간의 보편적인 거주 양식이었지만, 근대화는 메트로폴리스의 출현을 가져왔고 농경과 정주에 근거한 삶을 소멸시키면서 고향을 떠난 이들을 도시의 노동자 대중으로 변환했다. 메트로폴리스의 출현으로 도시 대중은 어느 곳에서든 비슷한 체험을 하게 됨으로써 장소적 차이가 소멸되고 존재의 장소 귀속성이 사라지게 된다. 도시에서의 삶이 비거주의 형태가 되면서 존재=거주=정주라는 도식에 의문이 제기되기에 이른 것이다.[13])

이런 관점에서 볼 때 고향 상실과 뿌리 뽑힘은 도시 이주민의 삶의 방식이자 근대인의

---

11) 'Mobility'는 이동성으로 번역되기도 하지만, '이동성'이라는 말은 이미 고착화된 용례가 있는 데다 학문적 개념어로서의 Mobility가 갖는 다양한 의미를 나타내는 데 한계가 있어, 학계에서는 '모빌리티'의 영어 발음을 그대로 사용하는 경향이 있다. 이상봉, 앞의 글, p33.
12) 이상봉, 같은 글, p38.
13) 강혁 「테크놀로지와 새로운 거주 양식」, 김태희 외, 앞의 책, pp.124-127.

보편적 존재 양식이라고도 할 수 있다. 유목적 삶은 근대 이후의 새로운 삶의 양식이자 거주 양식인 동시에 인간이 처한 실존적 상황을 일컫는 메타포이기도 한 셈이다.

인간을 이동하는 존재로 보는 유목주의는 귀속되지 않는 삶, 안착하지 않는 삶, 경계를 넘어가는 삶, 정주의 강박에 벗어나는 유목민과 망명객, 이방인의 삶의 양태를 본질적인 것으로 간주한다.14)

본고가 김동명의 서울 거주 방식을 정주와 이주의 이분법에서 벗어나 모빌리티 패러다임에서 사유하고자 하는 이유는 이 때문이다. 김동명의 유목적 삶이 어머니의 강권에 의한 탈향, 반강제적 추방, 피난과 같이 비자발이고 불가피한 이유에서 추동되었다 하더라도, 서울로의 이주 및 삶의 태도는 자발적이고 실존적인 선택일 수 있다는 판단에서다. 불가피한 삶의 양식으로서의 유목과 실존적 결단으로서의 유목을 구별하는 모빌리티 관점15)에서 보자면, 후자의 경우 새로운 삶과 사유의 가능성 추구하는 긍정적 계기로 전환한다고 해석된다.

자신이 이주자, 방문자, 방랑자임을 인정할 때 자발적이고 주체적으로 자신을 바깥으로 내모는 자세가 생겨나고, 이런 '자발적 추방자' 곧 망명객의 자리가 지식인의 존재 양식이라는 에드워드 사이드의 전언에 따라16), 다른 사고를 하고 다른 삶을 꿈꾸고 실천하는 시인이자 지식인으로서 김동명의 위치와 정체성은 재설정될 필요가 있다는 생각이다. 김동명에게 서울이라는 장소가 갖는 의미를 '장소 상실'이 아니라 '장소의 확장'이라는 측면에서 재고해볼 필요가 있다는 뜻이기도 하다.

이런 맥락에서 본고는 김동명의 서울 거주 방식을 '이동을 전제로 한 거주', 다시 말해 '유목적 거주'라는 관점에서 접근하고자 한다. 즉 김동명은 유목적 거주를 삶의 양식으로 받아들이고, "안정된 질서의 특권적 장소에 머무르는 대신 세계를 타향으로 삼고 스스로를 타자의 자리에 위치"시키는 유목적 거주17)라는 실존적 선택을 했다고 할 수 있다.

이렇게 볼 때 김동명은 모빌리티 경험을 통해 정주와 이주, 고향과 타지라는 이항대립을 넘어서는 장소감각을 갖게 되었으리라는 추정이 가능해진다. 이와 같은 유동적 사고를 통해

---

14) 강혁, 앞의 글, p130.
15) 강혁, 같은 글, p130.
16) 강혁, 같은 글, p42.
17) 에드워드 사이드, 『오리엔탈리즘』, 박홍규 역, 교보문고, 1991, p416.

본고는 이주민으로서의 김동명이 '서울'을 어떻게 자신의 장소로 만들어가는지, 그리고 어떻게 서울이라는 장소를 의미화하는지 그 '장소 만들기(place-making)' 과정을 좀 더 면밀히 살펴보고자 하는 것이다.

2. '나그네'에서 '목격자'로: 심상의 사실성과 동일자의 연대

강릉에서 원산, 함흥, 일본, 흥남, 함남, 서울 등지로 이어지는 비자발적인 탈향과 거주 이탈, 몇 차례의 추방 혹은 망명, 월남과 피난 등 주지하다시피 김동명의 삶은 이동과 이주의 연속이었다. 고향으로 돌아오지 못한 채 실향민의 삶을 살 수밖에 없었던 시인에게, 그래서 강릉이라는 지명은 실재하는 장소이기 이전에 영원한 결핍으로 남은 노스탤지어의 공간으로 존재한다.

이렇게 고향에 정초하지 못하고 타향을 떠돌던 초허의 자기 인식은 '나그네'라는 시어로 표상되고 있다.

> 내 마음은 나그네요/ 그대 피리를 불어주오/ 나는 달 아래 귀를 기울이며, 호젓이 나의 밤을 새이오리다//(중략) 이제 바람이 일면 나는 또 나그네같이, 외로이/ 그대를 떠나오리다.
>
> 〈〈내 마음은〉 일부〉

김동명의 대표시 〈내 마음은〉에서 '나그네'는 '호수' '낙엽' '촛불'과 같이 '유동성'이라는 공통의 속성을 표상하는 인접성 계열의 어휘이다. 이와 같은 유동성은 김동명의 전기 시 세계를 관통하는 시적 자아를 표상하며, '피난민' '뱃사공'으로 변주되기도 한다.

그런데 이방인 혹은 유목민으로서의 시적 자아를 표상하는 '나그네'는 마지막 시집 『목격자』에 오면 '목격자'로의 성격이 강화되고 있다. 이방인·유목민으로서의 정체성에서 탈피했다는 의미가 아니라 유목민적 존재 방식이 변화했다는 의미이다. '나그네'가 공동체에의 소속감에서 자유로운 경계 밖의 존재라 한다면, '목격자'는 기억과 증언이라는 윤리적 책무를 지게 되는 경계 위의 존재라 할 수 있다. 나그네의 '바라봄'은 경계 바깥에 자신을 위치시키고 관찰이라는 거리두기를 통해 상황과 대상에 자신을 덜 연루시키는 방식으로 작용하지만, 목격자의 바라봄은 사건과 대상의 '안'에서 자신의 의지와 상관없이 이루어진다. 다시 말해 '목격'이라는 보고 듣는 행위를 통해 의지와 무관하게 기억과 증언의 책무를 지게 되는 것이다.

『목격자』에서 김동명은 목격자 '되기'의 과정을 거치면서 나그네가 아닌 목격자로 세상과 관계 맺는 모습을 보인다. 그는 1947년 월남한 이후 서울에 정착하는데, 『목격자』의 시편들은 이 시기부터 한국전쟁이 끝난 후 서울의 혼란상을 배경으로 하고 있다.

처음에 김동명의 눈에 포착된 서울은 근대적 스펙터클로 이방인을 압도하면서 상대적 박탈감을 느끼게 만드는 곳이었다.

> 石壁인 양 깎아지른 高層建物에 부딪쳐/ 물결 모양 부서지는 幻夢이여!// 自動車의 물굽이를 건너는 市民의 꼴이/ 山토끼처럼 한양 처량한데
>
> 〈〈世宗路〉 일부〉

> 〈江南〉에 情들인 이가 있느냐?고/ 나는 〈江南〉이 어딘지도 모르노라
>
> 〈〈빠-江南〉 일부〉

고층 빌딩, 건축물, 자동차, 공원, 거리, 바(Bar) 등의 이국적 경관은 시인에게 '관찰'과 '구경'의 대상일 뿐이다. 근대 도시의 경관이 전경화된 시들에서 시적 화자는 풍경 밖에 위치한다. 결국 시인은 자동차 가득한 거리 뒤편 다방에서 "따근히 茶" 한 잔 마시면서 "나비처럼 쉬"(〈세종로〉)고 싶다는 피로감을 드러낸다. 이를 물질문명에 대한 비판이라기보다 서울이라는 장소의 정체성에서 비롯되는 일종의 소외감과 무력감의 표현이라 보는 게 적합할 것이다.

시인의 혼란스러움은 단지 이런 도시의 외관 때문만이 아니라, 서울이 처한 아이러니한 운명을 사유한 결과이기도 하다.

> 달리는 自動車의 行列 속에/타박거리는 驛馬車// 아하, 〈코리아〉와 〈아메리카〉의/ 서글픈 同伴이여!// 그래도 콧노래에 장단 맞춰/채찍이 운다// 말발굽 소리 저벅저 벅/ 〈코리아〉는 달린다
>
> 〈〈驛馬車〉 전문〉

'해방 직후 수년간의 서울 풍경'이라는 부제가 붙은 이 시에서 김동명은 일제 치하에서 해방된 직후 미군정의 통치 체제에 편입된 미군정기의 서울의 운명을 "〈코리아〉와 〈아메리카〉의 서글픈 同伴"이라 적시한다. 서울이라는 도시가 처해있는 모순적 상황은 미군에서 몸을 팔아 생계를 이어가는 '양갈보'라는 존재를 통해 극명하게 드러난다.

> 길 모퉁이에 버리운 듯 흩어져/ 스스로 밟히우기를 기다리는 꽃이란다 //(중략)// 歷史의 罪를 지고 가는 어린 羊떼가 아니냐/祖國 때문에 바쳐야할 슬픈 犧牲이 아 니냐// (중략)// 그대들이 아모리 蔑視한대도 침 뱉는대도 失德이 아닐 수 있기는 다만/ 그대네 사랑방에 버티고 앉은 수염 달린 양갈보란다
>
> 〈〈양갈보〉 일부〉

무엇보다 『목격자』의 시편들은 '심상의 사실성'을 바탕으로 하는 '기록'의 성격을 띠고 있다. 〈쓰레기〉라는 시 앞 부분에는 "쓰레기. 一九四八年代의 서울의 特徵을 이야기 하는데 이보다 더 適切한 語彙는 없으리라. 쓰레기야 말로 시울의 미움이오 또 그 肉體다"라는 서문이 제시되어 있다. 당시 서울이 쓰레기 문제로 골머리를 앓고 있었고[18] 시에서 언급하고 있는 'K 시장'의 퇴임사와 'Y 시장'의 취임사에 각각 실존 인물인 김형민(1946-1948 재임)과 윤보선(1948-1949 재임)을 대입할 때, 이 시들이 모두 사실에 근거하고 있음을 알 수 있다. 뿐만 아니라 이승만을 비롯해 실명을 짐작할 수 있는 정치인들에 대한 초허의 인상이나 심경이 시들 곳곳에 담겨 있다.

---

[18] 해방 이후 서울은 거리 곳곳에 쓰레기가 넘쳐나고 시체도 발견되는 등 도시 청소가 시급한 상황이었다. 쓰레기 청소 강행주간 (1948.12.19.-1948.12.26.)이 선포되고, 서울시 후생부 위생과가 중심이 되어 쓰레기 수거와 운송에 힘을 쏟았다. 이에 대해서는 송정현, 「1945~46년 미군의 경기 주둔과 위생 개선을 통한 대민관리」, 『한국민족운동사연구』, 한국민족운동사학회, 2022, pp.187-189 참조.

근대 도시의 스펙터클에 압도되어 이를 전면적으로 부정하기보다, 서울이라는 거대한 메커니즘을 구축하는데 수반되는 부패와 비리, 모순과 부조리를 정확하게 파악하고자 하는 태도를 보이는 것이다.

쓰레기와 市場 閣下가/ 단판 씨름 하는 거리// 歸屬財産을 파먹고/ 구데기처럼 살이 찐 謀利꾼의 거리// 어디 없이 널린 똥과 오줌과 가래침이 실은/ 貪官汚吏 못지않게 질색인 거리// 소매치기 패도 제법 〈빽〉을 자랑한다는 거리// 거지도 곳잘/ 中間派 행세를 하는 거리/ 〈감투〉市場은 여전히 흥성거려/ 거간군도 忠武路 金銀房 못지 않게 한 몫 본다는 거리

(《서울 素描》일부)

서울의 화려한 외관 뒤로는 시내 곳곳에 널린 쓰레기, 똥, 오줌, 가래침이 뒤덮여 있으며, 이곳에서는 정치인부터 모리꾼, 소매치기, 거지까지 모두 '빽'으로 행세하고, 협잡군과 거간군이 득세한다. 이렇게 누추하고 오염되고 부정한 공간으로서 서울의 뒷모습을 통해 시인은 단순히 비판하고 거부하는데 그치지 않고 서울이 입은 내상(內傷)을 발견해간다.

이 시기 시적 화자의 태도와 위치가 타자의 공간을 바라보는 경계 밖 관찰자에 가깝다고 한다면, 한국전쟁 발발 이후 화자의 정체성은 재난의 목격자이자 경험의 주체로 변모해간다.

나는 窓門을 활짝 열어 젖히고/傲然히 앉아 바라본다// 굽이쳐 흐르는 한가람이/ 오늘은 어인 일 자꾸만 슬프구나// 〈레디오〉가 그렇게까지 몸부림치며 매달리건만/ 그래도 뿌리치고 떠나는 市民도 있나보다// 어느새 長蛇陣을 이룬 避難民 行列이/ 비에 젖으며, 젖으며 간다// 성난 짐승 모양, 敵의 砲門은 더 가까이 짖어대는데// 강 건너 마을의/ 輝煌한 불빛이여!// 이윽고 〈헨·라일〉의 물결,/아하 쏟아져 내닫는 自動車의 奔流!//〈풀· 스피드〉로 달리는 自動車·自動車·自動車·自動車…/ 百年瀑浦 한꺼번에 쏟아지는 듯-// 아홉時-열時-열한時-열두時-한時-한時半-/ 밤이 깊어 갈수록 自動車의 奔流는 더욱 凄然하다// 누가 人道橋 車道를 요꼴로 設計하였더뇨/ 달리는 마음의 焦燥로움이 눈에 겨웁다// 아모러나 〈歷史〉는 드디어 無事히 避難하지 않았느냐/요행 한가람은 밤비에 가려 보이지 않는다// 나는 창문을 활짝 열어 젖

히고/ 傲然히 앉어 바라본다

⟨⟪目擊者⟫ 전문⟩

  이 시의 시적 화자는 이승만의 피난 만류 라디오 방송을 들으며 서울을 떠나는 피난 행렬을 바라본다. 여기서 화자는 어두워지는 밤, 적군의 포화 속에서 자동차 헤드라이트 불빛과 사람이 뒤엉켜 혼란스러운 피난 행렬을 "傲然"한 마음으로 바라보지만, 결코 무연(無緣)해질 수 없는 마음을 내비친다. 피난 행렬에서 슬픔과 처연함을 느끼고, 피난민의 "초조"함을 눈물겹게 여길 뿐 아니라, 역사가 보여주듯이 피난민들이 "무사히 피난"하고 돌아오기를 바라는 자신의 심경을 이입하고 있다.

  그런 의미에서 이 시에서 '바라본다'는 시어는 단지 '본다(seeing)'는 시각적 행위만을 지시하지 않는다고 할 수 있다. 여기서 '바라본다'는 시어는 '바라보는' 자의 '바람'을 담고 있다는 이중적 의미를 내포하고 있기 때문이다. 따라서 이 시에서 시적 자아는 대상과 거리를 두고 바라보는 관찰자라기보다 그 상황에 동참해 자신을 둘러싼 세계와 타인의 서사를 기억하고자 하는 목격자의 정체성을 표방한다고 볼 수 있다.

  "1950년 6월 27일 한낮", 한국전쟁 발발 이틀 후 김동명은 자신이 머물던 신촌동 자택을 떠나 피난길에 오른다.

    오호, 運命의 都市여! 너는 듣고만 있을테냐?/ 저 사나운 짐승 모양 울부짖는 砲聲을!// 떠나지 않으련, 모도들 떠나지 않으련?/ 아가야, 가자, 어서 江을 건너자!

⟨⟪出發⟫ 일부⟩

  ⟨출발⟩이라는 위 시에서 시적 화자는 서울이라는 '운명의 도시'에 직접 말을 건네며, 피난을 종용한다. 그리고 '아가'로 대표되는 가장 취약한 존재를 호명하며, 모든 이들의 동행을 청하는 연대 의식을 보인다.

  이제 피난을 떠나는 시인의 눈에는 "온갖 것 다 버리고 넘는" "눈물의 고개"인 미아리 고개(⟨미아리 고개⟩)와, "빈 보따리 메고" "주룽주룽 떼 지어/ 짐짝처럼 실려 가"는 충무로(⟨충무로⟩)와, "피난민의 장사진이/분수 모양 흩어"지는 서울역(⟨서울역⟩)처럼 서울의 모든 지명들이 전쟁의 생생한 현실을 증언하는 집합적 장소로 인식되기에 이른 것이다.

한국전쟁이 끝난 후 서울로 돌아온 김동명이 목격한 서울은 '폐허' 그 자체였다. 전후 서울의 주요 장소가 폐허로 변한 모습은 박완서의 『나목』에서 다음과 같이 묘사되고 있다.

> 번화가인 충무로조차도 어두운 모퉁이, 불빛 없이 우뚝 선 거대한 괴물 같은 건물들 천지였다. 주인 없는 집이 아니면 중앙우체국처럼 다 타 버리고 윗구멍이 뻥 뚫린 채 벽만 서 있는 집들, 이런 어두운 모퉁이에서 나는 문득 문득 무섬을 탔다. … 나는 그런 곳에서 좀 더 멀리 있고 싶었다. 적어도 대구나 부산쯤, 전쟁에서 멀고 집집마다 불빛이 있고 거리마다 사람이 넘치는 곳에 있고 싶었다. 나의 빨랐다 느렸다 하는 걸음은 을지로를 지나 화신 앞에서부터는 줄창 뜀박질이 되고 말았다. 외등이라든가 구멍가게라든가 그런 아무런 표적도 없는 죽은 듯이 어두운 비슷한 한식 기와집 사이로 미로처럼 꼬불탕한 골목길을 무섭다는 생각에 가위눌리면서 달음박질쳤다.[19]

전쟁의 잔해와 구시대의 잔재가 동시에 남아 있는 서울, 귀환한 김동명의 눈 앞에 펼쳐진 서울의 풍경 역시 이와 다르지 않았을 것이다.

전화(戰火)에 휩싸여 불빛조차 없는 적막하고 황폐한 풍경으로 묘사되는 서울의 폐허는 피난지에서부터 화려한 불빛을 기대하며 귀환한 서울 시민에게 쉽게 수용되기 힘든 현실이었으리라. 근대 도시로 발돋움하려던 대한민국의 수도 서울이 완전히 파괴된 비현실적인 장면 앞에서 김동명이 느낀 당혹스러움 역시 충분히 짐작 가능하다. 자신을 압도하는 스펙터클로 이방인에게 소외감을 불러일으켰던 서울이라는 장소의 위엄이 무력화되고 자신의 거주 공간이 폐허가 된 데서 오는 충격은 또 다른 절망과 무력감을 불러일으켰을 것이다.

고은이 "서울에 돌아와서 개화 일제 시대의 도시가 그대로 남겨져 있고 간판 조각이 나뒹구는 폐허, 겨우 건물의 철근이 휘어져서 남은 황량하고 음산한 폐허가 아니었다면 그들은 얼마나 그것이 그들의 공간이 아니라는 사실을 직감했겠는가."[20]라고 질문했듯, 36년간 일

---

19) 박완서 『나목』 작가정신, 1990, pp.15-16.
20) 고은, 『1950년대』, 청하, 1980, p281.

제 치하에 있었고 한국전쟁으로 황폐해진 1950년대 초 서울은 누구에게도 익숙한 공간이 아니었다. 서울을 고향으로 하는 원주민이나 서울로 돌아온 이주민 모두에게 환도지 서울은 피난지에서 상상했던 유토피아가 아니었다. 원주민들은 서울로 돌아와서도 자신을 피난민과 같은 존재로 인식하면서 고향이었던 장소에서 또다시 적응해야 하는 아이러니한 상황에 놓인다.[21]

그런데 역설적으로 보자면, 모두를 소외시키는 이런 비현실적인 서울의 폐허는 이주민과 거주민의 구분을 무화시키면서, 서울이라는 도시가 누구에게나 무엇으로든 수용되고 흡수될 수 있는 평등한 조건을 마련했다고도 할 수 있다.[22]

이와 같은 재난 상황은 화려한 외관을 자랑하는 서울의 모습을 기억하는 서울 시민 김동명에게 개인적인 소외감을 넘어서서 '환도인'으로서 '상실'이라는 공통의 감각을 형성시키는 계기가 되었으리라 짐작해볼 수 있다. 다시 말해 한국전쟁이라는 절대적 폐허를 경험하면서 공통의 재난을 경험한 동일자로서 김동명에게 서울이란 공간이 동일한 결핍과 욕망을 생성하는 장소로 재의미화되었을 가능성을 타진해볼 만하다는 것이다.

3. '재난 공동체'의 감각, '사이공간'으로서의 서울

한국전쟁이 의도치 않게 발생시킨 역설이었을지 모르겠으나, 김동명에게 재난은 서울에 대한 개인적 감정과 경험, 일상의 방식과 질서 등을 전복시키면서 새로운 세계를 싱싱하고 모색하는 새로운 연대의 가능성을 확인하는 계기가 되었다. 『목격자』의 시편들에서 서울로 상징되는 국가 재건에 대한 욕망과 의지, 서울이라는 장소에 대한 친밀감과 유대감을 발견

---

[21] 환도지는 피난을 떠났다가 돌아온 원주민이 안정적인 삶을 살 수 있는 곳이 아니라 이들이 배제되는 공간이라는 사실이 드러난다. 즉, 부산 등지로 피난을 내려온 이들이 환도 된 서울로 돌아가는 것이 피난민으로서의 신분을 청산하고 '원주민'으로서의 위치를 다시 획득하는 것으로 인식한다. 즉, 원주민들은 환도지 서울을 '유토피아'적 공간으로 상상했지만, 전쟁의 참화가 지나간 서울은 이전과 달라졌기 때문에 비극적 현실을 경험하게 된다. 신은경, 「휴전 직후 염상섭 소설에 나타난 공간 연구-피난지와 환도지에서 나타나는 모순성을 중심으로-」, 『어문논집』 92권, 민족어문학회, 2021, p158.
[22] 그들이 돌아온 현실은 그것을 현실이라고 말할 수 없는 폐허, 현실 설정이 불가능한 상태의 폐허였기 때문에 폐허는 어떤 사상으로 승제하더라도 폐허의 의미만을 강조했다. 폐허는 무엇이든지 수용했고 무엇이든지 흡수했다. 그 폐허는 비현실의 공간이었다. 고은, 앞의 책, p278.

할 수 있는 이유는 이 때문이다. 일종의 '재난 공동체'로서 상실 너머 연대의 가능성을 제기하고 있다고 볼 수 있을 것이다.

적어도 김동명이 『목격자』의 시편들을 쓰던 해방 직후 네온사인이 반짝이는 서울의 화려한 외관은 일제 강점기 식민화의 산물이며, 전후의 서울은 물질문명과 배금주의로 타락한 대도시의 이미지라기보다 파괴와 재건, 절망과 희망, 단절과 연속이 공존하는 이중성으로 거주민에게 복잡한 심경을 불러일으키는 곳이었다.[23]

리베카 솔닛에 따르면, 전쟁이나 지진, 대폭발과 같은 재난은 수많은 사람들을 생존의 극한으로 몰아넣는 불행한 체험이지만, 그 혼란 속에서 사람들은 단순히 슬픔과 절망, 이기적인 생존경쟁이 아니라 이타적인 상호부조의 사회를 구축하는 연대의식을 경험한다. 그리하여 재난은 결국 공동체의 일체감을 추구하는 욕망으로 나아가 수준 높은 시민사회, '재난 유토피아'를 구축한다고 한다.[24]

재난 공동체의 연대감은 원주민과 이주민, 거주와 이주의 경계를 넘어 서울의 운명을 조국의 그것과 동일시하는 지점에서 가능해진다. 김동명은 민족이 공통으로 기억하는 오랜 역사를 소환하는 방식으로 재난 유토피아의 가능성을 제기한다.

① 여기는 낡은 世代와 새 世代의/ 슬픈 交叉點// 늬는 또 이끼 돋은/ 歷史의 望夫石이러니// 아아 人定閣 큰 쇠북이 다시/ 울릴 날도 있었더냐.// 여기 〈로타리〉는 그대로 두고 圓舞場/ 그러나 〈스텝〉이 맞지 않아 슬프구나// 아모러나, 電線대를 봐도 안어 주고 싶은 마음이니/ 여보게, 이왕이면 저 뒷골목에 가서 한盞 허세 그려// 首都 百萬士女의 健康을 위하여,/ 그리고 또 우리네의 멋들어진 꿈을 위하여-

〈〈鐘路〉 전문〉

② 蕩子처럼/ 돌아온 거리어니// 네 목을 안고/ 이 밤을 새일까// 서른 여섯 해 밟힌 설음/ 다시 일러 무엇하리// 盞을 들어라/ 〈마-쓰〉의 健康을 위하여-// 또 하

---

[23] 1950년대 서울시의 전재복구 계획이 전면적이거나 체계적으로 진행되지 못하고, 파괴된 현장만을 부분부분 복구하는 선에서 이루어졌던 것은 이 때문이다. 본격적인 도시계획의 수립과 개발은 1960년대 이후에 시작된다. 1950년대 서울의 도시계획이 얼마나 어려웠으며 1960년대 이후 어떻게 바뀌었는지에 대해서는 손정목, 「서울시의 전쟁피해 복구계획」, 『서울도시계획이야기 1』, 한울, 2003 참조.
[24] 리베카 솔닛, 『이 폐허를 응시하라』, 정해영 역, 펜타그램, 2012, pp.147-176 참조.

나의 다른 奇蹟의/ 誕生을 빌자!

〈〈또 忠武路〉 전문〉

③ 여기는/ 우리의 애기 「월街」// 信用은 벌써/ 낡은 商街// 「또어」가 열리기 전에/ 分針은 곳잘 뒷걸음질 친다.// 푸른 煙氣를 사이에/ 商談은 蜃氣樓같이 神妙하고// 작자는 태연히/32日을 約束한다// 예서 女人을 다리고 茶房을 찾는 것은/ 심히 古風스러운 奢侈일러라

〈〈明洞〉 전문〉

위 인용문은 순서대로 종로, 충무로, 명동을 제목으로 내세운 시들이다. 김동명에게 서울을 대표하는 이 같은 주요 장소들은 일종의 '문화적 기억공간'25)으로 기능하고 있다. 이 지명들에 대한 시적 화자의 장소 감각은 민족이 공유하는 문화적 기억을 통해 '공적 정체성'26)에 의존해 구축되고 있는 것이다.

종로는 역사적으로 민중의 애환이 서린 삶의 공간으로, 전통의 거리이자 민족의 거리27)라는 역사적 의미를 지닌 장소이다. ①에서 시적 화자는 민족 자본, 서울 시민의 애환을 뒤로 하고 상업화되어가는 종로를 "낡은 세대와 새 세대"가 교차하는 지점으로 인식하고, '원무각'이라는 고유성을 뒤로 하고 '로타리'와 '전선대'의 풍경으로 뒤바뀌어가는 종로에서 수도 서울 시민의 건강과 꿈을 기원하는 마음을 담는다.

이 같은 시선은 3·1운동의 발원지였던 송로 한복판에 있는 파고다 공원에서도 같은 방식으로 작동한다. "역사의 명예를 지닌" "옛날로 나를 이"끄는(〈바고다공원〉) 장소들은 "지린 내" 풍기는 현재를 견디게 만들어주는 힘이 되는 것이다.

---

25) 문학공간은 작품의 유통을 통해 기억을 보전하고 과거를 현재화, 재생산하는 역할을 담당한다, 한원균 「문학과 공간-그 이론적 모색」, 김수복 편저, 『한국문학 공간과 문화콘텐츠』, 청동거울, 2005, p544.
26) 장소에 대한 공적 정체성은 특정 사회의 다양한 지식 공동체들이 공유하는 것으로, 장소의 물리적 특성과 다른 증명 가능한 구성 요소들에 의해 합의된 이미지로 구성된다, 그러므로 이해 관계와 지식이 다른 집단이나 공동체에게 장소정체성은 다를 수밖에 없다. 에드워드 랠프, 『장소와 장소상실』, 김덕현 외 역, 논형, 2005, p133.
27) 1898년 10월 자주민권운동이었던 독립협회운동의 과정에서 발생한 만민공동회 운동이 바로 종로 네거리에서 있었고, 종로는 전통 상권의 보루였고 일본인 중심의 신흥 상권에 맞서는 전선이었다. 또 나아가 조선인과 일본인의 민족적 경계로서 조선인의 자존심이었다. 고석규, 「일제강점기 서울 중심부에 나타난 도시문화의 특성」, 『한국사학사연구』, 나남출판, 1997, p579.

충무로와 명동은 일제 강점기 식민지적 이중도시로 재편되었던 서울의 과거를 기입한 장소들이다. 일제는 경성을 불균등하게 분할함으로써 식민지와 피식민지의 정체성을 구별하려는 식민 권력을 드러냈다. 일제의 식민지 장소 분할 정책에 따라 조선인들이 북촌과 마포 등을 중심으로 전통적인 거주 지역을 구축하고 있는데 반해, 충무로(本町), 명동(明治町) 등의 남촌과 용산에는 일본인이 거주했다. 충무로와 명동은 화려한 상업 문화의 중심지였지만, 일제에 의해 본국의 축소판으로 기획된 이곳은 조선인에게는 일상의 장소가 아니라 '구경'이나 '산책'의 대상일 수밖에 없었다.[28]

②에서 일본인의 거주 구역이었던 충무로를 해방 후 처음으로 돌아보던 시인은 자신을 '돌아온 탕자'로 인식한다. 그리고 피난길에 오른 서울 시민들로 가득했던 〈충무로〉의 아픈 기억을 지우고 "서른 여섯 해 밟힌 설음" 뒤에 "蕩子처럼/ 돌아"(〈또 충무로〉)와 그 거리를 되찾았던 감격스런 기억을 덧입힌다. 해방 후 되찾은 공간으로서의 감격과 한국전쟁의 상흔이 뒤섞인 충무로에서 시인은 "서른 여섯 해 밟힌 설움"을 잊고 다시 "또 하나의 다른 기적의 탄생"을 기원하고자 한다. 서울의 주요 장소들에 대한 이런 귀환과 귀속의 감각은 개인의 그것이라기보다는 민족 공동체가 공유하는 공통의 감각일 것이다.

일제 강점기 동경의 긴자(銀座)에 비유되던 남촌에서도 특히 명동은 정치, 경제, 사회, 문화의 중심지로 백화점, 극장, 공연장, 카페, 음식점, 상점들이 즐비한 금융과 소비문화의 본산[29]이었다. 동시에 명동은 지식인과 문화인들이 모여드는 문화 살롱 역할을 했던 다방과 카페, 술집이 밀집한 지역으로 한국 문화예술의 산실이기도 했다.

그런데 해방 후 5년여 동안 명동은 이질적인 세계가 뒤죽박죽 뒤섞인 혼종성의 공간으로 변해간다. 사치와 향락에 물든 상품의 진열장이자 호화판인 명동의 이면은 가난과 궁핍으로 얼룩져 "두 개의 세계, 아니 10개의 세계가 착잡하게 얽히고 설킨 곳"으로 양갈보와 모리배, 자칭 문학가들이 "구더기 끓듯" 얽혀있는 정체 모를 사치와 "환락의 거리"로 전락해버렸다.[30]

---

[28] 이상의 「날개」, 박태원의 「소설가 구보씨의 일일」, 채만식의 「종로의 주민」 등에서 볼 수 있듯 조선인에게 명동은 '구경'이라는 심리적 동경의 형태로 표출되는 공간이었다. 황호덕, 「명동 번창기 혹은 무지개 다리의 백일몽」, 『교수신문』, 2012.5.9.
[29] 윤대석, 「경성의 공간분할과 정신분열」, 『국어국문학』 144호, 2006, p93.
[30] 「명동의 실태」, 『국도신문』, 1950.4.13.

김동명은 ③에서 이렇게 변화한 명동의 장소정체성을 '낭만'의 상징이던 다방이 돈거래와 사기, 협잡으로 혼탁해지고 변질된 상황에 함축적으로 담아내고 있다. 그러나 해방 전 수많은 문화예술인들이 그러했듯 이곳이 "女人을 다리고 茶房을 찾는" 낭만과 "古風스러운 奢侈"가 가능했던 장소였음을 상기시키며 우리 모두의 아름다웠던 과거를 소환한다.31)

'센티멘털리즘'을 내세운 김동명의 시적 정서는 자신이 거주지이자 재직 중인 이화여자대학교 및 연세대학교가 위치한 신촌 일대를 묘사하는 시들에서 특히 잘 드러난다. "뒤로 돌아 둘쨋번 202號는/ 나의 〈센트·헬에나〉島// 人生 五十年을 건너/ 天井만 바라본다"(〈신촌동〉)처럼 거주지인 신촌 지역을 나폴레옹의 유배지였던 센트 헬레나 섬에 빗대고 있긴 하지만, 이런 '망명'과 '추방'의 정서가 오히려 센티멘털리즘을 부추기고 있는 모양새다. 신촌은 고적하고 외로운 자신의 상황을 함축한 공간이기도 하지만, 한편으로는 동쪽으로 "배꽃 향기" 풍기고 서쪽으로 "靑春山脈"이 펼쳐져 청춘의 활기가 넘치는 "極樂으로 드는 門"을 상상할 수 있는 곳(〈또 신촌동〉)이기도 하다. 그래서 시인에게 신촌과 북아현동 일대는 "슬픈 運命"(〈梨花女中校門에 붙이는 노래〉)과 무관한 "꿈의 殿堂"(〈女人國〉)이자 "뜰마다 꽃이 피어 도란도란 이야기도 피"우며 "네 품에 보내고 싶"(〈北阿峴洞〉)은 〈센치멘탈리즘〉이 '상록수(常綠樹)'로 남아 있는(〈女人國〉)32) 다정한 곳으로 호명된다.

이렇게 소환되는 역사와 회고적 시선은 도시 공간에 대한 비판의 결과라기보다 전후의 폐허를 딛고 과거를 현재화함으로써 동질성을 확보하기 위해 민족 공동체의 기억을 전유한 결과라 할 수 있다. 그리하여 시인은 "電線대를 봐도 안어 주고 싶은 마음"(〈鐘路〉)으로 서울의 곳곳을 돌아다니다 마침내 "삥 둘러 있는 遠近 山川의 이름만 거들어도/제법 멋들어진 古都"(〈서울소묘〉)이라는 집합적 기억공간으로 서울을 표상하기에 이른다.

이와 같은 무구한 서울의 역사를 소환해 미래의 시간을 선취하고자 하는 시인의 의지는 서울을 '흐름'이라는 유동성으로 이미지화하는 데서도 확인할 수 있다. 〈한가람은 흐른다〉는 이와 같은 유동성의 이미지를 함축적으로 담아내고 있는 시이다.

---

31) 당시 많은 문인들의 작품에서 해방 후 변해버린 명동에 대한 애도와 향수를 발견할 수 있다. 생의 대부분을 명동에서 보내면서 명동을 고향으로 불렀던 '명동백작' 이봉구가 남긴 글들은 이를 가장 잘 보여주는 사례이다. 이에 대해서는 임정연, 「이봉구 문학에 나타난 '명동'의 로컬 정체성과 장소감」, 『한국문예창작』 34호, 한국문예창작학회, 2015 참조.

32) 〈여인국〉이라는 이 시는 '아가씨네의 나라' '진·선·미' '배꽃 향기' 등 이화여자대학교를 상징하는 기호들을 활용하고 있어 동 대학을 시적 대상을 삼았음을 알 수 있다.

한가람/흘러 흘러…// 百萬 해뇨/千萬 해뇨// 五千年이 어제겠다// 五百해야/잠간 감고대// 간 해 그렇거니/ 올해 안 그러랴// 여보게, 정영/〈오늘〉일이 궁금커든// 來日 아침 저/ 江 가로 오라게나// 한가람아, 어서 가자/ 나도 따라 흐르리

《〈한가람은 흐른다〉 전문》

이 시에서 화자는 서울의 상징적 장소인 한강을 통해 우리 민족의 오천 년 역사를 상기시킨다. 한강은 오천 년을 이어온 역사를 간직한 장소이면서, 한강의 물줄기가 오늘도 내일도 변함없이 흘러가듯이 우리 민족의 역사가 미래에도 끊임없이 이어져 갈 것이라는 희망을 기약하는 공간이다. 시공간적 유동성을 표상하는 한강에서 시인은 "나도 따라 흐르리"라며 연대 의식과 동참 의지를 드러낸다.

"아련한 옛 꿈"을 품고 "발돋음하고 날으"려는(〈南大門〉) 남대문의 비상과, 자동차의 행렬 속에서도 굳건히 제 길을 가는 '역마차'의 주행처럼 "〈코리아〉는 달린다"는 믿음과 희망이 이동과 지속의 이미지를 통해 강조되고 있는 것이다. 그러므로 김동명의 시에서 이동과 지속과 같은 '유동성'은 무정형의 개인들을 서울이라는 공통항으로 묶어내며 민족 공동체의 건재함에 대한 의지를 보여주는 핵심적 이미지라 할 수 있다.

이처럼 김동명은 서울이라는 도시의 장소 정체성을 고정된 것으로 인식하기보다 유동성의 이미지를 통해, 그리고 이미 '뿌리내린' 사람들이 아니라 재난을 함께 겪고 '돌아온' 이들과의 연대감을 통해 '관계적'으로 인식하며 새롭게 구성해간다.[33]

이런 의미에서 김동명에게 서울은 과거와 현재, 개인과 사회, 자아와 세계가 서로 교섭하고 접합하는 '함께 엮임'의 장소로서 유목주의적 공동체가 매개되는 '사이 공간(in-between)'[34]의 역할을 한다고 할 수 있다. 사이 공간은 전이의 공간이자 경계의 공간이며 흐름의 공간이다. 모든 곳이 거주의 공간이면서 또한 아니기도 한 유목의 시대에 거주 공간이란 곧 '사이 공간'일 수밖에 없다. 서울이 김동명의 문학 세계에서 장소의 상실이기보다 장소 확장

---

[33] 장소를 유동적, 관계적인 것으로 인식하게 되면, 장소는 '고정'된 것이 아니라 '이동'하는 것이며, '사물'이 아니라 '과정'이고, '주어진 것'이 아니라 '구성된 것'이 된다. 이상봉, 앞의 글, p53.

[34] 사이 공간은 순간적으로 지나가는 공간이나 잠시 머무는 공간을 의미하지만, 존 어리에 의하면, 이 사이 공간은 다양한 만남으로 채워지는 공간이다. 이곳은 상이한 활동이나 영역이 중첩되고, 선형성보다는 동시성을 생성하는 공간이라 할 수 있으며, 따라서 여기서는 생성되는 정체성을 가진 존재들의 관계가 만들어지고 유지되는 유목주의적 공동체가 매개된다. 이희상, 『존 어리, 모빌리티』, 커뮤니케이션북스, 2016, pp.58-60 참조.

의 의미를 지닐 수 있다면 이런 이유에서일 것이다.

4. 나가며

김동명은 일찍감치 고향 강릉을 떠나 원산, 함흥, 흥남, 함남 등지로 거주지를 옮겨가는 이동하는 삶을 살다 서울에서 생을 마쳤다. 비자발적 이유에서 비롯된 이런 삶의 양태는 김동명의 실존적인 존재 방식이자 거주 양식이 되었다.

본고는 이와 같은 김동명의 유동적 삶의 방식과 서울에서의 거주 방식을 모빌리티의 관점에서 재사유해보고자 했다. 인간을 이동하는 존재로 보는 유목주의의 관점에 의하면 추방과 망명으로 이해되는 김동명의 '이동성'을 귀속되거나 안착하지 않고, 정주의 강박에서 벗어나 경계를 넘나드는 유목적 삶을 살 수 있게 되는 계기로 해석해볼 수 있다. 다시 말해 김동명의 삶에서 이동성 및 유동성이란 단순히 거주의 문제가 아니라 내발적으로 형성된 실존적인 감각과 관련이 있다는 의미이다.

시집 『목격자』는 김동명이 희망과 절망이 교차하는 해방기의 서울 풍경을 전경화하고, 한국전쟁 직후의 폐허를 배후에 둠으로써 복합적이고 혼종적인 성격을 띤 조국의 역사와 운명을 서울이라는 시각적 패러다임 안에서 사유한 흔적이다. 이를 위해 김동명은 경계 밖에 위치한 '나그네'가 아닌, 기억과 증언이라는 윤리적 책무를 짊어진 '목격자'로 자처하고, '심상의 사실성'에 의거해 서울이라는 대도시의 스펙티클을 포착하는 데 그치지 않고 서울이라는 거대한 메커니즘을 구축하는데 수반되는 모순과 부조리를 파악하고, 서울이 입은 내상(內傷)을 발견해간다.

뿐만 아니라 한국전쟁이라는 절대적 폐허를 경험하면서 '환도인'으로서 '상실'이라는 공통의 감각 위에서 재난 공동체의 연대감과 유대감을 형성하게 된다. 그래서 『목격자』에 제목으로 내세워진 서울의 구체적 지명들은 개인의 경험공간이라기보다 일종의 문화적 기억공간이라 할 수 있다. 그는 이렇게 서울을 상징하는 공간에 대한 장소기억을 경유해 민족이 공유하는 오랜 역사를 소환하는 방식으로 공동체의 일체감을 추구함으로써 재난 유토피아의 가능성을 제기한다.

따라서 『목격자』에서 시인이 서울을 '보는' 행위는 단순히 시선을 따라 서울의 풍경을 경유하는 것을 넘어 그 시선의 프레임 안에서 세계와 자신의 존재를 자각하는 행위에 해당한다고 할 수 있다. 그리고 이동과 지속과 같이 '유동성'을 표상하는 시어들은 무정형의 개인들을 서울이라는 공통항으로 묶어내 민족 공동체의 건재함을 강조하는 핵심 이미지라 할 수 있다.

이처럼 김동명은 서울이라는 도시의 장소 정체성을 고정된 것으로 인식하기보다 유동성의 이미지를 통해, 그리고 이미 '뿌리내린' 사람들이 아니라 재난을 함께 겪고 '돌아온' 이들과의 연대감을 통해 '관계적'으로 인식하며 새롭게 구성해간다. 김동명에게 서울은 과거와 현재, 개인과 사회, 자아와 세계가 서로 교섭하고 접합하는 '함께 엮임'의 장소로서 유목주의적 공동체가 매개되는 '사이 공간'으로 기능하고 있는 것이다.

이런 맥락에서 접근하면, 김동명에게 서울이라는 장소는 '장소 상실'이 아니라 '장소의 확장'으로, 서울에서의 거주 방식은 정주와 이주의 이분법을 넘어 '유목적 거주'라는 새로운 삶의 태도로 이해될 수 있는 측면이 있다. 즉 김동명은 유목적 거주를 삶의 양식으로 받아들이고, 세계를 타향으로 삼아 스스로를 타자의 자리에 위치시키는 유목적 거주라는 실존적 선택을 했다고 할 수 있는 것이다. 김동명의 삶과 문학에서 모빌리티가 갖는 함의는 바로 이것이다.

<참고문헌>

기본자료

김동명, 『목격자』, 인문사, 1957.

논문

강　혁 「테크놀로지와 새로운 거주 양식, 김태희 외, 『모빌리티 사유의 전개』, 앨피, 2019.
고석규, 「일제강점기 서울 중심부에 나타난 도시문화의 특성」, 『한국사학사연구』, 나남출판, 1997.
남기택, 「김동명 시, 강릉, 로컬리티Ⅰ」, 『김동명문학연구』 4호, 김동명학회, 2017.
_____, 「김동명 시, 강릉 로컬리티Ⅱ」, 『김동명문학연구』 5호, 김동명학회, 2018.
_____, 「경계 너머의 지정학」, 『김동명문학연구』 6호, 김동명학회, 2019.
송은영, 「1950년대 서울의 도시공간과 문학적 표상」, 『한국학연구』 29집, 인하대학교한국학연구소, 2013.
송정현, 「1945~46년 미군의 경기 주둔과 위생 개선을 통한 대민관리」, 『한국민족운동사연구』, 한국민족운동사학회, 2022.
신은경, 「휴전 직후 염상섭 소설에 나타난 공간 연구-피난지와 환도지에서 나타나는 모순성을 중심으로-」, 『어문논집』 92권, 민족어문학회, 2021.
윤대석, 「경성의 공간분할과 정신분열」, 『국어국문학』 144호, 국어국문학회, 2006.
이미림, 「작가(시인)으로서의 삶, 지식인(정치가)로서의 삶」, 『김동명문학연구』 2호, 김동명학회, 2015..
_____, 「김동명 문학의 공간적 상상력 연구」, 『김동명문학연구』 4호, 김동명학회, 2017.
_____, 「김동명 텍스트의 헤테로토피아적 특성」, 『김동명문학연구』 5호, 김동명학회, 2018.
_____, 「김동명 문학의 노마드적 사유와 이방인 시선」, 『김동명문학연구』 9호, 김동명학회, 2022.
이상봉, 「모빌리티 공간정치학」, 김태희 외, 『모빌리티 사유의 전개』, 앨피, 2019.

이성교, 「김동명 시 연구」, 『김동명문학연구』 3, 이성교, 「김동명 시 연구」, 『김동명문학연구』 3호, 2016.

임정연, 「이봉구 문학에 나타난 '명동'의 로컬 정체성과 장소감」, 『한국문예창작』 34호, 한국문예창작학회, 2015.

장은영, 「김동명 시에 나타난 국가재건 시기 '서울'의 표정들-『목격자』(1957)를 중심으로」, 『김동명문학연구』 6호, 김동명학회, 2019.

차성환, 「김동명 시에 나타난 '서울'의 문화지리학적 연구」, 『김동명문학연구』 8호, 김동명문학연구, 2021.

한원균 「문학과 공간-그 이론적 모색」, 김수복 편저, 『한국문학 공간과 문화콘텐츠』, 청동거울, 2005.

홍성식, 「현대시에 나타난 '서울' 연구」, 『새국어교육』 71권, 한국국어교육학회, 2005.

황호덕, 「명동 번창기 혹은 무지개 다리의 백일몽」, 『교수신문』, 2012.5.9.

저서

박완서, 『나목』 작가정신, 1990.

손정목, 『서울도시계획이야기 1』, 한울, 2003.

이희상, 『존 어리, 모빌리티』, 커뮤니케이션북스, 2016.

리베카 솔닛, 『이 폐허를 응시하라』, 정해영 역, 헨타그램, 2012.

에드워드 사이드, 『오리엔탈리즘』, 박홍규 역, 교보문고, 1991.

에드워드 랠프, 『장소와 장소상실』, 김덕현 외 역, 논형, 2005.

The Place Identity of 'Seoul' and the Meaning of Mobility in Kim Dong-myung's Witness

Lim, Jung-youn(Anyang University)

This paper aims to avoid viewing Gangneung and Seoul as opposing literary spaces in Kim Dong-myung's life and literature, and to re-use Kim Dong-myung's flexible life history and residence in Seoul as a mobility paradigm. Beyond the binary confrontation between Jeongju and migration, Kim Dong-myung accepted the existential attitude of "nominal residence" that puts himself in the position of others by using the world as a foreign destination as a way of life.

The Poetry Witness tried to experience the chaos and ruins of Seoul immediately after the liberation period and the Korean War and to think about the nomadic solidarity of the disaster community within the visual paradigm of Seoul. Seoul can be said to be a kind of cultural memory space rather than an individual experience space for Kim Dong-myung. He pursues a sense of unity of the community and raises the possibility of disaster utopia by summoning the long history shared by the nation through place memories of the space symbolizing Seoul.

In this context, for Kim Dong-myung, Seoul can be seen as a place of "weaving together" where the past and present, individuals and society, the self and t he world negotiate and join each other, and as an "in-betwwn" where nomadic communities are mediated. In Kim Dong-myung's life and literature, Seoul is a place that represents "nominal residence" and needs to be re-meaningful in terms of "losing a place" but "expanding a place."

Keywords: Kim Dong-myeong, Seoul, Mobility, Migration, Nomadic Residence, Witnesses, Disaster Community, Disaster Utopia, interspace

AI를 활용한 김동명문학의 대중화 전략

조해진*

목 차

1. 서론
2. 김동명문학 선양 현황
3. AI를 활용한 콘텐츠 창작
   1) 음악 창작
   2) 유튜브콘텐츠 제작
4. 콘텐츠제작 활성화를 통한 미디어 재매개
5. 결론

〈국문초록〉

 웹소설과 웹툰 그리고 국제 문학상을 수상한 소설과 달리 시문학은 여전히 독자들로부터 큰 관심을 받지 못하고 있는 것이 현실이며 역사적 인물과 작품으로서 시인과 시문학에 대한 관심 역시 공교육의 영역을 제외하면 그리 높지 않은 게 현실이다. 역사적 인물로서 시인에 대한 관심과 조명은 지방자치단체들을 중심으로 진행된 문학관 조성사업을 통해 이뤄지고 있지만 지자체가 주체가 된 사업이다 보니 상당수가 순수 문학활동을 위해 조성되었다기 보단 지역의 이미지제고와 지역활성화라는 문화적 측면에서 활동이 주로 이뤄지고 있다.

---

*가톨릭관동대학교 교수

이런 현실에서 하루가 달리 쏟아져 나오는 생성형 AI(Artificial Intelligence)의 등장은 문자의 시대에서 영상의 시대가 된 지금 시문학의 외연확장을 통해 독자층을 넓히고 시와 시인에 대한 관심을 높이는데 일정부분 조력할 것으로 기대할 수 있다. 본고는 이러한 시대적 배경과 기술적 환경을 견지하면서 생성성 AI를 이용해 문학의 특정 향유층이 아닌 일반대중을 대상으로 한 김동명 시문학의 대중화 방안을 모색하려 한다. 이것이 본고의 목적이다.

다양한 생성형 AI프로그램을 조사하고 실제 활용사례를 시도해 본 결과 김동명문학의 대중화의 가능성에 대해 다음과 같은 결과를 얻을 수 있었다. 첫째, AI를 활용한 김동명 시의 음악창작과 영상창작이 기존의 콘텐츠제작 프로세스에 비해 시공간적으로 자유롭고 제작비 또한 줄일 수 있는 경제적 장점도 가질 수 있어 대량의 콘텐츠제작이 용이하다는 점이다. 이는 유튜브콘텐츠의 성패가 지속적인 콘텐츠제작과 업로드에 있음을 비춰볼 때 김동명문학의 지속적인 선양에 매우 도움이 될 것으로 기대할 수 있다. 둘째, 콘텐츠제작의 활성화가 이루어지고 김동명 시를 주제로 만든 시청각콘텐츠가 많은 대중들에게 소개되고 확산될 경우 시청각 콘텐츠 자체는 물론이고 김동명의 시가 콘텐츠IP로서 기능할 수 있다는 점을 확인할 수 있었다.

주제어: 김동명문학, AI, 인공지능, 콘텐츠제작, 음악작곡, 유튜브콘텐츠

1. 서론

주인공은 평범한 직장인이다. 대수롭지 않은 그녀의 일상이 바로 그 날 저녁, 유명배우가 출연한 드라마로 만들어져 세계적 OTT플랫폼을 통해 고스란히 재현된다. 얼핏 이해가지 않는 이야기를 다루고 있는 이 드라마는 세계적으로 관심을 불러 온 넷플릭스의 「블랙 미러, Black Mirror 2023」 시리즈 중 하나인 「존은 끔찍해 John is Awful」의 내용이다. 극 중에서 거물 드라마 제작사는 기존의 드라마 제작방식을 완전히 무너뜨리고 오직 거대한 양자컴퓨터 한 대로 모든 드라마를 만든다. 여기엔 대본도, 촬영도, 조명도, 편집도 따로 존재하지 않는다. 그저 인공지능만이 있을 뿐이다.

드라마를 만드는 방식의 혁명적 변화는 그저 공상과학 드라마 속 이야기만이 아닌 점차 현실이 되어가고 있다. 1956년 존 매카시에 의해 최초로 그 개념이 제시된 이후 인공지능(AI)은 4차 산업혁명을 불러 왔고 그 혁명의 시기를 온 몸으로 겪고 있는 콘텐츠제작업계는 그 어느 분야보다 빠르고 놀라운 변화를 체감하고 있다. 그 변화의 범위는 현재 단순히 기술영역에서 자동화의 단계를 넘어 제작인프라, 금융투자, 사회문화적 층위에서까지 논의와 연구를 요구하는 수준에 이르렀다.[1]

이런 혁명적 시대환경은 1990년대부터 시작된 위기감을 아직도 느끼며 예술적 수준을 유지하면서도 대중친화적인 제 위상을 되찾기 위한 문학계에게 새로운 전기를 마련할 수 있는 계기가 될 수 있다는 점에서 주목 할 만하다. 일찍이 설선경은 다매체시대가 도래함에 따라서 기존의 인쇄매체만을 의존해 온 국문학의 변화의 필요성을 제기하면서 신국문학이라는 용어를 제안하면서 국문학의 성격을 기초학문에 머무르고 있는 국문학의 범위를 응용학으로까지 확장하고 인쇄매체에서 나아가 디지털매체로까지 영역을 확장해야 한다고 주장했다.[2] 그의 주장처럼 지금의 국문학은 실용학으로서의 역할을 지속적으로 모색하고 있을 뿐만 아니라 문학작품은 이북(E-Book)과 오디오북(Audio Book)으로 확장되면서 종이출판물보다 더 많은 판매량을 보이고 있다. 더욱이 온라인에서 창작되고 소비되는 웹소설은 웹툰과 더

---

1) Kyle Steinfeld, *Clever little tricks: A socio-technical history of text-to-image generative models*, International Journal of Architectural Computing, Vol. 21(2), 2023, 233
2) 설선경, 「신국문학 연구의 지평 열기-순수학과 다매체 응용학의 접목을 중심으로」, 『한국학논집』 제 29호, 계명대학교 한국학연구원, 2012, p.5.

불어 점차 저변을 넓혀가면서 타 콘텐츠로 빠르게 확장해 원작으로서의 비중이 가장 높은 콘텐츠장르로 자리매김하고 있다.

하지만 이런 특정 분야의 창작 문학의 인기를 제외하면,3) 전통적인 의미에서의 문학은 여전히 독자들로부터 큰 관심을 받지 못하고 있는 것이 현실이며 역사적 인물과 작품으로서 문학인과 문학작품에 대한 관심 역시 공교육의 영역을 제외하면 그리 높지 않은 게 현실이다. 역사적 인물로서 문학인에 대한 관심과 조명은 지방자치단체들을 중심으로 진행된 문학관 조성사업을 통해 이뤄지고 있지만 지자체가 주체가 된 사업이다 보니 상당수가 순수 문학활동을 위해 조성되었다기 보단 지역의 이미지제고와 지역활성화라는 문화적 측면에서 활동이 주로 이뤄지고 있다.4) 이런 현실에서 전술한 생성형 AI의 등장은 문자의 시대에서 영상의 시대가 된 지금 문학의 외연확장을 통해 독자층을 넓히고 문학과 문학인에 대한 관심을 높이는데 일정부분 조력할 것으로 기대할 수 있다.

본고는 이러한 시대적 배경과 기술적 환경을 견지하면서 생성성 AI를 이용해 문학의 특정 향유층이 아닌 일반대중을 대상으로 한 김동명 시문학의 대중화 방안을 모색하려 한다. 이것이 본고의 목적이다. 이를 위해 2023년 9월 현재, 생성형 AI의 춘추전국시대라 부를 만큼 다양한 분야에서 다양한 생성형 AI를 조사하고 분석 한 뒤 현 시점에서 가장 보편적으로 활용가능한 생성형 AI를 이용해서 김동명 시를 가사로 한 음악작곡을 시도한다. 그리고 이 과정에서 도출된 문제점과 효율적인 콘텐츠 방안을 도출하는 데까지를 본고의 연구범위로 삼고, 본고가 지향하는 김동명문학의 대중화 주체를 1차적으로 김동명문학을 선양하고자 하는 단체나 기관, 2차적으로 시문학 연구자, 3차적으로 인문학의 대중화를 모색하는 개인, 단체, 기관으로 삼는다.

---

3) 전통적인 의미에서 웹소설과 웹툰을 문학으로 볼 것인가에 대한 물음에는 논란이 있겠지만 콘텐츠산업의 시각으로 볼 때 필자는 K픽션으로서 두 장르는 매우 의미있는 문학장르라 본다.
4) 김종우, 「복합문화공간으로의 문학관 운영방안에 관한 연구」, 『문화정책논총』, 2014, p.254

2. 김동명문학 선양 현황

　김동명 시문학을 논하기 전에 시문학 자체의 위상에 대해 간략히 살펴보면 국내외를 막론하고 시문학은 예전의 영광은 차치하고서라도 존재감마저 상실한 채 21세기를 맞이했고 4차 산업혁명의 시대인 지금도 혁명의 대상에서 소외되어 있는 듯 하다. 독자들이 시를 읽지 않는 이유에 대해 생성형 AI인 Chat GPT(https://chat.openai.com/)에게 "사람들은 왜 시를 읽지 않는가? Why don't peolple read poem?"라고 물었더니 프로그램은 아래와 같이 답했다.

〈표 1〉 사람들은 왜 시를 읽지 않는가에 대한 Chat GPT의 답변[5]

번호	소제목	내용
1	인식된 복잡성	어떤 사람들은 시가 너무 복잡하거나 이해하기 어렵다고 느낄 수 있습니다. 시적 언어와 기술은 때때로 시에서 일반적으로 사용되는 관습과 상징성에 익숙하지 않은 독자들에게 장벽을 만들 수 있습니다.
2	노출 부족	많은 사람들이 초기 교육이나 일상 생활에서 시에 노출되지 않습니다. 시를 접하지 못했거나 노출이 제한되어 있다면, 그들은 시를 읽고 싶어하지 않을 수 있습니다.
3	시간 제약	현대 생활은 빠르게 진행될 수 있고, 사람들은 종종 빠르고 쉽게 소비할 수 있는 책을 읽는 것을 우선시합니다. 시는 어떤 사람들은 바쁜 일정에 적응하기 어려울 수 있는 더 많은 관심과 숙고를 필요로 할 수 있습니다
4	개인적인 선호	사람들은 문학에 관한 한 다른 취향을 가지고 있습니다. 어떤 것들은 그들이 그들의 선호에 더 잘 맞는 다른 종류의 문학을 선택하도록 이끌면서 가능한 시의 주제나 스타일에 공명하지 않을 수 있습니다.
5	이해의 부족	시는 종종 은유, 상징, 그리고 겹겹이 쌓인 의미에 의존합니다. 어떤 사람들은 이러한 요소들에 참여할 도구나 의지가 없어서 좌절감이나 무관심으로 이어질 수 있습니다.
6	문화적 변화	시간이 지남에 따라, 문화적 변화는 독서 습관에 영향을 미칠 수 있습니다. 미디어 소비 습관이 변화함에 따라, 어떤 사람들은 시와 같은 더 길고 더 내성적인 작품에 참여하기 보다는 더 짧고 더 즉각적인 형태의 오락을 선택할 수도 있습니다.

---

5) https://openai.com/blog/chatgpt (검색일 2023년 9월 15일)

번호	소제목	내용
7	교육 시스템	학교에서 시를 가르치는 방법은 사람들이 그것을 어떻게 인식하고 접근하는지에 영향을 미칠 수 있습니다. 만약 시가 접근하기 어렵거나 즐겁지 않게 느끼게 하는 방식으로 가르쳐진다면, 개인들은 그러한 부정적인 연관성을 성인이 될 수도 있습니다.
8	가용성과 노출	만약 개인들이 현대 시에 노출되지 않았거나 그들의 관심사에 공명하는 시인들을 알지 못한다면, 그들은 읽을 시를 적극적으로 찾지 않을 수도 있습니다.

Chat GPT는 〈표 1〉의 내용과 함께 '중요한 것은 여전히 많은 사람들이 시를 즐기고 감상한다는 것입니다. 그리고 그것을 더 많은 사람들에게 접근하고 더 많은 사람들에게 관련시키기 위한 노력들이 있습니다. 몇몇 시인들과 문학 단체들은 사람들이 이러한 형태의 문학에 참여하는 것을 막을 수 있는 장벽을 허물기 위해 현대의 문제들을 다루고 더 친숙한 언어를 사용하는 시를 창조하기 위해 노력하고 있습니다'라고 덧붙이기도 했다. 일견 수긍이 가는 분석이라 할 수 있다. 특히 시문학의 대중화를 위해 많은 사람들이 장벽을 허물기 위해 노력하고 있다는 대답에서 놀라지 않을 수 없다.[6]

김동명 문학의 선양 또한 이런 활동의 연장선에서 진행되고 있는데 김동명 문학관의 개관과 더불어 출발한 김동명문학선양회가 그것이다. 김동명 문학관의 경우 시청 홈페이지를 통해 '강릉이 낳은 한국 근현대의 대표 문인인 초허 김동명의 삶을 재조명하고 그의 문학 정신을 계승하며 지역문예진흥에 이바지하기 위해 설립되었다'고 설립목적을 밝히고 있다.[7] 그 외 김동명문학과 관련한 선양활동의 내용을 정리하면 아래 〈표 2〉와 같다

---

[6] Chat GPT의 답변이 놀랍기는 하지만 이것만이 시문학의 위기를 제대로 대변하고 있다고 볼 수는 없다. 더 근원적인 문제로 사회환경, 기술환경, 미디어환경 등의 변화와 함께 논의되고 진단되어야 하는데, 이를테면 문자의 시대에서 영상시대로의 변화, 가치지향에서 재미지향으로의 변화, 문화예술에 대한 인식의 변화와 같은 환경적 변화에 더 초점을 맞출 필요가 있다. 하지만 이와 관련한 논의는 본고의 주제와 다소 거리가 있기 때문에 본고에서는 더 이상의 논의는 진행하지 않는다.

[7] https://www.gn.go.kr/tour/prog/lod/Sights/S02/sub02_03_01/view.do?cid=694(검색일 2023년 9월 15일)

<표 2> 김동명문학 선양을 위한 주요 사업들

구분	설립목적	주요 활동내용	창립일
김동명학회	김동명 시인의 문학세계와 문학사상 연구를 통하여 그의 위상 정립에 이바지함	-논문발간 -전국 학술대회	2013년 9월 17일
김동명 문학관	김동명의 삶을 재조명하고 그의 문학 정신을 계승하며 지역문예진흥에 이바지	-연중 상시 개방(월,화 제외)	2013년 7월 3일
김동명 문학상	김동명선양회에서 주관하는 '김동명문학상'의 수상자 선정 및 시상 업무에 관한 제반 사항을 심의 결정하기 위해	2회까지 진행	2021년 12월 15일
김동명 선양회	김동명 선생의 문학세계와 문학정신을 포함하여 전 생애를 연구하고 선양	-김동명시를 이용한 작곡대회 개최	2021년 9월 13일

김동명학회와 김동명선양회가 벌이는 활동과 별개로 김동명 시는 가곡인 '내 마음'을 통해 지속적으로 대중들과 만나고 있는데 유튜브 채널을 통해 지금까지 시청된 '내 마음'의 현황을 살펴보면 아래 <표 3>과 같다

<표 3> 가곡 '내 마음' 유튜브 공개 현황[8]

채널명	조회수	가수	특징
워너뮤직코리아	13만	소프라노 홍혜경,	음반녹음 메이킹 영상
세일음악문화재단	3.7만	소프라노 임은송	
제칠리아 음악채널	3.6만	테너 박세원	사진 합성
유기농테너 윤서준	1.7만	테너 윤서준	자체 영상
cho해음	3.7만	피아노 연주	피아노 악보
chj2736	3.4천	테너 신영조	자체 영상
LEEM C.Y	1.9천	소녀 낭송	시 낭송

---

8) 검색일 2023년 9월 15일, 지면의 한계로 인해 각 채널명의 URL은 병기하지 않는다

위의 표에서 알 수 있듯이 가곡 '내 마음'을 통한 김동명 시의 대중적 향유는 현재까지 지속적으로 이루어지고 있고 의미 있는 조회수를 기록하고 하고 있음을 알 수 있다.

3. AI를 활용한 콘텐츠 창작

1) 음악창작

AI를 활용한 음악창작은 음악작곡, 음악편곡, 채보, 음악변환 등 다양한 분야에서 살펴볼 수 있는데 지금까지 발표되고 사용되고 있는 음악작곡 AI 프로그램의 목록과 내용을 살펴보면 아래 〈표 4〉와 같다.

〈표 4〉 음악작곡 AI

	프로그램 명	가격	내용	주소	비고
1	AIVA	무료버전 O 프리미엄 : 월 11유로	광고, 비디오게임 및 영화 음악 사운드 트랙 편집 가능 기존 트랙 수정 가능	https://www.aiva.ai/	
2	Soundful	월 10개 무료 유료 월 7.42 달러	새로운 음악 생성 독특한 음악	https://soundful.com/	
3	Ecrett Music	베타 무료 사용 가능 유료 월 4.99달러	동일한 설정에도 매번 다른 음악 생성 가능. 평가판 제공	https://ecrettmusic.com/	
4	Soundraw	7일 무료 평가판 월 19.9달러	AI가 만든 문구로 노래를 사용자 지정 가능 크롬 및 프리미어 프로와 호환 가능	https://soundraw.io/	
5	Amadeus Code	베타 무료 사용 가능 4.49달러 구매	오디오 및 MIDI 파일 내보내기 가능 제스처를 사용한 곡 생성기능	https://amadeuscode.com/en/	IOS 기반 어플
6.	Melobytes	무료부터 95,366달러까지	-스토리, 이미지, 노래 등 다양한 분야 지원 -가사에 맞는 작곡 지원		

위의 표에서 제시하고 있는 주요 AI프로그램 중 본고가 작곡을 시도할 AI는 6번 멜로바이츠다. 멜로바이츠는 다양한 분야에서 AI를 지원하고 있는데 특히 가사를 활용한 음악작곡을 지원하고 있어 김동명 시를 가사로 한 음악작곡에 유용한 프로그램으로 판단한다.

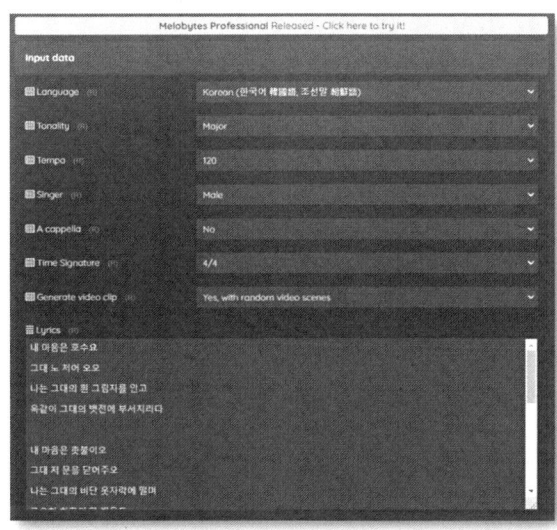

그림 1 멜로바이츠를 활용한 음악작곡

〈그림 1〉에서처럼 멜로바이츠 프로그램에 김동명의 시 '내 마음'을 타이핑해서 넣고 언어, 톤, 가수 등 의도에 맞는 다양한 선택을 하면 AI가 작곡을 하고 MP3파일로 만들어 준다. 기존의 음악이나 작곡된 파일을 악보로 제작해 주는 프로그램도 상용되고 있는데 정리하면 아래 〈표 5〉와 같다.

〈표 5〉 악보제작 AI

	프로그램 명	가격	장점	단점	주소	비고
1	Musescore	무료	- Windows, 리눅스, Mac OS X 모두 지원 - 한국어 지원 - 4온음표부터 1024음표까지 지원	- 장점이자 단점인 마디길이를 정확하게 유지하는 기능으로 PDF에서 음악파일 변환 시 깨짐 발생할 수 있음	https://musescore.org/	악보 〉음원 변환 가능

	프로그램 명	가격	장점	단점	주소	비고
			- NWC와 비슷한 기능이나 훨씬 쉽고 편함 - 페달 입력이 쉬움 - 많은 악보 기호들을 지원 - MusicXML을 지원 - 꾸준한 업데이트 - 무료	- MIDI 인식성능이 떨어짐 - 리타르단도(rit.), 아첼레란도(accel.), 랄렌탄도(rall.) 없음		
2	NoteWorthy Composer	무료 버전 / $49	- Windows 지원 - 사운드폰트 사용가능 - 키보드로 빠른 입력 가능 - 대부분의 기능에 단축키 제공 (빠른 사보 가능) - 음표별로 템포 셈여림을 각각 지정 가능 (파일재생 시 완성도 높음) - 미디 파일 변환 기능 (작곡프로그램에서 가상악기 적용 가능) - 국내 사용자가 많아 정보가 많음 - 한글 지원 - 값이 저렴함	- MIDI 인식성능이 떨어짐 - 악보 만드는 기능 자체 빈약 (피날레, 시벨리우스, 뮤즈스코어에 비교함)	https://noteworthycomposer.com/	
3	피날레 (Finale)	$299	- OS X, Windows 지원 - 다양한 입력방법 (마우스, 키보드, 미디건반악기로 가능) - 선명한 악보 인쇄 - 교육용으로 많이 사용됨 - MusicXML을 지원	- 한국어지원 없음 - MIDI 인식성능이 떨어짐 - 실시간 악보 기입의 경우 단순, 반복적인 멜로디만 가능 - 비싼 가격	https://finale.softonic.kr/	악보 〉음원 변환 가능
4	시벨리우스 (Sibelius)	$99 USD/YR	- OS X, Windows 지원 - MusicXML을 지원 - 직관적인 사용툴 - 노트 입력이 편함 - 다양한 부가 기능 제공 - 출판 악보 같은 인쇄 가능 - 무료버전 있음 : Sibelius First (기능 제한 있음)	- 한국어 지원 없음 - MIDI 인식성능이 떨어짐	https://www.avid.com/sibelius	악보 〉음원 변환 가능
5	지니 Re:La	베타 버전	-국산 AI	-MP3 파일을 악보로 바로 변환	https://rela.co.kr/	MP3 전환

본고에서 살펴볼 악보전환용 프로그램은 최근 개발을 마치고 베타테스트 중인 한국제작사가 만든 지니 Re:La다. 이 프로그램을 통해 〈그림 2〉와 같이 김동명 시를 소재로 작곡한 음악을 악보로 전환한 뒤 이후 편곡, 연주 등 다양한 분야에서 활용할 수 있다.

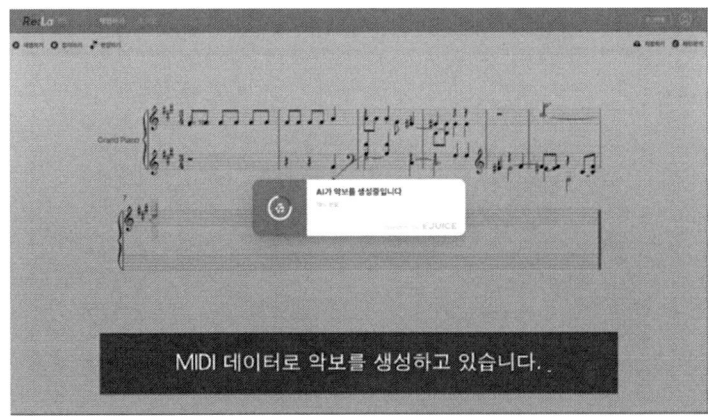

그림 2 '지니 Re:La'를 이용한 채보 장면

그리고 다양한 소스를 활용해서 음악을 만들 수 있는 프로그램들도 있는데 정리하면 아래 〈표 6〉과 같다.

〈표 6〉 음악변환 AI

	프로그램 명	가격	장점	단점	주소	비고
1	chordify	9,500/month	유튜브 내 음원, 본인이 가지고 있는 음원 코드악보로 변환 가능	본인 음원 코드 변환은 유료 기능	http://chordify.net/ https://instiz.net/pt/2338801	
2	playscore	-	종이 악보 인식해서 연주해줌	정확한 촬영 필요함	구글플레이스토어/앱스토어	
3	ScanScore 2	9$~79$ (1년 라이선스)	1) 종이 악보 및 디지털 악보 스캔 2) 가사(lyrics) 및 코드(chord) 스캔 3) 스마트폰 또는 일반 스캐너로 악보 스캔	1) 텍스트 인식은 라틴 알파벳으로 제한. 한국어, 일본어 또는 중국어 문자는 인식되지 않습니다.	https://scan-score.com/en/	

	프로그램 명	가격	장점	단점	주소	비고
			4) 'ScanScore Capture App' (Google Play 및 Apple App Store에서 무료로 다운로드)을 사용하여 악보를 촬영하고 ScanScore로 전송할 수 있음 5) PDF 및 이미지 파일 가져오기 6) 악보를 재생, 편집 및 조옮김 할 수 있음 7) 통합 음악 편집기, 코드 인식 기능 및 편리한 수정 옵션 제공 8) MuseScore, Dorico, Sibelius, FORTE, Capella, Notion 또는 Finale와 같은 다른 프로그램에서 추가 프로세싱을 위해 악보 내보내기(export) 가능 (MIDI 및 MusicXML 파일 지원) 9) 새로운 탐지(detection) 알고리즘을 사용하여 뛰어난 결과물을 생성 10) 페이지 수 제한 없는 스캔 가능	2) 복잡한 구조나 손상된 부분 등에서 오류가 발생할 수 있음 3) 음표와 텍스트 분리가 부정확할 수 있음 4) 고급 요소들에 대해 정확한 인식이나 표현하기 어려울 수 있음		
4	Avid Photoscore	59$, 249$, 369$	1) 손으로 작성가능 2) 앱에서 사용가능 3) 높은 인식 시스템 4) 직관적이고 사용하기 쉬움	-	https://www.neuratron.com/photoscore.htm	
5	Notion	18,900원(윈도우기준)	1) 아티큘레이션, 폰트, 악기 수 등에 제한 없음 2) MusicXML, MIDI, PDF 등 모든 인쇄 관련 기능 제한 없음 3) 핸드라이팅, 스코어 직접 전송, 사운드 확장, 오디오 익스포트 등 가능 4) Mac, Windows 지원 5) 아이패드에서 Notion 어플 연동 가능 6) 스튜디오원+노션(Notion) 번들	ios에서 모든 영문 단축키가 작동하지 않는 오류 있음	https://legacy.presonus.com/products/Notion-Mobile	

프로그램 명	가격	장점	단점	주소	비고
		구매시 저렴하게 구매 가능 7) 교육용 계정 사용 시 무료 업그레이드			

이상의 생성형 AI를 활용한 음악창작은 기존의 음악창작 프로세스를 완전히 뒤바꿔 놓았다. 작사/작곡-편곡-연주-녹음의 기존 창작과정은 오프라인을 통해 시간적 공간적 제약을 갖게 되는데 AI를 이용하면 아래 〈그림 3〉과 같은 과정이 온라인상에서 모두 진행되기 때문에 시간적 공간적 제약을 물론이고 경제적 제약마저 극복할 수 있다.

그림 3 AI를 활용한 음악작곡 프로세스

2) 유튜브콘텐츠 제작

유튜브는 2005년 첫 영상을 게시한 후 소비자인 시청자들의 자발적 참여를 통해 시규의 최대 동영상 플랫폼과 소셜미디어와 1인미디어로서의 역할을 하며 세계적으로도 가장 높은 영향력을 끼치는 미디어로 자리매김하고 있다. 시와 관련한 유튜브콘텐츠는 크게 봐서 시낭송, 동영상으로 만든 시화(詩畫), 시를 주제로 만든 노래를 배경으로 하는 뮤직비디오 등으로 구분할 수 있는데 주목할 만 한 것은 이 모두가 생성형 AI로 제작이 가능하다는 점이다.

우선 동영상제작의 필수요건은 비디오와 오디오인데 오디오의 경우 TTS(Text to Sound)가 상용화되고 있으며 음악창작은 앞 절에서 살펴보았다. 따라서 본 절에서는 비디오와 관련한 논의를 시작하려 한다. 2022년에 들어서면서 현재까지 AI기업들은 앞다퉈 이미지생성형 AI를 쏟아내고 있다. 이런 현상을 반영하며 AI가 창작한 이미지를 가르키는 오토로그래피(Autolography)라는 신조어가 탄생했는데 이는 그리스어 'automatos +logos +grapho s (self+word +drawing)'의 조합으로 만들어졌다.9) 현재 오토로그래피를 만들어주는 상용화된 주요 생성형 AI는 빙이미지크리에이터(Bing Image Creator), 미드저니(Midjourney), 달이 3(Doll-E 3), 스테이블 디퓨전(Stable Deffusion) 등이 있다.

우선 빙이미지크리에이터에 대해 살펴보면 마이크로소프트사가 만든 이미지생성 AI로 텍스트를 입력하면 온라인상에서 실시간으로 이미지가 생성된다. 기존의 마이크로소프트사 회원이라면 쉽게 로그인 해서 무료로 사용이 가능하다. 단 하루에 100장의 이미지만 생성할 수 있다는 제약이 있다. 미드저니는 디스코드사에서 만든 인공지능 이미지 생성 프로그램으로 디스코드를 통해서만 사용이 가능하다. 그리고 회화적 이미지가 강하게 적용되고 있어 초현실적 이미지 생성에 매우 유리하다. 미드저니를 활용한 최초의 동영상 작품인 애니메이션 「개와 소년」이 2023년 1월 31일에 공개되었다. 이 애니메이션에서 AI는 크리에이터를 보조하는 도구로 사용되었고 이미지 생성형 AI는 주로 배경화면을 만드는데 활용되었다는 특징이 있다.10) 만화의 왕국답게 일본에서는 생성형 AI를 활용한 만화책이 출간되었는데 신쵸사는 AI프로그램 미드저니를 이용하여 「사이버펑크 모모타로」를 제작, 발표하였다. 이 책은 100페이지 이상의 분량을 풀 컬러로 만들었는데 손으로 그릴 경우 1년 이상 걸릴 작업을 단 6주 만에 만들었다.11) 달이 3(DALL-E 3)는 웹 기반의 인터페이스를 사용하고 있으며 사실적인 이미지 생성에 유리하다. 거기에 이미지에 대한 개념, 속성, 스타일들을 각각 결합할 수 있다는 특징이 있다. 스테이블 디퓨전(Stable Diffusion)은 오픈 소스로 제공되고 있어 누구나 쉽게 설치해서 사용이 가능한데 컴퓨터의 성능에 따라 결과 값이 매우 다르게 나온다는 단점 있다. 이들 프로그램 외에도 이미지 생성형 AI는 다양하게 출시되고 있는데 사진 및 이미지 창작에 도움을 주는 생성형 AI의 종류와 특징을 정리하면 아래 〈표 7〉와 같다

---

9) Chris Chesher·César Albarrán-Torres, *The emergence of autolography:the 'magical' invocation of images from text through AI*, Media International Australia, 2023, p.2
10) 김경환, 김형기, ChatGPT와 Midjourney의 활용 사례 연구, 조형미디어학, 한국일러스아트학회, 2023. p.4.
11) https://www.chosun.com/V3T2U7EKINGLPOV7UKQHINJ3QE/(검색일 2023년 9월 15일)

〈표 7〉 주요 이미지생성형 AI 프로그램들

AI 프로그램명	URL	특징
빙이미지크리에이터	https://www.bing.com/create	무료, 1일 100장 생성만 가능
미드저니	https://www.midjourney.com/home/	콜로라도 아트페어 대상수상
달이 3	https://openai.com/dall-e3	챗GPT연동, v3까지 출시
스테이블디퓨전	https://stablediffusionweb.com/	딥러닝, 오픈 소스
유튜브크리에이터	https://www.youtube.com/	영상편집에 강점
파이어플라이	https://www.adobe.com/kr/lead/creativecloud/photoshop/	어도비사,포토샵 연계

비교적 접근이 간단하고 무료로 이용할 수 있는 빙이미지크리에이터를 이용해서 김동명의 시 '내 마음'에 씌인 시어(詩語)를 이미지로 만들었더니 아래 〈표 8〉과 같은 결과를 얻을 수 있었다.

〈표 8〉 빙이미지크리에이터를 이용해 김동명 시어를 주제로 생성한 이미지들

시어	명령어(Prompt)	생성이미지
낙엽	햇살 좋은 날 전원주택 마당에 깔려 있는 낙엽들	
나그네	조선시대 삿갓쓰고 한복입은 여행가	
촛불	촛불	

시어	명령어(Prompt)	생성이미지
호수	가을호수	

시에 쓰여진 시어를 그대로 명령어로 사용한 결과 만족스런 결과값은 얻지 못해서 명령어를 다양하게 입력한 후에야 비로소 만족스런 이미지를 얻을 수 있었다는 점에서 AI를 활용하더라도 아직은 사용자의 이미지창작에 대한 감각이 요구된다는 점을 확인 할 수 있었다.

위에서 살펴본 모든 과정을 종합하면 아래 〈그림 4〉와 같은 모형을 만들 수 있다.

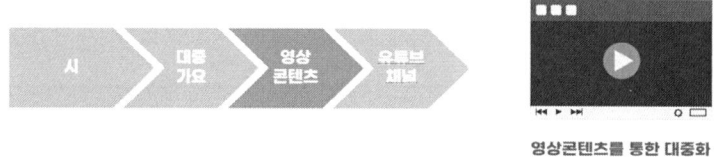

그림 4 김동명 시를 활용한 영상콘텐츠 제작 프로세스

4. 콘텐츠제작 활성화를 통한 미디어 재매개

디지털기술이 가져온 혁명적 변화는 콘텐츠의 제작방식과 소비방식 뿐만 아니라 미디어와 콘텐츠를 둘러싼 개념과 현상에 대한 새로운 인식체계를 요구했다. 이에 부응하면서 떠오른 개념이 젠킨스가 주장한 '컨버전스(Convergence)'다. 컨버전스는 미디어 이용자들이 적극적으로 미디어를 변형하고 공유하며 정보를 추구하는 현상으로 컨버전스를 설명했다. 그는 나아가 상호작용적 참여문화를 언급하면서 참여성을 핵심으로 하는 컨버전스 문화가 확산됨에 따라 학습에서 복합적인 특징이 강조되고 때때로 여러 개념들이 상충되는 모습을 보일 수도 있음을 지적했다. 또 컨버전스는 테크놀로지, 콘텐츠, 장르 등 미디어 하위영역들 간의 전략적 융합현상 뿐 아니라 인간 커뮤니케이션 활동 전반에 관련된 사회적, 문화적, 심미적 구조의 해체와 재형성으로 범위를 확장시키기도 한다. 이런 인식체계의 변화가 가져온 사회문화적인 현상은 미디어와 콘텐츠에 대한 패러다임을 변화시켰는데 그에 의하면 컨버전스는 "우리의 문화 내에서 미디어가 유통되는 과정에서 겪는 기술적, 산업적, 문화적, 그리고 사회적 변화"를 의미한다. 컨버전스는 종종, 여러 미디어 플랫폼에 걸쳐서 배포되는 콘텐츠나 여러 미디어 산업 간의 협력, 혹은 올드 미디어와 뉴 미디어 사이에 있는 새로운 미디어 금융 구조의 탐색, 그리고 자신이 원하는 엔터테인먼트 경험을 위해서라면 어디든 가려고 하는 미디어 시청자들의 이주적 행동을 설명하는 데 사용되기도 한다. 아마도 가장 넓은 의미로는, 미디어 컨버전스는 여러 미디어 체제가 공존하고, 미디어 콘텐츠가 미디어 간을 유동적으로 흘러 다니는 상황을 가리킨다. 여기서 컨버전스는 계속해서 진행되는 과정이고, 서로 다른 미디어 체제간의 교차점을 의미하며, 고정된 관계를 의미하지 않는다.12) 따라서 디지털 기술이 가져온 컨버전스는 모든 영역에서 적용되고 있는 새로운 인식체계다. 이에 부응하면서 컨버전스 현상과 현황에 대한 수많은 연구가 이루어졌고 상당부분 실용적 결과를 생산해 냈고 실제로 컨버션스 현상을 많은 부분에서 찾아 볼 수 있다. 예를 들면 방송과 플랫폼의 결합을 통한 상호간 융복합현상을 살펴보면 EBS는 교육·교양 전문채널다운 다큐, 교양, 교육 전문 채널 'EBS Documentary(EBS 다큐)', 'EBS Culture(EBS 교양)', 'EBS Learning' 등을 운영함으로써 콘텐츠 다양성을 유튜브 채널을 통해 실현하고 있다. 지상파 방송사가 운영하는 전용 온라인 플랫폼의 접근성과 이용 빈도가 상대적으로 떨어지고 있는 현실에서 유튜브 플랫폼이 아카이빙 라이브러리로 활용될 수도 있음을 보여주는 사례이자 컨버전스의 결과물이다.13) 이보다 더 나아가 이젠 지상파, 케이블을 가릴 것 없이 거대 미디어와 유튜브와의 결합은 이젠 자연스런 현상이 되었다.

하지만 디지털에서 한발 더 나아간 AI시대엔 컨버전스와 더불어 시대현상에 대한 또 다른 이해가 필요하다. 컨버전스와 구별되는 디버전스(Divergence) 즉 단순함으로의 분리화다. 컨버전스가 하나로 묶는 통합의 개념이라면 디버전스는 통합된 것으로부터의 분리라는 개념인데 이를 콘텐츠제작의 입장에서 살펴보면 블록버스터로 대표되는 대형프로젝트 위주

---

12) 헨리 젠킨스, 김정희원·김동신 역, 『컨버전스 컬처 : 올드 미디어와 뉴미디어의 충돌』, 비즈앤비즈, 2008, p.410.
13) 채희상, 「방송콘텐츠의 진화」, 『Media Issue & Trend』 Vol 38, korea Communication Agendcy, 2020, p.55.

의 영상보다는 이른바 다품종 소량생산의 방식의 콘텐츠생산이 이에 해당한다고 하겠다. 지금처럼 미디어의 초경쟁 환경은 사업이나 콘텐츠의 라이프싸이클에 대한 새로운 전략을 요구하기 때문에 창조적 파괴가 중요한 시대에서는 AI를 활용한 김동명의 시의 음악과 영상콘텐츠의 대량생산은 컨버전스시대에 디버전스를 통한 새로운 접근법이라 하겠다. 소품이지만 다양하게 제작된 김동명문학의 시청각 콘텐츠는 유튜브채널을 통해 지속적으로 대중들과 만나게 되고 이를 통해 크고 작은 관심들이 모이게 되면 성공적인 콘텐츠의 탄생도 기대해 볼 만하다는 것이다. 유튜브콘텐츠의 경우 전통적인 지속적 제품확산의 경로를 따르지 않고 킬러콘텐츠와 같은 사례를 통해 단숨에 스케일업 할 수 있는 폭발적 확산모습을 보이고 있다는 점에서 김동명문학의 시청각콘텐츠의 대중화 가능성은 높다고 하겠다. 4차산업혁명의 시대는 초연결과 초지능기술로 인해 기존의 모든 경계를 파괴하면서 '범위 화장성'을 극대화하기 때문이다.14) 이를 도식화 하면 아래 〈그림 5〉, 〈그림 6〉과 같다.

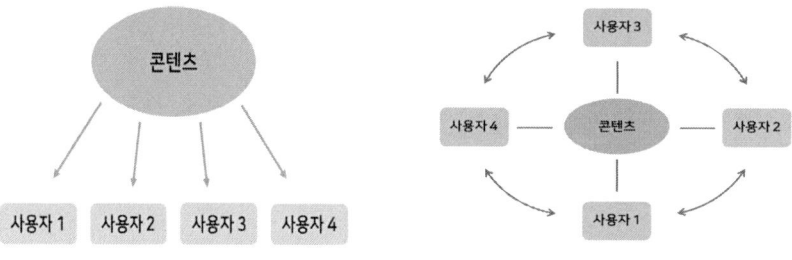

그림 5 기존 콘텐츠 확산모형   그림 6 4차산업혁명시대 콘텐츠 확산모형

이런 관점에서 볼 때 수많은 김동명의 시는 지속적으로 시청각콘텐츠를 제작할 수 있게 만드는 자원(Source)으로 기능할 수 있다. 그리고 생성형 AI는 그 자원을 활용하여 보다 용이하게 시청각콘텐츠를 만드는데 조력할 것이다. 이런 모형은 다품종 소량생산을 통해 콘텐츠가 지속적으로 제작, 확산, 공유되는 디버전스 추세와 일치한다. 그리고 콘텐츠의 지속적 제작과 게시는 유튜브콘텐츠의 주요 성공요인이라는 점에서도 주목할 필요가 있다.15)

이렇게 제작된 김동명 시를 주제로 한 시청각 콘텐츠는 IP로 기능할 수 있는데 콘텐츠 I

---

14) 김학진 외, 『4차 산업혁명과 미래사회』, 연세대학교 대학출판문화원, 2020. p.110.
15) 션커넬, 벤지 트래비스, 이용준 옮김, 『유튜브 시크릿』, 더봄, 2018. p.103.

P는 "콘텐츠를 기반으로 다양한 장르 확장과 부가 사업을 가능하게 하는 일련의 지식재산권 묶음(portfolio)"으로 정의할 수 있다. 저작권(저작재산권)과 상표권을 권리의 법적 기반으로 삼고 있지만, 콘텐츠의 융복합화 경향에 따라 저작권과 상표권 외에도 다양한 지식재산권을 포괄하는 권리로 확대되어 갈 것으로 보이며, 특히 디자인권과 특허권은 향후 콘텐츠 IP의 범위 안에 포함될 가능성이 높아 질 것으로 예상된다.16) 주지하듯 콘텐츠 IP의 핵심은 이야기다. 이 이야기는 트랜스미디어나 크로스미디어를 통해 확산되면서 가치를 극대화한다. 이야기는 배경스토리(Back story), 부차적 플롯(Sub-Plot), 다양한 대상(Multi Audience), 세계관(World view)으로 구성된다. 트랜스미디어 혹은 크로스미디어 전략에 있어서 세계를 구축(World building)하는 일은 매우 중요하며 콘텐츠와 콘텐츠는 서로 연결되며 자유롭게 증식하되 전체 스토리세계와 조화를 깨뜨리지 않아야 하는데17), 책이라는 오래된 미디어를 통해 공개된 김동명의 시가 생성형 AI의 조력을 통해 음악콘텐츠와 영상콘텐츠로 제작되어 유튜브와 SNS를 통해 재매개되면서 여러 미디어를 통해 확산될 때 김동명문학의 선양은 새로운 대중화의 가능성이 높아질 것으로 기대할 수 있을 것이다.

5. 결론

영상시대의 도래와 디지털기술의 발달이 가져온 인문학의 위기감 속에 문학은 지속적인 활로를 모색하며 이전의 영광과 위상을 찾으려 노력했다. 이런 노력의 결과물들로 K픽션이라 불리는 웹소설과 웹툰의 인기는 세계적 수준에 이르렀고 본격문학 작품들의 잇따른 국제 문학상 수상은 국내 문학의 질적 수준을 확인시키며 예술적 가치를 국내외에서 인정받는 수준에 이르렀다. 하지만 이런 소설분야의 흥기에도 불구하고 시문학에 대한 이렇다 할 재흥의 움직임은 보이지 않고 있다.

문학과 관련한 이런 시대적 배경에서 앞다투어 쏟아져 나오고 있는 AI프로그램을 활용을 통해 김동명문학의 대중화의 가능성을 살펴본 본고는 다음과 같은 결과를 얻을 수 있었다. 첫째, AI를 활용한 김동명 시의 음악창작과 영상창작이 기존의 콘텐츠제작 프로세스에 비해

---

16) 이성민·이현경, 『콘텐츠 지식재산활용산업 활성화 방안 연구』, 한국문화관광연구원, 2016, pp.10-12.
17) 양근애, 「문화콘텐츠 연구의 현황과 극예술 연구의 접점」, 『한국극예술연구』 제 58집, 한국극예술학회, 2017, p.29.

시공간적으로 자유롭고 제작비 또한 줄일 수 있는 경제적 장점도 가질 수 있어 대량의 콘텐츠제작이 용이하다는 점이다. 이는 유튜브콘텐츠의 성패가 지속적인 콘텐츠제작과 업로드에 있음을 비춰볼 때 김동명문학의 지속적인 선양에 매우 도움이 될 것으로 기대할 수 있다. 둘째, 콘텐츠제작의 활성화가 이루어지고 김동명 시를 주제로 만든 시청각콘텐츠가 많은 대중들에게 소개되고 확산될 경우 시청각 콘텐츠 자체는 물론이고 김동명의 시가 콘텐츠 IP로서 기능할 수 있다는 점을 확인할 수 있었다. 콘텐츠 IP 영역에서 향유자 중심의 정서적 공감과 즐거움의 창출 그리고 충성도 높은 팬덤을 기반으로 하는 풍부한 엔터테인먼트 체험을 어떻게 창출 할 수 있느냐, 그것을 어떻게 지속-강화-확장할 수 있느냐에 대한 대답으로 AI의 활용은 매우 긍정적으로 작용할 것이다.

물론 콘텐츠제작에서 생성형 AI가 능사만은 아니다. 비록 놀라움과 신기함으로 주목을 이끌어 내긴 했지만 지금까지 AI를 활용하여 제작된 콘텐츠들이 이미지가 아닌 콘텐츠로서 작품의 질적 수준을 볼 때 크게 이슈를 만들어내지 못했고 대중들에게 환영받고 사랑받는 시청각콘텐츠작품이 아직 나오지 않은 것을 미루어 볼 때 생성성 AI를 활용한 콘텐츠제작의 한계를 보여주고 있다고 하겠다. 그리고 머신러닝과 딥러닝을 통한 기계적 학습은 넓지만 얕은 지식에 머무르고 있고 이로 인해 창의적인 인간의 작업과는 분명히 구분되는 수준이라는 점 또한 문제점으로 파악할 수 있다.[18] AI를 활용한 콘텐츠제작은 이 점을 분명히 인식하고 이에 대한 보완과 수정이 충분히 이루어질 때 비로서 대중들에게 인식되고 다가가는 콘텐츠로 자리매김 할 것이다.

AI를 활용한 콘텐츠제작을 통해 김동명문학의 대중적 확산을 모색한 본고는 시청각 콘텐츠를 만드는데 활용될 생성형 AI프로그램을 통시적으로 조사해서 각 특징을 분석했다는 점과 AI를 이용해서 만든 콘텐츠를 활용하여 대중들에게 쉽게 다가갈 수 있는 방안을 전략적으로 모색하였다는 점에서 일부분 의미가 있다고 하겠다. 하지만 AI를 이용해서 만든 시청각 콘텐츠의 질적수준 향상과 시문학의 외연확장에 대한 구체적인 논의가 이루어지지 못한 점과 시를 주제로 창작된 시청각콘텐츠의 활용방안이 원론적인 수준에 머무르고 있어 유튜브플랫폼에서 한발 더 나아간 활용방안을 구체적으로 모색할 필요가 있다는 점에서 본고는 한계를 가진다. 이와 관련한 문제제기와 논의는 후속연구를 통해 계속 진행할 것임을 밝힌다.

---

18) https://m.mk.co.kr/news/world/10834088 (검색일 2023년 9월 15일)

〈참고문헌〉

김경환 · 김형기, 「ChatGPT와 Midjourney의 활용 사례 연구」, 『조형미디어학』, 한국일러스아트학회, 2023.

김종우, 「복합문화공간으로의 문학관 운영방안에 관한 연구」, 문화정책논총, 2014.

김학진 외, 『4차 산업혁명과 미래사회』, 연세대학교 대학출판문화원, 110쪽, 2020

설선경, 「신국문학 연구의 지평 열기-순수학과 다매체 응용학의 접목을 중심으로」, 『한국학논집』 제 29호, 계명대학교 한국학연구원, 2022,

션커넬·벤지 트래비스, 이용준 옮김, 『유튜브 시크릿』, 더봄, 2018.

양근애, 「문화콘텐츠 연구의 현황과 극예술 연구의 접점」, 한국극예술연구』 제 58집, 한국극예술학회, 2017.

윤혜영 · 안진경 · 윤현정 · 이진, 『2022 이야기IP확장사례 분석 및 활성화 방안 연구』, 한국콘텐츠진흥원, 2022.

이성민 · 이현경, 『콘텐츠 지식재산활용산업 활성화 방안 연구』, 한국문화관광연구원, 2016, 10-12

채희상, 「방송콘텐츠의 진화」, Media Issue & Trend Vol 38, korea Communication Agendcy, 2020.

헨리 젠킨스, 김정희원·김동신 역, 『컨버전스 컬처 : 올드 미디어와 뉴미디어의 충돌』, 비즈앤비즈, 2008.

Chris Chesher · César Albarrán-Torres, *The emergence of autolography:the 'magical' invocation of images from text through AI*, Media International Australia, 2023.

Kyle Steinfeld, *Clever little tricks: A socio-technical history of text-to-image generative models*, International Journal of Architectural Computing, Vol. 21(2), 2023.

https://openai.com/blog/chatgpt
https://www.gn.go.kr/tour/prog/lod/Sights/S02/sub02_03_01/view.do?cid=694
https://www.chosun.com/V3T2U7EKINGLPOV7UKQHINJ3QE/(검색일 2023년 9월 15일)
https://m.mk.co.kr/news/world/10834088

<Abstract>

Popularization strategy of Kim, Dong-myung's literature using AI

Cho, Hae-jin (Catholic Kwandong University)

Unlike web novels, webtoons, and novels that have won international literary awards and Popularity, Poetry literature still does not receive much attention from readers, and interest in poets and poetry as historical figures and works is also not that high, except in the area of public education. Interest in and illumination of the poet as a historical figure is being achieved through literary museum construction projects centered on local governments. However, since these are projects led by local governments, many of them were created for the purpose of enhancing the image of the region and revitalizing the region, rather than purely for literary activities. Activities are mainly carried out in the cultural aspect.

In this reality, the emergence of generative AI (Artificial Intelligence), which is pouring out every day, will help to some extent in expanding the readership and increasing interest in poetry and poets through the expansion of poetic literature as we move from the era of letters to the era of images. While maintaining this historical background and technological environment, this study seeks to use generative AI to popularize Kim Dong-myeong's poetry targeting the gen eral public rather than a specific literary audience. This is the purpose of this paper.

As a result of investigating various generative AI programs and trying actual use cases, the following results were obtained regarding the possibility of popularizing Kim Dong-myeong's literature. First, Kim Dong-myeong's music creation and video creation using AI is free in time and space compared to the existing content production process and can also have the economic advantage of reducing production costs, making it easy to produce large amounts of content. Considering that the success or failure of YouTube content lies in continuous content production and uploading, it can be expected to be very helpful in the continued promotion of Kim Dong-myeong's literature. Second, it was confirmed that when content production is activated and audio-visual content based on Kim Dong-myeong's poetry is introduced and spread to the public, not only the audio-visual content itself but also Kim Dong-myeong's poetry can function as a content IP.

Key word : Kim Dong-myeong Literature, AI, artificial intelligence, content production, music composition, YouTube content

간도이민문학의 형성에 대한 재고찰

김인경*

목 차

1. 서론
2. 간도문학의 형성 배경과 논의
3. 주요 작가들의 작품세계와 경향
4. 결론

<국문초록>

근대사에서 간도이민은 일제의 식민지 통치로 인한 민족적 비극이다. 하지만 우리 문학사에서 간도이민문학은 간도 이민생활을 충분히 반영하지 못한 한계점이 있다.

이에 본고에서는 간도 이민문학의 형성과 그 전개과정을 『싹트는 대지』와 『만선일보』를 중심으로 고찰해 보았다. 이 두 작품집에 나타난 간도이민문학의 성립을 통해 문학사적 의미를 다시 한 번 확인했다. 또한 20년대 최서해, 30년대 강경애, 40년대 안수길을 중심으로 간도이민문학의 경향을 면밀히 고찰했다.

이것은 한국민족문학의 보존과 발전의 중요한 바탕으로서 간도이문문학에 대한 우리 문학사 연구의 영역을 확장시키는 계기를 준다.

주제어. 간도, 이민, 빈곤, 고향, 만주, 이념

---

*숭실대학교 베어드교양대학교 강사

1. 서론

　1910년 한일합방 이후, 국가의 상실과 함께 근원이라 할 수 있는 고향 상실의 비극적 삶은 점차 노골화, 표면화되었다. 특히 1930년대로 올수록 이 문제는 강제로 집과 고향을 박탈당하는 생계유지의 절박한 문제로 이어졌다. 게다가 일제의 식민지 정책은 간도, 일본, 혹은 기타 지역 이주민을 형성케 하는 중요한 원인이 되었으며, 우리에게 민족적인 커다란 정신적 상처로 남았다.

　1939년에서 45년 사이의 한국 문학은 문학사에서 공백기로 되어 있었다. 그래서 그 시대의 연구할 문학 작품 자체가 거의 없었고, 별다른 연구 결과도 없는 것이 대부분이었다. 문학사를 기술하는 사람들 역시도 광복 이후, 즉 1945년 작품부터 다루어졌다. 백철은 이 시대를 '일제 일색의 민족 말살 시대', '막다른 골목의 문학'이라고 하면서 조선현대문학사상의 '암흑기'로 규정하기도 했다.(『조선신문학사조사』, 398~399쪽) 장덕순은 이 시기를 이을 문학이 없으니 부끄럽지만 민족 문학에서 떠난 비양식의 문학으로라도 대를 이어야 한다고 주장했다.(『일제암흑기의 문학사』, 176~177쪽) 임종국은 이 시대의 문학 모두를 친일 문학으로 보기도 한다.(『친일문학론』, 18쪽)

　그러나 역사로서 서술되어야 할 문학사에 공백기는 존재하지 않아야 하고, 존재한다 하더라도 1930년대의 민족 문학과의 지속성이 인정되어야 한다. 이러한 관점의 합리적인 근거는 간도 이민문학이라 할 수 있겠다. 여기서 이민(exile)문학이란 용어는 "내용이나 소재, 표현 문자의 상이에서 오는 제재론적 명명이 아니라, 지정학적 차이에서 본 지방 문학, 본국 문학의 한 갈래란 입장"[1]에서 쓰여진 것이다. 이 시기에 우리 문학은 새로운 문자와 새로운 사상 감정의 표현과 더불어 창씨개명된 작가에 의해 쓰여져 이질적인 면을 보이지만, 이 간도 이민 문학은 그 표현 문자가 아직 국자·한글이고, 작품의 여러 요건이 앞 시대의 한국 문학과 지속적인 면을 보여 주고 있다. 이 작품에 나타나는 갈등의 양상이 1940년대의 민족적 감정과 관심사를 다루고 있기 때문이다. 따라서 '간도이민문학'이란 용어는 1940년 문학과는 다른 문학적 특성을 지녔으며 간도라는 지정학적 여건 속에서 전개된 문학이라 할 수 있다. 그러므로 간도는 우리 민족이 재인식해야 할 제 2의 국토라고 볼 수 있다. 특

---

[1] 오양호, 「이민문학론」, 『영남어문학』3. 1976. pp. 130-133.

히 문학사적인 측면에서 1930년대 문학과 해방 후 문학을 이어지는 구실하고 있다는 데 거의 절대적인 자료와 근거를 발견할 수 있다.

이에 본고에서는 간도 이민문학의 형성과 그 전개과정을 첫 창작집 『싹트는 대지』와 『만선일보』를 중심으로 살펴보겠다. 더 나아가 20년대 최서해, 30년대 강경애, 40년대 안수길을 중심으로 간도문학의 여러 경향을 통해 간도 이민문학의 문학사적 위치와 의미를 살펴보고자 한다.

2. 간도문학의 형성 배경과 논의

조선 말기 연속되는 자연재해와 척박한 농토는 조선 북부 농민들의 삶을 직접 위협하였으며, 봉건 관료들의 부정부패와 서민들에 대한 수탈은 더해만 갔다. 또한 조선 말기로 접어들면서 조선 봉건정부의 몰락과 조선 사회의 낙후 및 국력의 쇠퇴는 조선을 일본의 식민지로 만드는 큰 계기를 주었다. 일제는 식민지 조선에 대하여 무단 통치를 강화하는 동시에, 조선을 일제의 자본주의 생산의 원료공급기지로 삼아 자원과 물자를 약탈했고, 다른 한편으로는 상품판매 시장으로 만들었다. 그후 조선의 농촌은 몰락하고 황폐화되었으며 농민들은 살길을 찾아 동으로, 서로 흘러나갔다. 삶의 기반을 잃은 그들은 고향을 떠나 이국타향에서 망국인으로 참담한 생활을 해야만 했다. 이와 같이 근대사에서 조선인들의 해외로의 이민은 일제의 식민지 통치의 결과이며, 민족적 비극을 여지없이 드러낸 한 예이나.

이러한 배경에서 등장한 간도문학에 관한 논의는 크게 네 가지로 정리해 볼 수 있다. 첫째 당대의 평문을 중심으로 이루어진 연구이다. 현경준[2]은 간도문학을 처참한 생활 속에 태어난 '생활의 문학'으로, 이기영[3]은 만주의 농촌에서 현실적으로 보고 느낀 것을 보여준 '농민문학'으로 평가했다. 또한 『만선일보』에 4회에 걸쳐 유진오, 이기영, 안석영, 박영희, 최정희 등 9명이 간단하게 간도문학에 대한 입장을 나타냈는데, 이들 대부분은 '농민문학'이나 '대륙문학' 등으로 간도문학을 언급했다.[4]

---

2) 현경준, 「文學風土記-간도편」, 『인문평론』, 1940. 6.
3) 이기영, 「만주와 농민문학」, 『인문평론』, 1939. 11.
4) 「만주 조선 문학을 말함」, 『滿鮮日報』, 1940. 1. 26-2. 2

둘째, 안수길 초기 소설을 중심으로 한 연구이다. 대표적인 연구로 김윤식[5]은 안수길의 작품을 고향을 떠나 만주국에 정착하기까지의 간도를 중심으로 해서 개척이민사에 초점을 맞추어 연구했다. 특히 일본과 중국 러시아 등 우리나라와 주변국가와의 국제적 영향 관계를 파악했다는 데 큰 의의가 있다.

셋째 간도 문학의 성격에 관한 연구로서 오양호[6]를 시작으로 한 '망명문학', '이민문학'에 관한 연구이다. 그는 1940-1945년의 문학사가 간도중심으로 다시 쓰여져야 한다면서 기존의 '암흑기' 문학사에 대해 비판했다. 그 근거로 간도문학이 국어에 의해 작품이 쓰여졌고, 작품에 나타나는 갈등의 양태가 민족적 관심사를 다루고 있는 '망명지 이민문학'의 성격을 띤다고 하였다. 이 연구를 시작으로 '망명문학', '망명문단'에 논의가 본격적으로 이루어지기 시작했다. 이에 대해 이명재[7], 강은해[8] 등은 긍정적인 입장을 보였다. 반면 조동일[9], 김윤식[10] 등은 부정적인 입장을 보였다. 그 이유는 간도지방이 일제의 지배를 받은 만주국에 위치했으므로 망명지로서의 요건을 갖추지 못했다는 것과 국어로 작품 활동을 하게 된 것은 만주국의 일본어를 쓸 수 없게 한 정책때문이라는 것, 당시 문학 작품의 성격에 간도를 정착지로 삼으려 하는 일제의 만주국 개척 이민정책이 반영되어 있기 때문이라는 것이다.

넷째 연변지방에서 연구된 것으로, 연변 지방에서 출간된 조선족 문학사에는 1931-1945년의 문학이 '강경애, 박팔양, 신형철, 안수길, 황건, 현경준' 등에 의하여 '민족의 얼을 지키며 문학 활동을 진행하였다'고 기술하고 있으며, 당시에 활동했던 김창걸과 윤동주를 중요하게 다루고 있다.[11]

이 외에도 조정래[12]는 농민소설의 범주 속에서 간도문학을 연구하였고, 이정숙[13]은 일제시대 실향민의 정치·경제·사회사적 배경을 바탕으로 개척이민소설의 한 범주로써 간도문학을

---

5) 김윤식, 앞의 책,
6) 오양호, 『한국문학과 간도』, 문예출판사, 1988.
7) 이명재, 「식민지시대 문학의 특성연구」, 경희대학교 박사학위논문, 1983.
8) 강은해, 「일제강점기 망명지 문학과 지하문학」, 『서강어문』3, 서강어문학회 1983.
9) 조동일, 「일제패망 직전의 상황」, 『한국문학통사』5, 지식산업사, 1990.
10) 김윤식, 『안수길 연구』, 정음사, 1986.
11) 조성일 편, 『중국 조선족 문학사』, 연변인민출판사, 1990.
12) 조정래, 「1940년대 초기 농민 소설 연구」, 연세대학교 박사학위논문, 1988.
13) 이정숙, 「일제하의 실향소설 연구」, 서울여자대학교 박사학위논문, 1989.

'실향문학'으로 평가했다. 채훈14)은 간도문학의 자료들을 개관하며 서지학적 접근으로 연구를 하는 성과를 마련했다. 특히 만주문단의 사상과 만주 한국인들의 이중적 삶의 구조에 초점을 맞추어 외국인의 시각에서 객관적인 고찰을 했다.

1) 간도 문학의 형성 : 『싹트는 대지』

『싹트는 대지』는 1941년 발간된 재만조선인 작품집이다. 이것은 간도 문학이 개척 이주민들의 수난기 문학임을 보여준 작품집으로, 이주민들의 문화적 경향을 알 수 있게 한다. 또한 이를 시작으로 간도문단이 성립될 수 있는 계기를 주었다. 여기에는 김창걸의 「암야」, 박영준의 「밀림의 여인」, 신서야의 「추석」, 안수길의 「새벽」, 한찬숙의 「초원」, 현경준의 「유맹」, 황건의 「제화」등 7편의 중단편이 실려 있다. 비록 수록된 작품은 대부분 만선일보에 발표된 것이긴 하나 소설집으로 나옴으로써 간도 문단에 긍정적 영향을 주었다. 이에 대해 김오성은 『싹트는 대지』를 개척이민의 전사(前事)로서 요약하고 있기도 하다.(『국민문학』, 18~19쪽)

대표적인 작품으로 안수길의 「새벽」15)은 이민 올 때의 상황과 이민 와서 지팡살이 하면서 겪게 되는 괴로움이 잘 나타나 있다. 이는 소금 밀수에 대한 이야기와 만주국 건국이전 중국이 지배하던 시기에 장작림 군벌인 육군의 약탈 등 시대적 상황을 볼 수 있는 사건의 설정이 잘 부각되어 있기 때문이다. 현경준의 『유맹』은 중편소설로서 한 특수 부락을 배경으로 수용자들의 애환을 통해 인간 관계의 갈등을 보여 주고 있다. 인간성에 대한 믿음을 기반으로 하고 있어서 하나의 사사적 세계를 형성할 수 있는 가능성을 찾아볼 수 있었으나 지나친 보고(報告)문학적 성격에 의존하여 한계성을 지닌다. 박영준의 『밀림의 여인』은 현경준의 『유맹』과 달리 한 개인의 갱생으로 그 폭을 한정시켰다. 이 작품은 10여 년 간 녹립당 생활을 해 온 순이라는 처녀가 일본군 토벌대에서 붙잡혔다 나와서 가족의 희생적 도움으로 사회화를 익혀 간다는 내용을 담고 있다. 이 작품에는 현실에 순응하는 인물과 대응하는 인물과의 대립을 통하여 삶의 가치를 찾아가는 모습을 보여 주었다. 그러나 작가의 의도가 정

---

14) 채훈, 『재만한국문학 연구』, 깊은샘, 1990.
15) 안수길, 「새벽」, 『안수길』, 지학사, 1986.

치적 이데올로기에 눌려 주인공 순이의 내면을 잘 표현하지 못한 한계가 있다. 이것은 그의 작품만이 아닌 『싹트는 대지』의 전반적인 흐름으로 볼 수 있다. 김창걸의 「암야」는 현실을 이겨내면서 농민들이 어떻게 삶을 유지했는가를 알 수 있고, 그 궁핍을 면하기 위하여 인간다움의 상실을 보여준다. 위의 경향과 달리 한찬숙의 「초원」은 몽고족과 조선족 간의 화합을 다루고 있는데, 이런 소설의 배경에 만주국의 건설과 당시 몽고와의 관계를 연결시키고 있다.

위와 같이 살펴본 대로 『싹트는 대지』는 개척민의 애환과 시련이 담겨 있으며, 이주민들이 이국땅의 낯선 풍토에서 느끼는 절박감 등의 고통을 다루고 있다. 또한 이 작품을 통하여 '이민 수난기', '만주 개척사의 시작'으로서의 간도 문학의 성립의 계기를 마련하는 문학사적 의미를 찾을 수 있다. 이주민들의 정착이 어느 정도 이루어진 이후에 문단 형성에 대한 활동이 이 작품집에 구체적으로 드러난 것이다. 그러나 작품 전반에 나타나는 만주국의 정책에 부응하는 요소는 간도 문단 형성이 내포하고 있는 민족의식의 한계성을 드러내 줄 수밖에 없다.

2) 간도문학의 성격과 『만선일보』

만주에 살고 있는 각 민족들이 각기 자기들의 언어로 작품을 썼다는 사실, 즉 우리 민족이 우리의 언어로 작품활동을 했다는 사실은 당시의 국내 사정에 비추어 볼 때 의미있는 일이다. 당시 국내 사정에 비추어 볼 때, 동아조선일보는 이미 폐간되었으며, 『국민문학』으로 개칭된 순 문학지는 친일노선의 경향을 보였다. 이런 시기에 우리말로 작품 활동을 했을 뿐 아니라 구체적으로 망명 문단의 기세를 보이고 있기 때문에 이 시기에 대한 민족문학사적 의미 부여는 달라질 수밖에 없다. 이에 안수길은 당시 『만선일보』를 중심으로 망명문단이 형성되었음을 회고 형식의 글을 통해 밝히고 있기도 하다.(『북간도에 부는 바람』, 65쪽) 또한 국내 작가들조차 국내 상황에서 벗어나 『만선일보』 학예면의 신세를 지려했음은 만주의 상황이 국내보다는 문학작품을 발표하는 데 용이하였음을 보여주는 대표적인 사례이다. 그러나 당시 국내 작가들의 경우 김달진, 김우철 등이 만주에서 작품을 발표하였으나 망명문단의 형성에 적극적이거나 뛰어난 작품은 발견할 수 없었다.

『만선일보』는 1937년 『만몽일보』와 『간도일보』가 통합되면서 생긴 신문으로 만주국에 있는 조선인의 지도기관의 역할을 담당한 것이라는 기대 아래 설립된 신문이다. 당시 이 시문은 거의 유일한 일간지 또는 언론 기관이었을 뿐만 아니라, 이렇다 할 지면이 없는 상태에서 대부분의 작가들이 이 신문의 학예면에 작품 발표를 의존할 수밖에 없었다. 그러다 보니 이 신문의 지면을 활용하기 위해 이 신문이 지녔던 성격과 정치적 요구에서 벗어나기 어려웠다. 이러한 점에서 만주에서의 작가들은 만주국의 정치적 억압을 겪지 않을 수 없었다. 그 예로 당시 작가들은 『만선일보』의 신춘문예에 당선되기 위해 현재 당국의 정치에 불만을 보여서는 안 되고, 작품을 발표하기 위해 여러 규제를 받았다. 또한 『만선일보』의 성격은 만주국의 정책을 홍보하였던 각종 현상 모집에서 단적으로 드러나고 있다. 협화회16)를 두어 작가나 예술가들을 이곳에서 활동하게 했고, 금연정책의 일환으로 금연 문예 작품 현상 모집이나 개척 가사의 현상모집에도 적극적인 활동을 권했다. 그 외에도 개척, 식량증산 등의 내용을 담는 기사를 쓰기를 강요했다.

이와 같이 『만선일보』의 성격이나 활동으로 봤을 때, '망명문단'이라는 의미 부여는 당시 중앙문단의 친일적 경향에 대한 상대적 의미의 표현이라 하겠다.

3. 주요 작가들의 작품세계와 경향

1) 최서해 : 자기체험의 보편화

최서해는 빈궁한 생활로 고향을 떠나 새로운 세계로 떠날 수밖에 없었던 1920년대 우리 민족의 비참한 생활의 실상을 자기 체험적 기록을 통해 보여주었다. 특히 '가난'이 얼마나 인간에게 가하는 쓰라림을 일상생활을 통해 보여주었다. 최서해의 소설은 가난하고 헐벗은 자들의 암담한 현실 속에 우리 민족의 삶이 사실적으로 드러난다. 그래서 그의 소설에 등장하는 인물들은 대부분 노동자거나 농민이다. 이들은 빈궁의 원인이 사회에 있음을 주장한다. 이것은 곧 최서해의 의식의 일면이 민족적 참상에 대한 고발에 있음을 의미하는 것이다. 그러나 이것이 단순히 체험의 고발의 측면만 있는 것은 아니다. 특히 그의 초기 작품에는 식민지 시대에 간도라는 공간을 배경으로 하여 자신의 삶의 기록만이 아닌 동시대 사람들의

---

16) 조선인·청인·몽골인·백계러시아인·일본인 등 5개 민족이 뭉쳐 새나라 건설에 매진하자는 것으로, 주민 생활에 큰 영향력을 행사했다. 또한 홍보부를 두어 작가나 예술가들을 끌어들이기도 했다.

공통적 실상을 상징화해 내었다. 당시 국내 작가들이 상상력과 관념에 의해 하층민들의 고된 삶을 반영하거나 환경으로 인해 인간의 타락을 작품화했을 때, 최서해는 간도에서의 가난에 시달렸던 체험을 바탕으로 하층 조선이주민들의 간도 생활을 사실적으로 그려냈다. 그의 빈곤문학은 국내문단에 큰 충격으로 주목을 받았다. 최서해는 한국현대문학사에 최초로 간도 이주민들의 삶을 그린 작가이며 체험문학으로 승화시킨 작가인 것이다.

간도 생활을 형상화한 작품으로는 「토혈」(『동아일보』, 1925), 「탈출기」(1925)가 있고, 직·간접적으로 간도 체험과 간도이주민들의 생활을 소재로 한 작품으로는 「고국」(『조선문단』, 1924), 「박돌의 죽음」(『조선문단』, 1925), 「기아와 살육」(『조선문단』, 1925), 「홍염」(『조선문단』, 1927) 등이 있다. 이들 작품은 주로 노동자와 농민을 주인공으로 설정하고 있다. 이 주인공들은 희망을 가지고 간도로 향하나 도착하고 난 후 간도를 개척하고 이상촌을 건설한다는 것은 허상에 불과함을 대부분 깨닫는다.

2) 강경애 : 이주민 실상의 사실적 묘사

강경애는 "사실주의적 사회비판적 시각으로 궁핍한 삶과 피해의식을 토로"함으로써 사회의 제도적 모순을 고발함과 함께 여성의 내면적 삶의 양상을 보여주었다(『강경애 연구』, 12쪽). 최서해가 1920년대 간도를 무대로 자기체험을 바탕으로 우리 민족의 비참한 삶의 현장을 고발했다면, 강경애는 1930년대 지평에 서서 날로 가혹해지는 빈곤과 강압을 못 이겨 고향을 등지고 간도와 만주로 등으로 떠난 이주민들의 실상을 여류작가 특유의 문체로 구현해 나갔다. 이들의 작품을 통해 1920년대와 30년대의 우리 문학사에서 간도는 우리 민족이 더 이상 조국에서 살 수 없어 새로운 개척지에 정착하려는 의지와 함께 낯선 이국에서 인간적 갈등상의 면모들이 많이 보여주었다.

간도를 배경으로 한 작품들은 「파금」(『조선일보』, 1931), 「소금」(『신가정』, 1934), 「모자(母子)」(『개벽』, 1935), 「원고료이백원」(『신가정/1』, 1935), 「어둠」(『여성』, 1937) 등이 있다. 이 작품들에는 모두 극심한 기아와 중국인의 횡포, 빈궁한 생활에 시달리는 유랑민의 모습이 묘사되어 있다. 작품 주인공들은 대부분 간도로 이주한 이주민들이거나 항일투사 또는 그 가족들로 자신들이 속한 사회에 불안한 존재로 자리잡고 있다. 비록 이 작품들은 국내에 보내져 발표됐지만 작품 소재는 간도에서 취재한 것이고, 간도에서 최하층에서 허덕이는 조선 이주민들의 고통스러운 삶과 그들이 항거할 수밖에 없는 투쟁과정을 그리고 있다. 그러한 인물들은 관념적이거나 현실과 동떨어지지 않고 현실감이 있는 인물로 나타난다. 이러한 경향은 강경애 작품이 리얼리즘 문학으로 언급되는 이유가 되기도 한다.

3) 안수길 : 북향의식의 작품화

안수길은 일제강점하의 만주에서 활약한 작가 가운데서 대표적인 존재로 인식되어 왔다. 그에게 있어서 만주체험은 그의 창작 생애 전 과정을 이루고 있다고 해도 과언이 아니다. 그의 작품에 대해 비교적 전반적으로 다루고 있는 연구자로는 김윤식과 최경호를 들 수 있다. 김윤식[17]은 안수길의 「새벽」과 같은 소수의 작품 이외의 것들은 만주국 이념에 부응한 작품으로 규정하고, 『북간도』를 '장사의 사상'이라 부를 수 있는 중인 계층이 만주 땅에서 '어떻게 사느냐'를 다룬 작품이라고 평가했다. 최경호[18]는 안수길의 초기부터 후기, 1960~1970년대의 통속소설과 장편소설까지 전반적으로 고찰하고 있지만, 초기부터 후기까지의 작품 고찰에 있어 연구기준의 일관성이 결여된 한계점을 지니고 있다. 이 외에도 여러 연구가 있는데, 대부분 안수길의 대표작인 『북간도』를 중심으로 작가와 작품의 문학사적 의미를 부여하고 있다.

간도 문인들의 문예동인지 『북향』은 현재까지 알려진 바에 의하면 4호까지 나온 간도 조선인작가들의 동인지이다. '북향회'라는 이름이 붙여진 것은 한국 시림들의 제2의 고향이라는 의미로서 '한국의 문학을 이룩해 보자'는 의미가 담겨있다.(『한국 문단 이면사』, 230쪽) 이 모임은 주로 용정시내의 남녀중등학교 교사와 의사들로 구성되었고, 여기에 실린 글들은 대부분 타향의 설움을 표현한 글들이었다. 주로 시와 수필, 논문, 희곡, 소설 등이 실렸다. 안수길은 기성작가로 활약하면서 제 3호에 소설 3편을 발표하기도 했다. 이러한 『북향』에 대한 연구는 채훈에 의해 안수길, 김국진의 작품으로 간도 등지에서 고생하는 우리 민족의 모습을 극명하게 묘사하고 있다.(『어문연구』, 43~55) 더 나아가 이 동인지가 간도문학의 시

---

17) 김윤식, 『안수길 연구』, 정음사, 1986.
18) 최경호, 『안수길 연구』, 형설출판사, 1994.

작이 됐다는 의의를 중요하게 언급했다. 그 이후 각종 작품집 『재만수필선』, 『재만시인집』, 『싹트는 대지』, 『재만조선시인집』 외에 안수길의 단편소설집 『북원』이 나온 것이다.

안수길은 『북향』에 수록된 「장」(1936)에서 간도까지 흘러 온 조선인들의 고달픈 삶을, 「벼」(1940), 「원각촌」(1942), 「목축기」(1942)에서는 이국땅에 정착하기 위해 애쓰는 우리 민족의 삶을 그렸다. 이 작품들은 그 후 만선일보에 연재된 장편 『북향보』(1944)의 토대가 되어준다. 제목부터 『북향』과 유사하고 주제 또한 '제 2의 고향을 간도 땅에 건설하자'는 것은 안수길의 작품세계의 근원이 북향의식에 있음을 시사한다. 안수길은 「목축기」의 후속으로 『북향보』을 만들었고, 그 주제는 '제 2의 고향을 간도 땅에 건설하자'라는 것이다. 이것은 「목축기」가 와우산에 목장을 차려 이상적 부락을 만들고자 하는 것은 『북향보』에서도 그대로 이어짐으로 나타난다. 또한 인물의 측면에서는 「벼」의 학교선생 찬수가 「목축기」의 찬호로 나타나기도 하고, 『북향보』의 찬구로 연결되어 나타나 유사성을 지닌다. 이것은 안수길의 작가적 체질이나 창작 태도로 봤을 때 '어떻게 사는냐'[19])에 초점을 맞추어 과묵하고 책임감 있는 신념형 인물을 제시하고 있음을 알 수 있다.

이와 같이 안수길은 『북향보』에서 개척 이민기를 거쳐 북향이라는 삶의 터전을 마련하여 협력하면서 당시 상황을 극복해 나가려는 우리 민족의 간도 개척 이민들의 삶을 다루었다. 이는 「새벽」에서 「벼」로 이어진 비참한 생활상이 「목축기」와 『북향보』에 이르러 긍정적인 방향으로 나아가면서 좀더 강한 북향의식의 지향성을 보여줌을 의미한다.

4. 결론

본고에서는 간도 이민문학의 각 시대별 대표적인 작가로 세 작가를 살펴보았다. 먼저, 최서해는 우리 민족의 현실을 자기 체험을 통하여 사실적인 수법으로 묘사해 나가면서 당시 계급문학론에 치우친 이데올로기에 새로운 제시를 주었고, 작품들에 공통적인 특징인 '살인', '방화'의 형태의 결말 처리는 1920년대 소설 구성의 새로운 유형을 보여주었다.

다음으로 강경애는 빈곤과 이념을 바탕으로 한 현실대응의 자세를 작품에서 보여주었다.

---

19) 안수길, 앞의 책, pp. 143-146.

이는 작가의 당시 사회에 대한 비판적 안목과 일치하는 것이다. 그러나 '죽음'이나 '수감' 등의 형태의 결말 처리는 작가 스스로의 이념적 한계를 보여주고 있다. 또한 도시에 사는 여인 또는 관념적 인물들을 설정함으로써 간도문학에서 공통적으로 찾을 수 있는 농촌성향의 주제와는 동떨어진 소시민적 사고를 보여주었다.

마지막으로 안수길은 간도문학의 형성 과정에 기여를 하였을 뿐 아니라 당시 여러 편의 작품을 발표했을 뿐 아니라 개인 창작집을 내어 문단의 주목을 받았다. 그럼에도 작품 속 주인공들이 지식인으로 농촌 현장이나 목축 현장에 종사하는 모습을 통해 당시 현실에 대한 이상주의적 경향을 보였다. 이것은 최서해와 강경애와는 다른 차원의 현실인식으로서 좀더 긍정적인 측면을 보인다는 점에서 발전적 형태이다. 최근에 와서는 당시 간도 이민생활의 실제적인 면을 파악하지 못한 한계점을 지닌다는 지적이 나오고 있다. 하지만 안수길의 작가적 정신과 태도는 만주에서 한국민족문학의 보존과 발전을 도모하는 중요한 역할을 했음은 지나친 평가는 아닐 것이다.

이민 문학이 지닌 문학사적인 성격의 하나는 1940년을 넘어선 시기에 있어서 우리의 모국어를 사용하고 있다는 것이다. 문학의 표현 수단으로 언어학적 문제를 염두해 둘 때, 어떤 부정적 견해로든 지울 수 없는 문학사적 가치를 지닌다고 하겠다. 이것은 간도 이문문학이 있음으로 해서 한국문학이 존재함을 의미하는 것으로, 그 당시 모국어를 버리고 민족의 치열한 삶의 현장을 간과한 친일적 국내 문학과 다른 양상으로 간도문학은 자리를 잡은 것이다.

〈참고문헌〉

김수남 외, 「안수길 '북원 연구」, 『새국어』, 새국어연구, 2003.

김종국, 「친일문학론」, 평화출판사, 1966.

김정자, 『강경애 연구』, 민지사, 1991.

김오성, 「조선의 개척문학-재만조선인 작품집 싹트는 대지를 평함」, 『국민문학』, 1942.

박은숙, 「안수길 소설 연구-만주체험 소설을 중심으로」, 성균관대학교 박사학위논문, 2002.

오양호, 「이민문학론」, 『영남어문학』. 1976.

이상갑, 『한국문학과 시대의 상상력』, 월인, 1999.

이정숙 외, 『한국근대작가연구』, 삼지원, 1985.

이상경, 『강경애 연구』, 국학자료원. 2002

윤애경, 「안수길의 초기 소설과 역사의식 연구」, 『우리어문』, 우리어문학회, 2004.

서정자, 『한국 근대 여성소설 연구』, 국학자료원, 1999.

장덕순, 「일제암흑기의 문학사」, 『세대』, 1963.

조진기, 「일제의 만주정책과 간도문학」, 『배달말』, 배달말학회, 2000.

정덕준, 「안수길 소설 연구」, 『한국문예비평』, 한국현대문예비평학회, 2004.

한용환, 『소설학사전』, 고려원, 1992.

⟨Abstract⟩

Reconsideration of the Formation of Gando Immigrant Literatures

Kim, In-kyung (Soongsil University)

In modern history, Gando immigration is a national tragedy caused by Japanese colonial rule. However, in our literary history, Gando immigration literature has a limitation in that it does not fully reflect Gando immigration life.

Accordingly, the formation and development process of Gando immigration literature were examined in this paper, focusing on 『Freshland』 and 『Mansun Ilbo』. The meaning of literary history was confirmed once again through the establishment of Gando immigration literature in these two works. In addition, the trend of Gando immigration literature was closely examined, focusing on Choi Seo-hae in the 20s, Kang Kyung-ae in the 30s, and An Su-gil in th 40es.

This is an important basis for the preservation and development of Korean national literature, and it provides an opportunity to expand the scope of our literary history research on Gando Lee Mun Literature.

Keywords: Gando, immigration, poverty, hometown, Manchuria, ideology.

신재효 사설 속 성(性)과 질병의 콘텐츠

이문성*

<목 차>

1. 서론
2. 조선 후기 궁핍한 민중의 생활상
3. 내밀한 성적 어휘와 성묘사의 노골적 표출
4. 질펀한 성생활과 성병의 파편적 경계
5. 결론

<국문초록>

신재효(申在孝: 1812~1884년)는 판소리 여섯 마당의 사설(『춘향가』, 『심청가』, 『토별가』, 『박타령』, 『적벽가』, 『변강쇠가』)과 판소리 단가(〈오섬가〉, 〈방아타령〉 등) 10여 수의 작품을 전한다. 그의 판소리 사설과 단가는 판소리 예술사에 있어서 중요한 작품일 뿐만 아니라, 조선 후기 사회상과 풍속을 확인할 수 있는 귀중한 자료로 여겨진다.

신재효 판소리 사설과 단가에는 서민 대중의 생활상, 사계절 풍속(四季節風俗), 연희 풍속(演戱風俗), 성풍속(性風俗) 등이 핍진하게 나타나 있다. 또한 성(性)에 관련한 질병의 어휘와 묘사가 다양하면서도 절묘하게 확인된다. 판소리 사설과 단가에 나타난 성(性)과 질병의 어휘는 조선 후기 언중(言衆)의 일상의 언표로서 작품에 반영된 것으로 여겨진다. 신재효의 작

---

*고려대학교 문화창의학부 초빙교수

품 속에 구체적인 성행위(性行爲)와 성희(性戲)의 장면들, 이에 관련한 질병의 묘사는 세태풍속과 사회 실상을 진솔하게 그려낸다. 그의 작품은 조선 후기 사회의 내밀한 성생활(性生活)과 성병(性病)의 파편을 곳곳에 내재하고 있다.

신재효의 작품은 조선 후기 통속적인 문예물의 역할뿐만 아니라, 사실적인 기록물의 가치가 높다. 판소리 사설과 단가를 통해서, 신재효는 조선 후기 민간의 질병과 위생, 나아가 인간사의 은밀한 성생활과 성병을 문학적 콘텐츠화한 것이다.

주제어. 신재효, 조선 후기, 판소리, 풍속, 성(性), 질병, 성병, 콘텐츠.

1. 서론

조선 후기 전라북도 고창에서 태어나서 성장한 신재효(申在孝: 1812~1884년)는 판소리 사설(판소리의 토대가 되는 책)과 단가(판소리를 시작하기 전에 부르는 짧은 노래) 10여 수를 비롯한 판소리 관련 자료를 남긴다.1) 이것은 판소리의 예술사(藝術史)에 있어서 소중한 자료가 될 뿐만 아니라, 조선 후기 예술과 사회 실상을 살피는데 귀중한 자료이다.

신재효의 판소리 사설은 『춘향가』, 『심청가』, 『토별가』, 『박타령』, 『적벽가』, 『변강쇠가』 등의 여섯 마당(판소리의 작품을 세는 단위)이다. 기생(妓生)인 춘향과 양반(兩班)인 이도령의 사랑을 다룬 『춘향가』, 효녀(孝女)인 심청과 눈먼 아비인 심봉사의 인생(人生)을 다룬 『심청가』, 우화(寓話)에 빗대어 민중의 고난과 극복을 다룬 『토별가』, 착한 동생인 흥보와 악한 형인 놀보의 화복(禍福) 다룬 『박타령』, 전쟁 영웅의 이야기 속에 하층민(下層民)의 역경(逆境)을 다룬 『적벽가』, 하층 유랑민(流浪民)의 처참한 생활을 다룬 『변강쇠가』에는 등장인물의 사회·경제적인 처지가 다르고 성품과 행태가 다양하게 드러난다.

---

1) 판소리는 '한 사람의 창자(唱者)가 한 고수(鼓手)의 북장단에 맞추어 노래하는 긴 서사적인 이야기'이다. 이것은 18~19세기 민중의 사랑을 받던 공연예술로서 2003년 유네스코 세계무형문화유산에 등재된다. 19세기 중후반, 신재효는 판소리 사설과 단가를 정리하여 남긴다. 이것은 20세기 이후 영인본(신재효, 『신재효 판소리 전집』, 연세대학교 출판부, 1969), 교주본(강한영, 『신재효 판소리 사설집』, 민중서관, 1972), 현대역본(최혜진, 『쉽게 풀어 쓴 신재효 판소리 사설집』, 민속원, 2012) 등으로 소개되고 있다. 이하 작업은 원전(原典)에 가장 충실하고 구독이 용이하며 고어(古語)의 풍미(風味)가 살아있는 교주본(校註本)을 주요 연구대상으로 삼는다. 이에 판소리 작품의 인용문은 편의상 교주본의 작품명과 쪽수만을 제시하고자 한다.(예, 『박타령』, 351~353쪽)

또한, 각 작품은 주요 등장인물뿐만 아니라, 상층 양반에서 하층 천민까지 다종다양한 보조 인물을 두루 담아내고 있다. 조선 후기 기록물(記錄物)과 문예물(文藝物)에서 외면을 받고 무시되던 하층민조차 살뜰하게 담아낸다. 이처럼 신재효 사설은 하층민의 생활상을 엿볼 수 있는 소중한 자료이다.

특히 『심청가』, 『박타령』, 『변강쇠가』는 조선 후기 민중을 대상으로 하여 작품의 인물과 정황을 그리고 있어 눈길을 끈다. 해당 작품을 통해서 당대 민중의 일상 생활사, 사계절 풍속, 연희 풍속을 핍진하게 확인할 수 있다. 이하 작업은 신재효 사설 여섯 마당을 주요 연구대상으로 하고, 성생활상과 세태풍정(世態風情)의 일면을 보여주는 일부 판소리 단가(〈방아타령〉과 〈오섬가〉)를 포함하여 살펴보고자 한다.

2. 조선 후기 궁핍한 민중의 생활상

신재효 판소리 사설에는 조선 후기 민중의 일상(日常)이 핍진(逼眞)하게 그려져 있고, 노동(勞動)을 근간으로 한 생활상이 자제하다. 특히 『박타령』은 민중의 처량하고 고단한 삶이 잘 그려져 있다. 처량하지만 선량(善良)한 흥보는 부유하지만 부덕(不德)한 형 놀보에게 쫓겨나 부랑생활(浮浪生活)을 한다. 피폐한 생활 끝에 흥보는 '품팔이'(품삯을 받고 남의 일을 해 주는 일)를 나선다.(『박타령』, 351~353쪽)

살림이 넉넉한 놀보에게 쫓겨나서 떠돌아다니며 빌어먹던 흥보는 호되게 마음을 먹고 품팔이를 나선다. 흥보는 살아보겠다는 일념으로 시골과 도시를 가리지 않고 다니면서 부지런히 일에 임한다. 흥보의 '삯일', 임금노동(賃金勞動)은 시골 생활과 서울 생활의 사례로 소개된다.

흥보는 높고 낮은 땅 가리지 않고 김매기, 먼 산 가까운 산 꺼리지 않고 땔나무 풀베기, 장터 심부름하기, 십리(十里)에 반돈 받고 가마메기, 새로 잡은 조기 등짐지기, 관아(官衙)의 소식 전하기, 방(房) 고치는 데 보조하기, 담 쌓는 데 자갈 줍기, 모내기철 품 팔기, 약재(藥材) 짐 옮기기, 부고(訃告) 전하기, 출상(出喪)에 명정(銘旌)들기, 대리 숙직(宿直)서기, 대장간에 풀무불기, 기생의 편지 전하기, 부잣집 결혼식에 기러기 들기, 거리에서 술을 파는 '들병장수' 술짐 지기, '초라니' 광대 놀이판에 장대 놓기, 아무리 애를 써도 시골생활에 힘이 부친다.

흥보는 서울로 올라가서 술집의 종노릇하다가 소주(燒酒)가마를 망쳐놓고 뺨 맞고 쫓겨나기도 하고, 병영(兵營)에 '매품팔이'(남의 매를 대신 맞아 주고 삯을 받던 일) 갔다가 차례가 밀리어 빈손으로 돌아오기도 한다. 서울생활도 빈곤한 흥보에게 녹록치 않다.

흥보의 품팔이는 조선 후기 임노동자(賃勞動者)의 다종다양한 노동 사례를 나열하고 있다. 이처럼 다종다양한 사례, 품목의 나열은 판소리 예술이 갖는 서술 방식의 하나이다. 때로는 과장된 서술로 간주되기도 하지만, 흥보의 품팔이와 앞으로 확인하게 될 흥보 아내의 품팔이 경우는 현실의 핍진한 반영으로 볼만하다. 흥보의 품팔이가 남성의 임노동(賃勞動) 사례를 보여주고 있다면, 이어지는 흥보 아내의 품팔이는 여성의 임노동 사례를 보여준다.

흥보가 번번이 빈손으로 돌아오자 흥보 아내는 직접 품을 판다. 그녀의 품팔이는 오뉴월(음력 5~6월) 밭매기, 구시월(음력 9~10월) 김장하기, 한 말 받고 벼 훑기, 입만 먹고 방아 찧기, 삼 삶기, 둑 쌓기, 물레질, 베 짜기, 옷 짓기, 초상집에 빨래하기, 혼사 집에 물일하기, 채소밭에 오줌주기, 소주(燒酒) 고기, 장(醬)달이기, 물방아에 쌀 까붋기, 맷돌 갈 때 밀 집어넣기, 보리 갈 때 밑거름하기(퇴비 만들기), 볍씨를 뿌리어 모를 기를 때 거름풀 뜯기 등이다. 흥보 아내는 아이를 낳고 절구질로 몸을 풀며, 한때도 쉬지 않고 밤낮으로 품팔이에 애를 써도 늘 굶주린다. 찌든 가난은 고된 노동으로도 전혀 해결될 기미가 보이지 않는다.(『박타령』, 353쪽) 흥보 아내의 품삯은 '쌀 한 말' 혹은 '식사 제공' 정도로 보잘것없는 것이나, 여염집 여성의 임노동이다. 그녀의 노동은 일용직이지만 사회적으로 떳떳한 직업을 바탕으로 한다.

반면 『변강쇠가』에서 옹녀의 노동은 흥보 아내의 노동과는 층위가 다르다. 한결 험한 생계활동을 여실히 보여준다. 옹녀와 변강쇠는 지방 각처, 전남 원산, 충남 강경, 전북 줄포, 전남 영광 법성포 등의 포구(浦口)를 찾아다닌다. 그들은 포구 주변의 어시장(魚市場)인 '파시(波市)'를 떠도는 유랑생활을 한다. 옹녀는 병술을 파는 '들병장사', 가림 없이 닥치는 대로 내다가 파는 '막장사', 낮 동안만 부름을 받아 일하는 '낮부림', 날품의 '넉장질'에 애를 써서 양돈, 관돈을 모은다.(『변강쇠가』, 541~543쪽)

옹녀의 경제활동은 앞서 살펴본 흥보 아내의 노동과는 질적인 차이를 보인다. 예를 들어, 옹녀의 들병장사는 가난하지만 여염집 여인에게는 가당찮은 일이다. 『박타령』에서 가난을 한탄하며 흥보 아내가 '술장사를 하여볼까?' 하고 제안하자, 흥보는 '자네, 그게 웬 소린가,

죽었으면 그저 죽지, 자네 시켜 술 팔겠나!'라고 아내를 달래어 놓고 자신이 품을 팔러 나선다.(『박타령』, 351쪽) 사내인 흥보가 '들병장수'의 술집을 질망정, 여염집 여인인 흥보 아내에게는 술장사는 꺼려야 하는 험한 일이다. 흔히 들병장수 여인을 '들병이'라 하고, 들병이는 술병을 들고 다니면서 술과 웃음과 몸을 팔았던 것으로 알려져 있다.

따라서 흥보 아내의 품팔이는 가난하지만 여염집 여성의 임노동이라고 한다면, 옹녀의 노동은 한층 하층 여성의 험한 생계활동이다. 이처럼 신재효 사설은 사소하지만 어휘의 낱낱을 변별하여 곡진한 정황을 그리고 있다.

동네 여인들의 추렴 젖을 먹고 자란 심청은 잔병 없이 사오(4~5) 세가 된다. 어린 심청은 '지팡이 한 끝 잡고 아비 앞을 인도(引導)하여 마을을 다니면서, 아침과 저녁이면 밥을 빌고, 낮이면 쌀과 돈을 동냥하며 지내다가 일곱 살'에 이른다.(『심청가』, 175쪽) 이때부터 심청은 혼자서 밥을 빌어 심봉사를 봉양한다.

마침내 15세 처녀가 된 심청은 심봉사의 눈을 뜨게 하고자, 몽은사(夢恩寺) 화주승(化主僧)에게 백미(白米) 삼백석(三百石)을 시주(施主)하게 된다. 부처님께 시주, 정성을 드려서 아비의 개안(開眼)을 돕고자 한다. 시주 백미 삼백석의 마련을 위해서 심청은 자신의 몸을 고가(高價)로 매매한다. 중국 남경(南京)을 오가며 장사하는 뱃사람들에게 인간 제물(祭物)로 팔려가는 것이다. 바닷길의 안녕을 비는 인간 제물로써 거친 바다 한가운데에 뛰어들어야 한다.

팔려가는 심청을 동네 처녀들이 만류하여 붙잡는다. '가지 마라, 가지 마라.' 울먹이는 소리가 들리는 듯하다. 처녀들의 사설에서 사계절 풍속과 일상사를 확인할 수 있다. 설닐(음력 1월 1일)이면 '널뛰기'와 상사일(上巳日, 음력 1월의 첫 뱀의 날)에 '난초 캐기', 단오(端午, 음력 5월 5일)에 '그네뛰기'와 칠석날(음력 7월 7일)에 '걸교하기' 등의 사계절 풍속이 확인된다. 또한 처녀들의 일상사로 실켜기, 베 짜기, 다듬이질, 바느질 등이 나타나 있다. 밤낮으로 함께 했던 절친한 심청을 떠나보내야 하는 친구들은 가지 마라, 가지 말라고 매달린다.(『심청가』, 193쪽)

여기서 처녀들의 사계절 풍속은 넓은 의미에서 여성 풍속(女性風俗)이라고 할 수 있다. '널뛰기', '난초 캐기', '그네뛰기'뿐만 아니라, '걸교하기'는 여성의 놀이이자 바람이다. 예를 들어, 걸교하기는 칠석(음력 7월 7일) 전날 밤에 소녀들이 길쌈과 바느질 솜씨를 뛰어나게 해달라고 직녀성(織女星)에 비는 풍속이다. 걸교에 대한 기사는 『박타령』에서 흥보 아내의 대사에서도 확인된다. 흥보 아내는 '직녀성에 걸고하여 바느질 품삯이라도 벌어볼까?' 하고 넋두리를 늘어놓는다.(『박타령』, 351쪽) 길쌈과 바느질 솜씨가 뛰어나길 바라는 마음은 당시 여성들의 공통된 소망이다. 노동의 기술을 소망하는 당대 여성과 그녀들의 처지에 숙연한 맘이 든다.

안타깝게도 흥보 아내와 흥보의 노동은 가난을 조금도 해결하지 못한다. 그들의 가난은 '보은포(報恩匏)', '은혜를 갚는 박'이라는 환상적 장치를 통해서 극복된다. 다만 그 정황만큼은 현실적인 기반을 두고 있다. 지난해 제비 새끼의 부러진 다리를 고쳐 주고, 올해 제비가 물어다 준 박 씨앗을 심었던 것이 세 통이나 큼지막하게 여물었다. 흥보는 도끼를 얻어 들고 지붕 위에 올라가 박을 수확할 참이다. 박이 어찌나 실하게 컸던지 내리기에도 벅차다. 흥보는 '당산나무'(마을의 수호신으로 모셔 제사를 지내 주는 나무)에 감겼던 줄을 풀어다가 박통을 거둔다.(『박타령』, 367쪽)

여기서 민간의 풍속, 농경사회의 풍속이 확인된다. 정월(음력 1월 1일)과 단오(음력 5월 5일)에 윗마을과 아랫마을이 나뉘어 줄다리기를 하고, 그 승부로써 농사의 풍흉(豊凶)을 점친다. 줄다리기 줄은 쌍줄과 외줄의 두 형태가 있다. 외줄은 호남 지역에서 나타나고, 쌍줄은 호남을 비롯한 여타 지역에서 두루 확인된다. 아울러 줄다리기 이후 해당 줄을 당산나무에 매어두던 지역은 외줄다리기를 하던 호남 지역이라고 한다.[2] 이러한 사실적 정황이 짧게나마 『박타령』에 배어 있다.

지난 정월 대보름에 외줄다리기 하던 줄이 당산나무에 감겼거늘, 흥보는 '외줄'을 풀어다가 박을 수확한다. 흥보는 박을 자르면서 노래를 부르자고 아내에게 제안한다. 한해 농사라고는 알량한 박통뿐이지만, '모심을 때 상사소리, 밭 맬 때 메나리'처럼 노동요(勞動謠)를 부르자고 한다. '상사소리'와 '메나리'는 민요의 곡명이며 곡조명이다.

흔히 모를 심을 때 부르는 민요를 '모심는 소리'라고 하는데, 이것은 여러 가지 유형으로 확인되며, 거시적 권역을 형성한다. 모심는 소리는 경기도 중심의 '하나소리', 강원도 중심의 '아라리', 충남 및 호남 중심의 '상사소리', 그리고 영남지역 중심의 '정자소리'로 나눌 수 있다.[3] 따라서 흥보의 대사 속 한마디 '상사소리'는 호남의 모심는 소리를 의미한다. 이처럼

---

[2] 『한국민속의 세계』 5, 고려대 민족문화연구원, 2001, 418~427쪽.
[3] 강등학 외, 『한국 구비문학의 이해』, 월인, 2000, 236쪽.

사설 속 어휘는 판소리 문화권, 호남의 지역성을 담아낸다.

한편, 유랑연희극단(流浪演戲劇團)의 하나인 '각설이패'의 〈장타령〉은 호남의 장터를 두루 언급하고 있어 흥미롭다. 흥보 박과 달리, 놀보 박은 원수를 갚는 '보구풍(報仇豊)'이다. 첫째 통에서는 상전(上典), 둘째 통에서는 걸인(乞人), 셋째 통에서는 사당패(노래와 춤, 기예를 비롯한 성희(性戲)를 팔던 떠돌이 극단) 등이 등장하여 놀보를 꾸짖고 재물을 빼앗는다. 이어서 넷째 통에서는 '검무장이'(칼춤 추는 사람), '북잡이'(북치는 사람), '풍각쟁이'(악기를 다루는 사람), '각설이패'(구걸하는 무리), '외초라니'(광대)가 한꺼번에 등장한다. 조선 후기 유랑예인의 놀이판을 갈무리하여 옮겨 놓는다. 각설이패는 연행 곡목인 〈장타령〉을 부르며 나타난다. 전라북도와 전라남도의 장터가 줄줄이 나열된다. 흰 꽃 핀 '옥과장', 노란 버들 '김제장(玉果場)' … 미인의 고장 '남원장(南原場)', 멀고멀다 '장성장(長城場)', 울음소리 '곡성장(谷城場)', 누릇누릇 황육전, 펄펄 뛰는 생선전, 울긋불긋 잡화전, 파싹파싹 나막신전이 두루 언급된다.(『박타령』, 431쪽) 이처럼 호남에서 유명한 장터와 생동감 넘치는 점포의 정황을 그리고 있다. 쇠고기, 생선, 잡화, 담배, 옹기, 나막신 등은 점포의 품목일 뿐만 아니라, 소망과 바람이 담긴 민중의 생활 품목이다.

신재효 사설은 민중의 사계절 풍속을 비롯한 미풍(美風)과 여성 풍속을 담고 있다. 이것은 호남의 농경문화와 전라북도의 풍속을 바탕으로 한다. 신재효 사설은 판소리의 본향인 호남과 신재효의 고향인 전라북도의 지역적 특성을 진솔하게 반영한다. 이런 점에서 볼 때, 신재효 사설은 조선 후기 생활지(生活誌)이며 풍속지(風俗誌)라고 할 만하다. 따라서 신재효 사설은 판소리를 비롯한 예술자료뿐만 아니라, 조선 후기 풍속자료로서도 중요한 의미를 지닌다.

3. 내밀한 성적 어휘와 성묘사의 노골적 표출

신재효 사설은 다종다양한 성적 어휘(性的 語彙)를 담아내고 있다. 남녀의 성기(性器)를 지칭하는 용어에서 성애(性愛)와 성교(性交) 심지어, 성적인 욕설(辱說)까지 확인된다. 우선 남성 성기를 지칭하는 어휘부터 살펴보면 다음과 같다.

남성 성기를 일컫는 용어에는 '그것', '중동', '불두덩', '주장군' 등이 확인된다. 또한, 조선 후기 문예물과 기록물로서는 흔치 않게 비속적(卑俗的)인 어휘인 '좆'과 직설적인 어휘인

'자지'가 빈번하게 나타나 있다. 이처럼 남성 성기를 비속적이고 직설적인 어휘들로 일컫는 것은 판소리의 생래적(生來的) 기원이 하층민의 언어 실생활에 근거하고 있음을 보여주는 사례라고 할 만하다.

아울러, 신재효 사설은 여성 신체의 은밀한 곳에 대한 언표(言表)를 서슴지 않는다. 때로는 비유적이기도 하지만 때로는 직설적인 어휘가 사용되고 있어 눈길을 끈다. 여성의 성기를 지칭하는 용어로는 '거기', '하문', '옥문', '옥문관', '묵은 조개', '햇조개'와 더불어, 비속적인 어휘인 '씹'과 직설적인 어휘인 '보지'가 쉽게 확인된다.

이처럼 인체의 내밀한 부분에 대한 다소 거칠지만 진솔한 언표를 쉽게 찾아 볼 수 있다. 어찌 보면, 조선 후기 사회에서 금기시되었을 듯하면서, 실제 언중(言衆)의 실용언어일 법한 속되고 야한 성적 어휘들이 작품 속에서 불쑥불쑥 돌출한다.

한편 남녀 사이의 사랑과 육체적 관계, 성애와 성교를 뜻하는 어휘가 다양하게 확인된다. 『춘향가』의 경우, 성적 어휘인 '춘정(春情)'은 인간으로서 자연스럽게 이는 사랑의 감정이라고 할 만하다. 이도령은 남원에 와서 춘정을 못 이기고 춘향과 사랑에 빠지는 것이다.(『춘향가』, 25~27쪽) 이러한 춘정을 춘향은 '풍정(風情)'이라고도 일컫는다.(127쪽) 춘정과 풍정이 구체적으로 드러나는 정황이 성애(性愛)와 성교(性交)일 듯하다. 이는 풍정에 어쩔 줄 모르는 이도령은 책방에 들어와 앉아서도 '홍동항뚱' 춘향만을 생각하면서 먼 산을 바라본다. 목이 메고 가슴은 '우둔우둔', 정신은 '어찔어찔', 두 팔에 맥이 없고, 두 다리 힘이 없다. 이마에서는 식은땀이 나고, 입에서는 '염참것'의 맛을 못 보아서 부족증(不足症)을 낸다. 이도령이 보채는 '염참것'이란 다름이 아니라, '정사(情事)'이다.(115~117쪽)

이처럼 성애와 성교를 맛, 식욕으로 언표(言表)하는 사례는 사설 곳곳에서 확인할 수 있다. 『변강쇠가』의 경우, 점(占)을 쳐주고 돈보다는 '거 새곰한 것'을 요구하는 점쟁이 장면(565쪽)과 『적벽가』의 경우, 이성(異性)간의 성관계를 '참것 맛'이라고 하고, 동성(同性)간의 성관계를 '얼교기'라고 일컫는 장수(將帥) 장면(503쪽)을 통해서 확인할 수 있다.

한편 다소 변태적인 성행위를 뜻하는 이색적인 어휘도 나타나고 있어 흥미롭다. 그 대표적인 텍스트로 『변강쇠가』를 들 수 있다.(533~535쪽) 입을 맞추고, 젖가슴을 쥐고, 손을 만지는 것이야 그렇다 치고, 옷을 걷어 젖히고 다급하게 하는 성교를 뜻하는 '거드모리', 새처럼 얼른 하는 성교를 뜻하는 '새호루기'와 음흉한 눈으로 훔쳐보는 눈요기, '눈 홀레질'

등이 눈에 띤다. 변태적 성행위자로서 자위행위 혹은 조루증 환자라고 할만한 '치맛자락에 사정(射精)을 급하게 한 놈'의 별스럽고도 속된 표현이 확인된다.

또한, 남성 성기의 비속적 표현이며, 욕이라고 할 만한 '좆 단 놈', '삼남(三南) 좆'과 여성에 대한 욕인 '이 년' 등이 쉽게 확인된다. 이와 같은 욕지거리 특히, 성적인 욕설은 『변강쇠가』뿐만 아니라, 신재효 사설 전반에서 흔하게 찾아 볼 수 있다. 『적벽가』의 경우, '제 어미 붙을 놈'과 같은 욕지거리는 '뉘 제 어미 붙을 놈이 이 고생을 겪은 후에 군중(軍中)에 또 다녀요?'(505쪽)라는 병사들의 자조 섞인 항변뿐만 아니라, 흔한 일상어인 듯이 『춘향가』에서 춘향의 입에서(111쪽), 『심청가』에서 방아를 찧는 동네 여인들의 입에서 불쑥불쑥 튀어 나오는 것을 확인할 수 있다(239쪽). 아울러 『심청가』(241~243쪽)를 비롯해 『변강쇠가』 (547쪽)에서 확인되는 층위를 달리하는 여러 〈방아타령〉들과 단가 〈방아타령〉(685~687쪽)은 모두 성적 이미지를 불러일으키는 노래들이다. 한 술 더 떠서, 『춘향가』에서 이도령은 '개좆'(89쪽)이니 '네 어미 씹'(109쪽)이니 하는 귀담아듣기에 민망한 육담(肉談)을 자연스레 구사한다. 이것은 문예물로서 다소 과장되고 우스운 설정에서 발화(發話)되는 것이기는 하지만, 당시 언중(言衆)의 일상어일 듯하다. 언중의 몸에 밴 일상의 언표로서 일련의 성적인 욕설, 육담은 자연스럽게 작품에 반영된다.

성묘사(性描寫)는 남녀의 성기를 자세하게 묘사한 부분과 성행위(性行爲), 성희(性戱)를 묘사한 부분이 확인된다. 남녀의 성기를 묘사한 부분은 이미 잘 알려져 있는 것처럼, 『변강쇠가』의 강쇠가 옹녀의 생식기를 노래한 〈기물타령(음)〉(537쪽)과 용녀가 강쇠의 생식기들 노래한 〈기물타령(양)〉(537~539쪽)이 손꼽힌다. 이 가운데 〈기물타령(음)〉을 살펴보면, '천생음골(天生陰骨) 강쇠놈이 옹녀의 양각(兩脚)을 번쩍 들고 옥문관(玉門關)을 굽어보며' 노래한다.

털은 돋고 깊게 파이었는데, … 광저기 꽃이 비치었고, 물이 항상 괴어 있다. 조개일는지 혀를 삐쭉이 빼었으며, 곶감을 먹었던지 곶감 씨가 훔쳐다 놓은 듯 담겨 있고, 으름 열매인지 저절로 벌어졌다. 영계백숙을 먹었던지 닭의 벼슬이 비치었다. 더운 김이 그저 난다.

'털은 돋고 깊이 파여서, … 금이 바르게 터져 있고, … 김이 난다'는 것은 생식기의 외형과 성적 흥분 상태의 열기를 비유한 말로 여겨진다. '광저기 꽃', '물', '조개 혀', '곶감 씨', '으름 열매', '영계백숙의 닭 벼슬' 등은 생식기의 세세한 국부(局部)들을 상징한다. 이것은 단순한 비유를 넘어서 생식기의 미시적인 각 부위를 마치 실상(實狀)대로 그려내는 사실적,

구상적(具象的) 소묘(素描), 데생이라고 할 만하다. 한 가지 예로써 '으름 열매'의 실제 모습을 보면, 여성의 내밀한 신체의 국부와 너무나도 닮아있다. 그래서인지 민간에서 으름 열매를 '임하부인(林下夫人)'이라고도 부르고, 성적 농담의 소재로써 흔히 사용한다. 광저기 꽃, 물, 조개 혀, 곶감 씨, 으름 열매, 영계백숙의 닭 벼슬 등은 생식기의 세세한 국부를 상징하면서도 실제 식용작물과 음식물을 뜻하는 일상의 용어들이다. 이것은 조선 후기 민중의 보편적 정서와 실생활 경험에서 비롯한 비유로 여겨진다. 조선 후기 언어에서 생식기의 미시적인 각 부분은 구체적이고 다양한 음식물로써 기표되는 사례를 〈기물타령(음)〉에서 확인할 수 있다. 이처럼 신재효 사설은 한국어와 한국인의 의식구조 연구의 역사적 자료, 조선 후기 자료로써 유효한 가치가 인정된다.

본격적으로 신재효 사설에 나타난 성행위를 살펴보면, 남성과 여성의 성적 흥분 상태를 묘사한 부분이 확인된다. 우선, 남성의 성적 흥분 상태를 묘사한 부분은 다음과 같다. 『춘향가』에서 춘향이 그네를 뛰는 모습을 본 이도령의 흥분 상태는 실로 웃음을 자아낸다. 이도령은 흥분한 나머지 헐떡거리다가 자빠지고 만다.(107쪽) 춘향의 아리따운 그네뛰기에 생식기가 불안전한 사내, 고자라도 흥분하겠다는 하인(下人)의 말도 우습다.(111쪽) 마침내, 서로 정분을 나누는 첫날밤에 흥분한 이도령은 '중동에서 야단났다'고 춘향에게 토로한다.(25쪽) 이밖에 보다 자극적인 어휘인 '좆'과 '뒷물'로 남성 흥분 상태를 표현한 기술도 확인된다.(437쪽)

아울러, 성적인 갈증을 토로하는 장면이 있어 눈길을 끈다. 『적벽가』에서 여러 병사가 자신의 서러운 사연을 늘어놓는다.(467~469) 이 가운데 한 병사가 신혼 첫날밤에 전쟁터에 끌려온 자신의 설움을 토로한다. 그는 자신의 애절한 사연을 토로하는 듯하나, 그 정황은 민망하고 우스꽝스럽게 그려져 있다. '내 설움은 고사하고 주장군이 더 서러워 이때까지 눈물방울을 댕강댕강 떨어뜨리니, 이왕 시작한 일이나 다 마치고서 왔더라면 조금이나마 서러울 일이 있겠느냐?'는 부분에서 다소 희화(戱畵)되어 있으나, 절박한 성적 갈증을 확인할 수 있다.

한편, 여성의 성적 흥분 상태를 확인할 수 있는 기사는 『변강쇠가』에서 옹녀의 〈사랑가〉 부분을 손꼽을 수 있다.(541쪽) 옹녀는 사랑에 겨워서 강쇠를 업고, 실긋샐긋 까불면서 〈사랑가〉를 노래한다. '사랑, 사랑, 사랑이야~' 마침내 한다는 소리가 '동방화촉(洞房華燭)'을 무엇 하게 백일향락(白日享樂)이 더욱 좋다.' 이 소리는 신혼방도 필요하지 않고 백일향락, '낮거리'가 제일 좋다는 뜻이다. 아울러 청석관(靑石關) 노상(路上)에서 신혼을 만끽하자며 연거푸 두세 차례 '재미있는 그 노릇', 성관계를 갖는다. 이처럼 옹녀의 언행(言行)에서 성적 흥분상태를 엿볼 수 있다. 낮거리는 『심청가』에서 뺑덕어미도 즐겼던 것으로 확인된다. '이 년이 그 새에 뒷집 머슴 후려다가 낮거리를 시작하였구나.'(219쪽)

성적 유희는 입맞춤과 애무와 성희가 나타나 있다. 우선 입맞춤부터 살펴보면 다음과 같다. 『춘향가』에서 이도령은 서책을 읽으면서 춘향과의 입맞춤을 상상하기도 하고(119쪽), 실제 춘향의 집에 찾아가서 잠자리를 같이 하면서 입맞춤을 행하기도 한다.(137~139쪽) 또한, 『토별가』에서 토끼와 선녀들의 집단적인 입맞춤(315쪽), 『박타령』에서 성추행이라고 할 만한 놀보의 행실로서 '물동이 인 계집 입 맞추기'(327쪽) 등이 확인된다.

입맞춤을 비롯한 애무는 이도령과 춘향의 사랑 장면에서 절정을 확인할 수 있다. 다음은 판소리 춘향가에 정도를 달리해서 흔히 확인되는 사랑 대목이며, 단가 <오섬가>에 수록된 춘향가 대목이다.(682~683쪽) 성적 어휘인 '주장군'과 '옥문관'이 확인된다. 본격적인 성행위 장면을 묘사한다. 또한 이도령이 춘향의 목을 감아 안고 혀를 물기도 하고, 젖가슴을 애무한다. 이에 춘향도 좋아라고 사랑가로 화답한다. 여기서 흥미로운 것은 본격적인 성행위에 앞서 춘향과 이도령의 '각색 장난'이다. 이것은 깊은 밤에 촛불 아래서 연인이 나신(裸身)이 되어 즐기는 성적인 놀이다. 온 방안을 기어 다니면서 손 채질 톡톡 치며, 말처럼 시늉하고 말처럼 타고 노는 '말동질', 겨루기를 하듯이 서로 두 손목을 잡고 밧고 차며 노는 '택견질', 다리를 엇걸어서 상대를 쓰러뜨리며 노는 '다리씨름' 등이 파편의 기사로나마 확인된다.

남녀의 성희를 신재효 사설은 '각색 장난' 혹은 '비상한 장난'으로 소개한다. 다음은 벌건 대낮에 노상에서 벌어지는 비상한 장난이다. 『변강쇠가』에서는 길가에서 옹녀를 애무하는 중의 모습이 확인된다.(577~579쪽) 중의 비상한 장난은 여인의 등덜미에 손도 쓰윽 넣어 보고, 젖도 불끈 쥐어 보고, 허리도 질끈 안아보고, 손목도 꽉 잡는 것이다. 마침내, 중은 '암만해도 못 참겠네. 우선 한 번 하고 가세.'라고 옹녀에서 대낮 노상에서 성관계를 요구한다. 색정(色情)을 갈구하는 중의 마음을 옹녀는 '여러 해 주린 색심(色心)'이라 헤아리고 달랜다.

한편, 읽기에 따라서는 다소 잔혹한 성관련 기사도 확인된다. 이 가운데 한두 자료를 소개하면 다음과 같다. 『적벽가』에서 성욕을 푼다는 뜻의 '중동 해소(解消)', 성욕을 맛으로 비유한 '참 것 맛', 부족한 대로 성욕을 채운다는 '얼요기'의 성적 어휘는 각각 '주장군', '옥문관', '항문관'의 성적 어휘와 어우러져 다소 당혹스런 이야기를 만들어 낸다. 전쟁터에서 패전한 병사는 상대 장수에게 붙잡혀 성적인 곤욕을 치른다. 병사는 어여쁜 얼굴 탓에 죽임을 당하지 않으나, 특정 신체부위에 치명적인 손상을 입는다. 병사는 장수뿐만 아니라, 연속해서 '일곱 놈'에게 비역(鼻閾)을 당한다.(501~503쪽) 이 기사는 판소리 예술 특유의 과장되고 희화된 면이 있으나, 전쟁터에서 빗어진 남색, 비역, 남성 사이의 성폭행, 집단 성폭력의 단면을 그리고 있어 흥미롭다.

이에 비해 다음의 기사는 전쟁터의 극한 공간에서 벗어나 생활공간에서 이루어지는 기사로서 눈길을 끈다. 『박타령』에서 여승 겁탈, 임산부 폭행, 아동 학대, 여성 성추행, 아동 성추행, 노약자 성폭행 등등의 다종다양한 악행들이 기술된다.(237쪽) 이 가운데 '약한 노인을 엎드러뜨리고 마른 항문 생짜로 하기'는 남성 사이에 벌어진 성폭력의 문학적 사례가 될 듯하다. 신재효 사설이 문학적, 예술적 텍스트임은 부동의 사실이다. 그러나 이것이 조선 후기 사회와 풍속에 근간을 두고 이루어진다는 점에서 사실성과 진정성을 조심스럽게 가늠해 본다.

4. 질펀한 성생활과 성병의 파편적 경계

신재효의 사설 곳곳에서 질펀하고 내밀한 성생활(性生活)의 파편적 기사와 성병(性病)에 대한 기사들을 확인할 수 있다. 이에 몇 가지 예를 들면 다음과 같다. '사내끼리의 무려함을 팔씨름으로 달래고, 남녀사이의 애정욕은 두꺼비씨름으로 푼다.'고 할 수 있을 '두꺼비씨름'의 파편(『춘향가』, 113쪽)과 '잠자리에서 잔재주와 혀 짧은 말소리가 사내를 대혹하게 한다.'는 기사(『심청가』, 215쪽), 성병(性病) 관련 기사(『변강쇠가』, 593~595쪽)를 확인할 수 있다.

『변강쇠가』에서 강쇠의 죽음의 원인을 '용병'(595쪽)으로 보는 뎁득이의 기사는 주목된다. 용병은 '창병(瘡病)' 혹은 '화류병(花柳病)'의 사투리이다. 화류병은 흔히 '화류계(花柳界)'에서 전염되는 임질, 매독 따위의 성병을 뜻하는 말이다.

의사학(醫史學)에 따르면, 임질과 매독은 전염성과 치명성에 있어서 대표적인 성병으로 일컫는다. 임질은 그 기원을 따질 수 없을 정도로 인류의 '오래된 질병'이고, 매독은 15세기

말 유럽에서 크게 유행하여, 16세기 초에 중국 광동(廣東)을 통해서 동아시아 지역에 유입된 것으로 여겨진다. 조선에서 매독은 이수광(李睟光: 1563~1628년)의 『지봉유설(芝峰類說)』(1614년)에는 '천포창', 『사의경험방(四醫經驗方)』에는 '양매창(楊梅瘡)'이라고 기록된다. 임질은 '오줌은 마려우나 뜻대로 잘 나오지 않고 방울방울 떨어지는 모습에서 비롯한 명칭'이라 하고. 매독인 양매창은 '환부의 모양이 양매(소귀나무과의 열매)와 같은데, 화끈거리며 달아오르고 벌겋게 되어 진물이 흐르고 가렵고 아픈 질병'을 일컫는다. 조선에서 성병 통계가 처음 등장한 것은 『제중원 일차년도 보고서』(1886년)로, 한 해 동안 외래환자 10,460명 중에서 소화기환자(19.4%) 다음으로 많은 질병이 바로 성병(18.3%)이라고 전한다.[4] 이것은 마치 『변강쇠가』에서 '용병'에 걸린 변강쇠의 흉한 몰골을 순화시켜서 내린 성병 진단(診斷)과 19세기 말 질병의 유행과도 같다. 이처럼 과장과 상징의 문학적 장치로써 이루어진 신재효 사설이지만 그 저변은 당대 세태풍속과 사회실상을 바탕으로 한다.

인간의 본질적 욕망을 생각해 보았을 때 흔히, 누구나 성욕(性慾)을 손꼽을 듯하다. 신재효 사설도 인간의 성욕을 드러내는 다양한 기표를 넉넉하게 담아내고 있다. 이 가운데 인간의 성욕, 성적 욕망을 담아낸 작품으로서 『변강쇠가』를 빼놓을 수 없다. 다음은 『변강쇠가』의 대단원을 치닫는 막장 부분으로서 뎁득이의 '가리질 사설' 대목이다.(『변강쇠가』, 619쪽)

죽은 강쇠의 장례(葬禮)를 치러 주고 과부 옹녀를 취하려던 뎁득이는 강쇠의 원혼 탓인지, 강쇠의 시체가 등에 달라붙어서 혼쭐이 난다. 가까스로 강쇠의 시체를 잘라내었으나 여전히 한 도막, 시체 토막이 등 뒤에 붙어 있다. 뎁득이는 바위 절벽에 찾아가서, 등에 붙은 시체의 살덩이를 돌 위에 갈기 시작한다.

이때 뎁득이는 자신의 어리석음에 대한 푸념처럼, 강쇠에 대한 원망처럼, 더 이상 여색(女色)을 탐하지 않겠다는 뉘우침의 다짐처럼 갈이질 사설을 읊는다. '어기여라 갈이질. 봄바람에 나는 나비가 꽃향기에 취해서 거미줄에 걸릴 줄을 몰랐으며, 볕 좋은 산자락에 수꿩이 암꿩소리로만 듣고 사냥꾼의 피리 부는 소리에 속을 줄을 몰랐구나. 덧없는 세상에서 오입(誤入) 참고 사람 되세.'

갈이질을 마친 뎁득이는 옹녀에게 작별 인사를 하고 고향을 향해 떠난다. 야하고도 야한

---

[4] 신규환, 「개항, 전쟁, 성병: 한말 일제초의 성병 유행과 통제」, 『의사학(Korean Journal of Medical History)』 17(2), 2008. 240~250쪽, 참고.

작품, 『변강쇠가』는 뎁득이의 '급(急)' 반성으로 마무리를 짓는다. 또한 작가의 목소리가 개입하여, 개과천선(改過遷善)을 훈육(訓育)하면서 갈무리한다. 이것은 판소리를 비롯한 한국고전 문예물의 상투적인 갈무리 방식이라고 할 수 있다.

그러나, 사실상 변강쇠와 옹녀, 뎁득이가 보여주는 거침없는 성(性)의 면면은 '나비가 꽃을 찾고 수꿩이 암꿩을 쫓아날 듯이' 지극히 자연스런 것이고, 인간의 욕망 가운데 하나인 성욕의 주체할 수 없는 측면을 보여주는 듯하다. 토로(吐露)하는 듯하다.

한편 『심청가』의 경우, 딸인 심청의 목숨을 팔아서 연명하게 된 심봉사조차도 성적 욕망에 사로잡혀서, 넉넉한 경제력과 왕성한 정력을 자랑삼아 새로운 짝을 찾는 작태를 보면 기가 막힌다. 심봉사는 동네 과붓집을 객쩍게 찾아다니면서 선웃음과 풋장담을 일삼는다.(213쪽) 심지어, 그는 <방아타령>을 성적인 노래로 불러대다가 여인들에게 흉한 욕을 먹기도 한다.(241쪽) 이러한 심봉사의 모습은 성적 욕망의 굴레에 어쩔 수 없이 매어있는 인간사의 단면을 보여주는 것은 아닐지.

작품에서 확인되는 작가의 목소리에 귀기우릴 일이다. '예부터 색심(色心)의 세계의 영웅(英雄) 열사(烈士), 절의 있는 이가 없었거든, 심봉사가 색심을 견디겠는가?' 이것은 인간(심봉사)의 본질적 욕망, 성욕에 대한 인정은 아닐지. 그 목소리가 판소리 기층의 목소리인지, 신재효의 목소리인지 명확히 구분하기는 어려운 일이다. 다만 신재효도 어느 정도 인정한 기층민의 공통된 목소리일 듯하다. 이것을 지면에 옮겨 놓은 것으로 여겨진다.

그리고 신재효 자신의 또렷한 목소리, 성적 욕망에 대한 입장을 단가 <오섬가>에 표명하고 있어 주목된다. <오섬가>는 '남편인 까마귀와 아내인 두꺼비가 만고의 애절한 사랑과 이별의 쓰라린 이면을 대화체로 엮어 놓은 작품'으로서 판소리 춘향가, 배비장타령, 강릉매화타령의 일화(逸話)를 야하고도 발랄하게 재구성한다. <오섬가>는 여러 연구자에 의해, 신재효의 실험 정신과 창작 의식이 담겨진 작품으로 평가된다.5)

이러한 <오섬가>의 뒷부분, '춘향가→배비장타령→강릉매화타령' 바로 뒤편에 '세상의 음양정욕 여천지무궁'이라는 문장이 따른다. 이를 '금할 수는 없거니와 이 사랑 이 설움을 억제하자 하려한다면 부동심(不動心)이 제일이라'는 권면(勸勉)의 문장에서 작가의 목소리로 확인할 수 있다.(<오섬가>, 685쪽)

---

5) 정병헌, 「오섬가와 판소리적 관습」, 서종문·정병헌 (편), 『신재효 연구』, 태학사, 1997, 381~395쪽.

앞뒤 문맥을 헤아려 보면, 음양(陰陽)은 남녀(男女)를 정욕(情慾)은 인간적 욕망(慾望)을 뜻하는 것으로서 음양정욕(陰陽情慾)은 인간의 성적 욕망을 꼬집어 일컫는 듯하다. 다시 말해서, '음양정욕(陰陽情慾) 여천지무궁(與天地無窮)'은 성욕은 하늘과 땅이 존재하는 한 존재한다는 인식의 표현으로 여겨진다. 이러한 인식과 정서는 작가뿐만 아니라 기층민의 집단인식과 정서로서 사설, 당대 문예물에 반영되는 듯하다. 신재효 사설은 단순히 개인 창작물이 아니라, 당대 민중에게 사랑받고 공유된 판소리에 뿌리를 두고 있다는 점에서 조선 후기 세태풍정(世態風情)의 기록물이라 할 만하다. 지극히 자연스런 시대상과 민중의 욕망, 내밀한 성적 욕망과 성풍속의 편린(片鱗), 성(性)과 질병을 콘텐츠화한 것이 신재효 사설과 단가라고 할 수 있다.

5. 결론

이상에서 살펴본 것처럼, 일련의 신재효 사설과 단가는 민중의 생활고(生活苦)와 성적 욕망의 문제를 거침없이 다루고 있다. 이것은 과도한 성적 욕망과 내밀한 성병을 '역사적 사실'과 '상상적 허구' 사이에서 판소리적인 과장과 희화(戱畵)로써 형상화된다.

신재효의 작품은 민중에게 있어서 실생활의 결핍과 욕망의 문학적 대리만족을 꾀한다. 아울러, 과함을 경계히고 부족함을 위안 삼아, 음(陰)과 양(陽)의 조화를 노래함으로써 민중에게 '현실적 궁핍'에 대한 위로와 위안의 문예물(文藝物)인 것이다.

다시 말해서, 신재효의 작품은 동양의 철학적 사고인 음양(陰陽)의 문제, 인간의 욕망(慾望)을 문제로 삼는다. 이것은 욕망의 현실적 결핍과 허구적 과도한 이야기들로써 음양정욕(陰陽情慾)의 조화를 문학적으로 훈육(訓育)하고 토로(吐露)한 진솔한 콘텐츠로서 유용한 가치를 지닌다.

<참고문헌>

강등학 외, 『한국 구비문학의 이해』, 월인, 2000, 236쪽.

강한영, 『신재효 판소리 사설집』, 민중서관, 1972.

민족문화연구원 (편), 『한국민속의 세계』 5, 고려대 민족문화연구원, 2001, 418~427쪽.

신규환, 「개항, 전쟁, 성병: 한말 일제초의 성병 유행과 통제」, 『의사학(Korean Journal of Medical History』 17(2), 2008. 240~250쪽.

신재효, 『신재효 판소리 전집』, 연세대학교 출판부, 1969

정병헌, 「오섬가와 판소리적 관습」, 서종문·정병헌 (편), 『신재효 연구』, 태학사, 1997, 381~395쪽.

최혜진, 『쉽게 풀어 쓴 신재효 판소리 사설집』, 민속원, 2012.

<Abstract>

Creating Cultural Contents out of Sex and Disease in Shin Jae-hyo's Pansori Narratives

Lee, Moon-sung (Korea University)

Shin, Jae-hyo left behind about 10 masterpieces, including the narratives (Saseol) of six Pansori repertoires(『Chunhyangga』, 『Simcheongga』, 『Tobyeolga』, 『Baktaryeong』, 『Jeokbyeokga』, and 『Byeongangswega』) and several short songs (Danga) such as 〈Oseomga〉 and 〈Bangataryeong〉. His narratives and short songs have been regarded as important works in the history of Pansori. They are also precious records that show the social environment and customs of the late Joseon Dynasty.

Shin, Jae-hyo's Pansori narratives and short songs reflect the lives of common people, four seasonal customs, play customs, and sexual customs realistically as they were. He also used a variety of terms and descriptions of sexually transmitted diseases. It could be assumed that those vocabularies relating to sex and diseases were reflected as everyday locution of the same language speaking people during the late Joseon Dynasty. In addition, his descriptions of such detailed sexual acts and scenes as well as sexual diseases realistically portray customs and social environment of the time.

Pansori narratives and short songs are interspersed with fragments of intimat e sexual lives and sexually transmitted diseases during the late Joseon Dynasty. Shin, Jae-hyo's works not only play a role as popular literary works but also hold high value as records of historical facts. Through his Pansori narratives and short songs, Sin, Jae-hyo created literary contents out of common people's diseases and hygiene during the late Joseon Dynasty and their intimate sexual life and sexually transmitted diseases.

Keywords: Shin, Jae-hyo, the late Joseon period, Pansori, Customs, Sexually transmitted disease, Cultural contents.

백석의 만주 시편과 현실 수용의 변화 양상

임지훈*

목 차

1. 서론
2. 스스로 초래한 '없음' - 「北方에서」
3. '하눌'이 내린 사랑과 슬픔 - 「흰 바람벽이 있어」
4. '갈매나무'로의 귀향 - 「南新義州柳洞朴時逢方」
5. 결론

\<국문초록\>

　　본고는 백석의 후기 시편에서 나타나는 현실 수용 양상의 변화에 대해 논하고자 한다. 백석의 후기 시편들에서 현실을 수용하는 화자의 태도는 시기에 따라 변하는데, 이 과정을 거쳐 「南新義州柳洞朴時逢方」에서는 삶에 대한 새로운 인식의 가능성을 보여준다. 먼저 「北方에서」의 경우 화자는 '없다'라는 술어를 통해 상실감과 슬픔을 구체화하며 현실을 수용하기 위해 그에 대한 원인으로 자신의 과거를 재구성한다. 이로부터 화자는 삶을 비관적으로 수용하며, 이를 자신의 선택이 초래한 비극으로 받아들이는데, 이에 반해 「흰 바람벽이 있어」에서는 그러한 태도를 벗어나 자신의 삶을 '하눌'이 내린 운명론적 슬픔으로 받아들이며 '프랑시쓰·쨈', '陶淵明', '릴케' 등 시인의 표상을 제시한다. 그러나 「南新義州柳洞朴時逢方」에서

---

*한양대학교 강사

는 다시금 '나는 내 슬픔과 어리석음에 눌리어 죽을 수 밖에 없'다고 슬퍼하면서 자신의 현실을 비관적으로 수용하는 모습을 보인다. 이 지점에서 화자는 자신의 과거를 현실에 대한 원인으로 재구성하는 절차를 생략하고 현실의 사물로부터 '갈매나무'라는 표상을 떠올리며, 전과는 다른 태도로 현실을 수용하는 모습을 보인다.

두 번의 관점의 전환을 통해 백석은 자신의 삶을 비극으로 수용하던 것에서 시인의 운명으로, 그리고는 다시 비극으로 받아들인다. 이때에 후자의 태도는 앞의 것과 다른 것으로 이해되어야 한다. 후자에서 화자는 현실에 대한 원인을 자신이 완전히 파악할 수 없다는 점을 받아들이며, 이로부터 '굳고 정한 갈매나무'라는 상징을 추상하기 때문이다. 화자와 갈매나무는 그 세부적 차이에도 불구하고 현실에 대한 원인을 알지 못한다는, 절대적인 앎의 한계라는 지점을 통해 일치된다. 따라서 화자의 삶 또한 자신의 선택이 초래한 비극이라는 관점에서 보다 확장되고 갈매나무의 모습과 같은 굳고 정한 것으로, 비극이지만 또 다른 가능성을 내포하고 있는 비극으로 의미화 된다. 이와 같이 백석의 만주 시편의 사유방식을 분절하여 바라봄으로써, 백석의 현실 수용 양상에 내포된 변화 양상을 추적할 수 있는 계기를 만들고자 한다.

1. 서론

최초의 백석 전집이 간행된 1987년 이래로, 백석에 대한 연구는 현재에도 활발하게 진행되고 있다. 그 갈래를 대략적으로 확인해보자면 첫째로는 토속성과 관련된 연구가 있고, 둘째로는 방언학의 관점에서 연구, 셋째로는 의식주와 풍속을 비롯한 문화사적 연구가 있으며 넷째로는 북관지역과 관련된 연구, 다섯째로는 구비문학적, 문화인류학적 연구 등이 있을 것이다. 한 시인의 작품에 대하여 이와 같이 폭넓게 진행되는 것은 1930년대라는 시대적 특이성에도 불구하고 흔한 일이 아닌데, 현재에도 백석 시의 갈래는 계속해서 넓어지는 중이라는 점에서 더욱 각별하다. 식민지 시대의 주체 형성과 관련된 연구에서부터 멜랑콜리, 낭만주의 등 다양한 키워드들이 백석의 시를 교차하며 해석의 폭을 넓혀나가는 중이다.

근래의 연구들에서는 연구의 대상이 시적 주체를 확인하고 그것을 설명하는 것에 집중되는 경향을 보인다. 이러한 연구들에서는 대개 백석의 시가 과거와 절연하는 것이 아니라 연계하려는 존재로서의 '나'를 전면화한다고 파악한다. 전통과 모더니티의 관계로부터 '나'를 해석하거나1), 유년시절에 대해 탐구함으로써 접근하거나2), 서술 방법을 통해 백석이 내세우는 '주체'를 해석하는 것3) 등 다양한 해석의 갈래들이 존재하며, 각각의 연구들은 백석 시의 해석을 더욱 풍요롭게 만드는 결과를 보여주었다. 이러한 연구들은 공통적으로 주체가 과거를 어떻게 받아들이느냐의 문제에 초점을 맞춘다. 즉 과거를 어떻게 표현하는가, 그것은 어떠한 의미를 지니는가의 문제가 백석 연구의 심급에 놓여 있는 것이다.4)

이러한 관점에서 백석의 후기 시편들은 특별한 의미를 지닌다. 시의 화자는 자신이 마주한 현실로부터 과거를 되새김질한다. 「北方에서」, 「힌 바람벽이 있어」, 「南新義州柳洞朴時逢方」 등의 시가 대표적인 사례인데, 여기에서 화자의 되새김질은 짙은 슬픔의 정서를 자아낸다. 『사슴』에서 백석이 정서적 표현을 되도록 삼가고 풍경, 풍속에 대한 묘사에 집중했던 점과 시어 선택과 결정에 있어서 보여주었던 엄밀한 태도를 생각해보자면, 이렇게 정서를 직접적으로 언술하는 것은 이 시기 백석의 내면에 있어 나타난 변화를 엿볼 수 있는 지점이라고 할 수 있다. 이에 대해 선례의 연구들은 그의 만주 방랑 시절의 고통에 직접적으로 연결하는 경향을 보인다. 여기에서 나타나는 상실과 슬픔의 정서는 그가 마주한 현실에 대한 직접적 표현이라는 관점이다. 예컨대 '오족협화'의 만주국에 대한 백석의 꿈이 부서지고, 그와 동시에 그가 마주하게 되는 황량함이 시에 전경화 된다는 지적이다.5)

---

1) 김윤식, 「백석론 허무의 늪 건너기」, 고형진 편, 『백석』, 새미, 1996; 이숭원, 「백석 시에 나타난 자아와 대상의 관계」, 『한국시학연구』 19, 2007.8; 박승희, 「백석 시에 나타난 축제의 재현과 그 의미」, 『한국 사상과 문화』 36, 한국사 상문화학회, 2007; 김정수, 「백석 시에 나타난 슬픔의 의미와 성격」, 『어문연구』 37권 2호, 한국어문학회, 2009.6.
2) 유종호, 「시 회귀와 회상의 시학—백석의 시세계」 1, 『다시 읽는 한국 시인』, 문학동 네, 2002.
3) 정효구, 「백석 시의 정신과 방법」, 『한국학보』 57, 일지사, 1989; 고형진, 「백석 시 연구」, 『백석』, 새미, 1996; 최승호, 「백석 시의 나그네 의식」, 『한국언어문학』 62, 한국언어문학회, 2007.9.
4) 김용희, 「백석 시에 나타난 구술과 기억술의 이데올로기」, 『한국문학논총』 38, 2004; 김재용, 「근대인의 고향상실과 유토피아의 염원」, 『백석전집』, 실천문학사, 2003; 김혜영, 「백석 시 연구」, 『국어국문학』 131, 국어국문학회, 2002; 박주택, 「백석 시 연구」, 경희대학교 박사학위논문, 1999; 유종호, 「시원 회귀와 회상의 시학-백석의 시세계1」, 『다시 읽는 한국시인』, 문학동네, 2002; 이소연, 「백석·윤동주 시의 동심지향성 연구」, 경희대학교 박사학위논문, 2011; 이혜원, 「백석 시의 동심 지향성과 그 의미」, 『한국문학연구』, 고려대학교 민족문화연구원 한국문학연구소, 2002; 장동석, 「백석 시에 나타난 나의 생각한다와 초월현실」, 『한국시학연구』 48, 한국시학회, 2016.11 등 다양한 연구들과 아래에 설명될 연구들이 이에 해당한다.
5) 곽효환, 「백석 시의 북방의식 연구」, 『批評文學』 45호, 2012; 송종원, 「백석 시 세계 연구」, 고려대 박사 논문, 2017; 심원섭, 「자기 인식 과정으로서의 시적 여정 – 백석의 만주 체험」, 『세계한국어문학』 제6호, 세계한국어문학회, 2011; 안상원, 「백석 시의 '기억'과 시쓰기 의식 연구」, 이화여대 박사 논문, 2014; 차성환, 「백석과 이

이와 같은 해석은 그의 일대기를 배경으로 한다는 점에서 설득력을 가진다. 그의 삶과 시의 정취가 공명하고 있거니와, 이와 같은 특징이 만주 방랑시기에 한정되어 있다는 점에서 더욱 그러하다. 이러한 해석들에 대해 최근의 연구 경향들은 색다른 관점을 제시한다. 만주 시편에 대해서 강동호는 정신분석학에 입각하여 흥미로운 주장을 펼친다. 백석은 상실을 노래한 것이 아니라, 상실을 노래함으로써 대상을 자신의 내면에 소유할 시간적 전도의 계기를 마련한다는 주장이다. 이는 대상의 소유와 상실의 관계를 전도시킨 것이다.6) 차성환은 백석의 시 창작의 과정을 '멜랑콜리적 주체화 과정'으로 규정하면서, 이를 식민지적 주체 형성의 과정으로 해석하여 이로부터 한국 시사에 나타나는 윤리적 실천의 지류를 확인할 수 있다고 말한다.7) 정보영은 이 시기에 나타나는 "갈매나무"라는 시어를 참조점으로 삼아 이전 시기 백석의 시를 세부적으로 살펴본다는 점에서 흥미를 끈다. 후기의 시편에서 나타나는 시어의 의미를 확정하고, 이를 토대 삼아 거꾸로 백석 시를 재편하는 작업은 해석의 다양성과 폭을 넓힌다는 의미에서 긍정적이라고 할 수 있다.8) 안상원의 연구는 백석의 시를 벤야민의 알레고리와 멜랑콜리 이론에 입각하여 살펴보는데, 백석의 시 창작이 파편화된 과거에 대한 '구원'의 행위라고 지적하며 기억의 사후적 재편으로써의 시 창작이 가지는 윤리적 의미를 탐색한다.9)

위에 제시되는 2010년 이후의 연구들에서 공통으로 지적되는 것은 원인과 결과에 대한 '전도'라고 할 수 있다. 기존의 연구들이 백석의 시를 한 인간의 사적 경험에 대한 결과물로 보았다면, 위의 연구들은 공통적으로 백석이 시를 통해 자신의 과거를 재편하고 있다고 지적한다. 소유해 본 적 없는 사물을 소유하거나(강동호), 결여의 지점을 상실의 지점으로 오인하는 것으로 파악하거나(차성환), '갈매나무'의 지점에서 소급적으로 과거를 재편하거나(정보영), 순수과거를 현재의 지점에서 멜랑콜리커의 시선으로 의미화하거나(안상원) 하는 각기의 이론적 토대를 바탕으로 백석의 시에 대한 해석을 역으로 추적하고 구성하는 것이다. 그런 의미에서 2010년대의 연구적 경향은 기존의 연구 결과들에 대해 의문을 제기하거나 새

용악의 시 비교 연구 -멜랑콜리와 애도를 중심으로」, 한양대 박사 논문, 2016, 59쪽;
6) 강동호, 「만주의 우울 - 백석의 후기 시편에 나타난 시적 자의식」, 『한국언어문화』제62집, 2017.
7) 차성환, 『멜랑콜리와 애도의 시학』, 국학자료원, 2018.
8) 정보영, 「백석 시 연구 - 실패를 통한 주체 형성 양상」, 『한국시학연구』 제54호, 한국시학회, 2018.
9) 안상원, 「백석 시의 알레고리 연구」, 『한국문예창작』제15권 제1호 통권36호, 한국문예창작학회, 2016.04.

로운 해석을 시도하는 시기였다고 볼 수 있을 것이며, 동시에 백석이 과거를 회상하며 느끼는 '슬픔'의 정서를 면밀하게 살피고 그 의미를 찾는 작업이었다고 할 수 있다.

본고는 기존의 선행 연구들에 동의하면서 백석의 시에서 과거가 어떻게 표현되며, 그것은 어떠한 의미를 지니는가에 대해 다시금 사유해보고자 한다. 이로부터 백석의 시편들에서 나타나는 현실의 수용 양상은 어떠한지를 점검해보고자 한다. 이를 정리하면 다음과 같다. 백석의 후기 시편들 가운데 현실과 마주하며 과거를 회상하고 그로부터 감정들이 직접적으로 토로되는 몇몇의 시편들에서, 백석은 자신의 과거에 대해 관점을 유지하는 것이 아니라, 서로 다른 태도와 관점을 드러낸다. 이는 현실을 수용하는 양상에 있어서의 차이로 이어진다. 다시 말해, 백석은 각각의 시편들에서 일종의 '마침표(le moment de conclure)'[10]를 찍는 시도들을 반복한다. 그리고 이는 자신의 과거로부터 각기 다른 의미를 산출해내며, 이렇게 산출된 과거의 의미는 화자가 마주한 현실을 이해하기 위한 참조점으로 기능한다.

이를 위해 중점적으로 살펴볼 작품은 「北方에서」와 「흰 바람벽이 있어」, 「南新義州柳洞朴時逢方」의 세 작품이다. 위의 세 작품은 황량한 현실 속에서 과거를 회상하며, 화자의 감정이 직접적으로 노출된다는 점에서 공통점을 지닌다. 이러한 요소들은 화자가 자신의 과거를 어떻게 받아들이느냐의 문제와 밀접한 관련이 있으며, 또한 화자가 현실을 수용하는 태도의 문제에 대해서도 단서를 제시한다. 이를 위해 본고는 먼저 시의 전개 과정을 면밀하게 살핌으로써 화자가 자신의 과거를 재구성하는 과정을 확인하고, 이로부터 나타나는 화자의 현실 인식과 태도를 살피고자 한다. 이러한 관점은 백석의 후기 시편들에서 나타나는 정시와 괴기에 대한 태도를 세분화시킨다는 점에서 해석의 폭을 더욱 확장시킬 수 있으리라 생각한다.

[10) 슬라보예 지젝은 "언표의 흐름은 무한대로 계속될 수는 없으며, 문장을 끝내는 마침표처럼 종결의 계기(le moment de conclure)가 있어야 한다. 소급적으로 문장의 의미를 고정 또는 규정하는 것은 마지막의 점(.)뿐이다"라고 말하며, 의미와 해석을 가능하게 만드는 것은 마침표라고 설명한다. 이러한 마침표의 지점에서 문장의 의미가 소급적으로 정립되는 것이다. 여기에 덧붙여 지젝은 "현실로 경험하는 것이 정합성을 보유하려면 그것은 가상적[잠재적] '픽션'에 의해 보충되어야 한다"고 말하며, "현실과 픽션을 분명하게 구별할 수 있지만 단순히 픽션을 버리고 오직 현실만 보유하고 있을 수는 없다. 만약 픽션을 버린다면 현실 자체가 해체되고, 존재론적 정합성을 잃을 것이기 때문"이라고 덧붙인다. 즉, 모든 현실은 잠재적이고, 마침표를 찍는 행위는 이 잠재적인 것을 현실화시키는 계기이자 무한한 해석의 가능성을 촉발하는 행위이며, 가상적인 '픽션'은 이렇게 촉발된 해석의 가능성이 정합성을 유지할 수 있도록 만드는 보충의 역할을 넘어, 현실 그 자체를 지탱하는 역할을 수행한다. 슬라보예 지젝, 『헤겔 레스토랑』, 조형준 옮김, 새물결, 2013, 663-665쪽 참조.

2. 스스로 초래한 '없음' - 「北方에서」

『北方에서』는 1940년 7월 『文章』을 통해 발표된 작품이다.11) 이 시에서 화자는 우화의 형식을 빌려 자신이 떠나온 것과 잃어버린 대상들을 토로하듯 이야기한다. 화자는 자신의 고향인 북방을 떠나는 것에서 시작하여 다시 고향으로 돌아오기까지의 여정을 시간의 순서에 따라 서술하고 있다.

아득한 넷날에 나는 떠났다
扶餘를 肅愼을 勃海를 女眞을 遼를 金을,
興安嶺을 陰山을 아무우르를 숭가리를.
범과 사슴과 너구리를 배반하고
송어와 메기와 개구리를 속이고 나는 떠났다.

나는 그때
자작나무와 익갈나무의 슬퍼하든것을 기억한다
갈대와 장풍의 붙드던 말도 잊지않었다
오로촌이 멧돌을 잡어 나를 잔치해 보내든것도
쏠론이 십리길을 딸어나와 울든것도 잊지않었다

나는 그때
아모 익이지못할 슬픔도 시름도 없이
다만 게을리 먼 앞대로 떠나나왔다
그리하여 따사한 해ㅅ귀에서 하이얀 옷을 입고 매끄러운 밥을먹고 단샘을 마시고
낮잠을 잤다
밤에는 먼 개소리에 놀라나고
아츰에는 지나가는 사람마다에게 절을 하면서도

---

11) 발표지와 발표시기, 인용 작품 및 서지사항은 백석 저, 최동호·김문주·김종훈 엮음, 『백석문학전집1-시』, 서정시학, 2017의 내용을 따르고 있음을 밝힌다.

나는 나의 부끄러움을 알지못했다.

그 동안 돌비는 깨어지고 많은 은금보화는 땅에 묻히고 가마귀도 긴 족보를 이루었는데
이리하야 또 한 아득한 새 녯날이 비롯하는때
이제는 참으로 익이지못할 슬픔과 시름에 쫓겨
나는 나의 녯 한울로 땅으로-나의 胎盤으로 돌아왔으나

이미 해는 늙고 달은 파리하고 바람은 미치고 보래구름만 혼자 넋없이 떠도는데

아, 나의 조상은 형제는 일가친척은 정다운 이웃은 그리운것은 사랑하는것은 우럴으는 것은 나의 자랑은 나의 힘은 없다 바람과 물과 세월과 같이 지나가고 없다.

— 『北方에서 － 鄭玄雄에게』전문.

첫 연에서 화자는 "아득한 녯날에 나는 떠났다"라 말하며 이것이 현재의 시점에서 과거의 어느 날, 고향을 떠나던 날을 회상하는 것임을 밝힌다. 화자는 자신이 떠나온 북방의 옛 이름을 소상히 밝히며 우화된 인물을 부르는데, 자신이 그들을 "배반하고", "속이고"서 떠났다고 말한다. 이어서 2연에서는 주변인의 반응이 나타나는 데, 이는 '슬픔', '붙듬', '잔치', '울음'이라는 감정적 반응으로 제시된다. 이곳에서 화자는 사람들, 사물들과 친밀한 관계 속에서 삶을 지속해나갈 수 있었음에도 '떠남'을 선택한 것이다. 3연에서는 그 당시의 심정과 여행의 과정을 서술한다. 자신이 있던 고향의 구성원들이 보였던 감정적 반응과 달리, "나는 그때/아모 익이지못할 슬픔도 시름도 없이"라는 구절에서 드러나듯 그 당시의 화자는 아무런 슬픔도 느끼지 않았다고 고백한다. 화자는 "앞대", 남쪽으로 떠나며 그곳에서 "따사한 해ㅅ귀에서 하이얀 옷을 입고 매끄러운 밥을먹고 단샘을 마시고 낮잠을 잤다"며 평안을 누렸음 또한 고백한다. 그러한 여정에 대해서 현재의 화자는 "~하면서도/나는 나의 부끄러움을 알지못했다"고 말하는데, 이는 역으로 "부끄러움을 알지못"했던 것에 대한 현재의 부끄러움을 드러낸다. 화자는 4연에서 과거의 여정을 정리하며 자신이 고향으로 돌아온 까닭을 "아

모 익이지못할 슬픔도 시름도 없"던 떠나던 때와 달리, "이제는 참으로 익이지못할 슬픔과 시름에 쫓"기기 때문이라고 설명한다. 화자의 시점은 이때 과거에서 현실로 돌아오며, 자신이 바라보는 풍경을 서술한다. 5연에서 그 풍경은 늙고 파리한, 미치고 넋없이 떠도는 사물들의 황량함으로 제시된다. 거기에는 전과 달리 화자가 배반할 사람도, 속일 사람도 없으며, 화자를 위해 슬퍼하고 붙들고 잔치해주고 울어줄 사람도 없다. 이처럼 황량한 풍경을 거쳐, 화자는 6연에서 자신이 상실한 것들의 이름을 부르며, 이제는 그것들이 '없음'을, 그것들은 모두 "바람과 물과 세월과 같이 지나가고 없다"는 사실에 직면한다.

이와 같은 시의 전개를 바탕으로, 시에서 드러나는 세부사항들을 검토해보도록 하자. 이 시는 현재로부터 과거를 바라보는 회상의 관점을 통해 구성되어 있다. 이러한 회상의 관점에서 주목해야 하는 점은, 각 연마다 화자가 자신의 행위에 대해 현재 시점에서의 판단을 서술해놓고 있다는 점이다. 가령 1연에서 '배반'과 '속임'이라는 서술은 화자가 고향을 떠난 것은 그들을 배반하고 속이는 행위였다는 사후적 판단이다. 2연에서 나타나는 구성원들의 반응에 대한 화자의 서술이 "기억한다", "잊지 않았다"인 것은 이 시의 전반부가 화자의 사후적인 관점에 의해 구성된 것임을 명확히 해준다. 동일한 의미에서 3연에서 화자는 "나는 나의 부끄러움을 알지못했다."고 말하는데, 이 또한 사후적으로 행해지는 반성임을 알 수 있다.

서술상의 관점은 시의 후반부에 해당하는 5연과 6연에 이르러 현재에 대한 시선으로 바뀐다. 화자는 현재의 시점에서 과거에 대해 회상하고, 그러한 회상의 과정 속에서 자신의 과거에 대해 일종의 판단을 수행하고 있으며, 이로부터 시선은 자연스럽게 현재로 옮겨가고 있는 것이다. 그러한 의미에서 화자의 눈앞에 펼쳐진 풍경은 서술의 순서상으로는 과거의 행동에 따른 인과관계인 것처럼 보이지만, 판단의 순서에서는 현실이 먼저 나타나고, 이러한 현실을 규명하기 위해 사후적으로 과거의 행동들의 의미를 구성하고 있다고 할 수 있다. 다시 말해, 화자는 자신이 마주한 현실('없음')의 이유를 과거로부터 찾고 있는 것이다.

이 지점에서 가장 핵심이 되는 것은 마지막 6연에서 2번에 걸쳐 반복되는 "없다"라는 술어이다. 이는 4연에 비추었을 때 화자가 예상하지 못했던 현실이며 그 인과관계가 온전히 파악될 수 없는 지점이다. 더불어 이 없음은 상실과 긴밀한 관계에 놓이는 술어로, 단순히 '과거에는 있었으나 현재에는 없다'는 의미를 초과한다. 여기에서의 '없음'은 실제 현실의 대상들, '조상', '형제', '일가친척', '정다운 이웃', '그리운 것', '사랑하는것', '우럴으는 것' 등 고향의 구성물들을 실제 눈앞에 있는 것보다 더욱 강하게 상기시킨다. 텅 빈 황량한 풍경과 흔적들이 역설적으로 인간성을 강하게 드러내듯이, 「北方」에서의 정서적 층위는 현실의 '없음'이 대상을 그 자체보다 더 강하게 현전하게 만드는 효과를 통해 구성된다고 할 수 있다.12)13)

화자는 바로 이 '없음'이라는 현실을 이해하기 위해 자신의 과거를 소급적으로 구성한다. 그러한 소급성의 자취를 확인할 수 있게 해주는 흔적이 시의 구절에서 자신의 행동에 덧붙여진 화자의 판단, 술어들이다. 화자의 과거는 '배반'과 '속임', '부끄러움'으로 구성된다. 핵심이 되는 것은 3연의 "나는 나의 부끄러움을 알지못했다"는 표현이다. 이것은 화자가 이유를 규명하기 위해 자신의 과거를 의미화 하는 과정을 보여준다. "없다"라는 현실을 화자가 마주하기 이전까지, 과거의 여정은 의미화 되지 않은 채 남아있다. 오직 이 지점, "없다"라는 현실을 마주할 때에야 그것은 부끄러운 과거로 구성된다.

이렇게 소급적으로 자신의 과거를 재구성하는 한에서, 화자는 자신이 마주한 비극적인 현실을 이해할 단서를 얻게 된다. 내가 마주한 현실이 이토록 허무하고 고달픈 까닭은, 내가 "범과 사슴과 너구리를 배반하고/송어와 메기와 개구리를 속이고" 떠났기 때문이며 "부끄러움을 알지못했"기 때문이다. "아모 익이지못할 슬픔도 시름도 없이"라는 구절 또한 그 의미가 "슬픔도 시름도" 있었어야 했다는 의미로 뒤바뀐다. 그것은 곧 현재의 내가 경험하는 "부끄러움"과 "슬픔"과 "시름"이 나의 탓이라고, 그때에 내가 '부끄러움'도 '슬픔'도 '시름'도 없었던 탓이며, 궁극적으로는 고향을 떠나왔던 탓이라고 현실의 모든 책임을 떠맡는 제스쳐이다. 이러한 상징적인 제스쳐를 통해 화자는 자신의 현실을 이해한다. 즉, 화자의 현실에

---

12) 지젝은 에드워드 호퍼의 그림을 분석하면서, 부재를 통한 현전의 개념을 설명한다. "특히 햇빛 비친 텅 빈 창문이 대표적이다. 엄밀한 의미에서 우리는 이 대상들 안에서 −인간이 부재하지만, 아니 바로 그 때문에− 인간적인 차원을 강렬하게 느낀다고,(감히 하이데거의 표현을 쓴다면) 이 차원은 인간의 부재, 바로 그것을 통해 현전한다고 말할 수 있다. 인간은 그 직접적인 물리적 현존에서보다 이 흔적들 안에서 더 현전한다. 오직 이 흔적들을 통해서만(가령, 커튼이 반쯤 걷힌 창문에서) 진정한 "인간적" 차원은 실제적으로 주어진다. …… 그래서 호퍼의 그림은 "X 자체보다 더 X인" 어떤 비-X, 즉 인간 자체보다 더 인간적 차원이 드러나는 대상들(생명이 없는 "죽은" 대상들 : 텅 빈 거리, 부서진 아파트 파편들)을 묘사한다." 슬라보예 지젝, 『그들은 자기가 하는 일을 알지 못하나이다』, 박정수 옮김, 인간사랑, 2004, 326쪽.

13) 더불어 이러한 부재는 과거의 상실만이 아니라 자아가 놓인 세계의 상실 또한 의미한다. 백석의 「北方에서」에서 나타나는 태반의 부재와 과거 상실에 대해 이기성은 "잃어버린 낙원으로서의 과거 상실은, 자아가 발 딛고선 '현재'라는 지반의 붕괴를 의미하는 것"이라고 해석한 바 있다. 이기성, 「초연한 수동성과 운명의 시쓰기」, 『한국근대문학연구』제17호, 근대문학회, 2008, p.40.

대한 이해는 과거로부터 즉각적으로 이해되는 것이 아니라, 현실로부터 과거가 소급적으로 재구성된 이후 이를 외부적 참조점으로 삼았을 때 출현하는 것이다.

3. '하눌'이 내린 사랑과 슬픔 – 「힌 바람벽이 있어」

「北方에서」의 화자의 관점과 인식을 정리하면 다음과 같다. 화자는 "없다"라는 술어를 통해 설명되는, 자신이 마주한 이해불가능한 현실을 이해하기 위해 자신의 과거를 소급적으로 재구성한다. 이러한 행위 속에서 화자의 과거는 부끄러운 것으로 재구성되고, 화자는 이를 외부적 참조점으로 삼아 현실의 풍경을 이해한다. 그 속에서 현실은 괴롭고 슬픈 것으로 자신의 부끄러운 과거가 초래한 어쩔 수 없는 풍경으로 받아들여진다. 여기에서 중요한 것은 현실이 화자에게 이해할 수 없는 풍경이며, 이를 이해하기 위해 과거를 원인으로 재구성하고 있다는 사실이다. 이러한 관점에서 시를 바라보는 것은 소급적 재구성의 절차가 이해할 수 없는 현실을 이해 가능한 것으로 만들기 위한 방편임을 지적한다는 점에서 중요하다고 할 수 있다. 왜냐하면 이러한 태도는 「힌 바람벽이 있어」에서도 반복되는데, 그 결과에 있어서는 전혀 판이한 해석과 관점을 낳고 있기 때문이다. 따라서 「北方에서」와 「힌 바람벽이 있어」의 차이는 이해불가능한 현실을 화자가 어떤 방식으로 처리하고 있느냐의 차이이기도 하다.

오늘저녁 이 좁다란방의 힌 바람벽에
어쩐지 쓸쓸한것만이 오고 간다
이 힌 바람벽에
히미한 十五燭 전등이 지치운 불빛을 내어던지고
때글은 다낡은 무명샷쯔가 어두운 그림자를 쉬이고
그리고 또 달디단 따끈한 감주나 한잔 먹고싶다고 생각하는 내 가지가지 외로운 생각이 헤매인다
그런데 이것은 또 어인 일인가
이 힌 바람벽에

내 가난한 늙은 어머니가 있다

내 가난한 늙은 어머니가

이렇게 시퍼러둥둥하니 추운날인데 차디찬 물에 손은 담그고 무이며 배추를 씻고 있다

또 내 사랑하는 사람이 있다

내 사랑하는 어여쁜 사람이

어늬 먼 앞대 조용한 개포가의 나지막한 집에서

그의 지아비와 마조 앉어 대구국을 끓여놓고 저녁을 먹는다

벌서 어린것도 생겨서 옆에 끼고 저녁을 먹는다

그런데 또 이즈막하야 어늬사이엔가

이 힌 바람벽엔

내 쓸쓸한 얼골을 쳐다보며

이러한 글자들이 지나간다

― 나는 이 세상에서 가난하고 외롭고 높고 쓸쓸하니 살어가도록 태어났다

그리고 이 세상을 살어가는데

내 가슴은 너무도 많이 뜨거운것으로 호젓한것으로 사랑으로 슬픔으로 가득찬다

그리고 이번에는 나를 위로하는듯이 나를 울력하는듯이

눈질을하며 주먹질을하며 이런 글자들이 지나간다

― 하눌이 이 세상을 내일적에 그가 가장 귀해하고 사랑하는것들은 모두

가난하고 외롭고 높고 쓸쓸하니 그리고 언제나 넘치는 사랑과 슬픔속에 살도록 만드신것이다

초생달과 바구지꽃과 짝새와 당나귀가 그러하듯이

그리고 또 「프랑시쓰·쨈」과 陶淵明과 「라이넬·마리아·릴케」가 그러하듯이

―「힌 바람벽이 있어」 전문.

백석이 만주에 체류하면서 측량보조원, 측량서기, 소작인 등의 일을 하며 생계를 꾸려가던 1941년도에 창작된 것으로 추측되는 이 시에서, 화자는 "오늘저녁" 좁은 방에서 외부의 바람을 막아주는 벽을 바라보고 있다. 여기에서 제시되는 사물들의 풍경은 그 술어로 말미

앓아 지치고, 어둡고, 외로운 것으로 나타난다. 이러한 사물들의 풍경은 화자의 정서적 상태에 대한 객관적 상관물이라고 볼 수 있다. 사물들로 이루어진 정서적 풍경 속에서 화자는 여러 생각에 시달린다. 그것은 "감주나 한잔 먹고싶다"는 사소한 것에서부터 외로움을 불러 일으키는 생각까지 다양하다. 이 다양함 속에서 화자를 붙드는 것은 두 여인에 대한 기억이다. 하나는 "가난한 늙은 어머니"이고, 그녀는 "시퍼러둥둥하니 추운날인데 차디찬 물에 손은 담그고 무이며 배추를 씻고 있"는 이미지로 나타난다. 다른 하나는 "내 사랑하는 사람"으로, 그녀는 화자가 아닌 "지아비"와 가족을 이루어 저녁을 먹는 이미지로 나타난다. 한때 나와 긴밀한 관계였으나, 지금 이곳에서는 소원해진 관계를 표상하는 두 여인의 이미지는 "힌 바람벽"이라는 빈 공간에 떠올라 화자의 외로움을 격화시킨다.

그리고 이 외로움 속에는 이미지에서 은근하게 제시되는 미안함, 안타까움, 부러움과 같은 인간적인 감정들이 스미어 있다. 자신의 과거를 반추하고 회고하는 풍경 속에서 화자는 자신의 삶에 대한 정의에 다다르는 것으로 보인다. "힌 바람벽"에 제시된 이미지가 갖는 정서들이 화자의 삶을 정의하는 술어로 변모하기 때문이다. 화자는 '나는 이 세상에서 가난하고 외롭고 높고 쓸쓸하니' 살도록 태어났다고 말하며, 이미지들로부터 추동되는 정서들로 자신의 삶을 정의한다. 그리고는 여기에 덧붙여 "그리고 이 세상을 살아가는데/내 가슴은 너무도 많이 뜨거운것으로 호젓한것으로 사랑으로 슬픔으로 가득찬다"고 말하며 자신의 감정이 더욱 깊어짐을 설명한다. 그리고 그 까닭으로 말미암아 화자는 운명을 주관하는 "하눌"이라는 존재에 대한 사유로 나아간다. 화자는 "그가 가장 귀해하고 사랑하는것들은 모두/가난하고 외롭고 높고 쓸쓸하니 그리고 언제나 넘치는 사랑과 슬픔속에 살도록 만드신 것이다"라며 자신의 운명관을 피력한다. 이 운명관은 "초생달", "바구지꽃", "짝새", "당나귀", "프랑시쓰·쨈", "陶淵明", "라이넬·마리아·릴케"와 연결되며, 사랑을 위해 자신이 견뎌야 할 필연으로 제시된다.14)

---

14) 「힌 바람벽이 있어」가 화자의 운명론적 체념과 순응의 자세를 보여준다는 해석은 백석의 후기 시 연구에 있어 중요한 참조점으로 작용한다. 대표적으로는 신주철의 연구물이 있는데, 여기에서 신주철은 「힌 바람벽이 있어」의 기본 구조를 면밀히 살피며, 이와 관련되는 백석의 만주 생활에 대한 그간의 연구들을 정리한다. 그의 연구에 따르면 백석은 "만주에서의 가난함과 외로움, 자신의 뜻과 힘보다 더 큰 '하눌'의 힘이 자신을 이끌어간다는 운명의식을 가지게 된다. 그리고 그에 대해 행위할 수 있는 마땅한 방도가 없는 상황에서 백석은 '도도한 체념'을 선택한다." 본고는 이러한 해석에 동의하면서도, 그의 체념적인 선택이 이해불가능한 현재를 이해하기 위한 재구성의 행위 또한 포함할 수 있다는 점을 덧붙이고자 한다. 신주철, 「백석의 만주생활과 「힌 바람벽이 있어」의 의미」, 『우리문학연구』 25, 우리문학회, 2008.10

이러한 시의 문맥에서 화자의 시선은 「北方에서」와 다소의 차이를 보인다. 「北方에서」가 시간적 순서에 따라 가장 먼 과거인 고향을 떠나는 순간부터 순차적으로 현재에 이르는 구성이었다면, 여기에서 화자는 자신의 현실로부터 과거를 회상하며, 그 회상들로부터 현재를 바라본다. 그러한 의미에서 이 시에서 과거에 대한 소급적인 재구성, 의미화의 절차는 보다 직접적으로 드러나고 있다고 할 수 있다. 도식적으로 정리하자면 화자는 자신의 궁핍한 현실을 마주한다. 그리고 그로부터 떠오르는 과거들을 바라본다. 두 여인으로 대표되는 과거의 이미지들은 현재의 지점에서 과거를 "가난하고 외롭고 높고 쓸쓸"한 것으로 구성하고, 이러한 재구성으로부터 현실의 풍경은 당위를 부여받는다. 과거에 대한 회상으로부터 현실의 원인을 정립하는 것이다.

때문에 「흰 바람벽이 있어」와 「北方에서」의 구도는 비록 시선의 절차에서 다소간의 차이가 존재하지만, 그 근본적인 구도는 크게 다르지 않다고 생각해볼 수 있다. 자신이 마주한 현실을 이해하기 위해 소급적으로 원인을 정립한다는 점에서 두 시의 구도는 유사하다. 결정적인 차이가 발생하는 것은 바로 정립된 원인을 무엇으로 설정하는가이다. 앞서 「北方에서」의 화자가 그 원인을 부끄러움도 모르고 시름도 슬픔도 없었던 자신의 탓으로 돌렸다면, 「흰 바람벽이 있어」의 화자는 그것을 "하눌"이라는 외재적 존재의 의도로 받아들이는 것이다. 이러한 구도 속에서 화자에게 요구되는 것은 자책이 아니라, 운명을 받아들이고 그것을 지탱하며 나아가는 충실성이다.

시의 마지막 부분에서 제시되는, '그러하듯이'라는 술어가 꾸미고 있는 표상들은 이러한 관점에서 이해되어야 한다. 여기에서 표상은 크게 두 개의 층위로 나뉘어 제시된다. 하나는 '초생달', '바구지꽃', '짝새', '당나귀'로 대표되는 자연물의 계열이고, 다른 하나는 '프랑시쓰·쨈', '陶淵明', '라이넬·마리아·릴케'로 대표되는 시인의 계열이다. 시의 문맥상 두 계열의 표상들은 모두 '하눌'이 내린 운명을 제 나름의 방식으로 충실하게 이행해나간다는 점에서 유사성을 가진다.15) 즉 백석의 '충실성'이란 자연물로 대표되는 고향에 대한 충실성이면서, 동시에 시인들의 표상으로 대표되는 문학에 대한 충실성이라는 의미를 가진다. 둘은 분리되

---

15) 전자의 경우는 백석의 전기 시편들과 앞서 해석한 「北方에서」를 통해 알 수 있듯이 근대화되어가는 사회적 정황에 대비되는, 고향을 구성하는 사물들이라는 점에서 긍정적인 의미를 부여받는다. 후자의 경우는 백석 후기 시에서 나타나기 시작하는 새로운 표상들인데, 「杜甫나 李白같이」에서 드러나듯 현재의 내가 걷는 길을 먼저 걸어갔던 인물들이라 할 수 있으며 그러한 의미에서 '하눌'이 내린 운명에 충실했던 사람들이라 할 수 있다.

는 것이 아니라 직물이 직조되듯 서로를 교차하고 맴돌면서 '하눌'이 내린 운명을 구체화시킨다.16)

종합하자면, 이 시에서 화자는 "가난하고 외롭고 높고 쓸쓸"한, 우연적이었던 과거의 사건들을 현재의 관점에서 소급적으로 재구성하면서 필연으로, "하눌"이 내린 운명으로 받아들인다. 운명은 두 계열의 표상들을 통해 구체화되며, 화자는 '그러하듯이'라는 술어를 통해 자신 또한 운명에 충실할 것임을 선언한다. 비록 과거에 대한 소급적 재구성이라는 측면에서 「北方에서」와 구조적 유사성을 지니지만, 그렇게 정립된 과거의 의미와 그것을 참조점으로 삼아 현실을 해석하는 방식에서는 다른 면모를 보이는 것이다. 여기에서 화자는 현실의 원인을 자신에게서 저 너머에 있는 초월적 존재인 "하눌"로 전가한다. "하눌"이 자신에게 그러한 운명을 내린 까닭은 "귀해하고 사랑하는것들은 모두/가난하고 외롭고 높고 쓸쓸하니 그리고 언제나 넘치는 사랑과 슬픔속에 살도록 만드신것"이기 때문이고, 이러한 정립을 통해 현재의 삶은 비극이 아니라 "하눌"이 "귀해하고 사랑하는것"의 삶으로 탈바꿈한다. 이 지점이 「北方에서」와 「힌 바람벽이 있어」의 차이이다. 그것은 현실의 원인을 자신으로 정립하는 것과 외재적 원인으로 정립하는 것의 차이이며, 이는 부끄러움을 느끼는 것과 충실성을 발휘하는 것이라는 결과의 차이로 이어진다.

4. '갈매나무'로의 귀향 - 「南新義州柳洞朴時逢方」

앞서 살펴 보았듯이 「北方에서」와 「힌 바람벽이 있어」는 구조적 유사성에도 불구하고 현실에 대한 인식에서 큰 차이를 보인다. 예컨대 원인을 어떻게 설정하느냐에 따라 현실에 대한 수용 양상이 달라지고, 그 의미 또한 달라지는 것이다. 이러한 구조를 아주 짧게 도식적으로 말해보자면, '삶은 (내가 초래한) 비극이다'(「北方에서」)와 '삶은 (신께서 주신 것이기에) 귀한 것이다'(「힌 바람벽이 있어」)의 대립이다. 이것은 부끄러움과 책임감의 대립, '없음'과 '표상'의 대립이기도 하다. 강조되어야 할 것은 이것이 동일한 구조, 원인을 소급적으

---

16) 한편으로 이러한 두 계열의 표상들의 어울림은 시에서의 내용과 형식의 관계로도 사유해볼 수 있을 것이다. 자연물의 표상들은 시의 대상에 해당하는 반면 시인의 표상들은 나름의 개성을 통해 대상에 대한 시적 발화를 하는 사례들인 셈이다.

로 정립하는 관점 속에서 벌어지고 있다는 점이다.

　이러한 해석을 배경으로 삼을 때 「南新義州柳洞朴時逢方」은 독특한 지점들을 드러낸다. 첫째로 이 시는 「흰 바람벽이 있어」에서 보여주었던 인식과 다른 지점을 드러낸다. 첫 번째로 "하눌"은 나의 삶에 의미를 부여하는 외부적 참조점이 아니라 내 삶이 내 뜻대로 되는 것에 대해 작용하는 외부적 원인으로 나타난다. 두 번째로 앞서의 두 편의 시와 달리 이 시에서는 과거를 소급적으로 재구성하는 절차가 생략되어 있다. 이 시는 과거를 회상하는 장면을 생략하고 현재를 묘사하는 것에 방점이 찍혀있다.

　　　어느 사이에 나는 아내도 없고, 또,
　　　아내와 같이 살던 집도 없어지고,
　　　그리고 살뜰한 부모며 동생들과도 멀리 떨어져서,
　　　그 어느 바람 세인 쓸쓸한 거리 끝에 헤메이었다.
　　　바로 날도 저물어서,
　　　바람은 더욱 세게 불고, 추위는 점점 더해 오는데,
　　　나는 어느 木手네 집 헌 샅을 깐,
　　　한 방에 들어서 쥔을 붙이었다.
　　　이리하여 나는 이 습내 나는 춥고, 누긋한 방에서,
　　　낮이나 밤이나 나는 나 혼자도 너무 많은 것 같이 생각하며,
　　　딜옹배기에 북덕불이라도 담겨 오면,
　　　이것을 안고 손을 쬐며 재우에 뜻 없이 글자를 쓰기도 하며,
　　　또 문밖에 나가디두 않구 자리에 누워서,
　　　머리에 손깍지 벼개를 하고 굴기도 하면서,
　　　나는 내 슬픔이며 어리석음이며를 소 처럼 연하여 쌔김질하는 것이었다.
　　　내 가슴이 꽉 메어 올 적이며,
　　　내 눈에 뜨거운 것이 핑 괴일 적이며,
　　　또 내 스스로 화끈 낯이 붉도록 부끄러울 적이며,
　　　나는 내 슬픔과 어리석음에 눌리어 죽을 수 밖에 없는 것을 느끼는 것이었다.
　　　그러나 잠시 뒤에 나는 고개를 들어,

허연 문창을 바라보든가 또 눈을 떠서 높은 턴정을 쳐다보는 것인데,
　　이 때 나는 내 뜻이며 힘으로, 나를 이끌어 가는 것이 힘든 일인 것을 생각하고,
　　이것들보다 더 크고, 높은 것이 있어서, 나를 마음대로 굴려 가는 것을 생각하는 것인데,
　　이렇게 하여 여러 날이 지나는 동안에,
　　내 어지러운 마음에는 슬픔이며, 한탄이며, 가라앉을 것은 차츰 앙금이 되어 가라앉고,
　　외로운 생각만이 드는 때 쯤 해서는,
　　더러 나줏손에 쌀랑쌀랑 싸락눈이 와서 문창을 치기도 하는 때도 있는데,
　　나는 이런 저녁에는 화로를 더욱 다가 끼며, 무릎을 꿀어 보며,
　　어니 먼 산 뒷옆에 바우 섶에 따로 외로이 서서,
　　어두어 오는데 하이야니 눈을 맞을, 그 마른 잎새에는,
　　쌀랑쌀랑 소리도 나며 눈을 맞을,
　　그 드물다는 굳고 정한 갈매나무라는 나무를 생각하는 것이었다.

―「南新義州柳洞朴時逢方」 전문.

　　화자는 자신이 처한 현실을 담담하게 묘사하는 것에서부터 시를 시작하는데, 여기에는 "어느 사이에"라는 부사를 통해 당혹감이 덧붙여진다. 상실로 점철된 현재에서 화자는 쓸쓸하게 거리를 헤매다 추위를 견디지 못해 "어느 木手네 집 헌 삿을 깐,/한 방에 들어"서게 된다. 그곳에서 화자는 자신에 대해 생각하는데, 여기에는 앞서의 시와 달리 과거와 상관되는 구체적인 이미지가 생략되어 있다. 대신 화자는 "나는 나 혼자도 너무 많은 것 같이 생각하며"라며 자신에 대한 생각이 많고 버거움을 "습내 나는 춥고, 누굿한 방"이라는 풍경의 정서에 녹여 표현하고 있다. 그곳에서 그는 온기를 갈망하듯, 외로움을 버틸 수 없는 듯이 있으면서 금방이라도 흩날릴 재에 아무 글자를 쓰기도 하고, 혹은 뒹굴기도 하는 등 의미 없는 행동들을 반복하며 자신의 정서를 "소 처럼 쌔김질"한다. "쌔김질"이라는 표현에서 알 수 있듯이, 화자에게 "슬픔"과 "어리석음"이란 삭혀지지 않고 화자의 속을 계속 휘젓는 것으로 이는 앞서 두 편의 시에서도 배경처럼 자리 잡고 있던 감정들이다.

　　그러나 앞서의 시편들이 그러한 "쌔김질" 속에서 과거를 소급적으로 재구성하여 현실에

대한 원인을 정립하고자 한 것과 달리, 화자는 다른 선택지를 취한다. 그것은 "내 슬픔과 어리석음에 눌리어 죽을 수 밖에 없"다는 것처럼, 현실의 무게를 스스로 수용하는 것이다. 이러한 태도는 「힌 바람벽이 있어」에서 그 원인을 "하눌"에 의한 운명으로 규정하면서 자신의 현실을 마땅히 견뎌야 하는 필연적인 것으로 규정하던 것과 대립된다. 오히려 이 태도는 「北方에서」의 화자가 보여준 것처럼, 현실을 비관적으로 수용하면서 자신의 잘못으로 받아들이고자 하는 태도에 가깝다. 더불어 「南新義州柳洞朴時逢方」에서 그 표현이 "~수 밖에 없는"과 같이 당위로 나타난다는 점과 "부끄러움"이라는 정서를 표출하고 있다는 점에서 그 태도가 더욱 강하게 표출된다고도 생각해볼 수 있다. 이러한 측면에서 생각해 볼 때, 화자는 「힌 바람벽이 있어」에서의 인식적 층위로부터 「北方에서」의 인식으로 되돌아간 것처럼 보인다. 그러나 근본적인 층위에서, 「北方에서」의 화자가 이러한 인식을 보이는 것이 자신의 과거에 대한 소급적 재구성의 절차를 통해서인 반면, 여기에서는 그 절차가 생략된 채 당위적 표현이 즉각적으로 나타난다는 점에서 둘 사이에는 차이가 있음을 알 수 있다. 그 차이는 이어지는 시의 후반부에서 인식론적 차이를 견인하는 역할을 하는 것으로 보인다.

정서적 고달픔 속에서 화자는 「힌 바람벽이 있어」에서 "하눌"로 제시되었던 어떤 초월적 존재에 대해 생각한다. "크고 높은 것"으로 제시되는 이것은 "나를 마음대로 굴려 가는 것"이라는 시어에서 알 수 있듯이 화자의 삶을 주관하는 존재라는 점에서 「힌 바람벽이 있어」의 "하눌"과 유사하다.17) 그러나 이 초월적 존재는 더 이상 사랑과 슬픔을 표상하지 않는다. "허연 문창"과 "높은 턴정"으로의 시선의 이동을 거쳐 이르게 된다는 짐에서 "크고 높은 것"은 두 사물의 정서적 풍경과 공명하며, 이전의 의미를 덜어낸다. 이러한 매개물들을 거쳐 "하눌"은 나에게 계시를 내리는 존재가 아니라 "내 뜻이며 힘으로, 나를 이끌어 가는 것"에 작용하는 (가정된)원인으로 제시된다. 더불어 그것은 "나를 마음대로 굴려가는 것"이라는 표현에서 알 수 있듯, 때때로 내 의지와는 무관하게 작용한다. 앞선 「힌 바람벽이 있어」에서 화자가 "하눌"에 대해 무조건적인 수용의 자세를 보여주었던 것을 떠올리자면, 이러한 화자

---

17) 초월적 존재에 대한 태도의 유사성 외에도 두 편의 시에는 구조적, 정서적 유사성이 존재한다. 이러한 유사성에 대해서 밝히고 있는 연구로는 대표적으로 금동철의 연구가 있다. 여기에서 금동철은 초월적 존재에 대한 화자의 태도가 깨달음을 가능하게 만든다고 말하며, 이러한 태도로부터 '그 드물다는 굳고 정한 갈매나무'의 이미지가 출현하는 것이 가능해진다고 말한다는 점에서 본고와 차이가 있다. 금동철, 「백석 시에 나타난 자아의 존재방식」, 『우리말글』43, 우리말글학회, 2008.8.

의 언술은 그 수용의 태도에 있어서의 균열을 암시한다. 이러한 균열은 삶을 온전히 자기 탓으로 수용하는 것과 운명적인 필연으로 받아들이는 것 사이에서 번민하는 한 인간의 자세를 보여준다고 할 수 있다.

　이러한 사유의 균열 속에서, 이제 화자는 자신의 마음을 가라앉히기 시작한다. 그러나 화자의 정서는 해소되는 것이 아니라 "앙금이 되어 가라앉"는다. 그렇게 가라앉는 속에서 오직 "외로운 생각만이 드는 때"에, 화자는 소급적으로 정립된 원인, 과거라는 매개물 없이 눈앞의 현실과 대면한다. 바깥에서 불어닥치는 "싸락눈"은 화자가 내부의 공간인 방에서 바깥을 바라볼 수 있게 하는 틀인 "문창"을 치고, 화자는 그것을 감각하며 다시금 자신의 내면에 몰입한다. 이때에 화자는 "갈매나무"를 떠올린다. 그것은 "쌀랑쌀랑 소리도 나며 눈을 맞을"이라고 표현되어 있는데, 이는 동일한 수식어가 활용된 "싸락눈"과 연결된다는 점에서 화자의 현재와 연결되어 있는 표상으로 생각해 볼 수 있다. 더불어 이 시에서는 위의 두 편의 시와 달리 과거에 대해 회상하고 그것의 의미를 현재의 관점에서 소급적으로 재정립하는 장면이 생략되어 있다는 점과 초월적 존재에 대한 태도의 균열 이후에 갈매나무라는 표상이 출현한다는 점에서 이것은 「힌 바람벽이 있어」의 표상들과는 다른 층위에 놓여 있다고 할 수 있다. "하눌"과 "갈매나무"가 각각 그 이미지의 뿌리를 천상과 지상에 두고 있음을 덧붙여보자면, 「힌 바람벽이 있어」에서 화자의 상관물들이 "하눌"에 대한 무조건적인 수용의 태도로부터 출현했던 것과 달리 여기에서 나타나는 "갈매나무"는 그 태도의 균열로부터 나타나는 전혀 다른 층위의 표상이라고 할 수 있다.

　이처럼 화자의 과거를 경유하여 출현하는 것이 아니라 현재와 연결되어 있는 갈매나무는 어떤 의미를 지닐 수 있을까. 지적되어야 하는 것은 화자가 자신의 슬픔으로부터 "갈매나무"라는 표상으로 도약하는 과정에 일종의 비약이 전제되어 있다는 점이다. 그것은 논리적 과정을 거쳐 자연스럽게 산출되는 상징이 아니라, 화자를 어지럽히던 정서들이 "가라앉을 것은 차츰 앙금이 되어 가라앉"았을 때 갑작스레 떠오르는 표상이다. 앞서의 시편들과의 차이에 유의하자면, 이 갑작스러운 도약은 자신의 과거를 회상하며 그로부터 원인을 정립하고, 이로부터 현실을 해석하는 절차가 생략됨으로써 가능해진 결과라고 생각해볼 수 있을 것이다. 다시 말해 이 시에서 화자의 현실에 대한 판단구조는 이전의 시들과는 다른 층위에 있다는 것이다. '나의 현실은 왜 이렇게 되었나'라는 질문에 해답을 제시하기 위해 그 과거를 소급적으로 재구성하고 원인을 지목하는 것이 아니라, 그러한 절차를 가로지르는 사유의 도약을 실현했을 때 나타나는 것이 "갈매나무"라는 표상인 것이다. 때문에 "갈매나무"는 "하눌"과 같은 외부적 참조점이 아니라, 현실의 '나'에 대한 표상으로써 기능한다.

그렇기에 여기에서 나타나는 화자의 현실 수용의 태도는 「北方에서」의 그것과 구별되어야 한다. 두 편의 시는 유사한 정서적 배경을 가진 것처럼 보이지만 이 사이에 「힌 바람벽이 있어」라는 시가 있음을 유의해야 한다. 즉 「南新義州柳洞朴時逢方」에서 화자가 느끼는 정서적 깊이는 「北方에서」의 태도로부터 그것을 운명론적 필연으로 감내하고자 하는 「힌 바람벽이 있어」의 태도를 경유하여 나타난 것이다. 풀어 말하자면, 이 시의 정서적 깊이는 삶의 비극성에 대해 그 원인을 자신의 과거에 두던 판단논리에 대한 균열을 초래하는 것이며, 때문에 현실에 대한 수용 양상 역시 달라질 수밖에 없다. 비극적인 현실은 어떠한 외부적 원인에 의한 것이 아니며, 필연적으로 감내해야 할 운명론적인 것도 아니다. 그 원인은 인간의 유한성으로 말미암아 완전히 이해될 수 없는 것이고, 어떠한 이유도 없이 "싸락눈"을 맞고 있는 "갈매나무"라는 표상은 그런 화자의 사유와 유한한 존재의 절대적인 앎의 한계가 세계 내의 모든 존재에게 예속되어 있다는 깨달음의 표상이다.

5. 결론

그렇다면 이러한 "갈매나무"에 대한 정의는 어떤 의미를 가질 수 있을까. 이에 앞서 화사가 현실로부터 "갈매나무"를 추상할 수 있는 이유에 대해 다시금 점검해 볼 필요가 있다. 화자가 생각 속의 "갈매나무"를 자기표상으로 떠올리는 것은 둘 사이에 명확한 동일성이 존재하기 때문이 아니다. 오히려 이 둘 사이에는 '비극적인 삶'과 '굳고 정함'이라는 차이가 존재하고, 외부에서 내부로 침잠하는 화자와 땅으로부터 하늘로 뻗어나가는 나무라는 차이가 존재한다. 때문에 화자와 "갈매나무"는 일치가 아닌 불일치의 관계로 생각하는 것이 타당해 보인다. 그렇다면 이러한 불일치에도 불구하고 화자로부터 "갈매나무"가 떠오르는 것은 왜인가? 그것은 "갈매나무"라는 표상 또한 현실에 대한 원인을 결여한 채 "싸락눈"을 맞고 있기 때문이 아닐까. 즉, "갈매나무"는 어떤 이상적인 대상물로써 화자가 동일시하고자 하는 대상이 아니라, 현실의 원인을 알지 못한다는 공통의 결여를 통해 일치되는 대상물인 것은 아닐까. 그렇다면 화자가 자기표상으로써 "갈매나무"를 내세우는 것은 화자가 자신의 처지를 비극적인 것으로써 뿐만 아니라 "굳고 정한" 것으로써 새롭게 받아들이고 있는 것이고, 갈매나무 또한 "굳고 정한" 한에서 비극적인 사물로써 의미화되고 있는 것이라 할 수 있을 것이다. 예컨대 공통의 결여를 확인함으로써 화자와 "갈매나무"는 일치되는 것이고, 이러한 일치로부터 두 사물은 서로를 대립적으로 규정하게 되는 것이다. 이는 나의 삶은 왜 이리도 비참한가라는 물음에 대해 과거를 원인으로 소급적으로 정립하는 것이 아니라 그 질문 자체를 폐기하고, 현실을 새로운 방식으로 의미화 하는 인식론적 변화가 암시되는 지점이라고 할 수 있다.

 이러한 점을 토대로 사유해볼 때, 갈매나무는 극한 상황에서 마주하게 되는 자신의 한계를 표상한다고 볼 수 있을 것이다. 즉, 인간의 유한성이 초래하는 지식의 한계 앞에서 알 수 있는 것에 대한 한계를 인정하고 수용하는 태도, 그럼에도 그 원인을 자신의 과거나 초월적인 존재에게 전가하는 것이 아니라 이러한 현실의 한계를 그 자체로써 받아들일 수 있게 되는 새로운 가능성 말이다.18) 한편으로 이러한 태도는 세계에 대해 체념하는 허무주의자의 태도처럼 보일 수 있겠으나, 여기에는 "굳고 정한"이라는 시어가 덧붙여져 있음을 유념해야 한다. 이는 「南新義州柳洞朴時逢方」의 화자가 단순히 자신의 삶을 체념하는 허무주의자가 아니며, 「北方에서」나 「흰 바람벽이 있어」에서와 같이 현실의 원인을 찾기 위해 과거를 소급적으로 재구성하는 태도로부터 벗어남을, 부정적인 모습으로 출현하는 진리를 받아들이는 주체의 형상임을 나타내는 것이다. 다만 이러한 전회는 어디까지나 「北方에서」와 「흰 바람벽이 있어」의 태도 사이에서의 인간적 번민이 있었기에 가능했던 것이라고 조심스럽게 덧붙여본다. 이와 같이 후기 시편에서 일어나는 현실 수용 양상의 변화는 백석에게서 나타나는 인식론적 변모와 그 사이의 과정에 대해 보다 풍부한 해석의 가능성을 제시하리라 기대하며, 만주행 이후 백석의 변모와 북한에서 창작한 동시들에 대해서도 새로운 접근의

---

18) 지젝은 이렇게 앎의 한계를 수용하는 태도를 '절대적 앎'이라고 표현하며 다음과 같이 설명한다. "'절대적 앎'은 한정되거나 특수한 것이 아니며, 우리가 분명히 보고 그 자체로 위치 지을 수 있는 우리 지식에 대한 '상대적' 한계나 장애물이 아니라는 의미에서 '절대적' 한계에 대한 최종적 인식이다. 그것은 전체적인 장 자체의 한계이기 때문에 '그 자체로서는' 보이지 않는다. ... 더 이상 우리를 위한 존재의 진리의 척도로 사용 가능한 어떠한 즉자 존재의 형상도 없기 때문이다." 슬라보예 지젝, 『헤겔 레스토랑』, 조형준 옮김, 새물결, 2013, 696쪽 참조.

가능성을 열 수 있지 않을까 기대해본다. 다만 백석 시의 화자의 현실 수용과 자기 인식의 관계에 대해 면밀하게 논의하지 못한 것, 「北方에서」와 「힌 바람벽이 있어」 사이의 인식론적 번민에 대해서 충분한 논의를 하지 못한 것과 주체의 형상이 다른 나무가 아닌 "갈매나무"로 제시된 것의 내적 필연성에 대한 논의가 다소 부족한 것은 본고의 논리적 취약점이라 할 수 있다. 이에 대해서는 이후의 연구 과제로 삼고자 한다.

<참고문헌>

강동호, 「만주의 우울 - 백석의 후기 시편에 나타난 시적 자의식」, 『한국언어문화』 제62집, 2017, 39-66쪽.

고형진, 「백석 시 연구」, 『백석』, 새미, 1996.

금동철, 「백석 시에 나타난 자아의 존재방식」, 『우리말글』 43, 우리말글학회, 2008.8, 161-185쪽.

김용희, 「백석 시에 나타난 구술과 기억술의 이데올로기」, 『한국문학논총』 38, 2004, 143-164쪽.

김재용, 「근대인의 고향상실과 유토피아의 염원」, 『백석전집』, 실천문학사, 2003

김정수, 「백석 시에 나타난 슬픔의 의미와 성격」, 『어문연구』 37권 2호, 한국어문학회, 2009.6, 319-339쪽.

김혜영, 「백석 시 연구」, 『국어국문학』 131, 국어국문학회, 2002, 441-472쪽.

곽효환, 「백석 시의 북방의식 연구」, 『批評文學』 45호, 2012, 37-80쪽.

박승희, 「백석 시에 나타난 축제의 재현과 그 의미」, 『한국 사상과 문화』 36, 한국사상문화학회, 2007, 109-138쪽.

박주택, 「백석 시 연구」, 경희대학교 박사학위논문, 1999.

백석 저, 최동호·김문주·김종훈 엮음, 『백석문학전집1-시』, 서정시학, 2017.

송종원, 「백석 시 세계 연구」, 고려대 박사 논문, 2017.

_____, 「백석의 만주 관련 시편 연구」, 『우리어문연구』 56집, 우리어문학회, 2016, 89-119쪽.

신주철, 「백석의 만주생활과 「흰 바람벽이 있어」의 의미」, 『우리문학연구』 25, 우리문학회, 2008.10, 353-376쪽.

심원섭, 「자기 인식 과정으로서의 시적 여정 - 백석의 만주 체험」, 『세계한국어문학』 제6호, 세계한국어문학회, 2011,

안상원, 『백석 시의 '기억'과 구원의 시쓰기』, 역락, 2018.

_____, 「백석 시의 알레고리 연구」, 『한국문예창작』 제15권 제1호 통권36호, 한국문예

창작학회, 2016.04, 39-61

오성호, 「백석의 만주 체험과 시」, 『배달말』 60집, 배달말학회, 2017, 155-195쪽.

유종호, 「시 회귀와 회상의 시학—백석의 시세계」 1, 『다시 읽는 한국 시인』, 문학동네, 2002.

윤여탁, 「한국 근대시의 만주 체험 —시적 형상화와 그 의미」, 『한중인문학연구』 46집, 한중인문학회, 2015, 121-140쪽.

이기성, 「초연한 수동성과 운명의 시쓰기」, 『한국근대문학연구』 제17호, 근대문학회, 2008, 33-64쪽.

이소연, 「백석·윤동주 시의 동심지향성 연구」, 경희대학교 박사학위논문, 2011.

이숭원, 「백석 시에 나타난 자아와 대상의 관계」, 『한국시학연구』 19, 2007, 211-237쪽.

이혜원, 「백석 시의 동심 지향성과 그 의미」, 『한국문학연구』, 고려대학교 민족문화연구원 한국문학연구소, 2002, 227-254쪽.

장동석, 「백석 시에 나타난 나의 생각한다와 초월현실」, 『한국시학연구』 48, 한국시학회, 2016.11, 227-254쪽.

정효구, 「백석 시의 정신과 방법」, 『한국학보』 57, 일지사, 1989, 4192-4217.

정보영, 「백석 시 연구 – 실패를 통한 주체 형성 양상」, 『한국시학연구』 제54호, 한국시학회, 2018, 125-152쪽.

차성환, 『멜랑콜리와 애도의 시학』, 국학자료원, 2018.

최승호, 「백석 시의 나그네 의식」, 『한국언어문학』 62, 한국언어문학회, 2007, 511-533쪽.

함종호, 「백석 시「힌 바람벽이 있어」에 나타난 화적 수사」, 『한국수사학회 학술대회』 한국수사학회, 2015, 103-111쪽.

슬라보예 지젝, 『헤겔 레스토랑』, 조형준 옮김, 새물결, 2013.

_____, 『그들은 자기가 하는 일을 알지 못하나이다』, 박정수 옮김, 인간사랑, 2004.

<Abstract>

The Study on Baek Seok's of Manchuria Poem & Change of Acceptance on Reality

Lim, Jee-Hoon (Hanyang University)

This study aims to study change of perspective on reality in Baek Suk's Manchuria poetry. In this period, Baek Seok's poems portray sadness. These poems define life based on a tragic perception of life. In each poem, however, the subject makes separate definitions through different perceptions of life. This study focuses on those perspective on reality. Because of these differences, Baek Seok's poems have the possibility of new interpretations. In the case of 「From the North」, the speaker embodies feelings of loss and sadness through the predicate "no". Then he reconstructs his past to find the cause for reality. Through this, the speaker accepts the miserable reality as his fault. On the other hand, 「There is a white wind wall」, the speaker defines the sadness of reality as 'The fate of a poet'. Thus, the speaker presents the poet as his role model. However, in Namshin-uiju Yoodong Pakshibongbang, the speaker again accepts his life as a miserable. Here the speaker thinks of 'buckthorn Tree'. It is a new reference point to redefine his life.

In three poems, Baek-seok changes the meaning of his life. The meaning changes from tragedy to destiny and from destiny to tragedy. But the second tragedy differs from the first tragedy. The second tragedy arises from withdrawing from responsibility for destiny. 'buckthorn Tree' appears at this point. It represe nts your life. And it allows us to interpret life as a tragedy and a different meaning. This study subdivide the sadness in Baekseok's Manchuria poetry. Thus, it is expected to expand the interpretation of Baekseok's Manchurian poem.

- Key words : Baek Seok, Manchuria, buckthorn tree, The speculative identity, change of perspective.

김동명연구 학술지 논총 (제2권)
(2019년 제6집 ~ 2023년 제10집)

인 쇄 일	2025년 12월 4일
발 행 일	2025년 12월 4일
편 저 자	심은섭
전 화	010-9330-6812
이 메 일	shim808@hanmail.net
펴 낸 곳	성원인쇄문화사
주 소	강원특별자치도 강릉시 성덕포남로 188
대표전화	(033)652-6375 / 팩스 (033)652-1228
이 메 일	6526375@naver.com
I S B N	979-11-990181-1-2

· 저작권법에 의해 보호받는 저작물이므로 저자와 출판사의 동의없이 전부 또는 내용의 일부를 인용하거나 발췌하며 사용하는 것을 것을 금합니다.
· 이 책은 강릉시 후원으로 발간되었습니다.